全 世 界 无 产 者 ， 联 合 起 来 ！

马克思恩格斯选集

第 三 卷

中共中央 马克思　恩格斯 著作编译局编译
列　宁　斯大林

人民出版社

编 辑 说 明

一、《马克思恩格斯选集》是在马克思主义中国化、时代化、大众化事业不断推进的形势下,为适应广大读者学习和研究马克思主义理论的需要而编辑的马克思恩格斯著作精选本。1972年,四卷本《马克思恩格斯选集》第一版问世,译文选自《马克思恩格斯全集》第一版。1995年,我们对第一版篇目作了调整,对译文进行了校订,出版了四卷本《马克思恩格斯选集》第二版。2009年,十卷本《马克思恩格斯文集》正式出版,这是马克思主义理论研究和建设工程的重点项目和标志性成果,为深入学习和研究马克思主义理论提供了译文更准确、选编更精当、资料更翔实的基础文本。我们充分利用文集的编译和研究成果,编辑出版《马克思恩格斯选集》第三版。

二、《马克思恩格斯选集》第三版力求在有限的篇幅内完整准确地反映马克思和恩格斯创立的科学理论体系,集中涵盖马克思主义哲学、政治经济学和科学社会主义,以及马克思和恩格斯在政治、法学、史学、教育、科学技术、文学艺术、军事、民族、宗教等方面的重要论述,并体现马克思主义理论体系形成和发展的历史进程。《马克思恩格斯选集》第三版仍编为四卷,所收的著作按编年与专题相结合的方式编排:第一卷选辑马克思和恩格斯1843—1859年的著作,其中论述中国问题的十篇文章和论述印度问题的两篇文章分别集中编排;第二卷为马克思主义政治经济学专卷,内容包括马克思《资本论》节选和经济学手稿摘选,同时收录了马克思和恩格斯的四篇经济学论文;第三卷选辑马克思和恩格斯1864—1883年的著作;第四卷选辑恩格斯1884—1895年的著作,以及马克思和恩格斯1842—1895年写的102封书信。在选集中,马克思和恩格斯在不同时期为某一著作写的序言、导言一般同原著作编在一起,以方便读者阅读和研究;如果原著作没有收入选集,或者序言、导言本身已成为独立的论文,则按照写作和发表的时间顺序编排。

三、《马克思恩格斯选集》第三版吸收了第二版的编辑成果,同时在认真研究的基础上,对整体结构作了必要的调整,对各卷篇目作了适当的增删。第一卷增加了恩格斯的《国民经济学批判大纲》和《英国工人阶级状况》(节选),删去了恩格斯的《英国状况。十八世纪》。第二卷充实了《资本论》节选的内容,增加了马克思经济学手稿摘选,并将经济学著作以外的其他文献调整到第三卷。第三卷增加了马克思的《法国工人党纲领导言(草案)》以及《给维·伊·查苏利奇的复信》第三稿。第四卷增加了恩格斯的《纪念巴黎公社十五周年》以及他为《〈人民国家报〉国际问题论文集(1871—1875)》撰写的序言;在这一卷的书信部分,增收了马克思和恩格斯的四封书信,即恩格斯1847年11月23—24日致马克思的信、马克思1858年2月22日致斐迪南·拉萨尔的信、马克思1864年11月4日致恩格斯的信、恩格斯1895年3月8日致理查·费舍的信。恩格斯的《自然辩证法》(节选)原收入第四卷,现按写作年代编入第三卷,并增补了一些内容。在编辑过程中,我们对所有文献的写作和发表时间进行了核查和考订,以保证编排顺序和相关说明的科学性。

四、《马克思恩格斯选集》第三版所收的全部著作均采用《马克思恩格斯文集》的译文,以保证经典著作译文的统一性和准确性。

五、《马克思恩格斯选集》第三版所附的各种资料都经过全面审核和修订,努力做到严谨翔实,便于读者查考和检索。各卷正文之前刊有该卷说明,对本卷著作的时代背景和主要观点进行简要的综述。各卷卷末均附有著作题注、资料性注释和人名索引。第四卷所收的书信内容丰富,涉及面很广,我们除了在该卷说明中进行综合介绍,还专门编写了马克思恩格斯书信分类索引,附在该卷卷末。此外,第四卷还附有涵盖整部选集内容的名目索引,以及马克思恩格斯生平大事年表。这些资料旨在帮助读者更好地理解和把握经典著作的内涵。

六、《马克思恩格斯选集》第三版的目录和正文中,凡标有星花 * 的标题都是编者加的;引文中尖括号〈 〉内的文字和标点符号是马克思、恩格斯加的,引文中加圈点处是马克思、恩格斯加着重号的地方;目录和正文中方括号[ ]内的文字是编者加的;未注明"编者注"的脚注是马克思、恩格斯的原注。

中共中央 马克思 恩格斯 著作编译局
　　　　　列 宁 斯大林

2012 年 8 月

目　录

第三卷说明

《马克思恩格斯选集》第三卷选收马克思和恩格斯 1864—1883 年的著作,以及恩格斯后来为马克思和他本人的一些著作写的序言和导言。

19 世纪 60—70 年代,随着大工业在西欧大陆迅猛发展,欧洲资本主义经济秩序得到进一步巩固,欧洲大国之间的相互竞争日益加剧,争夺欧洲霸权的斗争愈演愈烈。在资本主义各种社会矛盾的推动下,欧洲工人运动和民主运动重新走向高涨。1864 年成立了无产阶级的第一个国际组织国际工人协会,即第一国际;1871年巴黎工人举行武装起义,成立巴黎公社,为创建无产阶级政权作了伟大尝试;随着工人运动的发展,社会主义工人政党开始在欧洲主要国家相继成立。

这一时期马克思和恩格斯的理论研究取得了丰硕成果。马克思撰写了大量经济学手稿,1867 年出版了《资本论》第一卷,为各国无产阶级提供了强有力的理论武器。恩格斯为协助马克思写作《资本论》做了大量工作,还创造性地开展了自然辩证法研究和军事科学研究。马克思和恩格斯在从事理论研究的同时,积极投身国际工人运动。他们以科学的理论指导国际工人协会和各国工人政党与组织的活动,同工联主义、蒲鲁东主义、巴枯宁主义、拉萨尔主义等错误思潮进行了斗争,积极支持巴黎公社并对其经验进行科学总结。他们紧密结合无产阶级斗争实践,撰写了许多重要著作,进一步丰富和发展了马克思主义理论。

收入本卷的《国际工人协会成立宣言》和《国际工人协会共同章程》是马克思为国际工人协会起草的两个纲领性文件。《成立宣言》阐明了国际工人协会成立的目的和意义,用事实论证了资本主义制度下无产阶级与资产阶级的对立,阐明了工人阶级组织在革命斗争中的作用以及工人阶级国际团结的重要意义,强调夺取政权已成为工人阶级的伟大使命。《共同章程》规定了国际工人协会的原则、目标、手段和组织机构,强调工人阶级的解放应该由工人阶级自己去争取;无产阶级在反对有产阶级的斗争中必须建立与一切旧政党不同的政党,才能作为一个阶级来行动,保证社会革命的胜利。

《法兰西内战》是马克思全面总结巴黎公社的战斗历程和历史经验,阐发马克思主义关于阶级斗争、国家、无产阶级革命和无产阶级专政理论的科学社会主义重要文献。它最初是作为国际工人协会总委员会的宣言发表的。在这部著作中,马克思叙述了法国自第二帝国灭亡以来阶级斗争发展为内战的历史,揭露了资产阶级政府投降卖国的无耻行径,鞭挞了资产阶级政府镇压公社的种种暴行,驳斥了反动报刊对公社的攻击和污蔑,讴歌了"冲天的巴黎人"的历史首创精神。马克思通过总结巴黎公社的实践经验,丰富和发展了无产阶级革命和无产阶级专政理论,明确指出:资产阶级国家政权实质上是资产阶级统治的工具,因此,工人阶级不能简单地掌握现成的国家机器,并运用它来达到自己的目的,必须建立自己的政权机构来代替统治阶级的国家机器;巴黎公社实质上是工人阶级的政府,是能够使劳动在经济上获得解放的政治形式。马克思强调要防止国家和国家机关由社会公仆变为社会主人,充分肯定巴黎公社所采取的各项民主措施:公社的权力机构和人民代表由选举产生并可随时撤换;武装力量按民主原则组织;所有公职人员领取相当于熟练工人的工资等等。马克思阐明了无产阶级革命的目的是要消灭那种将多数人的劳动变为少数人的财富的阶级所有制,是要把现在主要用做奴役和剥削劳动的手段的生产资料变成自由的和联合的劳动的工具,同时指出:无产阶级对社会环境和人进行革命改造的过程是一个长期的历史过程。马克思还论述了无产阶级革命的同盟军问题。恩格斯在为《法兰西内战》德文第三版写的导言中进一步分析了巴黎公社的历史作用和失败原因,阐明了巴黎公社的无产阶级专政性质。收入本卷附录的马克思《纪念国际成立七周年》这篇演讲,高度评价巴黎公社的伟大意义,强调要消灭阶级统治和阶级压迫的基础,必须建立无产阶级专政。

《论蒲鲁东(给约·巴·施韦泽的信)》和《论住宅问题》是马克思和恩格斯批判蒲鲁东主义的重要文献。在《论蒲鲁东》中,马克思对小资产阶级社会主义者蒲鲁东作了全面评价,批判了他的哲学思想、经济学观点和社会改良方案,阐释了唯物史观和唯物辩证法,论述了马克思主义政治经济学和无产阶级革命理论的重要观点。在《论住宅问题》中,恩格斯批判了蒲鲁东主义者和资产阶级改良主义者企图在不触动资本主义生产方式的条件下单独解决住宅问题的空想主张,揭示了住宅短缺以及同工人命运有关的一切社会问题的根源是资本主义的剥削和压迫,指出解决办法在于消灭资本主义生产方式,由工人阶级自己占有全部生活资料和劳动资料。恩格斯在批判蒲鲁东主义者和资产阶级改良主义者提出的种种"救世计划"时,深刻论述了科学社会主义的一些基本原理。他根据马克思的剩余价值理论揭露了资产阶级对工人阶级的残酷剥削;揭示了资产阶级国家和法律的本质;阐明了无产阶级及其政党的斗争目标,强调无产阶级必须采取政治行动,把实行无产阶级专政作为达到废除阶级并和阶级一起废除国家的过渡;论述了产生城乡对立的原因以及消灭这种对立的必要性和途径。

反对巴枯宁主义的斗争在第一国际时期马克思和恩格斯的活动中占有重要地位。在《致国际工人协会西班牙联合会委员会》和《关于工人阶级的政治行动》中,恩格斯批判了巴枯宁分子要求无产阶级放弃政治的主张,阐明工人阶级的任务是通过革命建立无产阶级的政治统治从而消灭阶级,为此无产阶级需要组成独立的政党来开展政治斗争,并利用普选权和各种政治自由作为斗争武器。在《论权威》一文中,恩格斯结合社会化大生产的发展趋势论述了权威和自治之间的辩证关系,驳斥了无政府主义者反对任何权威的错误观点,批判了无政府主义者要求把废除权威作为社会革命的第一个行动的主张,强调革命无疑是天下最权威的东西,无产阶级无论是在革命过程中还是在革命胜利后都需要权威。

马克思在《政治冷淡主义》一文中批驳了巴枯宁主义关于无产阶级放弃政治斗争和立即废除国家的谬论,揭露巴枯宁分子鼓吹政治冷淡主义的实质是要无产阶级充当资产阶级的忠顺奴仆,反对无产阶级以自己的革命专政来取代资产阶级专政。在《巴枯宁〈国家制度和无政府状态〉一书摘要》中,马克思批驳了巴枯宁对无产阶级革命学说的歪曲和攻击,论述了社会革命以及政治国家消亡的条件,阐明了无产阶级掌握政权后建立无产阶级专政的必要性以及引导农民从私有制向集体所有制过渡的途径。

马克思针对第一国际内部关于土地问题的争论,写了《论土地国有化》一文,阐明了土地问题的重要性,论证了土地国有化越来越成为社会发展的必然要求;揭示了资产阶级政权下土地国有化的弊病;指出在无产阶级掌握政权的条件下,土地国有化将彻底改变劳动和资本的关系,并最终消灭工业和农业中的资本主义生产方式。

马克思和恩格斯密切关注德国社会主义工人政党的活动,及时给予科学指导。马克思为了帮助德国工人党清除拉萨尔主义的思想影响,写了《哥达纲领批判》这篇科学社会主义的重要文献,批判了德国工人党纲领草案中宣扬的"公平分配"、"不折不扣的劳动所得"、"铁的工资规律"、"自由国家"等拉萨尔主义错误观点,阐述了科学社会主义的基本原理。马克思第一次区分了共产主义社会发展的两个阶段,阐明了两个阶段的基本特征和分配原则;论述了历史唯物主义的国家观,强调国家具有阶级性;指出在资本主义社会和共产主义社会之间有一个政治上的过渡时期,这个时期的国家只能是无产阶级的革命专政。恩格斯在《给奥·倍倍尔的信》中也严厉批评德国社会民主工党在纲领草案中对拉萨尔派作无原则让步,同时阐发了科学社会主义的一些重要观点。

《给奥·倍倍尔、威·李卜克内西、威·白拉克等人的通告信》是马克思和恩格斯为批判德国工人党内的右倾机会主义思潮、阐明无产阶级政党的性质和作用而写的重要文献。马克思和恩格斯揭露了赫希柏格、伯恩施坦、施拉姆三人宣扬阶级合作,主张用改良来取代革命的机会主义观点,批判了他们企图改变党的无产阶级性质,把党变成改良主义政党的错误主张。马克思和恩格斯强调指出,阶级斗争是历史的直接动力,无产阶级和资产阶级之间的阶级斗争是现代社会变革的巨大杠杆。他们郑重申明,绝不能和那些想把阶级斗争从运动中勾销的人们一道走。

马克思和恩格斯也十分关心法国工人党的思想建设和组织建设,并给予热情的指导和帮助。马克思应法国工人党的请求起草了《法国工人党纲领导言（草案）》。他在导言中简要地阐明了科学社会主义的基本原理和无产阶级政党的斗争目标及策略原则。

恩格斯的《流亡者文献》是一组论述欧洲民主运动、工人运动和俄国问题的文章。恩格斯在这组文章中介绍了波兰、法国和俄国流亡者对本国发生的革命事件的看法，批判了布朗基主义、巴枯宁主义和其他小资产阶级社会主义关于革命的任务和策略、动力和前途的错误观点，根据对这些国家的革命运动的分析，论述了欧洲革命的前景，阐述了无产阶级斗争的战略和策略。俄国的发展道路是恩格斯关注的重点，他用历史唯物主义观点批驳了俄国民粹派不顾历史发展的客观条件，鼓吹俄国可以借助农村公社直接过渡到社会主义的错误主张，阐明了俄国农村公社向社会主义过渡所需的政治经济条件。马克思也非常关注俄国社会发展道路问题。他在《给〈祖国纪事〉杂志编辑部的信》中批驳了俄国民粹派思想家米海洛夫斯基在俄国社会发展道路问题上对他的观点的歪曲，同时阐述了研究社会问题和历史问题的科学方法。他坚决反对把他在《资本论》中关于西欧资本主义起源的历史概述变成一般发展道路的历史哲学理论，强调只有对不同历史环境中的历史现象分别进行深入细致的研究，把它们加以比较，才能找到理解这种现象的钥匙。他在《给维·伊·查苏利奇的复信》及草稿中深入研究了俄国农村公社的历史、现状和特点，分析了公社面临的两种可能的前途，指出公社能否成为俄国社会新生的支点完全取决于它所面临的历史环境。

《反杜林论》是恩格斯为批判德国小资产阶级社会主义者欧根·杜林在哲学、政治经济学和社会主义领域宣扬的错误观点而写的一部马克思主义重要著作。在这部著作中，恩格斯通过对杜林观点的批判，第一次全面系统地阐明了马克思主义的三个组成部分——哲学、政治经济学和科学社会主义的基本原理以及它们之间的内在联系。

在《引论》中，恩格斯叙述了科学社会主义理论的主要思想来源及历史基础，阐明了唯物史观和唯物辩证法的形成过程及其与唯心史观和形而上学的根本区别，指出马克思创立的唯物史观和剩余价值理论使社会主义从空想变为科学。

在《哲学》编中，恩格斯批判了杜林的先验主义，科学地阐明了思维和存在的关系，指出思维是存在的反映，原则不是研究的出发点，而是研究的最终结果，原则只有在符合自然界和历史的情况下才是正确的。他阐述了"世界的真正的统一性在于物质性"等辩证唯物主义的基本原理，论述了唯物辩证法的基本规律，即矛盾规律、质量互变规律和否定的否定规律，指出辩证法是关于自然界、人类社会和思维的运动和发展的普遍规律的科学。他总结了19世纪自然科学的成就，揭示了辩证唯物主义的自然科学基础。他还阐明了人类认识的辩证过程、相对真理与绝对真理的辩证关系，以及马克思主义的道德观、平等观和自由观。

在《政治经济学》编中，恩格斯批判了杜林的庸俗经济学，系统阐明了马克思的经济学理论，特别是价值和剩余价值理论。他论述了政治经济学的对象和任务，区分了狭义政治经济学和广义政治经济学。他批判了杜林的唯心主义暴力论，阐述了经济决定政治、生产在社会历史发展中起决定作用等历史唯物主义的基本原理；分析了暴力在历史上的作用，指出暴力不是绝对的坏事，它在一定的社会历史条件下起着革命作用，是每一个孕育着新社会的旧社会的助产婆。

在《社会主义》编中，恩格斯科学地评价了三大空想社会主义者圣西门、傅立叶和欧文的理论贡献和历史局限性，阐明了科学社会主义产生的经济、政治和思想条件。他揭示了资本主义的基本矛盾即社会化生产与资本主义私人占有之间的矛盾,根据对这一矛盾的分析论证了无产阶级的历史使命和资本主义为共产主义取代的历史必然性。他科学地预言了未来共产主义社会的一些基本特征:生产的无政府状态将由生产的有计划的组织所代替;脑力劳动和体力劳动之间、城乡之间的对立将消灭,阶级差别将消失;国家将消亡,对人的统治将被对物的管理和对生产的领导所代替,等等。他还指出,只有到了共产主义社会,人们才完全自觉地自己创造自己的历史,人类才能实现从必然王国向自由王国的飞跃。

《社会主义从空想到科学的发展》由《反杜林论》中的《引论》第一章《概论》和《社会主义》编的第一章《历史》和第二章《理论》改编而成。恩格斯在改编时作了补充和修改。他在这部著作中用凝练而通俗的语言对科学社会主义的形成过程和基本原理作了系统阐述,马克思称它是"科学社会主义的入门"。在为这部著作1892年英文版写的导言中,恩格斯着重阐述了唯物史观与唯心史观、唯物主义认识论与不可知论之间的本质区别,阐明了认识来源于实践并受实践检验这一马克思主义认识论的基本原理。

本卷节选收入的《自然辩证法》是恩格斯研究自然界和自然科学中的辩证法问题的重要著作。它是一部未完成的著作,由一系列论文、札记以及片段等组成。这部著作开辟了马克思主义哲学的一个新领域,为自然辩证法这一学科的建立奠定了理论基础。

在《导言》、《〈反杜林论〉旧序。论辩证法》、《神灵世界中的自然研究》中,恩格斯用辩证唯物主义的观点和方法对欧洲文艺复兴以来的自然科学重要成就,特别是19世纪自然科学的三大发现作了科学总结;批判了自然研究中的唯心主义和形而上学;论述了自然科学和哲学的关系以及理论思维对于自然科学研究的方法论意义,强调指出,一个民族要想站在科学的最高峰,就一刻也不能没有理论思维。在《辩证法》这篇短文和相关札记中,他分析了主观辩证法和客观辩证法的关系,指出主观辩证法是客观辩证法的反映;论证了辩证法的规律是自然界、人类社会和思维的最一般的规律,辩证法的规律可归结为:量转化为质和质转化为量的规律,对立的相互渗透的规律,否定的否定的规律。在《运动的基本形式》和相关札记中,他阐述了辩证唯物主义的物质观和运动观、物质运动形式及其相互联系,批判了把一切运动形式归结为机械运动的机械论观点。在一些札记和片断中他还论述了自然研究中的认识论和辩证逻辑问题,批判了自然研究中的不可知论和形而上学观点。在《劳动在从猿到人的转变中的作用》一文中,恩格斯对劳动在人类起源中的决定性作用作了系统阐述和科学论证,阐明了人和动物在同自然界的关系上的根本区别在于人能够按照自己的目的利用自然界,能够认识和运用自然规律,同时强调必须正确处理人与自然的关系,警告人类不要过分陶醉于对自然界的胜利,指出对于每一次这样的胜利,自然界都对我们进行报复。恩格斯深刻揭露了资本家阶级纯粹为直接的利润而进行生产和交换,根本不考虑生产活动的间接影响和长远影响,因而不可避免地造成生态环境的恶化和自然资源的破坏。他强调人类要学会正确认识和合理利用自然规律,努力控制和调节生产活动对自然界的影响,而要实现这个目的,就必须彻底变革资本主义生产方式和整个社会制度。

1883 年 3 月 14 日,无产阶级的伟大导师马克思逝世。恩格斯为马克思撰写了著名的悼词《在马克思墓前的讲话》。这篇讲话和收入本卷的《卡尔·马克思》一文是恩格斯作为马克思的亲密战友介绍和评价马克思伟大一生的重要文献。在这两篇文章中,恩格斯概述了马克思的毕生革命活动和主要理论贡献,阐述了马克思的两个具有划时代意义的发现,即唯物史观和剩余价值理论的伟大意义,高度评价了马克思作为无产阶级革命家和理论家的丰功伟绩。

卡·马克思

国际工人协会成立宣言[1]

协会于 1864 年 9 月 28 日在伦敦朗-爱克街圣马丁堂举行的公开大会上成立

工人们!①

工人群众的贫困在 1848 年到 1864 年间没有减轻,这是不容争辩的事实,但是这个时期就工业的发展和贸易的扩大来说却是史无前例的。1850 年,不列颠资产阶级一家温和的、消息灵通的机关报[2]曾经预言,只要英国的进出口贸易增加 50%,这个国家里的贫困现象就会消灭。其实不然! 1864 年 4 月 7 日,财政大臣曾用下面这样的报告取悦他的议会听众:英国进出口贸易总额在 1863 年已经增加"到 443 955 000 英镑! 这个惊人的数额几乎比刚刚过去的 1843 年时代的贸易额多两倍!"虽然如此,财政大臣还是雄辩地讲到了"贫穷"。他喊道:"请想想那些濒临贫穷深渊的人们","那……没有提高的工资","那十有

---

① 在 1866 年伦敦出版的小册子中是"工人朋友们"。——编者注

1

八九都是为生存而挣扎的……人的生活!"³可是他完全没有提到爱尔兰人民,他们在北部正逐渐被机器所取代,在南部正逐渐被牧羊场所排挤;可是羊群在这个不幸的地区也在减少,不过不像人减少得那样快罢了。他没有重复贵族阶层的最高代表诸君在惊慌失措中刚刚脱口说出的话。当"勒杀犯"⁴所引起的恐慌达到了相当程度时,上院决定要对流放和苦役情况进行调查,并把调查结果用报告书形式加以公布。真实情况已在 1863 年的一本厚厚的蓝皮书⁵中揭露出来,由官方提供的事实和数字证明,在英格兰和苏格兰,连最坏的刑事犯(苦役犯)也比英格兰和苏格兰的农业工人工作轻得多,饮食却好得多。但是还不止于此。当兰开夏郡和柴郡的工人因受美国内战影响被抛掷到街头时⁶,同一个上院又派出一个医生到工厂区去,任务是查明按最低廉的价格和最简便的方式来供给,平均至少需要多少碳素和氮素,才刚好能够"防止饥饿病"。当时医务专使斯密斯医生确定,一星期至少需要 28 000 格令①碳素和 1 330 格令氮素,才可以维持一个普通成年人的生命……也就是把他维持在刚好不致发生饥饿病的界限上;其次,他还发现,这个数量大约与棉织工人在极度贫困压迫下实际上所能够得到的菲薄养料相等②。但是请注意! 同一个博学的医生,不久后又被枢密院卫生视察员派去调查工人阶级中更贫困部分的营养状况了。他的调查结果

---

①　1 格令 = 0.065 克。——编者注
②　马克思在这里加了一个注:"大概用不着提醒读者,除水的构成元素和某些无机物外,碳素和氮素也是人类食物的原料。但是要使人体获得营养,这些简单化学成分应该以植物质或动物质的形态供给;例如马铃薯主要是含有碳素,而小麦面包则含有相当分量的碳素和氮素。"——编者注

写在今年根据议会命令公布的《公共卫生。第6号报告》①内。这位医生发现了什么呢？他发现，丝织工人、缝纫女工、织手套工人、织袜工人以及其他工人的食物，平均②比失业的棉织工人的救济口粮还坏，甚至没有包含"刚好能够防止饥饿病"的碳素和氮素。

我们在报告书中读到："不仅如此，在调查属于农业人口的家庭时发现，这些家庭有五分之一以上得不到必需的最低限度的含碳食物，有三分之一以上得不到必需的最低限度的含氮食物，并且在三个郡里（伯克郡、牛津郡和萨默塞特郡），缺乏含氮食物是通常的现象。"官方报告书中补充说："应当记住，食物的匮乏已经极难忍受，而食物的恶化通常是在其他各种匮乏之后才发生的…… 甚至保持清洁也成为一种费钱或难于办到的事情；如果由于自尊心而仍然要保持清洁，那么，每一次这样的企图都不免要带来更多的饥饿痛苦。""这种情形是令人痛心的，特别是当人们想到这里所谈的贫困完全不是因懒惰而应得的惩罚；在一切场合，这都是劳动人民的贫困。实际上，工人为取得这点菲薄食物而付出的劳动，在大多数情况下都是时间非常长久的。"

报告书举出了一件奇怪和相当出人意料的事实："在联合王国各个部分〈英格兰、威尔士、苏格兰和爱尔兰〉中，正是在英格兰〈这个王国最富有的部分〉，农业人口吃得最坏"；但是，甚至伯克郡、牛津郡和萨默塞特郡的农业工人，也比伦敦东头大量家庭工业的熟练工人吃得好一些。

这就是官方按照议会命令在1864年间，即在自由贸易的黄金时代公布的材料，正是这时财政大臣通知下院说：

"不列颠工人的一般状况已经有了改善，并且应当承认这种改善是绝无

---

① 《公共卫生。枢密院卫生视察员第6号报告。1863年。附附录》1864年伦敦版第13—17页。——编者注

② 在德文版中加有"每年"。——编者注

仅有的,是任何一个国家和任何一个时代都比不上的。"①

　　同这种官方的赞美辞令形成尖锐矛盾的是官方的公共卫生报告中这样一句枯燥的评语:

　　"一国的公共卫生状况是指其居民大众的健康而言,如果这些居民直到最下层在生活上得不到一定的保障,那他们就很难是健康的了。"

　　财政大臣被"国家进步"的统计数字弄得眼花缭乱,他得意忘形地喊道:

　　"从1842年到1852年,国内应纳税的收入增加了6%……　在从1853年到1861年的8年内,如以1853年的收入为基础,这种收入则增加了20%。事实令人惊奇得几乎到了难以置信的程度……　财富和实力这种令人陶醉的增长",格莱斯顿先生补充说,"完全限于有产阶级!"7

　　如果你们想知道,产生这种"完全限于有产阶级的财富和实力的令人陶醉的增长"的条件过去和现在怎样使工人阶级健康损坏、道德堕落和智力衰退,那就请你们看一看最近一次《公共卫生报告》关于印刷厂和男女服装缝纫厂情况的描绘吧!② 请你们把这一描绘同1863年公布的《童工调查委员会报告》对照一下,例如,那里有这样一段话:

　　"陶工作为一个阶级,不分男女……代表着身体上和道德上退化的人口","不健康的儿童,将来又要成为不健康的父母","有增无已的人种退化是不可避免的","只是由于有新的人口从邻近的乡村地区补充进来,由于同

---

① 马克思在这里和下面引用了英国财政大臣格莱斯顿于1863年4月16日在下院的讲话。——编者注

② 《公共卫生。枢密院卫生视察员第6号报告。1863年。附附录》1864年伦敦版第25—29页。——编者注

较为健康的人结婚,斯塔福德郡的人口才没有发生更严重的退化"①。

请看一看特里门希尔先生的蓝皮书《面包工人的申诉》②吧!当人们读到工厂视察员发表的有官方的出生和死亡统计数字作例证的矛盾的陈述时,又有谁能不为之浑身战栗呢?工厂视察员说:当兰开夏郡的工人依靠少量救济粮维持生活时,他们的健康状况实际上却改进了,因为由于棉荒,他们暂时停止了在棉织工厂做工;儿童死亡率在这个时期也减低了,因为母亲这时终于有可能给他们喂奶,而不是给他们喂安眠的鸦片药水了!

现在让我们重新来看看事情的另一面吧!1864年7月20日向下院提出的关于所得税和财产税的报告表明,每年收入按收税员的估计在5万英镑以及5万英镑以上的人数,从1862年4月5日到1863年4月5日的一年中增加了13人,即从67人增加到80人。从同一个报告中还可以看到,大约有3 000人每年共收入2 500万英镑,这个数目比英格兰和威尔士全体农业工人每年的总收入还要大。翻开1861年的人口调查表,你们就会看到,英格兰和威尔士两处的男性土地所有者人数已经由1851年的16 934人,减少到1861年的15 066人;这就是说,土地集中程度在10年中增大了11%。如果英国地产集中于少数人手中的过程今后仍将如此迅速地继续下去,那么土地问题就将异常简单化,就像在罗马帝国有过的情形那样,当时尼禄皇帝听说阿非利加行省有一半土地属于6个所有者,就曾露齿狞笑。

---

① 《童工调查委员会。1862年。委员会委员的第1号报告》1863年伦敦版第24页。——编者注
② 休·特里门希尔《就面包工人的申诉向女王陛下内务大臣所作的报告。附证词》1862年伦敦版。——编者注

　　我们这样详细地谈到这些"令人惊奇得几乎到了难以置信的程度的事实",是因为英国在贸易和工业方面占欧洲第一位①。请回忆一下,几个月前路易-菲力浦的一个亡命的儿子就曾公开祝贺过英国农业工人,说他们的命运比他们在拉芒什海峡彼岸的那些更不幸的同伴们好些。的确,在大陆上所有先进的工业国家里,都在重复着英国的情况,只是带有不同的地方色彩和规模较小罢了。从1848年起,在所有这些国家里,工业都有了空前的发展,输入和输出都有了梦想不到的扩大。在所有这些国家里,"完全限于有产阶级的财富和实力的增长"确实是"令人陶醉的"。在所有这些国家里,也如在英国一样,实际工资②就工人阶级的少数来说稍微有些提高,但就大多数来说,货币工资的提高很少表示福利的实际的增长,正如就伦敦贫民院或孤儿院的被收容者来说,购买他们的生活必需品在1852年花7英镑7先令4便士,到1861年要花9英镑15先令8便士,这并不表示他们的生活有了任何改善。工人阶级的广大群众的生活水平到处都在深深地下降,下降的程度至少同那些站在他们头上的阶级沿着社会阶梯上升的程度一样。不论是机器的改进③,科学在生产上的应用,交通工具的改良,新的殖民地的开辟,向外移民,扩大市场,自由贸易,或者是所有这一切加在一起,都不能消除劳动群众的贫困;在现代这种邪恶的基础上,劳动生产力的任何新的发展,都不可避免地要加深社会对比和加强社会对抗。这在欧洲一切国家里,现在对于每一个没有偏见的人都已成了

---

① 在德文版中加有"并且在世界市场上实际上代表欧洲"。——编者注
② 在德文版中加有"也就是用货币工资所能买到的生活资料"。——编者注
③ 在德文版中加有"化学上的发现"。——编者注

十分明显的真理,只有那些一心想使别人沉湎于痴人乐园的人才会否认这一点。在这种"令人陶醉的"经济进步时代,在不列颠帝国的首都,饿死几乎已经成为一种常规。这个时代在世界历史上留下的标志,就是被称为工商业危机的社会瘟疫日益频繁地重复发生,规模日益扩大,后果日益带有致命性。

在 1848 年革命失败后,大陆上工人阶级所有的党组织和党的机关报刊都被暴力的铁腕所摧毁,工人阶级最先进的子弟在绝望中逃亡到大西洋彼岸的共和国去,短促的解放梦已随着工业狂热发展、道德败坏和政治反动的时代的到来而破灭了。大陆上的工人阶级的失败,部分是由无论当时或现在都和圣彼得堡的内阁结成兄弟同盟的英国政府的外交所促成,这一失败很快也就像传染病一样蔓延到了拉芒什海峡的这一边。大陆上的阶级弟兄的失败,把英国工人阶级弄得垂头丧气,挫伤了它对自己事业的信心,同时却使土地巨头和金融巨头恢复了他们已经多少动摇了的自信。他们蛮横地收回了已经宣布过的让步。新的金矿产地的发现,引起了大量的向外移民,结果造成了不列颠无产阶级队伍的不可弥补的减员。工人阶级中另一部分先前积极的分子,受了暂时增加工作和工资的诱惑而变成了"政治工贼"。维持或革新宪章运动[8]的一切尝试都遭到了决定性的失败;工人阶级的机关报刊由于群众的漠不关心而相继停刊;的确,英国工人阶级过去从来没有像现在这样苟安于政治上的毫无作为。如果说英国工人阶级和大陆上的工人阶级之间过去在行动上没有过一致,那么现在至少在失败上是一致了。

虽然如此,1848 年革命以来的这一段时期还不是白白地过去的。我们这里只指出两件重大的事实。

英国工人阶级经过 30 年惊人顽强的斗争,利用土地巨头和金融巨头间的暂时的分裂,终于争得了十小时工作日法案[9]的通过。

这一法案对于工厂工人在体力、道德和智力方面引起的非常良好的后果,在工厂视察员每半年一次的报告书中都曾指出过,现在已经为大家所公认。欧洲大陆上的大多数政府都不得不在作了或多或少的修改之后采用了英国的工厂法,而英国议会本身也不得不每年扩大这一法律的应用范围。但是工人的这一措施的奇迹般的成就,除了有实际的重要性以外,还有另一个重大的意义。资产阶级通过自己颇有名气的学者如尤尔博士、西尼耳教授及其他同类聪明人的口屡次预言,并且不停地重复说:对于工时的任何立法限制都必然要为不列颠工业敲起丧钟;不列颠工业像吸血鬼一样,只有靠吮吸人血,其中也有儿童的血,才能生存。古时杀害儿童是崇拜摩洛赫的宗教的神秘仪式,但它只是在一些极隆重的场合下举行,大概一年不过一次;同时摩洛赫并没有表示专爱吃穷人的儿童。这种围绕用立法手段限制工时问题而展开的斗争所以更加激烈,撇开利润贪求者的惊慌不谈,是因为这里的问题涉及一个大的争论,即构成资产阶级政治经济学实质的供求规律的盲目统治和构成工人阶级政治经济学实质的由社会预见①指导社会生产之间的争论。因此,十小时工作日法案不仅是一个重大的实际的成功,而且是一个原则的胜利;资产阶级政治经济学第一次在工人阶级政治经济学面前公开投降了。

但是,劳动的政治经济学对财产的政治经济学②还取得了一个更大的胜利。我们说的是合作运动,特别是由少数勇敢的"手"独力创办起来的合作工厂。对这些伟大的社会试验的意义不论给

---

① 在德文版中是"由社会认识和社会预见"。——编者注
② 在德文版中不是"财产的政治经济学",而是"资本的政治经济学"。——编者注

予多么高的估价都是不算过分的。工人们不是在口头上,而是用事实证明:大规模的生产,并且是按照现代科学要求进行的生产,没有那个雇用工人阶级的雇主阶级也能够进行;他们证明:为了有效地进行生产,劳动工具不应当被垄断起来作为统治和掠夺工人的工具;雇佣劳动,也像奴隶劳动和农奴劳动一样,只是一种暂时的和低级的形式[①],它注定要让位于带着兴奋愉快心情自愿进行的联合劳动。在英国,合作制的种子是由罗伯特·欧文播下的;大陆上工人进行的试验,实际上是从并非1848年发明的,而是1848年大声宣布的理论中得出的实际结论。

同时,1848年到1864年这个时期的经验毫无疑问地证明[②],不管合作劳动在原则上多么卓越,在实际上多么有效,只要它仍然限于个别工人的偶然努力的狭隘范围,就始终既不能阻止垄断势力按照几何级数增长,也不能解放群众,甚至不能显著地减轻他们的贫困的重担。也许正是由于这种原因,那些面善口惠的贵族,资产阶级的慈善空谈家,以至机灵的政治经济学家,先前在合作劳动制处于萌芽状态时曾枉费心机地想要把它铲除,嘲笑它是幻想家的空想,咒骂它是社会主义者的邪说,现在都突然令人作呕地捧起场来了。要解放劳动群众,合作劳动必须在全国范围内发展,因而也必须依靠全国的财力。但是土地巨头和资本巨头总是要利用他们的政治特权来维护和永久保持他们的经济垄断的。他们不仅不会促进劳动解放,而且恰恰相反,会继续在它的道路上设置种种障碍。请回忆一下帕麦斯顿勋爵在最近一次议会会议上攻击爱尔兰

---

① 在德文版中是"低级的社会形式"。——编者注
② 在德文版中加有"就像工人阶级最卓越的领导者们在1851年和1852年谈到英国合作运动时已经断言的那样"。——编者注

租佃者权利法案[10]维护者的嘲弄口气吧。他大喊道:下院是土地所有者的议院[11]。

所以,夺取政权已成为工人阶级的伟大使命。工人们似乎已经了解到这一点,因为英国、德国、意大利和法国都同时活跃起来了,并且同时都在努力从政治上改组工人政党。

工人的一个成功因素就是他们的人数;但是只有当工人通过组织而联合起来并获得知识的指导时,人数才能起举足轻重的作用。过去的经验证明:忽视在各国工人间应当存在的兄弟团结,忽视那应该鼓励他们在解放斗争中坚定地并肩作战的兄弟团结,就会使他们受到惩罚——使他们分散的努力遭到共同的失败。这种认识促使1864年9月28日在圣马丁堂出席公开大会的各国工人创立了国际协会[12]。

还有一个信念鼓舞着这次大会的参加者。

工人阶级的解放既然要求①工人们兄弟般的合作,那么在那种为追求罪恶目的而利用民族偏见并在掠夺战争中洒流人民鲜血和浪费人民财富的对外政策下,他们又怎么能完成这个伟大任务呢?使西欧避免了为在大西洋彼岸永久保持和推广奴隶制进行可耻的十字军征讨冒险的,并不是统治阶级的智慧,而是英国工人阶级对于他们那种罪恶的疯狂行为所进行的英勇反抗。[13]欧洲的上层阶级只是以无耻的赞许、假装的同情或白痴般的漠不关心态度来观望俄罗斯怎样侵占高加索的山区要塞和宰割英勇的波兰;这个头在圣彼得堡而爪牙在欧洲各国内阁的野蛮强国所从事的大规模的不曾遇到任何抵抗的侵略,给工人阶级指明了他们的责任,要

---

① 在德文版中加有"各国"。——编者注

他们洞悉国际政治的秘密,监督本国政府的外交活动,在必要时就用能用的一切办法反抗它;在不可能防止这种活动时就团结起来同时揭露它,努力做到使私人关系间应该遵循的那种简单的道德和正义的准则,成为各民族之间的关系中的至高无上的准则。

为这样一种对外政策而进行的斗争,是争取工人阶级解放的总斗争的一部分。

全世界无产者,联合起来!

卡·马克思写于 1864 年 10 月 21—27 日

载于 1864 年 11 月 5 日《蜂房报》第 160 号

原文是英文

选自《马克思恩格斯文集》第 3 卷第 3—15 页

卡·马克思

论 蒲 鲁 东[14]

（给约·巴·施韦泽的信）

1865 年 1 月 24 日于伦敦

尊敬的先生：

我昨天接到您的信,您在信中要我对**蒲鲁东**作一个详细的评价。由于时间不够,不能满足您的愿望。况且,我手头也没有他的**任何一本**著作。但是,为了向您表明我的诚意,我匆忙地写了一个简短的概要。以后您可以对它加以充实、补充、删节,总之,您可以随意处理。①

蒲鲁东最初的试笔作品,我已经记不起来了。他那部论"**世界语言**"的幼稚著作②,表明他是多么狂妄地敢于解决那些他缺少最基本的知识而不能解决的问题。

---

① 《社会民主党人报》编辑部在这里加了一个注:"我们认为最好原信照登,**不做任何改动**。"——编者注
② 指皮·约·蒲鲁东的《论通用文法》,载于贝尔吉埃《语文的基本原理》1837 年贝桑松版。——编者注

他的第一部著作《什么是财产?》无疑是他最好的著作。这一著作如果不是由于内容新颖,至少是由于论述旧东西的那种新的和大胆的风格而起了划时代的作用。在他所知道的法国社会主义者和共产主义者的著作中,"**财产**"当然不仅受到各式各样的批判,而且也被以空想的方式"**废除**"了。蒲鲁东在他那部著作中对圣西门和傅立叶的关系,大致就像费尔巴哈对黑格尔的关系一样。和黑格尔比起来,费尔巴哈是极其贫乏的。但是,他**在黑格尔**以后起了划时代的作用,因为他**强调了**为基督教意识所厌恶而对于批判的进步却很重要的某几个论点,而这些论点是被黑格尔留置在神秘的朦胧状态中的。

在我看来,蒲鲁东的这一著作在风格方面强健的肌肉还算占优势。而且我认为这种风格是这一著作的主要优点。可以看出,蒲鲁东甚至把他仅仅重复旧东西的地方也看做独立的发现;他所说的东西,对他自己说来都是新东西而且是被他当做新东西看待的。向经济学中"最神圣的东西"进攻的挑战勇气,嘲笑庸俗的资产阶级知性时使用的机智的悖论,毁灭性的评论,辛辣的讽刺,对现存制度的丑恶不时流露出来的深刻而真实的激愤,革命的真诚——《什么是财产?》就是以所有这些激动了读者,并且一出版就造成了很大的冲击。在严格科学的政治经济学史中,这本书几乎是不值得一提的。但是,这种耸人听闻的著作在科学中也像在文学中一样起着自己的作用。以**马尔萨斯的著作《人口原理》15**为例。在出第一版时,它不过是一种"**耸人听闻的小册子**",此外,从头到尾都是**剽窃**。然而,这本**诋毁人类的诽谤书**曾造成了多么大的冲击啊!

假如我手头有蒲鲁东的这本书,那我就可以轻而易举地用几个例子来说明他**早期的手法**。在他自己认为是最重要的几节里,他模仿**康德**(康德是他当时从翻译中知道的唯一的德国哲学家)**二律背反**的论法,并且给人造成一种强烈的印象:和康德一样,对他来说,解决二律背反是人类知性"**彼岸**"的事情,即他自己的知性所不清楚的事情。

但是,不管表面上如何轰轰烈烈,在《什么是财产?》中已经可以看到一个矛盾:蒲鲁东一方面以法国小农的(后来是**小资产者的**)立场和眼光来批判社会,另一方面他又用社会主义者流传给他的尺度来衡量社会。

这本书的缺点在它的标题上就已经表现出来了。问题提得非常错误,甚至无法给它一个正确的回答。**古代的"财产关系"**在**封建的**财产关系中没落了,封建的财产关系又在"**资产阶级的**"财产关系中没落了。这样,历史本身就已经对过去的**财产关系**进行了批判。蒲鲁东实际上所谈的是现存的**现代资产阶级财产**。这种财产是什么?——对这一问题,只能通过对"**政治经济学**"的批判性分析来回答,这种批判性分析对**财产关系**的总和,不是从它们的**法律**表现上即作为**意志关系**来把握,而是从它们的现实形态上即作为**生产关系**来把握。但是,由于蒲鲁东把这些经济关系的总和同"**财产**""*la propriété*"这个一般的法律概念纠缠在一起,他也就不能超出**布里索**早在 1789 年以前在一部类似的著作①中用同样的话所作的回答:"财产就是盗窃。"

在最好的情况下也只能从这里得出结论说,关于"**盗窃**"的资产阶级法律概念也适用于资产者本人的"**诚实的**"收益。另一方

---

① 雅·皮·布里索《哲学研究。论自然界和社会中的所有权和盗窃》,载于《立法者、政治活动家和法学家哲学丛书》1782 年柏林—巴黎—里昂版第 6 卷。——编者注

面,由于"**盗窃**"作为对财产的暴力侵犯,**是以财产为前提的**,所以蒲鲁东就纠缠在连他自己也模糊不清的关于**真正资产阶级财产**的种种幻想里面。

1844 年我居住在巴黎的时候,曾经和蒲鲁东有过私人的交往。我在这里提起这件事,是因为我对他的"*Sophistication*"①(英国人这样称呼伪造商品的行为)在某种程度上也有一部分责任。在长时间的、往往是整夜的争论中,我使他感染了黑格尔主义,这对他是非常有害的,因为他不懂德文,不能认真地研究黑格尔主义。我被逐出巴黎之后,**卡尔·格律恩**先生继续了由我开始的事情。他作为德国哲学的教师,还有一个胜过我的地方,就是他自己一点也不懂德国哲学。

在蒲鲁东的第二部重要著作《贫困的哲学》②出版前不久,他自己在一封很详细的信中把这本书的内容告诉了我,信中附带说了这样一句话:"**我等待着您的严厉的批评。**"不久以后,我果然对他进行了这样的批评(通过我的著作《哲学的贫困》③1847 年巴黎版),其严厉的方式竟使我们的友谊永远结束了。

————

从这里所说的您可以看出,蒲鲁东的《贫困的哲学,或经济矛盾的体系》才第一次真正包含了对《什么是财产?》这个问题的回答。实际上,他只是在第一部著作出版以后才开始研究经济学;他发现,他提出的问题不能用**咒骂**来回答,而只能通过对现代"**政治**

---

① "Sophistication"有"掺假"和"诡辩"两种意思。——编者注
② 即皮·约·蒲鲁东的《经济矛盾的体系,或贫困的哲学》1846 年巴黎版。——编者注
③ 见本选集第 1 卷。——编者注

经济学"的**分析**来回答。同时，他还企图辩证地说明经济范畴的**体系**。**康德**的无法解决的"**二律背反**"，现在必须用**黑格尔**的"**矛盾**"作为阐发手段来代替了。

为了评价他的两卷厚厚的著作，我不得不介绍您看一下我的那部反驳他的著作。在那里，我指出了，他对科学辩证法的秘密了解得多么肤浅，另一方面他又是多么赞同思辨哲学的幻想，因为他**不是把经济范畴看做历史的、与物质生产的一定发展阶段相适应的生产关系的理论表现**，而是荒谬地把它看做预先存在的、**永恒的观念**，并且指出了，他是如何通过这种迂回的道路又回到资产阶级经济学的立场上去①。

其次，我还指出，他对他所批判的"政治经济学"的认识是多么不够，有时甚至是小学生式的；他同空想主义者一起追求一种可用来先验地构想某种"解决社会问题"的公式的所谓"**科学**"，而不是去从对历史运动的批判的认识中，即对本身就产生了**解放的物质条件**的运动的批判的认识中得出科学。我特别指出，蒲鲁东对整个问题的基础——**交换价值**的理解始终是模糊、错误和不彻底的，他还把对**李嘉图**的价值理论的空想主义解释误当做一种新科学的基础。关于他的一般观点，我是用以下的话概述我的判断的：

"每一种经济关系都有其好的一面和坏的一面；只有在这一点上蒲鲁东先生没有背叛自己。他认为，好的方面由经济学家来

---

① 马克思在这里加了一个注："'经济学家所以说现存的关系（资产阶级生产关系）是**天然的**，是想以此说明，这些关系正是使生产财富和发展生产力得以按照自然规律进行的那些关系。因此，这些关系是不受时间影响的**自然规律**。这是应当永远支配社会的**永恒规律**。于是，以前是有历史的，现在再也没有历史了。'（见我的著作第 113 页**16**）"——编者注

揭示,坏的方面由社会主义者来揭露。他从经济学家那里借用了永恒关系的必然性;从社会主义者那里借用了把贫困仅仅看做是贫困的幻想(而不是在贫困中看到将会推翻旧社会的革命的、破坏的一面)。他对两者都表示赞成,企图拿科学权威当靠山。而科学在他看来已成为某种微不足道的科学公式了;他无休止地追逐公式。正因为如此,蒲鲁东先生自以为他既批判了政治经济学,也批判了共产主义;其实他远在这两者之下。说他在经济学家之下,因为他作为一个哲学家,自以为有了神秘的公式就用不着深入纯经济的细节;说他在社会主义者之下,因为他既缺乏勇气,也没有远见,不能超出(哪怕是思辨地也好)资产者的眼界⋯⋯他希望充当科学泰斗,凌驾于资产者和无产者之上,**结果只是一个小资产者**,经常在资本和劳动、政治经济学和共产主义之间摇来摆去。"①

上面这个判决尽管非常严厉,我今天仍然认为每个字都是正确的。但是,同时也要想到,当我把蒲鲁东的这本书称做小资产者社会主义的法典,并从理论上证明了这一点时,政治经济学家和社会主义者还同时把蒲鲁东当做超极端革命者加以诅咒。因此,后来我也从来没有同意过那种说他"**背叛**"了革命的叫嚣。他一开始就被别人和他自己所误解,如果说他辜负了毫无根据的期望,那么这并不是他的过错。

————

同《什么是财产?》相比,在《贫困的哲学》中,蒲鲁东的一切叙述方法上的缺点都非常不利地显示出来了。文笔往往如法国人所说的那样,是**浮夸**的。凡是他失去了高卢人的敏锐智慧的地方,冒

———

① 马克思在这里加了一个注:"见我的著作第 119、120 页。**16**"——编者注

充德国哲学风格的那种傲慢的思辨的胡言乱语就表现出来了。自矜自夸、自吹自擂、大言不惭的论调，特别是有关"**科学**"的令人十分厌恶的胡扯和以"**科学**"自诩的虚伪言词，不断传来，刺耳极了。他的第一部著作中所贯穿的真实的热情，在这里，在某些地方已经被虚浮的狂热系统地代替了。此外，这是自学者炫耀自己学问的极为笨拙而令人讨厌的伎俩，这个自学者对自己的独创思想的那种天生的自豪感已经被挫伤，他作为科学的暴发户，觉得必须以自己所没有的身份和东西来炫耀一番。加之，这还是小资产者的心理，这个小资产者粗暴无礼地——既不尖锐又不深刻，甚至还不正确——攻击**卡贝**这样一个由于对法国无产阶级所采取的实际态度而受到尊敬的人[17]，而对于例如像**杜诺瓦耶**（无论怎么说，他是"国务参事"）这样一个人却表现得谦恭异常，虽然这个杜诺瓦耶的全部价值在于，他认真得可笑地用三厚本无聊不堪的书①来宣传被爱尔维修描绘为"*On veut que les malheureux soient parfaits*"（向不幸者要求完美）②的严肃主义。

　　二月革命[18]对蒲鲁东来说的确来得非常不是时候，因为正好在几星期前他还不容争辩地证明说，"**革命的纪元**"已经一去不复返了。他在国民议会中的演说，虽然表明他对当前的情况很少了解，但仍然是值得极力称赞的。[19]在六月起义[20]以后，这是一个非常勇敢的行动。此外，他的演说还有一个良好的结果，这就是**梯也尔**先生在反对蒲鲁东提案的演说[21]（后来出了单行本）中向整个欧

①　沙·杜诺瓦耶《论劳动自由，或关于人的力量能够得到最大发挥的条件的简述》1845年巴黎版。——编者注

②　见克·阿·爱尔维修《论精神》（两卷集）1784年伦敦版第1卷第27页。——编者注

洲证明了,法国资产阶级的这个精神支柱是建立在多么可怜而幼稚的教义问答的基础上。同**梯也尔**先生相比,**蒲鲁东**的确成了洪水期前的巨人了。

蒲鲁东发明"**无息信贷**"和以这种信贷为基础的"**人民银行**"(banque du peuple)²²,是他在经济学上的最后的"**业绩**"。在我的著作《政治经济学批判。第一分册》1859 年柏林版(第 59—64页①)中已经证明,他的观点的理论基础产生于对资产阶级"政治经济学"的基本要素即**商品**和**货币**的关系的误解,而实际的上层建筑不过是一些更老得多和制定得更好得多的方案的翻版而已。信贷制度,正像它在 18 世纪初以及后来又在 19 世纪初在英国促进了财产从一个阶级手中转到另一个阶级手中一样,在一定的经济和政治条件下能加速工人阶级的解放,这是毫无疑问的,是不言而喻的。但是,想把**生息资本**看做**资本的主要形式**,想把信贷制度的特殊应用,利息的表面上的废除,变为社会改造的基础,这就完全是**小市民的幻想**了。所以我们可以看到,这种幻想实际上已经由 **17 世纪英国小资产阶级的经济学上的代言人**详细发挥过了。蒲鲁东和巴师夏关于生息资本的论战(1850 年)②又远不如《贫困的哲学》。他竟弄到让巴师夏把他击败的地步,而当他的论敌对他施加威力的时候,他就可笑地发出了怪声。

几年前蒲鲁东写了一篇论"**税收**"③的应征论文(我记得是洛

---

① 见《马克思恩格斯全集》中文第 2 版第 31 卷第 474—481 页。——编者注

② 见弗·巴师夏和皮·约·蒲鲁东《无息信贷。弗·巴师夏先生和蒲鲁东先生的辩论》1850 年巴黎版。——编者注

③ 指皮·约·蒲鲁东《税收理论,沃州政务会议为 1860 年征文比赛提出的问题》1861 年布鲁塞尔—巴黎版。——编者注

桑政府征求的）。在这里，连天才的最后一点痕迹也消失了。剩下来的只是**一个地地道道的小资产者**。

至于谈到蒲鲁东的政治著作和哲学著作，那么所有这些著作都像经济学著作一样，也暴露出同样矛盾的、双重的性质。同时，它们的价值只是地方性的，即只限于法国。但是，他对宗教、教会等等的攻击在当时法国的条件下对该国来说是一个巨大的功绩，因为那时法国的社会主义者们认为，信仰宗教是他们优越于 18 世纪的资产阶级伏尔泰主义[23]和 19 世纪的德国无神论的地方。如果说，彼得大帝用野蛮制服了俄国的野蛮，那么，蒲鲁东就是尽了最大的努力用空谈来战胜法国的空谈。

他那本关于"政变"①的著作和他最后写的那本反对波兰的著作[24]应当认为不仅是拙劣之作，而且是卑鄙之作，然而是适合小资产阶级观点的卑鄙之作。在前一本著作中他向路易·波拿巴献媚，实际上是竭力把他弄成适合法国工人口味的人物；在后一本著作中他为了迎合沙皇而表现出愚蠢的厚颜无耻。

人们常常拿**蒲鲁东**和**卢梭**相比。没有比这更错误的了。他更像**尼·兰盖**，不过兰盖的《民法论》是一部很有天才的著作。

蒲鲁东是天生地倾向于辩证法的。但是他从来也不懂得真正科学的辩证法，所以他陷入了诡辩的泥坑。实际上这是和他的小资产阶级观点有联系的。小资产者像历史编纂学家**劳默**一样，是由"一方面"和"另一方面"构成的。小资产者在自己的经济利益上是如此，**因而**在自己的政治上，在自己的宗教观点、科学观点和艺术观点上也是如此。他们在自己的道德上是如此，在一切事情

---

① 指皮·约·蒲鲁东《从十二月二日政变看社会革命》1852 年巴黎版。——编者注

上都是如此。他们是活生生的矛盾。如果说他们同时还像蒲鲁东那样是有才智的人,那么他们很快就会学会玩弄自身的矛盾,并且根据具体情况把这些矛盾变成出人意料的、大吹大擂的、时而丑恶时而辉煌的悖论。科学上的招摇撞骗和政治上的投机,都是和这种观点分不开的。对这种人来说,只有一种动力,那就是**虚荣心**,像一切爱虚荣的人一样,他们所关心的只是眼前的成功、一时的风头。这样,那种例如使卢梭这样的人不断避免向现存政权作任何即使是表面妥协的简单的道德感,也必然消失了。

也许后人在评论法国历史的最近这一阶段时会说,路易·波拿巴是这一阶段的拿破仑,而蒲鲁东是这一阶段的卢梭兼伏尔泰。

这个人刚死不久,您就硬要我来为他盖棺论定,那么这件事就要由您自己负责了。

尊敬您的　卡尔·马克思

卡·马克思写于 1865 年 1 月 24 日

载于 1865 年 2 月 1、3 和 5 日《社会民主党人报》第 16、17 和 18 号

原文是德文

选自《马克思恩格斯文集》第 3 卷第 16—24 页

弗·恩格斯

《德国农民战争》序言

1870 年第二版序言[25]

这部著作是 1850 年夏天对刚刚得逞的反革命还留着直接印象的时候在伦敦写成的;它发表于 1850 年由卡·马克思主编在汉堡出版的《新莱茵报。政治经济评论》[26] 杂志第 5—6 两期合刊上。我在德国的一些政治友人希望重印这部著作,于是我就满足他们的愿望,因为使我感到遗憾的是,这部著作至今还没有失去它的现实意义。

这部著作并不奢望提供独立研讨过的材料。相反,关于农民起义和托马斯·闵采尔的全部材料,都是从戚美尔曼那里借用的。① 他那部书虽然有些缺点,但仍然不失为一部最好的真实的史料汇编。并且,戚美尔曼老人热爱自己所研究的对象。在他的书里到处表现出来的那种为被压迫阶级辩护的革命本能,后来使

---

① 指威·戚美尔曼《伟大农民战争通史》1841—1843 年斯图加特版。——编者注

他成为法兰克福的极左派[27]的最优秀代表之一。①

如果说,尽管如此,戚美尔曼所作的论述还是缺乏内在联系,如果说他没有能指明那个时代的宗教上政治上的 kontroversen(争论问题)是当时阶级斗争的反映,如果说他在这个阶级斗争中只看出压迫者和被压迫者、善良者和凶恶者以及凶恶者的最后胜利,如果说他对于决定斗争的开端与结局的那些社会关系所持的见解带有很大的缺点,那么,这一切正是这部书问世的那个时代的缺陷。相反,就当时来说,这部书是德国唯心主义历史著作中值得嘉许的一个例外,它还是写得很富于现实主义精神的。

我的论述打算通过对这场斗争的历史进程的简要叙述,来说明农民战争的起源,参加这一战争的各种党派的立场,这些党派企图借以弄清自己立场的那些政治的和宗教的理论,以及从当时这些阶级的历史地存在的社会生活条件中必然产生的斗争结局本身;这就是说,我是打算指明:当时德国的政治制度,反对这一制度的起义,以及当时那个时代的政治的和宗教的理论,并不是当时德国农业、工业、水陆交通、商品交易和货币交易所达到的发展程度的原因,而是这种发展程度的结果。这个唯一唯物主义的历史观不是由我,而是由马克思发现的,这个历史观还见于他在同一个《政治经济评论》杂志上发表的论述 1848—1849 年法国革命的著作[28],以及《路易·波拿巴的雾月十八日》②一书。

德国 1525 年革命③和 1848—1849 年革命间的类似之处异常

① 在《德国农民战争》1875 年第三版中,下面还有这样一句话:"诚然,从那时起,他仿佛是有点衰老了。"——编者注
② 见本选集第 1 卷。——编者注
③ 指 1524—1525 年的德国农民战争。——编者注

明显，以致当时不能完全将其忽略。但是，除了各种地方起义都是被同一种诸侯军相继镇压下去这一事变进程中的相同点之外，除了城市市民在这两种场合的行动相似得往往令人好笑之外，其间的差别也还是十分明显的：

"从1525年的革命中得到好处的是谁呢？**诸侯**。从1848年的革命中得到好处的是谁呢？**大诸侯**，即奥地利和普鲁士。站在1525年的小诸侯背后的，是用赋税锁链把这些小诸侯束缚起来的小市民，站在1850年的大诸侯背后，即站在奥地利和普鲁士背后的，是很快就通过国债制服这些大诸侯的现代大资产者。而站在大资产者背后的则是无产者。"①

很可惜，应当说这个论点未免把德国资产阶级看得太高了。在奥地利和普鲁士，它都曾经有机会"很快就通过国债制服"君主制，可是，无论何时何地这种机会都没有被利用。

由于1866年的战争，资产阶级轻而易举地获得了奥地利这一礼物。但是，资产阶级还不善于统治，它在一切方面都显得软弱无力，庸碌无能。它只会做一件事，即一旦工人行动起来，就狂暴地对付他们。它所以还在掌握政权，仅仅是由于**匈牙利人**需要它。

而在普鲁士呢？固然，国债迅猛增长，财政赤字不断公布，国家支出逐年增多，资产者已在议院里占据多数，非经他们同意就既不能增税，也不能借债——但是，他们驾驭国家的权力何在呢？还在几个月以前，当财政赤字再次出现的时候，他们的地位是极为有利的。他们只要**稍许**坚持一下，就能取得很大的让步。可是他们做了什么呢？他们认为，政府**准许**他们给政府献款约900万，并且

---

① 见《马克思恩格斯文集》第2卷第318—319页。——编者注

不只是**一**年,而是今后**每年**如此,这就是一个足够大的让步了。**29**

我并不想苛责议院中的那些可怜的"民族自由党人"**30**。我知道,他们已被那些站在他们背后的人即资产阶级群众抛弃了。这些群众不**愿**进行统治。他们始终刻骨铭心地牢记着 1848 年。

德国资产阶级为什么表现得这样畏首畏尾,这一点我们留待下面来讲。

上面引用的论断在其他各方面完全得到了证实。从 1850 年起,各个小邦日益明确地退到后面去了,只是充当着普鲁士或奥地利的各种阴谋的工具;奥地利和普鲁士彼此间发生越来越激烈的争夺霸权的斗争,以致终于在 1866 年采取了暴力解决的手段,在这之后,奥地利保留了自己原有的省区,普鲁士直接或间接地控制了整个北部地区,而西南部三个邦**31**暂时还被排斥在门外。

在这全部重大政治历史事件**32**中,对德国工人阶级有意义的只有如下几点:

第一,工人因普选权的施行而得到了直接选派自己的代表参加立法议会的权力。

第二,普鲁士以吞并另外三个天赐王权**33**而树立了良好的榜样。现在,甚至民族自由党人也不相信普鲁士**在**这个行动**之后**仍旧握有它先前自命自封的那样一个完美无缺的天赐王权了。

第三,在德国现在只剩下**一个**反对革命的强硬敌手——普鲁士政府了。

第四,现在德意志的奥地利人终于必须给自己提出这样一个问题了:他们究竟愿意做什么人——德国人,还是奥地利人?究竟什么对他们更珍贵些——是德国,还是莱塔河彼岸的那些非德意志的属地?他们必须放弃其中的一个,这一点早就是不言而喻的,但是始终被小资产阶级民主派所掩盖。

　　至于"民族自由党"和"人民党"[34]双方从那时起已经讨论得令人生厌的其他有关 1866 年的重要争论问题,随后数年的历史已经证明:这两种观点所以如此激烈地互相敌对,也无非是因为它们是同一种狭隘性的两个相反的极端而已。

　　1866 年几乎没有改变德国的社会关系中的任何东西。几项资产阶级改革,如统一度量衡、迁徙自由、经营自由等等,全都局限于官僚制度所能接受的范围,这些改革甚至没有获得西欧其他国家的资产阶级早已得到的东西,并且丝毫也没有触动主要的祸害——官僚主义的经营权制度[35]。而对于无产阶级说来,通常的警察行动本来就已经把迁徙自由、公民权、废止身份证等各种法律完全变成一纸空文了。

　　比 1866 年的重大历史事件意义重大得多的,是从 1848 年起在德国开始的工商业、铁路、电报和海洋航运业的兴旺。尽管这些进步还赶不上英国以至法国在同一时期所取得的进步,但它们对于德国说来却是空前未有的,它们在 20 年中带来的成果比以前整整一个世纪还要多。只有到这时,德国才真正地、不可逆转地被卷入了**世界贸易**。工业家的资本迅速增加了,资产阶级的社会地位也相应地提高了。最能表明工业繁荣的**投机事业**广泛发展,它已把伯爵和公爵们紧系在它的凯旋车上了。在 15 年以前,德国铁路还曾向英国企业主乞求援助,而如今德国资本——保佑它在天之灵! ——却已经在俄国和罗马尼亚修筑铁路了。可是为什么资产阶级没有在政治上也夺得统治,为什么它在政府面前表现得如此懦弱呢?

　　德国资产阶级的不幸就在于:它按照惯常的德国方式,出世得太迟了。它兴盛的时期,正是西欧其他各国资产阶级在政治上已开始衰败的时期。在英国,资产阶级能把自己真正的代表布莱特

送到政府里去,只是由于扩大了选举权,而这种办法的后果是必定
会终结整个资产阶级统治的。在法国,资产阶级作为整个阶级来
进行统治,只有两年之久,即只是在 1849 年和 1850 年,在共和国
时期;它只是由于把自己的政治统治让给了路易·波拿巴和军队,
才得以延长了自己的社会存在。而在欧洲三个最先进国家相互作
用已经无限增长的条件下,当资产阶级的政治统治在英国和法国
已经衰败的时候,资产阶级今天要在德国舒舒服服地确立自己的
政治统治,已经不可能了。

　　与先前所有的统治阶级相比,资产阶级的特点恰恰在于:在它
的发展进程中有一个转折点,经过这个转折点之后,它的统治手段
每进一步的增加,首先是它的资本每进一步的增加,都只会使它越
来越没有能力进行政治统治。**"站在大资产者背后的则是无产
者。"**①资产阶级把自己的工业、商业和交通发展到什么程度,它也
就使无产阶级成长到什么程度。而到了一定时刻——这种时刻不
一定在各地同时到来,也不一定在同一发展阶段上到来——它就
开始觉察到:它的这个形影不离的同伴无产阶级已开始胜过它了。
从这时起,它就丧失进行独占政治统治的能力;它为自己寻找同盟
者,并且斟酌情况,或是把自己的统治权分给他们,或是把统治权
完全让给他们。

　　在德国,资产阶级的这个转折点在 1848 年就已来到了。诚
然,那时德国资产阶级与其说是害怕德国无产阶级,倒不如说是害
怕法国无产阶级。1848 年巴黎的六月战斗**20**已经向德国资产阶
级表明什么前途在等着它;当时德国无产阶级所表现的激愤足以

---

①　见《马克思恩格斯文集》第 2 卷第 319 页。——编者注

向它证明：在德国也已撒下将得到同样收获的种子；从这时起，资产阶级政治行动的锋芒就被摧折了。它开始找寻同盟者，不计代价地把自己出卖给他们——而直到今天它一步也没有前进。

所有这些同盟者都具有反动的本性。这就是拥有自己的军队和官僚机构的王权；这就是大的封建贵族；这就是小的土容克；最后，这就是神父。资产阶级跟所有这些人都串通一气并达成协议，只求保全自己宝贵的性命，直到最后它无可典卖时为止。而无产阶级越发展，越是开始意识到自己是一个阶级，并作为一个阶级行动起来，资产者就越是变得畏首畏尾。当普鲁士人的拙劣得惊人的战略在萨多瓦会战[36]中战胜了奥地利人的更加拙劣得惊人的战略时，很难说是谁更轻松地舒了一口气——是在萨多瓦同样被击败了的普鲁士资产者，还是奥地利资产者。

我们的大资产者在1870年的行动，与1525年中等市民的行动一模一样。至于小资产者、手工业师傅和小店主，他们是永远不变的。他们千方百计地希望跻身于大资产阶级的行列，他们害怕被抛到无产阶级的行列中去。他们彷徨于恐惧和希望之间，在斗争期间会力求保全自己宝贵的性命，而在斗争之后则去投靠胜利者。这就是他们的本性。

伴随着1848年以后的工业高涨，无产阶级的社会活动和政治活动也开展起来了。单是目前德国工人在其工会、合作社、政治组织和政治集会中，在选举以及所谓国会中所起的作用，就足以表明，最近20年来在德国已不知不觉地发生了什么样的变革。德国工人获得了很大的荣誉：唯有他们做到了把工人和工人代表派到国会中去，而无论是法国人或英国人到现在为止都没有能够做到这一点。

但是，就连无产阶级的发展也还没有超出1525年的水平。完全地和终生地依靠工资过活的阶级,还远没有构成德国人民的多数。因此,它也得依靠同盟者。而同盟者只能在小资产者、城市流氓无产阶级、小农和农业短工中间去寻找。

关于**小资产者**,我们已经说过了。他们是极不可靠的;只有当已经取得胜利时他们才在啤酒馆中高呼狂叫。然而,在他们中间,也有一些自动加入到工人方面来的优秀分子。

流氓无产阶级是以大城市为其大本营的、由各个阶级的堕落分子构成的糟粕,他们是所有能够找到的同盟者中最坏的同盟者。这些社会渣滓极易被人收买,非常厚颜无耻。如果说法国工人们在每次革命中都在墙壁上写上 Mort aux voleurs!——消灭盗贼!——并且把他们枪毙了不少,那么这并不是由于法国工人热衷于保护财产,而是由于他们正确地认识到首先必须摆脱这帮家伙。任何一个工人领袖只要利用这些流氓作为自己的近卫军或依靠他们,就已经足以表明他是运动的叛徒。

小农——大农属于资产阶级——有不同类型:

有的是**封建的农民**,他们还必须为自己的主人服徭役。既然资产阶级未能履行自己的职责,没有把这些人从农奴依附地位解放出来,所以也就不难令他们相信:他们只有依靠工人阶级才能求得解放。

有的是**佃农**。这些人的情况多半与爱尔兰的情况相同。地租已增加得如此之高,以致在得到中等收成时,农民也只能勉强维持本人和自己家庭的生活,而在收成不好时,他们就几乎要饿死,无力交纳地租,因而完全听任土地所有者摆布。资产阶级只有迫不得已时才会为这些人做一点事。除了工人,他们还能指望谁来拯救自己呢?

还有的农民是在**自己的小块土地**上进行经营。他们大都承受着抵押借款造成的沉重压力,因而就像佃农依附地主那样依附高利贷者。他们只能获取很少一点劳动报酬,而且这种劳动报酬由于年成的好坏不同而极不稳定。他们绝对不能对资产阶级寄托什么希望,因为正是资产者、高利贷资本家在榨取他们的脂膏。但是,他们大部分都牢牢抱住自己的财产不放,虽然这个财产实际上不是属于他们,而是属于高利贷者的。尽管如此,还是应当让他们明白,只有在服从人民意志的政府把一切抵押债务变成对国家的债务,并从而减低利息之后,他们才能摆脱高利贷者。而这只有工人阶级才能做到。

凡是中等地产和大地产占统治地位的地方,**农业短工**是农村中人数最多的阶级。德国整个北部和东部地区的情况就是如此,而城市工业工人就**在这里**找到自己**人数最多的天然同盟者**。正像资本家与工业工人相对立一样,土地所有者或大租佃者是与农业短工相对立的。那些有益于工业工人的措施,也必定有益于农业短工。工业工人只有当他们把资产者的资本,即生产所必需的原料、机器和工具以及生活资料转变为社会财产,即转变为自己的、由他们共同享用的财产时,他们才能解放自己。同样,农业工人,也只有首先把他们的主要劳动对象即土地本身从大农和更大的封建主的私人占有中夺取过来,转变为社会财产并由农业工人的合作社共同耕种,才能摆脱可怕的贫困。这里,我们就谈到了巴塞尔国际工人代表大会[37]的著名决议:为了社会的利益,必须把地产转变为共同的、国家的财产。这个决议所指的,主要是这样的国家,那里存在着大地产以及与它相联系的、在大片土地上进行的经营,而且在这大片的土地上存在着一个主人和许多短工。而这种情况一般说来在德国还占优势,因此巴塞尔代表大会的决议,**对于德国**也和对于英国一样,**正好是极为适时的**。农业无产阶级,即农业短工,是为各邦君主军队提供新兵最多的阶级。这是目前由于实行普选权而把许多封建主和容克选入国会的阶级。但同时这又是最靠近城市工业工人,与他们生活条件相同,甚至比他们更加贫困的阶级。这个阶级因零星分散而软弱无力;政府和贵族十分清楚地知道它的潜在力量,因而故意使教育事业凋敝,好让这个阶级继续处于愚昧无知的状态。唤起这个阶级并吸引它参加运动,是德国工人运动首要的最迫切的任务。一旦农业短工群众学会理解自己的切身利益,在德国就不可能再有任何封建的、官僚的或资产阶级的反动政府存在了。

弗·恩格斯写于 1870 年 2 月 9—11 日

载于 1870 年 4 月 2、6 日《人民国家报》第 27、28 号

原文是德文

选自《马克思恩格斯文集》第 2 卷第 203—212 页

1870 年第二版序言的补充[38]

上面那一部分是四年多以前写成的。它直到今天还具有意义。在萨多瓦会战[36]及德国分裂后是正确的东西,在色当会战[39]及普鲁士民族的神圣德意志帝国[40]建立以后又得到了证实。可见,所谓伟大政策造成的"震撼世界的"重大政治历史事件[32],并不能使历史运动的方向发生什么变化。

但是这些重大政治历史事件可以加快这个运动的速度。在这方面,上述那些"震撼世界的事件"的肇事者无意中得到了大概是极不合他们自己心愿的结果,但不管愿意与否,他们都不得不容忍这些结果。

1866 年的战争已经震撼了旧普鲁士的根基。在 1848 年以后,为了使西部各省骚动的工业成分——无论是资产阶级的还是无产阶级的——重新遵守旧纪律,已经费了不少力气;这件事总算是成功了,而且东部各省容克的利益和军队的利益一起,重新在国家中占了统治地位。在 1866 年,整个德国西北部地区几乎都归普鲁士管辖。姑且不谈普鲁士的天赐王权因吞并其他三个天赐王权[33]而在道义上遭受的不可挽回的损失,现在君主政体的重心确实已经显著地向西移动了。莱茵省和威斯特伐利亚原有的 500 万人口已经增加:首先有 400 万德意志人被直接兼并进来,后来又有 600 万德意志人通过北德意志联邦[41]被间接兼并进来。[42]而在 1870 年,又增添了 800 万西南部德意志人,[43]结果在"新帝国"中,同 1 450 万旧普鲁士人（这是易北河东部六个省的人，那里还有 200 万波兰人）对立的，是早已越出旧普鲁士容克封建制度界限的 2 500 万左右的人。因此，正是普鲁士军队的胜利动摇了普鲁士国家大厦的整个基础；容克的统治甚至使政府也越来越感到不堪忍受。但同时工业突飞猛进的发展，已经把容克和资产阶级之间的斗争排挤到后面去，而把资产阶级和工人之间的斗争提到显要地位上来，所以在旧国家的社会基础中，从内部也发生了彻底的变革。从 1840 年起日渐腐朽的君主政体存在的基本条件是贵族和资产阶级之间的斗争，正是君主政体维持着这场斗争中的均势。但是，从问题已经不在于保护贵族免受资产阶级攻击，而在于保护一切有产阶级免受工人阶级攻击时起，旧的专制君主政体就势必会彻底转变成专为此目的而发明的国家形式，**即波拿巴主义的君主政体**。关于普鲁士向波拿巴主义的这一转变，我在另一篇著作中（《论住宅问题》第二篇第 26 页及以下几页①）已经进行了分析。在那篇著作中，有一点我没有必要加以强调，而在这里却具有非常重要的意义，那就是：这个转变是普鲁士在 1848 年以后**向前迈进的最大一步**，可见普鲁士当时多么落后于现代的发展。它当时仍然是个半封建的国家，而波拿巴主义则无论如何都是以消除封建制度为前提的现代国家形式。所以，普鲁士不得不下决心清除自己的无数封建残余，并牺牲容克本身。所有这一切，当然都是以最温和的形式并在可爱的"永远缓步前进！"②的旋律中进行的。大名鼎鼎的专区法**44**就是一个例子。它废除单个容克在其领地范

---

① 恩格斯《论住宅问题》，见本卷第 240—243 页。——编者注
② 1813 年流行于普鲁士的民歌《来自偏僻村庄的后备军》的副歌。——编者注

围内的封建特权,但这不过是为了用全体大土地所有者在全专区的特权的形式来恢复这种特权。事情的实质依然如故,只是把封建的行话翻译成资产阶级的行话而已。旧普鲁士容克在被迫变为类似英国乡绅的人物,但是他完全用不着特别反对这件事,因为这两种人是同样的愚蠢。

可见,普鲁士遇到了一个特殊的命运,即在本世纪末以惬意的波拿巴主义形式完成它的资产阶级革命,这场革命开始于1808—1813年,并在1848年向前迈进了一步。如果一切顺利,如果世界保持宁静,而我们大家又能长寿的话,那么我们也许将在1900年亲眼看到,普鲁士政府确实废除了一切封建机构,而普鲁士也终于达到了法国在1792年时所处的状况**45**。

废除封建制度,从肯定方面来说,就是确立资产阶级制度。贵族特权废除到什么程度,立法也就资产阶级化到什么程度。在这里,我们可以看到德国资产阶级对待政府的态度的基本点。我们已经知道,政府是**被迫**实行这些缓慢而微小的改良的。但是,政府在资产阶级面前把每一个这样的微小让步都描绘成为资产者所作的**牺牲**,描绘成费很大力气才从国王那里争得的让步,为此资产者自己也应当向政府作某些让步。而资产者虽然十分清楚事情的真相,却甘心去受这种欺骗。由此就产生了在柏林暗中成为国会和普鲁士议院全部讨论基础的默契:一方面政府像蜗牛爬行一样慢慢地为资产阶级的利益而修改法律,消除各种封建的和由于小邦分立而造成的阻挠工业发展的障碍,确立统一的币制和度量衡,确定经营自由等等,准许迁徙自由而使资本可以无限制地支配德国的劳动力,对贸易和投机实行保护;另一方面,资产阶级则听任政府保留全部实际政权,投票赞成赋税、公债和征兵,并协助政府制定一切新改良法,以便使旧的警察权力仍然十分有效地对付那些不受欢迎的人物。资产阶级用立刻放弃自己政权的代价,换取自己渐进的社会解放。当然,资产阶级接受这种协议的主要动机,并不是害怕政府,而是害怕无产阶级。

尽管我们的资产阶级在政治领域表现得极其可怜,但是不可否认,它在工业和商业方面终于去履行自己的义务了。我在第二版序言中所指出的工业和商业的高涨,从那时起显示出了更加强劲的发展势头。从1869年以来,莱茵—威斯特伐利亚工业区在这方面所发生的一切,对德国说来简直是闻所未闻的,就像是本世纪初英国工业区的繁荣景象。在萨克森和上西里西亚,在柏林、汉诺威和沿海城市,也将会出现同样的景象。我们终于有了世界贸易,有了真正的大工业和真正的现代资产阶级;但同时我们这里也有了真正的危机,而且也形成了真正的、强大的无产阶级。

在未来的历史编纂学家看来,在1869年至1874年的德国史上,施皮歇恩、马斯拉图尔和色当等地会战[46]的隆隆炮声以及与此相关的一切,其重要性远远不及德国无产阶级那种质朴、平稳但不断向前的发展。早在1870年德国工人就曾面临一场严峻的考验,即波拿巴主义的战争挑衅[47]及其自然的结果——德国普遍的民族激情。德国社会主义的工人一刻也没有被人引入迷途。他们没有被卷入民族沙文主义的狂澜。当举国欢欣若狂地沉醉于胜利时,他们保持了冷静,要求"同法兰西共和国缔结公正的和约并且不要任何割地"[48],就连戒严状态也不能迫使他们沉默。不论是战争的荣耀,还是关于德意志"帝国壮丽辉煌"的废话,在他们中间都得不到响应;他们唯一的目标始终是整个欧洲无产阶级的解放。我们有充分的理由可以说,到现在为止还没有另一个国家的工人如此出色地经受过这样严峻的考验。

继战时戒严状态之后,便是以叛国、侮辱帝王和官员等罪名提出的审判案，便是和平时期日益加紧的警察迫害。《人民国家报》[49]通常总是有三四个编辑同时被关在监狱里；其他报纸境况也是一样。党内每个稍微著名的演说家每年至少总有一次要到法庭受审，而且几乎总是被判有罪。流放、查抄、解散集会等接二连三地发生。但这一切手段都是徒劳的。一个人被捕或被流放了，立刻就有另一个人来代替；一个集会被解散了，人们随后就会举行两个新的集会；横暴的警察常因人们坚韧顽强和恪守法律而弄得疲于奔命。一切迫害都引起与本意相反的结果；不仅不能摧毁或至少制服工人政党，反而源源不断地给它招来了新的战斗力量并巩固了它的组织。工人不论在对政权或对个别资产者的斗争中，处处都表现了自己智力上和道义上的优势，特别是在与所谓"雇主"发生冲突时，工人证明了他们现在是有教养的人，而资本家则是粗野蛮横之徒。同时工人们大都是抱着幽默态度进行斗争的，这种幽默态度是他们对自己的事业满怀信心并深知自身优势的最好的证明。这样一种在历史奠定的基础上展开的斗争，必定会取得伟大的成果。一月选举[50]的成功是现代工人运动史上迄今独一无二的现象，所以这次选举引起了整个欧洲的惊奇，那是很自然的。

德国工人同欧洲其他各国工人比较起来，有两大优越之处。第一，他们属于欧洲最有理论修养的民族，他们保持了德国那些所谓"有教养的人"几乎完全丧失了的理论感。如果不是先有德国哲学，特别是黑格尔哲学，那么德国科学社会主义，即过去从来没有过的唯一科学的社会主义，就决不可能创立。如果工人没有理论感，那么这个科学社会主义就决不可能像现在这样深入他们的血肉。这个优越之处无比重要，表现在以下的事实中：一方面，英国工人运动虽然在各个行业中有很好的组织，但是发展得非常缓慢，其主要原因之一就是对于一切理论的漠视；另一方面，法国人和比利时人由于受初始形态的蒲鲁东主义的影响而产生谬误和迷惘,西班牙人和意大利人则由于受经巴枯宁进一步漫画化的蒲鲁东主义的影响而产生谬误和迷惘。

第二个优越之处,就是德国人参加工人运动,从时间上来说,差不多是最迟的。德国的理论上的社会主义永远不会忘记,它是站在圣西门、傅立叶和欧文这三个人的肩上的。虽然这三个人的学说含有十分虚幻和空想的性质,但他们终究是属于一切时代最伟大的智士之列的,他们天才地预示了我们现在已经科学地证明了其正确性的无数真理。同德国的理论上的社会主义一样,德国的实践的工人运动也永远不应当忘记,它是站在英国和法国的运动的肩上发展起来的,它能够直接利用英国和法国的运动用很高的代价换来的经验,而在现在避免它们当时往往无法避免的那些错误。如果没有英国工联运动和法国工人政治斗争的榜样,如果没有特别是巴黎公社所给予的那种巨大的推动,我们现在会处在什么境地呢?

必须承认,德国工人非常巧妙地利用了自己地位的有利之处。自从有工人运动以来,斗争是第一次在其所有三个方面——理论方面、政治方面和实践经济方面(反抗资本家)互相配合,互相联系,有计划地推进。德国工人运动所以强大有力和不可战胜,也正是由于这种可以说是集中的攻击。

一方面由于德国工人具有这种有利的地位,另一方面由于英国工人运动具有岛国的特点,而法国工人运动又受到暴力的镇压,所以现在德国工人是处于无产阶级斗争的前列。形势究竟容许他们把这种光荣地位占据多久,现在还无法预先断言。但是,只要他们还占据着这个地位,我们就希望他们能履行在这个地位所应尽的职责。要做到这一点,就必须在斗争和鼓动的各个方面都加倍努力。特别是领袖们有责任越来越透彻地理解种种理论问题,越来越彻底地摆脱那些属于旧世界观的传统言辞的影响,并且时刻注意到:社会主义自从成为科学以来,就要求人们把它当做科学来对待,就是说,要求人们去研究它。必须以高度的热情把由此获得的日益明确的意识传播到工人群众中去,必须不断增强党组织和工会组织的团结。虽然在1月份投票赞成社会党人的选民已经是一支相当庞大的队伍,但是他们还远远没有构成德国工人阶级的多数;而且,在农村居民中宣传的成就虽然很令人振奋,但正是在这方面仍有无数的事情要做。因此,不能在斗争中懈怠下来,而必须从敌人手中把城市和选区一个接一个地夺取过来。但是,首先必须维护真正的国际主义精神,这种精神不容许产生任何爱国沙文主义,这种精神欢迎无产阶级运动中任何民族的新进展。如果德国工人将来继续这样发展下去,那么虽然不能说他们一定会走在运动的最前列(只是某一个国家的工人走在运动的最前列,这并不符合运动的利益),但是毕竟会在战斗行列中占据一个光荣的地位;而将来如果有出乎意料的严峻考验或者重大事变要求他们表现出更大的勇气、更大的决心和毅力的时候,他们一定会有充分的准备。

弗里德里希·恩格斯

1874年7月1日于伦敦

弗·恩格斯写于1874年6月底

载于1875年在莱比锡出版的《德国农民战争》第3版

原文是德文

选自《马克思恩格斯文集》第2卷第213—219页

弗·恩格斯

致国际工人协会西班牙
联合会委员会⁵¹

1871 年 2 月 13 日于伦敦

公民们：

　　总委员会非常高兴地收到了你们 12 月 14 日的来信。你们 7 月 30 日寄出的上一封信，我们也收到了；这封信我们已经交给了西班牙书记，公民赛拉叶，并委托他把我们的答复转达给你们。但是公民赛拉叶不久就到法国为共和国战斗去了，而且接着就被困在巴黎。正是由于这一原因，你们 7 月 30 日的信还没有得到回答，这封信仍在赛拉叶的手上。现在，总委员会在本月 7 日的会议上授权信末签名人——弗·恩·暂时代理同西班牙的通信，并且把你们最近的这封信交给了他。

　　我们按期收到了西班牙文的几种工人报纸——巴塞罗那的《联盟》周报⁵²、马德里的《团结报》⁵³（到 1870 年 12 月为止）、帕尔马的《工人报》（到停刊为止），新近还收到了帕尔马的《社会革命报》⁵⁴（仅仅是创刊号）。这些报纸使我们了解到西班牙工人运动中所发生的事情；我们非常满意地看到，社会革命的思想越来越成为你们国家的工人阶级的共同财富。

毫无疑问,旧政党的空洞的豪言壮语,正如你们所说的,吸引了人民的过多的注意力,因而给我们的宣传造成了很大的障碍。这种情况在无产阶级运动的最初年代中到处都发生过。在法国,在英国,在德国,社会主义者过去曾经不得不,而且现在也还不得不同旧政党的影响和活动作斗争,而不管它们是贵族的或资产阶级的,君主派的或者甚至是共和派的政党。各地的经验都证明,要使工人摆脱旧政党的这种支配,最好的办法就是在每一个国家里建立一个无产阶级的政党,这个政党要有它自己的政策,这种政策显然与其他政党的政策不同,因为它必须表现出工人阶级解放的条件。这种政策的细节可以根据每一个国家的特殊情况而有所不同;但是,因为劳动和资本之间的基本关系到处都一样,有产阶级对被剥削阶级的政治统治这一事实到处都存在,所以无产阶级政策的原则和目的是一样的,至少在一切西方国家中是这样。有产阶级,即土地贵族和资产者,使劳动人民处于被奴役的地位,这不仅靠他们的财富的力量,不仅靠资本对劳动的剥削,而且还靠国家的力量,靠军队、官僚和法庭。如果放弃在政治领域中同我们的敌人作斗争,那就是放弃了一种最有力的行动手段,特别是组织和宣传的手段。普选权赋予我们一种卓越的行动手段。在德国,组织成坚强政党的工人,派出六个代表参加所谓国民代表会议;我们的朋友倍倍尔和李卜克内西居然能在那里反对侵略战争,这比起我们多年来通过报刊和集会所进行的宣传,起了有力得多的、有利于国际宣传的作用。现在,在法国也刚刚选出了工人的代表,他们将在国民议会中大声宣布我们的原则。在英国最近的选举中,也将发生同样的情形。

我们高兴地知道你们想把你们国家的各个支部的会费转给我

们,我们将以感激的心情接受这笔会费。给我们汇会费时,请向伦敦的任何一个银行家开具汇票,抬头写上我们的财务委员约翰·韦斯顿的名字,并用挂号信寄给信末的签名人,地址是:伦敦海-霍耳博恩街256号(总委员会驻在地),或瑞琴特公园路122号(私人住址)。

我们还很感兴趣地等待着你们答应寄给我们的那份关于你们联合会的统计材料。

至于国际的代表大会,在当前的战争继续进行的时候,是无从考虑召开的。但是,如果和平很快就恢复——这是很可能的——,总委员会马上会研究这个重大问题,并且会考虑你们提出的在巴塞罗那召开代表大会的友好邀请。

我们在葡萄牙还没有支部;同这个国家的工人建立联系,这对你们来说也许比我们容易些。如果这样的话,那就请你们就件事再写一封信给我们。同样,我们相信,如果你们能同布宜诺斯艾利斯的印刷工人建立联系,以后把所取得的结果告诉我们,那是比较好的,至少在开始时是这样。现在,如果你们能给我们寄一期《布宜诺斯艾利斯印刷工人协会年鉴》[55]来看一看,那你们就给我们的事业帮了一个令人满意的和有益的忙。

在其他各国,国际运动虽然障碍重重,但是仍在继续发展。在英国,伯明翰和曼彻斯特的工联中央理事会(Trades' Councils)不久以前已经直接加入我们的协会,通过它们,这个国家的两个最大的工业城市的工人也就加入我们的协会了。在德国,我们现在正受着政府的迫害,这种迫害和一年前我们在法国所受到的路易·波拿巴的迫害是一样的。我们的德国朋友们——其中已经有50多人被投入监狱——真正是在为国际的事业受苦;他们之所以被逮捕和受迫害,是因为他们用全部力量反对侵略政策,要求德国人民和法国人民友好。在奥地利,我们的许多朋友也被关在监狱里,但是运动还是在发展。在法国,我们各地的支部都成为反抗侵略的灵魂和力量;它们在南方各大城市中夺得了地方政权;里昂、马赛、波尔多、图卢兹都发挥了在其他地方没有见到过的力量,这应当完全归功于国际会员的努力。在比利时,我们有强大的组织;我们的比利时各支部刚胜利地开过自己的第六次地区代表大会。在瑞士,不久以前在我们各支部之间出现的意见分歧,看来开始平息下去。我们从美国又接纳了一些新的支部,即法国人支部、德国人支部和捷克人(波希米亚人)支部,此外,我们同一个很大的美国工人组织——劳工同盟(Labor League)[56]仍然保持着兄弟般的关系。

希望很快能得到你们的新消息,向你们致兄弟般的敬礼。

代表国际工人协会总委员会

弗·恩·

弗·恩格斯写于 1871 年 2 月 13 日

原文是法文

第一次发表于《马克思恩格斯全集》俄文第 1 版第 26 卷

选自《马克思恩格斯文集》第 3 卷第 91—94 页

卡·马克思

法兰西内战

国际工人协会总委员会宣言[57]

恩格斯写的 1891 年版导言[58]

　　要求再版国际总委员会的宣言《法兰西内战》并给它写一篇导言，这是我没有想到的。所以我在这里只能简略地谈一下最重要的几点。

　　在上面提到的这篇篇幅较大的著作前面，我加上了总委员会关于普法战争的两篇较短的宣言。首先是因为《内战》提到了第二篇宣言，而第二篇宣言如果没有第一篇宣言作参照，是不能完全弄明白的。其次是因为这两篇同为马克思所写的宣言，也和《内战》一样，突出地显示了作者在《路易·波拿巴的雾月十八日》①中已初次表现出的惊人的才能，即在伟大历史事变还在我们眼前展开或者刚刚终结时，就能准确地把握住这些事变的性质、意义及其必然后果。最后是因为我们在德国至今还忍受着马克思预言过

---

① 见本选集第 1 卷。——编者注

的这些事变后果所带来的苦难。

第一篇宣言曾经预言,如果德国反对路易·波拿巴的防御战争蜕变为反对法国人民的掠夺战争,德国在所谓解放战争[59]之后所遭到的那一切不幸,将会变本加厉地重新落到它的头上。难道这个预言不是已经得到了证实?难道我们不是又经受了 20 年的俾斯麦统治?对蛊惑者的迫害[60]不是换成了非常法[61]和对社会党人的迫害,警察不是专横如故,法律不是同过去不差分毫地遭到可怕的歪曲?

兼并阿尔萨斯和洛林就会"迫使法国投入俄国的怀抱",并且在兼并之后,德国就得要么公开成为俄国的工具,要么在稍经喘息之后准备一场新的战争,而且是准备一场"种族战争,即反对联合起来的斯拉夫语种族和罗曼语种族的战争"。这一预言难道不是不差分毫地得到了证实?难道兼并法国的两省不是已迫使法国投入了俄国的怀抱?难道俾斯麦不是在整整 20 年内徒劳地巴结沙皇,为他效犬马之劳,其卑躬屈节不是甚于小小的普鲁士在成为"欧洲第一强国"以前常为"神圣俄国"卑恭效力之时?难道一场战争的达摩克利斯剑不是天天悬在我们的头上?这场战争在开始的第一天就会使各国君主间一切立有盟约的联盟烟消云散;这场战争除了可以肯定其结局是绝对无法肯定的以外,其余的什么都不能肯定;这场战争将是种族战争,它将使整个欧洲遭受 1 500 万或 2 000 万武装士兵的蹂躏;这场战争之所以还没有爆发,只是因为连最强的军事大国也为这场战争的最终结果绝对不能预知而感到畏惧。

所以,我们也就更应该使德国工人能够重新读到这两篇几乎已被人遗忘的、证明国际在 1870 年所采取的工人政策的远见性的光辉文件。

我关于这两篇宣言所说的话,对于《法兰西内战》也是同样适用的。5 月 28 日,公社的最后一批战士在贝尔维尔一带的坡地由于寡不敌众而殉难。只过了两天,即在 5 月 30 日,马克思就向总委员会宣读了自己的著作。这一著作揭示了巴黎公社的历史意义,并且写得简洁有力而又那样尖锐鲜明,尤其是那样真实,是后来关于这个问题的全部浩繁文献都望尘莫及的。

法国从 1789 年起的经济发展和政治发展使巴黎在最近 50 年来形成了这样的局面:那里爆发的每一次革命都不能不带有某种无产阶级的性质,就是说,用鲜血换取了胜利的无产阶级,在胜利之后总是提出自己的要求。这些要求或多或少是含糊不清的,甚至是混乱的,这与巴黎工人每次达到的发展程度有关;但是,所有这些要求归根到底都是要消灭资本家和工人之间的阶级对立。至于这一点如何才能实现,的确谁也不知道。然而,这一要求本身,尽管还很不明确,可是对现存社会制度已经含有一种威胁;而且提出这个要求的工人们还拥有武装;因此,掌握国家大权的资产者的第一个信条就是解除工人的武装。于是,在每次工人赢得革命以后就产生新的斗争,其结果总是工人失败。

这种情形第一次发生于 1848 年。属于议会反对派[62]的自由派资产者举行了要求改革的宴会,目的是要实现一种能保证他们的政党取得统治地位的选举改革。[63]对政府进行的斗争日益迫使他们去求助于人民,于是他们不得不逐步让资产阶级和小资产阶级中的激进阶层和共和阶层走在前面。可是,这些阶层的背后是革命的工人,他们从 1830 年以来已经取得了比资产者,甚至比共和派所设想的要多得多的政治独立性。当政府和反对派之间的关系发生了危机的时候,工人们就打起了巷战;路易-菲力浦消失了,选举改革也同他一起消失了;代之而起的是共和国,而且胜利的工人们甚至把它宣布为"社会"共和国。至于这个社会共和国究竟是什么意思,谁也不清楚,就是工人们自己也不清楚。但是,他们现在已经拥有武装,已经成了国家里的一支力量。所以当政的资产阶级共和派一感到他们脚下的根基已经相当稳固的时候,他们的第一个目标就是解除工人的武装。事实果然如此。他们直接违背诺言,公开嘲弄工人并企图把失业者流放到边远省份去,逼得工人举行了1848年的六月起义[20]。政府早已处心积虑地为自己保证了压倒优势。工人们经过了五天英勇斗争,终于失败。接着,对手无寸铁的俘虏的血腥屠杀就开始了,这样的屠杀自那场导致了罗马共和国覆灭的内战以来还未曾见过。资产阶级第一次表明了,一旦无产阶级敢于作为一个具有自身利益和要求的单独阶级来同它相对抗,它会以何等疯狂的残暴手段来进行报复。然而,和资产阶级在1871年的狂暴比较起来,1848年事件还只能算是一种儿戏。

惩罚接踵而来。如果说无产阶级还不能管理法国,那么资产阶级却已经再也不能管理法国了。至少当时不能,因为那时资产阶级大部分还是保皇主义的,并且分裂为三个王朝政党[64]和一个共和党。它的内部纷争,使得冒险家路易·波拿巴能把一切权力阵地,即军队、警察和行政机关尽行占据,并且在1851年12月2日把资产阶级的最后堡垒即国民议会也打碎了。第二帝国[65]开创了这样一种局面:由一帮政治冒险家和金融冒险家剥削法国,同时工业也发展起来,这种发展先前在路易-菲力浦的目光狭窄、畏缩不前的体制下,在只由大资产阶级中一小部分人独揽统治权的条件下,是完全不可能的。路易·波拿巴以在工人面前保护资产阶级并反过来在资产阶级面前也保护工人为借口,夺去了资本家手中的政权;而他的统治却便利了投机事业与工业活动,简言之,使整个资产阶级的经济繁荣与发财致富达到了前所未有的程度。不过,得到更大程度发展的还是贪污舞弊和普遍的盗窃,干这些事情的人麇集在皇帝宫廷周围,从繁荣所带来的财富中抽取巨额的红利。

但第二帝国是对法国沙文主义的召唤,它意味着要求恢复1814 年失去的第一帝国的边疆,至少恢复第一共和国的边疆。法兰西帝国局限在旧帝国的疆界内,甚至局限在 1815 年又经削割的疆界内,从长远而论是不可能的事。因此必然要不时地进行战争并扩大疆土。而扩大疆土,再没有什么会像朝德国莱茵河左岸扩张那样强烈地吸引着法国沙文主义者了。莱茵河畔一平方英里,在他们眼中要比阿尔卑斯山区或其他任何地方的十平方英里宝贵得多。只要第二帝国存在,要求收回——一下子收回或是一块一块地收回——莱茵河左岸地区只不过是时间问题。这个时间随着1866 年的普奥战争到来了。波拿巴在指望获得"领土报酬"方面既然吃了俾斯麦的亏,吃了他自己过分狡猾的观望政策的亏,除发动一场战争之外也就别无他法。这场战争在 1870 年爆发了,结果是把他推上了色当,随后又把他送到了威廉堡[66]。

必然的后果就是 1870 年 9 月 4 日的巴黎革命[67]。帝国像纸牌搭的房子一样倒塌了;共和国又重新宣告成立。但是敌人已站在大门口;帝国的那些军队不是被死死地围困于梅斯,就是在德国当了俘虏。在这种危急关头,人民允许前立法团的巴黎议员们组成了"国防政府"。由于这时所有能荷枪作战的巴黎人都为保卫国家而加入了国民自卫军并武装了起来,从而工人在国民自卫军中占了绝大多数,所以人民就更欣然地同意组成这样的政府。但是此后不久,几乎完全由资产者组成的政府和武装的无产阶级之间的对立就暴露出来了。10 月 31 日,有几个工人营攻下了市政厅,并且逮捕了一部分政府成员。可是,由于有人背叛,由于政府直接违背自己的诺言和几个小资产阶级营进行干涉,被捕者又被释放;而为了避免在遭受外敌围困的城内引发内战,人民仍然让原有的政府继续执政。

终于,备受饥饿折磨的巴黎在 1871 年 1 月 28 日投降了,但这是战争史上前所未有的光荣投降。炮台交出了,城墙上的武装解除了,战斗团和别动队交出了武器,被视为战俘。然而国民自卫军却保存了自己的枪械和大炮,只是同胜利者实行了停战。胜利者不敢耀武扬威开进巴黎;他们只敢占据巴黎的一个小角落,其中有一部分还是公园,而且这个角落也只被他们占了几天!在这几天内,曾把巴黎围困了 131 天的胜利者们自己却处于巴黎武装工人的包围之中,这些工人机警地监视着,不让一个"普鲁士人"越出让给外国侵略者的那个角落的狭窄界限。巴黎的工人们竟使一支让全部帝国军队放下了武器的军队对他们那样敬畏。跑到这里来向革命策源地进行报复的普鲁士容克们,不得不正是在这个武装的革命面前恭恭敬敬地停下来,向它敬礼!

在战争期间,巴黎工人只限于要求坚决继续打仗。可是现在,巴黎投降了,和平了,[68]这时新的政府首脑梯也尔不能不看到,只要巴黎工人手里还有武器,有产阶级——大土地占有者和资本家——的统治就时刻处于危险之中。他要做的第一件事就是设法解除工人的武装。3 月 18 日,他派了军队去夺取国民自卫军的大炮,这些大炮是在巴黎被围期间由公众捐款制造的。这个企图没有得逞;全巴黎像一个人一样奋起自卫,于是巴黎和盘踞在凡尔赛的法国政府之间的战争即告开始。3 月 26 日,巴黎公社被选出,3 月 28 日正式宣告成立。到这时为止执行着政府职能的国民自卫军中央委员会,把自己的全权交给了公社。而在此以前该委员会已经下令废除了声名狼藉的巴黎"风纪警察"。3 月 30 日公社取消了征兵制和常备军,把一切能荷枪作战的公民都要参加的国民自卫军宣布为唯一的武装力量。公社免除了从 1870 年 10 月至次年 4 月的全部房租——把已付的租金转做以后的预付租金,并且停止变卖市立典押借贷处里所有的典押物品。同日又批准了选入公社的外国人为公社委员,因为"公社的旗帜是世界共和国的旗帜"①。4 月 1 日规定,公社公务人员(因而也包括公社委员本身)的薪金,不得超过 6 000 法郎(4 800 马克)。次日下令,宣布教会与国家分离,取消国家用于宗教事务的一切开支,并把一切教会财产转为国家财产;4 月 8 日又据此下令把一切宗教象征、神像、教义、祷告,总之,把"有关个人良心的一切",从学校中革除出去,②此命令逐步付诸实施。4 月 5 日,鉴于凡尔赛军队每天都枪杀被俘的公社战士,颁布了扣压人质的法令,可是这项法令始终没有贯彻执行。4 月 6 日,国民自卫军第 137 营把断头机拖了出来,在人民的欢呼声中当众烧毁。4 月 12 日,公社决定毁掉旺多姆广场上由拿破仑在 1809 年战争后用夺获的敌军大炮铸成的凯旋柱,因为它是沙文主义和民族仇恨的象征。这项决定是在 5 月 16 日执行的。4 月 16 日,公社下令,对被厂主停工的工厂进行登记,并制订计划:把这些工厂的原有工人联合成合作社以开工生产,同时还要把这些合作社组成一个大的联社。4 月 20 日,公社废止了面包工人的夜工,还取消了从第二帝国时起由警察局指派的最精于剥削工人之道的家伙们独家经营的职业介绍所;这种职业介绍所交由巴黎 20 个区的区政府接管。4 月 30 日,公社下令封闭当铺,因为

---

① 引自公社选举委员会的报告,载于 1871 年 3 月 31 日《法兰西共和国公报》第 90 号。——编者注

② 指巴黎公社教育代表爱·瓦扬 1871 年 5 月 11 日发布的命令的内容,见 1871 年 5 月 12 日《法兰西共和国公报》第 132 号。——编者注

当铺是供私人用来剥削工人的,同工人占有自己的劳动工具的权利和进行借贷的权利相抵触。5月5日,公社决定拆毁专为处死路易十六赎罪而建筑的小教堂。

这样,从3月18日起,先前被抵抗外敌侵犯的斗争所遮蔽了的巴黎运动的阶级性质,便以尖锐而纯粹的形式显露出来了。因为公社委员几乎全都是工人或公认的工人代表,所以公社所通过的决议也都带有鲜明的无产阶级性质。这些决议,要么是规定实行共和派资产阶级只是由于怯懦才不敢实行的、然而却是工人阶级自由行动的必要前提的那些改革,例如实行宗教**对国家而言**纯属私事的原则;要么就是直接代表工人阶级的利益,有时还深深地触动了旧的社会制度。但是在一个被围困的城市内,实行这一切措施最多只能做出一个开端。从5月初起,全副力量都用到同不断增多的凡尔赛政府大军作战上去了。

4月7日,凡尔赛军队在巴黎西线夺取了讷伊近旁的塞纳河渡口;但是,4月11日,他们向南线进攻时却被埃德将军击退,伤亡惨重。巴黎遭到不停的炮击,而下令开炮的恰恰是曾经指斥普军炮击巴黎为亵渎圣地的人。就是这些人现在乞求普鲁士政府急速遣返在色当和梅斯被俘的法国士兵,好为他们去夺回巴黎。由于这批兵员陆续开到,凡尔赛军队从5月初起就占了决定性的优势。这种情况在4月23日已经表现出来了,这一天,梯也尔停止了根据公社提议开始进行的谈判,谈判的内容是用作为人质关在巴黎的巴黎大主教①及其他许多神父来交换两度当选为公社委员、但被关在克莱尔沃的布朗基一人。而在梯也尔改变了的说话

---

① 若·达尔布瓦。——编者注

口气中,这种情况表现得更加明显,他先前说话是慎重而含糊的,现在忽然变得蛮横无礼咄咄逼人了。在南线,凡尔赛军队于 5 月 3 日占据了穆兰-萨凯多面堡,9 日占据了已被炮火完全夷为平地的伊西堡,14 日占据了旺沃堡。在西线,他们陆续攻占城墙外的许多村庄和建筑物,一直推进到主墙的脚下;5 月 21 日,由于有人叛卖以及在那里驻防的国民自卫军疏忽大意,他们得以闯进城内。占据着北部和东部炮台的普鲁士军队,准许凡尔赛军队取道城市北部按照停战协定条款禁止他们进入的地带向前推进,从而使他们能够在这样一条广阔的战线上实行进攻。巴黎人想必认为这一地带有停战协定作为保障,因而防守不力。正因为如此,巴黎西半部即真正的富人区只进行了微弱的抵抗;闯入的敌军越接近东半部即真正的工人区,所遇到的抵抗就越激烈越顽强。只是在经过八天的战斗之后,最后一批公社捍卫者才在贝尔维尔和美尼尔芒坦的高地上倒下去,这时对赤手空拳的男女老幼已进行了一个星期的越来越疯狂的屠杀达到了顶点。用后装枪杀人已嫌不够快了,于是便使用机关枪去成百上千地屠杀战败者。最后一次大屠杀是在拉雪兹神父墓地上的一堵墙近旁发生的,这堵"公社战士墙"至今还伫立在那里,作为无声的雄辩见证,说明一旦无产阶级敢于起来捍卫自己的权利,统治阶级的疯狂暴戾能达到何种程度。后来,当发觉不可能把一切人杀尽的时候,就开始了大逮捕,并从俘虏群中任意拉出一些牺牲品来枪杀,其余的人则赶到大营房里去,让他们在那里等待军事法庭的审判。包围着巴黎东北部的普鲁士军队奉命不得让一个逃亡者通过,但是军官看见士兵对人道比对上司命令更加服从时,往往装做没看见。特别的荣誉应该归于萨克森军,它非常人道,放走了许多分明是公社战士的人。

———

如果我们今天在过了20年之后来回顾一下1871年巴黎公社的活动和历史意义，我们就会发觉，对《法兰西内战》中的叙述还应作一些补充。

公社委员分为多数和少数两派：多数派是布朗基派，他们在国民自卫军中央委员会里也占统治地位；少数派是国际工人协会[12]会员，他们多半是蒲鲁东派社会主义的信徒。那时，绝大多数的布朗基派不过凭着革命的无产阶级本能才是社会主义者；其中只有少数人通过熟悉德国科学社会主义的瓦扬，比较清楚地了解基本原理。因此可以理解，为什么公社在经济方面忽略了很多据我们现在看来是当时必须做的事情。最令人难解的，自然是公社把法兰西银行视为神圣，而在其大门外毕恭毕敬地伫立不前。这也是一个严重的政治错误。银行掌握在公社手中，这会比扣留一万个人质更有价值。这会迫使整个法国资产阶级对凡尔赛政府施加压力，要它同公社议和。但是，更令人惊讶的是，尽管如此，由布朗基派和蒲鲁东派组成的公社也做了很多正确的事情。不言而喻，对于公社在经济方面的各种法令，无论是值得称道还是不值得称道的方面，首先要由蒲鲁东派负责；而对于公社在政治方面的行动和失策，则要由布朗基派负责。正如笃信某种学说的人们掌权后通常会出现的情况一样，无论是蒲鲁东派或布朗基派，都做了恰恰与他们那一派的学说相反的事情，遭到历史的嘲弄。

蒲鲁东这个小农和手工业师傅的社会主义者，对联合简直是切齿痛恨的。他说：联合的坏处多于好处，它根本是无益的，甚至有害，因为它是束缚工人自由的锁链之一；它是十足的教条，无用而且累赘，既违反节省劳动的原则又同工人的自由相矛盾；它的缺点比优点发展得更快；与它相反，竞争、分工、私有财产才是经济力量。只是作为例外——蒲鲁东就是这样说的——即对于大工业和大企业,比如对于铁路来说,工人的联合才适用(见《革命的总观念》[69]第 3 篇)。

其实在 1871 年,甚至在巴黎这个手工艺品生产中心,大工业也已经不再是什么例外了,所以公社的最重要的法令,就规定要把大工业以至工场手工业组织起来,这种组织工作不但应该以每一工厂内工人的联合为基础,而且应该把所有这些合作社组成一个大的联社①;简言之,这种组织工作,正如马克思在《内战》中完全正确地指出的,归根到底必然要导致共产主义②,即导致与蒲鲁东学说正相反的方面。正因为如此,公社也是蒲鲁东派社会主义的坟墓。现在这个派别在法国工人中间已经绝迹了;目前在这里马克思的理论无可争议地占有统治地位,这种情形在"可能派"中间丝毫不亚于在"马克思派"中间。只有在"激进的"资产阶级中间还有蒲鲁东派存在。

布朗基派的情况也并不好些。他们是在密谋派别中培育出来的,是靠相应的严格纪律团结在一起的,他们认为,一批相对说来数目较少的意志坚决、组织良好的分子,在一定的有利时机不仅能够夺得政权,而且能够凭着一往无前的强大毅力保持政权,直到把人民群众吸引到革命方面并使之聚集在少数领袖周围。这首先就要把全部权力最严格地、独断地集中在新的革命政府手中。正是由这些布朗基派占大多数的公社,在实际上是怎样做的呢?它在向外省的法国人发出的一切公告中,要求他们把法国的所有公社同巴黎联合起来,组成一个自由的联邦,一个第一次真正由国民自己建立的全国性组织。在此以前,中央集权政府进行压迫所凭借

---

① 参看本卷第 49 页。——编者注

② 参看本卷第 102—103 页。——编者注

的力量是军队、政治警察、官僚机构。正是这支由拿破仑在1798年建立、后来每届新政府都乐于接过去用以反对自己敌人的力量，在一切地方都必须消除，就像在巴黎已经消除那样。

公社一开始想必就认识到，工人阶级一旦取得统治权，就不能继续运用旧的国家机器来进行管理；工人阶级为了不致失去刚刚争得的统治，一方面应当铲除全部旧的、一直被利用来反对工人阶级的压迫机器，另一方面还应当保证本身能够防范自己的代表和官吏，即宣布他们毫无例外地可以随时撤换。以往国家的特征是什么呢？社会为了维护共同的利益，最初通过简单的分工建立了一些特殊的机关。但是，随着时间的推移，这些机关——为首的是国家政权——为了追求自己的特殊利益，从社会的公仆变成了社会的主人。这样的例子不但在世袭君主国内可以看到，而且在民主共和国内也同样可以看到。正是在美国，同在任何其他国家中相比，"政治家们"都构成国民中一个更为特殊的更加富有权势的部分。在这个国家里，轮流执政的两大政党中的每一个政党，又是由这样一些人操纵的，这些人把政治变成一种生意，拿联邦国会和各州议会的议席来投机牟利，或是以替本党鼓动为生，在本党胜利后取得职位作为报酬。大家知道，美国人在最近30年来千方百计地想要摆脱这种已难忍受的桎梏，可是却在这个腐败的泥沼中越陷越深。正是在美国，我们可以最清楚地看到，本来只应为社会充当工具的国家政权怎样脱离社会而独立化。那里没有王朝，没有贵族，除了监视印第安人的少数士兵之外没有常备军，不存在拥有固定职位或享有年金的官僚。然而我们在那里却看到两大帮政治投机家，他们轮流执掌政权，以最肮脏的手段来达到最肮脏的目的，而国民却无力对付这两大政客集团，这些人表面上是替国民服务，实际上却是对国民进行统治和掠夺。

为了防止国家和国家机关由社会公仆变为社会主人——这种现象在至今所有的国家中都是不可避免的——公社采取了两个可靠的办法。第一，它把行政、司法和国民教育方面的一切职位交给由普选选出的人担任，而且规定选举者可以随时撤换被选举者。第二，它对所有公职人员，不论职位高低，都只付给跟其他工人同样的工资。公社所曾付过的最高薪金是 6 000 法郎。这样，即使公社没有另外给代表机构的代表签发限权委托书，也能可靠地防止人们去追求升官发财了。

这种打碎旧的国家政权而以新的真正民主的国家政权来代替的情形，《内战》第三章已经作了详细的描述。但是这里再一次简单扼要地谈谈这个问题还是有必要的，因为正是在德国，来自哲学的对国家的迷信，已经进入到资产阶级甚至很多工人的一般意识之中。按照哲学概念，国家是"观念的实现"，或是译成了哲学语言的尘世的上帝王国，也就是永恒的真理和正义所借以实现或应当借以实现的场所。由此就产生了对国家以及一切同国家有关的事物的盲目崇拜。尤其是人们从小就习惯于认为，全社会的公共事务和公共利益只能像迄今为止那样，由国家和国家的地位优越的官吏来处理和维护，所以这种崇拜就更容易产生。人们以为，如果他们不再迷信世袭君主制而坚信民主共和制，那就已经是非常大胆地向前迈进了一步。实际上，国家无非是一个阶级镇压另一个阶级的机器，而且在这一点上民主共和国并不亚于君主国。国家再好也不过是在争取阶级统治的斗争中获胜的无产阶级所继承下来的一个祸害；胜利了的无产阶级也将同公社一样，不得不立即尽量除去这个祸害的最坏方面，直到在新的自由的社会条件下成长起来的一代有能力把这国家废物全部抛掉。

近来，社会民主党的庸人又是一听到无产阶级专政这个词就吓出一身冷汗。好吧，先生们，你们想知道无产阶级专政是什么样子吗？请看巴黎公社。这就是无产阶级专政。

弗·恩格斯

1891 年 3 月 18 日巴黎公社

20 周年纪念日于伦敦

弗·恩格斯写于 1891 年 3 月初—3 月 14 日

载于 1890—1891 年《新时代》杂志第 9 年卷第 2 册第 28 期

原文是德文

选自《马克思恩格斯文集》第 3 卷第 99—112 页

国际工人协会总委员会关于
普法战争的第一篇宣言⁷⁰

致国际工人协会欧洲和美国全体会员

在1864年11月的《国际工人协会成立宣言》中，我们曾经说过："工人阶级的解放既然要求工人们兄弟般的合作，那么在那种为追求罪恶目的而利用民族偏见并在掠夺战争中洒流人民鲜血和浪费人民财富的对外政策下，他们又怎么能完成这个伟大任务呢？"我们当时用这样的话描述了国际所主张的对外政策："……努力做到使私人关系间应该遵循的那种简单的道德和正义的准则，成为各民族之间的关系中的至高无上的准则。"①

路易·波拿巴利用法国的阶级斗争篡夺了政权，并且以不时进行的对外战争来延长其统治，无怪他一开始就把国际看做危险的敌人。在全民投票的前夕，他下令在巴黎、里昂、鲁昂、马赛、布雷斯特以及其他地方，即在法国全境搜捕国际工人协会¹²各个领导机构的成员，借口说国际是一个秘密团体，试图密谋暗杀他；这种借口之荒唐无稽，不久就由他自己的法官们揭穿了。⁷¹国际的法国各个支部的真正罪行究竟何在？就在于他们曾经公开地大声告

---

① 见本卷第10—11页。——编者注

诉法国人民：参加全民投票就等于投票赞成对内专制和对外战争。的确，正是由于他们的努力，在法国所有的大城市，所有的工业中心，工人阶级都一致起来反对全民投票。不幸，由于农村地区的极端愚昧无知，形势发生了逆转。欧洲各国的证券交易所、政府、统治阶级和报刊都欢庆全民投票的成功，认为这是法国皇帝对法国工人阶级的重大胜利。实际上这是个谋杀的信号，谋杀的对象已不是一个人，而是许多民族。

1870 年 7 月的军事阴谋不过是 1851 年 12 月的政变[65]的修正版。初看起来，事情荒谬得很，全法国都不肯相信当真要发动战争。他们宁肯相信那位把内阁的好战言论斥为不过是交易所把戏的议员①。当 7 月 15 日立法团终于被正式告知要打仗的时候，全体反对派都拒绝批准初步费用，甚至梯也尔也斥此事为"可憎"；巴黎所有独立的报纸都对此事进行了谴责，并且，说也奇怪，外省的报纸也与它们几乎采取一致行动。

与此同时，国际的巴黎会员也再次行动起来。在 7 月 12 日的《觉醒报》[72]上，他们发表了《告全世界各民族工人书》，现摘引几段如下：

> "在保持欧洲均势和维护民族尊严的借口下，政治野心又在威胁世界和平了。法国、德国、西班牙的工人们！把我们的呼声联合成为共同反对战争的怒吼吧！…… 争夺霸权的战争，或维护某一王朝利益的战争，在工人看来只能是荒谬绝伦的犯罪行为。我们渴望和平、劳动和自由，我们坚持反对那些自己不付血税却利用社会灾难来进行新的投机的人的黩武叫嚣！…… 德国弟兄们！我们彼此分裂只会使专制制度在莱茵河两岸都获得完全胜利…… 全世界的工人们！不管我们的共同努力在目前会产生怎样的结果，我们这些不分国界的国际工人协会会员，代表法国工人向你们表示良好的祝

---

① 茹·法夫尔。——编者注

愿和敬意,并保证忠于牢不可破的团结。"

在我们的巴黎支部发表这个宣言以后,接着法国各地也发出了许多同样的宣言,我们这里只能援引其中一篇。塞纳河畔讷伊支部在 7 月 22 日的《马赛曲报》[73]上发表的宣言中说:

"这次战争是正义的吗? 不! 这次战争是民族的吗? 不! 这只是王朝的战争。为了人道,为了民主,为了法国的真正利益,我们完全并坚决拥护国际反对战争的声明。"

这些抗议表达出了法国工人的真实情感。不久就发生一件奇事证明了这一点。原先在路易·波拿巴当总统的时候纠集起来的**十二月十日帮**换上了工人的衣服,受指使跑上了巴黎的大街去表演战争狂热[74],市郊的真正工人们当即出来举行了拥护和平的示威,声势异常浩大,以致警察局长皮埃特里觉得还是立即禁止任何街头政治活动为妙。他提出的借口是,忠诚的巴黎人民已经充分地宣泄了他们蕴藏已久的爱国情感与高涨的战争热情。

不管路易·波拿巴同普鲁士的战争进程如何,第二帝国的丧钟已经在巴黎敲响了。它以一场模仿丑剧开始,仍将以一场模仿丑剧告终。但是不应该忘记,正是欧洲各国政府和统治阶级使路易·波拿巴能够把**复辟帝国**的残酷笑剧表演了 18 年之久。

从德国方面来说,这次战争是防御性的战争。但是,究竟是谁把德国置于必须进行自卫的地位呢? 是谁使路易·波拿巴能够对德国进行战争呢? 正是**普鲁士**! 是俾斯麦恰恰同这个路易·波拿巴暗中勾结,目的是要镇压普鲁士本国人民的反抗,并使霍亨索伦王朝吞并全德。假定萨多瓦之役[36]不是打胜而是打败了,法国军队就会以普鲁士盟友资格在德国到处横行。普鲁士在胜利之后,难道曾有过片刻想要以一个自由的德国去和一个被奴役的法国相对抗吗？恰恰相反。普鲁士细心保存了自己旧制度固有的一切妙处，另外又采纳了第二帝国的一切奸猾伎俩：它的真专制与假民主，它的政治面具与财政骗局，它的漂亮言辞与龌龊手腕。波拿巴体制以前只是在莱茵河的一岸称雄，如今在河的另一岸又出了个貌似一样的体制。在这种形势下，除了**战争**，还能有什么结果呢？

如果德国工人阶级听任目前这场战争失去其严格的防御性质而蜕变为反对法国人民的战争，那么无论胜利或失败，都同样要产生灾难性的后果。德国在它的所谓解放战争59之后所遭到的那一切不幸，将会变本加厉地重新落到它的头上。

然而，国际的原则在德国工人阶级中间传播非常广，扎根非常深，我们不必担心会发生这种悲惨的结局。法国工人的呼声已经在德国得到了反响。7 月 16 日在不伦瑞克举行的工人群众大会宣布完全赞同巴黎宣言，唾弃对法国持民族对立态度的主张。会上通过的决议在结束语中是这样说的：

"我们反对一切战争，而首先反对的是王朝战争……　我们为即将被迫参加一场无可避免的不幸的防御战争而深感悲痛；同时我们向德国全体工人阶级呼吁：一定要使这样一种巨大的社会灾难不再重演。为此，工人阶级必须争取让各国人民自己都有权决定战争与和平的问题，从而使他们成为自己命运的主人。"①

在开姆尼茨，代表 5 万萨克森工人的代表大会75一致通过了如下的决议：

"我们以德国民主派的名义，特别是以参加社会民主党的工人的名义宣布，目前这场战争完全是王朝战争……　我们高兴地握住法国工人们向我们

---

① 《德国工人对国际宣言的答复》，载于 1870 年 7 月 22 日《马赛曲报》第 153 号。——编者注

伸出的兄弟之手…… 我们牢记国际工人协会的'**全世界无产者,联合起来!**'的口号,永远也不会忘记**世界各国**的工人都是我们的**朋友**,而**世界各国**的专制君主都是我们的**敌人**。"

国际的柏林支部也回答巴黎宣言说:

"我们全心全意地支持你们的抗议…… 我们庄严地宣誓:无论是军号的声音或大炮的轰鸣,无论是胜利或失败,都不能使我们背离我们为全世界工人联合起来而奋斗的共同事业。"

好极了!

在这场自杀性斗争的背景上,闪现着俄国的阴影。不祥的征兆是,目前的这场战争发出信号时,正赶上俄国政府刚刚建成它的具有战略意义的铁道线并且已经向普鲁特河方向集结军队。不论德国人在反对波拿巴侵略的防御战争中应该得到怎样的同情,只要他们容许普鲁士政府请求或者接受哥萨克的援助,那他们得到的同情就会立即失去。他们应该记得,德国在进行了反对拿破仑第一的解放战争以后,曾经有数十年之久匍匐跪倒在沙皇脚下。

英国工人阶级向法国工人和德国工人伸出了友谊的手。他们深信,不管当前这场可憎的战争进程如何,全世界工人阶级的联合终究会根绝一切战争。法国当局和德国当局把两国推入一场手足相残的争斗,而法国的工人和德国的工人却互通和平与友谊的信息。单是这一史无前例的伟大事实,就向人们展示出更加光明的未来。这个事实表明,同那个经济贫困和政治昏聩的旧社会相对立,正在诞生一个新社会,而这个新社会的国际原则将是**和平**,因为每一个民族都将有同一个统治者——**劳动**!

这个新社会的开路先锋就是国际工人协会[12]。

总 委 员 会：

罗伯特·阿普尔加思	乔治·米尔纳
马丁·詹·布恩	托马斯·莫特斯赫德
弗雷德里克·布拉德尼克	查理·默里
考埃尔·斯特普尼	乔治·奥哲尔
约翰·黑尔斯	詹姆斯·帕涅尔
威廉·黑尔斯	普芬德
乔治·哈里斯	吕尔
弗里德里希·列斯纳	约瑟夫·谢泼德
勒格廖利耶	斯托尔
W.林特恩	施穆茨
捷维·莫里斯	威·唐森

通 讯 书 记：

欧仁·杜邦 ……………… 法国
卡尔·马克思 ……………… 德国
奥·赛拉叶 ……………… 比利时、荷兰和西班牙
海尔曼·荣克 ……………… 瑞士
乔万尼·波拉 ……………… 意大利
安东尼·扎比茨基 ……………… 波兰
詹姆斯·科恩 ……………… 丹麦
约·格·埃卡留斯 ……………… 美国

执行主席　本杰明·鲁克拉夫特
财务委员　约翰·韦斯顿
总 书 记　约翰·格奥尔格·埃卡留斯
　　　　　　　　　1870 年 7 月 23 日于伦敦西中央区
　　　　　　　　　海-霍耳博恩街 256 号

卡·马克思写于 1870 年 7 月
19—23 日

载于 1870 年 7 月 28 日《派尔-
麦尔新闻》第 1702 号

原文是英文

选自《马克思恩格斯文集》
第 3 卷第 113—119 页

国际工人协会总委员会关于
普法战争的第二篇宣言⁷⁶

致国际工人协会欧洲和美国全体会员

在我们 7 月 23 日发表的第一篇宣言中,我们说过:

"第二帝国[65]的丧钟已经在巴黎敲响了。它以一场模仿丑剧开始,仍将以一场模仿丑剧告终。但是不应该忘记,正是欧洲各国政府和统治阶级使路易·波拿巴能够把**复辟帝国**的残酷笑剧表演了 18 年之久。"①

这样,在军事行动实际开始以前,我们就已经把那个波拿巴泡沫当做过去的事物来对待了。

我们对第二帝国生命力的看法没有错,我们担心在德国方面"战争失去其严格的防御性质而蜕变为反对法国人民的战争"②,也没有错。从事实本身来看,防御性战争是到路易·波拿巴缴械、色当投降和巴黎宣告共和国成立时告终的。但是还在这些事件之前很久,当波拿巴军队腐朽透顶的情况刚一变得显而易见的时候,普鲁士军事上的幕后操纵者就决定要打一场征服战争了。不过在他们的面前有一个讨厌的障碍,即**国王威廉自己在战争开**

---

① 见本卷第 59 页。——编者注
② 见本卷第 60 页。——编者注

始时发表的声明。威廉在北德意志联邦[41]国会上发表的御座演说中,曾庄严地宣称,他是同法国皇帝作战,不是同法国人民作战。8月11日,他曾发布告法兰西民族书,其中说道①:

"拿破仑皇帝在陆上和海上向昨天和今天一直都愿意同法国人民和平相处的德意志民族发动了进攻;**为了打退他的进攻**,我负起了指挥德国军队的责任,而现在**战局驱使我越过了法国的国界**。"

威廉并不满足于宣称他只是"**为了打退进攻**"才负起指挥德国军队的责任,以此来表白战争的防御性质,他又补充说,他只是在"战局驱使"下才越过了法国的国界。自然,防御战争并不排除"战局"所要求的进攻行动。

可见,这位虔诚的国王曾向法国和全世界保证他所进行的是严格意义的防御战争。怎样才能使他摆脱这一庄严保证的约束呢?导演这出戏的人们便不得不把事情弄成这样:仿佛威廉是违心地顺从了德意志民族的不可抗拒的要求。他们立刻将此意暗示给了德国自由资产阶级以及他们那帮教授、资本家、市议员和新闻记者。这个在1846—1870年争取公民自由的斗争中表现得空前犹豫、无能和怯懦的资产阶级,看到要在欧洲舞台上扮演凶猛吼叫的德国爱国之狮的角色,当然是欣喜若狂。它再次要求它的公民独立自主的权利,摆出一副逼迫普鲁士政府的样子。逼迫政府干什么呢?逼迫政府接受政府自己的秘密计划。它深切忏悔不该那

---

① 在马克思翻译并于1870年以单行本刊印的德文本中删去了这句话和以下的引文,接下来一直到"他们立刻将此意暗示给了……市议员和新闻记者"这一段的文字也有所删节。以下引文引自威廉一世《告法兰西民族书。1870年8月11日》,载于1870年8月12日《科隆日报》第222号。——编者注

样长久地、几乎像信奉宗教一样地深信路易·波拿巴永无谬误,因此它大声疾呼要求肢解法兰西共和国。让我们略微听一听这些爱国勇士们所用的独特论据吧。

他们不敢公然说阿尔萨斯和洛林的居民渴望投入德国怀抱。恰恰相反。为了惩罚这些居民对法国的爱国情感,斯特拉斯堡(一个有一座居高临下的独立要塞的城市)被"德意志的"爆炸弹野蛮地滥轰了六天之久,城市被焚毁,大批赤手空拳的居民被杀害!当然啦!这两省的领土先前有个时候曾经隶属于早已寿终正寝的德意志帝国。因此,这块领土连同它所有的居民,看来应该当做德国不可剥夺的财产加以没收。如果依照古玩鉴赏家的想法恢复昔日欧洲的地图,那就千万不要忘记,先前勃兰登堡选帝侯曾以普鲁士领主身份做过波兰共和国的藩臣[77]。

但是,更有心计的爱国者们要求占有阿尔萨斯和洛林德语区的理由是,此乃防止法国侵略的"物质保证"。因为这种卑鄙的口实曾把许多头脑迟钝的人弄得糊里糊涂,我们认为有责任比较详细地谈谈这一点。

毫无疑义,阿尔萨斯的一般地势(和莱茵河对岸相比而言),加上约在巴塞尔和盖默斯海姆之间的半路上有斯特拉斯堡这样一个筑垒大城市,这就使法国入侵南德意志十分容易,而从南德意志入侵法国就特别困难。同样毫无疑义,阿尔萨斯和洛林德语区并入德国,会大大加强南德意志的边防,因为那时南德意志将能够控制全部孚日山脉和作为北面关隘屏障的各个要塞。如果梅斯也被并入,当然,法国两个主要的对德作战基地一时就都失掉了,但是这并不能阻止它在南锡或凡尔登建立新的基地。德国有科布伦茨、美因茨、盖默斯海姆、拉施塔特和乌尔姆等,这些基地都是用于对法国作战的,并且在这次战争中都曾被充分地加以利用。如果德国连法国在这一地带仅有的两个还算是有价值的要塞——斯特拉斯堡和梅斯——都不肯给它留下，那还有什么公平可言？况且，斯特拉斯堡只有在南德意志成为与北德意志分离的势力时，才能使南德意志受到威胁。从1792年到1795年，南德意志一次也没有从这方面受到侵犯，因为普鲁士当时参加了反对法国革命的战争；但是，当普鲁士于1795年缔结了单独和约**78**而把南方置之不顾的时候，南德意志立即受到以斯特拉斯堡为基地的侵犯，并且一直继续到1809年。实际上，**统一的**德国任何时候都能够使斯特拉斯堡以及驻在阿尔萨斯的任何法国军队无以为害，办法是：把自己的全部军队集中在萨尔路易和兰道之间——在这次战争中就是这样做的——并沿美因茨到梅斯的交通线进攻或应战。只要德国的大部军队驻扎在那里，那么从斯特拉斯堡向南德意志进犯的任何法国军队，都有被从侧翼包围和被切断交通线的危险。如果最近这次战争证明了什么东西的话，那就是证明了从德国向法国进攻较为容易。

但是，老实说，把军事上的考虑当成决定国界的原则，岂不完全是一件蠢事和时代错乱吗？如果按照这条规则行事，那么奥地利就仍然有权要求取得威尼斯，要求取得明乔河一线；而法国就仍然有权为保护巴黎而要求取得莱茵河一线，因为巴黎从东北受到进攻的危险，无疑比柏林从西南受到进攻的危险要大。如果国界按军事利益来决定，那么这种要求就会没完没了，因为任何一条军事分界线都必然有其缺点，都可能用再兼并一些邻近地区的办法加以改善；并且这种国界永远也无法最终地和公允地划定，因为每一次总是战胜者强迫战败者接受自己的条件，从而播下新战争的种子。

全部历史的教训就是这样。就各民族来说和就个人来说都是如此。为了剥夺对方的进攻能力，就必须剥夺对方的防御手段。不但要勒住对方的喉咙，而且要杀死对方。如果说过去有哪个战胜者曾经获取"物质保证"用以摧毁一个民族的力量的话，那就是拿破仑第一，他缔结了蒂尔西特和约[79]，并利用这个和约来宰割普鲁士以及德国其余部分。然而，几年之后，他那赫赫威势就像一根腐烂的芦苇似的被德国人民摧毁了。普鲁士现在在它最狂妄的幻想中能够或者敢于向法国索取的"物质保证"，难道能够和拿破仑第一曾从德国本身索取过的相比吗？结果也会是同样悲惨的。历史将来给予报应的时候，决不会是看你从法国割去了多少平方英里的土地，而是看你在19世纪下半叶重新推行**掠夺政策**的这种罪恶有多大！

条顿族的爱国喉舌们会说：但是你们不应该把德国人同法国人混为一谈呀。**我们**所要的不是荣誉，而是安全。德国人本质上是爱好和平的民族。在他们清醒的监护下，甚至掠夺行为也从未来战争的原因变成了永久和平的保证。1792年为了用刺刀镇压18世纪革命这一崇高目的而侵入法国的当然不是德国人呀！由于奴役意大利、压迫匈牙利和瓜分波兰而染污了双手的也不是德国人呀！在德国现行军事制度下，所有成年男子被分成现役常备军和归休常备军两部分，这两部分都必须绝对服从自己的天赐长上。这样的军事制度当然是维护和平的"物质保证"，并且是文明的最终目的！在德国，也如在任何其他地方一样，有权势者的走卒总是用虚伪的自我吹嘘毒化社会舆论。

这帮德国爱国志士一看到法国的梅斯和斯特拉斯堡这两个要塞就装出气愤的样子，但是对于俄国在华沙、莫德林、伊万城等处修筑庞大的防御工事体系，他们却不认为有什么不好。他们在波拿巴入侵带来的恐怖景象面前周身发抖，而他们对于受俄皇监护的耻辱却若无其事。

在1865年,路易·波拿巴和俾斯麦曾相互作出保证,同样,在1870年,哥尔查科夫也和俾斯麦相互作出保证。**80** 从前,路易·波拿巴曾自鸣得意地认为1866年的战争将使奥地利和普鲁士都精疲力竭,因而使他成为德国的最高主宰,同样,现在亚历山大也自鸣得意地认为1870年的战争将使德国和法国都精疲力竭,因而使他成为西欧大陆的最高主宰。当年第二帝国认为自己不能与北德意志联邦并存,如今专制的俄国也定会认为普鲁士领导的德意志帝国对它是一个威胁。这原是旧的政治制度的规律。在这个旧制度范围内,一国之所得即是他国之所失。沙皇能对欧洲发生极大的影响,是由于他对德国有传统的控制力。当俄国内部的那些火山似的社会力量有可能动摇专制制度最深固的根基时,难道沙皇能容许丧失他的这种国外威势吗? 俄国的报纸已经用波拿巴的报纸在1866年战争结束后所用的口气说话了。难道条顿族的爱国志士真的以为他们迫使法国投入俄国的怀抱,就可以保证德国获得自由与和平①吗? 如果德国在军事上的侥幸、胜利后的骄横以及王朝的阴谋驱使下要去宰割法国,那么它就只有两条路可走。它必须不顾一切后果,**公开**充当俄国扩张政策的工具②,或者是稍经喘息之后重新开始准备进行另一次"防御"战争,但不是进行那种新发明的"局部"战争,而是进行**种族战争**,即反对联合起来的斯拉夫语种族和罗曼语种族的战争③。

---

① 在1870年德文版中,在"自由与和平"的前面加有"独立"。——编者注
② 在1870年德文版中加有"这符合霍亨索伦王朝的传统"。——编者注
③ 在1870年德文版中加有"这就是昏聩的资产阶级爱国者为德国'保证'的和平前景"。——编者注

德国工人阶级坚决支持了它所无力阻止的这场战争，把这看做是争取德国独立、争取法国和全欧洲从第二帝国这个可恶的梦魇的羁绊下解放出来的战争。正是德国的产业工人和农业劳动者一起，撇下了半饥半饱的家庭而组成了英勇的军队的骨干。他们在国外战场上有许多人战死，而回国后还要有许多人穷死饿死①。所以他们现在也要求得到"保证"——保证使他们付出的无数牺牲不致白费，使他们获得自由，使他们对波拿巴军队的胜利不会像1815年那样变成德国人民的失败**81**。而他们所要求的第一个这样的保证，就是**给法国以光荣的和平**并**承认法兰西共和国**。

德国社会民主工党中央委员会在9月5日发表了一个宣言，坚决要求这些保证。宣言说：

"我们抗议兼并阿尔萨斯和洛林。我们了解我们是代表德国工人阶级说话的。为了法国和德国的共同利益，为了和平和自由的利益，为了西方文明战胜东方野蛮的利益，德国工人决不能容忍兼并阿尔萨斯和洛林…… 我们将忠实地同我们的全世界工人同志们站在一起，为无产阶级共同的国际事业而奋斗！"②

遗憾的是，我们不能指望他们马上获得成功。既然法国工人在和平时期尚且不能制止住侵略者，那么德国工人在军事狂热时期又怎么会有更多的希望制止住胜利者呢？德国工人的宣言要求把路易·波拿巴当做普通罪犯引渡给法兰西共和国。他们的统治

---

① 在1870年德文版中加有："而爱国主义的空谈家会安慰他们说，资本无祖国，而工资是由**非爱国主义的国际性的**供求规律来调节的。因此，难道工人阶级现在还不应该表示自己的态度，不再让资产阶级老爷们**用工人阶级的名义**来讲话？"——编者注

② 《社会民主工党委员会宣言。致全体德国工人！》，载于1870年9月11日《人民国家报》第73号。——编者注

者却已在竭力设法重新把他扶上土伊勒里宫的宝座,认为他是能葬送法国的最佳人选。可是无论如何,历史会证明,德国工人决不是像德国资产阶级那样由柔软的材料制成的。他们一定会尽到自己的责任。

我们像他们一样为法国建立共和国而欢呼,但是同时我们感到不安,我们唯愿这种不安是无根据的。这个共和国并没有推翻王权,而只是占据了它空出来的位子①。它不是作为社会的胜利,而是作为民族的防御措施宣告成立的。它掌握在一个临时政府手中;组成这个政府的,一部分人是声名狼藉的奥尔良党人**64**,一部分人是资产阶级共和党人,而后者中间某些人的身上又在 1848 年六月起义**20**时期留下了洗不掉的污点。这个政府的成员之间的职务分配情形是不妙的。奥尔良党人夺取了军队和警察这样一些重要据点,而自称共和党的人分到的则是那些说空话的部门。这个政府采取的最初几个步骤已经很清楚地表明,这个政府不只是从帝国那里继承了一大堆残砖断瓦,而且还继承了它对工人阶级的恐惧。如果说现在他们说了许多大话,以共和国的名义要求去做终归是不可能做到的事情,那么其目的不是为了组建"可能存在的"政府而掀起一场喧嚣吗?这个共和国在它的某些资产阶级管理者的眼中,不是仅仅应当成为奥尔良王朝复辟的跳板和桥梁吗?

由此可见,法国工人阶级正处于极困难的境地。在目前的危机中,当敌人几乎已经在敲巴黎城门的时候,一切推翻新政府的企图都将是绝望的蠢举。法国工人应该履行自己的公民职责②,但

---

① 在 1870 年德文版中是"它在德国刺刀之下空出来的位子"。——编者注
② 在 1870 年德文版中,在"职责"的后面加有"他们也正是这样做的"。
——编者注

同时他们不应当为民族历史上的 1792 年所迷惑,就像法国农民曾经为民族历史上的第一帝国所欺骗那样。他们不应当重复过去,而应当建设未来。唯愿他们镇静而且坚决地利用共和国的自由所提供的机会,去加强他们自己阶级的组织。这将赋予他们以海格立斯般的新力量,去为法国的复兴和我们的共同事业即劳动解放的事业而斗争。共和国的命运要靠他们的力量和智慧来决定。

英国工人已经采取了一些步骤,以求用外部的有效压力来强迫他们的政府改变不愿承认法兰西共和国的态度。[82]英国政府现在迟迟不决,大概是想以此为反雅各宾战争,为自己过去承认政变时所表现的不体面的草率态度弥补过失吧。[83]此外,英国工人要求他们的政府用一切力量反对肢解法国,而这种肢解是一部分英国报刊公然无耻地要求的①。正是这部分报刊曾在整整 20 年内把路易·波拿巴崇奉为欧洲的救主,并且欢欣若狂地赞扬了美国奴隶主的叛乱。现在,它们也像那时一样,为奴隶主的利益卖力。

每一个国家的**国际工人协会**[12]支部都应当号召工人阶级行动起来。如果工人们忘记自己的职责,如果他们采取消极态度,那么现在这场可怕的战争就只不过是将来的更可怕的国际战争的序幕,并且会在每一国家内使刀剑、土地和资本的主人又一次获得对工人的胜利。

共和国万岁!

---

① 在 1870 年德文版中此句的结尾是"而英国部分报刊要求这种肢解的叫嚷并不低于德国的爱国者"。——编者注

总 委 员 会：

罗伯特·阿普尔加思	马丁·詹·布恩
弗雷德里克·布拉德尼克	凯希尔
约翰·黑尔斯	威·黑尔斯
乔治·哈里斯	弗里德里希·列斯纳
洛帕廷	本·鲁克拉夫特
乔治·米尔纳	托马斯·莫特斯赫德
查理·默里	乔治·奥哲尔
詹姆斯·帕涅尔	普芬德
吕尔	约瑟夫·谢波德
考埃尔·斯特普尼	斯托尔
施穆茨	

通 讯 书 记：

欧仁·杜邦 ……………… 法国

卡尔·马克思 ……………… 德国和俄国

奥·赛拉叶 ……………… 比利时、荷兰和西班牙

海尔曼·荣克 ……………… 瑞士

乔万尼·波拉 ……………… 意大利

捷维·莫里斯 ……………… 匈牙利

安东尼·扎比茨基 …………… 波兰

詹姆斯·科恩 ……………… 丹麦

约·格·埃卡留斯 …………… 美国

　　　　执行主席　威廉·唐森
　　　　财务委员　约翰·韦斯顿
　　　　总 书 记　约翰·格奥尔格·埃卡留斯

　　　　　　　　　　　　1870 年 9 月 9 日于伦敦西中央区
　　　　　　　　　　　　海-霍耳博恩街 256 号

卡·马克思写于 1870 年 9 月
6—9 日

1870 年 9 月 11—13 日用英文
以传单形式印发

原文是英文

选自《马克思恩格斯文集》
第 3 卷第 120—130 页

法兰西内战

国际工人协会总委员会宣言

致协会欧洲和美国全体会员

一

1870年9月4日,当巴黎工人宣告成立共和国而几乎立刻受到法兰西举国一致欢呼的时候,有一伙钻营禄位的律师——梯也尔是他们的政治家,特罗胥是他们的将军——占据了市政厅。那时他们的头脑里充满着这样一种迷信,即巴黎在一切历史危机时期负有代表全法国的使命,所以他们以为只要出示他们业已失效的巴黎议员证书,就足以使他们僭取到的法兰西统治者头衔合法化。在这伙人上台五天以后,我们在关于最近这场战争的第二篇宣言中已经向你们说明他们究竟是些什么人了①。但是,当时巴黎处在措手不及的混乱状态下,工人阶级的真正领袖们还关在波拿巴的监狱里,而普鲁士军队又已经向巴黎开来,所以巴黎容忍了这些人掌握政权,不过附有一个明确的条件,就是他们只能为国防

---

① 见本卷第71页。——编者注

的目的运用这个政权。然而要保卫巴黎,就不能不武装它的工人阶级,把他们组织成为一支有战斗力的军事力量,并且就在战争中锻炼他们的队伍。可是,武装巴黎无异是武装革命。巴黎战胜普鲁士侵略者,无异是法国工人战胜法国资本家及其国家寄生虫。国防政府在民族义务和阶级利益之间的这一冲突中,没有片刻的犹豫便把自己变成了卖国政府。

他们所采取的第一个步骤,就是派梯也尔遍访欧洲各国宫廷,以把共和国换成王国为条件,乞求调解。巴黎被围四个月以后,他们就认为开始谈论投降的适当时机已经到来了,那时特罗胥在一次有茹尔·法夫尔及其他同僚在场的场合,向聚会的巴黎区长们讲了如下一席话:

"我的同僚们在9月4日当晚向我提出的第一个问题就是:巴黎究竟有没有可能经受住普鲁士军队的围困? 我当时毫不迟疑地作了否定的答复。现在在座的同僚中,有几位会证明我说的是实话,并且会同意我坚持这个看法。我那时对他们就是这样说的:在目前的情况下,巴黎想要经受住普鲁士军队的围困,那将是一件蠢举。当然,我当时加了一句:这可能是一件英勇的蠢举,但终究不过是蠢举而已…… 事变的发展〈由他自己策划的〉并没有推翻我的预见。"①

特罗胥的这篇美妙而简短的演讲词,后来由当时在场的一位区长科尔邦先生公布了。

可见,还在共和国宣告成立的当天晚上,特罗胥的同僚已经知道他的"计划"就是使巴黎投降。如果国防真的不仅仅是梯也尔和法夫尔之流图谋私人统治地位的幌子,那么9月4日一步登天

---

① 《巴黎每日要闻》,载于1871年3月19日《费加罗报》第74号。——编者注

的那些人在 9 月 5 日就应该引退,把特罗胥的"计划"告诉巴黎人民,让他们要么立即投降,要么自己掌握自己的命运。那些无耻的骗子并没有这样做,而是决定要让巴黎饱尝饥饿和残杀的痛苦,借以治好巴黎爱干英勇蠢举的毛病,同时用一些冠冕堂皇的宣言来欺蒙它,说特罗胥这个"巴黎总督是永远不会投降的"①,外交部长茹尔·法夫尔"决不会让出我们的一寸领土,决不会让出我们碉堡上的一块石头"。而这同一个茹尔·法夫尔在给甘必大的一封信中却承认说,他们"防御"的不是普鲁士的士兵,而是巴黎的工人。被特罗胥十分高明地委以巴黎军权的那些波拿巴匪徒们,在整个巴黎被围期间,在他们自己人相互的通信里,用粗鄙的语言对他们深知内幕的这种滑稽防御大加嘲笑(见公社《公报》**84**上公布的巴黎卫成军炮兵司令、荣誉军团大十字勋章获得者阿尔丰斯·西蒙·吉奥写给炮兵师将军苏桑的信)。到 1871 年 1 月 28 日**85**,骗子们终于丢开了假面具。国防政府投降了,它视极度的自甘屈辱为真正的英雄行为,变成了由俾斯麦的俘虏组成的法国政府——这样一个屈辱的角色,甚至连路易·波拿巴在色当时都未敢承当。这批投降派**86**在三月十八日事变以后仓皇逃往凡尔赛,把足以证明他们的卖国勾当的一些文件遗落在巴黎手中。正如公社在致外省的宣言中所指出的那样,为了销毁这些文件,

"这些人不惜把巴黎变为淹没在血海中的一堆瓦砾"②。

国防政府的一些主要成员之所以一心要造成这样的结局,还

---

① 路·茹·特罗胥《告巴黎市民书。1871 年 1 月 6 日于巴黎》,载于 1871 年 1 月 7 日《法兰西共和国公报》第 7 号。——编者注
② 《宣言》,载于 1871 年 4 月 28 日《复仇者报》第 30 号。——编者注

有一些极特殊的个人原因。

在停战协定签订以后不久,国民议会的一位巴黎议员米里哀尔先生(现在已经被茹尔·法夫尔专门下令枪毙了)公布过许多确凿的法律文件①,证明茹尔·法夫尔在与一个逗留在阿尔及尔的酒徒的妻子姘居时,前后若干年间大胆地拼凑伪造了一套文据,以他的私生子女的名义谋得了一大笔遗产,因而变成了一个财主;后来在合法继承人提出诉讼时,只是由于波拿巴的法庭偏袒他,他才没有被揭穿。既然无论花多大力气进行诡辩也抹杀不了这些无可辩驳的法律文件,于是茹尔·法夫尔就生平第一次不开口,静待国内战争爆发,准备到那时候大骂巴黎人民是一帮擅敢反叛家庭、宗教、秩序和财产的逃犯。正是这个伪造文据犯在9月4日后刚一掌权,就出于同情而立即释放了皮克和塔伊费,这两个人是在帝国时代就在《旗帜报》丑闻87中因伪造文件而被判了罪的。这两位先生中的一位,即塔伊费,竟敢在公社时期回到巴黎,公社立即又把他送回了监狱。而这个时候,茹尔·法夫尔却在国民议会讲坛上大声喊叫:巴黎正在释放一切囚犯!

厄内斯特·皮卡尔,国防政府中的这位约·密勒②,在帝国时代曾钻营内务大臣职位而没有成功,现在自封为共和国的财政部长。他是一个叫做阿尔图尔·皮卡尔的人的哥哥。那个阿尔图尔·皮卡尔曾因诈骗而被逐出巴黎交易所(见1867年7月31日巴黎警察局的报告),并且因在任动产信用公司88的一个分公司

---

① 让·巴·米里哀尔《作假者》,载于1871年2月8日《复仇者报》第6号。——编者注

② 在1871年和1891年的德文版中不是"约·密勒",而是"卡尔·福格特",在1871年法文版中是"福斯泰夫"。——编者注

（帕勒斯特罗街5号）经理时盗用30万法郎被判有罪，犯罪事实是他自己供认的（见1868年12月11日警察局的报告）。厄内斯特·皮卡尔正是指派这个阿尔图尔·皮卡尔担任他主办的《自由选民》[89]的主笔。财政部的这份报纸用官方谎言来误导一般的证券投机商，而阿尔图尔·皮卡尔则在财政部和交易所之间不断来来往往，利用法国军队的惨败发财。这一对宝贝兄弟的全部财务信件都落到公社手里了。

茹尔·费里在9月4日以前是个一文不名的律师，在围城期间以巴黎市长身份千方百计地利用饥馑搜刮了大笔钱财。他将来不得不交代他乱政失职之日，就是他受制裁之时。

这些人只能够在巴黎变成废墟时得到假释证①；他们正好是俾斯麦所需要的人。经过一番重新摆布，一向躲在幕后操纵政府的梯也尔现在成了政府的首脑，而假释犯们则成了部长。

梯也尔这个侏儒怪物，将近半个世纪以来一直受法国资产阶级的倾心崇拜，因为他是这个资产阶级的阶级腐败的最完备的思想代表。还在他成为国家要人以前，他作为一个历史学家就已经显露出说谎才能了。他的政治生涯的记录就是一部法国灾难史。1830年以前，他和共和党人混在一起，在路易-菲力浦统治时代，他背弃了他的恩人拉菲特而谋得了首相的位置。为了献媚于国王，他煽起了平民暴动来反对僧侣，因而使圣日耳曼奥塞鲁瓦教堂和大主教的宅邸遭受了抢劫；[90]并且在对付贝里公爵夫人这件事

---

① 恩格斯在1871年德文版上加了一个注："在英国，普通刑事犯服过大部分刑期以后，常常发给假释证，犯人持着这种证件出狱居住，但应受警察监视。这种证件称为 tickets-of-leave［假释证］，持有假释证的人称为 ticket-of-leave men［假释犯］。"——编者注

情上充当了密探大臣和监狱产婆的角色[91]。特朗斯诺南街上屠杀共和党人的事件以及接着颁布的针对新闻出版和结社权利的可憎的九月法令,都是他的杰作。[92]1840 年 3 月,他再度出任首相,以他的修建巴黎防御设施的计划[93]震惊了全法国。在共和党人指责这个计划是一个危害巴黎自由的恶毒阴谋时,他在众议院中答复道:

"什么话?你们竟以为一修建城防设施就会危害自由!首先,对任何一个可能存在的政府来说,你们如果假定它有朝一日会企图用炮轰首都的办法来保全自己,那你们就是在诽谤它…… 殊不知这样一个政府在胜利后将会比在胜利前更加百倍地不可能存在。"①

是的,除了预先已将炮台交给普鲁士人的政府,再没有哪一个政府敢于从这些炮台轰击巴黎。

1848 年 1 月,当炮弹国王在巴勒莫城动手的时候[94],早已没有官位的梯也尔又在众议院中发表了演说:

"诸位先生!你们都知道在巴勒莫发生的事情。一听说有一个大城市竟被连续轰击了 48 小时之久,你们大家都感到震惊〈纯系议会语言〉。是被谁轰击的呢?是被行使战争权利的外敌轰击的吗?不是的,诸位先生,是被它自己的政府轰击的。为什么?就是因为这个不幸的城市要求享有自己的权利。好啊,就是为了要求享有自己的权利,就遭受了 48 小时的轰击…… 请允许我向欧洲的舆论呼吁。挺身而出,从也许是欧洲最伟大的讲坛上,用愤怒的言辞〈不错,是用言辞〉来斥责这种行动,这就是对人类的一个贡献…… 当为自己的祖国效过劳〈这是梯也尔先生从来没有做过的〉的埃斯帕特罗摄政,想以炮轰巴塞罗那城来镇压那里的起义时,全世界各地都发出了共同的愤怒的呼声。"②

---

① 阿·梯也尔《1841 年 1 月 13 日在众议院的演说》,载于 1871 年 4 月 12 日《复仇者报》第 14 号。——编者注

② 阿·梯也尔《1848 年 1 月 31 日在众议院的演说》,载于 1871 年 4 月 17 日《号召报》第 673 号。——编者注

过了一年半,梯也尔先生已经是法军炮击罗马[95]的最狂热的辩护者之一了。其实,炮弹国王的过错看来只是在于他的轰击仅限于 48 小时而已。

二月革命[18]前几天,因被基佐弄得长期没官做没财发而满腹忿懑的梯也尔,一嗅到人民风暴将临的气息,就用那曾使他获得"蝇子米拉波"绰号的假英雄腔调在众议院中声称:

"我属于革命党,不但属于法国的革命党,而且也属于全欧洲的革命党。我希望革命政府留在温和派的手中…… 但是,即令这个政府落到了激烈人物以至激进派的手中,我也决不因此放弃我的事业,我将永远属于革命党。"①

二月革命爆发了。革命没有像这个小矮子所梦想的那样,把基佐内阁换成梯也尔内阁,而是以共和国代替了路易-菲力浦。在人民胜利的第一天,他小心翼翼地躲藏了起来,岂知工人们对他的鄙视已使他不会成为他们泄愤的对象了。虽然如此,尽管他有神奇的勇气,他还是继续避免在公共场所抛头露面,直到六月屠杀[96]为他这种人的活动扫清道路的时候为止。那时,他就成了秩序党[97]及其议会制共和国的首脑。这个议会制共和国是一种隐名的空位王朝,在这个空位王朝时期,统治阶级的所有争权夺利的派系暗中互相勾结起来压制人民,同时它们又因各自企图恢复自己的王朝而互相倾轧。梯也尔那时也如现在一样责备共和党人,说他们是巩固共和国的唯一障碍;他那时也如现在一样,对共和国说过刽子手对唐·卡洛斯说过的话:"我要杀你,是为了你好。"现在也和那时一样,他在取得胜利以后的第二天就禁不住高呼:帝国大业

---

① 阿·梯也尔《1848 年 2 月 2 日在众议院的演说》,载于 1848 年 2 月 3 日《总汇通报》第 34 号。——编者注

已成。尽管梯也尔满口都是关于必不可少的自由的虚伪说教,而且他还对路易·波拿巴怀有私怨,因为路易·波拿巴愚弄过他并一脚踢开了议会制度——而这个小矮子心中明白,离开了议会那种人为的气氛他就变得一钱不值——尽管如此,第二帝国[65]所干的一切可耻勾当都有他的参与:从法国军队占领罗马直到对普鲁士作战。他为对普战争煽风点火时拼命咒骂德国的统一——并不是把德国的统一看做掩盖普鲁士专制制度的假面具,而是看做对法国固有的保持德国分裂状态的权利的侵犯。他喜欢用他那侏儒之臂在欧洲面前挥舞拿破仑第一的宝剑——他在自己的历史著作中就一味替拿破仑第一擦皮靴——可是他的对外政策始终是把法国引到极端屈辱的地步,从1840年的伦敦公约[98]到1871年的巴黎投降和目前这场内战都是如此。在这场内战中,他得到俾斯麦的特许,驱赶色当和梅斯的俘虏去攻打巴黎。[99]虽然他有随机应变的本事,虽然他的主张反复无常,但是此人一生都极端墨守成规。不言而喻,现代社会深层次的暗潮流他永远闭眼不看,而表面上明摆着的最清楚不过的变化,也是这样一个把头脑的全部活力都用来耍嘴皮的人所深恶痛绝的。例如,他不倦地把一切偏离法国陈旧的保护关税制度的东西都指斥为渎犯神明。他在当路易-菲力浦的大臣时,曾经嘲骂铁路是荒诞的怪物;当他在路易·波拿巴时代处于反对派的地位时,他把任何改革法国陈腐的军事制度的尝试都斥为大逆不道。他在多年的政治生涯中,从来没有办过一件哪怕是极微小的稍有实际好处的事情。梯也尔始终不忘的,只是对财富的贪得无厌和对财富生产者的憎恨。他第一次当路易-菲力浦的内阁首相时,穷得和约伯一样,而到离职时已经成了百万富翁。在这同一个国王手下最后一次当首相时(自1840年3月1日),他曾在众议院中被人公开指责侵吞公款。对于这个指责,他就报以眼泪了事。眼泪这种东西,他也像茹尔·法夫尔和任何别的鳄鱼一样,随时都能拿得出来。在波尔多的时候①,他为了使法国避免即将来临的财政崩溃而采取的第一个措施,就是给自己规定了300万法郎的年俸;这就是他1869年在他的巴黎选民面前当做前景描绘出的那个"节俭共和国"的全部内容。他昔日在1830年的众议院中的同僚贝累先生(本人是一个资本家,然而也是巴黎公社的一个忠诚的委员),最近在一篇公开声明中对梯也尔说了如下一番话:

"使劳动受资本的奴役,一向是你的政策的基础。从你看到劳动共和国在巴黎市政厅内宣告成立的那一天起,你就没有停止过向法国叫喊:这些人都是罪犯!"②

梯也尔是一个谋划政治小骗局的专家,一个背信弃义和卖身变节的老手,一个在议会党派斗争中施展细小权术、阴谋诡计和卑鄙伎俩的巨匠;在野时毫不迟疑地鼓吹革命,掌权时毫不迟疑地把革命投入血泊;他只有阶级偏见而没有思想,只有虚荣心而没有良心;他的政治生涯劣迹昭彰,他的私生活同样为人所不齿——甚至在现在,他处在法兰西之苏拉的位置上,仍难免要以其自吹自擂之可笑衬托出其所作所为之可恨。

不仅把巴黎而且把全法国都拱手交给普鲁士的巴黎投降一举,是历时很久的一连串通敌卖国阴谋勾当的总收场,这些阴谋勾当,正如特罗胥自己所说,是9月4日的窃国大盗们在窃得政权的当天就开始推行的。另一方面,这次投降又是他们在普鲁士支持下

---

① 在1891年德文版中是"1871年在波尔多的时候"。——编者注

② 沙·贝累《致法兰西共和国政府首脑、公民梯也尔。1871年4月24日》,载于1871年4月28日《口令报》第64号。——编者注

对共和国和巴黎发动内战的开端。陷阱在投降条件中就已经布设好了。那时候，三分之一以上的国土陷于敌人手中，首都和外省的联系已被切断，一切交通联络处于混乱状态。在这种情况下，要选出法国的真正代表是不可能的，除非有充分的时间进行准备。正因为这样，所以在投降书中就规定国民议会必须在一周之内选出；结果法国许多地区只是在选举前夕才得到要进行选举的消息。并且，投降书中的一项条款明确规定，选举这个国民议会唯一的目的就是为了决定和与战的问题，最后可能还要由它来签订和约。人民不能不感觉到：停战条款已经使战争根本不可能继续下去，而为了批准俾斯麦强加给法国的和约，法国最坏的人便是最佳人选。但这些预先采取的办法还不能使梯也尔放心，于是他在停战的秘密尚未晓示巴黎以前，就动身到各省去作竞选旅行，以便在那些地方把正统派复活起来[100]。必须让这一派和奥尔良派一起替换当时已无法立足的波拿巴派[64]。梯也尔对他们并不害怕。这个正统派在现代法兰西组阁是不可能的事，所以作为敌手也就微不足道；而它在行动时，用梯也尔自己的话（1833 年 1 月 5 日在众议院的演说）来说，

"一向只依靠三种资源：外敌入侵、内战和无政府状态"。

可见，充当反革命工具，还有哪个党派比这个党派更合适呢？正统派当真相信，他们期望已久的昔日的千年王国[101]就要重现。真的，法国已沦于外敌的铁蹄之下，帝国被推翻了，波拿巴被俘虏了，而正统派则重新站起来了。显然，历史的车轮已经向后倒转，回到了 1816 年的"无双议院"[102]①。在 1848—1851 年的共和国时

---

① 在 1871 年和 1891 年的德文版中加有"（地方官和地主的议院）"。——编者注

期的国民议会中,代表正统派的是他们中一些颇有素养和富有议会斗争经验的人物;现在挤进来的都是这个党派的寻常庸碌之辈,即法国的所有布索那克。

当这个"乡绅议会"[103]在波尔多刚刚开会的时候,梯也尔甚至没有让他们进行议会辩论就干脆告诉他们,必须立刻接受初步和约的条款,因为只有这样,普鲁士才会准许他们发动反对共和国及其堡垒巴黎的战争。反革命势力实在不能再耽搁时间了。第二帝国已使国债增加了一倍多,使所有的大城市都背上了沉重的地方债务。战争极度地加重了债负,无情地耗尽了全国的财源。造成彻底崩溃的是,普鲁士的夏洛克手持票据勒索供养他在法国土地上的50万军队的粮饷,要求支付他的50亿赔款,对其中留待以后分期交付的款额加收5%的利息[104]。由谁来支付呢?只有用暴力推翻共和国,财富占有者才有希望把他们自己所发动的战争的费用转嫁到财富生产者的肩上。所以,法国的大破产就促使地产和资本的这班爱国的代理人,在外国侵略者的监视和卵翼下把对外战争变成一场国内战争——一场奴隶主叛乱。

有一个巨大的障碍阻挠这个阴谋的实现,这就是巴黎。解除巴黎的武装,是保证成功的首要条件。因此,梯也尔要求巴黎放下武器。接着就发生了一系列令巴黎人愤慨的事情:"乡绅议会"进行疯狂的反共和国示威活动,而梯也尔本人对共和国的合法地位含糊其词;巴黎面临砍去头颅取消首都地位的威胁[105],奥尔良分子被任命为驻外使节;杜弗尔就商业票据超期和房租拖欠问题提出的法令[106]给巴黎工商业带来破产;普耶-凯尔蒂埃要求不论任何出版物一律每本征税两生丁;布朗基和弗路朗斯被判死刑;共和派报纸被查禁;国民议会迁到凡尔赛;当初由八里桥伯爵宣布而在9月4日取消了的戒严又重新恢复;十二月分子维努瓦[107]被任命为巴黎总督,帝国时期的宪兵瓦朗坦被任命为警察局长,耶稣会[108]会士奥雷尔·德·帕拉丹将军被任命为巴黎国民自卫军总司令。

现在我们要向梯也尔先生和他手下的国防人士们提出一个问题。大家知道,梯也尔通过他的财政部长普耶-凯尔蒂埃先生谈妥了一笔为数20亿的借款。我们要问:

(1)据说在这笔生意中,安排了几亿佣金以饱梯也尔、茹尔·法夫尔、厄内斯特·皮卡尔、普耶-凯尔蒂埃和茹尔·西蒙的私囊,此事是真是假?

(2)据说只有在"平定"巴黎以后才支付这笔借款[109],此话是虚是实?

无论如何,此事必为某种原因所迫,因为梯也尔和茹尔·法夫尔已用波尔多议会大多数的名义毫不羞愧地乞求普鲁士军队立即占领巴黎。但是,俾斯麦的算盘不是这样打的,他回到德国以后对法兰克福那些衷心叹服的庸人们公开发表的那一番嘲讽性的言论就表明了这一点。

二

武装的巴黎是实现反革命阴谋的唯一严重障碍。因此必须解除巴黎的武装。在这一点上,波尔多议会是很坦率的。如果乡绅议员[103]们的狂暴鼓噪还令人听不出所以然,那么梯也尔把巴黎交给十二月分子维努瓦、波拿巴宪兵瓦朗坦和耶稣会会士奥雷尔·德·帕拉丹将军三人摆布,则已令人不能再有丝毫怀疑了。但是,阴谋分子们在狂傲地亮出解除巴黎武装这一真正目的的同时,却以一种极端露骨、极端卑劣的谎言作为要求巴黎放下武器的借口。梯也尔说,巴黎国民自卫军的大炮是属于国家的,必须交还给国家。事实是这样的:从投降的那一天起,巴黎就已严加戒备,因为在投降的时候,俾斯麦的俘虏们一方面签字画押把法国拱手交出,一方面却为自己保留了一支人数众多的警卫部队,目的毫不含糊,就是为了威胁巴黎。国民自卫军进行了改组,把最高指挥权交给了由国民自卫军全体官兵(某些旧波拿巴军队残部除外)共同选出的中央委员会。在普军开进巴黎的前夕,中央委员会设法把投降派故意遗弃在普军即将进驻的那些街区及其附近的大炮和机关枪运到了蒙马特尔、贝尔维尔和拉维莱特。这些武器是由国民自卫军筹款置备的。在1月28日的投降书中,正式承认这些武器是国民自卫军自有的财产,因而没有列入应该缴给胜利者的属于政府的武器总数之内。梯也尔实在找不出什么借口,哪怕是最蹩脚的借口来对巴黎开战,因此他只好采用明目张胆地撒谎的手段,说什么国民自卫军的大炮是国家的财产!

夺取大炮显然正是全面解除巴黎武装,因而也就是解除9月4日革命武装的开端。可是,这次革命已经成为法国的合法局面。这次革命所产生的共和国,已在投降书上由胜利者予以承认。在投降以后,它又取得了外国列强的承认;还以它的名义召集了国民议会。9月4日的巴黎工人革命,是波尔多国民议会及其行政当局的唯一合法根据。如果没有9月4日的革命,这个国民议会就得立即让位给1869年在法国人统治下而不是在普鲁士人统治下由普选产生的、后来被革命强迫解散的立法团。梯也尔和他的那帮假释犯们就不得不降服,以便求得一张由路易·波拿巴签发的护身证件,以免长途跋涉前往卡宴[110]。握有全权可以同普鲁士媾和的国民议会,不过是这次革命中的一个插曲,而革命的真正体现者仍然是武装的巴黎。正是巴黎发动了这次革命,为这次革命忍受了五个月的围困和饥饿的灾难,并且不顾特罗胥的计划而以自己的持久抵抗使外省有可能进行顽强的自卫战争。而现在,这个巴黎或者是按照波尔多那帮叛逆奴隶主的羞辱性命令放下武器,承认9月4日的革命只不过意味着使政权从路易·波拿巴手里转到那些同他竞争的保皇党人手里;或者是必须挺身而出,以自我牺牲的精神来保卫法国。但是,如果不用革命手段消除那些产生了第二帝国并在帝国庇护下达到彻底腐朽地步的政治条件和社会条件,要拯救法国于危亡并使之获得新生是不可能的。受过五个月饥饿煎熬的巴黎,片刻都没有犹豫。它英勇无畏地决心冒一切风险抗击法国阴谋分子,尽管当时有普鲁士的大炮从它自己的炮台上威胁着它,也在所不辞。但是,中央委员会极不愿巴黎被推入一场内战,因此,不管国民议会如何挑衅,不管行政当局如何僭越权限,也不管军队在巴黎城内和巴黎周围的集结造成多大威胁,它仍然坚持采取纯粹防御的立场。

是梯也尔发动了内战:他派维努瓦率领一大群警察和几个战斗团去夜袭蒙马特尔,企图出其不意地夺走国民自卫军的大炮。大家知道,由于国民自卫军的抵抗和战斗团士兵对人民的同情,这个企图没有得逞。奥雷尔·德·帕拉丹事先已经印好了胜利公报,梯也尔也已经预备好了宣布他的政变措施的告示。现在这些只好都换成梯也尔的一项声明。声明说,他作出了宽容的决定:让国民自卫军保留他们的武器。他还说,相信国民自卫军会拿着这些武器团结在政府周围来反对叛乱分子。在30万国民自卫军中,只有300人响应了这个号召,团结在小矮子梯也尔的周围来反对他们自己。光荣的三月十八日工人革命完全掌握了巴黎。中央委员会就是革命的临时政府。欧洲一时似乎怀疑它新近在政治上和军事上经历的惊人巨变到底是真的,还是早已消逝的往事的梦幻。

从 3 月 18 日到凡尔赛军队进入巴黎,无产阶级的革命完全没有出现像"上等阶级"的革命,特别是反革命中极为常见的那种暴行,因而它的敌人除了抓住勒孔特和克莱芒·托马两将军的被杀和旺多姆广场事件,是找不到任何借口来表示愤慨的。

勒孔特将军是参加夜袭蒙马特尔的波拿巴军官之一,他曾四次命令第 81 战斗团开枪射击聚集在皮加尔广场上的手无寸铁的群众,而当士兵们拒绝执行他的命令时,他就百般辱骂他们。是他自己的士兵没有射击妇孺而把他枪毙了。士兵们在工人阶级的敌人的训练下所养成的根深蒂固的习性,自然不可能在他们转到工人方面来的一刹那间就改变。克莱芒·托马也是被这些士兵处死的。

克莱芒·托马"将军"过去是一个不得志的军需中士,在路易-菲力浦统治的后期进入共和派的《国民报》[111]报馆,为这家非常好斗的报纸充当责任代理人(gérant responsable[①]) 和决斗打手的双重角色。二月革命以后,《国民报》这派人掌握了政权,他们便让这位先前的军需中士摇身一变而成为将军。这是六月屠杀[96]前夕的事情。他和茹尔·法夫尔一样,是这次事件的阴狠毒辣的策划人之一,也是这次屠杀的最卑鄙的刽子手之一。在此以后,他带着他的将军头衔隐没了很久,直到 1870 年 11 月 1 日才又出头露面。在这前一天,被执于市政厅中的国防政府曾向布朗基、弗路朗斯和其他工人代表庄严地允诺,把他们篡夺的政权转交给将由巴黎自由选出的公社。[112]但是,国防政府并没有履行自己的诺言,却驱使特罗胥的布列塔尼兵——他们现在代替了波拿巴的科西嘉

---

① 在 1871 年和 1891 年的德文版中加有"其职务是代表报馆坐牢服刑"。
——编者注

兵[113]——去蹂躏巴黎。只有塔米西埃将军一人不愿以这种背信弃义的勾当来玷污自己的名誉,辞去了国民自卫军总司令的职务。代替他担任这个职务的克莱芒·托马便又当上了将军。他在任总司令的整个期间,不向普军作战,而向巴黎国民自卫军作战。他阻挠巴黎国民自卫军全面武装,挑动国民自卫军中的资产阶级营和工人营互相争斗,他清洗反对特罗胥"计划"的军官,而且偏偏把那些英勇善战、现在连最凶顽的敌人也为之震惊的无产阶级营诬蔑为怯阵而加以解散。克莱芒·托马感到十分得意的是,他又重新赢得了他在六月屠杀事件中享有的巴黎工人阶级大仇人的殊荣。就在 3 月 18 日的前几天,他向陆军部长勒夫洛呈递了他一手炮制的"彻底消灭巴黎暴民之 la fine fleur(精粹)"的计划①。在维努瓦吃了败仗以后,他却偏偏要到场充当业余密探。中央委员会和巴黎工人对克莱芒·托马和勒孔特两人被杀应负的责任,就像威尔士亲王夫人驾临伦敦时对被挤死者的命运应负的责任一样。

所谓在旺多姆广场上屠杀赤手空拳的公民,那是个神话。梯也尔先生和乡绅议员们在议会中决不提及此事,只让那些欧洲报界的走卒去传播。"秩序人物",即巴黎的反动分子,听到 3 月 18 日胜利的消息时吓得全身发抖。在他们看来,这是人民报复的时刻终于到来的信号。从 1848 年六月事件到 1871 年 1 月 22 日惨遭他们杀害的那些死者的冤魂[114],都浮现在他们眼前。但他们受到的惩罚仅仅是这场惊吓。甚至警察也没有受到应有的处置——解除武装关起来,反而是巴黎为他们敞开城门,让他们安然撤往凡

----

① 克莱尔蒙-托内尔《1871 年 3 月 5 日的信》,载于 1871 年 4 月 19 日《复仇者报》第 21 号。——编者注

尔赛。不仅没有触动"秩序人物"一根毫毛,反而容忍他们集结起来并在巴黎的正中心悄悄地占据不止一个据点。中央委员会的这种宽容态度,武装工人的这种宽宏大量,与"秩序党"的作风差异太大了,以致"秩序党"竟误认为这只是工人自感软弱的表现。于是他们就产生了一个愚蠢的计划——试图在举行徒手的游行示威的幌子下做到维努瓦用大炮和机关枪所没有做到的事情。3月22日,从富人区里吵吵闹闹地走出了一群派头十足的人物,队伍里全都是纨绔阔少,领头的是埃克朗、科特洛贡、昂利·德·佩恩之流这样一些著名的帝国猪仔。这一帮流氓胆怯地以和平示威游行做幌子,暗中携带杀人凶器,在街上列队行进,遇到单独值勤的国民自卫军巡逻兵和哨兵,就加以凌辱并缴械。他们走出和平街时高喊着"打倒中央委员会!打倒杀人犯!国民议会万岁!"企图冲过岗哨的警戒线,出其不意地占领设在旺多姆广场上的国民自卫军总部。国民自卫军在受到手枪射击后,按常规发出 sommations(在法国相当于英国的骚乱取缔令)[115],此措施无效,国民自卫军的将领①才下令开枪。一排枪就打得这群愚蠢的花花公子抱头鼠窜,而这些家伙本来以为只要一摆出他们的"派头"来,就会对巴黎革命产生出像约书亚的羊角声对耶利哥城墙所产生的那种影响[116]。国民自卫军方面有两人被这些窜逃分子打死,有九人受重伤(其中一人是中央委员会委员②)。在这帮家伙这次建功立业的现场,到处都抛弃有手枪、匕首和手杖刀这类证明他们"徒手"举行"和平"示威游行的证物。当 1849 年 6 月 13 日国民自卫军为抗议法军穷凶极恶地袭击罗马而举行真正的和平示威游行[117]时,当时的

① 茹·贝热瑞。——编者注
② 路·马尔儒纳尔。——编者注

秩序党的将军尚加尔涅曾被国民议会特别是被梯也尔先生推崇为社会救主,因为他让自己的军队从四面八方冲击赤手空拳的群众,用枪击、刀斩和马踏来对付他们。巴黎当时宣布了戒严。杜弗尔急忙在国民议会通过了许多新的镇压法令。新的逮捕,新的流放,新的恐怖统治开始了。但是现在"下层等级"处理这样的事情却迥然不同。1871年的中央委员会干脆就没有去理会那些"和平示威"的英雄们,结果仅仅过了两天他们就又能够纠合在一起,在海军上将赛塞率领下来了一次**武装**示威。人所共知,那次示威以窜逃凡尔赛收场。当梯也尔通过偷袭蒙马特尔已经发动了内战的时候,中央委员会却不肯把这场内战打下去,因而犯了一个致命的错误,即没有立刻向当时毫无防御能力的凡尔赛进军,一举粉碎梯也尔和他的那帮乡绅议员们的阴谋。中央委员会没有这样做,反而容许秩序党在3月26日的公社选举中再次进行较量。这一天,"秩序人物"在巴黎各区政府同他们的过分宽宏的战胜者互道温和的和解之词,可他们内心里却咬牙切齿地发誓,时机一到定要将对方消灭干净。

现在来看看这幅图画的背面吧。梯也尔在4月初第二次对巴黎开战。被送到凡尔赛去的第一批巴黎俘虏,受到了令人发指的残酷虐待,而厄内斯特·皮卡尔则两手插在裤袋里,在他们面前踱来踱去,恣意耍笑他们,梯也尔夫人和法夫尔夫人由她们的贞(?)女①们簇拥着,站在阳台上拍手喝采,欣赏凡尔赛匪徒的暴行。被俘的战斗团士兵都被冷酷地屠杀。我们英勇的朋友、铸

---

① 在英语里,侍候女王、王后、公主等尊贵妇女的女侍称做"贞女"(maid of honour 或 lady of honour)。这里显然指的是梯也尔夫人和法夫尔夫人身边的女侍。——编者注

工杜瓦尔将军没有经过任何审讯就被枪决了。加利费——这是个靠自己那位因在第二帝国闹宴上无耻卖弄色相而出名的妻子吃饭的人——在一篇公告中夸耀,他曾下令把被他的士兵突袭缴械的一小队国民自卫军连同队长和副队长一并杀害。维努瓦这个逃跑者,因发布把在公社战士当中抓到的战斗团士兵一律枪毙的通令,被梯也尔授予荣誉军团大十字勋章。宪兵德马雷也被授勋,因为他忘恩负义,像屠夫一样把高尚而豪爽的弗路朗斯,即在 1870 年 10 月 31 日救了国防政府头目们的命的那个弗路朗斯[118],剁成了碎块。梯也尔在国民议会扬扬自得地大谈这次屠杀事件的"令人兴奋的细节"。议会里的一个小矮子居然得以扮演跛帖木儿的角色,他因此而忘乎所以,对敢于向他这个卑劣渺小的人物造反的人,竟剥夺他们依文明战争原则所应享有的一切权利,救护站中立权也包括在内。再没有比伏尔泰所预见的这种得以暂时恣意发挥其老虎本能的猴子更加可恶的了①(见附录第 35 页②)。

4 月 7 日的公社法令宣布采取报复措施,声明公社有责任"保护巴黎不受凡尔赛匪帮的野蛮虐杀,要以眼还眼,以牙还牙"[119]。在公社颁布了这个法令以后,梯也尔并未停止对被俘者的野蛮虐待,甚至在他的公报[84]上这样侮辱他们说:"正直人士还从未这样痛心地目睹过代表一种堕落的民主制的如此堕落的面孔"③——所谓正直人士就是像梯也尔和他的内阁里的假释犯那样的人。不过,枪杀俘虏还是暂时停止了一下。但是,当梯也尔和他的那些十

---

① 参看伏尔泰《老实人》第 22 章。——编者注
② 见本卷第 127—128 页。——编者注
③ 阿·梯也尔《1871 年 4 月 4 日宣言》,载于 1871 年 4 月 5 日《法兰西共和国公报》第 95 号。——编者注

二月将军们①发现公社的报复法令只不过是空洞的威胁,连在巴黎抓到的假扮国民自卫军的宪兵密探和身上搜出燃烧弹的警察都得到了饶恕,他们立刻就又开始大批枪杀俘虏,直到杀完为止。躲藏有国民自卫军的房屋,被宪兵团团围住,浇上煤油(此种办法在这场战争中首次使用),纵火焚烧;烧焦的尸体后来被特尔纳街区的印刷厂救护队运走了。4月25日,有四名国民自卫军在贝尔-埃皮纳向一队骑兵投降,后来被这队骑兵的队长(加利费的好部下)开枪一个个打倒在地。这四个受害者中有一个被认为已打死了的名叫舍弗尔的人,爬回到巴黎的前哨地点,向公社的一个委员会证实了此事。当托伦就这个委员会的报告向陆军部长勒夫洛提出质问时,乡绅议员们用叫喊声盖住他的发言,并且不让勒夫洛回答。对于他们"光荣的"军队说来,谈论它的行为就是对它的侮辱。梯也尔的公报宣布在穆兰-萨凯用刺刀杀死睡梦中的公社战士和在克拉马进行集体枪杀这种事件时所用的轻率口气,甚至使不那么容易激动的伦敦《泰晤士报》[2]也为之震惊。但是今天要试图一一列举出那些在外国侵略者卵翼下轰击巴黎、发起奴隶主叛乱的人们刚刚才开始的暴行,那是可笑的。面对这一切惨象,梯也尔竟忘记了他曾用议会辞令表白他对自己侏儒之肩所负的重任感到诚惶诚恐,居然在自己的公报上扬扬得意地说 l'Assemblée siège paisiblement(议会一片和平气氛),他还不断地大摆筵席,时而同他的十二月将军们狂饮,时而同德国王公们欢宴,以此来证明他依然健啖如初,甚至勒孔特和克莱芒·托马两人的鬼魂也没有败坏他的胃口。

---

① 指波拿巴派的将军们。——编者注

三

1871年3月18日清晨,巴黎被"公社万岁!"的雷鸣般的呼声惊醒了。公社,这个使资产阶级的头脑怎么也捉摸不透的怪物,究竟是什么呢?

中央委员会在它的3月18日宣言中写道:

> "巴黎的无产者,目睹统治阶级的无能和叛卖,已经懂得:由他们自己亲手掌握公共事务的领导以挽救时局的时刻已经到来…… 他们已经懂得:夺取政府权力以掌握自己的命运,是他们无可推卸的职责和绝对权利。"①

但是,工人阶级不能简单地掌握现成的国家机器,并运用它来达到自己的目的。

中央集权的国家政权连同其遍布各地的机关,即常备军、警察局、官僚机构、教会和法院——这些机关是按照系统的和等级的分工原则建立的——起源于专制君主制时代,当时它充当了新兴资产阶级社会反对封建制度的有力武器。但是,领主权利、地方的特权、城市和行会的垄断以及地方的法规等这一切中世纪的垃圾还阻碍着它的发展。18世纪法国革命的大扫帚,把所有这些过去时代的残余都扫除干净,这样就从社会基地上清除了那些妨碍建立现代国家大厦这个上层建筑的最后障碍。现代国家大厦是在第一帝国时期建立起来的,而第一帝国本身又是从半封建的旧欧洲反对现代法国的几次同盟战争中产生的。在以后各个时期的政治体

---

① 1871年3月21日《法兰西共和国公报》第80号。——编者注

制下,政府都被置于受议会控制,即受有产阶级直接控制的地位。它不但变成了巨额国债和苛捐重税的温床,不但由于拥有令人倾心的官职、金钱和权势而变成了统治阶级中各不相让的党派和冒险家们彼此争夺的对象,而且,它的政治性质也随着社会的经济变化而同时改变。现代工业的进步促使资本和劳动之间的阶级对立更为发展、扩大和深化。与此同步,国家政权在性质上也越来越变成了资本借以压迫劳动的全国政权,变成了为进行社会奴役而组织起来的社会力量,变成了阶级专制的机器。① 每经过一场标志着阶级斗争前进一步的革命以后,国家政权的纯粹压迫性质就暴露得更加突出。1830 年的革命使政权从地主手里转到了资本家手里,也就是从离工人阶级较远的敌人手里转到了工人阶级的更为直接的敌人手里。资产阶级共和党人以二月革命的名义夺取了国家政权,并且利用这个政权进行了六月屠杀**96**,从而向工人阶级证明,"社会"共和国就是保证使他们遭受社会奴役的共和国;向资产阶级中的大批保皇派和地主阶级证明,他们尽可以放心地让资产阶级"共和党人"去操治理国家之心,得治理国家之利。但是,资产阶级共和党人在建树了他们唯一的六月勋业以后,不得不从"秩序党"的前列退居后列——"秩序党"是一个由占有者阶级的所有相互倾轧的党派构成的联盟,是在这些党派现在公开宣布的同生产者阶级的对抗中形成的。他们合股执政的最适当的形式就是由路易·波拿巴任总统的**议会制共和国**。他们这个议会制共和国是一个公开实行阶级恐怖和有意侮辱"群氓"的体制。如果

---

① 在 1871 年德文版中是"越来越变成了压迫劳动的社会权力,变成了阶级统治的机器";在 1891 年德文版中是"越来越变成了压迫工人阶级的社会权力,变成了阶级统治的机器"。——编者注

说,像梯也尔所讲的那样,议会制共和国"使他们〈统治阶级的各个派别〉最不易分裂"①,那么,它在这个人数很少的阶级和这个阶级以外的整个社会机体之间却挖了一道鸿沟。在以往各种体制下,统治阶级内部的分裂还使国家政权受到制约,现在由于这个阶级的联合,这种制约已经消失了。由于存在着无产阶级起来造反的危险,联合起来的统治阶级已在残酷无情地大肆利用这个国家政权作为资本对劳动作战的全国性武器。但是,统治阶级对生产者大众不断进行的十字军征讨[13],使它不仅必须赋予行政机关以越来越大的镇压之权,同时还必须把它自己的议会制堡垒——国民议会——本身在行政机关面前的一切防御手段一个一个地加以剥夺。结果,这个体现于路易·波拿巴其人之身的行政机关把国民议会一脚踢开了。"秩序党"共和国的自然产物就是第二帝国[65]。

这个以政变为出生证书、以普选为批准手续、以宝剑为权杖的第二帝国,声称它倚靠农民阶级,即倚靠没有直接卷入劳资斗争的广大生产者群众。它声称它通过打破议会制度并因而打破政府公开为有产阶级当奴仆的局面而拯救了工人阶级。它声称它以支持有产阶级对工人阶级的经济统治而拯救了有产阶级。最后,它声称它通过为所有的人恢复了国家荣誉的幻觉,而把一切阶级联合了起来。事实上,帝国是在资产阶级已经丧失统治国家的能力而工人阶级又尚未获得这种能力时唯一可能的统治形式。全世界都欢迎这个帝国,认为它是社会救主。在它的统治下,资产阶级社会免除了各种政治牵挂,得到了甚至它自己也梦想不到的高度发展。工商业扩展到极大的规模;金融诈骗风行全世界;民众的贫困同无

---

① 《梯也尔先生的计划》,载于 1871 年 3 月 29 日《形势报》第 163 号。——编者注

耻的骄奢淫逸形成鲜明对比。表面上高高凌驾于社会之上的国家政权,实际上正是这个社会最丑恶的东西,正是这个社会一切腐败事物的温床。它本身的腐朽性以及它所拯救了的那个社会的腐朽性,恰恰被一心想把这个统治制度的最高司令部从巴黎搬到柏林去的普鲁士的刺刀尽行戳穿了。帝国制度是国家政权的最低贱的形式,同时也是最后的形式。它是新兴资产阶级社会当做自己争取摆脱封建制度的解放手段而开始缔造的;而成熟了的资产阶级社会最后却把它变成了资本奴役劳动的工具。

帝国的直接对立物就是公社。巴黎无产阶级在宣布二月革命时所呼喊的"社会共和国"口号,的确是但也仅仅是表现出这样一种模糊的意向,即要求建立一个不但取代阶级统治的君主制形式、而且取代阶级统治本身的共和国。公社正是这个共和国的毫不含糊的形式。

既是旧政权中央政府所在地同时又是法国工人阶级社会大本营的巴黎,手执武器奋起反抗了梯也尔和乡绅议员[103]们恢复并巩固帝国留给他们的这个旧政权的企图。巴黎所以能够反抗,只是由于被围困使它摆脱了军队并用主要由工人组成的国民自卫军来代替它。现在必须使这一事实成为制度,所以,公社的第一个法令就是废除常备军而代之以武装的人民。

公社是由巴黎各区通过普选选出的市政委员组成的。这些委员对选民负责,随时可以罢免。其中大多数自然都是工人或公认的工人阶级代表。公社是一个实干的而不是议会式的机构,它既是行政机关,同时也是立法机关。警察不再是中央政府的工具,他们立刻被免除了政治职能,而变为公社的承担责任的、随时可以罢免的工作人员。其他各行政部门的官员也是一样。从公社委员起,自上至下一切公职人员,都只能领取相当于**工人工资**的报酬。

从前国家的高官显宦所享有的一切特权以及公务津贴,都随着这些人物本身的消失而消失了。社会公职已不再是中央政府走卒们的私有物。不仅城市的管理,而且连先前由国家行使的全部创议权也都转归公社。

公社在铲除了常备军和警察这两支旧政府手中的物质力量以后,便急切地着手摧毁作为压迫工具的精神力量,即"僧侣势力",方法是宣布教会与国家分离,并剥夺一切教会所占有的财产。教士们要重新过私人的清修隐遁的生活,像他们的先驱者即使徒们那样靠信徒的施舍过活。一切教育机构对人民免费开放,完全不受教会和国家的干涉。这样,不但人人都能受教育,而且科学也摆脱了阶级偏见和政府权力的桎梏。

法官的虚假的独立性被取消,这种独立性只是他们用来掩盖自己向历届政府奴颜谄媚的假面具,而他们对于那些政府是依次宣誓尽忠,然后又依次背叛的。法官和审判官,也如其他一切公务人员一样,今后均由选举产生,对选民负责,并且可以罢免。

巴黎公社自然是要为法国一切大工业中心做榜样的。只要公社制度在巴黎以及次一级的各中心城市确立起来,那么,在外省,旧的集权政府就也得让位给生产者的自治政府。在公社没有来得及进一步加以发挥的全国组织纲要上说得十分清楚,公社将成为甚至最小村落的政治形式,常备军在农村地区也将由服役期限极短的国民军来代替。每一个地区的农村公社,通过设在中心城镇的代表会议来处理它们的共同事务;这些地区的各个代表会议又向设在巴黎的国民代表会议派出代表,每一个代表都可以随时罢免,并受到选民给予他的限权委托书(正式指令)的约束。仍须留待中央政府履行的为数不多但很重要的职能,则不会像有人故意胡说的那样加以废除,而是由公社的因而是严格承担责任的勤务员来行使。民族的统一不是要加以破坏，相反，要由公社在体制上、组织上加以保证，要通过这样的办法加以实现，即消灭以民族统一的体现者自居同时却脱离民族、凌驾于民族之上的国家政权，这个国家政权只不过是民族躯体上的寄生赘瘤。旧政权的纯属压迫性质的机关予以铲除，而旧政权的合理职能则从僭越和凌驾于社会之上的当局那里夺取过来，归还给社会的承担责任的勤务员。普选权不是为了每三年或六年决定一次由统治阶级中什么人在议会里当人民的假代表，而是为了服务于组织在公社里的人民，正如个人选择权服务于任何一个为自己企业招雇工人和管理人员的雇主一样。大家都很清楚，企业也像个人一样，在实际业务活动中一般都懂得在适当的位置上使用适当的人，万一有错立即纠正。另一方面，如果用等级授职制[120]去代替普选制，那是最违背公社精神不过的。

　　一般说来，全新的历史创举都要遭到被误解的命运，即只要这种创举与旧的、甚至已经死亡的社会生活形式可能有某些相似之处，它就会被误认为是那些社会生活形式的翻版。所以，这个新的、摧毁了现代国家政权的公社，就恰恰被误认为是那最初产生于现代国家政权之先、尔后又成为现代国家政权基础的中世纪公社[121]的再现。公社体制被误认为是企图把各大国的统一——这种统一虽然最初由政治暴力所造成，但现已成为社会生产的强大因素——化为孟德斯鸠和吉伦特派[122]所梦想的那种许多小邦的联盟。公社与国家政权的对抗被误认为是反对过分集权这一古老斗争的被夸张了的形式。可能是特殊的历史条件①阻碍了像在法

---

① 在1871年和1891年的德文版此处有"在其他国家"。——编者注

国出现过的那种资产阶级政权形式的典型发展,并使得像英国那样的情况能够存在:庞大的中央国家机构在城市里有腐败的教区委员会、钻营私利的市议员、凶暴的济贫法委员会委员为其补充,在乡村里有实际上是世袭的治安法官为其补充。公社体制会把靠社会供养而又阻碍社会自由发展的国家这个寄生赘瘤迄今所夺去的一切力量,归还给社会机体。仅此一举就会把法国的复兴推动起来。法国外省城市的资产阶级在路易-菲力浦时期控制着乡村,在路易-拿破仑时期,他们对乡村的控制为乡村对城市的虚假统治所取代。现在他们以为公社就是企图恢复他们过去的那种对乡村的控制。事实上,公社体制是把农村的生产者置于他们所在地区中心城市的精神指导之下,使他们在中心城市有工人作为他们利益的天然代表者。公社的存在本身自然而然会带来地方自治,但这种地方自治已经不是用来牵制现在已被取代的国家政权的东西了。只有俾斯麦这个除了策划铁血阴谋之外,总是喜欢重操最适合于他的智力的旧业即给《喧声》杂志(柏林的《笨拙》杂志)[123]撰稿的人,才会异想天开,以为巴黎公社要仿效普鲁士的市政体制。普鲁士的市政体制不过是1791年法国旧的市政组织的拙劣仿制品,它把城市管理机构降低为普鲁士国家警察机器上的辅助轮子。

公社实现了所有资产阶级革命都提出的廉价政府这一口号,因为它取消了两个最大的开支项目,即常备军①和国家官吏。公社的存在本身就意味着那至少在欧洲是阶级统治的真正赘瘤和不可或缺的外衣的君主制已不复存在。公社给共和国奠定了真正民

---

① 在1871年和1891年的德文版中是"军队"。——编者注

主制度的基础。但是,无论廉价政府或"真正共和国",都不是它的终极目标,而只是它的伴生物。

人们对公社有多种多样的解释,多种多样的人把公社看成自己利益的代表者,这证明公社完全是一个具有广泛代表性的政治形式,而一切旧有的政府形式都具有非常突出的压迫性。公社的真正秘密就在于:它实质上是工人阶级的政府①,是生产者阶级同占有者阶级斗争的产物,是终于发现的可以使劳动在经济上获得解放的政治形式。

如果没有最后这个条件,公社体制就没有存在的可能,就是欺人之谈。生产者的政治统治不能与他们永久不变的社会奴隶地位并存。所以,公社要成为铲除阶级赖以存在、因而也是阶级统治赖以存在的经济基础的杠杆。劳动一解放,每个人都变成工人,于是生产劳动就不再是一种阶级属性了。

说来也奇怪,虽然近60年来出现了大量的关于劳动解放②的高谈阔论和巨著,可是只要工人在什么地方决心由自己来做这件事,那些替以资本和雇佣奴隶为两极的现代社会(地主现在只不过是资本家的驯顺伙伴)说话的喉舌,立刻就出来大唱辩护之歌,仿佛资本主义社会还处在童贞和白璧无瑕的状态,仿佛它的对立还没有发展,它的欺人假象还没有被戳穿,它的丑恶现实还没有被揭露!他们叫喊说,公社想要消灭构成全部文明的基础的所有制!是的,先生们,公社是想要消灭那种将多数人的劳动变为少数人的财富的阶级所有制。它是想要剥夺剥夺者。它是想要把现在主要

---

① 在1871年和1891年的德文版中"工人阶级的政府"等字有着重号。——编者注

② 在1891年的德文版中是"工人解放"。——编者注

用做奴役和剥削劳动的手段的生产资料，即土地和资本完全变成自由的和联合的劳动的工具，从而使个人所有制成为现实。但这是共产主义，"不可能的"共产主义啊！然而，统治阶级中那些有足够见识而领悟到现存制度已不可能继续存在下去的人们（这种人并不少），已在拼命地为实行合作生产而大声疾呼。如果合作生产不是一个幌子或一个骗局，如果它要去取代资本主义制度，如果联合起来的合作社按照共同的计划调节全国生产，从而控制全国生产，结束无时不在的无政府状态和周期性的动荡这样一些资本主义生产难以逃脱的劫难，那么，请问诸位先生，这不是共产主义，"可能的"共产主义，又是什么呢？

工人阶级并没有期望公社做出奇迹。他们不是要凭一纸人民法令去推行什么现成的乌托邦。他们知道，为了谋求自己的解放，并同时创造出现代社会在本身经济因素作用下不可遏止地向其趋归的那种更高形式，他们必须经过长期的斗争，必须经过一系列将把环境和人都加以改造的历史过程。工人阶级不是要实现什么理想，而只是要解放那些由旧的正在崩溃的资产阶级社会本身孕育着的新社会因素。工人阶级充分认识到自己的历史使命，满怀完成这种使命的英勇决心，所以他们能够笑对那些摇笔杆子的文明人中之文明人的粗野谩骂，笑对好心肠的资产阶级空论家的训诫，这些资产阶级空论家总是滔滔不绝地宣讲他们那一套无知的陈词滥调和顽固的宗派主义谬论，口气俨如发布永无谬误的神谕一般。

当巴黎公社把革命的领导权掌握在自己手中的时候，当普通工人第一次敢于侵犯他们的"天然尊长"①的执政特权，在空前艰

---

① 在1871年和1891年的德文版中加有"即有产者"。——编者注

难的条件下虚心、诚恳而卓有成效地进行他们的工作,而所得报酬最高额还不及科学界高级权威人士①所建议的伦敦国民教育局秘书最低薪额的五分之一**124**的时候,旧世界一看到象征劳动共和国的红旗在市政厅上空飘扬,便怒火中烧,气得浑身颤抖。

然而这是使工人阶级作为唯一具有社会首创能力的阶级得到公开承认的第一次革命;甚至巴黎中等阶级的大多数,即店主、手工业者和商人——唯富有的资本家除外——也都承认工人阶级是这样一个阶级。公社拯救了这个中等阶级,因为公社采取英明措施把总是一再出现的中等阶级内部纠纷之源,即债权和债务问题解决了。**125**正是中等阶级的这一部分人在1848年为镇压六月工人起义出过力之后,立即被制宪议会毫不客气地交给他们的债主们去任意宰割。**126**但这还不是他们现在靠拢工人阶级的原因②。他们感觉到他们只能在公社和不管打着什么招牌的帝国之间进行抉择。帝国在经济上毁了他们,因为它大肆挥霍社会财富,怂恿大规模的金融诈骗,支持人为地加速资本的集中,从而使他们遭受剥夺。帝国在政治上压迫了他们,它的荒淫无度在道义上震惊了他们;帝国侮辱了他们的伏尔泰思想,因为它把教育他们子弟的事情交给无知兄弟会**127**;帝国激怒了他们作为法兰西人的民族感情,因为它把他们一下子推入这样一场战争,这场战争制造了那么多毁灭性灾难,得到的结果只有一个——帝国灭亡。事实上,在波拿巴派和资本家这样一些高等流氓从巴黎逃跑以后,真正的中等阶级秩序党就以共和联盟**128**的形式出现,站到了公社的旗帜下,并且反驳梯也尔的胡编乱造,保卫公社。至于这一大部

---

① 在德文各版中加有"(赫胥黎教授)"。——编者注
② 在1871年和1891年的德文版中是"唯一原因"。——编者注

分中等阶级的感激心情能否经得住目前的严峻考验，将来自有分晓。

公社对农民说，"公社的胜利是他们的唯一希望"[129]，这是完全正确的。炮制于凡尔赛、由光荣的欧洲报界文丐一传再传的所有谎言中最惊人的就是：乡绅议员代表法国农民。试想一想，法国农民对于他们在 1815 年以后不得不付予 10 亿赔偿金[130]的人们竟产生了爱戴心情！在法国农民的心目中，大土地所有者存在本身就是对他们 1789 年的胜利果实的侵犯。1848 年，资产者们对农民的那块土地加上了每法郎 45 生丁的附加税[131]，而那时候他们还是以革命的名义这样做的；现在他们则挑起了反对革命的国内战争，借以把他们约定要付给普鲁士人的 50 亿赔款[68]的主要重担转嫁到农民身上。与此相反，公社在最初发表的一项公告里就已经宣布，战争的费用要让真正的战争发动者来偿付。公社能使农民免除血税，能给他们一个廉价政府，能把现今吸吮着他们鲜血的公证人、律师、法警和其他法庭吸血鬼，换成由他们自己选出并对他们负责的领工资的公社勤务员。公社能使他们免除乡警、宪兵和省长的残暴压迫，能用启发他们智慧的学校教师去代替麻痹他们头脑的教士。而法国农民首先是善于算账的人。他们会发现，教士的薪俸不由税吏们强制征收，而只由各教区的居民依其宗教情感自愿捐赠，那是极为合理的。这些都是公社的统治——也只有这种统治——使法国农民马上就能得到的巨大好处。所以这里用不着细讲那些只有公社才能够而且必须以有利于农民的方式加以解决的更复杂但极重要的问题，例如：农民那小片土地负担着压得他们喘不过气来的抵押债务，prolétariat foncier（农村无产阶级）因此而与日俱增，农民的土地恰恰由于现代农业的发展以及资本主义农场经营的竞争而以越来越快的速度被剥夺。

路易·波拿巴是被法国农民选为共和国总统的,第二帝国则是秩序党[97]的作品。在 1849 年和 1850 年,法国农民就开始表明他们实际需要的是什么了。他们的表达方式就是:以自己的区长对抗政府的省长,以自己的学校教师对抗政府的教士,以自身对抗政府的宪兵。秩序党在 1850 年 1 月和 2 月所制定的一切法律[132],都是明目张胆压迫农民的措施。农民曾经是波拿巴派,因为在他们的眼中大革命及其带给农民的所有利益都体现在拿破仑的身上。这种在第二帝国时代迅速破灭的(而且就其本质而言对乡绅议员是不利的)错觉,这种过去时代的偏见,怎么能够抵得住公社对农民切身利益和迫切需要的重视所具有的号召力呢?

乡绅议员知道(并且实际上也最害怕这一点),如果公社治理下的巴黎同外省自由交往起来,那么不出三个月就会引起一场农民大起义,所以他们才急于对巴黎实行警察封锁,以阻止这种传染病的蔓延。

可见,公社是法国社会的一切健全成分的真正代表,因而也就是真正的国民政府,而另一方面,它作为工人的政府,作为劳动解放的勇敢斗士,同时又具有十足国际的性质。普鲁士军队使法国的两个省归属于德国,而就在这支军队的眼前,公社使全世界的工人都归属于法国。

第二帝国曾是集普天下坑蒙拐骗之大成的盛世。世界各国的坏蛋都响应了它的号召,赶来参加它的闹宴和对法国人民的掠夺。甚至此时此刻梯也尔也还是以瓦拉几亚的流氓加内斯科为右手,以俄国的暗探马尔科夫斯基为左手。公社则使一切外国人都能享有为不朽事业而牺牲的荣誉。资产阶级由于它自己的叛变而招致了对外战争的失败,又同外国侵略者勾结挑起了国内战争,它在这两次战争的间隙找到了机会来表现它的爱国热情,其表现方式就是派警察搜捕在法国的德国人。公社则委任了一个德国工人①担任自己的劳动部长。梯也尔、资产阶级、第二帝国都不断欺骗波兰人,口头上冠冕堂皇地对他们表示同情,实际上把他们出卖给俄国,替俄国干坏事。公社则请波兰的英雄儿子②荣任巴黎捍卫者的领导人。为了使公社所自觉地开辟的历史新纪元有一个鲜明的标志,公社一方面当着普鲁士胜利者的面,另一方面当着由波拿巴派将军们率领的波拿巴军队的面,推倒了象征战争光荣的庞然巨物——旺多姆圆柱**133**。

公社的伟大社会措施就是它本身的存在和工作。它所采取的各项具体措施,只能显示出走向属于人民、由人民掌权的政府的趋势。这类措施是:不让面包工人做夜工;用严惩的办法禁止雇主们以各种借口对工人罚款以减低工资——雇主们在这样做的时候集立法者、审判官和法警于一身,而且以罚款饱私囊。另一个此类的措施是把一切已关闭的作坊或工厂——不论是资本家逃跑了还是自动停了工——都交给工人协作社,同时给企业主保留获得补偿的权利。

公社的那些引人注目的明智而温和的财政措施,只能是与围城状态相适应的措施。鉴于各大金融公司和承包商们在欧斯曼庇护下掠夺了巴黎大量钱财,公社要是没收他们的财产,其理由要比路易·波拿巴没收奥尔良家族的财产充足万倍。霍亨索伦家族和英国的政治寡头们的财产中有很大一部分是靠掠夺教会得来的,而公社从没收教会财产上仅仅得到 8 000 法郎,他们对此自然是大为震惊。

---

① 莱·弗兰克尔。——编者注
② 雅·东布罗夫斯基和瓦·符卢勃列夫斯基。——编者注

凡尔赛政府刚刚恢复了一点元气,便采取最残暴的手段对付公社。它在全法国压制言论自由,甚至禁止来自各大城市的代表举行集会;它在凡尔赛和法国其他地区设置暗探,远远超过第二帝国时代;它的宗教裁判官似的宪兵焚毁一切在巴黎出版的报纸,检查巴黎的一切来往信件;在国民议会中,谁如果斗胆要替巴黎说句话,立刻就会被呵斥住,这种情形甚至在1816年的"无双议院"[102]里也未曾有过;凡尔赛方面从外部对巴黎进行着野蛮的战争,而且还想在巴黎内部进行收买和阴谋活动——在此种情况下,公社若是装做像在太平盛世一样,遵守自由主义那一套表面上温文尔雅的行为规范,岂不是可耻地背叛了自己的使命? 如果公社政府和梯也尔政府是同一类政府的话,那么凡尔赛方面就没有理由查禁公社的报纸,而巴黎方面也就同样没有理由查禁秩序党的报纸了。

就在乡绅议员宣称法国得救的唯一办法是回到教会怀抱里去的时候,不信教的公社却揭露了毕克普斯女修道院和圣洛朗教堂的秘密[134],这实在是使这些议员恼火的事情。梯也尔将大把的大十字勋章随意掷给波拿巴派将军们以表彰他们打败仗、签降书和在威廉堡卷香烟[66]的本事,公社却在自己的将军们稍有失职嫌疑时就予以撤职和逮捕,这对于梯也尔先生是一种讽刺。公社把一个只是因为无支付能力而在里昂被监禁过六天,后来用假名混进公社的委员①予以撤职和逮捕,这对于那位伪造文据犯茹尔·法夫尔——他当时还在做法国的外交部长,还在向俾斯麦出卖法国,还在向比利时的那个模范政府发号施令——难道不像是有意打在

---

① 让·普里尔,教名布朗舍。——编者注

他脸上的一记耳光吗？但是,公社可不像一切旧政府那样自诩决不会犯错误。它把自己的所言所行一律公布出来,把自己的一切缺点都让公众知道。

在任何一次革命中,除了真正代表革命的人物,总还要挤进来另外一种人。这种人当中有些是以前各次革命的忠诚的幸存者,他们对当前的运动并没有深刻的了解,但他们由于具有人人皆知的忠诚和勇敢精神或者纯粹是由于传统力量,还保留有对人民的影响;另外有些人则不过是空喊家,他们年复一年地用老一套的刻板语言大骂现政府,从而骗取了第一流革命家的名声。在3月18日以后,确实也出现了上面说的那样一些人,他们有时甚至扮演了显要的角色。他们极力阻碍工人阶级的真正运动,同以前这种人阻碍各次革命充分发展的情况完全一样。他们是一种无法避免的祸害;摆脱他们需要时间,但是公社却没有这样的时间。

公社简直是奇迹般地改变了巴黎的面貌！第二帝国的那个花花世界般的巴黎消失得无影无踪。巴黎不再是不列颠的大地主、爱尔兰的在外地主¹³⁵、美利坚的前奴隶主和暴发户、俄罗斯的前农奴主和瓦拉几亚的大贵族麇集的场所了。尸体认领处里不再有尸体了,夜间破门入盗事件不发生了,抢劫也几乎绝迹了。事实上自从1848年2月的日子以来,巴黎街道第一次变得平安无事,而且不再有任何类型的警察。有一个公社委员说：

"我们再也听不到杀人、偷盗和人身袭击事件;看来真好像警察已经把他们所有的保守派朋友一起带到凡尔赛去了。"①

---

① 保·拉法格《巴黎访问记。4月7—18日》,载于1871年4月24日《波尔多论坛报》。——编者注

　　荡妇们已经跟在她们的庇护者——那些家庭、宗教、尤其是财产的卫士们的屁股后头跑掉了。没有了荡妇们，真正的巴黎妇女又出现在最前列，她们像古典古代的妇女那样具有英勇、高尚和献身的精神。努力劳动、用心思索、战斗不息、流血牺牲的巴黎——它在培育着一个新社会的同时几乎把大门外的食人者忘得一干二净——正放射着它的历史首创精神的炽烈的光芒！

　　与巴黎这个新世界相对峙的是凡尔赛的旧世界。看看这个旧世界吧——这是个由来自所有死亡了的旧体制的食尸鬼组成的议会。食尸鬼就是渴望撕食民族尸体的正统派和奥尔良派[64]。还有一个尾巴，这就是陈腐的共和派。这些共和派以出席国民议会来表示他们对奴隶主叛乱的支持；他们把他们的议会制共和国得以维持下去的希望，寄托于那个充当着共和国首脑的老骗子的虚荣心；他们十分可笑地学着1789年的样子，在Jeu de Paume[①]举行他们的令人毛骨悚然的会议。这个代表法国一切死亡事物的议会，只是靠着路易·波拿巴的将军们的军刀的支持，才得以维持住生命的假象。巴黎全是真理；凡尔赛全是谎言，是出自梯也尔之口的谎言。

　　梯也尔对塞纳-瓦兹省的区长代表团说：

　　"你们可以信赖我的话，我从来不食言。"[②]

　　他竟对这个议会说，"它是法国从未有过的最自由地选出的

---

① 恩格斯在1871年德文版上加了一个注："网球场，国民议会于1789年在这里通过了著名的决议。"——编者注

② 阿·梯也尔《致市长、副市长、市参议员大会委员会的声明》，载于1871年4月28日《号召报》第684号。——编者注

最开明的议会"①;他对他的杂牌军队说,他们是"世界的瑰宝,是法国从未有过的一支最优秀的军队";他对外省说,传言他下令轰击巴黎纯属无稽之谈:

"如果曾经打了几发炮弹,那也不是凡尔赛军队打的,而是一些叛乱者为了假装他们在作战才打的,可是实际上他们连头都不敢露出来。"②

后来他又对外省宣称:

"凡尔赛的炮兵不是轰击巴黎,而只是向它开了几炮。"③

他对巴黎大主教④说,硬说凡尔赛军队曾执行大批处决和进行报复(!),这全是胡扯。他对巴黎说,他只是想"把巴黎从可憎的暴君压迫下解放出来"⑤,说公社的巴黎实际上"不过是一小撮罪犯"。

梯也尔先生的巴黎并不是"群氓"的真正的巴黎,而是幽灵的巴黎,francs-fileurs**136**的巴黎,男女闲荡者的巴黎,富人的、资本家的、花花公子的、无所事事者的巴黎。这个巴黎目前正带着它的奴仆、骗子、文痞、荡妇麇集在凡尔赛、圣但尼、吕埃和圣日耳曼;这个巴黎认为内战不过是惬意的消遣,它从望远镜中观赏战斗的场面,计算放炮的次数,用自己的以及自己的娼妇们的名誉赌咒发誓说,

---

① 阿·梯也尔《1871年4月27日在国民议会的演说》,载于1871年4月29日《号召报》第685号。——编者注

② 《梯也尔先生的通告》,载于1871年4月19日《复仇者报》第21号。——编者注

③ 《市镇通报……》,载于1871年5月6日《号召报》第692号。——编者注

④ 若·达尔布瓦。——编者注

⑤ 阿·梯也尔《关于穆兰-萨凯的公报。1871年5月4日于凡尔赛》,载于1871年5月6日《号召报》第692号。——编者注

这里上演的戏要比圣马丁门剧场中的精彩得多。被打死者真的死了,伤者的惨叫声也是实实在在的惨叫,而且这整个事件具有如此深刻的历史意义①。

这就是梯也尔先生的巴黎,正像逃到科布伦茨[137]的那帮人是卡龙先生的法国一样。

四

奴隶主阴谋用普鲁士军队的占领来制服巴黎的第一次企图,因俾斯麦的拒绝而没有得逞。3月18日第二次企图制服巴黎,结果是军队溃败和政府逃往凡尔赛,政府并命令全部行政机关也停止工作,随之出逃。梯也尔假装同巴黎议和,借以争取时间准备对巴黎作战。但是到哪里去搜罗军队呢?战斗团的残部人数很少,而且不可靠。梯也尔向外省发出紧急呼吁,要求派国民自卫军和志愿军前去增援凡尔赛,但是遭到断然拒绝。只有布列塔尼派去了一小撮朱安兵[138],他们作战时打着白旗,每人胸前佩戴着用白布做成的耶稣圣心,口里呼喊着"Vive le Roi!"(国王万岁!)。这样,梯也尔就只好匆忙纠集一群杂牌队伍,其中有水兵、海军陆战队士兵、教皇的朱阿夫兵[139]、瓦朗坦手下的宪兵以及皮埃特里手下的警察和密探。可是这支军队要不是补充了一批批的帝国被俘兵员,那就会毫无用处而令人觉得可笑。俾斯麦准予放回被俘兵员的人数,刚好既够打内战之用,又足以保持凡尔赛政府对普鲁士

---

① 在1871年和1891年的德文版中是"具有何等的世界历史意义啊!"——编者注

的屈从和依赖。真正打起来,凡尔赛的警察还得照应凡尔赛的军队,而在一切危险的地方,都是宪兵打头阵,拖着军队前进。陷落的炮台不是夺来的,而是买通的。公社战士的英雄气概向梯也尔表明,凭他自己的谋略和他所掌握的武装力量,巴黎的抵抗是无法击破的。

与此同时,他和外省的关系越来越紧张了。没有接到一份可以使梯也尔和他的乡绅议员[103]们高兴的表示拥护的宣言。恰恰相反。来自四面八方的代表团和宣言,都是用很不尊敬的口气坚决要求同巴黎和解,而和解的基础是毫不含糊地承认共和国,确认公社规定的各项自由权利,解散任期已满的国民议会。代表团和宣言是如此之多,致使梯也尔的司法部长杜弗尔在4月23日给国家的检察官们的通令中命令他们把"呼吁和解"当做罪行查办!然而梯也尔看到进攻巴黎没有希望,于是决定改变策略,下令在4月30日按照他自己叫国民议会通过的新市镇法在全国进行市镇选举。一方面有他那些省长玩弄阴谋手段,另一方面有警察机关进行威胁恫吓,这使他满怀希望地认为:外省作出的裁决会赋予国民议会以前所未有的道义力量,并且他最终定会从外省取得征服巴黎的物质力量。

梯也尔一开始就竭力想在进行他的这场在他自己的公报[84]中备受赞美的反对巴黎的强盗战争的同时,在他的部长们企图在全法国建立恐怖统治的同时,表演一出和解小戏。这出小戏要达到几个目的:蒙蔽外省视听,诱骗巴黎的中等阶级分子,而最主要的是使国民议会中的冒牌共和党人能够以对梯也尔的信任掩盖他们对巴黎的背叛。梯也尔在3月21日,即在他还没有军队的时候,对国民议会声明说:

"不管发生什么情况,我决不派军队到巴黎去。"①

3月27日,他又站起来说:

"我发现共和国已是既成事实,我坚决维护它。"②

实际上,他用共和国的名义镇压了里昂和马赛的革命**140**,而他的乡绅议员们在凡尔赛只要一听到"共和国"这个词就要把它淹没在狂吼声中。他作出这番勋业之后,就把"既成事实"降低为假定事实。奥尔良王室子弟原是他为慎重起见从波尔多打发走的,现在他明目张胆地破坏法律,准许他们在德勒从事阴谋活动了。梯也尔在同巴黎和外省代表们无休止的会见当中所作出的让步——尽管谈话的口气和腔调总是随着时间和情况而变化——实际上从来没有超出这样一个承诺:将来的报复对象仅限于:

"那一小撮与杀害勒孔特和克莱芒·托马有关的罪犯",③

而且还有一个不言而喻的前提,即巴黎和法国要无条件地承认梯也尔先生本人就是最好不过的共和国,就像他在1830年对待路易-菲力浦那样。然而,就连这种让步,他也竭力通过他的部长们在国民议会进行的官方解释而使之暧昧不明。不仅如此,他还让他的那位杜弗尔行动起来。杜弗尔,这个老牌奥尔良派律师,在历次戒严时期都充当最高法官;如今1871年梯也尔掌权时是如此,

---

① 阿·梯也尔《1871年3月21日在国民议会的演说》,载于1871年3月23日《每日新闻》第7768号。——编者注
② 《梯也尔先生的宣言》,载于1871年4月1日《爱尔兰人报》第13卷第39期。——编者注
③ 阿·梯也尔《1871年4月27日在国民议会的演说》,载于1871年4月29日《号召报》第685号。——编者注

1839 年路易-菲力浦在位时和 1849 年路易·波拿巴任总统时也是如此[141]。他在不担任部长职务时,曾以替巴黎资本家辩护而大发横财,以反对出自他自己之手的法律来捞取政治资本。现在他不仅赶快在国民议会通过一批镇压性的法律,以便在巴黎陷落后用来消灭法国共和制自由的最后残余[142],他还把对他说来太缓慢的军事法庭审判程序加以简化[143],并且新炮制出一部严酷的流放法,以此预示巴黎未来的命运。1848 年革命取消了对政治犯的死刑,而代之以流放。路易·波拿巴没有敢恢复,至少是不敢公开恢复断头机的统治。乡绅议会甚至还不敢暗示巴黎人不是造反者而是杀人犯,所以它只得把将来对巴黎进行报复的手段局限于杜弗尔的新流放法。在此种情况下,如果梯也尔的和解滑稽剧不是按照他的意图引起乡绅议员们的一片怒吼声,他的这出滑稽剧就演不下去了。那些乡绅议员百思不得其解,他们既没有领会这套把戏,又不懂得玩弄这套把戏非用伪善、狡辩、拖延这样一些手法不可。

梯也尔鉴于 4 月 30 日的市镇选举在即,便于 4 月 27 日做了一次精彩的和解表演。他在国民议会讲坛上大讲假惺惺的漂亮话的时候,慷慨激昂地说道:

"只有巴黎的阴谋是反对共和国的阴谋,巴黎的阴谋迫使我们让法国人流血。我要再三重复说:让那些举起邪恶武器的人放下他们的武器吧,那我们就会立即通过和平协议停止惩罚,只有那一小撮罪犯另当别论。"①

他对那些大喊大叫地打断他讲话的乡绅议员说:

---

① 阿·梯也尔《1871 年 4 月 27 日在国民议会的演说》,载于 1871 年 4 月 29 日《号召报》第 685 号。——编者注

"诸位先生,我恳求你们告诉我,难道我说的不对吗?难道你们听见我如实地说明罪犯不过是一小撮人,真的觉得遗憾吗?忍心杀害克莱芒·托马和勒孔特将军的人只是罕有的例外,这难道不是不幸中之万幸吗?"[1]

然而,法国对于梯也尔这一番自以为像海上女妖歌声那样动听的议会讲话置若罔闻。在法国尚存的 35 000 个市镇所选出的 70 万名市议员中,联合起来的正统派、奥尔良派和波拿巴派[64]总共还占不到 8 000 人。在后来的补充选举中他们更是受到绝对的敌视。这样,国民议会不但没有从外省方面得到它迫切需要的物质力量,而且连最后一点道义力量,即作为这个国家普选权体现者的资格也丧失了。而意味着它彻底失败的是,法国所有城市新选出的市议会给凡尔赛的这个篡权的国民议会以公开的威胁,即决定在波尔多召集一个与之针锋相对的国民议会。

对俾斯麦而言,期待已久的采取决定性行动的时刻已经到来。他向梯也尔发号施令,要他派全权代表到法兰克福去签订最后的和约。梯也尔卑躬屈膝地遵从自己主子的吩咐,急忙派出了自己的亲信茹尔·法夫尔并以普耶-凯尔蒂埃做他的助手。普耶-凯尔蒂埃是鲁昂"鼎鼎大名的"棉纺厂厂主,是第二帝国[65]的狂热的甚至奴颜婢膝的拥护者,对他说来,第二帝国是无可挑剔的,只有一事例外,即帝国同英国签订过损害他这个企业家利益的商约[144]。他在波尔多刚一当上梯也尔的财政部长,马上就抨击这个"邪恶的"条约,暗示这个条约很快就会被废除。他甚至厚颜无耻地试图——虽然未能做到(因为做此盘算时没有请示俾斯麦)——立即对阿尔萨斯实行旧的保护关税,据他说那里没有任何旧有的国

---

[1] 阿·梯也尔《1871 年 4 月 27 日在国民议会的演说》,载于 1871 年 4 月 29 日《号召报》第 685 号。——编者注

际条约妨碍这样做。此人把搞反革命看做在鲁昂降低工资的手段,把割让法国两省看做在法国抬高他的货物价格的手段。**这种人岂不是注定要被梯也尔挑选为茹尔·法夫尔的助手去完成他最后的卖国大业吗?**

这绝妙的一对全权代表一到法兰克福,盛气凌人的俾斯麦立即粗暴地要他们二者择一:"或者是恢复帝国,或者是无条件地接受我的媾和条件!"他的条件里有这样的内容:缩短战争赔款分期交付的期限,并由普鲁士军队继续占领巴黎各炮台,直到将来俾斯麦对法国形势感到满意时为止。这样一来,普鲁士就被承认为法国内政的最高主宰者。作为回报,俾斯麦愿释放被俘的波拿巴兵员去消灭巴黎,并调派威廉皇帝的军队直接援助他们。为了保证不食言,他把赔款第一期交付时间推到"平定"巴黎之后。梯也尔和他的全权代表们当然贪馋地急忙吞下了这一钓饵。5月10日,他们在和约上签了字;5月18日,他们就让凡尔赛国民议会批准了这个条约。

从缔结和约到被俘的波拿巴兵员返回这一段时间,梯也尔觉得更加需要把他的和解滑稽剧继续演下去,因为他的共和党走卒们极需要一个借口,以便装做看不见为血洗巴黎而进行的准备。直到5月8日,他还对一个主张和解的中等阶级代表团说:

"只要暴乱者决定投降,巴黎的城门就可以对一切人洞开一个星期,唯有杀害克莱芒·托马和勒孔特两将军的凶手除外。"①

几天以后,当他为此诺言而遭到乡绅议员们激烈质问时,他避而不作任何解释,但意味深长地暗示说:

---

① 阿·梯也尔《1871年5月11日在国民议会的演说》,载于1871年5月12日《法兰西共和国公报》第132号。——编者注

"我对你们说，你们当中有些缺乏耐心的人，未免太性急了。这些人还得再忍耐一个星期。一个星期以后就不会再有什么危险，那时就会有与他们的勇气和能力相称的任务了。"①

当麦克马洪刚刚有把握向梯也尔保证很快就进入巴黎时，梯也尔立即对国民议会宣称，他

"将手持**法律**进入巴黎，要向那些牺牲了士兵生命和毁坏了公共纪念物的恶棍们彻底讨回这笔债"。②

当决定的时刻临近时，他对国民议会说："我将毫不留情！"③他对巴黎说，它末日将临；对自己的那些波拿巴强盗们说，政府准许他们任意向巴黎复仇。最后，在叛徒已于5月21日给杜埃将军打开了巴黎城门的情况下，梯也尔于5月22日向乡绅议员们揭开了他们先前无论如何也悟不出的他那出和解滑稽剧的"目的"：

"几天前我对你们说过，我们正在接近**我们的目的**；今天我来告诉你们吧，**这个目的**已经达到。秩序、正义和文明终于获得胜利！"②

确实如此。每当资产阶级秩序的奴隶和被压迫者起来反对主人的时候，这种秩序的文明和正义就显示出自己的凶残面目。那时，这种文明和正义就是赤裸裸的野蛮和无法无天的报复。占有者和生产者之间的阶级斗争中的每一次新危机，都越来越明显地证明这一事实。和1871年的无法形容的罪恶比起来，甚至资产阶

---

① 阿·梯也尔《1871年5月11日在国民议会的演说》，载于1871年5月12日《法兰西共和国公报》第132号。——编者注

② 阿·梯也尔《1871年5月22日在国民议会的演说》，载于1871年5月23日《法兰西共和国公报》第143号。——编者注

③ 阿·梯也尔《1871年5月24日在国民议会的演说》，载于《国民议会年鉴》1871年巴黎版第3卷。——编者注

级的 1848 年 6 月的暴行**96** 也要相形见绌。巴黎全体人民——男人、妇女和儿童——在凡尔赛军队开进城内以后还战斗了一个星期的那种自我牺牲的英雄气概,反映出他们事业的伟大,而士兵们穷凶极恶的暴行则反映出雇用他们作为保镖的那个文明所固有的精神。这种为处置自己在战事结束后的杀戮中留下的成堆尸体而感到困难的文明,真是光辉灿烂的文明啊!

要想找到可以同梯也尔和他那些嗜血豺狼的行为相比拟的东西,必须回到苏拉和罗马前后三头执政的时代**145** 去。同样是冷酷无情地大批杀人;同样是不分男女老幼地屠杀;同样是拷打俘虏;同样是发布公敌名单,不过这一次被列为公敌的是整个一个阶级;同样是野蛮地追捕躲藏起来的领袖,使他们无一幸免;同样是纷纷告发政治仇敌和私敌;同样是不惜杀戮根本和斗争无关的人们。不同处只在于罗马人没有机关枪来大规模地处决公敌,他们没有"手持法律",也没有口喊"文明"罢了。

看了这一切恐怖景象之后,现在再来看一看这种资产阶级文明由它自己的报刊所描绘的另一副更加丑恶的面貌吧。

伦敦的一家托利党**146** 报纸**147** 驻巴黎记者写道:

"远处还响着零星的枪声;濒临死亡的可怜的受伤者躺在拉雪兹神父墓地的墓石之间无人照管;6 000 个惊恐万状的暴乱者,在迷宫似的墓地地道中绝望地转来转去;沿街奔跑的不幸的人们,被机关枪大批地射杀。在这样的时候令人看了气愤的是,咖啡馆里挤满了爱好喝酒、打弹子、玩骨牌的人,荡妇们在林荫道上逛来逛去,纵酒狂欢的喧嚷声从豪华酒楼的雅座里传出来,打破深夜的寂静!"①

---

① 1871 年 6 月 2 日《旗帜报》第 14613 号刊登的《暴动之结局》,这段话转引自爱·埃尔韦发表在 1871 年 5 月 31 日《巴黎报》第 138 号的文章。——编者注

爱德华·埃尔韦先生在曾被公社查禁的一家凡尔赛报纸《巴黎报》[148]上写道：

"巴黎居民〈！〉昨天表现他们的欢乐的方式有些太轻佻了，我们担心以后还会越来越糟。巴黎笼罩着节日的气氛，这实在不协调，令人难过；要是我们不想被叫做堕落时代的巴黎人，就必须消除这种现象。"[①]

接着，他引用了塔西佗的一段话：

"可是，在这场可怕的斗争的第二天早晨，甚至在斗争还没有完全结束的时候，堕落和腐败的罗马就又开始沉湎于毁坏其躯体、玷污其灵魂的酒色之中了。——alibi proelia et vulnera, alibi balneae popinaeque（这里是战斗和创伤，那里是澡堂和酒楼）。"[②]

埃尔韦先生只是忘记说，他提到的"巴黎居民"仅仅是梯也尔的巴黎的居民，是从凡尔赛、圣但尼、吕埃和圣日耳曼蜂拥返回的那些francs-fileurs[136]，也就是已经"没落"的那个巴黎。

这个建立在劳动奴役制上的罪恶的文明，每次血腥地战胜了为实现美好新社会而献身的斗士时，都要把牺牲者的呻吟淹没于在世界各地都可听到回音的大喊大叫的诽谤声中。工人们的平静的巴黎，公社的巴黎，突然被那帮"秩序"恶狗变成了地狱。这一惊人巨变在世界各国资产阶级看来证明了什么呢？竟然证明公社阴谋反对文明！为公社慷慨赴死的巴黎人，数目之多超过历史上的任何战斗。这证明什么呢？竟然证明公社不是人民自己当家作主，而是一小撮罪犯篡夺政权！巴黎妇女在街垒旁和刑场上都是视死如归。这证明什么呢？竟然证明公社恶魔把她们变成了麦格拉和赫加特！公社在处于绝对统治地位的两个月内表现得十分温

---

① 1871 年 5 月 31 日《巴黎报》第 138 号。——编者注
② 塔西佗《历史》第 3 篇第 83 章。——编者注

和宽厚,而与此形成对照的是,它在保卫战中则表现得英勇无比。这证明什么呢? 竟然证明两个月内公社只是在小心翼翼地用温和宽厚和人道精神的假面具掩盖其凶残的嗜血本性,好让这种嗜血本性在垂死挣扎时发泄出来!

工人的巴黎在英勇地自我牺牲时,也曾把一些房屋和纪念碑付之一炬。既然无产阶级的奴役者们对无产阶级刀砍斧劈,那他们就休想在得胜后回到他们的完好无损的住宅里去。凡尔赛政府叫喊道:"这是纵火!"同时悄悄地示意它所有的、直至远在穷乡僻壤的走卒,要他们在各个地方把它的敌人都当做专事纵火的嫌疑犯加以搜捕。全世界的资产阶级看着战斗结束后的大屠杀感到开心,而对人们"亵渎"砖瓦和灰泥却万分愤怒!

有的政府正式准许自己的海军实行"杀、**烧**、毁",这是不是准许纵火? 英国军队随心所欲地火烧华盛顿的国会大厦和中国皇帝的夏宫**149**,这是不是纵火? 普鲁士人不是为了军事上的理由,而只是为了报复泄愤,就用煤油烧毁了许多像沙托丹那样的城市和无数村庄,这是不是纵火? 梯也尔炮轰巴黎达六个星期之久,借口是他只想把里面有人的房屋烧毁,这是不是纵火? 在战争当中,火像任何其他武器一样,也是合法的武器。轰击敌人占据的房屋,是为了把这些房屋烧毁。防御者不得不撤离这些房屋时,他们自己就把这些房屋付之一炬,使敌人不能利用这些房屋来进攻。妨碍世界上任何正规军作战的一切房屋,都是不免要被烧毁的。可是,在被奴役者反对奴役者的战争中,在这场有史以来唯一合理的战争中,这个道理竟不适用! 公社严格地把火用做防御的手段。它使用火是为了封锁欧斯曼特意为便于开炮而打通的那些又长又直的街道,使凡尔赛军队无法进入;它使用火是为了掩护自己撤退,而凡尔赛军队使用火炮却是为了进攻,他们用炮弹破坏的房屋并不比公社用火烧毁的少。究竟哪些房屋是防御者烧毁的，哪些是进攻者烧毁的，直到现在还有争论。况且防御者只是在凡尔赛军队已经开始大批杀害俘虏时，才使用火。再者，公社早就公开宣布过，公社一旦被逼到绝境，就会把自身埋葬在巴黎的废墟中，并把巴黎变成第二个莫斯科[150]。国防政府也曾说过要这样做，为此，特罗胥还给它准备了煤油。但它这样说只是为了掩盖自己的叛变。公社知道，它的敌人毫不爱惜巴黎人民的生命，却十分爱惜他们自己在巴黎的住宅。而另一方面，梯也尔已经宣布说他将毫不留情地进行报复。当他这边刚一把军队准备好，同时普鲁士人那边刚一把各出口截断，他就立刻宣布说："我决不会手软！抵罪要彻底，审判要严厉！"如果说巴黎工人的行为是汪达尔行为[151]的话，那么这是誓死防御的汪达尔行为，而不是在胜利后干出的汪达尔行为，如基督徒对待异教世界真正无价的古代艺术珍品所采取的那种行为。就是这后一种汪达尔行为，也有历史学家为之辩护，他们认为这是正在诞生的新社会与正在崩溃的旧社会之间所进行的伟大斗争中不可避免和较为次要的伴生现象。巴黎工人所做的更不是欧斯曼为了给游手好闲者的巴黎腾出地盘而把历史的巴黎夷为平地的那种汪达尔行为！

可是，公社处死了以巴黎大主教①为首的64个人质啊！资产阶级及其军队在1848年6月恢复了枪毙没有自卫能力的俘虏这一早已绝迹的战争惯例。自此以后在欧洲和印度，凡是镇压民众动乱的时候，就都不同程度地严格照此野蛮惯例行事了。这证明它真是"文明的一个进步"！另一方面，普鲁士人在法国曾恢复扣

---

① 若·达尔布瓦。——编者注

留人质的做法——硬要一些无辜的人用自己的性命去为别人的行为负责。既然,如我们所看到的,梯也尔从冲突一开始时就采取了枪杀公社方面被俘人员的人道做法,公社就不得不为保护这些被俘者的生命而采用了普鲁士人扣留人质的做法。这些人质中已经接连有人因凡尔赛方面不断枪杀俘虏而丧命。在麦克马洪的御用军¹⁵²为庆祝自己开进巴黎而进行了大屠杀以后,他们怎么还能再保住性命呢?难道连这一遏制资产阶级政府肆无忌惮的暴行的最后办法——扣留人质——也只应当是装装样子吗?杀死大主教达尔布瓦的真正元凶是梯也尔。公社曾再三提议以大主教,而且还加上许多个教士,来交换当时被梯也尔扣押的布朗基一人。梯也尔顽固地拒不接受。他知道,放走布朗基就是给公社一个首脑,而大主教则在成为死尸之后对他最有用。梯也尔仿效了卡芬雅克的先例。在1848年6月,卡芬雅克和他那些秩序人物不就是通过污蔑起义者是杀害大主教阿弗尔的凶手而掀起了一片义愤填膺的喧嚣吗?他们心里很清楚,大主教是被秩序党的士兵们枪杀的。当时在场的大主教的代理雅克美先生事后立刻向他们提交了证词。

秩序党在他们的血腥闹宴上总是少不得要对自己的受害者大肆诽谤一番。这一切诽谤只是证明:现代资产者已把自己看做旧封建主的合法继承人。旧封建主认为自己用任何武器镇压平民都是正当的,而平民拥有武器,不论什么样的武器,都是犯罪。

统治阶级利用外国侵略者支持的内战来镇压革命的阴谋,即我们所一步步追述的从9月4日这一天起直到麦克马洪的御用军进入圣克卢门为止的这场阴谋,以巴黎的大屠杀告终。俾斯麦满意地望着巴黎的废墟。当他还只是1849年普鲁士无双议院¹⁵³中一名普通的乡绅议员时就盼望着把大城市都加以消灭。现在他大概认为巴黎变为废墟就意味着他的这一愿望的初步实现。他满意地望着巴黎无产者的尸体。在他看来,这不但是革命被消灭,而且也是法国的灭亡,这个法国现在已经真正被砍掉了头颅,而且是由法国政府自己砍掉的。他和一切飞黄腾达的政治家一样,目光短浅,看到的只是这一巨大历史事件的外表。历史上何曾有过战胜者不仅为战败政府充当宪兵,而且还充当受雇杀手以求胜利完美无缺这种怪事?普鲁士和巴黎公社之间没有发生过战争。相反,公社接受了初步和约,普鲁士宣布了中立。因此普鲁士不是交战一方。它扮演了杀手的角色,而且是一个怯懦的杀手,因为这不会带来危险;它是一个受雇的杀手,因为事先商定了巴黎陷落后要付给它5亿行凶酬金。这样,上天为惩罚不信神的荒淫堕落的法国而授命虔诚的仁义道德的德国进行的那场战争,其真正的性质终于暴露无遗了!这种甚至在旧世界的法学家看来也是空前违反国际法的行为,并未能提醒欧洲的那些“文明”政府把纯系圣彼得堡内阁傀儡的罪恶的普鲁士政府宣布为各国之公敌,却只是促使它们去琢磨要不要把为数很少的逃出巴黎双重包围圈的受害者送交凡尔赛的刽子手!

在现代最惊心动魄的这场战争结束后胜败两军联合起来共同杀戮无产阶级这样一个史无前例的事件,并不是像俾斯麦所想的那样,证明正在崛起的新社会被彻底毁灭了,而是证明资产阶级旧社会已经完全腐朽了。旧社会还能创造的最高英雄伟绩不过是民族战争,而这种战争如今被证明不过是政府用来骗人的东西,意在延缓阶级斗争,一旦阶级斗争爆发成内战,这种骗人的东西也就会立刻被抛在一边。阶级的统治再也不能拿民族的军服来掩盖了;面对无产阶级,各民族政府乃是**一体**!

在1871年的圣灵降临节[154]以后,法国工人和他们的劳动产品占有者之间,已经既不能有什么和平,也不能有什么停战了。雇佣军的铁腕可能暂时把这两个阶级都压服一下。但是,斗争定会一次又一次地爆发,规模也将越来越大,最终谁将取得胜利——是少数占有者还是绝大多数劳动者——那是非常清楚的。而法国工人阶级还只是整个现代无产阶级的先锋队。

欧洲各国政府在巴黎面前显示了阶级统治的国际性,可是它们却大骂国际工人协会[12],把这个与之对立的、反对全世界资本阴谋的国际劳动组织说成是所有这一切灾难的总根源。梯也尔指责这个组织是劳动的暴君,而自己却装成劳动的解放者。皮卡尔下令将法国的国际会员同国外的国际会员之间的一切联系切断;梯也尔的1835年的同谋者,那个已成为老古董的若贝尔伯爵声称,铲除国际是所有文明国家政府的大事。乡绅议员们对国际狂吼,全欧洲的报刊都随声附和。有一位同我们协会毫无关系的可敬的法国作家这样说:

> "国民自卫军中央委员会委员和大部分公社委员,都是国际工人协会的最积极、最有见识、最刚毅的人物…… 这些人都百分之百地正直、真挚、聪明、忠诚、纯洁、狂热——**正面意义上的狂热**。"①

在颇有几分警察头脑的资产阶级心目中,国际工人协会自然是以密谋方式活动的,其中央机构不时命令在各个国家制造事端。实际上,我们的协会只是文明世界各国最先进的工人之间的国际纽带。无论在何处,在何种形式或何种条件下,只要进行着阶级斗争,自然总是我们协会的会员站在最前列。产生这个协会的土壤就是现代社会本身。无论屠杀多少人,都不能把这个协会铲除。要铲除它,各国政府必须铲除资本对劳动的专横统治,即铲除它们自身的寄生虫生活的条件。

---

① 让·罗比耐《有关法兰西和巴黎当前局势的政治笔记》1871年伦敦版。——编者注

工人的巴黎及其公社将永远作为新社会的光辉先驱而为人所称颂。它的英烈们已永远铭记在工人阶级的伟大心坎里。那些扼杀它的刽子手们已经被历史永远钉在耻辱柱上，不论他们的教士们怎样祷告也不能把他们解脱。

总 委 员 会：

马·詹·布恩	弗·布拉德尼克
G. H. 巴特里	凯希尔
德拉埃	威廉·黑尔斯
阿·埃尔曼	科尔布
弗·列斯纳	罗赫纳
约·帕·麦克唐奈	乔治·米尔纳
托马斯·莫特斯赫德	查·米尔斯
查理·默里	普芬德
罗奇	罗沙
吕尔	萨德勒
奥·赛拉叶	考埃尔·斯特普尼
阿尔弗勒德·泰勒	威廉·唐森

通 讯 书 记：

欧仁·杜邦 …………………法国
卡尔·马克思 …………………德国和荷兰
弗·恩格斯 …………………比利时和西班牙
海尔曼·荣克 …………………瑞士

P. 乔瓦基尼 ……………………… 意大利

捷维·莫里斯 ……………………… 匈牙利

安东尼·扎比茨基 ……………… 波兰

詹姆斯·科恩 …………………… 丹麦

约·格·埃卡留斯 ……………… 美国

执行主席　海尔曼·荣克

财务委员　约翰·韦斯顿

财务书记　乔治·哈里斯

总 书 记　约翰·黑尔斯

1871 年 5 月 30 日于伦敦西中央区

海-霍耳博恩街 256 号

附　录

一

　　"一队囚犯在乌里克大街停下,在人行道上脸朝马路站成四五排。将军加利费侯爵和他的参谋下了马,从左端开始巡视。将军慢慢地走动,审视着行列,时而在这里,时而在那里停下来,在某一个人的肩膀上拍一下,或是向某一个站在后排的人招招手要他出列。这样挑选出来的人,多半不再多问就被赶到马路中心去,那里很快就又形成了一个小队…… 很明显,这里出错的可能性很大。一个骑在马上的军官把一个男人和一个女人指给加利费将军,告诉他他们犯了什么罪。那个女人连忙从行列里冲出来,跪倒在地伸出双手,用痛切的言语申诉自己的无辜。将军停了一会,然后带着毫无表情的面孔和无动于衷的神情说道:'夫人,巴黎的所有戏院我都去过,你不必在此表演了(ce n'est pas la peine de jouer la comédie)' …… 在这一天,谁要是比自己的近邻显然长得高一些,穿得脏一些或者干净一些,年长一些或者是相貌丑一些,那可不是好事。特别是有一个人,我发现他大概就是因为有一个受过伤的鼻子而迅速摆脱了人世的烦恼…… 这样挑出了一百多人并且指定了行刑队,然后那队囚犯又继续前进,而挑出的人则被留在后面。过了几分钟,在我们后面开始听到断断续续的枪响,历时一刻钟以上。这是把那些被仓促定罪的不幸者处决了。"(《每日新闻》[155] 驻巴黎记者 6 月 8 日报道)

这位加利费,即"靠自己那位因在第二帝国[65]闹宴上无耻卖弄色相而出名的妻子吃饭的人",在战时曾有法国的"毕斯托军曹"之称。

"《时报》[156]——一家立论谨慎而不求耸人听闻的报纸——登载过一条可怕的消息,说有些人被枪击并未当场毙命,在气绝身亡之前就被埋掉了。圣雅克-拉-布希埃尔附近的广场埋了很多人,有的埋得很浅。白天街上的嘈杂声使人们无所察觉,但是到夜深人静的时候,这一带的居民常被隐约传来的呻吟声惊醒,到早晨,他们看见地里伸出了一只握得紧紧的拳头。因此,当局下令把被掩埋的人挖出来…… 我丝毫也不怀疑,有许多受伤的人被活埋了。有一件事我可以证实。布吕内尔同他的情妇一起于上月 24 日在旺多姆广场的一座庭院中被枪杀,尸体在那里一直放到 27 日午后。掩埋队来抬走尸体的时候,发觉这个女人还活着,于是把她送到救护站。虽然她身中四颗子弹,可是现在她已经没有生命危险了。"(《旗帜晚报》[147]驻巴黎记者 6 月 8 日报道)

二

6 月 13 日的《泰晤士报》[2]登载了如下一封信[157]:

致《泰晤士报》编辑

先生:

1871 年 6 月 6 日,茹尔·法夫尔先生向欧洲各大国发出了一个通告,呼吁它们清除国际工人协会¹²。只需三言两语就足以说明这个文件的性质。

我们章程的前言中已经指出，国际是“1864年9月28日在伦敦朗-爱克街圣马丁堂举行的公开大会上”^①成立的。茹尔·法夫尔出于他个人的目的,把国际成立日期提早到1862年以前。

为了解释我们的原则,他说他引证了“他们〈国际〉1869年3月25日的传单”。可他实际上引证的是什么呢？是一个并非国际的团体的传单。这种伎俩,当他还是一个较为年轻的律师,替那家被卡贝控以诽谤罪的巴黎《国民报》¹¹¹作辩护时,就曾经采用过。当时他假装宣读从卡贝的小册子里摘出的一些话,实际上他读的是他自己加进去的东西。这一欺骗行为在法庭上被揭穿,要不是卡贝的宽容,茹尔·法夫尔就要受到开除出巴黎律师公会的惩罚。茹尔·法夫尔用来作为国际文件引证的一切文件,没有一件是属于国际的。例如,他说:

“如1869年7月在伦敦建立的总委员会所说,同盟宣布自己是无神论的团体。”

总委员会从未发表过这样一个文件。相反,它发表了一个将同盟即日内瓦的社会主义民主同盟最初的章程——也就是茹尔·法夫尔引证的那个章程——宣布为无效的文件^②。

茹尔·法夫尔在他这个也装出一些反对帝国样子的通告中,从头到尾都只是重复帝国检察官那套警察式的奇谈怪论来

---

①　参看《马克思恩格斯全集》中文第2版第21卷第17页。——编者注
②　指马克思起草的通告信《国际工人协会和社会主义民主同盟》,见《马克思恩格斯全集》中文第2版第21卷。——编者注

反对国际,这些奇谈怪论甚至在帝国自己的法庭上就已被揭穿了。

大家知道,国际总委员会在关于最近这场战争的两篇宣言中(去年7月和9月发表的)①,谴责了普鲁士对法国的侵略计划。后来,茹尔·法夫尔的私人秘书雷特兰热尔先生曾向总委员会的一些委员请求——自然是徒劳的——由总委员会发动一次反对俾斯麦、支持国防政府的示威游行;同时特别请求他们不要提及共和国。鉴于茹尔·法夫尔预计前来伦敦,有人做了示威游行的准备工作,这当然是出于善意,然而却违背了总委员会的意愿。总委员会在它9月9日的宣言中就曾明确地警告过巴黎工人须防范茹尔·法夫尔和他的同僚。

如果国际也向欧洲各国内阁发出一个通告,谈一谈茹尔·法夫尔,请它们特别注意已故的米里哀尔先生在巴黎公布的文件②,那么茹尔·法夫尔将说些什么呢?

先生,我是您的顺从的仆人

国际工人协会总委员会书记 约翰·黑尔斯

6月12日于伦敦西中央区

海-霍耳博恩街256号

在一篇题为《国际协会及其目的》的文章中,伦敦《旁观者》**158**(6月24日)作为虔诚的告密者在玩弄其他许多类似的把戏之余,也把上述"同盟"的文件作为国际的文件加以引证,引证得甚至比茹尔·法夫尔还更完整。而且此事发生于上述的反驳信

---

①　见本卷第57—63、64—74页。——编者注

②　见本卷第78页。——编者注

在《泰晤士报》上发表11天以后。我们对此并不感到惊奇。弗里德里希大帝常说:所有耶稣会[108]会士中最坏的是新教徒里的那些耶稣会会士。

卡·马克思写于1871年4月中—6月初

1871年6月中以小册子形式在伦敦出版

原文是英文

选自《马克思恩格斯文集》第3卷第131—186页

《法兰西内战》初稿（摘录）

公　社

公社的产生和中央委员会

色当事件之后，在里昂，然后在马赛、图卢兹等地曾相继宣告成立公社。甘必大用尽了全力加以镇压。**159**

10 月初巴黎的种种运动，目的都在于建立公社，借以防御外敌入侵和完成九月四日起义的任务。10 月 31 日的运动**112**没有建成公社，原因只在于布朗基、弗路朗斯和当时运动的其他领袖们相信了这样一些言而有信的人，这些人当时曾信誓旦旦地答应引退下台，让位给由巴黎各区自由选举出来的公社。10 月 31 日的运动之所以失败，还因为它的领袖们救了这些人的命，而这些人却迫不及待地要杀害他们的救命恩人。运动的领袖们允许特罗胥和费里逃脱以后就遭到特罗胥的布列塔尼兵的突袭。应当记住，在 10 月 31 日，自封的"国防政府"只是在人民的容忍之下存在着。那时它甚至还未经过一次笑剧般的全民投票。**160**在这种情况下，当然最省事的莫过于歪曲运动的性质，诬蔑它是和普鲁士人串通的阴谋，并且乘他们中间唯一不愿食言的人①去职的机会，任命克莱

---

① 弗·塔米西埃。——编者注

芒·托马为国民自卫军总司令以加强特罗胥的布列塔尼兵——这些布列塔尼兵替国防政府干的事同科西嘉兵替路易·波拿巴干的事一样[113];对这些制造恐慌局面的老手们说来,最容易做到的莫过于利用中等阶级对已操主动权的工人营的那种惧怕心理,利用爱国情绪,在各工人营之间散布猜忌与不和,制造一个盲目行动和致命误会的局面,这是他们为保住他们篡夺的政权所一贯使用的手法。既然他们在9月4日以猝不及防的手段窃得了政权,现在他们就能够通过一次像反动恐怖时期那样的真正波拿巴式的全民投票,使这个政权得到伪造的民意批准。

如果1870年11月初在巴黎胜利建成公社(当时,法国各大城市已开始组建,全国各地势将纷纷仿效),那不仅会把卫国事业从卖国贼手里夺取过来,赋予它以激情,就像目前巴黎的英勇战斗所表现的那样,而且会完全改变战争的性质。它会转变成共和主义法国高举19世纪的社会革命旗帜,反抗普鲁士这个侵略和反革命的旗手的战争。结果就可能像电流似的激发起新旧世界的生产者群众,而不致使得一个腐朽不堪的阴谋老手①被派到欧洲的所有宫廷去乞求。由于10月31日的公社**受骗流产**,茹尔·法夫尔一伙人才得以促成法国向普鲁士投降,并且发动了目前这场内战。

但是,有一点很清楚:9月4日的革命不仅意味着由于篡位者②在色当投降,帝位出缺,共和国得以恢复,不仅由于巴黎进行了长期抵抗——虽然是在其敌人领导下战斗——而从外国侵略者手中争得这个共和国,而且,这一革命在工人阶级中正逐步深入人

---

① 阿·梯也尔。——编者注
② 拿破仑第三。——编者注

心。共和国不再是一个过去事物的名称。它孕育着一个新的世界。它的真正倾向虽被一帮狡猾的律师和花言巧语之徒用欺骗、谎言、庸俗的歪曲在世人的眼前加以遮盖,但是却一次又一次地在巴黎(以及法国南部)工人阶级时伏时起的运动中表现出来,他们的口号永远是一致的——**公社**!

公社——这是反对帝国及其存在条件的革命的积极形式,最初在法国南部的一些城市曾试图建立;巴黎被围期间,在时伏时起的运动中也曾一再宣布成立公社,但都被国防政府的阴谋诡计和"投降计划"主角特罗胥的布列塔尼兵破坏而流产了;最后公社终于在 3 月 26 日胜利建成,但它不是在这一天突然产生的。它是工人革命的既定不移的目标。巴黎的投降、波尔多的公开的反共和国阴谋、由夜袭蒙马特尔所开始的政变,都促使巴黎的全部有生命力的力量团结到它的周围,使"国防人士"无法再把它仅仅看做巴黎工人阶级中最自觉最革命部分的孤军奋战。

国防政府只是作为在初遭意外情况下的权宜之计,出于战争的需要才被容忍存在的。巴黎人民对于第二帝国[65]这个谎言帝国的真正答复是——公社。

因此也可以说,全部巴黎的有生命力的力量——除了波拿巴体制的台柱及其御用反对派、大资本家、金融经纪人、骗子手、懒汉以及老朽的国家寄生虫以外——掀起的反对国防政府的起义,虽然是在 3 月 18 日对阴谋家们首次告捷的,但起义并不是从这一天,而是从 1 月 28 日,即投降的那一天开始的。国民自卫军——即巴黎的全部男性武装居民——自己组织了起来,并且从那一天起就在实际上统治着巴黎,独立于靠俾斯麦的恩典成立的投降派[86]的僭权政府之外。他们拒绝交出他们的武器和大炮,这些武器和大炮是他们的财产,而且正因为是他们的财产,投降时才留在他们手中。这些武器之所以没有落到俾斯麦手里,并不是由于茹尔·法夫尔的宽宏大量,而是由于武装的巴黎为了保持这些武器会不惜与茹尔·法夫尔和俾斯麦一战。鉴于外敌当头、和谈正在进行,巴黎不愿使局势复杂化。它恐怕发生内战。它恪守纯粹防御的立场,满足于巴黎实际上的自治。但是,它在镇静地、坚定地进行着组织工作,准备抵抗。(投降派甚至在投降条款里也毫不含糊地表明,他们想借法国投降普鲁士之机同时达到控制巴黎的目的。他们向普鲁士坚持要求的唯一让步——即使他们不作为一项让步向俾斯麦乞求,俾斯麦也会作为一项条件加在他们头上——就是派4万名士兵来镇压巴黎。巴黎有30万国民自卫军,守卫巴黎、应付外敌和维护内部秩序绰有余裕,在这种情况下,还要求派这4万名士兵,就不可能有其他目的了,而且这点也是公开承认的。[99])巴黎用一个非常简单的办法,以现行军事组织为基础建立了一套政治联合组织。这个政治联合组织是全体国民自卫军通过每一个连的**代表**彼此联结起来的联盟;连代表们委派营代表,营代表们再委派总代表即军团首长,由他们来代表1个区,和其他19个区的代表进行合作。由国民自卫军大多数战斗营选出的这20位代表组成**中央委员会**,正是它在3月18日掀起了本世纪最伟大的革命,并且在巴黎目前的光荣斗争中仍在坚守它的岗位。从来还没有过进行得这样认真仔细的选举,也从来没有过这样充分地代表着选举他们的群众的代表。局外人提出反对意见,说这些代表都是些无名之士——诚然,他们只为工人阶级所熟悉,但不是老奸巨猾的家伙,也不是因过去的种种劣迹、因孜孜钻营名利地位而出名的人物——对于这种反对意见,他们骄傲地回答道:"当年十二使徒就是这样";他们也用自己的行动作了回答。

公社的性质

以其无处不在的复杂的军事、官僚、宗教和司法机构像蟒蛇似的把活生生的市民社会从四面八方缠绕起来（网罗起来）的中央集权国家机器，最初是在专制君主制时代创造出来的，当时它是作为新兴的现代社会在争取摆脱封建制度束缚的斗争中的一个武器。中世纪贵族的、城市的和教会的领主特权都转变为一个统一的国家政权的特权；这个统一的国家政权以领薪的国家公职人员代替封建显贵，把掌握在中世纪地主的门客仆从手中和市民团体手中的武器转交给一支常备军队，以实行系统分工和等级分工的国家政权的计划调节代替中世纪的互相冲突的势力所造成的错综复杂的（光怪陆离的）无政府状态。以建立民族统一（创立民族国家）为任务的第一次法国革命，必须消除一切地方的、区域的、城镇的、外省的独立性。因此，这次革命不得不继续进行专制君主制度已经开始的工作，也就是使国家政权更集中更有组织，并扩大国家政权的范围和特权，增加它的机构，提高它对现实社会的独立性，加强它对现实社会的超自然控制，这种控制实际上取代了中世纪的超自然苍天及天上圣徒的作用。由各社会集团的彼此关系产生出来的各个细小的个别的利益，同社会本身相分离并以国家利益的形式固定下来，成为独立于社会而且与社会对立的利益，这种国家利益由担任严格规定的、等级分明的职务的国务祭司们管理。

市民社会身上的这个冒充为其完美反映的寄生赘瘤，在第一个波拿巴的统治下得到了充分的发展。复辟王朝和七月王朝[161]除了使这个寄生赘瘤有更大程度的分工之外，并未增添什么新东西;这种分工是随着市民社会内部分工创造出新利益集团,从而为国家活动创造出新对象而扩大的。法国的议会制共和国和整个欧洲大陆上的各国政府,在它们与 1848 年革命作斗争中,由于要对人民运动采取各种镇压措施,不得不加强政府权力的行动工具和集中程度。由此可见,所有的革命只是使国家机器更加完善,而没有甩掉这个令人窒息的梦魇。轮流争夺霸权的统治阶级中的各集团各党派,都把占据(控制)(夺得)和操纵这个庞大的政府机器看做胜利者的主要战果。这个政府机器集中力量建立庞大的常备军,制造大批的国家寄生虫和巨额的国债。在专制君主制时代,它是现代社会反封建的斗争工具,这一斗争到法国革命时达到了顶点;在第一个波拿巴时代,它不仅被用来压制革命,取消人民的一切自由权利,它还是法兰西革命的一种工具,借以打出国门,为法国的利益在大陆上建立一些大体与法国相仿的国家来代替封建王朝。在复辟王朝和七月王朝统治时期,它不仅成为资产阶级的暴力阶级统治的手段,而且还成为在直接经济剥削之外对人民进行第二重剥削的手段,因为它保证资产阶级的家族在国家事务管理中取得所有肥缺。在 1848 年革命斗争时期,它终于充当了扑灭革命、扼杀人民群众的一切解放要求的工具。但是,这种国家寄生物只是在第二帝国时期才得到它最后的发展。有着常备军、无所不管的官僚机构、从事愚民勾当的教会、唯命是从的司法体系的政府权力,已完全脱离社会,甚至一个以一伙饿鬼般的亡命徒做后盾的、平庸到可笑地步的冒险分子,都可以来运用它。它已经无须再使用旧欧洲为反对 1789 年革命建立的现代世界而结成武装同盟这样的借口了。它不再是一个从属于议会内阁或立法议会的阶级统治工具。国家政权的最后、最高的表现就是第二帝国:它甚至于践踏统治阶级的利益;它用它自己挑选的立法团和由它自己出钱供养的参议院来代替统治阶级摆样子的议会;它的无限权势得到普选的批准;它被公认为维护"秩序"亦即维护地主和资本家对生产者的统治的必要条件;它用昔日的破旧面具掩盖今天贪污腐化之盛行,掩盖最腐朽的寄生集团——金融骗子们的得逞;它**放纵**过去的一切反动势力,形成一个万恶之渊薮。表面看来,这是这个政府权力对社会的最后胜利;实际上,这是这个社会里一切腐败成分的大泛滥。在不明真相的人看来,这好像只是行政权力战胜了立法权力,好像只是以凌驾于社会之上的权力自居的阶级统治形式最终击败了以社会自身的权力自居的阶级统治形式。但是,事实上,这只是那个阶级统治的最后的、堕落的、唯一可能的形式,它既给统治阶级用这种统治形式加以束缚的工人阶级带来屈辱,也给统治阶级本身带来屈辱。

9月4日只是击败那个扼杀共和国的邪恶冒险分子而使共和国重新恢复。**公社**才是**帝国本身**的真正对立物,也就是国家政权即集权化行政权力的对立物,第二帝国只不过是这种权力的最完备的表现形式。事实上,这个国家政权是资产阶级创造的,最初作为破坏封建制度的手段,后来作为压制生产者即工人阶级的解放要求的手段。历次的反动和革命所起的作用都只是把这一组织起来的权力——组织起来奴役劳动的暴力——从这一手中转到另一手中,从统治阶级的这一集团转到另一集团。这个组织起来的权力一直是统治阶级进行奴役和牟利的手段。它在每一次新变动中都吸吮了新的力量。它充当了镇压每一次人民起义的工具;在工人阶级进行了战斗,并被迫把它从他们的压迫者的这一集团转交给另一集团之后,它又被用去压制工人阶级。因此,这次革命的对象不是哪一种国家政权形式——正统的、立宪的、共和的或帝制的,而是**国家**本身这个社会的超自然怪胎。这次革命是人民为着自己的利益而重新掌握自己的社会生活的行动。它不是为了把国家政权从统治阶级这一集团转给另一集团而进行的革命，它是为了粉碎这个阶级统治的凶恶机器本身而进行的革命。它不是阶级统治的行政权形式和议会形式之间所进行的无谓的斗争，而是同时对这两种形式进行的反抗，这两种形式是互为补充的，议会形式只是行政权用以骗人的附属物而已。第二帝国是这种国家僭权的最后形式。公社是它的绝对否定，因此，公社也是19世纪社会革命的开端。因此，无论公社在巴黎的命运怎样，它必然将**遍立于全世界**。公社立刻被欧美工人阶级当做求解放的法宝来欢迎。相形之下，普鲁士征服者的光荣和陈年业绩只不过像往事的幻影而已。

只有工人阶级才能以"公社"这个字眼来表达，并以战斗的巴黎公社来开创这一新的憧憬。就连第二帝国所体现的国家政权的最后表现形式，虽然对统治阶级的自尊心有所损伤，虽然将他们的妄图实行议会自治的希望一笔勾销，但仍然只是他们的阶级统治的最后的可能形式。它虽然使统治阶级在政治上遭到剥夺，但它却使他们制度中经济方面和社会方面的一切恶行丑事得以大肆泛滥。中等资产阶级和小资产阶级，由于他们生存的经济条件而不可能发动一场新的革命；他们只能或者跟着统治阶级走，或者做工人阶级的追随者。农民被动地充当了第二帝国的经济基础，充当了与社会分离而独立于社会之上的**国家**的那最后一次胜利的经济基础。无产者对全社会负有消灭一切阶级和阶级统治的新的社会使命，只有在这一使命激励下的无产者才能够把国家这个阶级统治的工具，也就是把集权化的、组织起来的、窃据社会主人地位而不是为社会做公仆的政府权力打碎。第二帝国就是在统治阶级依靠农民的被动的支持同无产者进行的主动的斗争中产生的。它是取代了中世纪教会的国家发展到登峰造极的最后形式，同时又是其最淫贱的形式。第二帝国在反对无产者的斗争中诞生。摧毁它的也正是无产者，但无产者摧毁它，并不是把它当做集权化政府权力的某一种特殊形式，而是把它当做这种权力的最强的、被故意弄得似乎独立于社会之上的表现，因而也是这种权力的最淫贱的实体。这个实体从头到脚污点累累，其集中表现是：在国内腐败透顶，在国外极端无能。

议会制在法国已经完结。它的最后的和全盛的时期是从1848年5月到政变为止的议会制共和国。扼杀了它的那个帝国，正是它自身的产物。第二帝国时期虽设有立法团和参议院——普鲁士和奥地利这两个军事君主国也如法炮制——但那只是滑稽剧而已，只是专制制度的最劣等的附属品。在法国，议会制那时已经死亡，工人革命当然不是要把它从死亡中唤醒。

但是，阶级统治的这一种形式被破坏，其后果就是行政权即国家政府机器成了革命所要打击的最大的、唯一的对象。

————

公社——这是社会把国家政权重新收回，把它从统治社会、压制社会的力量变成社会本身的充满生气的力量；这是人民群众把国家政权重新收回，他们组成自己的力量去代替压迫他们的有组织的力量；这是人民群众获得社会解放的政治形式，这种政治形式代替了被人民群众的敌人用来压迫他们的假托的社会力量（即被人民群众的压迫者所篡夺的力量）（原为人民群众自己的力量，但被组织起来反对和打击他们）。这种形式很简单，像一切伟大事物一样。在过去的所有革命中，一切历史发展所需的时间总是虚掷了；而且就在人民胜利之日，人民刚放下胜利的武器，这些武器就被转用来反对人民自己。这回一反过去革命的惯例，首先就以国民自卫军代替了军队。

"9月4日以来,共和国第一次摆脱它的敌人的政府而得到解放……为本城建立了保卫公民不受政权(政府)侵犯的国民军,来代替保卫政府反对公民的常备军。"(3月22日中央委员会公告)**162**

（人民只要在全国范围内组织这种国民军,就足以根除常备军;这是一切社会进步在经济方面的第一个必要条件,它一下子既消除这样一个捐税与国债之源,也消除这样一个一直存在着的危险,即阶级统治——不论是通常的阶级统治还是一个自称拯救所有阶级的冒险家的统治——僭取政府权力。）同时它也是抵御外国侵略的最可靠的保障,并在事实上使所有其他国家都不可能维持耗资巨大的军事机器;它使农民免除血税,使农民不再成为所有国税和国债的不竭泉源。仅就这一点来说,公社就是**农民的向往**,是农民解放之先声。同时废除"独立的警察",以公社的勤务员代替这些恶棍。普选权在此以前一直被滥用,或者被当做议会批准神圣国家政权的工具,或者被当做统治阶级手中的玩物,只是让人民每隔几年行使一次,来选举议会制下的阶级统治的工具;而现在,普选权已被应用于它的真正目的:由各公社选举它们的行政的和创制法律的公职人员。从前有一种错觉,以为行政和政治管理是神秘的事情,是高不可攀的职务,只能委托给一个受过训练的特殊阶层,即国家寄生虫、俸高禄厚的势利小人和领干薪的人,这些人身居高位,收罗人民群众中的知识分子,把他们放到等级制国家的低级位置上去反对人民群众自己。现在错觉已经消除。彻底清除了国家等级制,以随时可以罢免的勤务员来代替骑在人民头上作威作福的老爷们,以真正的责任制来代替虚伪的责任制,因为这些勤务员总是在公众监督之下进行工作的。他们所得的报酬只相当于一个熟练工人的收入,每月12英镑,最高薪金每年也不超过240英镑;按照一位科学界大权威赫胥黎教授的标准,这样的薪金只略高于伦敦国民教育局秘书工资的五分之一。借口国家机密和国家权利玩弄的一整套骗局被公社一扫而尽;公社主要是由普通工人组成,他们组织着巴黎的防务,对波拿巴的御用军队作战,保证这座庞大城市的粮食供应,担负着原先由政府、警察局和省政府分担的全部职务,在最困难、最复杂的情况下,公开地、朴实地做他们的工作,而且所得报酬就像弥尔顿写《失乐园》一样只是几个英镑;他们光明正大地进行工作,不自以为是,不埋头在文牍主义的办公室里,不以承认错误为耻而勇于改正。公社一举而把所有的公职——军事、行政、政治的职务变成**真正工人的职务**,使它们不再归一个受过训练的特殊阶层所私有(在内战和革命的混乱局面中维持秩序)(采取措施以求全面的振兴)。不论公社的各项具体措施多么可贵,公社的最伟大的措施还是它本身的组织,这个组织是在同时面临外国敌人和阶级敌人威胁的情况下未经准备就成立的,公社以它的存在表现了它的活力,以它的行动证实了它的论点。它的出现就是对征服法国的胜利者的一个胜利,陷于敌人之手的巴黎英勇地一跃而重新取得了欧洲的领导地位,但这个领导地位并不是依靠野蛮的暴力取得的,而是由于巴黎走在社会运动的最前列,体现了世界各国工人阶级的愿望。

如果所有大城市都按照巴黎的榜样组成公社,那么,任何政府都无法以猝不及防的反动袭击来镇压这个运动。甚至通过这一初步行动,就可以赢得培育实力的时间,使运动胜利得到保证。全法国都将组织起独立工作的、自治的公社;国民军将代替常备军;国家寄生虫大军将被搬掉;教师将代替各级僧侣;国家法官将换成公社的机构;国民代表的选举将不再是总揽一切大权的政府玩弄手腕的事情,而是组织起来的各公社的意志的自觉表现;国家的职能将只限于几项符合于普遍性、全国性目的的职能。

这就是**公社——社会解放的政治形式**,把劳动从垄断着劳动者自己所创造的或是自然所赐予的劳动资料的那批人僭取的权力(奴役)下解放出来的政治形式。正如国家机器与议会制只是统治阶级进行统治的有组织的总机构,只是旧秩序在政治上的保障、形式和表现,而不是统治阶级的真正生命,公社也不是工人阶级的社会运动,从而也不是全人类复兴的运动,而只是有组织的行动手段。公社并不取消阶级斗争,工人阶级正是通过阶级斗争致力于消灭一切阶级,从而消灭一切阶级统治(因为公社并不代表一种特殊利益;它代表着"劳动"的解放,而劳动是个人生活和社会生活的基本的、自然的条件,唯有靠僭权、欺骗、权术才能被少数人从自己身上转嫁到多数人身上),但是,公社提供合理的环境,使阶级斗争能够以最合理、最人道的方式经历它的几个不同阶段。公社可能引起激烈的反动和同样激烈的革命。**劳动的解放——公社的伟大目标——**是这样开始实现的:一方面取缔国家寄生虫的非生产性活动和胡作非为,从根源上杜绝把巨量国民产品浪费于供养国家这个魔怪,另一方面,公社的工作人员执行实际的行政管理职务,不论是地方的还是全国的,只领取工人的工资。由此可见,公社一开始就厉行节约,既进行政治变革,又实行经济改革。

如果公社的组织在全国范围内牢固地建立起来,它还可能要经受的灾难,就是奴隶主们的一些分散零星的暴动,这些暴动尽管暂时会阻挠和平进步的事业,但只会增强社会革命的武装力量,从而加速运动的发展。

工人阶级知道,他们必须经历阶级斗争的几个不同阶段。他们知道,以自由的联合的劳动条件去代替劳动受奴役的经济条件,只能随着时间的推进而逐步完成(这是经济改造);他们不仅需要改变分配,而且需要一种新的生产组织,或者毋宁说是使目前(现代工业所造成的)有组织的劳动中存在着的各种生产社会形式摆脱掉(解除掉)奴役的锁链和它们的目前的阶级性质,还需要在全国范围内和国际范围内进行协调的合作。他们知道,这一革新的事业将不断地受到各种既得利益和阶级自私心理的抗拒,因而被延缓、被阻挠。他们知道,目前"资本和地产的自然规律的自发作用"只有经过新条件的漫长发展过程才能被"自由的联合的劳动的社会经济规律的自发作用"所代替,正如过去"奴隶制经济规律的自发作用"和"农奴制经济规律的自发作用"之被代替一样。但是,工人阶级同时也知道,通过公社的政治组织形式,可以立即向前大步迈进,他们知道,为了他们自己和为了人类开始这一运动的时刻已经到来了。

农　民

(**战争赔款**)。还在公社成立之前,中央委员会就通过它的《公报》[84]宣布:"**大部分的战争赔款应该由战争的祸首们交付。**"[①]这是"秩序人物"最害怕的"反文明大阴谋"。这是最实际的问题。如果公社得胜,战争的祸首们就必须交付这笔赔款;如果凡尔赛得胜,那么,已经付出鲜血、遭受摧残破坏、承担捐税的生产者群众就还得支付这笔赔款,而财阀们甚至还要通过经手这笔生意牟利。由谁来清偿战争费用,这将取决于内战。在这个极其重要的问题上,公社不仅代表着工人阶级和小资产阶级的利益,实际上也代表着除了**资产阶级**(富有的资本家)(富有的地主,以及他们的国家

---

① 引自一篇反映国民自卫军中央委员会在交付赔款问题上的立场的文章,载于1871年3月21日《法兰西共和国公报》第80号。——编者注

寄生虫）以外的全体中等阶级的利益。首先它代表的是**法国农民**的利益。如果梯也尔和他的"乡绅议员"[103]们得胜的话，大部分的战争捐税就会转嫁到农民的肩上。可是有人竟糊涂到这个地步，居然跟着"乡绅议员"们叫喊什么他们——大土地占有者——代表农民，而农民当然心地质朴，迫不及待地要为那些已经强迫他们付出了10亿革命赔偿金[130]的好"地主们"再交纳几十亿战争赔款。

正是这些人对农民增收了45生丁的附加税[131]，蓄意以此损害二月共和国的威信；不过，当时他们是以革命的名义，以革命创造的"临时政府"的名义这样做的。现在，他们是以自己的名义进行反对公社共和国的内战，以便把战争赔款从他们自己的肩头上转嫁到农民的肩头上去！农民当然会为此而高兴！

公社要废除征兵制，秩序党[97]则要把这种血税牢缚于农民之身。秩序党要派税吏死死抓住农民，向他们索取寄生的、糜费的国家机器的费用，公社则要给他们一个廉价政府。秩序党要让城市的高利贷者继续敲骨吸髓地压榨他们，公社则要把他们从抓住他们那小块土地的典押债魔的手中解放出来。公社要用领取相当于工人工资的、而不是靠农民劳动以自肥的公社勤务员来代替吞噬着农民的主要收入的、寄生的司法人员——公证人、法警等等。公社要捣毁这一整张缠绕在法国农民身上、上面伏着吸吮农民血汗的资产阶级蜘蛛——法官和区长——的司法蜘蛛网！秩序党要使他们继续处在宪兵统治之下，公社则要恢复他们的独立的社会生活和政治生活！公社要让他们在教师的教导下学到知识，秩序党则要强使他们接受僧侣的愚民统治！但是，法国农民首先是善于算账的人！他们会发现，神职人员的薪俸不再由税吏向他们强制征收，而是由他们依自己的宗教情感"自愿捐赠"，那是极为合理的!

路易·波拿巴是被法国农民选为共和国总统的,帝国则是(在制宪议会和立法议会下的共和国的隐名统治时期)由秩序党创立的!在1849年和1850年,法国农民就开始以自己的行动表明他们实际需要的是什么了:他们以自己的区长对抗政府的省长,以自己的学校教师对抗政府的教士,以自身对抗政府的宪兵!秩序党在1849年,特别是在1850年1月和2月制定的各项反动法律[132],其核心是专门针对法国农民的!如果说,法国农民之所以选举路易·波拿巴为共和国总统是因为他们习惯于把自己从第一次革命获得的全部利益错误地归之于第一个拿破仑的话,那么,政变之后,法国一些省的农民的武装起义和宪兵对他们的搜捕则证明:这种错觉正在迅速地破灭!帝国是建立在人为促成的错觉和传统的偏见基础之上的,而公社则将建立在农民的切身利益和他们的实际需要基础之上。

法国农民的仇恨正在集中到"乡绅议员"、城堡领主、榨取10亿赔偿金的那些人以及以土地占有者面目出现的城市资本家身上。这些人对农民的侵夺在第二帝国时期进展得空前迅速,这种情况一部分是国家的人为措施所促成的,一部分是现代农业发展本身的自然结果。"乡绅议员"们知道,法兰西的公社共和国只要统治三个月,就可能成为农民和农业无产阶级起来向他们造反的信号。因此他们疯狂地仇恨公社!农民的解放对他们来说甚至比城市无产阶级的解放更加可怕!农民很快就会欣然接受城市无产阶级为他们自己的领导者和老大哥!当然,在法国,像在绝大多数的欧洲大陆国家一样,在城市生产者和农村生产者之间、在工业无产阶级和农民之间是存在着深刻的矛盾的。大规模的有组织的劳动,生产资料的集中,这是无产阶级追求的希望,也是无产阶级运动的物质基础,尽管目前劳动的组织是专制式的,生产资料不仅作为生产手段,而且作为剥削和奴役生产者的手段集中在垄断者的手中。无产阶级要做的事就是改变这种有组织的劳动和这些集中的劳动资料目前所具有的资本主义性质,把它们从阶级统治和阶级剥削的手段变为自由的联合劳动的形式和社会的生产资料。另一方面,农民的劳动则是孤立的,他们的生产资料是零星分散的。在这些经济差异的基础上,作为上层建筑,形成了大量互不相同的社会政治观点。但是这种农民所有权早已越过自己发展的正常阶段。那时它还是现实的,还是一种符合于社会经济需要、使农村生产者本身处于正常生活条件中的生产方式和财产形式。现在,它已经进入了自己的没落时期。一方面,从它里面已经成长起来了一支巨大的、与城市雇佣工人利益完全一致的prolétariat foncier(农村无产阶级)。由于农艺学的新发展,这种生产方式本身已经老朽过时。最后,农民所有权本身也变得徒有其名,他们自己劳动的果实被夺走,留给他们的不过是所有权的幻觉。大农场主的竞争、血税、国家捐税、城市典当主的高利盘剥以及压在他们身上的司法制度的大量的小额勒索,这一切使得他们沦落到印度农民的地位;同时,他们随时遭到剥夺——甚至他们名义上的所有权也被剥夺,从而沦为农村无产者。因此,把农民同无产阶级分开的已经不是农民的实际利益,而是他们的错觉偏见。如果说,公社像我们已经指出的那样,是唯一在目前经济条件下就能立即给农民带来莫大好处的政权的话,那么,也只有公社这种政府形式才能够保证改变他们目前的经济状况;能够一方面拯救他们免于地主的剥夺,另一方面使他们不至于为了所有权的名义而遭受压榨、苦役和贫困的煎熬;能够把他们名义上的土地所有权变成他们对自己劳动果实的实际所有权;能够使他们既享受产生于社会需要、而目前则作为一种敌对因素不断侵犯着他们利益的现代农艺学之利，又无损他们作为真正独立生产者的地位。他们既然能立即受惠于公社共和国，必将很快地对它产生信任。

共和联盟(共和同盟)

无秩序党在第二帝国[65]的弊政下，达到了它统治的顶点，这个党在它的随从仆役、喽罗门客、国家寄生虫、暗探爪牙、"荡妇"，以及一大群作为**高等流氓**之补充的下等**流氓**(普通刑事犯)跟随下，离开了巴黎(演出了一幕"出巴黎记"①)。但是，中等阶级里面的真正有生命力的力量，由于工人的革命而得以摆脱他们的伪代表，在法国历次革命的历史中第一次和这个无秩序党分道扬镳，显出他们的真正本色。这就是"共和自由同盟"[128]，它在巴黎和外省之间起着中介作用，拒绝承认凡尔赛，并在公社的旗帜下前进。

代表着社会中一切不靠他人劳动生活的
阶级的公社革命

我们已经看到：巴黎的无产者为维护法国农民而战，凡尔赛为反对法国农民而战；"乡绅议员"最害怕的是农民听到巴黎的声音，不能再靠封锁把两者隔离开来；归根到底，他们对巴黎作战是企图使农民继续做他们的奴隶，把农民照旧当做他们的"可以任意勒索租税的"对象。

---

① 这里套用了《旧约全书·出埃及记》的标题。——编者注

在历史上破天荒第一次,小资产阶级和中等资产阶级公开地团结在工人革命旗帜下,他们宣布这场革命是拯救他们自己和拯救法国的唯一手段! 他们和工人一起构成国民自卫军的主体,他们和工人在公社里一起开会,他们在共和联盟里为工人做中介人!

公社实施的主要措施是为着拯救巴黎的中等阶级即债务阶级而反对债权阶级! 在六月起义(1848 年)[20]中,这个中等阶级曾集结在资本家阶级及其将军、国家寄生虫的旗帜下反对无产阶级。他们随即在 1848 年 9 月 19 日由于"友好协议"被否决而受到了惩罚。[126]对六月起义的胜利立即显示出它同时也是债权人即富有的资本家对债务人即中等阶级的胜利。债权人冷酷地索取他们该得的那"一磅肉"①。1849 年 6 月 13 日,这个中等阶级的国民自卫军被解除了武装,并遭到资产阶级军队的杀戮! 在帝国时期,由于国家资财被挥霍浪费,富有的资本家借以自肥,这个中等阶级遭受着证券投机商、铁路大王、动产信用公司[88]之类诈骗公司的劫掠,遭受着资本家的联合组织(股份公司)的剥夺。如果说,这个阶级在政治地位上受着贬抑,在经济利益上受着打击,那么,它在精神上则被帝国的奢靡腐败之风所激怒。战争中的丑闻丑事使他们感到忍无可忍,激发了他们作为法国人的情感。在法国经受着这场战争带来的种种灾难,经受着民族崩溃的危机和经济破产的情况下,这个中等阶级感到:唯一能够救亡济危的是工人阶级的宏伟的志向和巨人般的力量,而不是妄想当法国奴隶主的那个腐败的阶级!

他们感到:只有工人阶级能够把他们从僧侣统治下解放出来,

---

① 莎士比亚《威尼斯商人》第 4 幕第 1 场。——编者注

把科学从阶级统治的工具变为人民的力量，把科学家本人从阶级偏见的兜售者、追逐名利的国家寄生虫、资本的同盟者，变成自由的思想家！只有在劳动共和国里面，科学才能起它的真正的作用。

共和国只有公开宣布为
社会共和国才可能存在

正像第二帝国粉碎了操于国家宪兵和教士之手的"普选"是不受任何控制的这样一种幻想一样，这次内战粉碎了关于"共和国"的最后幻想。法国所有的有生命力的力量都承认：在法国和在欧洲，共和国只有作为"社会共和国"才有可能存在；这种共和国应该剥夺资本家和地主阶级手中的国家机器，而代之以公社；公社公开宣布"社会解放"是共和国的伟大目标，从而以公社的组织来保证这种社会改造。另外那种共和国只能是一切保皇派——正统派、奥尔良派、波拿巴派**64**——联合起来进行的**隐名恐怖统治**，其最终目标是跨入某种形式的帝国；这是阶级的**隐名恐怖统治**，在完成其肮脏使命之后，必将开成一朵帝国之花！

乡绅议会**103**里面的职业共和党人是这样一些人，尽管他们经过了1848—1851年的试验，经过了镇压巴黎的内战，还是真心相信阶级专制的**共和形式**是一种可能的、持久的形式；其实，秩序党**97**之需要这种形式，只是把它当做一种玩弄阴谋的形式，用来反对共和、重建唯一适合于这个党的阶级专制形式——君主制度，或更确切地说，帝国制度。在1848年，这些甘愿受骗的笨蛋被推到前台，直到他们通过镇压六月起义为所有那些妄想当法国奴隶主的集团铺平了建立**隐名统治**的道路为止。1871年，在凡尔赛，他们从一开始就被推到后边，在那里为梯也尔的统治充当"共和主义的"装饰品,并以他们的在场使波拿巴的将军们反巴黎的战争合法化！这些可怜虫陷于自我嘲讽而不自觉,还在 Salle des Paume(网球场)里举行他们党的会议,来表明与他们的 1789 年前辈[163]相比,他们已堕落到怎样的地步！他们试图通过他们的舍耳歇之流哄诱巴黎把武器交给梯也尔,试图借助赛塞手下的"秩序"国民自卫军来迫使巴黎解除武装！我们不去谈像路易·勃朗之类的所谓巴黎的社会主义议员。他们驯顺地忍受杜弗尔这种人和乡绅议员们的侮辱,迷恋梯也尔的"合法"权利,而且竟在匪徒面前哀鸣诉苦,脸面丢尽！

————

工人和孔德

如果说工人的发展现在已经越过了社会主义宗派纷争的时期,那么不应忘记,工人从来也不曾被孔德派操纵过。这个宗派所给予**国际**的,不过是大约六七个人的一个**支部**,这个支部的纲领被总委员会拒绝。[164]巴黎工人知道:孔德在政治方面是帝国制度(个人**独裁**)的代言人;在政治经济学方面是资本家统治的代言人;在人类活动的所有范围内,甚至在科学范围内是等级制度的代言人。巴黎工人还知道:他是一部新的教义问答①的作者,这部新的教义问答用新的教皇和新的圣徒代替了旧教皇和旧圣徒。

如果说,孔德的信徒在英国比在法国更受欢迎,那倒不是由于

————

① 奥·孔德《实证哲学教程》1830—1842 年巴黎版第 1—6 卷。——编者注

他们鼓吹了他们的宗派教义，而是由于他们个人的优秀品质，还由于他们接受了那些不是由他们创造的工人阶级的阶级斗争的形式，例如英国的工联和罢工。顺便提一下，这些斗争形式是被他们在巴黎的同宗道友们斥为异端的。

公社（社会措施）

巴黎工人发动了目前这次革命，并且以英勇的自我牺牲精神承受着这场战斗带来的主要打击——这并不是新鲜事。这是历次法国革命的突出特点！这只是往事的重复！革命以人民群众的**名义**，并且是公开**为着**人民群众即生产者群众的**利益**而进行，这是这次革命和以前历次革命相同之点。这次革命的新的特点在于人民在首次起义之后没有解除自己的武装，没有把他们的权力拱手交给统治阶级的共和主义骗子们；这次革命的新的特点还在于人民组成了**公社**，从而把他们这次革命的真正领导权握在自己手中，同时找到了在革命胜利时把这一权力保持在人民自己手中的办法，即用他们自己的政府机器去代替统治阶级的国家机器、政府机器。这就是他们的滔天大罪！工人们竟敢侵犯"一万个上层人"的统治特权，竟敢宣布他们决心破坏这种运用社会的有组织的国家力量来谋取私利的阶级专制的经济基础！使欧洲的以及美国的体面阶级狂怒的正是这一点；这也说明他们为什么大叫这是亵渎神灵，说明他们为什么要疯狂号召屠杀人民，要从他们的议会讲坛和他们的仆从报社发出粗野的叫骂和诽谤！

公社的最伟大的措施就是它本身的存在，它在闻所未闻的困难情况下工作着、行动着！巴黎公社升起的红旗实际上只是标志着巴黎的工人政府的建立！工人们已经清楚地、有意识地宣告他们的目的是解放劳动和改造社会！但是他们的共和国的真正"社会"性质仅仅在于工人管理巴黎公社这一点！至于他们的各项措施,由于实际情况所决定,不得不主要限于巴黎的军事防卫和粮食供应！

工人阶级的一些以保护人自居的朋友们,一方面甚至对很少的几项他们认为是"社会主义的"措施——其实这些措施除了倾向之外根本没有什么社会主义的东西——也很难掩饰他们的厌恶;另一方面他们又表示满意,并企图用他们的重大发现来诱导"士绅们"同情巴黎公社。他们的大发现是:工人们毕竟是有理智的人,他们无论何时执掌政权,一定会坚决背弃社会主义事业的!事实上,工人们并不想在巴黎成立什么**法伦斯泰尔**[165],也不想成立什么**伊加利亚**[166]。真是当代的聪明人!这些对于工人阶级的真正理想和真正运动一窍不通的好心的保护人忘记了一点。所有的社会主义宗派的创始人都属于那样一个时期,那时工人阶级自己一方面还没有在资本主义社会本身的发展进程中得到足够的锻炼并被充分地组织起来,因此还没有作为历史动力登上世界舞台;另一方面,他们取得解放的物质条件在旧世界内部也还没有完全成熟。工人阶级的贫困状态是存在着的,但是他们开展自己的运动的条件则尚未具备。各乌托邦宗派的创始人虽然在批判现存社会时明确地描述了社会运动的目的——消除雇佣劳动制度和这一制度下的阶级统治的一切经济条件,但是他们既不能在社会本身中找到改造社会的物质条件,也不能从工人阶级身上发现运动的有组织的力量和对运动的认识。他们企图用新社会的幻想图景和方案来弥补运动所缺乏的历史条件,并且认为宣传这些空想的图景和方案是真正的救世之道。从工人阶级运动成为现实运动的时刻起,各种幻想的乌托邦消逝了——这不是因为工人阶级放弃了这些乌托邦主义者所追求的目的,而是因为他们找到了实现这一目的的现实手段——取代乌托邦的,是对运动的历史条件的真正理解以及工人阶级战斗组织的力量的日益积聚。但是,乌托邦主义者所宣布的运动的两个最终目的,也是巴黎革命和国际所宣布的最终目的。只是手段不同,运动的现实条件也不再为乌托邦寓言的云雾所掩盖。因此,无产阶级的这些以保护人自居的朋友们之百般曲解这次革命所响亮地宣布的社会主义趋向,只不过是受自己无知的欺骗而已。如果这些人认为工人运动的先知们所创造的那些乌托邦寓言仍然是"社会革命",也就是说,如果他们认为社会革命仍然是"乌托邦式的",那么过错并不在巴黎无产阶级身上。

————

3 月 20 日中央委员会的《公报》[84]:

"首都的无产者,目睹执政(统治)阶级的无能和叛卖,已经懂得(compris):**由他们自己亲手掌握公共事务(国家事务)的领导(管理)以挽救时局的时刻已经到来。**"

他们指出"资产阶级的政治无能和精神衰朽"是"法国不幸"的根源并加以痛斥。

"工人们生产一切而享受不到任何东西,他们目睹用自己的劳动与血汗创造出来的产品堆积如山,而自己却受着贫困的折磨……**难道永远不许他们致力于自己的解放事业吗?……** 无产阶级眼看着自身的权利经常受到威胁,自己的正当企望一概被否认,祖国山河破碎,自己的一切希望归于毁灭,他们已经懂得:夺取政权(en s'emparant du pouvoir)以掌握自己的命运、保证自己的胜利,是他们无可推卸的职责和绝对的权利。"①

----

① 1871 年 3 月 21 日《法兰西共和国公报》第 80 号。——编者注

这里说得很清楚：工人阶级的政府所以必要，首先是为了拯救法国，为了使法国免于统治阶级将带给它的毁灭和腐化；夺去这些阶级（已经丧失了治理法国能力的阶级）的政权是**拯救民族的必要条件**。

但是，这里同样也说得很明白：工人阶级的政府只有致力于**工人阶级自身的解放**才能拯救法国，完成民族事业，因为工人阶级解放的条件同时也就是法国复兴的条件。

工人阶级的政府被宣布为劳动对劳动资料垄断者、对资本的战争。

资产阶级的**沙文主义**只不过是最大的虚荣，它给资产阶级的种种横蛮要求罩上一件民族的外衣。沙文主义是借助常备军来使国际斗争永久化的手段，是用挑拨本国的生产者反对另一国生产者弟兄的办法以压服本国生产者的手段，是阻挠工人阶级的国际合作的手段，而这种合作是工人阶级解放的首要条件。这种沙文主义（它早已成为一句空话）的真正性质已经暴露无遗，它表现于色当之后的防御战争——沙文主义的资产阶级到处使这场防御战争陷于瘫痪；表现于法国的投降；表现于梯也尔这位沙文主义最高祭司在俾斯麦的恩准下进行的国内战争！它还表现于反德同盟的鬼祟的警察伎俩[167]以及投降之后巴黎城内对外国人的搜捕。沙文主义的资产阶级希望，巴黎人民（和全体法国人民）会被民族仇恨的情绪所愚弄，会在蓄意对外国人的迫害中忘记自己的真正愿望，忘记内奸！

这种精心制造的运动不是被革命的巴黎一口气就吹得无影无踪（烟消云散）了吗？巴黎响亮地宣布了它的国际倾向——因为生产者的事业到处是一样的，他们的敌人不论属何国籍（不论穿着什么样的民族服装）也到处是一样的——，它把允许外国人加入公社当做一条原则加以宣布,它甚至把一位外国工人①(国际会员)选入执行委员会,它下令拆除法国沙文主义的象征——旺多姆圆柱[133]!

当资产阶级沙文主义者已肢解了法国并在外国侵略者的指令下行事的时候,巴黎的工人却通过打击本国的阶级统治者而打败了外敌;通过取得世界各国工人之先锋的地位而消除了国界!

资产阶级的纯正的爱国主义,对各类"国有"财产的实际所有者说来是很自然的,但是,由于他们的金融、商业和工业活动已带有世界的性质,这种爱国主义现在已只剩下一个骗人的幌子。在类似的条件下,这种爱国主义在所有国家也会像在法国一样被戳穿。

乡绅的地方分权和公社

有人说,巴黎以及其他法国城市都是处在农民统治的压迫下,巴黎现在的斗争是为了从农民的统治下解放出来! 从来也没有比这更愚蠢的谎言!

作为中央所在地和中央集权政府机器根据地的巴黎,使农民受着宪兵、税吏、省长、僧侣和土地巨头的统治,也就是使农民受着农民敌人的专制统治,使农民失去一切生机(使他们丧失活力)。它压制农业地区的一切独立生活机能。另一方面,以巴黎为大本营的中央集权的国家机器既然使外省的全部权势都这样归之于政府、土地巨头、宪兵和僧侣,这些人就利用这种权势为政府和政府所代表的阶级服务,不去反对政府、寄生虫、资本家、懒虫们的那个充当着

---

① 莱·弗兰克尔。——编者注

世界妓院的巴黎,而去反对工人和思想家的巴黎。这样,由于存在着以巴黎为基地的政府集权,农民就受着政府和资本家的巴黎的压制,而工人的巴黎则受着落入农民敌人之手的外省权力的压制。

凡尔赛的《通报》[168]**(3 月 29 日)宣称:**

"巴黎不能是一个**自由的城市**,因为它是**首都**。"

这倒是实话。巴黎这个统治阶级及其政府的首都,不能是一个"自由的城市";各省因为有着这样一个巴黎作首都,也不能"自由"。只有有了**巴黎公社**,各省才能自由。**秩序党**[97]之所以如此疯狂地痛恨巴黎,与其说是因为巴黎宣布自己摆脱秩序党及其政府的统治,倒不如说是因为巴黎这样做就是发出了农民以及各省摆脱秩序党统治的信号。

4 月 1 日公社《公报》[84]:

"三月十八日革命不是以保证巴黎获得一个民选的、但仍处在**一个十分集中的全国政权**的专制控制下的公社代表机构作为唯一的目的。**它要为法国所有的市镇争得和确保独立**,也要为所有更高的地方单位——省、大行政区——争得和确保独立,这些地方单位将为了它们的共同利益联合在一个真正的民族公约之下;它要保障共和国,并使之长存……**巴黎放弃了它的表面上大权独揽的地位**——这种大权独揽的地位对巴黎说来等于是自我损害——而没有放弃那种使它的宣传工作在法国和欧洲屡获胜利的道义力量和思想影响。"①

"这一次,巴黎再度为全法国而工作和忍受苦难;它为法国在思想、道德、行政、经济诸方面的复兴,为法国的光荣和繁荣而战斗、牺牲。"(**用气球发出去的巴黎公社的纲领**)②

---

① 1871 年 4 月 1 日《法兰西共和国公报》第 91 号社论。——编者注
② 1871 年 4 月 19 日巴黎公社宣言《告法国人民书》,载于 1871 年 4 月 21 日《每日新闻》第 7793 号。——编者注

梯也尔先生在巡视各省的时候,安排了选举事宜,首先是安排他自己在各地的选举。但是有一个困难。外省的波拿巴派当时已不中用。(而且,他不需要他们,他们也不需要他。)很多奥尔良派的老角色都已经融入波拿巴派[64]了。因此必须求援于乡居的正统派地主。他们一直不问政治,正是易受愚弄之辈。他们使凡尔赛议会具有了明显的特色,具有了类似路易十八的"无双议院"[102]的性质,具有了"乡绅"议会的性质。他们十分自负,当然以为随着波拿巴的第二帝国的崩溃,有了外国侵略者的庇护,像1814年和1815年那样,他们的时机终于又到来了。可是,他们仍然只是受人愚弄。随他们怎样行动,他们也只能像1848—1851年一样,作为秩序党的一分子以及它的"隐名"恐怖主义的工具而行动。他们本派情绪的宣泄只不过给他们那种结伙行为增添喜剧性而已。因此,他们只好容忍贝里公爵夫人的监狱产婆[91]当他们的总统,容忍国防政府中的假共和主义者当他们的部长。他们的任务一旦完成,就会被一脚踢开。但是——这是历史的恶作剧——由于各种情况的这种奇异配合,他们不得不向巴黎进攻,惩罚它背叛"统一而不可分的共和国"(这是路易·勃朗的说法①,梯也尔称之为法兰西的统一);可是他们自己干的头一件好事恰恰就是背叛统一,因为他们声称要"砍去巴黎的头颅和取消它的首都地位",要把议会设在一个外省城市里。其实,他们真正希望的是:恢复中央集权制国家机器出现以前的情况,多少摆脱这个国家机器的省长和部长的约束,而代之以封建领主在本省和本地的权势。他们所要的是在法国实行反动的**地方分权**。而巴黎所要的却是:以法国社会

---

① 路易·勃朗《给〈世纪报〉编辑的信。1871年4月20日》,载于1871年4月26日《每日新闻》第7797号。——编者注

本身通过公社组织而取得的政治统一去代替曾起过反封建作用的中央集权制,这种中央集权制现在已经仅仅表现为一个人为机体的统一,而这个人为机体依靠宪兵和红黑军队而存在,压制着现实社会的生活,像梦魇一样压在社会头上,用孤立巴黎、排斥外省的办法给予巴黎一个"表面上大权独揽"的地位。巴黎就是要用前述的政治统一去代替这个存在于法国社会之外的中央集权的法国。

因此,真正主张破坏法国统一的是乡绅们,他们反对统一的国家机器,因为统一的国家机器损害了他们在地方上的权势(领主权利),因为统一的国家机器是和封建制度相对抗的。

巴黎所要的则是破坏那种人为的中央集权制,因为它是和法国真正的有生命力的统一相对抗的,因为它无非是阶级统治的一种手段而已。

———

孔德派的观点

对现存经济制度完全无知的人,当然更不能理解工人为什么要否定这种制度。他们当然不能理解,工人阶级企图实现的社会变革正是目前制度本身的必然的、历史的、不可避免的产物。他们以遗憾的口吻谈论消灭"财产"的威胁,因为在他们看来,他们的财产的现今的阶级形式——一种过渡性的历史形式——**就是**财产本身,因而消灭这种财产形式就是消灭财产。正像他们现在为资本统治和雇佣劳动制度的"永恒性"进行辩护一样,如果他们生在封建时代或奴隶制度时代,他们也会把封建制度和奴隶制度当做符合事物本性的制度、当做自发地成长起来的自然产物而加以保卫;他们也会猛烈抨击这些制度的种种"弊端",但同时他们会由于自己极端无知而用什么这些制度是"永恒的",是可通过"道德节制"("限制")加以纠正的说教,来反驳这些制度将被消灭的预言。

他们对巴黎工人阶级的目的理解的正确程度和俾斯麦先生一样,俾斯麦曾宣称:公社所要建立的是普鲁士式的市政体制。

可怜的人们! 他们甚至不知道,财产的任何一种**社会形式**都有各自的"道德"与之相适应,而那种使财产成为劳动之属性的社会财产形式,决不会制造个人的"道德限制",而会将个人的"道德"从阶级束缚下解放出来。

————

人民革命的气息使巴黎发生了多大的变化啊! 二月革命[18]曾被称做痛恨道德堕落的革命。人民宣布那次革命时高呼:"打倒大窃贼! 打倒杀人犯!"这是人民的情感。至于资产阶级,他们却要求给贪污腐败以更广阔的舞台! 在路易·波拿巴(小拿破仑)的统治时期,他们的这种要求得到了满足。巴黎这个巨大的城市,这个具有历史首创精神的城市,被弄成了世界上所有懒虫和骗子手的安乐窝,弄成了一个世界妓院! 在"上等人"出走以后,工人阶级的巴黎才重新展现,工人阶级的巴黎是英勇的,富有自我牺牲的精神,对自己的艰巨任务满怀热情! 尸体认领处里一具尸体也没有,街道上平安无事。巴黎界内从来没有这样平静过。荡妇看不到了,看到的是巴黎的英勇妇女! 刚劲的、严肃的、战斗着、劳动着、思想着的巴黎! 胸怀广阔的巴黎! 同敌人的野蛮暴行相对照,巴黎只不过使敌俘无力伤人而已……

"巴黎所决不愿再容忍的,是荡妇和轻薄少年的存在。它决心驱逐或改造曾经把这座巨大城市抓在手里作为自己私产加以利用的这批无用处、无信仰、自私自利的败类。第二帝国的任何头面人物都将无权说这样的话:巴黎的最好的街区其乐融融,但是其他街区里贫民太多。"①

(4 月 23 日《真理报》[169]):

"巴黎的个人犯罪案件惊人地减少了。小偷和荡妇没有了,暗杀和路劫没有了:所有的保守分子都逃到凡尔赛去了!"

"自从公民自己行使警察职能以来,即使是在最地僻人稀的街区也没有接到一次夜间抢劫事件的报案。"

卡·马克思写于 1871 年 4 月
中—5 月上半月

第一次用英文和俄文发表于
《马克思恩格斯文库》1934 年
莫斯科版第 3(8)卷

原文是英文

选自《马克思恩格斯文集》
第 3 卷第 187—216 页

---

① 1871 年 4 月 23 日《观察家报》(伦敦)第 4170 号。——编者注

《法兰西内战》二稿（摘录）

（6）公　社

在色当事件之后，里昂、马赛和图卢兹的工人，都曾宣告成立公社。甘必大用尽全力加以摧毁。[159]在巴黎被围期间，工人们不断地发难举事，但一次又一次地为特罗胥的布列塔尼兵——路易·波拿巴的科西嘉兵的优秀继承者[113]——以莫须有的理由所镇压。工人们发难举事就是企图以公社代替骗子手的政府。当时默默地酝酿着的公社，正是九月四日革命的真正秘密之所在。因此，3月18日清晨，在反革命被击败以后，睡意朦胧的欧洲从普鲁士帝国的迷梦中惊醒时听到的是巴黎雷鸣般的呼声："公社万岁！"

公社，这个使资产阶级的头脑怎么也捉摸不透的怪物，究竟是什么呢？

按最简单的理解，这是工人阶级在他们的社会堡垒——巴黎和其他工业中心——执掌政权的形式。

中央委员会在它的3月20日公告中说：

"首都的无产者，目睹统治阶级的无能和叛卖，已经懂得：由他们自己亲手掌握公共事务的领导以挽救时局的时刻已经到来……　他们已经懂得：夺取政权〈国家权力〉以掌握自己的命运，是他们无可推卸的职责和绝对的权利。"①

---

①　1871年3月21日《法兰西共和国公报》第80号。——编者注

但是,无产阶级不能像统治阶级及其互相倾轧的各党各派在历次胜利的时刻所做的那样,简单地掌握现存的国家机体并运用这个现成的工具来达到自己的目的。掌握政权的第一个条件是改造传统的国家工作机器,把它作为阶级统治的工具加以摧毁。这个庞大的政府机器,像蟒蛇似的用常备军、等级制的官僚、俯首帖耳的警察、僧侣、奴颜婢膝的法官把现实社会机体从四面八方缠绕起来。它最初是在专制君主制时代创造出来的,当时它充当了新兴资产阶级社会在争取摆脱封建制度束缚的斗争中的武器。以给现代资产阶级社会提供自由发展的充分余地为任务的第一次法国革命,必须把地方的、区域的、城镇的、外省的一切封建制度堡垒扫除净尽,为中央集权的国家政权这一上层建筑准备社会基地。这种中央集权的国家政权有着按照系统的和等级的分工原则建立的分支庞杂、遍布各地的机关。

但是,工人阶级不能简单地掌握现成的国家机器,并运用它来达到自己的目的。奴役他们的政治工具不能当成解放他们的政治工具来使用。

现代资产阶级国家体现在议会和政府这两大机构上。在1848—1851年秩序党[97]共和国时期,议会的大权独揽产生了它自身的否定——第二帝国[65],而把议会纯粹当做嘲弄对象的帝国制度,是目前大陆上多数军事大国盛行的制度。乍看起来,这种政府机构的僭权专政仿佛是对社会本身的专政,它同样地凌驾于一切阶级之上,同样地给一切阶级以屈辱,但实际上,它现在已经成了——至少在欧洲大陆上是如此——占有者阶级能继续统治生产者阶级的唯一可能的国家形式。所有已经不复存在的法国议会所留下来的、还栖息在凡尔赛的那一群幽灵,他们所掌握的实际力量,除第二帝国下形成的政府机器外,什么也没有。

像蟒蛇似的用官僚、警察、常备军、僧侣、法官把社会机体从四面八方缠绕起来的庞大的寄生政府,诞生于专制君主制时代。那时需要中央集权的国家政权来充当新兴资产阶级社会在争取摆脱封建制度束缚的斗争中的有力武器。以扫除领主的、地方的、城镇的、外省的特权这些中世纪垃圾为任务的 18 世纪法国革命,不能不同时从社会基地上清除那些妨碍着中央集权的国家政权充分发展的最后障碍,这种国家政权有着按照系统的和等级的分工原则建立的遍布各地的机关。这样的国家政权是在第一帝国时期产生的,而第一帝国本身又是从半封建的旧欧洲反对现代法国的几次同盟战争中产生的。在以后的复辟时期、七月王朝**161**、秩序党共和国时期的各种议会制度下,这个拥有令人倾心的官职、金钱和权势的国家机器的最高管理权,不仅变成了统治阶级中互相倾轧的各党各派争夺的对象,而且,随着现代社会经济发展使得工人阶级队伍更加扩大、苦难更加深重、抵抗更加有组织、求解放的趋势更加强烈,一句话,随着现代阶级斗争——劳动与资本的斗争——采取更鲜明具体的形式,国家政权的面貌和性质也发生了显著的变化。它一直是一种维护秩序,即维护现存社会秩序从而也就是维护占有者阶级对生产者阶级的压迫和剥削的权力。但是,只要这种秩序还被人当做不容异议、无可争辩的必然现象,国家政权就能够摆出一副不偏不倚的样子。这个政权把群众现在所处的屈从地位作为不容变更的常规,作为群众默默忍受而他们的"天然尊长"则放心加以利用的社会事实维持下去。随着社会本身进入一个新阶段,即阶级斗争阶段,它的有组织的社会力量的性质,即国家政权的性质,也不能不跟着改变(也经历一次显著的改变),并且它作为阶级专制工具的性质,作为用暴力长久保持财富占有者对财富生产者的社会奴役、资本对劳动的经济统治的政治机器的性质也越来越发展起来。每一次新的人民革命总是使国家机器管理权从统治阶级的一个集团手中转到另一个集团手中,在每次这样的革命之后,国家政权的压迫性质就更充分地表现出来,并且更无情地被运用,因为大革命所许下的、在形式上已作出保证的那些诺言只有使用暴力才能打破。此外,后来陆续发生的革命所带来的变化,只是给予资本势力日益增长这个社会事实以政治上的肯定,因而越来越直接地把国家政权本身交给工人阶级的直接的敌人。就是这样,七月革命[170]把政权从地主手里夺来转交给大制造商(大资本家),二月革命[18]又把政权转交给联合在一起的统治阶级各党派,这些党派是为了共同对抗工人阶级、为了维护本阶级的统治秩序而联合成为"秩序党"的。在议会制共和国时期,国家政权最后变成了占有者阶级用来反对从事生产的人民群众的公开的战争工具。但是作为公开的内战工具,它只能在有内战的时候使用;因此,议会制共和国的生存条件就是延续已经公开宣布了的内战状态,这就恰恰否定了"秩序",而内战恰恰是以"秩序"的名义进行的。这只可能是一种一时的、例外的情况。它不可能成为社会的正常的政治形式,甚至于对大部分资产阶级说来也是不能忍受的。因此,当人民抵抗的一切因素都被消除以后,议会制共和国只能在第二帝国面前消逝(让位给第二帝国)。

帝国声称它依靠构成全国多数的生产者——即依靠似乎是置身在资本和劳动的阶级斗争之外的(对相互对抗的两大社会力量都采取冷漠和敌视态度的)农民;它把国家政权当做凌驾于统治阶级和被统治阶级之上的一种力量来使用;它强使两个阶级暂时休战(使政治的因而也就是革命的阶级斗争形式沉寂下去);它通过摧毁议会权力亦即摧毁占有者阶级的直接政治权力而剥去了国家政权的直接的阶级专制形式。这样一个帝国是唯一能够使旧的社会秩序苟延一时的国家形式。因此，全世界都欢迎这个帝国，认为它是"秩序的救主"，世界各国想当奴隶主的人们20年来一直赞美它。在它的统治下——这时正好加利福尼亚、澳大利亚使世界市场发生了变化[171]，美国有了惊人的发展——开始了工业空前活跃的时期，证券投机、金融诈骗、股份公司冒险行为盛极一时，而所有这一切通过对中等阶级的剥夺，导致资本的迅速集中，并使资本家阶级和工人阶级之间的鸿沟日益扩大。资本主义制度的内在趋势获得了充分发展的余地，于是资本主义制度的一切丑恶事物就毫无阻碍地泛滥起来。这同时也是穷奢极欲、粉饰太平的闹宴，是"上等阶级"的一切下流欲望的渊薮。政府权力的这种最后形式同时也是它的最淫贱的形式，是一帮冒险家对国家资源的无耻掠夺，是制造大宗国债的温床，是对变节卖身的赞美，是一种虚饰矫作的扭曲的生活。这一从头到脚披着华美外衣的政府权力已陷入污泥。这个国家机器本身的彻底的腐朽性以及在它统治下兴旺发达的整个社会机体的糜烂状态，被普鲁士的刺刀尽行揭穿，而普鲁士本身还一心想要把这个充满金钱、血水、污泥的制度在欧洲的司令部从巴黎搬到柏林去呢。

巴黎工人阶级所必须打倒的就是国家政权的这种最后的和最淫贱的形式，它的最高级的也是最低劣的现实，而且也只有这个阶级能够使社会摆脱它。至于议会制度，它早已被它自己的胜利和帝国葬送了。工人阶级必须做的只是不让它复活。

工人必须打碎的不是旧社会政府权力的一个不太完备的形式，而是具有最后的、最完备的形式的政府权力本身，就是**帝国**。**公社**是**帝国**的直接对立物。

用最简单的概念来说，公社意味着在旧政府机器的中心所在地——巴黎和法国其他大城市——初步破坏这个机器，代之以真正的自治,这种自治在工人阶级的社会堡垒——巴黎和其他大城市中就是工人阶级的政府。由于被围,巴黎摆脱了军队,而代之以主要由巴黎工人组成的国民自卫军。只是由于这一情况,3月18日的起义才成为可能。必须使这件事实成为一种制度;必须以各大城市的国民自卫军,即武装起来反对政府僭权的人民来代替保护政府反对人民的常备军。公社必须由各区全民投票选出的市政委员组成(因为巴黎是公社的首倡者和楷模,我们应引为范例),这些市政委员对选民负责,随时可以罢免。其中大多数自然会是工人,或者是公认的工人阶级代表。它不应当是议会式的,而应当是同时兼管行政和立法的工作机关。警察不再是中央政府的工具,而应成为公社的勤务员,像其他所有行政部门的公职人员一样由公社任命,而且随时可以罢免;一切公职人员像公社委员一样,其工作报酬只能相当于工人的工资。法官也应该由选举产生,可以罢免,并且对选民负责。一切有关社会生活事务的创议权都由公社掌握。总之,一切社会公职,甚至原应属于中央政府的为数不多的几项职能,都要由公社的勤务员执行,从而也就处在公社的监督之下。硬说中央的职能——不是指政府统治人民的权威,而是指由于国家的一般的共同的需要而必须执行的职能——将不可能存在,是极其荒谬的。这些职能会存在;不过,行使这些职能的人已经不能够像在旧的政府机器里面那样使自己凌驾于现实社会之上了,因为这些职能应由**公社的勤务员**执行,因而总是处于切实的监督之下。社会公职不会再是中央政府赏赐给它的爪牙的私有财产。随着常备军和政府警察的废除,物质的压迫力量即被摧毁。宣布一切教会不得占有财产;从一切公立学校中取消宗教教育(同时实施免费教育),使其成为私人生活范围之内的事,靠信徒的施舍维持;使一切教育机构不受政府的监护和奴役——随着这一切的实现,精神的压迫力量即被摧毁,科学不仅成为人人有份的东西,而且也摆脱掉政府压制和阶级偏见的桎梏。市税由公社规定和征收,用于全国性的公共需要的税款由公社的公职人员征收,并由公社自己支付于各项公共需要(用于各项公共需要的开支由公社自己监督)。

这样,政府的压迫力量和统治社会的权威就随着它的纯粹压迫性机构的废除而被摧毁,而政府应执行的合理职能,则不是由凌驾于社会之上的机构,而是由社会本身的承担责任的勤务员来执行。

卡·马克思写于 1871 年
5 月

第一次用英文和俄文发表于
《马克思恩格斯文库》1934
年莫斯科版第 3(8)卷

原文是英文

选自《马克思恩格斯文集》
第 3 卷第 217—223 页

弗·恩格斯

*关于工人阶级的政治行动[172]

恩格斯在 1871 年 9 月 21 日伦敦
代表会议上的发言记录

恩格斯公民。绝对放弃政治是不可能的；因为主张放弃政治的一切报纸都在从事政治。问题只在于怎样从事政治和从事什么样的政治。并且对于我们说来，放弃政治是不可能的。工人的党作为政党已经在大多数国家存在着。鼓吹放弃政治去破坏它的不应该是我们。现实生活的经验，现存政府不管是为了政治的目的或社会的目的对工人施加的政治压迫，无论工人愿意与否，都迫使他们从事政治。向工人鼓吹放弃政治，就等于把他们推入资产阶级政治的怀抱。特别是在巴黎公社已经把无产阶级的政治行动提到日程上来以后，放弃政治是根本不可能的。

我们要消灭阶级。用什么手段才能达到这个目的呢？这就是无产阶级的政治统治。而当大家都承认这一点的时候，竟有人要我们不干预政治！所有放弃派都自诩为革命家，甚至是杰出的革命家。但是，革命是政治的最高行动；谁要想革命，谁就要有准备革命和教育工人进行革命的手段，即政治行动，没有政治行动，工人总是在战斗后的第二天就会受到法夫尔和皮阿之流的愚弄。应当从事的政治是工人的政治;工人的政党不应当成为某一个资产阶级政党的尾巴,而应当成为一个独立的政党,它有自己的目的和自己的政治。

政治自由、集会结社的权利和新闻出版自由是我们的武器;如果有人想从我们手里夺走这些武器,难道我们能够置之不理和放弃政治吗? 有人说,进行任何政治行动都意味着承认现状。但是,既然这种现状为我们提供了反对它的手段,那么利用这些手段就是不承认现状。

弗·恩格斯记录于 1871 年 9 月
21 日

第一次用俄文发表于 1934 年
《共产国际》杂志第 29 期

原文是法文

选自《马克思恩格斯文集》
第 3 卷第 224—225 页

卡·马克思

国际工人协会共同章程[173]

鉴于：

工人阶级的解放应该由工人阶级自己去争取；工人阶级的解放斗争不是要争取阶级特权和垄断权，而是要争取平等的权利和义务，并消灭一切阶级统治；

劳动者在经济上受劳动资料即生活源泉的垄断者的支配，是一切形式的奴役的基础，是一切社会贫困、精神沉沦和政治依附的基础；

因而工人阶级的经济解放是伟大的目标，一切政治运动都应该作为手段服从于这一目标；

为达到这个伟大目标所做的一切努力之所以至今没有收到效果，是由于每个国家里各个不同劳动部门的工人彼此间不够团结，由于各国工人阶级彼此间缺乏亲密的联合；

劳动的解放①既不是一个地方的问题，也不是一个国家的问题，而是涉及存在现代社会的一切国家的社会问题，它的解决有赖于最先进的国家在实践上和理论上的合作；

---

① 在德文版中是"工人阶级的解放"。——编者注

目前欧洲各个最发达的工业国工人阶级运动的新高涨,在鼓起新的希望的同时,也郑重地警告不要重犯过去的错误,要求立刻把各个仍然分散的运动联合起来;

鉴于上述理由,创立了国际工人协会[12]。

协会宣布:

加入协会的一切团体和个人,承认真理、正义和道德是他们彼此间和对一切人的关系的基础,而不分肤色、信仰或民族;

协会认为:**没有无义务的权利,也没有无权利的义务**[174]。

根据上述精神,制定章程如下:

第一条　本协会的成立,目的是要成为追求共同目标即工人阶级得到保护、发展和彻底解放的各国工人团体进行联络和合作①的中心。

第二条　本协会定名为"国际工人协会"。

第三条　每年召开由协会各支部选派代表组成的全协会工人代表大会。代表大会宣布工人阶级共同的要求,采取使国际协会能够顺利进行活动的措施,并任命协会的总委员会。

第四条　每次代表大会规定下次代表大会召开的时间和地点。代表按规定的时间在规定的地点集会,不再另行通知。总委员会有权在必要时改变集会地点,但无权推迟集会时间。代表大会每年确定总委员会驻在地,并选举总委员会委员。当选的总委员会有权增加新的委员。

全协会代表大会在年会上听取总委员会关于一年来活动的公开报告。在紧急情况下,总委员会可以早于规定的一年期限召开

---

①　在德文版中,在"合作"的前面加有"有计划的"。——编者注

全协会代表大会。

第五条　总委员会由参加国际协会的各国工人代表组成。总委员会从其委员中选出处理各种事务的必要负责人,如财务委员、总书记、各国通讯书记等。

第六条　总委员会是在协会各国的全国性组织和地方性组织之间进行联系的国际机关,应使一国工人能经常了解其他各国工人阶级运动的情况;在统一领导下①对欧洲各国社会状况同时进行调查;使一个团体中提出的但具有普遍意义的问题能由一切团体加以讨论,并且在需要立刻采取实际措施,例如在发生国际冲突时,使加入协会的团体能同时一致行动。在一切适当场合,总委员会应主动向各国的全国性团体或地方性团体提出建议。为了加强联系,总委员会发表定期报告。

第七条　既然每个国家的工人运动的成功只能靠团结和联合的力量来保证,而国际总委员会活动的成效又在很大程度上取决于它是同少数全国性的工人协会中心还是同许多小而分散的地方性团体联系,所以,国际协会的会员应竭力使他们本国的分散的工人团体联合成以全国性中央机关为代表的全国性组织。但是,不言而喻,本条规定的运用要取决于每一国家法律的特点,并且除非存在法律障碍,任何独立的地方性团体均可与总委员会直接通信。

第七条(a)　无产阶级在反对有产阶级联合力量的斗争中,只有把自身组织成为与有产阶级建立的一切旧政党不同的、相对立的政党,才能作为一个阶级来行动。

为保证社会革命获得胜利和实现革命的最高目标——消灭阶

---

①　在法文版中是"在共同精神下"。——编者注

级,无产阶级这样组织成为政党是必要的。

由于经济斗争而已经达到的工人力量的联合,同样应该成为这个阶级在反对它的剥削者的政权的斗争中所掌握的杠杆。

由于土地巨头和资本巨头总是要利用他们的政治特权来维护和永久保持他们的经济垄断,来奴役劳动,所以,夺取政权已成为无产阶级的伟大使命。**175**

第八条　每一个支部均有权任命一名与总委员会通讯的书记。

第九条　每一个承认并维护国际工人协会原则的人,均可成为国际工人协会的会员。每一支部应对接受的会员的品行负责。

第十条　国际协会的每个会员,在由一个国家迁居另一国家时,应得到加入协会的工人的兄弟般的帮助。

第十一条　加入国际协会的工人团体,在彼此结成亲密合作的永久联盟的同时,完全保存自己原有的组织。

第十二条　本章程可以在每次代表大会上进行修改,但须获得三分之二与会代表的赞同。

第十三条　凡本章程规定未尽事宜,得由每次代表大会上审订的专项条款加以补充。

卡·马克思修订于 1871 年
9 月底 10 月初—大约 11 月
6 日

1871 年 11 月上半月在伦敦
以小册子形式出版

原文是英文

选自《马克思恩格斯文集》
第 3 卷第 226—229 页

卡·马克思

论土地国有化¹⁷⁶

地产，即一切财富的原始源泉，现在成了一个大问题，工人阶级的未来将取决于这个问题的解决。

我不想在这里讨论那些主张土地私有的人，那些法学家、哲学家、政治经济学家所提出的全部论据，我只想首先指出，他们曾千方百计地用"**天然权利**"来掩盖掠夺这一**原始事实**。如果说掠夺曾使少数人获得天然权利，那么多数人只须聚集足够的力量，便能获得把失去的一切重新夺回的天然权利。

在历史进程中，掠夺者都认为，最好是利用他们硬性规定的法律，使他们凭暴力得到的那些原始权利获得某种社会稳定性①。

最后，哲学家出面论证，说这些法律已得到人类②的公认。如果土地私有确实以这种公认为依据，那么，一旦它得不到社会中大多数人的认可，显然就应当被取消。

然而，姑且不谈所谓的所有"权"，我确信，社会的经济发展，人口的增长和集中，迫使资本主义农场主在农业中采用集体的和有组

---

① 手稿中不是"稳定性"，而是"承认"。——编者注
② 手稿中不是"人类"，而是"社会"。——编者注

织的劳动以及利用机器和其他发明的种种情况,将使土地国有化越来越成为一种"**社会必然**"①,这是关于所有权的任何言论都阻挡不了的。社会的迫切需要将会而且一定会得到满足,社会必然性所要求的变化一定会进行下去,迟早总会使立法适应这些变化的要求。

我们需要的是日益增长的生产,要是让一小撮人随心所欲地按照他们的私人利益来调节生产,或者无知地消耗地力,就无法满足生产增长的各种需要。一切现代方法,如灌溉、排水、蒸汽犁、化学处理等等,应当在农业中广泛采用。但是,我们所具有的科学知识,我们所拥有的耕作技术手段,如机器等,如果不实行大规模的耕作,就不能有效地加以利用。

大规模的耕作(即使在目前这种使耕作者本身沦为役畜的资本主义形式下),从经济的观点来看②,既然证明比小块的和分散的土地耕作远为优越,那么,要是采用全国规模的耕作,难道不会更有力地推动生产吗?

一方面,居民的需要在不断增长,另一方面,农产品的价格不断上涨,这就不容争辩地证明,土地国有化已成为一种社会必然。

一旦土地的耕作由国家控制③,为国家谋利益,农产品自然就不可能因个别人滥用地力而减少。

今天在辩论这个问题时,我在这里听到,所有的公民都主张土地国有化,但是观点各不相同。④

---

① 手稿中"迫使资本主义农场主……成为一种'社会必然'"这句话为:"农业中采用集体的和有组织的劳动的必要性以及机器和其他发明的使用,使土地国有化成为一种'社会必然'"。——编者注
② 手稿中"从经济的观点来看"这几个字被划掉。——编者注
③ 手稿中接着是"由国家出资"。——编者注
④ 手稿中没有这句话;这句话看来是杜邦加的。——编者注

人们经常提到法国,但是法国的**农民所有制**,比起英国的地主所有制离土地国有化要远得多。的确,在法国凡是买得起土地的人都可以获得土地,但是,正因为如此,土地便分成许多小块,耕种土地的人资金很少,主要依靠本人及其家属的劳动。这种土地所有制形式以及它所要求的小地块耕作的方式,不仅不能采用现代农业的各种改良措施,反而把耕作者本人变成顽固反对社会进步,尤其是反对土地国有化的人。他被束缚在土地上,必须投入全部精力才能获得相当少的回报;他不得不把大部分产品以赋税的形式交给国家,以诉讼费的形式交给讼棍,以利息的形式交给高利贷者;除了他活动的那块小天地,他对社会运动一无所知;他一直痴情地迷恋着他那一小块土地,迷恋着他的纯粹名义上的占有权。于是法国农民就陷入同产业工人阶级相对立的极可悲的境地。

农民所有制既然是土地国有化的最大障碍,所以在目前情况下,法国无疑不是我们应当寻求解决这个重大问题的办法的地方。

在一个资产阶级的政权下,实行土地国有化,并把土地分成小块租给个人或工人合作社,这只会造成他们之间的残酷竞争,促使"**地租**"逐渐上涨,反而为土地占有者提供了新的便利条件,靠生产者来养活自己。

1868 年,在国际布鲁塞尔代表大会[177]上,我们的一位朋友曾说:

> "科学已判决小土地私有制必定灭亡,正义则判决大土地所有制必定灭亡。因此,二者必居其一:土地要么必须成为农业联合体的财产,要么必须成为整个国家的财产。未来将决定这个问题。"①

---

① 引自塞·德巴普 1868 年 9 月 11 日在国际工人协会布鲁塞尔代表大会上作的关于土地所有权问题的报告。——编者注

相反,我却认为,社会运动①将作出决定:土地只能是国家的财产。把土地交给联合起来的农业劳动者,就等于使整个社会只听从一个生产者阶级摆布。

土地国有化将彻底改变劳动和资本的关系,并最终消灭工业和农业中的资本主义生产方式。只有到那时,阶级差别和各种特权才会随着它们赖以存在的经济基础一同消失②。靠他人的劳动而生活将成为往事。与社会相对立的政府或国家政权将不复存在!农业、矿业、工业,总之,一切生产部门将用最合理的方式逐渐组织起来。**生产资料的全国性的集中**将成为由自由平等的生产者的各联合体所构成的社会的全国性③的基础,这些生产者将按照共同的合理的计划进行社会劳动。这就是 19 世纪的伟大经济运动所追求的人道④目标。

卡·马克思写于 1872 年 3—4 月

载于 1872 年 6 月 15 日《国际先驱报》第 11 号

原文是英文

选自《马克思恩格斯文集》第 3 卷第 230—233 页

---

① 手稿中不是"社会运动",而是"未来"。——编者注
② 手稿中不是"随着它们赖以存在的经济基础一同消失",而是"随着它们所由产生的经济基础一同消失,而社会将变成自由生产者的联合体"。——编者注
③ 手稿中不是"全国性",而是"自然"。——编者注
④ 手稿中"人道"一词被划掉。——编者注

弗·恩格斯

论住宅问题[178]

1887 年第二版序言

本书是我 1872 年为莱比锡《人民国家报》[49]撰写的三篇文章的再版。恰好在那时,几十亿的法国法郎涌入了德国[68];国债偿清了,要塞和兵营建筑起来了,储存的武器和军事装备更新了。可供支配的资本和流通中的货币量都突然大大增加,而这一切都恰好发生在德国不仅作为一个"统一的帝国",并且还作为一个工业大国登上世界舞台的时候。这几十亿法郎有力地推动了年轻的大工业;尤其是这几十亿法郎在战后引起了一个短暂的富于幻想的繁荣时期,随后又在 1873 年至 1874 年引起了一次大崩溃[179],这次崩溃证明德国是一个有能力参与世界市场的工业国家。

一个老的文明国家像这样从工场手工业和小生产向大工业过渡,并且这个过渡还由于情况极其顺利而加速的时期,多半也就是"住房短缺"的时期。一方面,大批农村工人突然被吸引到发展为工业中心的大城市里来;另一方面,这些老城市的布局已经不适合新的大工业的条件和与此相应的交通;街道在加宽,新的街道在开辟,铁路穿过市内。正当工人成群涌入城市的时候,工人住房却在大批拆除。于是就突然出现了工人以及以工人为主顾的小商人和小手工业者的住房短缺。在开初就作为工业中心而兴起的城市中,这种住房短缺几乎不存在。例如曼彻斯特、利兹、布拉德福德、巴门—埃尔伯费尔德就是这样。相反,在伦敦、巴黎、柏林和维也纳这些地方,住房短缺曾经具有急性发作的形式,而且现在多半还像慢性病似地继续存在着。

　　正是标志着德国发生工业革命的这种急性发作的住房短缺,使当时的报刊上登满了讨论"住宅问题"的文章,各种社会庸医乘机而出。在《人民国家报》上也出现了一系列这样的文章。一位匿名作者,后来自称是符腾堡的医学博士阿·米尔柏格先生,认为这是一个好机会,可以在这个问题上让德国工人领悟到蒲鲁东的社会万应灵丹的奇效。[180]当我向编辑部表示我对于刊载这些奇文感到惊异的时候,编辑部就请我对这些文章作一个答复,而我也就照办了(见第一篇《蒲鲁东怎样解决住宅问题》)。在发表这一组文章以后不久,我又发表了第二篇,这里我以埃米尔·萨克斯博士所著的一本书①为依据分析了这个问题上的资产阶级慈善家的观点(第二篇《资产阶级怎样解决住宅问题》)。米尔柏格博士先生过了很久以后对我的文章赐予了答复[181],迫使我不得不进行答辩(第三篇《再论蒲鲁东和住宅问题》)。这场论战以及我对这个问题的专门研究便到此结束。这就是出过单行本的这三篇文章的产生经过。现在需要出新版,这无疑要再一次归功于德意志帝国政府的盛情关怀,它的禁令像往常一样使销路大增,我在这里谨向它表示最衷心的谢意。

---

① 指埃·萨克斯《各劳动阶级的居住条件及其改良》1869 年维也纳版。——编者注

为了出新版,我校订了原著,作了个别的增补和注释,并在第一篇中改正了一个小小的经济学错误①,因为我的论敌米尔柏格博士可惜没有发觉它。

在这次审阅时,我深深感到国际工人运动在最近 14 年来已经有了多么巨大的进步。那时的事实还是:"20 年以来,除了蒲鲁东的著作以外,罗曼语地区的工人就没有过任何别的精神食粮"②,顶多再加上"无政府主义"之父巴枯宁对蒲鲁东主义所进行的进一步的片面化,在巴枯宁的眼中,蒲鲁东是"我们共同的导师"——notre maître à nous tous。虽然当时蒲鲁东主义者在法国只是工人中间的一个小小的宗派,但是只有他们才具有明确规定的纲领,才能够在公社时期担任经济方面的领导。在比利时,蒲鲁东主义曾在瓦隆工人中间占有无可争议的统治地位,而在西班牙和意大利两国工人运动中,所有的人,除了极少数例外,只要不是无政府主义者,就都是坚定的蒲鲁东主义者。现在呢?在法国,工人已经完全抛弃了蒲鲁东;他只是在激进资产者和小资产者中间还有一些信徒,这些人作为蒲鲁东主义者,也自称为"社会主义者",可是遭到了社会主义的工人的最激烈的反对。在比利时,佛来米人已经把瓦隆人从运动的领导地位上排除出去了,已经废黜了蒲鲁东主义而大大提高了运动的水平。在西班牙,像在意大利一样,70 年代的无政府主义洪峰已经退落下去,并把蒲鲁东主义的残余也带走了;如果说在意大利,新的党还处在纯洁化和形成的过程中,那么在西班牙,一直忠实于国际总委员会的新马德里联合会**182**这个小小的核心已经发展成一个强大的党,从共和派的报刊

---

① 见本卷第 209 页。——编者注
② 参看本卷第 212 页。——编者注

本身可以看出,它在消除资产阶级共和派对工人的影响方面,要比它那些吵吵嚷嚷的无政府主义前辈所做的有效得多。在罗曼语地区的工人中间,蒲鲁东的著作已经被遗忘而由《资本论》、《共产主义宣言》[①]以及马克思学派的其他许多著作代替了;马克思的主要要求——由上升到政治上独占统治地位的无产阶级以社会的名义占有全部生产资料——现在也成了罗曼语各国一切革命工人阶级的要求。

但是,既然蒲鲁东主义甚至在罗曼语各国工人那里已经最终被排挤掉,既然它按照自己的本来的使命,现在只能供法国、西班牙、意大利和比利时等国资产阶级激进派用来表达其资产阶级的和小资产阶级的欲望,那么今天何必再来谈论它呢?又何必把这些文章重印出来,重新去批驳一个已经死去的对手呢?

第一,因为这些文章并不仅限于同蒲鲁东及其德国代表进行论战。由于马克思和我之间有分工,我的任务就是要在定期报刊上,因而特别是在同敌对见解的斗争中,发表我们的见解,以便让马克思有时间去写作他那部伟大的基本著作。因此,在大多数情况下,我都必须采用论战的形式,在反对其他种种观点的过程中,来叙述我们的观点。这次也是这样。本书第一篇和第三篇不仅包含对蒲鲁东关于这个问题所持见解的批判,而且包含对我们自己观点的叙述。

第二,蒲鲁东在欧洲工人运动史上曾经起过很大的作用,以致不能立即就被忘掉。虽然他在理论上已经被扫除,在实践中已经被排斥在一边,但是他仍然保持着他的历史意义。谁要去多少详

---

① 即《共产党宣言》。——编者注

细地研究现代社会主义,谁就应当去熟悉运动中的那些"已被克服的观点"。马克思的《哲学的贫困》①一书,是在蒲鲁东提出他的实际的社会改革方案以前几年问世的;马克思当时只能发现蒲鲁东交换银行²²的萌芽,并加以批判。因此,在这方面,马克思的著作就由本书来补充,可惜补充得很不够。马克思自己一定会把这一切做得好得多,令人信服得多。

最后,资产阶级社会主义和小资产阶级社会主义直到现在在德国还有很多代表。确切地说,一方面是以讲坛社会主义者¹⁸³和各种慈善家为代表,在他们那里,把工人变为自己住房的所有者的愿望仍然占有重要位置,因而我的这部著作仍然适于用来反驳他们。另一方面,在社会民主党内部,包括帝国国会党团在内,也有某种小资产阶级社会主义的代表。其表现形式是:虽然承认现代社会主义的基本观点和变一切生产资料为社会财产的要求是合理的,但是认为只有在遥远的、实际上是无限渺茫的未来才有可能实现这一切。因此,人们现在只须从事单纯的社会补缀工作,甚至可以视情况同情那些极反动的所谓"提高劳动阶级"的意图。这样一种倾向的存在,在德国这个市侩气甚浓的国家里,在工业发展强制地和大规模地铲除着这个历来根深蒂固的市侩气的时候,完全是不可避免的。不过这种倾向对于运动一点也不危险,因为我国工人在最近八年来反对反社会党人法⁶¹,反对警察和法官的斗争中恰好出色地证明他们具有惊人健全的头脑。但是必须认识到,这样一种倾向是存在着的。如果这种倾向日后具有了较为稳定的形式和较为明确的轮廓——这是必然的,甚至是值得追求的——,

---

① 见本选集第 1 卷。——编者注

那么它为了制定自己的纲领就不得不回到自己的前辈人物那里去;在这种情况下,蒲鲁东大概是少不了的。

大资产阶级和小资产阶级解决"住宅问题"的办法的核心就是工人拥有自己住房的所有权。但是,近20年来德国的工业发展,对这一问题作了一个十分独特的解说。在其他任何一个国家里,都没有这样多的雇佣工人不仅是自己住房的所有者,而且是自己的园圃或田地的所有者;同时,另外还有许多工人以租佃者的身份事实上相当稳定地占有着房屋和园圃或田地。同园艺业或小耕作业相结合的农村家庭工业,就构成德国新兴大工业的广大基础。在西部,工人多半是自己家园的所有者,而在东部,多半是自己家园的租佃者。家庭工业同园艺业和耕作业,以及同稳定的住房的这种结合,不只是在手工织布业还同机械织机发生对抗的地方,例如在下莱茵、威斯特伐利亚、萨克森厄尔士山脉和西里西亚到处可以见到,而且在某种家庭工业作为农村手艺扎了根的地方,例如在图林根林山和伦山一带,也到处可以见到。在讨论烟草专营问题时已经查明,甚至雪茄烟制作业也已经作为农村家庭劳动而大量出现。不管在什么地方,只要小农中间出现了某种灾祸,例如几年前在艾费尔[184]那样,资产阶级报刊立刻就大声疾呼要引进一种适宜的家庭工业,以作为仅有的解救手段。事实上,德国小农中间日益加剧的贫困,以及德国工业的一般状况,都使农村家庭工业继续向前发展。这是德国特有的现象。我们在法国只是作为一种完全的例外才能见到类似的情况,例如在养蚕地区;在没有小农的英格兰,农村家庭工业是靠农业短工的妻子儿女的劳动来支撑的;只有在爱尔兰,我们才会见到家庭服装业,它们像在德国一样由真正的农民家庭经营。我们在这里自然不用去说俄国和其他还没有进入世界工业市场的国家了。

所以,在德国的广大区域内,目前工业的状况初看起来相当于采用机器以前普遍存在过的那种状况。但只是初看起来才是这样。先前那种同园艺业和耕作业相结合的农村家庭工业,至少在工业正在发展中的各邦里,曾经是保证劳动阶级物质状况可以过得去而且在有些地方还相当不错的基础,但同时也是劳动阶级思想上和政治上毫无作为的基础。手工产品及其生产费用决定了市场价格;并且在当时劳动生产率远较今日为低的条件下,市场的销售量通常比供应量增长得更快。上个世纪中叶在英国和部分地在法国,特别是在纺织工业中,情况就是这样。而当时刚从三十年战争[185]的劫难中,并且是在最不利的条件下重新努力赶上来的德国,情况当然就完全不同了;这里为世界市场而从事生产的唯一家庭工业,即亚麻织布业,承受着各种捐税和封建赋役的重压,它并没有使从事织布劳动的农民的生活水平高于其他农民的那种很低的水平。但是,当时农村工业工人终究还是有某种程度的生活保障。

随着机器的采用,这一切情形就改变了。这时价格已经由机器产品来决定,家庭工业工人的工资就随着这种价格而跌落下去。但工人不能不接受这种工资,否则就必须另找工作,而他要这样做就只有变为无产者,也就是说要抛弃自己的——不论是自己所有的或者租来的——小屋子、小园圃和小块田地。只是在极少有的情况下,他才愿意这样做。因此,旧日农村手工织工的园艺业和耕作业,就成了手工织机同机械织机的斗争到处都拖得如此长久的原因,这个斗争在德国至今还没有决出胜负来。在这个斗争中,特别是在英国,初次显示出:以前曾使工人过较好生活的那种状况,即工人自己占有生产资料的状况,现在对他们来说已经成为一种障碍和不幸了。在工业方面,机械织机打败了他们的手工织机;在农业方面,大农业战胜了他们的小农业。然而,当许多人的联合劳

动以及机器和科学的应用在这两个生产部门中都已经成为社会通
例的时候，小屋子、小园圃、小块田地和他们的织机仍然把他们束
缚在已经陈旧的个体生产和手工劳动的方式上。现在占有房屋和
园圃已经远不及那种不受法律保护的流动生活有价值了。任何一
个工厂工人都不愿再陷入缓慢地、然而肯定地要饿死的农村手工
织工的地位。

德国在世界市场上出现得晚；我们的大工业产生于 40 年代，
它通过 1848 年的革命获得了初步的发展，并且只是在 1866 年和
1870 年的革命至少为它扫除了最严重的政治障碍以后，才充分发
展起来。然而，它发现，世界市场大部分已经被占据了。供应大路
商品的是英国，供应精致奢侈品的是法国。德国既不能用价格来
击败英国，又不能用质量来击败法国。因此，没有别的路可走，只
好循着德国生产的常轨，暂且带着对英国人说来批量太小、对法国
人说来质量太差的商品挤进世界市场。德国人惯用的先送好样品
后交劣等货的骗人手法，自然很快就在世界市场上受到了严酷的
惩罚，几乎完全失灵；另一方面，在生产过剩条件下进行竞争，甚至
渐渐促使规矩的英国人走上了降低产品质量的歪路，从而帮助了
在这方面无可匹敌的德国人。这样，我国就终于达到了这个地步：
建立了大工业并在世界市场上占有一席之地。但是我国**大**工业几
乎是专为国内市场生产（只有制铁工业是例外，它的生产大大超
过了国内的需求），构成我国大宗出口的是大量的小商品，大工业
至多只为小商品供应必需的半成品，而小商品本身则大部分由农
村家庭工业来供应。

于是，现代工人由于自己占有房屋和田地而得到的"实惠"，
就极好地表现出来了。任何地方——甚至爱尔兰的家庭工业也
未必能除外——的工资都不像德国家庭工业的工资那样低得可

怕。全家人从自己的小园圃和小块田地上辛苦得来的东西,由于竞争被资本家从劳动力价格中扣除了;工人不得不接受任何一种计件工资,因为不这样他们就什么也得不到,而单靠自己的农产品不能维持生活;另一方面,因为正是这种农业和土地占有把他们束缚于一个地点,阻碍他们另找职业。正是由于这种原因,德国才在世界市场上在销售一系列小商品方面具有竞争能力。**资本的全部利润取自正常工资的扣除部分,并且可以把全部剩余价值送给买主。**这就是大部分德国出口商品价格低廉得令人吃惊的秘密。

这种情况比其他任何情况都更能够把其余各个工业部门的德国工人的工资和生活水平也保持在西欧各国工人的水平之下。这种传统的、大大低于劳动力价值的劳动价格,像铅砣一样也把城市工人甚至大城市工人的工资压低到劳动力价值之下,况且在城市中劳动报酬很低的家庭工业也取代了旧日的手工业,这里的一般工资水平也已经压得很低,所以情况变得更糟。

这里我们清楚地看到:在比较早的历史阶段上曾经是工人较好生活的基础的东西——农业与工业的结合,占有房屋、园圃和田地,住房有所保障——现在在大工业的统治下,不仅成了工人最沉重的枷锁,而且成了整个工人阶级最大的不幸,成了工资无比地低于正常水平的基础,并且不仅个别工业部门和个别地区是这样,全国各地也是这样。无怪乎靠这样不正常地从工资中扣除的钱过活和发财的大资产阶级和小资产阶级,总是醉心于农村工业,醉心于占有住房的工人,认为推行新的家庭工业是救治农村中一切灾难的唯一单方!

这是问题的一个方面;可是它还有相反的一面。家庭工业已经成了德国出口贸易以及全部大工业的广大基础。因此,它扩散到德国广大地区,并且还在一天比一天发展。小农为自己消费而从事的家庭工业劳动被服装工业和机器工业的廉价产品所消灭,而他们的牲畜以及厩肥的堆集由于马尔克制度、共有的马尔克地产和强制的轮作制遭到破坏而无法维持,这时小农不可避免地要破产,这种破产就把备受高利贷者盘剥的小农强制地驱赶到现代家庭工业中来。正像爱尔兰地主的地租一样,德国的抵押高利贷者的利息也无法靠土地的收益来偿付,而只能靠从事工业的农民的工资来偿付。而随着家庭工业的发展,一个个农民地区就相继卷入了现代的工业运动。这种由家庭工业造成的农业地区的革命化,就使德国境内工业革命波及的地区要比英国和法国境内工业革命波及的地区广阔得多;我国工业发展的水平较低,这就使这个革命尤其有必要向广大地区发展。这就说明,为什么德国同英国和法国相反,革命的工人运动在全国大部分地区有了这样强劲的发展,而不只是局限于中心城市。同时这又说明,为什么这个运动的进展是平静的、稳健的和不可阻挡的。很清楚,在德国只有当多数小城市和大部分农村地区也成熟到实行变革的时候,首都和其他大城市中的胜利起义才有可能。在比较正常的发展条件下,我们决不可能像巴黎人在1848年和1871年那样去取得工人的胜利,然而正因为如此,我们的革命的首都也就不会像巴黎在上述两个场合那样败于反动的外省。在法国,运动一向都是发源于首都,而在德国则是发源于大工业、工场手工业和家庭工业地区;首都只是后来才被攻克。因此,将来首先发难的恐怕还得是法国人,但是最后解决战斗只能在德国。

然而,这种农村家庭工业和工场手工业虽然由于广泛发展而成为德国的有决定意义的生产部门,同时使德国农民阶级越来越革命化,可是它们本身又不过是进一步变革的准备阶段。正如马克思已经证明的那样(《资本论》第一卷第三版第 484—495 页①),在一定的发展阶段上,机器和工厂生产也会为它们敲响丧钟。敲响丧钟的时刻看来已经很近了。但是农村家庭工业和工场手工业被机器和工厂生产所消灭,在德国就意味着千百万农村生产者的生计被断绝,德国几乎一半小农被剥夺,不只是家庭工业转化为工厂生产,而且农民经济转化为资本主义的大农业,小地产转化为地主大地产——也就是意味着一场牺牲农民而有利于资本和大地产的工农业革命。如果德国注定连这个变革也要在旧的社会条件下完成,那么这样的变革毫无疑问会成为一个转折点。如果那时其他任何一国的工人阶级都还没有首先发难,那么德国一定会发起攻击,而组成"英勇军队"的农民子弟一定会英勇地助战。

这样,资产阶级的和小资产阶级的空想——给每个工人一幢归他所有的小屋子,从而以半封建的方式把他束缚在他的资本家那里——现在就完全变成另一个样子了。实现这种空想,就是把一切农村小房主变成工业的家庭工人,结束那些被卷入"社会旋涡"的小农的旧日的闭塞状态以及由此而来的政治上的无所作为状态,就是使工业革命推广到农业地区,从而把居民中最安定的、最保守的阶级变成革命的温床,而这一切的结果,就是从事家庭工业的农民被机器剥夺,被机器强制地推上起义的道路。

只要资产阶级社会主义的慈善家继续履行其资本家的社会职能,想实现他们的理想却带来相反的效果,做出有利于社会革命的

---

① 见《马克思恩格斯文集》第 5 卷第 541—553 页。——编者注

事情,那我们是乐于让他们自己去欣赏这个理想的。

弗里德里希·恩格斯

1887 年 1 月 10 日于伦敦

弗·恩格斯写于 1886 年 12 月底—1887 年 1 月 10 日

载于 1887 年 1 月 15、22 日《社会民主党人报》第 3、4 号

原文是德文

选自《马克思恩格斯文集》第 3 卷第 239—249 页

论住宅问题

第 一 篇
蒲鲁东怎样解决住宅问题

在《人民国家报》⁴⁹第 10 号和以下几号上,连载了六篇关于住宅问题的文章,这些文章之所以值得注意,只是因为它们是——除了某些早已无人问津的 40 年代的美文学的东西之外——把蒲鲁东学派移植到德国来的第一次尝试。对于恰好在 25 年前给了蒲鲁东观念以决定性打击①的德国社会主义的全部发展进程来说,这是大大倒退了一步,所以值得对这个尝试及时加以反驳。

目前报刊上十分引人注目的所谓住房短缺问题,并不是指一般工人阶级住房恶劣、拥挤、有害健康。**这种**住房短缺并不是现代特有的现象;这甚至也不是现代无产阶级所遭受的不同于以往一切被压迫阶级的、它所特有的许多痛苦中的一种;相反,这是一切时代的一切被压迫阶级几乎同等地遭受过的一种痛苦。要消除**这种**住房短缺,只有**一个**方法:消灭统治阶级对劳动阶级的一切剥削

---

① 恩格斯在这里加了一个注:"见马克思《哲学的贫困》1847 年布鲁塞尔—巴黎版。"——编者注

和压迫。而今天所说的住房短缺,是指工人的恶劣住房条件因人口突然涌进大城市而特别恶化;房租大幅度提高,每所住房更加拥挤,有些人根本找不到栖身之处。**这种**住房短缺之所以引起议论纷纷,只是因为它不只涉及工人阶级,而且也涉及小资产阶级。

我们现代大城市中工人和一部分小资产者的住房短缺,只是现代资本主义生产方式所造成的无数**比较小的**、次要的祸害之一。它并不是资本家把工人**当做**工人来剥削的直接后果。这种剥削才是社会革命要通过消灭资本主义生产方式来加以消灭的根本祸害。资本主义生产方式的基石是这样一个事实:我们现今的社会制度使资本家有可能按照工人劳动力的价值来购买劳动力,迫使工人的劳动时间超过再生产支付给劳动力的价格所必需的时间,而从劳动力中榨取远远超过其价值的价值。这样生产出来的剩余价值在整个资本家阶级和土地所有者阶级以及它们所雇用的仆人(上至教皇和帝王,下至更夫等等)中间进行分配。至于这种分配怎样进行,在这里同我们毫不相干;但是有一点是无可怀疑的,凡是不劳动的人,只有靠这个剩余价值中通过某种方式落到他们手里的一份,才能够生活(参看马克思的《资本论》,那里第一次阐明了这一点①)。

由工人阶级生产出来并从他们那里无偿夺走的剩余价值在各个非劳动阶级中间的分配,是在很有醒世作用的争吵和相互欺诈中完成的。因为这种分配是通过买卖来实现,所以它的主要杠杆之一便是卖主欺骗买主,而这种欺骗现在在零售商业中,特别是在大城市里,已经完全成为卖主的生存条件了。但是,小店主和面包店主在商品价格或质量方面欺骗工人,并不是因为工人有工人这样的特

---

① 参看本选集第2卷中《资本论》第1卷节选。——编者注

殊身份。相反,只要某种一般程度的欺骗在某一地方成为社会通例,长此下去就一定会通过工资的相应的提高而被抵消。工人对小店主来说是买主,也就是现金持有者或债务人,所以完全不是以工人即劳动力出卖者的身份出现的。这种欺骗对工人和一切贫苦阶级的伤害要比对富有社会阶级的伤害更厉害,但是这种欺骗并不是一种专门伤害工人的祸害,不是唯有工人阶级才会遭受的祸害。

住房短缺也是这样。现代大城市的扩展,使城内某些地区特别是市中心的地皮价值人为地、往往是大幅度地提高起来。原先建筑在这些地皮上的房屋,不但没有这样提高价值,反而降低了价值,因为这种房屋同改变了的环境已经不相称;它们被拆除,改建成别的房屋。市中心的工人住房首先就遇到这种情形,因为这些住房的房租,甚至在住户挤得极满的时候,也决不能超出或者最多也只能极缓慢地超出一定的最高额。这些住房被拆除,在原地兴建商店、货栈或公共建筑物。波拿巴政权曾通过欧斯曼在巴黎利用这种趋势来大肆敲诈勒索,大发横财。但是欧斯曼的幽灵也曾漫步伦敦、曼彻斯特和利物浦,而且在柏林和维也纳似乎也感到亲切如家乡。结果工人从市中心被排挤到市郊;工人住房以及一般较小的住房都变得又少又贵,而且往往根本找不到,因为在这种情形下,建造昂贵住房为建筑业提供了更有利得多的投机场所,而建造工人住房只是一种例外。

所以,这种租房难的现象对工人的打击无疑要比对富裕阶级的打击厉害;但是这种情况正如小店主的欺骗一样,不是一种仅仅伤害工人阶级的祸害,并且就工人阶级而言,这种情况发展到一定程度和经过一定时间以后,必然同样会在经济上受到某种抵消。

工人阶级和其他阶级特别是和小资产阶级共同遭受的这种痛苦,是蒲鲁东也归属的那个小资产阶级社会主义尤其爱研究的问题。所以,我们德国的蒲鲁东主义者首先抓住我们已经说过的决非只是工人问题的住宅问题,并且反过来又把住宅问题说成是一个十足的仅仅有关工人的问题,这决不是偶然的。

"**承租人**对**房主**的关系,完全和**雇佣工人**对**资本家**的关系一样。"

这完全不对。

在住宅问题上有互相对立的两方:承租人和出租人或房主。前者想从后者那里买得住房的暂时使用权;他有现金或可利用信贷,尽管他必须按高利贷价格,即以追加租金形式向这个房主本身取得这种信贷。这是一种单纯的商品买卖;这不是无产者和资产者之间,工人和资本家之间的交易。承租人——即使是一个工人——是作为一个**有钱的人**出现的;他应该事先卖出他特有的商品即劳动力,才能够拿着卖得的钱以住房用益权的买主身份出现,或者应该有能力担保这个劳动力一定卖得出去。在这里,不会出现把劳动力卖给资本家所引起的那种特殊后果。资本家让买到手的劳动力首先再生产出它自己的价值,其次生产出在资本家阶级中间进行分配以前暂时保留在这个资本家手里的剩余价值。可见,这里产生出一个盈余的价值,现有价值的总量增加了。租赁的情形则完全不同。出租人不论在承租人那里占了多少便宜,这始终只是已经**存在着的先前生产出来的**价值的转让,而承租人和出租人**共同**占有的价值总量仍旧不变。一个工人,无论资本家付给他的劳动的报酬低于、高于或等于它的价值,他的劳动产品总是被人诈骗去一部分;而承租人则只是在他不得不付出高于住房价值的房租时才有这种遭遇。因此,试图把承租人和出租人之间的关系与工人和资本家之间的关系等同起来,就是完全歪曲前一种关系。相反,我们要谈的是两个公民之间的十分平常的商品交易,而这种交易是按照各种调节一般商品买卖,特别是调节"地产"这一商品买卖的经济规律进行的。首先要计算的是整个房屋或房屋一部分的建造和维修费用;其次是依房屋位置好坏程度而定的地价;最后,起决定性作用的是当时的供求状况。这种简单的经济关系反映到我们的蒲鲁东主义者的头脑里就成了下面这个样子。

"房屋一旦建造起来,就成为获取一定部分的社会劳动的**永恒的权利根据**,尽管这房屋的实际价值早已以房租形式绰绰有余地偿付给房主了。结果就是:例如50年前建筑的一所房屋,在这段时期内,其原先的成本价格以房租收入的形式得到了两倍、三倍、五倍、十倍以至更多倍的补偿。"

这里蒲鲁东立即原形毕露了。第一,这里忘记的是,房租不仅应该支付房屋建筑费用的利息,而且还要补偿房屋修缮费用,坏账和欠租的平均额,以及由于住房偶尔闲置而受的损失;最后,房屋是非永久性的,年深月久就变得不能住人和丧失价值,建筑房屋时所投资本应当逐年分期得到偿还。第二,这里忘记的是,房租还应该支付房屋所占用的地皮带来的价值增加额的利息,就是说房租有一部分是由地租构成的。诚然,我们的蒲鲁东主义者会立刻解释说,这种价值的增加是未经土地所有者干预而形成的,所以按理不应归他所有,而应该归社会所有;但是他却没有觉察到,他这样说实际上就是要求废除地产。我们现在就来详谈这一点,会使我们离题太远。最后,他没有觉察到,在这场交易中涉及的不是向房屋所有者购买房屋,而只是购买一定期限内的房屋用益权。蒲鲁东既然从未考虑过造成某种经济现象的真正实际条件,当然也就弄不清楚,原先建筑房屋的成本价格怎么可能会在50年内以房租形式得到10倍的偿还。他不从经济方面去研究这个并不困难的问题,并弄清楚它是否真正同经济规律相抵触以及怎样相抵触,却大胆地从经济学领域跳到法学领域,以求得救。他说:"房屋一旦建造起来,就成为"每年获得一定款项的"永恒的权利根据"。至于这究竟是怎样发生的,房屋**究竟怎样成为**权利根据,蒲鲁东却默不作声。然而这正是他应当说明的。假如他研究过这一点,他就会发现,世界上一切权利根据,不论怎样永恒,也不能使一所房屋有能力在 50 年内以租金形式获得 10 倍于房屋成本价格的偿还;只有经济条件(这种经济条件可能在权利根据形式下获得社会的承认)才能够做到这一点。这样他就又回到他原来的出发点上去了。

蒲鲁东的全部学说,都是建立在从经济现实向法学空话的这种救命的跳跃上的。每当勇敢的蒲鲁东看不出经济联系时——这是他在一切重大问题上都要遇到的情况——他就逃到法的领域中去求助于**永恒公平**。

"蒲鲁东先从与商品生产相适应的法的关系中提取他的公平的理想,永恒公平的理想。顺便说一下,这就给一切庸人提供了一个使他们感到宽慰的论据,即商品生产形式像公平一样也是永恒的。然后,他反过来又想按照这种理想来改造现实的商品生产和与之相适应的现实的法。如果一个化学家不去研究物质变换的现实规律,并根据这些规律解决一定的问题,却要按照'自然性'和'亲和性'这些'永恒观念'来改造物质变换,那么对于这样的化学家人们该怎样想呢?如果有人说,'高利贷'违背'永恒公平'、'永恒公道'、'永恒互助'以及其他种种'永恒真理',那么这个人对高利贷的了解比那些说高利贷违背'永恒恩典'、'永恒信仰'和'永恒神意'的教父[186]的了解又高明多少呢?"(马克思《资本论》第一卷第 45 页①)

---

① 见本选集第 2 卷第 128 页。——编者注

我们的蒲鲁东主义者并不比他的老师高明些：

"租赁合同是现代社会生活中的千百种交易之一，其必要性就像动物躯体中的血液循环一样。如果这一切交易都能渗透着**法的观念**，即到处都按照严格的公平要求来进行，那当然是有利于社会的。总之，社会的经济生活，应该像蒲鲁东所说的那样提到**经济上的法**的高度。而实际上，大家都知道，情况恰好相反。"

马克思正是从这个有决定意义的方面极其扼要而中肯地描述了蒲鲁东主义，在这之后过了五年居然还有人能够用德文把这种混乱的东西发表出来，这怎么能让人相信呢？这全部胡说意味着什么呢？无非表明，调节着现代社会的经济规律的实际作用同作者的法理感大相径庭，而作者虔诚地希望这种情形能够得到纠正。——是啊，癞蛤蟆如果有了尾巴，就不再是癞蛤蟆了！难道资本主义生产方式不是"渗透着法的观念"，即它固有的要求剥削工人的法的观念吗？如果作者对我们说，这并不是**他的**法的观念，我们是否就前进了一步呢？

我们还是回到住宅问题上来吧。我们的蒲鲁东主义者现在听任他的"法的观念"自由驰骋，并发表如下一套动人的议论供人欣赏：

"我们毫不犹疑地断定，在大城市中，百分之九十以至更多的居民都没有可以称为私产的住所，这个事实对于我们这个备受赞扬的世纪的全部文明的嘲弄是再可怕不过的了。道德生活和家庭生活的真正接合点，即人们的家园，正在被社会旋涡卷走……我们在这一方面比野蛮人还低下得多。原始人有自己的洞穴，澳洲人有自己的土屋，印第安人有他们自己的家园——现代无产者实际上却悬在空中"等等。

在这曲耶利米哀歌中蒲鲁东主义露出了它的全部反动面貌。要造成现代革命阶级无产阶级，绝对必须割断那根把昔日的劳动者束缚在土地上的脐带。除了织机以外还有自己的小屋子、小园圃和小块田地的手工织工,哪怕贫困已极并且遭受种种政治压迫,仍然无声无息、安于现状、"非常虔诚和规规矩矩",他在富人、神父、官吏面前脱帽致敬,在内心深处完全是一个奴隶。正是现代大工业把被束缚在土地上的劳动者变成了一个完全没有财产、摆脱一切历来的枷锁而**被置于法律保护之外的**无产者,正是在这个经济革命造成的条件下,才可能推翻剥削劳动阶级的最后一种形式,即资本主义生产。可是现在来了这位痛哭流涕的蒲鲁东主义者,他哀叹工人被逐出自己的家园是一个大退步,而这正是工人获得精神解放的最首要的条件。

27 年以前,我(在《英国工人阶级状况》一书中)正好对 18 世纪英国所发生的劳动者被逐出自己家园的过程的主要特征进行过描写①。此外,当时土地所有者和工厂主所干出的无耻勾当,这种驱逐行动必然首先对当事的劳动者在物质上和精神上造成的危害,在那里也作了如实的描述。但是,我能想到要把这种可能是完全必然的历史发展过程看成一种退步,后退到"比野蛮人还低下"吗?绝对不能。1872 年的英国无产者的发展程度比 1772 年的有自己的"家园"的农村织工不知要高出多少。有自己的洞穴的原始人,有自己的土屋的澳洲人,有自己的家园的印第安人,难道能够在什么时候举行六月起义[20]或建立巴黎公社吗?

自从资本主义生产被大规模采用时起,工人的物质状况总的来讲是更为恶化了,对于这一点只有资产者才表示怀疑。但是,难道我们因此就应当深切地眷恋(也是很贫乏的)埃及的肉锅[187],眷恋那仅仅培养奴隶精神的农村小工业或者眷恋"野蛮人"吗?恰

---

① 见本选集第 1 卷第 87—103 页。——编者注

恰相反。只有现代大工业所造成的、摆脱了一切历来的枷锁、也摆脱了将其束缚在土地上的枷锁并且被一起赶进大城市的无产阶级，才能实现消灭一切阶级剥削和一切阶级统治的伟大社会变革。有自己家园的旧日农村手工织工永远不能做到这一点，他们永远不会产生这种想法，更说不上希望实现这种想法。

相反，在蒲鲁东看来，近百年来的全部工业革命、蒸汽力、用机器代替手工劳动并把劳动生产力增加千倍的大生产，却是一种极其可恶的事情，一种本来不应当发生的事情。小资产者蒲鲁东向往的世界是这样的：每个人制造各自的产品，可以立即用来消费，也可以拿到市场上去交换；如果那时每个人能以另一种产品补偿自己劳动的十足价值，那么"永恒公平"就得到满足，而最好的世界就建立起来了。但是，这个蒲鲁东向往的最好的世界在萌芽状态就已经被不断前进的工业发展的脚步踏碎了。这种工业发展早已在大工业的一切部门中消灭了单独劳动，并且在较小的和最小的部门中日益消灭着这种劳动，而代之以依靠机器和已可利用的自然力来进行的社会劳动，它所生产的可以立即用来交换或消费的产品是许多人共同劳动的成果。这种产品必须经过许多人的手才能生产出来。正是由于这种工业革命，人的劳动生产力才达到了相当高的水平，以致在人类历史上破天荒第一次创造了这样的可能性：在所有的人实行明智分工的条件下，不仅生产的东西可以满足全体社会成员丰裕的消费和造成充足的储备，而且使每个人都有充分的闲暇时间去获得历史上遗留下来的文化——科学、艺术、社交方式等等——中一切真正有价值的东西；并且不仅是去获得，而且还要把这一切从统治阶级的独占品变成全社会的共同财富并加以进一步发展。关键就在这里。人的劳动生产力既然已发展到这样高的水平，统治阶级存在的任何借口便都被打破了。为阶级差别辩护的最终理由总是说:一定要有一个阶级无须为生产每天的生活必需品操劳,以便有时间为社会从事脑力劳动。这种废话在此以前曾有其充分的历史合理性,而现在被近百年来的工业革命一下子永远根除了。统治阶级的存在,日益成为工业生产力发展的障碍,同样也日益成为科学和艺术发展,特别是文明社交方式发展的障碍。从来也没有比我们现代的资产者更无知的人了。

但是,这一切同朋友蒲鲁东毫不相干。他只要"永恒公平",旁的什么都不要。每个人应当用自己的产品换得自己的十足的劳动所得、自己的劳动的十足价值。但是,在现代工业产品上进行这样的计算,却不是一件容易的事情。单个人在总产品中所占的份额,在先前单独手工劳动的条件下自然而然表现在生产出的产品中,而现代工业则正好把这个份额掩蔽起来了。其次,现代工业日益消灭着作为蒲鲁东全部体系基础的单独交换,即互相换取产品来供自己消费的两个生产者间的直接交换。因此,整个蒲鲁东主义都渗透着一种反动的特性:厌恶工业革命,时而公开时而隐蔽地表示希望把全部现代工业、蒸汽机、纺纱机以及其他一切坏东西统统抛弃,而返回到旧日的规规矩矩的手工劳动。哪怕这样做我们会丧失千分之九百九十九的生产力,整个人类注定会陷入极可怕的劳动奴隶状态,饥饿将成为一种常规,那也没什么了不起,只要我们能搞好交换,使每个人都能得到"十足的劳动所得"并且能实现"永恒公平"就行了! Fiat justitia, pereat mundus!

但有公平常在,哪怕世界毁灭!

如果蒲鲁东的这种反革命的东西确实能付诸实现,世界是要毁灭的。

然而,不言而喻,就是在受现代大工业制约的社会生产的条件下，每个人也是有可能保证获得"自己的十足的劳动所得"的，只要这句话还有某种意义的话。但是，这句话只有作更广义的理解才有意义，即必须理解成这样：不是每一单个工人成为这种"自己的十足的劳动所得"的所有者，而是纯粹由工人组成的整个社会成为他们劳动的总产品的所有者，由这个社会把总产品的一部分分配给自己的成员去消费，一部分用以补偿和增加自己的生产资料，一部分储存起来作为生产和消费的后备基金。

———

看了上面所说的一切之后，我们就可以预先知道我们的蒲鲁东主义者将如何解决重大的住宅问题了。一方面，我们听到这样的要求：每个工人都有自己的、归他所有的住房，好使我们不再**比野蛮人还低下**。另一方面，我们又听到这样的说法：实际上发生的房屋原先的成本价格以房租形式得到两倍、三倍、五倍或十倍偿还的情况，是以某种**权利根据**为依据的，而这种权利根据是与**永恒公平**相抵触的。解决问题的办法很简单：我们废除权利根据，根据永恒公平宣布交付的房租是对住房本身价格的一种分期偿付。如果我们设定的前提本身就已经包含了要得出的结论，那么当然只要有江湖骗子的技巧就可以从口袋中现成地掏出预先准备好了的结论，并且夸耀说引出这个结论的逻辑是不可动摇的。

这里的情形也是这样。废除住房租赁制被宣布为一种必然性，具体地说，就是要求把每个承租人变成自己住房的所有者。我们怎样做到这一点呢？简单得很：

"赎买出租住房…… 把房屋的价值不短分厘地偿付给原来的房主。过去，交付的房租是承租人奉献给资本的永恒权利的贡赋，而现在，从宣布赎买出租住房之日起，承租人所付出的那笔精确规定的金额，就成为对转归他所有的住房价值的逐年的分期偿付…… 社会……就这样变成由独立的、自由的住房所有者所组成的总体。"

在这位蒲鲁东主义者看来,房主不劳动而能从自己投在房屋上面的资本中取得地租和利息,是一种违背永恒公平的罪行。他发出一道命令:这种情况必须禁止,投在房屋上面的资本不应当再获取利息,而就这部分资本又体现为所购买的地产这一点来说,也不应当获取地租。但是,我们已经看到,资本主义生产方式,即现代社会的基础,并不因此而受到触动。工人受剥削的关键是:劳动力出卖给资本家,而资本家利用这种交易,迫使工人生产出比购买劳动力所支付的价值多得多的价值。资本家与工人间的这种交易创造出随后以地租、商业利润、资本利息、捐税等等形式在各类亚种资本家及其仆人之间进行分配的全部剩余价值。现在我们的蒲鲁东主义者出来宣称,即使禁止**仅仅一类亚种**资本家,而且就是那些不直接购买劳动力来生产剩余价值的资本家中的一种资本家去获取利润或利息,那也是前进一步了! 可是,即使房主明天就被剥夺了收取地租和利息的可能,从工人阶级身上剥削来的无酬劳动的总额也丝毫不会变动;然而这并不妨碍我们的蒲鲁东主义者宣称:

> "所以,废除住房租赁制是革命思想母腹中产生的**最富有成果的和最崇高的追求**之一;它应当成为社会民主派方面的**头等要求**。"

这同老师蒲鲁东本人在集市上的叫卖声一模一样,在他那里母鸡咕哒咕哒的叫声也总是同生下的蛋的大小成反比。

但是,请想象一下,每个工人、小资产者和资产者,都要通过逐年分期付款先成为自己住房的部分所有者,然后又成为住房的完全所有者,这是多么美妙的情景啊! 在英国工业区,那里的工业规模大,而工人的房屋小,而且每个有家眷的工人都单独居住一所小屋子,所以在这里上述设想也许还有某种意义。但是在巴黎和大陆的多数大城市里,工业规模小但房屋大,里面合住着 10 家、20家、30 家。在宣布赎买一切出租住房的救世法令颁布的那一天,有一个名叫彼得的工人在柏林一家机器制造厂做工。经过一年以后,按照我们的设想,他成了汉堡门附近他所住的 6 层楼上的一个小房间的 $\frac{1}{15}$ 的所有者。他失业了,不久就搬到汉诺威的波特霍夫,住在庭院景色秀丽的 4 层楼上一个相似的房间里,在这里住了 5个月,刚刚获得了所有权的 $\frac{1}{36}$,突然一次罢工再把他抛到慕尼黑,迫使他在那里逗留了 11 个月,承接了上昂格尔加斯街后面一个相当阴暗的底层房间不多不少 $\frac{11}{180}$ 的所有权。以后又多次迁移,这是现在的工人时常遇到的情况,于是他又承接了圣加仑一处同样能说得过去的住房的 $\frac{7}{360}$ 的所有权,另外一处在利兹的住房的 $\frac{23}{180}$ 的所有权,以及第三处在瑟兰的住房的 $\frac{347}{56\,223}$ 的所有权——计算得这样精确,是为了不让"永恒公平"有所抱怨。我们的彼得从各个住房的这全部占有份额中能够得到什么呢? 谁会给予他这些份额以恰如其分的价值呢? 他到哪里去寻找他先前住过的那许多住房的其余份额的那个或者那些所有者呢? 一座多层的大楼,比方说,有 20 套住房,在赎买期满和住房租赁制废除后也许要属于散居世界各处的 300 个部分所有者,那么这样一座大楼的所有权关系将怎么处置呢? 我们的蒲鲁东主义者将会回答说,到那时候,将成立蒲鲁东的交换银行[22],这个银行将随时对每人的每一劳动产品支付十足的劳动所得,因此也会对住房的每一份额支付十足的价值。但是,蒲鲁东的交换银行在这里与我们毫不相干,因为第一,在论住宅问题的各篇论文中甚至从来没有提到过它;第二,它是以一种奇怪的谬论为依据的,即认为任何人想要出售一件商品,就一定能找到付出十足价值的买主;第三,在蒲鲁东发明它之前,它已经在英国以劳动交换市场[188]的名义破产过不止一次了。

工人应当**购买**自己的住房这种思想本身，又是建立在我们已指出的蒲鲁东的那个反动的基本观点之上的，这个观点认为现代大工业所创造的状态是一种病态的畸形物，必须用强制手段——即逆着社会100年来所顺从的潮流——使这个社会退回到以单个人的旧的一成不变的手工劳动为常规的状态中去，而这种状态无非是已经灭亡和正在灭亡的小手工业生产的理想化的重建。假如工人真的重新被抛回到这种一成不变的状态中去，假如"社会旋涡"真的侥幸被排除了，那么工人当然又能来享用"家园"所有权，于是上述的赎买论就不会显得那样乏味了。但是蒲鲁东忘记了，要实现这一点，他首先就必须把世界历史的时钟倒拨100年，从而把当代工人又变成像他们的高祖们那样眼界狭隘、唯唯诺诺、胆小怕事的奴隶。

至于蒲鲁东的这种解决住宅问题的办法中的合理的和可以实际实现的内容，现在已经付诸实行了，但这不是出自"革命思想母腹"，而是由大资产者本身倡导的。我们且听一听马德里一家出色的西班牙文报纸《解放报》[189]在1872年3月16日论及这个问题的一段话①：

"还有另一种由蒲鲁东提出的解决住宅问题的办法，它初看起来倒也光辉夺目，但仔细一考察就显得完全无力了。蒲鲁东建议把承租人变成分期付款的买主，把每年交付的房租算做分期偿付住房价值的赎款，而承租人经过一定时期后便成为这所住房的所有者。这种在蒲鲁东看来很革命的办法，现今已在世界各国被投机公司采用着，这些公司用提高租价的办法来让承租人偿付比房屋价值多一两倍的价值。多尔富斯先生和法国东北部其他大工厂

---

① 保·拉法格《生活必需品。二、住宅》，载于1872年3月16日《解放报》第40号。——编者注

主实行这套办法,不仅是为了榨取金钱,并且有政治上不可告人的目的。

统治阶级最明达的领袖总是力求增加小私有者的人数,以便为自己造就一支反对无产阶级的大军。上一世纪的资产阶级革命曾把贵族和教会的大地产打碎,使之成为小地产——现在西班牙共和派对于至今还存在着的大地产也想采取这种办法——,因而造成了一个小土地所有者阶级,这个阶级从那时起就成了社会中最反动的成分和城市无产阶级革命运动的固定障碍。拿破仑第三曾打算用发行小额国债券的办法在城市中也造成这样一个阶级,而多尔富斯先生及其同行把可以逐年分期偿付的小住房卖给自己的工人,就是力图磨灭工人的一切革命精神,并用这种地产把他们束缚在他们做工的工厂里。可见,蒲鲁东的计划不仅丝毫没有减轻工人阶级所受的苦痛,甚至反过来直接危害工人。"①

那么怎样解决住宅问题呢?在现代社会里,这个问题同其他一切社会问题的解决办法是完全一样的,这就是靠经济上供求的逐渐均衡来加以解决。这样解决了之后,问题又会不断产生,所以也就等于没有解决。社会革命将怎样解决这个问题呢?这不仅要以当时的情况为转移,而且也同一些意义深远的问题有关,其中最重要的问题之一就是消灭城乡对立。既然我们不必为构建未来社会臆造种种空想方案,探讨这个问题也就是完全多余的了。但有

---

① 恩格斯在这里加了一个注:"关于在美国怎样自然而然地形成这种把工人束缚在大城市或新兴城市附近自己的'住房'上来解决住宅问题的办法,爱琳娜·马克思-艾威林1886年11月28日的印第安纳波利斯来信中有一段话可以说明:'在堪萨斯城内,或者确切些说,是在城郊,我们看见一些可怜的小木房,每幢木房大致有3个房间,小木房所处地段还很荒僻;地皮价值600美元,面积正好可以容纳一幢小房子;小房本身又值600美元,所以为了获得到处是烂泥的荒郊中离城里一个钟头路程的一所糟糕的小房子,总共要费去4 800马克。'这样,工人就必须负起沉重的抵押债务,才能得到这种住房,于是他们就真正变成了自己雇主的奴隶;他们被自己的房屋拴住了,不能离开,只好同意接受向他们提出的任何劳动条件。"——编者注

一点是肯定的,现在各大城市中有足够的住房,只要合理使用,就可以立即解决现实的"住房**短缺**"问题。当然,要实现这一点,就必须剥夺现在的房主,或者让没有房子住或现在住得很挤的工人搬进这些房主的房子中去住。只要无产阶级取得了政权,这种具有公共福利形式的措施就会像现代国家剥夺其他东西和征用民宅那样容易实现了。

———

但是,我们的蒲鲁东主义者并不满足于自己在住宅问题方面迄今所取得的成就。他一定要把这个问题从平地提升到高级的社会主义的领域,以表明这个问题在那里也是"社会问题"的极其重要的"一部分"。

"我们假定,资本的生产性真正被抓住双角而予以制服,而这是迟早总会发生的,例如通过一项过渡性法律就可加以制服。这项法律**把一切资本利率规定为一厘**,并且请注意,这里还有这样一种趋势,即这一厘利率还要逐渐接近于零,以至最后除了**资本周转所必需的劳动**以外,就再没有什么别的要偿付了。自然,房屋以及住房,也同其他一切产品一样,都要纳入这种法律的范围……房主自己将第一个求售房屋,否则他的房屋就会没有用处,投在房屋上面的资本也就根本得不到好处了。"

这段议论包含蒲鲁东的教义问答中的一个基本信条,并且提供了充斥其中的混乱观念的一个明显例证。

"资本的生产性"是蒲鲁东从资产阶级经济学家那里粗率地抄来的胡说。诚然,资产阶级经济学家开始时也说过,劳动是一切财富的泉源和一切商品价值的尺度;但是他们还应当说明,为什么资本家把资本预付到工业或手工业企业,结果不仅能收回他预付的资本,并且另外还取得利润。因此,他们必然陷入重重矛盾,便硬说资本本身有一定的生产性。蒲鲁东照搬这一套关于资本的生产性的说法,就再清楚不过地证明,他是多么深地陷入了资产阶级的思维方式之中。我们一开始就已经看到,所谓"资本的生产性",无非是说资本(在现代的社会关系下,没有这种关系资本就不成其为资本)具有把雇佣工人的无酬劳动攫为己有的性质。

然而,蒲鲁东和资产阶级经济学家不同,他不嘉许这种"资本的生产性",而是相反,发现它是破坏"永恒公平"的。它阻碍工人得到自己的十足的劳动所得。因此必须把它废除。怎样废除呢?用强制性的法律把**利率**降低,直至最后降到零。那时,在我们的蒲鲁东主义者看来,资本就不再是具有生产性的资本了。

借贷的**货币**资本的利息,只是利润中的一部分;不论工业资本的利润或商业资本的利润,都只是资本家阶级以无酬劳动形式从工人阶级那里夺走的剩余价值中的一部分。调节利率的经济规律同调节剩余价值率的规律毫不相干,就像同一社会形式中各种规律彼此可以毫不相干一样。至于说到这种剩余价值在各个资本家间的分配,那么很明显,对于在本企业中使用大量其他资本家的预付资本的工业家或商人说来,在其他一切条件不变的情况下,利率下降多少,利润率便提高多少。因此,降低以至于最后废除利率决不会真正把所谓"资本的生产性"的"双角抓住而予以制服",倒是只会把从工人阶级那里夺来的无酬剩余价值在各个资本家之间的分配调节成另一个样子,并且不是保证工人相对于工业资本家而获得利益,而是保证工业资本家相对于食利者而获得利益。

蒲鲁东从他的法学观点出发,不是用社会生产的条件,而是用这些条件借以获得普遍表现的国家法律来解释利率以及一切经济事实。从这种看不见国家法律和社会生产条件之间的任何联系的观点看来,这些国家法律必然是纯粹的随心所欲的命令,随时可以用直接相反的东西来替代。因此,在蒲鲁东看来,最容易不过的就是颁布法令——如果他拥有这种权力的话——把利率降低为一厘。可是，如果其他一切社会条件照旧不变，蒲鲁东的这个法令也就只是一纸空文。不管颁布怎样的法令，利率照旧将由现在支配它的经济规律来调节。能借到钱的人还会像以前那样视情况按两厘、三厘、四厘和更高的利率借钱，不同的地方只是食利者会非常谨慎，只把钱借给那些不会去打官司的人。况且，这种剥夺资本的"生产性"的伟大计划渊源久远，它同旨在限制利率的**反高利贷的法律**一样古老，然而这些法律现在到处都已经废除，因为实际上它们经常遭到破坏或规避，而国家不得不承认自己对社会生产规律无能为力。而现在恢复这些无法执行的中世纪法律，据说就可以"把资本的生产性的双角抓住而予以制服"！读者可以看到，越是深入地考察蒲鲁东主义，就越能看出它的反动性。

　　一旦利率通过这种方法降低到零，从而废除了资本利息，那时"除了资本周转所必需的劳动以外，就再没有什么别的要偿付了"。这意思应当是说，废除利率就等于废除利润，以至于废除剩余价值。但是，如果一纸法令**真**的能够把利息废除掉，结果又会怎样呢？那时**食利者**阶级就没有必要把自己的资本当做贷款贷出，而他们也必定会自担风险把资本投入自己的工业企业或投入股份公司。资本家阶级从工人阶级那里夺走的剩余价值总额会依然如旧，只是它的分配发生了变化，但是变化不大。

　　事实上，我们的蒲鲁东主义者忽略了，在现今资产阶级社会里购买商品时，一般说来，也是除了"资本周转〈应当说：一定商品的生产〉所必需的劳动"以外，就再没有什么别的东西要偿付了。劳动是一切商品价值的尺度，在现代社会中——撇开市场的波动不谈——就整个平均情况来说，要商品被偿付得高于制造该商品所必需的劳动，是根本不可能的。不，不是的，亲爱的蒲鲁东主义者，难题完全不在这里，难题就在于"资本周转所必需的劳动"(姑且用您的糊涂说法来表达)根本**没有被十足偿付**！要知道这是怎么一回事,您可以去读马克思的著作(《资本论》第128—160页①)。

但是这还不够。一旦废除了**资本**的息金,租金也就废除了。因为,"自然,房屋以及住房,也同其他一切产品一样,都要纳入这种法律的范围"。这正好像那位老少校吩咐人把自己手下的一个一年制志愿兵叫来并对他说:"喂！听说你是一个医学博士,那就请你常到我家走走;我家里有一个妻子和七个孩子,总是有人要出点什么毛病的。"

那位志愿兵说:"对不起,少校先生,我是哲学博士！"

少校:"这倒无所谓,反正博士就是博士。"

我们的蒲鲁东主义者也是这样:不论是租金或资本息金——这对他是无所谓的,反正金就是金,博士就是博士。

我们在上面已经看到:租价即所谓的租金由下述几个部分构成:(1)地租;(2)建筑资本的利息,包括承造人的利润在内;(3)修缮费和保险费;(4)随房屋逐渐破旧逐年以分期付款方式支付的建筑资本补偿费(折旧费),包括其利润在内。

现在就是瞎子也一定明白,"房主自己将第一个求售房屋,否则他的房屋就会没有用处,投在房屋上面的资本也就根本得不到好处了"。当然啦。如果废除了预付资本的利息,那就再也没有一个房主能收得自己房屋的一文租金了,这只是因为房租也可以叫做租**金**,而租金包含有真正的资本息金这个部分。博士就是博士。如果说反高利贷的法律在通常的资本利息方面仅仅因为有人

①　见《马克思恩格斯文集》第5卷第194—231页。——编者注

规避就会失效,那么这个反高利贷的法律则从来没有触动房租价格的哪怕一丝一毫。只有蒲鲁东才能幻想:他的新的反高利贷的法律不仅能轻而易举地调节和逐渐废除简单的资本利息,而且还能轻而易举地调节和逐渐废除复杂的房租。**190**但是,那时究竟为什么还要用重金从房主那里购买这个"根本得不到好处"的房屋,为什么房主在这种情形下不再舍点钱把这个"根本得不到好处"的房屋变卖掉,以免再花修缮费呢,——这对于我们来说是一个秘密。

在高级的社会主义(老师蒲鲁东称之为超级社会主义)领域中作出这番令人鼓舞的成就以后,我们的蒲鲁东主义者就认为自己有资格飞得更高一些。

"现在只要再作出几个结论,就可以从各方面充分阐明我们探讨的极其重要的问题。"

这都是些什么样的结论呢?从前面的议论中是得不出这些结论的,正如从废除利率中得不出住房丧失价值的结论一样;去掉我们的作者的那些冠冕堂皇的辞藻,这些结论不过是说,要顺利开展赎买出租住房这项业务,最好要有:(1)有关的精确统计;(2)优良的卫生警察;(3)能胜任建筑新房屋的建筑工人协作社。当然,所有这一切都是极好极妙的,但是,尽管有这一切集市叫卖式的辞令,它们并不能"充分阐明"蒲鲁东漆黑一团的糊涂思想。

做出了这样的大事的人,也就有权来郑重地训诫德国工人说:

"这些问题以及类似的问题,在我们看来,完全值得社会民主派注意……但愿他们能像在这里努力弄清住宅问题那样,也来弄清其他如**信用、国债、私人债务、税收**等等同样重要的问题。"

这样,我们的蒲鲁东主义者就向我们许下了一系列关于"类似的问题"的文章,如果他论述这些问题,也像他论述当前这个"极其重要的问题"一样详细,那么《人民国家报》⁴⁹就可以保证有足够一年用的稿件了。不过我们预先就能知道它们的内容——全都是已经讲过的那一套:资本利息一旦废除,国债和私人债务的利息也会跟着消失,信用就会变成无息的了,等等。同一个咒语可以用于任何一个对象,并且在每一场合都可以按照无情的逻辑得出惊人的结论:资本利息一旦废除,借款就不必再付利息了。

不过,我们的蒲鲁东主义者用来吓唬我们的都是些美妙的问题。**信用！**除了逐周借钱或向当铺借钱以外,工人还需要什么信用呢?不管工人借钱是无偿的,还是有息的,甚至是当铺的高利贷,对工人说来难道有什么了不起的差别吗?如果一般说来工人由此得到一点好处,因而劳动力的生产费用变得便宜些,那么劳动力的价格难道不是必然会下降吗?但是,对资产者,尤其是对小资产者说来,信用却是一个重要的问题,而如果能够随时得到信用,并且还是无息信用,这对小资产者来说尤其是一件美事。**国债！**工人阶级知道,国债不是它筹借的,当它夺得政权时,它将让那些筹借国债的人偿还。**私人债务！**——请参看信用项。**税收！**这对资产阶级有很大利害关系,而对无产阶级利害关系则很小。工人应交付的税金始终不断地包括进劳动力生产费用之中,因而要由资本家一并偿付。所有这里当做工人阶级极其重要的问题向我们提出的各点,实际上只是对资产者尤其对小资产者才有重大利害关系,我们则同蒲鲁东相反,认为工人阶级并不负有保护这些阶级的利益的使命。

至于真正同工人有关的重大问题,即资本家与雇佣工人的关系问题,资本家怎样靠自己的工人的劳动来发财的问题,我们的蒲鲁东主义者却只字不提。诚然,他的尊长和老师研究过这个问题,但根本没有搞清楚,就连他最后写的几篇著作实质上也并没有超出《贫困的哲学》①,而这本书的浅薄无知,早在 1847 年马克思就已经作了极其中肯的分析。

非常可悲的是,25 年以来,除了这位"第二帝国[65]的社会主义者"的著作以外,罗曼语地区的工人就几乎没有过任何别的社会主义精神食粮。如果蒲鲁东主义的理论现在又要在德国泛滥起来,那就加倍不幸了。但是对这点根本用不着担心。德国工人在理论方面已经比蒲鲁东主义先进了 50 年,**仅仅**拿住宅问题作为一个例子来说明就足够了,在这方面不必再花费力气。

第 二 篇
资产阶级怎样解决住宅问题

一

在论**蒲鲁东主义者**怎样解决住宅问题的那一篇中,已经说明小资产阶级在这个问题上有多大的直接利害关系。但是,大资产阶级在这个问题上也有颇大的、虽然只是间接的利害关系。现代自然科学已经证明,挤满了工人的所谓"恶劣的街区",是不时光顾我们城市的一切流行病的发源地。霍乱、斑疹伤寒、伤寒、天花以及其他灾难性的疾病,总是通过工人区的被污染的空气和混有毒素的水来传播病原菌;这些疾病在那里几乎从未绝迹,条件适宜

---

① 皮·约·蒲鲁东《经济矛盾的体系,或贫困的哲学》1846 年巴黎版第 1—2 卷。——编者注

时就发展成为普遍蔓延的流行病,越出原来的发源地传播到资本家先生们居住的空气清新的合乎卫生的城区去。资本家政权对工人阶级中间发生流行病幸灾乐祸,为此却不能不受到惩罚;后果总会落到资本家自己头上来,而死神在他们中间也像在工人中间一样逞凶肆虐。

当这一点由科学查明以后,仁爱的资产者便宽宏大量地争先恐后地关怀起自己工人的健康来了。于是就建立协会,撰写著作,草拟方案,讨论和颁布法律,以求根绝一再发生的各种流行病。对工人居住条件进行调查,设法消除最不能容忍的缺陷。特别是在英国,由于那里大城市最多,因而烈火已经烧到大资产者头上,已开展起大规模的活动;委任了调查劳动阶级卫生状况的政府委员会;它们的报告在精确、完备和公正方面胜过大陆上发表的一切资料,成了包含有或多或少严厉的干预措施的新法律所依据的基础。这些法律虽然也极不完善,然而还是远远胜过大陆至今在这方面所做的一切。虽然如此,资本主义的社会制度还是产生出必须加以治疗的弊病,并且必然不断反复地产生,以致这种治疗甚至在英国也很难说有什么进步。

在德国,照例需要长得多的时间,才能使这里也长期存在的流行病的病源发展到可以把昏睡的大资产阶级推醒过来的危急程度。不过,谁走得慢,谁就走得稳当些,终于在我们这里也出现了一些关于公共卫生和住宅问题的资产阶级文献,这些文献无非是从外国前辈,主要从英国前辈那里抄来的淡而无味的摘录,人们用响亮华丽的辞藻把它们打扮成高明见解来欺骗人。其中有一本书,就是埃米尔·萨克斯博士的《各劳动阶级的居住条件及其改良》(1869年维也纳版)。

我之所以选出这本书来说明资产阶级对住宅问题的观点,只是因为它试图尽量包罗关于这个问题的一切资产阶级文献。我们的这位作者当做"资料"用的这些文献真是妙极了！英国议会报告书，即真正的重要资料中，只提到了最旧的三篇的名称；整本书证明作者**连其中一篇都从来没有看过**；可是他却给我们介绍了一系列专讲空话的资产阶级的、好心的市侩的、虚伪慈善主义的著述：杜克佩西奥、罗伯茨、霍尔、胡贝尔的著作，英国社会科学（倒不如说胡说）大会的发言稿，普鲁士保护劳动阶级福利协会的会刊，奥地利关于巴黎世界博览会的官方报告，波拿巴当局关于同一博览会的官方报告，《伦敦新闻画报》，《海陆漫游》，最后是一位"公认的权威"，一个具有"敏锐而务实的头脑"和"令人悦服的口才"的人物——就是那位**尤利乌斯·孚赫**！在这个资料单中缺少的只是《凉亭》、《喧声》和射手库奇克。**191**

萨克斯先生为了使自己的观点不致引起误解，在第 22 页上声称：

> "我们所说的社会经济学，就是国民经济学在社会问题上的运用，确切些说，就是这门科学为我们提供的用以达到下述目标的各种手段和途径的总和，这个目标就是：**根据这门科学的'铁的'规律在现在占统治地位的社会制度框架内使所谓的〈！〉无财产者阶级上升到有财产者的水平。**"

我们且不去讨论这种认为"国民经济学"或政治经济学一般说来不是研究"社会"问题而是研究其他问题的糊涂观念。我们要立即来研究主要点。萨克斯博士要求让资产阶级经济学的"铁的规律"，让"现在占统治地位的社会制度框架"，换句话说，让资本主义生产方式一成不变地保留下去，而"所谓的无财产者阶级"的状况则应该上升到"有财产者的水平"。然而资本主义生产方式必不可少的先决条件不是所谓的无财产者阶级的存在，而是真正的无财产者阶级的存在。这个阶级除了自己的劳动力以外再没有别的东西可以出卖,因而不得不把自己的劳动力出卖给工业资本家。可见,萨克斯先生所发现的新科学即"社会经济学"的任务就在于:找出一些手段和途径,在以占有一切原料、生产工具和生活资料的资本家这一方同除自己的劳动力外一无所有的无财产的雇佣工人这另一方之间的对立为基础的社会状态内部,使一切雇佣工人都能变成资本家而同时又继续当雇佣工人。萨克斯先生以为他这样就把问题解决了。也许他会不吝赐教,给我们指出,法国军队中从老拿破仑时代起就有机会晋升元帅的每位士兵可以怎样变成元帅而同时又继续当普通士兵,或者给我们指出,怎样做到使德意志帝国的 4 000 万臣民都变成德国皇帝。

　　资产阶级社会主义的实质是希望保全现代社会一切祸害的基础,同时又希望消除这些祸害。正如《共产主义宣言》①中所说,资产阶级社会主义者想要"消除社会的弊病,以便保障资产阶级社会的生存";他们想要"**资产阶级,但是不要无产阶级**"②。我们已经看到,萨克斯先生恰好也是这样提出问题的。他认为解决了住宅问题便解决了上述问题;他所持的意见是:

　　"用改善各劳动阶级住房的办法就能有成效地减轻上述那些肉体上和精神上的痛苦,用这种办法——**仅仅**用广泛改善住房条件的办法——就能把这些阶级的绝大部分人从他们那种常常几乎是非人生活的泥沼中,提升到物质福利和精神福利的实实在在的高峰。"(第14页)

　　顺便说说,无产阶级是由资产阶级生产关系造成的,同时又是这些生产关系继续存在的条件,而掩饰这个阶级的存在是符合资产阶级的利益的。因此,萨克斯先生在第 21 页上向我们说明:劳

---

① 即《共产党宣言》。——编者注
② 见本选集第 1 卷第 429 页。——编者注

动阶级应被理解为除工人本身以外,还包括一切"无财产的社会阶级","全体小百姓,即手工业者、寡妇、领恤金者〈!〉、下级官吏等等"。资产阶级社会主义向小资产阶级社会主义伸出了手!

住房短缺究竟是从哪里来的呢? 它是怎样发生的呢? 善良的资产者萨克斯先生可能不知道,它是资产阶级社会形式的必然产物;这样一种社会没有住房短缺就不可能存在,在这种社会中,广大的劳动群众不得不专靠工资来过活,也就是靠为维持生命和延续后代所必需的那些生活资料来过活;在这种社会中,机器等等的不断改善经常使大量工人失业;在这种社会中,工业的剧烈的周期波动一方面决定着大量失业工人后备军的存在,另一方面又不时地造成大批工人失业并把他们抛上街头;在这种社会中,工人大批地涌进大城市,而且涌入的速度比在现有条件下为他们修造住房的速度更快;所以,在这种社会中,最污秽的猪圈也经常能找到租赁者;最后,在这种社会中,身为资本家的房主不仅有权,而且由于竞争,在某种程度上还有责任从自己的房产中无情地榨取最高额的租金。在这样的社会中,住房短缺并不是偶然的事情,它是一种必然的现象;这种现象连同它对健康等等的各种反作用,只有在产生这种现象的整个社会制度都已经发生根本变革的时候,才能消除。但是,资产阶级社会主义是不可能知道这点的。它**可能**用现存条件来解释住房短缺现象。因此,它别无他法,只好用一些道德说教来把住房短缺归之于人的邪恶,也就是原罪。

"所以在这里应当承认——因而也就不能否认〈多么大胆的结论!〉——过错……一部分应归之于渴望得到住房的**工人本身**,另一部分并且是更大的部分应归之于负责满足这种需要的人,或者应归之于那些虽拥有必要资金而根本不肯负起这种责任的人们,即**各有产的上等社会阶级**。后者的过错……就在于他们不愿意设法充分供应良好的住房。"

　　蒲鲁东曾把我们从经济学领域带到法学领域,而我们这位资产阶级社会主义者在这里则把我们从经济学领域带到道德领域。这是很自然的。谁宣称资本主义生产方式即现代资产阶级社会的"铁的规律"不可侵犯,同时又想消除它的种种令人不快的但却是必然的后果,他就别无他法,只好向资本家作道德说教,而这种说教的动人作用一碰到私人利益,必要时一碰到竞争,就又会立刻烟消云散。这种说教同站在水池边的老母鸡向它孵出的在池中欢快地游来游去的小鸭所作的说教是一样的。虽然水里容易淹死,小鸭还是下了水;虽然利润不讲温情,资本家还是趋求利润。"在金钱问题上是没有温情可言的"①——老汉泽曼早就这样说过,在这一点上他比萨克斯先生见解深刻。

　　"良好的住房很贵,因此大部分工人都**完全没有可能**去享受它。大资本……对于建造供劳动阶级居住的住房望而却步……因而这些阶级由于需要住房而大部分落入投机活动的罗网。"

　　可恶的投机活动!大资本自然是决不会进行投机的!但是,阻止大资本在工人住房方面投机的不是什么恶意,而只是无知:

　　"房主根本不**知道**,正常满足住房需要……会产生多么重大的影响;他**们不知道**,当他们照例这样不负责地供给人以恶劣的、有害的住房的时候,**他们会使人们受到怎样的损害**;最后,他们不**知道**,他们这样做对自己有什么害处。"(第27页)

　　但是,资本家的无知还要加上工人的无知,才能一起造成住房短缺。萨克斯先生承认,"最下层的"工人"为了不致露宿街头,总

---

①　引自大·汉泽曼《在1847年6月8日第一届联合议会第三十四次会议上的演说》,载于《第一届普鲁士国会》1847年柏林版第7部分第55页。——编者注

有必要〈!〉设法找到一个过夜的地方,而他们在这方面是完全没有自卫能力和孤立无援的",接着他对我们说:

"有个事实大家毕竟都知道,这就是,他们〈工人〉中间有许多人由于轻率,而主要是由于无知,几乎可以说是被巧妙地夺走其机体自然发展和健全生存所必需的条件,他们**丝毫也不懂得**合理的保健,特别是不懂得住房在这方面有多么重大的意义。"(第 27 页)

但是在这里,资产者露出马脚来了。资本家的"过错"不声不响地变成了无知,而工人的无知则成了发生过错的根由。请听一听吧:

"所以,结果就是〈自然是由于无知〉只要能省一点房租,他们就搬进阴暗、潮湿、狭小的住房,简言之,搬进对种种卫生要求来说简直是一种嘲弄的住房……往往是几家人合租一处住房,甚至合租一个房间——这一切都是为了尽可能少花一点房钱,同时他们却又把自己的收入**真正作孽似地挥霍在酗酒和种种无聊娱乐**上面。"

工人"挥霍在烟酒上面"(第 28 页)的钱、"成天泡酒馆的生活及其种种悲惨后果,像铅砣一样一再把工人等级拖进泥坑"——这确实像铅砣一样压在萨克斯先生的胃里。至于在现今环境下,工人酗酒,像伤寒、犯罪、寄生虫、法警和其他社会病害一样,都是他们的生活状况的必然产物,它必然产生,甚至人们可以预先计算出酗酒者的通常的人数,这一点又是萨克斯先生不可能知道的。不过,我以前的一位启蒙老师早就说过:"平民进酒馆,上等人进俱乐部。"这两种地方我都去过,所以能够证实这话是对的。

关于双方"无知"的这一套废话,归结起来无非是主张劳资利益和谐的老调,如果资本家知道了自己的真正利益,他们就会为工人提供良好的住房,并改善工人的整个处境;如果工人认识到了自己的真正利益,他们就不会举行罢工,不会从事社会民主运动,不会参与政治,而会乖乖地听从自己的上司资本家。真可惜,双方都发现自己的利益完全不是萨克斯先生及其无数前辈在说教中所讲的东西。关于劳资和谐的福音到现在已经宣讲了50年了,资产阶级的慈善家为了通过设立模范设施来证明这种和谐已经花了不少钱,可是我们往下就会看到,实际情形在这50年内丝毫也没有改变。

我们的作者现在要来实际解决问题了。蒲鲁东要把工人变成自己住房**所有者**的计划是多么缺乏革命性,这仅仅从下面这个事实中就可看出:资产阶级社会主义早在蒲鲁东以前就已经尝试——并且现在还在尝试——从实际上实施这个计划。萨克斯先生也宣称,住房问题只有使住房所有权转归工人才能完全解决(第58页和第59页)。不仅如此,他一想到这里就如诗人一般陶醉,写出了如下激动的文字:

"在人所固有的对于地产的眷恋中,在连现代**繁忙的营利生活**也不能使之削弱的本能中,潜藏有一种奇特的东西。这就是人下意识地感觉到地产这种家当意义重大。人一旦获得了地产,也就获得了可靠的地盘,仿佛在土里牢牢地扎下了根,因而每一家的经济〈!〉都在地产中获得最稳固的基础。然而,地产的赐福的力量还远远超出这些物质利益之外。谁有幸能把一块土地称为自己的东西,他就**达到了可能想象的最高度的经济独立地位**;他就有一个他可以**独立自主地**来支配的领域,他就成为**自己的主宰**,他就有了一定的实力,在困难的日子里就有了一个**可靠的根据地**;他的自我意识就生长起来,从而他的道德力量也随之生长起来。因此地产在这个问题上是有深远意义的⋯⋯ 这样一来,现在无可奈何地听任变动不定的市场行情摆布的、总是听从雇主的工人,就会在某种程度上摆脱这种尴尬的处境;**他会成为资本家**,并且可以通过他因此而能够利用的不动产抵押信贷来避免失业或丧失劳动能力造成的危险。**通过这种办法,他就会从无财产者阶级上升为有财产者阶级。**"(第63页)

萨克斯先生大概设想人本质上就是农民;否则他就不会硬说我们大城市中的工人眷恋地产,而以前谁也没有在大城市工人身上发现过这种对地产的眷恋。对于我们大城市工人说来,迁徙自由是首要的生活条件,而地产对于他们只能是一种枷锁。如果让他们有自己的房屋,把他们重新束缚在土地上,那就是破坏他们反抗工厂主压低工资的力量。个别的工人也许偶然能卖掉自己的小屋子,但是在发生重大罢工事件或者工业普遍危机的时候,受牵连的工人的所有房屋都会上市出卖,因而这些房屋或者根本找不到买主,或者卖得远远低于成本价格。如果他们全都找到了买主,那萨克斯先生的全部伟大的住房改革便又告吹,只好再从头做起。不过,诗人总是生活在想象世界里;萨克斯先生也是这样,他想象土地所有者已经"达到了最高度的经济独立地位",已经有了"可靠的根据地","**他会成为资本家**,并且可以通过他因此而能够利用的不动产抵押信贷来避免失业或丧失劳动能力造成的危险"等等。但是,让萨克斯先生去仔细看一看法国和我们莱茵河流域的小农吧;他们的房屋和田地都由于抵押而变成最沉重的负担,他们的庄稼在收割以前就已经属于债主,在他们的"领域"内可以独立自主地起支配作用的不是他们自己,而是高利贷者、律师和法警。这对高利贷者来说的确是可能想象的最高度的经济独立地位!而为了使工人能够尽可能快地把自己的小屋子交给高利贷者来独立自主地支配,好心的萨克斯先生就周到地告诉工人可以利用**不动产抵押信贷**。他们在失业和丧失劳动能力时可以利用这种信贷,而不必去加重济贫事业的负担。

无论如何,萨克斯先生现在已经把开始时提出来的问题解决了:工人因获得自己的小屋子而"**成为资本家**"了。

资本就是对他人无酬劳动的支配。因此,只有当工人把自己的小屋子租给第三者,并以租金形式攫取第三者的一部分劳动产品时,他的小屋子才成为资本。由于工人自己居住在屋子里,所以这屋子恰好就不会变成资本,正如我从裁缝那里买来的衣服一穿上身就不再是资本一样。拥有价值1 000塔勒的小屋子的工人,的确不再是无产者了,然而只有萨克斯先生这样的人才会称他是资本家。

但是,我们这个工人身上的资本家特征还有其另一方面。我们假定,在某个工业地区里每个工人都有自己的小屋子,这已经成为通例。在这种场合,**这个地区的工人阶级便免费享用住房**;住房费就不再算入工人的劳动力价值以内。但是,劳动力生产费用的任何降低,即工人生活必需品价格的任何长期降低,"根据国民经济学的铁的规律",也就等于劳动力价值的降低,所以归根到底会引起工资的相应降低。因此,工资下降的平均数量就会相当于节省下来的房租的平均数量,也就是说,工人住自己的房屋还是付了租金,不过不是像以前那样以货币形式付给房东,而是以无酬劳动形式付给他为之做工的厂主。于是,工人投在小屋子上的储蓄确实在一定的程度上会成为资本,但这个资本不归他自己所有,而是归那个雇他做工的资本家所有。

可见,萨克斯先生甚至连在纸面上也没有能把自己的那个工人变成资本家。

附带说一句,上面所说的话对于终究会节约或降低工人生活资料费用的一切所谓社会改革都是适用的。如果这些改革能普遍推行起来,那时工资就会跟着相应地降低;如果它们始终只是个别的实验,那时它们作为个别例外而存在这个事实,就证明大规模实现这些改革是同现存的资本主义生产方式不相容的。我们假定,某个地方由于普遍建立消费合作社而使工人的食品价格降低了20%;那么这个地方的工资经过一些时候就会降低将近20%,也就是说,降低的比率同这些食品费用在工人生活费用中所占的比率相一致。比如说,假若工人在这些食品上平均花费自己一周工资的$\frac{3}{4}$,那么工资最终会降低$\frac{3}{4} \times 20 = 15\%$。简要地说,只要这类节约性改革普遍推行起来,工人通过这种节约能缩减多少生活开支,他所得的工资也就会降低多少。如果**每个**工人能节约出 52 塔勒的自主收入,那么他的每周工资最后一定会降低 1 塔勒。总之,他越节约,他所得到的工资就越少。因此,他节约不是对自己有利,而是对资本家有利。还有什么办法能"最有力地激发他发扬……首要的持家之道,即节俭精神"呢?(第 64 页)

不过,萨克斯先生接着又告诉我们,工人成为房主,与其说是为了他自己的利益,倒不如说是为了资本家的利益:

"要知道,不仅工人等级,而且整个社会都极其关心的是,期望看到尽可能多的成员依附于〈!〉土地〈我很想哪怕是有一次看到处于这种状态下的萨克斯先生〉……假如……工人自己通过这种办法转变成有财产者阶级,那么使我们脚下燃烧的叫做社会问题的火山喷出烈焰的一切潜伏力量,即无产阶级的怨恨、憎恶……危险的错误思想……都一定会像晨雾碰到朝阳那样消散。"(第 65 页)

换句话说,萨克斯先生希望工人随着占有房屋而发生的无产者地位的改变,也丧失自己的无产者的性质,重新像他们那些也有过自己房屋的祖先一样成为恭顺的胆小怕事的人。这可能是蒲鲁东主义者们念念不忘的事情。

萨克斯先生以为他这样就把社会问题解决了:

"**更加公平地分配财富**,这个曾经有许多人怎么也猜不出的斯芬克斯之谜,现在不是已经成为可以捉摸的事实而摆在我们面前了吗? 它不是因此已经脱离理想领域而进入了现实领域吗? 如果这成为事实,那就不是达到了甚至**连社会主义者中的最极端的派别也视为自己理论顶峰的最高目标之一**吗?"(第 66 页)

真是幸运,我们总算攀登到了这个地方。这一声欢呼正是萨克斯先生这本书的"顶峰",此后就又慢慢地往山下走去,从"理想领域"降到平坦的现实;而当我们到达下面的时候,就会发现,在我们离开的那段时间里,这里是毫无变化的,的确是毫无变化。

我们的向导为了让我们往山下迈出第一步，教导我们说，工人住房制度有两种：一种是小宅子制，每个工人家庭都有自己的小屋子，而且可能还有一个小园圃，像在英国那样；另一种是营房制，每所大房屋中都住有许多户工人，像在巴黎、维也纳等等地方那样。介乎两者之间的是德国北部流行的制度。诚然，小宅子制是唯一恰当的和**唯一**能使工人得到自己房屋所有权的制度；营房制对健康、道德和家庭宁静来说确有很大的缺点，——但是可惜啊，可惜，正是在住房短缺的中心地点，在大城市里，小宅子制因为地价昂贵而不能实行，所以，如果那里不是修建大营房而能建造有四至六套住宅的房屋，或者运用各种建筑上的巧妙方法把营房制的最重大缺点消除，也就应该感到欣幸了（第71—92页）。

我们不是已经往下走了一大段了吗？把工人变成资本家，解决社会问题，使每个工人都有自己的房子，——所有这些都仍留在高高的"理想领域"里了；我们现在能做的事是在乡间实行小宅子制，而在城市中尽可能把工人营房修造得还能过得去。

可见，资产阶级解决住宅问题的办法显然遭到了失败，由于碰到**城乡对立**而遭到了失败。在这里我们接触到了问题的核心。住宅问题，只有当社会已经得到充分改造，从而可能着手消灭在现代资本主义社会里已达到极其尖锐程度的城乡对立时，才能获得解决。资本主义社会不能消灭这种对立，相反，它必然使这种对立日益尖锐化。对此，现代第一批空想社会主义者欧文和傅立叶已经有正确的认识。在他们的模范大楼中，城乡对立已经不存在了。可见，这里的情形恰好与萨克斯先生所断言的相反：并不是住宅问题的解决同时就会导致社会问题的解决，而只是由于社会问题的解决，即由于资本主义生产方式的废除，才同时使得解决住宅问题成为可能。想解决住宅问题又想把现代大城市保留下来，那是荒谬的。但是,现代大城市只有通过消灭资本主义生产方式才能消除,而只要消灭资本主义生产方式这件事一开始,那就不是给每个工人一所归他所有的小屋子的问题,而完全是另一回事了。

但是,每一次社会革命起初都不免要接过现有的东西,并且凭借现有的手段来消除最难容忍的祸害。我们已经看到:把属于有产阶级的豪华住宅的一部分加以剥夺,并把其余一部分征用来住人,就会立即弥补住房**短缺**。

萨克斯先生接下来又走出大城市,长篇大论地论述应当在大城市**附近**建立工人移民区,并且描写了这种工人移民区的一切妙处,这里有公共"自来水、煤气照明、蒸汽供暖或热水供暖、洗衣房、干燥室、浴室等等",还有"托儿所、学校、祈祷室〈!〉、阅览室、图书馆……葡萄酒和啤酒贮藏窖、豪华气派的跳舞厅和音乐厅",还有传送到每所房子里,因此能"在某种程度上使生产从工厂重新回到家庭作坊"的蒸汽力。然而这套议论丝毫也不会使情况有所改变。他所描写的移民区是胡贝尔先生直接从社会主义者欧文和傅立叶那里抄袭来的,并且由于把一切社会主义的东西一笔勾销而完全变成了资产阶级的东西,因此也就完全变成空想的了。任何一个资本家都没有兴趣建立这样的移民区,并且除了在法国的吉斯,世界上任何地方都没有这样的移民区;而且法国的那个移民区是由一个傅立叶主义者不是作为赢利的投机事业,而是作为社会主义的实验建立起来的。① 同样,萨克斯先生也可以援引40年代初由欧文在汉普郡建立的早就不存在了的共产主义移民区"和谐大厦"**193**,来支持自己的资产阶级杜撰

---

① 恩格斯在这里加了一个注:"并且这个移民区最后也完全变成了剥削工人的地方。见1886年巴黎《社会主义者报》。**192**"——编者注

方案。

然而,这一大套关于建立移民区的议论,不过是一瘸一拐地试着再度快速登上"理想领域",可是这一回也立刻掉了下来。我们于是又大步走下山来。现在最简单的解决办法就是:

"雇主即厂主帮助工人得到适当的住房,或者是由雇主自己来建造住房,或者是供给地皮,借给建筑资金等等,鼓励和帮助工人自行建房。"(第106页)

这样一来,我们就又走出根本谈不上这一切的大城市而返回到乡村去了。萨克斯先生现在证明说:厂主帮助自己的工人得到勉强可用的住房是合乎自己的利益的,一方面因为这是有利的投资去向,另一方面也因为这必然会

"提高工人的生活……一定会使工人的肉体的和精神的劳动力跟着提高,这自然……同样……是对雇主有利的。而这样一来,也就确立了关于雇主参与解决住宅问题的正确观点:这种参与是**无形联合**的结果,是雇主多半在人道意旨的外衣下关怀他的工人的身体、经济、精神和道德状况的结果,这种关怀由于产生应有的结果,即由于吸引和保持能干、熟练、勤劳、知足和**忠实的**工人,自然在经济方面得到报偿"(第108页)。

胡贝尔企图用"无形联合"①的说法给资产阶级慈善家的呓语加上一层"崇高的意义",但是这种说法丝毫也改变不了事实。农村大工厂主,尤其在英国,没有听说过这种说法也早就确信,修建工人住房不仅是一种必要的措施,不仅是工厂建筑蓝图本身的一部分,而且还带来丰厚的收入。在英国,许多村落就是这样产生的,其中有一些后来已经发展为城市。可是工人并不感谢仁爱的

---

① 见维·艾·胡贝尔《社会问题。四、无形联合》1866年北豪森版。——编者注

资本家,很早以前就对这种"小宅子制"提出了非常严重的抗议。问题不仅在于他们必须为房屋付出垄断价格,因为厂主没有竞争者;而且在每一次罢工的时候,他们立刻就无家可归,因为厂主马上就把他们抛到街头,使得任何反抗都极难进行。至于详细情形,可以参看我的《英国工人阶级状况》一书第224页和第228页①。但是,萨克斯先生认为这种论据"几乎不值一驳"(第111页)。难道他不是想使工人拥有自己小屋子的所有权吗?自然是想的。可是"雇主必须时时有可能随意支配住房,以便在解雇一个工人时能够为接替者提供住处",所以……应该"**事先约定**,遇有这种情况**可以取消所有权**"(第113页)。②

这次我们出乎意料很快就降了下来。起初是说工人有自己小屋子的所有权;随后我们得知,这在城市中办不到,只有在乡下才行得通;现在又告诉我们,这种所有权即使在乡下也只是"事先约定可以**取消**"的东西!由于萨克斯先生新发明了这种适用于工人的所有权,由于他把工人变成"事先约定可以取消"的资本家,我们就又平安地回到了平坦的大地,在这里我们可以研究资本家和

---

① 见《马克思恩格斯全集》中文第1版第2卷第469—470、473—474页。——编者注

② 恩格斯在这里加了一个注:"在这一方面,英国资本家也不仅早已实现了而且还远远超过了萨克斯先生的全部宿愿。1872年10月14日星期一在莫珀斯,法庭为了审定议会选举人名册,必须就2 000名矿工申请把他们列入选民名册一事作出裁决。结果发现:依据这些人所在的矿场的规章,他们大多数**都不是被视为**他们所住的那些小屋子的**承租人**,而只是些**被准许**待在那里的人,不经任何事先通知就可以随时被抛向街头(矿主和房主当然是同一个人)。法官裁决说,这些人并不是承租人,不过是些**仆役**,因此他们无权被列入名册(1872年10月15日《每日新闻》)**155**。"——编者注

其他慈善家在解决住宅问题方面**实际上**做了些什么。

二

如果我们相信了我们这位萨克斯博士的话,那么资本家先生们现在已经做了许多事情来消除住房短缺,并且这就证明住宅问题可能在资本主义生产方式基础上得到解决。

首先,萨克斯先生给我们举出例子——波拿巴主义的法国!大家知道,路易·波拿巴在巴黎世界博览会时期任命了一个委员会,表面上是为了草拟关于法国各劳动阶级状况的报告,实际上是为了替帝国增光而把这种状况描绘成真正的天堂。而萨克斯先生就来引证**这个**由波拿巴主义的腐败透顶的工具所组成的委员会的报告,特别是因为它的工作成果,"据专门为此任命的委员会**自己声称**,对法国是相当圆满的"!这些成果是什么呢?在提供信息的 89 个大工业企业或者股份公司中间,有 31 个**没有**修建工人住房;在已经修建起来的住房中,据萨克斯先生自己估计,顶多能容纳五六万人,而且这种住房几乎都是一户两室!

不言而喻,任何一个资本家,如果被自己的生产条件——水力和煤井、铁矿矿层及其他矿山等等的位置——束缚在某个乡村地区,而又没有现成的工人住房,都不得不为自己的工人修建住房。但是,要把这一点看做存在"无形联合"的证明,看做"对这件事及其重要影响有更多理解的明显证据",看做"大有前途的开端"(第115 页),——那要有根深蒂固的自我欺骗的习性才行。另外,在这方面各国工业家也因各自的民族特性而彼此有所不同。例如,萨克斯先生在第 117 页上向我们说:

"在英国只是最近才看得出雇主正在这方面加紧行动。特别是在乡下遥远的村落里……工人从最近的居民点到工厂去也往往要走很长的路，走到工厂时已经十分疲乏，工作时效率不高，这种情况就是促使雇主为自己的劳动力修建住房的主要原因。同时，对这种状况有较深刻的理解，因而或多或少把住房改革同其他一切无形联合因素联系起来的人，也越来越多；而这些繁荣移民区的产生正应归功于他们…… 海德的阿什顿、特顿的阿什沃思、贝里的格兰特、博灵顿的格雷格、利兹的马歇尔、贝尔珀的斯特拉特、索尔泰尔的索尔特、科普利的阿克罗伊德等等，都因此而在联合王国享有盛名。"

天真得令人起敬，无知得更加令人起敬！英国乡村中的工厂主只是"最近"才在修建工人住房！亲爱的萨克斯先生，不对！英国资本家不仅就钱袋来说，而且就脑袋来说也都是真正的大工业家。早在德国出现真正的大工业以前，他们就已经明白，在农村开办工厂时，修建工人住房的投资是全部投资中一个必要的、能直接或间接带来很好收益的部分。早在俾斯麦和德国资产者之间进行的斗争给予德国工人以结社自由以前，英国的工厂主、矿主和冶炼厂主就从实践中得知，假如他们同时又是工人的房主，他们对罢工的工人能施加多么大的压力。格雷格、阿什顿、阿什沃思这些人的"繁荣移民区"根本不是"最近"才有的，甚至在40年以前它们就已经被资产阶级当做样板加以宣扬了，而我自己在28年以前已经对此作过描写（见《英国工人阶级状况》第228—230页脚注①）。马歇尔和阿克罗伊德（Akroyd——他的姓是这样写的）所创立的移民区也差不多有这样久，斯特拉特的移民区年代就更久了，它还在上一世纪就开始出现。既然英国工人住房的平均寿命假定是40年，那么萨克斯先生就是扳手指头也可以算出这些"繁荣移民

---

① 见《马克思恩格斯全集》中文第1版第2卷第473—474页。——编者注

区"现在处于怎样的破败状态了。况且这些移民区的所在地现在大多数都不再是乡下；由于工业的巨大扩展，这些移民区大多数已经被工厂和房屋层层围住，以致它们目前已经地处拥有两三万以至更多居民的污秽多烟的市镇中间，但这并不妨碍以萨克斯先生为代表的德国资产阶级科学现在还分毫不爽地重唱那些早已不适用的 1840 年的英国老赞美歌。

特别要提到的是老阿克罗伊德。这个老实人无疑是个十足的慈善家。他非常爱自己的工人，尤其爱自己的女工，以致他在约克郡的那些不如他那样仁慈的竞争者们常常说：在他的工厂中做工的全都是他自己的儿女！可是，萨克斯先生断言，在这些繁荣移民区，"私生子越来越少了"（第 118 页）。完全正确，**未婚姑娘生**的私生子确实是越来越少了；因为，在英国工厂区中，漂亮的姑娘出嫁是很早的。

在英国，紧靠每个乡村大工厂**随同工厂一起**建造工人住房，这在近 60 年以至更久以来就已经成了通例。前面已经提到过，这种工厂乡村有许多已经变成了后来形成的整座工厂城市的中心，并且出现了工厂城市所产生的一切弊害。因此，这些移民区并没有解决住宅问题，而是由此**才**在当地**造成了**这种问题。

反之，在那些在大工业方面只是蹒跚地跟在英国后面，实际上只是从 1848 年起才懂得什么是大工业的国家里，在法国，尤其是在德国，情形就完全两样了。在这些国家里只有巨型冶炼厂和制造厂（如克勒佐的施奈德工厂和埃森的克虏伯工厂）在犹豫了很久以后才下决心修建一些工人住房。大多数农村厂主都让自己的工人冒着炎暑和雨雪清晨步行几德里赶到工厂，晚上再步行赶回家。这种情形特别常见于多山的地区——法国和阿尔萨斯的孚日山脉，以及伍珀河、锡格河、阿格河、伦讷河和莱茵—威斯特伐利亚其他河流的沿岸地区。在厄尔士山区,情形也不见得好些。不论德国人还是法国人,都同样是小气的吝啬鬼。

萨克斯先生很清楚地知道,无论是大有前途的开端也好,还是繁荣移民区也好,都毫无意义。因此他现在企图向资本家证明,他们从修建工人住房方面能获取多么可观的收入。换句话说,他企图给他们指出一条欺骗工人的新路。

首先,他给他们举出伦敦的许多建筑协会作例子,这些协会一部分是慈善性的,一部分是投机性的,它们已获得了 4%—6% 以至更高的纯利。至于投在工人住房上面的资本带来很好的收益——这用不着萨克斯先生来向我们证明。现在投在建造工人住房方面的资本为什么并不那么多,其原因在于更昂贵的住房会给房主带来更优厚的利润。因此,萨克斯先生给资本家的忠告仍然不过是一种道德说教罢了。

至于这些伦敦建筑协会,萨克斯先生大肆赞扬说它们取得了辉煌成绩,而据他自己的估计(他把任何一种建筑投机事业都包括进去了),它们总共也只是使 2 132 个家庭和 706 个单身汉,即总共还不到 15 000 人有房子住!这类微不足道的事情,在德国居然有人煞有介事地描绘成重大的成就,然而单是在伦敦东头,就有 100 万工人生活在极其恶劣的居住条件下!所有这些慈善行为,实际上是非常可怜和微不足道的,甚至英国议会关于工人状况的报告连一次也没有提到过。

在文章的整个这个部分中暴露出来的对伦敦情况的可笑的无知,我们在这里就不去说了,只是要指出一点。萨克斯先生以为索霍区内供单身汉住宿的客栈歇业是因为在这个地方"不能指望有很多顾客"。看来萨克斯先生以为整个伦敦西头都是无与伦比的豪华城区,而并不知道最优雅的街道背后紧挨着就是污秽不堪的工人区,例如索霍区就是其中的一个。萨克斯先生所提到的、我在 23 年前就已经知道的索霍区模范客栈,当初客人很多,但后来歇业了,因为谁在那里都受不了。而这还是最好的客栈之一。

那么,阿尔萨斯的米卢斯工人镇呢——难道这不是一个成就吗?

米卢斯的工人镇对大陆资产者说来,正如阿什顿、阿什沃思、格雷格等人当年的"繁荣移民区"对于英国资产者一样,是引以自傲的地方。可惜这个工人镇不是法兰西第二帝国与阿尔萨斯资本家的"无形"联合的产物,而是他们的公开联合的产物。它是路易·波拿巴的社会主义实验之一。国家曾为它垫付了三分之一的资本。它在 14 年内(到 1867 年为止)依照一套在英国(这里人们对事情了解得比较清楚)行不通的有缺陷的办法修建了 800 所小房子,让工人在 13—15 年内每月付出昂贵的房租以取得房屋所有权。我们往下就可以看到,这种获取所有权的方法在英国的互助性的建筑协会里早就采用了,根本不必由阿尔萨斯的波拿巴分子来发明。为购买房屋而付出的加价房租同英国比起来是相当高的;例如,工人在 15 年内累计付出 4 500 法郎以后,能取得一所在 15 年前值 3 300 法郎的房屋。一个工人如果要搬到别的地方或者哪怕仅仅欠了一个月的房租(在这种场合,他就可以被赶出去),人家就按房屋原价的 $6\frac{2}{3}$% 计算他的年租(例如,房屋价值是 3 000 法郎,每月就是 17 法郎),而把余数退还给他,但**不付分文利息**。显而易见,在这种情形下,建筑协会即使没有"国家帮助"也会大发其财。同样显而易见,在这种条件下提供的住房,只因为位于城外半农村地区,才优于城内的旧的营房式的住房。

关于在德国所做的几个可怜的实验,萨克斯先生自己在第157页上承认它们是很不像样的,我们也就不去讲了。

所有这些实例究竟证明了什么呢?仅仅证明:修建工人住房,即使不践踏各种卫生法,对资本家说来也是一件有利可图的事情。这一点从来也没有人否认过,这一点我们大家早已知道了。**任何满足某种需要的投资**,只要合理经营都会带来收益。问题仅仅在于:**虽然如此**,为什么住房短缺现象仍然继续存在;虽然如此,为什么资本家还是不肯给工人提供足够数量的良好住房呢?于是萨克斯先生又只好向资本提出劝告,而对问题却仍不作答复。对于这个问题的真正答复,我们在上面已经作出了。

资本即使能够办到,也不**愿意**消除住房短缺,这一点现在已经完全弄清了。于是只剩下其他两个出路:工人自助和国家帮助。

萨克斯先生是一个自助办法的热烈崇拜者,在住宅问题方面也能说出自助所创造的一些奇迹。可惜他一开始就不得不承认,自助只是在已经实行或可能实行小宅子制的地方,即仍然只是在农村,才能起点作用;在大城市中,甚至在英国,只能产生极有限的作用。然后,萨克斯先生喟然长叹道:

> "依靠这个方法〈自助〉的改良只能**间接**实行,因而**永远**只能不完全地实行,亦即只能在私有原则有力量影响住房质量的限度内实行。"

并且连这也很值得怀疑;无论如何"私有原则"对我们这位作者的文笔的"质量"决没有起过改良的作用。虽然如此,自助在英国依然造成了奇迹,"结果,在那里为解决住宅问题而在其他方面所做的一切,都**被远远超过了**"。这里指的是英国的建筑协会,而萨克斯先生之所以特别详细地研究它们,是因为

"关于它们的实质和活动普遍存在着很不充分的或错误的看法。英国的建

筑协会根本不是……建筑社或建筑协作社,用德语来讲倒不如……把它们叫做'购房协会';它们作为协会,目的是要由会员定期交费来构成基金,根据资金积累的多少从这笔基金中贷款给会员们去购买房屋……　因此,建筑协会对于一部分会员说来是储蓄协会,对于另一部分会员说来是预支金库。可见,建筑协会是一种旨在满足工人需要的抵押信贷机构,主要是利用……工人储蓄……扶助储户同仁去购买或修建房屋。如事先规定的,这种贷款要有相应的不动产作抵押,并且要在短期内分批清偿,包括付息和分期还本在内……　利息并不支付给储户,而总是**按照复利记在他们账下**……想要把储金连同积累的利息一并取回……只要在一个月前预先声明,就可以随时办到"(第170—172页)。"这样的协会在英国有2 000个以上……　其中筹集的资本约有1 500万英镑,并且已经约有10万个**工人家庭**通过这种方式购置了自己的房屋;眼下这无疑是难以比拟的社会成就。"(第174页)

可惜,这里有个"疑虑"也跟着蹒跚地走来:

"然而问题**还并没有因此而得到**完全解决,这至少是因为购置房屋……只有**收入较好的**工人才能做到……　并且对于卫生条件往往没有予以足够的注意。"(第176页)

在大陆上,"这种协会……只有很少的发展余地"。这种协会是以存在小宅子制为前提,但小宅子制在这里只是乡下才有;而乡下的工人还没有充分发展到能自助的地步。另一方面,在可能成立真正的建筑协作社的城市里,建筑协作社会遇到"各种极其明显的和严重的困难"(第179页)。建筑协作社只能修建小宅子,而这在大城市中是行不通的。一句话,"这种协作社式的自助形式"不可能"在现今条件下——而且在最近的将来也未必可能——在解决这一问题方面起主要作用"。要知道,这种建筑协作社还处在"初始的、尚不发展的萌芽阶段"。"甚至在英国也是这样。"(第181页)

总之,资本家不**愿意**,工人则没有**能力**。我们本来到此可以结束这一篇了,不过因为舒尔采-德里奇之流的资产者总是把英国的建筑协会摆出来给我国工人做模范,所以绝对有必要对英国的建筑协会稍加说明。

这些建筑协会根本不是工人的团体,它们的主要目的也不是使工人购置归自己所有的房屋。相反,我们往下就会看到,工人购置房屋只是稀有的例外。这些建筑协会实质上是投机性的组织,它们起初规模很小,但就其投机性来说不亚于它们的规模巨大的仿效者。在某个酒馆中,通常是在酒馆主人的发起下——然后就每星期在他那里聚会一次—— 一些常客和他们的朋友,如小贩、店员、推销员、小手工业者和其他小资产者,有的地方还有一个机器制造业工人或另外一个属于本阶级贵族阶层的工人,共同凑成一个建筑协作社。最直接的起因,通常是酒馆主人探听到邻近或其他某个地方有一块比较便宜的地皮出售。大多数参加者由于他们的职业关系并不是被拴在了某个地方;甚至许多小贩和手工业者在城内也只有摊位,没有住所;只要有可能,谁都更愿意住在烟雾弥漫的城市中心以外的地方。买下一块供建筑用的地皮,在上面修建尽可能多的小宅子。比较有钱的会员们凑出的贷款就能买地皮;每周交纳的会费,再加上一些小额借款,就够支付每周的建筑费用。那些想购置自有住房的会员,凭抽签分得建成的小宅子,靠相应的加价房租分期偿清买价。其余的小宅子出租或出卖。这种建筑协会,在事业顺利的时候,就会积起或大或小的一笔钱,这笔钱在会员们交纳会费期间是属于会员们的,并且在他们之间偶尔进行分配或者在协会停办时进行分配。英国建筑协会十有八九的经过情形就是这样。其余的则是较大的,往往是在政治的或慈善事业的借口下成立起来的,它们的主要目的归根到底是通过地产投机,使**小资产阶级**的积蓄能有较好的有抵押作保证的投放处所,获得优厚的利息,并且可望分得红利。

至于这些协会究竟是指望着哪一类主顾,这可从一个即使不是最大的,也是最大的之一的协会的广告中看出。伦敦"伯克贝克建筑协会,法院巷南安普敦大厦 29 号和 30 号"自成立以来收入已达 1 050 万英镑(合 7 000 万塔勒),它存入银行和购买国家证券的款项在 416 000 英镑以上,现有会员和储户 21 441 人,它的广告内容如下:

"许多人都知道钢琴厂主采用的所谓三年制度,其内容是租赁钢琴三年者在此期限终了时即成为钢琴所有人。在采用这个制度以前,收入有限的人们很难购置一架好钢琴,正如很难购置一所自有的房屋一样;人们逐年出钱租钢琴,所花的钱比钢琴价格高一两倍。在钢琴上可行的办法,在房屋上也可行……　然而因为房屋比钢琴要贵……所以要有较长期限才能用房租偿清买价。因此,本协会理事与伦敦城内各处和郊外各处的房主们达成协定,由本协会理事向伯克贝克建筑协会会员及其他人提供城市各处的大量房屋以供挑选。本协会理事打算采取的办法是这样的:房屋出租期限为 12 年半,如果房租能按期交纳,出租期满之后,房屋就成为承租人的绝对财产,无须再付其他任何费用……　承租人也可以商定增加租金以缩短期限,或减低租金以延长期限……　**凡收入有限的人,即在大小商店中当伙计的人**以及其他人,一加入伯克贝克建筑协会,就可以立刻摆脱任何房东而独立。"

这说得够明白了。丝毫也没有提到工人,却讲到了收入有限的人,即在大小商店当伙计的人等等;并且还假定申请人通常**已经有了一架钢琴**。事实上,这里说的根本不是工人,而是小资产者和那些想要成为**并且能够**成为小资产者的人;这些人收入虽然有一定限度,但一般说来总是在逐渐上升,店铺伙计以及从事这类职业的人就是如此,而工人的收入至多只是金额保持不变,实际上则随着家庭人口增加及其需要增长而降低。事实上只有很少数工人才能作为例外参加这种协会。他们一方面收入太少,另一方面收入又太不可靠,所以他们不能承担为期 12 年半的义务。不属于这种情况的少数例外，若不是报酬最优的工人，便是工厂监工。①

然而，每个人都明白，米卢斯工人镇的波拿巴分子无非是英国这些小资产阶级建筑协会的可怜模仿者罢了。只不过，波拿巴分子虽然得到国家帮助，但对自己主顾的欺骗却比这些建筑协会要厉害得多。他们的条件大体说来比英国平均的条件还要苛刻；在英国，每次交纳的钱都计算单利和复利，并且提前一个月通知就能全部退还，而米卢斯的工厂主则把单利和复利一并纳入腰包，只退还原来用五法郎硬币交纳的数额。没有人会比萨克斯先生对于这个差异更感到惊讶了。他在自己的书中写到了这一切，却不明白是什么意思。

可见，工人自助也是不会有什么结果的。现在只剩下国家帮助了。萨克斯先生在这方面能向我们拿出什么东西来呢？三件东西：

---

① 恩格斯在这里加了一个注："尤其是关于伦敦建筑协会的经营情况，在这里还要作一个小小的补充。大家知道，伦敦的全部地皮几乎都属于一打左右的贵族，其中最显贵的是威斯敏斯特公爵、贝德福德公爵和波特兰公爵等人。起先这些人把一些建筑地皮出租99年，期满后就把地皮以及地皮上一切东西收归已有。然后他们就把这些房屋按照所谓修缮租约出租一个较短的时期，例如39年，承租人应依照这个租约把房屋修好并加以保持。签订了这种契约以后，地主就立刻派遣自己的建筑师和该区建筑管理局官员（surveyor）去检查房屋并确定必须修缮的地方。修缮工程往往都是很大的，甚至包括重建全部前墙、屋顶等等。这时承租人就把租约当做抵押交给建筑协会，以借取必需的款项——每年租金130—150英镑的可以借到1 000英镑以至1 000英镑以上——，由**自己**出钱来进行修建工程。于是，这些建筑协会便成了一套办法中的重要中介环节，这套办法的目的就是用不着自己费力气并利用公众的资金来不断重新修整伦敦地区的属于大土地贵族的房屋并使之保持适于居住的状态。

而这竟被当做解决工人住宅问题的措施！"——编者注

"第一，国家必须考虑到，应通过国家立法和行政手段消除或适当地改善一切可能以任何方式加重劳动阶级住房短缺的做法。"（第187页）

这就是说：修改建筑立法并保证建筑业自由，使建筑费用便宜些。但是，在英国，建筑立法被压缩到了最低限度，建筑业像空中飞鸟一样自由，而住房短缺却依然存在。况且，现在英国的建筑费用已经便宜到这样的程度，只要附近有一辆马车跑过，房屋就会摇晃起来，并且每天都有房屋倒塌。就在昨天，1872年10月25日，在曼彻斯特一下子倒塌了六所房屋，并且有六个工人受了重伤。可见，这也无济于事。

"第二，国家政权应制止个别的人因追求一己私利而扩大或重新招来这种灾难。"

这就是说：卫生和建筑管理部门对工人住房实行监督，授权当局封闭一切危害健康和有倒塌危险的住房。英国从1857年起就已经这样做了。但那里的情况怎样呢？1855年颁布的第一个法令（消灭传染病法），萨克斯先生自己也承认，始终是"一纸空文"，1858年颁布的第二个法令（地方自治法）也是如此（第197页）。然而，萨克斯先生认为，只适用于住有1万人口以上的城市的第三个法令手工业者住宅法，"无疑是英国议会深刻理解社会事务的良好证明"（第199页）。但是，这个说法又只是萨克斯先生完全不了解英国"事务"的"良好证明"。英国在"社会事务"方面一般比大陆先进得多，这是不言而喻的；它是现代大工业的祖国，资本主义生产方式在这里发展得最为自由和最为广阔，其后果在这里也最为显著，因而在立法方面获得反映也较早。工厂立法就是这方面最好的证据。但是，如果萨克斯先生以为，一个议会法令只要获得法律效力就能立即真正实施，那他就大错特错了。任何议会法令(只有工场法除外)都是这样,地方自治法恰好也是这样。这一法律委托给城市当局去执行,而城市当局在英国几乎到处都被公认为是一切贪赃枉法、徇私舞弊和 Jobbery① 的中心。这些城市当局中的通过种种家族关系谋得职位的官吏,不是没有能力实行便是不愿意实行这种社会法律,然而也正是在英国,负责准备和实行社会立法的政府官吏多半曾以严格忠于职守而著称——不过现在已经没有二三十年前那样严格了。几乎在任何地方,不卫生的和有倒塌危险的房屋的房主,在市政委员会中都直接或间接地拥有强有力的代表。按小区选举市政委员的办法,使当选者不得不服从卑劣的地方利益和影响;凡是想再度当选的市政委员,都不敢投票赞成把这个法律应用于自己的选区。因此,很明显,这个法律几乎到处都受到地方当局的强烈反抗,而直到现在还只是在群情激愤的场合才被采用,并且多半还是在已经爆发了流行病以后才被采用,如去年在曼彻斯特和索尔福德天花流行时的情形那样。向内务大臣进行的请愿以往总是只有在这种场合才起作用,因为英国每届**自由主义**政府所奉行的原则,都只是迫于极端必要才提出社会改革法案,至于已经存在的法律只要有可能就根本不去执行。这个法律,也像英国其他许多法律一样,只有这样一个意义:当一个受工人控制或威逼的政府终于真正推行这个法律时,它才会在这个政府的手中变成一个强有力的武器,可用来在现今社会状态下打开一个缺口。

---

① 恩格斯在这里加了一个注:"Jobbery 一词的意思是官吏利用职权图谋个人或家族的私利。比如说,某一国家的国家电报局局长当了某个造纸厂的匿名股东,他用自己森林中的木材供给这个工厂,然后委托这个工厂为电报局供应纸,那么这就是虽然很小,但毕竟是干得不错的 job,因为这件事足以表明 Jobbery 的原则是什么东西;顺便说说,这在俾斯麦统治下是天经地义和十分自然的。"——编者注

"第三",在萨克斯先生看来,国家政权应当"极其广泛地采取它可以运用的一切积极措施来解决当前存在的住房短缺问题"。

这就是说:国家政权应当给自己的"下级官吏和职员"(但这根本不是工人呀!)修建营房,"真正的模范大楼",并且"贷款给……各个市镇机关、团体以及个人,以求改善各劳动阶级的住房"(第203页)。英国遵照公共工程贷款法已经这样做了,路易·波拿巴在巴黎和米卢斯也这样做过。但是,公共工程贷款法也只是一纸空文;政府拨给委员们支配的至多不过5万英镑,这笔钱顶多能建筑400所小宅子,40年能建造16 000所小宅子或住宅,顶多只能供8万人居住。这不过是沧海一粟而已。即使假定委员会的资金在20年后经过偿还增加了一倍,因而在后20年又修建了总共能供4万人居住的住房,那么,这也仍然是沧海一粟。况且,因为小宅子平均只能维持40年,所以在40年后每年就得花5万或10万英镑现金来整修势将倒塌的最旧的小宅子。萨克斯先生在第203页上谈到这一点时竟然说:这一原则在实际中已得到真正的贯彻,并且是在"无限的规模上"得到贯彻。这样就承认了,甚至在英国,国家也是"在无限的规模上"毫无作为的,到这里萨克斯先生就结束了自己的书,只是顺便对所有有关的人再一次作了一番道德说教。①

---

① 恩格斯在这里加了一个注:"最近在授权伦敦建筑主管当局可征用地皮用于修筑新街道的英国议会法令中,对于因此无处栖身的工人给予了若干照顾。其中规定:新建的房屋必须适于以前住在这个地方的各种居民阶层居住。因此就在最便宜的地皮上面为工人修建起六至七层营房式出租大楼,这样就是符合了法律条文。这种为工人所根本不习惯并且与四周古老伦敦风貌极不协调的建筑效果如何,将来自有分晓。但是,即使在最好的情况下,这里所能容纳的也未必有实际上由于修筑新街道而失去住所的工人人数的四分之一。"——编者注

十分明显,现代的国家不能够也不愿意消除住房灾难。国家无非是有产阶级即土地所有者和资本家用来反对被剥削阶级即农民和工人的有组织的总权力。个别资本家(这里与问题有关的只是资本家,因为参加这种事业的土地所有者首先也是以资本家资格出现的)不愿意做的事情,他们的国家也不愿意做。因此,如果说**个别**资本家对住房短缺虽然也感到遗憾,却未必会受触动而去从表面上掩饰由此产生的极其可怕的后果,那么,**总**资本家,即国家,也并不会做出更多的事情。国家顶多也只是会设法在各地均衡地推行已经成为通例的表面掩饰工作。我们看到的情形正是如此。

但是,有人可能反驳说,在德国,资产者还没有占统治地位;在德国,国家在某种程度上是独立的、凌驾于社会之上的力量,正因为这样,这个力量也就代表社会的总体利益,而不是代表某一个阶级的利益。**这样的**国家自然能够做出资产阶级国家所不能做出的许多事情;在社会领域中,也可期望它能做出完全不同的事情来。

这是反动派的论调。其实,就是在德国,现有的这种国家也是它赖以生长起来的那个社会基础的必然产物。在普鲁士——而普鲁士现在起着决定性的作用——同仍然强有力的大地主贵族相并存的,还有一个比较年轻和极其胆怯的资产阶级,它至今既没有像在法国那样争得直接的政权,也没有像在英国那样争得或多或少间接的政权。但是,跟这两个阶级并存的,还有一个人数迅速增加、智力十分发达、一天比一天更加组织起来的无产阶级。因此,这里除了旧专制君主制的基本条件——土地贵族和资产阶级间的均势——以外,还存在现代波拿巴主义的基本条件,即资产阶级和无产阶级间的均势。但是,不论在旧专制君主制中或者在现代波拿巴主义君主制中,实际的政府权力都是掌握在军官和官吏这一特殊等级的手中,这个等级在普鲁士一部分由他们自身补充,一部分由小世袭贵族补充,在少见的情况下由大贵族补充,极少的部分由资产阶级补充。这个似乎站在社会以外并且可以说是站在社会之上的等级的独立性,给了国家以独立于社会的假象。

在普鲁士(依其发展情况也在德意志的新帝国宪法中)从这些极端矛盾的社会状态中必然发展出来的国家形式,是假立宪制;这个国家形式既是旧专制君主制的现今的解体形式,也是波拿巴主义君主制的存在形式。在普鲁士,假立宪制从 1848 年到 1866 年只是遮盖和促成了专制君主制的缓慢腐朽过程。但是,从 1866 年以来,尤其从 1870 年以来,社会状态的变革,从而旧国家的解体,是在众目共睹下并且是在急速加剧的程度上发生着。工业的迅速发展,特别是证券交易所欺诈事业的迅速发展,把一切统治阶级都卷入投机的旋涡中。1870 年从法国传入的贪污腐化风气,以空前的速度大规模地发展起来。施特鲁斯堡和贝列拉互相脱帽致敬。大臣、将军、公爵和伯爵,竟同最狡猾的证券交易所犹太人为伍,做起股票生意,而国家也承认这些犹太人的平等身份,把他们大量地封为男爵。很早以来就以糖厂主和酒厂主身份从事工业的农村贵族早已度过了昔日的规规矩矩的时光,现在把自己的名字列入种种讲信用的或不讲信用的股份公司经理名单中了。官僚对盗用公款抱越来越轻视的态度,不再把它看做增加收入的唯一手段;他们把国家置之脑后,一味追逐高收入的工业企业管理职位,而那些还留任国家官职的人们也仿效自己上司的榜样搞股票投机,或"参与"铁路之类的事业。甚至有充分理由可以认为,就是尉官们也搞些投机活动来发点小财。一言以蔽之,旧国家的一切因素在急剧地解体,专制君主制在急剧地过渡到波拿巴主义君主制;在行将来临的工商业大危机中,不仅现代的骗局,而且整个旧普鲁士国家都要崩溃。①

这样一个非资产阶级因素日益资产阶级化的国家能够解决"社会问题",或者哪怕只解决一个住宅问题吗? 恰恰相反。在一切经济问题上,普鲁士国家越来越受资产阶级的影响了。如果说1866年以来经济方面的立法对资产阶级的利益的适应尚未越出原已达到的水平,那么这是谁的过错呢? 主要是资产阶级自身的过错:第一,它过于胆怯,不能坚决地坚持自己的要求;第二,任何让步只要同时会使具有威胁性的无产阶级获得新的武器,它就加以拒绝。如果说国家政权,即俾斯麦,企图为自己拼凑一个御用的无产阶级,以钳制资产阶级的政治活动,那么这岂不就是一种不可避免的人所共知的波拿巴主义手段吗? 这个手段对于工人没有承担任何义务,只是讲一些友好的空话,顶多也只能提供某种最低限度的国家帮助,也就是路易·波拿巴式的建筑协会所提供的那种帮助。

至于工人能从普鲁士国家那里期待什么,这从法国几十亿赔款[68]的使用情况中就可以得到最好的证明。这笔赔款使普鲁士国家机器在社会面前的独立性获得了一个新的短暂的缓刑期。难道这几十亿中有过一个塔勒曾用来使流落街头的柏林工人家庭得到容身之所吗? 相反。当秋天来临时,国家甚至把工人们在夏天用做蔽身之所的那几间可怜的木房也下令拆毁了。这50亿赔款很

---

① 恩格斯在这里加了一个注:"现在,1886年,普鲁士国家和它的基础即依靠保护关税确立的大地产同工业资本的联盟之所以还能维持下来,不过是因为惧怕1872年以来在人数和阶级意识上都已大大成长起来的无产阶级。"——编者注

快就在要塞、大炮和军队上挥霍殆尽；尽管瓦格纳说了许多善意的蠢话[194]，尽管同奥地利举行了几次施梯伯会议[195]，这几十亿赔款中用在德国工人身上的数目，甚至还不及路易·波拿巴从法国盗取的几百万法郎中用在法国工人身上的数目多。

三

　　实际上资产阶级以**他们的**方式解决住宅问题只有一个办法，这就是问题解决了，但又层出不穷。这就叫做"**欧斯曼计划**"。

　　我这里所说的"欧斯曼计划"，并不单单是指巴黎的欧斯曼所采取的那套特殊的波拿巴主义办法，即穿过房屋密集的工人区开辟一些又长、又直、又宽的街道，在街道两旁修建豪华的大厦；这样做，除了使街垒战难于进行这个战略目的以外，用意还在于造成一个依赖于政府的特殊的波拿巴主义的建筑业无产阶级，并把巴黎变为一个纯粹的豪华都市。我所说的"欧斯曼计划"，是指把工人区，特别是把我国大城市中心的工人区从中豁开的那种已经普遍实行起来的办法，而不论这是为了公共卫生或美化，还是由于市中心需要大商场，或是由于敷设铁路、修建街道等交通的需要。不论起因如何不同，结果到处总是一样：最不成样子的小街小巷没有了，资产阶级就因为这种巨大成功而大肆自我吹嘘，但是，这种小街小巷立刻又在别处，并且往往就在紧邻的地方出现。

　　在《英国工人阶级状况》一书中，我描写过1843—1844年曼彻斯特的情况。从那时以来，由于修筑了横贯市中心的铁路，修建了新街道，建筑了巨大的公用和私用建筑物，我描写的最恶劣的街区中有一些已经被打通，被暴露出来和被改建了；有一些则已经完全没有了；但是还有许多街区——尽管从那时以来实行了更严格的卫生警察监督——处于同样恶劣或者甚至比那时更加恶劣的状况中。而另一方面,由于城市大大膨胀,城市居民从那时起已经增加了一半以上,那些原来宽敞清洁的街区,现在也同从前最声名狼藉的街区一样,房屋密集、污秽、挤满了人。这里只举一个例子。在我那本书的第 80 页及以下几页中,我描写了梅德洛克河谷的一簇房屋,这个地方名叫小爱尔兰(Little Ireland),多年以来就已经是曼彻斯特的一个污点。① 小爱尔兰早就消失不见了;现在这个地方修建了一个基座很高的火车站;资产阶级吹嘘说,顺利地彻底拆毁小爱尔兰是一个伟大的胜利。但去年夏天发生了一次大水灾,因为筑有堤堰的河流由于很容易理解的原因在我们的大城市中总是年复一年地造成越来越大的水灾。结果人们才发现,原来小爱尔兰根本没有被消灭,只是从牛津路南边迁移到了北边,并且仍然像以前一样糟糕。不妨看一看曼彻斯特激进资产者的喉舌曼彻斯特《泰晤士周报》**196**1872 年 7 月 20 日的报道:

"我们希望,上星期六梅德洛克河谷居民所遭到的不幸,能带来**一个**良好的结果:把公众的注意力引向卫生法遭到公然嘲弄的种种事实上来,那里的人们在城市官吏和市卫生委员会的眼皮底下忍受这种嘲弄已经很久了。本报昨天刊载的一篇犀利的文章,只是极不充分地揭露了遭到水淹的查理街和布鲁克街一些地下室住房的恶劣状况。仔细调查了这篇文章所提到的大院之一,使我们有权证实文中所谈的一切情况,并表明我们的看法:这个大院里的地下室早就应该封闭了;更确切些说,本来就不应当容忍它们继续住人。在查理街和布鲁克街拐角地方的四方大院有七八所住房。甚至在布鲁克街最低的地方,在铁道高架桥下,行人每天来来往往就踏在这些住房之上,但决不会想到在他们脚下深深的洞穴中还住着人这种生物。这个大院是公众看不到的,住到这里来的只是那些迫于贫困不得不在墓冢似的隔绝之处找寻栖

---

① 见《马克思恩格斯全集》中文第 1 版第 2 卷第 341 页及以下几页。——编者注

息之所的人。甚至在筑有堤岸的、通常死水一潭的梅德洛克河水不超过平常水位的时候，这些住宅的地面也不过只高出水面几英寸；任何一次大雨都能使污水坑或下水道中令人作呕的脏水溢出来，把有毒的气体散布到这些住宅中去，每次河水泛滥都留下这样的纪念……　四方大院比布鲁克街房屋的不住人的地下室还要低……比街面低20英尺，所以星期六从污水坑中溢出来的脏水涨到了屋顶。我们知道这一点，因而料想这个大院不会再住人，或者只会遇见卫生委员会的人员在那里洗刷臭气熏天的墙壁并加以消毒。可是不然，我们竟看见一个人在某个理发师的地下室里忙活……把墙角的一大堆腐烂的脏东西铲到手推车中。这个理发师的地下室打扫得还算干净，此人叫我们到更低的一些住所去，关于这些住所，他说他如果会写字的话，就要向报纸投稿，要求把它们封闭起来。最后我们来到了四方大院，在那里我们看到一个漂亮的、健康的、看样子来自爱尔兰的女子，她正在忙着洗东西。她和她的丈夫——一所私宅的更夫——已经在这个院子里住了6年，并且家里人口很多……　他们刚离开的那所房屋，水已经没了屋顶，窗子破了，家具成了一堆废物。这位丈夫说，住户每两月要用石灰把墙壁粉刷一次，才能使房子免去难以忍受的臭气……　在我们的记者此时才走得进去的内院里，他看见有三所房子，后墙紧靠着刚才描写过的那些房屋，其中两所还有人住。那里臭气熏天，甚至最健康的人待几分钟也一定会呕吐起来……这个可憎的洞穴住着一个七口之家，他们在星期四晚上〈河水开始泛滥的那一天〉都在家里睡觉。更确切些说，如果那个妇人所立刻改口说的，他们并没有睡觉，因为她和她的丈夫大半夜都被臭气熏得不断呕吐。星期六他们不得不涉着深及胸膛的水把自己的孩子们送出去。她也认为这个洞穴连养猪也不合适，但是，由于房租很低——每周一个半先令〈15个格罗申〉，她也就把它租下了，因为她的丈夫最近生了病，常常没有工钱。这个大院和住进这个像活人坟墓般的大院内的居民，给予人们一种完全走投无路的印象。此外，我们必须指出：根据我们的观察，四方大院不过是这个地区其他许多地方的一个样本——也许是夸张了的样本——，这些地方的存在，我们的卫生委员会是不能辞其咎的。如果这些地方将来还允许住人，那么，卫生委员会所负责任之重大，以及邻近地区受传染病威胁之严重，我们就不用再去说了。"

这就是资产阶级实际解决住宅问题的一个明显的例子。资本主义生产方式使我们的工人每夜都被圈在里边的这些传染病发源地、极恶劣的洞穴和地窟,并不是在被消灭,而只是在……**被迁移!**同一个经济必然性在一个地方产生了这些东西,在另一个地方也会再产生它们。当资本主义生产方式还存在的时候,企图单独解决住宅问题或其他任何同工人命运有关的社会问题都是愚蠢的。解决办法在于消灭资本主义生产方式,由工人阶级自己占有全部生活资料和劳动资料。

第 三 篇
再论蒲鲁东和住宅问题

一

在《人民国家报》**49**第 86 号上,阿·米尔柏格宣称他就是我在该报第 51 号和以下几号中①批判过的那些文章的作者。② 他在替自己辩解的文章中对我大加责难,同时对所谈到的一切观点大肆歪曲,所以我好歹都必须予以答复。很遗憾,我的反驳大部分只能在米尔柏格给我划定的个人论争的范围内进行,但是我将竭力把主要的论点再次加以发挥,而且尽可能要比上次更清楚些,哪怕米尔柏格又会责难我,说这一切"不论对他或对《人民国家报》其他读者说来实质上都没有什么新东西"。这样,我的反驳也就会有某种普遍意义。

---

① 见本卷第 191—212 页。——编者注
② 阿·米尔柏格《论住宅问题。答弗里德里希·恩格斯》,载于 1872 年 10 月 26 日《人民国家报》第 86 号。——编者注

米尔柏格抱怨我的批判的形式和内容。说到形式，只要指出我当时根本不知道这些论文出自谁的手笔，这就够了。因此，根本谈不到对于作者有什么个人"成见"；不过对于这些论文中所阐述的解决住宅问题的办法，我当然是有"成见"的，因为我早已从蒲鲁东那里知道了这个解决办法，并且对这个办法的看法是确定不移的。

关于我的批判的"语调"，我不想同朋友米尔柏格争论。像我这样参加运动很久的人，皮肤已经厚得不怕什么攻击了，所以很容易以为别人也有这样厚的皮肤。为了使米尔柏格得到补偿，这一次我要竭力使我的"语调"适应他的 Epidermis（表皮）的敏感程度。

米尔柏格对于我说他是蒲鲁东主义者这一点特别感到冤屈，并声明他根本不是蒲鲁东主义者。我当然应该相信他；不过，我还是要提出证据来证明，这些论文——我讲的也只是这些论文——中除了十足的蒲鲁东主义以外，没有别的东西。

但是，在米尔柏格看来，我对蒲鲁东的批判也是"轻率的"和很不公平的：

> "小资产者蒲鲁东的学说，在我们德国已经成了一个确定不移的教条，许多人甚至连他的著作中的一行字都没有读过，就宣扬起这个教条来了。"

我惋惜说，除了蒲鲁东的著作以外，罗曼语地区的工人在 20 年内没有过任何别的精神食粮，对此米尔柏格回答说，在罗曼语地区的工人中"蒲鲁东所表述的原则几乎到处都成为运动的激励人心的灵魂"。这一点我不能同意。第一，工人运动的"激励人心的灵魂"不论在什么地方都不是什么"原则"，而在任何地方都归结为大工业的发展及其后果：一方面是资本的积累和积聚，另一方面是无产阶级的积累和积聚。第二，说蒲鲁东的所谓"原则"在罗曼语地区的工人中间起了米尔柏格所硬说的那种决定作用，说"无政府状态、组织经济力量、实行社会清算等原则在那里已成了……革命运动的真正载体"，都是不正确的。暂且不说西班牙和意大利，在那里蒲鲁东的万应灵丹只是以被巴枯宁修改得不成样子的形式出现才有了一点儿影响。每一个熟悉国际工人运动的人都很清楚一个事实：在法国，蒲鲁东主义者只形成一个人数很少的宗派，而法国工人群众则根本不愿理会蒲鲁东提出的冠以"社会清算和组织经济力量"称号的社会改革计划。顺便说说，这种情况在公社时期就已经有过。虽然蒲鲁东主义者在公社中有许多代表，可是根本不曾尝试过根据蒲鲁东的建议来清算旧社会或组织经济力量。恰恰相反，公社莫大的荣幸，就在于它的一切经济措施的"激励人心的灵魂"不是由什么原则，而是由简单的实际需要所构成。正因为如此，废除面包工人的夜工、禁止工厂罚款、没收停业工厂和作坊并将其交给工人协作社等这样一些措施，完全不合乎蒲鲁东的精神，而合乎德国科学社会主义的精神。蒲鲁东主义者所实行的唯一社会措施就是**拒绝**没收法兰西银行，而这是公社覆灭的部分原因。所谓布朗基主义者的情况也是一样。他们一旦尝试由纯政治革命家转变为提出一定纲领的社会主义工人派别——如那些流亡到伦敦的布朗基主义者在《国际和革命》①那篇宣言中表明的那样——，他们就不是宣告蒲鲁东的救世计划的"原则"，而是宣告，并且几乎是逐字逐句宣告德国科学社会主义的观点，即无产阶级必须采取政治行动，必须把实行无产阶级专政作为达到废除阶级并和阶级一起废除国家的过渡。这种观点在

---

① 爱·瓦扬《国际和革命。前国际总委员会委员、公社流亡者为海牙代表大会而作》1872 年伦敦版。——编者注

《共产主义宣言》①中已经申述过并且以后又重述过无数次。如果米尔柏格根据德国人不尊重蒲鲁东这一点作出结论说,德国人对于罗曼语地区的"直到巴黎公社"为止的运动缺乏理解,那么就请他为证明这个结论而说明一下,罗曼语著作中有哪一部在理解和描述公社方面哪怕近似于德国人马克思所写的《国际总委员会关于法兰西内战的宣言》②中所作的正确论述。

　　工人运动直接受蒲鲁东的"原则"影响的唯一国家就是比利时,正因为如此,比利时的工人运动才像黑格尔所说的那样"从无通过无到无"③。

　　如果说我认为罗曼语地区的工人20年来只是从蒲鲁东那里才直接或间接得到精神食粮是一种不幸,那么我认为这种不幸并不在于被米尔柏格称为"原则"的那套蒲鲁东改良药方占有完全虚构的统治地位,而是在于那里的工人对现存社会的经济批判受了完全谬误的蒲鲁东观点的传染,他们的政治活动也被蒲鲁东主义的影响败坏了。至于问到究竟是谁"更多地信奉革命",是"蒲鲁东主义化的罗曼语地区的工人",还是理解德国科学社会主义无论如何要比罗曼语地区的工人理解自己的蒲鲁东不知好多少倍的德国工人,那么我们只有知道了"**信奉**革命"是什么意思的时候,才能回答这个问题。我们曾经听说过有人"信奉基督教,信奉真正的信仰,承蒙上帝恩宠"等等。但是何谓"信奉"革命,即最具暴力的运动?难道"革命"是人们不得不信仰的恪守教义的宗

---

① 即《共产党宣言》。——编者注
② 指马克思《法兰西内战。国际工人协会总委员会宣言》,见本卷第75—131页。——编者注
③ 见黑格尔《逻辑学》第1部第2编,《黑格尔全集》第4卷1834年柏林版第15、75、145页。——编者注

教吗?

其次,米尔柏格责难我,说尽管他文章中说得清清楚楚,我却硬说他把住宅问题仅仅说成是有关工人的问题。

这一次,米尔柏格确实是对的。我把那个有关的地方忽略了。这种忽略是缺乏责任心的表现,因为这是最能表明他的论文的全部倾向性的地方之一。米尔柏格确实清清楚楚地说过:

"由于人们常常对我们提出**可笑**的责难,说我们推行**阶级政治**,力求实现**阶级统治**等等,因此我们首先要强调说:住宅问题并不是仅仅有关无产阶级的问题,**相反**,它同**真正的中间等级**,即小手工业者、小资产阶级、全体官僚**有极大的利害关系……** 住宅问题正是社会改革中的一点,这一点显然比其他任何一点都更能揭示出,**无产阶级的利益和社会中真正中间阶级的利益有绝对的内在同一性。**在租赁住房的沉重的桎梏下,各中间阶级所受的痛苦同无产阶级一样厉害,**也许还更厉害些……** 现在社会中各个真正中间阶级面临着一个问题,即它们是否……有力量……与朝气蓬勃、充满活力的工人政党结成联盟来参加社会改造过程,**而这种改造过程的好处将首先为他们所享有。**"

总之,朋友米尔柏格在这里证实了如下几点:

(1)"我们"不推行"阶级政治",也不力求实现"阶级统治"。可是,德国社会民主工党,正**因为**它是**工人政党**,所以必然推行"阶级政治",即工人阶级的政治。既然每个政党都力求取得在国家中的统治,所以德国社会民主工党就必然力求争得**自己的**统治,工人阶级的统治,即"阶级统治"。而且,**每个真正的无产阶级政党**,从英国宪章派[8]起,总是把阶级政治,把无产阶级组织成为独立政党当做首要条件,把无产阶级专政当做斗争的最近目的。米尔柏格既然宣称这是"可笑的",也就是自外于无产阶级运动,而投身小资产阶级社会主义之中了。

(2)住宅问题有一个优点,即它并不仅仅是有关工人的问题,而是"同小资产阶级有极大的利害关系",因为"真正中间阶级"由此所受的痛苦同无产阶级"一样厉害,也许还更厉害些"。谁要是宣称小资产阶级——哪怕仅仅在一个方面——所受的痛苦"比无产阶级也许还更厉害些",那么当人家把他归在小资产阶级社会主义者中间的时候,他就确实不能抱怨了。因此,当我说了下面这段话时,米尔柏格怎能有理由感到不快呢:

"工人阶级和其他阶级特别是和小资产阶级共同遭受的这种痛苦,是蒲鲁东也归属的那个小资产阶级社会主义尤其爱研究的问题。所以,我们德国的蒲鲁东主义者首先抓住我们已经说过的决非只是工人问题的住宅问题,这决不是偶然的。"①

(3)"社会中真正中间阶级"的利益同无产阶级的利益有"绝对的内在同一性",而且当前的社会改造过程的"好处将首先"正是为这些真正中间阶级所"享有",而不是为无产阶级所"享有"。

这样,工人进行当前的社会革命"首先"是为了小资产者的利益。其次,小资产者的利益同无产阶级的利益有"绝对的内在同一性"。既然小资产者的利益与工人的利益是内在地同一的,那么工人的利益也就与小资产者的利益是内在地同一的了。因此,小资产阶级的观点在运动中也就与无产阶级的观点同样合理了。而这种同等合理的说法,也就是人们所说的小资产阶级社会主义。

所以,当米尔柏格在自己的单行本的第 25 页上②把"小手工

---

① 参看本卷第 193—194 页。——编者注

② 1872 年 2 月初和 3 月初《人民国家报》上匿名登载了阿·米尔柏格的六篇文章并加了编辑部按语,后来这些文章印成了单行本。下面的引文引自阿·米尔柏格《住宅问题。社会问题简述。〈人民国家报〉论文专集》1872 年莱比锡版第 25 页。——编者注

业"颂扬为"社会的真正**支柱**"时,他也是前后完全一致的,"因为小手工业按其本质来说把三个要素,即劳动——获得——占有集于一身,并且还因为它把这三个要素集于一身时并不给个人发展能力设置任何限制";而且他特别责难现代工业破坏培养正常人的这一温床,并"把一个充满生命力而不断更新的**阶级**变成**一堆**不觉醒的、不知道把自己惶惑的目光投向何方的人"。可见,小资产者是米尔柏格心目中的模范人物,而小手工业是米尔柏格心目中的模范的生产方式。我把他列入小资产阶级社会主义者中间,难道是诬蔑了他吗?

既然米尔柏格拒绝为蒲鲁东承担任何责任,所以在这里就没有必要进一步说明,蒲鲁东的改革计划将怎样指向使社会一切成员都变成小资产者和小农这一目标。同样也没有必要去详谈小资产者利益和工人利益的所谓的同一性。要讲的话,都已经在《共产主义宣言》①中讲过了(1872年莱比锡版第12页和21页)②。

总之,我们研究所得的结果是:在"关于小资产者蒲鲁东的传说"之外,又出现了关于小资产者米尔柏格的真事。

二

现在我们来谈一个主要点。我曾指责米尔柏格的文章按照蒲鲁东的方式歪曲了经济关系,办法是把这种关系翻译成法律用语。我举出了米尔柏格的下列论点作为例子:

① 即《共产党宣言》。——编者注
② 见本选集第1卷第410—411、425—426页。——编者注

"房屋一旦建造起来,就成为获取一定部分的社会劳动的**永恒的权利根据**,尽管这房屋的实际价值早已以房租形式绰绰有余地偿付给房主了。**结果就是**:例如50年前建筑的一所房屋,在这段时期内,其原先的成本价格以房租收入的形式得到了两倍、三倍、五倍、十倍以至更多倍的补偿。"

于是米尔柏格发出了如下的怨言:

"这样**简单冷静地陈述事实**,竟促使恩格斯对我大施教诲,说我本来应该说明房屋**究竟怎样**成为'权利根据'的——可是这完全不在我的任务范围以内……　**描述**是一回事,**说明**则是另一回事。如果我随着蒲鲁东说社会的经济生活必定渗透着**法的观念**,那么这样一来,我就要把现代社会**描述**成一个即使不是缺乏任何法的观念,至少也是缺乏**革命的法的观念**的社会——这个事实就连恩格斯自己也是会承认的。"

我们首先来谈谈这所一旦建造起来的房屋吧。这所房屋出租以后,就以房租形式给建造人带来地租、修缮费以及他所投入的建筑资本的利息,包括建筑资本的利润在内。视情况的不同,陆续交付的租金总数可能达到原来的成本价格的两倍、三倍、五倍以至十倍。朋友米尔柏格,这就是"简单冷静地陈述"具有**经济**性质的"事实";如果我们想知道为什么"结果就是"这样的事实,我们就必须在经济方面进行研究。这样我们就得把这个事实更仔细地考察一番,以便连小孩也不会再发生误解。大家知道,出卖商品就是商品占有者交出商品的使用价值而取得它的交换价值。各种商品的使用价值所以各不相同,其中也在于消费它们所用的时间不同。一个圆面包一天就吃完了,一条裤子一年就穿破了,一所房屋依我看要100年才住得坏。因此,使用期限很长的商品就有可能每次按一定的期限零星出卖其使用价值,即**将使用价值出租**。因此,零星出卖只是逐渐地实现交换价值;卖主由于不把他预付的资本和由此应得的利润立刻收回,就要靠加价即收取利息来获得补偿,加价即利息的高低并不是任意决定的,而是由政治经济学的规律决定的。在100年终了之后，这所房屋就用坏了，消耗掉了，不能再住人了。如果我们这时候从所付的租金总额中扣去(1)地租，包括在此期间可能发生的提价，(2)日常修缮费用，结果我们就会发现，余数大致是由下列各项组成:(1)原先的房屋建筑资本，(2)建筑资本的利润，以及(3)逐渐收回的资本和利润的利息。的确，在这个期限终了之后，承租人并没有房屋，可是房屋所有者也没有房屋了。房屋所有者只有地皮(如果这是属于他的)及其上面的建筑材料，但这些材料已经不是房屋了。如果在此期间房屋的"原先的成本价格得到了五倍或十倍的补偿"，那么我们将看到，这全靠地租的加价;在像伦敦这样的地方，这对谁都不是什么秘密。在伦敦，土地所有者和房屋所有者多半是两个人。租金的这种大幅度的加价，发生在迅速发展的城市中，而决不是发生在建筑用地的地租几乎始终不变的乡下。大家知道，扣除地租的上涨部分以外，房主每年收入的房租平均不超出所投资本(包括利润在内)的7%，并且还得从中开销修缮费等等。一句话，租赁合同是一种最普通的商品交易，在理论上，它并不比其他任何交易对工人有利些或有害些，只有涉及劳动力买卖的场合是一个例外;在实践上，这个租赁合同是作为资产阶级千百种欺诈形式之一出现在工人面前的，关于这些欺诈形式我在单行本第4页[①]上已经讲过了，正如我在那里所指出的，这些欺诈形式也要经受某种经济上的调节。

相反，米尔柏格认为租赁合同无非是纯粹的"任意行为"(见他的单行本第19页)，而当我向他证明情形是相反的时候，他就抱怨说:我向他讲的"可惜完全都是他自己已经知道的东西"。

---

① 　见本卷第192—193页。——编者注

但是,对于房租的任何经济研究,都不会使我们把废除住房租赁制变为"革命思想母腹中产生的最富有成果的和最崇高的追求之一"。为了达到这一目标,我们必须把这个简单的事实从冷静的经济领域移到意识形态方面的高得多的法学领域中去。"房屋成为"房租的"永恒的权利根据"——"**结果就是**",房屋的价值以房租的形式得到两倍、三倍、五倍和十倍的补偿。要明白为什么"结果就是"这样的,"权利根据"对我们没有丝毫帮助;正因为这样,我说米尔柏格只有在研究了房屋如何成为权利根据之后,才能知道**为什么**"结果就是"这样。只有像我那样去研究房租的**经济**本质,而不是对统治阶级用来使房租合法化的法律术语表示愤慨,我们才能知道这点。谁要提议采取经济措施来废除房租,谁就有责任对房租多知道一些,而不能只说它是"承租人奉献给资本的永恒权利的贡赋"。对于这一点米尔柏格回答道:"描述是一回事,说明则是另一回事。"

这样一来,房屋虽然决不是永恒的,却被我们变成房租的永恒的权利根据了。不管"结果就是"怎样,我们总是发现,由于这种权利根据,房屋便以房租形式带来高于它的价值好几倍的收入。由于翻译成法律用语,我们便顺利地远远离开了经济领域,以至于我们只看到这样一个现象,即逐渐支付的房租的总额可能是一所房屋价值的好几倍。既然我们借助于法学来思想和谈话,我们对这个现象也只能用法的标准即公平的标准来衡量,并且发现这种现象是**不公平的**,是与"革命的法的观念"——不管这是一种什么东西——不相符合的,因而权利根据也就毫无用处了。其次,我们又发现,这一情况同样适用于生息资本和出租的耕地,因而我们就有理由把这几种财产从其他各种财产里划分出来,并且给以特别的处置。这种特别的处置要求:(1)剥夺所有者废除合同的权利,即剥夺他索回自己财产的权利;(2)把租借给承租人、债务人或租佃人的、而并不属于他的财物的用益权无偿地让渡给他;(3)用长期分批付款的方法向所有者进行清偿,此外不再付利息。这样一来,我们就从这个方面把蒲鲁东的"原则"说透了。这就是蒲鲁东的"社会清算"。

附带说说,显然,这整个改革计划几乎仅仅有利于小资产者和小农,它**巩固着**他们作为小资产者和小农的地位。因此,米尔柏格所说的那个传说中的"小资产者蒲鲁东"的形象在这里忽然获得了完全可以捉摸的历史存在。

米尔柏格继续写道:

> "如果我随着蒲鲁东说社会的经济生活必定渗透着**法的观念**,那么这样一来,我就要把现代社会**描述**成一个即使不是缺乏任何法的观念,至少也是缺乏革命的法的观念的社会——这个事实就连恩格斯自己也是会承认的。"

可惜我不可能使米尔柏格在这里得到满足。米尔柏格期望社会**必定**渗透着法的观念,并且把这叫做描述。如果法庭派一个法警来催促我偿还一笔债务,那么照米尔柏格看来,法庭所做的无非是把我**描述**为一个欠债未还的人!描述是一回事,要求则是另一回事。德国科学社会主义与蒲鲁东之间的本质区别正好就在这里。我们描述——而每一真实的描述,与米尔柏格的说法相反,同时也就是说明事物——经济状况,描述经济状况的现状和发展,并且严格地从经济学上来证明经济状况的这种发展同时就是社会革命各种因素的发展:一方面是被本身的生活状况必然引向社会革命的那个阶级即无产阶级的发展;另一方面是生产力的发展,生产力发展到越出资本主义社会范围就必然要把它炸毁,同时生产力又提供了为社会进步本身的利益而一举永远消灭阶级差别的手段。相反,蒲鲁东则要求现代社会不是依照本身经济发展的规律,而是依照公平的规范("法的**观念**"不是他的而是米尔柏格的东西)来改造自己。在我们提出证明的地方,蒲鲁东及其追随者米尔柏格却在进行**说教**和哀诉。

"革命的法的观念"究竟是一种什么东西,我根本无从猜测。诚然,蒲鲁东把"**革命**"变成一种体现和实现他的"公平"的神灵;同时他陷入一个不寻常的错误,把1789—1794年的资产阶级革命和未来的无产阶级革命混为一谈。他几乎在自己的一切著作中,尤其是1848年以后的著作中,都是这样做的;我只举1868年出版的《革命的总观念》**69**第39—40页作个例子。但是,既然米尔柏格拒绝为蒲鲁东承担任何责任,所以我就不能到蒲鲁东那里去寻求对"革命的法的观念"的说明,因而我就继续停留在埃及的黑暗①中。

米尔柏格接着说:

"但是,不论蒲鲁东也好,或者我也好,都不是诉诸于'永恒公平'以求**说明现存的不公平状态**,更不是像恩格斯强加于我的那样,期望诉诸于这个公平以求改善这种状态。"

米尔柏格想必以为"蒲鲁东在德国几乎完全不为人所知"吧。蒲鲁东在其一切著作中都用"公平"的标准来衡量一切社会的、法的、政治的、宗教的原理,他摒弃或承认这些原理是以它们是否符合他所谓的"公平"为依据的。在他的《经济矛盾》中,这个公平还被称为"永恒公平",justice éternelle。后来永恒性就不再提了,但实质上还是保存着。例如,在1858年出版的《论革命中和教会中的公平》这一著作中,下面的一段就反映了这整整三卷说教的内

---

① 意即极度的黑暗,语出《旧约全书·出埃及记》第10章。——编者注

容(第 1 卷第 42 页):

> "各社会中的基本原则,有机的、起调节作用的、至高无上的原则,支配其他一切原则的原则,统治、保护、压制、惩戒、在必要时甚至镇压一切叛乱因素的原则究竟是什么呢? 是宗教、理想、**利益**吗?…… 这个原则在我看来就是**公平**。公平是什么呢? 是**人类自身的本质**。从世界创始以来,它曾是什么呢? 是虚无。它应当是什么呢? 是一切。"

这个作为人类自身本质的公平,如果不是**永恒**公平,那又是什么呢? 这个作为各社会中有机的、起调节作用的、至高无上的基本原则的公平,这个至今依然是虚无但应当成为一切的公平,如果不是用来衡量一切人间事物的标准,不是在每一冲突下人们所诉诸的最高裁判官,那又是什么呢? 难道我不恰好说过,蒲鲁东在判断一切经济关系时不是依据经济规律,而只是依据这些经济关系是否符合他这个永恒公平的观念,以此来掩饰自己在经济学方面的无知和无能吗? 既然米尔柏格期望"现代社会生活中的一切变更……都必定渗透着**法的观念**,即到处都按照**严格的公平要求**来实行",那么他与蒲鲁东究竟有什么区别呢? 是我不会阅读呢,还是米尔柏格不会写作?

米尔柏格接着说:

> "蒲鲁东同马克思和恩格斯一样清楚地知道,人类社会的真正推动力是经济关系,而不是法的关系;他也知道,一个民族某一时代的法的观念只是经济关系,特别是生产关系的表现、反映和产物…… 总之,在蒲鲁东看来法是历史地生成的经济的产物。"

如果蒲鲁东"同马克思和恩格斯一样清楚地知道"这一切(我愿意不理会米尔柏格的含糊说法并对他的善良愿望信以为真),那么我们还争论什么呢? 但是问题在于,蒲鲁东知道的东西恰恰是另一回事。每一既定社会的经济关系首先表现为**利益**。而在刚才引证的蒲鲁东的主要著作中的那个地方，他明明白白地写着，"各社会中起调节作用的、有机的、至高无上的、支配其他一切原则的基本原则"，并不是**利益**，而是**公平**。而且他在他的一切著作的一切有决定意义的地方，都重复着这一点。但所有这一切都不妨碍米尔柏格继续说：

"……蒲鲁东在《战争与和平》一书中发挥得最透彻的经济上的法的观念，同拉萨尔在其《既得权利体系》①序言中叙述得极出色的基本思想完全一致。"

《战争与和平》也许是蒲鲁东的许多幼稚著作中最幼稚的一部，我没有料到这部著作竟会被援引来证明蒲鲁东似乎领会了德国的唯物史观。德国的唯物史观是以一定历史时期的物质经济生活条件来说明一切历史事件和观念，一切政治、哲学和宗教的。而蒲鲁东的书竟是这样缺少唯物主义，以致它不求助于**造物主**，就表达不出它的战争构想：

"但是，为我们选择了这个生活方式的造物主，有他自己的目的。"（1869年版第2卷第100页）

至于这本书究竟是依据着什么样的历史知识，这从它相信历史上存在过黄金时代这一点就可看出：

"起初，当人类还是稀稀疏疏地散布在地球上的时候，自然界毫不费劲地就满足了人类的需要。这曾是黄金时代，是丰足的升平时代。"（同上，第102页）

蒲鲁东的经济观点是最明显的马尔萨斯主义[15]观点：

---

① 斐·拉萨尔《既得权利体系。实在法和法哲学的调和》（两卷集）1861年莱比锡版。——编者注

"生产增加一倍,人口也立刻跟着增加一倍。"(第106页)

那么,这本书的唯物主义在什么地方呢?就在于它断言战争的原因向来一直是而且始终还是"赤贫"(例如,第143页)。当布雷西希大叔在1848年的演说中冷静地发表"大贫穷的原因就是大贫穷"的宏论时,他也是一个可笑的唯物主义者。

拉萨尔的《既得权利体系》一书不仅围于法学家的种种幻想,而且还围于老年黑格尔派的种种幻想。拉萨尔在第VII页上明确地宣称:"在**经济方面**,既得权利概念也是推动一切继续向前发展的喷泉";他想证明:"权利是一个**从自身内部**〈这就是说不是从经济的先决条件中〉发展出来的合理的机体"(第XI页);在拉萨尔看来,问题是要证明权利不是起源于经济关系,而是起源于"意志概念本身,而法哲学不过是对这种概念的阐发和叙述"(第XII页)。那么这部书在这里又有什么用呢?蒲鲁东和拉萨尔的差别只在于,拉萨尔是一个真正的法学家和黑格尔主义者,而蒲鲁东在法学和哲学方面,也如在其他一切方面一样,不过是一个门外汉。

我知道得很清楚:以经常自相矛盾而著称的蒲鲁东,有时也发表一些言论,表明他似乎是用事实来说明观念的。但是,这些言论对他的一贯思想倾向来说是毫不足道的,何况这些言论即使有也是极其混乱和自相矛盾的。

在社会发展的某个很早的阶段,产生了这样一种需要:把每天重复着的产品生产、分配和交换用一个共同规则约束起来,借以使个人服从生产和交换的共同条件。这个规则首先表现为习惯,不久便成了**法律**。随着法律的产生,就必然产生出以维护法律为职责的机关——公共权力,即国家。随着社会的进一步的发展,法律进一步发展为或多或少广泛的立法。这种立法越复杂,它的表现方式也就越远离社会日常经济生活条件所借以表现的方式。立法就显得好像是一个独立的因素,这个因素似乎不是从经济关系中,而是从自身的内在根据中,可以说,从"意志概念"中,获得它存在的理由和继续发展的根据。人们忘记他们的法起源于他们的经济生活条件,正如他们忘记他们自己起源于动物界一样。随着立法进一步发展为复杂和广泛的整体,出现了新的社会分工的必要性:一个职业法学家阶层形成了,同时也就产生了法学。法学在其进一步发展中把各民族和各时代的法的体系互相加以比较,不是把它们视为相应经济关系的反映,而是把它们视为自身包含自我根据的体系。比较是以共同点为前提的:法学家把所有这些法的体系中的多少相同的东西统称为**自然法**,这样便有了共同点。而衡量什么算自然法和什么不算自然法的尺度,则是法本身的最抽象的表现,即**公平**。于是,从此以后,在法学家和盲目相信他们的人们眼中,法的发展就只不过是使获得法的表现的人类生活状态一再接近于公平理想,即接近于永恒公平。而这个公平则始终只是现存经济关系的或者反映其保守方面,或者反映其革命方面的观念化的神圣化的表现。希腊人和罗马人的公平认为奴隶制度是公平的;1789年资产者的公平要求废除封建制度,因为据说它不公平。在普鲁士的容克看来,甚至可怜的专区法**44**也是对永恒公平的破坏。所以,关于永恒公平的观念不仅因时因地而变,甚至也因人而异,这种东西正如米尔柏格正确说过的那样,"一个人有一个人的理解"。在日常生活中,需要加以判断的各种情况很简单,公正、不公正、公平、法理感这一类说法甚至应用于社会事物也不致引起什么误会,可是在经济关系方面的科学研究中,如我们所看到的,这些说法却会造成一种不可救药的混乱,就好像在现代化学中试图保留燃素说的术语会引起混乱一样。如果人们像蒲鲁东那样相信这种社会燃素即所谓"公平",或者像米尔柏格那样硬说燃素①同氧气一样是十分确实的,这种混乱还会更加厉害。

三

再往下,米尔柏格抱怨我把他的如下一段"激昂的"议论叫做反动的耶利米哀歌:

"在大城市中,百分之九十以至更多的居民都没有可以称为私产的住所,这个事实对于我们这个备受赞扬的世纪的全部文明的嘲弄是再可怕不过的了。"

的确,如果米尔柏格像他自己硬说的那样,只是局限于描述"现时代的惨状",我当然就不会说坏话来评论"他和他的朴素的文章"了。但是他做的完全是另外一回事。他把这些"惨状"描述为工人**"没有可以称为私产的住所"**的结果。不论把"现时代的惨状"说成是废除工人的房屋所有权的结果,还是如容克们所说的那样把这说成是废除封建制度和行会的结果——在这两种场合,这种抱怨都只能是反动的耶利米哀歌,只能是目睹不可避免的东

① 恩格斯在这里加了一个注:"在发现氧气以前,化学家们为了说明物体在空气中燃烧的原因曾假定存在着一种特别的燃烧物质,即在燃烧时消散的燃素。因为他们发现简单的物体在燃烧后比燃烧前重,他们就说燃素是具有负重量的,所以物体不含燃素时就比含有燃素时重些。这样人们便把氧气所具有的一切主要特性逐渐加在燃素身上,可是一切都**被颠倒**了。当人们发现燃烧就是燃烧的物体与另一种物体即氧气相化合并且已提取出纯氧的时候,就把——然而也还是经过守旧化学家的长期抗拒之后——这种假说打破了。"——编者注

西、历史上必然的东西的突然袭来而发出的悲歌。反动性就在于
米尔柏格想恢复工人对房屋的个人所有权，即恢复早已被历史消
灭了的东西；就在于他所能设想的工人解放无非是使每个工人重
新成为自己住房的所有者。往下他又写道：

　　"我要最明确地声明，真正的斗争是针对资本主义生产方式的，只有从
资本主义生产方式的变革出发，才能期望住房状况得到改善。恩格斯丝毫看
不出这一点……　我把社会问题的充分解决当做采取赎买出租住房办法的
前提。"

　　可惜我至今还丝毫看不出这一点。我当然无法知道我甚至连
其名字也不知道的一个人在其头脑中一个秘密角落里把什么东西
看做前提。我只能以米尔柏格发表出来的论文为根据。而在那里
我直到现在还看见（单行本第 15 和 16 页上），为了着手赎买出租
住房，米尔柏格所设定的前提不过是……租赁住房。只有在第 17
页上他才"把资本的生产性的双角抓住而予以制服"，关于这点我
们回头还要谈到。他甚至在替自己辩解的文章中也证实了这一
点，他说：

　　"问题倒是应当说明，**从现有情况出发**，怎样才能实行住宅问题方面的
完全变革。"

　　"从现有情况出发"与"从资本主义生产方式的变革〈应当说
废除〉出发"——这是两个完全对立的东西啊。

　　米尔柏格抱怨我把多尔富斯先生和其他厂主帮助工人购置自
有房屋的慈善之举看做实际实现他的蒲鲁东主义计划的唯一可能
的方法，这是毫不足怪的。如果米尔柏格懂得蒲鲁东的救世计划
是一种完全在**资产阶级**社会的土地上驰骋的幻想，那他自然就不
会相信这个计划了。我在任何时候和任何地方都没有怀疑过他的

善良的愿望。但是,雷绍埃尔博士向维也纳市政委员会提议仿效多尔富斯的计划,他究竟为什么要加以称赞呢?

接着米尔柏格又宣称:

"至于单就城乡对立而言,那么想把它消灭是一种空想。这种对立是自然的,更确切些说,是历史上形成的…… 问题不在于**消灭**这种对立,而是在于去发现可以使这种对立成为**无害**甚至**有利**的那些政治和社会形式。这样才可望达成和平的调整,达到各种利益的逐渐的均衡。"

总之,消灭城乡对立是一种空想,**因为**这种对立是自然的,更确切些说,是历史上形成的。我们且把这个逻辑应用到现代社会的其他对立物上面,看一看我们会走到什么地方去。例如:

"至于单就"资本家与雇佣工人的"对立而言","那么想把它消灭是一种空想。这种对立是自然的,更确切些说,是历史上形成的。问题不在于**消灭**这种对立,而是在于去发现可以使这种对立成为**无害**甚至**有利**的那些政治和社会形式。这样才可望达成和平的调整,达到各种利益的逐渐的均衡"。

这样一来,我们又走到舒尔采-德里奇那里去了。

消灭城乡对立不是空想,不多不少正像消除资本家与雇佣工人的对立不是空想一样。消灭这种对立日益成为工业生产和农业生产的实际要求。李比希在他论农业化学的著作①中比任何人都更坚决地要求这样做,他在这些著作中一贯坚持的第一个要求就是人应当把取自土地的东西还给土地,并证明说城市特别是大城市的存在只能阻碍这一点的实现。当你看到仅仅伦敦一地每日都要花很大费用,才能把比全萨克森王国所排出的还要多的粪便倾抛到

---

① 尤·李比希《化学在农业和生理学中的应用》(两卷集)1862年不伦瑞克第7版第1卷。——编者注

海里去,当你看到必须有多么庞大的设施才能使这些粪便不致毒害伦敦全城,那么消灭城乡对立的这个空想便有了值得注意的实际基础。甚至较小的柏林在自己的秽气中喘息至少也有30年了。另一方面,像蒲鲁东那样想变革现代的资产阶级社会而同时又保留农民本身,才真是十足的空想。只有使人口尽可能地平均分布于全国,只有使工业生产和农业生产发生紧密的联系,并适应这一要求使交通工具也扩充起来——同时这要以废除资本主义生产方式为前提——才能使农村人口从他们数千年来几乎一成不变地在其中受煎熬的那种与世隔绝的和愚昧无知的状态中挣脱出来。断定人们只有在消除城乡对立后才能从他们以往历史所铸造的枷锁中完全解放出来,这完全不是空想;当有人硬要"从现有情况出发"预先规定一种据说可用来消除现存社会中这种或其他任何一种对立的**形式**时,那才是空想。米尔柏格采用蒲鲁东的公式来解决住宅问题时,就是在这样做。

　　其次,我说过米尔柏格对"蒲鲁东关于资本和利息的闻所未闻的见解"也要负一定的责任,对此他抱怨不已,并且宣称:

　　"我是假定生产关系的改变**是既定的**,而调节利率的过渡性法律并不涉及生产关系,而是涉及社会交易即流通关系…… 生产关系的变更,或者如德国学派更精确地说的,资本主义生产方式的废除,当然不是如恩格斯**所强加于我的**那样,有了取消利息的过渡性法律就会发生,而是只有劳动人民**实际占有全部劳动工具**,拥有全部工业后才会发生。至于劳动人民在这里将热衷于〈!〉赎买还是热衷于立即没收,这一点既不是恩格斯也不是我所能决定的。"

　　我惊愕地把眼睛揉了一揉。我把米尔柏格的文章再从头到尾读了一遍,想找出他究竟在哪个地方说过,他提出的赎买出租住房是以"劳动人民实际占有全部劳动工具,拥有全部工业"为前提的。我没有找到这样的地方。它并不存在。任何地方都没有谈到

"实际占有"等等。不过在第 17 页上却说过：

> "我们假定，资本的生产性**真正被抓住双角而予以制服**，而这是迟早总会发生的，例如**通过一项过渡性法律就可加以制服**。这项法律把一切资本利率规定为一厘，并且请注意，这里还有这样一种趋势，即这一厘利率还要逐渐接近于零……　自然，房屋以及住房，也同其他一切产品一样，都要纳入这种法律的范围……　因此，我们从这一方面可以看到，赎买出租住房**是根本消灭资本的生产性的必然后果**。"

可见，与米尔柏格最近的转变完全相反。这里是毫不含糊地说，资本的生产性——他这个混乱的说法连他自己也承认指的就是资本主义生产方式——确实是可以通过废除利息的法律"被抓住双角而予以制服"的，并且正是由于有这个法律，"赎买出租住房是根本消灭资本的生产性的必然后果"。现在米尔柏格却说，绝对不是这样。这个过渡性法律"并不涉及**生产**关系，而是涉及**流通关系**"。碰到这种如歌德所说的"智者和傻瓜同样都感到神秘莫测的"①十足的矛盾，我就只好假设我是在和两个不同的米尔柏格打交道：一个米尔柏格理直气壮地抱怨我把另一个米尔柏格发表的东西"强加"于他。

至于说劳动人民既不会向我也不会向米尔柏格请教在实际占有时他们应"热衷于赎买还是热衷于立即没收"，那是千真万确的。最可能的是，劳动人民宁愿什么也不"热衷"。但是，劳动人民实际占有全部劳动工具的问题根本就没有涉及过，而涉及到的只是米尔柏格的如下论断（第 17 页）："解决住宅问题的全部内容包括在**赎买**这个词中。"既然他现在承认这种赎买是极成

---

① 这里套用了歌德《浮士德》第 1 部第 6 场《魔女之厨》里靡菲斯特斐勒司的话。——编者注

问题的,那么为什么还要给我们两人和读者们增添不必要的麻烦呢?

不过,必须指出,由劳动人民"实际占有"全部劳动工具和拥有全部工业,是同蒲鲁东主义的"赎买"完全相反的。如果采用后一种办法,**单个劳动者**将成为住房、农民田园、劳动工具的所有者;如果采用前一种办法,则"劳动人民"将成为房屋、工厂和劳动工具的总所有者。这些房屋、工厂和劳动工具的用益权,至少在过渡时期难以无偿地转让给个人或团体。同样,消灭地产并不是消灭地租,而是把地租——虽然形式发生变化——转交给社会。所以,由劳动人民实际占有全部劳动工具,决不排除保存租赁关系。

一般说来,问题并不在于,无产阶级取得政权后是去简单地运用暴力占有生产工具、原料和生活资料,还是为此立即给以补偿,或者是通过缓慢的分期付款办法赎买这些东西的所有权。试图预先面面俱到地回答这个问题,那就是制造空想,这种事情我留给别人去做。

四

我不得不花费这样多的笔墨纸张,才穿过了米尔柏格的重重借口和遁词,终于触到米尔柏格在替自己辩解的文章中小心翼翼避免涉及的问题。

米尔柏格在自己的文章中说了些什么肯定意见呢?

第一,"房屋、建筑用地皮等等原来的成本价格同其现今价值间的差额",照理应该属于社会。用经济学术语来说,这种差额就是地租。蒲鲁东也想把地租交归社会,这一点我们在他的《革命的总观念》1868 年版第 219 页中可以读到。

第二,住宅问题的解决就是要使每个人都成为自己住房的所有者,而不再是承租者。

第三,实行这种解决办法,就得通过一项法律把支付房租变为分期支付住房的买价。——第二第三这两点都是从蒲鲁东那里抄袭来的,每个人都能在《革命的总观念》第 199 页及以下几页中看出这一点,而且那本书第 203 页甚至还载有已经编纂好了的有关法律的草案。

第四,通过一种过渡性法律把资本的生产性的双角抓住而予以制服,根据这种法律先把利率降低到一厘,预计以后还要继续降低。这同样是从蒲鲁东那里抄袭来的,在《总观念》第 182—186 页中可以详细地读到这一点。

在这几点中的每一点,我都引证了米尔柏格的抄袭品所依据的蒲鲁东原书的有关段落。现在我要问:我是否有权把一篇彻头彻尾蒲鲁东主义的和除了蒲鲁东主义观点外一无所有的文章的作者,称为蒲鲁东主义者?但是米尔柏格最抱怨我的,就是我一"碰见蒲鲁东所特有的某些**说法**"就称他为蒲鲁东主义者。恰恰相反。一切"**说法**"都是米尔柏格的,**内容**则是蒲鲁东的。而当我随后用蒲鲁东的话来补充蒲鲁东主义者的论文时,米尔柏格就埋怨说我把蒲鲁东的"闻所未闻的见解"硬加到他头上了!

那么我对这个蒲鲁东主义计划提出了什么反驳意见呢?

第一,把地租转交给国家,就等于消灭个人地产。

第二,赎买出租住房并把住房所有权转交给原来的承租人,根本不能触动资本主义生产方式。

第三,在大工业和城市的当前发展情况下提议这样做是既荒谬又反动的;重新实行各个人对自己住房的个人所有权,是一种退步。

第四,强制降低资本利息,丝毫也不会侵犯资本主义生产方式;相反,如反高利贷的法律所证明的,这是既陈旧又行不通的。

第五,房屋的租金决不会随着资本利息的消灭而消灭。

对于第二点和第四点,米尔柏格现在已经表示同意了。对于其余各点,他无一字反驳。而这恰好是争论中涉及到的几点。但是,米尔柏格的辩解并不是反驳;他小心地回避了一切正好具有决定意义的经济学方面的问题;这个辩解只不过是针对个人的怨言罢了。例如,我曾预见并谈到他对其他问题如国债、私人债务、信用问题所预告的解决办法,并且指出他的这些解决办法将到处都是一个样子,即像解决住宅问题那样:废除利息,把支付利息转变为分期清偿资本额,实行无息信贷。对此,他大肆抱怨。尽管如此,我现在仍愿意打赌:如果米尔柏格的这些文章能够出世,它们的基本内容将与蒲鲁东的《总观念》(信用——第 182 页,国债——第 186 页,私人债务——第 196 页)相一致,正如他的关于住宅问题的文章与我从同一书中引证的各段相一致一样。

米尔柏格就此开导我说,这些问题,即税收、国债、私人债务和信用问题,加上公社自治问题,对于农民和乡村宣传都极其重要。我对于这点大体上同意,但是,(1)直到现在并没有谈到过农民;(2)蒲鲁东对于这些问题的"解决"也如他对于住宅问题的解决一样,在经济学上是荒谬的,并且在实质上是资产阶级的。米尔柏格暗示说我没有看到吸引农民参加运动的必要性,对于这一点**我**无须为自己辩白。但是,为此目的而向农民推荐蒲鲁东的江湖医术,我总认为是蠢事。德国还存在很多大地产。按照蒲鲁东的理论,所有这些大地产都应该分割成为小农户,这种办法在今日的农业科学状况下,并且有了法国和德国西部推行小地产的经验之后,简直就是一种反动的东西。相反,现存的大地产将给我们提供一个良好的机会,让联合的劳动者来经营大规模的农业,只有在这种巨大规模下,才能应用一切现代工具、机器等等,从而使小农明显地看到通过联合进行大规模经营的优越性。在这方面走在所有其他社会主义者前面的丹麦社会主义者,早已认清这一点了。**197**

至于责备我似乎把现代悲惨的工人住房状况看做"没有什么意义的琐事",我也同样无须为自己辩白。据我所知,我是第一个用德文对这种状况的英国的典型发展形式作出描述的人,我这样做并不是像米尔柏格所说的那样是因为这些东西"打击了我的**法理感**"——谁要是想把一切打击自己的法理感的事情都写成著作,那真是不胜劳碌了——,而是因为,如我在这本书的序言①中所指出的,是想通过描写现代大工业所造成的社会状态来给当时正在产生的、一味在空话中盲目兜圈子的德国社会主义提供一个事实的基础。但是,我的确丝毫没有想到要解决所谓住宅**问题**,正如我并没有去研究更为重要的**食物问题**的解决办法的细节一样。如果我能证明我们现代社会的生产足以使社会一切成员都吃得饱,并且证明现有的房屋足以暂时供给劳动群众以宽敞和合乎卫生的住所,那么我就已经很满意了。至于苦思冥想未来的社会将怎样调节食品和住房的分配——这就是直接陷入**空想**。根据对以前各种生产方式的基本条件的认识,我们顶多只能断定:随着资本主义生产的倾覆,以往社会的一定占有形式就将成为不可能的了。甚至过渡的措施也是到处都必须适应当时存在的情况;这些措施在小地产国家里和在大地产国家里将大不相同,等等。企图单

---

① 见本选集第 1 卷第 84—86 页。——编者注

独解决像住宅问题之类的所谓实际问题会得到什么结果,米尔柏格本身的例子就是最好的证明,他首先用了 28 页的篇幅来详细说明"解决住宅问题的全部内容包括在**赎买**这个词中",后来他被逼得走投无路时,就狼狈地支吾说,在实际占有房屋时"劳动人民将热衷于赎买"还是其他某种剥夺方式,确实还是很难确定的。

米尔柏格要我们**实际些**,要我们"面对现实的实际状况"不要"仅仅提出死板的抽象的公式";要我们"脱离抽象的社会主义,接近**一定的具体的社会状况**"。如果米尔柏格自己这样做了,那他也许对运动会有很大功劳的。接近一定的具体的社会状况的第一步就是要认识这些状况,根据它们的实际的经济联系来考察它们。但是我们在米尔柏格那里看到的又是什么呢? 看到了两个完整的论点,即:

(1)"承租人对房主的关系,完全和雇佣工人对资本家的关系一样。"

我在单行本第 6 页①中已经证明,这种看法是完全不对的,而米尔柏格对此则根本无言可驳。

(2)"必须〈在进行社会改革时〉抓住双角而予以制服的那头牡牛,就是国民经济学自由主义学派所谓的**资本的生产性**,这个东西实际上并不存在,**但是它却以其假想的存在来掩盖压在现代社会身上的一切不平等现象**。"

可见,必须抓住双角而予以制服的那头牡牛"**实际上并不**"存在,因而也就没有"双角"可抓。祸害并不在于它本身,而是在于它的**假想的存在**。虽然如此,"所谓的〈资本的〉生产性却能从土地中变出房屋和城市",而这些东西的存在决不是"假想的"(第

---

① 　见本卷第 194—195 页。——编者注

12 页）。一个虽然"也很熟悉"马克思的《资本论》，但对资本和劳动之间的关系却这样不可救药地胡言乱语的人，竟然要向德国工人指明一条新的更好的道路，并且还自命为"至少大体明了未来社会建筑结构的建筑师"呢！

没有人比马克思在《资本论》中更加"接近一定的具体的社会状况"了。他用了25年工夫来从各方面研究社会状况，而且他的批判工作的结果总是包含有一些现今一般可能实现的所谓解决办法的萌芽。但是朋友米尔柏格不满足于此。这都是抽象的社会主义，死板的抽象的公式。朋友米尔柏格不去研究"一定的具体的社会状况"，却满足于阅读蒲鲁东的几卷著作，这几卷东西在关于一定的具体的社会状况方面虽然没有给他提供任何东西，可是却给他提供了消除一切社会祸害的明确具体的神奇药方。米尔柏格于是把这个现成的救世计划，把这个蒲鲁东**体系**奉送给德国工人，借口是：**他**本想"对**体系**说声再见"，而据说我却"选择了相反的道路"！要弄通这一点，我就只得假定我是瞎子，米尔柏格是聋子，我们彼此根本无法沟通。

够了。这场论战即使没有任何其他的用处，无论如何总有一个好处：它表明了这些自命为"实际的"社会主义者们的实践究竟是怎么一回事。这些消除一切社会祸害的实际建议，这些社会的万应灵丹，到处都总是由那些宗派鼻祖们炮制出来，而这些人总是出现在无产阶级运动还处于幼年期的时代。蒲鲁东也是其中之一。无产阶级的发展很快就把这些褴褛扔在一边，并在工人阶级本身中产生一种认识：再没有什么东西比这些预先虚构出来的面面俱到的"实际解决办法"更不切实际的了，相反，实际的社会主义则是对资本主义生产方式各个方面的一种正确的认识。对于具有这种认识的工人阶级说来，要知道在每个具体场合下应该反对哪些社会制度并以何种方式发动主要攻击，这是**永远不会**有困难的。

弗·恩格斯写于 1872 年 5—12 月

载于 1872 年 6 月 26 和 29 日,7 月 3 日,12 月 25 和 28 日《人民国家报》第 51、52、53、103 和 104 号;1873 年 1 月 4 和 8 日,2 月 8、12、19 和 22 日《人民国家报》第 2、3、12、13、15 和 16 号

原文是德文

选自《马克思恩格斯文集》第 3 卷第 250—334 页

弗·恩格斯

论 权 威[198]

　　有些社会主义者近来开始了一次真正的十字军征讨[13]，来反对他们称之为**权威原则**的东西。他们要想给这种或那种行为定罪，只要把它们说成是**权威的**就行了。[199]这种简单化的方法竟被滥用到这种地步，迫使我们不得不较详细地考察一下。这里所说的权威，是指把别人的意志强加于我们；另一方面，权威又是以服从为前提的。但是，既然这两种说法都不好听，而它们所表现的关系又使服从的一方感到难堪，于是就产生了一个问题：是不是就没有以另外方式行事的办法呢，我们能不能——在现代的社会关系下——创造出另一种社会状态来，使这种权威成为没有意义的东西而归于消失呢。我们只要考察一下作为现代资产阶级社会基础的那些经济关系，即工业关系和农业关系，就会发现，它们有一种使各个孤立的活动越来越为人们的联合活动所代替的趋势。代替各个孤立的生产者的小作坊的，是拥有庞大工厂的现代工业，在这种工厂中有数百个工人照管着由蒸汽推动的复杂机器；大路上的客运马车和货运马车已被铁路上的火车所代替，小型划桨船和帆船已被轮船所代替。甚至在农业中，机器和蒸汽也越来越占统治地位，它们正缓慢地但却一贯地使那些靠雇佣工人耕作大片土地的大资本家来代替小自耕农。联合活动、互相依赖的工作过程的错综复杂化，正在到处取代各个人的独立活动。但是，联合活动就是组织起来，而没有权威能够组织起来吗？

我们假定，社会革命推翻了现在以自己的权威支配财富的生产和流通的资本家。我们再完全按照反权威主义者的观点来假定，土地和劳动工具都成了那些使用它们的工人的集体财产。在这种情况下，权威将会消失呢，还是只会改变自己的形式？我们就来看一看。

就拿棉纺厂作例子吧。棉花至少要经过六道连续工序才会成为棉纱，并且这些工序大部分是在不同的车间进行的。其次，为了使机器不断运转，就需要工程师照管蒸汽机，需要机械师进行日常检修，需要许多粗工把产品由一个车间搬到另一个车间等等。所有这些劳动者——男人、女人和儿童——都被迫按照那根本不管什么个人自治的蒸汽权威所确定的钟点开始和停止工作。所以，劳动者们首先必须就工作时间取得一致；而工作时间一经确定，大家就要毫无例外地一律遵守。其次，在每个车间里，时时都会发生有关生产过程、材料分配等的细节问题，要求马上解决，否则整个生产就会立刻停顿下来。不管这些问题是怎样解决的，是根据领导各劳动部门的代表的决定来解决的呢，还是在可能情况下用多数表决的办法来解决，个别人的意志总是要表示服从，这就是说，问题是靠权威来解决的。大工厂里的自动机器，比雇用工人的任何小资本家要专制得多。至少就工作时间而言，可以在这些工厂的大门上写上这样一句话：**进门者请放弃一切自治！**① 如果说人

---

① 这里套用了但丁《神曲》中《地狱篇》第 3 篇第 3 节地狱大门上的题词。——编者注

靠科学和创造性天才征服了自然力,那么自然力也对人进行报复,按人利用自然力的程度使人服从一种真正的专制,而不管社会组织怎样。想消灭大工业中的权威,就等于想消灭工业本身,即想消灭蒸汽纺纱机而恢复手纺车。

再拿铁路作例子。这里,无数人的协作也是绝对必要的;为了避免不幸事故,这种协作必须依照准确规定的时间来进行。在这里,运转的首要条件也是要有一个能处理一切所管辖问题的起支配作用的意志,不论体现这个意志的是一个代表,还是一个受托执行有关的大多数人的决议的委员会,都是一样。不论在哪一种场合,都要碰到一个显而易见的权威。不仅如此,假如铁路员工对乘客先生们的权威被取消了,那么,随后开出的列车会发生什么事情呢?

但是,能最清楚地说明需要权威,而且是需要专断的权威的,要算是在汪洋大海上航行的船了。那里,在危急关头,大家的生命能否得救,就要看所有的人能否立即绝对服从一个人的意志。

如果我拿这种论据来反对最顽固的反权威主义者,那他们就只能给我如下的回答:"是的! 这是对的,但是这里所说的并不是我们赋予我们的代表以某种权威,**而是某种委托**。"这些先生以为,只要改变一下某一事物的名称,就可以改变这一事物本身。这些深奥的思想家,简直是拿世界开玩笑。

这样,我们看到,一方面是一定的权威,不管它是怎样形成的,另一方面是一定的服从,这两者都是我们不得不接受的,而不管社会组织以及生产和产品流通赖以进行的物质条件是怎样的。

另一方面,我们也看到,生产和流通的物质条件,不可避免地随着大工业和大农业的发展而扩展起来,并且趋向于日益扩大这种权威的范围。所以,把权威原则说成是绝对坏的东西,而把自治原则说成是绝对好的东西,这是荒谬的。权威与自治是相对的东西,它们的应用范围是随着社会发展阶段的不同而改变的。如果自治论者仅仅是想说,未来的社会组织将只在生产条件所必然要求的限度内允许权威存在,那也许还可以同他们说得通。但是,他们闭眼不看使权威成为必要的种种事实,只是拼命反对字眼。

为什么反权威主义者不只限于高喊反对政治权威,反对国家呢? 所有的社会主义者都认为,政治国家以及政治权威将由于未来的社会革命而消失,这就是说,公共职能将失去其政治性质,而变为维护真正社会利益的简单的管理职能。但是,反权威主义者却要求在产生权威的政治国家的各种社会条件消除以前,一举把权威的政治国家废除。他们要求把废除权威作为社会革命的第一个行动。这些先生见过革命没有? 革命无疑是天下最权威的东西。革命就是一部分人用枪杆、刺刀、大炮,即用非常权威的手段强迫另一部分人接受自己的意志。获得胜利的政党如果不愿意失去自己努力争得的成果,就必须凭借它以武器对反动派造成的恐惧,来维持自己的统治。要是巴黎公社面对资产者没有运用武装人民这个权威,它能支持哪怕一天吗? 反过来说,难道我们没有理由责备公社把这个权威用得太少了吗?

总之,二者必居其一。或者是反权威主义者自己不知所云,如果是这样,那他们只是在散布糊涂观念;或者他们是知道的,如果是这样,那他们就背叛了无产阶级运动。在这两种情况下,他们都只是为反动派效劳。

弗·恩格斯写于 1872 年 10 月—1873 年 3 月

载于 1873 年 12 月出版的《共和国年鉴》1874 年卷

原文是法文

选自《马克思恩格斯文集》第 3 卷第 335—338 页

卡·马克思

政治冷淡主义²⁰⁰

"工人阶级不应该组织成为政党;他们不应该以任何借口从事某种政治活动,因为同国家进行斗争就是承认国家,而这是同永恒原则相抵触的!工人不应该举行罢工,因为浪费力量去争取提高工资或者阻止工资下降,就是承认**雇佣劳动制度**,而这是同解放工人阶级的永恒原则相抵触的!

"如果工人在反对资产阶级国家的政治斗争中只能争得一些让步,那就是在实行妥协;而这是同永恒原则相抵触的。因此,应该谴责一切温和的运动,如英美工人由于坏习惯而从事的那种运动。工人不应该努力争取从法律上限制工作日,因为这样做就是同企业主进行妥协,使企业主仍能对他们进行 10 小时或 12 小时的剥削以代替 14 小时或者 16 小时的剥削。工人也不应该努力争取从法律上禁止 10 岁以下的女童参加工厂劳动,因为这并不能消灭对 10 岁以下的男童的剥削:工人这样做只不过是实行一种新妥协,破坏了永恒原则的纯洁性!

"工人更不应该要求靠勒索工人阶级来编制**预算**的国家去负责对工人子弟进行初等教育,就像在美利坚合众国那样,因为初等教育还不是完全的教育。男女工人即使不会读、不会写、不

278

会算,也要比上国立学校教师的课好些。即使无知和每天 16 小时的劳动使工人阶级变得麻木不仁,也比违反永恒原则要好得多!

"如果工人阶级的政治斗争采取暴力的形式,如果工人建立起自己的革命专政来代替资产阶级专政,那他们就犯了违反原则的滔天大罪,因为工人为了满足自己低微的平凡的日常需要,为了粉碎资产阶级的反抗,竟不放下武器,不废除国家,而赋予国家以一种革命的暂时的形式。工人不应该建立各行各业的单独的工会,因为这样会使资产阶级社会中存在的社会分工永世长存,而正是这种导致工人分裂的分工构成了他们当前受奴役的真正基础。

"总之,工人应该袖手旁观,不把自己的时间浪费在政治运动和经济运动上面。所有这些运动只会给他们带来直接的成果。他们应该像真正的教徒那样,恬淡寡欲,虔诚地高呼:'宁愿让我们的阶级被钉在十字架上,宁愿让我们的种族灭亡,也要保持永恒原则的洁白无瑕!'工人应该像虔诚的基督徒那样,相信牧师的话:抛弃一切尘世的幸福,一心一意渴求升入天堂。只要你们把有朝一日在世上某个角落发生的、不知道用什么方法和由什么人来实现的**社会清算**当做天堂,就会出现完全相同的幻境。

"在等待这个美好的社会清算时,工人阶级应该像一群饱食的绵羊那样,温顺有礼,不去打扰政府,惧怕警察,尊重法律,毫无怨言地充当炮灰。

"在日常的实际生活中,工人应该成为国家的最忠顺的奴仆,但是在内心中他们应该坚决反对国家的存在,并通过购买和阅读有关消灭国家的文献来证明自己在理论上对国家的极端蔑视;他们应该当心,只能围绕没有可恶的资本主义制度存在的未来社会空发议论,此外千万不要对资本主义制度进行任何反抗!"

毫无疑问，如果这些政治冷淡主义的圣徒们说得这样露骨，那么工人阶级就要叫他们滚蛋；工人阶级会把这看做资产阶级空论家和腐化堕落的贵族对他们的侮辱。这些人是如此愚蠢，或者说，如此幼稚，竟然禁止工人阶级使用一切现实的斗争手段，因为这种斗争手段必须从现代社会中索取，因为这个斗争的不可避免的条件可惜并不符合这些**社会科学**博士们在**自由**、**自治**、**无政府状态**的名义下加以神化的唯心主义幻想。然而工人阶级的运动现在已经十分强大，这些慈善的宗派主义者在经济斗争方面已经不敢再重复他们在政治斗争方面所不断宣扬的那些**伟大真理**。他们过于胆怯，不敢把这些真理应用到罢工、同盟、工会、关于女工和童工的法律、关于限制工作日的法律等等方面去。

我们现在就来看一看，他们诉诸优良的旧传统、谦逊、诚实和永恒原则究竟能走多远。

第一批社会主义者（傅立叶、欧文、圣西门等人）由于当时的社会关系还没有发展到足以使工人阶级组织成为一个战斗的阶级，所以他们必然仅仅去幻想未来的**模范社会**，并谴责工人阶级旨在稍稍改善他们的状况的一切尝试，例如罢工、组织同盟和参与政治活动。虽然我们不应该否定这些社会主义的鼻祖，正如现代化学家不能否定他们的祖先炼金术士一样，但是我们应该努力避免重犯他们的错误，因为我们犯这样的错误将是不可饶恕的。

但是后来，在1839年，当工人阶级的政治斗争和经济斗争在英国已经具有非常明确的性质的时候，布雷——欧文的信徒之一，那些在蒲鲁东以前很久就发明了**互助论**的人中间的一个——出版了一本题为《劳动的不公正现象及其解决办法》的书。

这本书中有一章专门论述**工人想通过他们目前的斗争来争取的一切补救办法**都是徒劳无益的。在这一章中，他尖刻地批评英国工人的一切政治运动和经济运动；他谴责政治运动、罢工、限制工作时间、限制女工和童工的工厂劳动，因为在他看来，这一切不但不能使我们摆脱目前的社会状态，反而会使我们依附于这种状态，并使对立进一步尖锐化。

现在来谈谈这些社会科学博士的先知蒲鲁东。虽然这位老师有勇气坚决反对同他的救世理论——**互助论**相抵触的任何经济运动（如组织同盟、罢工等），但是他却以自己的著作和亲自参加的行动鼓励了工人阶级的政治斗争，而他的学生则不敢公开反对这种运动。还在 1847 年，当这位老师的伟大著作《经济矛盾的体系》出版时，我就驳斥了他反对工人运动的一切诡辩①。但是在 1864 年，当奥利维埃法（诚然，这个法律在极其有限的范围内给了法国工人以组织同盟的权利）通过以后，蒲鲁东回过头来在他的《论工人阶级的政治能力》一书中又叙述了自己的观点，而这本书是在他死后问世的。

这位老师的抨击非常适合资产阶级的口味，因此在 1866 年伦敦裁缝大罢工时，《泰晤士报》**2**赞赏地摘译了蒲鲁东的这一著作，用他说过的话来斥责罢工者。下面就是一些例证。

里沃-德日耶的采煤工人曾举行罢工；为了使他们头脑清醒，往那里派去了士兵。蒲鲁东大声疾呼道：

"枪杀里沃-德日耶的采煤工人的当局已处于十分尴尬的境地。但是，它是像古人布鲁土斯那样行动的。布鲁土斯不得不在父爱和自己的执政官的职责之间作出选择：必须牺牲自己的儿子，以拯救共和国。布鲁土斯没有

---

① 马克思在这里加了一个注："见《哲学的贫困。答蒲鲁东先生的〈贫困的哲学〉》（1847 年巴黎弗兰克出版社版）第 2 章第 5 节《罢工和工人同盟》。"——编者注

犹豫,而后世也不敢谴责他。"①

工人们都不记得,有哪一个资本家为了挽救自己的利益而牺牲他的工人的时候曾经犹豫过。这些资产者算是什么布鲁土斯!

"不,没有组织同盟的权利,就像没有欺骗和盗窃的权利,没有乱伦和通奸的权利一样。"②

但是,必须承认,肯定有**愚蠢**的权利。

在永恒原则的名义下,这位老师发出不可思议的诅咒,而这些永恒原则究竟是些什么货色呢?

第一条永恒原则:

"工资水平决定商品价格。"

一个人即使对政治经济学一无所知,并且不知道伟大的资产阶级经济学家李嘉图在 1817 年出版的《政治经济学原理》③一书中已经一劳永逸地驳倒了这个因袭的错误说法,他也会知道这样一个明显的事实,即英国工业能够以低于其他任何国家的商品的价格销售自己的商品,而英国的工资却相对地高于欧洲其他任何国家。

第二条永恒原则:

"准许组织同盟的法律是极端反法学和反经济学的,是同任何社会和制度相抵触的。"

总之,它是"同自由竞争的经济**权利**相抵触的"。

---

① 马克思在这里加了一个注:"皮·约·蒲鲁东《论工人阶级的政治能力》1868 年巴黎拉克鲁瓦出版社版第 327 页。"——编者注
② 马克思在这里加了一个注:"同上,第 333 页。"——编者注
③ 大·李嘉图《政治经济学和赋税原理》1817 年伦敦版。——编者注

如果这位老师不是那么激烈的沙文主义者,他会自问,在英国,早在40年前就颁布了一项同**自由竞争的经济权利**完全相抵触的法律,这该如何解释;为什么随着工业的发展以及随之而来的**自由竞争**的发展,这个同**一切社会和制度**完全相抵触的法律,甚至迫使各个资产阶级国家把它当做某种必要的东西加以采纳。他也许就会发现,这种**权利**(大写的权利)只存在于资产阶级政治经济学的无知兄弟们所写的**经济学教科书**中,这些教科书不乏下面这样一些珠玑般的妙语:**财产是劳动成果**……但是他们忘记了加上**他人**的这几个字。

第三条永恒原则:

"因此,有人借口使工人阶级摆脱所谓低贱的社会地位,竟去诽谤整整一个市民阶级,即老板、企业主、雇主和资产者的阶级;他们煽动工人民主派鄙视和仇恨中等阶级的这些不体面的成员;他们宁肯要商业战争和工业战争而不要合法的抑制手段,宁肯要阶级对抗而不要国家警察。"①

为了阻碍工人阶级摆脱他们的那种所谓**低贱的社会地位**,这位老师谴责那种使工人阶级组成同**雇主**、**企业主**、**资产者这类**可敬的人相对立的阶级的同盟,这类人当然和蒲鲁东一样,宁肯要**国家警察**而不要**阶级对抗**。为了使这个可敬的阶级避免任何不愉快的事情,善良的蒲鲁东在**互助论王国**到来以前,向工人推荐"自由或竞争",认为它(尽管有很大弊病)仍不失为"我们的唯一保障"。②

老师宣扬经济冷淡主义,**目的是要捍卫自由,或者资产阶级的竞争**——我们的唯一保障。学生们宣扬政治冷淡主义,目的是要

---

① 马克思在这里加了一个注:"同上,第337—338页。"(指皮·约·蒲鲁东《论工人阶级的政治能力》1868年巴黎拉克鲁瓦出版社版)——编者注
② 马克思在这里加了一个注:"同上,第334页。"——编者注

捍卫资产阶级的自由——他们的唯一保障。如果说曾同样宣扬政治冷淡主义的早期基督徒曾经需要皇帝的帮助,来使他们自己从被压迫者变成压迫者,那么政治冷淡主义的当代信徒则根本不相信,他们的永恒原则将使他们不得不放弃资产阶级社会的现世的享受和暂时的特权。但是必须承认,他们会以基督教殉道者应有的禁欲主义精神来忍受落在工厂工人肩上的 14 小时或 16 小时的劳动。

卡尔·马克思

1873 年 1 月于伦敦

卡·马克思写于 1872 年 12 月—1873 年 1 月

载于 1873 年 12 月出版的《共和国年鉴》1874 年卷

原文是法文

选自《马克思恩格斯文集》第 3 卷第 339—345 页

弗·恩格斯

流亡者文献[201]

一 波兰人的声明[202]

当俄国皇帝到达伦敦的时候,那里的全部警察都行动起来了。据说波兰人想刺杀他,已经物色到了一个新的贝雷佐夫斯基,而且这次比上次在巴黎武装得更完善。著名的波兰人士的住宅受到了便衣警察的包围,甚至还从巴黎召来了一个在帝国时代专门监视那里的波兰人的警官。在沙皇从他的住处到市中心的路上,警察防范措施已按战略原则作了严格部署,——可是,所有这些辛劳都白费了!没有发现任何一个贝雷佐夫斯基,没有响过一次手枪声,同自己的女儿一样提心吊胆的沙皇虚惊一场。然而,这些辛劳毕竟没有完全白费,因为皇帝吩咐赏给为他效劳的警监每人5英镑,督察员每人2英镑(合100马克和40马克)的小费。

其实,波兰人所想的完全是另一回事,而不是刺杀高贵的亚历山大。波兰人协会[203]发表了一篇《波兰流亡者告英国人民书》,在这份呼吁书上签名的有:协会主席瓦·符卢勃列夫斯基将军、秘书扬·克林斯基。这份呼吁书在沙皇访问期间在伦敦流传得很广。除《雷诺新闻》[204]外,伦敦各家报纸都一致拒绝刊登它,说是不应得罪"英国的贵宾"!

呼吁书一开头就向英国人指出①,沙皇正好是当他在中亚细亚进行一切准备来推翻英国人在印度的统治的时候来访问他们的,沙皇没有给他们增光,而是使他们受辱,如果英国不去倾听沙皇这位自诩为受他压迫的各民族之父的诱惑性言词,而稍微关心一下波兰人争取独立的愿望,那么英国和西欧其余国家都可以安心地停止自己的大规模备战活动。这样说是完全正确的。俄国的军国主义是整个欧洲军国主义的后台。在 1859 年战争期间俄军充当了法国的后备,而在 1866 年和 1870 年则充当了普鲁士的后备,从而使这两个各在自己的时代领先的军事大国能够击溃自己的孤立无援的敌人。普鲁士作为欧洲头等的军事大国,是俄国一手造成的,尽管它后来超过了自己的保护者而令其感到不快。

接着呼吁书中说:

"由于自己的地理位置以及准备随时挺身捍卫人类利益的决心,波兰过去是,将来也始终是捍卫整个东北欧的权利、文明和社会进步的先锋。许多世纪以来波兰一方面反抗东方野蛮人的入侵,另一方面又反抗当时几乎压迫着整个西方的宗教裁判所,就是不可辩驳的证明。西欧各国人民能在新时代的决定性时期不受干扰地发展自己的社会的生命力,这是靠了什么呢? 是靠了而且只是靠了在欧洲东部边界上有波兰士兵在守卫着,他始终保持着警惕,随时准备战斗,从不吝惜自己的健康、自己的财产、自己的生命。欧洲在艺术和科学方面于 16 世纪重新苏醒了的生活所以能继续向前发展,工商业和财富所以能达到目前这种惊人的高度,都应当归功于波兰武器的保护。例如,假若不是波兰不顾自己后方遭到蒙古寇群的威胁而去援助中欧反抗土耳其人,不是它用维也纳城下的光辉胜利粉碎了奥斯曼人的强大实力,西方

---

① 本段和以下引文,均引自《波兰流亡者告英国人民书》第2—5 页。——编者注

200 年来的辛勤努力所获得的文明的遗产会变得怎么样呢?"

往下呼吁书中指出,就是现在,阻碍俄国用自己的力量来反对西方的,主要也还是波兰的反抗。正是由于这种反抗,俄国的最阴险的盟友——它的泛斯拉夫主义的代理人才被解除了武装。俄国最著名的历史学家波戈金在一本根据俄国政府的命令并由俄国政府出资印行的书中写道,波兰一向是俄国躯体中的一根刺,现在应当使它成为俄国的右臂,为此就必须使波兰恢复为一个受某位俄国公爵管辖的弱小的王国,——这样就很容易把居住在土耳其和奥地利的斯拉夫人吸引到自己这边来。

"我们将用一个宣言来宣布这一点;英国和法国会忍痛不言,而对奥地利来说,这是一个致命的打击…… 所有的波兰人,甚至是最不妥协的波兰人都将投入我们的怀抱;奥地利和普鲁士的波兰人将同自己的兄弟们重新亲近起来。现在所有斯拉夫族都在受奥地利的压迫,捷克人、克罗地亚人、匈牙利人〈!〉,直到土耳其的斯拉夫人,都将殷切地等待有一天能像当时的波兰人那样自由地呼吸。我们将成为一个处于统一王权之下的有一亿人的民族,到那时,欧洲各民族,你们来吧,来同我们较量较量吧!"①

遗憾的是,在这个美妙的计划中缺少一种主要的东西:波兰的同意。其实,

"全世界都知道,波兰这样回答了所有这些诱惑:如果说我本来就该活着的话,那么我就要而且也一定要作为欧洲各自由民族中的一个自由民族而活着,而不是作为异邦君主征服全世界的计划的工具而活着"。

往下呼吁书阐述了波兰是如何证明自己的这个不可动摇的决

---

① 引自《波兰流亡者告英国人民书》第 3 页,另参看米·彼·波戈金《波兰问题。议论、笔记和意见集。1831—1867 年》1867 年莫斯科版第 54—55 页。——编者注

心的。当法国爆发革命的时候,波兰正处于生死存亡的关头,它已被第一次瓜分[205]弄得支离破碎,它已为四个国家所分割。虽然如此,它仍然勇敢地借助 1791 年 5 月 3 日的宪法[206]在维斯瓦河两岸竖起了法国革命的旗帜——它以这一举动使自己大大高出所有的邻居。波兰昔日的混乱状态由此而被消除;如果再有几十年平稳的、没有外来破坏的发展,波兰就会成为莱茵河东岸最先进最强大的国家。但是,瓜分波兰的列强是不喜欢波兰重新站起来的,尤其是不喜欢它由于把革命引进东北欧而站起来。它的命运被决定了:俄国人在波兰做到了普鲁士人、奥地利人和帝国军队在法国所没有做到的事情。

"考斯丘什科曾同时为波兰的独立和为平等的原则而战斗。众所周知,波兰从丧失自己的民族独立的时候起,就不顾这种独立的丧失,依靠自己的爱国心,依靠同一切为人类利益而斗争的民族的团结,随时随地做保护遭到破坏的权利的先锋,参加一切旨在反对暴政的战斗。波兰没有因自己的灾难而气馁,没有因欧洲各国政府的盲目和恶意而动摇,它一刻也没有违背它本身、历史以及未来所赋予它的义务。"

它同时也制定了组织这个未来的即新的波兰共和国所应当遵循的原则;这些原则在 1836 年、1845 年和 1863 年的宣言中都作了阐述。[207]

"这些宣言中的第一个宣言,除了宣布波兰的不可动摇的民族权利而外,还宣布了**农民的平等权利**。1845 年的宣言是在波兰的领土上,在当时还是自由城市的克拉科夫发表的,并得到波兰各地代表的确认;它不仅宣布了这种平等权利,而且还宣布了**农民应当成为**他们世世代代耕种的**土地的所有者**这一提法——在被俄国人占领的那部分波兰领土上,地主们把上述宣言看做是波兰民族权利的基础,他们依据这些宣言,在沙皇的所谓解放宣言发表之前很久,就决定自愿地和通过同农民协商的办法来解决这个使他们的良心受到责备的内部问题(1859—1863 年)。波兰的土地问题,原则上已由 1791 年 5 月 3 日的宪法解决了;如果说波兰农民仍然遭受着压迫,这完全归咎于沙皇的专制和**权谋**,他是把自己的统治建立在地主和农民之间的仇恨上的。上述决定早在1861年2月19日沙皇宣言发表之前很久就已经作出了,而这个受到全欧洲热烈欢迎的、似乎要确立农民的平等权利的宣言本身,只不过是沙皇用来掩饰他夺取别人财产的一贯图谋的一个幌子而已。波兰农民依旧受着压迫……**沙皇成了土地的所有者!** 而为了惩罚1863年波兰为反抗自己压迫者的阴险野蛮行为而举行的流血起义**208**,对波兰进行不断的残酷迫害,其残酷程度甚至会使过去许多世纪的专制暴君都要不寒而栗。

但是,不论是整整一个世纪以来沙皇对它的残酷压迫,不论是欧洲的冷漠态度,都不能扼杀波兰。我们活过来了,我们还要活下去,因为我们靠的是自己的意志,自己的力量,自己的社会的和政治的发展,这种发展使我们大大超出我们的压迫者之上,因为后者的存在彻头彻尾是依靠野蛮的暴力、监狱和绞架,而他们的对外行动的基本手段就是秘密的阴谋,背信的袭击,最后就是暴力的征服。"

以上援引的这几段话已足以表明这个呼吁书的特点。我们现在暂且把这个呼吁书放一放,来就波兰问题对德国工人所具有的重要性谈几点意见。

不管俄国从彼得大帝以来有了怎样的发展,不管它在欧洲的势力有了多么大的增长(普鲁士国王弗里德里希二世在这方面出了不少力,尽管他非常清楚自己在做什么),在占领波兰之前,它实质上一直像土耳其一样是一个欧洲之外的大国。1772年波兰遭到第一次瓜分;1779年俄国已经根据泰申和约**209**要求并得到了干涉德国事务的正式权利。这对于德国各邦君主应当是一个教训;但是,尽管如此,弗里德里希-威廉二世,这个唯一认真反抗俄国政策的霍亨索伦王朝成员和弗兰茨二世仍然同意完全消灭波兰。拿破仑战争之后俄国又攫取了前普鲁士所属和奥地利所属波兰各省的极大部分,现在它公然以欧洲仲裁者的身份出现了;这个角色它连续不断地扮演到1853年。普鲁士对自己在俄国面前摇尾乞怜颇感自豪;奥地利追随俄国则是不情愿的,但是在决定关头它总是由于对革命的恐惧而让步,因为沙皇始终是反对革命的最后支柱。于是俄国便成了欧洲反动势力的堡垒,同时也不放弃利用泛斯拉夫主义的煽动在奥地利和土耳其准备实行进一步的掠夺。在革命年代俄国军队对匈牙利的镇压,对东欧和中欧说来,就像巴黎六月战斗[20]之于西欧一样,是有决定意义的事件;其后,当尼古拉皇帝在华沙充当普鲁士国王和奥地利皇帝之间的仲裁者的时候,反动派对欧洲的统治也就随着俄国的统治的建立而建立起来了。克里木战争[210]使西欧和奥地利不再受沙皇的鄙视;普鲁士和德国各小邦则更加殷勤地匍匐在沙皇面前;但是,在1859年沙皇就因为奥地利人的不顺从而惩罚了他们,不让他的德国藩臣袒护他们,而在1866年普鲁士则完成了对奥地利的惩罚。上面我们已经看到,俄国军队充当了整个欧洲推行军国主义的借口和后备。只是因为尼古拉自恃有百万大军——诚然大部分都是有名无实——,在1853年向西方进行挑战,路易-拿破仑才能利用克里木战争作为借口来把当时相当弱的法军变成欧洲最强的一支军队。只是因为俄国军队在1870年阻碍奥地利站到法国那边,普鲁士才能战胜法国,并建成普鲁士德意志军事王国。在所有这些重大政治历史事件[32]的幕后,我们都看到了俄国军队。虽然毫无疑问,只要俄国的内部发展不是很快地转入革命轨道,德国对法国的胜利就必然会引起俄国和德国之间的战争,就像普鲁士在萨多瓦战胜奥地利[36]引起了普法战争一样①,——但是,俄国军队将始终帮助普鲁士来反对国内的任何运动。官方的俄国直到现在仍然是欧洲一切反动势力的堡垒和保护伞,而俄国军队则仍然是其他一切镇

---

① 恩格斯在这里加了一个注:"这在《国际工人协会总委员会关于普法战争的第二篇宣言》(1870年9月9日)中已经谈到。"——编者注

压欧洲工人阶级的军队的后备军。

这支庞大的专事压迫的后备军的矛头首先针对的正是德国的工人，其中既包括所谓德意志帝国的工人也包括奥地利的工人。只要奥地利和德国的资产阶级和政府还有俄国撑腰，整个德国的工人运动的双手就一直会被束缚住。所以，我们比别人更关心摆脱俄国的反动势力和俄国军队。

在这方面我们只有一个可靠的，而且在任何情况下都是可靠的盟友：**波兰人民**。

波兰由于其全部历史发展和目前所处的状况，较之法国在更大程度上面临着一种抉择：不是革命就是灭亡。因此，关于波兰运动本质上是贵族性质的运动的一切无稽之谈都是不攻自破的。在波兰流亡者中可以见到不少怀有贵族欲望的人；但是只要波兰本身一投入运动，他们就会成为完完全全的革命者，正像我们在1846年[211]和1863年[208]所看到的那样。这些运动不仅是民族运动，而且还直接为了解放农民和把土地转归农民所有。1871年，在法国的人数众多的波兰流亡者完全听从公社的支配，难道这是贵族的行为吗？难道这不是证明这些波兰人已经完全站在现代运动的高峰上了吗？自从俾斯麦把文化斗争[212]引入波兰并且借口教皇受亵渎而取缔波兰文教科书，限制使用波兰语，并且利用各种办法迫使波兰投入俄国的怀抱以来，发生了什么事情呢？波兰贵族越来越接近俄国，以便在它的统治下至少重新统一波兰；革命群众的回答则是：建议同德国工人政党结成同盟，参加国际的斗争行列。

波兰是扼杀不了的，它在1863年证明了这一点，而且现在每天都在证明着。它在欧洲各民族大家庭中独立生存的权利是不容争辩的。但是，波兰的恢复，对于德国人和俄国人这两个民族自身来说尤其是必要的。

压迫其他民族的民族是不能获得解放的。它用来压迫其他民族的力量,最后总是要反过来反对它自己的。只要俄国士兵还侵占着波兰,俄国人民就既不能获得政治解放,也不能获得社会解放。但是在俄国目前的发展水平下,有一点是毫无疑问的:俄国失去波兰之日,也就是俄国国内的运动强大到足以推翻现存秩序之时。波兰的独立和俄国的革命是互为条件的。而波兰的独立和俄国的革命——在社会、政治和财政无止境地陷入崩溃的情况下,在贪污贿赂之风腐蚀着整个官方俄国的情况下,这个革命的爆发比乍看起来要快得多——对德国工人来说,就意味着德国的资产阶级和政府,简言之即德国的反动势力,将只能依靠自身的力量了,而这些力量,随着时间的推移,我们自己是能够对付的。

二 公社的布朗基派流亡者的纲领[213]

每当革命或反革命遭到失败之后,在逃往国外的流亡者中间就会掀起狂热活动。形形色色的党派集团纷纷成立,它们互相责难,说对方把事情搞糟了,骂别人有背叛行为和犯了种种可能的重大罪孽。同时,它们都同祖国保持着密切联系,组织并进行秘密活动,印发传单和出版报纸,发誓要在 24 小时内就重新"干起来",并且说胜利是有把握的,因此,它们在事前就把未来政府中的职位分配好了。不言而喻,结果总是不断使人失望,由于它们不是把这一点同它们所不愿意了解的、必然的历史条件联系起来,而是归咎于个别人物的偶然错误,互相间的责难就越积越多,最后发展为普遍的吵闹。这便是从 1792 年的保皇党流亡者直到今天的所有流亡者的历史;而流亡者中那些头脑仍然清醒和明智的人,只要有可能以委婉方式避开一切无谓的争吵,就力求避开,并着手做些更有益的事情。

在公社失败以后,法国流亡者也没有逃脱这种不可避免的命运。

由于在整个欧洲掀起了一个矛头针对着所有的流亡者的诽谤运动,特别是在伦敦,由于那里设有被法国全体流亡者看做共同核心的国际总委员会而对流亡者掀起了诽谤运动。有一个时期,流亡者们不得不至少对外界掩盖自己内部的纠纷,但是,最近两年来,他们已经无法掩盖他们内部日益加速的分化过程。到处发生公开的争执。在瑞士,一部分主要受秘密同盟创始人之一**马隆**影响的流亡者加入了巴枯宁派。接着,伦敦的所谓布朗基主义者也脱离了国际,另外组成了一个独立的团体,称为"革命公社"。以后还产生了许多其他的团体,不过它们一直处在不断的变更和改组的状态中,连一篇像样的宣言也提不出来;而布朗基主义者却在不久之前提出了《致公社社员》的宣言①,把自己的纲领公诸于世。

他们之所以被称为布朗基主义者,决不是因为他们属于布朗基本人所创立的集团(33 个在纲领上签字的人中只有两三个人曾同布朗基谈过话),而是因为他们想要根据布朗基的精神和传统行动。布朗基主要是一个政治革命家;他只是在感情上,即在同情人民的痛苦这一点上,才是一个社会主义者,但是他既没有社会主义的理论,也没有改造社会的确定的实际的建议。布朗基在他的政治活动中主要是一个"实干家",他相信组织得很好的少数人只

---

① 指一群法国的布朗基派流亡者于 1874 年 6 月在伦敦出版的标题为《致公社社员》的小册子。——编者注

要在恰当的时机试着进行某种革命的突袭,能够通过最初的若干胜利把人民群众吸引到自己方面来,就能取得革命胜利。在路易-菲力浦时代,布朗基当然只有通过秘密结社的形式才组成了这样的核心,于是便发生了在搞密谋时通常会发生的事情:那些对没完没了地保证马上就干起来这种空洞诺言感到厌倦的人,终于再也忍耐不住了,开始闹了起来。在这种情况下只能有一种选择:或者听任密谋瓦解,或者在没有任何外部导因的情况下开始起义。起义爆发了(1839 年 5 月 12 日),但是立刻就被镇压下去。顺便说一句,这是布朗基的唯一的一次没有被警方侦查出来的密谋;这次起义对警察局是一个晴天霹雳。由于布朗基把一切革命想象成由少数革命家所进行的突袭,自然也就产生了起义成功以后实行专政的必要性,当然,这种专政不是整个革命阶级即无产阶级的专政,而是那些进行突袭的少数人的专政,而这些人事先又被组织起来,服从一个人或某几个人的专政。

由此可见,布朗基是过去一代的革命家。

对革命事变进程的这种看法,至少对德国工人政党来说,早已过时了,就是在法国也只能得到不太成熟或比较急躁的工人的支持。我们同样可以看到,就是在上面提到的纲领中,这些看法也已经受到一定的限制。但是,我们伦敦的布朗基主义者所根据的仍然是这样的原则:革命完全不是自行发生的,而是制造出来的;革命是由为数不多的一批人根据预定的计划制造出来的;在任何时刻都可以"马上干起来"。

很自然,抱着这些原则的人只能无可救药地充当流亡者的一切自我欺骗的牺牲品,接二连三地去干蠢事。他们最愿意扮演布朗基这种"实干家"的角色。但是在这里只有善良的愿望还不够;布朗基的革命本能和他的果断精神并不是每个人都具备的,无论哈姆雷特说过多少次要有毅力，但哈姆雷特始终是哈姆雷特。而当我们这 33 位实干家在他们称之为实干的领域中毫无作为的时候，我们这 33 位布鲁土斯就陷入了与其说是悲剧性的，毋宁说是喜剧性的自我矛盾中，这矛盾并不因为他们满脸愁容，似乎人人都是"怀藏匕首的麦罗斯"①，而显得更富有悲剧性。顺便说一下，这一点甚至是他们自己也没有想到的。他们怎么办呢？他们策划下一次"干起来"，并提出了公敌名单，以便纯洁(épurer)公社参加者的队伍；因此其他流亡者就称他们为**纯洁派**(les purs)。我不知道他们自己是否接受这一称号，何况对他们中间有些人来说这一称号是很不恰当的。他们的会议是不公开的，决议也应当是保密的，但是，这并不妨碍整个法国人居住区在第二天早晨把这件事当做闲谈的资料。正如这类严肃的实干家在无所事事的时候常常会有的情形一样，他们卷入了一场与某位旗鼓相当的对手的起先是私人性质的，接着是学术上的论战；这位对手是巴黎小报界最声名狼藉的人物之一，一个姓韦梅希的人，他在公社期间出版了《度申老头》，这是对1793 年阿贝尔的报纸的可怜的模仿。**214** 为了回答他的对手们的道义上的谴责，这位高贵的勇士在他的一篇讽刺文章中把他们全体称为"无赖或无赖的帮凶"，用罕见的一大堆下流话来骂他们：

"每一个字，都是一把夜壶，而且不是空夜壶。"②

面对这样的对手，我们的 33 位布鲁土斯认为有必要在大庭广众之前一展身手！

事实上无可怀疑，经过了战争的浩劫和巴黎的饥馑，特别是经

---

①　席勒《保证》。——编者注

②　海涅《罗曼采罗》第 3 集《希伯来调》第 86 行。——编者注

过了 1871 年 5 月的那些可怕的流血日子之后，巴黎无产阶级需要一段较长时间的宁静，以便养精蓄锐，任何过早的起义企图只会导致一次新的、可能是更惨重的失败。但我们的布朗基主义者却另有高见。

在他们看来，凡尔赛保皇党多数派的瓦解宣告了

"凡尔赛的崩溃，为公社复仇的时刻已经到来。因为我们正接近一个伟大的历史时刻，接近一次大危机，由于灾难深重似乎陷入绝境并走向死亡的人民正重整旗鼓开始革命的进军"。①

于是，又干起来了，并且立即干起来了。这种立即"为公社复仇"的愿望不单纯是流亡者的幻想；对于那些硬要在一个从他们的角度，即从革命攻击的角度来看根本无法有所作为的时刻成为"实干家"的人来说，这是必不可少的信条。

这已成为老一套的成规。既然已经干起来了，他们就认为"一切还保持生命力的流亡者应该明确自己立场的时刻到来了"。

于是，这 33 个人向我们声明：他们是（1）无神论者，（2）共产主义者，（3）革命者。

我们的布朗基主义者与巴枯宁主义者有一个共同的特点，这就是他们都想成为走得最远、最极端的派别的代表者。因此，顺便提一下，尽管他们的目的与巴枯宁主义者根本对立，他们采用的手段却常常与后者相同。这就是说，他们要在无神论方面比所有的人都激进。在我们的时代，当个无神论者幸而并不困难。在欧洲各工人政党中无神论已经成为不言而喻的事，虽然在有些国家中它往往带有那位西班牙巴枯宁主义者的无神论所带有的那种性

---

① 《致公社社员。1874 年 6 月于伦敦》。——编者注

质,这位巴枯宁主义者说:信奉神,同整个社会主义是背道而驰的,但信奉童贞马利亚则完全是另一回事,每一个正派的社会主义者当然都应该信奉她。至于德国绝大多数的社会民主党工人,则甚至可以说,无神论在他们那里已成了往事;这个纯粹否定性的术语对他们已经不适用了,因为他们已经不只是在理论上,而且在实践上根本不相信神了;他们**干脆把神打倒**,他们在现实世界中生活和思考,因此他们是唯物主义者。在法国情况也是如此。如果不是这样,那么最简单的做法莫过于设法在工人中广泛传播上一世纪卓越的法国唯物主义文献。这些文献迄今为止不仅按形式,而且按内容来说都是法兰西精神的最高成就;考虑到当时的科学水平,在今天看来它们的内容也仍然有极高的价值,它们的形式仍然是不可企及的典范。但是,这却不合我们的布朗基主义者的胃口。他们为了证明自己比谁都激进,于是像1793年那样,用法令来取消神:

> "但愿公社使人类永远摆脱昔日苦难的这个幽灵〈神〉,摆脱人类现今苦难的这个原因〈这个不存在的神竟是原因!〉。——在公社中没有教士的位置;一切宗教宣传和宗教组织都应加以禁止。"

而这个要求,即遵照穆夫提的吩咐①使人们成为无神论者,是由两位公社委员签署的,而他们一定已有充分的机会体验到:首先,在纸上可以随便写多少条命令,而用不着去实际执行;其次,迫害是巩固不良信念的最好手段!有一点是毫无疑义的:在我们的时代唯一能替神帮点忙的事情,就是把无神论宣布为强制性的信条,并以禁止一切宗教来超越俾斯麦的文化斗争**212**中的反教会

---

① 意即根据上面的命令;穆夫提是伊斯兰教教法说明官。——编者注

法令。

纲领的第二点是共产主义。

这里我们到了一个熟悉得多的领域，因为在这里我们所乘的那只船就是 1848 年 2 月发表的《共产党宣言》。1872 年秋天就已经退出国际的五个布朗基主义者宣称，他们拥护一个在一切基本点上同现今德国共产主义纲领相一致的社会主义纲领，并且声称他们退出国际的理由仅仅是由于国际拒绝按这五个人的意见推行革命。[215]现在 33 人委员会已经接受这一纲领及其整个唯物主义历史观，虽然这一纲领是用布朗基主义者的法语翻译的，译文还有许多地方尚待改善，因为它没有十分确切地表达《宣言》的原文，例如有下面这样一段话：

> "资产阶级撕下了从前遮盖着对劳动的剥削这一奴隶制最后表现形式的神秘面纱：在这个可归结为资本家和雇佣工人的简单对立的社会里，政府、宗教、家庭、法律、过去和现在的各种设施最终表现为压迫工具，资产阶级用它们来维护自己的统治，并镇压无产者。"

请把这一段话同《共产党宣言》第一章比较一下：

"总而言之，它用公开的、无耻的、直接的、露骨的剥削代替了由宗教幻想和政治幻想掩盖着的剥削。资产阶级抹去了一切向来受人尊崇和令人敬畏的职业的神圣光环。它把医生、律师、教士、诗人和学者变成了它出钱招雇的雇佣劳动者。资产阶级撕下了罩在家庭关系上的温情脉脉的面纱，把这种关系变成了纯粹的金钱关系"①等等。

但是，只要我们从理论下降到实践的领域，这 33 个人的特色就显露出来了：

---

① 见本选集第 1 卷第 403 页。——编者注

"我们所以是共产主义者,是因为我们要达到自己的目的,不在中间站停留,不作妥协,因为妥协只会推迟胜利到来的日子,延长奴隶制的寿命。"

德国共产主义者所以是共产主义者,是因为他们通过一切不是由他们而是由历史发展进程造成的中间站和妥协,始终清楚地瞄准和追求最后目的:消灭阶级和建立不再有土地私有制和生产资料私有制的社会。33个布朗基主义者所以是共产主义者,是因为他们以为,只要**他们**抱有善良的愿望,想跳过各个中间站和各种妥协,那就万事大吉了,只要——他们确信如此——日内"干起来",政权落到他们手中,那么后天"就会实行共产主义"。因此,如果这不能立刻办到,那他们也就不是共产主义者了。

把自己的急躁当做理论上令人信服的论据,这是何等天真幼稚!

可是归根到底,我们这33个人是"革命家"。

而在这个方面,就大言不惭而言,大家知道巴枯宁主义者可以说是达到了登峰造极的地步;但是我们的布朗基主义者却认为自己有责任要胜过他们。怎样胜过呢? 大家知道,从里斯本和纽约到布达佩斯和贝尔格莱德的所有社会主义无产阶级都立即对巴黎公社的行动承担了全部责任。我们的布朗基主义者认为这还不够:

"至于说到我们,我们要求对〈公社期间〉处死人民的敌人一事负自己的一份责任〈接着列出了被枪决者的名单〉,我们要求对旨在破坏君主压迫或资产阶级压迫的工具,或者为了保卫战斗者而纵火一事负自己的一份责任。"

在任何一次革命中,就像其他任何时候一样,难免做出许多蠢事；当人们最后平静下来，能够重新进行批评的时候，必然会得出这样的结论：我们做了许多最好不做的事，而没有做许多应该做的事，因此事情搞糟了。

但是，如果把公社看做是完全神圣的，宣布它是绝对没有错误的，断言烧毁的每一幢房子，枪决的每一个人质都是毫无差错的，即使细枝末节也做得完全恰当，那是多么缺乏批评精神！这不就是断言，在 5 月的那一周中人民枪决了恰恰那些该枪决的人，烧毁了恰恰那些该烧毁的建筑物？这不就是等于断言，第一次法国革命期间每一个被斩首的人，起先是罗伯斯比尔下令斩首的人，以后是罗伯斯比尔自己，都是罪有应得？可见，实质上很温和的人硬要装出十分吓人的样子时，事情就变得多么幼稚可笑！

够了。尽管这些流亡者做了各种蠢事，尽管他们让小伙子卡尔①装出吓人样子的种种尝试变成一出出滑稽戏，但是不能不看到，这一纲领向前跨了极为重要的一步。这是**法国工人赞同现代德国共产主义**的第一篇宣言。而且，他们还是属于把法国人看做革命的选民，把巴黎看做革命的耶路撒冷的那一派别的工人。他们之所以能够如此，是**瓦扬**不容争辩的功绩，他在纲领上同别人一起签了名，大家知道，他精通德文和德国社会主义文献。而德国的社会主义工人在 1870 年证明他们完全摆脱了一切民族沙文主义，现在他们会把法国工人接受正确的理论原理（尽管这些原理是从德国来的）这一事实看做良好的预兆。

---

① 此文在 1874 年发表时在"卡尔"这个名字之后还写有"（或爱德华?）"。后者暗指爱德华·瓦扬。——编者注

三²¹⁶

三²¹⁶

在伦敦有一家不定期的俄文评论性杂志,名叫《前进!》("Vperëd!")²¹⁷。它是由一位极可敬的俄国学者①主编的。在俄国流亡者文献中盛行的一种严格的礼节禁止我们说出他的名字。甚至那些装做是真正的革命的食人者、那些把对任何东西的尊敬都叫做背叛革命的俄国人,在自己的论战中也恪守不指名道姓的虚套,而且丝毫不苟,这种精神只有在英国资产阶级报刊上才能见到;他们始终遵守这种虚套,即使这已经显得很可笑也要加以遵守。比如在上述场合就是这样,因为所有俄国流亡者和俄国政府都非常清楚地知道这个人的名字。我们当然根本不想无缘无故地泄漏这个保守得这样严格的秘密;但是,因为连儿童都应当有个名字,所以,我们在这篇文章中为了行文方便起见用俄国人喜爱的名字**彼得**来称呼《前进!》的这位编辑,希望他不要见怪。

朋友彼得按哲学观点来说是一个折中主义者,他力图从各种千差万别的体系和理论中选择最好的东西:把一切都试一试,把最好的留下来! 他知道,一切东西都有好的一面和坏的一面,重要的是,好的一面应当吸收,而坏的一面则应抛弃。但是由于每件事物、每个人、每种理论都有这种好的一面和坏的一面,因此从这种意义上说,每件事物、每个人、每种理论差不多既是好的,又是坏的,就像任何别的东西一样,因而从这个观点看来,着急去肯定或

---

① 彼·拉甫罗夫。——编者注

否定这一事物或那一事物是蠢举。从这个观点看来，革命者和社会主义者之间的一切斗争和一切争论，都应当看做是极其荒谬的行为，只能使他们的敌人称快。因而完全可以理解，一个持有这种观点的人总企图使所有这些互相斗争的人们调和起来，认真地劝他们不要再在反动派面前演出这种闹剧，而应该只是攻击共同的敌人。如果他是刚刚从俄国来的，那么这就更加自然了，因为大家都知道，在俄国，工人运动得到了巨大发展。

因此，《前进！》千方百计地劝导所有社会主义者保持和睦，或者至少避免任何**公开的**纠纷。当巴枯宁主义者企图捏造种种借口，通过欺骗和谎言使国际受他们的统治，从而在这个协会中引起了尽人皆知的分裂的时候，《前进！》又在呼吁团结。当然要达到这种团结只有一个办法，即立即让巴枯宁主义者为所欲为，并把国际手脚捆绑起来听凭他们的秘密阴谋去处置。人们并没有完全失去责任心，他们没有这样做，而是接受了挑战；海牙代表大会**218**作出决议，赶走了巴枯宁主义者并决定公布文件，以证明开除是正当的。

《前进！》编辑部大发牢骚，抱怨没有把整个工人运动当做贡品奉献于心爱的"团结"之前。但是，当使巴枯宁主义者声誉扫地的文件真的在委员会的报告（见《一个反对国际的阴谋》①不伦瑞克白拉克出版社德文版）中出现以后，惊恐的情绪就更加严重了。我们听听《前进！》自己是怎么说的。

> "这个出版物……带有充满火气的论战性质，矛头指向站在联邦主义者前列的人物……它的内容充满了私事，这些私事都只是道听途说来的，因而

---

① 即马克思和恩格斯《社会主义民主同盟和国际工人协会》，见《马克思恩格斯全集》中文第 1 版第 18 卷。——编者注

它们的可靠性对于起草人来说不是没有疑问的。"①

为了向履行了海牙代表大会决议的人证明,他们犯了多大的罪,《前进!》指出了《新自由报》²¹⁹上登载的一个叫卡尔·塔勒的人写的一篇小品文②,这篇小品文

"来自资产阶级阵营,值得特别注意,因为它最清楚地表明,工人队伍中为政权而斗争的战士之间的互相指责的论争著作对于工人等级的共同敌人,对于资产阶级和国家说来会有什么意义"。

我们首先指出,巴枯宁主义者在这里简单地被称为"**联邦主义者**",其对立面则是所谓的**集权主义者**,这说明作者似乎相信了这种不存在的、为巴枯宁主义者所发明的对立。事实将证明,实际上这是无中生有的。其次,我们指出,作者是根据维也纳《新自由报》这种下流的资产阶级报纸上的一篇作为订货写成的小品文得出结论,说什么**真正的**革命者不应当揭露假装的革命者,因为这些相互指责会使资产阶级和各国政府拍手称快。而在我看来,《新自由报》以及所有这一帮报人尽可以写出成千上万的小品文,但是对德国工人政党的行为丝毫也发生不了影响。任何斗争都包含有不能不使敌人在某种程度上称快的因素,不然换个方式就会使自身遭到实际损害。幸而,我们已经有了很大的进展,我们是可以让敌人暗自称快一下的,只要以这个代价可以取得真正的成就。

但是,主要的指责是,报告充满了"私事,它们的可靠性对于起草人来说不是没有疑问的",因为这些私事都只是道听途说来

---

① 引自彼·拉甫罗夫《工人运动年鉴》,载于1874年《前进! 不定期评论》杂志第2卷第2编第2部分第26页。——编者注

② 卡·塔勒《耶稣会会士罗特》,载于1873年10月14日和15日《新自由报》第3284和3285号。——编者注

的。但是,朋友彼得从何得知,像国际这种在整个文明世界都有自己的常设机构的协会只能凭道听途说收集这类事实。这一点他没有说明。他的论断无论如何是极端轻率的。报告所谈的事实都有真实的文件作证据,连所涉及的人物也不敢对它们提出异议。

但是朋友彼得坚持认为,私事和私信一样,是神圣的,不应在政治争论中加以公开。如果这样无条件地运用这条规则,那就只得一概禁止编写历史。路易十五与杜芭丽或彭帕杜尔的关系是私事,但是抛开这些私事,全部法国革命前的历史就不可理解。或者,我们就近看看当代的情况吧:如果某个贞洁的伊萨伯拉嫁给了一个人,据深知他的一些人(例如,陪审推事乌尔里希斯)作证说,这个人不喜欢女人,因而只迷恋男性,而她,受到冷淡后,就乱找男人,——那么,所有这一切完全是私事。但是,如果上面提到的贞洁的伊萨伯拉是西班牙女王,而陪伴着她的青年人当中有一个年轻的军官,名叫塞拉诺;如果这个塞拉诺由于两人单独在一起时立下的功劳而被提升为元帅和内阁首相,后来被另一个宠臣所排挤和贬黜,然后又依靠其他遭遇相同的伙伴的帮助把自己的不忠实的女友从国内撵出去,最后,在经过种种惊险之后,自己成了西班牙的独裁者,成了俾斯麦竭力为之效劳以使之获得各大国承认的大人物,——在这种情况下,伊萨伯拉和塞拉诺的私人历史就成了西班牙历史上的一章,如果有谁想写现代西班牙的历史,而又有意地不向自己的读者提这段情节,他就是伪造历史。同盟是一个匪帮,其中除了受骗者外,还有大量骗子、冒险家、欺诈者、警探、投机钻营分子和懦夫,当描述这个匪帮的历史的时候,是否应当伪造这个历史,把这班先生们的种种下流勾当当做"私事"有意地加以隐瞒呢?朋友彼得尽可以吃惊不已,但是他可以相信,我们还远没有全盘端出这些"私事"。材料正越积越多。

如果《前进!》把报告说成主要是用私事编成的拙劣作品,那么这种做法是很难确定其性质的。一个会写出这种东西来的人,或者是根本没有读过这个报告,或者由于见识太少或成见过深而不能理解它,或者明明知道自己所写的东西是不真实的。读过《一个反对国际的阴谋》的人不能不深信,其中引用的私事是这本书中最不重要的东西,是为了更好地描绘其中所提到的人物而列举的例证,所有这些东西都可以删去而无损于这本书的主要目的。组织了一个秘密团体,其唯一目的是要使欧洲工人运动服从少数冒险家暗中的独裁;为这个目的干出了种种卑鄙勾当,特别是涅恰耶夫在俄国干出的卑鄙勾当,——这就是该书所谈到的东西;断言它的全部内容都是私事,说得轻一点,这是不负责任的。

当然,把俄国运动中肮脏的、毫无疑问非常肮脏的一面这样突然地、赤裸裸地向西欧揭露出来,对某些俄国人说来可能是非常不幸的。但是,这是谁的过错呢?不是那些代表这个肮脏一面的俄国人,不是那些欺骗自己的同胞还嫌不够,竟然还想让整个欧洲工人运动为自己的私人目的服务的俄国人自己,又是谁呢?如果巴枯宁和他的同伙只是在俄国建立自己的英雄业绩,在西欧就未必有人会认为应把他们当做靶子。俄国人自己会操心自己的事的。但是,既然这些对西欧工人运动发展的条件和进程一窍不通的先生们竟想在我们这里扮演独裁者的角色,那就不是小事了:应当直截了当地制止他们。

况且,俄国运动是能够安然地经受起这类揭露的。一个产生了杜勃罗留波夫和车尔尼雪夫斯基这样两个大作家、两个社会主义的莱辛的国家,决不会因为一度产生了像巴枯宁这样的骗子和一些像癞蛤蟆一样好吹牛皮、到头来互相吞食的不成熟的大学生,就会灭亡。其实,就是在俄国年轻一代中间,我们知道也有一些在理论和实践上有杰出才能和精力充沛的人,他们靠自己的语言知识,在熟悉各国的运动方面超过了法国人和英国人,而在处世灵活方面则超过了德国人。那些了解工人运动并亲自参加工人运动的俄国人会认为,使他们摆脱对巴枯宁主义者欺诈行径负有的共同责任,是对他们的一种帮助。但是,所有这一切都不妨碍《前进!》用下面这段话来结束自己的评论:

"我们不知道,这本小册子的作者们如何看待该书所产生的效果。我们的大部分读者想必会像我们一样感到心情沉重,我们就是怀着这种心情阅读这本小册子和为了履行史家的职责而在我们的刊物上披露这些可悲现象的。"

我们的叙述的第一部分就谈到朋友彼得的这种沉重心情为止。第二部分从《前进!》同一卷上所载的下面这段话开始:

"我们用另一则这类消息来使我们的读者共享快乐。著名著作家彼得·尼基季奇·特卡乔夫现在也同我们站在一起,加入我们的队伍了;经过四年监禁之后,他成功地逃出了使他无所作为的监禁地,从而加强了我们的队伍。"

著名著作家特卡乔夫是什么人,我们从他本人在1874年4月出版的一本俄文小册子《俄国的革命宣传的任务》中可以知道。这本小册子表明,他是一个幼稚的、极不成熟的中学生,仿佛是俄国革命青年中的小卡尔·米斯尼克。他告诉我们说,到处都有人要求他参与《前进!》杂志的工作;他知道,编辑是反动分子;然而他认为自己有责任保护《前进!》杂志,请注意,这完全不是别人对他的要求。他来到之后惊异地发现,编辑,即朋友彼得,操有最终决定取舍文章之权。自然,**这种**不民主的行事方式使他感到愤慨;他写了一封详尽的信,信中说,"从维护正义和基于纯粹理论方面的考虑……"他为自己和所有其他的撰稿人要求(请注意,后边这些人根本没有这种要求）"在刊物的编写和经济方面的一切问题上,都有平等的〈同主编平等的〉权利和义务"。

在这里,一种稚气立即暴露出来了,它在俄国流亡者运动中虽然不占上风,但是或多或少是受到宽容的。一位在本国负有盛名的俄国学者,流亡到国外,筹集资金在国外创办一个政治性刊物。他的事业刚刚有所进展,未经任何邀请,就有一个陌生的、多少有些过度兴奋的年轻后生跑来,自荐为他撰稿,并且极其幼稚地提出条件,要在有关编写和金钱的一切问题上都同刊物创办人享有同样的表决权。在德国,对这种人会干脆嗤之以鼻的。但是俄国人则不是那么粗野。朋友彼得同样"从维护正义和基于纯粹理论方面的考虑"竭力说服他,要他相信自己错了。自然,这是徒劳的。深受委屈的特卡乔夫像阿基里斯一样躲进自己的营幕,并且从那里用自己的小册子向朋友彼得开火,称其为"庸俗哲学家"。

他不厌其烦地引用了一大堆巴枯宁主义者关于真正革命实质的已被重复过无数次的词句,来指责朋友彼得,说他的罪行就是要人民为革命**预先做准备**,使他们"明确了解和意识到自己的需要"。但是,谁想这样做,据说他就根本不是革命者,而是和平进步的信徒,亦即反动分子,"合乎德国人口味的不流血革命"的朋友。真正的革命者"懂得人民是时刻准备着发动革命的";谁不相信这一点,他就是不相信人民,而相信人民"乃是我们的力量之所在"。对于那些不明白这一点的人,作者援引了涅恰耶夫这位"我们当代青年的表率"的格言。朋友彼得说,在人民做好发动革命的准备之前,我们应当等待。"但是我们不能,我们也不想等待",真正的革命者和庸俗哲学家不同的地方就在于他"认为自己有权随时号召人民起来革命"等等。

在我们西欧,只要一个简单的回答就可以终止所有这些幼稚言行:如果你们的人民时刻准备着发动革命,如果你们认为自己有权随时号召人民起来革命,如果你们已经再也不能等待了,那你们干吗还用废话来烦扰我们,鬼知道你们为什么不干起来呢?

但是,在我们的俄国人看来事情并不那么简单。朋友彼得认为,特卡乔夫先生的幼稚的、枯燥的、矛盾的、翻来覆去喋喋不休的议论,能够对俄国青年产生一种像维纳斯山那样的魔力,于是他这个俄国青年的忠实的埃卡尔特,就出版了一本长达60页印得密密麻麻和警语连篇的书翰[220]。他在这里陈述了他本人对革命实质的看法,一本正经地研究了人民是否已经准备好进行革命,革命家们是否有权并且是在什么条件下有权号召人民起来革命,此外还发表了其他诸如此类自作聪明的议论。这些东西整个看起来和经院哲学家关于童贞马利亚的研究似有异曲同工之妙。在这里"革命"本身成了某种像童贞马利亚之类的东西,理论成了信仰,参加运动成了祭祀,而一切活动都不是在平庸的尘世展开的,而是在泛泛空话的九霄云外进行的。

但是,朋友彼得却因此陷入了可悲的自相矛盾的境地。他虽然鼓吹团结,反对革命党内部的任何论战、任何"互相指责的论争著作",但是他如果不同样参加论战,当然就不能履行自己的埃卡尔特的责任,如果不同样指责自己的对手,当然就不能回答对手的指责。发生这种"可悲现象"时他的心情是多么"沉重",朋友彼得将亲自告诉我们。他的小册子一开头这样写道:

"两害相权取其轻。

我很清楚地知道,俄国流亡者的全部文献包括的都是些互相指责的小册子,其中争论谁是真正的人民之友谁不是真正的人民之友,谁是真诚的谁不是真诚的,谁才是俄国青年的真正代表、名副其实的革命政党的真正代表,——这全部纯系俄国流亡者私人之争的文献,使读者感到厌烦,对革命斗争事业也没有任何价值,而且只能使我们的敌人称快……我知道这个,但我仍然认为，我**必须**写这些篇章，必须用自己的手为这可悲的文献增加一点数量，使读者厌烦，敌人称快……　所以必须这样做，因为两害相权应取其轻。"

妙极了。但是，既然朋友彼得在《前进!》杂志上大大发扬真正基督徒的容忍精神，并要求我们容忍被我们揭穿了的骗子——正如我们所看见的，他和我们一样清楚地知道这些骗子——，那么为什么他对报告的作者们就一点也不容忍呢! 竟不问问自己，他们不是也有必要两害相权取其轻吗? 这是怎么回事呢? 他一定要先碰了钉子，然后才认识到，如果不进行比较尖锐的论战来反对那些在假革命活动的掩盖下力图使整个欧洲工人运动走上歧途并取消整个运动的人，那就可能发生比这种论战更有害的事情，这又是怎么回事呢?

不过，我们对朋友彼得还是宽厚一点吧，他的遭遇已经是够不幸的了。他怀着完全知罪的意识还没有做完他责备我们所做的那种事情，涅墨西斯又赶着他往前走了，迫使他为卡尔·塔勒先生在《新自由报》上撰写小品文提供新材料。

"或者"，他问随时准备起义的特卡乔夫，"你们的宣传鼓动大概已经完成了自己的任务吧? 你们的组织大概准备好了吧? 准备好了吧? 确实准备好了吧? 难道这不是'典型'革命家的著名的秘密委员会，发号施令的两人委员会吗? 我们的青年受了多少欺蒙，受了多少哄骗，他们的信任被可耻地滥用了，弄得他们已经不敢立即相信革命组织已经准备好了。"

当然，俄国读者不需要别人说明，这"两人"就是巴枯宁和涅恰耶夫。他接着写道：

"但是有人声明说，他们是人民之友，是社会革命的信徒，然而在他们的活动中却带有我在前面称之为'旧社会的复活'的虚伪和不真诚品质……他们利用了新制度的信徒们对旧制度的不公平的愤慨，提出了一条原则：在斗争中什么手段都可以用。他们把欺骗同志，欺骗那个似乎是他们服务对象的人民都算做是这种**可用的**手段。他们只要能组成一个相当强大的党，就不惜欺蒙所有的人，好像组成一个强大的社会革命的政党可以没有党员的真诚团结似的！他们准备在人民中燃起劫掠和不劳而获的旧欲望……他们准备剥削自己的朋友和同志，把他们变成自己计划的工具；他们在口头上准备捍卫个人和小组的最充分的独立和自治，同时却在建立最坚决的秘密独裁制度，把他们的信徒培养成最驯服的、盲目听从的工具，好像社会革命通过剥削者和被剥削者的联合，通过一个由那些在行动上经常否定在口头上宣扬的东西的人组成的团体就能完成似的！"

说来令人难以置信，然而却是事实：这段话很像是从《一个反对国际的阴谋》中摘引来的，两者的相像看起来就像两个鸡蛋一样，而写这段话的人正好是几个月前把这本书当做反对共同事业的犯罪行为来谴责的那个人，理由是该书进行了攻击，而这种攻击却和上面所援引的那段话一模一样，所反对的也同样是那些人。现在我们可以满足了。

如果我们现在回头来看一看胸怀壮志但却一事无成的特卡乔夫先生，以及我们这位朋友彼得在这件事情上所遭到的一点不幸，那就该轮到我们来说：

"我们不知道，作者们如何看待所产生的效果。我们的大部分读者想必会像我们一样感到'愉快'，我们就是怀着这种心情阅读这篇文章和为了履行史家的职责而在我们的刊物上披露这些'特殊'现象的。"

但是，还是把玩笑搁在一边。迄今的俄国运动中之所以发生许多奇怪现象，是由于长期以来任何一部俄国著作对于西方说来都好像是天书一般，因此巴枯宁及其同伙就很容易把他们所干的勾当向西方隐瞒起来，而这些勾当在俄国早已是人所共知的事情。他们大力散布这样一种观点，说什么为了运动本身的利益，即使俄国运动中肮脏的东西，也应当向西方隐瞒起来；谁把俄国的事情——因为它们见不得人——告诉欧洲，谁就是叛徒。现在这种情况已经结束。通晓俄语，现在至少在德国社会民主党人中间已经不是那样稀罕的事情了；俄语是活的语言中最有力量和最丰富的语言之一，所以无论就其本身而言，或者就其所展示的文学作品而言，都是完全值得学习的。俄国人应当融入国际的不可避免的命运，就是说他们的运动从今以后要在欧洲其余国家的面前并在它们监督之下进行。任何人都没有像俄国人自己那样不得不因以前与外界隔绝而付出沉重的代价。如果不是处于这种隔绝状态，他们是不会在许多年中被巴枯宁及其同伙那样可耻地愚弄的。从西方的批评中，从西欧的各种运动同俄国运动的相互国际影响中，从终于正在实现的俄国运动同全欧运动的融合中获益最大的正是俄国人自己。

四²²¹

《人民国家报》⁴⁹的读者不走运。他们当中有些人想必还记得，我在前一篇关于流亡者文献的文章（第 117 和 118 号）中分析了从俄文《前进！》²¹⁷杂志上摘录下来的几段话，以及它的编辑所写的一本小册子。当时在进行分析的时候完全是顺便提到了某位彼得·特卡乔夫先生，他为了反对上面提到的那个编辑而写了一本小册子，我之所以要同他打交道，只是因为避免不了。我根据作者不朽著作的形式和内容，说明他是"一个幼稚的、极不成熟的中学生，仿佛是俄国革命青年中的小卡尔·米斯尼克"，并且对《前进！》杂志的编辑表示遗憾，因为他竟认为有必要和这样的对手周旋。但是很快我就感觉到，卡尔这个孩子也开始威胁我了，他把我拖入同他的论战。他发表了一封 1874 年由苏黎世《哨兵报》[222]印刷所出版的彼得·特卡乔夫《给弗里德里希·恩格斯先生的公开信》。这封信把这位特卡乔夫先生理应知道我没有说过的各种琐事都加到我的头上,对此我是不在乎的;但是,特卡乔夫先生向德国工人提供了有关俄国状况的完全不真实的描述,企图以此来替巴枯宁主义者有关俄国的活动作辩护,这就迫使我不得不予以反驳。

特卡乔夫先生在他的公开信中总是以俄国革命青年的代表自居。他断言,我"给……俄国革命者出主意,说服他们和我〈!〉结成同盟";同时,说什么我"以最不利的色调来向德国工人"描写"俄国革命政党的国外代表"、他们的意向和他们的著作。他说道:"您向**我们俄国人**表示了您的最深的蔑视,因为在您看来,**我们是如此**'愚蠢'和'不成熟'"等等,"幼稚的中学生,这就是您赐予**我们**的称呼",——而结尾自然是下面这张王牌:"您嘲笑**我们**,就是为我们的共同敌人即俄罗斯国家很好地效劳"。说什么我"用尽一切骂人话"来攻击他特卡乔夫先生本人。

彼得·尼基季奇·特卡乔夫比任何人都知道得更清楚,所有这一切没有一句是真话。第一,在上述文章中我只是要特卡乔夫先生本人对特卡乔夫先生的名言负责,而没有归咎于其他任何人。我根本连想都没有想到要把他看做是俄国革命者的代表。如果他硬要以此自居,而把我所说的关于幼稚的中学生的话和其他恭维话从自己身上转送给他们,那我就要坚决反对这种做法。自然,在俄国革命青年中也像在任何地方一样,会碰到道德和智能极不相同的人。但是一般说来,即使把时代的差别和重大的环境差别充分估计在内,俄国青年现在无疑也要远远高过我们德国青年学生,甚至高过他们在黄金时代即在 30 年代初的水平。

除了特卡乔夫先生本人,谁也没有给予他代表所有这些青年人讲话的权利。尽管这一次他表明自己是一个真正的巴枯宁主义者,但是我还是怀疑他是否有权代表这样一些为数不多的俄国巴枯宁主义者来发言,即代表我曾经说过的"一些像癞蛤蟆一样好吹牛皮、到头来互相吞食的不成熟的大学生"来发言。但是,就算他真的代表他们,这仍然只不过是关于伦敦土利街三个裁缝的老故事的翻版,这三个裁缝曾发表一个宣言:"我们,英国人民,声明"等等①。因此,必须首先确定,"俄国革命者"无论先前和现在都与这里的问题毫不相干,我们应当把特卡乔夫的"我们"到处都读做"我"。

据说,我曾给他"出过主意"!对于这点我一无所知。**打击**,彼得·尼基季奇,我倒或许顺便给过几下,但是**主意?**② 劳驾请提出证据。

据说,我曾说服他或者像他这一类的人和我结成同盟,而且还指出这是我在前一篇文章的末尾谈到的。如果特卡乔夫先生能证明这点,我就给他10马克俾斯麦时代的帝国硬币。

据说,我曾断言他"愚蠢"——他给这两个字加上了引号。虽然我不想否认,他的才能的光芒——假如一般还可以说他有才能的话——在这两本著作中并没有放射出来,但是每个人仍然可以相信,在我的文章中"愚蠢"这两个字**一次也没有出现过**。不过,巴枯宁主义者先生们在没有别的出路的时候,总是求助于伪造

---

① 恩格斯在这里加了一个注:"我敢打赌,特卡乔夫先生一定会说,我开这个玩笑就完全背叛了无产阶级,因为我把裁缝'形容得滑稽可笑'。"——编者注

② "打击"的德文是"Schläge";"主意"的德文是"Ratschläge"。——编者注

引文。

此外,据说我还"嘲笑了"他,把他形容得"滑稽可笑"。特卡乔夫先生想硬要我认真看待他的小册子,这当然是绝对办不到的。我们德国人素来被认为是单调乏味的人,而且在许多时候确实也应该博得这样的称号。但是这并没有给我们加上一层义务,要在任何情况下都像巴枯宁主义者那样单调乏味和一本正经。德国工人运动由于同警察、检察官和监狱看守进行游击战而获得了一种独特的幽默气质;我为什么要否认它呢?谁也没有禁止特卡乔夫先生也尽力来嘲笑我,把我形容得滑稽可笑,只是不要把谎言加在我的身上。

然后接着便是一个无可比拟的指责:我如实地介绍了特卡乔夫先生及其著作就是"为我们的共同敌人即俄罗斯国家很好地效劳"!同样在另一个地方又说,像我那样描绘他,我就是违反"国际工人协会[12]纲领的基本原则"!这里在我们面前的是一个不折不扣的巴枯宁主义者。这些真正的革命者先生们,对我们总是为所欲为,尤其是他们在暗处这样干的时候,但是,你若试图不用最尊敬的口吻来谈论**他们**,试图揭露**他们的**活动,批评**他们**和他们的空话,你就是为俄国沙皇效劳和破坏国际的基本原则。事情恰恰相反。为俄国政府效劳的不是别人,正是特卡乔夫先生自己。如果俄国警察当局稍微聪明一点,它就会在俄国大量散发这位先生的小册子。一方面,警察当局未必能找到更好的手段,来在一切明白事理的人面前败坏作者自视为其代表的俄国革命者的名誉。另一方面,始终可能发生这样的情况:一些很好的但没有经验的年轻人被特卡乔夫先生引上轻举妄动的道路,从而自投罗网。

特卡乔夫先生说,我"用尽一切骂人话来攻击他"。但是有一种责骂,即所谓讽刺挖苦,是最有效的雄辩手段之一,这种手段一切大演说家在必要时都加以运用,而英国最有才能的政治著作家威廉·科贝特则是运用这种手段的能手,其运用之妙迄今还令人赞叹不已,并成为不可企及的典范。特卡乔夫先生在自己的小册子中也"骂"得很不坏。因此,**即使**我也骂了人,那么这本身也决不能构成我的罪过。但是,既然我并没有把特卡乔夫先生当做一回事,因而也根本没有采用什么雄辩术,所以我根本也**不可能去**辱骂他。我们来看一看,关于他我说了些什么。

我称他为"幼稚的、极不成熟的中学生"。不成熟可以指性格、智力和知识。至于说性格的不成熟,我用以下一段文字转述了特卡乔夫先生本人的故事:

"一位在本国负有盛名的俄国学者,流亡到国外,筹集资金在国外创办一个政治性刊物。他的事业刚刚有所进展,未经任何邀请,就有一个陌生的、多少有些过度兴奋的年轻后生跑来,自荐为他撰稿,并且极其幼稚地提出条件,要在有关编写和金钱的一切问题上都同刊物创办人享有同样的表决权。在德国,对这种人会干脆嗤之以鼻的。"

在这之后我没有必要再列举证据来说明他的性格的不成熟。下面那段从特卡乔夫先生的小册子中摘录下来的话,已充分证明他的智力的不成熟。至于谈到知识,那么《前进!》杂志和特卡乔夫先生之间的争论大部分是围绕着下述问题进行的:《前进!》杂志编辑要求俄国革命青年学会一些东西,用认真的、切实的知识来丰富自己,养成用合乎规律的方法来批判地思考的能力,兢兢业业地致力于自我提高和自我教育。特卡乔夫先生厌恶地拒绝了这类劝告:

"我不得不再三地表示他们常在我心中引起的极大愤慨…… 学习吧！提高自己吧！啊，上帝，难道这是一个活人在向活人们说话？等待！学习，深造！我们到底是否有权等待？〈意思是指和革命一起等待下去〉我们是否有权把时间浪费在提高自己上面？"（第14页）"知识——这确实是和平进步的必要条件，但对革命说来它们根本是不必要的。"（第17页）①

既然特卡乔夫先生对单纯号召学习都表示愤慨，既然他宣称一切知识对革命者说来都是多余的，况且在他自己的著作中也找不到任何一点点知识的痕迹，那么这样一来他就是自己为自己提供了不成熟的证据，而我只不过是指出了这点而已。但是，一个自己为自己提供了这种证据的人，在我们看来**顶多**只能达到中学生的教育程度。我指出他达到了他可能达到的这种最高的程度，决不是骂他，而是给了他甚至可以说是过多的荣誉。

此外，我说过，特卡乔夫先生的议论是幼稚的（本文中所摘录的话就是这方面的证明）、枯燥的（这一点大概作者本人也不会否认）、矛盾的（正如《前进！》杂志编辑向他指出的那样）和翻来覆去喋喋不休的（这也是准确的）。然后我谈到了他的雄心壮志（关于这一点我是用他自己的话来说的）和一事无成（本文再充分不过地证明了这一点）。究竟哪儿有骂人的话呢？我把他比做小卡尔·米斯尼克，比做德国最讨人喜欢的中学生和最为人所熟悉的德国著作家之一，这根本说不上是骂人话。不过，别忙！我不是说过，他像阿基里斯一样躲进自己的营幕，并从那里用自己的小册子向《前进！》杂志开火吗？问题原来在这里。一个一听到学习二字就勃然大怒的人，一个可以大胆地把海涅的诗句

---

① 彼·特卡乔夫《俄国的革命宣传的任务。给〈前进！〉杂志编辑的信》。
　　——编者注

> "他自己为自己赢得
> 他自己的全部无知"①

当做自己的座右铭的人,在这里头一次听说阿基里斯这个名字,完全是意料中的事。由于我提到阿基里斯时同时也提到了"营幕"和"开火",因此特卡乔夫先生可能会以为,这位阿基里斯是一个俄国军士或土耳其非正规军队的士兵,因而我骂他是阿基里斯,就是没有礼貌。但是我可以向特卡乔夫先生保证,我所说的这位阿基里斯是希腊传说中的非常伟大的英雄,他躲进自己的营幕就为一切时代最宏伟的英雄史诗——《伊利亚特》提供了题材;甚至巴枯宁先生也能向他证实这一点。如果我的这个猜想是正确的,那么当然,我将不得不声明,特卡乔夫先生**不是**一个中学生。

往下特卡乔夫先生说道:

"尽管如此,我仍然要表述这样的信念:要引起社会革命是很容易的…… 您会指出,既然可以这样容易地引起革命,为什么不这样干,而只是喋喋不休地谈论它呢?——在您看来这是可笑的、幼稚的行为…… 我和我的志同道合者深信,在俄国实现社会革命没有任何困难,任何时候都可以唤起俄国人民实行总的革命反抗〈!〉。诚然,这个信念使我们有责任进行一定的实践活动,但是这个信念同进行文字宣传的益处和必要性丝毫也不矛盾。只是**我们**深信这一点,那是不够的;我们希望,别人也赞同我们的这种信念。我们的志同道合者越多,我们就越会感到自己有力量,我们就越容易实际完成这个任务。"②

这简直太好了! 这听起来多么亲切,多么通情达理,多么善良

---

① 海涅《科贝斯第一》。——编者注
② 彼·特卡乔夫《给弗里德里希·恩格斯先生的公开信》1874年苏黎世版第9—10页。——编者注

崇高,多么令人信服。这听起来完全好像是说,特卡乔夫先生写自己的小册子仅仅是为了证明文字宣传的益处,而我这个没有耐性的黄口孺子却回答他说:文字宣传见鬼去吧,现在就该举事! ——那么,实际情况究竟怎样呢?

特卡乔夫先生在自己的小册子中一开始就干脆对报刊宣传(而这正是文字宣传的最有效的形式)投了不信任票,他声称,不应把"过多的革命力量浪费"在报刊宣传上,因为"它在运用得不恰当的时候所带来的害处,要比运用得恰当的时候可能带来的好处大得无可比拟"。我们这位特卡乔夫先生就是这样崇尚一般文字宣传的。如果就细节来说,当你想从事这种宣传,想为自己招募志同道合者时,仅仅发表宣言是不够的,而必须探究根据,因而,必须从理论上来考虑问题,也就是说归根到底必须科学地对待问题。关于这一点特卡乔夫先生向《前进!》杂志编辑声明道①:

> "您的哲学斗争,您的杂志热心进行的那种纯理论的、纯科学的宣传……从革命政党利益的角度来看,不仅是无益的,而且甚至是有害的。"

你们看,我们越深入地研究特卡乔夫先生对文字宣传的观点,我们就越陷入绝境,越不能理解他想要什么。事实上他究竟想要什么呢? 我们接着听下去:

> "难道您不懂得,一个革命者始终认为而且应当认为自己有权号召人民起义;他和庸俗哲学家不同的地方就在于,他不等待历史事件的进程本身向他指示时刻,而来自己选择这个时刻;他知道人民随时都有进行革命的准备(第 10 页)…… 谁不相信当前革命的可能性,谁就是不相信人民,不相信它有进行革命的准备(第 11 页)…… 正因为这样,所以我们不能等待,所

---

① 彼·特卡乔夫《俄国的革命宣传的任务。给〈前进!〉杂志编辑的信》。——编者注

以我们断定说,俄国革命绝对必要,而且恰恰是在**目前**绝对必要;我们不允许有任何耽误,任何延宕。不是现在就干,就得很久以后才干,也许是**永远不干**(第16页)……任何受尽专横暴虐和剥削者的折磨的民族……任何这样的民族(而**所有**民族都处于这种状况),由于自己的社会环境的条件本身的作用,都是革命的;它随时**能够**,它随时**希望**进行革命;它随时准备进行革命(第17页)…… 但是我们不能,而且也不想等待(第34页)…… 现在哪有工夫长期集训,哪有工夫没完没了地准备,——让每个人都迅速收拾好自己的家什,赶紧起程。干什么? 这个问题我们不应再去管它。它早已解决了。这就是干革命。——怎么干? 谁能怎么干就怎么干,谁知道怎么干就怎么干。"(第39页)

我认为这已经说得够清楚的了。因此我建议小卡尔·米斯尼克:既然已经非这样干不可了,既然人民已经准备好进行革命,而你也准备好了,既然你无论如何不愿等,不能等,而且也无权等下去了,既然你已得到了选择起义时刻的权利,以及最后,既然问题在于不是现在就干就是永远不干!——那么,最亲爱的小卡尔,你就干你所不能拒绝的事情吧,今天就立刻去干革命并把俄罗斯国家彻底摧毁吧,不然的话,末了你会酿成更大的灾祸!

小卡尔·米斯尼克干了些什么呢? 他投入了战斗吗? 消灭了俄罗斯国家吗? 解放了俄国人民——"这个不幸的、正在流血的、戴着蒙难的荆冠被钉在奴隶制十字架上的人民"吗? 解放了这个灾难深重得不允许他再等待下去的人民吗?

他连想都没有这样想。小卡尔·米斯尼克满脸流着无辜受辱的辛酸泪向德国工人诉说:你们看,坏蛋恩格斯在诬赖我;他声称我说过要立即起义;但是我说的根本不是这回事,而是说要进行**文字宣传**,而连自己也只是搞文字宣传的恩格斯,却厚着脸皮假装不了解"文字宣传的好处"。

等待! 搞文字宣传! 而我们到底是否有权等待,是否有权把时间浪费在文字宣传上？要知道，革命拖延每一小时、每一分钟，都使人民付出成千上万的牺牲！（第 14 页）现在不是进行文字宣传的时候，革命必须现在就干，不然也许是永远不干……我们不允许有任何耽误，任何延宕。而据说我们还要去搞文字宣传！啊，上帝，难道这是一个活人在向活人们说话，而这个说话的人就叫做彼得·特卡乔夫！

这套现在被轻蔑地抛弃的关于立即起义的大话，我称之为"幼稚的"，难道说得不对吗？这套大话竟幼稚到这种程度，可想而知，说这种大话的人在这方面大概已经到了登峰造极的地步。但是他居然还是超过了自己。《前进！》杂志编辑摘录了特卡乔夫先生起草的告俄国农民宣言中的一段话。特卡乔夫先生在宣言中对社会革命完成后的状况作了如下的描绘：

> "庄稼汉也就会过起载歌载舞的快活日子来……他的钱包装得满满的，并且装的是金币而不是铜子。家里的大小牲畜和家禽应有尽有，要多少有多少。他的饭桌上摆着各式各样的肉食，还总是有节日的糕点，还有各种甜酒，从早到晚随时可以享用。他又吃又喝，肚子能装下多少就装多少，而干活干多干少随他的便，谁也不敢强迫他去干什么事情：想吃就吃，想睡就往床上一倒……"①

一个编得出这类宣言的人，对于我仅仅把他叫做幼稚的、极不成熟的中学生，居然还要愤愤不平！

特卡乔夫先生接着说：

> "您到底为什么要指责我们的秘密活动？如果放弃秘密的、隐蔽的地下活动，我们也就势必要放弃所有一切革命活动。可是，您责骂我们还因为我

---

① 引自彼·拉甫罗夫《致俄国社会革命青年》1874 年伦敦版第 47 页。——编者注

们在这里,即在西欧……也不愿意放弃我们进行秘密活动的习惯,而这就妨碍了……伟大的国际工人运动。"①

第一,说俄国革命者除了搞密谋之外再没有别的手段是不正确的。特卡乔夫先生不是刚刚还在强调从国外传入俄国的文字宣传的重要性吗?况且,在俄国本国内,尤其是在城市中,向人民进行口头宣传的途径是永远不可能完全被杜绝的,不管特卡乔夫先生在这个问题上可以找到有利于自己的什么说法。对此最好的证明是,不久前在俄国进行的大规模逮捕中,大多数被捕者不是受过教育的人或大学生,而是工人。

第二,只要特卡乔夫先生能够向我证明,在我的政治生涯中,我什么时候和在什么地方曾经断言,密谋在任何条件下都是一概不能容许的,那么还在他没有解放俄国之前,我就远走高飞,到月球上去。只要他能够向我证明,我在我的文章中除了谈到反对国际的密谋即同盟而外还谈到别的密谋,那我就从月球上送一点什么东西给他作纪念。唉,如果俄国的巴枯宁主义者先生们的确认真地进行秘密活动来反对俄国政府那就好了!如果他们这些自诩为"活动家"(dejateli)的人不去搞以瞒哄和欺骗同谋者为根基的欺诈性密谋,即不去搞涅恰耶夫这位被特卡乔夫说成"我们当代青年的表率"所搞的那种密谋,如果他们不去搞破坏欧洲工人运动的密谋,即不去搞幸而被揭穿从而被摧毁的同盟所搞的那些密谋,而做一番真正的事业,来证明他们是真正有组织的,证明他们除了企图成立一个十来个人的小组以外还在干点别的事情,那就好了!但是他们没有这样做,而只是向全世界大嚷大叫:我们在进

---

① 彼·特卡乔夫《给弗里德里希·恩格斯先生的公开信》第7页。——编者注

行秘密活动,我们在进行秘密活动!他们完全像歌剧中的密谋家一样,放开喉咙演出一场四重唱,各自喊着:小声点,小声点!不要吵!所有这套关于广泛进行的密谋的牛皮大话只不过是一种掩蔽物,无非用来掩盖对于各国政府没有采取任何革命行动以及在革命党内进行充满野心的帮派活动的事实。

正因为我们在《一个反对国际的阴谋》①中无情地揭露了所有这些欺骗伎俩,这班先生们才这样暴跳如雷。他们说,这是"冒失行为"。他们说,我们揭露巴枯宁先生就是力图"玷辱我们所处的这个革命时代的最伟大和最富有自我牺牲精神的代表之一",而且是用"污秽"来玷辱。然而,只要暴露在光天化日之下,就可以看出,这种污秽原来完完全全是巴枯宁先生本人的作品,而且远非他的最糟糕的作品。上述著作把他描绘得还过于清白了。我们**仅仅摘录了**《革命问答》**223**第十八条,这一条规定必须如何对待俄国贵族和资产阶级,必须如何"掌握他们的污秽的秘密,从而使他们变成我们的奴隶,这样一来,他们的财富等等就会成为创办各种事业的取之不尽的宝库和宝贵的支柱"。我们到现在为止还没有说明,这一条是如何见诸实践的。而这方面有许多东西可以讲,并且在适当时机确实也要讲。

这样一来就弄清楚了,特卡乔夫先生摆出一副无辜受辱者的德行高超的面孔,即摆出一副对一切巴枯宁主义者都是极为相称的面孔对我进行的一切斥责,都是立足于这样一些论断,这些论断他不仅知道是假的,而且还是他本人卑鄙无耻地捏造出来的。关于他的《公开信》中涉及个人的部分,我们就谈到这里为止。

---

① 即马克思和恩格斯《社会主义民主同盟和国际工人协会》,见《马克思恩格斯全集》中文第 1 版第 18 卷。——编者注

五　论俄国的社会问题[224]

特卡乔夫先生谈到这个问题时告诉德国工人说,我对于俄国没有"丝毫知识",相反地,只表现出"愚昧无知";因此,他感到不得不向他们说明真实情况,特别是说明,为什么正是现在在俄国可能轻而易举地、比西欧要容易得多地实现社会革命。

"我们这里没有城市无产阶级,这的确是事实;然而我们这里也没有资产阶级…… 我国工人只需要同政治权力作斗争,因为资本的权力在我们这里还处于萌芽状态。而阁下不是不知道,同前者作斗争要比同后者作斗争容易得多。"[225]

现代社会主义力图实现的变革,简言之就是无产阶级战胜资产阶级,以及通过消灭一切阶级差别来建立新的社会组织。为此不但需要有能实现这个变革的无产阶级,而且还需要有使社会生产力发展到能够彻底消灭阶级差别的资产阶级。野蛮人和半野蛮人通常也没有任何阶级差别,每个民族都经历了这种状态。我们决不会想到要重新恢复这种状态,因为随着社会生产力的发展,从这种状态中必然要产生阶级差别。只有在社会生产力发展到一定程度,发展到甚至对我们现代条件来说也是很高的程度,才有可能把生产提高到这样的水平,以致使得阶级差别的消除成为真正的进步,使得这种消除可以持续下去,并且不致在社会的生产方式中引起停滞甚至倒退。但是生产力只有在资产阶级手中才达到了这样的发展程度。可见,就是从这一方面说来,资产阶级正如无产阶级本身一样,也是社会主义革命的一个必要的先决条件。因此,谁竟然断言在一个**虽然**没有无产阶级**然而**也没有资产阶级的国家里更容易进行这种革命,那就只不过证明,他还需要学一学关于社会主义的初步知识。

总之,俄国工人——而这些工人,用特卡乔夫先生自己的话说,乃是"农夫,因此不是无产者,而是**有产者**"——要做到这点是较为容易的,因为他们斗争的对象不是资本的权力,而"只是政治权力",即俄罗斯国家。而这个国家

"只有从远处看才像是一种权力…… 它在人民的经济生活里没有任何根基,它自身并不体现任何阶层的利益…… 在你们那里国家不是虚幻的权力,它用双脚站在资本上面;它本身体现着〈!〉一定的经济利益…… 我们这里的情况在这方面恰好相反;我国社会形式本身的存在有赖于国家的存在,这个国家可以说是悬在空中的,它和现存的社会制度毫不相干,它的根基是过去,而不是现在"。

我们既不去谈论认为经济利益需要有它们本身所创造的国家来充当自身的**体现者**这样一种混乱的观点,也不去谈论说什么俄国的社会形式〈要知道农民的公社所有制也是包括在其中的〉本身的存在有赖于国家的存在这样一种大胆的论断,也不去谈论认定这个国家本身同据说是由它创造的现存社会制度"毫不相干"这样一种矛盾的说法。我们最好是马上来看看这个绝对不代表任何阶层的利益的、"悬在空中的国家"吧。

在俄国欧洲部分,农民占有 10 500 万俄亩土地,贵族(为简便起见我把大土地所有者称为贵族)占有 1 亿俄亩土地,其中几乎有一半属于 15 000 个贵族,所以他们每人平均占有 3 300 俄亩。可见,农民的土地只比贵族的土地稍微多一点。你们看,贵族同充当他们占有全国一半土地的后盾的俄罗斯国家的存在竟没有丝毫利害关系!其次,农民为自己这一半土地一年交纳 19 500 万卢布的土地税,而贵族则只交纳 1 300 万!贵族的土地收获量平均比

农民的高一倍,因为在赎免徭役后接着分配土地时,国家从农民手中夺走而转交给贵族的,不仅是大部分的土地,而且也是最好的土地,同时农民不得不为了自己最坏的土地向贵族按最好的土地付地价。而俄国贵族同俄罗斯国家的存在竟没有丝毫利害关系!

农民——其大多数——在赎免以后,陷入了极其贫困的、完全无法忍受的状况。他们不仅被夺去了他们大部分的和最好的土地,因而甚至在帝国富饶的地区,农民的份地——按俄国的耕作条件说——都小得无法赖以糊口。农民不仅为这块土地被刮去了极大的一笔钱,这笔钱是由国家替他们垫付的,现在他们必须连本带利逐渐偿还给国家。他们不仅肩负着几乎全部土地税的重担,而贵族却几乎完全免税;单是这一项土地税就抵消了并且甚至超过了农民份地地租的全部价值,所以农民必须交付的其他一切捐税——关于这些,我们下面要谈到——就要直接从构成农民工资的那一部分收入中来扣除。不仅如此。除了要交纳土地税,交付国家垫付赎金的利息和分期偿付赎金以外,自从新近建立地方管理机关以来又加上了省和县的捐税。这次"改革"的最重大的后果就是给农民加上了各种新的捐税负担。国家完全保持了自己的收入,然而把相当大的一部分支出转嫁给各省和县,省和县为了弥补这种支出便征收新的捐税,而俄国的惯例是,上等阶层几乎不纳税,农民几乎交纳全部捐税。

这样的状况仿佛是专为高利贷者制造的。而由于俄国人在进行低级阶段的贸易,利用有利行情和玩弄与此密不可分的欺诈手腕方面都具有几乎无与伦比的本领,所以在俄国高利贷者比比皆是——无怪乎彼得一世早就说过,一个俄罗斯人抵得过三个犹太人。快到收税的时候,高利贷者、富农——往往是同一公社的富裕农民——就跑出来,拿自己的现钱放债。农民无论如何需要钱用,所以只得无可奈何地接受高利贷者的条件。这样一来,农民也就更深地陷入困境,需要的现钱越来越多。一到收获的时节,粮商就来了;因为需要钱,农民被迫出售一部分养家活口所必需的粮食。粮商散布各种压低价格的谣言,只出很低的价钱,甚至连这很低的价钱也常常部分地用按高价折合的商品来支付,因为在俄国实物工资制十分盛行。可见,俄国粮食的大量出口是直接以农民挨饿为基础的。——另一种剥削农民的方式是投机家从政府那里长期租赁一片国有土地,当土地不用施肥就能得到很好收成的时候就自己耕种,然后把这片土地分成小块,把耗尽地力的土地以很高的租价租给邻近的少地的农民。如果说上面我们看到的是英国式的实物工资制,那么在这里,我们看到的便是不折不扣的爱尔兰式的中间人。简言之,没有任何一个国家像俄国这样,当资产阶级社会还处在原始蒙昧状态的时候,资本主义的寄生性便已经发展到了这样的程度,以致整个国家、全体人民群众都被这种寄生性的罗网覆盖和缠绕。而所有这些吮吸农民血液的吸血鬼,同运用法律和法庭来保护吸血鬼的巧取豪夺的俄罗斯国家的存在,竟没有丝毫利害关系!

彼得堡、莫斯科、敖德萨近 10 年来那批特别由于铁路建设而获得空前迅速发展并在最近的投机年代倒霉地"一同遭到破产"的大资产阶级,那些把自己的全部生意建筑在农民贫困上面的经营粮食、大麻、亚麻和油脂的出口商,只有依赖国家恩赐的保护关税才能存在的整个俄国大工业——难道居民中这一切颇有分量的、迅速成长的因素同俄罗斯国家的存在竟没有利害关系? 至于充斥俄国、盗窃俄国并在俄国形成一个真正阶层的人数众多的官僚群体,就更不用说了。既然特卡乔夫先生硬要我们相信,俄罗斯国家"在人民的经济生活里没有任何根基,它自身并不体现任何阶层的利益",它是"悬在空中"的,那就不禁使我们觉得,悬在空中的与其说是俄罗斯国家,倒不如说是特卡乔夫先生自己。

俄国农民在摆脱农奴地位以后的处境已经不堪忍受,不可能长久这样继续下去,而仅仅由于这个原因,俄国革命正在日益迫近,这都是显而易见的事情。问题只在于这个革命的结果可能怎样,将会怎样? 特卡乔夫先生说,它将是社会革命。这纯粹是同义反复。任何一次真正的革命都是社会革命,因为它使新阶级占据统治地位并且让这个阶级有可能按照自己的面貌来改造社会。其实,特卡乔夫先生是想说,这将是社会主义革命,它将在我们西方还没有实现以前,就在俄国实现西欧社会主义所追求的那种社会形式——而且是在无产阶级和资产阶级只是零星出现并且还处在低级发展阶段上的社会状态下来实现! 这一点所以成为可能,是因为俄国人可以说是社会主义的选民,而且他们还有劳动组合和土地公社所有制!

关于劳动组合特卡乔夫先生只是附带提了一下,但是我们在这里要多谈几句,因为从赫尔岑年代起,在许多俄国人心目中它就具有某种神秘的作用。劳动组合是俄国一种很普遍的协作形式,是自由合作的一种最简单的形式,很像狩猎民族在打猎时的自由合作形式。无论按名称或按事实说来,它都不是起源于斯拉夫族,而是起源于鞑靼族。它的名称和事实,一方面在吉尔吉斯族、雅库特族等中间可以见到,另一方面在拉普族、萨莫耶德族和其他芬兰民族中也可以见到。[①] 所以劳动组合最初不是在俄国西南部,而是在它的北部和东部,即同芬兰人和鞑靼人接壤的地方发展起来

---

① 恩格斯在这里加了一个注:"关于劳动组合,还可以参看 ‘Sbornik materialov ob Arteljach v Rossiji’(《俄国劳动组合材料汇编》)1873 年圣彼得堡版第 1 分册。"——编者注

的。严寒的气候要求进行多种多样的工业活动,而城市的不够发达和资本的缺乏就尽可能由这种合作形式来弥补。劳动组合的最重要的特征之一,即组合成员们彼此负有团结一致对付第三者的责任,这原来是以血族关系为基础的,如像古德意志人中间的相互担保、血族复仇等等一样。——附带说说,劳动组合这个名词在俄国不仅用于各种合伙的行动上,而且还用于共同的机构上。①

在工人劳动组合里面,总是要选出一个领导(starosta 即长者)来执行财务员、会计等职务,需要时还执行经理的职务,并且领取一笔特别薪俸。这类劳动组合:

(1)是为了暂时性的事业而建立的,事业结束后即行解散;

(2)是在从事某种同一职业的人中间,例如在搬运工人等等中间建立的;

(3)是为了真正的工业企业,即永久性的企业而建立的。

它们是根据全体成员签订的合同建立的。如果这些成员自己不能凑足必要的资本,如像在干酪业和捕鱼业(为了买渔网、渔船等等)中所常见的那样,那么劳动组合便落在高利贷者手中,他以高额利息贷出组合欠缺的款子,从此就把大部分的劳动收入装进自己的腰包。但是,全体以雇佣工人身份受雇于某个企业主的那些劳动组合,则受到更加卑鄙的剥削。他们自己管理着自己的生产活动,这样就为资本家节省了监督费用。资本家把茅舍租给他们住,借给他们生活资料,从而又实行起最可鄙的实物工资制。在阿尔汉格尔斯克省的伐木工人和松焦油提炼工人中间,在西伯利亚以及其他地方的许多行业中间,情况就是如此(参看弗列罗夫

---

① 此文在 1875 年发表时接着还写有下面这句话:"交易所也是一种劳动组合。"——编者注

斯基《俄国工人阶级状况》1869 年圣彼得堡版）。可见，劳动组合在这里是使资本家**便于**剥削雇佣工人的工具。但是，另一方面，也有一种雇用本团体**以外**的人做雇佣工人的劳动组合。

总之，劳动组合是一种自发产生的，因而还很不发达的合作社形式，并且也不是纯俄罗斯或纯斯拉夫的合作社形式。在凡是需要的地方，都建有这种合作社：在瑞士的乳品业中，在英国的捕鱼业中，合作社的种类甚至是非常纷繁的。在 40 年代建造那么多德国铁路的西里西亚的土方工人（是德国人，而决不是波兰人）就曾组织在真正的劳动组合里面。这种形式在俄国占有优势当然证明俄国人民有着强烈的联合愿望，但这还远不能证明他们靠这种愿望就能够从劳动组合直接跳入社会主义的社会制度。要实现这种过渡，首先劳动组合本身应当能够向前发展，抛弃它本身那种自发的，如我们所看到的与其说为工人不如说为资本家服务的形式，并且它应当**至少**提高到西欧合作社的水平。然而，即使这一次可以相信特卡乔夫先生（从上面说过的一切看来，这样做自然是过于冒险了），问题也远不是那么回事。相反，他竟用一种对于他的观点是非常典型的傲慢态度向我们断言：

> "至于不久前在俄国人为地培植起来的德国〈！〉式的合作社和信用社，我国大多数工人都是以完全漠然的态度对待它们，并且它们几乎到处都遭到了彻底破产。"

现代的合作社至少已经证明，它能够自担风险、有利可图地经营大工业（如兰开夏郡的纺织业）。劳动组合则直到现在不仅没有能力做到这点，而且如果它不继续发展的话，它甚至必然要亡于大工业。

俄国农民的公社所有制是普鲁士的政府顾问哈克斯特豪森于 1845 年发现的，他把这种所有制当做一种十分奇妙的东西向全世界大肆吹嘘，虽然哈克斯特豪森在自己的故乡威斯特伐利亚也能找到不少公社所有制的残余，而他作为一个政府官员，甚至有义务确切了解这种残余的情况。[①] 身为俄国地主的赫尔岑，从哈克斯特豪森那里第一次得悉，他的农民们是共同占有土地的，于是他便利用这一点来把俄国农民描绘成真正的社会主义体现者、天生的共产主义者，把他们同衰老腐朽的西欧的那些不得不绞尽脑汁想出社会主义的工人对立起来。这种认识由赫尔岑传给了巴枯宁，又由巴枯宁传给了特卡乔夫先生。我们听听特卡乔夫先生是怎么说的：

"我国人民……绝大多数……都充满着公有制原则的精神；他们——如果可以这样说的话——是本能的、传统的共产主义者。集体所有制的思想同俄国人民的整个世界观〈我们马上就会看到，俄国农民的世界能达到多远的境地〉深深地生长在一起，以致现在当政府开始领悟到这个思想同一个'有良好秩序的'社会的各种原则不能相容，并且为了这些原则想把个人所有制思想灌入人民意识和人民生活中去的时候，就只好依靠刺刀和皮鞭。由此看来，我国人民尽管愚昧无知，但是比西欧各国人民更接近于社会主义，虽然后者是较有教养的。"

其实，土地公社所有制这种制度，我们在从印度到爱尔兰的一切印度日耳曼语系各民族的低级发展阶段上，甚至在那些在发展中曾受到印度影响的马来人中间，例如在爪哇，都可以见到。早在1608年，在刚被征服的爱尔兰北部合法存在的土地公社所有制，曾被英国人用做借口来宣布说土地无主，从而把这些土地收归皇家所有。在印度，直到今天还存在着许多种公社所有制形式。在德国，它曾经是普遍现象；现在有些地方还可以看到的公有地，就

---

① 参看奥·哈克斯特豪森《俄国的国内状况、国民生活、特别是农村设施概论》1847年汉诺威版第1—2册，1852年柏林版第3册。——编者注

是它的残余;特别是在山区,常常会看到它的明显遗迹,如公有地的定期重新分配等等。关于古德意志公社所有制的更精确的说明及其详细情况,可以在**毛勒**的许多著作中找到,这些著作都是论述这个问题的经典作品。[226]在西欧,包括波兰和小俄罗斯在内,这种公社所有制在社会发展的一定阶段上,变成了农业生产的桎梏和障碍,因而渐渐被取消了。相反地,在大俄罗斯(即俄国本土),它一直保存到今天,这首先就证明农业生产以及与之相适应的农村社会状态在这里还处在很不发达的阶段,而且事实上也是如此。俄国农民只是在自己的公社里面生活和活动;其余的整个世界只有在干预他的公社事务时,对于他才是存在的。这一点甚至表现在这一事实上:在俄语中,*мир* 一词既有"世界"的意思,又有"农民公社"的意思。*Весь мир*,即"全世界",在农民的语言中就是公社社员大会。因此,特卡乔夫先生说到俄国农民的"**世界观**",显然是把俄文 *мир* 一词译错了。各个公社相互间这种完全隔绝的状态,在全国造成虽然相同但绝非共同的利益,这就是**东方专制制度**的自然形成的基础。从印度到俄国,凡是这种社会形式占优势的地方,它总是产生这种专制制度,总是在这种专制制度中找到自己的补充。不仅一般的俄罗斯国家,并且连它的特殊形式即沙皇专制制度,都不是悬在空中,而是俄国社会状态的必然的和合乎逻辑的产物,而根据特卡乔夫先生的说法,它同这种状态竟"毫不相干"! ——俄国向**资产阶级**的方向继续发展,即使没有俄国政府的"刺刀和皮鞭"的任何干涉,在这里也会把公社所有制逐渐消灭掉的。这特别是因为俄国农民不是像在印度某些省份里现在还有的情形那样,共同耕种公有地,仅仅把产品拿来分配。相反,在俄国,土地不时在各个家长之间进行分配,并且每家各自耕种自己的一份土地。这就有可能造成公社社员间在富裕程度上的极大差异,而这种现象也确实是存在的。几乎在一切地方,公社社员中总有几个富裕农民,有时是百万富翁,他们放高利贷,榨取农民大众的脂膏。这一点谁也没有特卡乔夫先生知道得清楚。他一方面硬要德国工人相信,只有刺刀和皮鞭才能迫使俄国农民这个本能的、传统的共产主义者放弃"集体所有制的思想",同时却在自己的俄文小册子第15页上说道:

> "一个**高利贷者**〈kulakov〉阶级,农民土地和地主土地的**购买者**和**租佃者**阶级,即农民贵族正在农民中间培植出来。"

这正是我们上面详细说过的那一类吸血鬼。

给公社所有制以最沉重打击的仍然是赎免徭役。地主获得了大部分和最好的土地;留给农民的土地只勉强够,往往是根本不够维持生活。此外,森林也转归地主;以前农民可以不花钱取用的薪柴、做木器用和建筑用的木料,现在也必须用钱来购买。于是,农民除了一所小房子和一块光秃秃的土地以外就一无所有,没有钱来耕种;通常土地也不够用,不能保证他一家由一次收获活到下一次收获。在这种条件下,由于各种捐税和高利贷者的压迫,土地公社所有制已不再是一种恩惠,而变成了一种桎梏。农民时常全家或只身逃出公社,抛弃自己的土地,靠做短工谋生。①

由此可见,俄国的公社所有制早已度过了它的繁荣时代,看样子正在趋于解体。但是也不可否认有可能使这一社会形式转变为高级形式,只要它能够保留到条件已经成熟到可以这样做的时候,

---

① 恩格斯在这里加了一个注:"关于农民状况,还可以参看政府农业委员会的正式报告(1873年),以及斯卡尔金'W Zacholusti i w Stolice'(《在穷乡僻壤和在首都》)1870年圣彼得堡版。后一著作是自由派中的保守分子写的。"——编者注

只要它显示出能够在农民不再是单独而是集体耕作的方式下向前发展①；就是说，有可能实现这种向高级形式的过渡，而俄国农民无须经过资产阶级的小块土地所有制的中间阶段。然而这只有在下述情况下才会发生，即西欧在这种公社所有制彻底解体以前就胜利地完成无产阶级革命并给俄国农民提供实现这种过渡的必要条件，特别是提供在整个农业制度中实行必然与此相联系的变革所必需的物质条件。可见，特卡乔夫先生断言俄国农民虽然是"有产者"，但比西欧无财产的工人"更接近于社会主义"，完全是胡说八道。恰恰相反。如果有什么东西还能挽救俄国的公社所有制，使它有可能变成确实富有生命力的新形式，那么这正是西欧的无产阶级革命。

　　特卡乔夫先生处理政治革命也像他处理经济革命一样轻率。他说，俄国人民用"组成教派……抗税……建立强盗集团〈德国工人可以额手称庆了，因为屠夫汉斯竟是德国社会民主党之父〉……放火……暴动"等形式"不断地反抗"奴隶制，"所以俄国人民可以说是本能的革命者"。所有这一切都使特卡乔夫先生确信："只要在几个地方同时激起始终在我国人民心胸中沸腾着的……积愤和不满情绪……"那时"革命力量的团结就会**自然而然地**发生，而斗争……就一定会有利于人民事业。实际的必要性，自卫的本能"也将自然而然地造成"进行反抗的各个公社间紧密的不可分割的联盟"。

---

①　恩格斯在这里加了一个注："在波兰，尤其是在格罗德诺省，地主由于1863 年的暴动而大部分破产，农民现在往往购买或租赁地主庄园，并且**为着共同的利益**共同进行耕种。但这些农民几百年来已没有任何公社所有制，并且他们不是大俄罗斯人，而是波兰人、立陶宛人和白俄罗斯人。"——编者注

不能想象有比这更容易更惬意的革命了。只要在三四个地方同时发动起义，则"本能的革命者"、"实际的必要性"、"自卫的本能"就会"自然而然地"把其他一切都做好。革命既然是这样难以置信的轻易，那为什么没有早就去革命，为什么人民还没有获得解放，为什么俄国还没有变成模范的社会主义国家，这简直是无法理解的。

其实情况完全不是这样。俄国人民，这些"本能的革命者"，固然曾经举行过无数次零星的农民起义去反对**贵族**和反对个别官吏，但是，除了**冒名沙皇**的人充任农民首领并要夺回王位以外，**从来没有反对过沙皇**。叶卡捷琳娜二世时代最后一次大规模农民起义之所以可能，只是因为叶梅利扬·普加乔夫冒充是她的丈夫彼得三世，说什么他未被妻子杀害，而只是被废黜和关进牢狱，但是他逃出来了。相反，沙皇被俄国农民看成人间的上帝：Bog vysok, Car daljok, 即上帝高，沙皇远——这就是他们绝望中的哀叹声。至于农民大众——特别是从赎免徭役以来——所处的地位，日益迫使他们也去同政府和沙皇作斗争，这是确实无疑的事实；而关于"本能的革命者"的童话，让特卡乔夫先生去说给别人听吧。

除此之外，**就假定**俄国农民大众本能上是最革命不过的，**就假定**我们设想革命是可以像定做一块印花布或一把茶炊那样来定做的，那么请问：是否容许一个 12 岁以上的人像我们在这里所看到的那样极其幼稚地设想革命的进程呢？大家还要进一步想一想，这一切是在按这种巴枯宁方式制造出来的第一次革命于 1873 年在西班牙惨败以后写出来的。在那里也是同时在几个地方开始起义。在那里人们也是指望，实际的必要性、自卫的本能将自然而然地在进行反抗的各个公社间建立起紧密的不可分割的联盟。结果怎样呢？每个公社、每个城市都只是各自保卫自己，根本谈不上互相援助,因而帕维亚只率领3 000个士兵,在14天内就相继征服了各个城市,消除了所有这些无政府主义的壮举。(见我的《行动中的巴枯宁主义者》①一文,那里关于这点写得很详细。)

俄国无疑是处在革命的前夜。财政已经混乱到了极点。捐税额已无法再往上提高,旧国债的利息要用新公债来偿付,而每一次举借新公债都遇到越来越大的困难;只有借口建造铁路还能筹到一些钱!行政机构早已腐败透顶,官吏们主要是靠贪污、受贿和敲诈来维持生活,而不是靠薪俸。全部农业生产——这是俄国最主要的生产——都被1861年的赎买办法弄得混乱不堪;大地产没有足够的劳动力,农民没有足够的土地,他们遭到捐税压榨,受到高利贷者的洗劫;农业生产一年比一年下降。所有这一切只是靠东方专制制度在表面上勉强支持着,这种专制制度的专横,我们在西方甚至是无法想象的。这种专制制度不但日益同各个开明阶级的见解,特别是同迅速发展的首都资产阶级的见解发生越来越剧烈的矛盾,而且连它现在的体现者也不知所措:今天向自由主义让步,明天又吓得要命地把这些让步收回,因而越来越失去信用。同时,集中于首都的那些较开明的国民阶层越来越意识到,这种情况不可容忍,变革已经迫近,但他们也产生一种幻想,以为能把这个变革纳入安静的立宪的轨道。这里,革命的一切条件都结合在一起;这次革命将由首都的上等阶级,甚至可能由政府自己开始进行,但是农民将把它向前推进,很快就会使它超出最初的立宪阶段的范围;这个革命单只由于如下一点就对全欧洲具有极伟大的意义,这就是它会一举消灭欧洲整个反动势力的迄今一直未被触动

---

① 恩格斯《行动中的巴枯宁主义者——关于西班牙最近一次起义的札记》,见《马克思恩格斯全集》中文第1版第18卷。——编者注

的最后的后备力量。这个革命无疑正在日益临近。只有两个事变可能使它长久迁延下去：或者是反对土耳其或反对奥地利的战争得手，为此需要有金钱和可靠的同盟者，或者是过早的起义尝试把有产阶级再次赶入政府的怀抱。

弗·恩格斯

弗·恩格斯写于 1874 年 5 月中—1875 年 4 月中

载于 1874 年 6 月 17 和 26 日，10 月 6 和 8 日《人民国家报》第 69、73、117 和 118 号；1875 年 3 月 28 日，4 月 2、16、18 和 21 日《人民国家报》第 36、37、43、44 和 45 号

原文是德文

选自《马克思恩格斯文集》第 3 卷第 347—402 页

卡·马克思

*巴枯宁《国家制度和无政府状态》一书摘要（摘录）²²⁷

"我们已经表示深深厌恶拉萨尔和马克思的理论,这种理论建议工人**建立人民国家**（народное государство）,即使不是把这看做最终的理想,至少也要看做最近的主要目的。按他们的解释,'人民国家'不是别的,而是'**上升为统治阶级的**'无产阶级。请问,如果无产阶级成了统治阶级,它去统治谁呢？这就意味着（这就是说,значит）,将来还有另一个无产阶级要从属于这个新的统治,新的国家（государство）。"

这就是说,只要其他阶级特别是资本家阶级还存在,只要无产阶级还在同它们进行斗争（因为在无产阶级掌握政权后无产阶级的敌人和旧的社会组织还没有消失）,无产阶级就必须采用**暴力**措施,也就是政府的措施;如果无产阶级本身还是一个阶级,如果作为阶级斗争和阶级存在的基础的经济条件还没有消失,那么就必须用暴力来消灭或改造这种经济条件,并且必须用暴力来加速这一改造的过程。

"例如,大家都知道,крестьянская чернь,即普通农民,贫贱农民,是不被马克思主义者赏识的,而且是文化程度最低的,他们大概要受城市工厂无产阶级统治。"

这就是说,凡是农民作为私有者大批存在的地方,凡是像在西欧大陆各国那样农民甚至多少还占多数的地方,凡是农民没有消失,没有像在英国那样为农业短工取代的地方,就会发生下列情况:或者农民会阻碍和断送一切工人革命,就像法国迄今所发生的那样,或者无产阶级(因为有产农民不属于无产阶级;甚至从他们的状况来看已属于无产阶级的时候,他们也认为自己不属于无产阶级)将以政府的身份采取措施,直接改善农民的状况,从而把他们吸引到革命中来;这些措施,一开始就应当促进土地的私有制向集体所有制过渡,让农民自己通过经济的道路来实现这种过渡;但是不能采取得罪农民的措施,例如宣布废除继承权或废除农民所有权;只有当资本主义租地农场主排挤了农民,而真正的农民变成了同城市工人一样的无产者、雇佣工人,因而和城市工人**直接地**而不是间接地有了共同利益的时候,才能够这样做;尤其不能像在巴枯宁的革命进军中那样用简单地把大地产分给农民以扩大小块地产的办法来巩固小块土地所有制。

"或者,如果从民族观点来看这个问题,那么假定对于德国人来说,斯拉夫人将由于同样的原因对胜利的德国无产阶级处于奴隶般的从属地位,正如德国无产阶级对本国的资产阶级处于奴隶般的从属地位一样。"(第278页)

小学生式的蠢话!彻底的社会革命是同经济发展的一定历史条件联系着的;这些条件是社会革命的前提。因此,只有在工业无产阶级随着资本主义生产的发展,在人民群众中至少占有重要地位的地方,社会革命才有可能。无产阶级要想有任何胜利的可能性,至少应当善于变通,直接为农民做很多的事情,就像法国资产阶级在进行革命时为当时法国农民所做的那样。想得真妙,劳动的统治竟包括对农业劳动的压迫!但是这里恰好暴露了巴枯宁先生内心深处的思想。他根本不懂得什么是社会革命,只知道这方

面的政治词句;在他看来,社会革命的经济条件是不存在的。由于
在此以前存在过的一切发达的和不发达的经济形式都包括了对劳
动者(不论是具有雇佣工人、农民等等的形式)的奴役,所以他认
为,在这一切经济形式下,**彻底的革命**同样都是可能的。不仅如
此! 他希望,建立在资本主义生产的经济基础之上的欧洲社会革
命要按俄国或斯拉夫的农业民族和游牧民族的水平来进行,并且
不要超过这种水平,虽然他也看到,**航海**造成了兄弟之间的差别。
但也只不过是**航海**而已,因为这是一切政治家都知道的差别! 他
的社会革命的基础是**意志**,而不是经济条件。

"如果有国家(государство),就必然有统治(господство),因而也就有
'奴役';离开公开的或隐蔽的奴役,统治是不可想象的,这就是我们要与'国
家'为敌的原因。"(第278页)
"'上升为统治阶级的'无产阶级是什么意思呢?"

这就是说,无产阶级不再在一个个场合同经济特权阶级作斗
争,它获得的力量和组织使它足以在同这些阶级作斗争时采取普
遍的强制手段;但是,它只能运用经济手段来消除它作为雇佣工人
的特性,因而消除它作为阶级的特性;随着它获得彻底胜利,它的
统治也就结束了,因为它的阶级性质已经消失了。

"难道整个无产阶级都将成为政府的首脑?"

举例来说,难道在工会中,它的执行委员会是由工会全体组成
的吗? 难道在工厂中一切分工和由分工而产生的各种不同的职能
都将消失吗? 难道在巴枯宁的"自下而上"的结构中,人人都在
"上面"吗? 如果那样,岂不就没有什么"下面"了。难道公社的全
体社员将同时掌管一个"地区"的共同利益吗? 如果那样,公社和
"地区"之间也就没有任何差别了。

"德国人大约有4 000万。难道4 000万人全将成为政府成员吗?"

当然如此!因为事情是从公社自治做起的。

"全民都将成为统治者,而被统治者也就没有了。"

如果人自己统治自己,那么按照这个原则,他就不是统治自己;因为他只是他自己,而不是别人。

"如果那样,就将没有政府,没有国家,而如果有国家,就会有统治者和奴隶。"(第279页)

这只是说:阶级统治一旦消失,目前政治意义上的国家也就不存在了。

"这个二者择一的问题在马克思主义者的理论中解决得很简单。他们〈即巴枯宁〉所理解的人民的统治,就是人民通过由人民选举出来的为数不多的代表来实行统治。"

蠢驴!这是民主的胡说,政治的瞎扯!选举是一种政治形式,在最小的俄国公社和劳动组合中都有。选举的性质并不取决于这个名称,而是取决于经济基础,取决于选民之间的经济联系;当这些职能不再是政治职能的时候,(1)政府职能便不再存在了;(2)一般职能的分配便具有了事务性质并且不会产生任何统治;(3)选举将完全丧失它目前的政治性质。

"由全民选举人民代表和'国家统治者'的普选权"——

像全民这样的东西,在目前的意义上是幻想——

"这就是马克思主义者以及民主学派的最新成就——都是谎言,它掩盖着**进行统治的少数人**的专制,更危险的是,它貌似所谓人民意志的表现"。

在集体所有制下,所谓的人民意志消失了,而让位给合作社的真正意志。

"因此结果是:具有特权的少数人统治绝大多数的人民群众。但是,马克思主义者说,这个少数"——

在哪里说的?

"将由工人构成。是的,大概是过去的工人,但是他们一旦变成了人民的代表或者人民的统治者,他们就**不再是工人了**"。

而决不像目前的工厂主,他们并不因当了市镇委员会的委员就不再是资本家。

"他们将从'国家'的高度来看一切普通的工人:他们代表的,将不再是人民而是他们自己和他们统治人民的'野心'。谁怀疑这一点,谁就完全不了解人的本性。"(第279页)

如果巴枯宁先生对工人合作工厂中的经理的地位只要有一些了解,他关于统治权的一切狂想就见鬼去吧。他会不得不问自己:在这种工人国家(如果他愿意这样称呼它的话)的基础上,管理职能会具有什么形式。

(第279页)"但是这些当选人将是具有狂热而坚定的信念的、并且是博学的社会主义者。'**博学社会主义**'这个词"——

还从来没有人使用过。

"**科学社会主义**",也只是为了与空想社会主义相对立才使用,因为空想社会主义力图用新的幻想欺蒙人民,而不是仅仅运用自己的知识去探讨人民自己进行的社会运动;参看我反对蒲鲁东的那本书①——

---

① 指马克思《哲学的贫困》,见本选集第1卷。——编者注

"在拉萨尔派[228]和马克思主义者的文章和演讲中经常使用。这本身就证明,所谓的人民国家不是别的,而是由真正的或冒牌的博学者所组成的一个新的人数很少的贵族阶级非常专制地统治人民群众。人民是没有知识的,这就是说,他们将从从事统治的操劳中完全被解放出来,完全被当做被统治的畜群。多么美好的解放啊!"(第279—280页)

"马克思主义者感觉到了这个〈!〉矛盾,由于意识到,博学者的统治〈简直是胡说!〉是世界上最沉重、最令人憎恨、最可鄙的统治,它尽管具有一切民主的形式,但将是实实在在的专政,因此他们便想象这个专政是临时的、短暂的,以此来聊以自慰。"

不,我亲爱的!工人对反抗他们的旧世界的各个阶层实行的**阶级统治**只能持续到阶级存在的经济基础被消灭的时候为止。

"他们说,他们唯一的心愿和目的是教育人民和从经济上与政治上提高人民〈酒馆里的政客!〉,使人民达到这样的程度,以致任何统治很快都变得无用,国家丧失政治的即'统治的'性质,自行变成各种经济利益和各公社的自由组织。这是一个明显的矛盾。如果他们的国家真正是人民大众的国家,那么为什么要把它废除呢?如果为了人民的真正解放而必须废除国家,那么他们又怎么敢把它称为人民大众的国家呢?"(第280页)

撇开想在李卜克内西的**人民国家**(那是同《共产主义宣言》①等等相抵触的一种胡说)这个问题上做文章的企图不谈,这里的意思只不过是:由于无产阶级在为摧毁旧社会而斗争的时期还是在旧社会的基础上进行活动,因此自己的运动还采取多少同旧社会相适应的政治形式;所以,在这一斗争时期,无产阶级还没有建立起自己的最终的组织,为了解放自己,它还要使用一些在它获得解放以后将会放弃的手段。由此巴枯宁先生便得出结论说,无产阶级最好什么也别干,而只等待……**普遍清算的日子**——末日审判的到来。

---

① 即《共产党宣言》。——编者注

"通过同他们的**论战**〈这场论战显然早在我反对蒲鲁东的那本书和《共产主义宣言》问世以前,甚至早在圣西门以前,就已经进行了:好一个逆序法!〉,**我们**使他们**认识到**,自由或者无政府状态〈巴枯宁先生仅仅是把蒲鲁东和施蒂纳的无政府状态翻译成野蛮的鞑靼语罢了〉,即工人群众自下而上的自由组织〈胡说八道!〉,是社会发展的最终目的,而任何'国家',人民国家也不例外,都是一种羁绊,它一方面产生专制,另一方面产生奴役"(第 280 页)。

卡·马克思写于 1874—
1875 年初

第一次发表于 1926 年《马克
思主义年鉴》杂志第 2 期

原文是德文

选自《马克思恩格斯文集》
第 3 卷第 403—409 页

弗·恩格斯

给奥·倍倍尔的信²²⁹

1875 年 3 月 18—28 日于伦敦

亲爱的倍倍尔：

我已经接到您 2 月 23 日的来信，并且为您身体这样健康而高兴。

您问我，我们对合并这件事有什么看法？可惜我们的处境和您完全一样。无论是李卜克内西或其他什么人都没有给我们通报任何情况，因此，我们知道的也只是报纸上登载的东西，而且报纸上并没有登载什么，直到大约一星期前才登出了纲领草案。这个草案的确使我们吃惊不小。

我们党经常向拉萨尔派²²⁸伸出手来，建议和解或者至少是合作，但是每次都遭到哈森克莱维尔们、哈赛尔曼们和特耳克们的无礼拒绝，²³⁰因而就连每个小孩子都必然要由此得出这样一个结论：既然这些先生们现在自己跑来表示和解，那他们一定是陷入极端困难的境地了。但是，考虑到这些人的尽人皆知的本性，我们有责任利用这种困境取得一切可能的保证，使这些人无法靠损害我们党的利益在工人舆论中重新巩固他们已经动摇的地位。我们应当以极其冷淡的和不信任的态度对待他们,是否合并要看他们有多少诚意放弃他们的宗派口号和他们的"国家帮助",并基本上接受1869年的爱森纳赫纲领[231]或这个纲领的适合目前情况的修正版。我们的党在理论方面,即在对纲领有决定意义的方面,**绝对没有什么**要向拉萨尔派**学习**的,而拉萨尔派倒是应当向我们的党学习;合并的第一个条件是,他们不再做宗派主义者,不再做拉萨尔派,也就是说,他们首先要放弃国家帮助这个救世良方,即使不完全放弃,也要承认它同其他许多可能采取的措施一样是个次要的过渡措施。纲领草案证明,我们的人在理论方面比拉萨尔派的领袖高明一百倍,而在政治机警性方面却差一百倍;"诚实的人"[232]又一次受到了不诚实的人的极大的欺骗。

第一,接受了拉萨尔的响亮的但从历史的观点来看是错误的说法:对工人阶级说来,其他一切阶级只是反动的一帮。这句话只有在个别例外场合才是正确的,例如,在像巴黎公社这样的无产阶级革命时期,或者是在这样的国家,那里不仅资产阶级按照自己的形象塑造了国家和社会,而且民主派小资产阶级也跟着资产阶级彻底完成了这种变形。拿德国来说,如果民主派小资产阶级属于这反动的一帮,那么,社会民主工党怎么能够多年同他们,同人民党[34]携手一道走呢?《人民国家报》[49]自己的几乎全部的政治内容怎么能够取自于小资产阶级民主派的《法兰克福报》[233]呢?怎么能够在这个纲领中列入不下七项在字句上同人民党和小资产阶级民主派的纲领完全一致的要求呢?我所指的是七项政治要求,即1—5和1—2,这七项要求中没有一项不是**资产阶级**民主主义的要求[234]。

第二,工人运动的国际性原则实际上在当前完全被抛弃,而且是被五年来在最困难的情况下一直极其光荣地坚持这一原则的人们所抛弃。德国工人处于欧洲运动的先导地位，**主要**是由于他们在战争期间采取了真正国际性的态度；任何其他国家的无产阶级都没有能做得这样好。现在，在国外，当各国政府极力镇压在某一个组织内实现这一原则的任何尝试，而各国工人到处都极力强调这个原则的时候，竟要德国工人抛弃这个原则！工人运动的国际主义究竟还剩下什么东西呢？只剩下渺茫的希望——甚至不是对欧洲工人在今后争取解放的斗争中进行合作的希望，不是的，而是对未来的"各民族的国际的兄弟联合"的希望，是对和平同盟235中的资产者的"欧洲合众国"的希望！

当然根本没有必要谈国际本身。但是，至少不应当比 1869 年的纲领后退一步，而大体上应当这样说：**虽然**德国工人党**首先**是在它所处的国境之内进行活动（它没有权利代表欧洲无产阶级讲话，特别是讲错误的话），但是它意识到自己和各国工人的团结一致，并且始终准备着一如既往继续履行由这种团结一致所带来的义务。即使不直接宣布或者认为自己是"国际"的一部分，这种义务也是存在着的，例如，在罢工时进行援助并阻止本国工人移居国外，设法使德国工人通过党的机关刊物了解国外的运动的情况，进行宣传反对日益迫近的或正在爆发的王朝战争，在这种战争期间采取 1870 年至 1871 年所模范地实行过的策略等等。

第三，我们的人已经让别人把拉萨尔的"铁的工资规律"236强加在自己头上，这个规律的基础是一种陈腐不堪的经济学观点，即工人平均只能得到**最低的**工资，之所以如此，是因为按照马尔萨斯的人口论15工人总是过多（这就是拉萨尔的论据）。但是，马克思在《资本论》里已经详细地证明，调节工资的各种规律非常复杂，根据不同的情况，时而这个规律占优势，时而那个规律占优势，所以它们绝对不是铁的，反而是很有弹性的，这件事根本不像拉萨尔所想象的那样用三言两语就能了结。拉萨尔从马尔萨斯和李嘉图（歪曲了后者）那里抄袭来的这一规律的马尔萨斯论据,例如拉萨尔在《工人读本》①第 5 页上引自他的另一本小册子的这一论据,已被马克思在《资本的积累过程》②这一篇中驳斥得体无完肤了。接受拉萨尔的"铁的规律",也就是承认一个错误的论点和它的错误的论据。

第四,纲领把拉萨尔从毕舍那里剽窃来的国家帮助原封不动地提出来作为**唯一的社会的**要求。而在这之前,白拉克已经非常出色地指出这个要求毫无用处²³⁷,并且我们党的即使不是全部,也是几乎全部的发言者在同拉萨尔分子的斗争中都已经被迫起来反对这种"国家帮助"! 我们党不能比这更忍辱屈从了。国际主义竟降低到阿曼德·戈克的水平,社会主义竟降低到资产阶级共和主义者毕舍的水平,而毕舍**针对社会主义者**提出这个要求,是为了排挤他们!

但是,拉萨尔所说的"国家帮助"至多也只是为达到下述目的而实行的许多措施中的**一个**,这个目的在纲领草案中是用软弱无力的词句表述的:"为了替社会问题的解决开辟道路。"好像我们还有一个在理论上**没有解决**的社会问题似的! 所以,如果这样说:德国工人党力求通过工业和农业中的以及全国范围内的合作生产来消灭雇佣劳动从而消灭阶级差别;它拥护每一项有助于达到这一目的的措施! ——那是没有一个拉萨尔分子能提出什么反驳来的。

第五,根本就没有谈到通过工会使工人阶级作为阶级组织起

① 斐·拉萨尔《工人读本》1863 年莱比锡第 5 版。——编者注
② 见《马克思恩格斯文集》第 5 卷第 651—887 页。——编者注

来。而这是非常重要的一点，因为工会是无产阶级的真正的阶级组织，无产阶级靠这种组织和资本进行日常的斗争，使自己受到训练，这种组织即使今天遇到最残酷的反动势力（像目前在巴黎那样）也决不会被摧毁。既然这一组织在德国也获得了这种重要性，我们认为，在纲领里提到这种组织，并且尽可能在党的组织中给它一个位置，那是绝对必要的。

所有这一切都是我们的人为了讨好拉萨尔派而做的。而对方做了些什么让步呢？那就是在纲领中列入一堆相当混乱的**纯民主主义的要求**，其中有一些是纯粹的时髦货，例如"人民立法"，这种制度存在于瑞士，如果它还能带来点什么东西的话，那么带来的害处要比好处多。要是说人民**管理**，这还有点意义。同样没有提出一切自由的首要条件：一切官吏对自己的一切职务活动都应当在普通法庭面前遵照普通法向每一个公民负责。至于在任何自由主义的资产阶级纲领中都会列入而在这里看起来有些奇怪的要求，如科学自由、信仰自由，我就不想再说了。

自由的人民国家变成了自由国家。从字面上看，自由国家就是可以自由对待本国公民的国家，即具有专制政府的国家。应当抛弃这一切关于国家的废话，特别是出现了已经不是原来意义上的国家的巴黎公社以后。无政府主义者用"**人民国家**"这个名词把我们挖苦得很够了，虽然马克思驳斥蒲鲁东的著作①和后来的《共产主义宣言》②都已经直接指出，随着社会主义社会制度的建立，国家就会自行解体和消失。既然国家只是在斗争中、在革命中用来对敌人实行暴力镇压的一种暂时的设施，那么，说自由的人民

---

① 指马克思《哲学的贫困》，见本选集第 1 卷。——编者注
② 即《共产党宣言》。——编者注

国家,就纯粹是无稽之谈了:当无产阶级还**需要**国家的时候,它需要国家不是为了自由,而是为了镇压自己的敌人,一到有可能谈自由的时候,国家本身就不再存在了。因此,我们建议把"**国家**"一词全部改成"共同体"〔Gemeinwesen〕,这是一个很好的古德文词,相当于法文的"公社"。

用"消除一切社会的和政治的不平等"来代替"消灭一切阶级差别",这也很成问题。在国和国、省和省、甚至地方和地方之间总会有生活条件方面的**某种**不平等存在,这种不平等可以减少到最低限度,但是永远不可能完全消除。阿尔卑斯山的居民和平原上的居民的生活条件总是不同的。把社会主义社会看做**平等**的王国,这是以"自由、平等、博爱"这一旧口号为根据的片面的法国人的看法,这种看法作为当时当地一定的**发展阶段**的东西曾经是正确的,但是,像以前的各个社会主义学派的一切片面性一样,它现在也应当被克服,因为它只能引起思想混乱,而且因为这一问题已经有了更精确的叙述方法。

我不再写下去了,虽然在这个连文字也写得干瘪无力的纲领中差不多每一个字都应当加以批判。它是这样一种纲领,一旦它被通过,马克思和我**永远不会**承认建立在这种基础上的**新党**,而且我们一定会非常严肃地考虑,我们将对它采取(而且还要公开采取)什么态度。请您想想,在国外人们是要**我们**为德国社会民主工党的一切言行负责的。例如,巴枯宁在他的著作《国家制度和无政府状态》中要我们替《民主周报》[238]创办以来李卜克内西所说的和所写的一切不加思考的话负责。[239]人们就是以为,我们在这里指挥着一切,可是您和我都知道得很清楚,我们几乎从来没有对党的内部事务进行过任何干涉,如果说干涉过的话,那也只不过是为了尽可能改正在我们看来是错误的地方,而且**仅仅是理论上的**。

但是您自己会理解,这个纲领将成为一个转折点,它会很容易地迫使我们拒绝同承认这个纲领的政党一道承担任何责任。

一般说来,一个政党的正式纲领没有它的实际行动那样重要。但是,一个**新的**纲领毕竟总是一面公开树立起来的旗帜,而外界就根据它来判断这个党。因此,新的纲领无论如何不应当像这个草案那样比爱森纳赫纲领倒退一步。我们总还得想一想,其他国家的工人对这个纲领将会说些什么;整个德国社会主义无产阶级向拉萨尔主义的这种投降将会造成什么印象。

同时我深信,在**这种**基础上的合并连一年也保持不了。难道我们党的优秀分子会愿意不断地重复拉萨尔关于铁的工资规律和国家帮助那一套背熟了的词句吗?我想看看比如您在这种情况下的态度!而如果他们这样做,他们的听众就会向他们喝倒彩。而且我相信,拉萨尔派会死抱住纲领的**这些**条文不放,就像犹太人夏洛克非要他那一磅肉不可①。分裂是一定会发生的;但是到那时我们想必已经使哈赛尔曼、哈森克莱维尔和特耳克及其同伙重新获得"诚实的"名声;分裂以后,我们将被削弱,而拉萨尔派将会增强;我们的党将丧失它的政治纯洁性,并且再也不可能有力地反对它自己一度写在自己旗帜上的拉萨尔词句;如果拉萨尔派以后又说:他们是真正的和唯一的工人党,我们的人是资产者,那么,他们是可以拿这个纲领来证明的。纲领中的一切社会主义措施都是**他们的**,**我们的**党除了小资产阶级民主派的一些要求以外就什么东西也没有添进去,而小资产阶级民主派**又被这个党**在同一个纲领中说成"反动的一帮"的一部分!

---

① 莎士比亚《威尼斯商人》第 1 幕第 3 场。——编者注

我把这封信搁下来,是因为您在 4 月 1 日庆祝俾斯麦生辰那一天才会被释放,而我是不愿意让这封信去冒暗中传送时被搜去的危险的。刚刚接到了白拉克的信,他对这个纲领也有很大的疑虑,他想知道我们的意见。因此,我把这封信寄给他,由他转寄,这样他也可以看一下此信,而我就用不着把这件麻烦事全部重写一遍。此外,我也把真相告诉了朗姆,我给李卜克内西只是简单地写了几句。我不能原谅他,因为关于全部事件直到可以说太迟的时候他还连**一个字**也没有告诉我们(而朗姆和其他人以为他已经详细地通知我们了)。虽说他从来就是这样做的——因此,我们,马克思和我,同他进行了多次不愉快的通信——,而这一次做得实在太不像话了,**我们坚决不和他一起走。**

希望您设法夏天到这里来,当然您将住在我这里,如果天气好,我们可以去洗几天海水浴,这对于过了很久牢狱生活的您一定颇有裨益。

致友好的问候。

您的　弗·恩·

马克思刚刚搬了家。他的住址是:伦敦西北区梅特兰公园月牙街 41 号。

弗·恩格斯写于 1875 年 3 月 18—28 日

第一次发表于奥·倍倍尔《我的一生》1911 年斯图加特版第 2 卷

原文是德文

选自《马克思恩格斯文集》第 3 卷第 410—417 页

卡·马克思

哥达纲领批判[240]

恩格斯写的 1891 年版序言

这里刊印的手稿——对纲领草案的批判以及给白拉克的附信——曾于 1875 年哥达合并代表大会[241]召开以前不久寄给白拉克,请他转给盖布、奥尔、倍倍尔和李卜克内西过目,然后退还马克思。既然哈雷党代表大会[242]已把关于哥达纲领的讨论提到了党的议事日程,所以我认为,如果我还不发表这个与这次讨论有关的重要的——也许是最重要的——文件,那我就要犯隐匿罪了。

但是,这个手稿还有另外的和更广泛的意义。其中第一次明确而有力地表明了马克思对拉萨尔开始从事鼓动工作以来所采取的方针的态度,而且既涉及拉萨尔的经济学原则,也涉及他的策略。

这里用以剖析纲领草案的那种无情的尖锐性,用来表述得出的结论和揭露草案缺点的那种严厉性,——这一切在 15 年以后的今天再也不会伤害任何人了。地道的拉萨尔分子只是还有个别的残余存在在国外,而哥达纲领甚至也被它的那些制定者在哈雷当做完全不能令人满意的东西放弃了。

虽然如此,我还是在内容不受影响的地方,把一些涉及个人的尖锐的词句和评语删掉了,而用省略号来代替。如果马克思今天发表这个手稿,他自己也会这样做的。手稿中有些地方语气很激烈,这是由下述两种情况引起的:第一,马克思和我同德国运动的关系,比同其他任何一国运动的关系都更为密切;因此这个纲领草案中所表现的明显的退步,不能不使我们感到特别愤慨。第二,那时国际海牙代表大会[218]闭幕才两年,我们正在同巴枯宁和他的无政府主义派进行最激烈的斗争,他们要我们对德国工人运动中发生的一切负责;因而我们不得不预先想到,他们也会把我们说成是这个纲领的秘密制定者。这些顾虑现在已经消失,保留有关词句的必要性也就随之消失。

还由于新闻出版法的缘故,有些语句也只用省略号暗示出来。在我不得不选用比较缓和的说法的地方,加上了方括号。其他地方都按手稿付印。

弗·恩格斯

1891 年 1 月 6 日于伦敦

弗·恩格斯写于 1891 年 1 月
6 日

载于 1890—1891 年《新时代》
杂志第 9 年卷第 1 册第 18 期

原文是德文

选自《马克思恩格斯文集》
第 3 卷第 423—424 页

给威廉·白拉克的信

1875 年 5 月 5 日于伦敦

亲爱的白拉克:

下面对合并纲领的批判性批注,请您阅后转交盖布和奥尔、倍倍尔和李卜克内西过目。**注意:手稿必须退还给您**,以便我必要时使用。① 我工作太忙,已经不得不远远超过医生给我限定的工作量。所以,写这么长的东西,对我来说决不是一种"享受"。但是,为了使党内朋友们(这个通知就是为他们写的)以后不致误解我不得不采取的步骤,这是必要的。

这里指的是,在合并大会**241**以后,恩格斯和我将要发表一个简短的声明**243**,内容是:我们同上述原则性纲领毫不相干,同它没有任何关系。②

这样做是必要的,因为在国外有一种为党的敌人所热心支持的见解——一种完全荒谬的见解,仿佛我们从这里秘密地操纵所谓爱森纳赫党**231**的运动。例如巴枯宁还在他新近出版的一本俄文著作③中要我不仅为这个党的所有纲领等等负责,甚至要为李卜克

---

① 这句话在马克思手稿中写在信头上,并标上一个符号+。1891 年发表时没有这句话。——编者注
② 1891 年发表时删去了这段话。——编者注
③ 指米·巴枯宁 1873 年在瑞士用俄文出版的《国家制度和无政府状态》。——编者注

内西自从和人民党[34]合作以来所采取的每一个步骤负责。①[239]

此外,我的义务也不容许我哪怕用外交式的沉默来承认一个我认为极其糟糕的、会使党精神堕落的纲领。

一步实际运动比一打纲领更重要。所以,既然不可能——而局势也不容许这样做——**超过爱森纳赫纲领**[231],那就干脆缔结一个反对共同敌人的行动协定。但是,制定一个原则性纲领(应该把这件事推迟到由较长时间的共同工作准备好了的时候),这就是在全世界面前树立起可供人们用来衡量党的运动水平的里程碑。

拉萨尔派[228]的首领们靠拢我们,是因为他们为形势所迫。如果一开始就向他们声明,决不拿原则做交易,那么他们就**不得不**满足于一个行动纲领或共同行动的组织计划。可是并没有这样做,反而允许他们拿着委托书来出席,并且自己承认这种委托书是有约束力的,这就等于向那些本身需要援助的人无条件投降。[244]不仅如此,他们甚至在**妥协代表大会以前**又召开一次代表大会,而自己的党却在**事后**才召开自己的代表大会。[245]人们显然是想回避一切批评,不让自己的党有一个深思的机会。② 大家知道,合并这一事实本身是使工人感到满意的;但是,如果有人以为这种一时的成功不是用过高的代价换来的,那他就错了。

况且,撇开把拉萨尔的信条奉为神圣这一点不谈,这个纲领也是完全要不得的。

我将在最近把《资本论》法文版的最后几分册寄给您。排印

---

① 1891 年发表时删去了"不仅"二字和"甚至……负责"这半句话。——编者注

② 1891 年发表时删去了这句话。——编者注

工作因法国政府禁止而耽搁了很久。在本星期内或下星期初本书可以印完。前六分册您收到了没有？请把伯恩哈德·贝克尔的**地址**也告诉我,我也要把最后几分册[246]寄给他。①

人民国家报出版社[247]有自己的习惯。例如到现在为止连一本新版的《科隆共产党人案件》②也没有给我寄来。

致衷心的问候。

您的　卡尔·马克思

卡·马克思写于 1875 年 5 月 5 日	原文是德文
载于 1890—1891 年《新时代》杂志第 9 年卷第 1 册第 18 期	选自《马克思恩格斯文集》第 3 卷第 425—427 页

---

① 1891 年发表时删去了这段话。——编者注
② 指马克思《揭露科隆共产党人案件》1875 年第 2 版,见《马克思恩格斯全集》中文第 2 版第 11 卷。——编者注

德国工人党纲领批注

一

　　1. "劳动是一切财富和一切文化的源泉,**而因为**有益的劳动只有在社会中和通过社会才是可能的,所以劳动所得应当不折不扣和按照平等的权利属于社会一切成员。"

　　本段第一部分:"劳动是一切财富和一切文化的源泉。"

　　劳动**不是**一切财富的**源泉**。**自然界**同劳动一样也是使用价值(而物质财富就是由使用价值构成的!)的源泉,劳动本身不过是一种自然力即人的劳动力的表现。上面那句话在一切儿童识字课本里都可以找到,并且**在**劳动具备相应的对象和资料的**前提下**是正确的。可是,一个社会主义的纲领不应当容许这种资产阶级的说法回避那些唯一使这种说法具有意义的**条件**。只有一个人一开始就以所有者的身份来对待自然界这个一切劳动资料和劳动对象的第一源泉,把自然界当做属于他的东西来处置,他的劳动才成为使用价值的源泉,因而也成为财富的源泉。资产者有很充分的理由硬给劳动加上一种**超自然的创造力**,因为正是由于劳动的自然制约性产生出如下的情况:一个除自己的劳动力以外没有任何其他财产的人,在任何社会的和文化的状态中,都不得不为另一些已经成了劳动的物质条件的所有者的人做奴隶。他只有得到他们的允许才能劳动，因而只有得到他们的允许才能生存。

现在不管这句话有什么毛病，我们且把它放在一边。那么结论应当怎样呢？显然应当是：

"因为劳动是一切财富的源泉，所以社会中的任何人不占有劳动产品就不能占有财富。因此，如果他自己不劳动，他就是靠别人的劳动生活，而且也是靠别人的劳动获得自己的文化。"

可是并没有这样做，反而借助于"**而因为**"这样的字眼硬接上第二句话，以便从第二句，而不是从第一句作出结论来。

本段第二部分："有益的劳动只有在社会中和通过社会才是可能的。"

按照第一句话，劳动是一切财富和一切文化的源泉，就是说，任何社会都不能离开劳动。相反，我们现在却看到，任何"有益的"劳动都不能离开社会。

那么同样可以说，只有在社会中，无益的、甚至有损公益的劳动才能成为一种行业，只有在社会中才能游手好闲过日子，如此等等，——一句话，可以抄袭卢梭的全部著作了。

而什么是"有益的"劳动呢？那只能是产生预期的有益结果的劳动。一个蒙昧人（而人在他已不再是猿以后就是蒙昧人）用石头击毙野兽、采集果实等等，就是进行"有益的"劳动。

第三，结论："而因为有益的劳动只有在社会中和通过社会才是可能的，所以劳动所得应当不折不扣和按照平等的权利属于社会一切成员。"

多妙的结论！既然有益的劳动只有在社会中和通过社会才是可能的，劳动所得就应当属于社会，其中只有不必用来维持劳动"条件"即维持社会的那一部分，才归各个劳动者所得。

事实上,这个论点在一切时代都被**当时的社会制度的先驱**①提出过。首先要满足政府以及依附于它的各个方面的要求,因为政府是维持社会秩序的社会机关;其次要满足各种私有者②的要求,因为各种私有财产是社会的基础,如此等等。你们看,这些空洞的词句是随便怎么摆弄都可以的。

本段第一和第二两部分只有像下面这样说才能有些合乎情理的联系:

"劳动只有作为社会的劳动",或者换个说法,"只有在社会中和通过社会","才能成为财富和文化的源泉"。

这个论点无可争辩地是正确的,因为孤立的劳动(假定它的物质条件是具备的)即使能创造使用价值,也既不能创造财富,又不能创造文化。

但是另一个论点也是同样无可争辩的:

"随着劳动的社会性的发展,以及由此而来的劳动之成为财富和文化的源泉,劳动者方面的贫穷和愚昧、非劳动者方面的财富和文化也发展起来。"

这是直到目前的全部历史的规律。因此,不应当泛泛地谈论**"劳动"**和**"社会"**,而应当在这里清楚地证明,在现今的资本主义社会中怎样最终创造了物质的和其他的条件,使工人能够并且不得不铲除这个历史祸害③。

实际上,把这整个行文和内容都不妥当的条文放在这里,只不过是为了把拉萨尔的"不折不扣的劳动所得"作为首要口号写

① 1891年发表时这里是"捍卫者"。——编者注
② 1891年发表时这里是"私有财产"。——编者注
③ 1891年发表时这里是"社会祸害"。——编者注

在党的旗帜上。以后我还要回过来谈"劳动所得"、"平等的权利"等等,因为同样的东西在下面又以稍微不同的形式重复出现。

> 2. "在现代社会,劳动资料为资本家阶级所垄断;由此造成的工人阶级的依附性是一切形式的贫困和奴役的原因。"

这段从国际章程中抄来的话,经过这番"修订"就变成错误的了。①

在现代社会,劳动资料为土地所有者和资本家所垄断(地产的垄断甚至是资本垄断的基础)。无论是前一个或者后一个垄断者阶级,国际章程在有关条文中都没有指名。它谈到的是"**劳动资料即生活源泉的垄断**"。"生活源泉"这一补充语充分表明,劳动资料也包括土地。

作这种修订,是因为拉萨尔由于现在大家都知道的原因**仅仅**攻击资本家阶级,而不攻击土地所有者。**248**在英国,资本家甚至多半不是他的工厂所在的那块土地的所有者。

> 3. "劳动的解放要求把劳动资料提高为社会的公共财产,要求集体调节总劳动并公平分配劳动所得。"

"把劳动资料提高为公共财产"!应当是说把它们"变为公共财产"。这不过是顺便提一句罢了。

什么是"**劳动所得**"呢?是劳动的产品呢,还是产品的价值?

---

① 马克思起草的《协会临时章程》的原话是:"劳动者在经济上受劳动资料即生活源泉的垄断者的支配,是一切形式的奴役即一切社会贫困、精神沉沦和政治依附的基础"。参看《马克思恩格斯全集》中文第2版第21卷第16页。——编者注

如果是后者,那么,是产品的总价值呢,或者只是劳动新加在消耗掉的生产资料的价值上的那部分价值?

"劳动所得"是拉萨尔为了代替明确的经济学概念而提出的一个模糊观念。

什么是"公平的"分配呢?

难道资产者不是断言今天的分配是"公平的"吗?难道它事实上不是在现今的生产方式基础上唯一"公平的"分配吗?难道经济关系是由法的概念来调节,而不是相反,从经济关系中产生出法的关系吗?难道各种社会主义宗派分子关于"公平的"分配不是也有各种极不相同的观念吗?

为了弄清楚"公平的分配"一语在这里是什么意思,我们必须把第一段和本段对照一下。本段设想的是这样一个社会,在那里"劳动资料是公共财产,总劳动是由集体调节的",而在第一段我们则看到,"劳动所得应当不折不扣和按照平等的权利属于社会一切成员"。

"属于社会一切成员"?也属于不劳动的成员吗?那么"不折不扣的劳动所得"又在哪里呢?只属于社会中劳动的成员吗?那么社会一切成员的"平等的权利"又在哪里呢?

"社会一切成员"和"平等的权利"显然只是些空话。问题的实质在于:在这个共产主义社会中,每个劳动者都应当得到拉萨尔的"不折不扣的劳动所得"。

如果我们把"劳动所得"这个用语首先理解为劳动的产品,那么集体的劳动所得就是**社会总产品**。

现在从它里面应当扣除:

第一,用来补偿消耗掉的生产资料的部分。

第二,用来扩大生产的追加部分。

第三,用来应付不幸事故、自然灾害等的后备基金或保险基金。

从"不折不扣的劳动所得"中扣除这些部分,在经济上是必要的,至于扣除多少,应当根据现有的物资和力量来确定,部分地应当根据概率计算来确定,但是这些扣除无论如何根据公平原则是无法计算的。

剩下的总产品中的另一部分是用来作为消费资料的。

在把这部分进行个人分配之前,还得从里面扣除:

第一,同生产没有直接①关系的一般管理费用。

同现代社会比起来,这一部分一开始就会极为显著地缩减,并随着新社会的发展而日益减少。

第二,用来满足共同需要的部分,如学校、保健设施等。

同现代社会比起来,这一部分一开始就会显著地增加,并随着新社会的发展而日益增长。

第三,为丧失劳动能力的人等等设立的基金,总之,就是现在属于所谓官办济贫事业的部分。

只有现在才谈得上纲领在拉萨尔的影响下狭隘地专门注意的那种"分配",就是说,才谈得上在集体中的各个生产者之间进行分配的那部分消费资料。

"不折不扣的劳动所得"已经不知不觉地变成"有折有扣的"了,虽然从一个处于私人地位的生产者身上扣除的一切,又会直接或间接地用来为处于社会成员地位的这个生产者谋利益。

正如"不折不扣的劳动所得"一语消失了一样,现在,"劳动所

---

① 1891 年发表时没有"直接"一词。——编者注

得"一语本身也在消失。

在一个集体的、以生产资料公有为基础的社会中,生产者不交换自己的产品;用在产品上的劳动,在这里也不表现为这些产品的**价值**,不表现为这些产品所具有的某种物的属性,因为这时,同资本主义社会相反,个人的劳动不再经过迂回曲折的道路,而是直接作为总劳动的组成部分存在着。于是,"劳动所得"这个由于含义模糊就是现在也不能接受的用语,便失去了任何意义。

我们这里所说的是这样的共产主义社会,它不是在它自身基础上已经**发展了的**,恰好相反,是刚刚从资本主义社会中**产生出来的**,因此它在各方面,在经济、道德和精神方面都还带着它脱胎出来的那个旧社会的痕迹。所以,每一个生产者,在作了各项扣除以后,从社会领回的,正好是他给予社会的。他给予社会的,就是他个人的劳动量。例如,社会劳动日是由全部个人劳动小时构成的;各个生产者的个人劳动时间就是社会劳动日中他所提供的部分,就是社会劳动日中他的一份。他从社会领得一张凭证,证明他提供了多少劳动(扣除他为公共基金而进行的劳动),他根据这张凭证从社会储存中领得一份耗费同等劳动量的消费资料。他以一种形式给予社会的劳动量,又以另一种形式领回来。

显然,这里通行的是调节商品交换(就它是等价的交换而言)的同一原则。内容和形式都改变了,因为在改变了的情况下,除了自己的劳动,谁都不能提供其他任何东西,另一方面,除了个人的消费资料,没有任何东西可以转为个人的财产。至于消费资料在各个生产者中间的分配,那么这里通行的是商品等价物的交换中通行的同一原则,即一种形式的一定量劳动同另一种形式的同量劳动相交换。

所以,在这里**平等的权利**按照原则仍然是**资产阶级权利**,虽然原则和实践在这里已不再互相矛盾，而在商品交换中，等价物的交换只是**平均来说**才存在，不是存在于每个个别场合。

虽然有这种进步，但这个**平等的权利**总还是被限制在一个资产阶级的框框里。生产者的权利是同他们提供的劳动**成比例**的；平等就在于以**同一尺度**——劳动——来计量。但是，一个人在体力或智力上胜过另一个人，因此在同一时间内提供较多的劳动，或者能够劳动较长的时间；而劳动，要当做尺度来用，就必须按照它的时间或强度来确定，不然它就不成其为尺度了。这种**平等的权利**，对不同等的劳动来说是不平等的权利。它不承认任何阶级差别，因为每个人都像其他人一样只是劳动者；但是它默认，劳动者的不同等的个人天赋，从而不同等的工作能力，是天然特权。**所以就它的内容来讲，它像一切权利一样是一种不平等的权利**。权利，就它的本性来讲，只在于使用同一尺度；但是不同等的个人（而如果他们不是不同等的，他们就不成其为不同的个人）要用同一尺度去计量，就只有从同一个角度去看待他们，从一个**特定的**方面去对待他们，例如在现在所讲的这个场合，把他们**只当做劳动者**，再不把他们看做别的什么，把其他一切都撇开了。其次，一个劳动者已经结婚，另一个则没有；一个劳动者的子女较多，另一个的子女较少，如此等等。因此，在提供的劳动相同，从而由社会消费基金中分得的份额相同的条件下，某一个人事实上所得到的比另一个人多些，也就比另一个人富些，如此等等。要避免所有这些弊病，权利就不应当是平等的，而应当是不平等的。

但是这些弊病，在经过长久阵痛刚刚从资本主义社会产生出来的共产主义社会第一阶段，是不可避免的。权利决不能超出社会的经济结构以及由经济结构制约的社会的文化发展。

在共产主义社会高级阶段，在迫使个人奴隶般地服从分工的情形已经消失，从而脑力劳动和体力劳动的对立也随之消失之后；在劳动已经不仅仅是谋生的手段，而且本身成了生活的第一需要之后；在随着个人的全面发展，他们的①生产力也增长起来，而集体财富的一切源泉都充分涌流之后，——只有在那个时候，才能完全超出资产阶级权利的狭隘眼界，社会才能在自己的旗帜上写上：各尽所能，按需分配！

我较为详细地一方面谈到"不折不扣的劳动所得"，另一方面谈到"平等的权利"和"公平的分配"，是为了指出这些人犯了多么大的罪，他们一方面企图把那些在某个时期曾经有一些意义，而现在已变成陈词滥调的见解作为教条重新强加于我们党，另一方面又用民主主义者和法国社会主义者所惯用的、凭空想象的关于权利等等的废话，来歪曲那些花费了很大力量才灌输给党而现在已在党内扎了根的现实主义观点。

除了上述一切之外，在所谓**分配**问题上大做文章并把重点放在它上面，那也是根本错误的。

消费资料的任何一种分配，都不过是生产条件本身分配的结果；而生产条件的分配，则表现生产方式本身的性质。例如，资本主义生产方式的基础是：生产的物质条件以资本和地产的形式掌握在非劳动者手中，而人民大众所有的只是生产的人身条件，即劳动力。既然生产的要素是这样分配的，那么自然就产生现在这样的消费资料的分配。如果生产的物质条件是劳动者自己的集体财产，那么同样要产生一种和现在不同的消费资料的分配。庸俗的社会主义仿效资产阶级经济学家（一部分民主派又仿效庸俗社会

---

① 1891年发表时这里没有"他们的"。——编者注

主义)把分配看成并解释成一种不依赖于生产方式的东西,从而把社会主义描写为主要是围绕着分配兜圈子。既然真实的关系早已弄清楚了,为什么又要开倒车呢?

> 4.“劳动的解放应当是工人阶级的事情,对它说来,其他一切阶级只是**反动的一帮**。”

前一句是从国际章程的导言中抄来的,但是经过了“修订”。那里写道:“工人阶级的解放应当是工人自己的事情”①;这里却说“工人阶级”应当解放——解放什么?——“劳动”。谁能理解,就让他去理解吧。

另一方面,作为补偿,后一句引用了地道的拉萨尔的话:“对它(工人阶级)说来,其他一切阶级只组成**反动的一帮**。”

在《共产主义宣言》②中写道:“在当前同资产阶级对立的一切阶级中,只有无产阶级是**真正革命的阶级**。其余的阶级都随着大工业的发展而日趋没落和灭亡,无产阶级却是大工业本身的产物。”③

资产阶级,作为大工业的体现者,对封建主和中间等级说来,在这里是被当做革命阶级看待的,而封建主和中间等级力求保持过时的生产方式所创造的一切社会阵地。所以他们并不是**同资产阶级一起**只组成反动的一帮。

另一方面,无产阶级对资产阶级说来是革命的,因为无产阶

---

① 马克思起草的《协会临时章程》的原话是:“工人阶级的解放应该由工人阶级自己去争取。”见《马克思恩格斯全集》中文第 2 版第 21 卷第 16 页。——编者注
② 即《共产党宣言》。——编者注
③ 见本选集第 1 卷第 410—411 页。——编者注

级本身是在大工业基地上成长起来的,它力求使生产摆脱资产阶级企图永远保存的资本主义性质。但是,《宣言》又补充说:"中间等级……是革命的,那是鉴于他们行将转入无产阶级的队伍。"①

所以,从这个观点看来,说什么对工人阶级说来,中间等级"同资产阶级一起"并且加上封建主"只组成反动的一帮",这也是荒谬的。

难道在最近这次选举50中有人向手工业者、小工业家等等以及**农民**说过:对我们说来,你们同资产者和封建主一起只组成反动的一帮吗?

拉萨尔熟知《共产主义宣言》,就像他的信徒熟知他写的福音书一样。他这样粗暴地歪曲《宣言》,不过是为了粉饰他同专制主义者和封建主义者这些敌人结成的反资产阶级联盟。

此外,在上面这一段,他的格言是勉强塞进去的,它同那句从国际章程中摘来但被歪曲了的引语毫不相干。这纯粹是一种狂妄无耻的做法,而且绝对不是俾斯麦先生所不喜欢的,这是柏林的马拉249所干的廉价的蛮横行径之一。

> 5.“工人阶级为了本身的解放,首先是**在现代民族国家的范围内**进行活动,同时意识到,它的为一切文明国家的工人所共有的那种努力必然产生的结果,将是各民族的国际的兄弟联合。”

同《共产主义宣言》和先前的一切社会主义相反,拉萨尔从最狭隘的民族观点来理解工人运动。有人竟在这方面追随他,而且这是在国际进行活动以后!

---

① 　见本选集第 1 卷第 411 页。——编者注

不言而喻，为了能够进行斗争，工人阶级必须在国内**作为阶级**组织起来，而且它的直接的斗争舞台就是本国。所以，它的阶级斗争不就内容来说，而像《共产主义宣言》所指出的"*就形式来说*"，是本国范围内的斗争。但是，"现代民族国家的范围"，例如德意志帝国，本身又在经济上"处在世界市场的范围内"，在政治上"处在国家体系的范围内"。任何一个商人都知道德国的贸易同时就是对外贸易，而俾斯麦先生的伟大恰好在于他实行一种**国际的**政策。

而德国工人党把自己的国际主义归结为什么呢？就是意识到它的努力所产生的结果"将是**各民族的国际的兄弟联合**"。这句从资产阶级的和平和自由同盟²³⁵那里抄来的话，是要用来代替各国工人阶级在反对各国统治阶级及其政府的共同斗争中的国际兄弟联合的。这样，**关于德国工人阶级的国际职责**竟一字不提！德国工人阶级竟然应当这样去对付为反对它而已经同其他一切国家的资产者实现兄弟联合的本国资产阶级，对付俾斯麦先生的国际阴谋政策²⁵⁰！

实际上，这个纲领的国际信念，比自由贸易派²⁵¹的国际信念**还差得难以估量**。自由贸易派也说，它的努力所产生的结果是"各民族的国际的兄弟联合"。但是它还**做**一些事使贸易成为国际性的，而决不满足于意识到一切民族只在本国从事贸易。

各国工人阶级的国际活动绝对不依赖于"**国际工人协会**"¹²的存在。"国际工人协会"只是为这种活动创立一个中央机关的第一个尝试；这种尝试由于它所产生的推动力而留下了不可磨灭的成绩，但是在巴黎公社失败之后，已经不能再以**它的第一个历史形态**继续下去了。

俾斯麦的《北德报》为了使其主子满意，宣称德国工人党在新纲领中放弃了国际主义,这倒是完全说对了。[252]

二

> "德国工人党从这些原则出发,用一切合法手段去争取建立**自由国家**——和——社会主义社会:废除工资制度**连同铁的工资规律**——和——任何形式的剥削,消除一切社会的和政治的不平等。"

关于"自由"国家,我后面再讲。

这样,德国工人党将来就必须信奉拉萨尔的"铁的工资规律"[236]了!为了不让它埋没掉,竟胡说什么"废除工资制度(应当说:雇佣劳动制度)**连同铁的工资规律**"。如果我废除了雇佣劳动,我当然也就废除了它的规律,不管这些规律是"铁的"还是海绵的。但是拉萨尔反对雇佣劳动的斗争几乎只是围绕着这个所谓的规律兜圈子。所以,为了证明拉萨尔宗派已经获得胜利,应当废除"工资制度**连同铁的工资规律**",而不是不连同后者。

大家知道,在"铁的工资规律"中,除了从歌德的"永恒的、铁的、伟大的规律"[253]中抄来的"铁的"这个词以外,没有什么东西是拉萨尔的。"**铁的**"这个词是正统的信徒们借以互相识别的一个标记。但是,如果我接受带有拉萨尔印记因而是拉萨尔所说的意义上的规律,我就不得不连同他的论据一起接受下来。这个论据是什么呢?正如朗格在拉萨尔死后不久所表明的[254],这就是(朗格自己宣扬的)马尔萨斯的人口论[15]。但是,如果这个理论是正确的,那么,我即使把雇佣劳动废除一百次,也还废除**不了**这个规律,因为在这种情况下,这个规律不仅支配着雇佣劳动制度,而且支配着**一切**社会制度。经济学家们 50 多年以来正是以此为根据证明，社会主义不能消除**自然本身造成的**贫困，而只能使它**普遍化**，使它同时分布在社会的整个表面上！

但是，这一切都不是主要的。**完全撇开**拉萨尔对这个规律的**错误**表述不谈，真正令人气愤的退步在于：

自从拉萨尔死后，在**我们党内**，这样一种科学见解已经给自己开辟了道路，就是**工资**不是它**表面上呈现**的那种东西，不是**劳动的价值或价格**，而只是**劳动力的价值或价格**的隐蔽形式。这样，过去关于工资的全部资产阶级见解以及对这种见解的全部批评都被彻底推翻了，并且弄清了：雇佣工人只有为资本家（因而也为同资本家一起分享剩余价值的人）白白地劳动一定的时间，才被允许为维持自己的生活而劳动，就是说，才被允许**生存**；整个资本主义生产体系的中心问题，就是用延长工作日，或者提高生产率，增强劳动力的紧张程度等等办法，来增加这个无偿劳动；因此，雇佣劳动制度是奴隶制度，而且劳动的社会生产力越发展，这种奴隶制度就越残酷，不管工人得到的报酬较好或是较坏。而现在，当这个见解在我们党内越来越给自己开辟出道路的时候，竟有人倒退到拉萨尔的教条那里去，虽然他们应当知道，拉萨尔并**不懂得**什么是工资，而是跟着资产阶级经济学家把事物的外表当做事物的本质。

这正像奴隶们终于发现了自己受奴役的秘密而举行起义时，其中有一个为陈旧观念所束缚的奴隶竟在起义的纲领上写道：奴隶制度必须废除，因为在奴隶制度下，奴隶的给养最多不能超过某个非常低的标准！

我们党的代表们竟如此粗暴地践踏这个在党员群众中广泛传播的见解，仅仅这一事实岂不就证明了他们在草拟妥协纲领时是多么令人不能容忍地轻率,多么无耻①!

本段末尾"消除一切社会的和政治的不平等"这一不明确的语句,应当改成:随着阶级差别的消灭,一切由这些差别产生的社会的和政治的不平等也自行消失。

三

> "为了替社会问题的解决开辟道路,德国工人党要求在劳动人民的民主监督下,依靠国家帮助建立生产合作社。在工业和农业中,生产合作社必须广泛建立,以致能从它们里面产生总劳动的社会主义的组织。"

在拉萨尔的"铁的工资规律"之后,就是这个先知提出的救世良方!"道路"确实"开辟"得不错!现存的阶级斗争被换上了拙劣的报刊作家的空话——要"开辟道路"来"解决"的"社会问题"。"总劳动的社会主义的组织"不是从社会的革命转变过程中,而是从国家给予生产合作社的"国家帮助"中"产生"的,并且这些生产合作社是由国家而不是由工人"建立"的。这真不愧为拉萨尔的幻想:靠国家贷款能够建设一个新社会,就像能够建设一条新铁路一样!

由于还知道一点羞耻,于是就把"国家帮助"置于——"劳动人民的民主监督下"。

第一,德国的"劳动人民"大多数是农民而不是无产者。

第二,"民主的"这个词在德语里意思是"人民当权的"。什么是"劳动人民的人民当权的监督"呢?何况所说的是这样的劳动

---

① 1891年发表时没有"多么令人不能容忍地"和"多么无耻"。——编者注

人民,他们通过向国家提出的这些要求表明,他们充分意识到自己既没有当权,也没有成熟到当权的程度!

在这里深入批评毕舍在路易-菲力浦时代为了**对付**法国社会主义者而开列的、被《工场》派的反动工人所采用的药方[255],那是多余的。主要的过失不在于把这个特殊的万灵药方写入了纲领,而在于从阶级运动的立场完全退到宗派运动的立场。

如果说工人们想要在社会的范围内,首先是在本国的范围内创造合作生产的条件,这只是表明,他们力争变革现存的生产条件,而这同靠国家帮助建立合作社毫无共同之处!至于现有的合作社,它们**只是**在工人自己独立创办,既不受政府保护,也不受资产者保护的情况下,才有价值。

四

现在我来谈民主的一节。

A.“国家的自由的基础。”

首先,照第二节的说法,德国工人党争取建立“自由国家”。

自由国家,这是什么东西?

使国家变成“自由的”,这决不是已经摆脱了狭隘的臣民见识[256]的工人的目的。在德意志帝国,“国家”几乎同在俄国一样地“自由”。自由就在于把国家由一个高踞社会之上的机关变成完全服从这个社会的机关;而且就在今天,各种国家形式比较自由或比较不自由,也取决于这些国家形式把“国家的自由”限制到什么程度。

德国工人党——至少是当它接受了这个纲领的时候——表

明：它对社会主义思想领会得多么肤浅，它不把现存社会（对任何未来社会也是一样）当做现存**国家的**（对未来社会来说是未来国家的）**基础**，反而把国家当做一种具有自己的"**精神的、道德的、自由的基础**"的独立存在物。

而且纲领还荒谬地滥用了"**现代国家**"、"**现代社会**"等字眼，甚至更荒谬地误解了向之提出自己要求的那个国家！

"现代社会"就是存在于一切文明国度中的资本主义社会，它或多或少地摆脱了中世纪的杂质，或多或少地由于每个国度的特殊的历史发展而改变了形态，或多或少地有了发展。"现代国家"却随国境而异。它在普鲁士德意志帝国同在瑞士不一样，在英国同在美国不一样。所以，"现代国家"是一种虚构。

但是，不同的文明国度中的不同的国家，不管它们的形式如何纷繁，却有一个共同点：它们都建立在现代资产阶级社会的基础上，只是这种社会的资本主义发展程度不同罢了。所以，它们具有某些根本的共同特征。在这个意义上可以谈"现代国家制度"，而未来就不同了，到那时，"现代国家制度"现在的根基即资产阶级社会已经消亡了。

于是就产生了一个问题：在共产主义社会中国家制度会发生怎样的变化呢？换句话说，那时有哪些同现在的国家职能相类似的社会职能保留下来呢？这个问题只能科学地回答；否则，即使你把"人民"和"国家"这两个词联接一千次，也丝毫不会对这个问题的解决有所帮助。

在资本主义社会和共产主义社会之间，有一个从前者变为后者的革命转变时期。同这个时期相适应的也有一个政治上的过渡时期，这个时期的国家只能是**无产阶级的革命专政**。

但是，这个纲领既不谈无产阶级的革命专政，也不谈未来共产主义社会的国家制度。

纲领的政治要求除了人所共知的民主主义的陈词滥调，如普选权、直接立法、人民权利、国民军等等，没有任何其他内容。这纯粹是资产阶级的人民党**34**和平和自由同盟**235**的回声。所有这些要求，只要不是靠幻想夸大了的，都已经**实现**了。不过实现了这些要求的国家不是在德意志帝国境内，而是在瑞士、美国等等。这类"未来国家"就是**现代国家**，虽然它是存在于德意志帝国的"范围"以外。

但是他们忘记了一点。既然德国工人党明确地声明，它是在"现代民族国家"内，就是说，是在自己的国家即普鲁士德意志帝国内进行活动——否则，它的大部分要求就没有意义了，因为人们只要求他们还没有的东西——，那么，它就不应当忘记主要的一点，就是说，这一切美妙的玩意儿都建立在承认所谓人民主权的基础上，所以它们只有在**民主共和国**内才是适宜的。

既然他们没有勇气①像法国工人纲领在路易-菲力浦和路易-拿破仑时代那样要求民主共和国——而这是明智的，因为形势要求小心谨慎——，那就不应当采取这个既不"诚实"**232**也不体面的②手法：居然向一个以议会形式粉饰门面、混杂着封建残余、同时已经受到资产阶级影响、按官僚制度组成、以警察来保护的军事专制国家，要求只有在民主共和国里才有意义的东西，并且还向这个国家庄严地保证，他们认为能够"用合法手段"从它那里争得这类东西！③

庸俗民主派把民主共和国看做千年王国**101**，他们完全没有想

---

① 1891年发表时这里是"既然他们不可能"。——编者注

② 1891年发表时删去了"既不'诚实'也不体面的"这几个字。——编者注

③ 1891年发表时删去了"并且……这类东西！"这句话。——编者注

到,正是在资产阶级社会的这个最后的国家形式里阶级斗争要进行最后的决战,——就连这样的庸俗民主派也比这种局限于为警察所容许而为逻辑所不容许的范围内的民主主义高明得多。

事实上,他们是把"国家"理解为政府机器,或者理解为构成一个由于分工而同社会分离的独特机体的国家,这可以从下面的话得到证明:"德国工人党提出下列要求**作为国家的经济的基础**:……交纳单一的累进所得税……"赋税是政府机器的经济的基础,而不是其他任何东西的经济的基础。在存在于瑞士的"未来国家"里,这种要求差不多已经实现了。所得税是以不同社会阶级的不同收入来源为前提,因而是以资本主义社会为前提。所以,利物浦的财政改革派——以格莱斯顿的弟弟为首的资产者——提出和这个纲领相同的要求,这是不足为奇的。

B."德国工人党提出下列要求作为国家的精神的和道德的基础:

1. 由国家实行普遍的和**平等的国民教育**。实行普遍的义务教育。实行免费教育。"

平等的国民教育?他们怎样理解这句话呢?是不是以为在现代社会中(而所谈到的只能是现代社会)教育对一切阶级都可以是**平等**的呢?或者是要求用强制的方式使上层阶级也降到国民学校这种很低的教育水平,即降到仅仅适合于雇佣工人甚至农民的经济状况的教育水平呢?

"实行普遍的义务教育。实行免费教育。"前者甚至存在于德国,后者就国民学校来说存在于瑞士和美国。如果说,在美国的几个州里,"高一级的"学校也是"免费的",那么,事实上这不过是从总税收中替上层阶级支付了教育费用而已。顺便指出,A项第5条所要求的"实行免费诉讼"也是如此。刑事诉讼到处都是免费的;而民事诉讼几乎只涉及财产纠纷,因而几乎只同有产阶级有关。难道他们应当用人民的金钱来打官司吗?

在关于学校的一段中,至少应当把技术学校(理论的和实践的)同国民学校联系起来提出。

"**由国家实行国民教育**"是完全要不得的。用一般的法律来确定国民学校的经费、教员资格、教学科目等等,并且像美国那样由国家视察员监督这些法律规定的实施,这同指定国家为人民的教育者完全是两回事!相反,应当把政府和教会对学校的任何影响都同样排除掉。在普鲁士德意志帝国(他们会说,他们谈的是"未来国家",但是这种空洞的遁词也无济于事;我们已经看到,这是怎样一回事了),倒是需要由人民对国家进行极严厉的教育。

但是整个纲领,尽管满是民主的喧嚣,却彻头彻尾地感染了拉萨尔宗派对国家的忠顺信仰,或者说感染了并不比前者好一些的对民主奇迹的信仰,或者说得更确切些,整个纲领是这两种对奇迹的信仰的妥协,这两种信仰都同样远离社会主义。

"**科学自由**"——普鲁士宪法中有一条就是这样写的。为什么把它写在这里呢?

"**信仰自由**"!如果现在,在进行文化斗争[212]的时候,要想提醒自由主义者记住他们的旧口号,那么只有采用下面这样的形式才行:每一个人都应当有可能满足自己的宗教需要,就像满足自己的肉体需要一样①,不受警察干涉。但是,工人党本来应当乘此机会说出自己的看法:资产阶级的"信仰自由"不过是容忍各种各样的**宗教信仰自由**而已,工人党则力求把信仰从宗教的妖术中解放

---

① 1891年发表时这里删去了"就像满足自己的肉体需要一样"这句话。——编者注

出来。但是他们不愿越过"资产阶级的"水平。

现在我就要讲完了,因为纲领中接下去的附带部分不是纲领的**重要**组成部分。所以我在这里只简单地谈一谈。

2. "正常的工作日。"

其他任何国家的工人党都没有局限于这种含糊的要求,而总是明确地指出,在当前条件下多长的工作日是正常的。

3. "限制妇女劳动和禁止儿童劳动。"

如果限制妇女劳动指的是工作日的长短和工间休息等等,那么工作日的正常化就应当已经包括了这个问题;否则,限制妇女劳动只能意味着在那些对妇女身体特别有害或者对女性来说违反道德的劳动部门中禁止妇女劳动。如果指的是这一点,那就应当说清楚。

"禁止儿童劳动"!这里绝对必须指出**年龄界限**。

普遍禁止儿童劳动是同大工业的存在不相容的,所以这是空洞的虔诚的愿望。

实行这一措施——如果可能的话——是反动的,因为在按照不同的年龄阶段严格调节劳动时间并采取其他保护儿童的预防措施的条件下,生产劳动和教育的早期结合是改造现代社会的最强有力的手段之一。

4. "对工厂工业、作坊工业和家庭工业实行国家监督。"

在普鲁士德意志这样一个国家里,应当明确地要求:工厂视察员只有经过法庭才能撤换;每个工人都可以向法庭告发视察员的失职行为;视察员必须是医生。

5. "调整监狱劳动。"

在一个一般性的工人纲领里面,这是一种微不足道的要求。无论如何应当明白说出,工人们不愿意由于担心竞争而让一般犯人受到牲畜一样的待遇,特别是不愿意使他们失掉改过自新的唯一手段即生产劳动。这是应当期望于社会主义者的最低限度的东西。

6. "实行有效的责任法。"

应当说明,"有效的"责任法是什么意思。

顺便指出,在正常的工作日这一条中,忽略了工厂立法中关于卫生设施和安全措施等等那一部分。只有当这些规定遭到破坏时,责任法才发生效力。

总之,这一附带部分也是写得很草率的。①

我已经说了,我已经拯救了自己的灵魂。**257**

卡·马克思大约写于 1875 年
4 月底—5 月 7 日

载于 1890—1891 年《新时代》
杂志第 9 年卷第 1 册第 18 期

原文是德文

选自《马克思恩格斯文集》
第 3 卷第 428—450 页

---

① 1891 年发表时删去了这句话。——编者注

弗·恩格斯

反 杜 林 论

（欧根·杜林先生在科学中实行的变革）[258]

三个版本的序言

一

这部著作决不是什么"内心冲动"的结果。恰恰相反。

三年前,当杜林先生突然以社会主义的行家兼改革家身份向当代挑战[259]的时候,我在德国的友人再三向我请求,要我在当时的社会民主党中央机关报《人民国家报》[49]上对这一新的社会主义理论进行评析。他们认为,为了不在如此年轻的、不久前才最终统一起来的党内造成派别分裂和混乱局面的新的可能,这样做是完全必要的。他们比我能更好地判断德国的情况,所以我理应相信他们。此外,还可以看到,这个新改宗者受到了一部分社会主义出版物的热忱欢迎,诚然,这种热忱只是对杜林先生的善良愿望所作的表示,但同时也使人看出这一部分党的出版物的善良愿望:它们正是估计到杜林的善良愿望,才不加考虑地接受了杜林的学说。还有些人已经打算以通俗的形式在工人中散布这种学说。最后,杜林先生及其小宗派采用各种大吹大擂和阴谋的手法,迫使《人民国家报》对这种如此野心勃勃的新学说明确表态。

虽然如此,我还是过了一年才下决心放下其他工作,着手来啃这一个酸果。这是一只一上口就不得不把它啃完的果子;它不仅很酸,而且很大。这种新的社会主义理论是以某种新哲学体系的最终实际成果的形式出现的。因此,必须联系这个体系来研究这一理论,同时研究这一体系本身;必须跟着杜林先生进入一个广阔的领域,在这个领域中,他谈到了所有可能涉及的东西,而且还不止这些东西。这样就产生了一系列的论文,它们从1877年初开始陆续发表在《人民国家报》的续刊——莱比锡的《前进报》[260]上,现汇集成书,献给读者。

由此可见,对象本身的性质迫使批判不得不详尽,这样的详尽是同这一对象的学术内容即同杜林著作的学术内容极不相称的。但是,批判之所以这样详尽,还可以归因于另外两种情况。一方面,这样做使我在这本书所涉及到的很不相同的领域中,有可能正面阐发我对这些在现时具有较为普遍的科学意义或实践意义的争论问题的见解。这在每一章里都可以看到,尽管这本书的目的并不是以另一个体系去同杜林先生的"体系"相对立,可是希望读者不要忽略我所提出的各种见解之间的内在联系。我现在已有充分的证据,表明我在这方面的工作不是完全没有成效的。

另一方面,"创造体系的"杜林先生在当代德国并不是个别的现象。近来,天体演化学、一般自然哲学、政治学、经济学等等的体系如雨后春笋出现在德国。最不起眼的哲学博士,甚至大学生,动辄就要创造一个完整的"体系"。正如在现代国家里假定每一个公民对于他所要表决的一切问题都具有判断能力一样,正如在经济学中假定每一个消费者对于他要买来供日用的所有商品都是真正的内行一样,现今在科学上据说也要作这样的假定。所谓科学自由①,就是人们可以著书立说来谈论自己从未学过的各种东西,而且标榜这是唯一的严格科学的方法。杜林先生正是这种放肆的伪科学的最典型的代表之一,这种伪科学现在在德国到处流行,并把一切淹没在它的高超的胡说的喧嚷声中。诗歌、哲学、政治学、经济学、历史编纂学中有这种高超的胡说;讲台和论坛上有这种高超的胡说;到处都有这种高超的胡说;这种高超的胡说妄想出人头地并成为深刻思想,以别于其他民族的粗浅平庸的胡说;这种高超的胡说是德国智力工业最具特色和最大量的产品,它们价廉质劣,完全和德国其他的制品一样,只可惜它们没有和这些制品一起在费城陈列出来[261]。甚至德国的社会主义,特别是自从有了杜林先生的范例以后,近来也十分热衷于高超的胡说,造就出以"科学"自炫但对这种科学又"确实什么也没有学到"[262]的各色人物。这是一种幼稚病,它表明德国大学生开始向社会民主主义转变,而这种幼稚病是和这一转变分不开的,可是我们的工人因有非常健康的本性,一定会克服这种幼稚病。

如果在那些我最多只能以涉猎者的资格发表看法的领域里我不得不跟着杜林先生走,那么这不是我的过错。在这种情况下,我大多只是限于举出确切的、无可争辩的事实去反驳我的论敌的错误或歪曲的论断。在法学上以及在自然科学的某些问题上,我就是这样做的。在其他情况下,涉及的是理论自然科学的一般观点,就是说,是这样一个领域,在那里,专业自然科学家也不得不越出他的专业的范围,而涉及到邻近的领域——在那里,他像微耳和

---

① 恩格斯在这里借用了鲁·微耳和的《现代国家中的科学自由》这一书名中的说法。——编者注

先生所承认的,也和我们任何人一样只是一个"半通"[263]。在这里,人们对于表达上的些许不确切之处和笨拙之处会相互谅解,我希望也能够得到这样的谅解。

当我写完这篇序言的时候,我见到了一则由杜林先生草拟的书商的广告:杜林先生的一本新的"权威"著作《合理的物理和化学的新的基本定律》已经出版①。我深知自己在物理和化学方面的知识不够,可是我总相信,对于我的杜林先生我是很知底的。所以,甚至没有看到上述著作,就可以预言,杜林先生在这本书中提出的物理和化学的定律,在其谬误或陈腐的程度上,尽可以同他以前发现的并在我的这本书中考察过的经济学、世界模式论等等的规律相媲美;而杜林先生所设计的低温计或低温测量仪,既不是用来测量高温,也不是用来测量低温,而唯一地只是用来测量杜林先生的狂妄无知。

1878 年 6 月 11 日于伦敦

二

本书要出新版,是出乎我意料的。本书所批判的对象现在几乎已被遗忘了;这部著作不仅在 1877 年至 1878 年间分篇登载于莱比锡的《前进报》[260] 上,以飨成千上万的读者,而且还汇编成单行本大量发行。我在几年前对杜林先生的评论,现在怎么还能使人发生兴趣呢?

这首先是下述情况造成的:在反社会党人法[61]颁布之后,这部著作和几乎所有当时正在流行的我的其他著作一样,立即在德意

---

① 欧·杜林《合理的物理和化学的新的基本定律》1878 年莱比锡版第 1 辑。——编者注

志帝国遭到查禁。谁只要不是死抱住神圣同盟[264]各国的传统的官僚偏见不放,谁就一定会明白这种措施带来的效果:被禁的书籍两倍、三倍地畅销,这暴露了柏林的大人先生们的无能,他们颁布了禁令,却不能执行。事实上,由于帝国政府的帮忙,我的若干短篇著作发行了比我自身努力所能达到的更多的新版;我没有时间对正文作适当的修订,而大部分只好干脆任其照旧版翻印。

不过还有另一种情况。本书所批判的杜林先生的"体系"涉及非常广泛的理论领域,这使我不能不跟着他到处跑,并以自己的见解去反驳他的见解。因此消极的批判成了积极的批判;论战转变成对马克思和我所主张的辩证方法和共产主义世界观的比较连贯的阐述,而这一阐述包括了相当多的领域。我们的这一世界观,首先在马克思的《哲学的贫困》①和《共产主义宣言》②中问世,经过足足20年的潜伏阶段,到《资本论》出版以后,就越来越迅速地为日益广泛的各界人士所接受。现在,它已远远越出欧洲的范围,在一切有无产者和无畏的科学理论家的国家里,都受到了重视和拥护。因此,看来有这样的读者,他们对于这一问题的兴趣极大,他们由于对论战中所作的正面阐述感兴趣,因而愿意了解现在在许多方面已经失去对象的同杜林观点的论战。

顺便指出:本书所阐述的世界观,绝大部分是由马克思确立和阐发的,而只有极小的部分是属于我的,所以,我的这种阐述不可能在他不了解的情况下进行,这在我们相互之间是不言而喻的。在付印之前,我曾把全部原稿念给他听,而且经济学那一编的第十章(《〈批判史〉论述》)就是马克思写的,只是由于外部的原因,我

---

① 见本选集第1卷。——编者注
② 即《共产党宣言》。——编者注

才不得不很遗憾地把它稍加缩短。在各种专业上互相帮助,这早就成了我们的习惯。

现在的新版,除了一章,其余都按第一版翻印,未作修改。一方面,我没有时间作彻底的修订,尽管我很想修改某些叙述。我担负着编印马克思遗稿的责任,这比其他一切事情都远为重要。此外,我的良心也不允许我作任何修改。本书是一部论战性的著作,我觉得,既然我的对手不能作什么修改,那我这方也理应不作什么修改。我只能要求有反驳杜林先生的答辩的权利。可是杜林先生针对我的论战所写的东西,我没有看过,而且如无特殊的必要,我也不想去看;我在理论上对他的清算已告结束。况且,杜林先生后来遭到柏林大学的卑劣的、不公正的对待,我对他更应当遵守文字论战的道义准则。当然,这所大学为了这件事受到了谴责。一所大学既然可以在人所共知的情况下剥夺杜林先生的教学自由,那么如果有人要在同样的人所共知的情况下把施韦宁格先生硬塞给它,它也就不应当感到惊讶了。**265**

只有一章,我允许自己作些解释性的增补,这就是第三编第二章《理论》。这里所涉及的仅仅是我所主张的观点的一个核心问题的表述,如果我力求写得通俗些,增补得连贯些,我的论敌是不会抱怨的。而且,这里还有外部的原因。我为我的朋友拉法格把本书的三章(《引论》的第一章及第三编的第一、二两章)编成独立的小册子,以便译成法文出版;在法文版成为意大利文版和波兰文版所依据的文本之后,以《社会主义从空想到科学的发展》为名的德文版也刊行了。这本小册子在短短的几个月内就发行了三版,接着俄文的、丹麦文的译本也出现了。在所有这些版本中,只对上述的一章作了增补。不过,如果我在刊行原本的新版时,拘守原文,而不顾它后来的已经成为国际性的版本,那么这就是一种迂腐行为了。

　　此外,我还想作修改的,主要有两点。第一,关于人类原始史,直到 1877 年,摩尔根才给我们提供了理解这一历史的钥匙。① 而在这之后,由于我有机会在自己的《家庭、私有制和国家的起源》②(1884 年苏黎世版)一书中对这期间我所能获得的材料作了加工,所以这里只要指出这部较晚的著作就够了。

　　第二,关于理论自然科学的那部分,这里叙述得极其笨拙,有些地方现在本来可以表达得更清楚些,更明确些。既然我认为自己没有权利对这部分进行修订,所以我理应在这里作自我批评。

　　马克思和我,可以说是唯一把自觉的辩证法从德国唯心主义哲学中拯救出来并运用于唯物主义的自然观和历史观的人。可是要确立辩证的同时又是唯物主义的自然观,需要具备数学和自然科学的知识。马克思是精通数学的,可是对于自然科学,我们只能作零星的、时停时续的、片断的研究。因此,当我退出商界并移居伦敦[266],从而有时间进行研究的时候,我尽可能地使自己在数学和自然科学方面来一次彻底的——像李比希所说的——"脱毛"[267],八年当中,我把大部分时间用在这上面。当我不得不去探讨杜林先生的所谓自然哲学时,我正处在这一脱毛过程的中间。所以,如果我有时在这方面找不到确切的术语,如果我在理论自然科学的领域中总的说来表现得相当笨拙,那么这是十分自然的。可是另一方面,我意识到当时自己还做不到确有把握,这使我谨慎起来;没有人能指出我真正违反了当时人所共知的事实,或者不正确地叙述了当时公认的理论。在这方面,只有一位未被承认的大

---

① 参看路·亨·摩尔根《古代社会,或人类从蒙昧时代经过野蛮时代到文明时代的发展过程的研究》1877 年伦敦版。——编者注
② 见本选集第 4 卷。——编者注

数学家写信给马克思,抱怨我诋毁了 $\sqrt{-1}$ 的声誉[268]。

不言而喻,我对数学和自然科学作这种概括性的叙述,是要在细节上也使自己确信那种对我来说在总的方面已没有任何怀疑的东西,这就是:在自然界里,正是那些在历史上支配着似乎是偶然事变的辩证运动规律,也在无数错综复杂的变化中发生作用;这些规律也同样地贯串于人类思维的发展史中,它们逐渐被思维着的人所意识到。这些规律最初是由黑格尔全面地、不过是以神秘的形式阐发的,而剥去它们的神秘形式,并使人们清楚地意识到它们的全部的单纯性和普遍有效性,这是我们的期求之一。显然,旧的自然哲学,无论它包含多少真正好的东西和多少可以结果实的萌芽①,

---

① 恩格斯在这里加了一个注:"同卡尔·福格特之流的愚蠢的庸人一起去攻击旧的自然哲学,比评价它的历史意义要容易得多。旧的自然哲学包含许多谬见和空想,可是并不比当时经验自然科学家的非哲学理论包含得多,至于它还包含许多有见识的和合理的东西,那么自从进化论传播之后这已开始为人们所了解。例如,海克尔完全有理由承认特雷维腊努斯和奥肯的功绩[269]。奥肯在他的原浆说和原胞说中,作为生物学的公设提出的那种东西,后来真的被发现是原生质和细胞。如果特别谈到黑格尔,那么,他在许多方面远远超出他同时代的经验科学家,这些人硬把某一种力——重力、浮力、电接触力等等加在所有不能解释的现象上,以为这样就把这些现象都解释了,如果这行不通,就搬出某种未知的要素如光素、热素、电素等等。这些臆想出来的要素,现在可以说基本上已经被排除了,可是,黑格尔所反对的那种玩弄力的把戏还在可笑地要弄着,例如1869年亥姆霍兹在因斯布鲁克的演说中(亥姆霍兹《通俗讲演集》1871年版第2册第190页)[270]。同18世纪法国人传下来的把牛顿神化(英国使他满载荣誉与财富)这种做法相反,黑格尔指出:开普勒(德国让他饿死)是现代天体力学的真正奠基者;牛顿的万有引力定律已经包含在开普勒的所有三个定律中,在第三定律中甚至明确地表达出来了。黑格尔在其《自然哲学》第270节和附释中(《黑格尔全集》1842年版第7卷第98、113—115页),以几个简单的公式所证明的东西,作为现代数

是不能满足我们的需要的。正如本书比较详细地阐明的那样,旧的自然哲学,特别是在黑格尔的形式中,具有这样的缺陷:它不承认自然界有时间上的发展,不承认"先后",只承认"并列"。这种观点,一方面是由黑格尔体系本身造成的,这个体系认为只是"精神"才有历史的不断发展,另一方面,也是由当时自然科学的总的状况造成的。所以在这方面,黑格尔远远落后于康德,康德的星云说已经宣布了太阳系的起源,而他关于潮汐延缓地球自转的发现也已经宣布了太阳系的毁灭。[271]最后,对我来说,事情不在于把辩证法规律硬塞进自然界,而在于从自然界中找出这些规律并从自然界出发加以阐发。

不过,要从相互联系上,而且在每个单独的领域中这样做,却是一项艰巨的工作。不仅所要掌握的这个领域几乎是无穷无尽的,而且就是在这整个的领域内,自然科学本身也正处在急剧的变革过程中,以致那些即使把全部空闲时间用来干这件事的人,也很难跟踪不失。可是自从卡尔·马克思去世之后,更紧迫的义务占去了我全部的时间,所以我不得不中断我的工作。目前我只好满足于本书所作的概述,等将来有机会再把所获得的成果汇集发表,或许同马克思所遗留下来的极其重要的数学手稿一齐发表。[272]

可是,理论自然科学的进步也许会使我的劳动绝大部分或者全部成为多余的。因为单是把大量积累的、纯经验的发现加以系

学力学的成果重新出现在古斯塔夫·基尔霍夫的书里(基尔霍夫《数学物理学讲义》1877 年莱比锡第 2 版第 10 页),而且采用了和黑格尔首先阐发的那个简单的数学模型实质上相同的模型。自然哲学家与自觉的辩证的自然科学的关系,就像空想主义者与现代共产主义的关系一样。"——编者注

统化的必要性,就会迫使理论自然科学发生革命,这场革命必然使最顽固的经验主义者也日益意识到自然过程的辩证性质。旧的固定不变的对立,严格的不可逾越的分界线正在日益消失。自从最后的"真正"气体也被液化以来,自从证实了物体可以被置于一种难以分辨是液态还是气态的状态以来,聚集状态就丧失了它以前的绝对性质的最后残余。[273]根据气体动力学的原理,在纯气体中,单个气体分子的运动速度的乘方,在同温时和分子量成反比,这样,热也直接进入本身直接可以计量的运动形式的系列。十年前,新发现的、伟大的运动基本规律还仅仅被概括为能量**守恒**定律,仅仅被概括为运动既不能消灭也不能创造这种表述,就是说,仅仅从量的方面加以概括,而现在,这种狭隘的、消极的表述则日益被那种关于能的**转化**的积极的表述所代替,在这里过程的质的内容第一次获得了它应有的地位,对世界之外的造物主的最后记忆也消除了。当运动(所谓能)从动能(所谓机械力)转化为电、热、位能等等,以及发生相反转化时,运动的量是不变的,这一点现在已无须再当做什么新的东西来宣扬了。这种认识,是今后对转化过程本身进行更为丰富多彩的研究的既得的基础,而转化过程是一个伟大的基本过程,对自然的全部认识都综合于对这个过程的认识。自从用进化论观点从事生物学研究以来,有机界领域内固定不变的分类界线——消失了;几乎无法分类的中间环节日益增多,更精确的研究把有机体从这一纲归到另一纲,过去几乎成为信条的那些区别标志,丧失了它们的绝对效力;我们现在知道有卵生的哺乳动物,而且,如果消息确实的话,还有用四肢行走的鸟[274]。早在许多年以前,由于细胞的发现,微耳和不得不把动物个体的统一体分解成细胞国家的联邦——这种看法与其说是自然科学的和辩证法的,不如说是进步党的[275]——,而现在,循环于高等动物体内的阿米巴状的白血球的发现,则使关于动物的(因而也是人的)个体性的概念变得复杂多了。可是,正是那些过去被认为是不可调和的和不能化解的两极对立,正是那些强制规定的分界线和纲的区别,使现代的理论自然科学带上狭隘的形而上学的性质。这些对立和区别,虽然存在于自然界中,可是只具有相对意义,相反,它们那些想象的固定性和绝对意义,只不过是由我们的反思带进自然界的——这种认识构成辩证自然观的核心。积累起来的自然科学的事实迫使人们达到上述认识;如果人们领会了辩证思维规律,进而去领会这些事实的辩证性质,就可以比较容易地达到这种认识。无论如何,自然科学现在已经发展得再也不能回避辩证综合了。可是,如果自然科学不忘记,作为它的经验的总结的结论都是一些概念,而运用这些概念的艺术不是天生的,也不是和普通的日常意识一起得来的,而是要求有真实的思维,这样的思维也有同经验自然研究一样长的经验历史——如果自然科学不忘记这些,那么,它就会使自己比较容易地经历这个过程。正是由于自然科学正在学会掌握 2 500 年来哲学发展的成果,它才一方面可以摆脱任何单独的、处在它之外和凌驾于它之上的自然哲学,另一方面也可以摆脱它本身的、从英国经验主义沿袭下来的、狭隘的思维方法。

1885 年 9 月 23 日于伦敦

三

这一新版,除了几处无足轻重的文字上的修改,都是照前一版翻印的。只有一章,即第二编第十章《〈批判史〉论述》,我作了重要的增补,理由如下。

正如第二版序言已经提到的,这一章所有重要的部分都是马克思写的。在原定作为报刊文章的初稿上,我不得不把马克思的手稿大加删节,而恰恰在删掉的部分里,他对经济学史的独立的阐述比起对杜林主张的批判要重要得多。这些阐述恰恰又是手稿当中甚至直到现在还具有重大意义和长远意义的部分。我认为,自己有责任把马克思说明配第、诺思、洛克、休谟等人在古典经济学产生过程中所应占的地位的那些部分,尽可能完全地并逐字逐句地发表出来;而他对魁奈的《经济表》[276]所作的解释就更是如此了,这个表对整个现代经济学来说,仍然是不可解的斯芬克斯之谜。相反,凡是专门涉及杜林先生著作的地方,只要不影响上下文的联系,我都把它删掉了。

最后,我感到十分满意的是,自从第二版以来,本书所主张的观点已经深入科学界和工人阶级的公众意识,而且是在世界上一切文明国家里。

弗·恩格斯

1894 年 5 月 23 日于伦敦

引　论

一　概　论

现代社会主义，就其内容来说，首先是对现代社会中普遍存在的有财产者和无财产者之间、资产者和雇佣工人之间的阶级对立以及生产中普遍存在的无政府状态这两个方面进行考察的结果。但是，就其理论形式来说，它起初表现为18世纪法国伟大的启蒙学者们所提出的各种原则的进一步的、据称是更彻底的发展。[①]同任何新的学说一样，它必须首先从已有的思想材料出发，虽然它的根子深深扎在经济的事实中。

在法国为行将到来的革命启发过人们头脑的那些伟大人物，本身都是非常革命的。他们不承认任何外界的权威，不管这种权威是什么样的。宗教、自然观、社会、国家制度，一切都受到了最无情的批判；一切都必须在理性的法庭面前为自己的存在作辩护或者放弃存在的权利。思维着的知性成了衡量一切的唯一尺度。那

[①]　在《引论》的草稿中，这一段是这样写的："**现代社会主义**，虽然实质上是由于对现存社会中有财产者和无财产者之间、工人和剥削者之间的阶级对立进行考察而产生的，但是，就其理论形式来说，起初却表现为18世纪法国伟大的启蒙学者们所提出的各种原则的更彻底的、进一步的发展，因为它的最初代表摩莱里和马布利也是属于启蒙学者之列的。"——编者注

时,如黑格尔所说的,是世界用头立地的时代。[277] 最初,这句话的意思是:人的头脑以及通过头脑的思维发现的原理,要求成为人类的一切活动和社会结合的基础;后来这句话又有了更广泛的含义:同这些原理相矛盾的现实,实际上都被上下颠倒了。以往的一切社会形式和国家形式、一切传统观念,都被当做不合理性的东西扔到垃圾堆里去了;到现在为止,世界所遵循的只是一些成见;过去的一切只值得怜悯和鄙视。只是现在阳光才照射出来。从今以后,迷信、非正义、特权和压迫,必将为永恒的真理、永恒的正义、基于自然的平等和不可剥夺的人权所取代。

现在我们知道,这个理性的王国不过是资产阶级的理想化的王国;永恒的正义在资产阶级的司法中得到实现;平等归结为法律面前的资产阶级的平等;被宣布为最主要的人权之一的是资产阶级的所有权;而理性的国家、卢梭的社会契约[278]在实践中表现为,而且也只能表现为资产阶级的民主共和国。18 世纪伟大的思想家们,也同他们的一切先驱者一样,没有能够超出他们自己的时代使他们受到的限制。

但是,除了封建贵族和资产阶级之间的对立,还存在着剥削者和被剥削者、游手好闲的富人和从事劳动的穷人之间的普遍的对立。正是由于这种情形,资产阶级的代表才能标榜自己不是某一特殊的阶级的代表,而是整个受苦人类的代表。不仅如此,资产阶级从它产生的时候起就背负着自己的对立物:资本家没有雇佣工人就不能存在,随着中世纪的行会师傅发展成为现代的资产者,行会帮工和行会外的短工便相应地发展成为无产者。虽然总的说来,资产阶级在同贵族斗争时有理由认为自己同时代表当时的各个劳动阶级的利益,但是在每一个大的资产阶级运动中,都爆发过作为现代无产阶级的发展程度不同的先驱者的那个阶级的独立运动。

例如，德国宗教改革和农民战争时期的托马斯·闵采尔派，英国大革命时期的平等派[279]，法国大革命时期的巴贝夫。伴随着一个还没有成熟的阶级的这些革命暴动，产生了相应的理论表现；在16世纪和17世纪有理想社会制度的空想的描写[280]，而在18世纪已经有了直接共产主义的理论（摩莱里和马布利）。平等的要求已经不再限于政治权利方面，它也应当扩大到个人的社会地位方面；不仅应当消灭阶级特权，而且应当消灭阶级差别本身。禁欲主义的、斯巴达式的共产主义，是这种新学说的第一个表现形式。后来出现了三个伟大的空想主义者：圣西门、傅立叶和欧文。在圣西门那里，除无产阶级的倾向外，资产阶级的倾向还有一定的影响。欧文在资本主义生产最发达的国家里，在这种生产所造成的种种对立的影响下，直接从法国唯物主义出发，系统地阐述了他的消除阶级差别的方案。

所有这三个人有一个共同点：他们都不是作为当时已经历史地产生的无产阶级的利益的代表出现的。他们和启蒙学者一样，并不是想解放某一个阶级，而是想解放全人类。他们和启蒙学者一样，想建立理性和永恒正义的王国；但是他们的王国和启蒙学者的王国是有天壤之别的。按照这些启蒙学者的原则建立起来的资产阶级世界也是不合理性的和非正义的，所以也应该像封建制度和一切更早的社会制度一样被抛到垃圾堆里去。真正的理性和正义至今还没有统治世界，这只是因为它们没有被人们正确地认识。所缺少的只是个别的天才人物，现在这种人物已经出现而且已经认识了真理；至于天才人物正是在现在出现，真理正是在现在被认识到，这并不是从历史发展的联系中必然产生的、不可避免的事情，而纯粹是一种侥幸的偶然现象。这种天才人物在500年前也同样可能诞生，这样他就能使人类免去500年的迷误、斗争和痛苦。

这种见解本质上是英国和法国的一切社会主义者以及包括魏

特林在内的第一批德国社会主义者的见解。对所有这些人来说，社会主义是绝对真理、理性和正义的表现，只要它被发现了，它就能用自己的力量征服世界；因为绝对真理是不依赖于时间、空间和人类的历史发展的，所以，它在什么时候和什么地方被发现，那纯粹是偶然的事情。同时，绝对真理、理性和正义在每个学派的创始人那里又是各不相同的；而因为在每个学派的创始人那里，绝对真理、理性和正义的独特形式又是由他们的主观知性、他们的生活条件、他们的知识水平和思维训练水平所决定的，所以，解决各种绝对真理的这种冲突的办法就只能是它们互相磨损。由此只能得出一种折中的不伦不类的社会主义，这种社会主义实际上直到今天还统治着法国和英国大多数社会主义工人的头脑，它是由各学派创始人的比较温和的批判性言论、经济学原理和关于未来社会的观念组成的色调极为复杂的混合物，这种混合物的各个组成部分，在辩论的激流中越是磨去其锋利的棱角，就像溪流中的卵石一样，这种混合物就越容易构成。为了使社会主义变为科学，就必须首先把它置于现实的基础之上。

在此期间，同 18 世纪的法国哲学并列和继它之后，近代德国哲学产生了，并且在黑格尔那里完成了。它的最大的功绩，就是恢复了辩证法这一最高的思维形式。古希腊的哲学家都是天生的自发的辩证论者，他们中最博学的人物亚里士多德就已经研究了辩证思维的最主要的形式①。而近代哲学虽然也有辩证法的卓越代表（例如笛卡儿和斯宾诺莎），但是特别由于英国的影响却日益陷入所谓形而上学的思维方式；18 世纪的法国人也几乎全都为这种

---

① 在《引论》的草稿中，这句话是这样写的："古希腊的哲学家都是天生的自发的辩证论者，亚里士多德，古代世界的黑格尔，就已研究了辩证思维的最主要的形式。"——编者注

思维方式所支配,至少在他们的专门哲学著作中是如此。可是,在本来意义的哲学之外,他们同样也能够写出辩证法的杰作;我们只要提一下狄德罗的《拉摩的侄子》**281**和卢梭的《论人间不平等的起源》①就够了。——在这里,我们就简略地谈谈这两种思维方法的实质;我们回头还要更详细地谈这个问题。

　　当我们通过思维来考察自然界或人类历史或我们自己的精神活动的时候,首先呈现在我们眼前的,是一幅由种种联系和相互作用无穷无尽地交织起来的画面,其中没有任何东西是不动的和不变的,而是一切都在运动、变化、生成和消逝。这种原始的、素朴的、但实质上正确的世界观是古希腊哲学的世界观,而且是由赫拉克利特最先明白地表述出来的:一切都存在而又不存在,因为一切都在**流动**,都在不断地变化,不断地生成和消逝。但是,这种观点虽然正确地把握了现象的总画面的一般性质,却不足以说明构成这幅总画面的各个细节;而我们要是不知道这些细节,就看不清总画面。为了认识这些细节,我们不得不把它们从自然的或历史的联系中抽出来,从它们的特性、它们的特殊的原因和结果等等方面来分别加以研究。这首先是自然科学和历史研究的任务;而这些研究部门,由于十分明显的原因,在古典时代的希腊人那里只占有从属的地位,因为他们首先必须搜集材料。精确的自然研究只是在亚历山大里亚时期**282**的希腊人那里才开始,而后来在中世纪由阿拉伯人继续发展下去;可是,真正的自然科学只是从 15 世纪下半叶才开始,从这时起它就获得了日益迅速的进展。把自然界分解为各个部分,把各种自然过程和自然对象分成一定的门类,对有

---

① 　让·雅·卢梭《论人间不平等的起源和原因》1755 年阿姆斯特丹版。——
　　编者注

机体的内部按其多种多样的解剖形态进行研究,这是最近400年来在认识自然界方面获得巨大进展的基本条件。但是,这种做法也给我们留下了一种习惯:把各种自然物和自然过程孤立起来,撇开宏大的总的联系去进行考察,因此,就不是从运动的状态,而是从静止的状态去考察;不是把它们看做本质上变化的东西,而是看做固定不变的东西;不是从活的状态,而是从死的状态去考察。这种考察方式被培根和洛克从自然科学中移植到哲学中以后,就造成了最近几个世纪所特有的局限性,即形而上学的思维方式。

在形而上学者看来,事物及其在思想上的反映即概念,是孤立的、应当逐个地和分别地加以考察的、固定的、僵硬的、一成不变的研究对象。他们在绝对不相容的对立中思维;他们的说法是:"是就是,不是就不是;除此以外,都是鬼话。"①在他们看来,一个事物要么存在,要么就不存在;同样,一个事物不能同时是自身又是别的东西。正和负是绝对互相排斥的;原因和结果也同样是处于僵硬的相互对立中。初看起来,这种思维方式对我们来说似乎是极为可信的,因为它是合乎所谓常识的。然而,常识在日常应用的范围内虽然是极可尊敬的东西,但它一跨入广阔的研究领域,就会碰到极为惊人的变故。形而上学的考察方式,虽然在相当广泛的、各依对象性质而大小不同的领域中是合理的,甚至必要的,可是它每一次迟早都要达到一个界限,一超过这个界限,它就会变成片面的、狭隘的、抽象的,并且陷入无法解决的矛盾,因为它看到一个一个的事物,忘记它们互相间的联系;看到它们的存在,忘记它们的生成和消逝;看到它们的静止,忘记它们的运动;因为它只见树木,

---

① 参看《新约全书·马太福音》第5章第37节。——编者注

不见森林。例如,在日常生活中,我们知道并且可以肯定地说,某一动物存在还是不存在;但是,在进行较精确的研究时,我们就发现,这有时是极其复杂的事情。这一点法学家们知道得很清楚,他们为了判定在子宫内杀死胎儿是否算是谋杀,曾绞尽脑汁去寻找一条合理的界限,结果总是徒劳。同样,要确定死亡的那一时刻也是不可能的,因为生理学证明,死亡并不是突然的、一瞬间的事情,而是一个很长的过程。同样,任何一个有机体,在每一瞬间都既是它本身,又不是它本身;在每一瞬间,它消化着外界供给的物质,并排泄出其他物质;在每一瞬间,它的机体中都有细胞在死亡,也有新的细胞在形成;经过或长或短的一段时间,这个机体的物质便完全更新了,由其他物质的原子代替了,所以,每个有机体永远是它本身,同时又是别的东西。在进行较精确的考察时,我们也发现,某种对立的两极,例如正和负,既是彼此对立的,又是彼此不可分离的,而且不管它们如何对立,它们总是互相渗透的;同样,原因和结果这两个概念,只有应用于个别场合时才有其本来的意义;可是,只要我们把这种个别的场合放到它同宇宙的总联系中来考察,这两个概念就交汇起来,融合在普遍相互作用的看法中,而在这种相互作用中,原因和结果经常交换位置;在此时或此地是结果,在彼时或彼地就成了原因,反之亦然。

所有这些过程和思维方法都是形而上学思维的框子所容纳不下的。相反,对辩证法来说,上述过程正好证明它的方法是正确的,因为辩证法在考察事物及其在观念上的反映时,本质上是从它们的联系、它们的联结、它们的运动、它们的产生和消逝方面去考察的。自然界是检验辩证法的试金石,而且我们必须说,现代自然科学为这种检验提供了极其丰富的、与日俱增的材料,并从而证明了,自然界的一切归根到底是辩证地而不是形而上学地发生的。

可是,由于学会辩证地思维的自然科学家到现在还屈指可数,所以,现在理论自然科学中普遍存在的并使教师和学生、作者和读者同样感到绝望的那种无限混乱的状态,完全可以从已经发现的成果和传统的思维方式之间的这个冲突中得到说明。

因此,要精确地描绘宇宙、宇宙的发展和人类的发展,以及这种发展在人们头脑中的反映,就只有用辩证的方法,只有不断地注意生成和消逝之间、前进的变化和后退的变化之间的普遍相互作用才能做到。近代德国哲学一开始就是以这种精神进行活动的。康德一开始他的学术生涯,就把牛顿的稳定的太阳系和太阳系经过有名的第一推动后的永恒存在变成了历史的过程,即太阳和一切行星由旋转的星云团产生的过程。同时,他已经作出了这样的结论:太阳系的产生也预示着它将来的不可避免的灭亡。过了半个世纪,他的观点由拉普拉斯从数学上作出了证明;又过了半个世纪,分光镜证明了,在宇宙空间存在着凝聚程度不同的炽热的气团。**283**

这种近代德国哲学在黑格尔的体系中完成了,在这个体系中,黑格尔第一次——这是他的伟大功绩——把整个自然的、历史的和精神的世界描写为一个过程,即把它描写为处在不断的运动、变化、转变和发展中,并企图揭示这种运动和发展的内在联系①。从

---

① 在《引论》的草稿中,对黑格尔哲学作了如下的描述:"就哲学被看做是凌驾于其他一切科学之上的特殊科学来说,黑格尔体系是哲学的最后的最完善的形式。全部哲学都随着这个体系没落了。但是留下的是辩证的思维方式以及关于自然的、历史的和精神的世界是一个无止境地运动着和转变着的、处在不断的生成和消逝过程中的世界的观点。现在不再向哲学,而是向**一切**科学提出这样的要求:在自己的特殊领域内揭示这个不断的转变过程的运动规律。而这就是黑格尔哲学留给它的继承者的遗产。"——编者注

这个观点来看,人类的历史已经不再是乱七八糟的、统统应当被这时已经成熟了的哲学理性的法庭所唾弃并最好尽快被人遗忘的毫无意义的暴力行为,而是人类本身的发展过程,而思维的任务现在就是要透过一切迷乱现象探索这一过程的逐步发展的阶段,并且透过一切表面的偶然性揭示这一过程的内在规律性。

黑格尔没有解决这个任务,这在这里没有多大关系。他的划时代的功绩是提出了这个任务。这不是任何个人所能解决的任务。虽然黑格尔和圣西门一样是当时最博学的人物,但是他毕竟受到了限制,首先是他自己的必然有限的知识的限制,其次是他那个时代的在广度和深度方面都同样有限的知识和见解的限制。但是,除此以外还有第三种限制。黑格尔是唯心主义者,就是说,在他看来,他头脑中的思想不是现实的事物和过程的或多或少抽象的反映,相反,在他看来,事物及其发展只是在世界出现以前已经在某个地方存在着的"观念"的现实化的反映。这样,一切都被头足倒置了,世界的现实联系完全被颠倒了。所以,不论黑格尔如何正确地和天才地把握了一些个别的联系,但由于上述原因,就是在细节上也有许多东西不能不是牵强的、造作的、虚构的,一句话,被歪曲的。黑格尔的体系作为体系来说,是一次巨大的流产,但也是这类流产中的最后一次。就是说,它还包含着一个无法解决的内在矛盾:一方面,它以历史的观点作为基本前提,即把人类的历史看做一个发展过程,这个过程按其本性来说在认识上是不能由于所谓绝对真理的发现而结束的;但是另一方面,它又硬说它自己就是这种绝对真理的化身。关于自然和历史的无所不包的、最终完成的认识体系,是同辩证思维的基本规律相矛盾的;但是,这样说决不排除,相反倒包含下面一点,即对整个外部世界的有系统的认识是可以一代一代地取得巨大进展的。

一旦了解到以往的德国唯心主义是完全荒谬的,那就必然导致唯物主义,但是要注意,并不是导致 18 世纪的纯粹形而上学的、完全机械的唯物主义。同那种以天真的革命精神简单地抛弃以往的全部历史的做法相反,现代唯物主义把历史看做人类的发展过程,而它的任务就在于发现这个过程的运动规律。无论在 18 世纪的法国人那里,还是在黑格尔那里,占统治地位的自然观都认为,自然界是一个沿着狭小的圆圈循环运动的、永远不变的整体,牛顿所说的永恒的天体和林耐所说的不变的有机物种也包含在其中。同这种自然观相反,现代唯物主义概括了自然科学的新近的进步,从这些进步来看,自然界同样也有自己的时间上的历史,天体和在适宜条件下生存在天体上的有机物种都是有生有灭的;至于循环,即使能够存在,其规模也要大得无比。在这两种情况下,现代唯物主义本质上都是辩证的,而且不再需要任何凌驾于其他科学之上的哲学了。一旦对每一门科学都提出要求,要它们弄清它们自己在事物以及关于事物的知识的总联系中的地位,关于总联系的任何特殊科学就是多余的了。于是,在以往的全部哲学中仍然独立存在的,就只有关于思维及其规律的学说——形式逻辑和辩证法。其他一切都归到关于自然和历史的实证科学中去了。

但是,自然观的这种变革只能随着研究工作提供相应的实证的认识材料而实现,而在这期间一些在历史观上引起决定性转变的历史事实却老早就发生了。1831 年在里昂发生了第一次工人起义[284];在 1838—1842 年,第一次全国性的工人运动,即英国宪章派的运动[8],达到了高潮。无产阶级和资产阶级之间的阶级斗争一方面随着大工业的发展,另一方面随着资产阶级新近取得的政治统治的发展,在欧洲最先进的国家的历史中升到了重要地位。

事实日益令人信服地证明,资产阶级经济学关于资本和劳动的利益一致、关于自由竞争必将带来普遍和谐和人民的普遍福利的学说完全是撒谎。① 对所有这些事实都再也不能置之不理了,同样,对作为这些事实的理论表现(虽然是极不完备的表现)的法国和英国的社会主义也不能再置之不理了。但是,旧的、还没有被排除掉的唯心主义历史观不知道任何基于物质利益的阶级斗争,而且根本不知道任何物质利益;生产和一切经济关系,在它那里只是被当做"文化史"的从属因素顺便提一下。

新的事实迫使人们对以往的全部历史作一番新的研究,结果发现:以往的**全部**历史,都是阶级斗争的历史[285];这些互相斗争的社会阶级在任何时候都是生产关系和交换关系的产物,一句话,都是自己时代的**经济**关系的产物;因而每一时代的社会经济结构形成现实基础,每一个历史时期的由法的设施和政治设施以及宗教的、哲学的和其他的观念形式所构成的全部上层建筑,归根到底都应由这个基础来说明。这样一来,唯心主义从它的最后的避难所即历史观中被驱逐出去了,一种唯物主义的历史观被提出来了,用人们的存在说明他们的意识,而不是像以往那样用人们的意识说明他们的存在这样一条道路已经找到了。

可是,以往的社会主义同这种唯物主义历史观是不相容的,正如法国唯物主义的自然观同辩证法和近代自然科学不相容一样。

---

① 在《引论》的草稿中,接着有下面一段话:"在法国,1834 年的里昂起义也宣告了无产阶级反对资产阶级的斗争。英国和法国的社会主义理论获得了历史价值,并且也必然在德国引起反响和评论,虽然在德国,生产还只是刚刚开始摆脱小规模的经营。因此,现在与其说在德国还不如说在德国人中间形成的理论的社会主义,其全部材料都不得不是进口的……"。——编者注

以往的社会主义固然批判了现存的资本主义生产方式及其后果，但是，它不能说明这个生产方式，因而也就不能对付这个生产方式；它只能简单地把它当做坏东西抛弃掉。但是，问题在于：一方面应当说明资本主义生产方式的历史联系和它在一定历史时期存在的必然性，从而说明它灭亡的必然性；另一方面应当揭露这种生产方式的一直还隐蔽着的内在性质，因为以往的批判主要是针对有害的后果，而不是针对事物的进程本身。这已经由于**剩余价值**的发现而完成了。已经证明，无偿劳动的占有是资本主义生产方式和通过这种生产方式对工人进行的剥削的基本形式；即使资本家按照劳动力作为商品在商品市场上所具有的全部价值来购买他的工人的劳动力，他从这种劳动力榨取的价值仍然比他对这种劳动力的支付要多；这种剩余价值归根到底构成了有产阶级手中日益增加的资本量由以积累起来的价值量。这样就说明了资本主义生产和资本生产的过程。

这两个伟大的发现——唯物主义历史观和通过剩余价值揭开资本主义生产的秘密，都应当归功于**马克思**。由于这两个发现，社会主义变成了科学，现在首先要做的是对这门科学的一切细节和联系作进一步的探讨。

当欧根·杜林先生大叫大嚷地跳上舞台，宣布他在哲学、政治经济学和社会主义中已实行了全面的变革的时候，理论上的社会主义和已经死去的哲学方面的情形大体上就是这样。

现在我们来看看，杜林先生对我们许下了什么诺言，他又是怎样履行他的诺言的。

二　杜林先生许下了什么诺言

首先与此有关的是杜林先生的下述著作:《哲学教程》①、《国民经济学和社会经济学教程》②、《国民经济学和社会主义批判史》③。我们首先感兴趣的主要是第一部著作。

就在第一页上,杜林先生宣布自己是

"一个有资格在当代代表这一力量〈哲学〉的人,而且是为了这一力量目前可以预见的发展而代表这一力量的人"。

这样,他就把自己说成是当代和"可以预见的"未来的唯一真正的哲学家。谁同他不一致,谁就违背真理。早在杜林先生以前,就有许多人对自己是这样**想**的,但是,除理查·瓦格纳以外,他也许是第一个大言不惭地说出这一想法的人。而且他所说的真理还是

"最后的终极的真理"。

杜林先生的哲学是

"自然体系或现实哲学……　这一体系是以这样的方式思考现实的:它排除梦幻式的和受主观主义限制的世界观的任何趋向"。

---

① 欧·杜林《哲学教程——严格科学的世界观和生命形成》1875 年莱比锡版。——编者注

② 欧·杜林《国民经济学和社会经济学教程,兼论财政政策的基本问题》1876 年莱比锡修订第 2 版。——编者注

③ 欧·杜林《国民经济学和社会主义批判史》1875 年柏林修订第 2 版。——编者注

因此,这一哲学有这样的特性:它能使杜林先生超越连他自己也不否认的他个人的主观局限性。这的确是必要的,如果他真能确立最后的终极的真理的话,不过我们到现在还不了解这个奇迹怎样才能发生。

这个"本身对精神极有价值的知识的自然体系"已经"稳固地确立了存在的基本形式,而丝毫没有损害思想的深度"。它从自己的"真正批判的立足点"出发,提供了"一种现实的、从而以自然和生活的现实为目标的哲学的各个要素,这种哲学不承认任何纯属虚幻的地平线,而是要在自己的强有力地实行变革的运动中揭示外部自然和内部自然的一切地和天";它是一种"新的思维方式",它的结果是"完全独特的结论和观点……创造体系的思想……确立了的真理"。在这里,我们看到"一种应在全神贯注的首创精神中寻求自身力量的劳动〈不管这指的是什么〉;一种穷根究底的研究……一种根底深厚的科学……一种关于事物和人的严格科学的观念……一种全面透彻的思想劳动……一种对可由思想控制的前提和结论的创造性的制定……绝对基础性的东西"。

在经济政治的领域内,他不仅给我们提供了

"在历史和体系方面包容很广的著作",另外,其中历史著作由于"我的具有伟大风格的历史记述"而更加出色,这些著作在经济学中促成了"创造性的转变";

而且,他还以自己的一项完全制定好的关于未来社会的社会主义规划作结束,这个规划是

"清晰的和穷根究底的理论的实际成果",

因而和杜林哲学一样,是没有谬误的和唯一能救世的;因为

"只有在我的《国民经济学和社会经济学教程》所描绘的那种社会主义结构里,一种真正的所有能够取代纯属虚幻的、暂时的或基于暴力的所有制"。未来必须以此为目标。

　　杜林先生献给杜林先生的这束颂词之花,可以很容易地增大十倍。这束花现在已经足以使读者产生某些怀疑:他们是否真的在同一个哲学家打交道,还是同……打交道,但是我们不得不请求读者在没有更详细地了解上述的深厚根底以前,暂时不要作出自己的判断。我们捧出上面的这束花也只是为了指明,我们面对的不是一位直截了当地说出自己的思想并让往后的发展来判定其价值的寻常的哲学家和社会主义者,而是一个非同寻常的人,他声称自己是和教皇一样没有谬误的,如果人们不愿意受最可恶的异端邪说的迷惑,那就只好干脆接受他的唯一能救世的学说。我们在这里所遇到的决不是充满各国社会主义文库而且近来也充满德国社会主义文库的那些著作中的一种,在这些著作中,各种各样的人力图以人间最诚恳的态度弄清种种问题,对于解决这些问题,他们也许或多或少是缺乏资料的;在这些著作中,不管存在什么样学术上和文字上的缺陷,社会主义的善良愿望总是值得赞许的。相反,杜林先生却给我们提出了由他宣布为最后的终极的真理的那些原理,因此,这些原理以外的任何其他意见一开始就是错误的;正像他拥有独一无二的真理一样,他也拥有唯一的严格科学的研究方法,这种方法以外的一切其他方法都是不科学的。或者他是对的,那么我们面对的是一切时代最伟大的天才,第一位超人,因为他是没有谬误的人。或者他是不对的,那么不管我们作出怎样的判断,即便好心地认为他可能出于善良的愿望,这也是对杜林先生的最致命的侮辱。

　　一个人既然拥有最后的终极的真理和唯一严格的科学性,当然就要对其他陷入迷途的和不科学的人采取颇为蔑视的态度。因此,当杜林先生以极端轻蔑的态度谈论他的先驱者的时候,当只有被他本人破格封为伟人的少数几个人才在他的深厚根底面前得到恩赦的时候,我们就不应该感到惊奇了。

首先听听他对哲学家的意见:

"缺乏任何良好信念的莱布尼茨,一切哲学侍臣中的这个佼佼者"。

康德还被勉强容忍;康德以后就一团糟了:

出现了"紧跟其后的模仿者,也就是一个叫做费希特和一个叫做谢林的人的谬论和既轻率又无聊的蠢话……愚昧的自然哲学奇谈的古怪漫画……康德以后的怪现象",以及由"一个叫做黑格尔的人"总其成的"热昏的胡话"。此人满口"黑格尔行话",利用自己的"甚至在形式上也不科学的手法"和自己的"粗制品"来传播"黑格尔瘟疫"。

自然科学家也没有得到更好的待遇,不过只举出了达尔文的名字,所以我们只能以他为限:

"达尔文主义的半诗和变态术,连同其粗陋褊狭的理解力和迟钝的辨别力……据我们的意见,独特的达尔文主义——自然要把拉马克的学说从中排除——只是一种与人性对抗的兽性"。

而最倒霉的是社会主义者了。至多除了路易·勃朗这个在一切社会主义者中最微不足道的人,其余的全都是罪人,都不享有该列在杜林先生之前(或者之后)的那种荣誉。不仅从真理和科学性方面来看是这样,不,而且从品格方面来看也是这样。除了巴贝夫以及1871年的几名公社委员,其余的全都算不上"人物"。三个空想主义者被称为"社会炼金术士"。在他们当中,圣西门还算受到宽大待遇,因为只责备他"过分夸张",并且还以同情态度指出,他深受宗教狂之害。而在谈到傅立叶的时候,杜林先生就完全忍耐不住了,因为傅立叶

"暴露了神经错乱的一切因素……过去只能到疯人院里去找的观念……最荒唐的梦幻……神经错乱的产物…… 笨得无法形容的傅立叶",这个"幼

稚的头脑",这个"白痴"甚至从来不是社会主义者;他的法伦斯泰尔**165**根本没有一点合理的社会主义,而是"按日常交往的样板构造的怪物"。

最后:

"如果谁以为这些评论〈傅立叶关于牛顿的评论〉……还不足以使他深信,在傅立叶的名字和整个傅立叶主义中只有第一个音节〈fou＝疯狂的〉道出了一点真实的东西,那么他自己也应当被列入某种白痴的范畴"。

最后,罗伯特·欧文

"有着无力而贫乏的观念……他在道德问题上的如此粗陋的思想……几句流于荒唐的老生常谈……不合理的和粗陋的看法……欧文的思想进程几乎不值得作比较郑重的批判……他的虚荣心"等等。

因此,既然杜林先生极端刻薄地以空想主义者的各自的名字来形容他们:圣西门——saint(神圣的),傅立叶——fou(疯狂的),安凡丹——enfant(幼稚的),那么所差的就只是加上:欧文——o weh![呜呼!]社会主义历史上一个完整的非常重要的时期,就用四个词简单地判决了,谁怀疑这一点,"他自己也应当被列入某种白痴的范畴"。

从杜林对后来的社会主义者的评论中,我们为了节省篇幅只举出有关拉萨尔和马克思的那些话:

拉萨尔:"学究气的、咬文嚼字的通俗化尝试……芜杂的经院哲学……一般理论和琐碎废话的奇怪的混合……失去理智的和不成体统的黑格尔迷信……吓唬人的例子……特有的局限性……靠最无聊的琐事来自炫……我们的犹太英雄……写写小册子的人……卑劣的……人生观和世界观的内在不坚定性。"

马克思:"理解力褊狭……他的著作和成就,从本身来看,即从纯理论的角度来看,对我们的领域〈社会主义批判史〉没有长远意义,而对思潮的一般历史来说最多只能看做近代宗派经院哲学中一个支脉的影响的象征……集中化和系统化的能力的薄弱……思想和文体的不成体统,语言上的下流习气……英国化的虚荣心……欺骗……混乱的观念,它们实际上只是历史幻想和逻辑幻想的杂种……迷惑人的辞令……个人的虚荣心……卑劣的手法……无礼的……舞文弄墨的笨蛋和蠢货……中国人式的博学……哲学和科学上的落后。"

如此等等,不一而足,因为这还是从杜林的玫瑰园中随手采来的一小束花。自然,我们暂且还根本不涉及这些可爱的谩骂——如果杜林先生稍稍有点教养的话,他在谩骂时就不会把**任何东西**都看做是卑劣的和无礼的——是否也是最后的终极的真理。将来,尤其是现在,我们要留神,丝毫不要怀疑这些谩骂的深厚根底,因为不然,也许我们甚至要被禁止去挑选我们所应属的白痴的范畴。我们认为我们的责任只是在于,一方面举例说明杜林先生所谓

"讲究措辞的谨慎而又真正谦虚的表达方法";

另一方面确认:在杜林先生那里,他的先驱者的一无是处,正像他自己的没有谬误一样,是肯定无疑的。如果一切确实是这样,那么,我们就得在这位一切时代最伟大的天才面前诚惶诚恐,毕恭毕敬。

第一编 哲 学

三 分类。先验主义

按照杜林先生的说法,哲学是对世界和生活的意识的最高形式的阐发,在更广的意义上说,还包括一切知识和意愿的原则。无论在哪里,只要某一系列的认识或冲动,或者某一类存在形式为人的意识所考察,这些形式的原则就应当是哲学的对象。这些原则是简单的或迄今被设想为简单的成分,这些成分可以构成各种各样的知识和意愿。同物体的化学组成一样,事物的一般状态也可以还原为基本形式和基本元素。这些终极的成分或原则,一旦被发现,就不仅对于直接知道和接触到的东西,而且对于我们不知道和接触不到的世界也都有意义。因此,哲学原则就成了科学要成为对自然界和人类生活进行解释的统一体系所需要的最后补充。除了一切存在的基本形式,哲学只有两个真正的研究对象,即自然界和人类世界。这样,在我们的材料整理上就自然而然地分成了三部分,这就是:一般的世界模式论,关于自然原则的学说,以及最后关于人的学说。在这个序列中,同时也包含某种内在的逻辑次序,因为适用于一切存在的那些形式的原则走在前面,而运用这些原则的对象性领域则按其从属次序跟在后面。

杜林先生就是这样说的,而且这里几乎完全是逐字逐句地引述的。

可见,他所谓的**原则**,就是从**思维**而不是从外部世界得来的那些形式的原则,这些原则应当被运用于自然界和人类,因而自然界和人类都应当适应这些原则。但是,思维从什么地方获得这些原则呢? 从自身中吗? 不,因为杜林先生自己说:纯粹观念的领域只限于逻辑模式和数学形式(而且我们将会看到,后者是错误的)。

逻辑模式只能同**思维**形式有关系;但是这里所谈的只是**存在**的形式,外部世界的形式,思维永远不能从自身中,而只能从外部世界中汲取和引出这些形式。这样一来,全部关系都颠倒了:原则不是研究的出发点,而是它的最终结果;这些原则不是被应用于自然界和人类历史,而是从它们中抽象出来的;不是自然界和人类去适应原则,而是原则只有在符合自然界和历史的情况下才是正确的。这是对事物的唯一唯物主义的观点,而杜林先生的相反的观点是唯心主义的,它把事物完全头足倒置了,从思想中,从世界形成之前就久远地存在于某个地方的模式、方案或范畴中,来构造现实世界,这完全像**一个叫做黑格尔的人**的做法。

确实是这样。我们可以把黑格尔的《全书》[286]以及它的全部热昏的胡话同杜林先生的最后的终极的真理对照一下。在杜林先生那里首先是一般的世界模式论,这在黑格尔那里称为**逻辑学**。其次,他们两人把这些模式或者说逻辑范畴应用于自然界,就是自然哲学;而最后,把它们应用于人类,就是黑格尔叫做精神哲学的东西。这样,杜林这套序列的"内在的逻辑次序"就"自然而然地"引导我们回到了黑格尔的《全书》,它如此忠实地抄袭《全书》,竟使黑格尔学派的永世流浪的犹太人柏林的米希勒教授[287]感激涕零。

如果完全自然主义地把"意识"、"思维"当做某种现成的东西,当做一开始就和存在、自然界相对立的东西,那么结果总是如此。如果这样,那么意识和自然,思维和存在,思维规律和自然规律如此密切地相适应,就非常奇怪了。可是,如果进一步问:究竟什么是思维和意识,它们是从哪里来的,那么就会发现,它们都是人脑的产物,而人本身是自然界的产物,是在自己所处的环境中并且和这个环境一起发展起来的;这里不言而喻,归根到底也是自然界产物的人脑的产物,并不同自然界的其他联系相矛盾,而是相适应的。

但是,杜林先生不允许自己这样简单地对待问题。他不仅以人类的名义来思维——这本身已经是件相当了不起的事情——,而且以一切天体上的有意识的和能思维的生物的名义来思维。

其实,"如果想通过'人的'这个修饰语来排除或者哪怕只是怀疑意识和知识的基本形式的至上的意义和它们的无条件的真理权,那么这就贬低了这些基本形式"。

因此,为了使人们不致怀疑其他某个天体上二乘二等于五,杜林先生就不能把思维称做人的思维,因而只好使思维脱离唯一的真实的基础,即脱离人和自然界,而在我们看来思维是在这个基础上产生的;于是杜林先生就绝望地陷入使他以"模仿者"黑格尔的模仿者的面目出现的那种意识形态里。附带说一下,我们还要更加频繁地在其他天体上欢迎杜林先生。

不言而喻,在这样的意识形态的基础上是不可能建立任何唯物主义学说的。我们以后会看到,杜林先生不得不一再把有意识的行动方式,即直截了当地叫做上帝的东西,硬塞给自然界。**288**

此外,我们的现实哲学家把全部现实的基础从现实世界搬到思想世界,还有另一种动机。关于这种一般世界模式论、关于这种存在的形式原则的科学,正是杜林先生的哲学的基础。如果世界模式论不是从头脑中,而仅仅是**通过**头脑从现实世界中得来的,如果存在的原则是从实际存在的事物中得来的,那么为此我们所需要的就不是哲学,而是关于世界和世界中所发生的事情的实证知识;由此产生的也不是哲学,而是实证科学。但是这样一来,杜林先生的整部著作就是徒劳无益的东西了。

其次,既然这样的哲学已不再需要,那么任何体系,甚至哲学的自然体系也就不再需要了。关于自然界所有过程都处在一种系统联系中的认识,推动科学到处从个别部分和整体上去证明这种系统联系。但是,对这种联系作恰当的、毫无遗漏的、科学的陈述,对我们所处的世界体系形成精确的思想映象,这无论对我们还是对所有时代来说都是不可能的。如果在人类发展的某一时期,这种包括世界各种联系——无论是物质的联系还是精神的和历史的联系——的最终完成的体系建立起来了,那么,人的认识的领域就从此完结,而且从社会按照那个体系来安排的时候起,未来的历史的进一步发展就中断了,——这是荒唐的想法,是纯粹的胡说。这样人们就碰到一个矛盾:一方面,要毫无遗漏地从所有的联系中去认识世界体系;另一方面,无论是从人们的本性或世界体系的本性来说,这个任务是永远不能完全解决的。但是,这个矛盾不仅存在于世界和人这两个因素的本性中,而且还是所有智力进步的主要杠杆,它在人类的无限的前进发展中一天天不断得到解决,这正像某些数学课题在无穷级数或连分数中得到解答一样。事实上,世界体系的每一个思想映象,总是在客观上受到历史状况的限制,在主观上受到得出该思想映象的人的肉体状况和精神状况的限制。可是杜林先生一开始就宣布,他的思维方式是排除受主观主义限制的世界观的任何趋向的。我们在前面已经看到,杜林先生是无所不在的——在一切可能的天体上。现在我们又看到,他是无所不知的。他解决了科学的最终课题,从而封闭了一切科学走向未来的道路。

杜林先生认为,和存在的基本形式一样,全部纯数学也可以先验地,即不利用外部世界给我们提供的经验而从头脑中构思出来。

在纯数学中,知性所处理的是"它自己的自由创造物和想象物";数和形的概念"对纯数学来说是足够的并且是由它自己创造的对象",所以纯数学具有"不依赖于特殊经验和世界现实内容的意义"。

纯数学具有不依赖于任何个人的**特殊**经验的意义,这当然是正确的,而且这也适用于各门科学的所有已经确定的事实,甚至适用于所有的事实。磁有两极;水由氢和氧化合而成;黑格尔死了,而杜林先生还活着;——这些事实都不依赖于我的或其他个人的经验,甚至也不依赖于杜林先生的经验,如果他酣然入睡的话。但是在纯数学中知性决不是只处理自己的创造物和想象物。数和形的概念不是从其他任何地方,而是从现实世界中得来的。人们用来学习计数即做第一次算术运算的十个指头,可以是任何别的东西,但总不是知性的自由创造物。为了计数,不仅要有可以计数的对象,而且还要有一种在考察对象时撇开它们的数以外的其他一切特性的能力,而这种能力是长期的以经验为依据的历史发展的结果。和数的概念一样,形的概念也完全是从外部世界得来的,而不是在头脑中由纯思维产生出来的。必须先存在具有一定形状的物体,把这些形状加以比较,然后才能构成形的概念。纯数学是以现实世界的空间形式和数量关系,也就是说,以非常现实的材料为对象的。这种材料以极度抽象的形式出现,这只能在表面上掩盖它起源于外部世界。但是,为了对这些形式和关系能够从它们的纯粹状态来进行研究,必须使它们完全脱离自己的内容,把内容作为无关紧要的东西放在一边;这样就得到没有长宽高的点,没有厚度和宽度的线,a 和 b 与 x 和 y,常数和变数;只是在最后才得到知性自身的自由创造物和想象物,即虚数。甚至数学上各种数量的表面上的相互导出,也并不证明它们的先验的来源,而只是证明它们的合理的联系。矩形绕自己的一边旋转而得到圆柱**形**,在产生这样的观念以前,一定先研究了一些现实的矩形和圆柱形,即使它们在形状上还很不完全。和其他各门科学一样,数学是从人的**需要**中产生的,如丈量土地和测量容积,计算时间和制造器械。但是,正像在其他一切思维领域中一样,从现实世界抽象出来的规律,在一定的发展阶段上就和现实世界脱离,并且作为某种独立的东西,作为世界必须遵循的外来的规律而同现实世界相对立。社会和国家方面的情形是这样,**纯**数学也正是这样,它在以后被**应用**于世界,虽然它是从这个世界得出来的,并且只表现世界的构成形式的一部分——正是**仅仅因为这样**,它才是可以应用的。

但是杜林先生以为,他不需要任何经验的填加料,就可以从那些"按照纯粹逻辑的观点既不可能也不需要论证"的数学公理中推导出全部纯数学,然后把它应用于世界,同样,他以为,他可以先从头脑中制造出存在的基本形式、一切知识的简单的成分、哲学的公理,再从它们中推导出全部哲学或世界模式论,并把自己的这一宪法钦定赐给自然界和人类世界。可惜,自然界根本不是由1850年曼托伊费尔的普鲁士人**289**组成的,而人类世界也只有极其微小的一部分才是由他们组成的。

数学公理是数学不得不从逻辑学那里借用的极其贫乏的思想内容的表现。它们可以归结为以下两条:

1. 整体大于部分。这个命题纯粹是同义反复,因为部分这一从数量上来把握的观念一开始就和整体这个观念以一定的方式相联系,就是说,"部分"直接表示:数量上的"整体"是由若干数量上的"部分"组成的。这个所谓的公理明确地肯定了这一点,但我们没有因此前进一步。这一同义反复甚至在一定程度上还可以这样来**证明**:整体是由若干部分组成的东西;部分是若干合在一起才构成整体的东西;因此部分小于整体——在这里重复的空洞更强烈地显示了内容的空洞。

2. 如果两个数量等于第三个数量，那么它们彼此相等。正像黑格尔已经证明过的，这个命题是逻辑可以担保其正确性的那种推论①，因此它已经得到证明了，虽然是在纯数学之外得到证明的。其他关于相等和不相等的公理只是这个推论的合乎逻辑的扩展。

不论在数学中还是在别的领域中，这样贫乏的命题都是无济于事的。为了继续前进，我们必须引入真实的关系，来自现实物体的关系和空间形式。线、面、角、多角形、立方体、球体等等观念都是从现实中得来的，只有陷入幼稚意识形态的人，才会相信数学家的话：第一条线是由点在空间的运动产生的，第一个面是由线的运动产生的，第一个立体是由面的运动产生的，如此等等。这种说法甚至也遭到语言的反驳。一个具有三维的数学图形叫做立体，corpus solidum，就是说在拉丁文中这个词甚至是指可以触摸到的物体，所以这个名称决不是从知性的自由想象中得来的，而是从确凿的现实中得来的。

但是，所有这些冗长的论述有什么用呢？杜林先生在第 42 页和第 43 页②上热烈地歌颂纯数学对经验世界的独立性、它的先验性以及它对知性特有的自由创造物和想象物的研究，以后他又在第 63 页上说：

"这就是说，人们容易忽视，那些数学的要素〈数、数量、时间、空间和几

---

① 参看黑格尔《哲学全书纲要》第 1 部（即《小逻辑》）第 188 节；《逻辑学》第 3 编《概念论》第 1 部分第 3 章推论第四式和第 3 部分第 2 章关于定理这一节。——编者注
② 本编中提到的欧·杜林著作的页码均为《哲学教程》的页码。——编者注

何运动〉只在形式上是观念的…… 所以绝对的数量无论它们属于哪一类，都是某种完全经验的东西。"……但是，"数学的模式能够作一种虽是脱离经验的、但仍然是充分的描述"，

这种说法或多或少可以适用于**任何的**抽象，但是决不能证明后者不是从现实中抽象出来的。在世界模式论中，纯数学产生于纯思维，而在自然哲学中，纯数学是某种完全经验的东西，是来自外部世界、然后又脱离外部世界的东西。我们应该相信哪一种说法呢？

四　世界模式论

"包罗万象的存在是唯一的。由于它是自满自足的，因而没有任何东西同它并列或在它上面。如果给它加上第二个存在，那就使它成为不是它本来那样的东西，即成为一个包容更广的整体的一部分或组成部分。当我们把自己的仿佛框子一样的统一思想扩展开来时，任何必须进入这个思想统一体的东西都不能在自身中保持两重性。但是任何东西也不能脱离这个思想统一体…… 一切思维的本质就在于把意识的要素联合为一个统一体…… 不可分割的世界概念正是通过这种综合的统一点产生的，而宇宙，就像这个词本身所表明的，被认为是万物在其中联合为一个统一体的东西。"

杜林先生就是这样说的。数学方法：

"任何问题都应当从简单的基本形式上，按照公理来解决，正如对待简单的……数学原则一样。"——

这一方法在这里首先被使用。

"包罗万象的存在是唯一的。"如果同义反复，即在**谓语**中简单地重复主语中已经说过的东西，也算是公理的话，那么我们在这里就有了一个最纯粹的公理。杜林先生在主语中告诉我们，存在包罗万象，而他在谓语中则大胆地断定：因此没有任何东西是在这一存在之外的。多么了不起的"创造体系的思想"！

真是在创造体系。我们往下读还不到六行,杜林先生就借助我们的统一思想,把存在的**唯一性**变成它的**统一性**了。因为一切思维的本质都在于把事物综合为一个统一体,所以,存在一旦被思考,就被思考为统一的东西,世界概念就成为不可分割的;又因为**被思考的存在**、**世界概念**是统一的,所以现实的存在、现实的世界也是不可分割的统一体。这样,

> "只要精神一学会从存在的同种的普遍性中去把握存在,彼岸性就再没有任何位置了"。

这是一次使奥斯特利茨和耶拿、克尼格雷茨和色当[290]黯然失色的征战。在我们动员第一个公理后还不到一页,只用三言两语,就已经把所有彼岸的东西,上帝、天使军、天堂、地狱和涤罪所,连同灵魂不死,都废弃、排除、消灭了。

我们是怎样从存在的唯一性转到它的统一性的呢?全靠我们对它的想象。我们一旦把我们的仿佛框子一样的统一思想围绕着存在扩展开来,唯一的存在就在思想中变成统一的存在,变成思想统一体;因为**一切**思维的本质就在于把意识的要素联合为一个统一体。

最后这句话是完全错误的。第一,思维既把相互联系的要素联合为一个统一体,同样也把意识的对象分解为它们的要素。没有分析就没有综合。第二,思维,如果它不做蠢事的话,只能把这样一些意识的要素综合为一个统一体,在这些意识的要素中或者在它们的现实原型中,这个统一体**以前**就已经**存在**了。如果我把鞋刷子综合在哺乳动物的统一体中,那它决不会因此就长出乳腺来。可见,存在的统一性,或者说把存在理解为一个统一体的根据,正是需要加以证明的;当杜林先生向我们保证,他认为存在是

统一的而不是什么两重性的东西的时候,他无非是向我们发表他的无足轻重的意见罢了。

如果我们要原原本本地叙述他的思想过程,那么它就是:我从存在开始。因此我思考着存在。关于存在的思想是统一的。但是思维和存在必须互相协调,互相适应,"互相一致"。因此,在现实中存在也是统一的。因此,任何"彼岸性"都是不存在的。但是,如果杜林先生这样不加掩饰地说出来,而不用上述那些极端玄妙的话来款待我们,那么他的意识形态就昭然若揭了。企图以思维和存在的同一性去证明任何思维产物的现实性,这正是一个叫做黑格尔的人所说的最荒唐的热昏的胡话之一。

即使杜林先生的全部论证都是对的,他也没有从唯灵论者那里赢得一寸阵地。唯灵论者简短地回答他说:我们也认为世界**是**单一的;只有从我们的特殊世俗的、原罪的观点来看,才有此岸和彼岸之分;全部存在就其本身说来,就是说,在上帝那里,是统一的。他们将陪着杜林先生到他所喜爱的其他天体上去,指给他看一个或几个天体,那里没有原罪,所以那里也没有此岸和彼岸的对立,世界的统一性是信仰的要求。

在这个问题上最可笑的是,杜林先生为了用存在的概念去证明上帝不存在,却运用了证明上帝存在的本体论论证法。这种论证法说:当我们思考着上帝时,我们是把他作为一切完美性的总和来思考的。但是,归入一切完美性的总和的,首先是存在,因为不存在的东西必然是不完美的。因此我们必须把存在算在上帝的完美性之内。因此上帝一定存在。——杜林先生正是这样论证的:当我们思考着存在的时候,我们是把它作为**一个**概念来思考的。综合在一个概念中的东西是统一的。因此,如果存在不是统一的,那么它就不符合它本身的概念。所以它一定是统一的。所以上帝是不存在的,如此等等。

当我们说到**存在**,并且**仅仅**说到存在的时候,统一性只能在于:我们所说的一切对象都是**存在的**、实有的。它们被综合在这种存在的统一性中,而不在任何别的统一性中;说它们**都是存在的**这个一般性论断,不仅不能赋予它们其他共同的或非共同的特性,而且暂时排除了对所有这些特性的考虑。因为只要我们离开存在是所有这些事物的共同点这一简单的基本事实,哪怕离开一毫米,这些事物的**差别**就开始出现在我们眼前。至于这些差别是否在于一些是白的,另一些是黑的,一些是有生命的,另一些是无生命的,一些是所谓此岸的,另一些是所谓彼岸的,那我们是不能根据把单纯的存在同样地加给一切事物这一点来作出判断的。

世界的统一性并不在于它的存在,尽管世界的存在是它的统一性的前提,因为世界必须先**存在**,然后才能是**统一的**。在我们的视野的范围之外,存在甚至完全是一个悬而未决的问题。世界的真正的统一性在于它的物质性,而这种物质性不是由魔术师的三两句话所证明的,而是由哲学和自然科学的长期的和持续的发展所证明的。

继续往下看。杜林先生对我们谈到的**存在**

"不是那种纯粹的存在,即自身等同的、应当没有任何特殊规定性的而且实际上仅仅是思想虚无或无思想之对应物的存在"。

但是我们很快就看到,杜林先生的世界的确是从这样一种存在开始的,这种存在没有任何内在的差别、任何运动和变化,所以事实上只是思想虚无的对应物,所以是真正的虚无。只是从这样的**存在-虚无**,才发展出现在的分化了的、变化多端的、表现为一种发展、一种**生成**的世界状态;我们只有在懂得了这一点以后,才能够

甚至在这种永恒的变化下

"把握自身等同的无所不包的存在的概念"。

这样,我们现在就有了较高阶段上的存在的概念,在这里,存在的概念既有不变,又有变,既有存在,又有生成。达到这点以后,我们就发现:

"类和种,统而言之,一般和特殊,是最简单的区别方法,没有这种方法,就不能理解事物的状态"。

但是这些都是区别**质**的方法;看过这些以后,我们再往下看:

"和类相对立的,是量的概念,这个量是同种的,其中再没有种的区别";

这就是说,我们从**质**转到**量**,而量总是"**可测度的**"。

现在让我们把这个"一般有效模式的**透彻分析**"以及它的"真正批判的观点"同一个叫做黑格尔的人的粗制品、混乱的东西和热昏的胡话比较一下。我们看到,黑格尔的逻辑学是从**存在**开始的——像杜林先生一样;这种存在表现为一种**虚无**——也和杜林先生一样;从这种"存在-虚无"过渡到**生成**,生成的结果就是定在,即存在的较高的较充实的形式——完全和杜林先生一样。定在导致**质**,质导致**量**——完全和杜林先生一样。为了不遗漏任何要点,杜林先生利用另外一个机会对我们说:

"人们不管一切量的渐进性,而只是通过质的飞跃从无感觉的领域进入感觉的领域,关于这种飞跃,我们……可以断言,它和同一特性的单纯的渐进有无限的差别。"

这完全是黑格尔的度量关系的关节线,在这里纯粹量的增多或减少在一定的关节点上引起**质的飞跃**,例如,把水加热或冷却,沸点和冰点就是这种关节点,在这种关节点上——在标准压力下——完成了进入新的聚集状态的飞跃,就是说,在这里量就转变为质。

我们的研究也力图穷根究底,并且发现杜林的根底深厚的基本模式的根子原来是一个叫做黑格尔的人的"热昏的胡话",即黑格尔《逻辑学》[291]的第一部分存在论的范畴,照搬纯系老黑格尔的"序列",而且对这种抄袭几乎不想作任何掩饰!

但是杜林先生并不满足于从被他百般辱骂的先驱那里剽窃完整的存在模式论,他自己在举出了上述从量到质的飞跃式转变的例子以后,竟泰然自若地谈起了马克思:

> "例如,〈马克思〉引证黑格尔关于量转变为质这一混乱的模糊观念,这岂不显得多么滑稽!"

混乱的模糊观念! 究竟是谁在这里转变了,究竟是谁在这里显得滑稽,杜林先生?

可见,所有这些漂亮的小玩意,不仅不是根据规定"按照公理来解决"的,而且是干脆从外面,即从黑格尔的逻辑学中搬来的。此外,整章中连内在联系的表面现象都没有,因为没有把这种内在联系也从黑格尔那里抄来,结果,一切都成为关于空间和时间、不变和变的毫无内容的玄想。

黑格尔从存在进到本质,进到辩证法。在这里他研究反思的规定,它们的内在的**对立**和矛盾,例如正和负,然后就进到**因果性**或原因和结果的关系,并以**必然性**作结束。杜林先生也没有什么不同。黑格尔叫做本质论的东西,杜林先生把它译成:存在的逻辑特性。但是这些特性首先在于"力的对抗",在于**对立**。至于矛盾,杜林先生是根本否认的;关于这个问题,我们以后再回头来谈。然后,他就转到**因果性**,并从因果性转到**必然性**。所以,如果杜林先生这样来谈自己：

"我们不是从笼子里谈哲学"，

那么大概他是说：他是**在**笼子里谈哲学，就是说，是在黑格尔的范畴模式论的笼子里谈哲学。

五　自然哲学。时间和空间

现在我们来谈**自然哲学**。在这里杜林先生又有种种理由对自己的先驱表示不满。

自然哲学"堕落到这种地步，它竟变成了混乱的、以无知为基础的伪诗词"，并且"陷入一个叫做谢林的人和诸如此类以绝对物的祭司自炫并迷惑公众的伙伴们的卖弄风骚的哲学清谈"。疲倦把我们从这些"怪物"那里援救出来，可是直到现在，它只给"动摇性"让出了位置；"至于谈到广大的公众，大家知道，在他们看来，比较大的江湖骗子的退隐，往往只是给比较小的、却比较世故的后继者提供一个机会，去用别的招牌重新端出前者的货色"。自然科学家自己对于"在囊括世界的观念的王国中漫游"不太"感兴趣"，所以在理论领域中带有纯属"漫不经心的轻率性"。

这里亟待援救，幸亏有杜林先生在。

为了正确估价以下关于世界在时间上有发展而在空间上有界限的启示，我们不得不重新回来研究"世界模式论"的几个地方。

又和黑格尔一样（《全书》第 93 节），存在被赋予无限性——黑格尔称之为**恶无限性**[①]，然后对这种无限性进行研究。

"可以没有矛盾地加以思考的无限性的最明显的形式，是数在数列中的无

[①] 参看黑格尔《哲学全书纲要》第 1 部（即《小逻辑》）第 94 节。——编者注

限积累…… 正如我们可以在每一个数后面加上另一个个位数而永远不会使进一步计数的可能性穷尽一样,存在的每一个状态也都有另一个状态与之连接,而无限性就在于这些状态的层出不穷。因此,这种被确切地加以思考的无限性也只有一个具有唯一方向的唯一基本形式。因为,对我们的思维来说,设想这些状态向着相反的方向积累,虽无关紧要,但这种向后倒退的无限性正好只是轻率地想象出来的东西。既然这种无限性真的要朝反方向走,那么它在它的每一个状态中,都得有一个无限数列留在自己后面。但是这样就会出现可以计数的无限数列这种不可允许的矛盾,所以假定无限性还有第二个方向,显然是荒唐的。"

从对无限性的这种看法中得出的第一个结论是,世界上的因果链条应当在某个时候有个开端:

"已经彼此连接起来的原因的无限数,是不可思议的,因为它假定数不尽的数是可以计数的"。

这样就证明有**终极原因**。

第二个结论是

"定数律:任何由独立物组成的现实的类的相同物的积累,只有作为一定的数的构成,才是可思议的"。不仅天体的现有数目在每一瞬间必然是本来就确定的,而且一切存在于世界上的、物质的最小独立部分的总数,也必然是这样。后一种必然性是说明为什么任何化合物没有原子都是不可思议的真正理由。一切现实的可分性总是具有而且必然具有有限的规定性,不然就会出现可以计数的数不尽的数这个矛盾。根据同样的理由,不仅迄今为止地球环绕太阳运行的次数必然是确定的——即使还说不出来,而且一切周期性的自然过程都必然有某个开端,而自然界相继发生的一切分化、一切多样性,都必然渊源于某种自身等同的状态。这种状态可以从来就没有矛盾地存在着,可是,如果时间本身是由各个现实的部分组成的,而不是仅仅由我们的知性借助观念上对种种可能性的安排来任意划分的,那么上述观念就被排除了。至于现实的自身有区别的时间内容,那情形就不一样了;在时间中实际地充满各种可以区分的事实这一点以及这一领域内的各种存在形式,正是由于自身的差别性,才是可以计数的。如果我们设想这样一种状态,其中没有什么变化,并且由于它的自身等同性而根本没有前后相继的差别,那么比较特殊的时间概念也就变成比较一般的存在观念。空洞持续性的积累究竟是什么意思,根本不可思议。

杜林先生就是这样说的,而且他因这些发现的重要性而自鸣得意。起初,他希望这些发现"至少不被看做微不足道的真理";可是后来我们看到:

"大家回想一下我们用来促使无限性概念及其批判具有空前影响的那些极其简单的说法……由于现代的尖锐化和深化而变得如此简单的普遍时空观念的因素。"

我们促使! 现代的深化和尖锐化! 我们是谁,我们的现代是什么时候? 谁使之深化和尖锐化?

"论题:世界在时间上是有开端的,在空间上也是有界限的。——证明:假定世界在时间上没有开端,那么在任何一个既定的瞬间之前有一种永恒经历过了,因而彼此相继的事物状态的无限序列便在世界上流逝了。但是,序列的无限性正好在于它永远不能由连续的综合来完成。因此,无限的、已经流逝的世界序列是不可能的,可见世界的开端是世界存在的必要条件。这是需要证明的第一点。——关于第二点,我们再假定相反的情形:世界是一个由同时存在的事物所构成的无限的既定的整体。对于不在任何直觉的某种界限内提供的量的大小,我们只有通过各个部分的综合这种方式才可以设想,而对于这种量的总和,我们只有通过完成的综合或通过单位自身的重复相加才可以设想。由此可见,为了把充满一切空间的世界设想为一个整体,必须把无限世界的各个部分的连续综合看做已经完成的,就是说,在对所有同时存在的事物逐一计数时,无限的时间必须被看做已经终止了的,但这是不可能的。由此可见,现实事物的无限聚集不能被看做一个既定的整体,因而也不能被看做同时提供出来的东西。所以,世界就其在空间的广延来说,不是无限的,而是有自己的界限的。这是〈需要证明的〉第二点。"

这些命题是逐字逐句从一本很著名的书上抄下来的,这本书在 1781 年第一次出版,书名是《纯粹理性批判》,伊曼努尔·康德著。这些命题每一个人都可以在这部著作的第一部第二编第二卷第二章第二节《纯粹理性的第一个二律背反》中读到。看来,杜林先生的光荣只在于他给康德所表述的思想安上了一个**名称**——定数律,在于发现有一个时候世界虽然已经存在,但是还没有时间。至于说到其余的一切,即在杜林先生的分析中还有些意思的一切,那就表明"我们"就是伊曼努尔·康德,而"现代"只有95年。的确"极其简单"! 好个"空前影响"!

可是康德根本没有说上述命题已经通过他的证明最终确立了。相反,在同页的对照栏内,他提出并证明了相反的命题:世界在时间上没有开端,在空间上没有终点;康德正是在第一个命题像第二个命题一样可以得到证明这一点上,看出了二律背反,即不能解决的矛盾。"一个叫做康德的人"在这里发现了不能解决的困难,才智比较平庸的人对此或许会感到有些困惑。我们这位勇敢的、"完全独特的结论和观点"的炮制者却不是这样:他孜孜不倦地从康德的二律背反中抄下对他有用的东西,而把其余的东西抛在一边。

问题本身解决得非常简单。时间上的永恒性、空间上的无限性,本来就是,而且按照简单的词义也是:**没有一个**方向是有终点的,不论是向前或向后,向上或向下,向左或向右。这种无限性和无限序列的无限性完全不同,因为后一种无限性起初总是从一,从序列的第一项开始的。这种序列观念不能应用于我们的对象,这在我们把它应用于空间的时候就立刻显示出来了。无限序列一移到空间,就是从某一点起按一定方向延伸到无限的线。这样,空间的无限性是不是就被表达出来了,即使表达得很不贴切。恰恰相反,为了得出空间的维的概念,只需要从一点上按三个相反的方向延伸出六条线,这样一来,我们就会得到空间的六维。康德很懂得这一点,所以他只是间接地、转弯抹角地把他的数列移到世界的空间性上来。杜林先生却相反,他强迫我们接受空间的六维,随后又对那位不愿以通常的空间的三维为满足的高斯的数学神秘主义表示难以言喻的愤慨。**292**

　　向两个方向延伸的无限的线或无限的单位序列在运用于时间的时候,具有某种比喻的意义。但是,如果我们把时间想象为一种从**一**数起的序列或从某**一**点延伸出去的线,那么,我们就是事先说时间是有开端的,我们把我们正好要证明的东西当做前提。我们赋予时间的无限性一种单向的、半截的性质;可是单向的、半截的无限性也是自身中的矛盾,即"没有矛盾地加以思考的无限性"的直接对立物。为了避免这一矛盾,我们只能假定,我们在对序列进行计数时所由开始的一、我们在量度线时所由出发的点,是序列中的任何一个一、线上的任何一个点,至于我们把一或点放在哪里,这对线或序列来说是无所谓的。

　　但是"可以计数的无限数列"的矛盾呢?只要杜林先生向我们施展出绝招,**数出这种无限数列**,我们就能够更详细地来研究这个矛盾。等他完成了从-∞(负无限)到0的计算时,再来见我们吧。可是显然,不论他从哪里开始计数,总有一个无限序列留在他后面,同这个序列一起的还有他应当解决的课题。就让他把自己的无限序列 1+2+3+4……倒过来,并且试试从无限的终点再数到一;显而易见,这是一个完全不懂事理的人的尝试。不仅如此。如果杜林先生断言,已经流逝的时间的无限序列已经数出来了,那么他就是断言,时间是有开端的;因为,否则他就根本不能开始"计数"。因此,他又把他应当证明的东西当做前提塞进来了。因此,可以计数的无限序列的观念,换句话说,杜林的囊括世界的定数律,是一个形容语的矛盾[contradictio in adjecto]①,它本身就包含

---

① 指"圆形的方"、"木制的铁"这类荒唐说法。——编者注

着矛盾,而且是**荒唐的**矛盾。

很清楚,有终点而无开端的无限性和有开端而无终点的无限性,都同样是无限的。杜林先生只要有一点点辩证的洞察力就一定会知道,开端和终点正像北极和南极一样必然是互相联系的,如果略去终点,开端就正好成为终点,即序列所具有的**一个终点**,反过来也是一样。如果没有数学上运用无限序列的习惯,全部错觉都不可能有了。因为在数学上,为了达到不确定的、无限的东西,必须从确定的、有限的东西出发,所以一切数学的序列,正的或负的,都必须从一开始,否则就无从计算。但是,数学家的观念上的需要,对现实世界来说决不是强制性法律。

此外,杜林先生永远做不到没有矛盾地思考现实的无限性。无限性**是**一个矛盾,而且充满矛盾。无限纯粹是由有限组成的,这已经是矛盾,可是情况就是这样。物质世界的有限性所引起的矛盾,并不比它的无限性所引起的矛盾少,正像我们已经看到的,任何消除这些矛盾的尝试都会引起新的更糟糕的矛盾。正**因为**无限性是矛盾,所以它是无限的、在时间上和空间上无止境地展开的过程。如果矛盾消除了,那无限性就终结了。黑格尔已经完全正确地看到了这一点,所以他以应有的轻蔑态度来对待那些对这种矛盾苦思冥想的先生们。

我们再往下看。这样,时间有了开端。可是**在这个开端之前**是什么呢?是处在自身等同的、不变的状态中的世界。由于在这种状态中没有任何相继发生的变化,所以比较特殊的时间概念也变成比较一般的**存在**观念。第一,什么概念在杜林先生的脑子里变化着,这和我们毫不相干。这里所说的,不是**时间概念**,而是杜林先生决不可能这样轻易地摆脱掉的**现实的**时间。第二,无论时间概念怎样可以变为比较一般的存在观念,我们并没有因此前进一步。因为一切存在的基本形式是空间和时间,时间以外的存在像空间以外的存在一样,是非常荒诞的事情。黑格尔的"非时间上过去的存在"和晚期谢林的"不可追溯的存在"[293],同这种时间以外的存在相比还是合理的观念。因此,杜林先生非常谨慎地行事:实在说,这也许是时间,但这是实质上不能称为时间的那种时间,因为这种时间本身不是由各个现实的部分组成,而仅仅是由我们的知性任意划分的,只有在时间中实际地充满各种可以区分的事实这一点才是可以计数的,而空洞持续性的积累究竟是什么意思,根本不可思议。这种积累究竟是什么意思,在这里完全无关紧要。问题是:处于这里所假定的状态中的世界是否持续下去,是否经历时间的持续? 我们早已知道,量度这种毫无内容的持续性将一无所得,就像在虚无缥缈的空间中毫无目的和目标地量度也将一无所得一样;正因为这种做法很无聊,黑格尔才把这种无限性称为**恶无限性**。按照杜林先生的说法,时间仅仅通过变化才存在,不是变化存在于时间之中并通过时间而存在。正因为时间是和变化不同的,是离开变化而独立的,所以可以用变化来量度时间,因为在量度的时候总是需要一种与所量度的东西不同的东西。而且,不发生任何显著变化的时间,远非**不是**时间;确切地说,它是**纯粹的**、不受任何外来的混入物所影响的时间,因而是真正的时间,**作为时间的**时间。事实上,如果我们要把握完全纯粹的、排除一切外来的不相干的混入物的时间概念,那么,我们就不得不把所有在时间上同时或相继发生的各种事变当做与此无关的东西放在一旁,从而设想一种其中没有发生任何事情的时间。因此,我们这样做才不让时间概念沉没在一般的存在观念中,而是由此才得到纯粹的时间概念。

可是,所有这些矛盾和不可能性,同提出自身等同的世界原始状态的杜林先生所陷入的混乱比较起来,还是纯粹的儿戏。如果世界曾经处于一种绝对不发生任何变化的状态,那么,它怎么能从这一状态转到变化呢? 绝对没有变化的、而且从来就处于这种状态的东西,不能靠它自己走出这种状态而转入运动和变化的状态。因此,必须有一个从外部、从世界之外来的第一推动,它使世界运动起来。可是大家知道,"第一推动"只是代表上帝的另一种说法。杜林先生在自己的世界模式论中佯称已经干干净净地扫除了上帝和彼岸世界,在这里他自己又把二者加以尖锐化和深化,重新带进自然哲学。

接着,杜林先生说:

"在数量属于存在的不变要素的地方,这种数量在它的规定性上保持不变。这适用于……物质和机械力。"

附带说一下,第一句话是杜林先生的公理式和同义反复式的大话的宝贵例子:在数量不变的地方,数量保持原样。因此,机械力的量既已存在于世界上,就永远保持原样。就算这是对的,在哲学上,大约早在三百年前笛卡儿已经知道这一点并且说出来了[294];而在自然科学中,力的守恒学说二十年来到处都在流传;杜林先生把这种学说局限于**机械**力,丝毫没有加以改进——这些事实我们都撇开不谈。但是,当世界处在不变的状态的时候机械力在哪里呢? 对这个问题,杜林先生执拗地拒绝向我们作任何回答。

杜林先生,自身永远保持等同的机械力那时在什么地方呢? 它推动了什么呢? 回答:

"宇宙的原始状态,或者更明白地说,没有变化的、本身不包含变化的任何时间上积累的物质存在的原始状态,是一个只有认为自我摧残生殖力是绝顶聪明的行为的人才会予以否认的问题。"

因此:或者是你们不加考虑地接受我的没有变化的原始状态,或者是我,有生殖力的欧根·杜林,宣布你们是精神上的阉人。这的确可以吓唬一些人。我们已经看到关于杜林先生的生殖力的若干范例,我们可以同意暂时不答复这一文雅的谩骂,并且再问一次:但是,杜林先生,如果你乐意的话,机械力会变得怎样呢?

杜林先生立刻窘住了。

他吞吞吐吐地说,事实上,"那种原始边际状态的绝对同一,本身并不提供任何转变本原。可是我们记得,实质上,我们所熟悉的存在链条上的任何最小的新环节都有同样的情形。所以谁要想在当前的主要场合指出困难,他就应当留意,不要在不太显眼的场合放过它们。此外,还有可能插入循序渐进的中间状态,从而插入连续性的桥,以便向后倒退,直到变化过程消失。的确,纯粹从概念上讲,这种连续性无助于摆脱主要思想,可是对于我们,它是一切规律性和任何已知的转变的基本形式,因此,我们有权把它用做上述第一个平衡和它的破坏之间的中介。可是,如果我们按照现代力学中已经不引起特殊反对意见〈!〉的概念来想象所谓〈!〉不动的平衡,那么甚至根本不能说明物质怎么能够达到变化过程。"可是除了物体力学,还有物体运动到最小粒子运动的转变,不过这个转变是怎样产生的,"对此我们直到现在还没有掌握任何一般的原则,而且,如果这些过程稍稍陷入黑暗中,那么,我们不应该因此而感到惊奇"。

这就是杜林先生所能说的一切。事实上,如果我们容忍他用这种实在可怜的拙劣的遁词和空话来搪塞,那么我们不仅应当把自我摧残生殖力看成绝顶聪明的行为,而且还应当把盲从看成绝顶聪明的行为。绝对同一自身不能进入变化,这是杜林先生承认的。也没有任何一种手段能够使绝对平衡自身转入运动。那么还有什么呢? 有三个错误的拙劣的论调:

第一,证实我们所熟悉的存在链条上的任何最小的环节向后一个环节的转变是同样困难的。——杜林先生似乎把自己的读者看成吃奶的孩子。证实存在链条上的最小环节的各个转变和联系,正是自然科学的内容。如果在这方面有些地方还有障碍,那么谁也没有想到,甚至杜林先生也没有想到,对发生的运动要从虚无来说明,而人们总是只从以前的运动的转移、变化或传递来加以说明。而在这里像他所承认的,问题在于:让运动从不动中,也就是**从虚无中**产生。

第二,我们有"连续性的桥"。的确,纯粹从概念上讲,它无助于我们摆脱困难,可是我们有权把它**用做**不动和运动之间的中介。可惜,不动的连续性就是**不运动**;所以如何借助它来产生运动,这就比以前更神秘了。无论杜林先生把他的从运动的虚无到普遍运动的转变分成多少无限小的部分,无论他给这种转变以多长的持续时间,我们还是没有从原地前进万分之一毫米。没有造物主的行动,我们无论如何不能从虚无到某物,即使这个某物小得像数学上的微分一样。因此,连续性的桥甚至不是驴桥①,它只是供杜林先生通过的桥。

第三,在现代力学适用的范围内——按照杜林先生的意见,现代力学是形成思维的最重要的杠杆之一——它完全不能说明怎样从不动转到运动。可是力学的热理论告诉我们,物体运动在一定条件下转化为分子运动(虽然在这里运动也是从另一种运动中产生的,但决不是从不动中产生的);杜林先生胆怯地暗示说,这或许可以在严格的静(平衡)和动(运动)之间架起一座桥。可是这些过程"稍稍陷入黑暗中"。杜林先生就让我们留在这样的黑暗中。

我们随着全部深化和尖锐化达到了这种地步:我们越来越深

---

① "驴桥"的德文是"Eselsbrücke",转义是供懒惰的学生抄袭用的题解书,考试时的"夹带"。——编者注

地陷入越来越尖锐的谬论,并且终于到达那必须到达的地方——"黑暗中"。但是这并没有太使杜林先生难为情。就在下一页,他厚颜无耻地断定,他已经

"能够直接根据物质和机械力的作用,赋予自身等同的不变状态的概念以真实内容"。

这样的人还说别人是"江湖骗子"呢!

我们尽管在"黑暗中"走入迷途,不知所措,幸而还得到一种安慰,而且的确是令人振奋的安慰:

"其他天体的居民的数学,决不能以我们的公理以外的别的公理为依据!"

六 自然哲学。天体演化学,物理学,化学

往下,我们来谈谈关于现在的世界是通过什么方式和方法产生的理论。

物质的普遍弥散状态早已是伊奥尼亚派哲学家的基本观念,可是特别从康德以来,原始星云的假设起了新的作用,在这里,引力和热辐射对各个固态天体的逐渐形成起了中介作用。当代的力学的热理论,使得有关宇宙早期状态的那些推论明确得多了。虽然如此,"气状弥散状态只有在人们能够事先比较明确地说明其中所存在的力学体系的时候,才能成为严肃的推论的出发点。否则,不仅这个观念在事实上仍然是极端模糊的,而且原始的星云,如果进一步推论下去,也要真正变成越来越密、越来越不能穿透了……现在一切暂时还是处于一个不太好捉摸的弥散观念的混沌模糊之中",因此,"关于这个气状的宇宙",我们得到的"只是一种非常浮泛的概念"。

康德关于所有现在的天体都从旋转的星云团产生的学说,是从哥白尼以来天文学取得的最大进步。认为自然界在时间上没有任何历史的那种观念,第一次被动摇了。在这之前,人们都认为,

各个天体从最初起就始终在同一轨道上并且保持同一状态；即使在单个天体上单个有机体会消亡，人们总认为类和种是不变的。虽然自然界明显地处在永恒的运动中，但是这一运动看起来好像是同一过程的不断重复。康德在这个完全适合于形而上学思维方式的观念上打开了第一个突破口，而且用的是很科学的方法，以致他所使用的大多数论据，直到现在还有效。当然，严格地说，康德的学说直到现在还是一个假说。但是哥白尼的宇宙体系直到今天也不过是一个假说[295]，而自从分光镜驳倒一切异议，证明星空有这种炽热的气团以来，科学界对于康德学说的反对沉默下来了。即便是杜林先生，如果没有这种星云阶段，也不能够完成他的宇宙结构，可是他为此进行了报复，他要求给他指出在这种星云状态中存在的力学体系；由于这是办不到的，他就给这种星云状态加上种种轻蔑的形容词。可惜现代科学不能把这种体系说明得使杜林先生满意。对于其他许多问题，它也同样不能回答。对于为什么蛤蟆没有尾巴这个问题，现代科学直到现在只能回答说：因为它们丧失了尾巴。如果有人愿意对这一回答表示愤怒，并且说，这一切都还处于"丧失"这样一个不太好捉摸的观念的混沌模糊之中，而且是非常浮泛的理解，那么我们是不会因为有人把道德这样地运用于自然科学而前进一步的。这种厌恶和恼怒的表示，可以用于任何时候和任何地方，正因为如此，它们在任何时候和任何地方都不中用。究竟是谁妨碍杜林先生自己去探寻原始星云的力学体系呢？

幸而我们现在知道，

康德的星云团"远不和宇宙介质的完全同一的状态相一致，或者换句话说，远不和物质的自身等同的状态相一致"。

对康德来说真正的幸运是,他对于能够从现存的天体追溯到星云球感到满足,他甚至做梦也没有想到物质的自身等同的状态!顺便指出,如果说在现代自然科学中康德的星云球被称为原始星云,那么不言而喻,这应该只是在相对意义上来理解的。它是原始星云,一方面在于它是现存的天体的起源,另一方面在于它是我们迄今所能追溯的最早的物质形式。这完全不排除下述情况,而更应当说是以下述情况为条件:物质在原始星云之前已经经过了其他形式的无限序列。

杜林先生觉察到自己在这里的优势。当我们和科学一起暂时停留在暂时的原始星云阶段的时候,杜林先生的科学的科学帮助他更远地回溯到

"宇宙介质的状态,这个状态既不能理解为现代含义上的纯粹静态的,也不能理解为动态的",

因而是根本不能理解的。

"物质和机械力的统一,我们称之为宇宙介质,是一个可以说是逻辑上真实的公式,可以用来表明物质的自身等同的状态,即一切可以计数的发展阶段的前提。"

我们显然还远没有摆脱物质的自身等同的原始状态。它在这里被称为物质和机械力的统一,而这个统一又是逻辑上真实的公式,等等。所以,物质和机械力的统一一旦终止,运动就开始了。

这个逻辑上真实的公式无非是一种想让黑格尔的自在和自为范畴为现实哲学效劳的拙劣企图。在黑格尔那里,自在包含隐藏在某种事物、某种过程或某种概念中的尚未展开的对立所具有的原始同一性;而在自为中,这些隐藏的要素的区别和分离显现出来了,它们的抗争开始了。这样,我们应当把不动的原始状态理解为

物质和机械力的统一,而把向运动的转化理解为这两者的分离和对立。我们由此得到的,不是幻想的原始状态的实在性的证明,而只是这样一点:这种状态可以归入黑格尔的自在范畴,而这一状态的同样是幻想的终止可以归入自为范畴。黑格尔来帮忙呀!

杜林先生说,物质是一切现实的东西的载体;因此,在物质以外不可能有任何机械力。其次,机械力是物质的一种状态。在什么都不发生的原始状态中,物质及其状态即机械力是统一的。以后,当有点什么东西开始发生的时候,这种状态显然就应当和物质有区别了。所以,我们应当容忍用来搪塞我们的这样一些神秘的词句和这样的保证:自身等同的状态既不是静态的,也不是动态的,既不处在平衡中,也不处在运动中。可是我们仍然不知道,在那种状态下,机械力在什么地方,我们如果没有外来的推动,就是说没有上帝,怎样才能从绝对的不动转到运动。

在杜林先生之前,唯物主义者已经谈到了物质和运动。杜林先生把运动归结为机械力这样一种所谓的运动的基本形式,这就使他不可能理解物质和运动之间的真实联系,顺便说一下,这种联系对先前的一切唯物主义者来说也是不清楚的。可是事情是十分简单的。**运动是物质的存在方式**。无论何时何地,都没有也不可能有没有运动的物质。宇宙空间中的运动,各个天体上较小的物体的机械运动,表现为热或者表现为电流或磁流的分子振动,化学的分解和化合,有机生命——宇宙中的每一个物质原子在每一瞬间都处在一种或另一种上述运动形式中,或者同时处在数种上述运动形式中。任何静止、任何平衡都只是相对的,只有对这种或那种特定的运动形式来说才是有意义的。例如,某一物体在地球上可以处于机械的平衡,即处于力学意义上的静止;这决不妨碍这一物体参加地球的运动和整个太阳系的运动,同样也不妨碍它的最小的物理粒子实现由它的温度所造成的振动,也不妨碍它的物质原子经历化学的过程。没有运动的物质和没有物质的运动一样,是不可想象的。因此,运动和物质本身一样,是既不能创造也不能消灭的;正如比较早的哲学(笛卡儿)所说的:存在于宇宙中的运动的量永远是一样的。因此,运动不能创造,只能转移。如果运动从一个物体转移到另一个物体,如果它是自己转移的,是主动的,那么就可以把它看做是被转移的、被动的运动的原因。我们把这种主动的运动叫做力,把被动的运动叫做**力的表现**。因此非常明显,力和力的表现是一样大的,因为在它们两者中,实现的是**同一**的运动。

可见,物质的没有运动的状态,是最空洞的和最荒唐的观念之一,是纯粹的"热昏的胡话"。要得出这种观念,必须把地球上某一物体所能有的相对的机械平衡想象为绝对的静止,然后再把它转移到整个宇宙。如果把普遍的运动归结为单纯的机械力,那么,这样做的确是容易的。把运动局限于单纯的机械力,还有一种好处,这就是可以把力设想为静止的、受束缚的,因而是在一瞬间不起作用的。如果像经常发生的那样,运动的转移成为一个包含各种中间环节的比较复杂的过程,那么,真正的转移就可能因为放过链条中的最后一个环节而被推延到任何时候。例如,把枪装上弹药以后,人们自己可以掌握扣扳机射击的时刻,即由于火药燃烧而释放出来的运动实现转移的时刻。因此可以设想,在没有运动的、自身等同的状态下物质是装满了力的,看来杜林先生就是把这一情况理解为——如果他毕竟还有所理解的话——物质和机械力的统一。这种观念是荒谬的,因为它把按本性来说是相对的、因而在同一时间始终只能适用于**一部分**物质的那种状态,当做绝对的状态转移到宇宙。但是,即使我们把这一点撇开不管,困难毕竟还存在:第一,宇宙是怎样装满力的呢,因为在今天,枪是不会自动装上弹药的;第二,后来是谁的手指扣扳机呢? 我们可以任意转过来倒过去,而在杜林先生的指导下,我们总是又回到——上帝的手指。

我们的现实哲学家从天文学转到力学和物理学,并且叹息道,力学的热理论在被发现以来的一个世代中,本质上并没有超过罗伯特·迈尔使这一理论本身逐渐取得的成就。此外,一切都还非常昏暗不清:

> 我们应该"经常记住,与物质的运动状态同时存在的,还有静止的状况,后者是不能由机械功来计量的……　如果我们以前把自然界称为伟大的做功者,而现在严格地采用这个术语,那么,我们还应当补充说,自身等同的状态和静止的状况并不代表机械功。这样,我们又失去了从静到动的桥;如果所谓的潜热直到现在对理论来说仍然是一个障碍,那么,我们在这里也应当承认有缺陷,至少在应用于宇宙时,不要否认这种缺陷"。

所有这些神谕式的空话,无非又是内心有愧的流露,他明明觉得,他所说的从绝对不动中产生出运动这个问题使他陷入不能自拔的境地,可是又不好意思去求助于唯一的救主,即天和地的创造者。既然在包括热的力学在内的力学中也都不能找到从静到动、从平衡到运动的桥,那么,杜林先生为什么一定要找出从他的没有运动的状态到运动的桥呢? 这样也许他就可以幸运地摆脱困境了。

在通常的力学中,从静到动的桥是外来的推动。如果把50千克重的石头举到10米高,悬空而挂,使它处在自身等同的状态和静止的状况中,那么,除非观众是吃奶的孩子,才能对他们说,这一物体现在的位置并不代表机械功,或者说,它和原先的位置的距离不能由机械功来计量。每一个过路人都可以毫不费力地向杜林先生说明,石头不是自动升到绳子上去的,而且任何一本力学手册都可以告诉他,如果他让这块石头重新落下来,那么它在落下时所做的机械功,正和把它举高10米需要做的机械功一样多。甚至石头悬空而挂这一最简单的事实已经代表一种机械功,因为如果它挂得太久,绳子就会由于化学分解作用,强度不再能承受石头的重量而拉断。但是,一切机械过程都可以归结为——用杜林先生的话来说——这种简单的基本形式;还不曾有过这样的工程师,他在拥有足够的推动力时还找不到从静到动的桥。

运动应当以它的对立面即静止作为自己的量度,这对于我们的这位形而上学者来说当然是一道难题和一服苦药。这确实是一个明显的矛盾,而任何**矛盾**在杜林先生看来都是**背理**①。但是这毕竟是事实:悬挂着的石头代表机械运动的一定的量,这个机械运动的量可以根据石头的重量及其与地面的距离确切地计量,可以通过各种方法——例如垂直落下,从斜面滚下,绕轴旋转——随意加以利用;而装上了弹药的枪的情况也是这样。从辩证的观点看来,运动可以通过它的对立面即静止表现出来,这根本不是什么困难。从辩证的观点看来,这全部对立,正如我们已经看到的,都只是相对的;绝对的静止、无条件的平衡是不存在的。个别的运动趋向平衡,总的运动又破坏平衡。因此,出现静止和平衡,这是有限制的运动的结果,不言而喻,这种运动可以用自己的结果来计量,可以用自己的结果来表现,并且通过某种形式从自己的结果中重新得出来。但是对问题作这样简单的说明,杜林先生是不满意的。作为地道的形而上学者,他先在运动和平衡之间挖一条实际上并

---

① "矛盾"的德文是"Widerspruch","背理"的德文是"Widersinn",两个词的前缀都是"wider"(违背、反对)。——编者注

不存在的鸿沟,然后因不能找到跨过自己挖的这条鸿沟的桥而表示惊奇。他同样可以骑上他那匹形而上学的洛西南特去追逐康德的"自在之物";因为归根到底隐藏在这座难以理解的桥下面的,无非就是这种"自在之物"。

但是,力学的热理论以及对这种理论说来"仍然是一个障碍"的受束缚的热或潜热,究竟是怎么一回事呢?

如果把处于冰点的 1 磅冰在标准气压下加热变成具有同样温度的 1 磅水,那么,所消失的热量就足够把同 1 磅水从 0℃加热到 79.4℃,或者使 79.4 磅水的温度上升 1℃。如果把这 1 磅水加热到沸点,即 100℃,再使它变成 100℃的蒸汽,那么,当最后一滴水变成蒸汽的时候,所消失的几乎是 7 倍的热量,足够使 537.2 磅的水的温度上升 1℃。**296** 这种消失了的热就叫做**受束缚的热**。如果通过冷却,蒸汽重新变成水,水重新变成冰,那么以前受束缚的同一热量又**释放出来**,就是说,作为热被感觉到,被计量出来。在蒸汽凝结成水,以及水结成冰的时候,热的散发正是蒸汽冷却到 100℃时才逐渐变成水,以及处于冰点的一定量的水只是很慢才变成冰的原因。这都是事实。现在的问题是:热在受束缚的时候究竟是怎样的呢?

力学的热理论——按照这种学说,热就是物体的那些进行物理活动的最小粒子(分子)按照温度和聚集状态而发生的或大或小的振动,这种振动在一定条件下能够变为任何其他的运动形式——把这个问题解释为消失的热已经做了功,已经转变为功。在冰溶化时,各个分子之间的紧密的牢固的结合破坏了,并且变成松弛的并列;当沸点的水汽化时,就出现这样的状态:各个分子相互间没有任何显著的影响,而且在热的作用下,甚至往各个方向飞散。显然,物体的各个分子在气体状态下所具有的能,比在液体状态下大得多,而在液体状态下所具有的能又比在固体状态下大。可见,受束缚的热并没有消失,它只是转变了,采取了分子张力的形式。各个分子能够相互保持这种绝对的或相对的自由的条件一旦不存在,就是说,温度一旦降到最低限度即100℃或0℃以下,这种张力就松弛了,各个分子又用它们过去相互离散时所用的同样的力重新相互集结起来;于是这种力就消失了,但只是重新作为热表现出来,而且热量恰恰同它以前受束缚的时候一样大。这种解释和整个力学的热理论一样,自然是一种假说,因为直到现在谁也没有看见过分子,更不要说振动着的分子了。正因为如此,它和还很年轻的整个理论一样,肯定有不少缺点,但是它至少能够解释这个过程,而同运动既不能消灭又不能创造这一点毫不抵触,它甚至还能正确地说明热在转变时存在于什么地方。因此,潜热或受束缚的热对力学的热理论来说决不是障碍。相反,这一理论第一次提供了对上述过程的合理的解释,而能够成为障碍的,至多是物理学家继续用"受束缚的热"这个过时的和已经不恰当的用语来称呼已经变为另一种形式的分子能的热。

所以,就机械功是热的量度这一点而言,固体聚集状态、液体聚集状态和气体聚集状态这三者的自身等同状态和静止状况,的确是代表机械功的。坚硬的地壳和海水一样,在现在的聚集状态下,代表十分确定的数量的散发了的热,这种热量不言而喻是和同样确定的数量的机械力相对应的。在地球所由产生的气团变成液体聚集状态,往后再大部分变成固体聚集状态的过程中,一定数量的分子能转变成热并放射于宇宙空间。因此,杜林先生神秘地窃窃私议的所谓困难是不存在的,甚至在应用于宇宙的时候,我们固然会遇到缺点和缺陷(这归咎于我们的不完备的认识工具),但是在任何地方都不会遇到理论上不能克服的障碍。从静到动的桥在这里也是外来的推动——对处于平衡的对象发生作用的其他物体所引起的冷却和加热。我们越是深入探究杜林的这种自然哲学，越是觉得，想说明运动从不动中产生，或者想找到一座桥，使纯粹的静态、静止通过它而**自行**转入动态、转入运动的一切尝试，是不可能实现的。

这样，我们总算幸运地暂时摆脱了自身等同的原始状态。杜林先生转到了化学，并且趁此机会向我们指出了到目前为止现实哲学所获得的自然界的三个不变律，这就是：

1. 一般物质的量，2. 单纯的（化学的）元素的量，3. 机械力的量，都是不变的。

可见，物质既不能创造又不能消灭，物质的单纯组成部分（由于物质是由它们构成的）既不能创造又不能消灭，以及运动既不能创造又不能消灭——这些表述得根本不能令人满意的陈旧的、举世皆知的事实，就是杜林先生能够作为他的无机界自然哲学的成果提供给我们的唯一真正积极的东西。所有这些东西是我们早已知道的。不过我们所不知道的是：这是"不变律"，而且作为不变律来说，是"事物体系的模式属性"。我们又看到了前面在讲到康德时的同样的情形①：杜林先生搬出了某个尽人皆知的货色，贴上杜林的标签，而称之为："完全独特的结论和观点……创造体系的思想……根底深厚的科学"。

可是我们丝毫不必因此而感到绝望。无论根底最深厚的科学和最好的社会组织具有怎样的缺陷，有一点杜林先生是可以说得十分肯定的：

---

① 见本卷第 423—426 页。——编者注

"宇宙中现有的黄金任何时候都必定是同一数量的,而且和一般物质一样,既不能增加,也不能减少。"

可惜杜林先生没有说,我们用这种"现有的黄金"可以买到些什么。

七　自然哲学。有机界

"从压力和碰撞的力学到感觉和思维的结合,存在着一个由各中间梯级构成的统一的和唯一的阶梯。"

凭着这样的断言,杜林先生就避开对生命的起源作稍稍进一步的说明了,虽然对一位曾经追溯宇宙的发展直至自身等同的状态并且感到在其他天体上就像在自己家里一样的思想家,是可以期望他也确切地了解这方面的情况的。此外,如果没有前面提到的黑格尔的度量关系的关节线①作为补充,杜林先生的这个断言也只有一半是对的。尽管会有种种渐进性,但是从一种运动形式转变到另一种运动形式,总是一种飞跃,一种决定性的转折。从天体力学转变到个别天体上较小物体的力学是如此,从物体力学转变到分子力学——包括本来意义上的物理学所研究的热、光、电、磁这些运动——也是如此。从分子物理学转变到原子物理学——化学,同样也是通过决定性的飞跃完成的;从普通的化学作用转变到我们称之为生命的蛋白质的化学机理,更是如此。在生命的范围内,飞跃往后就变得越来越稀少和不显著。[297]——这样又要黑格尔来纠正杜林先生了。

---

①　见本卷第 420—421 页。——编者注

目的概念帮助杜林先生在概念上转到有机界。这又是从黑格尔那里抄来的,黑格尔在《逻辑学》中——在概念论中——借助于目的论或关于目的的学说从化学机理转到了生命。在杜林先生那里,无论往哪里看,总是碰到某种黑格尔的"粗制品",而他却毫不难为情地拿它冒充他自己的根底深厚的科学。在这里去研究目的和手段的观念运用于有机界究竟会正确和适用到什么程度,那就走得太远了。无论如何,甚至运用黑格尔的"内在的目的"——即不是被一个有意识地行动着的第三者(如上帝的智慧)纳入自然界,而是存在于事物本身的必然性中的目的——也经常使得那些缺少哲学素养的人不加思考地把自觉的和有意识的行动加给自然界。这位杜林先生在别人表现出一点点"降神术"倾向的时候表示无比的义愤,可是他本人却"明确地"断言:

"本能的感觉主要是为了获得与它们的活动密不可分的满足而被创造出来的"。

他告诉我们:

可怜的自然界"不得不经常地一再地维持对象世界的秩序",同时它要处理的还不止这样一件事:"要求自然界具有比通常所承认的更大的纤巧性"。但是自然界不仅知道它为什么创造这个或那个东西,它不仅要做家庭女仆的工作,它不仅具有纤巧性——这本身已经是主观的自觉的思维中的十分美好的东西,它也具有意志;因为,本能的附加物(本能附带地执行现实的自然机能,即喂养、繁殖等等)"我们应当视为不是直接而只是间接企求的东西"。

这样,我们就到达了一个自觉地思维和行动的自然界,因而已经站在一座不是从静到动,而是从泛神论到自然神论[298]的"桥"上。也许杜林先生想稍微从事一下"自然哲学的半诗"?

这是不可能的。关于有机界,我们的现实哲学家所能告诉我们的一切,只限于反对这种自然哲学的半诗、反对"具有轻浮的表面性和所谓科学的神秘化的江湖骗术"、反对**达尔文主义**的"诗化的特征"的斗争。

首先受到责备的是达尔文,说他把马尔萨斯的人口论[15]从经济学搬进自然科学,说他拘泥于牲畜饲养者的观念,说他用生存斗争来从事不科学的半诗,说整个达尔文主义除了从拉马克那里抄来的东西以外,只是一种与人性对抗的兽性。

达尔文从他的科学旅行中带回来这样一个见解:植物和动物的种不是固定的,而是变化的。为了在家乡进一步探索这一思想,除了动物和植物的人工培育以外,他再没有更好的观察场所了。恰恰在这方面英国是典型的国家;其他国家例如德国的成就,同英国在这方面所取得的成就远不能相比。此外,大部分成果是在最近一个世纪获得的,所以要确定事实是没有多大困难的。当时达尔文发现,这种培育工作在同种的动物和植物中人工造成的区别,比那些公认为异种的动物和植物的区别还要大些。这样,一方面,物种在一定程度上的变异性得到了证实,另一方面,具有异种特征的有机体可能有共同的祖先这一点也得到了证实。于是达尔文又研究了自然界中是否存在这样的原因:它们没有培育者的自觉意图,经过很长时间,会在活的有机体中造成类似人工培育所造成的变异。他发现这些原因就在于自然界所产生的胚胎的惊人数量和真正达到成熟的有机体的微小数量之间的不相称。而由于每一个胚胎都力争发育成长,所以就必然产生生存斗争,这种斗争不仅表现为直接的肉体搏斗或吞噬,而且甚至在植物中还表现为争取空间和阳光的斗争。很明显,在这一斗争中,凡是拥有某种尽管是微不足道的但是有利于生存斗争的个别特质的个体,都最有希望达到成熟和繁殖。这些个别特质因此就有了遗传下去的趋势,如果这些特质在同种的许多个体中发生,那么,它们还会通过累积的遗传按既定的方向加强起来;而没有这种特质的个体就比较容易在生存斗争中死去,并且逐渐消失。物种就这样通过自然选择、通过适者生存而发生变异。

杜林先生反对达尔文的这个理论,他说:正如达尔文本人所承认的,生存斗争观念的起源,应当到国民经济学上的人口理论家马尔萨斯的观点的普遍化中去寻找,所以这个理论也就具有关于人口过剩问题的马尔萨斯牧师的观点所固有的一切缺陷。——其实达尔文根本没有想到要说生存斗争观念的**起源**应当到马尔萨斯那里去寻找。他只是说:他的生存斗争理论是应用于整个动物界和植物界的马尔萨斯理论。不论达尔文由于天真地盲目地接受马尔萨斯学说而犯了多大的错误,任何人一眼就能看出:人们不需要戴上马尔萨斯的眼镜就可以看到自然界中的生存斗争,看到自然界白白地产生的无数胚胎同能够达到成熟程度的少量胚胎之间的矛盾;这种矛盾事实上绝大部分是在生存斗争中,而且有时是在极端残酷的生存斗争中解决的。正如李嘉图用来证明工资规律的马尔萨斯论据早已无声无息以后,工资规律还依旧保持自己的效力一样,生存斗争也可以没有任何马尔萨斯的解释而依旧在自然界中进行。此外,自然界中的有机体也有自己的人口规律,不过这种规律迄今几乎完全没有被研究过,而证实这种规律,一定会对物种进化的理论有决定性的意义。是谁也在这方面给了决定性的推动呢? 不是别人,正是达尔文。

杜林先生小心翼翼地避免探讨问题的这个积极的方面。不探讨这个方面,生存斗争就必然会一再遭到非难。据他说,在没有意识的植物中和在驯顺的食草动物中根本谈不上什么生存斗争:

"按照确切的意义说来,在兽类中,只有在通过抢夺和吞噬来获取食物时,才有生存斗争"。

他把生存斗争这个概念限制在这样一个狭窄的范围以后,就可以对这个被他自己限制在兽类中的概念的兽性任意发泄他的满腔愤怒了。但是这种义愤只能针对杜林先生本人发出,他正是这种被作了限制的生存斗争的唯一炮制者,所以也只能由他对此负责。因此,不是达尔文"在野兽中寻找自然界一切活动的规律和理解",——达尔文恰恰把全部有机界包括在这个斗争中了,而是杜林先生自己制造的幻想妖怪在寻找这些东西。此外,生存斗争这个**名称**尽可以作为杜林先生的高尚义愤的牺牲品。至于这种**事实**在植物中也存在,关于这一点,每块草地、每块谷田、每片树林都可以向他证明,而且问题不在于名称,不在于叫做"生存斗争"或者叫做"生存条件的缺乏和机械作用",而在于这一事实如何影响物种的保存或变异。关于这个问题,杜林先生始终固执地保持沉默。因此,在自然选择方面,暂时还得任其一切照旧。

但是,达尔文主义"从虚无中得出自己的变化和差异"。

当然,达尔文在说到自然选择时,并没有考虑到引起单个个体变异的**原因**,他首先说明这种个体的偏离怎样逐渐成为一个品种、变种或种的特征。在达尔文看来,问题首先与其说是在于找出这些原因——这些原因直到现在有一部分还完全不知道,有一部分也只能作最一般的陈述——,而宁可说是在于找出一种使它们的作用固定下来并获得久远意义的合理形式。达尔文在这方面夸大自己的发现的作用范围,把这一发现看做物种变异的唯一杠杆,注重个体变异普遍化的形式而忽视重复出现的个体变异的原因,这是一个缺点,是达尔文和大多数真正有所建树的人共有的缺点。

此外,如果说达尔文从虚无中得出他的个体的变化,并且在这方面仅仅应用"培育者的智慧",那么培育者也必定同样是**从虚无中**得出动植物形态的不仅是想象的而且是现实的变化的。但是,对这些变化和差异究竟从何而来这一问题的研究给予推动的,又不是别人,正是达尔文。

最近,特别是通过海克尔,自然选择的观念扩大了,物种变异被看做适应和遗传相互作用的结果,在这里适应被认为是过程中引起变异的方面,遗传被认为是过程中起保存作用的方面。甚至这一点杜林先生也感到不中意。

"对自然界所赋予的或者所剥夺的生活条件的真正适应,要以受观念支配的推动力和活动为前提。否则,适应只是一种假象,而在这种情况下起作用的因果性并没有超越物理学的、化学的和植物生理学的东西的低级阶段。"

又是名称使杜林先生恼怒了。但是,无论他怎样称呼这个过程,在这里,问题只在于这样的过程是否引起有机体的种的变异?杜林先生再一次不作任何答复。

"如果某种植物在它的生长中采取它能够得到最大量阳光的途径,那么这种刺激作用只不过是物理力和化学动因的结合;如果有人在这里不是作为比喻而是根据文字本义来谈适应,那么这一定会把降神术的紊乱带到概念中去。"

这个人对别人是如此严格,而他本人竟十分确切地知道自然界是按照谁的**意志**做这件事或那件事,竟去谈论自然界的**纤巧性**,甚至还谈到自然界的**意志**!确实是降神术的紊乱,然而是在哪里?在海克尔那里呢,还是在杜林先生那里?

不仅是降神术的紊乱,而且也是逻辑上的紊乱。我们已经看到,杜林先生竭尽全力让目的这一概念在自然界中起作用:

"手段和目的之间的关系,决不是以自觉的意图为前提的。"

但是,他如此激烈反对的那种没有自觉意图、没有观念中介的适应,如果不是一种不自觉的有目的活动,又是什么呢?

因此,如果雨蛙和食叶昆虫是绿色的,沙漠中的动物是沙黄色的,两极的动物主要是雪白色的,那么它们肯定不是有意识地或按照某种观念获得这些颜色的;相反,这些颜色只能从物理力和化学动因来说明。但是总不能否认,这些动物正是由于那些颜色才能合目的地**适应**它们所生存的环境,而且正因为如此,它们才变得不易被自己的敌人发现。同样,某些植物用来捕捉和吞噬落在它们身上的昆虫的那些器官,对这种活动是适应的,甚至是合目的地适应的。因此,如果杜林先生坚持说,适应必须通过观念的中介,那么他只是用别的话来说:有目的的活动同样必须通过观念的中介,必须是有意识的、自觉的。于是,像在现实哲学中通常遇到的情况那样,我们又来到有目的地活动的造物主那里,来到上帝那里了。

"以前,这样一种解释被称为自然神论,而且是不被重视的〈据杜林先生说〉;可是现在,看来在这方面人们又往后倒退了。"

我们从适应转到遗传。根据杜林先生的意见,达尔文主义在这里也完全走上了歧途。据说达尔文断定,整个有机界起源于一个原始生物,也可以说它是一个唯一的生物的后代。似乎在达尔文看来,根本就不存在没有亲缘关系的同种自然产物的独立并存;所以在他那里一旦生殖或其他繁殖方法的线索中断,他就不得不立刻和他那追溯既往的观点一起陷入绝境。

断定达尔文认为一切现存有机体起源于一个原始生物,说得客气点,这是杜林先生"本身的自由创造物和想象物"。达尔文在《物种起源》第 6 版倒数第 2 页上说得很清楚,他认为

"一切生物都不是特殊的创造物,而是少数几种生物的直系后代"**299**。

　　海克尔更大大前进了,他假定:

"植物界有一个完全独立的品系,动物界则有另一个品系",而在二者之间,"还有若干独立的原生生物品系,它们中间的每一个品系都完全独立于上述二者而从一个独特的自生的胶液原生物形态发展出来。"(《自然创造史》第 397 页)**300**

　　杜林先生发明这个原始生物,只是为了通过把它同原始犹太人亚当对比而尽可能地加以丑化;可是对他即杜林先生来说,不幸的是他一直不知道,由于斯密斯在亚述的发现,这个原始犹太人原来是原始闪米特人,而圣经上有关创世和洪水的全部故事,都被证实是犹太人同巴比伦人、迦勒底人和亚述人所共有的古代异教徒宗教传说的一部分。

　　在达尔文那里,一旦亲缘关系的线索中断,他就立刻陷入绝境,这的确是对达尔文的一个严厉的但无可辩驳的指责。可惜我们的全部自然科学都应当受到这样的指责。在自然科学那里,一旦亲缘关系的线索中断,它就陷入"绝境"。直到现在,除了由生物繁殖,自然科学还不能制造出生物,甚至还不能从化学元素制造出简单的原生质或其他蛋白体。因此,关于生命的起源,自然科学到目前为止能明确地断定的只是:生命的起源必然是通过化学的途径实现的。但是,现实哲学也许能够在这里助一臂之力,因为它拥有彼此没有亲缘关系的独立并存的自然产物。这些产物是怎样产生的呢?是通过自然发生而产生的吗?但是到目前为止,甚至自然发生说的最大胆的代表也不过是主张用这种方法来产生细菌、菌类孢子以及其他非常原始的有机体,而没有提到昆虫、鱼类、鸟类和哺乳动物。如果这些同种的自然产物——当然是有机物,因为这里讲的只是有机物——相互间没有亲缘的联系,那么一旦"亲缘关系的线索中断",它们或者它们的每个祖先就只能靠造物主的单独行动而出现于世界。于是又回到了造物主和所谓的自然神论那里。

其次,杜林先生认为,达尔文非常肤浅的地方是:

"把特性的有性组合的单纯行为当做产生这些特性的基本原则"。

这又是我们这位根底深厚的哲学家的自由创造物和想象物。相反,达尔文说得很明确:自然选择这个用语只包括变异的**保存**而不包括变异的产生(第 63 页)。但是,把达尔文从来没有说过的东西硬加给他,这种新的手法却能帮助我们去接受杜林的下述深刻见解:

"如果在生殖的内在模式中找出某种独立变异的原则,那么这种思想会是完全合理的,因为,把普遍发生原则和有性繁殖原则结合成一个统一体,并且从更高的观点出发,把所谓的自然发生不是看做再生产的绝对对立物,而正是看做一种生产,这是很自然的思想。"

能够写出这种胡言乱语的人,居然还有脸去责备黑格尔的"行话"!

杜林先生对自然科学依仗达尔文学说的推动而取得的巨大进展怒不可遏,他用来表示这种愤怒的令人厌烦的矛盾百出的唠叨和怨言已经够多的了。无论是达尔文还是他在自然科学家中间的追随者,都没有想到要用某种方法来缩小拉马克的伟大功绩;而且正是他们最先重新推崇他。可是我们不应该忽视,在拉马克时代,科学还远没有掌握充分的材料,还不能对物种起源的问题作出并非预先推定的即所谓预言式的回答。不过,从拉马克那时以来,在从事搜集或解剖的植物学和动物学领域内积累了大量的材料,此外还出现了在这方面具有决定性重要意义的两门崭新的科学：对植物和动物的胚胎发育的研究（胚胎学），对地球表面各个地层内所保存的有机体遗骸的研究（古生物学）。于是发现，有机体的胚胎向成熟的有机体的逐步发育同地球历史上相继出现的植物和动物的次序之间有特殊的吻合。正是这种吻合为进化论提供了最可靠的根据。但是进化论本身还很年轻，所以，毫无疑问，进一步的探讨将会大大修正现在的、包括严格达尔文主义的关于物种进化过程的观念。

但是关于有机生命的进化，现实哲学能有什么积极的东西可以告诉我们呢？

"……物种的变异性是一个可以接受的假定"。但是，"没有亲缘关系的同种自然产物的独立并存"也同样有效。

据此就应当这样认为，异种的自然产物，即变异着的物种，是一个传自另一个的，而同种的就不是这样。可是并不完全如此，因为就是对变异着的物种来说，

"亲缘关系，相反，也不过是自然界的极其次要的行为"。

这毕竟说的是亲缘关系，尽管是"次要的"。我们高兴的是，杜林先生在对亲缘关系说了那么多坏话和糊涂话之后，终于又把它从后门放进来了。对于自然选择也是如此，因为他在对生存斗争——自然选择正是通过它来实现的——发泄了全部义愤之后，突然又说：

"因此，生物的本性的更深刻的根基应该在生活条件和宇宙状况中去寻找，而达尔文所强调的自然选择只能算是次要的。"

这毕竟说的是自然选择，虽然也是次要的；这样，同自然选择

一起存在的,还有生存斗争,从而也还有马尔萨斯牧师的人口过剩
论[15]！这就是一切,至于其余的,杜林先生指点我们去请教拉
马克。

最后,他警告我们不要滥用变态和发育这些字眼。他说,变态
是一个不明确的概念,而发育概念,只有在发育规律真正能够得到
证实时才是可以允许的。我们如果用"组合"来代替这两个名词,
那就会十全十美了。又是老一套:一切照旧,只要我们把名称改变
一下,杜林先生就十分满意了。如果我们说小鸡在蛋内的发育,我
们就会造成混乱,因为我们只能不充分地证实发育规律。但是如
果我们说它的"组合",那么一切都清楚了。因此,我们今后将不
再说这个小孩发育得很好,而说这个小孩组合得极好。我们得恭
贺杜林先生,他不仅在高贵的自尊心方面,而且在作为未来的作曲
家的资格方面都配得上和《尼贝龙根的指环》的作者平起平坐。[301]

八　自然哲学。有机界(续完)

"请考虑一下……　为了给我们的自然哲学部分提供它的一切科学前
提,需要有什么样的实证知识。它的基础首先是数学的一切重大成就,其次
是力学、物理学和化学的精密知识的主要论断,以及生理学、动物学和类似研
究领域的所有自然科学结论。"

杜林先生如此充满信心地和坚决地表明杜林先生在数学和自
然科学方面的博学。但是,从这一贫乏的部分本身看不出,而从它
的更加贫乏的结论上更看不出这里隐藏着什么根底深厚的实证知
识。无论如何,为了编造关于物理学和化学的杜林式的神谕,在物
理学上只要知道那表明热的机械当量的方程式,在化学上只要知
道一切物体分为元素和元素的化合物就够了。此外,谁能像杜林

先生在第 131 页上所说的那样,说出"有引力作用的原子",那只是证明:他对于原子和分子的区别,还完全处在"黑暗之中"。大家知道,原子不是说明万有引力或其他机械的或物理的运动形式的,而只是说明化学作用的。如果去阅读关于有机界的那一章,而读到的竟是空洞的、自相矛盾的、在关键问题上神谕般毫无意义的信口胡说,一些绝对无用的最后结论,那就不禁立即会产生一种看法:杜林先生在这里谈论的是他显然不知道的东西。在读到他建议在关于生物的学说(生物学)中今后应当用组合去代替发育的时候,这种看法就令人确信无疑了。谁建议这样做,就证明他对有机体的形成一无所知。

一切有机体,除了最低级的以外,都是由细胞构成的,即由很小的、只有经过高度放大才能看得到的、内部具有细胞核的蛋白质小块构成的。通常,细胞也长有外膜,里面或多或少是液态的。最低级的细胞体是由一个细胞构成的;绝大多数生物都是多细胞的,是集合了许多细胞的复合体,这些细胞在低级有机体中还是同类型的,而在高级有机体中就具有了越来越不同的形式、类别和功能。例如在人体中,骨骼、肌肉、神经、腱、韧带、软骨、皮肤,简言之,所有的组织,不是由细胞组成就是由细胞形成的。但是一切有机的细胞体,从本身是简单的、通常没有外膜而内部具有细胞核的蛋白质小块的变形虫起一直到人,从最小的单细胞的鼓藻起一直到最高度发展的植物,它们的细胞繁殖方法都是共同的:分裂。先是细胞核在中间收缩,这种使核分成两半的收缩越来越厉害,最后这两半分开了,并且形成两个细胞核。同样的过程也在细胞本身中发生,两个核中的每一个都成为细胞质集合的中心点,这个集合体同另一个集合体联结在一起,中间收缩得越来越紧,直到最后分开,并成为两个独立的细胞而继续存在下去。动物的卵在受精以后,其胚泡经这样不断重复的细胞分裂逐步发育成为完全成熟的动物,同样,在已经长成的动物中,对消耗的组织的补充也是这样进行的。把这样的过程叫做组合,而把称这一过程为发育的意见叫做"纯粹的想象",这种话无疑地只有对这种过程一无所知的人——很难设想现在还会有这样的人——才说得出来;这里的过程恰好**只是**而且确实是不折不扣的发育,而根本不是组合!

关于杜林先生对生命的一般理解,我们以后还要来谈。他对生命的特殊的理解则如下:

"无机界也是一个自我实现的活动的体系;但是只有在真正的分化和物质循环的中介通过起始于一个内在的点的特别管道并且按照一种可向较小形体转移的胚胎模式开始实现时,才能从比较狭窄和比较严格的意义上来谈真正的生命。"

这句话从比较狭窄和比较严格的意义上说来,是一个胡话的自我实现的活动的体系(无论这可能指的是什么),且不说它的混乱得不可救药的语法。如果只有在真正的分化开始时才开始有生命,那么我们就必须宣布海克尔的整个原生生物界是死的,而且根据对分化概念的不同理解,也许还要宣布更多的东西是死的。如果只有在这种分化可以通过一种较小的胚胎模式转移时才开始有生命,那么至少包括单细胞有机体在内的一切有机体都不是有生命的了。如果物质循环通过特别管道的中介是生命的标志,那么除去上面所讲的,我们还必须把全部高等腔肠动物(最多把水母除外),因而把各种珊瑚虫和其他植虫[302]从生物的队伍中勾销。如果认为物质循环通过起始于一个内在的点的特别管道来进行是生命的根本标志,那么我们就必须宣布一切没有心脏的或有几个心脏的动物是死的。要被宣布是死的,除了上面提到的,还要加上各种蠕虫、海星和轮虫(按赫胥黎的分类法[303]是:Annuloida 和 Annulosa），一部分甲壳动物（蟹），最后甚至还要加上一种脊椎动物，即文昌鱼（Amphioxus）；再就是各种植物。

由此可见，杜林先生想从比较狭窄的和严格的意义上来说明真正的生命的标志，结果提出了四个完全互相矛盾的生命标志。其中的一个不仅把整个植物界，而且把大约半个动物界都宣判永久死亡。真的，谁也不能说，当他许下诺言要给我们提供"完全独特的结论和观点"时，他是在欺骗我们！

他在另一个地方说：

"在自然界中，从最低级的到最高级的一切组织，也都是以一个简单的类型为基础的"，这种类型"即使在最不完善的植物的最次要的活动中，也完全可以从它的一般性质上看出来"。

这种论断又"完全"是胡话。人们在整个有机界里所看到的最简单的类型是细胞；它确实是最高级的组织的基础。相反，在最低级的有机体中，还有许多远远低于细胞的东西：原变形虫，没有任何分化的简单的蛋白质小块，一系列其他胶液原生物和各种管藻（Siphoneen）。它们之所以全都同高级有机体有联系，只是因为它们的基本组成部分是蛋白质，所以它们执行着蛋白质的职能，即生和死。

往下杜林先生对我们说：

"在生理学上，感觉是和某种即使很简单的神经器官的存在相联系的。因此，一切动物形态的特征是能够感觉，就是说，能够从主体方面自觉地理解自己的状态。植物和动物之间的鲜明的界限就在于完成向感觉的飞跃。这一界限不能用众所周知的过渡形态来抹去，相反，它正是由于这些外表上没有确定的或不能确定的形态才被当成逻辑上的需要。"

接着又说：

"反之，植物完全而且永远没有丝毫感觉的痕迹，甚至也没有任何感觉的素质。"

第一,黑格尔说(《自然哲学》第 351 节附释):

"感觉是动物的种差,即绝对的标记。"

因此,又是黑格尔的一个"粗制品",它经过杜林先生的生吞活剥,被提升到最后的终极的真理的高贵地位。

第二,我们在这里第一次听到植物和动物之间的过渡形态,外表上没有确定的或不能确定的形态(真是莫名其妙的话!)。这种中间形态是存在的,有些有机体我们简直没法说它们是植物还是动物,因而我们总是不能在植物和动物之间划出鲜明的界限——这使杜林先生觉得在逻辑上需要提出一个区别二者的标志,同时他又承认这个标志并不是无懈可击的!但是我们根本没有必要再回过来谈植物和动物之间的有疑问的领域了;难道那些稍被触动就会卷起叶子或合拢花瓣的敏感植物,那些食虫植物都没有丝毫感觉的痕迹,甚至也没有任何感觉的素质吗?即使是杜林先生,如果他没有"不科学的半诗",也不能下断语。

第三,杜林先生断言,在生理学上,感觉是和某种即使很简单的神经器官的存在相联系的,这又是他的自由创造物和想象物。不仅所有的原始动物,而且还有植虫,至少是它们中的大多数,并没有显示出神经器官的痕迹。通常只是从蠕虫开始才发现有神经器官,而杜林先生是第一个提出这些动物因为没有神经所以没有感觉这一主张的人。感觉并不必然和神经相联系,但是大概和某种至今还没有确切地弄清楚的蛋白体相联系。

此外,杜林先生的生物学知识从他无所顾忌地向达尔文提出的下述问题得到了充分的说明:

"难道动物是从植物发展出来的吗?"

只有对动物和植物都一无所知的人才会提出这样的问题。

关于一般的生命,杜林先生能告诉我们的只是:

"通过起塑造作用的模式化〈这究竟是什么玩意儿?〉而进行的新陈代谢,总是真正的生命过程独具的特性。"

这就是我们所听到的有关生命的一切,这里,在碰到"起塑造作用的模式化"时,我们又深深地陷入了毫无意义的莫名其妙的最纯粹的杜林行话。所以,如果我们想要知道什么是生命,我们就必须自己去作更进一步的考察。

近30年来,生理化学家和化学生理学家已经无数次地说过,有机体的新陈代谢是生命的最一般的和最显著的现象,而在这里杜林先生把这话干脆翻译成他自己的优雅而清晰的语句。但是,如果规定生命就是有机体的新陈代谢,这就等于规定生命就是生命;因为有机体的新陈代谢,或通过起塑造作用的模式化而进行的新陈代谢,正是本身又需要用生命来解释、需要用有机体和非有机体的区别即生物和非生物的区别来解释的说法。所以这种解释并没有使我们前进一步。

新陈代谢本身即使没有生命也可以发生。在化学中有一系列过程,这些过程只要有充分的原料供应,就能不断地重新产生它们自身的条件,而且在这里有一个确定的物体作为过程的体现者。在通过硫的燃烧制造硫酸时的情况就是这样。硫燃烧产生二氧化硫(SO_2),加上水蒸气和硝酸,二氧化硫就吸收氢和氧而变成硫酸(H_2SO_4)。这时,硝酸放出氧而还原成氧化氮,这氧化氮立刻又从空气中吸收新的氧,变成氮的高价氧化物,但是立即又把这氧放出给二氧化硫,并重新进行这样的过程,所以在理论上只要极少量的硝酸,就足够使无限数量的二氧化硫、氧和水变成硫酸。——其次,在液体通过死的有机的膜甚至通过无机的膜渗透的时候,也像在特劳白的人造细胞[304]中一样发生新陈代谢。这又一次说明,新陈代谢并没有使我们前进一步,因为用来解释生命的那种独特的新陈代谢本身又需要用生命来解释。因此,我们必须另寻出路。

生命是蛋白体的存在方式,这种存在方式本质上就在于这些蛋白体的化学成分的不断的自我更新。

在这里,蛋白体是按照现代化学的意义来理解的,现代化学把所有在构成上类似普通蛋白或者也称为蛋白质的东西都包括在蛋白体这一名称之内。这个名称是不恰当的,因为普通蛋白在一切和它相近的物质中,是起着最没有生命的、最被动的作用的,它和蛋黄一起仅仅是胚胎发育的养料。但是,当人们对蛋白体的化学构成还知之甚少的时候,这个名称总比一切其他名称好些,因为它更有概括性。

无论在什么地方,只要我们遇到生命,我们就发现生命是和某种蛋白体相联系的,而且无论在什么地方,只要我们遇到不处于分解过程中的蛋白体,我们也无例外地发现生命现象。毫无疑问,在生物体中,必然还有其他化合物会引起这些生命现象的特殊分化;对于单纯的生命,这些化合物并不是必要的,除非它们作为食物进入生物体并变成蛋白质。我们所知道的最低级的生物,只不过是简单的蛋白质小块,可是它们已经显示出所有最主要的生命现象。

但是一切生物普遍共有的这些生命现象究竟表现在什么地方呢? 首先表现在:蛋白体从自己周围摄取其他有用的物质,把它们同化,而体内其他比较老的部分则分解并且被排泄掉。其他无生命物体在自然过程中也发生变化、分解或结合,可是这样一来它们就不再是以前那样的东西了。岩石经过风化就不再是岩石;金属氧化后就变成锈。可是,在无生命物体中成为瓦解原因的东西,在蛋白质中却是**生存的基本条件**。蛋白体内各成分的这种不断转化,摄食和排泄的这种不断交替一旦停止,蛋白体本身就立即停止生存,发生分解,即**死亡**。因此,生命,蛋白体的存在方式,首先在于:蛋白体在每一瞬间既是它自身,同时又是别的东西;这种情况不是像在无生命物体那里所发生的情况那样,是由某种从外面造成的过程所引起的。相反,生命,即通过摄食和排泄来实现的新陈代谢,是一种自我完成的过程,这种过程是它的体现者——蛋白质所固有的、生来就具备的,没有这种过程,蛋白质就不能存在。由此可见,如果化学有一天能够人工制造蛋白质,那么这样的蛋白质就一定会显示出生命现象,即使这种生命现象可能还很微弱。当然,化学是否能同时为这种蛋白质发现适合的食物,这还是一个问题。

从蛋白质的主要机能——通过摄食和排泄来进行的新陈代谢中,从蛋白质所特有的可塑性中,可以导出所有其他最简单的生命要素:刺激感应性——它已经包含在蛋白质和它的养料的相互作用中;收缩性——它已经在非常低级的阶段上表现于食物的吸取中;成长的能力——它在最低级的阶段上包含通过分裂的繁殖;内在的运动——没有这种运动,养料的吸取和同化都是不可能的。

我们的生命定义当然是很不充分的,因为它远没有包括**一切**生命现象,而只是限于最一般的和最简单的生命现象。在科学上,一切定义都只有微小的价值。要想真正详尽地知道什么是生命,我们就必须探究生命的一切表现形式,从最低级的直到最高级的。可是对日常的应用来说,这样的定义是非常适用的,在有些地方简直是不能缺少的;只要我们不忘记它们的不可避免的缺点,它们也没有什么害处。

还是回到杜林先生那里去吧。如果说,他在地球上的生物学领域中遭遇有点不妙,那么,他是知道怎样自慰的,他遁入自己的星空。

"不仅感觉器官的特殊结构,而且整个客观世界,都是为了唤起快乐和痛苦而安排的。根据这一点,我们认为快乐和痛苦的对立——而且恰恰是以我们所熟悉的方式表现的——是一种普遍的对立,而且在宇宙的不同的世界中必然是由本质上一样的感情来表现…… 但是这样的一致具有不小的意义,因为它是打开感觉宇宙的钥匙…… 因此,对我们说来,主观的宇宙世界并不比客观的宇宙世界更陌生。对这两个领域的构造应当按一致的型式去思考,这样我们就获得一种超出单纯地球上的有效范围的意识学的入门知识。"

对一个在口袋里藏着打开感觉宇宙的钥匙的人来说,在地球上的自然科学中犯几个大错误,有什么关系呢? 算啦!

九 道德和法。永恒真理

杜林先生在整整50页内把陈词滥调和玄妙词句的杂拌,一句话,把纯粹的**无稽之谈**当做关于意识要素的根底深厚的科学提供给读者享受,我们决不想把这些东西的样品都陈列出来。我们只摘引这样一句话:

"谁要是只能通过语言来思维,那他就永远不懂得抽象的和纯正的思维是什么意思。"

这样说来,动物是最抽象的和最纯正的思维者,因为它们的思维从来不会被语言的强制性的干涉弄得模糊不清。的确,从杜林的思想和表达这些思想的语言中可以看出,这些思想是多么不适合于任何一种语言,而德语又是多么不适合于这些思想。

最后，第四编拯救了我们，这一编除了连篇累牍的糊涂话，至少有时还给我们提供一些有关**道德**和**法**的可以捉摸的东西。这一次，我们一开始就被请到别的天体上去旅行：

道德的要素必定"以协调一致的方式……重新出现于人以外的一切生物中，在这些生物中，能动的知性必须自觉地调整以本能形式表现出来的生命活动…… 不过对于这样的结论，我们是不怎么感兴趣的…… 但是除此以外，下面的想法始终是一种有益地扩展眼界的思想：我们设想，在其他天体上个体的和公共的生活必须遵循一种模式，这种模式……不能废弃或避开按知性行动的生物的一般的基本规章"。

如果说在这里例外地，不是在这一章的末尾，而是在开头就指出，杜林的真理也适用于其他一切可能的世界，那么这是有其充足理由的。如果先确定了杜林的道德观和正义观适用于一切**世界**，那就可以比较容易地把它们的适用性有益地扩展到一切**时代**。而这里谈的又不折不扣地是关于最后的终极的真理的问题。

道德的世界，"和一般知识的世界一样……有其恒久的原则和单纯的要素"，道德的原则凌驾于"历史之上和现今的民族特性的差别之上…… 在发展过程中构成比较完全的道德意识和所谓良心的那些特殊真理，只要它们的最终的基础都已经被认识，就可以要求具有同数学的认识和运用相似的适用性和有效范围。真正的真理是根本不变的…… 因此，把认识的正确性设想成是受时间和现实变化影响的，那完全是愚蠢"。所以严格知识的可靠性和日常认识的充足性，不容许我们在深思熟虑的情况下对知识原则的绝对适用性表示失望。"长久的怀疑本身已经是一种病态的软弱状态，而且无非是极端紊乱的表现，这种紊乱有时企图在对自身虚无的系统化意识中装出某种镇定的外表。在伦理问题上，对一般原则的否定，是同风尚和准则在地理上和历史上的多样性牢固地联在一起的，而且一承认伦理上的邪恶和罪孽的不可避免的必然性，那就要否定起协调一致作用的道德本能的庄严意义和实际效用。这种似乎不是反对个别的伪学说而是反对人类达到自觉道德的能力本身的腐蚀性怀疑，最后就流为真正的虚无，甚至实质上流为比单纯虚无主义更坏的东西…… 它自炫能在它的已被推翻的伦理观念的一片混乱中很容易地起支配作用，并为无原则的随心所欲敞开一切门户。但是它大错特错了,因为,只要指出知性在谬误和真理中的不可避免的命运,就足以借助这个唯一的类比表明,自然规律可能有的缺陷并不需要排除正确的东西的实现。"

到目前为止我们静静地听了杜林先生关于最后的终极的真理、思维的至上性、认识的绝对可靠性等等所讲的这一切华丽的词句,因为这一问题只有在我们现在所到达的这一点上才能予以解决。在此以前,只需要研究现实哲学的个别论断在多大程度上具有"至上的意义"和"无条件的真理权"就够了;在这里,我们却遇到了这样一个问题:人的认识的产物究竟能否具有至上的意义和无条件的真理权,如果能有,那么是哪些产物。当我说**人的**认识的时候,我无意冒犯其他天体上的居民,我还没有认识他们的荣幸,我这样说只是因为动物也能够认识,虽然它们的认识决不是至上的。狗认为它的主人是它的上帝,尽管这个主人可能是最大的无赖。

人的思维是至上的吗? 在我们回答"是"或"不是"以前,我们必须先研究一下:什么是人的思维。它是单个人的思维吗? 不是。但是,它只是作为无数亿过去、现在和未来的人的个人思维而存在。如果我现在说,这种概括于我的观念中的所有这些人(包括未来的人)的思维是**至上的**,是能够认识现存世界的,只要人类足够长久地延续下去,只要在认识器官和认识对象中没有给这种认识规定界限,那么,我只是说了些相当陈腐而又相当无聊的空话。因为最可贵的结果就是使得我们对我们现在的认识极不信任,因为很可能我们还差不多处在人类历史的开端,而将来会纠正**我们**的错误的后代,大概比我们有可能经常以十分轻蔑的态度纠正其认识错误的前代要多得多。

杜林先生本人宣布下面这一点是一种必然性:意识,因而也包括思维和认识,都只能表现在一系列的个人中。我们能够说这些个人中的每一个人的思维具有至上性,这只是就这样一点而言的,即我们不知道有任何一种力量能够强制处在健康清醒状态的每一个人接受某种思想。但是,至于说到每一个人的思维所达到的认识的至上意义,那么我们大家都知道,它是根本谈不上的,而且根据到目前为止的一切经验看来,这些认识所包含的需要改善的东西,无例外地总是要比不需要改善的或正确的东西多得多。

换句话说,思维的至上性是在一系列非常不至上地思维着的人中实现的;拥有无条件的真理权的认识是在一系列相对的谬误中实现的;二者都只有通过人类生活的无限延续才能完全实现。

在这里,我们又遇到了在上面已经遇到过的矛盾①:一方面,人的思维的性质必然被看做是绝对的,另一方面,人的思维又是在完全有限地思维着的个人中实现的。这个矛盾只有在无限的前进过程中,在至少对我们来说实际上是无止境的人类世代更迭中才能得到解决。从这个意义来说,人的思维是至上的,同样又是不至上的,它的认识能力是无限的,同样又是有限的。按它的本性、使命、可能和历史的终极目的来说,是至上的和无限的;按它的个别实现情况和每次的现实来说,又是不至上的和有限的。

永恒真理的情况也是一样。如果人类在某个时候达到了只运用永恒真理,只运用具有至上意义和无条件真理权的思维成果的地步,那么人类或许就到达了这样的一点,在那里,知识世界的无限性就现实和可能而言都穷尽了,从而就实现了数清无限数这一著名的奇迹。

---

① 见本卷第 412 页。——编者注

然而,不正是存在着如此确凿的、以致在我们看来表示任何怀疑都等于发疯的那种真理吗? 二乘二等于四,三角形三内角的和等于两个直角,巴黎在法国,人不吃饭就会饿死,等等,这些不都是这种真理吗? 这不就是说,还是存在着**永恒**真理,最后的终极的真理吗?

确实是这样。我们可以按照早已知道的方法把整个认识领域分成三大部分。第一个部分包括所有研究非生物界的并且或多或少能用数学方法处理的科学,即数学、天文学、力学、物理学、化学。如果有人喜欢对极简单的事物使用大字眼,那么也可以说,这些科学的**某些**成果是永恒真理,是最后的终极的真理,所以这些科学也叫做**精密**科学。然而决不是一切成果都是如此。由于变数的应用以及它的可变性被推广于无限小和无限大,一向非常循规蹈矩的数学犯了原罪;它吃了智慧果,这为它开辟了获得最大成就但也造成谬误的道路。数学上的一切东西的绝对适用性、不可争辩的确证性的童贞状态一去不复返了;争论的王国出现了,而且我们到了这样一种地步:大多数人进行微分和积分,并不是由于他们懂得他们在做什么,而是出于单纯的信任,因为直到现在得出的结果总是正确的。天文学和力学方面的情况更糟,而在物理学和化学方面,人们就像处在蜂群之中那样处在种种假说之中。情况也根本不可能不是这样。我们在物理学中研究分子的运动,在化学中研究分子的原子构成,如果光波的干扰不是一种虚构,那我们绝对没有希望在某个时候亲眼看到这些有趣的东西。最后的终极的真理在这里随着时间的推移变得非常罕见了。

地质学的情况还要糟,地质学按其性质来说主要是研究那些不但我们没有经历过而且任何人都没有经历过的过程。所以要挖掘出最后的终极的真理在这里要费很大的力气,而所得是极少的。

第二类科学是研究活的有机体的科学。在这一领域中,展现出如此错综复杂的相互关系和因果联系,以致不仅每个已经解决的问题都引起无数的新问题,而且每一个问题也多半都只能一点一点地、通过一系列常常需要花几百年时间的研究才能得到解决;此外,对各种相互联系作系统理解的需要,总是一再迫使我们在最后的终极的真理的周围造起茂密的假说之林。为了正确地确定像哺乳动物的血液循环这样简单的事实,需要经历从盖仑到马尔比基之间的多么长的一系列中间阶段!我们关于血球的形成知道得多么少!比如说为了确定某种疾病的现象和致病的原因之间的合理联系,我们今天还缺乏多少中间环节!此外还常常有像细胞的发现这样的发现,这些发现迫使我们对生物学领域中以前已经确立的一切最后的终极的真理作全面的修正,并且把它们整堆地永远抛弃掉。因此,谁想在这里确立确实是真正的不变的真理,那么他就必须满足于一些陈词滥调,如所有的人必定要死,所有的雌性哺乳动物都有乳腺等等;他甚至不能说,高等动物是靠胃和肠而不是靠头脑消化的,因为集中于头脑的神经活动对于消化是必不可少的。

但是,在第三类科学中,即在按历史顺序和现今结果来研究人的生活条件、社会关系、法的形式和国家形式及其由哲学、宗教、艺术等等组成的观念上层建筑的历史科学中,永恒真理的情况还更糟。在有机界中,我们至少是研究这样一些依次相继的过程,这些过程,就我们直接观察的领域而言,正在非常广阔的范围内相当有规律地重复着。自亚里士多德以来,有机体的种总的说来没有变化。在社会历史中情况则相反,自从我们脱离人类的原始状态即所谓石器时代以来,情况的重复是例外而不是通例;即使在某个地方发生这样的重复,也决不是在完全同样的状况下发生的。在一切文明民族那里,原始土地公有制的出现和这种所有制解体的形式就是如此。因此,我们在人类历史领域中的科学比在生物学领域中的科学还要落后得多;不仅如此,如果一旦例外地能够认识到某一时代的社会存在形式和政治存在形式的内在联系,那么这照例是发生在这些形式已经半衰退和濒于瓦解的时候。因此,在这里认识在本质上是相对的,因为它只限于了解只存在于一定时代和一定民族中的、而且按其本性来说是暂时的一定社会形式和国家形式的联系和结果。因此,谁要在这里猎取最后的终极的真理,猎取真正的、根本不变的真理,那么他是不会有什么收获的,除非是一些陈词滥调和老生常谈,例如,人一般地说不劳动就不能生活,人直到现在总是分为统治者和被统治者,拿破仑死于1821年5月5日,如此等等。

但是,值得注意的是:正是在这一领域,我们最常遇到所谓永恒真理,最后的终极的真理等等。宣布二乘二等于四,鸟有喙,或诸如此类的东西为永恒真理的,只是这样的人,他企图从永恒真理的存在得出结论:在人类历史的领域内也存在着永恒真理、永恒道德、永恒正义等等,它们要求具有同数学的认识和应用相似的适用性和有效范围。这时,我们可以准确地预料,这位人类的朋友一有机会就向我们声明:一切以往的永恒真理的制造者或多或少都是蠢驴和骗子,全都陷入谬误,犯了错误;但是**他们的**谬误和**他们的**错误的存在是合乎自然规律的,并且证明真理和合乎实际的东西掌握在**他手里**;而他这个现在刚出现的预言家在提包里带着已经准备好的最后的终极的真理,永恒道德和永恒正义。这一切已经出现过成百上千次,如果现在还有人竟如此轻率地认为,别人做不到这一点,只有他才能做到,那就不能不令人感到奇怪了。但是在这里,我们至少还遇到了这样一位预言家,他在别人否认任何个人能提供最后的终极的真理的时候,照例总是表现出高度的义愤。

这样的否认,甚至单纯的怀疑,都是软弱状态、极端紊乱、虚无、比单纯的虚无主义更坏的腐蚀性怀疑、一片混乱以及诸如此类的可爱的东西。像所有的预言家那样,他也没有作批判性的科学的研究和判断,而只是直接进行道义上的谴责。

我们本来在上面还可以举出研究人的思维规律的科学,即逻辑学和辩证法。但是在这方面,永恒真理的情况也不见得好些。杜林先生把本来意义的辩证法宣布为纯粹的无稽之谈,而已经写成的和现在还在写的关于逻辑学的许多书籍充分证明,在这里播下的最后的终极的真理也远比有些人所想的要稀少得多。

此外,我们根本不用担心我们现在所处的认识阶段和先前的一切阶段一样都不是最后的。这一阶段已经包括大量的认识材料,并且要求每一个想在任何专业内成为内行的人进行极深刻的专门研究。但是认识就其本性而言,或者对漫长的世代系列来说是相对的而且必然是逐步趋于完善的,或者就像在天体演化学、地质学和人类历史中一样,由于历史材料不足,甚至永远是有缺陷的和不完善的,而谁要以真正的、不变的、最后的终极的真理的标准来衡量认识,那么,他只是证明他自己的无知和荒谬,即使真正的动机并不像在这里那样是要求个人不犯错误。真理和谬误,正如一切在两极对立中运动的逻辑范畴一样,只是在非常有限的领域内才具有绝对的意义;这一点我们刚才已经看到了,即使是杜林先生,只要他稍微知道一点正是说明一切两极对立的不充分性的辩证法的初步知识,他也会知道的。只要我们在上面指出的狭窄的领域之外应用真理和谬误的对立,这种对立就变成相对的,因而对精确的科学的表达方式来说就是无用的;但是,如果我们企图在这一领域之外把这种对立当做绝对有效的东西来应用,那我们就会完全遭到失败;对立的两极都向自己的对立面转化,真理变成谬误,谬误变成真理。我们举著名的波义耳定律为例,根据这一定律,在温度不变的情况下,气体的体积和它所受的压力成反比。雷尼奥发现,这一定律不适合于某些情况。如果雷尼奥是一个现实哲学家,那么他就有义务宣布:波义耳定律是可变的,所以不是真正的真理,所以根本不是真理,所以是谬误。但是,如果他这样做,他就会造成一个比波义耳定律所包含的谬误更大得多的谬误;他的一小粒真理就会消失在谬误的沙丘中;这样他就会把他的本来正确的结论变为谬误,而与这一谬误相比,波义耳定律就连同附在它上面的少许谬误也可以说是真理了。但是雷尼奥是科学家,没有玩弄这样的儿戏,而是继续研究,并发现波义耳定律只是近似地正确,特别是对于可以因压力而液化的气体,当压力接近液化开始的那一点时,波义耳定律就失去了效力。所以波义耳定律只在一定的范围内才是正确的。但是在这个范围内,它是不是绝对地最终地正确的呢? 没有一个物理学家会断定说是。他会说,这一定律在一定的压力和温度的范围内对一定的气体是有效的;而且即使在这种更加狭窄的范围内,他也不会排除这样的可能性,即通过未来的研究对它作更加严格的限制,或者改变它的表述方式①。

---

① 恩格斯在这里加了一个注:"自从我写了上面这几行以来,这些话看来已经得到证实。根据门捷列夫和博古斯基运用比较精密的仪器所进行的最新的研究**305**,一切真正的气体都表现出压力和体积之间的可变关系;氢的膨胀系数在直到现在为止所应用的各种压力强度下都是正的(体积的缩小比压力的增大要慢);对大气和其他研究过的气体来说,每一种气体都有一个压力零点,压力小于零点,此系数是正的,压力大于零点,此系数是负的。因此,到现在为止实际上还一直是可用的波义耳定律,需要一整系列特殊定律来作补充。(现在——1885 年——我们也知道根本不存在任何"真正的"气体。所有的气体都可以变成液体状态。)"——编者注

可见,关于最后的终极的真理,例如在物理学上,情况就是这样。因此,真正科学的著作照例要避免使用像谬误和真理这种教条式的道德的说法,而这种说法我们在现实哲学这样的著作中到处可以碰到,这种著作想强迫我们把空空洞洞的信口胡说当做至上的思维的至上的结论来接受。

但是,天真的读者或许要问,杜林先生在什么地方清楚地说过,他的现实哲学的内容是最后的甚至是终极的真理呢? 在什么地方? 例如在我们在第二章部分地引证的对他自己的体系的颂歌中①(第13页),或者在上面引证的那段话里②,他说:道德的真理,只要它们的最终的基础都已经被认识,就可以要求具有同数学的认识相似的适用性。而且,杜林先生难道不是断定,从他的真正批判的观点出发,通过他的穷根究底的研究,就可以深入到这种最终的基础,基本的模式,因而就赋予道德的真理以最后的终极性吗? 如果杜林先生既不是为自己也不是为他的时代提出这样的要求,如果他只是想说,在渺茫的未来的某个时候能够确立最后的终极的真理,因而,他想大致地、只是较为混乱地说些与"腐蚀性怀疑"和"极端紊乱"相同的东西,那么,这种喧嚣是为了什么呢? 这位先生想要做什么呢?③

如果说,在真理和谬误的问题上我们没有什么前进,那么在善和恶的问题上就更没有前进了。这一对立完全是在道德领域中,也就是在属于人类历史的领域中运动,在这里播下的最后的终极的真理恰恰是最稀少的。善恶观念从一个民族到另一个民族、从

---

① 见本卷第403—404页。——编者注
② 见本卷第461—462页。——编者注
③ 参看歌德《浮士德》第1部第3场《书斋》。——编者注

一个时代到另一个时代变更得这样厉害,以致它们常常是互相直接矛盾的。但是,如果有人反驳说,无论如何善不是恶,恶不是善;如果把善恶混淆起来,那么一切道德都将完结,而每个人都将可以为所欲为了。杜林先生的意见,只要除去一切隐晦玄妙的词句,就是这样的。但是问题毕竟不是这样简单地解决的。如果事情真的这样简单,那么关于善和恶就根本不会有争论了,每个人都会知道什么是善,什么是恶。但是今天的情形是怎样的呢?今天向我们宣扬的是什么样的道德呢?首先是由过去信教时代传下来的基督教的封建的道德,这种道德主要又分成天主教的和新教的道德,其中又不乏不同分支,从耶稣会[108]天主教的和正统新教的道德,直到松弛的启蒙的道德。和这些道德并列的,有现代资产阶级的道德,和资产阶级道德并列的,又有未来的无产阶级道德,所以仅仅在欧洲最先进国家中,过去、现在和将来就提供了三大类同时和并列地起作用的道德论。哪一种是合乎真理的呢?如果就绝对的终极性来说,哪一种也不是;但是,现在代表着现状的变革、代表着未来的那种道德,即无产阶级道德,肯定拥有最多的能够长久保持的因素。

但是,如果我们看到,现代社会的三个阶级即封建贵族、资产阶级和无产阶级都各有自己的特殊的道德,那么我们由此只能得出这样的结论:人们自觉地或不自觉地,归根到底总是从他们阶级地位所依据的实际关系中——从他们进行生产和交换的经济关系中,获得自己的伦理观念。

但是在上述三种道德论中还是有一些对所有这三者来说都是共同的东西——这不至少就是一成不变的道德的一部分吗?——这三种道德论代表同一历史发展的三个不同阶段,所以有共同的历史背景,正因为这样,就必然有许多共同之处。不仅如此,对同样的或差不多同样的经济发展阶段来说,道德论必然是或多或少地互相一致的。从动产的私有制发展起来的时候起,在一切存在着这种私有制的社会里,道德戒律一定是共同的:切勿偷盗①。这个戒律是否因此而成为永恒的道德戒律呢?绝对不会。在偷盗动机已被消除的社会里,就是说在随着时间的推移顶多只有精神病患者才会偷盗的社会里,如果一个道德说教者想庄严地宣布一条永恒真理:切勿偷盗,那他将会遭到什么样的嘲笑啊!

因此,我们拒绝想把任何道德教条当做永恒的、终极的、从此不变的伦理规律强加给我们的一切无理要求,这种要求的借口是,道德世界也有凌驾于历史和民族差别之上的不变的原则。相反,我们断定,一切以往的道德论归根到底都是当时的社会经济状况的产物。而社会直到现在是在阶级对立中运动的,所以道德始终是阶级的道德;它或者为统治阶级的统治和利益辩护,或者当被压迫阶级变得足够强大时,代表被压迫者对这个统治的反抗和他们的未来利益。没有人怀疑,在这里,在道德方面也和人类认识的所有其他部门一样,总的说是有过进步的。但是我们还没有越出阶级的道德。只有在不仅消灭了阶级对立,而且在实际生活中也忘却了这种对立的社会发展阶段上,超越阶级对立和超越对这种对立的回忆的、真正人的道德才成为可能。现在可以去评价杜林先生的自我吹嘘了。他竟在旧的阶级社会中要求在社会革命的前夜把一种永恒的、不以时间和现实变化为转移的道德强加给未来的无阶级的社会!我们姑且假定他对这种未来社会的结构至少是有概略了解的,——这一点我们直到现在还不知道。

---

① 参看《旧约全书·出埃及记》第 20 章第 15 节和《旧约全书·申命记》第 5 章第 19 节。——编者注

最后,还有一个"完全独特的"、但是并不因此不再是"穷根究底的"发现:

在恶的起源方面,"我们认为,在动物形态中存在着带着固有虚伪性的猫的类型,这一事实同人类中也存在着类似的性格形态的情形处于同一阶段……因此,恶不是什么神秘的东西,除非人们有兴趣在猫或所有食肉动物的存在中也嗅出神秘的东西来"。

恶就是猫。所以魔鬼没有犄角和马蹄,而有爪子和绿眼睛。当歌德使靡菲斯特斐勒司具有黑狗的形象①而不是黑猫的形象的时候,他犯了一个不可饶恕的错误。恶就是猫!这是不仅适用于一切世界,而且也适用于猫②的道德!

十　道德和法。平等

我们已经不止一次地领教了杜林先生的方法。他的方法就是:把每一类认识对象分解成它们的所谓最简单的要素,把同样简单的所谓不言而喻的公理应用于这些要素,然后再进一步运用这样得出的结论。社会生活领域内的问题也

"应当从单个的、简单的基本形式上,按照公理来解决,正如对待简单的……数学基本形式一样"。

这样,数学方法在历史、道德和法方面的应用,应当在这些领域内使所获结果的真理性也具有数学的确实性,使这些结果具有

---

① 参看歌德《浮士德》第 1 部第 2 场《城门之前》和第 3 场《书斋》。——编者注
② "适用于猫"的德文是"für die Katze",也有"毫无用处、徒劳无益"的意思。——编者注

真正的不变的真理的性质。

这不过是过去有人爱用的意识形态的或者也称为先验主义的方法的另一种说法,这一方法是:不是从对象本身去认识某一对象的特性,而是从对象的概念中逻辑地推导出这些特性。首先,从对象构成对象的概念;然后颠倒过来,用对象的映象即概念去衡量对象。这时,不是概念应当和对象相适应,而是对象应当和概念相适应了。在杜林先生那里,他所能得到的最简单的要素,终极的抽象,执行着概念的职能,可是这丝毫没有改变事情的实质;这种最简单的要素,最多只带有纯粹概念的性质。所以现实哲学在这里也是纯粹的意识形态,它不是从现实本身推导出现实,而是从观念推导出现实。

当这样一位意识形态家不是从他周围的人们的现实社会关系中,而是从"社会"的概念或所谓最简单的要素中构造出道德和法的时候,可用于这种构造的材料是什么呢? 显然有两种:第一,是在那些被当做基础的抽象中可能存在的现实内容的一点点残余,第二,是我们这位意识形态家从他自己的意识中再次带入的内容。而他在自己的意识中发现了什么呢? 绝大部分是道德和法的观点,这些观点或多或少地是他所处的社会关系和政治关系的相应表现——肯定的或否定的,得到赞同的或遭到反对的;其次或许是从有关的文献上抄来的看法;最后,可能还有个人的狂想。我们的意识形态家可以随心所欲地耍花招,他从大门扔出去的历史现实,又从窗户进来了,而当他以为自己制定了适用于一切世界和一切时代的伦理学说和法的学说的时候,他实际上是为他那个时代的保守潮流或革命潮流制作了一幅因脱离现实基础而扭曲的、像在凹面镜上反映出来的头足倒置的画像。

于是杜林先生把社会分解为它的最简单的要素,而且在这里发现最简单的社会至少由**两个**人组成。杜林先生就按公理同这两个人打交道。而从这里很自然地得出一个道德的基本公理：

> "两个人的意志，就其本身而言，是彼此完全平等的，而且一方不能一开始就向另一方提出任何肯定的要求。"因此，"道德上的正义的基本形式就被表述出来了"；同样，法律上的正义的基本形式也被表述出来了，因为"为了阐发法的基本概念，我们只要有两个人的十分简单的和基本的关系就够了"。

两个人或两个人的意志就其本身而言是彼此**完全**平等的——这不仅不是公理，而且甚至是过度的夸张。首先，两个人甚至就其本身而言，在性别上可能就是不平等的，这一简单的事实立刻使我们想到：社会的最简单的要素——如果我们暂且接受这样的童稚之见——不是两个男人，而是一个男人和一个女人，他们建立了**家庭**，即以生产为目的的社会结合的最简单的和最初的形式。但是这丝毫不合杜林先生的心意。因为，一方面，必须使这两个社会奠基者尽可能地平等。另一方面，甚至杜林先生也不能从原始家庭构造出男女之间在道德上和法上的平等地位。这样，二者必居其一：或者是杜林所说的通过自身繁衍而建立起整个社会的社会分子一开始就注定要灭亡，因为两个男人是永远不能生出小孩来的；或者是我们必须设想他们是两个家长。在这种情况下，十分简单的基本模式就转成自己的反面：它不是证明人的平等，而最多只是证明家长的平等，而且因为妇女是不被理睬的，所以还证明妇女的从属地位。

在这里我们不得不给读者一个不愉快的通知：读者在今后一段颇长的时间内摆脱不了这两个了不起的人物。这两个人在社会关系的领域中起着我们现在希望不再与之打交道的其他天体上的居民以前所起的类似作用。只要有经济、政治等等的问题需要解决,这两个人就飞快地出动,而且立刻"按照公理"来解决问题。这是我们那位现实哲学家的卓越的、创造性的、创造体系的发现!但遗憾的是,如果我们愿意尊重真理,那应当说这两个人不是杜林先生发现的。他们是整个 18 世纪所共有的。他们在 1754 年卢梭关于不平等的论著①中已经出现——附带说一下,在那里,他们按照公理证明了和杜林的论断恰恰相反的东西。他们在从亚当·斯密到李嘉图的政治经济学家那里扮演着主要角色;可是在那里他们各操不同的行业——大多是猎人和渔夫,而且互相交换自己的产品,他们至少在这方面是不平等的。此外,在整个 18 世纪,他们主要充当单纯用做说明的例子,而杜林先生的独创性只是在于,他把这种举例说明的方法提升为一切社会科学的基本方法和一切历史形态的尺度。要把"关于事物和人的严格科学的观念"变得简单些,肯定是做不到的。

为了制定基本公理——两个人以及他们的意志是彼此完全平等的,他们之间没有一方能命令另一方,我们决不能用随便什么样的两个人。这两个人应当是这样的:他们摆脱了一切现实,摆脱了地球上发生的一切民族的、经济的、政治的和宗教的关系,摆脱了一切性别的和个人的特性,以致留在这两个人身上的除了人这个光秃秃的概念以外,再没有别的什么了,于是,他们当然是"完全平等"了。因此,他们成了这一位到处搜索和揭发"降神术"活动的杜林先生所召来的两个十足的幽灵。这两个幽灵自然必须做他们的召唤者要求做的一切,正因为如此,他们的一切鬼把戏对世界上的其他人来说是完全无关紧要的。

---

① 让·雅·卢梭《论人间不平等的起源和原因》1755 年阿姆斯特丹版。该书于 1754 年写成。——编者注

我们再稍微往下看看杜林先生的公理论。两个意志中一方不能向另一方提出任何肯定的要求。如果一方竟然这样做了，并以暴力来实现他的要求，那就产生了非正义的状态，而杜林先生就是按照这一基本模式来说明非正义、暴力、奴役，一句话，说明全部以往的应唾弃的历史的。可是卢梭早在上面提到的著作中，正是通过两个人，同样是按照公理证明了相反的东西，这就是：在 A 和 B 两个人之中，A 不能用暴力来奴役 B，只能用使 B 处于非有 A 不可的境地这一办法来奴役 B；这对于杜林先生来说的确是一个已经过分唯物主义的观点。因此，让我们以稍微不同的方式来说明这件事情。两个舟破落海的人，漂流到一个孤岛上，组成了社会。他们的意志在形式上是完全平等的，而这一点也是两个人都承认的。但是在素质上存在着巨大的不平等。A 果断而有毅力，B 优柔、懒惰和萎靡不振；A 伶俐，B 愚笨。A 照例先是通过说服，以后就按照习惯，但始终是采取自愿的形式，把自己的意志强加给 B，这要经过很长时间吗？无论自愿的形式是受到维护，还是遭到践踏，奴役依旧是奴役。甘受奴役的现象在整个中世纪都存在，在德国直到三十年战争[185]后还可以看到。普鲁士在 1806 年和 1807 年战败之后，废除了依附农制，同时还取消了仁慈的领主照顾贫病老弱的依附农的义务，当时农民曾向国王请愿，请求让他们继续处于受奴役的地位——否则在他们遭到不幸的时候谁来照顾他们呢？这样，两个人的模式既"适用"于不平等和奴役，也同样"适用"于平等和互助；而且因为我们害怕受到灭亡的惩罚而不得不承认他们是家长，所以在这里已经预先安排了世袭的奴役制。

但是，让我们暂时把这一切放在一旁。我们假定杜林先生的公理论说服了我们，而且我们热衷于两个意志的完全平等的权利、"一般人的主权"、"个人的主权"——真正壮丽的字眼，和这些字眼比起来,施蒂纳的拥有自己的所有物的"唯一者"[306]相形见绌了,虽然他在这方面也可以要求有自己的一席之地。这样,现在我们所有人都**完全平等**和独立了。是所有人吗？不,的确不是所有人。

也存在着"可以允许的隶属关系",但是它们存在的"原因不应当到两个意志本身的活动中,而应当到第三领域中去寻找,例如对儿童来说,就应当到他们的自我规定的欠缺中去寻找"。

的确如此！隶属关系的原因不应当到两个意志本身的活动中去寻找！自然不应当,因为一个意志的活动恰恰是受到阻碍的！而应当到第三领域中去寻找！那么什么是这第三领域呢？这是一个受压制的意志即一个欠缺的意志的具体规定性！我们的现实哲学家同现实脱离得如此之远,以致在他看来,对意志这个抽象的、没有内容的用语来说,意志的真实的内容、特有的规定性,已经是"第三领域"了。但是,无论如何,我们必须认定,平等是有例外的。对于自我规定欠缺的意志来说,平等是无效的。**退却之一。**

其次,

"在野兽和人混合在一个人身上的地方,人们可以以第二个具有完全的人性的人的名义提出问题：他的行为方式,是否应当像所谓只具有人性的人相互间所表现的那样呢…… 所以我们关于两个在道德上不平等的人——其中一个在某种意义上带有特有的兽性——的假定,就是依照这种区别而可能在人的集团之中和之间……出现的一切关系的典型的基本形式"。

请读者自己去看看紧跟在这些窘态百出的遁词之后的那些可怜的咒骂吧,在那些咒骂里,杜林先生像一个耶稣会[108]会士那样要花招,以便用决疑法确定具有人性的人可以多么严厉地对付具有兽性的人,多么严厉地运用不信任、计谋、严酷的甚至恐怖的以及欺骗的手段来对付后者,而且这样做还丝毫不违背不变的道德。

因此,如果两个人"在道德上不平等",那么平等也就完结了。但是这样一来就根本不值得费力去召唤两个完全平等的人,因为两个在道德上完全平等的人是根本没有的。——但是,不平等应当在于一个是具有人性的人,而另一个则带有一些兽性。而人来源于动物界这一事实已经决定人永远不能完全摆脱兽性,所以问题永远只能在于摆脱得多些或少些,在于兽性或人性的程度上的差异。把人分成截然不同的两类,分成具有人性的人和具有兽性的人,分成善人和恶人,绵羊和山羊,这样的分类,除现实哲学外,只有基督教才知道,基督教也一贯有自己的世界审判者来实行这种分类。但是在现实哲学中,世界审判者应当是谁呢? 这个问题大概要照基督教的做法来处理,在那里,虔诚的羔羊对自己的世俗近邻山羊行使世界审判者的职权,而且成绩卓著。现实哲学家的教派一旦出现,在这方面一定不会比地上的虔信者逊色。然而,这对我们是无所谓的;使我们感兴趣的,是承认这样一点:由于人们之间的道德上的不平等,平等再一次化为乌有。**退却之二**。

再往下看:

"如果一个人按照真理和科学行动,而另一个人按照某种迷信或偏见行动,那么……照例一定要发生相互争执…… 一定程度的无能、粗暴或恶癖,在任何情况下总要引起冲突…… 暴力不仅仅是对付儿童和疯人的最后手段。人的整个自然集团和文明阶级的本性,能够使得对它们的由于本身荒谬而成为敌对性的愿望进行的压服,即促使这种愿望向共同联系手段的还原,成为不可避免的必要。异己的意志在这里也被认为是有平等权利的;但是由于它的危害活动和敌对活动的荒谬性,它就引起了恢复平衡的行动,如果它遭到暴力,那么它只是受到它自身的非正义的反作用而已。"

可见,不仅道德上的不平等,而且精神上的不平等也足以排除两个意志的"完全平等",并树立这样一种道德,按照这种道德,各文明掠夺国对落后民族所干的一切可耻行径,直到俄国人在突厥斯坦的暴行[307],都可以认为是正当的。1873年夏天,当考夫曼将军下令进攻鞑靼部落的约穆德人,焚毁他们的帐篷,并且像在命令上所说的"按照真正高加索的习俗"屠杀他们的妇女和儿童时,他也断言:对约穆德人的由于本身荒谬而成为敌对性的愿望进行的压服,即促使这种愿望向共同联系手段的还原,已经成为不可避免的必要,而且他所采用的手段是最合乎目的的;谁想要达到目的,谁也就必然要采用这种手段。不过他还没有残酷到另外还去嘲弄约穆德人,说他屠杀他们是为了恢复平衡,他这样做正是承认他们的意志是有平等权利的。在这一冲突中,又是上帝的选民,所谓按照真理和科学行动的人,归根到底也就是现实哲学家,应该去决定什么是迷信、偏见、粗暴和恶癖,什么时候暴力和压服对于恢复平衡是必要的。因此,平等现在就是通过暴力恢复平衡;而第二个意志被第一个意志通过压服而认为是有平等权利的。**退却之三**,在这里,这次退却简直堕落为可耻的逃跑。

附带说一下,所谓异己的意志正是在通过暴力恢复平衡的行动中被认为是有平等权利的这句话,不过是对黑格尔学说的一种歪曲。按照黑格尔学说,刑罚是罪犯的权利:

"刑罚被认为包含着罪犯本人的权利,在这里罪犯是被当做有理性者来尊重的。"(《法哲学》第100节附释)①

我们可以就此结束。没有必要继续跟着杜林先生去一点一点地击破他如此按照公理建立起来的平等、一般人的主权等等;没有必要去观察他如何用两个男人来组成社会,而为了建立国家又使

---

① 黑格尔《法哲学原理,或自然法和国家学纲要》1840年柏林第2版(《黑格尔全集》第8卷)。——编者注

用第三个人,因为简单地说,没有这第三个人就不可能有多数的决议,而没有这样的决议,因而也就没有多数对少数的统治,也就不能有国家存在;没有必要去看他往后如何逐步转入建立他那共同社会的未来国家的那条较为平静的航路——我们将来总有一天有幸在那里拜访他。我们已经充分地看到:两个意志的完全平等,只是在这两个意志**什么愿望也没有**的时候才存在;一当它们不再是抽象的人的意志而转为现实的个人的意志,转为两个现实的人的意志的时候,平等就完结了;一方面是幼稚、疯狂、所谓的兽性、设想的迷信、硬说的偏见、假定的无能,另一方面是想象的人性、对真理和科学的洞察力;总之,两个意志以及与之相伴的智慧在质量上的任何区别,都是为那种可以一直上升到压服的不平等辩护的。既然杜林先生这样从根本上破坏了他自己的平等大厦,那我们还要求什么呢?

虽然我们关于杜林先生对平等观念的浅薄而拙劣的论述已经谈完,但是我们对平等观念本身的论述没有因此结束,这一观念特别是通过卢梭起了一种理论的作用,在大革命中和大革命之后起了一种实际的政治的作用,而今天在差不多所有国家的社会主义运动中仍然起着巨大的鼓动作用。这一观念的科学内容的确立,也将确定它对无产阶级鼓动的价值。

一切人,作为人来说,都有某些共同点,在这些共同点所及的范围内,他们是平等的,这样的观念自然是非常古老的。但是现代的平等要求与此完全不同;这种平等要求更应当是从人的这种共同特性中,从人就他们是人而言的这种平等中引申出这样的要求:一切人,或至少是一个国家的一切公民,或一个社会的一切成员,都应当有平等的政治地位和社会地位。要从这种相对平等的原始观念中得出国家和社会中的平等权利的结论,要使这个结论甚至能够成为某种自然而然的、不言而喻的东西,必然要经过而且确实已经经过几千年。在最古老的自然形成的公社中,最多只谈得上公社成员之间的平等权利,妇女、奴隶和外地人自然不在此列。在希腊人和罗马人那里,人们的不平等的作用比任何平等要大得多。如果认为希腊人和野蛮人、自由民和奴隶、公民和被保护民、罗马的公民和罗马的臣民(该词是在广义上使用的),都可以要求平等的政治地位,那么这在古代人看来必定是发了疯。在罗马帝国时期,所有这些区别,除自由民和奴隶的区别外,都逐渐消失了;这样,至少对自由民来说产生了私人的平等,在这种平等的基础上罗马法发展起来了,它是我们所知道的以私有制为基础的法的最完备形式。但是只要自由民和奴隶之间的对立还存在,就谈不上从一般人的平等得出的法的结论,这一点我们不久前在北美合众国各蓄奴州里还可以看得到。

基督教只承认一切人的**一种**平等,即原罪的平等,这同它曾经作为奴隶和被压迫者的宗教的性质是完全适合的。此外,基督教至多还承认上帝的选民的平等,但是这种平等只是在开始时才被强调过。在新宗教的最初阶段同样可以发现财产共有的痕迹,这与其说是来源于真正的平等观念,不如说是来源于被迫害者的团结。僧侣和俗人对立的确立,很快就使这种基督教平等的萌芽也归于消失。——日耳曼人在西欧的横行,逐渐建立了空前复杂的社会的和政治的等级制度,从而在几个世纪内消除了一切平等观念,但是同时使西欧和中欧卷入了历史的运动,在那里第一次创造了一个牢固的文化区域,并在这个区域内第一次建立了一个由互相影响和互相防范的、主要是民族国家所组成的体系。这样就准备了一个基础,后来只是在这个基础上才有可能谈人的平等和人权的问题。

此外,在封建的中世纪的内部孕育了这样一个阶级,这个阶级在它进一步的发展中,注定成为现代平等要求的代表者,这就是资产阶级。资产阶级本身最初是一个封建等级,当 15 世纪末海上航路的伟大发现为它开辟了一个新的更加广阔的活动场所时,它使封建社会内部的主要靠手工进行的工业和产品交换发展到比较高的水平。欧洲以外的、以前只在意大利和黎凡特①之间进行的贸易,这时已经扩大到了美洲和印度,就重要性来说,很快就超过了欧洲各国之间的和每个国家内部的交换。美洲的黄金和白银在欧洲泛滥起来,它好似一种瓦解因素渗入封建社会的一切罅隙、裂缝和细孔。手工业生产不再能满足日益增长的需要;在最先进的国家的主要工业部门里,手工业生产为工场手工业代替了。

可是社会的政治结构决不是紧跟着社会经济生活条件的这种剧烈的变革立即发生相应的改变。当社会日益成为资产阶级社会的时候,国家制度仍然是封建的。大规模的贸易,特别是国际贸易,尤其是世界贸易,要求有自由的、在行动上不受限制的商品占有者,他们作为商品占有者是有平等权利的,他们根据对他们所有人来说都平等的、至少在当地是平等的权利进行交换。从手工业向工场手工业转变的前提是,有一定数量的自由工人(所谓自由,一方面是他们摆脱了行会的束缚,另一方面是他们失去了自己使用自己劳动力所必需的资料),他们可以和厂主订立契约出租他们的劳动力,因而作为缔约的一方是和厂主权利平等的。最后,一切人类劳动由于而且只是由于都是一般人类劳动而具有的等同性和同等意义②,在现代资产阶级经济学的价值规律中得到了自己的不自觉的,但最强烈的表现,根据这一规律,商品的价值是由其

---

① 地中海东岸诸国的旧称。——编者注
② 参看马克思《资本论》第 1 卷,《马克思恩格斯文集》第 5 卷第 70—75 页。——编者注

中所包含的社会必要劳动来计量的①。——但是，在经济关系要求自由和平等权利的地方，政治制度却每一步都以行会束缚和各种特权同它对抗。地方特权、差别关税以及各种各样的特别法令，不仅在贸易方面打击外国人或殖民地居民，而且还时常打击本国的各类国民；行会特权处处和时时都一再阻挡着工场手工业发展的道路。无论在哪里，道路都不是自由通行的，对资产阶级竞争者来说机会都不是平等的，而自由通行和机会平等是首要的和愈益迫切的要求。

社会的经济进步一旦把摆脱封建桎梏和通过消除封建不平等来确立权利平等的要求提上日程，这种要求就必定迅速地扩大其范围。只要为工业和商业的利益提出这一要求，就必须为广大农民要求同样的平等权利。农民遭受着从十足的农奴制开始的各种程度的奴役，他们必须把自己绝大部分的劳动时间无偿地献给仁慈的封建领主，此外，还得向领主和国家交纳无数的贡税。另一方面，也不能不要求废除封建特惠、贵族免税权以及个别等级的政治特权。由于人们不再生活在像罗马帝国那样的世界帝国中，而是生活在那些相互平等地交往并且处在差不多相同的资产阶级发展阶段的独立国家所组成的体系中，所以这种要求就很自然地获得了普遍的、超出个别国家范围的性质，而自由和平等也很自然地被宣布为**人权**。这种人权的特殊资产阶级性质的典型表现是美国宪法，它最先承认了人权，同时确认了存在于美国的有色人种奴隶制：阶级特权不受法律保护，种族特权被神圣化。

可是大家知道，从资产阶级由封建时代的市民等级破茧而出

---

① 恩格斯在这里加了一个注："从资产阶级社会的经济条件中这样推导出现代平等观念，首先是由马克思在《资本论》中作出的。"——编者注

的时候起,从中世纪的等级转变为现代的阶级的时候起,资产阶级就由它的影子即无产阶级不可避免地一直伴随着。同样地,资产阶级的平等要求也由无产阶级的平等要求伴随着。从消灭阶级**特权**的资产阶级要求提出的时候起,同时就出现了消灭**阶级本身**的无产阶级要求——起初采取宗教的形式,借助于原始基督教,以后就以资产阶级的平等理论本身为依据了。无产阶级抓住了资产阶级所说的话,指出:平等应当不仅仅是表面的,不仅仅在国家的领域中实行,它还应当是实际的,还应当在社会的、经济的领域中实行。尤其是从法国资产阶级自大革命开始把公民的平等提到重要地位以来,法国无产阶级就针锋相对地提出社会的、经济的平等的要求,这种平等成了法国无产阶级所特有的战斗口号。

因此,无产阶级所提出的平等要求有双重意义。或者它是对明显的社会不平等,对富人和穷人之间、主人和奴隶之间、骄奢淫逸者和饥饿者之间的对立的自发反应——特别是在初期,例如在农民战争中,情况就是这样;它作为这种自发反应,只是革命本能的表现,它在这里,而且仅仅在这里找到自己被提出的理由。或者它是从对资产阶级平等要求的反应中产生的,它从这种平等要求中吸取了或多或少正当的、可以进一步发展的要求,成了用资本家本身的主张发动工人起来反对资本家的鼓动手段;在这种情况下,它是和资产阶级平等本身共存亡的。在上述两种情况下,无产阶级平等要求的实际内容都是**消灭阶级**的要求。任何超出这个范围的平等要求,都必然要流于荒谬。我们已经举出了关于这方面的例子,当我们转到杜林先生关于未来的幻想时,我们还会发现更多的这类例子。

可见,平等的观念,无论以资产阶级的形式出现,还是以无产阶级的形式出现,本身都是一种历史的产物,这一观念的形成,需要一定的历史条件,而这种历史条件本身又以长期的以往的历史为前提。所以,这样的平等观念说它是什么都行,就不能说它是永恒的真理。如果它现在对广大公众来说——在这种或那种意义上——是不言而喻的,如果它像马克思所说的,"已经成为国民的牢固的成见"[308],那么这不是由于它具有公理式的真理性,而是由于18世纪的思想得到普遍传播和仍然合乎时宜。因此,如果杜林先生能够直截了当地让他的有名的两个男人在平等的基础上料理家务,那是由于这对国民的成见来说是十分自然的。的确,杜林先生把他的哲学叫做**自然**哲学,因为这种哲学是仅仅从那些对他来说是十分自然的东西出发的。但是为什么这些东西对他来说是自然的呢?——这一问题他当然是不会提出来的。

十一 道德和法。自由和必然

"对于政治和法律的领域,本教程中所阐述的原则是以最深入的专门研究为基础的。所以……出发点必然是:这里的问题……在于前后一贯地陈述法学和国家学领域中的成果。我最初的专门研究正好是法学,我在这上面不仅用了大学理论准备通常所需的三年时间,而且在往后审判实践的三年中,继续致力于研究,特别是旨在加深它的科学内容的研究…… 如果对私法关系和相应的法律缺陷的批判不善于像了解这门学科的优点那样了解它的一切缺点,那么,这种批判肯定也不能以同样的自信心发表出来。"

有理由这样谈到自己的人,必定一开始就取得人们对他的信任,特别是和"马克思先生以往对法所作的自己也承认是粗枝大叶的研究"比起来,就更是这样了。

因此,我们不能不感到惊奇的是,带着这样的自信心出场的对私法关系的批判,竟只限于向我们陈述:

"在科学性上,法学……前进得不远";成文的民法是非正义,因为它确认基于暴力的所有制;刑法的"自然根据"是复仇,——

在这种论断中,顶多只有"自然根据"这件神秘的外衣是新东西。国家学的成果只限于论述已知的三个男人的关系,其中一人至今还对其他两人施行暴力,而且杜林先生还在非常认真地研究首先采用暴力和实行奴役的是第二个人还是第三个人。

但是,让我们往下看看我们这位自信的法学家的最深入的专门研究和经过三年审判实践而加深的科学性吧。

关于拉萨尔,杜林先生对我们说:

> 他是"由于策动盗窃首饰匣未遂"而被控告的,"但是没有作出判决,因为那时还容许所谓由法院宣告无罪……这种半宣告无罪"。

这里所说的拉萨尔案件是1848年夏天在科隆陪审法庭审理的[309],那里和几乎整个莱茵省一样,通行的是法兰西刑法。仅仅对政治上的违法和犯罪才例外地实施普鲁士邦法[310],但是早在1848年4月,这种例外规定又被康普豪森取消了。法兰西法根本没有像普鲁士邦法中所说的"策动"犯罪这种不确切的范畴,更不用说什么策动犯罪未遂了。法兰西法只有**教唆**犯罪,而这只有在"通过送礼、许愿、威胁、滥用威望或权力、狡猾的挑拨或该受惩罚的诡计"(刑法典[311]第60条)来进行时才可以判罪。埋头于普鲁士邦法的检察机关,完全和杜林先生一样,忽略了法兰西法的十分明确的规定和普鲁士邦法的含糊的不确定性之间的重大差别,对拉萨尔提出了预谋的诉讼并引人注目地失败了。因为只有对现代法兰西法领域完全无知的人,才敢断言法国的刑事诉讼可以允许普鲁士邦法所说的由法院宣告无罪,这种**半**宣告无罪;现代法兰西法在刑事诉讼中只有判罪或宣告无罪,而没有介于两者之间的判决。

这样,我们不得不说,如果杜林先生手头有过一本拿破仑法典[312],那么,他肯定不能以同样的自信心对拉萨尔作出这种"具有伟大风格的历史记述"。因此,我们必须断定,杜林先生对于以法国大革命的社会成果为依据并把这些成果转化为法律的**唯一的**现代民法典,即现代法兰西法,是**完全无知**的。

在另外一个地方,当杜林先生批判整个大陆上按照法国典范实行的、以陪审员的多数票作出判决的那种陪审法庭的时候,我们受到这样的教导:

"是的,甚至可以去熟悉一下那再说在历史上也不是没有先例的思想:在完美的共同体中,有反对票的判罪应当属于不可能的制度…… 但是,这种严肃的和思想深刻的理解方式,正像上面已经说过的,对传统的形式看来是不适当的,因为对这种形式来说,它是太好了。"

杜林先生又一次不懂得,按照英国的普通法,即从远古以来至少是从14世纪以来就通行的不成文的习惯法,陪审员的一致,不仅在刑事判罪上,而且在民事诉讼的判决上都是绝对必要的。因此,这种在杜林先生看来对于当今世界来说是**太好**的严肃的和思想深刻的理解方式,早在最黑暗的中世纪就已经在英国具有了法律效力,并且从英国被推行到爱尔兰、美利坚众国以至英国的一切殖民地,而关于这一点,最深入的专门研究竟连一个字也没有向杜林先生透露! 由此可见,以陪审员的一致来实行判决的地区,不但比通行普鲁士邦法的狭小区域大得无可比拟,而且比所有以陪审员的多数来实行判决的地区的总和还要广大。杜林先生不但对唯一的现代法即法兰西法完全无知,而且他对直到现在仍然不依赖于罗马法权威而向前发展的、传播于世界各大洲的唯一的日耳曼法,即英吉利法,也同样无知。为什么不知道呢? 杜林先生说,

因为英国式的法律思维方式"面对按古典罗马法学家的纯粹概念在德国土地上实施的那种训练,总是站不住脚的",

他接着说:

"同我们天然的语言形式相比,讲幼稚的混合语言的英语世界算得了什么呢?"

对此,我们只能用斯宾诺莎的话来回答:Ignorantia non est argumentum,无知并不是论据[313]。

从这里我们只能得出这样的结论:杜林先生的最深入的专门研究是在于他用了三年时间在理论方面钻研了民法大全[314],以后又用了三年时间在实践中钻研了高贵的普鲁士邦法。这方面的功底肯定已经十分可嘉了,也足以当一个极可尊敬的旧普鲁士地方法官或律师了。但是,如果要给一切世界和一切时代编写法哲学,那么总应当也多少知道一些像法国人、英国人和美国人这样的民族的法的关系,这些民族在历史上所起的作用同德国盛行普鲁士邦法的那个角落完全不同。我们再往下看。

"地方法、省法和邦法杂乱地混合在一起,它们以非常随意的方式,时而作为习惯法,时而作为成文法(经常使最重要的事务具有纯粹的规章形式),按迥然不同的方向交叉起来,这种无秩序和矛盾的样本——其中个别使一般无效,而有时一般又使特殊无效——的确不适于在任何人那里……造成清楚的法的意识。"

但是,这种混乱状态存在于什么地方呢? 又是在通行普鲁士邦法的地域内,那里,在这种邦法的旁边、上面或者下面,还有省法、地方法令,有些地方还有普通法以及其他乱七八糟的东西,它们都具有各种各样的不同程度的效力,并且使一切实践的法学家发出杜林先生在这里满怀同情地一再重复的呼救声。他根本不需要离开他心爱的普鲁士,他只要到莱茵省走一趟,就可以确信,在那里 70 年来这一切都已经根本不提了，至于其他文明国家不用说了，这些国家早已消除了这类过时状态。

再往下看：

"集议机构或其他行政机构的秘密的、因而是不记名的集体决断和集体行动对个人的自然责任的掩盖，是以不太尖锐的形式表现出来的，这种集体决断和集体行动把每一个成员的个人参与隐藏起来了。"

在另一个地方又说：

"在我们目前的情况下，要是不愿意让集议机构遮盖和掩饰个人的责任，那么，这将被认为是一种惊人的和极端苛刻的要求。"

如果我们告诉杜林先生：在通行英吉利法的地区，审判员集议机构的每一个成员必须在公开开庭时单独提出自己的判决并陈述其理由；不经过选举、不公开进行审理和表决的行政集议机构，主要是**普鲁士**的制度，在大多数其他国家里是没有的，所以他的要求只有在**普鲁士**才可能被认为是惊人的和极端苛刻的，那么，对他来说，这也许是一个惊人的消息。

同样，他对教会在出生、结婚、死亡和殡葬方面的强制性干预的抱怨，就所有比较大的文明国家来说，也只适合于普鲁士，而且自从采用了户籍簿以来，甚至对普鲁士也不适合了。[315]杜林先生认为只有通过"共同社会的"未来制度才能实现的事情，俾斯麦目前甚至凭一个简单的法律就完成了。——在"对法学家在履行职务上准备不足的抱怨"中，在这种也可以扩大为对"行政官员"的抱怨中，同样唱出了一曲普鲁士特有的耶利米哀歌；甚至杜林先生一有机会就表露出来的夸张到可笑程度的对犹太人的仇恨，即使不是一种普鲁士特有的特征，也是一种易北河以东地区特有的特征。这个傲然蔑视一切偏见和迷信的现实哲学家，本身却如此深

深地沉浸在个人的怪想中，以致把中世纪的迷信中流传下来的反
犹太人的民族偏见叫做建立在"自然根据"之上的"自然判断"，并
且竟作出了这样伟大的论断：

> "社会主义是能够对抗那种带有比较强烈的犹太混合物的人口状态〈带
> 有犹太混合物的状态！多么自然的德语！〉的唯一力量。"

够了。这种对渊博的法学知识的炫耀，顶多也只是以一个最
普通的旧普鲁士法学家的最平常的专门知识作为根据的。杜林先
生向我们彻底地陈述其结论的法学和国家学领域，是和实施普鲁
士邦法的地域相"吻合"的。除了每个法学家都熟悉的、目前甚至
在英国也为人们所十分熟悉的罗马法以外，他的法律知识仅仅限
于普鲁士邦法这部开明宗法专制制度的法典，这部法典是用德语
写的，似乎杜林先生就是从中开始识字的，这部带有道德性的注
释、法律上的不确定性和不稳固性、以鞭挞作为刑讯和处罚手段的
法典，还完全是属于革命以前的时代的。除此以外的东西，无论是
现代的法兰西民法，还是自身发展十分独特的和整个大陆对其保
障个人自由一无所知的英吉利法，在杜林先生看来都是邪恶的。
这种"不承认任何纯属**虚幻**的地平线，而是要在自己的强有力地
实行变革的运动中揭示外部自然和内部自然的一切地和天"的哲
学，它的**真正**的地平线就是旧普鲁士东部六省[316]的疆界，至多还
包括德国的其他几小块施行高贵的普鲁士邦法的地方；在这个地
平线以外，它既没有揭示地也没有揭示天，既没有揭示外部自然也
没有揭示内部自然，而只是揭示了对世界其他地方所发生的事情
的极端无知的景象。

如果不谈所谓自由意志、人的责任能力、必然和自由的关系等
问题，就不能很好地议论道德和法的问题。现实哲学对这一问题

的解答,不仅有一个,而且甚至有两个。

"人们用来代替一切伪自由学说的,是这样一种关系的合乎经验的特性,在这种关系中,一方面是理性的认识,另方面是本能的冲动,双方似乎联成一个合力。动力学的这种基本事实应当从观察中取得,而且为了对尚未发生的事情进行预测,要按照性质和大小尽可能地作出一般的估计。这样,几千年来人们为之费尽心机的关于内在自由的愚蠢幻想不仅被彻底扫除,而且还被生活的实际安排所需要的某种积极的东西所代替。"

根据这种看法,自由是在于:理性的认识把人拉向右边,非理性的冲动把人拉向左边,而在这样的力的平行四边形中,真正的运动就按对角线的方向进行。这样说来,自由就是认识和冲动、知性和非知性之间的平均值,而在每一个人身上,这种自由的程度,用天文学的术语来说,可以根据经验用"人差"[317]来确定。但是在几页以后,杜林先生又说:

"我们把道德责任建立在自由上面,但是这种自由在我们看来,只不过是按照先天的和后天的知性对自觉动机的感受。所有这样的动机,尽管会觉察到行动中可能出现对立,总是以不可回避的自然规律性起着作用;但是,当我们应用道德杠杆时,我们正是估计到了这种不可回避的强制。"

这第二个关于自由的定义随随便便地就给了第一个定义一记耳光,它又只是对黑格尔观念的极端庸俗化。黑格尔第一个正确地叙述了自由和必然之间的关系。在他看来,自由是对必然的认识。"必然只有在它没有被理解时才是盲目的。"①自由不在于幻想中摆脱自然规律而独立,而在于认识这些规律,从而能够有计划地使自然规律为一定的目的服务。这无论对外部自然的规律,或

---

① 见黑格尔《哲学全书纲要》第 1 部(即《小逻辑》)第 147 节附释。——编者注

对支配人本身的肉体存在和精神存在的规律来说,都是一样的。这两类规律,我们最多只能在观念中而不能在现实中把它们互相分开。因此,意志自由只是借助于对事物的认识来作出决定的能力。因此,人对一定问题的判断越是**自由**,这个判断的内容所具有的**必然性**就越大;而犹豫不决是以不知为基础的,它看来好像是在许多不同的和相互矛盾的可能的决定中任意进行选择,但恰好由此证明它的不自由,证明它被正好应该由它支配的对象所支配。因此,自由就在于根据对自然界的必然性的认识来支配我们自己和外部自然;因此它必然是历史发展的产物。最初的、从动物界分离出来的人,在一切本质方面是和动物本身一样不自由的;但是文化上的每一个进步,都是迈向自由的一步。在人类历史的初期,发现了从机械运动到热的转化,即摩擦生火;在到目前为止的发展的末期,发现了从热到机械运动的转化,即蒸汽机。而尽管蒸汽机在社会领域中实现了巨大的解放性的变革——这一变革还没有完成一半——,但是毫无疑问,就世界性的解放作用而言,摩擦生火还是超过了蒸汽机,因为摩擦生火第一次使人支配了一种自然力,从而最终把人同动物界分开。蒸汽机永远不能在人类的发展中引起如此巨大的飞跃,尽管在我们看来,蒸汽机确实是所有那些以它为依靠的巨大生产力的代表,唯有借助于这些生产力,才有可能实现这样一种社会状态,在这里不再有任何阶级差别,不再有任何对个人生活资料的忧虑,并且第一次能够谈到真正的人的自由,谈到那种同已被认识的自然规律和谐一致的生活。但是,整个人类历史还多么年轻,硬说我们现在的观点具有某种绝对的意义,那是多么可笑,这一点从下述的简单的事实中就可以看到:到目前为止的全部历史,可以称为从实际发现机械运动转化为热到发现热转化为机械运动这样一段时间的历史。

当然,杜林先生对历史的看法是不同的。一般说来,历史作为谬误的历史、无知和野蛮的历史、暴力和奴役的历史,是现实哲学所厌恶的一个对象,但是具体说来,历史被分为两大段落:(1)从物质的自身等同的状态到法国革命,(2)从法国革命到杜林先生;在这里,

19世纪"在实质上还是反动的,在精神方面,它甚至比18世纪还更加这样〈!〉"。虽然如此,它已经孕育着社会主义,因而也孕育着"比法国革命的先驱们和英雄们所臆想的〈!〉更加巨大的变革的萌芽"。

现实哲学对于到目前为止的历史的蔑视,是以下述议论为理由的:

"如果想到未来的那些千年的系列,那么要靠原始记载来作历史回忆的那很少的几个千年,连同这期间的以往人类状态,是没有多大意义的……人类作为整体来说,还很年轻,如果有朝一日科学的回忆不是以千年而是以万年来计算,那么,我们的制度在精神上不成熟的幼稚状态,对于以后将被视为太古时代的我们的时代来说,将具有无可争辩的意义,不言而喻的前提。"

我们不去推敲最后一句话的真正"天然的语言形式",我们仅仅指出下面两点:第一,这个"太古时代"在一切情况下,对一切未来的世代来说,总还是一个极有趣的历史时期,因为它建立了全部以后的更高的发展的基础,因为它以人从动物界分离出来为出发点,并且以克服将来联合起来的人们永远不会再遇到的那些困难为内容。第二,同这个太古时代相比,未来的、不再为这些困难和障碍所妨碍的历史时期,将有空前的科学、技术和社会的成果,所以,选择这个太古时代的终结作为一个时机,以便利用在我们这个十分"落后"和"退步"的世纪的精神上不成熟的幼稚状态的基础上所发现的最后的终极的真理、不变的真理和根底深厚的概念,来为这些未来的千年制定种种规范,这无论如何是非常奇怪的。人们只有成为哲学上的理查·瓦格纳(但没有瓦格纳那样的才能),

才看不到：对于到目前为止的历史发展的这一切蔑视，同样非常适用于这个历史发展的所谓最后成果，即所谓现实哲学。

新的根底深厚的科学中最突出的部分之一，是关于生活的个人化和生活价值的提高那一篇。在这里，神谕式的老生常谈犹如不可遏止的涌泉从整整三章中喷流而出。可惜我们只能举出几个简短的例子。

"一切感觉的因而也是一切主观生活方式的更深刻的本质，都是以各种状态的差异为基础的…… 但是对于完全的〈!〉生活来说，甚至可以直截了当地〈!〉证明，它不是固定不变的状况，而是从一种生活状态到另一种生活状态的转变，这样，生活的感情才得以提高，具有决定意义的刺激才得以发展…… 近似自身等同的、可说是停留在一贯不变的惰性状态并且好像是停留在同一平衡状态中的情况，不论其性质如何，对于验证存在是没有多大意义的…… 习惯和可说是适应，使这种生活状况完全变成某种冷漠而无关紧要的、同死的状态没有特殊区别的东西。最多再加上无聊的痛苦作为一种消极的生活冲动…… 在停滞的生活中，对于个人和人民来说，对存在的一切热情和一切兴趣都会熄灭。但是所有这些现象都可以从我们的差异规律中得到说明。"

简直无法相信，杜林先生以什么样的速度完成他的完全独特的结论。对同一神经的持续的刺激或者同一刺激的持续，会使任何一根神经和任何一个神经系统疲劳，所以在正常的情况下应该使神经的刺激有间断和变换——这是多年来在任何生理学手册中都可以读到的，而且是任何庸人根据自己的经验都知道的。杜林先生刚把这些老生常谈译为现实哲学的语言，刚给这种陈词滥调套上"一切感觉的更深刻的本质都是以各种状态的差异为基础的"这一神秘的形式，这种陈词滥调就已经转变为**我们的**差异规律了。而且，这一差异规律使得一整系列现象"完全得到说明"，而这些现象又无非是变换的愉快性的具体说明和例子，它们甚至对最平凡的庸人的理解力来说也是完全不需要说明的，而且没有因援引所谓的差异规律而清楚一丝一毫。

但是"**我们的差异规律**"的深厚根底还远不止此：

"年龄期的更替以及与此相联系的生活条件的变化，为说明我们的差异原则提供了一个非常明显的例子。儿童、少年、青年和成年人对他们各自的生活感情的力量的体验，在他们所处的已经固定的状态中所得到的，要少于在一种状态向另一种状态转变时期所得到的。"

这还不够：

"如果考虑到这样一个事实，即重复已经验证的或者已经做过的事情是没有任何吸引力的，那么我们的差异规律就能得到更加广泛的应用。"

现在读者自己可以想象一下以上述那种深刻的和根底深厚的文句为出发点的神谕式的胡话了。当然，杜林先生尽可以在他这本书的结尾得意扬扬地宣告：

"差异规律对于生活价值的评价和提高无论在理论上还是在实践上都具有决定性意义！"

它对于杜林先生对自己的读者的精神价值的评价也具有同样的意义：他一定以为读者是纯粹的蠢驴或庸人。

接着，我们就得到下面这些极为实际的生活准则：

"保持旺盛的总体生活兴趣〈对于庸人和想成为庸人的人倒是一项美妙的任务！〉的手段，就在于使得整体所由构成的个别的、可说是元素般的兴趣，按照自然的时间尺度发展或相互更替。同时，对于同样的状态，也可以利用较高的和效力较持久的刺激去逐渐代替较低的和较易满足的刺激，以避免完全丧失了兴趣的空隙的产生。但是除此以外，还应当防止以任意的方式积累和强迫实现那些自然产生的或在社会存在的正常进程中产生的紧张，或者防止出现相反的扭曲，即这种紧张在最轻微的激动下就得到满足，并从而使一种有享受能力的需要的发展受到阻碍。自然旋律的保持在这里也像在其他地方一样，是均匀的和使人动心的运动的先决条件。也不应该给自己提出不能解决的任务：企求把某种状态所造成的刺激延伸到自然或环境给它划定的时间界限以外",等等。

如果老实人把一个拿最乏味的陈词滥调来故弄玄虚的学究作出的这种庄严的庸人神谕,当做他"体验生活"的准则,那他当然不会抱怨"完全丧失了兴趣的空隙"。他将不得不用他所有的时间来对各种享受作合乎准则的准备和安排,结果他甚至没有任何自由时间去享受。

我们应当体验生活,体验完全的生活。只是杜林先生禁止我们做两件事:

第一,"吸烟所造成的不洁",第二,"具有令人厌恶的或为比较精细的感觉所排斥的那些特性"的饮料和食物。

但是杜林先生在《经济学教程》中如此狂热地赞美烧酒酿造业,所以他不可能把烧酒理解为这类饮料;因此,我们不得不作出结论:他的禁令只涉及葡萄酒和啤酒。他只要再禁止肉类,就可以把现实哲学提升到古斯塔夫·司徒卢威过去非常成功地达到过的高度,即纯粹儿戏的高度。

此外,杜林先生对于酒精饮料可能会稍为宽容一些。一个自己承认还一直不能找到从静到动的桥的人,如果碰到一个可怜的家伙一时过于贪杯,因而在寻找从动到静的桥的方面同样白费了力气,那么,他肯定有一切理由以宽容的态度去进行评断。

十二 辩证法。量和质

"关于存在的基本逻辑特性的第一个命题,而且是最重要的命题,就是矛盾的排除。矛盾的东西是一个范畴,这个范畴只能归属于思想组合,而不能归属于现实。在事物中没有任何矛盾,或者换句话说,设定为真实的矛盾本身是背理的顶点……按相反方向互相抗衡的力的对抗,甚至是世界及其生物的存在中的一切活动的基本形式。但是,诸要素和诸个体的力的方向的这种抗衡同矛盾荒谬性的思想是远远不相符合的……   在这里我们能感到满意的是:通常从臆想的逻辑奥秘中升起的迷雾,被真实矛盾的真正荒谬性的清晰景象驱散了;人们有时对于矛盾辩证法这个木偶——用来代替对抗的世界模式论的和雕刻得极其粗糙的木偶——的焚香顶礼,被证明是无益的了。"

这差不多就是《哲学教程》中关于辩证法所说的一切。但是在《批判史》中,矛盾辩证法,特别是和它一起的黑格尔,受到了完全不同的待遇。

"按照黑格尔的逻辑学,或确切些说,按照逻各斯学说[318],矛盾的东西决不是存在于按本性来说只能被看做主观的和自觉的思维中,而是客观地存在于事物和过程本身中,而且可以说是见诸形体的,这样,背理就不再是不可想象的思想组合,而是成为一种实际的力量。荒谬东西的现实性,是黑格尔关于逻辑和非逻辑的统一的第一项信条……   越矛盾就越真实,或者换句话说,越荒谬就越可信,这种并非新发现的、而是从启示神学和神秘主义中抄来的箴言,是所谓辩证原则的赤裸裸的表现。"

上面所引两段话的思想内容可以归结为一个命题:矛盾=背理,因而它在现实世界中是不可能出现的。对于通常相当有常识的人来说,这个命题也许像直不能是曲、曲不能是直这一命题一样,是不言而喻的。但是微分学不顾常识的一切抗议,竟使直线和曲线在一定条件下相等,并由此达到把直线和曲线的等同看做是背理的常识所永远不能达到的成果。由于所谓矛盾辩证法在从古代希腊人起直到目前为止的哲学中所起的重大作用,甚至比杜林先生更激烈的反对者要来加以反对,也必须提出别的论据,而不能只凭一个断言和许多的漫骂。

当我们把事物看做是静止而没有生命的,各自独立、彼此并列或先后相继的时候,我们在事物中确实碰不到任何矛盾。我们在这里看到某些特性,这些特性,一部分是共同的,一部分是相异的,甚至是相互矛盾的,但是在这种情况下是分布在不同事物之中的,所以它们内部并不包含任何矛盾。如果限于这样的考察范围,我们用通常的形而上学的思维方式也就行了。但是一当我们从事物的运动、变化、生命和彼此相互作用方面去考察事物时,情形就完全不同了。在这里我们立刻陷入了矛盾。运动本身就是矛盾;甚至简单的机械的位移之所以能够实现,也只是因为物体在同一瞬间既在一个地方又在另一个地方,既在同一个地方又不在同一个地方。这种矛盾的连续产生和同时解决正好就是运动。

因此,这里我们看到的是"客观地存在于事物和过程本身中,而且可以说是见诸形体的"矛盾。但是杜林先生对此怎么说呢?他断言:

无论如何,直到现在"在合理的力学中不存在介乎严格的静和动之间的桥"。

现在读者终于看到,隐藏在杜林先生的这个惯用语后面的究竟是什么,这不是别的,正是:形而上学地思维的知性绝对不能从静止的思想转到运动的思想,因为上述矛盾在这里挡着它的路。对它来说,运动是完全不可理解的,因为运动是矛盾。而这个知性既然断言运动是不可理解的,它本身就违反自身的意志而承认了这种矛盾的存在,因而就是承认:有一种客观地存在于事物和过程本身中的矛盾,而且这是一种实际的力量。

既然简单的机械的位移本身已经包含着矛盾,那么物质的更高级的运动形式,特别是有机生命及其发展,就更加包含着矛盾。我们在上面已经看到①,生命首先正是在于:生物在每一瞬

---

① 见本卷第458—459页。——编者注

间是它自身,同时又是别的东西。所以,生命也是存在于物体和过程本身中的不断地自行产生并自行解决的矛盾;矛盾一停止,生命也就停止,死亡就到来。同样,我们已经看到①,在思维的领域中我们也不能避免矛盾,例如,人的内部无限的认识能力和这种认识能力仅仅在外部受限制的而且认识上也受限制的各个人身上的实际存在这二者之间的矛盾,是在至少对我们来说实际上是无穷无尽的、连绵不断的世代中解决的,是在无穷无尽的前进运动中解决的。

我们已经提到,高等数学的主要基础之一是这样一个矛盾:在一定条件下直线和曲线应当是一回事。高等数学还有另一个矛盾:在我们眼前相交的线,只要离开交点五六厘米,就应当认为是平行的、即使无限延长也不会相交的线。可是,高等数学利用这些和其他一些更加尖锐的矛盾获得了不仅是正确的、而且是初等数学所完全不能达到的成果。

但是连初等数学也充满着矛盾。例如,A 的根应当是 A 的幂,这就是矛盾,可是毕竟 $A^{\frac{1}{2}} = \sqrt{A}$。负数应当是某数的平方,这也是矛盾,因为任何一个负数自乘得出的是正的平方。因此,-1 的平方根不仅是矛盾,而且甚至是荒谬的矛盾,是真正的背理。可是 $\sqrt{-1}$ 在许多情况下毕竟是正确的数学运算的必然结果;不仅如此,如果不准用 $\sqrt{-1}$ 来运算,那么数学,无论是初等数学或高等数学,将怎么办呢?

数学本身由于研究变数而进入辩证法的领域,而且颇能说明问题的是,正是辩证哲学家笛卡儿使数学有了这种进步。辩证思

---

① 　见本卷第 412、463 页。——编者注

维对形而上学思维的关系,总的说来和变数数学对常数数学的关系是一样的。这丝毫不妨碍大多数数学家只在数学领域中承认辩证法,也不妨碍他们中相当多的人完全按照旧的、有局限性的形而上学方式去进一步运用通过辩证途径得来的方法。

要对杜林先生的力的对抗和他的对抗的世界模式论作比较详细的分析,只有当他在这个问题上不是只对我们说**空话**,而是提供点别的东西的时候才有可能。可是他在说了一阵空话之后,无论在世界模式论中,或是在自然哲学中,一次也没有向我们表明这种对抗是在起作用的,这就再好没有地供认了:杜林先生根本不能用这种"世界及其生物的存在中的一切活动的基本形式"得出任何肯定的东西来。既然黑格尔的"本质论"事实上已被降低为关于按照相反方向运动而不是在矛盾中运动的力的陈词滥调,那么确实最好是避免对这套老生常谈作任何运用。

马克思的《资本论》使杜林先生发泄他的反辩证法的怒气有了新的口实。

> "缺乏自然的和可以理解的逻辑,这正是辩证法的一团混乱和各种观念杂乱交织的特色…… 对于已经问世的那一部分不得不应用这样一个原则:就某方面说,甚至一般地说〈!〉,按照人所共知的哲学偏见,在每一个东西中可以寻找一切,而在一切中可以寻找每一个东西;按照这个混乱而错误的观念,归根到底一切都是一个东西。"

杜林先生的这种对人所共知的哲学偏见的理解,还使他能够满有把握地预言马克思的经济学哲理的"结局"是什么,也就是预言《资本论》往后几卷的内容是什么,而这些话是在他作了下述声明之后正好过了七行讲的,这个声明是:

> "可是,在〈往后的〉两卷[319]中,像常人那样地直截了当地说,究竟还应当包含些什么,实在是看不透。"

不过,杜林先生的著作在我们面前表明它们属于具有"客观地存在着,而且可以说是见诸形体的矛盾"的"事物",这已经不是第一次了。可是这丝毫不妨碍他得意扬扬地继续说下去:

"但是健康的逻辑可望战胜它的讽刺画…… 妄自尊大和辩证法的神秘破烂决不能诱惑任何一个还稍微有点正常判断力的人去和这种不成体统的思想和文体……打交道。随着辩证法蠢见的最后残余的消失,这种欺骗手段……也将丧失其迷惑人的影响,谁也不再认为必须自寻烦恼,而到混乱事物的清洗过的核心已暴露出即使不是老生常谈,至多也只是平庸理论的特点的地方,去探索某种深奥的智慧…… 不侮辱健康的逻辑,就完全没有可能根据逻各斯学说的准则复制〈马克思的〉一团混乱。"马克思的方法在于"为自己的信徒创造辩证法的奇迹",如此等等。

在这里我们涉及的还根本不是马克思的研究中的经济学成果是正确或不正确的问题,而只是马克思所运用的辩证方法。但是肯定无疑的是:《资本论》的大多数读者只是现在靠了杜林先生才知道他们究竟读了些什么。在这些读者当中也有杜林先生自己,他在1867年(《补充材料》第3卷第3期)还能够对该书内容作出对他那类思想家来说算是比较合理的介绍[320],还不急需一开头就把马克思的论述翻译成杜林的东西,而现在他声明非这样做不可了。虽然那时他已经犯了错误,把马克思的辩证法和黑格尔的辩证法等同起来,但是他毕竟还没有完全丧失把方法和通过方法所获得的成果区别开来的能力,还能理解:笼统地诋毁方法并不等于把成果——驳倒。

无论如何,最令人吃惊的是杜林先生宣布:从马克思的观点看来,"归根到底一切都是一个东西";所以,对马克思来说,例如资本家和雇佣工人,封建主义的、资本主义的和社会主义的生产方式,"都是一个东西",而最后连马克思和杜林先生也"都是一个东西"。要说明怎么能做出这样简单的蠢事,只能设想:仅仅"辩证法"这个字眼就已经使杜林先生陷入一种神经错乱而无能负责的状态,以致对他来说,由于某种混乱的和错误的观念,无论他说的和做的是什么,归根到底"都是一个东西"。

在这里我们看到了杜林先生称之为

"我的具有伟大风格的历史记述"或者也称为"总括方法"的样品,"这一总括方法考虑到类和型,并且决不会硬去通过细枝末节的揭露来礼遇被一个叫做休谟的人称为学界小人的那类货色;只有这种具有崇高而尊贵的风格的方法,才和完全真理的利益相容,才和在摆脱了行会的公众面前所承担的义务相容"。

这种具有伟大风格的历史记述和这种考虑到类和型的总括方法,对杜林先生实在是很方便的,因为这样一来他可以把一切确定的事实当做细枝末节忽略过去,使它们等于零,并且可以不去证明什么而只凭泛泛的空话来作出论断和简单地加以斥责。此外,这种历史记述还有一个优点,这就是它不给对方以任何实际的立足点,因而使对方几乎无法作出任何别的可能的回答,而只能同样以伟大风格和总括方法来进行论断,大讲其泛泛的空话,并且最后也把杜林先生斥责一通,一句话,正如人们所说的,一报还一报,可是这不是合乎每个人的口味的。我们应当感谢杜林先生,因为他破例地丢掉崇高而尊贵的风格,给我们至少举出两个有关马克思的不可饶恕的逻各斯学说[318]的例子。

"例如,引证黑格尔关于量转变为质这一混乱的模糊观念,从而认为预付达到一定界限时就会单单由于这种量的增加而成为资本,这岂不显得多么滑稽!"

这一论断在这种经杜林先生"清洗过的"叙述中确实显得相当离奇。因此,让我们来看看马克思的原文是怎么说的。在第313页上(《资本论》第二版),马克思从前面关于不变资本和可变资本以及关于剩余价值的研究中得出结论:"不是任何一个货币额或价值额都可以转化为资本。相反地,这种转化的前提是单个货币占有者或商品占有者手中有一定的最低限额的货币或交换价值。"①他举例说,假定在某个劳动部门里,工人为自己,就是说为生产自己的工资的价值,每天工作八小时,而其余的四小时则为资本家,为生产直接流入资本家腰包的剩余价值而劳动。这样,一个人要使每天装入腰包的剩余价值足以使他自己像他的一个工人那样生活,他就必须拥有使他能够供给两个工人以原料、劳动资料和工资的那种价值额。而因为资本主义生产的目的不是单纯维持生活,而是增加财富,所以我们那位有两个工人的人始终还不是资本家。因此,他要使自己的生活仅仅比普通工人好一倍,并把所生产的剩余价值的一半再转化为资本,他就必须有雇用八个工人的能力,就是说,拥有四倍于上述价值额的价值额。只是在作了这些说明以后,马克思才指出:"在这里,也像在自然科学上一样,证明了黑格尔在他的《逻辑学》²⁹¹中所发现的下列规律的正确性,即单纯的量的变化到一定点时就转变为质的区别。"①而且还进一步阐明和论证了下述事实:不是任何一个微小的价值额都足以转化为资本,而是每一发展时期和每一工业部门为实现这一转化都有自己的一定的最低限额。

现在让大家来赞赏崇高而尊贵的风格吧,杜林先生就是靠这一风格把那种同马克思实际所说的相反的话强加给马克思的。马克思说:只有当价值额达到虽然因条件不同而有所不同但在每一个场合都是一定的最低限量时,它才能转化为资本——这一事实

① 引自马克思《资本论》第 1 卷,见本选集第 2 卷第 197 页。——编者注

是黑格尔规律的**正确性的证明**。杜林先生却硬要马克思这样说:**因为**根据黑格尔的规律,量转变为质,"所以预付达到一定的界限时就……成为资本"。可见这正好说反了。

为了"完全真理的利益"和出于"在摆脱了行会的公众面前所承担的义务"而作错误引证的习惯,我们已经在杜林先生对达尔文学说的评论中领教过了。这种习惯越来越表明它是现实哲学的内在必然性,而且的确是非常"总括的方法"。更不用说的是:杜林先生进一步硬说马克思讲的是任何一种"预付",其实这里指的仅仅是用在原料、劳动资料和工资上面的预付;而杜林先生就这样硬让马克思说纯粹的胡话。然后他再厚着脸皮把他自己编造的胡话叫做**滑稽**! 他制造了虚幻的达尔文,以便在后者身上证实自己的力量,在这里,他同样地制造了虚幻的马克思。真是"具有伟大风格的历史记述"!

在上面说到世界模式论时,我们已经看到①,由于黑格尔的度量关系的关节线——在这里,在量变的一定点上骤然发生质变——,杜林先生遭到了小小的不幸:他在意志薄弱的时刻自己承认而且运用了度量关系的关节线。我们在那里举出了一个众所周知的例子——水的聚集状态变化的例子。水在标准气压下,在0℃时从液态转变为固态,在100℃时从液态转变为气态,可见,在这两个转折点上,仅仅是温度的单纯的量变就可以引起水的状态的质变。

我们还可以从自然界和人类社会中举出几百个这样的事实来证明这一规律。例如,马克思《**资本论**》的整个第四篇——《相对

①　见本卷第420—421页。——编者注

剩余价值的生产》，就在协作，分工和工场手工业，机器和大工业的领域内，谈到无数关于量变改变事物的质和质变同样也改变事物的量的情况，因此，这些情况，用杜林先生非常痛恨的字眼来说，就是量转化为质，质转化为量。例如谈到了这样的事实：许多人协作，许多力量融合为一个总的力量，用马克思的话来说，就产生"新力量"①，这种力量和它的单个力量的总和有本质的差别。

此外，马克思还在杜林先生为了完全真理的利益而正好弄颠倒了的那个地方作了如下的注释："现代化学上应用的、最早由洛朗和热拉尔科学地阐明的分子说，正是以这个规律作基础的。"②可是这和杜林先生有什么关系呢？他反正知道：

"正是在半科学和少许贫乏哲理竟成了扮成博学样子所必不可少的可怜工具的地方，例如在马克思先生和他的对手拉萨尔那里，恰好缺乏自然科学思维方式的极其现代的教育因素"，

而在杜林先生那里，是以"力学、物理学和化学的精密知识的主要成就"等等为基础的。这究竟怎样，我们已经见识过了。但是为了使其他人也能作出判断，我们想更详细地考察一下马克思在注释中所举的例子。

这里所说的是碳化物的同系列，其中很多已为大家所知道，它们每一个都有自己的代数组成式。如果我们按化学上的通例，用 C 表示碳原子，用 H 表示氢原子，用 O 表示氧原子，用 n 表示每一个化合物中所包含的碳原子的数目，那么我们就可以把这些系列中某几个系列的分子式表示如下：

---

① 见马克思《资本论》第 1 卷，《马克思恩格斯文集》第 5 卷第 379 页。——编者注
② 见本选集第 2 卷第 197 页脚注（205a）。——编者注

$$C_n H_{2n+2} \quad —— \quad 正烷属烃系列$$
$$C_n H_{2n+2} O \quad —— \quad 伯醇系列$$
$$C_n H_{2n} O_2 \quad —— \quad 一元脂肪酸系列$$

如果我们以最后一个系列为例,并依次假定 $n=1$,$n=2$,$n=3$ 等等,那么我们就得到下述的结果(除去同分异构体):

$CH_2 O_2$ ——	甲酸——沸点100°	熔点	1°
$C_2 H_4 O_2$ ——	乙酸——沸点118°	熔点	17°
$C_3 H_6 O_2$ ——	丙酸——沸点140°	熔点	—
$C_4 H_8 O_2$ ——	丁酸——沸点162°	熔点	—
$C_5 H_{10} O_2$ ——	戊酸——沸点175°	熔点	—

等等,一直到 $C_{30} H_{60} O_2$ 三十烷酸,它到80°才熔解,而且根本没有沸点,因为它要是不分解,就根本不能气化。

因此,这里我们看到了由于元素的单纯的数量增加——而且总是按同一比例——而形成的一系列在质上不同的物体。这种情况在化合物的一切元素都按同一比例改变它们的量的地方表现得最为纯粹,例如在正烷属烃 $C_n H_{2n+2}$ 中:最低的是甲烷 CH_4,是气体;已知的最高的是十六烷 $C_{16} H_{34}$,是一种形成无色结晶的固体,在21°熔融,在278°才沸腾。在两个系列中,每一个新的项都是由于把 CH_2,即一个碳原子和两个氢原子,加进前一项的分子式而形成的,分子式的这种量的变化,每一次都引起一个质上不同的物体的形成。

但是,这几个系列仅仅是特别明显的例子;在化学中,差不多在任何地方,例如在氮的各种氧化物中,在磷或硫的各种含氧酸中,都可以看到"量转变为质",看到黑格尔的这个所谓混乱的模糊观念在事物和过程中可以说是见诸形体的,而在这里,除了杜林先生,谁也不会感到混乱和模糊。既然是马克思第一个促使人们注意到这一点,既然杜林先生读了这个提示,甚至还不知道是什么意思(否则,他肯定不会这样不加惩罚地放过这种闻所未闻的罪行),那么这就足以使人们甚至不用回顾赫赫有名的杜林的自然哲学便完全清楚:究竟是谁缺乏"自然科学思维方式的极其现代的教育因素",是马克思还是杜林先生,是谁不知道"化学的……主要成就"。

在结束时,我们还想为量转变为质找一个证人,他就是拿破仑。拿破仑描写过骑术不精、但有纪律的法国骑兵和当时无疑地最善于单兵格斗、但没有纪律的骑兵——马木留克兵之间的战斗,他写道:

"两个马木留克兵绝对能打赢三个法国兵,100个法国兵与100个马木留克兵势均力敌,300个法国兵大都能战胜300个马木留克兵,而1 000个法国兵则总能打败1 500个马木留克兵。"**321**

正如马克思所说的,要使交换价值额能转化为资本,就必须有一定的最低限度的交换价值额,尽管是可变化的;同样,在拿破仑看来,要使整体队形和有计划行动中所包含的纪律的力量显示出来,而且要使这种力量甚至胜过马匹较好、骑术和刀法较精、至少同样勇敢而人数较多的非正规骑兵,就必须有一定的最低限度的骑兵的数量。但是这能向杜林先生证明什么呢?拿破仑在同欧洲的斗争中没有惨败过吗?他没有遭到一个接一个的失败吗?为什么?仅仅是因为他把黑格尔的混乱的模糊观念运用于骑兵战术之中!

十三　辩证法。否定的否定

"这一历史概述〈英国资本的所谓原始积累的产生过程〉,在马克思的书中比较起来还算是最好的,如果它不但抛掉博学的拐杖,而且也抛掉辩证法的拐杖,那或许还要好些。由于缺乏较好的和较明白的方法,黑格尔的否定的否定不得不在这里执行助产婆的职能,靠它的帮助,未来便从过去的腹中产生出来。从16世纪以来通过上述方法实现的个人所有制的消灭,是第一个否定。随之而来的是第二个否定,它被称为否定的否定,因而被称为'个人所有制'的重新建立,然而是在以土地和劳动资料的公有为基础的更高形式上的重新建立。既然这种新的'个人所有制'在马克思先生那里同时也称为'社会所有制',那么这里正表现出黑格尔的更高的统一,在这种统一中,矛盾被扬弃,就是说按照这种文字游戏,矛盾既被克服又被保存…… 这样,剥夺剥夺者,便是历史现实在其外部物质条件中的仿佛自动的产物…… 未必有一个深思熟虑的人,会凭着否定的否定这一类黑格尔蠢话的信誉而确信土地和资本公有的必然性…… 其实,马克思观念的混沌杂种,并不使这样的人感到惊奇,他知道什么东西能够同作为科学基础的黑格尔辩证法合拍,或者确切地说,知道一定会出现无稽之谈。对于不熟悉这些把戏的人,应该明确指出,在黑格尔那里,第一个否定是教义问答中的原罪概念,而第二个否定则是引向赎罪的更高统一的概念。这种从宗教领域中抄袭来的荒唐类比,当然不能为事实的逻辑提供根据…… 马克思先生安心于他那既是个人的又是社会的所有制的混沌世界,却让他的信徒们自己去解这个深奥的辩证法之谜。"

杜林先生就是这样说的。

总之,马克思不依靠黑格尔的否定的否定,就无法证明社会革命的必然性,证明建立土地公有制和劳动所创造的生产资料的公有制的必然性;他在根据从宗教中抄袭来的这种荒唐类比创造自己的社会主义理论时,得出这样的结论:在未来的社会里,一种既是个人的又是社会的所有制,即黑格尔的被扬弃的矛盾的更高的统一,将占统治地位。

我们先把否定的否定撇在一边,来看看"既是个人的又是社会的所有制"。杜林先生把这叫做"混沌世界",而且他在这里令人惊奇地确实说对了。但是很遗憾,处于这个"混沌世界"之中的不是马克思,而又是杜林先生自己。他在前面由于精通黑格尔的

"胡思乱想"的方法而能够毫不费力地确定尚未完成的几卷《资本论》中一定包含些什么，同样，在这里他也可以不大费力地按照黑格尔来纠正马克思，把马克思只字未提的什么所有制的更高的统一硬加给马克思。

马克思是说："这是否定的否定。这种否定重新建立个人所有制，然而是在资本主义时代的成就的基础上，在自由劳动者的协作的基础上和他们对土地及靠劳动本身生产的生产资料的公有制上来重新建立。以自己劳动为基础的分散的个人私有制转化为资本主义私有制，同事实上已经以社会生产为基础的资本主义私有制转化为社会所有制比较起来，自然是一个长久得多、艰苦得多、困难得多的过程。"[322] 他说的就是这些。可见，靠剥夺剥夺者而建立起来的状态，被称为重新建立个人所有制，然而是**在**土地和靠劳动本身生产的生产资料的社会所有制的**基础上**重新建立。对任何一个懂德语的人来说，这就是说，社会所有制涉及土地和其他生产资料，个人所有制涉及产品，也就是涉及消费品。为了使甚至六岁的儿童也能明白这一点，马克思在第 56 页设想了一个"自由人联合体，他们用公共的生产资料进行劳动，并且自觉地把他们许多个人劳动力当做一个社会劳动力来使用"，也就是设想了一个按社会主义原则组织起来的联合体，还说："这个联合体的总产品是一个社会产品。这个产品的一部分重新用做生产资料。这一部分依旧是社会的。而另一部分则作为生活资料由联合体成员消费。因此，这一部分要在他们之间进行分配。"① 这些话甚至对杜林先生的黑格尔化的头脑来说，也是足够清楚的。

---

① 引自马克思《资本论》第 1 卷，见本选集第 2 卷第 126 页。——编者注

　　既是个人的又是社会的所有制,这个混乱的杂种,这种在黑格尔辩证法中一定会出现的无稽之谈,这个混沌世界,这个马克思让他的信徒们自己去解的深奥的辩证法之谜——这又是杜林先生的自由创造物和想象物。据称是黑格尔主义者的马克思,有责任提出一个真正的更高的统一作为否定的否定的结果,可是由于他做得不合杜林先生的口味,所以杜林先生只得又表现出崇高而尊贵的风格,并且为了完全真理的利益而把他一手炮制的东西硬加给马克思。一个完全不能正确引证、连一次例外都没有的人,自然要对别人的"中国人式的博学"表示义愤,这些人总是毫无例外地正确引证的,但是正是以此来"拙劣地掩盖自己对于每次所引证的作者的全部思想的缺乏理解"。杜林先生是对的。具有伟大风格的历史记述万岁!

　　到目前为止,我们的出发点是假定:杜林先生的顽固的错误引证,至少是出自好意,而且,或者是基于他自己的理解上的完全无能,或者是基于具有伟大风格的历史记述所特有的、通常称做草率马虎的只凭记忆来引证的习惯。可是好像我们在这里已经达到在杜林先生那里量也转变为质的那一点。如果我们考虑到:第一,马克思书中的这个地方本身就十分清楚,而且同一书中还有其他决不可能引起任何误解的地方加以补充;第二,不论在上面提到的登载于《补充材料》**320** 的对《资本论》的批判中,还是在《批判史》第一版所载的对该书的批判中,杜林先生都没有发现"既是个人的又是社会的所有制"这样一个怪物,而只是在这本书的第二版中,就是说在三读《资本论》的时候才发现的;在这个按照社会主义精神修订的第二版中,杜林先生才急需让马克思就未来社会组织发表尽可能荒唐的意见,以便能够针锋相对地、更加得意地提出"我在我的《教程》中从经济上和法律上加以概述的经济公社"(他也是这样做的)——如果我们考虑到这一切,那么就不得不得出一个结论:杜林先生在这里使我们几乎不得不认为,他在这里故意"有益地扩展"——对杜林先生有益的扩展——马克思的思想。

那么,否定的否定在马克思那里究竟起了什么作用呢? 在第791页和以后几页上,马克思概述了前50页中所作的关于资本的所谓原始积累的经济研究和历史研究的最后结果。① 在资本主义时代之前,至少在英国,存在过以劳动者自己的生产资料的私有制为基础的小生产。资本的所谓原始积累,在这里就是这些直接生产者的被剥夺,即以自己劳动为基础的私有制的解体。这种解体之所以成为可能,是因为上述的小生产只能同生产和社会的狭隘的、自然产生的界限相容,因而它发展到一定程度就产生消灭它自身的物质手段。这种消灭,即个人的分散的生产资料转化为社会的积聚的生产资料,形成资本的前史。一旦劳动者转化为无产者,他们的劳动条件转化为资本,一旦资本主义生产方式站稳脚跟,劳动的进一步社会化,土地和其他生产资料的进一步转化,从而对私有者的进一步的剥夺,都会采取新的形式。"现在要剥夺的已经不再是独立经营的劳动者,而是剥削许多工人的资本家了。这种剥夺是通过资本主义生产本身的内在规律的作用,即通过资本的积聚进行的。一个资本家打倒许多资本家。随着这种积聚或少数资本家对多数资本家的剥夺,规模不断扩大的劳动过程的协作形式日益发展,科学日益被自觉地应用于工艺方面,土地日益被有计划地共同利用,劳动资料日益转化为只能共同使用的劳动资料,一

---

① 见《资本论》第1卷第24章第7节,本选集第2卷第297—300页。—— 编者注

切生产资料因作为结合的、社会的劳动的共同生产资料使用而日益节省。随着那些掠夺和垄断这一转化过程的全部利益的资本巨头不断减少，贫困、压迫、奴役、退化和剥削的程度不断加深，而日益壮大的、由资本主义生产过程本身的机制所训练、联合和组织起来的工人阶级的反抗也不断增长。资本的垄断成了与这种垄断一起并在这种垄断之下繁盛起来的生产方式的桎梏。生产资料的积聚和劳动的社会化，达到了同它们的资本主义外壳不能相容的地步。这个外壳就要炸毁了。资本主义私有制的丧钟就要响了。剥夺者就要被剥夺了。"①

现在我请问读者：辩证法的一团混乱和各种观念的杂乱交织在哪里呢？那种归根到底把一切都说成是一个东西的混乱而错误的观念在哪里呢？为信徒创造的辩证法的奇迹在哪里呢？辩证法的神秘破烂和根据黑格尔逻各斯学说**318**的准则复制的一团混乱——据杜林先生说，没有这些东西，马克思就不能自圆其说——在哪里呢？马克思只是历史地证明并在这里简略地概述：正像以往小生产由于自身的发展而必然造成消灭自身，即剥夺小私有者的条件一样，现在资本主义生产方式也自己造成使自己必然走向灭亡的物质条件。这是一个历史的过程，如果说它同时又是一个辩证的过程，那么这不是马克思的罪过，尽管这对杜林先生说来可能是非常讨厌的。

马克思只是在作了自己的历史的和经济的证明之后才继续说："资本主义的生产方式和占有方式，从而资本主义的私有制，是对个人的、以自己劳动为基础的私有制的第一个否定。对资本

---

① 引自《资本论》第1卷，参看本选集第2卷第299页。——编者注

主义生产的否定,是它自己由于自然过程的必然性而造成的。这是否定的否定"等等(如上面引证过的)①。

因此,当马克思把这一过程称为否定的否定时,他并没有想到要以此来证明这一过程是个历史地必然的过程。相反,他在历史地证明了这一过程一部分实际上已经实现,一部分还一定会实现以后,才又指出,这是一个按一定的辩证法规律完成的过程。他说的就是这些。由此可见,如果说杜林先生断定,否定的否定不得不在这里执行助产婆的职能,靠它的帮助,未来便从过去的腹中产生出来,或者他断定,马克思要求人们凭着否定的否定的信誉来确信土地和资本的公有(这种公有本身是杜林所说的"见诸形体的矛盾")的必然性,那么这些论断又都是杜林先生的纯粹的捏造。

正如人们可以把形式逻辑或初等数学狭隘地理解为单纯证明的工具一样,杜林先生把辩证法也看成这样的工具,这是对辩证法的本性根本不了解。甚至形式逻辑也首先是探寻新结果的方法,由已知进到未知的方法;辩证法也是这样,不过它高超得多;而且,因为辩证法突破了形式逻辑的狭隘界限,所以它包含着更广泛的世界观的萌芽。在数学中也存在着同样的关系。初等数学,即常数数学,是在形式逻辑的范围内运作的,至少总的说来是这样;而变数数学——其中最重要的部分是微积分——本质上不外是辩证法在数学方面的运用。在这里,单纯的证明同这一方法在新的研究领域中多方面的运用相比较,显然退居次要地位。但是高等数学中的几乎所有的证明,从微分学的最初的一些证明起,从初等数学的观点看来严格地说都是错误的。如果像在这里的情形一样,

---

① 引自《资本论》第 1 卷,参看本选集第 2 卷第 299—300 页。——编者注

人们要用形式逻辑去证明辩证法领域中所获得的结果,那么情况也不可能是另一个样子。对于一个像杜林先生这样愚蠢的形而上学者说来,企图仅仅用辩证法向他证明什么东西,那就正像莱布尼茨和他的学生向当时的数学家证明微积分定理一样,是白费气力的。微分在这些数学家当中引起的慌乱,正像否定的否定在杜林先生那里引起的慌乱一样,此外,在否定的否定中,我们将会看到,微分也起作用。这些先生们,凡是当时还没有死去的,最后都嘟嘟哝哝地让步了,这并不是因为他们已经被说服,而是因为它所得到的结果总是正确的。杜林先生,如他自己所说的,现在才40多岁,如果他长寿——我们祝他长寿,那么他也会有同样的经历。

这个可怕的否定的否定使得杜林先生的生活充满烦恼,在杜林先生看来,它就像基督教中的亵渎圣灵罪一样,起着不可饶恕的犯罪的作用。可是它究竟是什么东西呢?这是一个非常简单的、每日每地都在发生的过程,一旦清除了旧唯心主义哲学盖在它上面而且由杜林先生一类无可救药的形而上学者为了自身的利益继续盖在它上面的神秘破烂,它是任何一个小孩都能够理解的。我们以大麦粒为例。亿万颗大麦粒被磨碎、煮熟、酿制,然后被消费。但是,如果一颗大麦粒得到它所需要的正常的条件,落到适宜的土壤里,那么它在温度和湿度的影响下就发生特有的变化:发芽;而麦粒本身就消失了,被否定了,代替它的是从它生长起来的植物,即麦粒的否定。而这种植物的生命的正常进程是怎样的呢?它生长,开花,结实,最后又产生大麦粒,大麦粒一成熟,植株就渐渐死去,它本身被否定了。作为这一否定的否定的结果,我们又有了原来的大麦粒,但不是一粒,而是加了10倍、20倍、30倍。谷类的种变化得极其缓慢,所以今天的大麦差不多和一百年以前的一样。如果我们以一种可培育的观赏植物为例,如大丽花或兰花,我们只要按照园艺家的技艺去处理种子和从种子长出的植物,那么我们得到的这个否定的否定的结果,不仅是更多的种子,而且是品质改良了的、能开出更美丽的花朵的种子,这个过程的每一次重复,每一次新的否定的否定都向前推进这种完善化。——像大麦粒的情形一样,这种过程也在大多数昆虫中,例如在蝴蝶中发生。蝴蝶通过卵的否定从卵中产生出来,经过各种变化而达到性的成熟,交尾并且又被否定,就是说,一旦繁殖过程完成而且雌蝴蝶产了很多卵,它们就死亡了。至于其他植物和动物,这个过程的完成并不是这样简单,它们在死亡以前,不只是一次而是多次地结子、产卵或生育后代,但是在这里,这对我们来说是无关紧要的;在这里,我们只是要说明,否定的否定**真实地发生**于有机界的两大界中。其次,全部地质学是一个被否定的否定的系列,是旧岩层不断逐层毁坏和新岩层不断沉积的系列。起初,由于液态物质冷却而产生的原始地壳,经过海洋、气象和大气化学的作用而碎裂,这些碎块一层层地沉积在海底。海底的局部隆出海面,又使这种最初的地层的一部分再次经受雨水、四季变化的温度、大气中的氧和碳酸的作用;从地心冲破地层爆发出来的、然后冷却的熔岩也经受同样的作用。这样,在几万万年间,新的地层不断地形成,而大部分又重新毁坏,又变为构成新地层的材料。但是结果是十分积极的:造成了由各种各样的化学元素混合而成的、通过力学作用变成粉末状的土壤,这就使得极其丰富的和各式各样的植物可能生长起来。

在数学上也是一样。我们试取任何一个代数值,例如 a,如果我们否定它,我们就得到 $-a$(负 a),如果我们否定这一否定,以 $-a$ 乘 $-a$,那么我们就得到 $+a^2$,就是说,得出了原来的正值,但是已经处在更高的阶段,即二次幂的阶段。至于我们可以通过正 a 自乘

得出 a^2 的办法来得到同样的 a^2 ,在这里是无关紧要的。因为这种被否定的否定如此牢固地存在于 a^2 中,使得 a^2 在任何情况下都有两个平方根,即 $+a$ 和 $-a$ 。要摆脱被否定的否定,摆脱平方中所包含的负根,是不可能的,这种情况,在二次方程式中已经具有极其明显的意义。——在高等分析中,即在杜林先生自己称为数学的最高运算而在普通人的语言中称为微积分的"求无限小之和的运算"中,否定的否定表现得更加明显。这些计算方式是怎样实现的呢? 例如,我在某一课题中有两个变数 x 和 y ,两者之中有一个变化,另一个也按照条件所规定的关系同时变化。我把 x 和 y 加以微分,就是说,我把 x 和 y 当做无限小,使得它们同任何一个无论多么小的实数比起来都趋于消失,使得 x 和 y 除了它们那种没有任何所谓物质基础的相互关系,即除了没有任何数量的数量关系,就什么也没有剩下。所以 $\dfrac{dy}{dx}$,即 x 和 y 的两个微分之间的关系 $=\dfrac{0}{0}$,可是这 $\dfrac{0}{0}$ 是 $\dfrac{y}{x}$ 的表现。我只附带指出,两个已经消失的数的这种关系,它们的消失被确定下来的一瞬间,本身就是一种矛盾;但是这种矛盾不可能妨碍我们,正像差不多二百年来它根本没有妨碍过数学一样。那么除了否定 x 和 y 之外我不是什么也没有做吗? 但是,我不是像形而上学者否定它们那样来否定它们,即不再顾及它们,而是根据同条件相符合的方式否定它们。这样,我在我面前的公式或方程式中得到的不是 x 和 y ,而是 x 和 y 的否定,即 dx 和 dy 。现在我继续用这些公式运算,把 dx 和 dy 当做实数——虽然是服从某些特殊规律的数,并且在某一点上**我否定了否定**,就是说,我把微分式加以积分,于是又重新得到实数 x 和 y 来代替 dx 和 dy ,这样,我并不是又回到出发点,而是由此解决了普通的几何学和代数学也许费尽心思也无法解决的课题。

历史方面的情形也没有两样。一切文明民族都是从土地公有制开始的。在已经越过某一原始阶段的一切民族那里,这种公有制在农业的发展进程中变成生产的桎梏。它被废除,被否定,经过了或短或长的中间阶段之后转变为私有制。但是,在土地私有制本身所导致的较高的农业发展阶段上,私有制又反过来成为生产的桎梏——目前无论小地产还是大地产方面的情况都是这样。因此就必然地产生出把私有制同样地加以否定并把它重新变为公有制的要求。但是,这一要求并不是要重新建立原始的公有制,而是要建立高级得多、发达得多的共同占有形式,这种占有形式决不会成为生产的束缚,恰恰相反,它会使生产摆脱束缚,并且会使现代的化学发现和机械发明在生产中得到充分的利用。

或者再举一个例子。古希腊罗马哲学是原始的自发的唯物主义。作为这样的唯物主义,它没有能力弄清思维对物质的关系。但是,弄清这个问题的必要性,引出了关于可以和肉体分开的灵魂的学说,然后引出了这种灵魂不死的论断,最后引出了一神教。这样,旧唯物主义就被唯心主义否定了。但是在哲学的进一步发展中,唯心主义也站不住脚了,它被现代唯物主义所否定。现代唯物主义,否定的否定,不是单纯地恢复旧唯物主义,而是把2 000年来哲学和自然科学发展的全部思想内容以及这2 000年的历史本身的全部思想内容加到旧唯物主义的持久性的基础上。这已经根本不再是哲学,而只是世界观,这种世界观不应当在某种特殊的科学的科学中,而应当在各种现实的科学中得到证实和表现出来。因此,哲学在这里被“扬弃”了,就是说,“既被克服又被保存”;按其形式来说是被克服了,按其现实的内容来说是被保存了。因此,在杜林先生只看到“文字游戏”的地方,只要比较仔细地观察一下,就会发现某种现实的内容。

最后,甚至卢梭的平等说(杜林的平等说只是它的贫乏的和歪曲的复写)没有黑格尔的否定的否定来执行助产婆的职能,也不能建立起来——而这还是黑格尔诞生前差不多20年的事。[323]卢梭的学说远没有因此而觉得可耻,它在自己的最初的阐述中,几乎是堂而皇之地把自己的辩证起源的印记展示出来。人在自然和野蛮的状态中是平等的;由于卢梭已经把语言看做自然状态的歪曲,所以他完全有理由把同一物种范围所及的兽类的平等也加到这些兽人的身上,近来海克尔在分类中把这种兽人假定为Alali——没有语言的原始人[324]。但是这些彼此平等的兽人有一种比其他兽类优越的特性,这就是趋于完善的能力,即往前发展的能力;而这种能力就成了不平等的原因。因此,卢梭把不平等的产生看做一种进步。但是这种进步是对抗性的,它同时又是一种退步。

"以后的〈越过原始状态的〉一切进步同样表面上是走向单个人的完善,而实际上是走向类的没落…… 金属加工和农业是两种技艺,它们的发明引起了这一巨大革命〈变原始森林为耕地,但是由于财产的出现也引起了贫困和奴役〉。使人文明起来并使人类没落下去的东西,在诗人看来是金和银,在哲学家看来是铁和谷物。"

文明每前进一步,不平等也同时前进一步。随着文明而产生的社会为自己所建立的一切机构,都转变为它们原来的目的的反面。

"人民拥立国君是为了保护自己的自由,而不是为了毁灭自由,这是无可争辩的事实,而且是全部国家法的基本原则。"

但是这些国君必然成为人民的压迫者,而且他们把压迫加重到这样的地步,使得登峰造极的不平等又重新转变为自己的反面,成为平等的原因:在暴君面前人人平等,就是说大家都等于零。

"这里是不平等的顶点,是封闭一个圆圈的终点,它和我们由之出发的起点相遇:在这里一切个人都是平等的,正是因为他们什么都不是,臣民除了君主的意志以外没有别的法律。"但是暴君只有当他拥有暴力的时候才是君主,因此当人们"驱逐他的时候,他不能抱怨暴力…… 暴力曾支持过他,现在暴力又推翻他;一切都按照自己的正常的自然进程进行"。

这样,不平等又重新转变为平等,但不是转变为没有语言的原始人的旧的自发的平等,而是转变为更高级的社会契约²⁷⁸的平等。压迫者被压迫。这是否定的否定。

因此,我们在卢梭那里不仅已经可以看到那种和马克思《资本论》中所遵循的完全相同的思想进程,而且还在他的详细叙述中可以看到和马克思所使用的完全相同的整整一系列辩证的说法:按本性说是对抗的、包含着矛盾的过程,一个极端向它的反面的转化,最后,作为整个过程的核心的否定的否定。因此,如果说在1754年卢梭还不能说黑格尔行话,那么,无论如何他在黑格尔诞生前16年就已经深深地被黑格尔瘟疫、矛盾辩证法、逻各斯学说³¹⁸、神学逻辑等等所侵蚀。当杜林先生为了把卢梭的平等论庸俗化而摆弄他的两个常胜的男人的时候,他已经落在一个斜坡上,无可挽救地滑进否定的否定的怀抱。那种盛行两个男人的平等并且被描绘成理想状态的状态,在《哲学教程》第271页上被称为"原始状态"。根据第279页,这种原始状态必然为"掠夺制度"所消灭——这是第一个否定。但是,多亏现实哲学,我们现在才进到这样一步:我们废除掠夺制度,而代之以杜林先生发明的、以平等为基础的经济公社——这是否定的否定,更高阶段的平等。杜林先生亲身犯下否定的否定的滔天罪行,这确是一个有益地扩展眼界的有趣场面!

那么,否定的否定究竟是什么呢?它是自然界、历史和思维的一个极其普遍的、因而极其广泛地起作用的、重要的发展规律;这一规律,正如我们已经看到的,在动物界和植物界中,在地质学、数学、历史和哲学中起着作用;就是杜林先生自己,虽然他百般反对和抗拒,也总是不知不觉地按照自己的方式遵循这一规律。不言而喻,例如,关于大麦粒从发芽起到结了实的植株逐渐死亡的**特殊**发展过程,如果我说这是否定的否定,那么我什么也没有说。要知道积分也是否定的否定,如果我只作出这种一般性的论断,那就会肯定这样一个荒唐说法:大麦植株的生活过程就是积分,或者也可以说就是社会主义。而这正是形而上学者经常归咎于辩证法的东西。当我谈到所有这些过程,说它们是否定的否定的时候,我是用这一个运动规律来概括所有这些过程,正因为如此,我没有去注意每一个个别的特殊过程的特点。而辩证法不过是关于自然界、人类社会和思维的运动和发展的普遍规律的科学。

但是,现在有人会提出反驳,说这里所实现的否定根本不是真正的否定:如果我把大麦粒磨碎,我也就否定了大麦粒;如果我把昆虫踩死,我也就否定了昆虫;如果我把正数 a 涂掉,我也就否定了正数 a,如此等等。或者,我说玫瑰不是玫瑰,我就把玫瑰是玫瑰这句话否定了;如果我又否定这一否定,并且说玫瑰终究还是玫瑰,这样能得出什么结果来呢?——这些反驳其实就是形而上学者反对辩证法的主要论据,它们同形而上学思维的狭隘性完全合拍。在辩证法中,否定不是简单地说不,或宣布某一事物不存在,或用随便一种方法把它毁掉。斯宾诺莎早已说过:Omnis determinatio est negatio,即任何限定或规定同时就是否定。[325]再说,否定的方式在这里首先取决于过程的一般性质,其次取决于过程的特殊性质。我不仅应当否定,而且还应当再扬弃这个否定。因此,我第一次否定的时候,就必须使第二次否定能够发生或者将会发生。怎样做呢？这要依每一种情况的特殊性质而定。如果我磨碎了大麦粒,如果我踩死了昆虫,那么我虽然完成了第一个行为,却使第二个行为成为不可能了。因此,每一种事物都有它的特殊的否定方式,经过这样的否定,它同时就获得发展,每一种观念和概念也是如此。微积分中的否定不同于从负根得出正的乘方时的否定。这一点和其他一切一样,是要经过学习才能理解的。仅仅知道大麦植株和微积分属于否定的否定,既不能把大麦种好,也不能进行微分和积分,正如仅仅知道靠弦的长短粗细来定音的规律还不能演奏提琴一样。——很明显,如果把否定的否定当做儿戏,先写上 a,然后又涂掉,或者先说玫瑰是玫瑰,然后又说玫瑰不是玫瑰,那么,除了做这种无聊事情的人的愚蠢以外,什么结果也得不到。可是形而上学者却要我们确信,如果我们要实现否定的否定,那么这就是恰当的方式。

因此,把我们弄得莫名其妙的不是别人,又是杜林先生,他说什么否定的否定是黑格尔发明的、从宗教领域中抄袭来的、按照原罪和赎罪的故事作出的荒唐类比。人们远在知道什么是辩证法以前,就已经辩证地思考了,正像人们远在散文这一名词出现以前,就已经用散文讲话一样。[1] 否定的否定这个规律在自然界和历史中起着作用,而在它被认识以前,它也在我们头脑中不自觉地起着作用,它只是被黑格尔第一次明确地表述出来而已。如果杜林先生愿意自己悄悄地干这件事,而只是不能容忍这个名称,那么他可以找出一个更好的名称来。但是,如果他想从思维中排除这件事,那么请他先把它从自然界和历史中排除出去,并请他发明一种数

---

[1] 参看莫里哀《醉心贵族的小市民》第 2 幕第 4 场。——编者注

学,在那里,$-a \times -a$ 不等于 $+a^2$,而微分和积分则严禁使用,违者必究。

十四　结　论

我们现在谈完了哲学,至于《教程》里还包括的关于未来的幻想,我们以后考察杜林要在社会主义中实行的变革时还有机会来探讨。杜林先生对我们许下了什么诺言呢? 一切。他履行了哪些诺言呢? 一个也没有。"一种现实的、从而以自然和生活的现实为目标的哲学的各个要素","严格科学的世界观","创造体系的思想",以及杜林先生以傲慢的语气大肆炫耀的杜林先生的其他一切功绩,只要我们一接触,就看出是**纯粹的欺人之谈**。"已经稳固地确立了存在的基本形式,而丝毫没有损害思想的深度"的世界模式论,的确是黑格尔逻辑学的一个肤浅得无以复加的复制品,而且和黑格尔的逻辑学一样陷入这样一种迷信:这些"基本形式"或逻辑范畴,在它们应当"运用于"其中的那个世界之前和世界之外已经在某个地方神秘地存在了。自然哲学给我们提供了天体演化学,其出发点是"物质的自身等同的状态",这种状态只有借助关于物质和运动的联系的最无可救药的混乱观念才是可以想象的,此外,只有假定存在着一个唯一能帮助这种状态进入运动的、超越现实世界的、人格化的上帝,才是可以想象的。在论述有机界的时候,现实哲学先是把达尔文的生存斗争和自然选择看做"一种与人性对抗的兽性"而加以拒绝,后来又把这两者作为在自然界中起作用的因素——虽然是次要的因素——从后门放了进来。此外,现实哲学还找到机会在生物学方面证明它的无知,而自从人们不再忽视通俗科学演讲以来,即使在有教养阶层的少女中,这种无知也必须打着灯笼去找。在道德和法的领域中,现实哲学把卢梭庸俗化,同先前把黑格尔庸俗化相比,其结局并不好些;在法学方面现实哲学也表现出甚至在最平庸的旧普鲁士法学家中也很少见的无知,尽管它一再保证自己完全不是这样。"不承认任何纯属虚幻的地平线"的哲学,在法学上却满足于和普鲁士邦法[310]的实施范围相一致的真实的地平线。这个哲学承诺要在自己的强有力地实行变革的运动中向我们揭示"外部自然和内部自然的地和天",我们一直等待着,正像我们一直在等待"最后的终极的真理"和"绝对基础性的东西"一样。这位在思维方式上"排除受主观主义限制的世界观"的任何趋向的哲学家,表明自己不仅由于他的已经被证实是极端贫乏的认识,由于他的狭隘的形而上学思维方式和他的滑稽可笑的自高自大,而且甚至由于他本人的幼稚的奇奇怪怪的想法而受到主观主义的限制。如果他不把自己对烟草、猫和犹太人的厌恶作为普遍适用的规律强加给包括犹太人在内的全人类,他就不能制造出这套现实哲学。他对别人采用的"真正批判的观点",就在于固执地把别人从来没有说过的、而是杜林先生一手炮制的东西硬加给别人。他在生活的价值和生活享乐的最好方法这类庸俗题目上所调制的施给乞丐的稀汤①,充满了庸人气味,这说明他为什么对歌德的浮士德义愤填膺。的确,歌德把不道德的浮士德而不把严肃的现实哲学家瓦格纳当做主角,这是不可饶恕的。——总而言之,现实哲学归根到底正是黑格尔所说的"德国的所谓启蒙学说的最稀薄的清汤",它的稀薄和一眼就能看透的浅薄只是由于拌入了神谕式的只言片语,

---

① 参看歌德《浮士德》第 1 部第 6 场《魔女之厨》。——编者注

才变得稠厚和混浊起来。当我们读完全书的时候，我们懂得的东西还是和以前的完全一样，而且不得不承认，"新的思维方式"、"完全独特的结论和观点"和"创造体系的思想"的确已经给我们提供了各种新的无稽之谈，可是没有一行字能够使我们学到什么东西。这个人大吹大擂叫卖自己的手艺和商品，不亚于最粗俗的市场小贩，而在他的那些大话后面却是空空如也，简直一无所有——这个人竟敢把费希特、谢林和黑格尔这样的人叫做江湖骗子，而他们当中最渺小的人和杜林先生比起来也还是巨人。确实有江湖骗子，而那是谁呢？

第二编 政治经济学

一 对象和方法

政治经济学，从最广的意义上说，是研究人类社会中支配物质生活资料的生产和交换的规律的科学。生产和交换是两种不同的职能。没有交换，生产也能进行；没有生产，交换——正因为它一开始就是产品的交换——便不能发生。这两种社会职能的每一种都处于多半是特殊的外界作用的影响之下，所以都有多半是各自的特殊的规律。但是另一方面，这两种职能在每一瞬间都互相制约，并且互相影响，以致它们可以叫做经济曲线的横坐标和纵坐标。

人们在生产和交换时所处的条件，各个国家各不相同，而在每一个国家里，各个世代又各不相同。因此，政治经济学不可能对一切国家和一切历史时代都是一样的。从弓和箭，从石刀和仅仅是例外地出现的野蛮人的交换往来，到上千马力的蒸汽机，到机械织机、铁路和英格兰银行，有一段很大的距离。火地岛的居民没有达到进行大规模生产和世界贸易的程度，也没有达到出现票据投机或交易所破产的程度。谁要想把火地岛的政治经济学和现代英国的政治经济学置于同一规律之下，那么，除了最陈腐的老生常谈以外，他显然不能揭示出任何东西。因此，政治经济学本质上是一门**历史的**科学。它所涉及的是历史性的即经常变化的材料；它首先研究生产和交换的每个个别发展阶段的特殊规律,而且只有在完成这种研究以后,它才能确立为数不多的、适用于生产一般和交换一般的、完全普遍的规律。同时,不言而喻,适用于一定的生产方式和交换形式的规律,对于具有这种生产方式和交换形式的一切历史时期也是适用的。例如,随着金属货币的采用,一系列适用于借金属货币进行交换的一切国家和历史时期的规律起作用了。

随着历史上一定社会的生产和交换的方式和方法的产生,随着这一社会的历史前提的产生,同时也产生了产品分配的方式方法。在实行土地公有制的氏族公社或农村公社中(一切文明民族都是同这种公社一起或带着它的非常明显的残余进入历史的),相当平等地分配产品,完全是不言而喻的;如果成员之间在分配方面发生了比较大的不平等,那么,这就已经是公社开始解体的标志了。——不论是大农业还是小农业,按照所由发展的历史前提,各自都可以有十分不同的分配形式。但是很明显,大农业所决定的分配,总是和小农业所决定的分配完全不同;大农业以阶级对立为前提或者造成阶级对立——奴隶主和奴隶,地主和徭役农民,资本家和雇佣工人;而在小农业中,从事农业生产的个人之间的阶级差别决不是什么前提,相反,正是这种差别的存在标志着小农经济在开始瓦解。——在至今还完全是或主要是自然经济的国家中,金属货币的采用和推广,总是同先前的分配的或慢或快的变革相联系,这种变革使个人之间分配上的不平等,即贫富的对立,日益增长起来。——中世纪地方行会的手工业生产使大资本家和终身的雇佣工人不可能存在,而现代的大工业、今天的信用制度以及与此二者的发展相适应的交换形式,即自由竞争,则必然要使他们产生出来。

但是,随着分配上的差别的出现,也出现了**阶级差别**。社会分为享有特权的和受歧视的阶级,剥削的和被剥削的阶级,统治的和被统治的阶级,而同一氏族的各个公社自然形成的集团最初只是为了维护共同利益(例如在东方是灌溉)、为了抵御外敌而发展成的国家,从此也就同样具有了这样的职能:用暴力对付被统治阶级,维持统治阶级的生活条件和统治条件。

可是分配并不仅仅是生产和交换的消极的产物;它反过来也影响生产和交换。每一种新的生产方式或交换形式,在一开始的时候都不仅受到旧的形式以及与之相适应的政治设施的阻碍,而且也受到旧的分配方式的阻碍。新的生产方式和交换形式必须经过长期的斗争才能取得和自己相适应的分配。但是,某种生产方式和交换方式越是活跃,越是具有成长和发展的能力,分配也就越快地达到超过它的母体的阶段,达到同当时的生产方式和交换方式发生冲突的阶段。前面已经说过的古代自然形成的公社,在同外界的交往使它们内部产生财产上的差别从而发生解体以前,可以存在几千年,例如在印度人和斯拉夫人那里直到现在还是这样。现代资本主义生产则相反,它存在还不到 300 年,而且只是从大工业出现以来,即 100 年以来,才占据统治地位,而在这个短短的时期内它已经造成了分配上的对立——一方面,资本积聚于少数人手中,另一方面,一无所有的群众集中在大城市——,因此它必然要走向灭亡。

一个社会的分配总是同这个社会的物质生存条件相联系,这如此合乎事理,以致经常在人民的本能上反映出来。当一种生产方式处在自身发展的上升阶段的时候,甚至在和这种生产方式相适应的分配方式下吃了亏的那些人也会欢迎这种生产方式。大工业兴起时期的英国工人就是如此。不仅如此,当这种生产方式对于社会还是正常的时候,满意于这种分配的情绪,总的来说,会占支配的地位;那时即使发出了抗议,也只是从统治阶级自身中发出来(圣西门、傅立叶、欧文),而在被剥削的群众中恰恰得不到任何响应。只有当这种生产方式已经走完自身的没落阶段的颇大一段行程时,当它多半已经过时的时候,当它的存在条件大部分已经消失而它的后继者已经在敲门的时候——只有在这个时候,这种越来越不平等的分配,才被认为是非正义的,只有在这个时候,人们才开始从已经过时的事实出发诉诸所谓永恒正义。这种诉诸道德和法的做法,在科学上丝毫不能把我们推向前进;道义上的愤怒,无论多么入情入理,经济科学总不能把它看做证据,而只能看做象征。相反,经济科学的任务在于:证明现在开始显露出来的社会弊病是现存生产方式的必然结果,同时也是这一生产方式快要瓦解的征兆,并且从正在瓦解的经济运动形式内部发现未来的、能够消除这些弊病的、新的生产组织和交换组织的因素。愤怒出诗人①,在描写这些弊病或者抨击那些替统治阶级效劳而否认或美化这些弊病的和谐派的时候,愤怒是适得其所的,可是愤怒在每一个这样的场合下能**证明**的东西是多么少,这从下面的事实中就可以清楚地看到:到现在为止的全部历史中的**每一个**时代,都能为这种愤怒找到足够的材料。

政治经济学作为一门研究人类各种社会进行生产和交换并相应地进行产品分配的条件和形式的科学——这样广义的政治经济学尚待创造。到现在为止,我们所掌握的有关经济科学的东西,几乎只限于资本主义生产方式的发生和发展:它从批判封建的生产形式和交换形式的残余开始,证明它们必然要被资本主义形式所代替,然后把资本主义生产方式和相应的交换形式的规律从肯定方面,即从促进一般的社会目的的方面来加以阐述,最后对资本主

---

① 这一说法出自古罗马诗人尤维纳利斯《讽刺诗集》的第一首。——编者注

义的生产方式进行社会主义的批判,就是说,从否定方面来表述它
的规律,证明这种生产方式由于它本身的发展,正在接近它使自己
不可能再存在下去的境地。这一批判证明:资本主义的生产形式
和交换形式日益成为生产本身所无法忍受的桎梏;这些形式所必
然产生的分配方式造成了日益无法忍受的阶级状况,造成了人数
越来越少但是越来越富的资本家和人数越来越多而总的说来处境
越来越恶劣的一无所有的雇佣工人之间的日益尖锐的对立;最后,
在资本主义生产方式内部所造成的、它自己不再能驾驭的大量的
生产力,正在等待着为有计划地合作而组织起来的社会去占有,以
便保证,并且在越来越大的程度上保证社会全体成员都拥有生存
和自由发展其才能的手段。

　　要使这种对资产阶级经济的批判做到全面,只知道资本主义
的生产、交换和分配的形式是不够的。对于发生在这些形式之前
的或者在不太发达的国家内和这些形式同时并存的那些形式,同
样必须加以研究和比较,至少是概括地加以研究和比较。到目前
为止,总的说来,只有马克思进行过这种研究和比较,所以,到现在
为止在资产阶级以前的理论经济学方面所确立的一切,我们也差
不多完全应当归功于他的研究。

　　虽然到17世纪末,狭义的政治经济学已经在一些天才的头脑
里产生了,可是由重农学派[326]和亚当·斯密作了正面阐述的狭义
的政治经济学,实质上是18世纪的产儿,它可以和同时代的伟大
法国启蒙学者的成就媲美,并且也带有那个时代的一切优点和缺
点。我们关于启蒙学者所说的话[1],也适用于当时的经济学家。

---

①　见本卷第391—392页。——编者注

在他们看来,新的科学不是他们那个时代的关系和需要的表现,而是永恒的理性的表现,新的科学所发现的生产和交换的规律,不是这些活动的历史地规定的形式的规律,而是永恒的自然规律;它们是从人的本性中引申出来的。但是,仔细观察一下,这个人就是当时正在向资产者转变的中等市民,而他的本性就是在当时的历史地规定的关系中从事工业和贸易。

在我们从哲学方面充分地认识了我们的"批判的奠基者"杜林先生和他的方法以后,我们也就不难预言,他将怎样理解政治经济学了。在哲学上,当他不是简简单单地胡说八道的时候(像在自然哲学中那样),他的观点是对18世纪的观点的企曲。在他看来,这里所涉及的不是历史的发展规律,而是自然规律,是永恒真理。道德和法这样的社会关系,不是由当时历史地存在的条件决定的,而是由著名的两个男人来决定的,两人中的一人或者压迫对方,或者不压迫对方,可惜后一种情况直到现在还从来没有出现过。因此,如果我们作出下面这样的结论大概是不会错的:杜林先生同样也会把经济学归结为各种最后的终极的真理、永恒的自然规律、同义反复的毫无内容的公理,而同时又把他所知道的经济学的全部积极的内容再从后门偷运进来;他不会从生产和交换中引申出作为社会现象的分配,而是把它交给他那赫赫有名的两个男人去作最后的解决。由于这一切都是我们早已熟悉的把戏,所以我们在这里可以谈得简单些。

真的,在第2页①上杜林先生已经向我们宣称

---

① 本编中提到的杜林著作的页码,除第十章外,均为《国民经济学和社会经济学教程》1876年莱比锡修订第2版的页码。——编者注

他的经济学涉及他的哲学中"已经确立的东西"，而且"在某些重要方面，依据的是更高级的、在更高的研究领域中已被完成的真理"。

到处都是喋喋不休的自夸。到处都是杜林先生为杜林先生所确立的和完成的东西高奏凯歌。确实是完成的东西，这一点我们已经看得太多了，但是完成得像熄灭一根冒着烟的蜡烛一样①。

紧接着，我们看到了

"一切经济的最一般的自然规律"——

这就是说，我们猜对了。

可是这些自然规律要使人们正确地理解过去的历史，只有人们"用更确切的规定研究这些规律，即通过政治的隶属形式和组合形式而获得这些规律的结果。像奴隶制和雇佣依附制这样的体制，连同它们的孪生兄弟即基于暴力的所有制，应当被看做真正政治性质的社会经济制度的形式，它们在到现在为止的世界中构成框架，经济的自然规律只有在这种框架里才能显示其作用"。

这段话是一套开场锣鼓，就像瓦格纳歌剧的主调一样，告诉我们那两个有名的男人就要出场了。但是它还包含着更多的东西，它是杜林的全书的主题。在谈到法的时候，除了把卢梭的平等论拙劣地翻译成社会主义语言以外②，杜林先生不能给我们提供任何东西，而比这种翻译好得多的东西，许多年来都可以在巴黎的每一家工人咖啡馆中听到。在这里，他把经济学家的怨言翻译成一种并不高明些的社会主义语言，这些经济学家埋怨说，国家的干

---

① "完成"的德文是"ausmachen"，也有"熄灭"的意思。——编者注
② 见本卷第474—480页。——编者注

涉、暴力的干涉歪曲了经济方面的永恒的自然规律及其作用。这样,他就理应在社会主义者中完全陷于孤立。每一个社会主义的工人,不论是哪一个国家的,都很清楚地知道:暴力仅仅保护剥削,但是并不造成剥削;资本和雇佣劳动的关系才是他受剥削的基础,这种关系是通过纯经济的途径而决不是通过暴力的途径产生的。

往下,我们听到,

在一切经济问题上"可以区分两种过程,即生产过程和分配过程"。此外,以肤浅著称的让·巴·萨伊还加上了第三种过程,即消耗过程、消费过程,但是他和他的门生在这方面都说不出什么道理。可是,交换或流通只是生产的一个项目,使产品到达最后的和真正的消费者手中所必须经历的一切,都属于生产。

杜林先生把生产和流通这两个虽然互相制约但是本质上不同的过程混为一谈,并且泰然自若地断言,排除这种混乱只能"产生混乱",他这样做只不过证明,他不知道或不懂得正是流通在最近50年来经历了巨大的发展;他书中后面说的也证实了这一点。还不止于此。他首先把生产和交换合而为一,统称为生产,然后使分配同生产**并列**,把它当做同第一个过程毫不相干的、完全外在的第二个过程。可是我们已经知道,分配就其决定性的特点而言,总是某一个社会的生产关系和交换关系以及这个社会的历史前提的必然结果,只要我们知道了这些关系和前提,我们就可以确切地推断出这个社会中占支配地位的分配方式。但是我们也知道,杜林先生如果不想背叛他在道德、法和历史的观点方面所"确立的"原则,他就必定会否认这一基本的经济事实,特别是当他需要把他的两个不可缺少的男人偷运进经济学的时候,他必定会这样做。在分配终于同生产和交换脱离了一切联系以后,这一伟大的事变就可以发生了。

但是,让我们先回顾一下在道德和法中问题是怎样展开的。在这里,杜林先生最初只是从**一个**男人说起,他说道:

> "一个人,如果被设想为单独的人,或者换句话说,被设想为同其他人没有任何联系,那么这个人是不会有什么责任的。对他来说,不存在义务,只有意愿。"

可是这个没有责任的、被设想为单独的人,如果不是天堂里的不幸的"原始犹太人亚当"——在那里他没有任何罪恶,因为他没有任何犯罪的可能——还能是别的什么人呢?但是,连这位现实哲学的亚当也是要犯原罪的。在这位亚当之旁突然出现了一个人,虽不是卷发垂垂的夏娃,也是第二个亚当。于是亚当立即有了责任,而且——破坏了这个责任。他不是把这位兄弟当做有平等权利的人拥抱于怀,而是迫使他服从自己的统治,对他进行奴役——而世界全部历史直到今天还由于这第一次犯罪所带来的后果,由于奴役别人这一原罪而受苦。因此,在杜林先生看来,这历史连三分钱也不值。

顺便说说,如果杜林先生以为把"否定的否定"称为原罪和赎罪的古老故事的翻版就足以使它受辱,那么关于**他的**同一故事的最新版本,我们该说些什么呢?(关于赎罪,用爬虫报刊[327]的话来说,我们将来还要作"详细研究"。)无论如何,我们宁愿选择古代闪米特部落的传说,根据这个传说,对于男人和女人来说是值得花费力量走出无罪状态的。让杜林先生独享用两个男人编造他的原罪故事的殊荣吧。

现在就让我们来听听,他怎样把原罪译成经济学的语言:

> "关于鲁滨逊的想象,无论如何可以作为生产概念的一个合适的思维模

式,他凭自己的力量孤独地对抗自然界,而不必和任何人分东西…… 对于说明分配思想中的最主要之点,两个人的思维模式是同样适用的,这两个人的经济力量合在一起,他们显然应当通过某种形式互相商定他们各自的份额。为了十分严格地阐明某些最重要的分配关系,并且从胚胎状态上、从其逻辑必然性上去研究这些关系的规律,除了这种简单的二元论,的确不需要更多的东西…… 在这里可以设想两个人在平等的基础上共同行动,也可以设想以完全压服一方的办法把力量合在一起,于是这一方被迫作为奴隶或单纯的工具去从事经济的劳务,而且也只是作为工具被养活着……在平等状态同一方无足轻重、另一方全智全能和独自主动参与这种状态之间,存在着一系列的中间阶段,其中充满了世界历史的形形色色的现象。在这里重要的先决条件是要对历史上的各种正义和非正义的体制有一个全面的考察"……

最后整个分配就转变为某种

"经济上的分配法"。

现在杜林先生终于又脚踏实地了。他可以同他那两个男人手挽着手向当代挑战了[259]。可是在这三个人的后面还站着一个无名氏。

"资本并没有发明剩余劳动。凡是社会上一部分人享有生产资料垄断权的地方,劳动者,无论是自由的或不自由的,都必须在维持自身生活所必需的劳动时间以外,追加超额的劳动时间来为生产资料的所有者生产生活资料,不论这些所有者是雅典的贵族,伊特鲁里亚的神权政治首领,罗马的市民,诺曼的男爵,美国的奴隶主,瓦拉几亚的领主,现代的地主,还是资本家。"(马克思《资本论》第 1 卷第 2 版第 227 页)①

这样杜林先生就知道了到现在为止的一切生产形式(就它们

---

① 见本选集第 2 卷第 191 页。——编者注

运动于阶级对立中而言）所共有的基本剥削形式是什么，在此以后，他只要运用一下他那两个男人，就可以把现实经济学的根底深厚的基础建立起来了。他毫不迟疑地来实施这一"创造体系的思想"。超出劳动者维持自身生活所必需的劳动时间的无偿劳动，这是关键。于是，这里叫做鲁滨逊的亚当便强迫他的第二个亚当即星期五拼命做工。但是为什么星期五的工作量超过维持他自己的生活所必需的量呢？这个问题，在马克思那里也一步一步地找到解答。可是对于这两个男人说来，这太烦琐了。事情一下子就解决了：鲁滨逊"压服"星期五，迫使他"作为奴隶或工具去从事经济的劳务"，把他"也只是作为工具"来养活。杜林先生用这个最新的"创造性的说法"，是一举两得。第一，他省得费力去说明到现在为止的各种分配形式，它们的差别和它们的原因：它们简直全都毫无用处，它们都是以压服、暴力为依据的。关于这个问题，我们等一等再谈。第二，他这样就把全部分配理论从经济学的领域搬到道德和法的领域中，就是说，从确定的物质事实的领域搬到或多或少是不确定的意见和感觉的领域中。因此，他不再需要去研究或证明，只要随心所欲地夸夸其谈就够了，他可以要求劳动产品的分配不按照其实际原因，而按照他杜林先生所认为的合乎道德的和正义的方式来安排。可是杜林先生认为是正义的东西决不是不变的，所以就远不是真正的真理了，因为真正的真理在杜林先生本人看来"是根本不变的"。杜林先生在1868年就断定（《我的社会条陈的命运》）：

"使所有制具有日益鲜明的特点是一切高度文明所具有的倾向，现代发展的实质和前途就在于此，而不在于权利和统治范围的混乱。"

其次，他完全不能看到，

"雇佣劳动向另一种谋生形式的转变,怎样能够在某一时候符合于人类本性的规律,符合于社会机体的合乎自然必然性的构造"①。

这样,在 1868 年:私有制和雇佣劳动是合乎自然必然性的,因而是正义的;在 1876 年②:两者都成了暴力和"掠夺"的结果,因而是非正义的。而且我们不可能知道,这位如此突飞猛进的天才几年以后会认为什么东西是合乎道德的和正义的,所以无论如何,在考察财富的分配时,我们最好还是遵循现实的客观的经济规律,而不要遵循杜林先生关于正义和非正义的一时的、易变的主观想象。

如果我们确信现代劳动产品分配方式以及它造成的赤贫和豪富、饥饿和穷奢极欲尖锐对立的状况一定会发生变革,只是基于一种意识,即认为这种分配方式是非正义的,而正义总有一天一定要胜利,那就糟了,我们就得长久等待下去。梦想千年王国**101**快要来临的中世纪的神秘主义者,就已经意识到阶级对立的非正义性。在近代史开始的时期,在三百五十年前,托马斯·闵采尔已经向全世界大声宣布过这一点。在英国和法国的资产阶级革命中,也发出过同样的呼声,可是后来就消失了。消灭阶级对立和阶级差别这一呼声,在 1830 年以前遭到受苦劳动阶级的冷遇,现在却得到千百万人的共鸣;这一呼声随同各国大工业的发展,以相应的顺序和相应的强度,激荡一个又一个的国家;这一呼声在一个世代内就已经获得这样的威力,竟能抵抗一切为了对付它而联合起来的势

---

① 见欧·杜林《我致普鲁士内阁的社会条陈的命运》1868 年柏林版第 5 页。——编者注

② 指欧·杜林《国民经济学和社会经济学教程》1876 年莱比锡修订第 2 版。——编者注

力,并且在不久的将来定将取得胜利,——这是由于什么原因呢?
这是因为:现代的大工业,一方面造成了无产阶级,这个阶级能够
在历史上第一次不是要求消灭某个特殊的阶级组织或某种特殊的
阶级特权,而是要求根本消灭阶级;这个阶级所处的地位,使他们
不得不贯彻这一要求,否则就有沦为中国苦力的危险。另一方面,
这个大工业造成了资产阶级这样一个享有全部生产工具和生活资
料的垄断权的阶级,但是在每一个狂热投机的时期和接踵而来的
每次崩溃中,都表明它已经无力继续支配那越出了它的控制力量
的生产力;在这个阶级的领导下,社会就像司机无力拉开紧闭的安
全阀的一辆机车一样,迅速奔向毁灭。换句话说,这是因为:现代
资本主义生产方式所造成的生产力和由它创立的财富分配制度,
已经和这种生产方式本身发生激烈的矛盾,而且矛盾达到了这
种程度,以至于如果要避免整个现代社会毁灭,就必须使生产方
式和分配方式发生一个会消除一切阶级差别的变革。现代社会
主义必获胜利的信心,正是基于这个以或多或少清晰的形象和
不可抗拒的必然性印入被剥削的无产者的头脑中的、可以感触
到的物质事实,而不是基于某一个蛰居书斋的学者的关于正义
和非正义的观念。

二　暴力论

"在我的体系中,一般政治对经济法的形式的关系被规定得十分肯定,
同时又十分独特,为了使研究易于进行而特别把这点指出来,想必不会是多
余的。政治关系的形式是历史上基础性的东西,而经济的依存不过是一种结
果或特殊情形,因而总是次等的事实。有些最新的社会主义体系把完全相反
的关系的一目了然的假象当做指导原则,他们以为政治的从属似乎是从经济
状态中产生的。当然,这些次等的结果本身确实是存在的,而且在目前是最

能使人感到的;但是本原的东西必须从直接的政治暴力中去寻找,而不是从间接的经济力量中去寻找。"

在另一个地方也是这样,在那里杜林先生

"从这样的原理出发:政治状态是经济状况的决定性的原因,相反的关系只是次等的相反结果…… 只要人们把政治组合不是看做达到自己目的的出发点,而仅仅把它当做达到糊口目的的手段,那么不管这些人看来是多么激进社会主义的和革命的,他们总是包藏着一部分隐蔽的反动性"。

这就是杜林先生的理论。这一理论在这里和其他许多地方都是直截了当地提出的,可以说是颁布下来的。在厚厚的三大部书里,任何地方都没有作过证明这一理论或者反驳相反意见的哪怕一点点尝试。即使论据像乌莓子一样便宜[328],杜林先生也没有给我们拿出一个来。事情本来已经由鲁滨逊奴役星期五这一著名的原罪证明了。这是一种暴力行为,因而是一种政治行为。这种奴役构成了到现在为止的全部历史的出发点和基本事实,并给这一历史注入了非正义的原罪,以致这种奴役在往后的时期中只是有所缓和并"变为较为间接的经济依存形式";同样,直到现在还通行的全部"基于暴力的所有制"也是以这种原始奴役为基础的,——正因为如此,很显然,一切经济现象都应该由政治原因来解释,即由暴力来解释。而谁对此不满意,谁就是隐蔽的反动派。

首先应当指出,一个人只有像杜林先生那样自以为是,才能把这个毫不独特的观点看得"十分独特"。把重大政治历史事件[32]看做历史上起决定作用的东西的这种观念,像历史编纂学本身一样已经很古老了,并且主要是由于这种观念的存在,保留下来的关于各国人民的发展的材料竟如此之少,而这种发展正是在这个喧嚣的舞台背后悄悄地进行的,并且起着真正的推动作用。这种观念曾支配已往的整个历史观,只是法国复辟时代的资产阶级历史编纂学家①才使之发生动摇;在这里,"独特"的只是杜林先生对这一切又毫无所知。

其次,即使我们暂且认为,杜林先生关于到目前为止的全部历史可以归结为人对人的奴役的说法是正确的,那还远未弄清事情的根底。而首先发生了这样的问题:鲁滨逊为什么要奴役星期五呢? 单是为了取乐吗? 完全不是。相反,我们看到,星期五是"被迫作为奴隶或单纯的工具去从事经济的劳务,而且也只是作为工具被养活着"。鲁滨逊奴役星期五,只不过是要星期五为鲁滨逊的利益来劳动。但是鲁滨逊怎样能够从星期五的劳动中获得好处呢? 这只是因为星期五以他的劳动所生产的生活资料,多于鲁滨逊为维持他的劳动能力而不得不给予他的东西。因此,鲁滨逊违背了杜林先生的明确的规定,把由于奴役星期五而造成的"政治组合不是看做达到自己目的的出发点,而仅仅把它当做达到糊口目的的手段",现在可以让他自己想想,他怎样去向他的主人和师长杜林交代。

这样,杜林先生为了证明暴力是"历史上基础性的东西"而特意编造的天真的例子证明:暴力仅仅是手段,相反,经济利益才是目的。目的比用来达到目的的手段要具有大得多的"基础性",同样,在历史上,关系的经济方面也比政治方面具有大得多的基础性。因此,上述例子证明的同它所要证明的正好相反。在鲁滨逊和星期五的例子上如此,在到目前为止的一切统治和奴役的事例上也都是如此。用杜林先生的优雅词汇来说,压迫始终是"达到

---

① 指奥·梯叶里、弗·基佐、弗·米涅和阿·梯也尔。——编者注

糊口目的的手段"(指最广义的糊口目的),但是无论何时何地,它都不是什么为"达到自己目的"而实行的政治组合。只有像杜林先生这样的人才能设想,捐税在国家中只是"次等的结果",或者,进行统治的资产阶级和被统治的无产阶级的目前的政治组合是为了"达到自己目的"而存在,而不是为了进行统治的资产者的"糊口目的",即为了榨取利润和积累资本而存在。

现在回过头来再谈我们的两个男人。鲁滨逊"手持利剑"把星期五变成自己的奴隶。但是鲁滨逊为了做到这一点,除利剑之外还需要别的东西。并不是每个人都能使用奴隶服役。为了能使用奴隶,必须掌握两种东西:第一,奴隶劳动所需的工具和对象;第二,维持奴隶困苦生活所需的资料。因此,先要在生产上达到一定的阶段,并在分配的不平等上达到一定的程度,奴隶制才会成为可能。奴隶劳动要成为整个社会中占统治地位的生产方式,生产、贸易和财富积聚就要有大得多的增长。在古代自然形成的土地公有的公社中,奴隶制或是根本还没有出现,或是只起极其次要的作用。在最初的农民城市罗马,情形也是如此;当罗马变成"世界城市",意大利的地产日益集中于人数不多的非常富有的所有者阶级手里的时候,农民人口才被奴隶人口所排挤。波斯战争时期,在科林斯奴隶数目达到46万,在埃吉纳岛达到47万,平均每个自由民有10个奴隶[329],为此,除"暴力"之外,还需要其他东西,即高度发展的工艺美术业和手工业以及广泛的贸易。美国的奴隶制对暴力的依赖,要比它对英国的棉纺织工业的依赖少得多;在不种植棉花的地方,或者不像边境各州那样为各植棉州蓄奴的地区,奴隶制未经使用暴力就自行消失,这仅仅是因为奴隶制不上算。

这样,杜林先生把现代的所有制叫做基于暴力的所有制,并且

称它为

"这样一种统治形式,这种统治形式的基础不仅在于禁止同胞使用天然的生活资料,而且更重要得多的是在于强迫人们从事奴隶的劳役"——

他就把全部关系弄颠倒了。

要强迫人们从事任何形式的奴隶的劳役,强迫者就必须拥有劳动资料,他只有借助这些劳动资料才能使用被奴役者;而在实行奴隶制的情况下,除此以外,他还必须拥有用来维持奴隶生活所必需的生活资料。这样,在任何情况下,他都必须拥有一定的超过平均水平的财产。但是这种财产是怎样来的呢? 无论如何,有一点是清楚的:虽然财产可以由掠夺而得,就是说可以建立在**暴力**基础上,但是决不是必须如此。它可以通过劳动、偷窃、经商、欺骗等办法取得。无论如何,财产必须先由劳动生产出来,然后才能被掠夺。

私有财产在历史上的出现,决不是掠夺和暴力的结果。相反,在一切文明民族的古代自然形成的公社中,私有财产已经存在了,虽然只限于某几种对象。在这种公社的内部,最初是在同外地人进行的交换中,它就已经发展成商品的形式。公社的产品越是采取商品的形式,就是说,产品中为生产者自己消费的部分越小,为交换目的而生产的部分越大,在公社内部,原始的自发的分工被交换排挤得越多,公社各个社员的财产状况就越不平等,旧的土地公有制就被埋葬得越深,公社就越迅速地瓦解为小农的乡村。东方的专制制度以及东征西讨的游牧民族的不断更迭的统治,几千年来都对这些旧的公社无可奈何;由大工业产品的竞争引起的自然形成的家庭工业的逐渐破坏,却使公社日益瓦解。在这里,像目前在摩泽尔河地区和霍赫瓦尔德地区仍在进行的"农户公社"公有耕地的分配一样,谈不上什么暴力;农民恰恰认为,耕地公有被耕地私有取而代之,对自己是有利的。① 甚至原始贵族的形成,像在凯尔特人中、日耳曼人中和在印度旁遮普是在土地公有制的基础上发生的那样,最初也完全不是基于暴力,而是基于自愿和习惯。私有财产的形成,到处都是由于生产关系和交换关系发生变化,都是为了提高生产和促进交换——因而都是由于经济的原因。在这里,暴力没有起任何作用。显然,在掠夺者能够**占有**他人的财物以前,私有财产的制度必须是已经存在了;因此,暴力虽然可以改变占有状况,但是不能创造私有财产本身。

甚至"强迫人们从事奴隶的劳役"的最现代的形式,即雇佣劳动,我们也不能用暴力或基于暴力的所有制去说明。我们已经说过,劳动产品转化为商品,即不是为自身消费而是为交换所进行的产品生产,对古代公社的瓦解,因而对私有制的直接或间接的普遍化,起了怎样的作用。马克思在《资本论》中再清楚不过地证明(杜林先生小心翼翼地对此甚至一字不提),商品生产达到一定的发展程度,就转变为资本主义的生产;在这个阶段上,"以商品生产和商品流通为基础的占有规律或私有权规律,通过它本身的、内在的、不可避免的辩证法转变为自己的对立物。表现为最初活动的等价物交换,已经变得仅仅在表面上是交换,因为,第一,用来交换劳动力的那部分资本本身只是不付等价物而占有的他人的劳动产品的一部分;第二,这部分资本不仅必须由它的生产者即工人来补偿,而且在补偿时还要加上新的剩余额〈余额〉…… 最初,在我们看来,所有权似乎是以自己的劳动为基础的…… 现在〈据

---

① 参看格·汉森《特里尔专区的农户公社(世代相承的协作社)》1863 年柏林版。——编者注

马克思分析的结果〉,所有权对于资本家来说,表现为占有他人无酬劳动的权利,而对于工人来说,则表现为不能占有自己的产品。所有权和劳动的分离,成了似乎是一个以它们的同一性为出发点的规律的必然结果。"①换句话说,即使我们排除任何掠夺、任何暴力行为和任何欺骗的可能性,即使假定一切私有财产起初都基于占有者自己的劳动,而且在往后的全部进程中,都只是相等的价值和相等的价值进行交换,那么,在生产和交换的进一步发展中也必然要产生现代资本主义的生产方式,生产资料和生活资料必然被一个人数很少的阶级所垄断,而另一个构成人口绝大多数的阶级必然沦为一无所有的无产者,必然出现狂热生产和商业危机的周期交替,出现整个现在的生产无政府状态。全部过程都由纯经济的原因来说明,而根本不需要用掠夺、暴力、国家或任何政治干预来说明。"基于暴力的所有制",在这里,原来也不过是用来掩饰对真实的事物进程毫不了解的一句大话。

历史地说,这个进程是资产阶级的发展史。如果"政治状态是经济状况的决定性的原因",那么,现代资产阶级就不应当是在反对封建制度的斗争中发展起来的,而应当是封建制度自愿生产的宠儿。任何人都知道,实际情形正好相反。资产阶级起初是一个被压迫的等级,它不得不向进行统治的封建贵族交纳贡税,它由各种各样的依附农和农奴补充自己的队伍,它在反对贵族的不断斗争中占领了一个又一个的阵地,最后,在最发达的国家中取代了贵族的统治;在法国它直接推翻了贵族,在英国它逐步地使贵族资产阶级化,并把贵族同化,作为它自己装潢门面的上层。它是怎样

①　引自马克思《资本论》第 1 卷,参看本选集第 2 卷第 264—265 页。——编者注

达到这个地步的呢？只是通过"经济状况"的改变，而政治状态的改变则是或早或迟，或自愿或经过斗争随之发生的。资产阶级反对封建贵族的斗争是城市反对乡村、工业反对地产、货币经济反对自然经济的斗争，在这一斗争中，资产者的决定性的武器是他们的**经济上的**权力手段，这些手段由于工业（起初是手工业，后来扩展成为工场手工业）的发展和商业的扩展而不断增长起来。在这整个斗争中，政治暴力始终在贵族方面，只有一个时期是例外，那时王权利用资产阶级反对贵族，以便利用一个等级去控制另一个等级；但是，自从政治上还软弱无力的资产阶级因其经济力量的增长而开始变得危险起来的时候起，王权又和贵族联合起来，因而起初在英国随后在法国引起了资产阶级的革命。在法国，在"政治状态"还没有发生变化的时候，"经济状况"已经发展得超过它了。就政治状态来说，贵族拥有一切，资产者一无所有；可是就社会状况来说，那时资产者是国家里最重要的阶级，而贵族已经丧失了他们的全部社会职能，他们只是继续取得固定收入，以作为失去这些职能的补偿。不仅如此，资产阶级在他们的全部生产中，还受到早已被这种生产（不但被工场手工业，而且甚至被手工业）所超过的中世纪封建政治形式的钳制，受到所有那些已经成为生产的障碍和桎梏的无数行会特权以及各地和各省的关税壁垒的钳制。资产阶级的革命结束了这种状况。但是，革命不是按照杜林先生的原则，使经济状况适应政治状态（贵族和王权在长时期内正是枉费心机地企图这样做的），而是相反，把陈腐的政治废物抛开，并造成使新的"经济状况"能够存在和发展的政治状态。"经济状况"在这个与之适合的政治的和法的氛围中蓬勃地发展起来，以致资产阶级已经接近贵族在1789年所处的地位了：它不仅日益成为社会的多余，而且日益成为社会的障碍；它日益脱离生产活动，日益像旧时的贵族那样成为一个只收取固定收入的阶级；它不是用任何暴力的戏法，而是以纯经济的方法，实现了它自己的地位的变革，并造成了新的阶级，即无产阶级。此外，它决不愿意它自己的行为和活动产生这样的结果，相反，这种结果是在违背它的意志和愿望的情况下以不可抗拒的力量实现的；它拥有的生产力发展得超过了它的驾驭能力，好似以自然的必然性把整个资产阶级社会推向毁灭，或者推向变革。资产者现在求助于暴力，以挽救日趋瓦解的"经济状况"免于崩溃，他们这样做只是证明：他们陷入了杜林先生陷入的那条迷途，以为"政治状态是经济状况的决定性的原因"，他们完全和杜林先生一样想入非非，以为用"本原的东西"，用"直接的政治暴力"就能改造那些"次等的事实"，即经济状况及其不可避免的发展，用克虏伯炮和毛瑟枪就能把蒸汽机和由它推动的现代机器的经济结果，把世界贸易以及现代银行和信用的发展的经济结果从世界上消除掉。

三 暴力论（续）

让我们稍微仔细地看一看杜林先生的这个万能的"暴力"吧。鲁滨逊"手持利剑"奴役星期五。他是从什么地方得到这把利剑的呢？就是在鲁滨逊漂流记中的幻想岛上，利剑也从来不是树上长出来的，而杜林先生对这个问题却不作任何答复。既然鲁滨逊能够获得利剑，那我们同样可以设想，星期五有朝一日将手握子弹上膛的手枪出现，那时全部"暴力"关系就颠倒过来了：星期五发号施令，而鲁滨逊则不得不做苦工。请读者原谅我们如此经常地回到关于鲁滨逊和星期五的故事上来，这个故事其实只属于儿童游戏室而不属于科学。但是我们有什么办法呢？我们不得不老老实实地应用杜林先生的公理般的方法。如果我们经常在纯粹儿戏的范围内兜圈子，那么这不是我们的过错。总之，手枪战胜利剑，这样，即使最幼稚的公理论者也可以理解，暴力不是单纯的意志行为，它要求具备各种实现暴力的非常现实的前提，特别是**工具**，其中，较完善的战胜较不完善的；其次，这些工具必然是生产出来的，同时也可以说，较完善的暴力工具即一般所说的武器的生产者，战胜较不完善的暴力工具的生产者；一句话，暴力的胜利是以武器的生产为基础的，而武器的生产又是以整个生产为基础，因而是以"经济力量"，以"经济状况"，以可供暴力支配的**物质**手段为基础的。

目前，暴力是陆军和海军，而我们大家遗憾地知道，这两者需要"巨额的金钱"。但是暴力不能铸造金钱，它最多只能夺取已经铸造出来的金钱，而我们从法国的数十亿法郎[68]中同样遗憾地知道，这也没有起多大作用。因此，归根到底，金钱必须通过经济的生产才能取得；就是说，暴力还是由经济状况来决定的，经济状况给暴力提供配备和保持暴力工具的手段。但是还不仅如此。没有什么东西比陆军和海军更依赖于经济前提。装备、编成、编制、战术和战略，首先依赖于当时的生产水平和交通状况。这里起变革作用的，不是天才统帅的"知性的自由创造"，而是更好的武器的发明和士兵成分的改变；天才统帅的影响最多只限于使战斗的方式适合于新的武器和新的战士。①

---

① 在《反杜林论》第二编最初的手稿中，关于以下六段文字的内容有更详尽的论述，后来恩格斯把这些论述抽出来，冠以《步兵战术及其物质基础。1700—1870 年》的标题，见《马克思恩格斯文集》第 9 卷第 375—381 页。——编者注

在 14 世纪初,火药从阿拉伯人那里传入西欧,像每一个小学生都知道的那样,它使整个作战方法发生了变革。但是火药和火器的采用决不是一种暴力行为,而是一种工业的,也就是经济的进步。不管工业是以生产什么东西为目的,还是以破坏什么东西为目的,工业总还是工业。火器的采用不仅对作战方法本身,而且对政治上的统治和奴役关系起了变革的作用。要获得火药和火器,就要有工业和金钱,而这两者都为市民所占有。因此,火器一开始就是城市和以城市为依靠的新兴君主政体反对封建贵族的武器。以前一直攻不破的贵族城堡的石墙抵不住市民的大炮;市民的枪弹射穿了骑士的盔甲。贵族的统治跟身披铠甲的贵族骑兵队同归于尽了。随着市民等级的发展,步兵和炮兵越来越成为决定性的兵种;在炮兵的压力下,军事行业不得不增加新的纯粹工业的部门——工程部门。

火器的改善非常缓慢。火炮仍然是笨重的,枪虽经多次局部的改进,还是很粗笨。经过 300 多年,才出现了适合装备全体步兵的枪。只是在 18 世纪初,装有刺刀的燧发枪才把长矛最后从步兵的装备中排挤出去。那时的步兵是由经过严格训练的、但完全不可靠的诸侯雇佣兵组成的,他们是从社会中最堕落的分子中招募来的,只有在鞭笞之下才俯首听命,这种步兵还常常是由强迫编入军队的怀有敌意的战俘组成的;这些士兵能够应用新武器的唯一战斗形式就是线式战术,这种战术在弗里德里希二世时代达到了最完善的地步。军队的全体步兵排成三线,形成一个非常狭长而中空的四边形,只能以战斗队形为一个整体来运动;最多只准许两翼之中的一翼稍稍前进或后退。这种动转不灵的队伍,只有在十分平坦的地形上才能整齐地运动,而且只能以缓慢的步伐(每分钟 75 步)行进;战斗队形的变换在作战时是不可能的,步兵一进入战斗,只经一次突击,在很短的时间内就决定胜败了。

在美国独立战争[330]中,起义者的队伍曾经同这种动转不灵的线式队形作战。起义者虽然没有经过步法操练,但是他们能很好地用他们的线膛枪射击;他们为自己的切身利益而战,所以并不像雇佣兵那样临阵脱逃;他们并没有迎合英国人的愿望,同样以线式队形在开阔地上和他们对抗,而是以行动敏捷的散兵群在森林的掩护下袭击英国人。在这里,线式队形是无能为力的,被既看不见又无法接近的敌人击败。于是又发明了散兵战——由于士兵成分的改变而产生的一种新的作战方式。

美国革命所开始的事情由法国革命来完成,在军事方面也是如此。法国革命同样只能以训练很差但人数很多的兵力,以全民武装来和反法同盟的训练有素的雇佣军队相对抗。它不得不以这些兵力去保卫巴黎,即保卫一定的地区,但要做到这一点,不在投入众多兵力的野战中获得胜利是不行的。仅仅散兵战已经不够了;必须找出一种形式来使用众多兵力,这种形式就是**纵队**。这种纵队队形使训练较差的军队也能够相当有序地运动,甚至行进速度比较快(每分钟100步或100步以上)。这种队形使他们能够突破旧的线式队形的死板形式,能够在任何地形上,也就是说能够在对线式队形最不利的地形上作战,能够以任何适宜的方法去部署军队,同时能够和散兵战相配合来阻滞、牵制和疲惫列成线式队形的敌人,一直到最后用预备队的兵力在阵地的决定性地点上突破敌人的线式队形。这种新的作战方式以散兵和步兵纵队的配合为基础,以军队划分为由各兵种组成的独立的师或军为基础,它在战术和战略方面都被拿破仑发展到了完善的地步。这种作战方式之所以成为必要,首先是由于法国革命的士兵成分发生了变化。但是这种作战方式还需要两个非常重要的技术前提:第一,格里博瓦尔设计的较轻便的野炮架,它使野炮能以现在所要求的速度转移;第二,1777 年法国采用的按照猎枪仿造的弯曲的枪托(以前作为枪管的延长部分的枪托是直的),它使射手能够向某一个人瞄准而不会屡击不中。没有这些进步,使用旧式武器是不能进行散兵战的。

全民武装这种革命的制度,很快就仅仅变成一种强迫征兵制(富人可以出钱雇人代服兵役),而欧洲大陆上大多数大国都采用了这种形式的兵役制度。只有普鲁士企图通过自己的后备军制度**331**更大规模地组成国民的防御力量。在 1830 年和 1860 年之间得到改善的、适于作战的前装线膛枪起了短期的作用以后,普鲁士又是第一个以最新式的武器,即后装线膛枪来装备全体步兵的国家。普鲁士在 1866 年的胜利①是应当归功于这两项措施的。

在普法战争中,对垒的双方军队第一次都使用后装线膛枪,而且实质上都采用旧式滑膛燧发枪时代的战斗队形。只是普鲁士人尝试采用连纵队,以图找到一种更适合于新式武器的战斗形式。但是,当 8 月 18 日普鲁士近卫军在圣普里瓦**332**认真地试用连纵队时,参战最多的五个团在不到两小时内就损失了三分之一以上的兵力(176 名军官和 5 114 名士兵),从那时起,连纵队这种战斗形式也同营纵队和线式队形一样被摒弃了;以后不再有人尝试把任何密集的队伍置于敌人步枪的火力之下。在普军方面,只是以稠密的散兵群进行战斗,其实从前纵队在敌人的弹雨下就已常常自行分散为散兵群,尽管上级把这种行为看做破坏队形而加以反对。同样,在敌人步枪的射程内,**跑步**变成了唯一的运动形式。士

---

① 　指 1866 年的普奥战争。——编者注

兵又一次表现得比军官聪明;正是士兵本能地找到了在后装线膛枪的火力下至今仍然行之有效的唯一的战斗形式,而且不管长官如何反对,还是成功地坚持了这种战斗形式。

普法战争是一个转折点,这个转折点具有同以前的一切转折点完全不同的意义。第一,武器已经大大完善,难以再取得具有任何变革作用的新的进步了。既然有火炮可以在目力所及的范围内射击一营人,步枪又能在同样的范围内射击单个的人这样的目标,而装弹所花的时间又比瞄准少,那么,往后的一切改进在一定程度上对野战是无关紧要的。因此,在这方面发展的时代实质上已经结束了。第二,这一战争迫使欧洲大陆上的一切大国在国内采用更严格的普鲁士式的后备军制度,因而加重了军事负担,而在这种重担之下,它们过不了几年就一定要陷于崩溃。军队变成了国家的主要目的,变成了目的本身;人民之所以存在,只是为了当兵和养兵。军国主义统治着并且吞噬着欧洲。但是这种军国主义本身也包含着自身毁灭的萌芽。各国之间的相互竞争,使它们一方面不得不每年在陆军、海军、火炮等方面花费更多的金钱,从而越来越加速财政的崩溃;另一方面不得不越来越严格地采用普遍义务兵役制,结果使全体人民学会使用武器;这就使人民有可能在一定时机反对军事长官而实现自己的意志。一旦人民群众——农村工人、城市工人和农民——**有了**自己的意志,这样的时机就要到来。那时,君主的军队将转变为人民的军队,机器将拒绝效劳,军国主义将由于自身发展的辩证法而灭亡。1848 年资产阶级民主主义不能做到使劳动群众具有一种内容适合于他们的阶级地位的意志,正是因为这种民主主义是**资产阶级的**,而不是无产阶级的,而这一点社会主义一定会做到。而这就意味着**从内部炸毁军国主义并随之炸毁一切常备军**。

这是我们的现代步兵史上的第一个教训。另一个教训使我们又回到杜林先生那里,这个教训是:军队的全部组织和作战方式以及与之有关的胜负,取决于物质的即经济的条件:取决于人和武器这两种材料,也就是取决于居民的质和量以及技术。只有像美国人这样的狩猎民族才能够发明散兵战,而他们之所以曾经是猎人,是由于纯经济的原因,正如今天由于纯经济的原因,旧有各州的同样的美国人已转变为农民、工业家、航海家和商人,他们不再在原始森林中进行散兵战,而是在投机的战场上更干练地进行散兵战,在那里他们在使用众多兵力方面也大有进展。——只有像在经济上解放了资产者,特别是解放了农民的法国革命那样的革命,才能找到人数众多的军队,同时给这种军队找到自由的运动形式,这种运动形式打破了旧的呆板的线式队形——它所保卫的专制主义在军事上的反映。我们在上面已经一一看到,一旦技术上的进步可以用于军事目的并且已经用于军事目的,它们便立刻几乎强制地,而且往往是违反指挥官的意志而引起作战方式上的改变甚至变革。此外,战争的进行对后方的和战区的生产率和交通工具依赖到多大程度,关于这个问题,现在每一个肯用功的军士都能够向杜林先生讲清楚。总之,在任何地方和任何时候,都是经济条件和经济上的权力手段帮助"暴力"取得胜利,没有它们,暴力就不成其为暴力。谁要是想依据杜林的原则从相反的观点来改革军事,那么他除了挨揍是不会有别的结果的。①

---

① 恩格斯在这里加了一个注:"在普鲁士总参谋部内,人们都已经清楚地知道这一点。总参谋部的上尉麦克斯·耶恩斯先生在一个学术报告中指出:'军事的基础首先就是人民的经济生活状况。'(1876年4月20日《科隆日报》第3版)**333**"——编者注

如果我们把话题从陆地转到海上,那么仅仅在最近 20 年中就发生了一个完全不同的彻底的变革。克里木战争[210]时,军舰只是两层或三层的木质舰船,装有 60—100 门火炮,这种舰船主要还是靠帆力航行,有一部马力很小的蒸汽机,只起辅助作用。它的主要装备有约重 50 公担①的三十二磅炮,只有少数是重 95 公担的六十八磅炮。到这次战争快结束时,出现了浮动的装甲炮台,它很笨重,几乎不能运动,但是对当时的火炮来说,这已经是不能损伤的奇物了。不久以后,军舰也装上了铁甲;起初还很薄,4 英寸厚的装甲已经算是很重的了。但是火炮的进步很快就超过了它,装甲每加厚一次,就有新的更重的火炮轻而易举地打穿它。这样,一方面,我们现在已经有了 10、12、14 和 24 英寸厚的装甲(意大利想建造装甲厚 3 英尺的军舰);另一方面,我们已经有了 25、35、80 甚至 100 吨(每吨 20 公担)重的线膛炮,能把 300、400、1 700 直到 2 000 磅的炮弹发射到前所未闻的距离之外。现在的军舰是一种巨大的装甲的螺旋推进式蒸汽舰,有 8 000—9 000 吨的排水量,有 6 000—8 000 匹马力,有旋转的炮塔,四门以至六门重炮,有装在舰首吃水线以下的突出的冲角来冲撞敌人的舰船。这种军舰是一部庞大的机器,唯有在这种军舰上,蒸汽不仅能推动它快速前进,而且还被用来掌舵、抛锚、起锚、转动炮塔、进行瞄准、装填弹药、抽水、升降小船(这些小船本身,一部分也是用蒸汽的力量推动的)等等。装甲防护能力和火炮威力之间的竞赛,还远远没有结束,以致军舰现在几乎总是不再能满足要求,在它下水之前就已经过时了。现代的军舰不仅是现代大工业的产物,同时还是现代大工业

---

① 德国 1 公担等于 50 千克。——编者注

的样板,是浮在水上的工厂——的确,主要是浪费大量金钱的工厂。大工业最发达的国家差不多掌握了建造这种舰船的垄断权。土耳其的全部装甲舰、俄国的几乎全部装甲舰以及德国的大部分装甲舰,都是在英国建造的;凡是可用的装甲几乎都是在设菲尔德制造的;欧洲只有三个钢铁厂能够制造最重的火炮,两个(伍利奇和埃尔斯维克)在英国,一个(克虏伯)在德国。这里十分清楚地表明,杜林先生认为是"经济状况的决定性的原因"的"直接的政治暴力",反而是完全受经济状况支配的;不仅海上的暴力工具即军舰的建造,而且它的操作本身都成为现代大工业的一个部门。事情发展成这样,谁也不会比"暴力"即国家更感到苦恼,国家现在建造一艘军舰要花费像以前建立整整一支小舰队那样多的金钱;而且它还不能不眼睁睁地看到,这种贵重的军舰甚至还没有下水就已经过时,因而贬值了;国家肯定会像杜林一样,感到恼火的是:掌握"经济状况"的人即工程师,现在在舰上竟比掌握"直接暴力"的人即舰长重要得多。而我们却不然,我们完全没有理由在看到下述情况时感到恼怒:在装甲和火炮之间的竞赛中,军舰建造得极为精良,以致它造价昂贵而又不适于战争[①];这种竞赛同时也在海战领域里揭示出内在的辩证的运动规律,按照这种规律,军国主义将同任何其他历史现象一样,由于它自身发展的结果而走向灭亡。

因此,在这里我们也非常清楚地看到,决不能说"本原的东西

---

① 恩格斯在这里加了一个注:"大工业供给海战的最新产品自动鱼雷的完善化,看来会造成这一结果:最小的鱼雷艇因此会比威力最大的装甲舰厉害。"

　　在《反杜林论》1894年第3版中,恩格斯在原注文之后又加了一句话:"此外,请读者记住,上述文字是在1878年写的。"——编者注

必须从直接的政治暴力中去寻找,而不是从间接的经济力量中去寻找"。恰恰相反。暴力本身的"本原的东西"是什么呢?是经济力量,是支配大工业这一权力手段。以现代军舰为基础的海上政治暴力,表明它自己完全不是"直接的",而正是**借助于**经济力量,即冶金术的高度发展、对熟练技术人员和丰富的煤矿的支配。

但是这一切有什么用呢? 在下一次海战中,请把最高的指挥权交给杜林先生吧,让他不用鱼雷及其他技巧,而只用他的"直接暴力"去消灭受经济状况支配的各种装甲舰队吧。

四 暴力论(续完)

"一个非常重要的情况是:事实上,对自然界的统治,无论如何〈!〉,只是通过对人的统治才实现的〈实现统治!〉。如果事先没有奴役人们,强迫他们从事某种形式的奴隶劳役或徭役,在任何时候和任何地方大面积的地产经营都是不可能实现的。对物的经济统治的建立,是以人对人的政治、社会和经济的统治为前提的。如果不同时想到大地主对奴隶、依附农或间接不自由者的统治,怎么能想象一个大地主呢? 无论过去和现在,单个人的力量,最多再加上他的家庭成员的辅助力量,对于大规模的农业耕作来说能有什么意义呢? 在超出单个人的天然力量的规模上使用土地或者扩大对土地的经济统治,这在到目前为止的历史中之所以成为可能,只是因为在建立对土地的统治以前,或者与此同时,也建立了相应的对人的奴役。在发展的更后时期,这种奴役变得缓和了…… 在高度文明的国家里,它现在的形式是或多或少由警察统治所指挥的雇佣劳动。因此,表现为大规模土地支配和〈!〉大规模土地占有的现代财富形式的实际可能性,是以这种雇佣劳动为基础的。不言而喻,分配财富的一切其他形式,也应该按类似的方式历史地加以说明;人对人的间接依附关系,现在构成经济上最发达的制度的基本特征,这种关系是不能由它本身去理解和说明的,而只有把它看做已往的直接奴役和剥夺的稍有变化的遗物才能理解和说明。"

杜林先生就是这样说的。

命题:(人)对自然界的统治,是以(人)对人的统治为前提的。

证明:**大面积的地产**的经营,在任何时候和任何地方,都是由被奴役者来进行的。

证明的证明:如果没有被奴役者,怎么能有大土地占有者呢?因为没有被奴役者,大土地占有者及其家属只能够耕种他所占有的土地的极小一部分。

所以:为了证明人要征服自然界就必须先奴役别人,杜林先生便直截了当地把"自然界"转换为"大面积的地产",并且把这个地产——不知是谁的?——又立即转换为大地主的财产,而没有被奴役者,大地主自然是不能耕种他的土地的。

第一,"对自然界的统治"和"地产的经营"决不是一回事。对自然界的统治的规模,在工业中比在农业中大得多,直到今天,农业不但不能控制气候,还不得不受气候的控制。

第二,如果我们只限于谈大面积的地产的经营,那么,问题就在于:这个地产是属于谁的。我们在所有的文明民族的历史初期所看到的不是"大地主"——杜林先生在这里以他惯用的、被他称为"自然的辩证法"[334]的那套变戏法的手法把大地主塞了进来——,而是土地共同占有的氏族公社和农村公社。从印度到爱尔兰,大面积的地产的经营,最初正是由这种氏族公社和农村公社来进行的,同时,耕地或者以公社为单位共同耕种,或者分成小块,由公社在一定时期内分配给各个家庭去耕种,而森林和牧场继续共同使用。所有这些事情,杜林先生都毫无所知;他的全部著作都表明他完全不知道毛勒关于原始德意志马尔克制度这一整个德意志法的基础的划时代的著作[335],同时也表明他完全不知道那些主要受毛勒影响的、日益增多的其他著作,这些著作证明在所有欧洲和亚洲的文明民族中都存在过原始的土地公有,而且阐述了这种所有制的存在和解体的各种形式。杜林先生的这种无知又一次表明了他在"政治和法律的领域"中所进行的"最深刻的专门研究"的特色。杜林先生在法兰西法和英吉利法的领域中已经"自己为自己赢得他自己的全部无知"①,这种无知尽管是非常惊人的,可是他在德意志法的领域中赢得了更加惊人得多的无知。这个人对大学教授的狭隘眼界十分愤怒,而他现在在德意志法的领域中所具有的水平最多也不过是 20 年前大学教授的水平。

杜林先生断言,大面积的地产的经营需要有地主和被奴役者,这种说法纯粹是他的"自由创造物和想象物"。在整个东方,公社或国家是土地的所有者,在那里的语言中甚至没有地主这个名词,关于这一点,杜林先生尽可以向英国的法学家请教,他们曾在印度徒劳地苦苦思索"谁是土地的所有者?"这个问题,正像已去世的邦君亨利希七十二世·罗伊斯-施莱茨-格赖茨-洛本施泰因-埃伯斯多夫[336]徒劳地苦苦思索"谁是守夜者?"这个问题一样。只有土耳其人才第一次在被他们征服的东方国家推行了一种地主封建制度。希腊早在英雄时代就已经带着等级划分进入历史,这种等级划分本身显然只是我们所不知道的久远的史前时代的产物;但是就在这里,土地也主要是由独立的农民耕种的;成为例外的,是贵族和部落首领的较大的田产,而且它们很快就消失了。在意大利,土地主要是由农民垦殖的;在罗马共和国末期,大田庄即大庄园排挤小农而代之以奴隶,它们同时也以畜牧业代替了农业,而且像普林尼所已经知道的那样,使意大利趋于崩溃(latifundia Italiam perdidere)②。在中世纪,农民的耕作在整个欧洲占支配地位(特别是

---

① 见海涅《科贝斯第一》。——编者注
② 参看普林尼《博物志》第 18 卷第 35 章。——编者注

在开垦荒地方面)，至于农民是否必须向某个封建主交纳贡赋，交纳什么，这对于目前的问题是无关紧要的。弗里斯兰、下萨克森、佛兰德和下莱茵的移民耕种了从斯拉夫人那里夺来的易北河以东的土地，他们作为自由农进行耕作，交纳很低的赋税，但他们决不是处于"某种形式的徭役"之下。——在北美洲，绝大部分的土地是自由农的劳动开垦出来的，而南部的大地主用他们的奴隶和掠夺性的耕作制度耗尽了地力，以致在这些土地上只能生长云杉，而棉花的种植则不得不越来越往西移。在澳大利亚和新西兰，英国政府人为地制造土地贵族的一切企图都遭到了失败。总之，除了气候使欧洲人无法在当地从事农业劳动的热带和亚热带的殖民地以外，利用奴隶或徭役制农奴来征服自然界和开垦土地的大地主，纯粹是幻想的产物。相反，在古代出现大地主的地方，例如意大利，他们不是把荒地变为可耕的土地，而是把农民已经开垦的土地变为牧场，把人赶走，使整片整片的土地荒芜。只是在近代，自从比较稠密的人口抬高了地价以来，特别是自从农艺学的发展使劣等的土地也较能适于耕种以来，大地产才开始大规模地参与荒地和牧场的开垦，而这主要是通过夺取农民的公地进行的，在英国是这样，在德国也是这样。但当时不是没有对应的措施。例如大土地占有者每在英格兰开垦一英亩公地，总要在苏格兰至少把三英亩耕地变成牧羊场，最后甚至把这些耕地变成单纯的猎取大猎物的围场。

这里我们只是针对杜林先生的下述论断：大面积土地的开垦，实际上差不多就是全部耕地的开垦，"在任何时候和任何地方"都只是由大地主和被奴役者来进行的。这种论断，如我们已经看到的，是以对历史的真正空前的无知"为前提"的。因此，我们在这里既不必去研究已经完全开垦或大部分开垦了的土地，在各个时代,有多少是由奴隶(如在希腊的极盛时期)所耕种或为依附农所耕种(如中世纪以来的徭役田庄),也不必去研究大土地占有者在各个时代具有什么样的社会职能。

杜林先生在我们面前展示了这样一幅独具匠心的幻想图——在这幅图中,不知是演绎的戏法还是历史的捏造更值得赞叹——,然后就得意扬扬地高呼:

"不言而喻,分配财富的一切其他形式,也应该按类似的方式历史地加以说明!"

这样一来,他自然就用不着再多说一句话,去解释例如资本的产生。

杜林先生断言,人对人的统治是人对自然界的统治的前提。如果他一般地只想以此来表明:我们现代的整个经济状况,目前已经达到的农业和工业的发展阶段,是在阶级对立中,在统治关系和奴役关系中展开的社会历史的结果,那么他所说的不过是《共产主义宣言》①发表以来早已成为老生常谈的事情。问题恰恰是要去说明阶级和统治关系的产生,如果杜林先生对这个问题总是只用"暴力"这个词来回答,那么这并不能使我们前进一步。被统治者和被剥削者在任何时代都比统治者和剥削者多得多,所以真正的力量总是在前者的手里,仅仅这一简单的事实就足以说明整个暴力论的荒谬性。因此,问题仍然是要去说明统治关系和奴役关系。

这些关系是通过两种途径产生的。

人们最初怎样脱离动物界(就狭义而言),他们就怎样进入历

---

① 即《共产党宣言》。——编者注

史:他们还是半动物,是野蛮的,在自然力量面前还无能为力,还不认识他们自己的力量;所以他们像动物一样贫困,而且生产能力也未必比动物强。那时普遍存在着生活状况的某种平等,对于家长,也存在着社会地位的某种平等,至少没有社会阶级,这种状况在后来的文明民族的自然形成的农业公社中还继续存在着。在每个这样的公社中,一开始就存在着一定的共同利益,维护这种利益的工作,虽然是在全体的监督之下,却不能不由个别成员来担当:如解决争端;制止个别人越权;监督用水,特别是在炎热的地方;最后,在非常原始的状态下执行宗教职能。这样的职位,在任何时候的原始公社中,例如在最古的德意志的马尔克公社中可以看到,甚至在今天的印度还可以看到。不言而喻,这些职位被赋予了某种全权,这是国家权力的萌芽。生产力逐渐提高;较稠密的人口使各个公社之间在一些场合产生共同利益,在另一些场合又产生相互抵触的利益,而这些公社集合为更大的整体又引起新的分工,建立保护共同利益和防止相互抵触的利益的机构。这些机构,作为整个集体的共同利益的代表,在对每一个公社的关系上已经处于特别的、在一定情况下甚至是对立的地位,它们很快就变得更加独立了,这种情况的出现,部分地是由于职位的世袭(这种世袭在一切事情都是自发地进行的世界里差不多是自然而然地形成的),部分地是由于同别的集团的冲突的增多,使得这种机构越来越必不可少了。在这里我们没有必要来深入研究:社会职能对社会的这种独立化怎样逐渐上升为对社会的统治;起先的公仆在情况有利时怎样逐步变为主人;这种主人怎样分别成为东方的暴君或总督,希腊的部落首领,凯尔特人的族长等等;在这种转变中,这种主人在什么样的程度上终究也使用了暴力;最后,各个统治人物怎样结合成一个统治阶级。在这里,问题仅仅在于确定这样的事实:政治统治到处都是以执行某种社会职能为基础,而且政治统治只有在它执行了它的这种社会职能时才能持续下去。不管在波斯和印度兴起和衰落的专制政府有多少,每一个专制政府都十分清楚地知道它们首先是河谷灌溉的总管,在那里,没有灌溉就不可能有农业。只有文明的英国人才在印度忽视了这一点;他们听任灌溉渠道和水闸毁坏,现在,由于周期性地发生饥荒,他们才终于发现,他们忽视了唯一能使他们在印度的统治至少同他们前任的统治一样具有某种合理性的那种行动。

但是,除了这样的阶级形成过程之外,还有另一种阶级形成过程。农业家族内的自发的分工,达到一定的富裕程度时,就有可能吸收一个或几个外面的劳动力到家族里来。在旧的土地公有制已经崩溃或者至少是旧的土地共同耕作已经让位于各个家族分得地块单独耕作的那些地方,上述情形尤为常见。生产已经发展到这样一种程度:现在人的劳动力所能生产的东西超过了单纯维持劳动力所需的数量;维持更多的劳动力的资料已经具备了;使用这些劳动力的资料也已经具备了;劳动力获得了某种**价值**。但是公社本身和公社所属的集团还不能提供多余的可供自由支配的劳动力。战争却提供了这种劳动力,而战争就像相邻几个公社集团的同时并存一样古老。先前人们不知道怎样处理战俘,因此就简单地把他们杀掉,在更早的时候甚至把他们吃掉。但是在这时已经达到的"经济状况"的水平上,战俘获得了某种价值;因此人们就让他们活下来,并且使用他们的劳动。这样,不是暴力支配经济状况,而是相反,暴力被迫为经济状况服务。**奴隶制**被发现了。奴隶制很快就在一切已经发展得超过古代公社的民族中成了占统治地位的生产形式,但是归根到底也成为它们衰落的主要原因之一。只有奴隶制才使农业和工业之间的更大规模的分工成为可能,从而使古代世界的繁荣,使希腊文化成为可能。没有奴隶制,就没有希腊国家,就没有希腊的艺术和科学;没有奴隶制,就没有罗马帝国。没有希腊文化和罗马帝国所奠定的基础,也就没有现代的欧洲。我们永远不应该忘记,我们的全部经济、政治和智力的发展,是以奴隶制既成为必要、又得到公认这种状况为前提的。在这个意义上,我们有理由说:没有古希腊罗马的奴隶制,就没有现代的社会主义。

讲一些泛泛的空话来痛骂奴隶制和其他类似的现象,对这些可耻的现象发泄高尚的义愤,这是最容易不过的事情。可惜,这样做仅仅说出了一件人所共知的事情,这就是:这种古希腊罗马的制度已经不再适合我们目前的状况和由这种状况所决定的我们的感情。但是,这种制度是怎样产生的,它为什么存在,它在历史上起了什么作用,关于这些问题,我们并没有因此而得到任何的说明。如果我们深入地研究一下这些问题,我们就不得不说——尽管听起来是多么矛盾和离奇——在当时的情况下,采用奴隶制是一个巨大的进步。人类是从野兽开始的,因此,为了摆脱野蛮状态,他们必须使用野蛮的、几乎是野兽般的手段,这毕竟是事实。古代的公社,在它们继续存在的地方,从印度到俄国,在数千年中曾经是最野蛮的国家形式即东方专制制度的基础。只是在公社瓦解的地方,各民族才靠自身的力量继续向前迈进,它们最初的经济进步就在于借助奴隶劳动来提高和进一步发展生产。有一点是清楚的:当人的劳动的生产率还非常低,除了必要生活资料只能提供很少的剩余的时候,生产力的提高、交往的扩大、国家和法的发展、艺术和科学的创立,都只有通过更大的分工才有可能,这种分工的基础是从事单纯体力劳动的群众同管理劳动、经营商业和掌管国事以及后来从事艺术和科学的少数特权分子之间的大分工。这种分工的最简单的完全自发的形式,正是奴隶制。在古代世界、特别是希腊世界的历史前提之下,进步到以阶级对立为基础的社会,这只能通过奴隶制的形式来完成。甚至对奴隶来说,这也是一种进步;成为大批奴隶来源的战俘以前都被杀掉,在更早的时候甚至被吃掉,现在至少能保全生命了。

在这里我们顺便补充一下,剥削阶级和被剥削阶级、统治阶级和被压迫阶级之间的到现在为止的一切历史对立,都可以从人的劳动的这种相对不发展的生产率中得到说明。只要实际从事劳动的居民必须占用很多时间来从事自己的必要劳动,因而没有多余的时间来从事社会的公共事务——劳动管理、国家事务、法律事务、艺术、科学等等,总是必然有一个脱离实际劳动的特殊阶级来从事这些事务;而且这个阶级为了它自己的利益,从来不会错过机会来把越来越沉重的劳动负担加到劳动群众的肩上。只有通过大工业所达到的生产力的极大提高,才有可能把劳动无例外地分配给一切社会成员,从而把每个人的劳动时间大大缩短,使一切人都有足够的自由时间来参加社会的公共事务——理论的和实际的公共事务。因此,只是在现在,任何统治阶级和剥削阶级才成为多余的,而且成为社会发展的障碍;也只是在现在,统治阶级和剥削阶级,无论拥有多少"直接的暴力",都将被无情地消灭。

因此,既然杜林先生因为希腊文化是以奴隶制为基础而对它嗤之以鼻,那他可以用同样的理由去责备希腊人没有蒸汽机和电报。既然他断言,我们现代的雇佣奴役制只能解释为奴隶制的稍有变化和稍微缓和的遗物,而不能从它本身(即从现代社会的经济规律)去加以说明,那么这种论断,要么只是说雇佣劳动同奴隶制一样,是奴役和阶级统治的形式——这是每个小孩子都知道的——,要么就是错误的。因为根据同样的理由,我们也可以说,雇佣劳动只能被解释为缓和的吃人形式,现在到处都已经证实,吃人曾是处理战败的敌人的原始形式。

由此可以清楚地看到,对于经济的发展,暴力在历史中起着什么样的作用。第一,一切政治权力起先都是以某种经济的、社会的职能为基础的,随着社会成员由于原始公社的瓦解而变为私人生产者,因而和社会公共职能的执行者更加疏远,这种权力不断得到加强。第二,政治权力在对社会独立起来并且从公仆变为主人以后,可以朝两个方向起作用。或者它按照合乎规律的经济发展的精神和方向发生作用,在这种情况下,它和经济发展之间没有任何冲突,经济发展加快速度。或者它违反经济发展而发生作用,在这种情况下,除去少数例外,它照例总是在经济发展的压力下陷于崩溃。这少数例外就是个别的征服事件:比较野蛮的征服者杀光或者驱逐某个地方的居民,并且由于不会利用生产力而使生产力遭到破坏或衰落下去。例如在摩尔西班牙,基督徒就是这样对待摩尔人赖以从事高度发展的农业和园艺业的大部分灌溉工程的。由比较野蛮的民族进行的每一次征服,不言而喻,都阻碍了经济的发展,摧毁了大批的生产力。但是在长时期的征服中,比较野蛮的征服者,在绝大多数情况下,都不得不适应由于征服而面临的比较高的"经济状况";他们为被征服者所同化,而且多半甚至不得不采用被征服者的语言。但是,如果撇开征服的情况不谈,当某一个国家内部的国家权力同它的经济发展处于对立地位的时候——直到现在,几乎一切政治权力在一定的发展阶段上都是这样——,斗争每次总是以政治权力被推翻而告终。经济发展总是毫无例外地和无情地为自己开辟道路,最近这方面最显著的例子,就是我们已经提到过的法国大革命。如果根据杜林先生的学说,某个国家的经济状况以及与此相关的经济制度完全依赖于政治暴力,那就根本不能理解,为什么弗里德里希-威廉四世在1848年之后,尽管有

"英勇军队"³³⁷,却不能把中世纪的行会制度和其他浪漫的狂念,嫁接到本国的铁路、蒸汽机以及刚刚开始发展的大工业上去;或者为什么强暴得多的俄国沙皇①不但不能偿付他的债务,而且如果不利用西欧的"经济状况"不断借债,甚至不能保持他的"暴力"。

在杜林先生看来,暴力是绝对的坏事,第一次暴力行为是原罪,他的全部叙述只是哀诉这一暴力行为怎样作为原罪玷污了到现在为止的全部历史,一切自然规律和社会规律怎样被这种恶魔力量即暴力可耻地歪曲了。但是,暴力在历史中还起着另一种作用,革命的作用;暴力,用马克思的话说,是每一个孕育着新社会的旧社会的助产婆②;它是社会运动借以为自己开辟道路并摧毁僵化的垂死的政治形式的工具——关于这些,杜林先生一个字也没有提到。他只是在叹息和呻吟中承认这样一种可能性:为了推翻进行剥削的经济,也许需要暴力,这很遗憾!因为在他看来,暴力的任何使用都会使暴力使用者道德堕落。他说这话竟不顾每一次革命的胜利带来的道德上和精神上的巨大跃进!而且这话是在德国说的,在那里,人民可能被迫进行的暴力冲突至少有一个好处,即扫除三十年战争¹⁸⁵的屈辱在民族意识中造成的奴才气。而这种枯燥的、干瘪的、软弱无力的传教士的思维方式,竟要强加给历史上最革命的政党!

五　价值论

大约在一百年以前,在莱比锡出版了一本书,这本书到 19 世

---

① 亚历山大二世。——编者注
② 引自马克思《资本论》第 1 卷,参看本选集第 2 卷第 296 页。——编者注

纪初已经再版了 30 多次；官方、传教士、各色各样的慈善家都在城市和农村传播、分发这本书，并且指定国民学校普遍地把它作为读本。这本书就是罗霍的《儿童之友》①。它的目的在于教育农民和手工业者的子弟懂得他们一生的使命，以及他们对社会和国家的领导应尽的义务，同时，教导他们愉快地满足于他们在人间的命运，满足于黑面包和土豆，满足于劳役、低微的工资、长辈的鞭笞以及诸如此类的好事，而所有这些都是用当时流行的启蒙方式进行的。为了这个目的，他们开导城市和农村的青年：自然界安排得多么巧妙啊，人必须通过劳动来维持生活和得到享受；农民和手工业者应该感到多么幸福啊，他们可以用艰辛的劳动去给自己的膳食增添滋味，而不像富足的酒肉之徒那样苦于消化不良、胆管阻塞和便秘，勉勉强强地吞咽最精细的美食。老罗霍认为对当时的萨克森农民子弟挺有用的那些老生常谈，现在杜林先生却在他的《教程》第 14 页和以后几页上当做最新的政治经济学的"绝对基础性的东西"提供给我们。

"人的需要本身是有其自然规律性的，并且它的增加是有限度的，只有不自然状态才能在一个时期内超越这种限度，直到由这种不自然状态产生厌恶、厌世、衰老，成为社会的残废，以至最后老死…… 纯为享乐而无其他的认真的目的的游戏，很快就使人厌倦，或者换一个说法，使人丧失一切感觉能力。因此，任何一种形式的实际的劳动，是健康人的社会的自然规律…… 如果欲望和需要缺少平衡力量，那么它们连儿童式的存在也难以保持，更不用说历史地逐渐上升的生活发展了。如果不经过努力而完全得到满足，那么欲望和需要很快就会枯竭，并且留下一种空虚的存在，也就是一个令人厌烦的间歇时期，这个时期一直持续到欲望和需要重新恢复时为止…… 因此，无论从哪方面看，欲望和情欲的满足有赖于经济障碍的克服，这是自然界的

---

① 弗·埃·罗霍《儿童之友。乡村学校读本》1776 年勃兰登堡—莱比锡版。——编者注

外部结构和人的内在本性的有益的基本规律",如此等等。

可以看到,尊敬的罗霍的最庸俗的陈词滥调,在杜林先生那里庆祝了它们的100周年,而且这还被看成是为唯一真正批判的和科学的"共同社会体系""奠定更加深刻的基础"。

这样,杜林先生在奠定了基础以后,可以继续建造了。他应用数学的方法,首先照老欧几里得的先例[338]给我们提供了一系列定义。这是非常便当的,因为他在下定义时就可以把应当借助定义证明的论点部分地包含在这些定义之中了。这样,我们首先看到,

到现在为止的经济学的主要概念叫做财富,而财富,正像它直到现在真正地在世界历史上被理解的那样,像它的领域被人们所阐述的那样,是"对人和物的经济权力"。

这是双重的错误。第一,古代氏族公社和农村公社的财富决不是对人的支配。第二,就是在那些在阶级对立中运动的社会里,如果说财富包含了对人的支配,那它主要地、几乎完全地是**依靠**和**通过**对物的支配来进行对人的支配的。自从猎取奴隶和剥削奴隶成为彼此分开的行业的最初时期起,奴隶劳动的剥削者就不得不购买奴隶,就是说,只有通过对物的支配,通过对奴隶的购买价格、对奴隶的生活资料和劳动资料的支配,才能获得对人的支配。在整个中世纪,大地产是封建贵族获得佃农和徭役农的先决条件。现在,甚至六岁的小孩也可以看出,财富对人的支配完全要借助它所掌握的物来进行。

但是,为什么杜林先生要对财富下这种错误的定义呢?为什么他要扯断存在于直到目前的一切阶级社会中的事实上的联系呢?为的是要把财富从经济领域拖到道德领域中去。对物的支配是好事,但是对人的支配是坏事;杜林先生既然禁止自己以对物的

支配去解释对人的支配，他就可以再一次采取勇敢的步骤，立即以他心爱的暴力去解释这种支配。财富作为人的支配者就是"掠夺"，于是，我们又碰到了蒲鲁东的"财产就是盗窃"这一陈腐观点①的拙劣的翻版。

这样，我们就有幸从生产和分配这两个主要的角度来看待财富了：作为对物的支配的财富，即生产财富，是好的方面；作为对人的支配的财富，即到现在为止的分配财富，是坏的方面，应该扔掉它！用于今天的关系，那就是：资本主义的生产方式是很好的，可以继续存在，但是资本主义的分配方式完全不适用，必须废除。在写经济学的东西时，连生产和分配之间的联系都没有理解，自然就会得出这样的谬论。

在财富之后，对价值所下的定义如下：

"价值是经济物品和经济服务在交往中所具有的意义。"这种意义相当于"价格或其他任何一种等价物名称，如工资"。

换句话说：价值就是价格。或者，为了对杜林先生不做任何不公平的事情，并尽量用他自己的话来复述他的定义的荒谬，倒不如说：价值是各种价格。因为他在第 19 页上说：

"价值和以货币来表现这个价值的各种价格"，

可见他自己认定，同一价值有极其不同的价格，因而也有同样多的不同的价值。如果黑格尔不是早已死去，他或许会上吊的。即使他把全部神学逻辑都用上，也造不出这样一种有多少价格就有多少不同的价值的价值。只有具备杜林先生那样的自信心的人，才

---

① 见皮·约·蒲鲁东《什么是财产？或关于法和权力的原理的研究》1840年巴黎版第 2 页。——编者注

能以下面这样的解释来为经济学奠定新的更加深刻的基础：在价格和价值之间，除了一个是以货币来表现，另一个不是以货币来表现以外，再没有其他任何区别了。

但是我们还是不知道什么是价值，更不知道价值是由什么决定的。所以杜林先生不得不作进一步的说明。

> "一般说来，价值和以货币来表现这个价值的各种价格所依据的比较和估价的基本规律，撇开只给价值概念带来第二要素的分配不谈，首先存在于纯生产的领域中。自然条件的不同，使得创造物品的种种努力遇到或大或小的障碍，因而迫使人们付出或大或小的经济力量，这些障碍也决定……或大或小的价值"；而价值是根据"自然界和各种条件对创造活动的阻力来估价的…… 我们在它们〈物品〉里面所投入的我们自己的力量的多少，就是一般价值和某一特定的价值量存在的直接的决定性原因。"

如果所有这套说法还有某种意义，那么这就是：一个劳动产品的价值是由制造这个产品所必需的劳动时间来决定的，这一点，即使没有杜林先生，我们也老早就知道了。他不是简单地叙述事实，而偏要神谕式地歪曲这个事实。说一个人在任何物品里所投入的力量的多少（为了保留这种浮夸的表达法），是价值和价值量的直接的决定性原因，这完全是错误的。第一，问题在于把力量投入什么物品；第二，是怎样投入的。如果我们的某个人制造的是对于别人没有使用价值的物品，那么他的全部力量就不能造成丝毫价值；如果他坚持用手工的方法去制造一种物品，而用机器生产这种物品所花的力量只是前者的二十分之一，那么他所投入的二十分之十九的力量既没有造成一般价值，也没有造成某一特定的价值量。

其次，如果把积极地创造产品的生产劳动变换为纯粹消极地克服某种阻力的活动，那么事情就完全被歪曲了。这样一来，为了要得到一件汗衫，我们必须做以下的事：首先要克服棉花种子对播种和生长的阻力，其次要克服成熟的棉花对采摘、包装和运送等的阻力,再次要克服棉花对开包、梳理和纺的阻力,以后是克服棉纱对织的阻力,棉布对漂白和缝纫的阻力,最后是克服做好的汗衫对穿着的阻力。

所有这些幼稚的颠倒和歪曲,究竟是为了什么呢? 为了借助"阻力"从"生产价值",从这个真正的、但直到现在仅仅是想象的价值,得出为暴力所伪造的、在直到现在为止的历史中唯一适用的"分配价值"。

"除了自然界所造成的阻力……还有另一种纯社会的障碍…… 在人和自然界之间出现一种阻碍的力量,而这种力量仍旧是人。想象中的唯一的和孤立的人对自然界是自由的…… 只要我们想到第二个人,这个人手持利剑,占据通向自然界和自然资源的入口,要求某种形式的入门费,那情况就不同了。这第二个人……仿佛征收另一个人的税,所以他就是以下种情况的原因:人们想要得到的物品的价值,会比创造或生产没有遇到这种政治障碍和社会障碍时的价值大…… 这种人为地提高的物品价值的特殊形式是极其多样的,这种提高自然要以劳动价值的相应的压低作为它的伴随物……因此,一开始就想把价值看做本来意义上的等价物,即同等价值的东西,或看做根据一种劳动同与其交换的另一种劳动相等的原则而形成的交换关系,这是一种幻想…… 相反,正确的价值论的特征将是:这种理论所设想的最一般的估价理由,是不会同建立在强迫分配之上的特殊的价值形态吻合的。这种特殊的价值形态随着社会制度而变更,而真正的经济价值只能是按对自然的关系来计量的生产价值,所以它只随着自然性质的和技术性质的纯粹的生产障碍而变化。"

因此,按照杜林先生的意见,一个物品的实际上存在的价值是由两部分组成的:第一,它本身所包含的劳动,第二,"手持利剑"逼出来的附加税。换句话说,目前存在的价值是一种垄断价格。如果现在一切商品,按照这种价值论,都具有这样一种垄断价格,那么只有两种情况是可能的。或者每个人作为买主重新丧失他作为卖主所获得的东西;价格虽然在名义上改变了,但是实际上——

在它们的相互关系中——保持不变;一切还是照旧,而有名的分配价值只不过是假象。——或者所谓的附加税表现为一个真实的价值额,即由劳动的、创造价值的阶级所生产,但被垄断者阶级所占有的价值额,这时,这个价值额就只由无酬劳动组成;尽管有手持利剑的人,尽管有所谓的附加税和所称的分配价值,我们在这种情况下还是回到了马克思的**剩余价值理论**。

但是,我们来看看有名的"分配价值"的几个例子吧。在第135页和以后几页上写道:

"由于个人竞争而产生的价格的形态,也可以看做经济分配和相互征税的形式……试设想,某种必需的商品的储存突然大大地减少了,因此,卖方就得到了过分大的进行剥削的权力……　特别是在不正常的情况下,当必需的商品的供应在一个比较长的时期内中断的时候,可以看到,价格是怎样猛升暴涨的",等等。除此以外,在事物的正常进程中也存在着可以任意提高价格的实际垄断,例如铁路、城市的自来水公司和灯用煤气公司等。

存在着这种垄断性的剥削现象,这是早已知道的。但是不把这种情况所造成的垄断价格看做例外和特殊情况,而恰恰把它看做现在通行的确定价值的办法的典型例子,这倒是新鲜事。生活资料的价格是怎样确定的呢? 杜林先生回答说:到一个被围困的、供应中断的城市去调查一番吧! 竞争怎样影响市场价格的确定呢? 去问垄断吧,它会告诉你们的!

此外,即使在这种垄断的情况下,也不会发现手持利剑站在垄断背后的人。相反,在被围困的城市中,手持利剑的人即司令官,如忠于职守,总是很快地取缔这种垄断,并且没收垄断者的存货,拿来平均分配。而且,只要手持利剑的人企图制造"分配价值",就总是要招致事业的失败和金钱的损失。荷兰人因为垄断东印度贸易而使他们的垄断和贸易遭到毁灭。当年存在过的两个最强大的政府,北美革命政府和法国国民公会,企图强行规定最高价格,结果遭到惨痛的失败。俄国政府几年来都在努力提高俄国纸币的汇价,这种汇价是由于在俄国不断发行不兑现的银行券而压低的,现在它又不断地在伦敦为俄国买进票据,以图达到提高汇价的目的。它在几年之间为了实现这个心愿花费了大约 6 000 万卢布,可是现在 1 卢布还不值 2 马克,而不是 3 马克多。如果利剑具有杜林先生所赋予的经济魔力,那么,为什么没有一个政府能够长期地硬使坏货币具有好货币的"分配价值",或者硬使纸币具有黄金的"分配价值"呢? 在世界市场上发号施令的利剑在什么地方呢?

其次,分配价值还有一种重要形式,通过这种形式,分配价值使人们可以在不付出对等劳动的情况下占有他人的劳动,这种形式就是财产的租金,即地租和资本赢利。我们现在指出这一点,只是为了能够说明,这就是我们关于有名的"分配价值"所得知的一切——是一切吗? 还不完全是一切。请听:

"尽管在生产价值和分配价值的认识方面表现出双重的观点,但是总有一些共同的东西作为基础,这就是借以形成一切价值、因而用以计量一切价值的那种对象。直接的天然的尺度是力的花费,而最简单的单位是最粗浅意义上的人力。后者归结为生存时间,而生存时间的自我维持又表现为对营养上和生活上一定数量的困难的克服。只有在支配非生产出来的物品的权力,或者更通俗地说,这些物品本身,同具有真正生产价值的劳动或物品相交换的地方,分配价值或占有价值才纯粹地或绝对地存在。在每种价值表现中,因而也在那种通过分配而不是付出对等劳动被占有的价值组成部分中,所表明和表现的相同的东西,就是人力的花费,人力……体现于……每个商品之中。"

我们对此还有什么可说的呢? 如果一切商品价值都由商品中所体现的人力的花费来计量,那么,分配价值、加价、赋税的征收都到哪里去了呢? 杜林先生固然告诉我们,即使非生产出来的物品,即不能有真正价值的物品,也能够获得分配价值,并同生产出来的具有价值的物品相交换。但是,他同时又说,**一切价值**,因而也包括纯粹的和绝对的分配价值,都在于其中所体现的力的花费。在这里,可惜我们没有听到,力的花费怎样体现在非生产出来的物品中。无论如何,在所有这些关于价值的乱七八糟的东西中似乎终于有一点清楚地显现出来了,这就是:分配价值,通过社会地位而强加的商品加价,借助于利剑而逼出来的税,又都是虚无;商品的价值是完全由人力的花费决定的,正如通常所说的,是由体现在它们里面的劳动决定的。可见,杜林先生所说的,除地租和几种垄断价格外,不就是被他痛骂过的李嘉图—马克思的价值理论早就远为明确而清楚地说过的见解吗? 只是他说得很混乱,很模糊而已。

他说了这些,同时也说了相反的东西。马克思从李嘉图的研究出发,说道:商品的价值是由体现在商品中的社会必要的、一般人的劳动决定的,而劳动又由劳动时间的长短来计量。劳动是一切价值的尺度,但是它本身是没有价值的。杜林先生以他那笨拙的方式也提出劳动是价值尺度,以后又继续说:

劳动"归结为生存时间,而生存时间的自我维持又表现为对营养上和生活上一定数量的困难的克服"。

我们且不说他纯粹想要标新立异而混淆劳动时间(在这里,问题只涉及劳动时间)和生存时间(这种生存时间,直到现在还从来没有创造过或计量过价值)。我们也不说这种生存时间的"自我维持"是要造成"共同社会的"假象;从过去到将来,只要世界存在,每个人都必须这样地来维持自己的生命:他**自己**消费他维持生命所必需的资料。如果我们假定杜林先生是用经济学的精确的语言来作表述的,那么上面这句话不是根本没有意义,就是有这样的意义:一件商品的价值是由体现在这件商品中的劳动时间决定的,而这一劳动时间的价值是由在这个时间内维持工人生活所必需的生活资料的价值决定的。对于目前的社会来说,这就是:一件商品的价值是由包含在这件商品中的**工资**决定的。

这样我们终于接触到了杜林先生真正要说的东西。按照庸俗经济学的说法,一件商品的价值是由生产费用来决定的。

凯里反对这种意见,而"强调这样的真理:不是生产费用,而是再生产费用决定价值"(《批判史》第401页)。

这种生产费用或再生产费用是怎么一回事,我们以后再说;这里仅仅指出,大家都知道,它们是由工资和资本利润构成的。工资是体现在商品中的"力的花费",是生产价值。利润是资本家利用自己的垄断、利用自己手中的利剑逼出来的赋税或加价,是分配价值。这样,杜林价值论的充满矛盾的胡言乱语,终于转化为美妙和谐的明白见解了。

在亚当·斯密那里,工资决定商品价值的观点还常常和劳动时间决定价值的观点混在一起,自李嘉图以来,前一种观点就被逐出科学的经济学之外了,今天,它仅仅还流行于庸俗经济学中。正是现存资本主义社会制度的最平庸的颂扬者宣扬工资决定价值的观点,同时还把资本家的利润说成一种高级的工资、禁欲的报酬(因为资本家没有把他的资本挥霍掉)、冒险的奖赏、经营管理的报酬等等。杜林先生和他们不同的地方,只是在于他宣布利润是掠夺。换句话说,杜林先生是把他的社会主义直接建立在最坏的庸俗经济学的学说之上的。他的社会主义和这种庸俗经济学具有同样的价值。二者存亡与共。

无论如何,下面这一点是很清楚的:工人所完成的和他所花费的,正像机器所完成的和它所花费的一样,是不同的东西。工人在一个 12 小时的工作日内所创造的价值,同他在这个工作日内和属于这个工作日的休息时间内所消费的生活资料的价值,是没有任何共同之处的。在这些生活资料中,按照劳动生产率发展的程度,可以体现出 3 小时、4 小时或 7 小时的劳动时间。如果我们假定这些生活资料的生产需要 7 小时的劳动,那么根据杜林先生所采用的庸俗经济学的价值论,就应当说:12 小时劳动的产品具有 7 小时劳动的产品的价值,12 小时的劳动等于 7 小时的劳动,或 12＝7。说得更明白些:一个农业工人,不论他处于什么样的社会关系之中,在一年内生产了一定数量的谷物,比如说 20 石小麦。他在这一年内消费了相当于 15 石小麦的价值。这样,20 石小麦就具有了和 15 石的小麦一样的价值,并且这是在同一市场上,在其他方面完全相同的条件下发生的;换句话说,20＝15。而这还叫做经济学!

　　人类社会脱离动物野蛮阶段以后的一切发展,都是从家庭劳动创造出的产品除了维持自身生活的需要尚有剩余的时候开始的,都是从一部分劳动可以不再用于单纯生活资料的生产,而是用于生产资料的生产的时候开始的。劳动产品超出维持劳动的费用而形成剩余,以及社会的生产基金和后备基金靠这种剩余而形成和积累,过去和现在都是一切社会的、政治的和智力的发展的基础。在迄今为止的历史中,这种基金都是一个特权阶级的财产,而政治统治权和精神主导权也和这种财产一起落到这个特权阶级的手里。即将到来的社会变革将把这种社会的生产基金和后备基金,即全部原料、生产工具和生活资料,从特权阶级的支配中夺过来,把它们转交给全社会作为公有财产,这样才真正把它们变成了社会的基金。

　　二者必居其一。或者:商品的价值是由生产这些商品所必需的劳动的维持费用决定的,这就是说,在今天的社会中是由工资决定的。这样,每个工人**在他的工资中**就得到了**他的劳动产品的价值**,这样,资本家阶级对雇佣工人阶级的剥削就成为不可能的事情。假定维持一个工人生活的费用在一个社会里是每天3马克。这样,根据上述庸俗经济学的理论,工人每天的产品就具有3马克的价值。现在我们假定,雇用这个工人的资本家对这一产品加上了利润,即加上1马克的税,把它卖了4马克。其他资本家也这样做。但是这样一来,工人每日的生活费就不再是3马克,而是也需要4马克。因为一切其他条件都是假定不变的,所以表现为生活资料的工资应该是不变的,所以表现为货币的工资就不得不增加,从每天3马克增加到4马克。资本家以利润形式从工人阶级身上剥夺的东西,不得不以工资的形式还给工人阶级。我们绝对没有前进一步:如果工资决定价值,那么资本家对工人的任何剥削就都是不可能的了。就连产品剩余的形成也是不可能的了,因为按照我们的假定,工人正好消费掉他们所生产的价值。而因为资本家不生产任何价值,所以甚至不能想象,资本家究竟靠什么来生活。如果生产超出消费而形成的这种剩余,这种生产基金和后备基金终究存在,而且是在资本家手中,那么就只能有一个解释:工人为维持自己的生活仅仅消费了商品的**价值**,而把商品本身留给了资本家继续使用。

或者:如果这个生产基金和后备基金确实在资本家阶级的手中,如果这种基金确实是由利润的积累而产生的(在这里,我们暂时把地租撇开),那么这种基金必然是由工人阶级向资本家阶级提供的劳动产品超过资本家阶级向工人阶级支付的工资总数形成的剩余积累而成的。但是这样一来,价值就不是由工资决定,而是由劳动量本身决定的;这样,工人阶级以劳动产品的形式向资本家阶级提供的价值量,就比他们以工资的形式从资本家阶级那里所得到的价值量大;这就表明,资本的利润像占有他人的无酬劳动产品的其他一切形式一样,只不过是马克思所发现的剩余价值的组成部分。

附带说一下,李嘉图在他的主要著作中一开始就说:

"一件商品的价值取决于生产它所必需的劳动量,而不是取决于对这种劳动所付的或高或低的报酬。"[①]

关于这个伟大的发现,关于这个划时代的发现,在整个《经济学教程》中一点也没有提到。在《批判史》中却用神谕式的语句否定了这一发现:

"他〈李嘉图〉没有想到:或大或小的比例(在这比例中,工资可以是对生活需要的支付凭据〈!〉)也必定……造成不同的价值关系!"

这句话,读者随便怎么想都可以,但最好是根本不去想它。

现在读者可以从杜林先生向我们提供的五种价值中选择自己最喜欢的那一种了:来自自然界的生产价值,或人的劣根性所创造的分配价值,其特点在于它是按照并非自身所包含的力的花费来计量的,或第三,由劳动时间计量的价值,或第四,由再生产费用计量的价值,或最后,由工资计量的价值。真是丰富的选择,十足的混乱,我们只好和杜林先生一起喊叫:

"价值学说是经济学体系的纯洁性的试金石!"

六 简单劳动和复合劳动

杜林先生在马克思那里发现了只有小学生才会犯的很不像样

[①] 见大·李嘉图《政治经济学和赋税原理》1821 年伦敦第 3 版第 1 页。——编者注

的经济学上的错误,这种错误同时还包含着危害公共安全的社会主义异端邪说。

马克思的价值论,"无非是一种普通的……学说,它认为,劳动是一切价值的原因,而劳动时间是一切价值的尺度。对所谓熟练劳动的不同价值应该怎样去思考,这个问题在这里是完全不清楚的…… 的确,我们的理论也认为,只有通过耗费的劳动时间才能计量经济物品的自然成本,从而计量经济物品的绝对价值;但是在这里,从一开始就应该认为每个人的劳动时间都是完全相等的,只是必须注意到,在熟练劳动的情况下,在一个人的个人劳动时间之外还有别人的劳动时间共同起作用……例如,以使用的工具的形式起作用。因此,事情并不像马克思先生模模糊糊地想象的那样:某个人的劳动时间本身比另一个人的劳动时间更有价值,因为其中好像凝结着更多的平均劳动时间;相反,一切劳动时间毫无例外地和在原则上(因而不必先得出一种平均的东西)都是完全等价的,只是就一个人的劳动来说,正像任何成品一样,必须注意到,在好像纯粹是自己的劳动时间的耗费中可能隐藏着多少别人的劳动时间。无论是手工生产工具,或者是手,甚至是头脑本身(如果没有别人的劳动时间,这些东西是不能获得专门的特性和劳动能力的),对理论的严格应用都是没有任何意义的。可是马克思先生在他的关于价值的议论中,总是不能摆脱熟练的劳动时间这个在背后作怪的幽灵。有教养的阶级的传统的思维方式使他在这方面不能果断行事;在有教养的阶级看来,承认推小车者的劳动时间和建筑师的劳动时间本身在经济上完全等价,好像是一件非常奇怪的事情。"

马克思书中引起杜林先生这样"强烈愤怒"的那段话是非常短的。马克思探讨了**商品**的价值是由什么决定的,并且作了回答:是由包含在商品中的人的劳动决定的。他接着又说,人的劳动"是每个没有任何专长的普通人的有机体平均具有的简单劳动力的耗费…… 比较复杂的劳动只是自乘的或不如说多倍的简单劳动,因此,少量的复杂劳动等于多量的简单劳动。经验证明,这种简化是经常进行的。一个商品可能是最复杂的劳动的产品,但是它的价值使它与简单劳动的产品相等,因而本身只表示一定量的简单劳动。各种劳动化为当做它们的计量单位的简单劳动的不同比例,是在生产者背后由社会过程决定的,因而在他们看来,似乎是由习惯确定的"①。

马克思在这里所谈的,首先仅仅是关于**商品**价值的决定,即关于在一个私人生产者所组成的社会内由这些私人生产者各自独立生产出来并且拿来相互交换的物品的价值的决定。因此,这里所说的根本不是什么"绝对价值"(无论它出现在什么地方),而是在一个特定的社会形式中通行的价值。这种价值在这个特定的历史范围内表明是由体现在单个商品中的人的劳动来创造和计量的,而这种人的劳动则表明是简单劳动力的耗费。但是,并非任何劳动都只是人的简单劳动力的耗费;许多种类的劳动包含着需要耗费或多或少的辛劳、时间和金钱去获得的技巧和知识的运用。这种复合劳动同简单劳动即单纯的简单劳动力的耗费,是否在相等的时间内生产出相等的商品价值呢?显然不是。一小时复合劳动的产品同一小时简单劳动的产品相比,是一种价值高出一倍或两倍的商品。复合劳动的产品的价值通过这种比较表现为一定量的简单劳动;但是复合劳动简化为简单劳动是在生产者背后由社会过程完成的,在这里,在阐述价值理论时,对这一过程只能加以确定,还没有予以说明。

马克思在这里确证的是今天的资本主义社会中每天在我们眼前发生的简单的事实。这一事实是这样确凿,甚至杜林先生也不敢在他的《教程》和他的经济史中加以反驳;马克思的叙述是这样简单明了,除杜林先生外,肯定不会有人感到"在这里是完全不清楚的"。正因为他自己的观点完全不清楚,他才错误地把商品价

---

① 引自马克思《资本论》第 1 卷,见本选集第 2 卷第 104 页。——编者注

值(马克思现在研究的只是商品价值)看做只是把问题弄得更不清楚的"自然成本",甚至看做直到目前为止据我们所知在经济学中还根本没有通行过的"绝对价值"。但是,无论杜林先生把"自然成本"理解为什么,无论在他的五种价值中哪一种有幸代表"绝对价值",有一点是肯定的:马克思根本没有提到过这些东西,而只是讨论商品价值;在《资本论》有关价值的整整一章中没有一点迹象表明,马克思是否认为他的商品价值理论也可以应用于其他社会形式,或者可以应用到什么程度。杜林先生继续说:

"因此,事情并不像马克思先生模模糊糊地想象的那样:某个人的劳动时间本身比另一个人的劳动时间更有价值,因为其中好像凝结着更多的平均劳动时间;相反,一切劳动时间毫无例外地和在原则上(因而不必先得出一种平均的东西)都是完全等价的。"

命运没有使杜林先生成为工厂主,因而他不必按照这个新规则去估定他的商品的价值,从而遭到不可避免的破产,这是他的幸运。这确实是多么幸运啊!我们在这里难道还处于工厂主的社会吗?绝对不是。杜林先生用他的自然成本和绝对价值让我们来一次跳跃,翻了一个真正的空心筋斗,从现在的剥削者的恶劣世界翻到他自己的未来的经济公社,翻到平等和正义的纯洁的太空中,所以我们在这里还不得不稍微观察一下这个新世界,虽然还为时过早。

诚然,根据杜林先生的理论,在经济公社中也只能用耗费的劳动时间来计量经济物品的价值,但是在这里,从一开始就应该认为每个人的劳动时间都是完全相等的,一切劳动时间毫无例外地和在原则上都是完全等价的,而且不必先得出一种平均的东西。现在,把这种激进的平等社会主义同马克思的模糊观念比较一下。据说,这种观念认为某个人的劳动时间本身比另一个人的劳动时间有更多的价值,因为其中凝结着更多的平均劳动时间;有教养的阶级的传统的思维方式使马克思拘泥于这种观念,在有教养的阶级看来,承认推小车者的劳动时间和建筑师的劳动时间在经济上完全等价,好像是一件非常奇怪的事情!

可惜,马克思对前面所引证的《资本论》中的那段话还作了一个简短的注释:"读者应当注意,这里指的不是工人得到的一个工作日的工资或价值,而是指工人的一个工作日对象化的商品价值。"①马克思在这里好像已经预料到杜林的这种手法,所以就反对别人把他的上述见解应用于今天社会中对复合劳动所要支付的工资。如果杜林先生不以此为满足,还把这种见解说成是马克思想用来在按社会主义原则组织起来的社会中调节生活资料的分配的基本原则,那么这种偷梁换柱的无耻行径只有在专事造谣的出版物里才可以见到。

现在我们稍微详细地考察一下等价学说。一切劳动时间,无论是推小车者的劳动时间还是建筑师的劳动时间,都是完全等价的。这样,劳动时间,从而劳动本身,都有一种价值。但是劳动是一切价值的创造者。只有劳动才赋予已发现的自然产物以一种经济学意义上的价值。价值本身只不过是对象化在某个物品中的、社会必要的人类劳动的表现。所以劳动**不能**有任何价值。谈论劳动的价值并且想确定这种价值,这等于谈论价值的价值,或者想确定重量本身的重量,而不是确定一个有重量的物体的重量。杜林先生把社会炼金术士的头衔加给像欧文、圣西门、傅立叶这样的人。但是,当他虚构劳动时间即劳动的价值时,他证明了他自己还远不如真正的炼金术士。现在让人们估量一下杜林先生把下面

---

① 引自马克思《资本论》第 1 卷,见本选集第 2 卷第 104 页脚注(15)。——编者注

这个论断强加给马克思时所表现的勇敢吧！这个论断是:某个人的劳动时间本身比另一个人的劳动时间有更多的价值,劳动时间,从而劳动,有一种价值。其实正是马克思第一次阐明了劳动**不能**有任何价值,以及为什么不能有任何价值。

对于要把人的劳动力从它作为**商品**的地位解放出来的社会主义来说,极其重要的是要认识到,劳动没有任何价值,也不能有任何价值。有了这种认识,杜林先生从自发的工人社会主义那里继承下来的、想把未来的生活资料的分配当做一种比较高的工资来调节的一切企图,就不能得逞。从这种认识产生了进一步的认识:只要分配为纯粹经济的考虑所支配,它就将由生产的利益来调节,而最能促进生产的是能使**一切**社会成员尽可能全面地发展、保持和施展自己能力的那种分配方式。诚然,对于杜林先生所继承的有教养阶级的思维方式来说,下面这种情况必然是一件非常奇怪的事情:总有一天会不再有职业的推小车者和职业的建筑师,曾经在半小时内作为建筑师发号施令的人也要推一段时间的小车,直到再需要他从事建筑师活动时为止。好一个把职业的推小车者永恒化的美好的社会主义!

如果劳动时间的等价所包含的意义,是每个劳动者在相等的时间内生产出相等的价值,而不必先得出一种平均的东西,那么这显然是错误的。即使是同一生产部门内的两个工人,他们在一个劳动小时内所生产的产品价值也总是随着劳动强度和技巧的不同而有所不同;这样的弊病——而且只有像杜林先生那样的人才会把它看成弊病——不是任何经济公社,至少不是我们这个天体上的任何经济公社所能消除的。这样一来,一切劳动的完全等价还剩下些什么呢?剩下的只不过是纯粹夸夸其谈的空话——这种空话的经济基础无非是,杜林先生没有能力把价值由劳动来决定和价值由工资来决定这两种情况加以区别,剩下的只不过是敕令,即新经济公社的基本法律:相等的劳动时间的工资应该相等! 在这方面,老一辈的法国工人共产主义者和魏特林倒是曾经为他们的工资平等说举出了更加好得多的理由。

现在怎样解决关于对复合劳动支付较高工资的全部重要问题呢? 在私人生产者的社会里,培养熟练的劳动者的费用是由私人或其家庭负担的,所以熟练的劳动力的较高的价格也首先归私人所有:熟练的奴隶卖得贵些,熟练的雇佣工人得到较高的工资。在按社会主义原则组织起来的社会里,这种费用是由社会来负担的,所以复合劳动的成果,即所创造的比较大的价值也归社会所有。工人本身没有任何额外的要求。从这里顺便获得的教益是:工人所中意的对"全部劳动所得"的要求,有时也还不是没有问题的。[339]

七 资本和剩余价值

"关于资本,马克思先生首先不是使用流行的经济学概念,即资本是已经生产出来的生产资料,而是企图创造一种更专门的、辩证的历史的观念,这种观念无异于玩弄概念和历史的变态术。他说,资本是由货币产生的;它构成一个历史阶段,这个阶段开始于 16 世纪,即开始于大概在这个时期出现的世界市场萌芽时期。显然,在对概念的这种解释中,国民经济分析的尖锐性就丧失了。在这些应该半是历史和半是逻辑的、而实际上只是历史幻想和逻辑幻想的杂种的荒谬观念中,知性的识别力连同一切诚实的概念运用全都消失了"——

在整整一页上,一直是这样喋喋不休……

"马克思关于资本概念的表述,只能在严谨的国民经济学中引起混乱……产生冒充深刻的逻辑真理的轻率见解……造成基础的薄弱"等等。

这样说来,好像马克思认为资本是在 16 世纪初由货币产生的。这就好像说,金属货币是 3 000 多年前由牲畜产生的,因为在早期牲畜和其他东西一样也承担过货币的职能。只有杜林先生才能采取这样笨拙的和歪曲的表达方式。在马克思关于商品流通过程赖以进行的各种经济形式的分析中,货币是作为最后的形式而产生的。"商品流通的这个最后产物是资本的最初的表现形式。资本在历史上起初到处是以货币形式,作为货币财产,作为商人资本和高利贷资本,与地产相对立……这个历史每天都在我们眼前重演。现在每一个新资本最初仍然是作为货币出现在舞台上,也就是出现在市场上——商品市场、劳动市场或货币市场上,经过一定的过程,这个货币就转化为资本。"①这又是马克思确证的一个事实。杜林先生无法驳倒这个事实,就把它加以歪曲,硬说马克思认为资本是由货币产生的!

马克思又进一步研究了货币转化为资本的过程,他首先发现,货币作为资本流通的形式,同货币作为商品的一般等价物流通的形式是相反的。简单的商品占有者为买而卖;他卖出他不需要的东西,而以所得的货币买进他需要的东西。未来的资本家一开头就买进他自己**不需要**的东西;他为卖而买,而且要卖得贵些,以便收回最初用于购买的货币价值,并且在货币上获得一个增长额;马克思把这种增长额叫做**剩余价值**。

这种剩余价值是从什么地方来的呢? 它既不能来自买者以低于商品的价值购买商品,也不能来自卖者以高于商品的价值出卖商品。因为在这两种情况下,每个人的所得和所失由于每个人都

---

① 见马克思《资本论》第 1 卷,《马克思恩格斯文集》第 5 卷第 171—172 页。——编者注

轮流地成为买者和卖者而互相抵消了。剩余价值也不能来自欺骗,因为欺骗固然能牺牲一个人而使另一个人发财致富,但是不能增加两人所拥有的总数,因而也不能增加流通的价值的总额。"一个国家的整个资本家阶级不能靠欺骗自己来发财致富。"①

可是我们发现,每个国家的整个资本家阶级,因卖出贵于买进,因占有剩余价值,而在我们眼前不断地发财致富。于是我们又回到了原来的问题:这种剩余价值是从什么地方来的?这个问题必须解决,而且要排除任何欺骗,排除任何暴力的任何干涉,用**纯粹经济的**方法来解决,于是问题就是:即使假定相等的价值不断地和相等的价值交换,怎样才能不断地做到贱买贵卖呢?

这个问题的解决是马克思著作的划时代的功绩。这个问题的解决使明亮的阳光照进了经济学的各个领域,而在这些领域中,从前社会主义者也曾像资产阶级经济学家一样在深沉的黑暗中摸索。科学社会主义就是以这个问题的解决为起点,并以此为中心的。

这个问题是这样解决的:应该转化为资本的货币的价值增长,不能在这种**货币**上发生,也不能起源于**购买**,因为这种货币在这里只是实现商品的价格,而这种价格,由于我们假定相交换的是相等的价值,和商品的价值是没有区别的。根据同一理由,价值的增长也不能由商品的**出卖**产生。所以这种变化必定发生在所购买的**商品**中,但不是发生在商品的**价值**中,因为商品是按照它的价值买卖的,而是发生在商品的**使用价值**本身中,就是说,价值的变化一定是从商品的消费中产生。"要从商品的消费中取得价值,我们的

① 见马克思《资本论》第 1 卷,《马克思恩格斯文集》第 5 卷第 190 页。——编者注

货币占有者就必须幸运地……在市场上发现这样一种商品，它的使用价值本身具有成为价值源泉的独特属性，因此，它的实际消费本身就是劳动的对象化，从而是价值的创造。货币占有者在市场上找到了这样一种独特的商品，这就是劳动能力或劳动力。"①如果说，正像我们所看到的，劳动本身不能具有任何价值，那么关于劳动力却决不能这样说。劳动力一旦变成**商品**（它现在事实上就是商品），就获得一种价值，而这种价值"同任何其他商品的价值一样，也是由生产从而再生产这种独特物品所必要的劳动时间决定的"②，就是说，是由工人为制造维持自己能劳动的状态和延续后代所需的生活资料而必须耗费的劳动时间决定的。我们假定这种生活资料代表每天 6 小时的劳动时间。我们的未来的资本家为了经营企业而购买了劳动力，即雇用了一个工人，如果他付给这个工人的货币也代表 6 小时的劳动，那么他付给这个工人的就是他的劳动力的全部日价值。这个工人只要为这个未来的资本家劳动 6 小时，他就完全补偿了资本家的费用，即资本家所支付的劳动力的日价值。可是这样货币就不能转化为资本，就不能产生任何剩余价值。所以劳动力的购买者对于他所做的交易的性质也有完全不同的看法。只需要 6 小时的劳动就足够维持工人 24 小时的生活，这一事实丝毫不妨碍工人在 24 小时中劳动 12 小时。劳动力的价值和劳动力在劳动过程中实现的价值，是两个不同的量。货币占有者支付了劳动力的日价值，所以这一天的劳动力的使用，即这一天的劳动，也就属于他了。劳动力被使用一天所**创造**的价值比它自身的日价值多一倍，这对于买者是特别幸运的，可是

---

① 引自马克思《资本论》第 1 卷，见本选集第 2 卷第 164 页。——编者注
② 同上，第 165 页。——编者注

根据商品交换的规律,这对于卖者决不是不公平的。这样,根据我们的假设,工人每天使货币占有者**付出** 6 小时劳动的价值产品,但是他每天向货币占有者**提供** 12 小时劳动的价值产品。货币占有者赚得了这个差额——6 小时的无酬的剩余劳动,即体现 6 小时劳动的无酬的剩余产品。魔术变完了。剩余价值产生了,货币转化为资本。

由于马克思以这种方式说明了剩余价值是怎样产生的,剩余价值怎样只能在调节商品交换的规律的支配下产生,所以他就揭露了现代资本主义生产方式以及以它为基础的占有方式的机制,揭示了整个现代社会制度得以确立起来的核心。

但是,资本的这种产生有一个根本的先决条件:"货币占有者要把货币转化为资本,就必须在商品市场上找到自由的工人。这里所说的自由,具有双重意义:一方面,工人是自由人,能够把自己的劳动力当做自己的商品来支配,另一方面,他没有别的商品可以出卖,自由得一无所有,没有任何实现自己的劳动力所必需的东西。"①但是,货币占有者或商品占有者这一方同除自己的劳动力外一无所有者这另一方之间的这种关系,决不是自然史上的关系,也不是一切历史时期所共有的关系,"它本身显然是已往历史发展的结果,……是一系列陈旧的社会生产形态灭亡的产物"②。而在 15 世纪末 16 世纪初,由于封建生产方式的崩溃,这种自由的劳动者才在历史上第一次大量地出现。但是由于这种情形,而且由于世界贸易和世界市场从那个时代起开始形成,所以就产生了一种基础,在这种基础上,现存的大量动产必然要越来越多地转化为

---

① 　引自马克思《资本论》第 1 卷,见本选集第 2 卷第 164 页。——编者注
② 　同上,见《马克思恩格斯文集》第 5 卷第 197 页。——编者注

资本,而以生产剩余价值为目的的资本主义生产方式,必然要越来越成为占绝对支配地位的生产方式。

这就是马克思的"荒谬观念","历史幻想和逻辑幻想的杂种",在这些观念中,"知性的识别力连同一切诚实的概念运用全都消失了"。现在把杜林先生向我们提供的"深刻的逻辑真理"、"精确学科意义上的终极的最严格的科学性",同这种"轻率的见解"比较一下吧。

关于资本,马克思"不是使用流行的经济学概念,即资本是已经生产出来的生产资料";其实,他是这样说的:一定的价值额,只有在它产生剩余价值,从而**增殖价值**时,才变为资本。而杜林先生说的是什么呢?

"资本是经济的权力手段的主干,它被用来继续进行生产并形成一般劳动力成果中的份额。"

无论这话又是说得多么玄妙和没有条理,但总有一点是肯定的,就是经济的权力手段的主干可以永远继续进行生产,但是,据杜林先生本人说,它在未形成"一般劳动力成果中的份额",即未形成剩余价值,或至少是未形成剩余产品时,不能成为资本。所以杜林先生不仅自己犯了他谴责马克思所犯的那种罪过,即不是使用资本的流行的经济学概念,而且还对马克思进行笨拙的剽窃,这种剽窃是用浮夸的词句"拙劣地掩盖起来的"。

在第262页上,这一点发挥得更详细:

"社会意义上的资本〈非社会意义上的资本,还要杜林先生去发现〉,实际上和纯粹的生产资料有特殊的区别;因为后者只具有技术的性质,并且在任何情况下都是必需的,而前者的特征则在于它那攫为己有和形成份额的社会力量。诚然,社会的资本大部分不过是具有自己的社会职能的技术性的生产资料;但是这种职能也正好是⋯⋯必然要消失的。"

如果我们考虑到，正是马克思第一个强调了这样的"社会职能"，唯有借助这种职能，一定的价值额才变成资本，那么，确实"每个注意研究问题的人都应该很快地就明了，马克思关于资本概念的表述只能引起混乱"——但不像杜林先生所认为的那样，发生在严谨的国民经济学中，而是清清楚楚地仅仅发生在杜林先生本人的头脑中，杜林先生在他的《批判史》中已经忘了他在《教程》中是多么经常地应用上述这个资本概念的。

但是，杜林先生不满足于即使以"清洗过的"形式从马克思那里借用资本的定义。他还不得不跟着马克思"玩弄概念和历史的变态术"，虽然他自己很清楚，这样做，除了"荒谬观念"、"轻率的见解"、"基础的薄弱"等等以外，是什么也得不到的。资本的"社会职能"使它能够占有他人劳动的成果，而且只是因为有了这种职能，它才和纯粹的生产资料有所区别，这样的社会职能是从什么地方产生的呢？

杜林先生说，它不是基于"生产资料的本性和生产资料的技术必要性"。

因此，这种职能是历史地产生的，而杜林先生在第252页上向我们重复的只不过是我们已经听过十次的东西，他用早已为人所知的两个男人的冒险来说明这种职能的产生，其中的一个人在历史的开端用暴力制服另一个人，从而把自己的生产资料转化为资本。但是，杜林先生并不满足于承认一定价值额赖以变成资本的那种社会职能具有历史的开端，他还预言了这种职能的历史结局：它"也正好是必然要消失的"。但是历史地产生而又历史地消失的现象，用普通的语言来说，通常叫做"一个历史阶段"。所以不仅在马克思看来，而且在杜林先生看来，资本都是一个历史阶段，因此，我们不得不作出这样的结论：在这里我们已经置身于耶稣会[108]会士中了。即使两个人做同一件事,但终究各不相同。[340]如果马克思说,资本是一个历史阶段,那么这是荒谬的观念,是历史幻想和逻辑幻想的杂种,在这里识别力连同一切诚实的概念运用全都消失了。如果杜林先生也把资本描写成一个历史阶段,那么这就证明了国民经济分析的尖锐性和精确学科意义上的终极的最严格的科学性。

杜林先生的资本观念同马克思的资本观念的区别在哪里呢?

马克思说:"资本并没有发明剩余劳动。凡是社会上一部分人享有生产资料垄断权的地方,劳动者,无论是自由的或不自由的,都必须在维持自身生活所必需的劳动时间以外,追加超额的劳动时间来为生产资料的所有者生产生活资料。"[①]可见,剩余劳动,即超出劳动者维持自身生活所必需的时间以外的劳动,以及这种剩余劳动的产品被别人占有,即对劳动的剥削,是到目前为止一切在阶级对立中运动的社会形式的共同点。但是,只有当这种剩余劳动的产品采取了剩余价值的形式,当生产资料所有者找到了自由的工人——不受社会束缚和没有自己的财产的工人——作为剥削对象,并且为生产**商品**而剥削工人的时候,只有在这个时候,在马克思看来,生产资料才具有资本的特殊性质。而这种情形只是在 15 世纪末 16 世纪初才大规模地出现。

相反,杜林先生把"形成一般劳动力成果中的份额",即造成任何形式的剩余劳动的**任何数量**的生产资料都解释为资本。换句话说,杜林先生剽窃了马克思发现的剩余劳动,以便用它来消灭一时不合他的心意的、而同样是由马克思发现的剩余价值。这样,在

---

① 引自马克思《资本论》第 1 卷,见本选集第 2 卷第 191 页。——编者注

杜林先生看来,不仅科林斯和雅典的市民利用奴隶经营的动产和不动产,而且罗马帝国时代的大土地占有者的财富,以及中世纪封建领主的财富,只要以某种方式为生产服务,毫无差别地都是资本。

这样,关于资本,杜林先生本人就不是使用"流行的概念,即资本是已经生产出来的生产资料",而是使用完全相反的概念,这种概念甚至包含非生产出来的生产资料,即土地和自然资源。但是,那种认为资本纯属"已经生产出来的生产资料"的观念也只是流行于庸俗经济学中。在杜林先生如此珍惜的庸俗经济学之外,"已经生产出来的生产资料"或一定的价值额之所以成为资本,那只是因为它产生了利润或利息,就是说,它以剩余价值的形式,并且又是以剩余价值的这两种特定的派生形式去占有无酬劳动的剩余产品。至于整个资产阶级经济学总是囿于这样一种看法,即认为在正常条件下用于生产或交换的任何价值额都自然而然地具有产生利润或利息的特性,这在这里是无关紧要的。在整个古典经济学中,资本和利润,或资本和利息,正像原因和结果、父亲和儿子、昨天和今天一样,彼此不能分离,并处于同样的必然的相互关系之中。只是在事物本身已经出现,在动产为了生产商品而剥削自由工人的剩余劳动,因而越来越具有资本的职能的时候,现代经济学意义上的"资本"这个名词才出现,而采用这个名词的是历史上的第一个资本家民族,即 15 世纪和 16 世纪的意大利人。如果说马克思第一个彻底分析了现代资本所特有的占有方式,如果说他使资本的概念同这个概念最后从中抽象出来并且赖以存在的历史事实协调一致,如果说马克思因此使这个经济学概念摆脱了在资产阶级古典经济学中和在以前的社会主义者那里还无法摆脱的含混不清和摇摆不定的观念,那么这正是马克思以"终极的最严格的科学性"处理问题,这种科学性杜林先生在口头上也经常讲,可是令人伤心的是我们在他的著作中却找不到。

事实上,在杜林先生那里完全是另外一回事。他先是把那种认为资本是一个历史阶段的说法斥责为"历史幻想和逻辑幻想的杂种",后来他自己又把资本说成是一个历史阶段。他不以此为满足。他还把**一切**经济的权力手段,**一切**占有"一般劳动力成果中的份额"的生产资料,因而也把一切阶级社会中的地产,都直截了当地宣布为资本;但是这丝毫不妨碍他在往后的叙述中完全按照传统的方法把地产和地租同资本和利润区别开来,而只把产生利润或利息的生产资料叫做资本,这些在他的《教程》第156页及以下几页上可以更详细地看到。杜林先生同样可以先把马、牛、驴和狗也包括在"机车"这个名词之内(因为人们也可以利用这些作为运输工具),并且责备今天的工程师,说他们把"机车"这个名词局限于现代的蒸汽机车,从而把它变成了一个历史阶段,造成了荒谬的观念、历史幻想和逻辑幻想的杂种等等;最后他又会宣布说,马、驴、牛和狗还是应该排除于"机车"这个名词之外,这个名词只能适用于蒸汽机车。——因此,我们又不得不说,恰好在杜林对资本概念的解释中,国民经济分析的一切尖锐性丧失了,识别力连同一切诚实的概念运用全都消失了;而荒谬的观念、混乱、冒充深刻的逻辑真理的轻率见解和基础的薄弱,在杜林先生那里却似繁花怒放。

但是,所有这一切都无关紧要。荣誉仍然归于杜林先生,他发现了全部以往的经济学、全部政治学和法学,一句话,全部以往的历史得以运转的轴心。这就是:

"暴力和劳动是在社会联系的形成中起作用的两个主要因素。"

这一句话里包含了以往的经济世界的全部宪法。这部宪法非常短,内容是:

第一条 劳动进行生产。

第二条 暴力进行分配。

"像常人那样地直截了当地说",杜林先生的全部经济学的智慧也就到此为止。

八 资本和剩余价值(续完)

"按照马克思先生的意见,工资仅仅代表工人为了自身能够生存而实际从事劳动的时间的报酬。为此只要比较少的钟点就够了;经常被延长的工作日的整个其余部分提供一种剩余,其中包含着我们的作者所谓的'剩余价值',或者用通常的话来说,包含着资本赢利。除去在某个生产阶段上已经包含在劳动资料和相关原料中的工作时间,上述工作日所提供的剩余都是归资本主义企业家所有的份额。所以工作日的延长纯粹是落入资本家手中的靠压榨而取得的赢利。"

这样,在杜林先生看来,马克思所说的剩余价值无非就是人们通常所说的资本赢利或利润的东西。我们听听马克思本人是怎样说的吧。在《资本论》第 195 页,剩余价值是用放在它后面的括号里的"利息、利润、地租"①这几个词来说明的。在第 210 页,马克思举例说明 71 先令的剩余价值额怎样表现于它的各种分配形式:什一税、地方税和国税 21 先令,地租 28 先令,租地农场主的利润和利息 22 先令,剩余价值总计 71 先令。② 在第 542 页,马克思指

---

① 见马克思《资本论》第 1 卷,《马克思恩格斯文集》第 5 卷第 239—240 页脚注(22)。——编者注

② 同上,第 254 页。——编者注

出,李嘉图的一个主要缺点是,"不是纯粹地描述剩余价值,就是说,他不是撇开它的特殊形式如利润、地租等等去进行描述",因而把剩余价值率的各种规律同利润率的各种规律直接混为一谈;与此相反,马克思指出:"以后在本书第三册中,我将说明,同一个剩余价值率可以表现为极不相同的利润率,而不同的剩余价值率在一定情况下也可以表现为同一利润率。"[①]在第587页,我们看到:"生产剩余价值即直接从工人身上榨取无酬劳动并把它固定在商品上的资本家,是剩余价值的第一个占有者,但决不是剩余价值的最后所有者。以后他还必须同在整个社会生产中执行其他职能的资本家,同土地所有者等等,共同瓜分剩余价值。因此,剩余价值分为各个不同的部分。它的各部分归不同类的人所有,并具有不同的、互相独立的形式,如利润、利息、商业利润、地租等等。剩余价值的这些转化形式在第三册里才能研究。"[②]在其他许多地方也有同样的话。

再不能说得更清楚了。马克思一有机会就提醒读者注意,决不要把他所说的剩余价值同利润或资本赢利相混淆,后者只是剩余价值的一种派生形式,甚至常常只是剩余价值的一小部分。如果杜林先生仍旧硬说,马克思所说的剩余价值,"用通常的话来说,是资本赢利",如果肯定马克思的整本书都是以剩余价值为中心的,那么只可能有两种情况:或者是杜林对此一点也不懂,如果是这样,他对这本书的主要内容一无所知,却要加以诋毁,这就要极端厚颜无耻才行;或者是他都懂,如果是这样,他就是故意捏造。

---

① 引自马克思《资本论》第1卷,参看《马克思恩格斯文集》第5卷第598页。——编者注

② 同上,第651—652页。——编者注

再往下看：

"马克思先生在表述对压榨的这种见解时怀有恶毒的仇恨，这是完全可以理解的。但是，不接受马克思关于某种剩余价值的学说中所采用的理论措辞，也尽可以对以雇佣劳动为基础的经济形式的剥削性质表示更强烈的愤怒和更完全的承认。"

马克思的善意的但在理论上不正确的措辞，激起他对压榨的恶毒仇恨；那种本身属于道德的情感，由于错误的"理论措辞"而采取了不道德的表现方式，这种情感表现为不高尚的仇恨和卑下的恶毒。而杜林先生的终极的最严格的科学性却表现为一种具有相应的高尚性质的道德情感，表现为一种在形式上也是道德的而且在量上还超出恶毒仇恨的愤怒，一种更强烈的愤怒。当杜林先生这样沾沾自喜的时候，我们来看看这种更强烈的愤怒是从哪儿来的。他继续说道：

"这就发生了问题：互相竞争的企业家怎么能够持续地按照远远高出（如上述剩余劳动时间的比例所显示的）自然生产费用的价格实现包括剩余产品在内的全部劳动产品的价值。对这个问题的解答在马克思的学说中是找不到的，理由很简单，在那里甚至不可能提出这个问题来。那里完全没有认真地谈到以雇佣劳动为基础的生产的奢侈性质，根本没有认识到带有寄生状态的社会制度是白人奴隶制的最后基础。相反，一切政治的社会的事物，总是被认为应该由经济的事物来说明。"

但是，我们从前面所引证的几段话中已经看到，马克思根本没有像杜林先生在这里所假定的那样断言，剩余产品在一切情况下都被工业资本家即它的第一个占有者平均地按照它的全部价值出卖。马克思明确地说，商业赢利也是剩余价值的一部分，而且在上述前提下，只有当工厂主把自己的产品**低于**商品价值卖给商人，因而让给商人一部分掠夺物时，这种情形才有可能。因此，杜林先生在这里提出这个问题，在马克思那里甚至不可能提出来。这个问题的合理提法是这样的:剩余价值是怎样转化成它的派生形式——利润、利息、商业赢利、地租等等的呢? 马克思确实说过要在第三册中解决这个问题。但是,如果杜林先生等不及《资本论》第二卷[319]出版,那么他目前就应该稍微仔细地读一读第一卷。这样,除了已经引证过的几段以外,他还可以在例如第 323 页上读到,在马克思看来,资本主义生产的内在规律在资本的外部运动中作为竞争的强制规律发生作用,并且以这种形式成为单个资本家意识中的动机;所以,只有了解了资本的内在本性,才能对竞争进行科学的分析,正像只有认识了天体的实际的、但又直接感觉不到的运动的人,才能了解天体的表面上的运动一样①;接着马克思举了一个例子说明,一定的规律,价值规律,如何在一定的情况下在竞争中表现出来并行使它的推动力。杜林先生从这里已经可以知道,在剩余价值的分配上,竞争起主要的作用,而且只要略加思考,第一卷中的这些提示事实上就足以使人们至少大致上认识剩余价值向它的派生形式的转化。

但是,对杜林先生来说,竞争正是理解的绝对障碍。他不能理解,互相竞争的企业家怎么能够持续地按照远远高出自然生产费用的价格实现包括剩余产品在内的全部劳动产品的价值。这里杜林先生又是以其惯有的"严格性"实际是轻率性来表述的。在马克思看来,剩余产品本身**根本没有任何生产费用**,它是资本家**不花一文钱**得到的一部分产品。所以,如果互相竞争的企业家要按照自然生产费用实现剩余产品的价值,那么他们就应该把它**赠送出去**。但是我们不在这种"细微的逻辑细节"上浪费时间。实际上,

---

① 参看马克思《资本论》第 1 卷,《马克思恩格斯文集》第 5 卷第 368 页。——编者注

互相竞争的企业家不是每天都按照高出自然生产费用的价格实现劳动产品的价值吗？根据杜林先生的意见，

自然生产费用是"劳动或力量的支出，而这归根到底又是可以用食物费用来计量的"；

所以在今天的社会里，自然生产费用是实际花费于原料、劳动资料和工资上面的费用，它们不同于"赋税"、利润以及手持利剑逼出来的附加税。但是大家知道，在我们所生活的社会中，互相竞争的企业家**不是**按照这种自然生产费用实现他们的商品的价值，而是还要算上并且通常也获得所谓附加税，即利润。杜林先生以为，他只要提出这样的问题，就可以像从前约书亚吹倒耶利哥城墙[116]一样把马克思的整个大厦吹倒，可是这个问题对杜林先生的经济理论来说也是存在着的。我们看看他是怎样回答这一问题的。他说：

"资本所有权，如果本身不同时包含着对人这一材料的间接暴力，就没有任何实际意义，而且也不能实现它的价值。这种暴力的产物就是资本赢利，所以赢利的大小取决于这种统治作用的范围和强度…… 资本赢利是政治的和社会的体制，这种体制比竞争具有更有力的作用。企业家在这方面作为一个等级来行动，而每一个单个的企业家都坚守自己的阵地。一定程度的资本赢利在已经占据统治地位的经济方式中是一种必然。"

可惜我们现在还不知道，互相竞争的企业家怎么能够持续地按照高出自然生产费用的价格实现劳动产品的价值。杜林先生如此荒唐地无视他的读者，竟用下面的话来搪塞他们：资本赢利凌驾于竞争之上，就像普鲁士国王当年凌驾于法律之上一样。普鲁士国王借以取得凌驾于法律之上的地位的手法，我们是知道的；资本赢利借以使自己比竞争更有力的那种方法，正是杜林先生应该向我们说明的，但是他执拗地拒绝向我们说明。即使像他所说的，企业家在这方面作为一个等级来行动,而每一个单个的企业家都坚守自己的阵地,这也不能说明任何问题。我们丝毫不能相信他的这种话:一定数量的人只要作为一个等级来行动,他们中的每一个单个的人因此也就坚守住自己的阵地。大家知道,中世纪的行会师傅、1789 年的法国贵族都非常坚决地作为一个等级来行动,但是都没落了。普鲁士军队在耶拿也曾作为一个等级来行动,然而非但不能坚守住自己的阵地,反而不得不逃跑,后来甚至一部分一部分地投降了。硬说在已经占统治地位的经济方式中,一定程度的资本赢利是一种必然,这同样不能使我们满意,因为问题正是要说明**为什么**是这样。我们没有向目标接近一步,尽管杜林先生告诉我们说:

> "资本的统治是紧随土地的统治而发展起来的。一部分依附的农村劳动者转入城市,从事手工业劳动,最后变成工厂的材料。在地租之后,形成了资本赢利,作为财产租金的第二种形式。"

即使撇开这种论断的历史错误不谈,它终究也只是一种空洞的论断,只限于重复地肯定正好应该加以说明和证明的东西。所以我们只能得出一个结论,就是:杜林先生无法回答他自己提出来的问题,即相互竞争的企业家怎么能够持续地按照高出自然生产费用的价格实现劳动产品的价值,这就是说,他无法说明利润的形成。他只能简单地发布命令,说资本赢利是**暴力**的产物,这的确和杜林的社会宪法第二条完全一致,第二条说:暴力进行分配。这的确说得很漂亮;但是现在"发生了问题":暴力分配**什么**呢? 必须有可分配的东西,不然,甚至最强大的暴力,不管多么想分配,也是没有什么可以分配的。互相竞争的企业家装入腰包的赢利是非常明显而实在的东西。暴力可以**夺取**它,但是不能**生产**它。如果说杜林先生执拗地拒绝向我们说明,暴力**怎样**夺取企业家的赢利,那么他对于暴力**从哪里**夺取这种赢利的问题,则总是以死一般的沉默来作为回答。在一无所有的地方,皇帝也和任何其他暴力一样,丧失了自己的权力。从虚无之中,不能产生任何东西,特别是不能产生利润。如果说,资本所有权只要本身不同时包含着对人这一材料的间接暴力,就没有任何实际意义,而且也不能实现它的价值,那么,又发生了问题:第一,资本财富是怎样获得这种暴力的——这个问题用上述两三个历史论断是绝对不能解决的;第二,这种暴力是怎样转化为资本的价值增殖,转化为利润的;第三,暴力是从哪里夺取这种利润的。

我们无论从哪方面去把握杜林的经济学,都不能前进一步。它对于所有使它厌恶的事情,对于利润、地租、饥饿工资、工人被奴役等等,只用一个词来说明:暴力,而且始终是暴力。杜林先生的"更强烈的愤怒"也就化为对暴力的愤怒。我们已经看到,第一,这样援引暴力是一种腐朽的遁词,是把问题从经济领域转移到政治领域,这种转移不能解释任何一件经济事实;第二,这种援引使暴力本身的形成没有得到说明,这是工于心计的,因为不然的话,这种援引必然要得出这样的结论:一切社会权力和一切政治权力都起源于经济的先决条件,起源于各个社会的历史地产生的生产方式和交换方式。

但是我们不妨试一下,能否从这位固执的经济学的"更深刻的基础的奠定者"那里找出其他一些有关利润的说明。我们来看看他关于工资的论述,或许能够有所得。在第158页上,他说:

"工资是维持劳动力的报酬,并且首先只是被当做地租和资本赢利的基础来考察的。为了真正彻底弄清楚这里所存在的关系,可以设想一下最初在历史上没有工资的情况下的地租以及资本赢利,即以奴隶制或依附农制为基础的地租和资本赢利…… 必须养活的是奴隶和依附农,还是雇佣工人,这只造成负担生产费用的方式和方法的区别。在任何情况下，因利用劳动力而得到的纯收益都构成雇主的收入……　由此可见……特别是造成一方为某种形式的财产租金和另一方为没有财产的雇佣劳动的这种主要对立，不能仅仅从一方去找，而必须同时从双方去找。"

但是，财产租金，如我们在第 188 页所看到的，是地租和资本赢利的统称。此外，在第 174 页上说：

"资本赢利的特征是占有劳动力收益的最主要的部分。如果没有以某种形式直接或间接地受人支配的劳动的相关物，就不能设想资本赢利。"

在第 183 页上又说：

工资"在一切情况下都不过是通常应保证工人能维持生活和延续后代的报酬"。

最后在第 195 页上：

"财产租金之所得，必定是工资之所失，反过来也是如此，从一般生产能力中〈！〉归于劳动的，必然是从财产收入中抽出来的。"

杜林先生使我们吃了一惊又一惊。在价值论和以后各章，直到竞争论（包括竞争论在内），就是说，从第 1 页到第 155 页，商品价格或价值分为：第一，自然生产费用或生产价值，即用于原料、劳动资料和工资的费用；第二，附加税或分配价值，这是手持利剑逼出来的落到垄断者阶级手中的赋税，这种附加税，如我们已经看到的，实际上丝毫不能改变财富的分配，因为它一手夺得，另一手不得不归还，而且就杜林先生关于它的起源和内容所作的说明看来，这种附加税是从虚无中产生的，因而也就是由虚无构成的。在接着论述收入种类的两章中，即从第 156 页到第 217 页，就再也不提附加税了。而是把每个劳动产品的价值，即每个商品的价值，分成下面两部分：第一，生产费用，其中也包括所付的工资，第二，"因利用劳动力而得到的纯收益",它构成雇主的收入。这种纯收益具有尽人皆知的、任何文饰和涂抹都掩盖不了的面目。"为了真正彻底弄清楚这里所存在的关系",读者把刚才从杜林先生那里引证的几段话和前面从马克思那里引证的关于剩余劳动、剩余产品和剩余价值的几段话比较一下,就会发现,杜林先生在这里只是按照自己的方式**直接抄袭**《资本论》。

杜林先生承认,任何形式的剩余劳动,无论是奴隶制、依附农制或雇佣劳动制的剩余劳动,都是到目前为止一切统治阶级的收入的源泉;这出自多次引证过的地方,即《资本论》第 227 页:资本并没有发明剩余劳动等等①。——构成"雇主的收入"的"纯收益",不是劳动产品超出工资部分的剩余,又是什么呢? 不管杜林先生怎样多此一举地把工资改称为报酬,他也还是认为,工资通常应保证工人能维持生活和延续后代。马克思指出,资本家从工人身上榨取的劳动多于为再生产工人消费的生活资料所必需的劳动,就是说,资本家使工人劳动的时间长于补偿支付给工人的工资的价值所需要的时间。要不是这样,怎么能"占有劳动力收益的最主要的部分"呢? 所以,超出再生产工人的生活资料所必需的时间的工作日的延长部分,即马克思所说的剩余劳动,正是隐藏在杜林先生的"劳动力的利用"后面的东西;而他的雇主的"纯收益",如果不表现为马克思的剩余产品和剩余价值,又能是什么呢? 除了表达不确切以外,杜林的"财产租金"同马克思的剩余价值又有什么区别呢? 此外,财产租金这个名词是杜林先生从洛贝尔图斯那里抄来的;洛贝尔图斯把地租和资本租金或资本赢利统

---

① 引自马克思《资本论》第 1 卷,见本选集第 2 卷第 191 页。——编者注

称为**租金**,杜林先生只是加上了"财产"一词①。为了使人不怀疑这种剽窃行为,杜林先生就以自己的方式来概括马克思在第十五章(《资本论》第539页及以下几页)中所阐述的关于劳动力价格和剩余价值的量的变化的规律②:财产租金之所得,必定是工资之所失,反过来也是如此。这样一来,就把马克思的内容丰富的具体规律化为没有内容的同义反复,因为一定的量分为两部分,一部分不减少,另一部分就不可能增加,这是不言而喻的。这样,杜林先生就用这样一种方式把马克思的思想攫为己有,通过这种方式,马克思的阐述所确实具有的"精确学科意义上的终极的最严格的科学性"就完全丧失了。

因此,我们不能不认为,杜林先生在《批判史》中关于《资本论》所发出的引人注目的喧嚣,特别是他在涉及剩余价值的著名问题上(这个问题他还是不提为好,因为他自己都不能解答)扬起的尘土,都不过是一种军事计谋,狡猾手腕,借以掩盖他在《教程》中对马克思的粗暴剽窃。杜林先生确实有一切理由警告他的读者,不要研究"马克思先生称做资本的那个线球",要提防历史幻想和逻辑幻想的杂种、黑格尔的混乱的模糊观念和遁词等等。这位忠实的埃卡尔特警告德国青年提防维纳斯,但是他为了自己的需要却悄悄地把她从马克思的领地引到自己家里保护起来。我们恭贺他利用马克思的劳动力而获得的这种纯收益,恭贺他在财产

①　恩格斯在这里加了一个注:"甚至这个词也不是他提出来的。洛贝尔图斯说(《社会问题书简》第二封信第59页):'根据这一〈他的〉理论,租金不是靠自己的劳动,而是完全依靠某种财产获得的全部收入。'**341**"——编者注

②　参看马克思《资本论》第1卷,《马克思恩格斯文集》第5卷第594—598页。——编者注

租金这个名称下霸占马克思的剩余价值的行为,以独特的方式暴露了他执拗地(因为在两个版本中都这样重复)、歪曲地断定马克思把剩余价值仅仅理解为利润或资本赢利的动机。

这样,我们不得不用杜林先生的话把杜林先生的贡献描述如下:

"按照〈杜林〉先生的意见,工资仅仅代表工人为了自身能够生存而实际从事劳动的时间的报酬。为此只要比较少的钟点就够了;经常被延长的工作日的整个其余部分提供一种剩余,其中包含着我们的作者所谓的〈财产租金……〉除去在某个生产阶段上已经包含在劳动资料和相关原料中的工作时间,上述工作日所提供的剩余都是归资本主义企业家所有的份额。所以工作日的延长纯粹是落入资本家手中的靠压榨而取得的赢利。〈杜林〉先生在表述对压榨的这种见解时怀有恶毒的仇恨,这是完全可以理解的……"

而不可理解的是,他怎么又会产生"更强烈的愤怒"?

九 经济的自然规律。地租

到现在为止,尽管我们抱着极大的希望,却未能发现杜林先生在经济学领域内

"有资格建立一种新的、不仅满足时代需要而且对时代具有决定意义的体系"。

但是,我们在暴力论,在价值和资本那里未能看到的东西,在考察杜林先生提出来的"国民经济的自然规律"时,也许会非常清楚地呈现在我们眼前。因为,正像他以惯有的新奇性和尖锐性所表述的:

"高度的科学性的胜利,在于越过对好像处于静止状态的材料的单纯记述和分类,而达到生气勃勃的、窥见产生过程的洞察力。所以,对规律的认识

是最完善的认识，因为它向我们指出，一个过程怎样为另一个过程所制约。"

一切经济的第一个自然规律恰恰被杜林先生发现了。

"令人惊奇的是"，亚当·斯密"不仅没有把一切经济发展的最重要的因素提到第一位，而且也完全没有单独加以说明，这样，他就不自觉地把那种给现代欧洲的发展打上自己的烙印的力量贬为次要的角色"。这个"应当被提到第一位的基本规律是技术装备的规律，甚至可以说是对人的自然经济力进行武装的规律"。

杜林先生发现的这个"基本规律"如下：

第一条规律。"经济手段（自然资源和人力）的生产率因发明和发现而提高。"

我们感到惊奇。杜林先生对付我们，完全像莫里哀作品中的诙谐家对付新贵一样，他告诉这位新贵一件新鲜事，说后者说了一辈子散文，却不知道散文是什么。① 发明和发现在一些情况下是提高了劳动生产力（但在许多情况下也不见得是这样，世界上一切专利局的大量档案废纸就是证明），这一点我们早已知道了；但是这一极为陈旧的老生常谈竟是全部经济学的基本规律——这一说明倒要归功于杜林先生。如果经济学上和哲学上的"高度的科学性的胜利"，仅仅在于给随便一种陈词滥调加上一个响亮的名称，把它吹嘘为自然规律，甚至吹嘘为基本规律，那么科学的"更深刻的基础的奠定"和变革，实际上对任何人来说，甚至对柏林《人民报》**342**的编辑部来说，都是可以做到的了。这样，我们就不得不"以一切严格性"，以杜林先生对柏拉图的下列判决用于杜林先生自己身上：

---

① 参看莫里哀《醉心贵族的小市民》第2幕第4场。——编者注

"如果这样的东西应该被看做国民经济学的智慧,那么〈批判基础①的〉作者,就可以同任何一个一般有机会思考"——甚至仅仅是随便议论——"不言而喻的事情的人共有这样的智慧了"。

例如,如果我们说,动物吃东西,那么我们就无意中说出了一句伟大的话;因为我们只要说,吃东西是一切动物生活的基本规律,我们就对整个动物学实行了变革。

第二条规律。分工:"职业的区分和活动的划分提高了劳动生产率。"

就这句话的正确方面而言,从亚当·斯密以来,这也已经是老生常谈了;至于这句话正确到**什么**程度,这将在第三编中看到。

第三条规律。"距离和运输是阻碍和促进生产力合作的主要原因。"
第四条规律。"工业国家比农业国家具有大得无可比拟的人口容量。"
第五条规律。"在经济方面,任何事情没有物质利益都是不能完成的。"

这就是杜林先生据以建立他的新经济学的"自然规律"。他仍然忠于他在哲学中已经陈述过的方法。从最无聊的陈词滥调中抽出两三个有时甚至措辞不当的不言而喻的语句,也会构成经济学的不需要证明的公理、基本原理、自然规律。在阐述这些毫无内容的规律的内容的借口下,乘机对各种题目作一番广泛的经济学的空谈,而这些题目的**名称**在这些所谓的规律中已经出现了,如发明、分工、运输工具、人口、利益、竞争等等。给这种空谈的平淡无奇的平庸性所加的佐料不过是神谕式的大话,有时是对于各种各样琐碎事情的曲解或自以为了不起的臆想。然后,我们终于见到了地租、资本赢利和工资,由于我们在前面只研究了后两种占有形式,所以在这里,在结束时我们还要简略地研究一下杜林先生对地

① 欧·杜林《国民经济学批判基础》1866年柏林版。——编者注

租的看法。

在这里，我们且不考虑杜林先生从他的先驱者凯里那里直接抄来的各种论点；我们不必同凯里打交道，也不必替李嘉图的关于地租的观点作辩护，而去反对凯里的曲解和胡说。我们只涉及杜林先生，他给地租下了一个定义，说地租是

"土地所有者本身从土地上得到的收入"。

杜林先生把他本来应当加以解释的地租这个经济学概念不假思索地翻译成法律词汇，我们并不因此比先前了解得更多一些。所以我们这位更深刻的基础的奠定者，无论愿意不愿意，都不得不作进一步的探讨。他把一处田庄租给租地农场主同把一笔资本借给企业家这两件事作了对比，但是很快就发现，这种对比同其他一些对比一样，是不妥当的。因为他说：

"如果要继续采用这种类比，那么租地农场主在偿付地租以后所余的赢利，应该相当于借别人的资本来经营的企业家在偿付利息以后所余的资本赢利。但是人们习惯把租地农场主的赢利看做主要收入，把地租只看做余额……下列事实就是对这一问题的不同理解的证明：在关于地租的学说中，人们没有特别指出土地所有者自己经营的情况，而且没有把佃金形式的地租和土地所有者自己经营而产生的地租之间的数额差别看得特别重要。至少人们不认为有必要去考虑把由于自己经营而得的地租这样加以分解：一部分仿佛代表土地的利息，而另一部分代表企业家的剩余的赢利。撇开租地农场主所用的自己的资本不谈，看来应当把租地农场主的特殊赢利大部分看做一种工资。但是，要想在这个问题上作出某种断语是有疑虑的，因为这个问题根本没有这样明确地被提出来过。凡是涉及比较大的经营的场合，都很容易看到，问题不在于把租地农场主的独特的赢利看成工资。这种赢利本身正是建立在同农业劳动力的对立之上，只有使用这种劳动力才使这种收入成为可能。留在租地农场主手里的显然是一部分地租，因此，土地所有者经营时所获得的全部地租就减少了。"

关于地租的理论是经济学中带有英国特色的部分，这所以是

这样,是因为只有在英国才存在着这样一种生产方式,在这种生产方式下,地租事实上也是同利润和利息分开的。大家知道,在英国是大地产和大农业占支配地位。土地所有者把自己的土地按照大田庄而且常常是非常大的田庄的形式租给租地农场主,租地农场主拥有充裕的资本来经营土地,并不像我们的农民那样自己从事劳动,而是作为真正的资本主义企业家利用雇农和短工的劳动。所以在这里,我们看到了资产阶级社会的三个阶级,以及各阶级所特有的收入:土地所有者获得地租,资本家获得利润,工人获得工资。在杜林先生**看来**,应当把租地农场主的赢利看做一种工资,但是从来没有一个英国经济学家会这样想;对他们来说,要断定租地农场主的利润是它无疑是、显然是和确实是的那种东西,即资本利润,是没有任何**疑虑**的。在这里,如果有人说,租地农场主的赢利究竟是什么这个问题根本没有这样明确地被提出来过,那简直是可笑的。在英国,这个问题甚至没有提出的必要,因为问题和答复一样早已存在于事实本身之中,而且自亚当·斯密以来还从未对此产生过疑问。

杜林先生所说的土地占有者自己经营的情况,或者更确切地说,在德国大部分地区实际上发生的土地占有者通过管理人经营土地的情况,丝毫不能改变事情的实质。如果土地占有者也提供资本,而且由自己经营,那么他除了地租以外,还得到资本利润。在今天的生产方式下,这是不言而喻的,而且根本不可能是另外的样子。如果杜林先生断言,直到现在为止,人们并不认为有必要去考虑把由于自己经营而得的地租(应该叫做收入)加以分解,那么这是根本不符合实际的,最多也只能再一次证明他自己的无知。例如:

"由劳动所得的收入叫做工资;某人从使用资本而得的收入叫做利润……完全从土地得来的收入叫做地租并归土地占有者所有……　如果这几种不同种类的收入落到不同的人手里,那是很容易加以区分的;但是,如果它们落到同一个人手里,那么它们至少在日常用语中是常常被混淆的。自己经营自己的一部分土地的土地占有者,除去经营费用,应该既获得土地占有者的地租又获得租地农场主的利润。但是,至少在习惯用语中,他往往容易把他的全部赢利叫做利润,因而混淆了地租和利润。我们的北美和西印度的种植场主大部分都是处于这种状况;他们大多数都种植自己的土地,所以我们极少听到什么种植场的地租,而常常听到的是它产生的利润……　自己亲手种植园地的园艺业者,一身兼土地占有者、租地农场主和工人。所以,他的产品应该付给他土地占有者的地租、租地农场主的利润和工人的工资。但是所有这些通常都被称为他的劳动所得;所以在这里地租和利润就同工资相混淆了。"

这一段话出自**亚当·斯密**的著作第一卷第六章①。可见,土地占有者自己经营的情况在一百年前已经被研究过了,而在这里使杜林先生感到十分苦恼的种种疑虑和不安,仅仅是出于他自己的无知。

最后他要了大胆的花招来摆脱困境:

租地农场主的赢利以剥削"农业劳动力"为基础,所以他的赢利显然是"一部分地租",因而那种本来应该装入土地占有者腰包的"全部地租就减少了"。

从这里我们知道了两件事情。第一,租地农场主使土地占有者的地租"减少了",所以,和人们到目前为止所设想的不同,杜林先生认为不是租地农场主把地租付给土地占有者,而是**土地占有者把地租付给租地农场主**——这确实是"完全独特的观点";第

---

① 见亚·斯密《国民财富的性质和原因的研究》1848 年阿伯丁—伦敦版。——编者注

二,我们终于看到杜林先生把地租设想为什么;就是说,他把地租设想为在农业中剥削农业劳动而得到的全部剩余产品。但是,除了几个庸俗经济学家以外,在以前的经济学中这种剩余产品都被分成地租和资本利润,所以我们不能不断言,关于地租,杜林先生也"不是使用流行的概念"。

这样,在杜林先生看来,地租和资本赢利的区别,只在于前者产生于农业,而后者产生于工业或商业。杜林先生产生这种非批判的和混乱的观点是必然的。我们已经看到,他是从"真正的历史的观点"出发的,根据这一观点,对土地的支配仅仅是借助对人的支配而建立起来的。因此,只要土地是借助某种形式的奴役劳动来耕种,就会为地主产生剩余,而这种剩余正是地租,就像工业中劳动产品超出工资的剩余是资本赢利一样。

"因此很清楚,在借助某种隶属形式的劳动来经营农业的地方,地租总是随时随地大规模地存在着。"

既然把地租说成农业中得到的全部剩余产品,杜林先生面前就出现了拦路虎:一方面是英国租地农场主的利润,另一方面是由此而来的、为整个古典经济学所承认的剩余产品之分为地租和租地农场主的利润,因而也就是**纯粹的**精确的地租概念。杜林先生怎么办呢?他假装丝毫不知道农业剩余产品分为租地农场主利润和地租,也就是说丝毫不知道古典经济学的整个地租理论;好像在整个经济学中租地农场主的利润究竟是什么这个问题还根本没有"这样明确地"被提出来过;好像这里所探讨的是一种完全没有被研究过的对象,关于这个对象,似乎除假象和种种疑虑而外,人们一无所知。在讨厌的英国,农业中的剩余产品未经任何理论学派的任何干预就被无情地分为这样的组成部分:地租和资本利润。

而杜林先生就从这个讨厌的国家逃到他所热爱的、行使普鲁士邦法[310]的区域。在这个区域中,盛行的是以完备的宗法形式经营自己的土地,"土地占有者把地租理解为自己那块土地上的收入",而容克老爷们关于地租的见解甚至妄想成为对科学具有决定意义的见解,所以在这里,杜林先生还可以指望自己的关于地租和利润的混乱概念能够蒙混过关,甚至让人们相信他的最新发现:不是租地农场主把地租付给土地占有者,而是土地占有者把地租付给租地农场主。

十　《批判史》论述

最后,我们再来看一下《国民经济学批判史》,看一下杜林先生自称为"完全没有先驱者"的"这一企业"。也许我们在这里最后会遇到多次许诺的终极的和最严格的科学性。

杜林先生对于下述发现大吹大擂:

"经济学说"是一种"非常现代的现象"(第12页)。

确实,马克思在《资本论》中说:"政治经济学作为一门独立的科学,是在工场手工业时期才产生的"[①];在《政治经济学批判》第29页上说:"古典政治经济学在英国从威廉·配第开始,到李嘉图结束,在法国从布阿吉尔贝尔开始,到西斯蒙第结束。"[②]杜林先生是沿着这条预先指给他的道路走的,但是在他看来,**高级**经济学只

---

① 见马克思《资本论》第1卷,《马克思恩格斯文集》第5卷第422页。——编者注

② 见马克思《政治经济学批判。第一分册》1859年柏林版,《马克思恩格斯全集》中文第2版第31卷第445页。——编者注

是随着资产阶级科学在其古典时期结束之后所发生的可怜的流产才开始的。因此,他有充分的权利在其引论的结尾扬扬得意地宣称:

"这一企业,如果按其外部可以感知的特点、按其更新颖的一半内容来说,是完全没有先驱者的,那么按其内部的批判的观点及其一般的立场来说,它更是归我个人所有。"(第9页)

实际上,他尽可以从外部和内部两方面宣布自己的"企业"(这个工业上的用语倒选得不坏)是"唯一者及其所有物"[343]。

因为历史地出现的政治经济学,事实上不外是对资本主义生产时期的经济的科学理解,所以,与此有关的原则和定理,能在例如古代希腊社会的著作家那里见到,只是由于一定的现象,如商品生产、贸易、货币、生息资本等等,是两个社会共有的。就希腊人有时涉猎这一领域来说,他们也和在其他一切领域一样,表现出同样的天才和创见。所以他们的见解就历史地成为现代科学的理论的出发点。现在我们来听听具有世界历史眼光的杜林先生说些什么话:

"因此,关于古代的科学的经济理论,我们实在〈!〉没有任何积极的东西可以奉告,而完全非科学的中世纪,则对此〈对此无可奉告!〉更是没有什么可说的。然而,因为虚荣地炫耀博学外表的手法……败坏了现代科学的纯洁性,所以不能不至少举出几个例子,以资留意。"

然后杜林先生就举出批判的例子,这一批判确实连"博学外表"也没有了。

亚里士多德的论点是:

"每种货物都有两种用途:一种是物本身所固有的,另一种则不然,例如鞋,既用来穿,又可以用来交换。两者都是鞋的用途,因为谁用鞋来交换他所需要的东西,例如货币或食物,谁就是利用了鞋。但这不是利用鞋的自然用途,因为它不是为交换而存在的。"①——

这个论点,在杜林先生看来,"不但表达得很迂腐,学究气十足",而且那些在其中找到"使用价值和交换价值之间的区别"的人,还未免有些"滑稽",居然忘记"在最近的时期","在最进步的体系的范围内",当然是在杜林先生本人的体系的范围内,使用价值和交换价值已经永远完结了。

"在柏拉图论国家的著作中,有人……也企图去发现国民经济分工的现代的篇章。"

这大概是指《资本论》第三版第十二章第5节第369页,可是,恰恰相反,在这一节里证明,古典古代对于分工的见解,是同现代的见解"截然相反"的。②——柏拉图把分工描述为城市的(在希腊人看来,城市等于国家)自然基础③,对这种在当时说来是天才的描述,杜林先生却嗤之以鼻,仅此而已,而且他之所以如此,是因为柏拉图没有提到(不过希腊人色诺芬提到了④,杜林先生!)这样一些"界限",

"这些界限是当时的市场范围为了进一步划分职业并在技术上划分特殊作业而设置的——只有关于这种界限的观念,才是这样一种认识,有了这种认识才使那种通常很难称为科学的观念成为经济学上重要的真理"。

可是杜林先生曾十分藐视的罗雪尔"教授",事实上却划出了

---

① 亚里士多德《政治学》第1册第9章,见伊·贝克尔编《亚里士多德全集》1837年牛津版第10卷第13页。——编者注
② 参看马克思《资本论》第1卷,《马克思恩格斯文集》第5卷第422—425页。——编者注
③ 参看柏拉图《理想国》第2册,见《柏拉图全集》1840年苏黎世版第13卷。——编者注
④ 参看色诺芬《居鲁士的教育》1821年莱比锡版第8册第2章。——编者注

这种"界限",在这种"界限"中,分工观念第一次变成了"科学的"观念,所以他明确地宣布亚当·斯密是分工规律的发现者。① 在商品生产是占统治地位的生产方式的社会里,"市场"——也用一次杜林先生的话来说——曾经是"生意人"中间十分熟悉的"界限"。需要有比"墨守成规的知识和本能"更多的东西,才能理解:不是市场造成资本主义的分工,相反地,是以前的社会关系的瓦解以及由此产生的分工造成市场。(见《资本论》第 1 卷第 24 章第 5节《工业资本的国内市场的形成》)②

"货币的作用,在一切时候都曾经是经济〈!〉思想的首要刺激。可是一个叫做亚里士多德的人关于这种作用知道些什么呢? 显然,他只知道,以货币为中介的交换代替了原始的实物交换,此外再没有什么了。"

可是,如果"一个叫做"亚里士多德的"人"竟然发现货币**流通的**两种不同**形式**,一种是货币执行单纯流通手段的职能,另一种是货币执行货币资本的职能③,那么在杜林先生看来,他只是表现了"某种道德上的嫌恶"。

如果"一个叫做"亚里士多德的"人"居然大胆地出来分析货币作为**价值尺度**的"作用",而且实际上正确地提出了这个对于货币学说有如此决定性意义的问题④,那么"一个叫做"杜林的"人"

---

① 参看威·罗雪尔《国民经济体系》1858 年斯图加特—奥格斯堡增订第 3版第 1 卷第 86 页。——编者注
② 见《马克思恩格斯文集》第 5 卷第 854—859 页。——编者注
③ 参看亚里士多德《政治学》第 1 册第 8—10 章。并见《马克思恩格斯全集》中文第 2 版第 31 卷 532 页和《马克思恩格斯文集》第 5 卷第 171—194 页。——编者注
④ 参看亚里士多德《尼科马赫伦理学》第 5 册第 8 章,见伊·贝克尔编《亚里士多德全集》1837 年牛津版第 9 卷。——编者注

宁愿对这种不能允许的鲁莽行为完全保持沉默,这自然是出于十足的不可告人的理由。

最后的结果是:在杜林的"以资留意"的镜子的映象中,希腊古代实际上只具有"最通常的观念"(第25页),如果这样的"愚蠢想法"(第19页)毕竟还和通常的或非常的观念有共同之点的话。

至于杜林先生论重商主义[344]的一章,那么最好是读"原著",即读弗·李斯特的《国民体系》第29章《被学派误称为重商主义体系的工业主义体系》。杜林先生在这里又如何谨慎地避免显示出任何"博学外表",这从下面的话就可以看出来:

李斯特在第28章《意大利国民经济学家》里说道:

"无论在政治经济学的实际应用上还是在理论上,意大利都走在一切现代国家的前头",

然后又提到

"那不勒斯的安东尼奥·塞拉在1613年所写的关于如何供给王国以丰富金银的著作,是意大利第一本专门的政治经济学著作"①。

杜林先生深信不疑地接受了这种说法,因而竟把塞拉的《略论》②

"当做经济学的最新前史的某种入门标牌"。

事实上,他对于《略论》的考察,只限于这种"美文学的蠢话"。不幸,事情在实际上并非如此:早在1609年,即在《略论》出现前

---

① 见弗·李斯特《政治经济学的国民体系》1842年斯图加特—蒂宾根第2版第1卷第451、456页。——编者注

② 安·塞拉《略论以金银充分供应无贵金属矿的王国的手段。1613年》,载于《意大利政治经济学名家文集·古代部分》1803年米兰版第1卷。——编者注

四年,已经发表了托马斯·曼的《论英国与东印度的贸易》。这一著作早在第一版就具有特殊的意义,即它攻击了当时在英国作为国家政策还受到保护的原始的**货币主义**,因而代表了重商主义体系对于自身的母体系的自觉的**自我脱离**。这一著作以最初的形式就已经出了好几版,并且对立法产生了直接影响。以后经作者完全改写并在其死后于 1664 年出版的《英国得自对外贸易的财富》一书,在 100 年之内,一直是重商主义的福音书。因此,如果说重商主义具有一部划时代的著作,充当"某种入门标牌",那么这就是托马斯·曼的著作,正是因为这个缘故,这本书对杜林先生的"细心观察顺序关系的历史"来说是根本不存在的。

关于现代政治经济学的创始人**配第**,杜林先生告诉我们说,他具有

"相当轻率的思维方法",而且"对于概念的内部的和更精细的区别缺乏理解"……"他具有多方面才能,知识广博,但容易从一种东西跳到另一种东西,而对任何深刻的思想不作彻底的研究"……他"对国民经济的论述还非常粗陋",并且他"得出幼稚的看法,把这些看法加以对照……有时可以使比较认真的思想家发笑"。

承蒙"比较认真的思想家"杜林先生留意到"一个叫做配第的人",这是多么崇高的谦虚态度!而杜林先生是怎样留意他的呢?

配第关于

"劳动,甚至劳动时间是价值尺度的论点,在他那里……只能见到不完整的痕迹"。

配第的这些论点,在杜林先生的书上只提到这一句话,此外就没有了。确实是不完整的痕迹。配第在他的《赋税论》(1662 年第 1 版)中,对商品的价值量作了十分清楚的和正确的分析。他首先用耗费同样多的劳动来生产的贵金属和谷物具有同等价值的例子

来说明价值量,这样他就为贵金属的价值下了第一个也是最后一个"理论上的"定义。而且他还明确而概括地谈到商品的价值是由**等量劳动**(equal labour)来计量的。他把自己的发现用来解决各种不同的和一部分非常复杂的问题,并且有时在各个场合和各种著作中,甚至在没有重复这个主要论点的地方,从这个主要论点作出重要的结论。但是他在自己的第一部著作中就已经说道:

"我断定,这一点〈通过等量劳动进行估价〉是平衡和衡量各个价值的基础;但是在它的上层建筑和实际应用中,我承认情况是多种多样的和错综复杂的。"①

可见,配第已经意识到他的发现的重要性及其在具体应用上的困难。因此,为了达到某些具体的目的,他也试走另一条道路。

必须找出土地和劳动之间的自然的等同关系(a natural Par),使价值可以随意"在二者之一,或者更好是在这二者中"表现出来。

这个迷误本身是天才的。

杜林先生对于配第的价值论作出了经过缜密思考的评语:

"如果他自己的思考更缜密一些,那么人们就根本不可能在其他地方遇到以前已经说过的一种对立见解的痕迹";

这就是说,杜林先生"以前"除了提到"痕迹"是"不完整"的以外,并没有说过其他什么东西。这是杜林先生所特有的手法,他"以前"用一句毫无内容的话来暗示什么东西,以便"以后"要读者相信,他"以前"早就知道了事情的要点,事实上,上述作者在以前和

---

① 见威·配第《赋税论》1667年伦敦版第25页。——编者注

以后都是避开了这种要点的。

我们在亚当·斯密的书中不但看到关于价值概念的各种"对立见解的痕迹",不但看到两种,而且看到三种,更确切地说,甚至四种尖锐对立的关于价值的看法,这些看法在他的书中相安无事地并存和交错着。在政治经济学的创始人那里,这是很自然的事情,因为他必然要摸索、试验、努力克服刚刚开始形成的观念的混乱状态,可是这样的事情在经过筛选来概括150年以上的研究(这些研究的结果,已经部分地从书本转入一般的意识中)的著作家那里出现,却是十分奇怪的。现在我们从大事情谈到小事情,正如我们在上面已经看到的,杜林先生自己同样向我们提供五种不同的价值以及同等数量的对立的见解,供任意选择。自然,"如果他自己的思考更缜密一些",他就不会花费这样多的力气来使他的读者脱离配第关于价值的十分清楚的见解而陷入极度的迷乱之中。

配第的十分圆满的、浑然一体的著作,是他的《货币略论》,这本书在他的《爱尔兰解剖》一书出版之后10年,即在1682年出版(后一本书"第一次"出版于1672年,而不是杜林先生从"最流行的东拼西凑的教科书"中抄下来的1691年)。**345** 他的其他著作中所包含的重商主义见解的最后痕迹,在这里完全消失了。按内容和形式说来,这是一部篇幅不大的杰作;正因为如此,杜林先生甚至连书名都不提一下。这完全是理所当然的事情,因为一个装腔作势的好为人师的庸夫,对于最有天才的和最有创见的经济学家,只能牢骚满腹地表示自己的不满,只能埋怨:理论火花竟没有严整地作为现成的"公理"傲然挺立,而只是从对"粗杂"的实际材料的探究中,例如对租税的探究中,散乱地迸发出来。

杜林先生对待配第的真正经济学的著作的态度,也同样用来对待配第创造的"政治算术",即通常所说的统计。他对于配第所用方法的奇特,只是恶意地耸耸肩膀!如果我们想到100年以后甚至拉瓦锡在这一领域中还采用的奇异方法**346**,如果我们想到现在的统计同配第给它极概要地规定的目的还相距很远,那么,在200年以后这种自鸣得意的无所不知,就只是表现为无法粉饰的愚蠢。

配第的最有意义的观念——这在杜林先生的"企业"中是绝少看到的——在杜林先生看来,只不过是零碎的想法、偶然的思想和即兴的意见,它们只是在今天,才被人通过断章取义的引用,而赋予一种它们本身根本未具有的意义,所以它们在**真正的**政治经济学史上不占有任何地位,而只在那些处于杜林先生的根底深厚的批判和"具有伟大风格的历史记述"的水平之下的现代书籍中才占有一席之地。看来杜林先生在其"企业"中所看到的读者群,只是一些盲目信从而根本不敢要求杜林先生证明自己的主张的人们。我很快就要回到这个问题上来(当谈论洛克和诺思时),但是现在我们必须先来看一看布阿吉尔贝尔和罗。

关于布阿吉尔贝尔,我们只须指出杜林先生的唯一的发现。他发现了从前没有看出的布阿吉尔贝尔和罗之间的联系。那就是,布阿吉尔贝尔断言,贵金属在商品流通中执行正常的货币职能的时候,可以被信用货币(一张纸片)所代替。① 而罗以为这些"小纸片"的任何"增加",都是增加国家的财富。② 杜林先生由此

---

① 参看皮·布阿吉尔贝尔《论财富、货币和赋税的性质》第2章(《18世纪的财政经济学家》1843年巴黎版第397页)。——编者注

② 参看约翰·罗《论货币和贸易》,载于《18世纪的财政经济学家》1843年巴黎版第523—541页。——编者注

得出结论,说布阿吉尔贝尔的"转变已经包藏着重商主义的新的形态",换句话说,已经包藏着罗。这可由下述的话十分清楚地得到证明:

"只要赋予'单纯的小纸片'以贵金属所应起的作用,那么,重商主义的形态变化就立刻完成了。"

用同样的方法,也可以使叔父变为叔母的形态变化立刻完成。虽然杜林先生以抚慰的口吻补充说道:

"当然,布阿吉尔贝尔并没有这样的愿望。"

但是,活见鬼,他怎么可能仅仅由于认为贵金属在那种作用上可以被纸片所代替,就有这样的愿望,要以重商主义者的迷信的见解,去代替他自己对贵金属的货币作用的合理的见解呢?

可是,杜林先生还是摆出一本正经的滑稽样子,继续说道:

"但是应当承认,我们的作者在有些地方确实能够发表真正中肯的意见。"(第83页)

关于罗,杜林先生只能说出下面这样"真正中肯的意见":

"显然,罗也从来没能完全抛弃这个基础〈即"贵金属基础"〉,可是他使纸币的发行达到极端,就是说,导致整个制度的崩溃。"(第94页)

实际上,纸蝴蝶,即单纯的货币符号,在公众中飞舞,并不是为了"抛弃"贵金属基础,而是为了把贵金属从公众的钱袋诱入空虚的国库里去。[347]

在回过来谈论配第以及杜林先生让他在经济学史上所起的渺小作用的时候,我们首先听一听杜林先生关于配第的直接后继者洛克和诺思向我们说了些什么。洛克的《略论降低利息和提高货币价值》①和诺思的《贸易论》②,是在同一年即 1691 年出版的。

"他〈洛克〉关于利息和铸币所写的东西,没有超出重商主义占统治地位时所流行的、以国家生活的各种事件为转移的思考范围。"(第 64 页)

现在,这个"记述"的读者应该完全清楚了,为什么洛克的《降低利息》在 18 世纪后半期对法国和意大利的政治经济学产生这样重大的影响,而且是多方面的影响。

"关于利率自由,许多生意人抱着类似的〈和洛克类似的〉意见,而且随着事态的发展也产生这样的倾向,即认为限制利息是无效的。当一个叫做达德利·诺思的人能够按自由贸易的精神著述《贸易论》的时候,一定已经有很多东西似乎在流传,使得反对限制利息的理论不致成为某种奇闻。"(第 64 页)

这样,洛克为了发表利息自由的理论和说些并非"奇闻"的东西,只须采纳同时代的某些"生意人"的思想,或把当时很多"似乎在流传"的东西接过来就够了!但实际上,1662 年配第已在《赋税论》中把利息,即我们叫做高利贷的货币租金(rent of money which we call usury)同土地的和房屋的租金(rent of land and houses)相对比,并且向那些想用法律来压低货币租金(自然不是地租)的地主解释,制定违反自然法的成文民法是徒劳无益的(the vanity and fruitlessness of making civil positive law against the law of nature)③。所以配第在其《货币略论》(1682 年)一书中宣布,用法律来调节利息,和调节贵金属的输出或汇率一样,都是蠢事。在同一著作

---

① 约·洛克《略论降低利息和提高货币价值的后果》1692 年伦敦版。——编者注

② 达·诺思《贸易论:主要是关于利息、硬币的铸造和损坏、货币量的扩大问题》1691 年伦敦版。——编者注

③ 参看威·配第《赋税论》1667 年伦敦版第 29 页。——编者注

中,他还对于货币价值的提高(例如,为了使半先令具有一先令的名义,就用一盎司银铸造出两倍数量的先令)说出了永远具有权威意义的见解。

关于最后一点,洛克和诺思差不多只是照抄配第。关于利息,洛克从配第把货币的利息和地租相提并论这一点出发,而诺思则更进一步把利息作为资本的租金(rent of stock)和地租相对立,把资本家和地主相对立①。但是,洛克只是有条件地接受配第所要求的利息自由,而诺思则无条件地加以接受。

杜林先生——他自己还是"更加微妙的"意义上的严厉的重商主义者——自恃高明,用一句评语把达德利·诺思的《贸易论》打发过去,说它是"按自由贸易的精神"写的。这和有人在谈到哈维的时候,说他是按照血液循环论的"精神"写作一样。诺思的著作——抛开它的其他功绩不谈——是关于自由贸易(国内的和国外的贸易往来)学说的古典的、始终一贯的论述,在1691年这确是"某种奇闻"!

此外,杜林先生告诉我们,

诺思是一个"商人",而且是一个坏家伙,他的著作"不可能博得任何赞许"。

当时正是保护关税制度在英国获得最终胜利的时候,这样的著作怎能得到身居主导地位的混蛋们的"赞许"! 可是这并不妨碍这部著作立刻发生理论上的影响,这一影响,在随后不久于英国出版的(其中一部分还是在17世纪出版的)一系列经济学著作中,都可以看到。

洛克和诺思的例子向我们提供了证明:配第在政治经济学的

---

① 参看达·诺思《贸易论》1691年伦敦版第4页。——编者注

几乎一切领域中所作的最初的勇敢尝试,是如何——为他的英国的后继者所接受并且作了进一步的研究的。这一过程在1691年到1752年这段时期的踪迹,就是对于最肤浅的观察者说来,也是十分明显的,因为这一时期比较重要的经济学著作,无论赞成或者反对配第,总是从配第出发的。因此,这个充满有创见的思想家的时期,对研究政治经济学的逐渐产生来说是最重要的时期。"具有伟大风格的历史记述"认为马克思在《资本论》中如此重视配第以及那一时期的其他著作家,是犯了不可饶恕的罪过,而这个"历史记述"则干脆把他们从历史上一笔勾销。这个"历史记述"从洛克、诺思、布阿吉尔贝尔和罗直接跳到重农学派[326],然后在政治经济学的真正殿堂的入口,出现了大卫·休谟。请杜林先生允许我们来恢复年代的顺序,把休谟放在重农学派的前面。

休谟的经济学《论丛》出版于1752年①。在《论货币》、《论贸易差额》、《论商业》这一组论文中,休谟一步一步地,往往甚至在一些古怪的想法上都跟着杰科布·范德林特的《货币万能》(1734年伦敦版)一书走。尽管杜林先生不知道这位范德林特,可是在18世纪末,就是说在亚当·斯密以后的时代的英国经济学著作中,都还一直提到他。

像范德林特一样,休谟也把货币看成单纯的价值符号;他差不多是逐字逐句照抄范德林特(这一点很重要,因为他本来还可以从其他许多著作中去抄袭价值符号理论)关于贸易差额为什么不能总是有损或有利于某国的意见;像范德林特一样,他也教导说,

---

① 指大·休谟《政治论丛》1752年爱丁堡版。马克思所用的版本是大·休谟《对若干问题的论述》(两卷集)1779年都柏林版,《政治论丛》是该两卷集第1卷的第2部分。——编者注

贸易差额的平衡是按各个国家的不同的经济状况而自然地建立的;像范德林特一样,他也提倡自由贸易,不过没有那么勇敢和彻底;像范德林特一样,他也提出,需要是生产的推动力,不过是以更浅薄的形式提出的;他跟随范德林特,也误认为银行货币和一切国家有价证券影响商品的价格;他和范德林特同样反对信用货币;像范德林特一样,他也以为商品价格取决于劳动价格,也就是取决于工资;他甚至抄袭范德林特的关于货币贮藏会压低商品价格这种古怪的意见,如此等等。

杜林先生早已神谕式地诉说有人误解了休谟的货币论,他特别咄咄逼人地提到了马克思,说他除了误解休谟以外,还在《资本论》中违反禁令,谈到了休谟同范德林特和约·马西的秘密联系①;关于马西,后面还要谈到。

关于这种误解,情况是这样的。根据休谟的确实的货币论,货币只是价值符号,所以在其他条件不变时,商品的价格按流通中的货币量的增加的比例而提高,按流通中的货币量的减少的比例而降低,对于这个货币论,杜林先生无论如何努力,即使是使用他特有的明快的叙述方法,也只能重复他的先驱者的错误见解。可是休谟在提出上述理论之后,对自己提出这样的异议(孟德斯鸠从同样的前提出发,已经提出过这种异议②):

"毫无疑问",自从美洲的金银矿发现以来,"除了这些矿主的工业以外,欧洲各国的工业"也都有了发展,这种发展的"原因之一,也是由于金银的增加"。

---

① 参看马克思《资本论》第 1 卷,《马克思恩格斯文集》第 5 卷第 146、588 页。——编者注
② 参看沙·孟德斯鸠《论法的精神》1769 年伦敦版。——编者注

对这种现象,他解释道:

"虽然商品价格的昂贵是金银增加的必然结果,可是这种昂贵并不紧跟着这种增加而来,而是需要一些时间,直到货币流通到全国并使各界人民都感觉到它的影响的时候。"在这一期间,它对于工业和商业起着良好的影响。

在这个论述的最后,休谟还向我们说明了为什么会有这种影响,虽然他的说明比他的许多先驱者和同时代人要片面得多:

"要观察货币通过整个社会的运动,是很容易的;在观察时我们将看到,货币在提高劳动价格以前,一定会鼓舞每个人的勤勉心。"①

换句话说,休谟在这里是描写贵金属价值发生的革命所造成的影响,即它们贬值的影响,也就是贵金属作为**价值尺度**发生的革命所造成的影响。他正确地发现,在商品价格只是逐渐平衡的状况下,这种贬值只在最后才"提高劳动价格",即一般所说的提高工资;所以它是在牺牲工人的情况下来增加商人和工业家的利润(在他看来,这是理所当然的事情),并这样"鼓舞勤勉心"。可是他没有提出真正科学的问题:贵金属的供给的增加,在其价值不变的情况下,是否影响和怎样影响商品的价格;他把"贵金属的"**任何**"增加"都和它的贬值混为一谈。因此,休谟所做的,正是马克思说他做了的那些事(《政治经济学批判》第 141 页)②。我们在下面还要简单地谈到这一点,可是首先来看看休谟的论文《论利息》。

休谟明确反对洛克的论据,即利息不是由现有货币量来调节,

---

① 见大·休谟《对若干问题的论述》1779 年都柏林版第 1 卷第 304 页。——编者注

② 参看马克思《政治经济学批判。第一分册》1859 年柏林版,《马克思恩格斯全集》中文第 2 版第 31 卷第 555—556 页。——编者注

而是由利润率来调节,以及他关于决定利息率高低的原因的其他说明——所有这些,都可以在 1750 年,即休谟的论文发表前两年出版的《论决定自然利息率的原因。对威廉·配第爵士和洛克先生关于这个问题的见解的考察》一书中找到,这本书在论述方面要精确得多,较少卖弄聪明。这本书的作者是约·马西,他是一个多方面的著作家,拥有很多读者,这从当时英国的著作中可以看出来。亚当·斯密对于利息率的说明,接近马西甚于接近休谟。马西和休谟两个人对于在他们学说中占有一定地位的"利润"的本性,什么都不知道,什么也没有说到。

杜林先生教导我们:

"人们在评价休谟时,大都总是带着很大的偏见来对待他,并且把他所完全没有的观念加到他的身上。"

杜林先生本人就不止一次地给我们提供了这种"对待"的明显例证。

例如,休谟在论利息一文中开始就说:

"某一民族的繁荣状态的最可靠的标志是利息率低,这是有道理的,虽然我认为,产生这种现象的原因,和人们通常所想的有些不同。"①

这样,休谟在第一句话中就引证了利息率低是某一民族的繁荣状态的最可靠的标志的看法,这在他那个时候已经是陈腐的老生常谈了。而且事实上,这一"观念",自柴尔德以来,经过了整整 100 年,已经流行于世。然而

---

① 见大·休谟《对若干问题的论述》1779 年都柏林版第 1 卷第 313 页。——编者注

"在〈休谟〉关于利息率的看法中,应当主要地强调这一观念:利息率是状态〈什么状态?〉的真正的晴雨表,而晴雨表的低度数则是某一民族的繁荣的几乎不会出错的标志。"(第 130 页)

说这些话的那个"有偏见"的、陷于窘境的"人"是谁呢? 不是别人,正是杜林先生。

而且,我们的批判的历史编纂学家对于下面这一点表示出自己的天真的惊讶:休谟在发挥了某种出色的观念之后"甚至没有自称是这种观念的创立者"。这样的事情在杜林先生身上是不会发生的。

我们已经看到,休谟是如何把贵金属的任何增加,同引起它们贬值、引起它们自身的价值发生革命,即商品的价值尺度发生革命的那种增加,混为一谈的。这种混淆对休谟来说是不可避免的,因为他完全不了解贵金属作为**价值尺度**的职能。他不可能了解这种职能,因为他丝毫不懂得价值本身。"价值"一词,在他的论丛中,也许只在一个地方出现过,在那里,他想纠正洛克关于贵金属具有的"只是想象的价值"的错误见解,而结果越纠正越糟,竟认为贵金属具有的"主要是虚构的价值"。①

他在这个问题上不仅远不如配第,而且远不如他同时代的一些英国人。他仍然用老一套办法赞扬"**商人**"是生产的第一盘发条,这个观点早已被配第所抛弃,所以他在这一点上也表现得同样"落后"。至于杜林先生要人相信休谟在其论丛中所研究的是"主要的经济关系",那么只要把亚当·斯密所援引的康替龙的著作(该著作和休谟的论丛都是 1752 年出版,但那时作者已经死去多年了)[348] 比较一下,人们就会惊异地看到休谟的经济学著作的范围是多么狭

---

① 见大·休谟《对若干问题的论述》1779 年都柏林版第 1 卷第 314 页。——编者注

窄。正如前面所说①,尽管杜林先生给休谟以特许证,休谟在政治经济学领域中也还是一位值得尊重的人物,但是在这里,他不能被认为是有创见的研究者,更不是什么划时代的人物。他的经济学论丛之所以能影响当时的知识界,不仅是因为卓越的表达方法,而且更多地还是因为他的论丛对当时繁荣起来的工商业作了进步的和乐观的赞扬,换句话说,也就是对当时英国迅速发展的资本主义社会作了进步的和乐观的赞扬,因而他的论丛自然要博得资本主义社会的"赞许"。在这里只要作一个提示就够了。每个人都知道,正是在休谟的时代,英国的人民群众是多么激烈地反对间接税制度,这种制度是臭名昭著的罗伯特·沃尔波尔为了有计划地减轻土地所有者和一切富人的负担而实行的。可是休谟在他的《论租税》这篇论文中,不指名地同自己的念念不忘的权威范德林特——间接税的最猛烈的反对者,土地课税的最坚决的拥护者——进行辩论:

"如果工人不能在不提高劳动价格的情况下靠更加勤勉和节俭来交纳消费税,那么它们〈消费税〉实际上必定是很重的,是很不合理的。"②

我们以为是罗伯特·沃尔波尔本人在这里说话,特别是再联系论"公债"一文中所说的一段话,更觉得是这样;在那里,关于向国债债权人课税的困难是这样说的:

---

① "正如前面所说"是指从"可是,为什么休谟……"开始到"……如此顽强地闭口不谈的忌妒心,才能到现在为止仍然忽视这样一位经济学泰斗的价值"为止的两段话(见本卷第 628 页)。这两段话在第一版和第二版中是接在"大卫·休谟"的后面(见本卷第 621 页第 11 行)。恩格斯在为第三版变动正文的顺序时,保留了"正如前面所说"这几个字,未作相应的修改。——编者注

② 见大·休谟《对若干问题的论述》1779 年都柏林版第 1 卷第 367 页。——编者注

"他们收入的减少,是不能由消费税或关税的一个单纯的项目的外表来遮掩的。"①

休谟对于资产阶级赢利的羡慕,决不是纯粹柏拉图式的,对于一个苏格兰人来说也不可能指望他会有别的态度。他出身贫穷,可是后来却达到每年 1 000 英镑的巨额进款,因为这里不是说的配第,所以杜林先生就对这一事实作了如下的周到实用的表达:

"因为他善于经营私人经济,所以他以很少的资财做本钱,就达到不必为迎合任何人而写作的地位。"

杜林先生关于休谟还说道:

"他从未对党派、君主或大学的影响作过丝毫的让步",

虽然确实还不知道休谟是否同一个叫做"瓦盖纳"的人有过文字上的共事关系[349],可是我们知道,他是对"**教会**与国家"颂扬备至的辉格党[350]寡头统治的热烈拥护者,为了酬谢他的这些功劳,他最初被授予巴黎使馆秘书的职位,后来被授予位置重要得多、收入高得多的副国务大臣的官职。

施洛塞尔老头说:

"在政治方面,休谟曾经是而且一直是具有保守思想和强烈的君主主义思想的人。因此,他受到当时的教会制度的拥护者的攻击,没有像吉本受到的那样猛烈。"②

平民出身的"粗野"的科贝特说:

---

① 见大·休谟《对若干问题的论述》1779 年都柏林版第 1 卷第 379 页。——编者注
② 见弗·克·施洛塞尔《供德国人民阅读的世界通史》1855 年美因河畔法兰克福版第 17 卷第 76 页。——编者注

"这位自私的休谟,这位历史的伪造者",曾骂英国僧侣是肥胖的、不结婚的、没有家庭的、乞讨为生的人,"但是他从来没有家庭或者妻子,他本人是一个大胖子,在很大程度上靠社会的钱财来养活,却从来没有做过任何真正有益于社会的事情。"①

杜林先生说:

休谟"在对待人生的实际态度上,在基本方面要比一个叫做康德的人高明得多"。

可是,为什么休谟在《批判史》中被捧得这样高呢?只不过是因为这位"认真的和缜密的思想家"荣幸地扮演了 18 世纪的杜林。一个叫做休谟的人可以证明

"整个科学部门〈经济学〉的创造是更有见识的哲学的事情",

同样,休谟的先驱作用也极好地显示了这整个科学部门将保证会由一位非凡的人物在最近的将来完成。这位人物把仅是"更有见识的哲学"改造为绝对光辉的现实哲学,这位人物也和休谟一样,把

"狭义的哲学的研究同国民经济的科学研究联系起来……到现在为止,这在德国是没有先例的"。

于是,我们看到,作为经济学家无论如何还是值得尊重的休谟,被吹嘘成第一流的经济学泰斗;而只有到现在为止对杜林先生的"划时代"的成就还如此顽强地闭口不谈的忌妒心,才能到现在为止仍然忽视这样一位经济学泰斗的价值。

----

① 见威·科贝特《英格兰和爱尔兰的新教"改革"史》1868 年都柏林—伦敦版第 58、68 页。——编者注

大家知道,**重农学派**[326]在**魁奈的《经济表》**[276]中给我们留下了一个谜,为解开这个谜,经济学的以前的批评家和历史编纂学家绞尽脑汁而毫无结果。这个表本来应该清楚地表明重农学派对一国总财富的生产和流通的观念,可是它对后世的经济学家仍然是一团模糊。在这里,杜林先生也要给我们以终极的启示。他说:

> 只有"首先准确地研究魁奈所特有的主导概念,才能确定关于生产和分配的关系的这一经济图表对魁奈本人具有什么意义"。因为到现在为止对这些概念人们总是带着"摇摆的不确定性"来说明,甚至亚当·斯密也"不能认识它们的本质特征",所以上述研究就更加需要了。

杜林先生现在要永远结束这种传统的"轻率的记述"。可是他用整整五页的篇幅来愚弄读者,在这五页上,使用各种夸张言辞,不断重复,有意搅乱,都不过是为了掩盖一个令人不快的事实,即关于魁奈的"主导概念",杜林先生所能告诉我们的,未必多于他不断警告读者去反对的那些"最流行的东拼西凑的教科书"。这个引论上的"一个最可怀疑的方面"是:甚至在这里,到现在为止对我们来说只知其名的《经济表》,也已经偶然地被杜林先生嗅到,但接着就消失在各种各样的"反思"中,例如,消失在对"耗费和成果的区别"的反思中。如果说这种区别"不能在魁奈的观念中现成地找到",那么一旦杜林先生从他的冗长的引论上的"耗费"转到异常短命的"成果"上来,即对《经济表》本身的说明上来,他倒会给我们提供一个关于这种区别的光辉范例,现在让我们引证他认为围绕魁奈的经济表应该告诉我们的一切,而且**是逐字逐句引证的这一切**。

在"耗费"上,杜林先生说道:

> "他〈魁奈〉认为,收入〈杜林先生刚才说过纯产品〉应当被作为货币价值来理解和对待,这是不言而喻的事情……　他立刻把自己的思考〈!〉和货币

价值联系起来,他假定货币价值是第一手出卖全部农产品的结果。用这种方法〈!〉,他就在《经济表》的项目中运用数十亿的数目〈即货币价值〉。"

这样,我们第三次知道:魁奈在其经济表中,运用的是"农产品"的"货币价值",其中包含"纯产品"或"纯收入"的货币价值。往下,我们在本文中读到:

"如果魁奈采用真正自然的观察方法,如果他不仅放弃对于贵金属和货币量的考虑,而且还放弃对于货币价值的考虑…… 但是他只计算价值额,而且一开始就把纯产品想象〈!〉为货币价值。"

这样我们就第四次和第五次知道:在《经济表》中只有货币价值!

"由于他〈魁奈〉扣除了开支,并且主要是想着〈!〉〈不是传统的,然而是更加轻率的记述〉那种作为地租而为土地所有者得到的价值,他得到了它〈纯产品〉。"

到此还是毫无进展,不过现在开始了:

"可是〈这个"可是"是一颗珍珠!〉另一方面,纯产品作为自然对象进入流通中,它因此变成……维持……所谓不结果实的阶级的一个要素。在这里,立刻〈!〉可以看到一种混乱,这种混乱之所以产生,是因为思想进程在一种情况下为货币价值所决定,而在另一种情况下则为事物本身所决定。"

一般说来,**任何**商品流通看来都免不了这样的"混乱",即商品同时作为"自然对象"和"货币价值"进入商品流通。可是我们还是围绕"货币价值"转圈子,因为

"魁奈要避免国民经济收入的双重计算"。

请杜林先生允许我们指出:在魁奈自己写的《经济表分析》①

---

① 弗·魁奈《经济表分析》,载于《重农学派》(附欧·德尔的绪论和评注)1846 年巴黎版第 1 部。——编者注

中,在经济表图式的后面,各类产品作为"自然对象"出现,而在前面,在经济表本身内出现的则是它们的货币价值。魁奈以后甚至让他的助手、修道院院长勃多,把自然对象和它的货币价值**并列**在表上。①

在如此"耗费"之后终于有了"成果"。听一听就会感到吃惊:

> "只要问一下:在国民经济的循环中,作为地租而被占有的纯产品,究竟成了什么,不连贯性〈考虑到魁奈赋予土地所有者的作用〉就立刻显露出来了。这里,对重农学派的思想方式和对经济表来说,只可能是一种趋于神秘主义的混乱和任性。"

结果好,就一切都好。这样,杜林先生不知道"在经济的循环〈经济表中所显示的〉中,作为地租而被占有的纯产品,究竟成了什么"。经济表对于杜林来说,是一个"化圆为方问题"。他自己承认,他不懂得重农学派的 ABC。在兜了各种圈子、说了各种空话、进行纵横跳跃、耍了滑稽把戏、加进插话、离题发挥、一再重复、令人迷惑不解的语无伦次之后——而这一切只是准备让我们去听取关于"经济表对魁奈本人具有什么意义"的有力说明——,在经过所有这一切之后,杜林先生终于羞愧地承认,**他自己也不知道!**

他既然摆脱了这个痛苦的秘密,这个在他驰骋重农学派国度时骑在他背上的贺拉斯式的黑暗的烦恼②,我们的这位"认真的和缜密的思想家",又精神抖擞地大吹大擂:

> "魁奈在其本来相当简单〈!〉的表中到处所画的、要用来表明纯产品的

---

① 参看尼·勃多《经济表说明》,载于《重农学派》1846 年巴黎版第 2 部第822—867 页。——编者注
② 参看贺拉斯《颂歌》第 3 册第 1 篇。——编者注

流通的线〈总共是六条!〉",使人们有理由考虑,在"这些奇异的相交的线中",是否隐藏着某种数学的幻想;使我们想到魁奈是在研究化圆为方问题,等等。

因为杜林先生自己承认,尽管这些线很简单,他还是不懂,所以他就不得不以他惯用的手法去**怀疑**它们。现在他可以放心大胆地给予这个讨厌的经济表以致命的打击了:

"由于我们从这个最可怀疑的方面考察了纯产品"等等。

就是说,他自己不得不承认,他丝毫也不了解《经济表》以及其中的纯产品所起的"作用"——杜林先生就把这称为"纯产品的最可怀疑的方面"!这是多么绝望的滑稽!

但是,为了使我们的读者不至于像那些从杜林先生的"第一手"材料去吸取经济知识的人所必然遭遇的那样,对于魁奈的经济表一无所知,我们作以下的简短说明:

大家知道,重农学派把社会分成三个阶级:(一)生产阶级,即真正从事农业的阶级,租地农场主和农业工人;他们之所以被称为生产阶级,是因为他们的劳动提供剩余——地租。(二)占有这种剩余的阶级,包括土地占有者和依附于他们的家仆,君主以及所有由国家付给薪俸的官吏,最后还有以什一税占有者这一特殊身份出现的教会。为简便起见,我们以后把第一个阶级简称为"租地农场主",把第二个阶级简称为"土地所有者"。(三)从事工商业的或 sterile(不结果实的)阶级,他们之所以被称为不结果实的,是因为从重农学派的观点看来,他们在生产阶级供给他们的原料中所加上的价值,只是等于他们在生产阶级供给他们的生活资料上消费掉的价值。魁奈的《经济表》就是要通过图解来清楚地说明:一个国家(实际上就是法国)每年的总产品,怎样在这三个阶级之间流通,怎样为每年的再生产服务。

经济表的第一个前提,是租佃制度以及与之并存的大农业(在魁奈那个时代的意义上)到处被采用,而且,对于魁奈说来,其标本地区是诺曼底、皮卡第、法兰西岛和法国其他一些省份。所以,租地农场主作为农业的真正领导者,在《经济表》上代表整个生产的(从事农业的)阶级,付给土地所有者以货币租金。全体租地农场主共计拥有创业资本或总财产 100 亿利弗尔,其中五分之一,即 20 亿,是每年应被补偿的经营资本,这种计算又是以上述各省经营最好的租地农场为标准的。

另外的前提是:(一)为简单起见,采用固定价格和简单再生产;(二)在一个阶级内部发生的任何流通都排除在外,而只考虑阶级与阶级之间的流通;(三)在生产年度内阶级与阶级间所进行的一切买卖,都合算成一个总数。最后应该记住,在魁奈那个时代,在法国,而且或多或少地在整个欧洲,农民家庭自身的家庭工业供给了极大部分非食品类的必需品,所以在这里,它作为农业的当然附属物被当做前提了。

经济表的出发点是总收成,是土地上每年所生产的总产品(因此,这种总产品列在表的最上端),或一个国家(在这里就是法国)的“总的再生产”。这个总产品的价值量,是根据通商各国的农产品的平均价格计算的。价值量等于 50 亿利弗尔,这个数额依据当时可能的统计估算,大致表示法国全部农产品的货币价值。正是这种情形,而不是别种情形,才使魁奈在经济表中“运用数十亿的数目”,即运用 50 亿的数目,而不是 5 个图尔利弗尔[351]。

这样,价值 50 亿的全部总产品掌握在生产阶级的手中,也就是说,首先是掌握在租地农场主的手中,这些租地农场主每年花费 20 亿经营资本(与 100 亿创业资本相适应)来生产全部总产品。

为了补偿经营资本,因而也为了维持一切直接从事农业的人的生活所需要的农产品、生活资料、原料等等,是以实物形式从总收成中拿出来的,并且花费在新的农业生产上。因为,正如前面所说,固定价格和既定规模的简单再生产是作为前提的,所以总收成中预先拿出去的部分的货币价值,等于 20 亿利弗尔。因此,这一部分没有进入一般的流通,因为正如已经指出的,任何在每一个阶级**内部**进行的而不是在不同阶级之间进行的流通,都没有列入表内。

除开补偿经营资本的数额以外,在总产品中还有 30 亿的剩余,其中 20 亿是生活资料,10 亿是原料。可是租地农场主不得不付给土地所有者的地租,只占了这个剩余的三分之二,即 20 亿。为什么只有这 20 亿被列在"纯产品"或"纯收入"的项目下,马上就会看到。

农业的"总的再生产"的价值为 50 亿,其中 30 亿进入一般的流通;可是除这个农业的"总的再生产"以外,当经济表上所描写的运动开始**以前**,租地农场主手中还握有全国的"储金",即 20 亿现金。这些储金的情况如下:

因为经济表的出发点是总收成,所以这个出发点同时也就成为一个经济年度例如 1758 年的终点,在终点之后,开始了新的经济年度。在 1759 年这个新的经济年度中,总产品中预定进入流通的那一部分,经过一定次数的支付即买卖,分配在其他两个阶级中间。但是,这些前后相接的、分散的、延长到整年的运动,被归并为(这无论如何是经济表所必需的)几种各具特征的行为,其中每一种行为都一下子就包含整整的一年。这样,在 1758 年末,租地农场主阶级在 1757 年以地租形式付给土地占有者的货币,又重新流回这个阶级的手中了(至于怎样进行,经济表本身就说明了),就是说 20 亿数额又重新流回来了,于是租地农场主阶级在 1759 年又可以把这个数额投入流通。因为这个数额,正如魁奈所指出的,大大超过一个国家(法国)的全部流通所实际需要的数额(由于支付是不断以零星数额重复进行的),所以租地农场主手中的20亿利弗尔就代表国内流通的货币总额。

收取地租的土地所有者阶级,最初起了付款收取者的作用,这种情况现在偶尔还可以见到。按照魁奈的前提,真正的土地所有者只得到20亿地租的七分之四,七分之二归政府,七分之一归什一税的收取者。在魁奈那个时代,教会是法国最大的土地所有者,而且除了这笔收入以外,它还从其他的一切地产上征收什一税。

"不结果实的"阶级在整年内所支付的经营资本(年预付),是价值10亿的原料,而且只是原料,因为工具、机器等等算是这一阶级本身的制造品。但是,这些制造品在这一阶级本身的工业生产中所起的多种作用,以及只在这一阶级内部进行的商品流通和货币流通,在经济表中都没有涉及。不结果实的阶级在把原料转化为工业品时所花费的劳动的报酬,等于它的生活资料的价值,这些生活资料,一部分是直接从生产阶级获得的,另一部分是间接地经过土地所有者而获得的。虽然不结果实的阶级本身分为资本家和雇佣工人,可是根据魁奈的基本观点,它作为整个阶级是被生产阶级和土地所有者雇用的。工业的全部生产,从而它的全部流通(这种流通分布于收获以后的一年中),也归并成为一个总数。因此,前提是:当表内所描写的运动开始的时候,不结果实的阶级每年的商品生产完全掌握在它自己的手中,所以它的全部经营资本或价值10亿的原料,转化为价值20亿的商品,其中一半是这个转变时期中所消费的生活资料的价格。在这里或许可以提出这样的异议:不结果实的阶级为了自己的家庭需要也消费工业品;如果它自己的全部产品都通过流通而转归其他阶级,那么它自己所消费的工业品列到哪里去呢？对于这个问题，我们得到了如下的回答：不结果实的阶级不但自己消费自己的商品的一部分，而且还企图尽可能多地保留一部分商品。因此，它把投入流通的商品卖得比实际价值要高，它必须这样做，因为我们是把它的生产的全部价值算在这些商品上面的。但是，这种情形不会在表上引起任何变化，因为其他两个阶级只有付出不结果实的阶级的全部生产的价值，才能取得这些工业品。

这样，我们现在就知道经济表所描述的运动开始时三个不同阶级的经济状况。

生产阶级在以实物补偿自己的经营资本以后，还拥有30亿的全部农产品和20亿的货币。土地所有者阶级开始出现时还只是拥有向生产阶级要求20亿地租的权力。不结果实的阶级拥有20亿的工业品。仅仅在这三个阶级之中的两个阶级之间进行的流通，重农学派称为不完全的流通，而在所有三个阶级之间进行的流通，则称为完全的流通。

现在来谈《经济表》本身。

第一种（不完全的）流通：租地农场主付给土地所有者20亿货币，作为归于他们的地租，并且没有回报。土地所有者用其中的10亿向租地农场主购买生活资料，所以租地农场主为支付地租所花费的货币，有一半又流回到自己的手中。

魁奈在他的《经济表分析》中没有再谈到获得地租的七分之二的国家和获得地租的七分之一的教会，因为二者的社会作用是大家都知道的。关于真正的土地所有者，他却说，他们的费用，其中也包括他们的全部仆从人员的费用，至少极大部分是不结果实的费用，只有用来"维护和改良土地以及扩大耕种"的很小的一部分，才是例外。可是依据"自然法"，他们的真正职能正是在于"尽心管理并出资维护他们的世袭财产"①,或者像后来所解释的,在于 avances foncières,即支出一笔费用,以准备土地并给租地农场配备一切设施,这笔费用使租地农场主可以把其全部资本只用在真正的耕种事业上。

第二种(完全的)**流通**:土地所有者用他们手中余下的 10 亿货币向不结果实的阶级购买工业品,而不结果实的阶级又用这样得到的 10 亿货币向租地农场主购买生活资料。

第三种(不完全的)**流通**:租地农场主用 10 亿货币向不结果实的阶级购买相应货币价值的工业品;其中很大一部分是农业工具和农业所必需的其他生产资料。不结果实的阶级又把同量的货币送还给租地农场主,来购买价值 10 亿的原料以补偿自己的经营资本。这样,租地农场主用以交付地租的 20 亿货币,又重新回到他们的手中,运动于是完成了。这样,"在国民经济的循环中,作为地租而被占有的纯产品,究竟成了什么"这个大谜,也就解开了。

我们在前面已经看到,在过程开始的时候,生产阶级手中握有 30 亿的剩余。其中只有 20 亿作为纯产品以地租的形式付给土地所有者。剩余中的另外 10 亿,成为租地农场主整个创业资本的利息,对 100 亿来说,就是 10% 的利息。这种利息,他们——请注意——不是从流通中得来的;它以实物形式存在于他们的手中,他们只是经过流通把它转变为同等价值的工业品,才把它实现的。

没有这一利息,租地农场主,即农业的主要当事人,就不会把创业资本投到农业上。在重农学派看来,租地农场主对于这一部分代表利息的农业**剩余收入**的占有,即使从这一观点来看,也和租

---

① 　见《重农学派》1846 年巴黎版第 1 部第 68 页。——编者注

地农场主阶级本身一样,都是再生产的必要条件,因此,这个组成部分不能放在国民"纯产品"或"纯收入"的范畴中;因为"纯产品"或"纯收入"的特征,正是在于它可以不考虑国民再生产的直接需要而被消费。但是这10亿基金,根据魁奈的说法,大部分是用做一年中必要的修缮和创业资本的部分更新,其次,用做防止意外事故的后备基金,最后,在可能范围内,用来增加创业资本和经营资本,以及改良土壤,扩大耕种。

整个过程确实是"相当简单的"。投入流通的有:租地农场主拿来交租的20亿货币,以及30亿的产品,其中三分之二是生活资料,三分之一是原料;不结果实的阶级的20亿的工业品。在价值20亿的生活资料中,一半为土地所有者及其仆从人员所消费,另一半为不结果实的阶级所消费,用来支付他们的劳动。价值10亿的原料补偿不结果实的阶级的经营资本。在流通中的价值20亿的工业品内,一半为土地所有者所得,另一半为租地农场主所得,对于租地农场主说来,这一部分工业品只是他们创业资本的利息的转化形式,这种利息是他们从农业再生产上直接得来的。租地农场主交付地租而投入流通的货币,通过出卖自己的产品又回到他自己的手中,这样,在下一个经济年度,同样的循环又可以重新进行了。

现在让读者来赞赏杜林先生的"真正批判的"、比起"传统的轻率的记述"如此无限优越的说明吧!他接连五次神秘地告诫我们说,魁奈在其《经济表》中仅仅运用货币价值(而且这是不真实的)是多么令人可疑;在这以后,他终于得出这样的结论:

> 只要问一下,"在国民经济的循环中,作为地租而被占有的纯产品,究竟成了什么",那么"对经济表来说,只可能是一种趋于神秘主义的混乱和任性"。

我们已经看到,经济表这种对于以流通为中介的年度再生产过程所作的简单的、在当时说来是天才的说明，非常准确地回答了这种纯产品在国民经济的循环中究竟成了什么这一问题。因此，"神秘主义"以及"混乱和任性"，又只是杜林先生才独自拥有的，是他的重农学派研究的"最可怀疑的方面"和唯一的"纯产品"。

杜林先生对于重农学派的历史影响的认识，是和他对于他们的理论的认识完全一样的。他教导我们说：

> "到杜尔哥，法国重农学派在实际上和理论上都告终了。"

但是，米拉波按其经济学观点来说实质上是重农学派，他在1789年的制宪议会上是第一个经济学权威，这次制宪议会在其经济改革上把很大一部分的重农学派原理从理论变成了实际，特别是对土地占有者"没有回报"而占有的纯产品即地租还征收了重税，而这一切对于"一个叫做杜林的人"是不存在的。

杜林先生大笔一挥，便把1691年到1752年这一时期勾销了，也就把休谟的一切先驱者勾销了，同样，又大笔一挥，把休谟和亚当·斯密之间的詹姆斯·斯图亚特爵士勾销了。后者的大作①，撇开其历史重要性不谈，经久地丰富了政治经济学的领域；关于这部著作，我们在杜林先生的"企业"内，没有看到片语只字。可是，对于斯图亚特，杜林先生却把自己的词典中最恶毒的谩骂的言辞都搬出来了，而且还说在亚当·斯密时期，斯图亚特是"**一位教授**"。可惜，这种怀疑完全是凭空而生的。实际上，斯图亚特是苏格兰的大土地占有者，他因有参加斯图亚特阴谋的嫌疑，而被逐出英国。他长期在大陆居住，并且游历大陆各地，所以熟悉各国的经

---

① 指詹·斯图亚特《政治经济学原理研究》（两卷集）1767年伦敦版。——编者注

济状况。

总而言之，根据《批判史》，以前一切经济学家之所以具有价值，只是由于他们可以充当杜林先生的"具有决定意义的"、奠定更深刻基础的工作的"萌芽"，或者由于他们的不中用，可以更好地衬托杜林先生的奠基工作。可是在经济学中还存在着一些英雄，他们不仅是"奠定更深刻基础"的工作的"萌芽"，而且还提供了一些"定理"，使杜林先生的奠基工作——像杜林先生在自然哲学中所提示的那样——不必由此"发展"，而只要直接加以"组合"就成了。这样的英雄中，有"无可比拟的卓越的大人物"**李斯特**，他为了德国工厂主的利益，把一个叫做费里埃的人和其他人的"较微弱"的重商主义学说**344**吹嘘成为"较有力"的词句；其次是**凯里**，他的下述言论暴露了他的智慧的本质：

> "李嘉图的体系是一个制造纷争的体系……其结果是挑动阶级之间的仇恨……他的著作是那些企图用平分土地、战争和掠夺的手段来攫取政权的蛊惑者们的手册"①；

最后，在这些英雄中还有伦敦西蒂区的糊涂人**麦克劳德**。

因此，凡是想在现在或最近的将来研究政治经济学史的人，与其依靠杜林先生的"具有伟大风格的历史记述"，还不如去熟悉"最流行的东拼西凑的教科书"的"白水似的作品"、"老生常谈"和"施给乞丐的稀汤"，这样做也许可靠得多。

————

我们分析了杜林的政治经济学的"自造的体系"，最终得到了什么结果呢？ 只有这样一个事实：在一切豪言壮语和更加伟大的

---

① 见亨·查·凯里《过去、现在和将来》1848 年费城版第 74—75 页。——编者注

诺言之后,我们也像在"哲学"上一样受了骗。从价值论这块"经济学体系的纯洁性的试金石"得出的结果是:杜林先生把价值理解为五种完全不同的、彼此直接矛盾的东西,所以最多也只是他自己不知道自己想要的是什么。如此大吹大擂地来宣告的"一切经济的自然规律",原来全都是众所周知的老生常谈,而且往往是理解得极差的、最糟糕的老生常谈。自造的体系关于经济事实向我们提供的唯一解释是:这些事实是"暴力"的结果,这是几千年来一切国家的庸人在遭遇到一切不幸时聊以自慰的词句,在读了这些以后,我们丝毫没有比未读以前知道得多一些。杜林先生不去研究这种暴力的起源和作用,而只叫我们感恩戴德地安于"暴力"这个**字眼**,把它当做一切经济现象的终极原因和最后说明。在他被迫进一步说明资本主义对劳动的剥削时,他最先把这一剥削笼统地说成是以课税和加价为基础,在这里他完全窃取了蒲鲁东的"预征税"(prélèvement)观点①,以后又用马克思关于剩余劳动、剩余产品和剩余价值的理论来具体地解释这种剥削。这样,他一口气把二者都抄袭下来,并做到了把两个完全矛盾的观点巧妙地调和起来。他在哲学上觉得对黑格尔骂得不够,但同时又不断剽窃黑格尔的思想并把它庸俗化,同样,他在《批判史》上对马克思的最放肆毁谤,也只是为了遮掩这一事实:在《教程》中关于资本和劳动的一切稍微合理的东西,同样是对马克思的庸俗化了的剽窃。在《教程》中,作者把"大土地占有者"放在文明民族的历史的开端,而对于真正是全部历史出发点的氏族公社和农村公社的土地公有制则一无所知——这种在今天看来几乎是难以理解的无知,

---

① 参看皮·约·蒲鲁东《什么是财产?》1840年巴黎版。——编者注

几乎又被《批判史》中以"历史眼光的广博远大"自诩的无知所超越,关于这种无知,我们在上面只举出几个惊人的例子。一句话:最初为自我吹嘘、大吹大擂、许下一个胜似一个的诺言付出了巨大的"耗费",而后来的"成果"却等于零。

第三编 社会主义

一 历 史

我们在《引论》里①已经看到，为革命做了准备的18世纪的法国哲学家们，如何求助于理性，把理性当做一切现存事物的唯一的裁判者。他们认为，应当建立理性的国家、理性的社会，应当无情地铲除一切同永恒理性相矛盾的东西。我们也已经看到，这个永恒的理性实际上不过是恰好那时正在发展成为资产者的中等市民的理想化的知性而已。因此，当法国革命把这个理性的社会和这个理性的国家实现了的时候，新制度就表明，不论它较之旧制度如何合理，却决不是绝对合乎理性的。理性的国家完全破产了。卢梭的社会契约**278**在恐怖时代**353**获得了实现，对自己的政治能力丧失了信心的资产阶级，为了摆脱恐怖时代，起初求助于腐败的督政府**354**，最后则托庇于拿破仑的专制统治。早先许诺的永久和平变成了一场无休止的掠夺战争。理性的社会的遭遇也并不更好一些。富有和贫穷的对立并没有化为普遍的幸福，反而由于调和这种对立的行会特权和其他特权的废除，由于缓和这种对立的教会慈善设施的取消而更加尖锐化了；工业在资本主义基础上的迅速

---

① 恩格斯在这里加了一个注："参看《哲学》第一章**352**。"——编者注

发展,使劳动群众的贫穷和困苦成了社会的生存条件。犯罪现象一年比一年增多。如果说以前在光天化日之下肆无忌惮地干出来的封建罪恶虽然没有消灭,但终究已经暂时被迫收敛了,那么,以前只是暗中偷着干的资产阶级罪恶却更加猖獗了。商业日益变成欺诈。革命的箴言"博爱"①化为竞争中的蓄意刁难和忌妒。贿赂代替了暴力压迫,金钱代替刀剑成了社会权力的第一杠杆。初夜权从封建领主手中转到了资产阶级工厂主的手中。卖淫增加到了前所未闻的程度。婚姻本身和以前一样仍然是法律承认的卖淫的形式,是卖淫的官方的外衣,并且还以大量的通奸作为补充。总之,同启蒙学者的华美诺言比起来,由"理性的胜利"建立起来的社会制度和政治制度竟是一幅令人极度失望的讽刺画。那时只是还缺少指明这种失望的人,而这种人随着新世纪的到来就出现了。1802 年出版了圣西门的《日内瓦书信》②;1808 年出版了傅立叶的第一部著作③,虽然他的理论基础在 1799 年就已经奠定了;1800年 1 月 1 日,罗伯特·欧文担负了新拉纳克[355]的管理工作。

但是,在这个时候,资本主义生产方式以及随之而来的资产阶级和无产阶级之间的对立还没有得到充分发展。在英国刚刚兴起的大工业,在法国还不为人所知。但是,一方面,只有大工业才能发展那些使生产方式的变革成为绝对必要的冲突——不仅是大工业所产生的各个阶级之间的冲突,而且是它所产生的生产力和交

---

① 指 18 世纪末法国资产阶级革命的口号"自由、平等、博爱"。——编者注
② 昂·圣西门《一个日内瓦居民给当代人的信》1803 年巴黎版。——编者注
③ 沙·傅立叶《关于四种运动和普遍命运的理论》1808 年莱比锡版。——编者注

换形式本身之间的冲突;另一方面,大工业又正是通过这些巨大的生产力来发展解决这些冲突的手段。因此如果说,在 1800 年前后,新的社会制度所产生的冲突还只是开始形成,那么,解决这些冲突的手段就更是这样了。虽然巴黎的无财产的群众在恐怖时代曾有一瞬间夺得了统治权,但是他们只是以此证明了,他们的统治在当时的条件下是不可能的。在当时刚刚作为新阶级的胚胎从这些无财产的群众中分离出来的无产阶级,还完全无力采取独立的政治行动,它表现为一个无力帮助自己,最多只能从外面、从上面取得帮助的受压迫的受苦的等级。

这种历史情况也决定了社会主义创始人的观点。不成熟的理论,是同不成熟的资本主义生产状况、不成熟的阶级状况相适应的。解决社会问题的办法还隐藏在不发达的经济关系中,所以只能从头脑中产生出来。社会所表现出来的只是弊病,消除这些弊病是思维着的理性的任务。于是,就需要发明一套新的更完善的社会制度,并且通过宣传,可能时通过典型示范,从外面强加于社会。这种新的社会制度是一开始就注定要成为空想的,它越是制定得详尽周密,就越是要陷入纯粹的幻想。

这一点已经弄清,我们不再花费时间去谈论现在已经完全属于过去的这一方面了。让杜林之流的著作界的小贩们去一本正经地挑剔这些现在只能使人发笑的幻想吧!让他们去宣扬自己的清醒的思维方式优越于这种"疯狂的念头"吧!使我们感到高兴的,倒是处处突破幻想的外壳而显露出来的天才的思想萌芽和天才的思想,而这些却是那班庸人所看不见的。

圣西门在《日内瓦书信》中已经提出这样一个论点:

"人人应当劳动"。

在同一部著作中他已经指出，恐怖统治是无财产的群众的统治。他向他们高声说道：

> "看吧，当你们的伙伴统治法国的时候，那里发生了什么事情？他们造成了饥荒！"[①]

但是，认识到法国革命是贵族、资产阶级和无财产者之间的阶级斗争，这在1802年是极为天才的发现。在1816年，圣西门宣布政治是关于生产的科学，并且预言政治将完全溶化在经济中。[356]如果说经济状况是政治制度的基础这样的认识在这里仅仅以萌芽状态表现出来，那么对人的政治统治应当变成对物的管理和对生产过程的领导这种思想，即最近纷纷议论的废除国家的思想，已经明白地表达出来了。同样比他的同时代人高明的是：在1814年联军刚刚开进巴黎以后，接着又在1815年百日战争期间，他声明，法国和英国的同盟，其次这两个国家和德国的同盟，是欧洲的繁荣和和平的唯一保障。[357]在1815年向法国人鼓吹去和滑铁卢会战[358]的胜利者建立同盟，这比起向德国的教授们宣布进行一场舌战[265]，当然是需要有更多一点勇气的。

如果说我们在圣西门那里发现了天才的远大眼光，由于他有这种眼光，后来的社会主义者的几乎所有并非严格意义上的经济学思想都以萌芽状态包含在他的思想中，那么，我们在傅立叶那里就看到了他对现存社会制度所作的具有真正法国人的风趣的、但并不因此就显得不深刻的批判。傅立叶抓住了资产阶级所说的话，抓住了他们的革命前的狂热预言者和革命后得到利益的奉承者所

---

① 见昂·圣西门《一个日内瓦居民给当代人的信》，引自尼·古·于巴《圣西门。他的生平和著述》1857年巴黎版第135页。——编者注

说的话。他无情地揭露资产阶级世界在物质上和道德上的贫困,他不仅拿这种贫困同启蒙学者关于只应由理性统治的社会、关于能给所有的人以幸福的文明、关于人类无限完善化的能力的诱人的诺言作对比,而且也拿这种贫困同当时的资产阶级意识形态家的华丽的词句作对比;他指出,同最响亮的词句相对应的到处都是最可怜的现实,他辛辣地嘲讽这种词句的无可挽救的破产。傅立叶不仅是批评家,他的永远开朗的性格还使他成为一个讽刺家,而且是自古以来最伟大的讽刺家之一。他以巧妙而诙谐的笔调描绘了随着革命的低落而盛行起来的投机欺诈和当时法国商业中普遍的小商贩习气。他更巧妙地批判了两性关系的资产阶级形式和妇女在资产阶级社会中的地位。他第一个表述了这样的思想:在任何社会中,妇女解放的程度是衡量普遍解放的天然尺度。**359** 但是,傅立叶最了不起的地方表现在他对社会历史的看法上。他把社会历史到目前为止的全部历程分为四个发展阶段:蒙昧、野蛮、宗法和文明。最后一个阶段就相当于现在所谓的资产阶级社会,他指出:

“这种文明制度使野蛮时代每一个以简单方式犯下的罪恶,都采取了复杂的、暧昧的、两面的、虚伪的存在形式”;

文明时代是在“恶性循环”中运动,是在它不断地重新制造出来而又无法克服的矛盾中运动,因此,它所达到的结果总是同它希望达到或者佯言希望达到的相反①。所以,比如说,

---

① 参看沙·傅立叶《关于普遍统一的理论》第 1 卷和第 4 卷(《傅立叶全集》1843 年巴黎版第 2 卷第 78—79 页和 1841 年巴黎版第 5 卷第 213—214 页);沙·傅立叶《经济的和协作的新世界,或按情欲分类的引人入胜的和合乎自然的劳动方式的发现》(《傅立叶全集》1845 年巴黎版第 6 卷第 27—46、390 页)。——编者注

"在文明时代,**贫困是由过剩本身产生的**。"①

我们看到,傅立叶是和他的同时代人黑格尔一样熟练地掌握了辩证法的。他反对关于人类无限完善化的能力的空谈,而同样辩证地断言,每个历史阶段都有它的上升时期,但是也有它的下降时期②,而且他还把这种考察方法运用于整个人类的未来。正如康德把地球将来会走向灭亡的思想引入自然科学一样,傅立叶把人类将来会走向灭亡的思想引入历史研究。

当革命的风暴横扫整个法国的时候,英国正在进行一场比较平静,但是并不因此就显得缺乏力量的变革。蒸汽和新的工具机把工场手工业变成了现代的大工业,从而使资产阶级社会的整个基础发生了革命。工场手工业时代的迟缓的发展进程转变成了生产中的真正的狂飚时期。社会越来越迅速地分化为大资本家和一无所有的无产者,现在处于他们二者之间的,已经不是以前的稳定的中间等级,而是不稳定的手工业者和小商人群众,他们过着动荡不定的生活,是人口中最流动的部分。新的生产方式还处在上升时期的最初阶段;它还是正常的、在当时条件下唯一可能的生产方式。但是就在那时,它已经产生了明显的社会弊病:无家可归的人挤在大城市的贫民窟里;一切传统的血缘关系、宗法从属关系、家庭关系都解体了;劳动时间,特别是女工和童工的劳动时间延长到可怕的程度;突然被抛到全新的环境中的劳动阶级大批地堕落了。这时有一个 29 岁的厂主作为改革家出现了,这个人具有像孩子一样单纯的高尚的性格,同时又是一个少有的天生的领导者。罗伯

---

① 见《傅立叶全集》1845 年巴黎版第 6 卷第 35 页。——编者注
② 参看《傅立叶全集》1841 年巴黎版第 1 卷第 50 页及以下几页。——编者注

特·欧文接受了唯物主义启蒙学者的学说:人的性格是先天组织和人在自己的一生中,特别是在发育时期所处的环境这两个方面的产物。社会地位和欧文相同的大多数人都认为,工业革命只是便于浑水摸鱼和大发横财的一片混乱。欧文则认为,工业革命是运用他的心爱的理论并把混乱化为秩序的好机会。当他在曼彻斯特领导一个有500多工人的工厂的时候,就试行了这个理论,并且获得了成效。从1800年到1829年间,他按照同样的精神以股东兼经理的身份管理了苏格兰的新拉纳克大棉纺厂,只是在行动上更加自由,而且获得了使他名闻全欧的成效。新拉纳克的人口逐渐增加到2 500人,这些人的成分原来是极其复杂的,而且多半是极其堕落的分子,可是欧文把这个地方变成了一个完善的模范移民区,在这里,酗酒、警察、刑事法官、诉讼、贫困救济和慈善事业都绝迹了。而他之所以能做到这点,只是由于他使人生活在比较合乎人的尊严的环境中,特别是让成长中的一代受到精心的教育。他发明了并且第一次在这里创办了幼儿园。孩子们满一周岁以后就进幼儿园;他们在那里生活得非常愉快,父母几乎领不回去。欧文的竞争者迫使工人每天劳动13—14小时,而在新拉纳克工人只劳动10小时半。当棉纺织业危机使工厂不得不停工四个月的时候,歇工的工人还继续领取全部工资。虽然如此,这个企业的价值还是增加了一倍多,而且直到最后一直给企业主们带来丰厚的利润。

欧文对这一切并不感到满足。他给他的工人创造的生活条件,在他看来还远不是合乎人的尊严的;他说,

"这些人都是我的奴隶";

他给他们安排的比较良好的环境,还远不足以使人的性格和智慧得到全面的合理的发展,更不用说允许进行自由的生命活动了。

"可是,这 2 500 人中从事劳动的那一部分人给社会生产的实际财富,在不到半个世纪前还需要 60 万人才能生产出来。我问自己:这 2 500 人所消费的财富和以前 60 万人本来应当消费的财富之间的差额到哪里去了呢?"

答案是明白的。这个差额是落到企业所有者的手里去了,他们除了领取 5% 的创业资本利息以外,还得到 30 万英镑(600 万马克)以上的利润。新拉纳克尚且如此,英国其他一切工厂就更不用说了。

"没有这些由机器创造的新财富,就不能进行推翻拿破仑和保持贵族的社会原则的战争。而这种新的力量是劳动阶级创造的。"①

因此,果实也应当属于劳动阶级。在欧文看来,到目前为止仅仅使个别人发财而使群众受奴役的新的强大的生产力,提供了改造社会的基础,它作为大家的共同财产只应当为大家的共同福利服务。

欧文的共产主义就是通过这种纯粹商业的方式,作为所谓商业计算的果实产生出来的。它始终都保持着这种面向实际的性质。例如,在 1823 年,欧文提出了通过共产主义移民区消除爱尔兰贫困的办法,并附上了关于筹建费用、年度开支和预计收入的详细计算。② 而在他的关于未来的最终计划中,对各种技术上的细节,都作了非常内行的规划,以致他的社会改革的方法一旦被采纳,则各种细节的安排甚至从专家的眼光看来也很少有什么可以挑剔的。

转向共产主义是欧文一生中的转折点。当他还只是一个慈善家的时候,他所获得的只是财富、赞扬、尊敬和荣誉。他是欧洲最有名望的人物。不仅社会地位和他相同的人,而且连达官显贵、王

---

① 以上三处引文引自罗·欧文《人类头脑和实践中的革命,或将来由非理性到理性的过渡》1849 年伦敦版。——编者注

② 参看罗·欧文《关于在都柏林举行的几次公众集会的报告。3 月 18 日、4 月 12—19 日和 5 月 3 日》1823 年都柏林版。——编者注

公大人们都点头倾听他的讲话。可是,当他提出他的共产主义理论时,情况就完全变了。在他看来,阻碍社会改革的首先有三大障碍:私有制、宗教和现在的婚姻形式。他知道,他向这些障碍进攻,等待他的将是什么:官方社会的普遍排斥,他的整个社会地位的丧失。但是,他并没有却步,他不顾一切地向这些障碍进攻,而他所预料的事情果然发生了。他被逐出了官方社会,报刊对他实行沉默抵制,他由于以全部财产在美洲进行的共产主义试验失败而变得一贫如洗,于是他就直接转向工人阶级,在工人阶级中又进行了30年的活动。当时英国的有利于工人的一切社会运动、一切实际进步,都是和欧文的名字联在一起的。例如,经过他五年的努力,在1819年通过了限制工厂中妇女和儿童劳动的第一个法律。[360]他主持了英国工会的第一次代表大会,在这次大会上,全国各工会联合成一个工会大联盟。[361]同时,作为向完全共产主义的社会制度过渡的措施,一方面他组织了合作社(消费合作社和生产合作社),这些合作社从这时起至少已经在实践上证明,无论商人或厂主都决不是不可缺少的人物;另一方面他组织了劳动市场[188],即借助以劳动小时为单位的劳动券来交换劳动产品的机构;这种机构必然要遭到失败,但是充分预示了晚得多的蒲鲁东的交换银行[22],而它和后者不同的是,它并没有被说成是医治一切社会弊病的万灵药方,而只是被描写为激进得多的社会改造的第一步。

这些就是至上的杜林先生从他的"最后的终极的真理"的高度以轻蔑的态度鄙视的人,关于这种轻蔑的态度我们已经在引论中举出了几个例子。这种轻蔑态度从某一方面看来,也不是没有自身的充分理由的:它本质上是来源于对三个空想主义者的著作的真正惊人的无知。例如关于圣西门,他说:

"他的基本思想本质上是中肯的,而且除去一些片面性以外,在今天还能给真正的创造以指导性的推动。"

但是,尽管杜林先生好像真有圣西门的几部著作在手边,我们在有关的 27 页中去寻找圣西门的"基本思想",却像以前寻找魁奈的经济表"对魁奈本人具有什么意义"一样,是白费力气的,最后,我们不得不满足于下面的空话:

"想象和博爱的热情……以及属于后者的夸张的幻想,支配着圣西门的全部思想!"

在傅立叶的著作中,杜林先生只知道并且只注意那些描绘得像小说中的情节一样的关于未来的幻想,而这对于确证杜林先生无限地优越于傅立叶,要比研究傅立叶怎样"企图附带地批判现实状态"确实"重要得多"。附带地! 其实,在傅立叶的著作中,几乎每一页都放射出对备受称颂的文明造成的贫困所作的讽刺和批判的火花。这正像说杜林先生仅仅"附带地"宣布杜林先生是一切时代最伟大的思想家一样。至于论述罗伯特·欧文的 12 页,那么杜林先生在这里应用的资料绝对没有别的,而只有庸人萨金特写的蹩脚的传记①,这位先生同样不知道欧文的最重要的著作,即关于婚姻和共产主义制度的著作②。因此,杜林先生才能大胆地断言,在欧文那里"不能假定有明确的共产主义"。当然,如果杜林先生手头哪怕仅仅有过欧文的《新道德世界书》,那么他就可以

---

① 指威·卢·萨金特《罗伯特·欧文和他的社会哲学》1860 年伦敦版。——编者注

② 指罗·欧文《新道德世界的婚姻制度》(1838 年利兹版)、《新道德世界书》(1836—1844 年伦敦版)和《人类头脑和实践中的革命》(1849 年伦敦版)。——编者注

看到,这本书不仅主张实行有平等的劳动义务和平等的取得产品的权利(正如欧文经常补充说明的,平等是按年龄的大小来说的)的最明确的共产主义,而且还提出了为未来共产主义公社所作的带有平面图、正面图和鸟瞰图的详尽的房屋设计。但是,如果像杜林先生一样,把"对于社会主义思想界的代表者的原著的直接研究"局限于只看看标题或最多还看看少数著作中的**提要**,那么确实只会作出这种愚蠢的和纯粹杜撰的断语。欧文不仅宣传了"明确的共产主义",而且还在汉普郡的"和谐大厦"**193**这一移民区实行了为期五年(30年代末40年代初)的共产主义,那里的共产主义就其明确性来说是没有什么可挑剔的。我自己就认识几个以前参加了这种共产主义典型试验的人。但是,关于这一切以及1836—1850年间欧文的活动,萨金特毫无所知,所以杜林先生的"更加深刻的历史记述"也就陷入了漆黑一团的无知之中。杜林先生把欧文称为"一个在各方面都过分博爱的真正怪物"。但是,当这位杜林先生向我们讲授他连标题和提要几乎都没有看过的那些书籍的内容时,我们千万可别说他是"一个在各方面都过分无知的真正怪物",因为这出自**我们**之口就叫做"谩骂"。

我们已经看到,空想主义者之所以是空想主义者,正是因为在资本主义生产还很不发达的时代,他们只能是这样。他们不得不从头脑中构想出新社会的要素,因为这些要素在旧社会本身中还没有普遍地明显地表现出来;他们只能求助于理性来构想自己的新建筑的基本特征,因为他们还不能求助于同时代的历史。但是,如果说在他们出现以后差不多80年的今天,杜林先生登上舞台,要从他的至上的头脑中,从他的孕育着"最后真理"的理性中,构想出一个新的社会制度的"标准"体系,而不是根据现有的历史地发展起来的材料,不是作为这些材料的必然结果来阐述这个体系,那么,到处嗅出模仿者的杜林先生本人则只不过是空想主义者的模仿者,最新的空想主义者。他把伟大的空想主义者称为"社会炼金术士"。就算是这样吧,炼金术在当时还是必要的。但是从那时以来,大工业已经把潜伏在资本主义生产方式中的矛盾发展为如此明显的对立,以致这种生产方式的日益迫近的崩溃可说是用手就可以触摸到了;只有采用同生产力的现在的发展程度相适应的新的生产方式,新的生产力本身才能保存并进一步发展;由以往的生产方式所造成的并在日益尖锐的对立中不断再生产的两个阶级之间的斗争,遍及一切文明国家并且日益剧烈;而且人们也已经了解这种历史的联系,了解由于这种联系而成为必然的社会改造的条件,了解同样由这种联系所决定的这种改造的基本特征。如果说杜林先生现在不是根据现有的经济材料,而是从自己至上的脑袋中硬造出一种新的空想的社会制度,那么,他就不仅仅是在从事简单的"社会炼金术"了。他的行为倒像是这样一种人,这种人在现代化学的各种规律被发现和确立以后,还想恢复旧的炼金术,并想利用原子量、分子式、原子价、晶体学、光谱分析,其唯一的目的是要发现——**哲人之石**。

二 理 论

唯物主义历史观从下述原理出发:生产以及随生产而来的产品交换是一切社会制度的基础;在每个历史地出现的社会中,产品分配以及和它相伴随的社会之划分为阶级或等级,是由生产什么、怎样生产以及怎样交换产品来决定的。所以,一切社会变迁和政治变革的终极原因,不应当到人们的头脑中,到人们对永恒的真理和正义的日益增进的认识中去寻找,而应当到生产方式和交换方式的变更中去寻找；不应当到有关时代的**哲学**中去寻找，而应当到有关时代的**经济**中去寻找。对现存社会制度的不合理性和不公平、对"理性化为无稽，幸福变成苦痛"①的日益觉醒的认识，只是一种征兆，表示在生产方法和交换形式中已经不知不觉地发生了变化，适合于早先的经济条件的社会制度已经不再同这些变化相适应了。同时这还说明，用来消除已经发现的弊病的手段，也必然以或多或少发展了的形式存在于已经发生变化的生产关系本身中。这些手段不应当从头脑中**发明出来**，而应当通过头脑从生产的现成物质事实中**发现出来**。

那么，照此看来，现代社会主义是怎么回事呢？

现在大家几乎都承认，现存的社会制度是由现在的统治阶级即资产阶级创立的。资产阶级所固有的生产方式（从马克思以来称为资本主义生产方式），是同封建制度的地方特权、等级特权以及相互的人身束缚不相容的；资产阶级摧毁了封建制度，并且在它的废墟上建立了资产阶级的社会制度，建立了自由竞争、自由迁徙、商品占有者平等的王国，以及其他一切资产阶级的美妙东西。资本主义生产方式现在可以自由发展了。自从蒸汽和新的工具机把旧的工场手工业变成大工业以后，在资产阶级领导下造成的生产力，就以前所未闻的速度和前所未闻的规模发展起来了。但是，正如从前工场手工业以及在它影响下进一步发展了的手工业同封建的行会桎梏发生冲突一样，大工业得到比较充分的发展时就同资本主义生产方式对它的种种限制发生冲突了。新的生产力已经超过了这种生产力的资产阶级利用形式；生产力和生产方式之间

---

① 见歌德《浮士德》第 1 部第 4 场《书斋》。——编者注

的这种冲突,并不是像人的原罪和神的正义的冲突那样产生于人的头脑中,而是存在于事实中,客观地、在我们之外,甚至不依赖于引起这种冲突的那些人的意志或行动而存在着。现代社会主义不过是这种实际冲突在思想上的反映,是它在头脑中,首先是在那个直接吃到它的苦头的阶级即工人阶级的头脑中的观念上的反映。

那么,这种冲突表现在哪里呢?

在资本主义生产出现之前,即在中世纪,普遍地存在着以劳动者私人占有生产资料为基础的小生产:小农的即自由农或依附农的农业和城市的手工业。劳动资料——土地、农具、作坊、手工工具——都是个人的劳动资料,只供个人使用,因而必然是小的、简陋的、有限的。但是,正因为如此,它们也照例是属于生产者自己的。把这些分散的小的生产资料加以集中和扩大,把它们变成现代的强有力的生产杠杆,这正是资本主义生产方式及其承担者即资产阶级的历史作用。资产阶级怎样从 15 世纪起经过简单协作、工场手工业和大工业这三个阶段历史地实现了这种作用,马克思在《资本论》第四篇①中已经作了详尽的阐述。但是,正如马克思在那里所证明的,资产阶级要是不把这些有限的生产资料从个人的生产资料变为**社会化的**即只能由**一批人共同**使用的生产资料,就不能把它们变成强大的生产力。纺纱机、机械织机和蒸汽锤代替了纺车、手工织机和手工锻锤;需要成百上千的人进行协作的工厂代替了小作坊。同生产资料一样,生产本身也从一系列的个人行动变成了一系列的社会行动,而产品也从个人的产品变成了社会的产品。现在工厂所出产的纱、布、金属制品,都是许多工人

---

① 指马克思《资本论》第 1 卷第 4 篇,见《马克思恩格斯文集》第 5 卷第 363—580 页。——编者注

的共同产品,都必须顺次经过他们的手,然后才变为成品。他们当中没有一个人能够说:这是我做的,这是**我的**产品。

但是,在自发的社会内部分工成了生产的基本形式的地方,这种分工就使产品具有**商品**的形式,而商品的相互交换,即买和卖,使个体生产者有可能满足自己的各式各样的需要。中世纪的情况就是这样。例如,农民把农产品卖给手工业者,从他们那里买得手工业品。在这种个体生产者即商品生产者的社会中,渗入了一种新的生产方式。它在整个社会中占支配地位的自发的**无计划的**分工中间,确立了在个别工厂里的有组织的**有计划的**分工;在**个体**生产旁边出现了**社会化**生产。两者的产品在同一市场上出卖,因而价格至少大体相等。但是,有计划的组织要比自发的分工有力量;采用社会化劳动的工厂里所制造的产品,要比分散的小生产者所制造的便宜。个体生产在一个又一个的部门中遭到失败,社会化生产使全部旧的生产方式发生革命。但是它的这种革命性质并不为人所认识,结果它反而被用来当做提高和促进商品生产的手段。它的产生,是同商品生产和商品交换的一定的已经存在的杠杆即商人资本、手工业、雇佣劳动直接联系着的。由于它本身是作为商品生产的一种新形式出现的,所以商品生产的占有形式对它也保持着全部效力。

在中世纪得到发展的那种商品生产中,劳动产品应当属于谁的问题根本不可能发生。当时个体生产者通常都用自己所有的、往往是自己生产的原料,用自己的劳动资料,用自己或家属的手工劳动来制造产品。这样的产品根本用不着他去占有,它自然是属于他的。因此,产品的所有权是以**自己的劳动**为基础的。即使利用过别人的帮助,这种帮助通常也是次要的,而且往往除工资以外还得到别的报酬:行会的学徒和帮工与其说是为了吃饭和挣钱而劳动,不如说是为了自己学成手艺当师傅而劳动。后来生产资料开始集中在大的作坊和手工工场中,开始变为真正社会化的生产资料。但是,这些社会化的生产资料和产品还像从前一样仍被当做个人的生产资料和产品来处理。从前,劳动资料的占有者占有产品,因为这些产品通常是他自己的产品,别人的辅助劳动是一种例外;而现在,劳动资料的占有者还继续占有产品,虽然这些产品已经不是**他的**产品,而完全是**别人劳动**的产品了。这样,现在按社会化方式生产的产品已经不归那些真正使用生产资料和真正生产这些产品的人占有,而是归**资本家**占有。生产资料和生产实质上已经社会化了。但是,它们仍然服从于这样一种占有形式,这种占有形式是以个体的私人生产为前提,因而在这种形式下每个人都占有自己的产品并把这个产品拿到市场上去出卖。生产方式虽然已经消灭了这一占有形式的前提,但是它仍然服从于这一占有形式①。赋予新的生产方式以资本主义性质的这一矛盾,**已经包含着现代的一切冲突的萌芽**。新的生产方式越是在一切有决定意义的生产部门和一切在经济上起决定作用的国家里占统治地位,并从而把个体生产排挤到无足轻重的残余地位,**社会化生产和资本主义占有的不相容性**,也必然越加鲜明地表现出来。

如上所述,最初的资本家就已经遇到了现成的雇佣劳动形式。但是,那时雇佣劳动是一种例外,一种副业,一种辅助办法,一种暂

---

① 恩格斯在这里加了一个注:"这里无须解释,虽然占有**形式**还是原来那样,可是占有的**性质**由于上述过程而经历的革命,并不亚于生产所经历的革命。我占有我自己的产品还是占有别人的产品,这自然是两种很不相同的占有。顺便提一下:包含着整个资本主义生产方式的萌芽的雇佣劳动是很古老的;它个别地和分散地同奴隶制度并存了几百年。但是,只有在历史前提已经具备时,这一萌芽才能发展成为资本主义生产方式。"——编者注

时措施。不时出去打短工的农业劳动者,都有自己的几亩土地,不得已时单靠这些土地也能生活。行会条例是要使今天的帮工明天成为师傅。但是,生产资料一旦变为社会化的生产资料并集中在资本家手中,情形就改变了。个体小生产者的生产资料和产品变得越来越没有价值;他们除了受雇于资本家就没有别的出路。雇佣劳动以前是一种例外和辅助办法,现在成了整个生产的通例和基本形式;以前是一种副业,现在成了工人的唯一职业。暂时的雇佣劳动者变成了终身的雇佣劳动者。此外,由于同时发生了封建制度的崩溃,封建主扈从人员被解散,农民被逐出自己的家园等等,终身的雇佣劳动者大量增加了。集中在资本家手中的生产资料和除了自己的劳动力以外一无所有的生产者彻底分离了。**社会化生产和资本主义占有之间的矛盾表现为无产阶级和资产阶级的对立。**

我们已经看到,资本主义生产方式渗入了商品生产者即通过自己产品的交换来实现社会联系的个体生产者的社会。但是,每个以商品生产为基础的社会都有一个特点:这里的生产者丧失了对他们自己的社会关系的控制。每个人都用自己偶然拥有的生产资料并为自己的个人的交换需要而各自进行生产。谁也不知道,他的那种商品在市场上会出现多少,究竟需要多少;谁也不知道,他的个人产品是否真正为人所需要,是否能收回它的成本,到底是否能卖出去。社会生产的无政府状态占统治地位。但是,商品生产同任何其他生产形式一样,有其特殊的、固有的、和它分不开的规律;这些规律不顾无政府状态、在无政府状态中、通过无政府状态而为自己开辟道路。这些规律在社会联系的唯一继续存在的形式即交换中表现出来,并且作为竞争的强制规律对各个生产者发生作用。所以,这些规律起初连这些生产者也不知道,只是由于长期的经验才逐渐被他们发现。所以,这些规律是在不经过生产者并且同生产者对立的情况下,作为他们的生产形式的盲目起作用的自然规律而为自己开辟道路。产品支配着生产者。

在中世纪的社会里,特别是在最初几世纪,生产基本上是为了供自己消费。它主要只是满足生产者及其家属的需要。在那些有人身依附关系的地方,例如在农村中,生产还满足封建主的需要。因此,在这里没有交换,产品也不具有商品的性质。农民家庭差不多生产了自己所需要的一切:食物、用具和衣服。只有当他们在满足自己的需要并向封建主交纳实物贡赋以后还能生产更多的东西时,他们才开始生产商品;这种投入社会交换即拿去出卖的多余产品就成了商品。诚然,城市手工业者一开始就必然为交换而生产。但是,他们也自己生产自己所需要的大部分东西;他们有园圃和小块土地;他们在公共森林中放牧牲畜,并且从这些森林中取得木材和燃料;妇女纺麻,纺羊毛等等。以交换为目的的生产,即商品生产,还只是在形成中。因此,交换是有限的,市场是狭小的,生产方式是稳定的,地方和外界是隔绝的,地方内部是统一的;农村中有马尔克①,城市中有行会。

但是,随着商品生产的扩展,特别是随着资本主义生产方式的出现,以前潜伏着的商品生产规律也就越来越公开、越来越有力地发挥作用了。旧日的束缚已经松弛,旧日的壁垒已经突破,生产者日益变为独立的、分散的商品生产者了。社会生产的无政府状态已经表现出来,并且越来越走向极端。但是,资本主义生产方式用来加剧社会生产中的这种无政府状态的主要工具正是无政府状态的直接对立物:每一单个生产企业中的生产作为社会化生产所具

---

① 参看恩格斯《马尔克》,《马克思恩格斯全集》中文第 2 版第 25 卷。——编者注

有的日益加强的组织性。资本主义生产方式利用这一杠杆结束了旧日的和平的稳定状态。它在哪一个工业部门被采用，就不容许任何旧的生产方法在那里和它并存。它在哪里控制了手工业，就把那里的旧的手工业消灭掉。劳动场地变成了战场。伟大的地理发现以及随之而来的殖民地的开拓使销售市场扩大了许多倍，并且加速了手工业向工场手工业的转化。斗争不仅爆发于地方的各个生产者之间；地方性的斗争又发展为全国性的，发展为17世纪和18世纪的商业战争[362]。最后，大工业和世界市场的形成使这个斗争成为普遍的，同时使它具有了空前的剧烈性。在资本家和资本家之间，在工业部门和工业部门之间以及国家和国家之间，生死存亡都取决于天然的或人为的生产条件的优劣。失败者被无情地淘汰掉。这是从自然界加倍疯狂地搬到社会中来的达尔文的个体生存斗争。动物的自然状态竟表现为人类发展的顶点。社会化生产和资本主义占有之间的矛盾表现为**个别工厂中生产的组织性和整个社会中生产的无政府状态之间的对立**。

资本主义生产方式在它生而具有的矛盾的这两种表现形式中运动着，它毫无出路地处在早已为傅立叶所发现的"恶性循环"中。诚然，傅立叶在他那个时代还不能看到：这种循环在逐渐缩小；更确切地说，运动沿螺线行进，并且必然像行星的运动一样，由于同中心相碰撞而告终。社会的生产无政府状态的推动力使大多数人日益变为无产者，而无产者群众又将最终结束生产的无政府状态。社会的生产无政府状态的推动力，使大工业中的机器无止境地改进的可能性变成一种迫使每个工业资本家在遭受毁灭的威胁下不断改进自己的机器的强制性命令。但是，机器的改进就造成人的劳动的过剩。如果说机器的采用和增加意味着成百万的手工劳动者为少数机器劳动者所排挤，那么，机器的改进就意味着越来越多的机器劳动者本身受到排挤,而归根到底就意味着造成一批超过资本雇工的平均需要的、可供支配的雇佣劳动者,一支真正的产业后备军(我早在 1845 年就这样称呼他们①);这支后备军在工业开足马力工作的时期可供随意支配,而由于随后必然到来的崩溃又被抛到街头;这支后备军任何时候都是工人阶级在自己同资本进行生存斗争中的绊脚石,是把工资抑制在合乎资本家需要的低水平上的调节器。这样一来,机器,用马克思的话来说,就成了资本用来对付工人阶级的最强有力的武器,劳动资料不断地夺走工人手中的生活资料,工人自己的产品变成了奴役工人的工具。② 于是,劳动资料的节约,一开始就同时成为对劳动力的最无情的浪费和对劳动发挥作用的正常条件的剥夺③;机器这一缩短劳动时间的最有力的手段,变成了使工人及其家属一生的时间转化为可以随意用来增殖资本的劳动时间的最可靠的手段;于是,一部分人的过度劳动成了另一部分人失业的前提,而在全世界追逐新消费者的大工业,却在国内把群众的消费限制到忍饥挨饿这样一个最低水平,从而破坏了自己的国内市场。"使相对过剩人口或产业后备军同资本积累的规模和能力始终保持平衡的规律把工人钉在资本上,比赫斐斯塔司的楔子把普罗米修斯钉在岩石上钉得还要牢。这一规律制约着同资本积累相适应的贫困积累。因此,在一极是财富的积累,同时在另一极,即在把自己的产品作为资本来生产的阶级方面,是贫困、劳动折磨、受奴役、无知、粗野和

---

① 恩格斯在这里加了一个注:"《英国工人阶级状况》第 109 页。"参看《马克思恩格斯全集》中文第 1 版第 2 卷第 369 页。——编者注
② 参看马克思《资本论》第 1 卷,《马克思恩格斯文集》第 5 卷第 501、560 页。——编者注
③ 同上,第 532 页。——编者注

道德堕落的积累。"（马克思《资本论》第 671 页）①而期待资本主义生产方式有另一种产品分配，那就等于要求电池的电极和电池相联时不使水分解，不在阳极放出氧和在阴极放出氢。

我们已经看到，现代机器的已经达到极高程度的改进的可能性，怎样由于社会中的生产无政府状态而变成一种迫使各个工业资本家不断改进自己的机器、不断提高机器的生产能力的强制性命令。对资本家来说，扩大自己的生产规模的单纯的实际可能性也变成了同样的强制性命令。大工业的巨大的扩张力——气体的膨胀力同它相比简直是儿戏——现在在我们面前表现为不顾任何反作用力而在质量上和数量上进行扩张的**需要**。这种反作用力是由大工业产品的消费、销路、市场形成的。但是，市场向广度和深度扩张的能力首先是受完全不同的、力量弱得多的规律支配的。市场的扩张赶不上生产的扩张。冲突成为不可避免的了，而且，因为它在把资本主义生产方式本身炸毁以前不能使矛盾得到解决，所以它就成为周期性的了。资本主义生产造成了新的"恶性循环"。

事实上，自从 1825 年第一次普遍危机爆发以来，整个工商业世界，一切文明民族及其野蛮程度不同的附属地中的生产和交换，差不多每隔十年就要出轨一次。交易停顿，市场盈溢，产品大量滞销积压，银根奇紧，信用停止，工厂停工，工人群众因为他们生产的生活资料过多而缺乏生活资料，破产相继发生，拍卖纷至沓来。停滞状态持续几年，生产力和产品被大量浪费和破坏，直到最后，大批积压的商品以或多或少压低了的价格卖出，生产和交换又逐渐恢复运转。步伐逐渐加快，慢步转成快步，工业快步转成跑步，跑步又转成工业、商业、信用和投机事业的真正障碍赛马中的狂奔，

---

① 引自《资本论》第 1 卷，参看本选集第 2 卷第 289—290 页。——编者注

最后，经过几次拼命的跳跃重新陷入崩溃的深渊。如此反复不已。从 1825 年以来，这种情况我们已经历了整整五次，目前（1877 年）正经历着第六次。这些危机的性质表现得这样明显，以致傅立叶在把第一次危机称为 crise pléthorique［多血症危机］，即由过剩引起的危机时，就中肯地说明了所有这几次危机的实质。①

在危机中，社会化生产和资本主义占有之间的矛盾剧烈地爆发出来。商品流通暂时停顿下来；流通手段即货币成为流通的障碍；商品生产和商品流通的一切规律都颠倒过来了。经济的冲突达到了顶点：**生产方式起来反对交换方式，生产力起来反对已经被它超过的生产方式。**

工厂内部的生产的社会化组织，已经发展到同存在于它之旁并凌驾于它之上的社会中的生产无政府状态不能相容的地步。资本家自己也由于资本的猛烈积聚而感觉到这一事实，这种积聚是在危机期间通过许多大资本家和更多的小资本家的破产实现的。资本主义生产方式的全部机制在它自己创造的生产力的压力下失灵了。它已经不能把这大批生产资料全部变成资本；生产资料闲置起来，因此，产业后备军也不得不闲置起来。生产资料、生活资料、可供支配的工人——生产和一般财富的一切因素，都过剩了。但是，"过剩成了贫困和匮乏的源泉"（傅立叶），因为正是这种过剩阻碍生产资料和生活资料变为资本。因为在资本主义社会里，生产资料要不先变为资本，变为剥削人的劳动力的工具，就不能发挥作用。生产资料和生活资料的资本属性的必然性，像幽灵一样横在这些资料和工人之间。唯独这个必然性阻碍着生产的物的杠

---

① 参看沙·傅立叶《经济的和协作的新世界》1848 年巴黎第 3 版第 32 页。——编者注

杆和人的杠杆的结合;唯独它不允许生产资料发挥作用,不允许工人劳动和生活。因此,一方面,资本主义生产方式暴露出它没有能力继续驾驭这种生产力。另一方面,这种生产力本身以日益增长的威力要求消除这种矛盾,要求摆脱它作为资本的那种属性,要求**在事实上承认它作为社会生产力的那种性质**。

　　猛烈增长着的生产力对它的资本属性的这种反作用力,要求承认生产力的社会本性的这种日益增长的压力,迫使资本家阶级本身在资本关系内部可能的限度内,越来越把生产力当做社会生产力看待。无论是信用无限膨胀的工业高涨时期,还是由大资本主义企业的破产造成的崩溃本身,都使大量生产资料不得不采取像我们在各种股份公司中所遇见的那种社会化形式。某些生产资料和交通手段一开始规模就很大,它们,例如铁路,排斥任何其他的资本主义经营形式。在一定的发展阶段上,这种形式也嫌不够了:资本主义社会的正式代表——国家不得不①承担起对它们的

---

①　恩格斯在这里加了一个注:"我说'**不得不**',因为只有在生产资料或交通手段**真正**发展到不适于由股份公司来管理,因而国有化**在经济上**已成为不可避免的情况下,国有化——即使是由目前的国家实行的——才意味着经济上的进步,才意味着达到了一个新的为社会本身占有一切生产力做准备的阶段。但是最近,自从俾斯麦致力于国有化以来,出现了一种冒牌的社会主义,它有时甚至堕落为某些奴才气,无条件地把**任何一种**国有化,甚至俾斯麦的国有化,都说成社会主义的。显然,如果烟草国营是社会主义的,那么拿破仑和梅特涅也应该算入社会主义创始人之列了。比利时国家出于纯粹日常的政治和财政方面的考虑而自己修建国家的铁路干线,俾斯麦并非考虑经济上的必要,而只是为了使铁路能够更好地适用于战时,只是为了把铁路官员训练成政府的投票家畜,主要是为了取得一种不依赖于议会决定的新的收入来源而把普鲁士的铁路干线收归国有,这无论如何不是社会主义的步骤,既不是直接的,也不是间接的,既不是自觉的,也不是不自觉的。否则,皇家海外贸易公司**363**、皇家陶瓷厂,甚至陆军被服厂,也都是社会主义的设施了。"——编者注

管理。这种转化为国家财产的必要性首先表现在大规模的交通机构,即邮政、电报和铁路方面。

如果说危机暴露出资产阶级没有能力继续驾驭现代生产力,那么,大的生产机构和交通机构向股份公司和国家财产的转变就表明资产阶级在这方面是多余的。资本家的全部社会职能现在由领工薪的职员来执行了。资本家除了拿红利、剪息票、在各种资本家相互争夺彼此的资本的交易所中进行投机以外,再也没有任何其他的社会活动了。资本主义生产方式起初排挤工人,现在却在排挤资本家了,完全像对待工人那样把他们赶到过剩人口中去,虽然暂时还没有把他们赶到产业后备军中去。

但是,无论向股份公司的转变,还是向国家财产的转变,都没有消除生产力的资本属性。在股份公司的场合,这一点是十分明显的。而现代国家也只是资产阶级社会为了维护资本主义生产方式的一般外部条件使之不受工人和个别资本家的侵犯而建立的组织。现代国家,不管它的形式如何,本质上都是资本主义的机器,资本家的国家,理想的总资本家。它越是把更多的生产力据为己有,就越是成为真正的总资本家,越是剥削更多的公民。工人仍然是雇佣劳动者,无产者。资本关系并没有被消灭,反而被推到了顶点。但是在顶点上是要发生变革的。生产力归国家所有不是冲突的解决,但是这里包含着解决冲突的形式上的手段,解决冲突的线索。

这种解决只能是在事实上承认现代生产力的社会本性,因而也就是使生产、占有和交换的方式同生产资料的社会性质相适应。而要实现这一点,只有由社会公开地和直接地占有已经发展到除了适于社会管理之外不适于任何其他管理的生产力。现在,生产资料和产品的社会性质反过来反对生产者本身,周期性地突破生产方式和交换方式,并且只是作为盲目起作用的自然规律强制性地和破坏性地为自己开辟道路,而随着社会占有生产力,这种社会性质就将为生产者完全自觉地运用,并且从造成混乱和周期性崩溃的原因变为生产本身的最有力的杠杆。

社会力量完全像自然力一样,在我们还没有认识和考虑到它们的时候,起着盲目的、强制的和破坏的作用。但是,一旦我们认识了它们,理解了它们的活动、方向和作用,那么,要使它们越来越服从我们的意志并利用它们来达到我们的目的,就完全取决于我们了。这一点特别适用于今天的强大的生产力。只要我们固执地拒绝理解这种生产力的本性和性质(而资本主义生产方式及其辩护士正是抗拒这种理解的),它就总是像上面所详细叙述的那样,起违反我们、反对我们的作用,把我们置于它的统治之下。但是,它的本性一旦被理解,它就会在联合起来的生产者手中从魔鬼似的统治者变成顺从的奴仆。这里的区别正像雷电中的电的破坏力同电报机和弧光灯的被驯服的电之间的区别一样,正像火灾同供人使用的火之间的区别一样。当人们按照今天的生产力终于被认识了的本性来对待这种生产力的时候,社会的生产无政府状态就让位于按照社会总体和每个成员的需要对生产进行的社会的有计划的调节。那时,资本主义的占有方式,即产品起初奴役生产者而后又奴役占有者的占有方式,就让位于那种以现代生产资料的本性为基础的产品占有方式:一方面由社会直接占有,作为维持和扩大生产的资料;另一方面由个人直接占有,作为生活资料和享受资料。

资本主义生产方式日益把大多数居民变为无产者,从而就造成一种在死亡的威胁下不得不去完成这个变革的力量。这种生产方式日益迫使人们把大规模的社会化的生产资料变为国家财产,因此它本身就指明完成这个变革的道路。**无产阶级将取得国家政权,并且首先把生产资料变为国家财产**。但是这样一来,它就消灭了作为无产阶级的自身,消灭了一切阶级差别和阶级对立,也消灭了作为国家的国家。到目前为止在阶级对立中运动着的社会,都需要有国家,即需要一个剥削阶级的组织,以便维护这个社会的外部生产条件,特别是用暴力把被剥削阶级控制在当时的生产方式所决定的那些压迫条件下(奴隶制、农奴制或依附农制、雇佣劳动制)。国家是整个社会的正式代表,是社会在一个有形的组织中的集中表现,但是,说国家是这样的,这仅仅是说,它是当时独自代表整个社会的那个阶级的国家:在古代是占有奴隶的公民的国家,在中世纪是封建贵族的国家,在我们的时代是资产阶级的国家。当国家终于真正成为整个社会的代表时,它就使自己成为多余的了。当不再有需要加以镇压的社会阶级的时候,当阶级统治和根源于至今的生产无政府状态的个体生存斗争已被消除,而由此二者产生的冲突和极端行动也随着被消除了的时候,就不再有什么需要镇压了,也就不再需要国家这种特殊的镇压力量了。国家真正作为整个社会的代表所采取的第一个行动,即以社会的名义占有生产资料,同时也是它作为国家所采取的最后一个独立行动。那时,国家政权对社会关系的干预在各个领域中将先后成为多余的事情而自行停止下来。那时,对人的统治将由对物的管理和对生产过程的领导所代替。国家不是"被废除"的,**它是自行消亡的**。应当以此来衡量"自由的人民国家"[364]这个用语,这个用语在鼓动的意义上暂时有存在的理由,但归根到底是没有科学根据的;同时也应当以此来衡量所谓无政府主义者提出的在一天之内废除国家的要求。

自从资本主义生产方式在历史上出现以来,由社会占有全部生产资料,常常作为未来的理想隐隐约约地浮现在个别人物和整个整个派别的头脑中。但是,这种占有只有在实现它的物质条件已经具备的时候,才能成为可能,才能成为历史的必然性。正如其他一切社会进步一样,这种占有之所以能够实现,并不是由于人们认识到阶级的存在同正义、平等等等相矛盾,也不是仅仅由于人们希望废除这些阶级,而是由于具备了一定的新的经济条件。社会分裂为剥削阶级和被剥削阶级、统治阶级和被压迫阶级,是以前生产不大发展的必然结果。只要社会总劳动所提供的产品除了满足社会全体成员最起码的生活需要以外只有少量剩余,就是说,只要劳动还占去社会大多数成员的全部或几乎全部时间,这个社会就必然划分为阶级。在这被迫专门从事劳动的大多数人之旁,形成了一个脱离直接生产劳动的阶级,它掌管社会的共同事务:劳动管理、国家事务、司法、科学、艺术等等。因此,分工的规律就是阶级划分的基础。但是,这并不妨碍阶级的这种划分曾经通过暴力和掠夺、欺诈和蒙骗来实现,这也不妨碍统治阶级一旦掌握政权就牺牲劳动阶级来巩固自己的统治,并把对社会的领导变成对群众的剥削。

　　但是,如果说阶级的划分根据上面所说具有某种历史的理由,那也只是对一定的时期、一定的社会条件才是这样。这种划分是以生产的不足为基础的,它将被现代生产力的充分发展所消灭。的确,社会阶级的消灭是以这样一个历史发展阶段为前提的,在这个阶段上,不仅某个特定的统治阶级的存在,而且任何统治阶级的存在,从而阶级差别本身的存在,都将成为时代错乱,成为过时现象。所以,社会阶级的消灭是以生产高度发展的阶段为前提的,在这个阶段上,某一特殊的社会阶级对生产资料和产品的占有,从而对政治统治、教育垄断和精神领导地位的占有,不仅成为多余的,而且在经济上、政治上和精神上成为发展的障碍。这个阶段现在已经达到了。资产阶级的政治和精神的破产甚至对他们自己来说也未必是一种秘密了,而他们的经济破产则有规律地每十年重复一次。在每次危机中,社会在它自己的而又无法加以利用的生产力和产品的重压下奄奄一息,面对着生产者没有什么可以消费是因为缺乏消费者这种荒谬的矛盾而束手无策。生产资料的扩张力撑破了资本主义生产方式所加给它的桎梏。把生产资料从这种桎梏下解放出来,是生产力不断地加速发展的唯一先决条件,因而也是生产本身实际上无限增长的唯一先决条件。但是还不止于此。生产资料由社会占有,不仅会消除生产的现存的人为障碍,而且还会消除生产力和产品的有形的浪费和破坏,这种浪费和破坏在目前是生产的无法摆脱的伴侣,并且在危机时期达到顶点。此外,这种占有还由于消除了现在的统治阶级及其政治代表的穷奢极欲的挥霍而为全社会节省出大量的生产资料和产品。通过社会化生产,不仅可能保证一切社会成员有富足的和一天比一天充裕的物质生活,而且还可能保证他们的体力和智力获得充分的自由的发展和运用,这种可能性现在第一次出现了,但它**确实是出现了**①。

---

① 恩格斯在这里加了一个注:"有几个数字可以使人们对现代生产资料即使在资本主义压制下仍然具有的巨大扩张力有个大体的概念。根据吉芬的最新统计**365**,大不列颠和爱尔兰的全部财富约计如下:

　　1814 年……22 亿英镑 = 440 亿马克

　　1865 年……61 亿英镑 = 1 220 亿马克

　　1875 年……85 亿英镑 = 1 700 亿马克

　　至于在危机中生产资料和产品被破坏的情况,根据 1878 年 2 月 21 日在柏林举行的德国工业家第二次代表大会所作的统计,在最近一次崩溃中,单是**德国制铁工业**所遭受的全部损失就达 45 500 万马克。"——编者注一旦社会占有了生产资料，商品生产就将被消除，而产品对生产者的统治也将随之消除。社会生产内部的无政府状态将为有计划的自觉的组织所代替。个体生存斗争停止了。于是，人在一定意义上才最终地脱离了动物界，从动物的生存条件进入真正人的生存条件。人们周围的、至今统治着人们的生活条件，现在受人们的支配和控制，人们第一次成为自然界的自觉的和真正的主人，因为他们已经成为自身的社会结合的主人了。人们自己的社会行动的规律，这些一直作为异己的、支配着人们的自然规律而同人们相对立的规律，那时就将被人们熟练地运用，因而将听从人们的支配。人们自身的社会结合一直是作为自然界和历史强加于他们的东西而同他们相对立的，现在则变成他们自己的自由行动了。至今一直统治着历史的客观的异己的力量，现在处于人们自己的控制之下了。只是从这时起，人们才完全自觉地自己创造自己的历史；只是从这时起，由人们使之起作用的社会原因才大部分并且越来越多地达到他们所预期的结果。这是人类从必然王国进入自由王国的飞跃。

完成这一解放世界的事业，是现代无产阶级的历史使命。深入考察这一事业的历史条件以及这一事业的性质本身，从而使负有使命完成这一事业的今天受压迫的阶级认识到自己的行动的条件和性质，这就是无产阶级运动的理论表现即科学社会主义的任务。

三　生　产

看了上述的一切以后，读者得知上一章中对社会主义基本特征的论述根本不合杜林先生的胃口，是不会感到奇怪的。相反，杜林先生一定会把这种论述扔到堆放一切废弃物的深坑中去,扔到"历史幻想和逻辑幻想的杂种"、"荒谬的观念"、"混乱的模糊观念"等等那一堆东西中去。在他看来,社会主义根本不是历史发展的必然产物,更不是粗糙物质的、单纯为了喂饱肚子的现代经济条件的产物。他的货色要好得多。他的社会主义是最后的终极的真理;

它是"社会的自然体系",它植根于"普遍的公平原则"之中,

如果说他不得不留意以前的罪恶历史所造成的既存状况,以便加以改善,那么这宁可看做是纯粹的公平原则的不幸。杜林先生创造自己的社会主义,正如创造其他一切一样,是通过他的著名的两个男人进行的。这两个傀儡不是像过去那样扮演主人和奴隶的角色,这次变换了角色,这两个傀儡上演了一出表现权利平等的戏——于是杜林的社会主义的基础就奠定了。

因此,不言而喻,在杜林先生看来,周期性的工业危机,决不具有像我们认为它们应该具有的那样的历史意义。

在他看来,危机不过是对"常态"的偶然偏离,最多不过是为"更有规则的秩序的发展"提供一个理由。用生产过剩解释危机的这一"通常的方法",决不能满足他对问题的"更确切的理解"。诚然,对"特殊领域中的特殊危机"来说,这样的解释方法"也许是可行的"。例如,"适于大量销售的著作,突然宣布可以自由翻印,于是它们就充斥于书籍市场"。

诚然,杜林先生尽可以高枕无忧:他的不朽的著作是永远不会引起这样的世界不幸的。

但是,对巨大的危机来说,"储存和销售之间的鸿沟最后竟大得如此惊人",这不是因为生产过剩,而是"因为人民消费的落后…… 因为人为地造成的消费不足…… 因为人民需求〈!〉在它的自然增长过程中遇到的障碍"。

而他还为他的这种危机理论幸运地找到了一个信徒呢。

但是,遗憾的是,群众的消费不足,他们的消费仅仅限于维持生活和延续后代所必需的东西,这并不是什么新的现象。自从有了剥削阶级和被剥削阶级以来,这种现象就存在着。即使在群众的状况特别好的历史时期,例如在 15 世纪的英国,群众的消费仍然是不足的。他们远没有能支配自己的全部年产品来用于消费。因此,如果说消费不足是数千年来的经常的历史现象,而由生产过剩所引起的、爆发于危机中的普遍的商品滞销,只是最近 50 年来才变得明显,那么,只有具备杜林先生的庸俗经济学的全部浅薄见解,才能够不是去用生产过剩这种**新的**现象,而是用存在了几千年的消费不足这一老现象来解释新的冲突。这就像在数学上不从变数发生了变化这一事实,而从常数没有发生变化这一事实去解释一个常数和一个变数之间的关系的变化一样。群众的消费不足,是一切建立在剥削基础上的社会形式的一个必然条件,因而也是资本主义社会形式的一个必然条件;但是,只有资本主义的生产形式才造成危机。因此,群众的消费不足,也是危机的一个先决条件,而且在危机中起着一种早已被承认的作用;但是,群众的消费不足既没有向我们说明过去不存在危机的原因,也没有向我们说明现时存在危机的原因。

杜林先生关于世界市场的观念是非常奇特的。我们已经看到,他怎样以真正德国著作家的身份力图用想象的莱比锡书籍市场上的危机来说明真正的工业上的特殊危机,用杯水风暴来说明海上风暴。他进一步地想象,

目前的企业家的生产不得不"主要地在有产阶级自身的圈子里寻找它的销路",

这并不妨碍他在仅仅 16 页后就按人所共知的做法把制铁工业和棉纺织工业看做是具有决定意义的现代工业,而正是这两个生产部门的产品,只有极其微小的一部分在有产阶级的圈子里被消费,它们比其他任何产品都更多地为群众所消费。在他那里,不管我们怎么看,能见到的都只不过是空洞的矛盾百出的胡说。我们就举棉纺织工业中的一个例子吧。在一个比较小的城市奥尔德姆——这是分布在曼彻斯特周围、经营棉纺织工业、各拥有 5 万—10 万人口的十几个城市之一——仅在这一个城市里,从 1872 年到 1875 年的四年当中,单单纺 32 支纱的纱锭,就从 250 万增加到 500 万,就是说,在英国一个中等城市纺一种纱的纱锭数就达到了整个德国(包括阿尔萨斯)的棉纺织工业所拥有的纱锭总数。如果注意到,在英格兰和苏格兰棉纺织工业的其他部门和地区也获得了差不多同样规模的发展,那么只有蛮不讲理的人才会用英国群众的消费不足,而不用英国棉纺织厂主的生产过剩,来解释目前棉纱和棉布的普遍滞销。①

够了。同那些对经济学无知到竟把莱比锡的普通书籍市场当做现代工业意义上的市场的人,是没有什么可以争论的。所以,我们只是指出,关于危机,杜林先生在以后的论述中仅仅能够告诉我们说:

这只不过是"过度紧张和松弛之间的一场寻常的游戏",过度的投机"不仅仅是由于私人企业的无计划的积累而引起的",而且"个别企业家的急躁和个人考虑不周,也应该算做造成供给过剩的原因"。

---

① 恩格斯在这里加了一个注:"用消费不足来解释危机,起源于西斯蒙第,在他那里,这种解释还有一定的意义。洛贝尔图斯从西斯蒙第那里借用了这种解释,而杜林先生又以他惯有的肤浅方式从洛贝尔图斯那里把它抄袭过来。"——编者注

那么"造成"急躁和个人考虑不周的"原因"又是什么呢？正是资本主义生产的这种无计划性，这种无计划性表现在私人企业的无计划的积累上。把经济事实变成道德非难，并认为这样做就是发现了新的原因，这也正是过度的"急躁"。

关于危机的问题，我们就此结束。在上一章中，我们指出了危机从资本主义生产方式产生的不可避免性以及它作为这一生产方式本身的危机、作为社会变革的强制手段的意义，因此，我们就不必多费口舌来批驳杜林先生对这个问题的浅薄之见了。现在我们来看看他的积极的创造，看看他的"社会的自然体系"。

这一建立在"普遍的公平原则"之上、因而对讨厌的物质事实不屑一顾的体系，是由经济公社的联邦组成的，在各个经济公社之间存在着

"根据一定的法律和行政规范规定的迁徙自由和接受新社员的必要性"。

经济公社本身首先是

"具有人类历史意义的广泛的模式"，远远地超越例如一个叫做马克思的人的"陷入迷途的不彻底性"。它是"人们的共同体，这些人由支配一个区域的土地和一批生产企业的公共权利相互联合起来，共同活动，共同分配收入"。公共权利是"对自然界和生产设备的纯粹公共的关系意义上的……对物的权利"。

这究竟是什么意思，让未来的经济公社的法学家去伤脑筋吧，我们在这方面不打算作任何的尝试。我们只是得知，

这种公共权利和"工人社团的团体所有制"决不是一回事，后者似乎不排除相互竞争，甚至不排除雇工剥削。

然后他顺便说道：

在马克思那里也可以看到的"公共所有制"的观念，"至少是不清楚的和可疑的，因为这个关于未来的观念，总是具有这样的外貌，好像它只是指工人

团体的团体所有制"。

这又是杜林先生所惯用的许多偷梁换柱的"卑鄙手法"之一，"对于这些手法的庸俗的特性〈像他自己所说的〉只有无耻这个粗俗的词才完全适用"；这是凭空捏造的假话，正和杜林先生的另一个虚构一样，这个虚构是："公共所有制"，在马克思看来，是"既是个人的又是社会的所有制"。

无论如何有一点看来是清楚的：某一经济公社对自己的劳动资料的公共的权利，至少对任何其他经济公社，以至于对社会和国家来说，是排他性的所有权。

> 但是，这一权利不应该使自己"和外界……相隔绝，因为在各个经济公社之间存在着根据一定的法律和行政规范规定的迁徙自由和接受新社员的必要性……就好像……现在人们从属于某一政治组织和参与村镇的经济事务一样"。

因此，将出现富裕的和贫穷的经济公社，它们之间的平衡是通过居民脱离贫穷的公社挤入富裕的公社的方法来实现的。因此，杜林先生虽然想通过全国性的商业组织来消除各个公社之间在产品上的竞争，但是他却听任生产者方面的竞争安然存在下去。物被置于竞争之外，而人仍旧要服从于竞争。

但是，我们由此还远不清楚什么是"公共的权利"。两页之后，杜林先生向我们宣布：

> 商业公社扩展得"首先像政治社会领域一样地广大，这个领域的成员联合成一个统一的权利主体，并且由于这种身份而支配着整个土地、住宅和生产设备"。

可见，具有支配权的终究不是个别公社，而是整个民族。"公共权利"、"对物的权利"、"对自然界的公共的关系"等等，不仅"至少是不清楚的和可疑的"，而且简直就是自相矛盾的。这种权利实际上——至少当每一单个经济公社同样是权利主体的时候——是"既是个人的又是社会的所有制",因此,这后一个"模糊的杂种",又只有在杜林先生本人那里才会遇到。

无论如何,经济公社是为了生产来支配自己的劳动资料的。这种生产是怎样进行的呢?根据我们在杜林先生那里所看到的一切来判断,这种生产是完全依照从前的样式进行的,只是公社代替了资本家而已。顶多我们还看到,只是现在每个人才能自由地选择职业并具有同等的劳动义务。

到目前为止的一切生产的基本形式是分工,一方面是社会内部的分工,另一方面是每一单个生产机构内部的分工。杜林的"共同社会"是怎样看待分工的呢?

第一次社会大分工是城市和乡村的分离。

照杜林先生的说法,这个对抗"按事物的本性来说是不可避免的"。但是,"如果以为农业和工业之间的鸿沟……是不可能填平的,这倒是值得怀疑的。实际上,它们之间已经存在着一定程度的连续过渡,这种连续过渡在将来还可望大大加强"。现在侵入农业和农村经济中的,已经有两种工业:"第一是酿酒业,第二是甜菜制糖业…… 酒精生产具有这样大的意义,以致容易被人估计过低,而不会被人估计过高"。如果由于"某些发现使工业的范围更加扩大,使生产经营必须在农村中进行,并且直接同原料的生产挂钩",那么城市和乡村之间的对立就可以因此减弱,而"文明发展的最广泛的基础就可以获得"。但是,"同样的事情也许还可以由别种方法产生。除技术上的必需外,社会需要的问题将越来越多地被提出,当社会需要成为人类活动的组合的标准时,就不能再忽视田间作业和技术加工之间的有系统的紧密结合所带来的好处了"。

而在经济公社中正好存在着社会需要这个问题,这样,公社不会急于充分利用上述的农业和工业联合的好处吗?关于经济公社在这个问题上所采取的立场,杜林先生不会不用他所喜爱的冗长文字把他的"更确切的理解"告诉我们吧?如果读者相信他会这样做,那就要受骗。上面那些贫乏的、吞吞吐吐的、在施行普鲁士邦法[310]的酿酒区和制糖区内又流传开来的老生常谈,就是杜林先生关于现在和将来的城市和乡村的对立所能告诉我们的一切。

让我们来详细地谈谈分工吧。在这里,杜林先生已经多少"确切些"了。他谈到

"应该专门从事一种活动的人"。如果说到建立一个新的生产部门,"那么问题只是在于:能否把致力于生产某一种物品的一定数量的人,连同他们所需要的消费〈!〉,可以说一起创造出来"。在共同社会中,任何一个生产部门,都"不需要许多居民"。在共同社会中,也会有"根据生活方式而区分的"人的"经济变种"。

这样,在生产的范围内,一切都差不多是照旧不变的。的确,在到目前为止的社会中,总是"错误的分工"占支配地位;但是,这种错误的分工表现在哪里,它在经济公社中将被什么所代替,关于这些问题,我们只听到下面的话:

"至于分工本身的问题,我们在上面已经说过,只要注意到各种不同的自然状况的事实和个人的能力,就可以说是解决了。"

除能力外,还有个人的爱好在起作用:

"促使人们去从事需要有更多的能力和更多的训练的那些活动的刺激,将完全基于对有关行业的爱好,以及对从事恰恰是这一种事物而不是别种事物〈从事一种事物!〉的乐趣。"

但是,这样一来在共同社会中就将引起竞争,而且

"生产本身引起了某种兴趣,而把生产仅仅看做获利手段的呆板的经营,将不再是各种社会状态的占支配地位的特征"。

在生产自发地发展起来的一切社会中(今天的社会也属于这样的社会),不是生产者支配生产资料,而是生产资料支配生产

者。在这样的社会中,每一种新的生产杠杆都必然地转变为生产资料奴役生产者的新手段。这首先是大工业建立以前的最强有力的生产杠杆——分工的特点。第一次大分工,即城市和乡村的分离,立即使农村居民陷于数千年的愚昧状况,使城市居民受到各自的专门手艺的奴役。它破坏了农村居民的精神发展的基础和城市居民的肉体发展的基础。如果说农民占有土地,城市居民占有手艺,那么,土地也同样占有农民,手艺也同样占有手工业者。由于劳动被分割,人也被分割了。为了训练某种单一的活动,其他一切肉体的和精神的能力都成了牺牲品。人的这种畸形发展和分工齐头并进,分工在工场手工业中达到了最高的发展。工场手工业把一种手艺分成各种局部操作,把每种操作分给各个工人,作为终身的职业,从而使他们一生束缚于一定的局部职能和一定的工具。"工场手工业把工人变成畸形物,它压抑工人的多种多样的生产志趣和生产才能,人为地培植工人片面的技巧……　个体本身也被分割开来,转化为某种局部劳动的自动的工具"(马克思)[1],这种自动工具在许多情况下只有通过工人的肉体的和精神的真正的畸形发展才达到完善的程度。大工业的机器使工人从一台机器下降为机器的单纯附属物。"过去是终生专门使用一种局部工具,现在是终生专门服侍一台局部机器。滥用机器的目的是要使工人自己从小就转化为局部机器的一部分"(马克思)[2],不仅是工人,而且直接或间接剥削工人的阶级,也都因分工而被自己用来从事活动的工具所奴役;精神空虚的资产者为他自己的资本和利润欲

---

[1]　见马克思《资本论》第 1 卷,《马克思恩格斯文集》第 5 卷第 417 页。——编者注
[2]　同上,本选集第 2 卷第 226 页。——编者注

所奴役;法学家为他的僵化的法律观念所奴役,这种观念作为独立的力量支配着他;一切"有教养的等级"都为各式各样的地方局限性和片面性所奴役,为他们自己的肉体上和精神上的短视所奴役,为他们的由于接受专门教育和终身从事一个专业而造成的畸形发展所奴役,——哪怕这种专业纯属无所事事,情况也是这样。

空想主义者已经充分地了解分工所造成的结果,了解一方面是工人的畸形发展,另一方面是劳动活动本身的畸形发展,这种劳动活动局限于单调地机械地终身重复同一的动作。欧文和傅立叶都要求消灭城市和乡村之间的对立,作为消灭整个旧的分工的第一个基本条件。他们两人都主张人口应该分成1 600—3 000人的许多集团,分布于全国;每个集团居住在他们那个地区中央的一个巨大的宫殿中,共同管理家务。虽然傅立叶在有些地方也提到城市,但是这些城市本身又只是由四个到五个这种相互毗连的宫殿组成的。根据这两个空想主义者的意见,每个社会成员都既从事农业,又从事工业;在傅立叶看来,手艺和工场手工业在工业中起着主要的作用,而在欧文看来,大工业已经起着主要的作用,而且认为在家务劳动中也应该应用蒸汽力和机器。但是,无论是在农业还是在工业中,他们两人都要求每个人尽可能多地调换工种,并且要求相应地训练青年从事尽可能全面的技术活动。在他们两人看来,人应当通过全面的实践活动获得全面的发展;劳动应当重新获得它由于分工而丧失的那种吸引力,这首先是通过经常调换工种和相应地使从事每一种劳动的"活动时间"(用傅立叶的话说)①不过长的办法来实现。他们两人都远远地超出了杜林先生

---

① 参看沙·傅立叶《经济的和协作的新世界》第2、5、6章。——编者注

所承袭的剥削阶级的思维方式。这种思维方式认为，城市和乡村的对立按事物的本性来说是不可避免的；它拘泥于这样的狭隘观念，即似乎一定数量的"人"无论如何必然注定要从事**某一种**物品的生产；它要使根据生活方式而区分的人的"经济变种"永世长存，这些人据说对从事恰恰是这一种事物而不是别种事物感到乐趣，就是说，他们落到了竟然**乐于**自身被奴役和片面发展的地步。即使同"白痴"傅立叶的最狂妄的幻想所包含的基本思想相比较，即使同"粗陋、无力而贫乏"的欧文的最贫乏的观念相比较，还完全被分工奴役着的杜林先生也是一个妄自尊大的侏儒。

当社会成为全部生产资料的主人，可以在社会范围内有计划地利用这些生产资料的时候，社会就消灭了迄今为止的人自己的生产资料对人的奴役。不言而喻，要不是每一个人都得到解放，社会也不能得到解放。因此，旧的生产方式必须彻底变革，特别是旧的分工必须消灭。代替它们的应该是这样的生产组织：在这样的组织中，一方面，任何个人都不能把自己在生产劳动这个人类生存的必要条件中所应承担的部分推给别人；另一方面，生产劳动给每一个人提供全面发展和表现自己的全部能力即体能和智能的机会，这样，生产劳动就不再是奴役人的手段，而成了解放人的手段，因此，生产劳动就从一种负担变成一种快乐。

现在，这已不再是什么幻想，不再是什么虔诚的愿望了。在生产力发展的当前情况下，只要有随着生产力的社会化这个事实本身而出现的生产的提高，只要消除资本主义生产方式所造成的障碍和破坏、产品和生产资料的浪费，就足以在普遍参加劳动的情况下使劳动时间减少到从现在的观念看来非常少的程度。

同样，消灭旧的分工，也不是只有靠牺牲劳动生产率才能实现的一种要求。相反，消灭旧的分工已经被大工业变为生产本身的条件。"机器生产不需要像工场手工业那样,使同一些工人始终从事同一种职能,从而把这种分工固定下来。因为工厂的全部运动不是从工人出发,而是从机器出发,所以不断更换人员也不会使劳动过程中断……　最后,年轻人很快就可以学会使用机器,因此也就没有必要专门培养一种特殊的工人成为机器工人。"①但是,机器的资本主义应用方式不得不继续实行旧的分工及其僵死的专业化,虽然这些在技术上已经成为多余的了,于是机器本身就起来反对这种时代错乱。大工业的技术基础是革命的。"现代工业通过机器、化学过程和其他方法,使工人的职能和劳动过程的社会结合不断地随着生产的技术基础发生变革。这样,它也同样不断地使社会内部的分工发生革命,不断地把大量资本和大批工人从一个生产部门投到另一个生产部门。因此,大工业的本性决定了劳动的变换、职能的更动和工人的全面流动性……　我们已经看到,这个绝对的矛盾……怎样通过工人阶级的不断牺牲、劳动力的无限度的浪费和社会无政府状态造成的灾难而放纵地表现出来。这是消极的方面。但是,如果说劳动的变换现在只是作为不可克服的自然规律并且带着自然规律在任何地方遇到障碍时都有的那种盲目破坏作用而为自己开辟道路,那么,大工业又通过它的灾难本身使下面这一点成为生死攸关的问题:承认劳动的变换,从而承认工人尽可能多方面的发展是社会生产的普遍规律,并且使各种关系适应于这个规律的正常实现。大工业还使下面这一点成为生死攸关的问题:用适应于不断变动的劳动需求而可以随意支配的人,来代替那些适应于资本的不断变动的剥削需要而处于后备状态

① 引自马克思《资本论》第 1 卷,见本选集第 2 卷第 225—226 页。——编者注

的、可供支配的、大量的贫穷工人人口；用那种把不同社会职能当做互相交替的活动方式的全面发展的个人，来代替只是承担一种社会局部职能的局部个人。"（马克思《资本论》）①

大工业使我们学会，为了技术上的目的，把几乎到处都可以造成的分子运动转变为物体运动，这样大工业在很大程度上使工业生产摆脱了地方的局限性。水力是受地方局限的，蒸汽力却是自由的。如果说水力必然存在于乡村，那么蒸汽力却决不是必然存在于城市。只有蒸汽力的资本主义应用才使它主要集中于城市，并把工厂乡村转变为工厂城市。但是这样一来，蒸汽力的资本主义应用就同时破坏了自己的运行条件。蒸汽机的第一需要和大工业中差不多一切生产部门的主要需要，就是比较干净的水。但是工厂城市把所有的水都变成臭气熏天的污水。因此，虽然向城市集中是资本主义生产的基本条件，但是每个工业资本家又总是力图离开资本主义生产所必然造成的大城市，而迁移到农村地区去经营。关于这一过程，可以在兰开夏郡和约克郡的纺织工业地区详细加以研究；在那些地方，资本主义大工业不断地从城市迁往农村，因而不断地造成新的大城市。在金属加工工业地区也有类似的情形，在那里，一部分另外的原因造成同样的结果。

要消灭这种新的恶性循环，要消灭这个不断重新产生的现代工业的矛盾，又只有消灭现代工业的资本主义性质才有可能。只有按照一个统一的大的计划协调地配置自己的生产力的社会，才能使工业在全国分布得最适合于它自身的发展和其他生产要素的

---

① 　引自马克思《资本论》第 1 卷，见本选集第 2 卷第 231—232 页。——编者注

保持或发展。

因此,城市和乡村的对立的消灭不仅是可能的,而且已经成为工业生产本身的直接需要,同样也已经成为农业生产和公共卫生事业的需要。只有通过城市和乡村的融合,现在的空气、水和土地的污染才能排除,只有通过这种融合,才能使目前城市中病弱群众的粪便不致引起疾病,而被用做植物的肥料。

资本主义的工业已经相对地摆脱了它本身所需原料的产地的地方局限性。纺织工业所加工的原料大部分是进口的。西班牙的铁矿石在英国和德国加工;西班牙和南美的铜矿石在英国加工。每个煤矿区都把燃料远销本地区以外的逐年扩大的工业地区。在欧洲的整个沿海地区,蒸汽机用英国的煤,有的地方用德国和比利时的煤来发动。摆脱了资本主义生产的局限性的社会可以更大踏步地前进。这个社会造就全面发展的一代生产者,他们懂得整个工业生产的科学基础,而且每一个人对生产部门的整个系列从头到尾都有实际体验,所以这样的社会将创造新的生产力,这种生产力会绰绰有余地抵偿从比较远的地方运输原料或燃料所花费的劳动。

因此,从大工业在全国的尽可能均衡的分布是消灭城市和乡村分离的条件这方面来说,消灭城市和乡村的分离也不是什么空想。的确,文明在大城市中给我们留下了一种需要花费许多时间和力量才能消除的遗产。但是这种遗产必须被消除而且必将被消除,即使这是一个长期的过程。无论普鲁士民族的德意志帝国可能遭受怎样的命运,俾斯麦总可以骄傲地进入坟墓了,因为他的夙愿——大城市的毁灭,肯定是会实现的。[366]

现在可以好好看看杜林先生的下述的幼稚观念:无须从根本上变革旧的生产方式,首先无须废除旧的分工,社会就可以占有全部生产资料；只要"注意到……自然状况和个人的能力"，就一切都解决了。而在这里，整批的人却依旧为生产**某一种**物品所奴役，整批的"居民"依旧被要求就业于一个生产部门，而人类却依旧分成一定数目的不同的畸形发展的"经济变种"，就像现在的"推小车者"和"建筑师"一样。社会应该成为全部生产资料的主人，同时让每一个人依旧做自己的生产资料的奴隶，而仅仅有选择**哪一种**生产资料的权利。同样可以好好看看，杜林先生怎样把城市和乡村的分离看做"按事物的本性来说是不可避免的"，并且只能在烧酒酿造业和甜菜制糖业这两个具有普鲁士特有的结合方式的部门中发现一点小小的缓和剂；他怎样使工业在全国的分布取决于将来的某些发现以及取决于生产直接靠近原料开采的**必要性**——这些原料，现在已被用于离开原产地越来越远的地方了！——他在结束时又怎样力图用下面的保证来给自己留下退路：社会需要终究要使农业和工业结合起来，即使这样做**违反**经济上的考虑，就是说，似乎这样做会造成经济上的牺牲！

　　诚然，要看到那些将消除旧的分工以及城市和乡村的分离、将使全部生产发生变革的革命因素已经以萌芽的形式包含在现代大工业的生产条件中，要看到这些因素在其发展中受到现今的资本主义生产方式的阻碍，就必须把视野放宽些，稍稍超出普鲁士邦法[310]的适用地区，因为在那里，烧酒和甜菜糖是主要的工业产品，而商业危机竟可以根据书籍市场的状况来研究。为此，必须从大工业的历史中，从它目前的现实状况中，特别是从那个成为大工业发源地并唯一地使大工业获得典型发展的国家中，去了解真正的大工业；这样就不会想到要把现代科学社会主义浅薄化，并把它降低为杜林先生的**普鲁士特有的社会主义**。

四 分 配

我们在前面已经看到①,杜林的经济学归结为这样一个命题:资本主义的**生产**方式很好,可以继续存在,但是资本主义的**分配**方式很坏,一定得消失。现在我们看出,杜林先生的"共同社会"不过是这一命题在幻想中的实现。事实表明:杜林先生对资本主义社会的生产方式(就其本身来说)几乎根本没有提出任何异议,他要保持旧的分工的一切基本方面,所以对他的经济公社内部的生产,也差不多连一个字都说不出来。的确,生产是同确凿事实打交道的一个领域,所以在这个领域内,"合理的幻想"只能给自己的自由心灵提供极小的飞翔空间,因为出丑的危险太大了。分配就不同了,据杜林先生的意见,分配是和生产根本没有联系的,在他看来,分配不是由生产来决定,而是由纯粹的意志行为来决定的,——分配是他的"社会炼金术"的再合适不过的用武之地了。

在经济公社和包括许多经济公社的商业公社里,平等的消费权利是和平等的生产义务相适应的。在这里,"一种劳动……按照平等估价的原则和别种劳动相交换…… 贡献和报酬在这里是真正相等的劳动量"。而且,这种"人力的相等,不管个别人的贡献是多些还是少些,或者甚至偶然丝毫没有",都是有效的;因为"任何行动,只要它花费时间和力量,都可以看做劳动消耗",——因此,玩九柱戏和散步也在此列。但是,因为集体是一切生产资料从而也是一切产品的占有者,所以这种交换不发生在个别人之间,而是一方面发生在每个经济公社和它的各个社员之间,另一方面发生在各个经济公社和商业公社之间。"特别是各个经济公社,将在它们本身的范围内,用完全有计划的销售去代替小商业。"批发商业也同样被组织起来:"所以,自由经济社会的体系……仍旧是一个巨大的交换组织,它的活动,是通过贵金属

提供的基础进行的。我们的模式和一切模糊的观念——甚至现在流行的社会主义观念的最合理的形式也还没有脱离这种模糊观念——的不同之处，就在于对这个基本特性的绝对必要性有所认识。"

为了进行这种交换，经济公社作为社会产品的最先占有者，必须根据平均生产费用"给每类物品规定一个统一的价格"。"现在所谓生产成本……对价值和价格的意义，〈在共同社会里〉将由……对所需劳动量的估计来实现。根据每个人在经济上也具有平等权利的原则，这种估计最终可以归结为对参加劳动的人数的考虑，这种估计将产生既跟生产的自然关系又跟社会的价值增殖权利相适应的价格比例。贵金属的生产，仍然像现在一样，是规定货币价值的决定因素……　由此可见，在经过变更的社会制度中，对于价值以及产品借以进行交换的比例来说，决定原则和尺度不但没有丧失，反而第一次恰如其分地得到了。"

著名的"绝对价值"终于实现了。

但是另一方面，公社一定也会使各个个人有能力向公社购买已经生产出来的物品，因为它每日、每周或每月付给每个社员以一定数目的货币，作为他的工作报酬——这个数目对于一切人来说都应该是一样的。"所以，从共同社会的观点看来，说工资应该消失或者说工资应该成为经济收入的唯一形式，这是没有什么分别的。"但是，同等的工资和同等的价格，"即使不造成质量上的消费平等，也造成数量上的消费平等"，这样一来，"普遍的公平原则"就在经济上实现了。

至于这种未来的工资额如何规定，杜林先生仅仅告诉我们：

在这里也和在其他一切情况下一样，"等量劳动和等量劳动"相交换。所以劳动六小时，就应该得到同样体现六个劳动小时的货币量。

但是，决不能把"普遍的公平原则"和那种粗陋的平均主义混淆起来，后者激起资产者极其愤怒地反对一切共产主义，特别是反对自发的工人共产主义。这一公平原则远不是像外表看起来那样不能通融。

"经济上的权利要求的原则平等，并不排除对公平所要求的东西再自愿地附加上特别赞许和尊敬的表示…… 当社会通过适当地增添消费来表彰摆在较高位置的工种时,社会只是表示对自己的尊敬。"

当杜林先生把鸽子的纯洁和蛇的智慧①融合起来,并如此令人感动地惦念未来杜林们的消费的适当增添时,杜林先生也是在表示对自己的尊敬。

这样,资本主义的分配方式就最终地被清除了。因为

"在这样的情况下即使假定谁真正拥有私人资料的剩余,那么他也不能为这些剩余找到任何资本式的应用。一个人或一群人如果为了生产向他取得这些剩余,那他们只能以交换或购买的方式向他取得,但是决不会向他支付利息或利润。"所以,"和平等原则相适应的遗产"是可以允许的。它是不能避免的,因为"某种遗产总是家庭原则的必然伴侣"。继承权也"不能引起巨大财富的积累,因为在这里财产形成……再也不能以创造生产资料和完全过食利生活为目的了"。

这样,经济公社似乎是顺利地建成了。我们现在来看看这种公社是怎样经营的。

我们假定,杜林先生的一切假设都完全实现了;因而我们假定,经济公社因每个社员每天劳动六小时,而付给他们以同样体现六劳动小时的货币量,比如说 12 马克。同样,我们假定,价格确切地与价值相符合,就是说,根据我们的前提,它仅仅包含原料费、机器损耗、劳动资料的消耗和所付的工资。一个拥有 100 个从事劳动的成员的经济公社,每天生产价值为 1 200 马克的商品,一年以 300 个工作日计算,生产 36 万马克的商品,公社以同样的数目付给它的成员,每个成员都可以随意处置他一天得到的 12 马克,或一年得到的 3 600 马克。在一年之末,甚至在一百年之末,这个公社并没有比开始时富裕一些。在这个时期内,如果公社不愿动用

---

① 参看《新约全书·马太福音》第 10 章第 16 节。——编者注

它的生产资料的基金,那么,它甚至无法适当地增添杜林先生的消费。积累完全被遗忘了。更糟糕的是:因为积累是社会的必需,而货币的保存是积累的方便形式,所以经济公社的组织就直接要求它的成员去进行私人积累,从而破坏公社自身。

怎样避免经济公社的本性的这一矛盾呢?公社只能求助于杜林先生所得意的"课税",即加价,把它的年产品卖48万马克,而不是卖36万马克。但是,因为其他一切经济公社也处在同样的情况下,所以都不得不采取同样的做法,这样,每一公社在和别的公社进行交换时都不得不偿付和自己额外所得相等的"课税",结果"贡税"还是完全落在它自己的成员身上。

或者,公社把这件事情处理得更简单:每个成员劳动六小时,公社付给他少于六小时劳动的产品,比如说四个劳动小时的产品,就是说,一天不是付12马克,而只付8马克,但是让商品的价格保持原来的水平。在这种情况下,公社就直接地公开地做了它在前一情况下隐蔽地转弯抹角地企图做的事情:它按纯粹资本主义的方式付给社员以低于社员所生产的物品的价值,而社员只能从公社买得的那些商品却要按照全部价值来计算,这样它就造成每年总计12万马克的马克思所说的剩余价值。所以经济公社要能获得后备基金,就只有暴露自己实行的是最广阔的共产主义基础上的"高贵的"实物工资制①。

这样,二者必居其一:或者是经济公社以"等量劳动和等量劳动"相交换,在这种情况下,能够积累基金来维持和扩大生产的,

---

① 恩格斯在这里加了一个注:"实物工资制(truck system)是英国人的说法,在德国也为人所熟知,在这种制度下,工厂主自己开设店铺,强迫工人在这些店铺中购买商品。"——编者注

就不是公社,而是私人。或者是它要建立这种基金,在这种情况下,它就不能以"等量劳动和等量劳动"相交换。

经济公社中的交换的内容就是这样。交换的形式怎么样呢?交换是以金属货币为中介的,杜林先生颇以这种改良所具有的"人类历史意义"自傲。但是在公社和它的成员之间的交易中,这种货币决不是货币,决不执行货币的职能。它成为纯粹的劳动券,用马克思的话来说,它只证明"生产者个人参与共同劳动的份额,以及他个人在供消费的那部分共同产品中应得的份额",在这一职能中,它也"同戏票一样,不是'货币'"。① 因此,它可以为任何凭证所代替,例如魏特林就以"交易簿"来代替,在这个账簿中,在一边记下劳动小时,在另一边记下为此而领得的享受资料。**367** 一句话,在经济公社和它的社员之间的交易中,货币只是起欧文的"劳动小时货币"的作用,这是杜林先生非常傲慢地蔑视的"狂想",但是他自己又不得不把它应用于自己的未来经济之中。标明所完成的"生产义务"和从而获得的"消费权利"的尺度的凭证,无论是一张废纸、一种筹码,或者是一块金币,这对**这个**目的来说是完全一样的。但是对其他目的来说就不然了,这一点以后就会看到。

这样,如果说,在经济公社和它的成员之间的交易中,金属货币已经不执行货币的职能,而是执行变相的劳动券的职能,那么在各个经济公社之间的交换中,它就更不执行货币的职能了。在这里,在杜林先生的前提下,金属货币完全是多余的。实际上,这里只要有簿记就足够了,在实现等量劳动的产品同等量劳动的产品的交换时,如果簿记以自然的劳动尺度——时间,即以劳动小时为

---

① 引自马克思《资本论》第 1 卷,见本选集第 2 卷第 133 页脚注(50)。——编者注

单位来计算,这就比预先把劳动小时转换为货币简单得多。实际上,交换是纯粹的实物交换;全部余额可以很容易地和简单地用转到其他公社账上的办法来结清。但是,如果某一公社真的对其他公社有了亏空,那么所有"宇宙间的黄金",无论它们怎样"天然就是货币",都不能使这个公社(如果它不愿意由于欠债而隶属于其他公社)避免这样的命运,即用增加自己的劳动的方法来补偿这种亏空。此外,请读者经常记住,我们在这里决不是设计未来的大厦。我们只是采用杜林先生的假设,并且从中作出不可避免的结论。

因此,无论是在经济公社和它的成员之间的交换中,还是在各个公社之间的交换中,"天然就是货币"的黄金都不能实现它的这种天然的本性。尽管如此,杜林先生却硬叫它在"共同社会"中也执行货币的职能。因此,我们不得不为这种货币职能寻找别的活动舞台。而这样的舞台是存在着的。虽然杜林先生给每个人以"等量消费"的权利,但是他不能强迫任何人这样做。相反地,他感到骄傲的是,在他的世界中,每个人都可以任意处置自己的货币。因此,他无法阻止下面这样的事情发生:一些人积蓄起一小部分货币,而另一些人靠所得的工资不够维持生活。他甚至使这种事情成为不可避免的,因为他明确地承认家庭的共同财产的继承权,从而就进一步产生父母养育儿女的义务。而这样一来,等量消费就有了一个巨大的裂缝。单身汉用他一天8马克或12马克的工资可以过得舒适而愉快,可是家有八个未成年小孩的鳏夫用这么多工资却只能凄惨度日。另一方面,公社不加任何考虑地接受货币的支付,于是就提供一种可能,不通过自己的劳动而通过其他途径去获得这些货币。金钱没有臭味[368]。公社不知道它是从哪里来的。但是,这样就造成了使以前只起劳动券作用的金属货币开始执行真正货币职能的全部条件。现在,一方面出现了贮藏货币的机会和动机,另一方面出现了借债的机会和动机。货币需要者向货币贮藏者借债。借得的货币作为支付生活资料的费用为公社所接受,从而又成为目前社会中那样的货币,即人类劳动的社会体现、劳动的现实尺度、一般的流通手段。世界上的一切"法律和行政规范"对它都无能为力,就像对乘法表或水的化合成分无能为力一样。因为货币贮藏者能够迫使货币需要者支付利息,所以高利贷也和这种执行货币职能的金属货币一起恢复起来了。

直到现在,我们只是考察了在杜林的经济公社所管辖的领域内保存金属货币这件事的影响。但是在这一领域以外,其余的罪恶世界此时还是一切都照老样子进行。在世界市场上,金银仍然是**世界货币**、一般的购买手段和支付手段、财富的绝对的社会体现。由于贵金属的这种特性,在经济公社的单个社员面前,出现了贮藏货币、发财致富和放高利贷的新的动机,即对公社和在公社范围以外自由地、独立地行动,并在世界市场上使积累的个人财富增殖的动机。高利贷者变成借助流通手段来做生意的商人,变成银行家,变成流通手段和世界货币的支配者,因而变成生产的支配者和生产资料的支配者,虽然这些生产资料在许多年内名义上还是经济公社和商业公社的财产。因此,变成了银行家的货币贮藏者和高利贷者也就是经济公社和商业公社本身的主人。杜林先生的"共同社会",实际上是和其他社会主义者的"模糊观念"根本不同的。如果它真的能拼凑起来并维持下去,那么,它的唯一目的就是重新产生金融巨头,它将在金融巨头的控制下并为他们的钱袋勇敢地竭尽全力地工作。它的唯一可以获救的道路,也许就在于货币贮藏者宁愿借助他们的世界货币尽快地逃离公社。

在德国人对早先的社会主义普遍缺乏了解的情况下,一个天真烂漫的青年,可能会提出这样的问题:例如欧文的劳动券是否也会引起类似的滥用呢？虽然在这里我们没有必要来阐述这种劳动券的含义，但是，为了把杜林的"包罗万象的模式论"和欧文的"粗糙、无力和贫乏的观念"作一比较，我们还是可以指出下面几点：第一，要使欧文的劳动券被这样地滥用，就要假定它已变成真正的货币，而杜林先生是以真正的货币为前提，可是却想禁止它执行单纯劳动券以外的其他职能。在欧文那里，是假定发生了真正的滥用，而在杜林这里，是内在的、不以人的意志为转移的货币本性为自己开辟道路：货币对抗着杜林先生由于自己不懂货币的本性而要强加给它的那种滥用，去实现它本身所固有的正确的应用。第二，在欧文那里，劳动券只是达到社会资源的完全公有和自由利用的一个过渡形式，此外，顶多还是一个使共产主义易于为英国公众接受的手段。所以，如果某种滥用迫使欧文的社会废除劳动券，那么这个社会就是向它所追求的目的前进一步，进入一个更完善的发展阶段。相反，杜林的经济公社一废除货币，它就立刻消灭了自己的"人类历史意义"，消除了自己的最特出的妙处，不再成其为杜林的经济公社，而下降为模糊观念，而杜林先生为了使它从这种模糊观念中摆脱出来，曾花费了多少艰苦的劳动去从事合理幻想啊。①

　　杜林的经济公社遭遇到的所有这些奇怪的迷误和混乱是从什么地方产生的呢？不过是从存在于杜林先生头脑中的对价值和货币的概念的模糊观念中产生的，这种模糊观念最后竟驱使他企图

---

①　恩格斯在这里加了一个注："附带说一下，杜林先生完全不明白劳动券在欧文的共产主义社会中所起的作用。他是从萨金特的书上知道这种劳动券的，在那里它们只是出现在自然要遭到失败的劳动交换市场**188**里，这种交换市场试图以直接交换劳动的办法从现存的社会转变到共产主义社会。"——编者注

去发现劳动的价值。但是,因为杜林先生决没有在德国垄断这种模糊观念,相反,他还有许多竞争者,所以我们"愿意暂时耐着性子来清理"他在这里造成的"乱线球"。

经济学所知道的唯一的价值就是商品的价值。什么是商品?商品是在一个或多或少互相分离的私人生产者的社会中所生产的产品,就是说,首先是私人产品。但是,只有这些私人产品不是为自己的消费,而是为他人的消费,即为社会的消费而生产时,它们才成为商品;它们通过交换进入社会的消费。这样,私人生产者就相互处于社会联系之中,组成一个社会。因此,他们的产品虽然是每一单个人的私人产品,同时也是社会的产品(但这不是有意的而且似乎是违背他们意愿的)。那么这些私人产品的社会性质表现在什么地方呢? 显然表现在两种特性上:第一,它们都满足人的某种需要,不仅对生产者自己,而且也对别人具有使用价值;第二,它们虽然是各种极不相同的私人劳动的产品,但同时也是人类劳动的产品,是一般人类劳动的产品。因为它们对别人也有使用价值,所以它们都可以进入交换;因为在它们里面都包含着一般人类劳动,即人类劳动力的简单耗费,所以它们可以在交换中按照各自所包含的这种劳动的量相互比较,被认为相等或不相等。在不变的社会条件下,两个相同的私人产品可能包含不等量的私人劳动,但总是只包含着等量的一般人类劳动。一个不熟练的铁匠打五个马掌所用的时间,另一个熟练的铁匠却能打十个。但是,社会并不把一个人的偶然的不熟练性当做价值,它只承认当时具有正常的平均熟练程度的劳动为一般人类劳动。因此,第一个铁匠的五个马掌中的一个,在交换中并不比第二个铁匠在相等的劳动时间内所打的十个马掌中的一个具有更多的价值。私人劳动,只有在它是社会必要劳动的时候,才包含着一般人类劳动。

这样,当我说某一商品具有一定的价值的时候,那我就是说:(1)它是一个对社会有用的产品;(2)它是由私人为了私人的打算生产出来的;(3)它虽然是私人劳动的产品,但同时又是社会劳动的产品(这一点似乎是生产者所不知道的或者似乎是违背他们意愿的),而且是以社会方法即通过交换来确定的一定量社会劳动的产品;(4)我表现这个数量,不是用劳动本身,也不是用若干劳动小时,而是用**另外一个商品**。因此,如果我说,这只表和这块布价值相等,这两件物品中每一件的价值都等于 50 马克,那么我就是说:在这只表、这块布和这些货币中,包含着等量的社会劳动。因此,我确认,它们所代表的社会劳动时间是以社会的方式计量的,而且被看做是相等的。但是这种计量,不像通常用劳动小时或工作日等等来计量劳动时间那样,是直接的、绝对的,而是迂回地以交换为中介来进行的,是相对的。因此,即使这一确定数量的劳动时间,我也不能用劳动小时表现出来,因为我仍然不知道劳动小时的数目,而同样只能迂回地相对地通过另外一个代表等量的社会劳动时间的商品把它表现出来。一只表的价值和一块布的价值相等。

但是,当商品生产和商品交换迫使建筑在它们之上的社会采取这种迂回途径的时候,它们同时也迫使这个社会尽可能地缩短这条途径。它们从一般的平常商品中选出一种权威性的商品,其他一切商品的价值都可以永久由这种商品来表现,这种商品被当做社会劳动的直接体现,因而能够直接地无条件地同一切商品相交换,这种商品就是货币。货币已经以萌芽状态包含在价值概念中,它只是发展了的价值。但是,当商品价值在商品本身面前独立化为货币时,在生产商品和交换商品的社会中就出现了一个新的因素,一个具有新的社会职能和社会影响的因素。我们暂且只确认这一事实,而不作详细的探讨。

商品生产的经济学,决不是考察我们仅仅相对认识的因素的唯一科学。在物理学上，我们也不知道，在一定的压力和温度之下，一定体积的气体包含着多少个气体分子。但是我们知道，在波义耳定律有效的范围内，在相同的压力和温度下，一定体积的一种气体和同一体积的任何他种气体包含着同样多的分子。所以，对不同的压力和温度条件下的不同的气体的各个不同的体积，我们可以根据它们的分子容量来加以比较；例如我们以 0℃ 和 760 毫米压力下的 1 升气体为单位，用这个单位去测量上述的分子容量。——在化学上，我们也不知道各个元素的绝对原子量。但是，因为我们知道它们的相互的比例，所以我们相对地知道它们的原子量。商品生产和商品生产的经济学根据各个商品的相对劳动量来比较各个商品，因而使它所不知道的、包含于各个商品中的劳动量获得一个相对表现，同样，化学根据各个元素的原子量来比较各个元素，把一个元素的原子量表现为另一个元素（硫、氧、氢）的原子量的倍数或分数，因而使它所不知道的原子量的大小获得一个相对表现。商品生产把黄金提升为绝对商品，提升为其他商品的一般等价物，提升为一切价值的尺度，同样，化学把氢的原子量当做一，并把其他一切元素的原子量还原为氢，使之表现为氢原子量的倍数，因而把氢提升为化学上的货币商品。

但是，商品生产决不是社会生产的唯一形式。在古代印度的公社里，在南方斯拉夫人的家庭公社里，产品都没有转变为商品。公社成员直接为生产而结合成社会，劳动是按照习惯和需要来分配的，产品只要是供消费的，也是如此。直接的社会生产以及直接的分配排除一切商品交换，因而也排除产品向商品的转化（至少在公社内部），这样也就排除产品向**价值**的转化。

社会一旦占有生产资料并且以直接社会化的形式把它们应用于生产，每一个人的劳动，无论其特殊的有用性质是如何的不同，从一开始就直接成为社会劳动。那时,一个产品中所包含的社会劳动量,可以不必首先采用迂回的途径加以确定;日常的经验就直接显示出这个产品平均需要多少数量的社会劳动。社会可以简单地计算出:在一台蒸汽机中,在 100 升的最近收获的小麦中,在 100 平方米的一定质量的棉布中,包含着多少劳动小时。因此,到那时,它就不会想到还继续用相对的、不断波动的、不充分的、以前出于无奈而不得不采用的尺度来表现产品中包含的现在已直接地和绝对地知道的劳动量,就是说,用第三种产品来表现这个量,而是会用它们的自然的、最恰当的、绝对的尺度——**时间**来表现这些劳动量。同样,化学一旦能够以最恰当的尺度,即以实际重量,以 10^{12} 分之一或 10^{24} 分之一克,来绝对地表现原子量,它也就不会想到再通过迂回的途径,用氢原子来相对地表现各种元素的原子量了。因此,在上述前提下,社会也不会赋予产品以价值。生产 100 平方米的布,比如说需要 1 000 劳动小时,社会就不会用间接的和无意义的方法来表现这一简单的事实,说这 100 平方米的布具有 1 000 劳动小时的**价值**。诚然,就在这种情况下,社会也必须知道,每一种消费品的生产需要多少劳动。它必须按照生产资料来安排生产计划,这里特别是劳动力也要考虑在内。各种消费品的效用(它们被相互衡量并和制造它们所必需的劳动量相比较)最后决定这一计划。人们可以非常简单地处理这一切,而不需要著名的“价值”插手其间。①

---

① 恩格斯在这里加了一个注:“上面所说的在决定生产问题时对效用和劳动支出的衡量,正是政治经济学的价值概念在共产主义社会中所能余留的全部东西,这一点我在 1844 年已经说过了(《德法年鉴》第 95 页)**369**。但是,可以看到,这一见解的科学论证,只是由于马克思的《资本论》才成为可能。”——编者注

价值概念是商品生产的经济条件的最一般的、因而也是最广泛的表现。因此,在价值概念中,不仅包含了货币的萌芽,而且还包含了商品生产和商品交换的一切进一步发展了的形式的萌芽。价值是私人产品中所包含的社会劳动的表现,在这里已经存在着社会劳动和同一产品中所包含的私人劳动这二者之间出现差别的可能性。这样,如果一个私人生产者在社会的生产方式不断进步的时候,仍用旧的方式进行生产,那么他会深切地感到这一差别。当某类商品的全体私人生产者生产的商品超过社会所需要的数量的时候,也会发生同样的现象。一个商品的价值只能用另一个商品来表现并且只有在和另一个商品交换时才能实现,在这里包含着这样一种可能:或者是交换根本不能成立,或者是交换虽然成立却实现不了商品的真实的价值。最后,如果在市场上出现了特殊的商品——劳动力,那么,劳动力的价值也和其他任何商品的价值一样,是按照生产它的社会必要劳动时间决定的。因此,在产品的价值形式中,已经包含着整个资本主义生产形式、资本家和雇佣工人的对立、产业后备军和危机的萌芽。企图用制造“真正的价值”的办法来废除资本主义的生产形式,这等于企图用制造“真正的”教皇的办法来废除天主教,或者等于用彻底实现某种最全面地表现生产者受自身产品奴役的经济范畴的办法,来建立生产者最终支配自身产品的社会。

如果生产商品的社会把商品本身所固有的价值形式进一步发展为货币形式,那么还隐藏在价值中的各种萌芽就显露出来了。最先的和最重要的结果是商品形式的普遍化。甚至以前直接为自己消费而生产出来的物品,也被货币强加上商品的形式而卷入交换之中。于是商品形式和货币就侵入那些为生产而直接结合成社会的共同体内部的经济生活中,它们逐一破坏这个共同体的各种纽带,把它分解为一群群私人生产者。最初,正如在印度所看到的,货币使个人的耕种代替了共同的耕种;后来,货币以耕地的最终分割取消了还实行定期重分办法的耕地公有制(例如在摩泽尔流域的农户公社中,在俄国公社中也开始出现);最后,货币促成了余留下来的公共的森林和牧场的分配。无论促进这一过程的还有什么其他基于生产发展的原因,货币始终是这些原因借以对共同体发生作用的最有力的手段。如果杜林的经济公社能实现的话,货币也必将以同样的自然必然性,不顾一切"法律和行政规范"而使它解体。

我们在上面(《经济学》第六章)已经看到,谈论劳动的价值,这是自相矛盾。因为在一定的社会关系下,劳动不仅生产产品,而且也生产价值,而这种价值是由劳动来计量的,所以它不能有特殊的价值,正像重本身不能有特殊的重量,热不能有特殊的温度一样。但是,胡乱思考"真正价值"的一切社会糊涂虫的显著特征,就在于他们想象,在目前的社会中,工人没有获得他的劳动的全部"价值",而社会主义的使命就是要矫正这种情况。为此,首先就要探索什么是劳动的价值;这些人企图不用劳动的最恰当的尺度即时间,而用劳动的产品来衡量劳动,这样就发现了劳动的价值。根据这种观点,工人应当获得"全部劳动所得";不仅劳动产品,而且劳动本身都应当可以直接和产品相交换,一个劳动小时和另一个劳动小时的产品相交换。但是,在这里立即产生了一个十分"可疑的"困难。**全部产品**被分掉。社会的最重要的进步职能即积累被剥夺,并且被个人所掌握和支配。个人可以随意处置自己的"所得",在最好的情况下,社会的贫富程度仍然是和以前一样。这样,这些人把过去积累的生产资料集中于社会手中,只是为了使未来积累的一切生产资料重新分散于个人的手中。这些人是给自己的前提一记耳光,达到了纯粹荒唐的地步。

根据这种观点,流动的劳动,即能动的劳动力,应当和劳动产品相交换。于是它和应当与之交换的产品一样,也是商品。于是这种劳动力的价值就决不会根据它的产品来决定,而是根据它里面所体现的社会劳动,即根据目前的工资规律来决定。

但是,这正好是这种观点认为不应当有的情形。根据这种观点,流动的劳动,即劳动力,是应当可以和它的全部产品相交换的。这就是说,它应当不和它的**价值**相交换,而和它的**使用价值**相交换;价值规律应当适用于其他一切商品,但是对于劳动力,它是应该被废除的。隐藏在"劳动的价值"背后的,正是这种自己消灭自己的混乱观念。

"劳动和劳动根据平等估价的原则相交换"——这句话如果还有某种意义的话——就是说,等量社会劳动的产品可以相互交换,这也就是价值规律,正是商品生产的基本规律,也就是商品生产的最高形式即资本主义生产的基本规律。在目前的社会中,它以各种经济规律在私人生产者的社会里唯一能为自己开辟道路的那种方式为自己开辟道路,即作为存在于事物和关系中的、不以生产者的愿望或活动为转移的、盲目地起作用的自然规律为自己开辟道路。杜林先生把这一规律提升为他的经济公社的基本规律,并且要求公社完全自觉地实施这个规律,这样,他就使现存社会的基本规律成为他的幻想社会的基本规律。他要现存的社会,但不要它的弊病。他和蒲鲁东完全在同一个基地上进行活动。像蒲鲁东一样,他想消除由于商品生产向资本主义生产的发展而产生的弊病,办法是利用商品生产的基本规律去反对这些弊病,而这些弊病正是由这一规律的作用产生的。像蒲鲁东一样,他想以幻想的结果来消灭价值规律的现实结果。

我们现代的唐·吉诃德,无论怎样傲慢地骑上他的高贵的洛西南特——"普遍的公平原则",在他的威武的桑乔·潘萨——阿伯拉罕·恩斯的跟随下,来作骑士的远征以夺取曼布里诺的头盔——"劳动的价值",我们还是担忧,非常担忧,他除了大家知道的理发用的旧铜盆以外,什么也拿不到家里去。**370**

五　国家,家庭,教育

在前两章里,我们也许可以说大体上概括了杜林先生的"新的共同社会结构"的全部经济内容。还要提一下的顶多是,"历史眼光的普遍远大"丝毫没有妨碍他去关心自己的特殊利益,至于我们已经知道的适当地增添消费就更不用说了。由于旧的分工继续存在于共同社会中,所以经济公社除了考虑到建筑师和推小车者,还要考虑到职业著作家,而且还发生了那时怎样处理著作权的问题。这个问题比其他任何问题都使杜林先生更加劳神。无论在什么地方,例如在提到路易·勃朗和蒲鲁东的时候,著作权总是把读者缠住不放,他终于在《教程》中以整整九页的篇幅不厌其详地讲述著作权,并用神秘的"劳动报酬"的形式(但没有说这里是否适当地增添消费)把它平安地引进共同社会的海港。如果就跳蚤在社会的自然体系中的地位问题写上一章,是同样恰当的,并且无论如何不会乏味的。

关于未来的国家制度,《哲学教程》作了详细的规定。在这方面,卢梭虽然是杜林先生的"唯一重要的先驱者",但他奠定的基础不够深刻;他的更加深刻的后继者从根本上补救了这一点,办法是把卢梭的东西最大限度地稀释,并加上用同样方式调制成的黑格尔法哲学废弃物的稀汤。"个人的主权"构成杜林的未来国家的基础;它在多数人的统治下不应当被压制,而应当在这里真正达到全盛状态。这是怎样发生的呢? 非常简单。

"如果假定人和人之间在一切方面都有协定,如果这些契约以相互帮助来反对不正当的侵害为目的,那么这时维护权利的力量就只会加强,而仅仅从众人对个人或多数对少数的优势中就引申不出某种权利。"

现实哲学戏法的活力就这样轻而易举地越过最不容易通过的障碍,而如果读者认为,他听了这些以后并没有比以前更聪明一些,那么杜林先生就这样回答他:不能这样轻易地对待这件事,因为

"在理解集体意志的作用时,最微小的错误都会毁灭个人的主权,而这种主权正是唯一能从中引申出各种现实权利的东西"。

杜林先生在嘲弄他的读者时,正是以读者似乎理应受到的对待来对待读者。他甚至还能做得更无礼些;现实哲学的学生们看来没有注意到这一点。

个人的主权主要是在于

"单独的个人被迫绝对地服从国家",但是这种强迫只有在"真正地为自然的正义服务"时才是正当的。为此目的,将有"立法和司法",但是它们"必须在集体的掌握之中";其次还要有防卫的联合,它表现于"军队里面或者负责内部安全的执行机关里面的共同行动",

所以也将有军队、警察、宪兵。杜林先生确实已经不止一次地表明自己是一个勇敢的普鲁士人;在这里,他证明自己和那些典型的普鲁士人出身相同,这些普鲁士人,用已故的罗霍大臣的话来说,"心中都有自己的宪兵"。但是这些未来的宪兵将不像现在的反动宪警那样危险。无论这些宪兵怎样侵犯有主权的个人,个人总是有**一种**安慰:

"个人视各自的情况从自由社会方面遇到的正义或非正义,决不会比自然状态所带来的更坏些!"

于是,杜林先生再一次用他那无法避免的著作权绊住我们以后,向我们保证,在他的未来世界中将有一种"不言而喻是完全自由的和普遍的律师制"。

"现在设想的自由社会"变得越来越混杂了。建筑师、推小车者、著作家、宪兵,还有律师! 这个"坚固的和批判的思想王国"酷似各种宗教的各种天国,在那里,信徒在大彻大悟中总是能重新找到使他的人间生活带有甜蜜色彩的那种东西。杜林先生正是属于"人人都能够按照自己的方式升入天堂"³⁷¹的国家。我们还需要什么呢?

我们需要什么,在这里是无关紧要的。问题在于,杜林先生需要什么。杜林先生不同于弗里德里希二世的地方是,在杜林先生的未来国家中,决不是人人都能够按照自己的方式升入天堂的。在这个未来国家的宪法上写着:

"在自由的社会里,不可能有任何膜拜;因为每个社会成员都克服了幼稚的原始的想象:以为在自然界背后或自然界之上有一种可以用牺牲或祈祷去感动的存在物。""所以,正确理解的共同社会体系……必须除去宗教魔术的一切道具,因此也必须除去膜拜的一切基本组成部分。"

宗教被禁止了。

但是,一切宗教都不过是支配着人们日常生活的外部力量在人们头脑中的幻想的反映,在这种反映中,人间的力量采取了超人间的力量的形式。在历史的初期,首先是自然力量获得了这样的反映,而在进一步的发展中,在不同的民族那里又经历了极为不同和极为复杂的人格化。根据比较神话学,这一最初的过程,至少就印欧语系各民族来看,可以一直追溯到它的起源——印度的吠

陀³⁷²,以后又在印度人、波斯人、希腊人、罗马人、日耳曼人中间,
而且就材料所及的范围而言,也可以在凯尔特人、立陶宛人和斯拉
夫人中间得到详尽的证明。但是除自然力量外,不久社会力量也
起了作用,这种力量和自然力量本身一样,对人来说是异己的,最
初也是不能解释的,它以同样的表面上的自然必然性支配着人。
最初仅仅反映自然界的神秘力量的幻想的形象,现在又获得了社
会的属性,成为历史力量的代表者①。在更进一步的发展阶段上,
许多神的全部自然属性和社会属性都转移到一个万能的神身上,
而这个神本身又只是抽象的人的反映。这样就产生了一神教,从
历史上说它是后期希腊庸俗哲学的最后产物,并在犹太的独一无
二的民族神雅赫维身上得到了体现。在这个适宜的、方便的和普
遍适用的形式中,宗教可以作为人们对支配着他们的异己的自然
力量和社会力量的这种关系的直接形式即感情上的形式而继续存
在,只要人们还处在这种力量的支配之下。但是,我们已经不止一
次地看到,在目前的资产阶级社会中,人们就像受某种异己力量的
支配一样,受自己所创造的经济关系、自己所生产的生产资料的支
配。因此,宗教反映活动的事实基础就继续存在,而且宗教反映本
身也同这种基础一起继续存在。即使资产阶级经济学对这种异己
力量的支配作用的因果关系有一定的认识,事情并不因此而有丝
毫改变。资产阶级经济学既不能制止整个危机,又不能使各个资

---

① 恩格斯在这里加了一个注:"神的形象后来具有的这种两重性,是比较神
话学(它片面地以为神只是自然力量的反映)所忽略的、使神话学以后
陷入混乱的原因之一。这样,在若干日耳曼部落里,战神,按古斯堪的纳
维亚语,称为提尔,按古高地德语,称为齐奥,这就相当于希腊语里的宙
斯,拉丁语里的'丘必特'(替代"迪斯必特");在其他日耳曼部落里,埃
尔、埃奥尔相当于希腊语的亚力司、拉丁语的玛尔斯。"——编者注

本家避免损失、负债和破产,或者使各个工人避免失业和贫困。现在还是这样:谋事在人,成事在神(即资本主义生产方式的异己力量的支配作用)。仅仅有认识,即使这种认识比资产阶级经济学的认识更进一步和更深刻,也不足以使社会力量服从于社会的支配。为此首先需要有某种社会的**行动**。当这种行动完成的时候,当社会通过占有和有计划地使用全部生产资料而使自己和一切社会成员摆脱奴役状态的时候(现在,人们正被这些由他们自己所生产的、但作为不可抗拒的异己力量而同自己相对立的生产资料所奴役),当谋事在人,成事也在人的时候,现在还在宗教中反映出来的最后的异己力量才会消失,因而宗教反映本身也就随着消失。理由很简单,因为那时再没有什么东西可以反映了。

可是杜林先生不能静待宗教这样自然地死亡。他干得更加彻底。他比俾斯麦本人有过之无不及;他颁布了更严厉的五月法令[373],不仅反对天主教,而且也反对一切宗教;他唆使他的未来的宪兵进攻宗教,从而帮助它殉道和延长生命期。无论我们向什么地方看,总是看到普鲁士特有的社会主义。

在杜林先生这样顺当地把宗教消灭以后,

"只依靠自身和自然界的、成熟到认识自己的集体力量的人,就可以勇敢地踏上事物进程和他自己的本质为他开辟的一切道路"。

现在我们改变一下话题,看看那依靠自身的人在杜林先生的领导下,能够勇敢地踏上什么样的"事物进程"。

人借以依靠自身的第一个事物进程就是他诞生的进程。以后,

在自然的未成年期,他始终处在"儿童的自然教养者"即母亲的保护之下。"这个时期,正如古代罗马法所说的,可以延长到青春期,大约到14岁。"只

有当比较大的未受教育的少年不十分尊敬母亲的威严的时候,父亲的协助,特别是社会教育措施才来消除这种缺点。如果具有这种"无可争辩的真正的父亲身份"的父亲确实存在,那么儿童在到达青春期后,就处在"父亲的自然监护"之下,否则,公社就指定监护人。

杜林先生以前曾设想,不必改造生产本身,人们就能以社会的生产方式去代替资本主义的生产方式,现在,他在这里想象,人们可以把现代的资产阶级家庭同它的整个经济基础分隔开来,而不会由此改变家庭的全部形式。这个家庭形式,在他看来是这样的不可改变,以致他甚至把"古代罗马法"(即使它具有某种"完美的"形式)当做家庭永远奉行的标准,并且设想家庭只是"继承遗产"的单位,即拥有财产的单位。在这个问题上,空想主义者比杜林先生高明得多。在空想主义者看来,随着人们自由结合成社会和私人家务劳动转为公共事业,青年教育的社会化,从而家庭成员间真正自由的相互关系,也就直接产生了。此外,马克思已经证明(《资本论》第 515 页及以下几页),"由于大工业使妇女、男女少年和儿童在家庭范围以外,在社会地组织起来的生产过程中起着决定性的作用,它也就为家庭和两性关系的更高级的形式创造了新的经济基础"①。杜林先生说:

"每一个社会改良幻想家,自然事先备有和他的新的社会生活相适应的教育学。"

用这个观点来衡量,杜林先生是社会改良幻想家中的"真正的怪物"。他对未来学校的关注,至少不亚于他对著作权的关注,这可真了不起。他不但为整个"可以预见到的未来",而且还为过渡时期

---

① 引自马克思《资本论》第 1 卷,见本选集第 2 卷第 233 页。——编者注

详尽地制订中小学计划和大学计划。不过,现在让我们只考察一下,在最后的终极的共同社会中,将要向青年男女传授些什么东西。

普通的国民学校,把"凡是本身和在原则上能够引起人们兴趣的东西",从而特别是把"涉及世界观和人生观的一切科学的基础和主要结论"教给学生。所以这种学校首要先教数学,而且要把从简单的计数和加法起直到积分为止的一切原理性概念和方法"全部教完"。

但是,这并不是说,在这种学校里要真正去做微积分。相反,不如说在这种学校里,将教授综合数学的崭新的要素,这些要素包含普通的初等数学以及高等数学的萌芽。虽然杜林先生自己断定,这种未来学校的"教科书的内容""在他心目中大致有了一个梗概"。但是可惜直到现在,他还不能发现这种"综合数学的要素";而他不能做的事情,"实际上也应该有待于新社会制度的自由的和强化了的力量来做"。

但是,如果说未来数学的葡萄眼下还是非常酸的,那么,未来的天文学、力学和物理学就会困难少一些,并将成为

"全部学校教育的核心",至于"植物学和动物学,尽管有各种各样的理论,通常主要采用记述的方式"……不如说是"一种轻松的谈话资料"。

在《哲学教程》第417页上就是这样说的。杜林先生直到如今还只知道主要是记述式的植物学和动物学。包括有机界的比较解剖学、胚胎学和古生物学在内的整个有机形态学,杜林先生甚至连名称都不知道。当生物学领域内崭新的科学几乎成打地在他背后兴起的时候,他的幼稚的情感还总是从拉夫的《自然史儿童读本》①中去获取"自然科学思维方式的非常现代的教育因素",并

---

① 格·拉夫《自然史儿童读本》1778年格丁根版。——编者注

且把有机界的这部宪法也强加给整个"可以预见到的未来"。在这里，正像他习惯做的那样，化学又被完全忘记了。

至于美学方面的教育，杜林先生不得不一切重新做起。从前的诗对此都不适用。在一切宗教都被禁止的地方，学校里自然不能容忍从前的诗人惯用的"神话式的或其他宗教式的描写手法"。"例如歌德非常喜爱的诗的神秘主义"，也是为人嫌弃的。这样，杜林先生自己不得不下定决心，向我们提供诗的杰作，这些作品"符合于某种同知性相称的幻想的更高要求"，并描述出"显示世界之完美"的真正理想。但愿他别踌躇。经济公社只有以那种和知性相称的亚历山大诗体的急进步伐前进，才能起征服世界的作用。

至于语文学，正在成长的未来公民大可不必为此伤脑筋。

"死的语言完全被摒弃……　但是活的外国语将……仍然是次要的东西。"只有在各民族之间的交往扩展成为人民群众本身的运动的地方，外国语才能按照需要，以容易的方式，为每一个人所接受。"真正有教益的语言教育"，将从某种一般语法中找到，特别是从"本族语言的质料和形式"中找到。

在杜林先生看来，现代人的民族狭隘性还是过于世界化了。他还想消灭在目前的世界上至少有可能使人超越狭隘的民族观点的两种杠杆，一个是至少为各民族中受过古典教育的人展现一个共同的广阔视野的古代语言知识，一个是可以使各国人民相互了解并熟悉本国以外所发生的事情的现代语言知识。相反，他认为应该把本族语言的语法读得烂熟。但是，要了解"本族语言的质料和形式"，就必须追溯本族语言的形成和它的逐步发展，如果一不考察它自身的已经消亡的形式，二不考察同源的各种活的和死的语言，那么这种追溯是不可能的。而如果进行这种考察，我们就再次进入了明确划定的禁区。杜林先生既然把整个现代的历史语法从他的教育计划中勾掉，那么在他的语言教学上就只剩下一种老式的、完全按照旧的古典语文学仿造的技术语法了，这种语法由于缺乏历史的基础而带有自己的全部的诡辩性和任意性。对旧的语文学的憎恨，使他把旧的语文学的最坏的产品奉为"真正有教益的语言教育的中心"。显然，我们与之打交道的这位语言学家，从来没有听说过近60年来这样有力地和这样成功地发展起来的全部历史语言学，所以他不是到博普、格林和狄茨那里，而是到已故的海泽和贝克尔那里去寻求语言教育的"非常现代的教育因素"。

　　但是正在成长的未来公民有了这一切还远不能"依靠自身"。为此还要奠定更深刻的基础，借助于对

"最后的哲学基础的领会"。但是自从杜林先生在这里扫清了道路以后，"这种深化……就不再是一项巨大的任务了"。其实，"如果从存在的一般模式论所夸耀的少量严密知识中清除掉错误的烦琐的装饰品，如果决定处处只承认〈杜林先生〉所证明的现实是有意义的"，那么初级哲学也将为未来的青年所完全了解。"大家回想一下我们用来促使无限性概念及其批判具有空前影响的那些极其简单的说法"，就"完全不能想象，为什么由于现代的深化和尖锐化而变得如此简单的普遍时空观念的因素，不能最终地转入基本知识的行列……〈杜林先生的〉根底最深的思想，在新社会的普遍教育体系中不应当起次要的作用。"相反，物质的自身等同状态以及可以计数的数不尽的数负有使命，使人"不仅站稳脚跟，而且还从自身了解到，他已经把所谓绝对的东西踩在他的脚下了"。

　　可见，未来的国民学校只不过是稍微"完美"一些的普鲁士中等学校，在那种学校里，希腊文和拉丁文被更为纯粹些和实用些的数学，特别是被现实哲学的诸要素所代替，而德语教学又倒退到已故的贝克尔时代，就是说差不多退到四五年级的程度。事实上，"完全不能想象"，为什么杜林先生的那些在他所涉及的一切领域

中现在都已被我们证实是十足小学生的"知识",或者确切地说,这些"知识"经过事先彻底"清洗"以后留下来的东西,不能全部"最终地转入基本知识的行列",因为杜林先生的知识实际上从来没有脱离过这一行列。杜林先生自然也会略有所闻,在社会主义社会中,劳动将和教育相结合,从而既使多方面的技术训练也使科学教育的实践基础得到保障;因此,这一点也被他照例用于共同社会。但是,正像我们所看到的,旧的分工在杜林的未来的生产中基本上原封不动地保存下来,所以学校中的这种技术教育就脱离了以后的任何实际运用,失去了对生产本身的任何意义;它只有一个教学上的用途:可以代替体育。关于体育,我们这位根底深厚的变革家是什么也不愿意知道的。因此,他也只能告诉我们几句话,例如:

"青年人和老年人都按照工作这个词的最严格的意义工作。"

这种空泛的无内容的清谈,同《资本论》第 508—515 页上所说的一比,真是可怜到了极点,在那里马克思发挥了这样的见解:"正如我们在罗伯特·欧文那里可以详细看到的那样,从工厂制度中萌发出了未来教育的幼芽,未来教育对所有已满一定年龄的儿童来说,就是生产劳动同智育和体育相结合,它不仅是提高社会生产的一种方法,而且是造就全面发展的人的唯一方法。"[①]

我们不再谈未来大学的问题了,在这种大学里,现实哲学将构成一切知识的核心,并且除医学院外,法学院也十分兴旺;我们也不再谈"专科技术学校"了,关于这种学校我们仅仅知道,它们只开"两三门课程"。我们假定,年轻的未来公民在读完了学校全部

---

① 引自马克思《资本论》第 1 卷,见本选集第 2 卷第 230 页。——编者注

课程以后终于能"依靠自身",以致能够去物色妻子。在这里杜林先生给他开辟的是什么样的事物进程呢？

"鉴于繁殖对各种素质的保持、淘汰、混合以至新质的培育具有重要意义，人的东西或非人的东西的最后根源大部分必须在性的结合和选择之中去寻找，此外，还必须在促进或阻止一定生育结果的考虑中去寻找。对在这个领域中盛行的粗野和愚昧所进行的审判，实际上必须留给以后的时代去做。但是，哪怕在偏见的压力下，至少从一开始就必须弄明白：对自然或对人的周密考虑来说是好的或者差的生育质量，无疑比数量重要得多。的确，在一切时代和一切法律状态下，畸形人都招致毁灭；但是这个从正常人到不再像人的畸形人的梯子是有许多梯级的…… 如果劣等人的产生得到了预防，那么这件事实显然是有益的。"

在另一个地方也说：

"未出生者有权要求尽可能好的组合，这对哲学的观察来说是不难理解的…… 怀孕，至少还有生育，提供一种机会，使得在这方面可以采用预防的或者在例外情况下采用选择的办法。"

再往下：

"当人们负担起较少艺术性的、从而对千百万人的命运远为重大的任务的时候，就是说，当用血和肉完成人的创造的时候，用大理石把人理想化的希腊艺术，就再也不能保持它以前的历史意义了。这种艺术不是纯石头的艺术，它的美学和对死的形象的直观无关"等等。

我们的正在成长的未来公民感到十分诧异。结婚同纯石头的艺术无关，也同对死的形象的直观无关，这些即使没有杜林先生，他也肯定会知道的；但是杜林先生曾经向他许诺过：他可以踏上事物进程和他自己的本质为他开辟的一切道路，以求得女人的同情心连同属于这颗心的肉体。现在"更深刻的更严格的道德"对他厉声申斥道：决不能这样。首先要做的是：抛弃在性的结合和选择这个领域中盛行的粗野和愚昧，并且要考虑新出生者要求尽可能

好的组合的权利。在这个庄严的时刻,我们的年轻公民要用血和
肉完成人的创造,成为一个所谓有血有肉的菲迪亚斯。从何下手
呢?杜林先生的上面那些神秘的陈述,并没有在这方面给他任何
指导,虽然杜林先生本人也说,这是一种"艺术"。莫非杜林先生
已经"在心目中大致"拥有这种艺术的指南,就像目前在德国书店
中销行的种种秘本之类的东西?事实上,我们在这里已经不再处
于共同社会中,倒不如说是处于《魔笛》[374]中,只是脑满肠肥的共
济会[375]牧师查拉斯特罗同我们的更深刻的更严格的道德家相比,
简直算不上"二等教士"。这位牧师对他的弟子中的一对情人所
做的试验,同杜林先生在允许他的那两个有主权的个人进入"道
德的自由的婚姻"状态之前强加给他们的可怕考验相比,简直是
儿戏。这样一来就可能会出现这样的情形:虽然我们的"依靠自
身"的未来的塔米诺两只脚都立在所谓的绝对物之上,可是他的
一只脚离开正常的位置还有两三个梯级,于是嘴巴刻薄的人就说
他是跛子。同时也会有这种可能:他最心爱的未来的帕米纳,由于
右肩略略偏斜而不是完全直立在上述绝对物之上,于是好忌妒的
人就把这种偏斜称为小驼背。那怎么办呢?我们的更深刻的更严
格的查拉斯特罗是禁止他们从事于用血和肉创造人的艺术呢,还
是对他们采用怀孕时的"预防的办法"或"生育"时的"选择的办
法"呢?事情十之八九是另一种结局,即这对情人将撇开查拉斯
特罗—杜林而去找婚姻登记员。

住口!——杜林先生喊道。这不是我的意思。让我来说说。

在"有益的性结合具有更高的、真正人的动机时……性冲动——其高涨
表现为热恋——的人间完美形式,就其双向性而言,正是结果也有益的结合
的最好保证…… 从本来就是和谐的关系中得出一种具有和谐特性的产物,
这只是第二级的效果。从这里又得出结论:任何强迫都必定发生有害的影

响"等等。

这样一来,在这个最美好的共同社会里,一切都安排得尽善尽美。跛脚男人同驼背女人彼此热烈相爱,从而就其双向性而言,也为和谐的"第二级的效果"提供了最好的保证;这就像小说中说的那样,他们恋爱,结为夫妇,而所有"更深刻的更严格的道德",像往常一样,到头来化为一堆和谐的胡说。

杜林先生对女性究竟抱有什么样的高尚观念,可以从他对目前社会的如下控诉中看出:

"在以人口买卖为基础的压迫社会里,卖淫被认为是对强制婚姻的有利于男人的当然补充;类似的情况对女人来说是不可能有的,这是极容易理解的,但也是意味极深长的事实之一。"

女人们对杜林先生的这套恭维话所应表示的那种感谢,我是无论如何也不想领受的。此外,难道杜林先生完全不知道那种在目前并不算很特别的收入——女人的倒贴? 杜林先生自己曾经是见习官[376],而且住在柏林,在那里,还是我在的那个时候,即 36 年前,别说尉官,就是见习官[Referendarius]同受倒贴者[Schürzenstipendarius]也往往是押韵的!

————

让我们同我们这个确实常常是枯燥无味的和令人不快的题目和和气气地、高高兴兴地告别吧。在我们不得不讨论各个争论之点的时候,判断总是受到客观的无可置疑的事实的制约;根据这些事实得出的结论,常常不免是尖锐的,甚至是无情的。现在,当我们谈完哲学、经济学和共同社会的时候,当我们不得不逐点加以评论的这位著作家的全貌已经呈现在我们眼前的时候,就可以直截了当地摆出对他这个人的看法了;现在我们可以把他的许多本来无法理解的科学上的谬误和武断归结为个人的原因,并把我们对杜林先生的全部判断概括为一句话:**无责任能力来自自大狂**。

弗·恩格斯写于 1876 年 9 月—
1878 年 6 月

载于 1877 年 1 月 3 日—1878 年
7 月7 日《前进报》

原文是德文

选自《马克思恩格斯文集》
第 9 卷第 3—343 页

弗·恩格斯

卡尔·马克思[377]

第一个给社会主义,因而也给现代整个工人运动提供了科学基础的人——卡尔·马克思,于1818年生在特里尔。起初他在波恩和柏林攻读法学,但不久就专心致力于研究历史和哲学,并且在1842年曾准备争取当大学哲学教师,然而弗里德里希-威廉三世死后所发生的政治运动[378],使他走上了另一条生活道路。在他的协助下,莱茵省自由派资产阶级领袖康普豪森和汉泽曼等人,在科隆创办了《莱茵报》[379],由于马克思对莱茵省议会辩论的批评引起了极大的注意[380],1842年秋他被聘为该报的主笔。《莱茵报》的出版当然是经过检查的,但书报检查机关对它没有办法①。《莱茵报》差不多总是能登载那些重要的文章;先是给书报检查官送一些次要的材料让他去删除,一直到他自行让步,或者在第二天出不了报纸的威胁下不得不让步为止。如果有十家报纸有《莱茵报》

---

① 恩格斯在这里加了一个注:"第一个对《莱茵报》进行检查的是警务顾问多里沙尔,就是他曾把《科隆日报》[333]上关于菲拉莱泰斯(后来的萨克森国王约翰)翻译的但丁《神曲》一书的广告删去,并且批示说'不应拿神圣的东西搞喜剧'。"——编者注

这样的勇气,而出版人又不惜额外花上几百塔勒排版费的话,那么德国的①书报检查早在1843年就行不通了。可是德国的报馆老板都是些卑微胆怯的庸人,所以《莱茵报》是孤军作战。它把书报检查官一个个都弄得一筹莫展。最后,它要受双重检查,在第一次检查之后,行政区长官还要最后检查一次。但是这样也无济于事。1843年初,政府声称对这个报纸无可奈何,就干脆把它查封了。

马克思(这时他已经同后来的反动大臣冯·威斯特华伦的妹妹结婚)迁到了巴黎,在那里和阿·卢格一起出版《德法年鉴》**369**,他以在该刊物上发表的《黑格尔法哲学批判》②为开端,陆续写了一系列社会主义的文章。后来他和恩格斯共同出版了《神圣家族。驳布鲁诺·鲍威尔及其伙伴》③,这是针对当时德国哲学唯心主义的最后一种表现形式所作的讽刺性的批判。

马克思除了研究政治经济学和法国大革命史,还总是腾出时间利用适当机会抨击普鲁士政府;普鲁士政府对他进行了报复,1845年春天,它促使基佐内阁下令把马克思驱逐出法国**381**。据说亚历山大·冯·洪堡先生在这件事情上扮演了中间人的角色。**382**马克思移居布鲁塞尔,并于1847年和1848年在那里用法文先后发表了《哲学的贫困》,即对蒲鲁东的《贫困的哲学》一书的批判,以及《关于自由贸易问题的演说》。④ 同时,他在布鲁塞尔抓住时机创立了德意志工人协会**383**,从而开始了实际的鼓动工作。自从1847

---

① 本文在1891年纽约《先驱者。人民历书画刊》上发表时,这里删去了"德国的"一词。——编者注

② 指马克思《〈黑格尔法哲学批判〉导言》,见本选集第1卷。——编者注

③ 见《马克思恩格斯文集》第1卷。——编者注

④ 见本选集第1卷。——编者注

年他和他的政治上的朋友加入已存在多年的秘密的"共产主义者同盟"**384**后,实际的鼓动工作对于他就具有更重要的意义了。同盟的全部组织这时已得到根本的改造;这个先前多少是密谋性的团体,现在变成了一个平常的、只是不得已才是秘密的共产主义宣传组织,变成了德国社会民主党的**第一个**组织。凡是有德意志工人协会的地方,就有同盟;英国、比利时、法国、瑞士的几乎所有工人协会的领导成员,以及德国很多工人协会的领导成员,都加入了同盟,同盟在初生的德国工人运动中力量很大。同时我们的同盟第一个强调指出了整个工人运动的国际性质,并且在实践中实现了这点;它的成员中有英国人、比利时人、匈牙利人、波兰人和其他国籍的人,并且还举行了(特别是在伦敦)多次国际工人会议。

在 1847 年召开的两次代表大会上,同盟进行了改组。第二次代表大会决定委托马克思和恩格斯两人起草一篇宣言,把党的基本原则规定下来并公布于世。《共产党宣言》就是这样产生的,它在 1848 年二月革命前不久第一次发表,后来被译成欧洲几乎所有的文字。

马克思曾为《德意志—布鲁塞尔报》**385**撰稿,该报无情地揭露了祖国在警察统治下的太平盛世,普鲁士政府又以此为借口要求把马克思驱逐出境,不过没有成功。可是,当布鲁塞尔由于二月革命**18**影响也开始发生民众运动,看来比利时的时局就要发生突变的时候,比利时政府便毫不客气地把马克思逮捕起来并把他驱逐出境了。这时法国临时政府通过弗洛孔邀请他重返巴黎,他接受了这个邀请。

当时在巴黎的德国人策划把在法国的德国工人编成武装军团,利用这种军团把革命和共和制度输入德国。马克思到了巴黎,首先就反对这种盲目行动。因为一方面,德国应该自己来实现自己的革命;另一方面,在法国组织的任何外籍的革命军团,都会被临时政府的拉马丁之流当即出卖给所要推翻的那个政府,比利时和巴登就发生过这样的事情。

三月革命[386]以后,马克思迁到科隆,在那里创办了《新莱茵报》[387]。这家报纸从1848年6月1日出版到1849年5月19日,是当时民主运动中唯一代表无产阶级观点的报纸。单从它对1848年6月巴黎起义者表示无条件声援的事实中就可以明白看出这点,为此,差不多全体股东都脱离了这家报纸。《十字报》[388]曾指责《新莱茵报》攻击一切神圣的东西的行为是"粗鲁无礼的钦博拉索山"[389],因为上自国王①和帝国摄政王②,下至宪兵都遭到该报攻击,而这一切是发生在一个当时拥有8 000兵员的守备部队的普鲁士要塞内;突然变得反动的莱茵省自由主义庸人们表示了愤怒;1848年秋天科隆的戒严状态迫使《新莱茵报》停刊很久;法兰克福的帝国司法部曾就该报一篇又一篇的文章告知科隆的检察官,要求进行法律追究,——这一切都无济于事,报纸在警察的眼皮底下仍然从容地继续编辑和印行,它的销行和声誉随着它对政府和资产阶级的尖锐攻击愈益扩大了。当1848年11月普鲁士发生政变时,《新莱茵报》在每号报头上号召人民抗税,以暴力对抗暴力。1849年春天,报纸曾因为这一点,另外还因为一篇文章,被告到陪审法庭,但两次都被宣判无罪[390]。最后,1849年德累斯顿和莱茵省的五月起义被镇压下去了[391],在集结和动员相当大的兵力以后,普鲁士开始了对巴登-普法尔茨起义[392]的讨伐,这时政府认为自己已经十分巩固,足以采用暴力来消灭《新莱茵报》了。

---

① 弗里德里希-威廉四世。——编者注
② 奥地利大公约翰。——编者注

该报在 5 月 19 日用红色油墨印了最后的一号。

马克思又到了巴黎,但在 1849 年 6 月 13 日示威[117]以后几个星期,法国政府迫使他选择一条路:要么迁到布列塔尼,要么离开法国。他选择了后一条路,迁到伦敦,在这里一直住到现在。

以评论性杂志形式继续出版《新莱茵报》[26]的尝试(1850 年于汉堡),不久就因反动势力日益猖獗而只好放弃。1851 年 12 月法国发生政变以后不久,马克思发表了《路易·波拿巴的雾月十八日》①(1852 年纽约版;第二版于 1869 年,即战争以前不久在汉堡发行)。1853 年间他写了《揭露科隆共产党人案件》②(最初在巴塞尔,其后在波士顿,近年又在莱比锡印行)。

共产主义者同盟的盟员在科隆被判罪[393]以后,马克思离开了政治鼓动工作,一方面在 10 年内专心研究英国博物馆图书馆中政治经济学方面的丰富藏书,另一方面又为《纽约每日论坛报》[394]写稿,该报在美国国内战争爆发以前,不仅经常刊载由他署名的通讯,而且发表了他写的许多论欧洲和亚洲形势的社论。他根据对英国官方文件的仔细研究而写成的抨击帕麦斯顿勋爵的文章,在伦敦被翻印成小册子。

他多年研究经济学的最初成果,就是 1859 年问世的《政治经济学批判。第一分册》③(柏林敦克尔出版社版)。这部著作第一次系统地阐述了马克思的价值理论,包括货币学说在内。在意大利战争期间,马克思在伦敦出版的德文报纸《人民报》[395]上,既反对当时涂上自由主义色彩、装扮成被压迫民族解放者的波拿巴主

---

① 见本选集第 1 卷。——编者注
② 见《马克思恩格斯全集》中文第 2 版第 11 卷。——编者注
③ 见《马克思恩格斯全集》中文第 2 版第 31 卷。——编者注

义,也反对当时普鲁士企图在中立的幌子下浑水摸鱼的政策。同时他还得反击卡尔·福格特先生,因为此人在当时受拿破仑亲王(普隆-普隆)委托,由路易-拿破仑支薪来进行鼓动,以争取德国持中立的,甚至同情的立场。福格特蓄意制造最卑鄙的谣言大肆诬蔑马克思,而马克思便以《福格特先生》①一书(1860年伦敦版)来回击他。在这本书里,马克思揭露了福格特和帝国的假民主集团中其他先生们的面目,并且根据内部和外部的材料证明福格特已被十二月帝国[65]所收买。整整10年以后,这件事被证实了:1870年在土伊勒里宫发现的并为九月政府公布的波拿巴雇佣人员名单里,在字母V②下面写着:"福格特——1859年8月付给他4万法郎。"③

最后,1867年在汉堡出版了《资本论。政治经济学批判》第一卷。这是马克思的主要著作,这部著作叙述了他的经济学观点和社会主义观点的基础以及他对现存社会、资本主义生产方式及其后果进行的批判的基本要点。这一划时代的著作的第二版于1872年问世,现在作者正进行第二卷的定稿工作。

这时欧洲各国的工人运动又十分壮大了,以致马克思有可能来考虑实现他的夙愿:创立一个把欧美最先进国家都包括进来的工人协会,这个协会无论在工人自己面前或是在资产者及各国政府面前,都会成为社会主义运动的国际性质的可以说是活生生的体现,会使无产阶级受到鼓舞,变得坚强,使无产阶级的敌人感到

---

① 见《马克思恩格斯全集》中文第2版第19卷。——编者注
② "福格特"德文的第一个字母是V。——编者注
③ 见《皇室文件和通信》(两卷集)1870—1871年巴黎版第2卷第161页。——编者注

恐惧。1864 年 9 月 28 日在伦敦圣马丁堂为声援当时再次遭到俄国蹂躏的波兰而召开的群众大会,为提出这项建议创造了条件,建议被热烈地通过了。**国际工人协会**[12]成立了;大会选出了一个临时总委员会,驻在地设在伦敦。从这一届起到海牙代表大会[218]时止,每届总委员会的灵魂都是马克思。国际总委员会所发表的一切文件,从 1864 年的成立宣言①直到 1871 年关于法兰西内战的宣言②,几乎都是由他起草的。叙述马克思在国际中的活动,就等于撰写欧洲工人还记忆犹新的这个协会本身的历史。

巴黎公社的失败,使国际陷于无法存在下去的境地。国际被推到欧洲历史舞台的前台的时候,也正是它在各地都无法再展开任何有成效的实际行动的时候。事变把它提到第七强国[396]的地位,同时又不允许它动员并运用自己的战斗力量,否则就必然招致失败和使工人运动遭受几十年的压制。况且从各方面还出现了一些分子,企图利用协会迅速提高的声誉来满足个人的功名欲或个人的虚荣心,而不了解或无视国际的真正处境。当时必须作出一种勇敢的决定,而作出这种决定并使之在海牙代表大会上得到通过的又正是马克思。国际郑重决定,它不对那些丧失理智的、卑鄙龌龊的分子的中坚——巴枯宁主义者的行动负任何责任;其次,鉴于国际在普遍反动的局势下不可能满足仍对它提出的过高的要求,而要照旧充分展开活动,就非使工人运动付出许多流血牺牲的代价不可——鉴于这种形势,它暂时退出舞台,决定把总委员会迁到美国。后来的情况证明这个在当时和后来曾常常受到指责的决

---

① 指马克思《国际工人协会成立宣言》,见本卷第 1—11 页。——编者注
② 指马克思《法兰西内战。国际工人协会总委员会宣言》,见本卷第 75—131 页。——编者注

定是多么正确。这样,一方面任何想假借国际的名义策划无谓暴动的企图被制止了;另一方面,各国社会主义工人党之间从未间断过的密切联系证明,国际所唤起的对于各国无产阶级利益一致和相互团结的觉悟,即使没有一个正式的国际联合组织这样一条纽带,仍然能够发挥作用,而这样一条纽带在当时已经变成了一种束缚。

在海牙代表大会以后,马克思终于得到了宁静和空暇来重新开始他的理论工作,他的《资本论》第二卷可望不久就能付印。

在马克思使自己的名字永垂科学史册的许多重要发现中,这里我们只能谈两点。

第一点就是他在整个世界史观上实现了变革。以前所有的历史观,都以下述观念为基础:一切历史变动的最终原因,应当到人们变动着的思想中去寻求,并且在一切历史变动中,最重要的、支配全部历史的又是政治变动。可是,人的思想是从哪里来的,政治变动的动因是什么——关于这一点,没有人发问过。只有在法国历史编纂学家和部分英国历史编纂学家的新学派中,才产生了一种信念,认为至少从中世纪起,欧洲历史的动力是新兴资产阶级为争取社会的和政治的统治而同封建贵族所作的斗争。现在马克思则证明,至今的全部历史都是阶级斗争的历史,在全部纷繁复杂的政治斗争中,问题的中心仅仅是社会阶级的社会的和政治的统治,即旧的阶级要保持统治,新兴的阶级要争得统治。可是,这些阶级又是由于什么而产生和存在的呢?是由于当时存在的基本的物质条件,即各个时代社会借以生产和交换必要生活资料的那些条件。中世纪的封建统治依靠的是自给自足的小规模的农民公社的经济,这种经济自己生产几乎所有必需品,几乎不进行交换。农民公社由好战的贵族保护它们不受外敌侵害并使它们具有民族的或者甚至是政治的联系。当城市产生，而独立的手工业和最初在国内后来在国际上的商业交往也随之产生的时候，城市资产阶级就发展起来了，这个资产阶级早在中世纪时期，就已经在反对贵族的斗争中争得了在封建制度内同样跻身于特权等级的地位。可是随着15世纪中叶以后欧洲以外的世界的发现，资产阶级得到了一个更广大得多的通商区域，从而也得到了发展自己工业的新刺激；在一些最重要的生产部门中，手工业被已经具有工厂性质的工场手工业所排挤，工场手工业又被大工业所排挤，而这种大工业是由于前一世纪的各种发明，特别是由于蒸汽机的发明才有可能建立的。大工业又反过来影响商业，它在落后国家里排挤旧式手工劳动，在比较发达的国家里，创造出现代的新式交通工具——轮船、铁路和电报。这样，资产阶级日益把社会财富和社会权力集中在自己手里，虽然它在长时期内还被排除于政权之外，政权仍然操在贵族和靠贵族支持的王权手里。但到了一定的发展阶段——在法国是从大革命起——它把政权也夺到手了，于是它对于无产阶级和小农说来就成了统治阶级。从这个观点来看，在充分认识了该阶段社会经济状况（而我们那些专业历史编纂学家当然完全没有这种认识）的条件下，一切历史现象都可以用最简单的方法来说明，同样，每一历史时期的观念和思想也可以极其简单地由这一时期的经济的生活条件以及由这些条件决定的社会关系和政治关系来说明。历史破天荒第一次被置于它的真正基础上；一个很明显的而以前完全被人忽略的事实，即人们首先必须吃、喝、住、穿，就是说首先必须**劳动**，然后才能争取统治，从事政治、宗教和哲学等等，——这一很明显的事实在历史上的应有之义此时终于获得了承认。

这种新的历史观，对于社会主义的观点有极其重要的意义。

它证明了:至今的全部历史都是在阶级对立和阶级斗争中发展的;
统治阶级和被统治阶级,剥削阶级和被剥削阶级是一直存在的;大
多数人总是注定要从事艰苦的劳动而很少能得到享受。为什么会
这样呢?这只是因为在人类发展的以前一切阶段上,生产还很不
发达,以致历史的发展只能在这种对立形式中进行,历史的进步整
个说来只是成了极少数特权者的事,广大群众则注定要终生从事
劳动,为自己生产微薄的必要生活资料,同时还要为特权者生产日
益丰富的生活资料。对历史的这种考察方法通过上述方式对至今
的阶级统治作了自然而合理的解释,不然这种阶级统治就只能用
人的恶意来解释;可是这同一种考察方法还使我们认识到:由于现
时生产力如此巨大的发展,就连把人分成统治者和被统治者、剥削
者和被剥削者的最后一个借口,至少在最先进的国家里也已经消
失了;居于统治地位的大资产阶级已经完成了它的历史使命,它不
但不能再领导社会,甚至变成了生产发展的障碍,如各国的商业危
机,尤其是最近的一次大崩溃[179]以及工业不振的状态就是证明;
历史的领导权已经转到无产阶级手中,而无产阶级由于自己的整
个社会地位,只有完全消灭一切阶级统治、一切奴役和一切剥削,
才能解放自己;社会生产力已经发展到资产阶级不能控制的程度,
只等待联合起来的无产阶级去掌握它,以便建立这样一种制度,使
社会的每一成员不仅有可能参加社会财富的生产,而且有可能参
加社会财富的分配和管理,并通过有计划地经营全部生产,使社会
生产力及其成果不断增长,足以保证每个人的一切合理的需要在
越来越大的程度上得到满足。

马克思的第二个重要发现,就是彻底弄清了资本和劳动的关
系,换句话说,就是揭示了在现代社会内,在现存资本主义生产方
式下,资本家对工人的剥削是怎样进行的。自从政治经济学提出

了劳动是一切财富和一切价值的源泉这个原理以后,就不可避免地产生了一个问题:雇佣工人拿到的不是他的劳动所生产的价值总额,而必须把其中的一部分交给资本家,这一情况怎么能和上面的原理相容呢? 不论是资产阶级经济学家或是社会主义者都力图对这个问题作出有科学根据的答复,但都徒劳无功,直到最后才由马克思作出了解答。他的解答如下:现代资本主义生产方式是以两个社会阶级的存在为前提的,一方面是资本家,他们占有生产资料和生活资料;另一方面是无产者,他们被排除于这种占有之外而仅有一种商品即自己的劳动力可以出卖,因此他们不得不出卖这种劳动力以占有生活资料。但是一个商品的价值是由体现在该商品的生产中,从而也体现在它的再生产中的社会必要劳动量决定的;所以,一个平常人一天、一月或一年的劳动力的价值,是由体现在维持这一天、一月或一年的劳动力所必需的生活资料量中的劳动量来决定的。假定一个工人一天的生活资料需要 6 小时的劳动来生产,或者也可以说,它们所包含的劳动相当于 6 小时的劳动量;在这种场合,一天的劳动力的价值就表现为同样体现 6 小时劳动的货币量。再假定说,雇用这个工人的资本家付给他这个数目,即付给他劳动力的全部价值。这样,如果工人每天给这个资本家做 6 小时的工,那他就完全抵偿了资本家的支出,即以 6 小时的劳动抵偿了 6 小时的劳动①。在这种场合,这个资本家当然是什么也没有得到;因此,他对事情有完全不同的想法。他说,我购买这个工人的劳动力不是 6 个小时,而是一整天。因此他就根据情况让工人劳动 8 小时、10 小时、12 小时、14 小时或者更多的时间,所

---

① 本文在 1891 年纽约《先驱者。人民历书画刊》上发表时,这里的"劳动"一词改为"报酬"。——编者注

以第 7 小时、第 8 小时和以后各小时的产品就是无酬劳动的产品，首先落到资本家的腰包里。这样，给这个资本家做事的工人，不仅再生产着他那由资本家付酬的劳动力的价值，而且除此之外还生**产剩余价值**，这个剩余价值首先被这个资本家所占有，然后按一定的经济规律在整个资本家阶级中进行分配，构成地租、利润、资本积累的基础，总之，即非劳动阶级所消费或积累的一切财富的基础。这样也就证明了，现代资本家，也像奴隶主或剥削徭役劳动的封建主一样，是靠占有他人无酬劳动发财致富的，而所有这些剥削形式彼此不同的地方只在于占有这种无酬劳动的方式有所不同罢了。这样一来，有产阶级胡说现代社会制度盛行公道、正义、权利平等、义务平等和利益普遍和谐这一类虚伪的空话，就失去了最后的立足之地，而现代资产阶级社会就像以前的各种社会一样真相大白：它也是人数不多并且仍在不断缩减的少数人剥削绝大多数人的庞大机构。

现代科学社会主义就是以这两个重要事实为依据的。在《资本论》第二卷中，这两个发现以及有关资本主义社会制度的其他同样重要的科学发现，将得到进一步的阐述，从而政治经济学中那些在第一卷还没有涉及到的方面，也会发生根本变革。愿马克思不久就能把第二卷付印。

弗·恩格斯写于 1877 年 6 月中　　　　　原文是德文

载于 1878 年在不伦瑞克发行的　　　　　选自《马克思恩格斯文集》
《人民历书》　　　　　　　　　　　　　第 3 卷第 451—462 页

卡·马克思

*给《祖国纪事》杂志编辑部的信³⁹⁷

编辑先生：

关于茹柯夫斯基先生一文①的作者，显然是一个聪明人，假如他在我的关于"原始积累"的论述中能找到一个可以用来支持他的结论的地方，他就会加以引证了。因为找不到这样的地方，所以不得不抓住刊载在《资本论》德文第一版注释增补材料里面的一段针对一个俄国"文学家"②的批评性插话③。我在那里对这位作家提出了什么责难呢？这就是：他不是在俄国而是在普鲁士的政府顾问哈克斯特豪森的书④里发现了"俄国"共产主义，并且俄国公社在他手中只是用以证明腐朽的旧欧洲必须通过泛斯拉夫主义的胜利才能获得新生的一种论据。我对于这位作家的评价可能是

---

① 尼·康·米海洛夫斯基《卡尔·马克思在尤·茹柯夫斯基先生的法庭上》，载于1877年10月《祖国纪事》第10期。——编者注

② 亚·伊·赫尔岑。——编者注

③ 参看马克思《资本论》第1卷德文第1版中译本1987年经济科学出版社版第750—751页。——编者注

④ 奥·哈克斯特豪森《俄国的国内状况、国民生活、特别是农村设施概论》1847年汉诺威版第1—2册，1852年柏林版第3册。——编者注

对的,也可能是错的,但是无论如何,决不能根据这点来理解我对"俄国人为他们的祖国寻找一条不同于西欧已经走过而且正在走着的发展道路"①的努力的看法等等。

在《资本论》德文第二版的跋里——而这篇跋是关于茹柯夫斯基先生的那篇文章的作者所知道的,因为他曾经引证过——,我曾经以应有的高度的尊重谈到"俄国的伟大学者和批评家"②。这个人在几篇出色的文章中研究了这样一个问题:俄国是应当像它的自由派经济学家们所希望的那样,首先摧毁农村公社以过渡到资本主义制度呢,还是与此相反,俄国可以在发展它所特有的历史条件的同时取得资本主义制度的全部成果,而又可以不经受资本主义制度的苦难。他表示赞成后一种解决办法。我的可敬的批评家既然可以根据我同那位俄国"文学家"和泛斯拉夫主义者的争论得出我不同意他关于这个问题的观点的结论,那么,他至少也同样有理由根据我对这位"俄国的伟大学者和批评家"的尊重断定我同意他关于这个问题的观点。

最后,因为我不喜欢留下"一些东西让人去揣测",我准备直截了当地说。为了能够对当代俄国的经济发展作出准确的判断,我学习了俄文,后来又在许多年内研究了和这个问题有关的官方发表的和其他方面发表的资料。我得出了这样一个结论:如果俄国继续走它在 1861 年所开始走的道路,那它将会失去当时历史所能提供给一个民族的最好的机会,而遭受资本主义制度所带来的一切灾难性的波折。

---

① 尼·康·米海洛夫斯基文章中的这段话,在马克思手稿中引用的是俄文原文。——编者注
② 指尼·加·车尔尼雪夫斯基,见本选集第 2 卷第 89 页。——编者注

二

关于原始积累的那一章只不过想描述西欧的资本主义经济制度从封建主义经济制度内部产生出来的途径。因此,这一章叙述了使生产者同他们的生产资料分离,从而把他们变成雇佣工人(现代意义上的无产者)而把生产资料占有者变成资本家的历史运动。在这一历史中,"对正在形成的资本家阶级起过推动作用的一切变革,都是历史上划时代的事情;尤其是那些剥夺大量人手中的传统的生产资料和生存资料并把他们突然抛向劳动市场的变革。但是,全部过程的基础是对农民的剥夺。这种剥夺只是在英国才彻底完成了……但是,西欧的其他一切国家都正在经历着同样的运动"等等(《资本论》法文版第 315 页①)。在那一章末尾,资本主义生产的历史趋势被归结成这样:"资本主义生产本身由于自然变化的必然性,造成了对自身的否定";它本身已经创造出了新的经济制度的要素,它同时给社会劳动生产力和一切生产者个人的全面发展以极大的推动;实际上已经以一种集体生产方式为基础的资本主义所有制只能转变为社会所有制。[398]在这个地方我并没有提出任何证据,理由很简单,这个论断本身只不过是概括地总结了前面关于资本主义生产的那几章里所作的详细阐述。

现在,我的批评家可以把这个历史概述中的哪些东西应用到

---

① 见马克思《资本论》第 1 卷法文版中译本 1983 年中国社会科学出版社版第 770 页。——编者注

俄国去呢？只有这些：假如俄国想要遵照西欧各国的先例成为一个资本主义国家——它最近几年已经在这方面费了很大的精力——，它不先把很大一部分农民变成无产者就达不到这个目的；而它一旦倒进资本主义制度的怀抱，它就会和尘世间的其他民族一样地受那些铁面无情的规律的支配。事情就是这样。但是这对我的批评家来说是太少了。他一定要把我关于西欧资本主义起源的历史概述彻底变成一般发展道路的历史哲学理论，一切民族，不管它们所处的历史环境如何，都注定要走这条道路，——以便最后都达到在保证社会劳动生产力极高度发展的同时又保证每个生产者个人最全面的发展的这样一种经济形态。但是我要请他原谅。（他这样做，会给我过多的荣誉，同时也会给我过多的侮辱。）让我们举个例子来看看。

在《资本论》里的好几个地方，我都提到古代罗马平民所遭到的命运。这些人本来都是自己耕种自己小块土地的独立经营的自由农民。在罗马历史发展的过程中，他们被剥夺了。使他们同他们的生产资料和生存资料分离的运动，不仅蕴涵着大地产的形成，而且还蕴涵着大货币资本的形成。于是，有那么一天就一方面出现了除自己的劳动力外一切都被剥夺的自由人，另一方面出现了占有已创造出来的全部财富的人，他们剥削他人劳动。结果怎样呢？罗马的无产者并没有变成雇佣工人，却成为无所事事的**游民**，他们比过去美国南部各州的"白种贫民"[399]更卑贱，和他们同时发展起来的生产方式不是资本主义的，而是奴隶制的。因此，极为相似的事变发生在不同的历史环境中就引起了完全不同的结果。如果把这些演变中的每一个都分别加以研究，然后再把它们加以比较，我们就会很容易地找到理解这种现象的钥匙；但是，使用一般历史哲学理论这一把万能钥匙，那是永远达不到这种目的的，这种历史哲学理论的最大长处就在于它是超历史的。

卡·马克思写于 1877 年
10—11 月

第一次用俄文发表于 1886
年《民意导报》第 5 期

原文是法文

选自《马克思恩格斯文集》
第 3 卷第 463—467 页

卡·马克思和弗·恩格斯

*给奥·倍倍尔、威·李卜克内西、威·白拉克等人的通告信⁴⁰⁰

（节　选）

三　三个苏黎世人的宣言

　　这时我们收到了赫希柏格的《年鉴》**401**，里面载有《德国社会主义运动的回顾》①一文。这篇文章，如赫希柏格本人对我说的，正是苏黎世委员会的三个委员②写的。这是他们对过去的运动的真正批判，如果报纸的立场由他们决定，那么这也就是他们为新机关报的立场所提出的真正纲领。

　　文章一开头写道：

　　"拉萨尔认为有巨大政治意义的运动，即他不仅号召工人参加，而且号召一切诚实的民主派参加的、应当由独立的科学代表人物和**一切富有真正仁**

---

①　载于 1879 年《社会科学和社会政治年鉴》第 1 年卷第 1 册第 75—96 页。——编者注

②　卡·赫希柏格、爱·伯恩施坦和卡·奥·施拉姆。——编者注

爱精神的人领导的运动,在约翰·巴·施韦泽的领导下,已堕落为**产业工人争取自身利益的片面斗争**。"

我不去考察,这是否符合历史事实和在多大程度上符合历史事实。在这里,专对施韦泽提出的谴责是:施韦泽使这里被理解为资产阶级民主博爱运动的拉萨尔主义**堕落为**产业工人争取自身利益的片面斗争,这是由于他**加深了**运动作为产业工人反对资产阶级的阶级斗争的性质。① 其次谴责他"把资产阶级民主派拒之于门外"。但是资产阶级民主派在社会民主党中有什么事情可做呢?如果资产阶级民主派都是"诚实的人",他们就根本不可能有参加该党的愿望;如果他们竟然希望加入这个党,那也只是为了挑起争吵。

拉萨尔的党"宁愿以**极片面的**方式充当**工人党**"。讲这种话的先生们,自己就是一个以极片面的方式充当工人党的政党的党

---

① 本段开头这两句话作者在改动以前原来是这样写的:"施韦泽是一个大无赖,但又是一个很有才华的人。他的功劳正是在于他戳穿了原始的狭隘的拉萨尔主义及其有限的国家帮助的万应灵药…… 不管他从卑鄙的动机出发干了些什么,也不管他为了维持自己的领导权怎样坚持拉萨尔的国家帮助的万应灵药,但是他戳穿了原始的狭隘的拉萨尔主义,扩大了他那个党的经济视野,从而为这个党后来合并为德国统一的党作了准备,这毕竟是他的功绩。无产阶级和资产阶级之间的阶级斗争——任何革命社会主义的核心——拉萨尔就鼓吹过。既然施韦泽更强调这一点,那从实质上来说总还是前进了一步,不管他是如何以此来制造借口,使那些对他的专权构成危险的人物受人怀疑。他把拉萨尔主义变成**产业工人争取自身利益的片面**斗争,确实如此。但是之所以说片面,那完全是因为他从自私的政治动机出发,对于农业工人争取自身利益、反对大土地占有制的斗争根本没有兴趣。但是,指责他的并不是这一点,堕落之处在于,他**加深了**运动作为产业工人反对资产阶级的阶级斗争的性质。"——编者注

员,他们现在正在这个党中占据显要的职位。这是一件绝对说不通的事。如果他们所想的正是他们所写的,那么他们就应当退出党,至少也应当放弃他们的显要职位。如果他们不这样做,那就是承认他们想利用自己的职务之便来反对党的无产阶级性质。所以,党如果还让他们占据显要的职位,那就是自己出卖自己。

可见,在这些先生看来,社会民主党应当**不是**片面的工人党,而应当是"一切富有真正仁爱精神的人"的全面的党。为了证明这一点,它首先必须抛弃无产者粗野的热情,在有教养的博爱的资产者领导下,"养成良好的趣味"和"学会良好的风度"(第85页)。那时,一些领袖的"有失体统的举止"也就会让位于可以很好调教出来的"资产阶级的举止"(好像这里所指的那些人外表上有失体统的举止并不是最不值得谴责的东西似的!)。那时也就会

"在**有教养的和有财产的**阶级中出现**许许多多拥护者**。但是**这些人必须首先争取过来**……以促使宣传工作获得**显著的成绩**"。德国的社会主义"过于重视争取**群众**,而忽略了在所谓社会上层中大力〈!〉进行宣传"。因为"党还缺少适于在帝国国会中代表它的人物"。但是,"最好甚至必须把全权委托书给予那些有足够的时间和可能来认真研究有关问题的人。普通的工人和小手工业者……只是在极少的例外情况下才有必要的空闲时间来做这种事情"。

因此,选举资产者吧!

总之,工人阶级是不能靠自己来解放自己的。要达到这个目的,它就应当服从"有教养的和有财产的"资产者的领导,因为只有他们才"有时间和可能"来研究有利于工人的东西。其次,千万不要反对资产阶级,而要通过大力宣传把它**争取过来**。

如果我们打算争取社会上层或者仅仅是他们中怀有善意的分子,我们就千万不要吓唬他们。于是三个苏黎世人以为,他们有了一个令人宽慰的发现:

"正是在现在,在反社会党人法的压迫下,党表明,它**不打算**走暴力的、流血的革命的道路,而决定……走合法的即**改良**的道路。"

这样,如果占选民总数十分之一到八分之一并分散在全国各地的五六十万社会民主党选民都极其有理智,不去用脑袋撞墙壁,不去以一对十地试图进行"流血革命",那么这就说明,他们今后永远**不可能**去利用重大的外部事件、由这一事件所引起的突然的革命高潮以及人民在由此发生的冲突中所争得的**胜利**!如果柏林在某个时候又会重新表现得那样没有教养,以致重演三月十八日事变⁴⁰²,那么社会民主党人就不应当像"爱好街垒战的无赖"(第88页)那样参加斗争,而宁可"走合法的道路",使暴动平息下来,拆除街垒,必要时就和英勇的军队一起向片面的、粗野的和没有教养的群众进军。如果这些先生们硬说他们不是这样想的,那么他们是怎样想的呢?

好戏还在后头。

"在批评现存制度和建议改变现存制度时,党越是心平气和、务实谨慎,清醒的反动派以赤色幽灵恐怖来吓唬资产阶级这一目前〈在实行反社会党人法的情况下〉得逞的伎俩,就越不可能重演。"(第88页)

为了不让资产阶级产生一丝一毫的恐惧,竟要明白无误地向它证明,赤色幽灵确实只是一个幽灵,实际上并不存在。但是,赤色幽灵的秘密如果不正是资产阶级对它和无产阶级之间必然发生的生死斗争的恐惧,对现代阶级斗争的必然结局的恐惧,那又是什么呢!只要取消了阶级斗争,那么无论是资产阶级或是"一切独立的人物"就"都不怕和无产者携手并进了"!但是上当的是谁呢?只能是无产者。

因此,就让党以温和驯顺的举止来证明,它永远放弃了各种"不适当的和过火的行为",正是这些行为给反社会党人法提供了口实。如果它自愿地作出承诺，愿意只在反社会党人法所允许的范围内从事活动，那么俾斯麦和资产者就会大发善心，取消这个届时已经成为多余的法律！

"请大家理解我们"，我们并不想"放弃我们的党和我们的纲领，但是我们认为，如果我们把自己的全部力量、全部精力用来达到某些最近的目标，达到那些在开始考虑实现长远的追求以前无论如何必须达到的目标，那么我们的工作就够做许多年了"。

这样，"现在被我们的长远的要求吓跑了的……"资产者、小资产者和工人，就会大批地来投靠我们。

纲领不是要**放弃**，只是实现要**延缓**——无限期地延缓。人们接受这个纲领，其实不是为了自己，不是为了自己的有生之年，而是为了死后遗留给儿孙们。眼前应将"全部力量和精力"都用于各种琐琐碎碎的事情和对资本主义社会制度的补补缀缀，为的是让人看起来毕竟还在做一点什么事情，而同时又不致吓跑资产阶级。说真的，我倒更喜欢共产主义者米凯尔，他为了证实他坚信几百年后资本主义社会必然要垮台，就大搞投机事业，尽力促进1873年的危机，从而**确实**为准备现存制度的崩溃做了一些事情。

另一件损害良好的风度的事，就是对于"只是时代的产儿"的"滥设企业者的过分的攻击"；因此"最好是不要再……辱骂施特鲁斯堡及其同类人物"。遗憾的是所有的人都"只是时代的产儿"，而如果这是一个可以原谅的充分的理由，那么对任何人我们都不应该再去攻击，一切论战、一切斗争我们都应当停止；我们应当心平气和地忍受敌人的脚踢，因为我们是聪明人，知道这些敌人"只是时代的产儿"，他们不能不这样行动。我们不应当变本加厉地回报他们以脚踢，反而应当怜悯那些可怜虫。

同样，拥护巴黎公社毕竟也有有害的一面：

"使那些本来对我们表示友好的人离开了我们,而且总的说来是加强了**资产阶级**对我们的**怨恨**。"其次,党"对于十月法律[61]的施行并不是完全没有责任,因为党完全不必要地增加了**资产阶级的怨恨**"。

这就是苏黎世三个检查官的纲领。这个纲领没有任何可以使人发生误会的地方,至少对我们这些仍很熟悉1848年以来所有这些言词的人来说是如此。正是这些小资产阶级的代表心怀恐惧地声明,无产阶级迫于自己的革命地位,可能"走得太远"。不要采取坚决的政治上的反对立场,而应全面地和解;不要反对政府和资产阶级,而应尝试争取他们,说服他们;不要猛烈地反抗从上面来的迫害,而应逆来顺受,并且承认惩罚是罪有应得。一切历史地必然发生的冲突都被解释为误会,而一切争论都以"大体上我们完全一致"这样的断语来结束。1848年以资产阶级民主派面目出现的人,现在同样可以自命为社会民主党人。正如民主共和国对前者来说是遥遥无期的一样,资本主义制度的垮台对后者来说也是遥遥无期的,因此对当前的政治实践是毫无意义的;人们可以尽情地和解、妥协和大谈其博爱。对待无产阶级和资产阶级之间的阶级斗争也是如此。在纸上人们承认这种斗争,因为要否认它简直已经是不可能的了,但是在实践中却抹杀、冲淡和削弱它。社会民主党**不应当**是工人党,它不应当招致资产阶级或其他任何人的怨恨;它应当首先在资产阶级中间大力进行宣传;党不应当把那些能吓跑资产者并且确实是我们这一代人无法实现的长远目的放在主要地位,它最好是用全部力量和精力来实现这样一些小资产阶级的补补缀缀的改良,这些改良会给旧的社会制度以新的支持,从而把最终的大灾难或许变成一个渐进的、逐步的和尽可能温和的瓦解过程。正是这些人在忙个不停的幌子下不仅自己什么都不干,而且还企图阻止别人做任何事情,只有空谈除外;正是这些人在

1848年和1849年由于自己害怕任何行动而每一步都阻碍了运动,终于使运动遭到失败;正是这些人从来看不到反动派,而后来又十分惊奇地发现他们自己终于陷入既无法抵抗又无法逃脱的绝境;正是这些人想把历史禁锢在他们的狭隘的庸人眼界之内,但是历史每一次都毫不理睬他们而走自己的路。

至于他们的社会主义的内容,在《宣言》中《德国的或"真正的"社会主义》①那一节里早已受到了充分的批判。在阶级斗争被当做一种令人不快的"粗野的"现象放到一边去的地方,留下来充当社会主义的基础的就只有"真正的博爱"和关于"正义"的空话了。

在至今的统治阶级中也有人归附斗争着的无产阶级并且向它输送教育因素,这是发展的过程所决定的不可避免的现象。这一点我们在《宣言》中已经清楚地说明了。但是这里应当指出两种情况:

第一,要对无产阶级运动有益处,这些人必须带来真正的教育因素。但是,参加运动的大多数德国资产者的情况却不是这样的。无论《未来》杂志[403]或《新社会》杂志[404],都没有带来任何能使运动前进一步的东西。这里绝对没有真正的实际教育材料或理论教育材料。相反,这里只有把领会得很肤浅的社会主义思想和这些先生们从大学或其他什么地方搬来的各种理论观点调和起来的尝试;这些观点一个比一个更糊涂,这是因为德国哲学的残余现在正处于腐朽的过程。他们中的每一个人都不是自己首先钻研新的科学,而宁可按照搬来的观点把这一新的科学裁剪得适合于自己,匆

---

① 见本选集第1卷第426—429页。——编者注

促地炮制自己的私人科学并且狂妄地立即想把它教给别人。所以，在这些先生当中，几乎是有多少脑袋就有多少观点。他们什么也没有弄清楚，只是造成了极度的混乱——幸而几乎仅仅是在他们自己当中。这些教育者的首要原则就是拿自己没有学会的东西教给别人。党完全可以不要这种教育者。

第二，如果其他阶级出身的这种人参加无产阶级运动，那么首先就要求他们不要把资产阶级、小资产阶级等等的偏见的任何残余带进来，而要无条件地掌握无产阶级世界观。可是，正像已经证明的那样，这些先生满脑子都是资产阶级的和小资产阶级的观念。在德国这样的小资产阶级国家中，这些观念无疑是有存在的理由的，然而这只能是在社会民主工党**以外**。如果这些先生组成社会民主小资产阶级党，那么这完全是顺理成章的。那时我们可以同他们进行谈判，视情况甚至可以结成联盟等等。但是在工人党中，他们是冒牌分子。如果有理由暂时还容忍他们，那么我们就应当**仅限于**容忍他们，而不要让他们影响党的领导，并且要清楚地知道，和他们分裂只是一个时间问题。而且这个时间看来是已经到了。党怎么能够再容忍这篇文章的作者们留在自己队伍中，这是我们完全不能理解的。但是，既然连党的领导也或多或少地落到了这些人的手中，那党简直就是受了阉割，而不再有无产阶级的锐气了。

至于我们，那么，根据我们的全部经历，摆在我们面前的只有一条路。将近40年来，我们一贯强调阶级斗争，认为它是历史的直接动力，特别是一贯强调资产阶级和无产阶级之间的阶级斗争，认为它是现代社会变革的巨大杠杆；所以我们决不能和那些想把这个阶级斗争从运动中勾销的人们一道走。在创立国际时，我们明确地制定了一个战斗口号：工人阶级的解放应当是工人阶级自己的事情。所以,我们不能和那些公开说什么工人太没有教养,不能自己解放自己,因而必须由仁爱的大小资产者从上面来解放的人们一道走。如果党的新机关报将采取符合这些先生们的观点的立场,即采取资产阶级的而不是无产阶级的立场,那么很遗憾,我们就没有别的路可走,而只好公开对此表示反对,并收回迄今为止我们在同国外的关系方面代表德国党的时候所表现出来的团结精神。但愿事情不至于弄到**这种地步**。

这封信是为德国的委员会的全体五名委员①和白拉克写的……

我们不反对让苏黎世人也看看这封信。

卡·马克思和弗·恩格斯写于
1879 年 9 月 16—18 日

第一次发表于 1931 年 6 月 15
日《共产国际》杂志第 12 年卷
第 23 期

原文是德文

选自《马克思恩格斯文集》
第 3 卷第 477—485 页

---

① 奥·倍倍尔、威·李卜克内西、弗·威·弗里茨舍、布·盖泽尔和威·哈森克莱维尔。——编者注

弗·恩格斯

社会主义从空想到科学的发展[405]

马克思写的 1880 年法文版前言[406]

这本小册子中所包含的内容是早先刊登在《社会主义评论》[407]上的三篇文章,它们译自恩格斯最近的著作《科学中的变革》①。

弗里德里希·恩格斯是当代社会主义最杰出的代表人物之一,他在 1844 年就以他最初发表在马克思和卢格在巴黎出版的《德法年鉴》[369]上的《国民经济学批判大纲》②引起了注意。《大纲》中已经表述了科学社会主义的某些一般原则。在曼彻斯特(当时恩格斯住在那里),他用德文写了《英国工人阶级状况》②(1845 年),这是一部重要的著作,其意义由马克思在《资本论》中

---

① 指《反杜林论。欧根·杜林先生在科学中实行的变革》。在保·拉法格以《空想社会主义和科学社会主义》为标题出版的版本中,此处有如下补充:"文章经作者校阅过,而且作者为了使资本主义生产的经济力量的辩证运动更容易为法国读者所理解,还在第三部分作了一些补充。"——编者注
② 见本选集第 1 卷。——编者注

作了充分的估价。在他第一次旅居英国以及后来旅居布鲁塞尔的时候,他是社会主义运动的正式机关报《北极星报》[408]和罗伯特·欧文的《新道德世界》[409]报的撰稿人。

在他旅居布鲁塞尔时,他和马克思建立了德意志共产主义工人协会[383],这个协会同佛兰德和瓦隆的工人俱乐部保持了联系。他们两人和伯恩施太德一起创办了《德意志—布鲁塞尔报》[385]。应**正义者同盟**[410]设在伦敦的德国委员会的邀请,他们参加了这个最初由卡尔·沙佩尔在 1839 年因参加布朗基的密谋而从法国逃亡以后所创立的团体。从那时起,同盟就放弃了秘密团体惯用的形式,变成国际性的**共产主义者同盟**[384] 了。但是在当时的情况下,该团体还必须对各国政府保持秘密。1847 年,在同盟于伦敦召开的国际代表大会上,马克思和恩格斯被委托起草《共产党宣言》,《宣言》在二月革命[18]前不久出版,并且几乎立即被翻译成欧洲的各种语言①。

同年,马克思和恩格斯致力于建立**布鲁塞尔民主协会**[411]的工作,这是一个公开的和国际性的团体,参加这个团体的有资产阶级激进派的代表和无产阶级工人的代表。

二月革命后,恩格斯成了《新莱茵报》[387]的编辑,这家报纸是由马克思 1848 年在科隆创办的,由于普鲁士发生政变,于 1849 年6 月被查禁。恩格斯参加埃尔伯费尔德起义以后,作为志愿军团

---

① 在保·拉法格出版的小册子原文中还作了如下的补充:"《共产党宣言》是现代社会主义最有价值的文件之一;它现在仍然是描述资产阶级社会的发展和必将结束资本主义社会的无产阶级的形成的最有力和最鲜明的著作之一;在这一著作中,正像在早一年出版的马克思的《哲学的贫困》中一样,第一次清楚地表述了阶级斗争的理论。"——编者注

指挥官维利希的副官参加了反对普鲁士人的巴登起义（1849 年 6—7 月）。**412**

1850 年，他在伦敦为《新莱茵报。政治经济评论》**26**撰稿，这个刊物是由马克思出版并在汉堡刊印的。恩格斯在上面首次发表《德国农民战争》①，该文 19 年后在莱比锡印成小册子重新出版并出了三版。

在德国的社会主义运动重新活跃起来以后，恩格斯成为《人民国家报》**49**和《前进报》**260**的撰稿人；这两家报纸所发表的最重要的论文都是他写的，其中大部分都印成了小册子：《论俄国的社会问题》②、《德意志帝国国会中的普鲁士烧酒》③、《论住宅问题》④、《行动中的巴枯宁主义者》⑤等等。

1870 年恩格斯从曼彻斯特迁居伦敦以后，参加了国际总委员会；他被委托负责同西班牙、葡萄牙和意大利的通信联系。

他为《前进报》撰写并讽刺地题为《欧根·杜林先生在科学中实行的变革》的最近的一组论文，是对欧根·杜林先生关于一般科学，特别是关于社会主义的所谓新理论的回答。这些论文已经集印成书并且在德国社会主义者中间获得了巨大的成功。在这本小册子中我们摘录了这本书的理论部分中最重要的部分；这一部分可以说是**科学社会主义的入门**。

---

① 见《马克思恩格斯文集》第 2 卷。——编者注
② 恩格斯《流亡者文献。五 论俄国的社会问题》，见本卷第 323—336 页。——编者注
③ 见《马克思恩格斯全集》中文第 2 版第 25 卷。——编者注
④ 见本卷。——编者注
⑤ 恩格斯《行动中的巴枯宁主义者——关于西班牙最近一次起义的札记》，见《马克思恩格斯全集》中文第 1 版第 18 卷。——编者注

社会主义从空想到科学的发展

卡·马克思写于 1880 年 5 月
4—5 日前后

载于 1880 年在巴黎出版的恩
格斯《空想社会主义和科学社
会主义》一书

原文是法文

选自《马克思恩格斯文集》
第 3 卷第 491—493 页

1882 年德文第一版序言[413]

后面这篇论文是由 1878 年在莱比锡出版的我的著作《欧根·杜林先生在科学中实行的变革》中的三章集合而成的。我为我的朋友保尔·拉法格把这三章汇集在一起交给他译成法文,并增加了若干比较详细的说明。经我校阅过的法译文最初发表在《社会主义评论》[407]上,后来于 1880 年在巴黎印成单行本出版,书名为《空想社会主义和科学社会主义》。根据法译文翻译的波兰文本于 1882 年刚刚在日内瓦由黎明印刷所出版,书名为《空想的和科学的社会主义》。

拉法格的译本在说法语的国家,特别是在法国,获得了意外的成功,这给我提出了一个问题:这三章如果按德文印成单行本出版,是否同样有好处。这时,苏黎世的《社会民主党人报》[414]编辑部告诉我,在德国社会民主党内普遍感到迫切需要出版新的宣传小册子,问我是否愿意把这三章用于这一目的。我当然同意这样做,并把我的著作交给他们处理。

可是,这一著作原来根本不是为了直接在群众中进行宣传而写的。这样一种首先是纯学术性的著作怎样才能适用于直接的宣传呢?在形式和内容上需要作些什么修改呢?

说到形式,只有出现许多外来语这一点可能引起疑虑。但是拉萨尔在他的演说和宣传性文章中已经根本不避讳使用外来语,而据我所知,大家并没有因此提出抱怨。从那时以来,我们的工人已经更多地和更经常地阅读报纸,因此也更多地熟悉外来语。我只限于删去一切不必要的外来语。那些必不可少的外来语,我没有加上所谓解释性的翻译。这些必不可少的外来语大部分是通用的科学技术用语,如果能翻译出来,那就不是必不可少的了。这就是说,翻译只能歪曲这些用语的含义;这样做解释不清楚,反而会造成混乱。在这里,口头的解释会有更大的帮助。

相反,在内容方面,我可以肯定地说,对德国工人来说困难是不多的。总的说来,只有第三部分是困难的,但是对工人,比对"有教养的"资产者,困难要少得多,因为这一部分正是概括了工人的一般生活条件。至于说到我在这里加上的许多说明,那么实际上我与其说是考虑到工人,不如说是考虑到"有教养的"读者,如议员冯·艾内恩先生、枢密顾问亨利希·冯·济贝耳先生以及特赖奇克之流的人物,他们为不可遏制的欲望所驱使,总是一再确凿无误地表明他们的惊人的无知以及因而可以理解的对社会主义的巨大的误解。唐·吉诃德手执长矛同风车搏斗,这是合乎他的身份和所扮演的角色的;但是,我们不能容许桑乔·潘萨去做这类事情。

这样的读者也会觉得奇怪,为什么在社会主义发展史的简述中提到康德—拉普拉斯的天体演化学,提到现代自然科学和达尔文,提到德国的古典哲学和黑格尔。但是,科学社会主义本质上就是德国的产物,而且也只能产生在古典哲学还生气勃勃地保存着自觉的辩证法传统的国家,即在德国①。唯物主义历史观及其在

---

① 1891年柏林版中,恩格斯在这里加了一条脚注:"'在德国'是笔误,应当说'在德国人中间',因为科学社会主义的产生,一方面必须有德国的辩证法,同样也必须有英国和法国的发达的经济关系和政治关系。德国的

现代的无产阶级和资产阶级之间的阶级斗争上的特别应用,只有借助于辩证法才有可能。德国资产阶级的学究们已经把关于德国伟大的哲学家及其创立的辩证法的记忆淹没在一种无聊的折中主义的泥沼里,这甚至使我们不得不援引现代自然科学来证明辩证法在现实中已得到证实,而我们德国社会主义者却以我们不仅继承了圣西门、傅立叶和欧文,而且继承了康德、费希特和黑格尔而感到骄傲。

弗里德里希·恩格斯

1882 年 9 月 21 日于伦敦

弗·恩格斯写于 1882 年 9 月 21 日

载于 1882 年在霍廷根—苏黎世出版的恩格斯《社会主义从空想到科学的发展》一书

原文是德文

选自《马克思恩格斯文集》第 3 卷第 494—496 页

落后的——40 年代初比现在还落后得多的——经济和政治的发展阶段,最多只能产生社会主义的讽刺画(参看《共产党宣言》第三章(丙)《德国的或"真正的"社会主义》)。只有在英国和法国所产生的经济和政治状态受到德国辩证法的批判以后,才能得出确实的结论。因而,从这方面看来,科学社会主义并不**完全是**德国的产物,而同样是国际的产物。"这条脚注在 1883 年德文第一版中是篇末注,题为"对序言作的注",原注开头引述了"但是,科学社会主义……即在德国"这一段话。——编者注

1891年德文第四版序言[415]

我曾经预料,这篇论文的内容对我们的德国工人来说困难是不多的,现在这个预料已被证实。至少从1883年3月第一版问世以来已经印行了三版,总数达1万册,而且这是在现今已寿终正寝的反社会党人法[61]的统治下发生的事情。同时,这也是一个新的例证,说明警察的禁令在像现代无产阶级的运动这样的运动面前是多么软弱无力。

从第一版印行以来,又出版了几种外文译本:帕斯夸勒·马尔提涅蒂翻译的意大利文本《空想社会主义和科学社会主义》1883年贝内文托版;俄文本《科学社会主义的发展》1884年日内瓦版;丹麦文本《社会主义从空想到科学的发展》,载于《社会主义丛书》第一卷,1885年哥本哈根版;西班牙文本《空想社会主义和科学社会主义》1886年马德里版;以及荷兰文本《社会主义从空想到科学的发展》1886年海牙版。

本版作了一些小的修改;比较重要的补充只有两处:在第一章中关于圣西门的补充,同傅立叶和欧文相比,关于圣西门过去谈得有点过于简略;其次是在第三章接近末尾处关于在这期间已经变得很重要的新的生产形式"托拉斯"的补充[416]。

弗里德里希·恩格斯

1891年5月12日于伦敦

弗·恩格斯写于 1891 年 5
月 12 日

载于 1891 年在柏林出版的
恩格斯《社会主义从空想到
科学的发展》一书

原文是德文

选自《马克思恩格斯文集》
第 3 卷第 497—498 页

1892年英文版导言[417]

这本小册子本来是一本大书的一部分。大约在1875年,柏林大学非公聘讲师欧·杜林博士突然大叫大嚷地宣布他改信社会主义,不仅向德国公众提出一套详尽的社会主义理论,而且还提出一个改造社会的完备的实际计划。当然,他竭力攻击他的前辈,首先选中了马克思,把满腔怒火发泄在他的身上。

这件事发生时,德国社会党的两派——爱森纳赫派[231]和拉萨尔派[228]——刚刚合并[241],因而不仅力量大增,而且更重要的是能够全力以赴地对付共同的敌人。德国社会党正在迅速成为一股力量。但是,要使它成为一股力量,首先必须使这个刚刚赢得的统一不受危害。可是,杜林博士却公然准备在他周围建立一个宗派,作为未来的独立政党的核心。因此,不管我们是否愿意,我们必须应战,把斗争进行到底。

可是,这件事虽然不太困难,显然也很麻烦。大家知道,我们德国人有一种非常严肃的Gründlichkeit,即彻底的深思精神或深思的彻底精神,随你怎么说都行。当我们每个人在阐述他认为是新学说的那种东西的时候,他首先要把它提炼为一个包罗万象的体系。他一定要证明,逻辑的主要原则和宇宙的基本规律之所以存在,历来就是为了最后引到这个新发现的绝妙理论上来。在这方面,杜林博士已经完全达到这种民族标准了。整套的"哲学体系",精神的、道德的、自然的和历史的一应俱全;全套"政治经济学的和社会主义的体系";最后还有"政治经济学批判史"。这三部八开本的巨著[418],在外观上和内容上都很有分量,这三支论证大军被调来攻击所有前辈哲学家和经济学家,特别是马克思,其实,就是企图"在科学中"实行一次完全的"变革"——我所要应付的就是这些。我不得不涉及所有各种各样的问题:从时间和空间的概念到复本位制[419],从物质和运动的永恒性到道德观念的易逝性,从达尔文的自然选择到未来社会中的青年教育。无论如何,我的对手的包罗万象的体系,使我有机会在同他争论时用一种比以往更连贯的形式,阐明马克思和我对这些形形色色的问题的见解。这就是我承担这个通常是吃力不讨好的任务的主要原因。

我的答复,最初曾作为一系列论文发表在社会党的中央机关报莱比锡的《前进报》[260]上,后来汇集成书,题为"Herrn Eugen Dühring's Umwälzung der Wissenschaft"(《欧根·杜林先生在科学中实行的变革》),这本书的第二版于1886年在苏黎世出版。

根据我的朋友保尔·拉法格(现在是法国众议院里尔市的议员)的要求,我曾把这本书中的三章编成一本小册子,由他译成法文,于1880年出版,书名为《空想社会主义和科学社会主义》。波兰文版和西班牙文版就是根据这个法文本译出的。1883年,我们的德国朋友用原文出版了这本小册子。此后,根据这个德文本又出版了意大利文、俄文、丹麦文、荷兰文和罗马尼亚文的译本。这样,连同现在这个英文版在内,这本小书已经用10种文字流传开了。据我所知,其他任何社会主义著作,甚至我们的1848年出版的《共产主义宣言》①和马克思的《资本论》,也没有这么多的译

---

① 即《共产党宣言》。——编者注

本。在德国，这本小册子已经印了四版，共约两万册。

　　附录《马尔克》①是为了在德国社会党内传播关于德国土地所有制的历史和发展的一些基本知识而写的。这是非常必要的，因为当时党在团结城市工人的工作方面已经完成在望，又要着手进行农业工人和农民的工作。这篇附录收入这个译本，是因为人们对所有条顿部落都同样有过的原始的土地占有形式及其衰亡的历史，在英国比在德国知道得更少。我让这篇附录仍保持原状，就是说没有涉及马克西姆·柯瓦列夫斯基最近提出的假说，按照这个假说，在马尔克的成员分割耕地和草地之前，土地是由几代人共同生活的庞大的家长制家庭公社（现在还存在的南方斯拉夫人的扎德鲁加**420**可以作为例证）共同耕种的；后来，公社范围扩大，共同经营已日益不便，就出现了公社土地的分割。② 柯瓦列夫斯基也许是完全对的，不过问题还在讨论中。

　　本书中所用的经济学名词，凡是新的，都同马克思的《资本论》英文版**421**中所用的一致。我们所说的"商品生产"，是指这样一个经济发展阶段，在这个阶段，物品的生产不仅是为了供生产者使用，也是为了交换；也就是说，物品是**作为商品**，而不是作为使用价值而生产的。这个阶段从开始为交换而生产的时候起，一直延续到现在；这个阶段只是在资本主义生产下，也就是说，只有在占有生产资料的资本家用工资雇用除劳动力以外别无任何生产资料

---

① 　恩格斯《马尔克》，见《马克思恩格斯全集》中文第 2 版第 25 卷。——编者注

② 　参看马·马·柯瓦列夫斯基《家庭及所有制的起源和发展概论》1890 年斯德哥尔摩版和《原始的法。第一分册：氏族》1886 年莫斯科版。——编者注

的工人,并把产品的卖价超过其支出的盈余部分纳入腰包的条件下,才获得充分的发展。我们把中世纪以来的工业生产的历史分为三个时期:(1)手工业,小手工业师傅带着少数帮工和学徒,每个工人都生产整件物品;(2)工场手工业,较大数量的工人聚集在一个大工场中,按照分工的原则生产整件物品,每个工人只完成一部分工序,所以产品只有依次经过所有工人的手以后才能制成;(3)现代工业,产品是用动力推动的机器生产的,工人的工作只限于监督和调整机器的运转。

我很清楚,本书的内容将遭到颇大一部分英国公众的反对。但是,如果我们大陆上的人稍微顾及英国"体面人物"①的偏见,那么我们的处境也许更加糟糕。本书所捍卫的是我们称之为"历史唯物主义"的东西,而唯物主义这个名词是使大多数英国读者感到刺耳的。"不可知论"也许还可以容忍,但是唯物主义就完全不能容许了。

然而,从 17 世纪以来,全部现代唯物主义的发祥地正是英国。

"唯物主义是大不列颠本土的产儿,大不列颠的经院哲学家邓斯·司各脱就曾经问过自己:'物质是否不能思维?'

为了使这种奇迹能够实现,他求助于上帝的万能,即迫使神学来宣讲唯物主义。此外,他还是一个唯名论者[422]。唯名论是唯物主义的最初形式,主要存在于英国经院哲学家中间。

英国唯物主义的真正始祖是培根。在他看来,自然哲学才是真正的哲学,而以感性经验为基础的物理学则是自然哲学的最重要的部分。提出种子说的阿那克萨哥拉[423]和提出原子论的德谟

---

① 发表在《新时代》杂志上的德译文中,"体面人物"的后面加有"即英国庸人"。——编者注

克利特,都常常被他当做权威来引证。按照他的学说,感觉是确实可靠的,是一切知识的源泉。科学都是以经验为基础的,科学就在于把理性的研究方法运用于感官所提供的材料。归纳、分析、比较、观察和实验是理性方法的主要形式。在物质固有的特性中,第一个特性而且是最重要的特性是运动,它不仅表现为物质的机械的和数学的运动,而且主要表现为物质的冲动、活力、张力,或者用雅科布·伯麦的话来说,是物质的'痛苦'['Qual']①。

唯物主义在它的第一个创始人培根那里,还包含着全面发展的萌芽。一方面,物质带着诗意的感性光辉对整个人发出微笑。另一方面,那种格言警句式的学说却还充满了神学的不彻底性。

唯物主义在以后的发展中变得片面了。霍布斯把培根的唯物主义系统化了。以感觉为基础的知识失去了诗情画意,变成数学家的抽象经验;几何学被宣布为科学的女王。唯物主义变得漠视人了。为了能够在对手,即漠视人的、毫无血肉的唯灵论的领域制服这种唯灵论,唯物主义就不得不扼杀自己的肉欲,成为禁欲主义者。这样,它就从感性之物变成理智之物;可是,它因此也就发展了理智所特有的无所顾忌的全部彻底性。

作为培根的继承者,霍布斯声称,既然感性给人提供一切知识,那么我们的概念和观念就无非是摆脱了感性形式的现实世界

---

① 恩格斯在这里加了一个注,而发表在《新时代》杂志上的德译文中此注被删去:"'Qual'是哲学上的双关语。'Qual'按字面的意思是苦闷,是一种促使人采取某种行动的痛苦;同时,神秘主义者伯麦把拉丁语'qualitas'[质]的某些意义加进这个德国词;他的'Qual'和外来的痛苦相反,是能动的本原,这种本原从受'Qual'支配的事物、关系或个人的自发发展中产生出来,而反过来又推进这种发展。"——编者注

的幻影。哲学只能为这些幻影命名。一个名称可以用于若干个幻影。甚至还可以有名称的名称。但是,一方面认为一切观念都起源于感性世界,另一方面又硬说一个词的意义不只是一个词,除了我们通过感官而知道的存在物,即全都是个别的存在物之外,还有一般的、非个别的存在物,这就是一个矛盾。无形体的实体和无形体的形体同样是荒唐的。形体、存在、实体只是同一种实在的不同名称。**不能把思想同思维着的物质分开**。物质是世界上发生的一切变化的基础。如果'无限的'这个词不表示我们的精神具有无限增添补充的能力,这个词就毫无意义。因为只有物质的东西才是可以被我们感知的,所以我们对神的存在就一无所知了。只有我自己的存在才是确实可信的。人的一切激情都是有始有终的机械运动。欲求的对象是所谓的善。人和自然都服从于同样的规律。强力和自由是同一的。

霍布斯把培根的学说系统化了,但他没有论证培根关于人类的全部知识起源于感性世界的基本原理。洛克在他的《人类理智论》中对此作了论证。

霍布斯消除了培根唯物主义中的有神论的偏见;柯林斯、多德威尔、考尔德、哈特莱、普利斯特列也同样消除了洛克感觉论的最后的神学藩篱。无论如何,自然神论[298]对实际的唯物主义者来说不过是一种摆脱宗教的简便易行的方法罢了。"[①]

关于现代唯物主义起源于英国,卡尔·马克思就是这样写的。如果现在英国人对他这样赞许他们的祖先并不十分高兴,那真是太遗憾了。可是不能否认,培根、霍布斯和洛克都是杰出的法国唯

---

① 恩格斯在这里加了一个注:"马克思和恩格斯《神圣家族》1845 年美因河畔法兰克福版第 201—204 页。[424]"——编者注

物主义者学派的前辈,法国人在陆上和海上的历次战争中尽管败于德国人和英国人,但这些法国唯物主义者却使 18 世纪成为一个以法国为主角的世纪,这甚至比圆满结束那个世纪的法国革命还要早;这次革命的成果,我们这些身在英国和德国的局外人还总想移植呢。

这是无可否认的。在本世纪中叶,移居英国的有教养的外国人最惊奇的,是他必然会视为英国体面的中等阶级的宗教执迷和头脑愚蠢的那种现象。那时,我们都是唯物主义者,或者至少是很激进的自由思想者,我们不能理解,为什么英国几乎所有有教养的人都相信各种各样不可思议的奇迹,甚至一些地质学家,例如巴克兰和曼特尔也歪曲他们的科学上的事实,唯恐过分有悖于创世记的神话;要想找到敢于凭自己的智力思考宗教问题的人,就必须去寻访那些没有受过教育的人,当时所谓的“无知群氓”即工人,特别是去寻访那些欧文派的社会主义者。

但是从那时以来,英国已经“开化”了。1851 年的博览会①给英国这个岛国的闭塞状态敲响了丧钟。英国在饮食、风尚和观念方面逐渐变得国际化了;这种变化之大,使我也希望英国的某些风尚和习惯能在大陆上传播,就像大陆上的其他习惯在英国传播那样。总之,随着色拉油(1851 年以前只有贵族才知道)的传入,大陆上对宗教问题的怀疑论也必然传了进来,以致发展到这种地步:不可知论虽然还尚未像英国国教会那样被当做“头等货色”,但是就受人尊敬的程度而言,几乎和浸礼会是同等的,而且肯定超过了“救世军”[425]。我时常这样想:许多人对这种越来越不信仰宗教的

---

① 指 1851 年 5—10 月在伦敦举行的第一届世界工商业博览会。——编者注

现象痛心疾首,咒骂谴责,可是他们如果知道这些"新奇的思想"并不是舶来品,不像其他许多日用品那样带有"德国制造"的商标,而无疑是老牌的英国货,而且他们的不列颠祖先在 200 年前已经走得比今天的后代子孙所敢于走的要远得多,那他们将会感到安慰吧。

真的,不可知论如果不是(用兰开夏郡的一个富于表现力的字眼来说)"羞羞答答的"唯物主义,又是什么呢? 不可知论者的自然观完全是唯物主义的。整个自然界是受规律支配的,绝对排除任何外来的干涉。可是,不可知论者又说,我们无法肯定或否定已知世界之外的某个最高存在物的存在。这种说法在拿破仑那个时代也许还有点价值,那时拿破仑曾问拉普拉斯这位伟大的天文学家,为何他的《论天体力学》①只字不提造物主,对此,拉普拉斯曾骄傲地回答:"我不需要这个假说。"可是如今,在我们不断发展的关于宇宙的概念中绝对没有造物主或主宰者的位置;如果说,在整个现存世界之外还有一个最高存在物,这本身就是一种矛盾,而且我以为,这对信教者的情感也是一种不应有的侮辱。

我们的不可知论者也承认,我们的全部知识是以我们的感官向我们提供的报告为基础的。可是他又说:我们怎么知道我们的感官所给予我们的是感官所感知的事物的正确反映呢? 然后他告诉我们:当他讲到事物或事物的特性时,他实际上所指的并不是这些他也不能确实知道的事物及其特性,而是它们对他的感官所产生的印象而已。这种论点,看来的确很难只凭论证予以驳倒。但

---

① 指皮·拉普拉斯《论天体力学》1798—1825 年巴黎版第 1—5 卷。——编者注

是人们在论证之前,已经先有了行动。"起初是行动。"①在人类的才智虚构出这个难题以前,人类的行动早就解决了这个难题。布丁的滋味一尝便知。当我们按照我们所感知的事物的特性来利用这些事物的时候,我们的感性知觉是否正确便受到准确无误的检验。如果这些知觉是错误的,我们关于能否利用这个事物的判断必然也是错误的,要想利用也决不会成功。可是,如果我们达到了我们的目的,发现事物符合我们关于该事物的观念,并产生我们所预期的效果,这就肯定地证明,**在这一范围内**,我们对事物及其特性的知觉符合存在于我们之外的现实。我们一旦发现失误,总是不需要很久就能找出失误的原因;我们会发现,我们的行动所依据的知觉,或者本身就是不完全的、肤浅的,或者是与其他知觉的结果不合理地混在一起——我们把这叫做有缺陷的推理。只要我们正确地训练和运用我们的感官,使我们的行动只限于正确地形成的和正确地运用的知觉所规定的范围,我们就会发现,我们行动的结果证明我们的知觉符合所感知的事物的客观本性。到目前为止,还没有一个例子迫使我们作出这样的结论:我们的经过科学检验的感性知觉,会在我们的头脑中造成一些在本性上违背现实的关于外部世界的观念;或者,在外部世界和我们关于外部世界的感性知觉之间,存在着天生的不一致。

但是,新康德主义的不可知论者这时就说:我们可能正确地感知事物的特性,但是我们不能通过感觉过程或思维过程掌握自在之物。这个"自在之物"处于我们认识的彼岸。对于这一点,黑格尔早就回答了:如果你知道了某一事物的一切性质,你也就知道了这一事物本身;这时剩下来的便只是上述事物存在于我们之外这

---

① 见歌德《浮士德》第1部第3场《书斋》。——编者注

样一个事实；只要你的感官使你明白这一事实，你也就完全掌握这一事物，掌握康德的那个著名的不可认识的"自在之物"了。还可以补充一句：在康德的那个时代，我们对自然界事物的知识确实残缺不全，所以他可以去猜想在我们对于各个事物的少许知识背后还有一个神秘的"自在之物"。但是这些不可理解的事物，由于科学的长足进步，已经接二连三地被理解、分析，甚至**重新制造出来了**；我们当然不能把我们能够制造的东西当做是不可认识的。对于本世纪上半叶的化学来说，有机物正是这样的神秘的东西；现在我们不必借助有机过程，就能按照有机物的化学成分把它们一个一个地制造出来。近代化学家宣称：只要知道不管何种物体的化学结构，就可以按它的成分把它制造出来。我们现在还远没有准确地认识最高有机物即蛋白体的结构；但是没有理由说几个世纪以后我们仍不会有这种认识，并根据这种认识来制造人造蛋白。我们一旦能做到这一点，我们同时也就制造了有机生命，因为生命，从它的最低形式直到最高形式，只是蛋白体的正常的存在方式。

然而，我们的不可知论者只要作出这些形式上的思想上的保留，他的言行就像十足的唯物主义者了，实际上他也是唯物主义者。他或许会说：就**我们**所知，物质和运动，或者如今所谓的能，是既不能创造也不能消灭的，但是我们无法证明它们不是在某一个时候创造出来的。可是，你要是想在某一特定场合下利用这种承认去反驳他，他立刻就会让你闭上嘴巴。他抽象地承认可能有唯灵论，但是他不想具体地知道是否有唯灵论。他会对你说：就我们所知道或所能知道的，并没有什么宇宙的造物主和主宰者；对我们来说，物质和能是既不能创造也不能消灭的；在我们看来，思维是能的一种形式，是脑的一种功能；我们只知道：支配物质世界的是一些不变的规律，等等。所以，当他是一个科学家的时候，当他还

知道一些事情的时候,他是一个唯物主义者;可是,在他的科学以外,在他一无所知的领域中,他就把他的无知翻译成为希腊文,称之为不可知论。

无论如何,这一点是清楚的:即使我是一个不可知论者,显然我也不能把这本小书所概述的历史观称为"历史不可知论"。信教的人将会嘲笑我,不可知论者也将厉声质问我是否在嘲弄他们。因此,我在英语中如果也像在其他许多语言中那样用"历史唯物主义"这个名词来表达一种关于历史过程的观点,我希望英国的体面人物①不至于过分感到吃惊。这种观点认为,一切重要历史事件的终极原因和伟大动力是社会的经济发展,是生产方式和交换方式的改变,是由此产生的社会之划分为不同的阶级,是这些阶级彼此之间的斗争。

如果我证明历史唯物主义甚至对英国的体面人物也是有益的,人们对我或许还会更宽容一些。我已经说过:大约在四五十年以前,移居英国的有教养的外国人最惊奇的,是他必然会视为英国体面的中等阶级的宗教执迷和头脑愚蠢的那种现象。现在我就要证明,那时候的体面的英国中等阶级,并不像有知识的外国人所认为的那样愚蠢。这个阶级的宗教倾向是有其缘由的。

当欧洲脱离中世纪的时候,新兴的城市中等阶级②是欧洲的

---

① 在德译文中,"体面人物"后面加有"用德语来说叫做庸人"。——编者注

② 在德译文中,从这里开始,直至以"新的起点是……的妥协"一句起首的那一段(本卷第763—764页),恩格斯将英文用语"middle class"("中等阶级")、"bourgeoisie"("资产阶级")都译为"Bürgerthum";后面,恩格斯又把这些用语译为"Bourgeoisie",这两个德文用语都指的是资产阶级。——编者注

革命因素。这个阶级在中世纪的封建体制内已经赢得公认的地位，但是这个地位对它的扩张能力来说，也已经变得太狭小了。中等阶级即**资产阶级**的发展，已经不能同封建制度并存，因此，封建制度必定要覆灭。

但是封建制度的巨大的国际中心是罗马天主教会。它尽管发生了各种内部战争，还是把整个封建的西欧联合为一个大的政治体系，同闹分裂的希腊正教徒和伊斯兰教的国家相对抗。它给封建制度绕上一圈神圣的灵光。它按照封建的方式建立了自己的教阶制，最后，它本身就是最有势力的封建领主，拥有天主教世界的地产的整整三分之一。要想把每个国家的世俗的封建制度成功地各个击败，就必须先摧毁它的这个神圣的中心组织。

此外，随着中等阶级的兴起，科学也大大振兴了；天文学、力学、物理学、解剖学和生理学的研究又活跃起来。资产阶级为了发展工业生产，需要科学来查明自然物体的物理特性，弄清自然力的作用方式。在此以前，科学只是教会的恭顺的婢女，不得超越宗教信仰所规定的界限，因此根本就不是科学。现在，科学反叛教会了；资产阶级没有科学是不行的，所以也不得不参加反叛。

以上只谈到新兴的中等阶级必然要同现存的教会发生冲突的两点原因，但足以证明：第一，在反对罗马教会权利的斗争中，最有直接利害关系的阶级是资产阶级；第二，当时反对封建制度的历次斗争，都要披上宗教的外衣，把矛头首先指向教会。可是，如果说率先振臂一呼的是一些大学和城市商人，那么热烈响应的必然是而且确实是广大的乡村居民即农民，他们为了活命不得不到处同他们的精神的和尘世的封建主搏斗。

资产阶级反对封建制度的长期斗争，在三次大决战中达到了顶点。

第一次是德国的所谓宗教改革。路德提出的反对教会的战斗号召,唤起了两次政治性的起义:首先是弗兰茨·冯·济金根领导的下层贵族的起义(1523年),然后是1525年伟大的农民战争。[426]这两次起义都失败了,主要是由于最有利害关系的集团即城市市民不坚决,——至于不坚决的原因,我们就不详述了。从那时起,斗争就蜕化为各地诸侯和中央政权之间的战斗,结果,德国在200年中被排除于欧洲在政治上起积极作用的民族之列。路德的宗教改革确实创立了一种新的信条,一种适合专制君主制需要的宗教。德国东北部的农民刚刚改信路德教派,就从自由人降为农奴了。

但是,在路德失败的地方,加尔文却获得了胜利。加尔文的信条正适合当时资产阶级中最果敢大胆的分子的要求。[427]他的宿命论的学说,从宗教的角度反映了这样一件事实:在竞争的商业世界,成功或失败并不取决于一个人的活动或才智,而取决于他不能控制的各种情况。决定成败的并不是一个人的意志或行动,而是全凭未知的至高的经济力量的恩赐;在经济变革时期尤其是如此,因为这时旧的商路和中心全被新的所代替,印度和美洲已被打开大门,甚至最神圣的经济信条即金银的价值也开始动摇和崩溃了。加尔文的教会体制是完全民主的、共和的;既然上帝的王国已经共和化了,人间的王国难道还能仍然听命于君王、主教和领主吗?当德国的路德教派已变成诸侯手中的驯服工具时,加尔文教派却在荷兰创立了一个共和国,并且在英国,特别是在苏格兰,创立了一些活跃的共和主义政党。

资产阶级的第二次大起义,在加尔文教派中给自己找到了现成的战斗理论。这次起义是在英国发生的。发动者是城市中等阶级,完成者是农村地区的自耕农。很奇怪的是:在资产阶级的这三

次大起义中,农民提供了战斗大军,而农民恰恰成为在胜利后由于
胜利带来的经济后果而必然破产的阶级。克伦威尔之后 100 年,
英国的自耕农几乎绝迹了。如果没有这些自耕农和城市**平民**,资
产阶级决不会单独把斗争进行到底,决不会把查理一世送上断头
台。哪怕只是为了获得那些当时已经成熟而只待采摘的资产阶级
的胜利之果,也必须使革命远远超越这一目的,就像法国在 1793
年和德国在 1848 年那样。显然,这就是资产阶级社会发展的规律
之一。

在这种极端的革命活动之后,接踵而至的是不可避免的反动,
这个反动也同样超出它可能继续存在下去的限度①。经过多次动
荡以后,新的重心终于确立了,并且成了今后发展的新起点。英国
历史上被体面人物②称为"大叛乱"的这段辉煌时期,以及随后的
斗争,以自由党历史学家誉为"光荣革命"**428**的较为不足道的事件
而告结束。

新的起点是新兴的中等阶级③和以前的封建地主之间的妥
协。后者在当时和现在均被称为贵族,其实早已开始向法国的路
易-菲力浦在很久之后才变成的"王国第一流资产者"转变了。对
英国幸运的是,旧的封建诸侯已经在蔷薇战争**429**中自相残杀殆
尽。他们的继承人虽然大部分是这些旧家族的后裔,但是离开嫡
系已经很远,甚至形成了一个崭新的集团,他们的习惯和旨趣,与

---

① 在德译文中不是"超出它可能继续存在下去的限度",而是"超出自己的
目的"。——编者注
② 在德译文中,不是"体面人物",而是"庸人"。——编者注
③ 在德译文中这里以及后面几处,恩格斯将英文用语"middle class"("中
等阶级")和"bourgeoisie"("资产阶级"),都译为"Bourgeoisie"("资产阶
级")。——编者注

其说是封建的,不如说是资产阶级的。他们完全懂得金钱的价值,为了立即增加地租,竟把成百的小佃户赶走,而代之以绵羊。亨利八世贱卖教会的土地,造成一大批新的资产阶级地主;在整个17世纪不断发生的没收大采邑分赠给暴发户或半暴发户的过程,也造成了同样的结果。因此,从亨利七世以来,英国的"贵族"不但不反对发展工业生产,反而力图间接地从中获益;经常有这样一部分大地主,他们由于经济的或政治的原因,愿意同金融资产阶级和工业资产阶级的首脑人物合作。这样,1689年的妥协很容易就达成了。"俸禄和官职"这些政治上的战利品留给了大地主家庭,只不过要充分照顾金融的、工业的和商业的中等阶级的经济利益。这些经济利益,当时已经很强大,足以决定国家的一般政策。当然,在细节问题上也会有争执,但是总的说来,贵族寡头非常清楚,他们本身的经济繁荣同工商业中等阶级的经济繁荣是密不可分的。

从这时起,资产阶级就成了英国统治阶级中的卑微的但却是公认的组成部分了。在压迫国内广大劳动群众方面,它同统治阶级的其他部分有共同的利益。商人或工厂主,对自己的伙计、工人和仆役来说,是站在主人的地位,或者像不久前人们所说的那样,站在"天然尊长"的地位。他的利益是要从他们身上尽可能取得尽量多和尽量好的劳动;为此目的,就必须把他们训练得驯服顺从。他本身是信仰宗教的,他曾打着宗教的旗帜战胜了国王和贵族;不久他又发现可以用这同样的宗教来操纵他的天然下属的灵魂,使他们服从由上帝安置在他们头上的那些主人的命令。简言之,英国资产阶级这时也参与镇压"下层等级",镇压全国广大的生产者大众了,为此所用的手段之一就是宗教的影响。

　　还有另一种情况也助长了资产阶级的宗教倾向。这就是唯物主义在英国的兴起。这个新的①学说,不仅震撼了中等阶级的宗教情感,还自称是一种只适合于世上有学问的和有教养的人们的哲学,完全不同于适合于缺乏教养的群众以及资产阶级的宗教。它随同霍布斯起而维护至高无上的王权,呼吁专制君主制镇压那个强壮而心怀恶意的小伙子**430**,即人民。同样地,在霍布斯的后继者博林布罗克、舍夫茨别利等人那里,唯物主义的新的自然神论形式,仍然是一种贵族的秘传的学说,因此,唯物主义遭受中等阶级仇视,既是由于它是宗教的异端,也是由于它具有反资产阶级的政治联系。所以,同贵族的唯物主义和自然神论**298**相反,过去曾经为反对斯图亚特王朝的斗争提供旗帜和战士的新教教派,继续提供了进步的中等阶级的主要战斗力量,并且至今还是"伟大的自由党"的骨干。

　　这时,唯物主义从英国传到法国,它在那里与另一个唯物主义哲学学派,即笛卡儿派**431**的一个支派相遇,并与之汇合。在法国,唯物主义最初也完全是贵族的学说。但是不久,它的革命性就显露出来。法国的唯物主义者并不是只批判宗教信仰问题;他们批判了当时的每一个科学传统或政治体制;为了证明他们的学说可以普遍应用,他们选择了最简便的方法:在他们由以得名的巨著《百科全书》中,他们大胆地把这一学说应用于所有的知识对象。这样,唯物主义就以其两种形式中的这种或那种形式——公开的唯物主义或自然神论,成为法国一切有教养的青年信奉的教义。它的影响很大,在大革命爆发时,这个由英国保皇党孕育的学说,

---

①　在德译文中,在"新的"的后面加有"无神论的"。——编者注

竟给予法国共和党人和恐怖主义者一面理论旗帜,并且为《人权宣言》[432]提供了底本。

法国大革命是资产阶级的第三次起义,然而这是完全抛开宗教外衣、在毫不掩饰的政治战线上作战的首次起义;这也是真正把斗争进行到底,直到交战的一方即贵族被彻底消灭而另一方即资产阶级完全胜利的首次起义。在英国,革命以前的制度和革命以后的制度因袭相承,地主和资本家互相妥协,这表现在诉讼上仍然按前例行事,还虔诚地保留着一些封建的法律形式。在法国,革命同过去的传统完全决裂,扫清了封建制度的最后遗迹,并且在民法典[312]中把古代罗马法——它几乎完满地反映了马克思称之为商品生产的那个经济发展阶段的法律关系——巧妙地运用于现代的资本主义条件;这种运用实在巧妙,甚至法国的这部革命的法典直到现在还是所有其他国家,包括英国在内,在改革财产法时所依据的范本。可是我们不要忘记,英吉利法一直是用野蛮的封建的语言来表达资本主义社会的经济关系,——这种语言适应它所表达的事物的情况,正像英语的拼法适应英语读音的情况一模一样(一个法国人说过:你们写的是伦敦,读出来却是君士坦丁堡)——但是,只有英吉利法把古代日耳曼自由的精华,即个人自由、地方自治以及不受任何干涉(除了法庭干涉)的独立性的精华,保存了好几个世纪,并把它们移植到美洲和各殖民地。这些东西在大陆上专制君主制时期已经消失,至今在任何地方都未能完全恢复。

还是再来谈我们的英国资产者吧。法国革命给他们一个极好的机会,能够借助大陆上的君主国家来破坏法国的海上贸易,兼并法国的殖民地,并且完全摧毁法国争霸海上的野心。这是他们要打击法国革命的原因之一。另一个原因是,这次革命的方法很不合他们的胃口。不仅是由于它采用了"可恶的"恐怖政策,而且还由于它想彻底实现资产阶级的统治。英国资产者怎么能没有本国的贵族呢? 因为是贵族教他们像贵族那样待人接物,替他们开创新风气,为他们提供陆军军官以维持国内秩序,提供海军军官以夺取殖民地和新的海外市场。当然,资产阶级中也有少数进步的人,他们并没有因妥协而得到多大利益;这一部分人主要是不太富裕的中等阶级,他们同情这次革命,[433]但是在议会中没有势力。

可见,唯物主义既然成为法国革命的信条,敬畏上帝的英国资产者就更要紧紧地抓住宗教了。难道巴黎的恐怖时代[353]没有证明,群众一旦失去宗教本能会有什么样的结局? 唯物主义越是从法国传播到邻近国家,越是得到各种类似的理论思潮,特别是德国哲学的支持,唯物主义和自由思想越是在大陆上普遍地真正成为一个有教养的人所必须具备的条件,英国的中等阶级就越是要顽固地坚守各种各样的宗教信条。这些信条可以各不相同,但全都是地道的宗教信条,基督教信条。

当革命在法国保证资产阶级赢得政治胜利的时候,在英国,瓦特、阿克莱、卡特赖特等人,发动了一场工业革命,把经济力量的重心完全转移了。资产阶级的财富,比土地贵族的财富增长得更快。在资产阶级内部,金融贵族、银行家等等,越来越被工厂主推向后台。1689 年的妥协,甚至在迎合资产阶级的利益逐步作了调整以后,也不再适合这次妥协的参与者们的力量对比了。这些参与者的性质也有所改变;1830 年的资产阶级,与前一个世纪的资产阶级大不相同。政治权力仍然留在贵族的手中,并被他们用来抵制新工业资产阶级的野心,这种权力已经同新的经济利益不能相容了。必须同贵族进行一次新的斗争;斗争的结局只能是新的经济力量的胜利。首先,在 1830 年的法国革命的刺激下,不顾一切抵抗,通过了改革法案[434],使资产阶级在议会中获得了公认的和强大的地位。随后,谷物法废除[435]了,这又永远确立了资产阶级,特别是资产阶级中最活跃的部分即工厂主对土地贵族的优势。这是资产阶级的最大的胜利,然而,也是资产阶级仅仅为自己的利益获得的最后一次胜利。以后它取得任何一次胜利,都不得不同一个新的社会力量分享,这个新的社会力量起初是它的同盟者,不久就成了它的对手。

工业革命创造了一个大工业资本家的阶级,但是也创造了一个人数远远超过前者的产业工人的阶级。随着工业革命逐步波及各个工业部门,这个阶级在人数上不断增加;随着人数的增加,它的力量也增强了。这股力量早在 1824 年就已显露出来,当时它迫使议会勉强地废除了禁止工人结社的法律。[436]在改革运动中,工人是改革派的激进的一翼;当 1832 年的法案剥夺工人的选举权的时候,他们就把自己的要求写进人民宪章[437],并组成一个独立的政党,即宪章派,以对抗强大的资产阶级反谷物法同盟[438]。这是近代第一个工人政党。

后来,大陆上发生了 1848 年 2 月和 3 月的革命,工人在革命中起了很重要的作用,而且,至少在巴黎,提出了一些从资本主义社会的观点看来决不能允许的要求。接着而来的是普遍的反动。最初是 1848 年 4 月 10 日宪章派的失败;其次是同年 6 月巴黎工人起义被镇压;再其次是 1849 年意大利、匈牙利和德国南部的不幸事件;最后是 1851 年 12 月 2 日路易·波拿巴战胜巴黎。这样,工人阶级的声势逼人的要求,至少在短时期内被压下去了,可是付出了多少代价啊!英国资产者以前就认为必须使普通人民保持宗教情绪,在经历了这一切之后,他们对这种必要性的感觉会变得多么强烈啊！他们毫不理会大陆上的伙伴们的讥笑，年复一年地继续花费成千上万的金钱去向下层等级宣传福音；他们不满足于本国的宗教机关，还求助于当时宗教买卖的最大组织者"乔纳森大哥"[439]，从美国输入了奋兴派[440]，引来了穆迪和桑基之流；最后，他们接受了"救世军"的危险的帮助——"救世军"恢复了原始基督教的布道方式，把穷人看做是上帝的选民，用宗教手段反对资本主义，从而助长了原始基督教的阶级对抗因素，这总有一天会给目前为此投掷金钱的富翁带来麻烦。

这似乎是历史发展的规律：资产阶级在欧洲任何一个国家都不能像中世纪的封建贵族那样独掌政权，至少不能长期独掌政权。即使在封建制度已经完全消灭的法国，资产阶级作为一个整体完全掌握政权也只有很短的时期。在路易-菲力浦统治时期，即1830—1848 年，只有一小部分资产阶级统治那个王国，大部分资产阶级则因高标准的选举资格限制而被剥夺了选举权。在第二共和国时代，即1848—1851 年，整个资产阶级统治国家，但为时不过三年；资产阶级的无能使第二帝国[65]得以产生。只有现在，在第三共和国时代，资产阶级作为一个整体才执掌政权20 年以上；可是已经显露鲜明的衰落征兆了。资产阶级的长期统治，只有在像美国那样从来没有经过封建制度、社会一开始就建立在资产阶级基础之上的国家中，才是可能的。但是就连在法国和美国，资产阶级的继承者，即工人，也已经在敲门了。

在英国，资产阶级从未独掌全权。甚至1832 年的胜利，也还是让土地贵族几乎独占了政府的所有要职。富裕的中等阶级何以如此恭顺，在自由党的大工厂主威·爱·福斯特先生发表那篇公开演说以前，我一直不能理解。福斯特先生在演说中敦劝布拉德福德的年轻人为自己的前程学习法语，他以他本人的经历说明，他作为一个内阁大臣出入于说法语至少和说英语同样必要的社交场合时,曾感到多么羞怯! 的确,当时的英国中等阶级通常都是完全没有受过教育的暴发户,不得不把政府的高级职位让给贵族,因为那里所需要的,并不是那种夹杂着精明生意经的岛国狭隘性和岛国自大狂,而是其他一些本领。① 甚至目前报纸上关于中等阶级教育的无休止的争论,也表明英国中等阶级仍然认为自己不配受最好的教育,而为自己寻找某种比较谦卑的东西。所以,似乎很自然,甚至在谷物法废除以后,那些已经胜券在握的人,那些科布顿、那些布莱特、那些福斯特等等,还不能正式参与统治国家,直到20 年之后,新的改革法案[441]才为他们敞开了内阁的大门。英国的资产阶级迄今还痛切地自惭社会地位的低微,甚至自己掏腰包或用人民的金钱豢养一个装饰门面的有闲等级,好在一切庄严的场合去体面地代表民族;当资产阶级中间一旦有人被准许进入这个

---

① 恩格斯在这里加了一个注:"民族沙文主义的狂妄自大,即使在商业上,也是会坏事的。直到最近,普通的英国工厂主还以为,英国人不说本国话而说外国话,是有失尊严的,当他们看到外国的'可怜虫'迁居英国,使他们免去向国外推销产品的麻烦时,还引以自傲。他们根本没有觉察,这些外国人,大部分是德国人,因此而控制了英国很大一部分对外贸易,进口和出口都受到控制,英国人的直接对外贸易几乎只局限于殖民地、中国、美国和南美洲了。他们也没有觉察,这些德国人同在外国的其他德国人进行贸易,后者逐渐组织了一个遍及世界各地的完整的商业殖民地网。大约40 年前,当德国认真地开始生产出口商品时,这个商业殖民地网就给德国帮了很大的忙,使它在很短的时期内从一个输出粮食的国家变成一个头等的工业国。后来,大约10 年前,英国的工厂主才大吃一惊,便询问英国的大使们和领事们:为什么他们再也不能维系自己的顾客。一致的答复是:(1)你们不学你们的顾客的语言,却要求他们说你们的语言;(2)你们不但不设法适应你们的顾客的需要、习惯和爱好,反而要他们迁就你们英国式的那一套。"——编者注

归根到底是他们自己造成的高等特权集团时,便引以为无上光荣。

这样,工商业的中等阶级还没有来得及把土地贵族全部逐出政权,另一个竞争者,工人阶级,已经登上舞台了。宪章运动[8]和大陆革命以后的反动,以及1848—1866年英国贸易的空前繁荣(通常这只是被归功于自由贸易,其实更多地应归功于铁路、远洋轮船以及全部交通工具的巨大发展),又使工人阶级依附自由党了,他们在这个党内,也像在宪章运动以前那样,组成了激进的一翼。可是,工人们对选举权的要求逐渐不可遏止;在辉格党人即自由党[350]的首领们"畏缩不前"的时候,迪斯累里却显示了自己的高明,他促使托利党人抓紧有利时机,在城镇选区中实施了户主的选举权①,并且重新划分选区。随后实行了秘密投票;1884年又把户主的选举权推广到各郡,再次划分了选区,使各选区在某种程度上趋于平衡。[442]这一切措施显然增加了工人阶级在选举中的力量,现在,至少在150—200个选区中,工人阶级已经占选民的大多数。但是议会制度是训练人们尊重传统的最好的学校;如果说,中等阶级曾经怀着敬畏的心情仰望约翰·曼纳斯勋爵所戏称的"我们的老贵族",那么,工人群众则以尊重和恭敬的态度对待当时所谓的"优秀人物"即中等阶级。的确,大约在15年前,英国的工人是模范工人,他们对雇主谦恭有礼,在要求自己的权利时温顺克己,这使我们德国的讲坛社会主义[183]学派的经济学家们感到安慰,他们正苦于本国的工人不可救药地倾向于共产主义和革命。

但是英国的中等阶级——毕竟是很好的生意人——比德国的教授们看得更远。他们只是迫不得已才同工人阶级分享政权。在

---

① 在德译文中,在"户主的选举权"的后面加了一个括号,内中的文字是"它适用于每一个租有单独住房的人"。——编者注

宪章运动的年代,他们对那个强壮而心怀恶意的小伙子即人民会有什么作为已经有所领教了。从那时以来,他们被迫把人民宪章的大部分要求纳入联合王国的法律。现在比以往任何时候都更需要用精神手段去控制人民,影响群众的首要的精神手段依然是宗教。于是,在学校董事会中牧师就占了优势;于是,资产阶级不断自我增税,以维持各种奋兴派,从崇礼派[443]直到"救世军"[425]。

现在,英国的体面人物终于战胜了大陆资产者的自由思想和对宗教的冷淡态度。法国和德国的工人已经变成了叛乱者。他们全都感染了社会主义,而且,他们在选择夺取统治权的手段时,有极充分的理由毫不考虑是否合法。这个强壮的小伙子一天比一天更加心怀恶意。法国和德国的资产阶级只好采取最后的办法,不声不响地抛弃了他们的自由思想,就像一个少年公子感到晕船时,把他为了在甲板上装腔作势而叼在嘴里的雪茄烟悄悄地吐掉一样;嘲笑宗教的人,一个一个地在外表上变成了笃信宗教的人,他们毕恭毕敬地谈论教会、它的教义和仪式,甚至在必要时,自己也举行这种仪式了。法国资产者每逢星期五吃素,德国资产者每逢星期日就呆坐在教堂的椅子上,聆听新教的冗长布道。他们已经因唯物主义而遭殃。"Die Religion muss dem Volk erhalten werden"——"必须为人民保存宗教",这是使社会不致完全毁灭的唯一的和最后的拯救手段。对他们自己来说,不幸的是:等到他们发现这一点时,他们已经用尽一切力量把宗教永远破坏了。现在轮到英国资产者来嘲笑他们了:"蠢材!这个我早在200年前就可以告诉你们了!"

然而,无论英国资产者的宗教执迷,还是大陆资产者的事后皈依宗教,恐怕都阻挡不了日益高涨的无产阶级的潮流。传统是一种巨大的阻力,是历史的惯性力,但是它是消极的,所以一定要被摧毁;因此,宗教也不能永保资本主义社会的平安。如果说我们的法律的、哲学的和宗教的观念,都是一定社会内占统治地位的经济关系的近枝或远蔓,那么,这些观念终究不能抵抗因这种经济关系的完全改变所产生的影响。除非我们相信超自然的奇迹,否则,我们就必须承认,任何宗教教义都难以支撑一个摇摇欲坠的社会。

事实上,在英国,工人也重新开始活动了。无疑地,他们还拘泥于各种传统。首先是资产者的传统,例如,有一种很普遍的看法,以为只能有两个政党——保守党和自由党,而工人阶级必须依靠并通过伟大的自由党来谋取自身的解放。还有工人的传统,从工人最初尝试独立行动时所因袭下来的传统,例如,凡是没有经过正规学徒训练的工人都被许多旧工联关在门外;每一个采取这种做法的工会这样一来就等于为自己培养工贼。但是尽管如此,英国的工人阶级还是在前进,甚至布伦坦诺教授也不能不惋惜地把这一点告诉他的讲坛社会主义者同仁。[444]工人阶级在前进,如同英国的种种事情一样,迈出的是缓慢而适度的步伐,有时踌躇不定,有时作一些没有多大效果的尝试,在前进中有时过分小心地猜疑"社会主义"这个词,却又逐渐吸收社会主义的实质;运动在扩展着,吸引了一批又一批的工人。现在它已经唤醒了伦敦东头的那些没有技术的工人,我们看到,这些新的力量反过来又给工人阶级以多么有力的推动。如果运动的步伐赶不上某些人的急躁要求,那么就请他们不要忘记:正是工人阶级保存着英国民族性格的最优秀的品质,在英国所取得的每一个进步,以后照例是永不会化为乌有的。如果说老宪章派的儿子们由于上述原因还做得不够,那么,孙子们则可望不辱没他们的祖父。

但是,欧洲工人阶级的胜利不是仅仅取决于英国。至少需要英法德三国的共同努力,才能保证胜利。在法国和德国,工人运动远远地超过了英国。在德国,工人运动的胜利甚至指日可待了。那里运动的进展在最近 25 年是空前的。它正以日益加快的速度前进着。如果德国的中等阶级已经表明自己非常缺乏政治才能、纪律、勇气、活力和毅力,那么,德国工人阶级则充分证明了自己具备这些品质。400 年前,德国曾是欧洲中等阶级第一次起义的出发点;依目前的形势来判断,德国难道不可能又成为欧洲无产阶级夺取第一次伟大胜利的舞台吗?

弗·恩格斯

1892 年 4 月 20 日

弗·恩格斯写于 1892 年 4 月 4—20 日

载于 1892 年在伦敦出版的《社会主义从空想到科学的发展》一书

原文是英文

选自《马克思恩格斯文集》第 3 卷第 499—522 页

社会主义从空想到科学的发展

一

现代社会主义,就其内容来说,首先是对现代社会中普遍存在的有财产者和无财产者之间、资本家和雇佣工人之间的阶级对立以及生产中普遍存在的无政府状态这两个方面进行考察的结果。但是,就其理论形式来说,它起初表现为 18 世纪法国伟大的启蒙学者们所提出的各种原则的进一步的、据称是更彻底的发展。同任何新的学说一样,它必须首先从已有的思想材料出发,虽然它的根子深深扎在物质的经济的事实中。

在法国为行将到来的革命启发过人们头脑的那些伟大人物,本身都是非常革命的。他们不承认任何外界的权威,不管这种权威是什么样的。宗教、自然观、社会、国家制度,一切都受到了最无情的批判;一切都必须在理性的法庭面前为自己的存在作辩护或者放弃存在的权利。思维着的知性成了衡量一切的唯一尺度。那时,如黑格尔所说的,是世界用头立地的时代。[①] 最初,这句话的

---

① 恩格斯在这里加了一个注:"关于法国革命,黑格尔有如下一段话:'正义思想、正义概念**一下子**就得到了承认,非正义的旧支柱不能对它作任何抵抗。因此,在正义思想的基础上现在创立了宪法,今后一切都必须

意思是:人的头脑以及通过头脑的思维发现的原理,要求成为人类的一切活动和社会结合的基础;后来这句话又有了更广泛的含义:同这些原理相矛盾的现实,实际上都被上下颠倒了。以往的一切社会形式和国家形式、一切传统观念,都被当做不合理性的东西扔到垃圾堆里去了;到现在为止,世界所遵循的只是一些成见;过去的一切只值得怜悯和鄙视。只是现在阳光才照射出来,理性的王国才开始出现。从今以后,迷信、非正义、特权和压迫,必将为永恒的真理、永恒的正义、基于自然的平等和不可剥夺的人权所取代。

现在我们知道,这个理性的王国不过是资产阶级的理想化的王国;永恒的正义在资产阶级的司法中得到实现;平等归结为法律面前的资产阶级的平等;被宣布为最主要的人权之一的是资产阶级的所有权;而理性的国家、卢梭的社会契约[278]在实践中表现为,而且也只能表现为资产阶级的民主共和国。18 世纪伟大的思想家们,也同他们的一切先驱者一样,没有能够超出他们自己的时代使他们受到的限制。

但是,除了封建贵族和作为社会所有其余部分的代表出现

以此为根据。自从太阳照耀在天空而行星围绕着太阳旋转的时候起,还从来没有看到人用头立地,即用思想立地并按照思想去构造现实。阿那克萨哥拉第一个说,Nûs 即理性支配着世界;可是,直到现在人们才认识到,思想应当支配精神的现实。因此,这是**一次壮丽的日出。一切能思维的生物都欢庆这个时代的来临。**这时到处笼罩着一种**高尚的热情,全世界都浸透了一种精神的热忱,**仿佛正是现在达到了神意和人世的和解。'(黑格尔《历史哲学》1840 年版第 535 页)难道现在不正是应当用反社会党人法[61]去反对已故的黑格尔教授的这种危害社会秩序的颠覆学说吗?"——编者注

的①资产阶级之间的对立,还存在着剥削者和被剥削者、游手好闲的富人和从事劳动的穷人之间的普遍的对立。正是由于这种情形,资产阶级的代表才能标榜自己不是某一特殊的阶级的代表,而是整个受苦人类的代表。不仅如此,资产阶级从它产生的时候起就背负着自己的对立物:资本家没有雇佣工人就不能存在,随着中世纪的行会师傅发展成为现代的资产者,行会帮工和行会外的短工便相应地发展成为无产者。虽然总的说来,资产阶级**在同贵族斗争时**②有理由认为自己同时代表当时的各个劳动阶级的利益,但是在每一个大的资产阶级运动中,都爆发过作为现代无产阶级的发展程度不同的先驱者的那个阶级的独立运动。例如,德国宗教改革和农民战争时期的再洗礼派**445**和托马斯·闵采尔③,英国大革命时期的平等派**279**,法国大革命时期的巴贝夫。伴随着一个还没有成熟的阶级的这些革命暴动,产生了相应的理论表现;在16世纪和17世纪有理想社会制度的空想的描写**280**,而在18世纪已经有了直接共产主义的理论(摩莱里和马布利)。平等的要求已经不再限于政治权利方面,它也应当扩大到个人的社会地位方面;不仅应当消灭阶级特权,而且应当消灭阶级差别本身。禁欲主义的、禁绝一切生活享受的、斯巴达式的共产主义,是这种新学说的第一个表现形式。后来出现了三个伟大的空想主义者:圣西门、傅立叶和欧文。在圣西门那里,除无产阶级的倾向外,资产阶

---

① 在1883年德文第一版中没有"作为社会所有其余部分的代表出现的"这个短语。——编者注

② 在1883年德文第一版中,这几个字不是黑体。——编者注

③ 在1883年德文第一版中"再洗礼派和托马斯·闵采尔"是"托马斯·闵采尔派"。——编者注

级的倾向还有一定的影响。欧文在资本主义生产最发达的国家里，在这种生产所造成的种种对立的影响下，直接从法国唯物主义出发，系统地阐述了他的消除阶级差别的方案。

所有这三个人有一个共同点：他们都不是作为当时已经历史地产生的无产阶级的利益的代表出现的。他们和启蒙学者一样，并不是想首先解放某一个阶级，而是想立即解放全人类。他们和启蒙学者一样，想建立理性和永恒正义的王国；但是他们的王国和启蒙学者的王国是有天壤之别的。按照这些启蒙学者的原则建立起来的资产阶级世界也是不合理的和非正义的，所以也应该像封建制度和一切更早的社会制度一样被抛到垃圾堆里去。真正的理性和正义至今还没有统治世界，这只是因为它们没有被人们正确地认识。所缺少的只是个别的天才人物，现在这种人物已经出现而且已经认识了真理；至于天才人物正是在现在出现，真理正是在现在被认识到，这并不是从历史发展的联系中必然产生的、不可避免的事情，而纯粹是一种侥幸的偶然现象。这种天才人物在500年前也同样可能诞生，这样他就能使人类免去500年的迷误、斗争和痛苦。

我们已经看到，为革命作了准备的18世纪的法国哲学家们，如何求助于理性，把理性当做一切现存事物的唯一的裁判者。他们认为，应当建立理性的国家、理性的社会，应当无情地铲除一切同永恒理性相矛盾的东西。我们也已经看到，这个永恒的理性实际上不过是恰好那时正在发展成为资产者的中等市民的理想化的知性而已。因此，当法国革命把这个理性的社会和这个理性的国家实现了的时候，新制度就表明，不论它较之旧制度如何合理，却决不是绝对合乎理性的。理性的国家完全破产了。卢梭的社会契约在恐怖时代[353]获得了实现，对自己的政治能力丧失了信心的资产阶级,为了摆脱恐怖时代,起初求助于腐败的督政府³⁵⁴,最后则托庇于拿破仑的专制统治。早先许诺的永久和平变成了一场无休止的掠夺战争。理性的社会的遭遇也并不更好一些。富有和贫穷的对立并没有化为普遍的幸福,反而由于调和这种对立的行会特权和其他特权的废除,由于缓和这种对立的教会慈善设施的取消而更加尖锐化了;现在已经实现的摆脱封建桎梏的"财产自由",对小资产者和小农说来,就是把他们的被大资本和大地产的强大竞争所压垮的小财产出卖给这些大财主的自由,于是这种"自由"对小资产者和小农说来就变成了**失去**财产的自由①;工业在资本主义基础上的迅速发展,使劳动群众的贫穷和困苦成了社会的生存条件。现金交易,如卡莱尔所说的,日益成为社会的唯一纽带。犯罪现象一年比一年增多。如果说以前在光天化日之下肆无忌惮地干出来的封建罪恶虽然没有消灭,但终究已经暂时被迫收敛了,那么,以前只是暗中偷着干的资产阶级罪恶却更加猖獗了。商业日益变成欺诈。革命的箴言"博爱"②化为竞争中的蓄意刁难和忌妒。贿赂代替了暴力压迫,金钱代替刀剑成了社会权力的第一杠杆。初夜权从封建领主手中转到了资产阶级工厂主的手中。卖淫增加到了前所未闻的程度。婚姻本身和以前一样仍然是法律承认的卖淫的形式,是卖淫的官方的外衣,并且还以大量的通奸作为补充。总之,同启蒙学者的华美诺言比起来,由"理性的胜利"建立起来的社会制度和政治制度竟是一幅令人极度失望的讽刺画。那时只是还缺少指明这种失望的人,而这种人随着新世纪的到来就出现

---

① 在 1883 年德文第一版中没有"现在已经实现的……失去财产的自由"这段话。——编者注

② 指 18 世纪末法国资产阶级革命的口号"自由、平等、博爱"。——编者注

了。1802 年出版了圣西门的《日内瓦书信》①；1808 年出版了傅立叶的第一部著作②，虽然他的理论基础在 1799 年就已经奠定了；1800 年 1 月 1 日，罗伯特·欧文担负了新拉纳克³⁵⁵的管理工作。

但是，在这个时候，资本主义生产方式以及随之而来的资产阶级和无产阶级之间的对立还没有得到充分发展。在英国刚刚兴起的大工业，在法国还不为人所知。但是，一方面，只有大工业才能发展那些使生产方式的变革，使生产方式的资本主义性质的消除成为绝对必要的冲突——不仅是大工业所产生的各个阶级之间的冲突，而且是它所产生的生产力和交换形式本身之间的冲突；另一方面，大工业又正是通过这些巨大的生产力来发展解决这些冲突的手段。因此如果说，在 1800 年前后，新的社会制度所产生的冲突还只是开始形成，那么，解决这些冲突的手段就更是这样了。虽然巴黎的无财产的群众在恐怖时代曾有一瞬间夺得了统治权，从而能够甚至**违背**资产阶级的意愿引导资产阶级革命达到胜利，但是他们只是以此证明了，他们的统治在当时的条件下是不可能持久的。在当时刚刚作为新阶级的胚胎从这些无财产的群众中分离出来的无产阶级，还完全无力采取独立的政治行动，它表现为一个无力帮助自己，最多只能从外面、从上面取得帮助的受压迫的受苦的等级。

这种历史情况也决定了社会主义创始人的观点。不成熟的理论，是同不成熟的资本主义生产状况、不成熟的阶级状况相适应的。解决社会问题的办法还隐藏在不发达的经济关系中，所以只

---

① 昂·圣西门《一个日内瓦居民给当代人的信》1803 年巴黎版。——编者注
② 沙·傅立叶《关于四种运动和普遍命运的理论》1808 年莱比锡版。——编者注

能从头脑中产生出来。社会所表现出来的只是弊病,消除这些弊病是思维着的理性的任务。于是,就需要发明一套新的更完善的社会制度,并且通过宣传,可能时通过典型示范,从外面强加于社会。这种新的社会制度是一开始就注定要成为空想的,它越是制定得详尽周密,就越是要陷入纯粹的幻想。

这一点已经弄清,我们不再花费时间去谈论现在已经完全属于过去的这一方面了。让著作界的小贩们去一本正经地挑剔这些现在只能使人发笑的幻想吧!让他们去宣扬自己的清醒的思维方式优越于这种"疯狂的念头"吧!使我们感到高兴的,倒是处处突破幻想的外壳而显露出来的天才的思想萌芽和天才的思想,而这些却是那班庸人所看不见的。

圣西门是法国大革命的产儿,他在革命爆发时还不到 30 岁。这次革命,是第三等级即**从事**生产和贸易的国民大众对以前享有特权的**游手好闲的**等级即贵族和僧侣的胜利。但是,很快就暴露出,第三等级的胜利只是这个等级中的一小部分人的胜利,是第三等级中享有社会特权的阶层即拥有财产的资产阶级夺得政治权力。而且这个资产阶级还在革命过程中就迅速地发展起来了,这是因为它利用没收后**加以拍卖的**贵族和教会的地产进行了投机,同时又借承办军需品欺骗了国家。正是这些骗子的统治在督政府时代使法国和革命濒于覆灭,从而使拿破仑有了举行政变的借口。因此,在圣西门的头脑中,第三等级和特权等级之间的对立就采取了"劳动者"和"游手好闲者"之间的对立的形式。游手好闲者不仅是指旧时的特权分子,而且也包括一切不参加生产和贸易而靠租息为生的人。而"劳动者"不仅是指雇佣工人,而且也包括厂主、商人和银行家。游手好闲者失去了精神领导和政治统治的能力,这已经是确定无疑的,而且由革命最终证实了。至于无财产者没有这种能力，在圣西门看来，这已由恐怖时代的经验所证明。那么，应当是谁来领导和统治呢？按照圣西门的意见，应当是科学和工业，它们两者由一种新的宗教纽带结合起来，而这种纽带是一种必然神秘的和等级森严的"新基督教"，其使命就是恢复从宗教改革时起被破坏了的各种宗教观点的统一。可是，科学就是学者，而工业首先就是积极活动的资产者：厂主、商人、银行家。这些资产者固然应当成为一种公众的官吏、社会的受托人，但是对工人应当保持发号施令的和享有经济特权的地位。特别是银行家应当担负起通过调节信用来调节整个社会生产的使命。这样的见解完全适应法国刚刚产生大工业以及随之产生资产阶级和无产阶级的对立的那个时代。但是，圣西门特别强调的是：他随时随地都首先关心"人数最多和最贫穷的阶级"（la classe la plus nombreuse et la plus pauvre）的命运。①

圣西门在《日内瓦书信》中已经提出这样一个论点：

"人人应当劳动。"

在同一部著作中他已经指出，恐怖统治是无财产的群众的统治。他向他们高声说道：

"看吧，当你们的伙伴统治法国的时候，那里发生了什么事情？他们造成了饥荒！"②

但是，认识到法国革命是阶级斗争，并且不仅是贵族和资产阶级之间的，而且是贵族、资产阶级**和无财产者**之间的阶级斗争，这

---

① 在1883年德文第一版中没有"圣西门是法国大革命的产儿……的命运"这一整段文字。——编者注

② 昂·圣西门《一个日内瓦居民给当代人的信》的第二封信。——编者注

在1802年是极为天才的发现。在1816年，圣西门宣布政治是关于生产的科学，并且预言政治将完全溶化在经济中。[356] 如果说经济状况是政治制度的基础这样的认识在这里仅仅以萌芽状态表现出来，那么对人的政治统治应当变成对物的管理和对生产过程的领导这种思想，即最近纷纷议论的"废除国家"的思想，已经明白地表达出来了。同样比他的同时代人高明的是：在1814年联军刚刚开进巴黎以后，接着又在1815年百日战争期间，他声明，法国和英国的同盟，其次这两个国家和德国的同盟，是欧洲的繁荣和和平的唯一保障。[357] 在1815年向法国人鼓吹去和滑铁卢会战[358]的胜利者建立同盟，这确实既要有勇气又要有历史远见。

如果说我们在圣西门那里发现了天才的远大眼光，由于他有这种眼光，后来的社会主义者的几乎所有并非严格意义上的经济学思想都以萌芽状态包含在他的思想中，那么，我们在傅立叶那里就看到了他对现存社会制度所作的具有真正法国人的风趣的、但并不因此就显得不深刻的批判。傅立叶抓住了资产阶级所说的话，抓住了他们的革命前的狂热预言者和革命后得到利益的奉承者所说的话。他无情地揭露资产阶级世界在物质上和道德上的贫困，他不仅拿这种贫困同以往的启蒙学者关于只应由理性统治的社会、关于能给所有的人以幸福的文明、关于人类无限完善化的能力的诱人的诺言作对比，而且也拿这种贫困同当时的资产阶级意识形态家的华丽的词句作对比；他指出，同最响亮的词句相对应的到处都是最可怜的现实，他辛辣地嘲讽这种词句的无可挽救的破产。傅立叶不仅是批评家，他的永远开朗的性格还使他成为一个讽刺家，而且是自古以来最伟大的讽刺家之一。他以巧妙而诙谐的笔调描绘了随着革命的低落而盛行起来的投机欺诈和当时法国商业中普遍的小商贩习气。他更巧妙地批判了两性关系的资产阶级形式和妇女在资产阶级社会中的地位。他第一个表述了这样的思想：在任何社会中，妇女解放的程度是衡量普遍解放的天然尺度。**359** 但是，傅立叶最了不起的地方表现在他对社会历史的看法上。他把社会历史到目前为止的全部历程分为四个发展阶段：蒙昧、野蛮、宗法和文明。最后一个阶段就相当于现在所谓的资产阶级社会，即从 16 世纪发展起来的社会制度，他指出：

"这种文明制度使野蛮时代每一个以简单方式犯下的罪恶，都采取了复杂的、暧昧的、两面的、虚伪的存在形式"；

文明时代是在"恶性循环"中运动，是在它不断地重新制造出来而又无法克服的矛盾中运动，因此，它所达到的结果总是同它希望达到或者佯言希望达到的相反。① 所以，比如说，

"在文明时代，**贫困是由过剩本身产生的**"②。

我们看到，傅立叶是和他的同时代人黑格尔一样熟练地掌握了辩证法的。他反对关于人类无限完善化的能力的空谈，而同样辩证地断言，每个历史阶段都有它的上升时期，但是也有它的下降时期③，而且他还把这种考察方法运用于整个人类的未来。正如康德把地球将来会走向灭亡的思想引入自然科学一样，傅立叶把人类将来会走向灭亡的思想引入历史研究。

---

① 参看沙·傅立叶《关于普遍统一的理论》第 1 卷和第 4 卷（《傅立叶全集》1843 年巴黎版第 2 卷第 78—79 页和 1841 年巴黎版第 5 卷第 213—214 页）；沙·傅立叶《经济的和协作的新世界，或按情欲分类的引人入胜的和合乎自然的劳动方式的发现》（《傅立叶全集》1845 年巴黎版第 6 卷第 27—46，390 页）。——编者注

② 见《傅立叶全集》1845 年巴黎版第 6 卷第 35 页。——编者注

③ 参看《傅立叶全集》1841 年巴黎版第 1 卷第 50 页及以下几页。——编者注

一

当革命的风暴横扫整个法国的时候,英国正在进行一场比较平静,但是并不因此就显得缺乏力量的变革。蒸汽和新的工具机把工场手工业变成了现代的大工业,从而使资产阶级社会的整个基础发生了革命。工场手工业时代的迟缓的发展进程转变成了生产中的真正的狂飙时期。社会越来越迅速地分化为大资本家和一无所有的无产者,现在处于他们二者之间的,已经不是以前的稳定的中间等级,而是不稳定的手工业者和小商人群众,他们过着动荡不定的生活,是人口中最流动的部分。新的生产方式还处在上升时期的最初阶段;它还是正常的、适当的、在当时条件下唯一可能的生产方式。但是就在那时,它已经产生了明显的社会弊病:无家可归的人挤在大城市的贫民窟里;一切传统的血缘关系、宗法从属关系、家庭关系都解体了;劳动时间,特别是女工和童工的劳动时间延长到可怕的程度;突然被抛到全新的环境中的劳动阶级,从乡村转到城市、从农业转到工业、从稳定的生活条件转到天天都在变化的毫无保障的生活条件的劳动阶级[1],大批地堕落了。这时有一个29岁的厂主作为改革家出现了,这个人具有像孩子一样单纯的高尚的性格,同时又是一个少有的天生的领导者。罗伯特·欧文接受了唯物主义启蒙学者的学说:人的性格是先天组织和人在自己的一生中,特别是在发育时期所处的环境这两个方面的产物。社会地位和欧文相同的大多数人都认为,工业革命只是便于浑水摸鱼和大发横财的一片混乱。欧文则认为,工业革命是运用他的心爱的理论并把混乱化为秩序的好机会。当他在曼彻斯特领导一个有500多工人的工厂的时候,就试行了这个理论,并且获得了成

---

[1] 在1883年德文第一版中没有"从乡村……的劳动阶级"这句话。——编者注

效。从 1800 年到 1829 年间，他按照同样的精神以股东兼经理的身份管理了苏格兰的新拉纳克大棉纺厂，只是在行动上更加自由，而且获得了使他名闻全欧的成效。新拉纳克的人口逐渐增加到 2 500 人，这些人的成分原来是极其复杂的，而且多半是极其堕落的分子，可是欧文把这个地方变成了一个完善的模范移民区，在这里，酗酒、警察、刑事法官、诉讼、贫困救济和慈善事业都绝迹了。而他之所以能做到这点，只是由于他使人生活在比较合乎人的尊严的环境中，特别是让成长中的一代受到精心的教育。他发明了并且第一次在这里创办了幼儿园。孩子们满一周岁以后就进幼儿园；他们在那里生活得非常愉快，父母几乎领不回去。欧文的竞争者迫使工人每天劳动 13—14 小时，而在新拉纳克工人只劳动 10 小时半。当棉纺织业危机使工厂不得不停工四个月的时候，歇工的工人还继续领取全部工资。虽然如此，这个企业的价值还是增加了一倍多，而且直到最后一直给企业主们带来丰厚的利润。

欧文对这一切并不感到满足。他给他的工人创造的生活条件，在他看来还远不是合乎人的尊严的，他说，

"这些人都是我的奴隶"；

他给他们安排的比较良好的环境，还远不足以使人的性格和智慧得到全面的合理的发展，更不用说允许进行自由的生命活动了。

"可是，这 2 500 人中从事劳动的那一部分人给社会生产的实际财富，在不到半个世纪前还需要 60 万人才能生产出来。我问自己：这 2 500 人所消费的财富和以前 60 万人本来应当消费的财富之间的差额到哪里去了呢？"

答案是明白的。这个差额是落到企业所有者的手里去了，他们除了领取 5% 的创业资本利息以外，还得到 30 万英镑（600 万马克）以上的利润。新拉纳克尚且如此，英国其他一切工厂就更不用说了。

"没有这些由机器创造的新财富,就不能进行推翻拿破仑和保持贵族的社会原则的战争。而这种新的力量是劳动阶级创造的。"①

因此,果实也应当属于劳动阶级。在欧文看来,到目前为止仅仅使个别人发财而使群众受奴役的新的强大的生产力,提供了改造社会的基础,它作为大家的共同财产只应当为大家的共同福利服务。

欧文的共产主义就是通过这种纯粹商业的方式,作为所谓商业计算的果实产生出来的。它始终都保持着这种面向实际的性质。例如,在1823年,欧文提出了通过共产主义移民区消除爱尔兰贫困的办法,并附上了关于筹建费用、年度开支和预计收入的详细计算。② 而在他的关于未来的最终计划中,对各种技术上的细节,包括平面图、正面图和鸟瞰图在内,都作了非常内行的规划,以致他的社会改革的方法一旦被采纳,则各种细节的安排甚至从专家的眼光看来也很少有什么可以挑剔的。

转向共产主义是欧文一生中的转折点。当他还只是一个慈善家的时候,他所获得的只是财富、赞扬、尊敬和荣誉。他是欧洲最有名望的人物。不仅社会地位和他相同的人,而且连达官显贵、王公大人们都点头倾听他的讲话。可是,当他提出他的共产主义理论时,情况就完全变了。在他看来,阻碍社会改革的首先有三大障碍:私有制、宗教和现在的婚姻形式。他知道,他向这些障碍进攻,

---

① 恩格斯在这里加了一个注:"摘自《头脑和实践中的革命——致全体"欧洲红色共和党人、共产主义者和社会主义者"并呈1848年法国临时政府以及"维多利亚女王和女王的责任顾问"的备忘录》。"——编者注

② 参看罗·欧文《关于在都柏林举行的几次公众集会的报告.3月18日、4月12—19日和5月3日》1823年都柏林版。——编者注

等待他的将是什么：官方社会的普遍排斥，他的整个社会地位的丧失。但是，他并没有却步，他不顾一切地向这些障碍进攻，而他所预料的事情果然发生了。他被逐出了官方社会，报刊对他实行沉默抵制，他由于以全部财产在美洲进行的共产主义试验失败而变得一贫如洗，于是他就直接转向工人阶级，在工人阶级中又进行了30年的活动。当时英国的有利于工人的一切社会运动、一切实际进步，都是和欧文的名字联在一起的。例如，经过他五年的努力，在1819年通过了限制工厂中妇女和儿童劳动的第一个法律。[360]他主持了英国工会的第一次代表大会，在这次大会上，全国各工会联合成一个工会大联盟。[361]同时，作为向完全共产主义的社会制度过渡的措施，一方面他组织了合作社（消费合作社和生产合作社），这些合作社从这时起至少已经在实践上证明，无论商人或厂主都决不是不可缺少的人物；另一方面他组织了劳动市场[188]，即借助以劳动小时为单位的劳动券来交换劳动产品的机构；这种机构必然要遭到失败，但是充分预示了晚得多的蒲鲁东的交换银行[22]，而它和后者不同的是，它并没有被说成是医治一切社会弊病的万灵药方，而只是被描写为激进得多的社会改造的第一步。

空想主义者的见解曾经长期支配着19世纪的社会主义观点，而且现在还部分地支配着这种观点。法国和英国的一切社会主义者不久前都还信奉这种见解①，包括魏特林在内的先前的德国共产主义也是这样。对所有这些人来说，社会主义是绝对真理、理性和正义的表现，只要它被发现了，它就能用自己的力量征服世界；

---

① 在1883年德文第一版中这句话是："现在英国的一切社会主义者正热衷于这种观察方式，还在不久前法国的一切社会主义者就曾热衷于这种观察方式。"——编者注

因为绝对真理是不依赖于时间、空间和人类的历史发展的，所以，它在什么时候和什么地方被发现，那纯粹是偶然的事情。同时，绝对真理、理性和正义在每个学派的创始人那里又是各不相同的；而因为在每个学派的创始人那里，绝对真理、理性和正义的独特形式又是由他们的主观知性、他们的生活条件、他们的知识水平和思维训练水平所决定的，所以，解决各种绝对真理的这种冲突的办法就只能是它们互相磨损。由此只能得出一种折中的不伦不类的社会主义，这种社会主义实际上直到今天还统治着法国和英国大多数社会主义工人的头脑，它是由各学派创始人的比较温和的批判性言论、经济学原理和关于未来社会的观念组成的色调极为复杂的混合物，这种混合物的各个组成部分，在辩论的激流中越是磨去其锋利的棱角，就像溪流中的卵石一样，这种混合物就越容易构成。为了使社会主义变为科学，就必须首先把它置于现实的基础之上。

二

在此期间，同18世纪的法国哲学并列和继它之后，近代德国哲学产生了，并且在黑格尔那里完成了。它的最大的功绩，就是恢复了辩证法这一最高的思维形式。古希腊的哲学家都是天生的自发的辩证论者，他们中最博学的人物亚里士多德就已经研究了辩证思维的最主要的形式。而近代哲学虽然也有辩证法的卓越代表（例如笛卡儿和斯宾诺莎），但是特别由于英国的影响却日益陷入所谓形而上学的思维方式；18世纪的法国人也几乎全都为这种思维方式所支配，至少在他们的专门哲学著作中是如此。可是，在本来意义的哲学之外，他们同样也能够写出辩证法的杰作；我们只要提一下狄德罗的《拉摩的侄子》[281]和卢梭的《论人间不平等的起源》①就够了。——在这里，我们就简略地谈谈这两种思维方法的实质。

当我们通过思维来考察自然界或人类历史或我们自己的精神活动的时候，首先呈现在我们眼前的，是一幅由种种联系和相互作用无穷无尽地交织起来的画面，其中没有任何东西是不动的和不变的，而是一切都在运动、变化、生成和消逝。所以，我们首先看到的是总画面，其中各个细节还或多或少地隐藏在背景中，我们注意得更多的是运动、转变和联系，而不是注意**什么东西**在运动、转变和联系。这种原始的、素朴的、但实质上正确的世界观是古希腊哲学的世界观，而且是由赫拉克利特最先明白地表述出来的：一切都存在而又不存在，因为一切都在**流动**，都在不断地变化，不断地生成和消逝。但是，这种观点虽然正确地把握了现象的总画面的一般性质，却不足以说明构成这幅总画面的各个细节；而我们要是不知道这些细节，就看不清总画面。为了认识这些细节，我们不得不把它们从自然的或历史的联系中抽出来，从它们的特性、它们的特殊的原因和结果等等方面来分别加以研究。这首先是自然科学和历史研究的任务；而这些研究部门，由于十分明显的原因，在古典时代的希腊人那里只占有从属的地位，因为他们首先必须为这种研究搜集材料。只有当自然和历史的材料搜集到一定程度以后，才能进行批判的整理和比较，或者说进行纲、目和种的划分。因此，精确的自然研究只是在亚历山大里亚时期[282]的希腊人那里才开始，而后来在中世纪由阿拉伯人继续发展下去；可是，真正的自

---

① 让·雅·卢梭《论人间不平等的起源和原因》1755年阿姆斯特丹版。——编者注

然科学只是从 15 世纪下半叶才开始,从这时起它就获得了日益迅速的进展。把自然界分解为各个部分,把各种自然过程和自然对象分成一定的门类,对有机体的内部按其多种多样的解剖形态进行研究,这是最近 400 年来在认识自然界方面获得巨大进展的基本条件。但是,这种做法也给我们留下了一种习惯:把各种自然物和自然过程孤立起来,撇开宏大的总的联系去进行考察,因此,就不是从运动的状态,而是从静止的状态去考察;不是把它们看做本质上变化的东西,而是看做固定不变的东西;不是从活的状态,而是从死的状态去考察。这种考察方式被培根和洛克从自然科学中移植到哲学中以后,就造成了最近几个世纪所特有的局限性,即形而上学的思维方式。

在形而上学者看来,事物及其在思想上的反映即概念,是孤立的、应当逐个地和分别地加以考察的、固定的、僵硬的、一成不变的研究对象。他们在绝对不相容的对立中思维;他们的说法是:"是就是,不是就不是;除此以外,都是鬼话。"①在他们看来,一个事物要么存在,要么就不存在;同样,一个事物不能同时是自身又是别的东西。正和负是绝对互相排斥的;原因和结果也同样是处于僵硬的相互对立中。初看起来,这种思维方式对我们来说似乎是极容易理解的,因为它是合乎所谓常识的。然而,常识在日常应用的范围内虽然是极可尊敬的东西,但它一跨入广阔的研究领域,就会碰到极为惊人的变故。形而上学的考察方式,虽然在相当广泛的、各依对象性质而大小不同的领域中是合理的,甚至必要的,可是它每一次迟早都要达到一个界限,一超过这个界限,它就会变成

---

① 参看《新约全书·马太福音》第 5 章第 37 节。——编者注

片面的、狭隘的、抽象的，并且陷入无法解决的矛盾，因为它看到一个一个的事物，忘记它们互相间的联系；看到它们的存在，忘记它们的生成和消逝；看到它们的静止，忘记它们的运动；因为它只见树木，不见森林。例如，在日常生活中，我们知道并且可以肯定地说，某一动物存在还是不存在；但是，在进行较精确的研究时，我们就发现，这有时是极其复杂的事情。这一点法学家们知道得很清楚，他们为了判定在子宫内杀死胎儿是否算是谋杀，曾绞尽脑汁去寻找一条合理的界限，结果总是徒劳。同样，要确定死亡的那一时刻也是不可能的，因为生理学证明，死亡并不是突然的、一瞬间的事情，而是一个很长的过程。同样，任何一个有机体，在每一瞬间都既是它本身，又不是它本身；在每一瞬间，它消化着外界供给的物质，并排泄出其他物质；在每一瞬间，它的机体中都有细胞在死亡，也有新的细胞在形成；经过或长或短的一段时间，这个机体的物质便完全更新了，由其他物质的原子代替了，所以，每个有机体永远是它本身，同时又是别的东西。在进行较精确的考察时，我们也发现，某种对立的两极，例如正和负，既是彼此对立的，又是彼此不可分离的，而且不管它们**如何**对立，它们总是互相渗透的；同样，原因和结果这两个概念，只有应用于个别场合时才有其本来的意义；可是，只要我们把这种个别的场合放到它同宇宙的总联系中来考察，这两个概念就交汇起来，融合在普遍相互作用的看法中，而在这种相互作用中，原因和结果经常交换位置；在此时或此地是结果的，在彼时或彼地就成了原因，反之亦然。

所有这些过程和思维方法都是形而上学思维的框子所容纳不下的。相反，对辩证法来说，上述过程正好证明它的方法是正确的，因为辩证法在考察事物及其在观念上的反映时，本质上是从它们的联系、它们的联结、它们的运动、它们的产生和消逝方面去考察的。自然界是检验辩证法的试金石,而且我们必须说,现代自然科学为这种检验提供了极其丰富的、与日俱增的材料,并从而证明了,自然界的一切归根到底是辩证地而不是形而上学地发生的;自然界不是循着一个永远一样的不断重复的圆圈运动,而是经历着实在的历史。这里首先就应当提到达尔文,他极其有力地打击了形而上学的自然观,因为他证明了今天的整个有机界,植物和动物,因而也包括人类在内,都是延续了几百万年的发展过程的产物。可是,由于学会辩证地思维的自然科学家到现在还屈指可数,所以,现在理论自然科学中普遍存在的并使教师和学生、作者和读者同样感到绝望的那种无限混乱的状态,完全可以从已经发现的成果和传统的思维方式之间的这个冲突中得到说明。

因此,要精确地描绘宇宙、宇宙的发展和人类的发展,以及这种发展在人们头脑中的反映,就只有用辩证的方法,只有不断地注意生成和消逝之间、前进的变化和后退的变化之间的普遍相互作用才能做到。近代德国哲学一开始就是以这种精神进行活动的。康德一开始他的学术生涯,就把牛顿的稳定的太阳系和太阳系经过有名的第一推动后的永恒存在变成了历史的过程,即太阳和一切行星由旋转的星云团产生的过程。同时,他已经作出了这样的结论:太阳系的产生也预示着它将来的不可避免的灭亡。过了半个世纪,他的观点由拉普拉斯从数学上作出了证明;又过了半个世纪,分光镜证明了,在宇宙空间存在着凝聚程度不同的炽热的气团。[283]

这种近代德国哲学在黑格尔的体系中完成了。在这个体系中,黑格尔第一次——这是他的伟大功绩——把整个自然的、历史的和精神的世界描写为一个过程,即把它描写为处在不断的运动、变化、转变和发展中,并企图揭示这种运动和发展的内在联系。从这个观点来看,人类的历史已经不再是乱七八糟的、统统应当被这时已经成熟了的哲学理性的法庭所唾弃并最好尽快被人遗忘的毫无意义的暴力行为，而是人类本身的发展过程，而思维的任务现在就是要透过一切迷乱现象探索这一过程的逐步发展的阶段，并且透过一切表面的偶然性揭示这一过程的内在规律性。

黑格尔的体系没有解决向自己提出的这个任务，这在这里没有多大关系。他的划时代的功绩是提出了这个任务。这不是任何个人所能解决的任务。虽然黑格尔和圣西门一样是当时最博学的人物，但是他毕竟受到了限制，首先是他自己的必然有限的知识的限制，其次是他那个时代的在广度和深度方面都同样有限的知识和见解的限制。但是，除此以外还有第三种限制。黑格尔是唯心主义者，就是说，在他看来，他头脑中的思想不是现实的事物和过程的或多或少抽象的反映，相反，在他看来，事物及其发展只是在世界出现以前已经以某种方式存在着的"观念"的现实化的反映。这样，一切都被头足倒置了，世界的现实联系完全被颠倒了。所以，不论黑格尔如何正确地和天才地把握了一些个别的联系，但由于上述原因，就是在细节上也有许多东西不能不是牵强的、造作的、虚构的，一句话，被歪曲的。黑格尔的体系作为体系来说，是一次巨大的流产，但也是这类流产中的最后一次。就是说，它还包含着一个无法解决的内在矛盾：一方面，它以历史的观点作为基本前提，即把人类的历史看做一个发展过程，这个过程按其本性来说在认识上是不能由于所谓绝对真理的发现而结束的；但是另一方面，它又硬说它自己就是这种绝对真理的化身。关于自然和历史的无所不包的、最终完成的认识体系，是同辩证思维的基本规律相矛盾的；但是，这样说决不排除，相反倒包含下面一点，即对整个外部世界的有系统的认识是可以一代一代地取得巨大进展的。

一旦了解到以往的德国唯心主义是完全荒谬的，那就必然导致唯物主义,但是要注意,并不是导致 18 世纪的纯粹形而上学的、完全机械的唯物主义。同那种以天真的革命精神简单地抛弃以往的全部历史的做法相反,现代唯物主义把历史看做人类的发展过程,而它的任务就在于发现这个过程的运动规律。无论在 18世纪的法国人那里,还是在黑格尔那里,占统治地位的自然观都认为,自然界是一个沿着狭小的圆圈循环运动的、永远不变的整体,牛顿所说的永恒的天体和林耐所说的不变的有机物种也包含在其中。同这种自然观相反,现代唯物主义概括了自然科学的新近的进步,从这些进步来看,自然界同样也有自己的时间上的历史,天体和在适宜条件下生存在天体上的有机物种都是有生有灭;至于循环,即使能够存在,其规模也要大得无比。在这两种情况下,现代唯物主义本质上都是辩证的,而且不再需要任何凌驾于其他科学之上的哲学了。一旦对每一门科学都提出要求,要它们弄清它们自己在事物以及关于事物的知识的总联系中的地位,关于总联系的任何特殊科学就是多余的了。于是,在以往的全部哲学中仍然独立存在的,就只有关于思维及其规律的学说——形式逻辑和辩证法。其他一切都归到关于自然和历史的实证科学中去了。

但是,自然观的这种变革只能随着研究工作提供相应的实证的认识材料而实现,而在这期间一些在历史观上引起决定性转变的历史事实却老早就发生了。1831 年在里昂发生了第一次工人起义[284];在 1838—1842 年,第一次全国性的工人运动,即英国宪章派的运动[8],达到了高潮。无产阶级和资产阶级之间的阶级斗争一方面随着大工业的发展,另一方面随着资产阶级新近取得的政治统治的发展,在欧洲最先进的国家的历史中升到了重要地位。事实日益令人信服地证明,资产阶级经济学关于资本和劳动的利益一致、关于自由竞争必将带来普遍和谐和人民的普遍福利的学说完全是撒谎。对所有这些事实都再也不能置之不理了,同样,对作为这些事实的理论表现(虽然是极不完备的表现)的法国和英国的社会主义也不能再置之不理了。但是,旧的、还没有被排除掉的唯心主义历史观不知道任何基于物质利益的阶级斗争,而且根本不知道任何物质利益;生产和一切经济关系,在它那里只是被当做"文化史"的从属因素顺便提一下。

新的事实迫使人们对以往的全部历史作一番新的研究,结果发现:以往的**全部**历史,除原始状态外,都是阶级斗争的历史;这些互相斗争的社会阶级在任何时候都是生产关系和交换关系的产物,一句话,都是自己时代的**经济**关系的产物;因而每一时代的社会经济结构形成现实基础,每一个历史时期的由法的设施和政治设施以及宗教的、哲学的和其他的观念形式所构成的全部上层建筑,归根到底都应由这个基础来说明。黑格尔把历史观从形而上学中解放了出来,使它成为辩证的,可是他的历史观本质上是唯心主义的。现在,唯心主义从它的最后的避难所即历史观中被驱逐出去了,一种唯物主义的历史观被提出来了,用人们的存在说明他们的意识,而不是像以往那样用人们的意识说明他们的存在这样一条道路已经找到了。

因此,社会主义现在已经不再被看做某个天才头脑的偶然发现,而被看做两个历史地产生的阶级即无产阶级和资产阶级之间斗争的必然产物。它的任务不再是构想出一个尽可能完善的社会制度,而是研究必然产生这两个阶级及其相互斗争的那种历史的经济的过程;并在由此造成的经济状况中找出解决冲突的手段。可是,以往的社会主义同这种唯物主义历史观是不相容的,正如法国唯物主义的自然观同辩证法和近代自然科学不相容一样。以往的社会主义固然批判了现存的资本主义生产方式及其后果,但是,它不能说明这个生产方式，因而也就不能对付这个生产方式；它只能简单地把它当做坏东西抛弃掉。它越是激烈地反对同这种生产方式密不可分的对工人阶级的剥削，就越是不能明白指出，这种剥削是怎么回事，它是怎样产生的。但是，问题在于：一方面应当说明资本主义生产方式的历史联系和它在一定历史时期存在的必然性，从而说明它灭亡的必然性；另一方面应当揭露这种生产方式的一直还隐蔽着的内在性质。这已经由于**剩余价值**的发现而完成了。已经证明，无偿劳动的占有是资本主义生产方式和通过这种生产方式对工人进行的剥削的基本形式；即使资本家按照劳动力作为商品在商品市场上所具有的全部价值来购买他的工人的劳动力，他从这种劳动力榨取的价值仍然比他对这种劳动力的支付要多；这种剩余价值归根到底构成了有产阶级手中日益增加的资本量由以积累起来的价值量。这样就说明了资本主义生产和资本生产的过程。

这两个伟大的发现——唯物主义历史观和通过剩余价值揭开资本主义生产的秘密，都应当归功于**马克思**。由于这两个发现，社会主义变成了科学，现在首先要做的是对这门科学的一切细节和联系作进一步的探讨。

三

唯物主义历史观从下述原理出发：生产以及随生产而来的产品交换是一切社会制度的基础；在每个历史地出现的社会中，产品分配以及和它相伴随的社会之划分为阶级或等级，是由生产什么、怎样生产以及怎样交换产品来决定的。所以，一切社会变迁和政治变革的终极原因，不应当到人们的头脑中，到人们对永恒的真

理和正义的日益增进的认识中去寻找，而应当到生产方式和交换
方式的变更中去寻找；不应当到有关时代的**哲学**中去寻找，而应当
到有关时代的**经济**中去寻找。对现存社会制度的不合理性和不公
平、对"理性化为无稽，幸福变成苦痛"①的日益觉醒的认识，只是
一种征兆，表示在生产方法和交换形式中已经不知不觉地发生了
变化，适合于早先的经济条件的社会制度已经不再同这些变化相
适应了。同时这还说明，用来消除已经发现的弊病的手段，也必然
以或多或少发展了的形式存在于已经发生变化的生产关系本身
中。这些手段不应当从头脑中**发明出来**，而应当通过头脑从生产
的现成物质事实中**发现出来**。

那么，照此看来，现代社会主义是怎么回事呢？

现在大家几乎都承认，现存的社会制度是由现在的统治阶级
即资产阶级创立的。资产阶级所固有的生产方式（从马克思以来
称为资本主义生产方式），是同封建制度的地方特权、等级特权以
及相互的人身束缚不相容的；资产阶级摧毁了封建制度，并且在它
的废墟上建立了资产阶级的社会制度，建立了自由竞争、自由迁
徙、商品占有者平等的王国，以及其他一切资产阶级的美妙东西。
资本主义生产方式现在可以自由发展了。自从蒸汽和新的工具机
把旧的工场手工业变成大工业以后，在资产阶级领导下造成的生
产力，就以前所未闻的速度和前所未闻的规模发展起来了。但是，
正如从前工场手工业以及在它影响下进一步发展了的手工业同封
建的行会桎梏发生冲突一样，大工业得到比较充分的发展时就同
资本主义生产方式对它的种种限制发生冲突了。新的生产力已经

---

① 见歌德《浮士德》第 1 部第 4 场《书斋》。——编者注

超过了这种生产力的资产阶级利用形式;生产力和生产方式之间的这种冲突,并不是像人的原罪和神的正义的冲突那样产生于人的头脑中,而是存在于事实中,客观地、在我们之外、甚至不依赖于引起这种冲突的那些人的意志或行动而存在着。现代社会主义不过是这种实际冲突在思想上的反映,是它在头脑中,首先是在那个直接吃到它的苦头的阶级即工人阶级的头脑中的观念上的反映。

那么,这种冲突表现在哪里呢?

在资本主义生产出现之前,即在中世纪,普遍地存在着以劳动者私人占有生产资料为基础的小生产:小农的即自由农或依附农的农业和城市的手工业。劳动资料——土地、农具、作坊、手工工具——都是个人的劳动资料,只供个人使用,因而必然是小的、简陋的、有限的。但是,正因为如此,它们也照例是属于生产者自己的。把这些分散的小的生产资料加以集中和扩大,把它们变成现代的强有力的生产杠杆,这正是资本主义生产方式及其承担者即资产阶级的历史作用。资产阶级怎样从 15 世纪起经过简单协作、工场手工业和大工业这三个阶段历史地实现了这种作用,马克思在《资本论》第四篇①中已经作了详尽的阐述。但是,正如马克思在那里所证明的,资产阶级要是不把这些有限的生产资料从个人的生产资料变为**社会化的**即只能由**一批人共同使用的**生产资料,就不能把它们变成强大的生产力。纺纱机、机械织机和蒸汽锤代替了纺车、手工织机和手工锻锤;需要成百上千的人进行协作的工厂代替了小作坊。同生产资料一样,生产本身也从一系列的个人行动变成了一系列的社会行动,而产品也从个人的产品变成了

---

① 指马克思《资本论》第 1 卷第 4 篇,见《马克思恩格斯文集》第 5 卷第 363—580 页。——编者注

社会的产品。现在工厂所出产的纱、布、金属制品，都是许多工人的共同产品，都必须顺次经过他们的手，然后才变为成品。他们当中没有一个人能够说：这是我做的，这是**我的**产品。

但是，在自发的、无计划地逐渐形成的①社会内部分工成了生产的基本形式的地方，这种分工就使产品具有**商品**的形式，而商品的相互交换，即买和卖，使个体生产者有可能满足自己的各式各样的需要。中世纪的情况就是这样。例如，农民把农产品卖给手工业者，从他们那里买得手工业品。在这种个体生产者即商品生产者的社会中，渗入了一种新的生产方式。它在整个社会中占支配地位的自发的**无计划的**分工中间，确立了在个别工厂里的有组织的**有计划的**分工；在**个体**生产旁边出现了**社会化**生产。两者的产品在同一市场上出卖，因而价格至少大体相等。但是，有计划的组织要比自发的分工有力量；采用社会化劳动的工厂里所制造的产品，要比分散的小生产者所制造的便宜。个体生产在一个又一个的部门中遭到失败，社会化生产使全部旧的生产方式发生革命。但是它的这种革命性质并不为人所认识，结果它反而被用来当做提高和促进商品生产的手段。它的产生，是同商品生产和商品交换的一定的已经存在的杠杆即商人资本、手工业、雇佣劳动直接联系着的。由于它本身是作为商品生产的一种新形式出现的，所以商品生产的占有形式对它也保持着全部效力。

在中世纪得到发展的那种商品生产中，劳动产品应当属于谁的问题根本不可能发生。当时个体生产者通常都用自己所有的、往往是自己生产的原料，用自己的劳动资料，用自己或家属的

---

① 在1883年德文第一版中没有"无计划地逐渐形成的"。——编者注

手工劳动来制造产品。这样的产品根本用不着他去占有，它自然
是属于他的。因此，产品的所有权是以**自己的劳动**为基础的。即
使利用过别人的帮助，这种帮助通常也是次要的，而且往往除工资
以外还得到别的报酬：行会的学徒和帮工与其说是为了吃饭和挣
钱而劳动，不如说是为了自己学成手艺当师傅而劳动。后来生产
资料开始集中在大的作坊和手工工场中，开始变为真正社会化的
生产资料。但是，这些社会化的生产资料和产品还像从前一样仍
被当做个人的生产资料和产品来处理。从前，劳动资料的占有者
占有产品，因为这些产品通常是他自己的产品，别人的辅助劳动是
一种例外；而现在，劳动资料的占有者还继续占有产品，虽然这些
产品已经不是**他的**产品，而完全是**别人劳动**的产品了。这样，现在
按社会化方式生产的产品已经不归那些真正使用生产资料和真正
生产这些产品的人占有，而是归**资本家**占有。生产资料和生产实
质上已经社会化了。但是，它们仍然服从于这样一种占有形式，这
种占有形式是以个体的私人生产为前提，因而在这种形式下每个
人都占有自己的产品并把这个产品拿到市场上去出卖。生产方式
虽然已经消灭了这一占有形式的前提，但是它仍然服从于这一占
有形式①。赋予新的生产方式以资本主义性质的这一矛盾，**已经**
包含着现代的一切冲突的萌芽。新的生产方式越是在一切有决定

---

① 恩格斯在这里加了一个注："这里无须解释，虽然占有**形式**还是原来那
样，可是占有的**性质**由于上述过程而经历的革命，并不亚于生产所经历
的革命。我占有我自己的产品还是占有别人的产品，这自然是两种很不
相同的占有。顺便提一下：包含着整个资本主义生产方式的萌芽的雇佣
劳动是很古老的；它个别地和分散地同奴隶制度并存了几百年。但是，
只有在历史前提已经具备时，这一萌芽才能发展成为资本主义生产方
式。"——编者注

意义的生产部门和一切在经济上起决定作用的国家里占统治地位,并从而把个体生产排挤到无足轻重的残余地位,**社会化生产和资本主义占有的不相容性**,也必然越加鲜明地表现出来。

如上所述,最初的资本家就已经遇到了现成的雇佣劳动形式。但是,那时雇佣劳动是一种例外,一种副业,一种辅助办法,一种暂时措施。不时出去打短工的农业劳动者,都有自己的几亩土地,不得已时单靠这些土地也能生活。行会条例是要使今天的帮工明天可以成为师傅。但是,生产资料一旦变为社会化的生产资料并集中在资本家手中,情形就改变了。个体小生产者的生产资料和产品变得越来越没有价值;他们除了受雇于资本家就没有别的出路。雇佣劳动以前是一种例外和辅助办法,现在成了整个生产的通例和基本形式;以前是一种副业,现在成了工人的唯一职业。暂时的雇佣劳动者变成了终身的雇佣劳动者。此外,由于同时发生了封建制度的崩溃,封建主扈从人员被解散,农民被逐出自己的家园等等,终身的雇佣劳动者大量增加了。集中在资本家手中的生产资料和除了自己的劳动力以外一无所有的生产者彻底分离了。**社会化生产和资本主义占有之间的矛盾表现为无产阶级和资产阶级的对立。**

我们已经看到,资本主义生产方式渗入了商品生产者即通过自己产品的交换来实现社会联系的个体生产者的社会。但是,每个以商品生产为基础的社会都有一个特点:这里的生产者丧失了对他们自己的社会关系的控制。每个人都用自己偶然拥有的生产资料并为自己的特殊的①交换需要而各自进行生产。谁也不知道,他的那种商品在市场上会出现多少,究竟需要多少;谁也不知

---

① 在1883年德文第一版中不是"特殊的",而是"个人的"。——编者注

道,他的个人产品是否真正为人所需要,是否能收回它的成本,到底是否能卖出去。社会生产的无政府状态占统治地位。但是,商品生产同任何其他生产形式一样,有其特殊的、固有的、和它分不开的规律;这些规律不顾无政府状态、在无政府状态中、通过无政府状态而为自己开辟道路。这些规律在社会联系的唯一继续存在的形式即交换中表现出来,并且作为竞争的强制规律对各个生产者发生作用。所以,这些规律起初连这些生产者也不知道,只是由于长期的经验才逐渐被他们发现。所以,这些规律是在不经过生产者并且同生产者对立的情况下,作为他们的生产形式的盲目起作用的自然规律而为自己开辟道路。产品支配着生产者。

在中世纪的社会里,特别是在最初几世纪,生产基本上是为了供自己消费。它主要只是满足生产者及其家属的需要。在那些有人身依附关系的地方,例如在农村中,生产还满足封建主的需要。因此,在这里没有交换,产品也不具有商品的性质。农民家庭差不多生产了自己所需要的一切:食物、用具和衣服。只有当他们在满足自己的需要并向封建主交纳实物贡赋以后还能生产更多的东西时,他们才开始生产商品;这种投入社会交换即拿去出卖的多余产品就成了商品。诚然,城市手工业者一开始就必然为交换而生产。但是,他们也自己生产自己所需要的大部分东西;他们有园圃和小块土地;他们在公共森林中放牧牲畜,并且从这些森林中取得木材和燃料;妇女纺麻,纺羊毛等等。以交换为目的的生产,即商品生产,还只是在形成中。因此,交换是有限的,市场是狭小的,生产方式是稳定的,地方和外界是隔绝的,地方内部是统一的;农村中有马尔克①,

---

① 恩格斯在这里加了一个注:"见书末的附录。**446**"——编者注

城市中有行会。

但是,随着商品生产的扩展,特别是随着资本主义生产方式的出现,以前潜伏着的商品生产规律也就越来越公开、越来越有力地发挥作用了。旧日的束缚已经松弛,旧日的壁障已经突破,生产者日益变为独立的、分散的商品生产者了。社会生产的无政府状态已经表现出来,并且越来越走向极端。但是,资本主义生产方式用来加剧社会生产中的这种无政府状态的主要工具正是无政府状态的直接对立物:每一单个生产企业中的生产作为社会化生产所具有的日益加强的组织性。资本主义生产方式利用这一杠杆结束了旧日的和平的稳定状态。它在哪一个工业部门被采用,就不容许任何旧的生产方法在那里和它并存。它在哪里控制了手工业,就把那里的旧的手工业消灭掉。劳动场地变成了战场。伟大的地理发现以及随之而来的殖民地的开拓使销售市场扩大了许多倍,并且加速了手工业向工场手工业的转化。斗争不仅爆发于地方的各个生产者之间;地方性的斗争又发展为全国性的,发展为 17 世纪和 18 世纪的商业战争[362]。最后,大工业和世界市场的形成使这个斗争成为普遍的,同时使它具有了空前的剧烈性。在资本家和资本家之间,在工业部门和工业部门之间以及国家和国家之间,生死存亡都取决于天然的或人为的生产条件的优劣。失败者被无情地淘汰掉。这是从自然界加倍疯狂地搬到社会中来的达尔文的个体生存斗争。动物的自然状态竟表现为人类发展的顶点。社会化生产和资本主义占有之间的矛盾表现为**个别工厂中生产的组织性和整个社会中生产的无政府状态之间的对立**。

资本主义生产方式在它生而具有的矛盾的这两种表现形式中运动着,它毫无出路地处在早已为傅立叶所发现的"恶性循环"中。诚然,傅立叶在他那个时代还不能看到:这种循环在逐渐缩小;更确切地说,运动沿螺线行进,并且必然像行星的运动一样,由于同中心相碰撞而告终。社会的生产无政府状态的推动力使大多数人日益变为无产者,而无产者群众又将最终结束生产的无政府状态。社会的生产无政府状态的推动力,使大工业中的机器无止境地改进的可能性变成一种迫使每个工业资本家在遭受毁灭的威胁下不断改进自己的机器的强制性命令。但是,机器的改进就造成人的劳动的过剩。如果说机器的采用和增加意味着成百万的手工劳动者为少数机器劳动者所排挤,那么,机器的改进就意味着越来越多的机器劳动者本身受到排挤,而归根到底就意味着造成一批超过资本雇工的平均需要的、可供支配的雇佣劳动者,一支真正的产业后备军(我早在1845年就这样称呼他们①);这支后备军在工业开足马力工作的时期可供随意支配,而由于随后必然到来的崩溃又被抛到街头;这支后备军任何时候都是工人阶级在自己同资本进行生存斗争中的绊脚石,是把工资抑制在合乎资本家需要的低水平上的调节器。这样一来,机器,用马克思的话来说,就成了资本用来对付工人阶级的最强有力的武器,劳动资料不断地夺走工人手中的生活资料,工人自己的产品变成了奴役工人的工具。② 于是,劳动资料的节约,一开始就同时成为对劳动力的最无情的浪费和对劳动发挥作用的正常条件的剥夺③;机器这一缩短劳动时间的最有力的手段,变成了使工人及其家属一生的时间转化为可以随意用来增殖资本的劳动时间的最可靠的手段;于是,一

---

① 恩格斯在这里加了一个注:"《英国工人阶级状况》第109页。"参看《马克思恩格斯全集》中文第1版第2卷第369页。——编者注
② 参看马克思《资本论》第1卷,《马克思恩格斯文集》第5卷第501、560页。——编者注
③ 同上,第532页。——编者注

部分人的过度劳动成了另一部分人失业的前提,而在全世界追逐新消费者的大工业,却在国内把群众的消费限制到忍饥挨饿这样一个最低水平,从而破坏了自己的国内市场。"使相对过剩人口或产业后备军同资本积累的规模和能力始终保持平衡的规律把工人钉在资本上,比赫斐斯塔司的楔子把普罗米修斯钉在岩石上钉得还要牢。这一规律制约着同资本积累相适应的贫困积累。因此,在一极是财富的积累,同时在另一极,即在**把自己的产品作为资本来生产**的阶级方面,是贫困、劳动折磨、受奴役、无知、粗野和道德堕落的积累。"(马克思《资本论》第 671 页)[①]而期待资本主义生产方式有另一种产品分配,那就等于要求电池的电极和电池相联时不使水分解,不在阳极放出氧和在阴极放出氢。

我们已经看到,现代机器的已经达到极高程度的改进的可能性,怎样由于社会中的生产无政府状态而变成一种迫使各个工业资本家不断改进自己的机器、不断提高机器的生产能力的强制性命令。对资本家来说,扩大自己的生产规模的单纯的实际可能性也变成了同样的强制性命令。大工业的巨大的扩张力——气体的膨胀力同它相比简直是儿戏——现在在我们面前表现为不顾任何反作用力而在质量上和数量上进行扩张的**需要**。这种反作用力是由大工业产品的消费、销路、市场形成的。但是,市场向广度和深度扩张的能力首先是受完全不同的、力量弱得多的规律支配的。市场的扩张赶不上生产的扩张。冲突成为不可避免的了,而且,因为它在把资本主义生产方式本身炸毁以前不能使矛盾得到解决,所以它就成为周期性的了。资本主义生产造成了新的"恶性

---

① 引自《资本论》第 1 卷,参看本选集第 2 卷第 289—290 页。——编者注

循环"。

事实上,自从1825年第一次普遍危机爆发以来,整个工商业世界,一切文明民族及其野蛮程度不同的附属地中的生产和交换,差不多每隔十年就要出轨一次。交易停顿,市场盈溢,产品大量滞销积压,银根奇紧,信用停止,工厂停工,工人群众因为他们生产的生活资料过多而缺乏生活资料,破产相继发生,拍卖纷至沓来。停滞状态持续几年,生产力和产品被大量浪费和破坏,直到最后,大批积压的商品以或多或少压低了的价格卖出,生产和交换又逐渐恢复运转。步伐逐渐加快,慢步转成快步,工业快步转成跑步,跑步又转成工业、商业、信用和投机事业的真正障碍赛马中的狂奔,最后,经过几次拼命的跳跃重新陷入崩溃的深渊。如此反复不已。从1825年以来,这种情况我们已经历了整整五次,目前(1877年)正经历着第六次。这些危机的性质表现得这样明显,以致傅立叶在把第一次危机称为crise pléthorique[多血症危机],即由过剩引起的危机时,就中肯地说明了所有这几次危机的实质。①

在危机中,社会化生产和资本主义占有之间的矛盾剧烈地爆发出来。商品流通暂时停顿下来;流通手段即货币成为流通的障碍;商品生产和商品流通的一切规律都颠倒过来了。经济的冲突达到了顶点:**生产方式起来反对交换方式**。

工厂内部的生产的社会化组织,已经发展到同存在于它之旁并凌驾于它之上的社会中的生产无政府状态不能相容的地步。资本家自己也由于资本的猛烈积聚而感觉到这一事实,这种积聚是在危机期间通过许多大资本家和更多的小资本家的破产实现的。

---

① 参看《傅立叶全集》1845年巴黎版第6卷第393—394页。——编者注

资本主义生产方式的全部机制在它自己创造的生产力的压力下失灵了。它已经不能把这大批生产资料全部变成资本；生产资料闲置起来，因此，产业后备军也不得不闲置起来。生产资料、生活资料、可供支配的工人——生产和一般财富的一切因素，都过剩了。但是，"过剩成了贫困和匮乏的源泉"（傅立叶），因为正是这种过剩阻碍生产资料和生活资料变为资本。因为在资本主义社会里，生产资料要不先变为资本，变为剥削人的劳动力的工具，就不能发挥作用。生产资料和生活资料的资本属性的必然性，像幽灵一样横在这些资料和工人之间。唯独这个必然性阻碍着生产的物的杠杆和人的杠杆的结合；唯独它不允许生产资料发挥作用，不允许工人劳动和生活。因此，一方面，资本主义生产方式暴露出它没有能力继续驾驭这种生产力。另一方面，这种生产力本身以日益增长的威力要求消除这种矛盾，要求摆脱它作为资本的那种属性，要求**在事实上承认它作为社会生产力的那种性质**。

猛烈增长着的生产力对它的资本属性的这种反作用力，要求承认生产力的社会本性的这种日益增长的压力，迫使资本家阶级本身在资本关系内部可能的限度内，越来越把生产力当做社会生产力看待。无论是信用无限膨胀的工业高涨时期，还是由大资本主义企业的破产造成的崩溃本身，都使大量生产资料不得不采取像我们在各种股份公司中所遇见的那种社会化形式。某些生产资料和交通手段一开始规模就很大，它们，例如铁路，排斥任何其他的资本主义经营形式。在一定的发展阶段上，这种形式也嫌不够了；①国内同一工业部门的大生产者联合为一个"托拉斯"，即一个

---

① 在1883年德文第一版中没有以下从"国内同一工业部门"起，至"无论有或者没有托拉斯"这部分文字。——编者注

以调节生产为目的的联盟；他们规定应该生产的总产量，在彼此间分配产量，并且强制实行预先规定的出售价格。但是，这种托拉斯一遇到不景气的时候大部分就陷于瓦解，正因为如此，它们就趋向于更加集中的社会化：整个工业部门变为一个唯一的庞大的股份公司，国内的竞争让位于这一个公司在国内的垄断；例如还在1890年，英国的制碱业就发生了这种情形，现在，这一行业在所有48个大工厂合并后转到一个唯一的、统一管理的、拥有12 000万马克资本的公司手中了。

在托拉斯中，自由竞争转变为垄断，而资本主义社会的无计划生产向行将到来的社会主义社会的计划生产投降。当然，这首先还是对资本家有利的。但是，在这里剥削变得这样明显，以致它必然会被废除。任何一个民族都不会容忍由托拉斯领导的生产，不会容忍由一小撮专靠剪息票为生的人对全社会进行如此露骨的剥削。

无论在任何情况下，无论有或者没有托拉斯，资本主义社会的正式代表——国家终究不得不①承担起对生产的管理。这种转化

---

① 恩格斯在这里加了一个注："我说'**不得不**'，因为只有在生产资料或交通手段**真正**发展到不适于由股份公司来管理，因而国有化**在经济上**已成为不可避免的情况下，国有化——即使是由目前的国家实行的——才意味着经济上的进步，才意味着达到了一个新的为社会本身占有一切生产力作准备的阶段。但是最近，自从俾斯麦致力于国有化以来，出现了一种冒牌的社会主义，它有时甚至堕落为某些奴才气，无条件地把**任何一种**国有化，甚至俾斯麦的国有化，都说成社会主义。显然，如果烟草国营是社会主义的，那么拿破仑和梅特涅也应该算入社会主义创始人之列了。比利时国家出于纯粹日常的政治和财政方面的考虑而自己修建国家的铁路干线，俾斯麦并非考虑经济上的必要，而只是为了使铁路能够更好地适用于战时，只是为了把铁路官员训练成政府的投票家畜，主要是为了取得一

为国家财产的必要性首先表现在大规模的交通机构,即邮政、电报和铁路方面。

如果说危机暴露出资产阶级没有能力继续驾驭现代生产力,那么,大的生产机构和交通机构向股份公司、托拉斯①和国家财产的转变就表明资产阶级在这方面是多余的。资本家的全部社会职能现在由领工薪的职员来执行了。资本家除了拿红利、剪息票、在各种资本家相互争夺彼此的资本的交易所中进行投机以外,再也没有任何其他的社会活动了。资本主义生产方式起初排挤工人,现在却在排挤资本家了,完全像对待工人那样把他们赶到过剩人口中去,虽然暂时还没有把他们赶到产业后备军中去。

但是,无论向股份公司和托拉斯①的转变,还是向国家财产的转变,都没有消除生产力的资本属性。在股份公司和托拉斯的场合,这一点是十分明显的。而现代国家也只是资产阶级社会为了维护资本主义生产方式的一般外部条件使之不受工人和个别资本家的侵犯而建立的组织。现代国家,不管它的形式如何,本质上都是资本主义的机器,资本家的国家,理想的总资本家。它越是把更多的生产力据为己有,就越是成为真正的总资本家,越是剥削更多的公民。工人仍然是雇佣劳动者,无产者。资本关系并没有被消灭,反而被推到了顶点。但是在顶点上是要发生变革的。生产力归国家所有不是冲突的解决,但是这里包含着解决冲突的形式上

种不依赖于议会决定的新的收入来源而把普鲁士的铁路干线收归国有,这无论如何不是社会主义的步骤,既不是直接的,也不是间接的,既不是自觉的,也不是不自觉的。否则,皇家海外贸易公司**363**、皇家陶瓷厂,甚至陆军被服厂,以至在30年代弗里德里希-威廉三世时期由一个聪明人一本正经地建议过的妓院国营,也都是社会主义的设施了。"——编者注

①　在1883年德文第一版中没有"托拉斯"一词。——编者注

的手段,解决冲突的线索。

这种解决只能是在事实上承认现代生产力的社会本性,因而也就是使生产、占有和交换的方式同生产资料的社会性质相适应。而要实现这一点,只有由社会公开地和直接地占有已经发展到除了适于社会管理之外不适于任何其他管理的生产力。现在,生产资料和产品的社会性质反过来反对生产者本身,周期性地突破生产方式和交换方式,并且只是作为盲目起作用的自然规律强制性地和破坏性地为自己开辟道路,而随着社会占有生产力,这种社会性质就将为生产者完全自觉地运用,并且从造成混乱和周期性崩溃的原因变为生产本身的最有力的杠杆。

社会力量完全像自然力一样,在我们还没有认识和考虑到它们的时候,起着盲目的、强制的和破坏的作用。但是,一旦我们认识了它们,理解了它们的活动、方向和作用,那么,要使它们越来越服从我们的意志并利用它们来达到我们的目的,就完全取决于我们了。这一点特别适用于今天的强大的生产力。只要我们固执地拒绝理解这种生产力的本性和性质(而资本主义生产方式及其辩护士正是抗拒这种理解的),它就总是像上面所详细叙述的那样,起违反我们、反对我们的作用,把我们置于它的统治之下。但是,它的本性一旦被理解,它就会在联合起来的生产者手中从魔鬼似的统治者变成顺从的奴仆。这里的区别正像雷电中的电的破坏力同电报机和弧光灯的被驯服的电之间的区别一样,正像火灾同供人使用的火之间的区别一样。当人们按照今天的生产力终于被认识了的本性来对待这种生产力的时候,社会的生产无政府状态就让位于按照社会总体和每个成员的需要对生产进行的社会的有计划的调节。那时,资本主义的占有方式,即产品起初奴役生产者而后又奴役占有者的占有方式,就让位于那种以现代生产资料的本性为基础的产品占有方式：一方面由社会直接占有，作为维持和扩大生产的资料；另一方面由个人直接占有，作为生活资料和享受资料。

资本主义生产方式日益把大多数居民变为无产者，从而就造成一种在死亡的威胁下不得不去完成这个变革的力量。这种生产方式日益迫使人们把大规模的社会化的生产资料变为国家财产，因此它本身就指明完成这个变革的道路。**无产阶级将取得国家政权，并且首先把生产资料变为国家财产**。但是这样一来，它就消灭了作为无产阶级的自身，消灭了一切阶级差别和阶级对立，也消灭了作为国家的国家。到目前为止在阶级对立中运动着的社会，都需要有国家，即需要一个剥削阶级的组织，以便维护这个社会的外部生产条件，特别是用暴力把被剥削阶级控制在当时的生产方式所决定的那些压迫条件下（奴隶制、农奴制或依附农制、雇佣劳动制）。国家是整个社会的正式代表，是社会在一个有形的组织中的集中表现，但是，说国家是这样的，这仅仅是说，它是当时独自代表整个社会的那个阶级的国家：在古代是占有奴隶的公民的国家，在中世纪是封建贵族的国家，在我们的时代是资产阶级的国家。当国家终于真正成为整个社会的代表时，它就使自己成为多余的了。当不再有需要加以镇压的社会阶级的时候，当阶级统治和根源于至今的生产无政府状态的个体生存斗争已被消除，而由此二者产生的冲突和极端行动也随着被消除了的时候，就不再有什么需要镇压了，也就不再需要国家这种特殊的镇压力量了。国家真正作为整个社会的代表所采取的第一个行动，即以社会的名义占有生产资料，同时也是它作为国家所采取的最后一个独立行动。那时，国家政权对社会关系的干预在各个领域中将先后成为多余的事情而自行停止下来。那时，对人的统治将由对物的管理和对生产过程的领导所代替。国家不是"被废除"的，**它是自行消亡的**。应当以此来衡量"自由的人民国家"**364**这个用语,这个用语在鼓动的意义上暂时有存在的理由,但归根到底是没有科学根据的;同时也应当以此来衡量所谓无政府主义者提出的在一天之内废除国家的要求。

自从资本主义生产方式在历史上出现以来,由社会占有全部生产资料,常常作为未来的理想隐隐约约地浮现在个别人物和整个整个派别的头脑中。但是,这种占有只有在实现它的实际条件已经具备的时候,才能成为可能,才能成为历史的必然性。正如其他一切社会进步一样,这种占有之所以能够实现,并不是由于人们认识到阶级的存在同正义、平等等等相矛盾,也不是仅仅由于人们希望废除这些阶级,而是由于具备了一定的新的经济条件。社会分裂为剥削阶级和被剥削阶级、统治阶级和被压迫阶级,是以前生产不大发展的必然结果。只要社会总劳动所提供的产品除了满足社会全体成员最起码的生活需要以外只有少量剩余,就是说,只要劳动还占去社会大多数成员的全部或几乎全部时间,这个社会就必然划分为阶级。在这被迫专门从事劳动的大多数人之旁,形成了一个脱离直接生产劳动的阶级,它掌管社会的共同事务:劳动管理、国家事务、司法、科学、艺术等等。因此,分工的规律就是阶级划分的基础。但是,这并不妨碍阶级的这种划分曾经通过暴力和掠夺、欺诈和蒙骗来实现,这也不妨碍统治阶级一旦掌握政权就牺牲劳动阶级来巩固自己的统治,并把对社会的领导变成对群众加紧剥削。

但是,如果说阶级的划分根据上面所说具有某种历史的理由,那也只是对一定的时期、一定的社会条件才是这样。这种划分是以生产的不足为基础的,它将被现代生产力的充分发展所消灭。的确,社会阶级的消灭是以这样一个历史发展阶段为前提的,在这个阶段上,不仅某个特定的统治阶级的存在,而且任何统治阶级的存在,从而阶级差别本身的存在,都将成为时代错乱,成为过时现象。所以,社会阶级的消灭是以生产高度发展的阶段为前提的,在这个阶段上,某一特殊的社会阶级对生产资料和产品的占有,从而对政治统治、教育垄断和精神领导地位的占有,不仅成为多余的,而且在经济上、政治上和精神上成为发展的障碍。这个阶段现在已经达到了。资产阶级的政治和精神的破产甚至对他们自己来说也未必是一种秘密了,而他们的经济破产则有规律地每十年重复一次。在每次危机中,社会在它自己的而又无法加以利用的生产力和产品的重压下奄奄一息,面对着生产者没有什么可以消费是因为缺乏消费者这种荒谬的矛盾而束手无策。生产资料的扩张力撑破了资本主义生产方式所加给它的桎梏。把生产资料从这种桎梏下解放出来,是生产力不断地加速发展的唯一先决条件,因而也是生产本身实际上无限增长的唯一先决条件。但是还不止于此。生产资料由社会占有,不仅会消除生产的现存的人为障碍,而且还会消除生产力和产品的有形的浪费和破坏,这种浪费和破坏在目前是生产的无法摆脱的伴侣,并且在危机时期达到顶点。此外,这种占有还由于消除了现在的统治阶级及其政治代表的穷奢极欲的挥霍而为全社会节省出大量的生产资料和产品。通过社会化生产,不仅可能保证一切社会成员有富足的和一天比一天充裕的物质生活,而且还可能保证他们的体力和智力获得充分的自由的发展和运用,这种可能性现在第一次出现了,但它**确实是出现了**①。

---

① 恩格斯在这里加了一个注:"有几个数字可以使人们对现代生产资料即使在资本主义压制下仍然具有的巨大扩张力有个大体的概念。根据吉芬的统计**365**,大不列颠和爱尔兰的全部财富约计如下:

1814 年……22 亿英镑= 440 亿马克

1865 年……61 亿英镑=1 220 亿马克

1875 年……85 亿英镑=1 700 亿马克

一旦社会占有了生产资料,商品生产就将被消除,而产品对生产者的统治也将随之消除。社会生产内部的无政府状态将为有计划的自觉的组织所代替。个体生存斗争停止了。于是,人在一定意义上才最终地脱离了动物界,从动物的生存条件进入真正人的生存条件。人们周围的、至今统治着人们的生活条件,现在受人们的支配和控制,人们第一次成为自然界的自觉的和真正的主人,因为他们已经成为自身的社会结合的主人了。人们自己的社会行动的规律,这些一直作为异己的、支配着人们的自然规律而同人们相对立的规律,那时就将被人们熟练地运用,因而将听从人们的支配。人们自身的社会结合一直是作为自然界和历史强加于他们的东西而同他们相对立的,现在则变成他们自己的自由行动了。至今一直统治着历史的客观的异己的力量,现在处于人们自己的控制之下了。只是从这时起,人们才完全自觉地自己创造自己的历史;只是从这时起,由人们使之起作用的社会原因才大部分并且越来越多地达到他们所预期的结果。这是人类从必然王国进入自由王国的飞跃。

最后,我们把上述的发展进程简单地概述如下:

一、**中世纪社会**:个体的小生产。生产资料是供个人使用的,因而是原始的、笨拙的、小的、效能很低的。生产都是为了直接消费,无论是生产者本身的消费,还是他的封建领主的消费。只有在生产的东西除了满足这些消费以外还有剩余的时候,这种剩余才

至于在危机中生产资料和产品被破坏的情况,根据1878年2月21日在柏林举行的德国工业家第二次代表大会所作的统计,在最近一次崩溃中,单是**德国制铁工业**所遭受的全部损失就达45 500万马克。"——编者注

拿去出卖和进行交换。所以,商品生产刚刚处于形成过程中,但是这时它本身已经包含着**社会生产的无政府状态**的萌芽。

二、**资本主义革命**:起初是工业通过简单协作和工场手工业实现的变革。先前分散的生产资料集中到大作坊中,因而它们就由个人的生产资料转变为社会化的生产资料,这种转变总的说来没有触及交换形式。旧的占有形式仍然起作用。**资本家**出现了:他是生产资料的所有者,当然就占有产品并把它们变为商品。生产已经成为社会的活动;而交换以及和它相伴随的占有,仍旧是个体的活动,单个人的活动:**社会的产品被个别资本家所占有**。这就是产生现代社会的一切矛盾的基本矛盾,现代社会就在这一切矛盾中运动,而大工业把它们明显地暴露出来了。

(a)生产者和生产资料相分离。工人注定要终身从事雇佣劳动。**无产阶级和资产阶级相对立**。

(b)支配商品生产的规律日益显露出来,它们的作用日益加强。竞争不可遏止。**个别工厂中的社会化组织和整个生产中的社会无政府状态相矛盾**。

(c)一方面是机器的改进,这种改进由于竞争而变成每个厂主必须执行的强制性命令,而且也意味着工人不断遭到解雇:**产生了产业后备军**。另一方面是生产的无限扩张,这也成了每个厂主必须遵守的竞争的强制规律。这两方面造成了生产力的空前发展、供过于求、生产过剩、市场盈溢、十年一次的危机、恶性循环:**这里是生产资料和产品过剩**,那里是没有工作和没有生活资料的**工人过剩**;但是,生产和社会福利的这两个杠杆不能结合起来,因为资本主义的生产形式不允许生产力发挥作用,不允许产品进行流通,除非生产力和产品先转变为资本,而阻碍这种转变的正是生产力和产品的过剩。这种矛盾发展到荒谬的程度:**生产方式起来反对交换形式**。资产阶级已经暴露出它没有能力继续管理自己的社会生产力。

（d）资本家本身不得不部分地承认生产力的社会性质。大规模的生产机构和交通机构起初由**股份公司**占有，后来由托拉斯占有①，然后又由**国家**占有。资产阶级表明自己已成为多余的阶级；它的全部社会职能现在由领工薪的职员来执行了。

三、无产阶级革命，矛盾的解决：无产阶级将取得公共权力，并且利用这个权力把脱离资产阶级掌握的社会化生产资料变为公共财产。通过这个行动，无产阶级使生产资料摆脱了它们迄今具有的资本属性，使它们的社会性质有充分的自由得以实现。从此按照预定计划进行的社会生产就成为可能的了。生产的发展使不同社会阶级的继续存在成为时代错乱。随着社会生产的无政府状态的消失，国家的政治权威也将消失。人终于成为自己的社会结合的主人，从而也就成为自然界的主人，成为自身的主人——自由的人。

完成这一解放世界的事业，是现代无产阶级的历史使命。深入考察这一事业的历史条件以及这一事业的性质本身，从而使负有使命完成这一事业的今天受压迫的阶级认识到自己的行动的条件和性质，这就是无产阶级运动的理论表现即科学社会主义的任务。

弗·恩格斯写于 1880 年 1 月——3 月上半月

载于 1880 年 3 月 20 日，4 月 20 日和 5 月 5 日《社会主义评论》杂志第 3、4 和 5 期

原文是德文

选自《马克思恩格斯文集》第 3 卷第 523—567 页

---

① 在 1883 年德文第一版中没有"后来由托拉斯占有"。——编者注

卡·马克思

*法国工人党纲领导言(草案)[447]

鉴于

生产者阶级的解放是不分性别和种族的全人类的解放;

生产者只有在占有生产资料之后才能获得自由;

生产资料属于生产者只有两种形式:

(1)个体形式,这种形式从来没有作为普遍事实而存在,并且日益为工业进步所排斥;

(2)集体形式,资本主义社会本身的发展为这种形式创造了物质的和精神的因素;

鉴于

这种集体占有只有通过组成为独立政党的生产者阶级或无产阶级的革命活动才能实现;

要建立上述组织,就必须使用无产阶级所拥有的一切手段,包括借助于由向来是欺骗的工具变为解放工具的普选权;

所以,法国社会主义工人确定其经济方面努力的最终目的是使全部生产资料归集体所有,并决定提出下述最低纲领参加选举,以此作为组织和斗争的手段。

卡·马克思写于 1880 年 5 月
10 日前后

载于 1880 年 6 月 19 日《先驱
者》第 25 期

原文是法文

选自《马克思恩格斯文集》
第 3 卷第 568—569 页

卡·马克思

*给维·伊·查苏利奇的复信[448]

［初　稿］

（1）在分析资本主义生产的起源时，我说过，它实质上是"生产者和生产资料彻底分离"（《资本论》法文版第315页第1栏），并且说过，"全部过程的基础**是对农民的剥夺**。这种剥夺只是在英国才彻底完成了……　但是，**西欧的其他一切国家**都正在经历着同样的运动"（同上，第2栏）①。

可见，我**明确地**把这一运动的"历史必然性"限制在**西欧各国**的范围内。为什么呢？请看第三十二章，那里写道：

"它被消灭的过程，即个人的分散的生产资料转化为社会的积聚的生产资料，多数人的小财产转化为少数人的大财产，——这种对劳动人民的痛苦的、残酷的剥夺，就是资本的起源……　以自己的劳动为基础的**私有制**……被以剥削他人劳动即以雇佣劳动为

---

① 见马克思《资本论》第1卷法文版中译本1983年中国社会科学出版社版第769、770页。——编者注

基础的**资本主义私有制**所排挤。"（第341页第2栏）①

可见，归根到底这里所说的是**把一种私有制形式变为另一种私有制形式**。但是，既然俄国农民手中的土地从来没有成为**他们的私有财产**，那么这一论述又如何应用呢？

（2）从历史观点来看，证明**俄国农民**的公社**必然解体**的唯一有力论据如下：

回顾一下遥远的过去，我们发现西欧到处都有不同程度上是古代类型的公有制；随着社会的进步，它在各地都不见了。为什么它只是在俄国免于这种遭遇呢？

我的回答是：在俄国，由于各种独特情况的结合，至今还在全国范围内存在着的农村公社能够逐渐摆脱其原始特征，并直接作为集体生产的因素在全国范围内发展起来。正因为它和资本主义生产是同时存在的东西，所以它能够不经受资本主义生产的可怕的波折而占有它的一切**积极的成果**。俄国不是脱离现代世界孤立生存的；同时，它也不像东印度那样，是外国征服者的猎获物。

如果资本主义制度的俄国崇拜者要否认这种进化的**理论上的**可能性，那我要向他们提出这样的问题：俄国为了采用机器、轮船、铁路等等，是不是一定要像西方那样先经过一段很长的机器工业的孕育期呢？同时也请他们给我说明：他们怎么能够把西方需要几个世纪才建立起来的一整套交换机构（银行、信用公司等等）一下子就引进到自己这里来呢？

如果在农民解放的时候，农村公社立即被置于正常的发展条件下，其次，如果主要靠农民来偿付的巨额国债，以及通过国家（仍然

---

①　见马克思《资本论》第1卷法文版中译本1983年中国社会科学出版社版
　　第825页。——编者注

要靠农民来偿付)向那些转化为资本家的"社会新栋梁"提供的其他巨款,都用于进一步发展农村公社,那么,现在谁也不会再臆测消灭公社的"历史必然性"了,因为大家都将会承认,公社是俄国社会新生的因素和一种优于其他还处在资本主义制度奴役下的国家的因素。

另外一个有利于(通过发展公社)保存俄国公社的情况是:俄国公社不仅和资本主义生产是同时存在的东西,而且经历了这种社会制度尚未受触动的时期而幸存下来;相反,在俄国公社面前,不论是在西欧,还是在美国,这种社会制度现在都处于同科学、同人民群众以至同它自己所产生的生产力本身相对抗的境地。总之,在俄国公社面前,资本主义制度正经历着危机,这种危机只能随着资本主义的消灭,随着现代社会回复到"古代"类型的公有制而告终,这种形式的所有制,或者像一位美国著作家(这位著作家是不可能有革命倾向的嫌疑的,他的研究工作曾得到华盛顿政府的支持)所说的,现代社会所趋向的"新制度",将是"古代类型社会在一种高级的形式下(in a superior form)的复活(a revival)"[1]。因此,不应该过分地害怕"古代"一词。

如果是这样,那至少应该了解这些波折。然而,关于这些波折,我们还什么都不了解。

不管怎样,这种公社是在连绵不断的内外战争的情况下灭亡的,很可能是亡于暴力之下的。在日耳曼部落征服意大利、西班牙、高卢等地时,那里的古代类型的公社已经不存在了。但是,它的**天然的生命力**却为两个事实所证实。一些公社零零散散地分布于各地,经历了中世纪的一切波折,一直保存到今天,例如,在我的

---

① 见路·亨·摩尔根《古代社会,或人类从蒙昧时代经过野蛮时代到文明时代的发展过程的研究》1877 年伦敦版第 552 页。——编者注

家乡特里尔专区就有。然而更重要的是，这种公社的各种特征非常清晰地表现在取代它的公社里面，在后一种公社里，耕地变成了私有财产，然而森林、牧场、荒地等仍为公有财产，所以毛勒在研究了这种次生形态的公社后，就能还原出它的古代原型。由日耳曼人在所有被征服的地区引入的新公社，由于继承了古代原型的特征，在整个中世纪时期，成了人民自由和人民生活的唯一中心。

如果说，在塔西佗时代以后，我们关于**公社**的生活，关于公社是怎样消失和在什么时候消失的，都一点也不了解，那么，至少由于尤利乌斯·凯撒的叙述，我们对这一过程的起点还是知道的。在凯撒的那个时代，已是逐年分配土地，但是这种分配是在日耳曼人的部落联盟的**各氏族**和部落之间，还不是在公社各个社员之间进行的。由此可见，日耳曼人的**农村公社**是从较古的类型的公社中产生出来的。在这里，它是自然发展的产物，而决不是从亚洲现成地输入的东西。在那里，在东印度也有这种农村公社，并且往往是古代形态的**最后阶段**或最后时期。

为了从纯理论观点，即始终以正常的生活条件为前提，来判断农村公社可能有的命运，我现在必须指出"农业公社"不同于较古的类型的公社的某些特征。

首先，所有较早的原始公社都是建立在公社社员的血缘亲属关系上的；"农业公社"割断了这种牢固然而狭窄的联系，就更能够扩大范围并经受得住同外界的接触。

其次，在公社内，房屋及其附属物——园地，已经是农民的私有财产，可是远在引入农业以前，共有的房屋曾是早先各种公社的物质基础之一。

最后，虽然耕地仍然是公有财产，但定期在农业公社各个社员之间进行分配，因此，每个农民自力经营分配给他的田地，并且把产品留为己有,然而在较古的公社中,生产是共同进行的,只有产品才拿来分配。这种原始类型的合作生产或集体生产显然是单个人的力量太小的结果,而不是生产资料社会化的结果。

不难了解,"农业公社"所固有的二重性能够赋予它强大的生命力,因为,一方面,公有制以及公有制所造成的各种社会联系,使公社基础稳固,同时,房屋的私有、耕地的小块耕种和产品的私人占有又使那种与较原始的公社条件不相容的个性获得发展。但是,同样明显,这种二重性也可能逐渐成为公社解体的根源。撇开敌对环境的一切影响不说,仅仅从积累牲畜开始的动产的逐步积累(甚至有像农奴这样一种财富的积累),动产因素在农业本身中所起的日益重要的作用以及与这种积累密切相关的许多其他情况(如果我要对此加以阐述就会离题太远),都起着破坏经济平等和社会平等的作用,并且在公社内部产生利益冲突,这种冲突先是使耕地变为私有财产,最后造成私人占有那些已经变成私有财产的**公社附属物**的森林、牧场、荒地等等。正由于这个原因,"农业公社"到处都是古代社会形态的**最近的类型**;由于同样原因,在古代和现代的西欧的历史运动中,农业公社时期是从公有制到私有制、从原生形态到次生形态的过渡时期。但这是不是说,不管在什么情况下,"农业公社"的发展都要遵循这条道路呢?绝对不是的。"农业公社"的构成形式只能有两种选择:或者是它所包含的私有制因素战胜集体因素,或者是后者战胜前者。先验地说,两种结局都是可能的,但是,对于其中任何一种,显然都必须有完全不同的历史环境。一切都取决于它所处的历史环境。(见第10页)

俄国是在全国范围内把"农业公社"保存到今天的唯一的欧洲国家。它不像东印度那样,是外国征服者的猎获物。同时,它也不是脱离现代世界孤立生存的。一方面,土地公有制使它有可能

直接地、逐步地把小地块个体耕作转化为集体耕作，并且俄国农民
已经在没有进行分配的草地上实行着集体耕作。俄国土地的天然
地势适合于大规模地使用机器。农民习惯于**劳动组合**关系，这有
助于他们从小地块劳动向合作劳动过渡；最后，长久以来靠农民维
持生存的俄国社会，也有义务给予农民必要的垫款，来实现这一过
渡。另一方面，和控制着世界市场的西方生产**同时存在**，就使俄国
可以不通过资本主义制度的卡夫丁峡谷**449**，而把资本主义制度所
创造的一切积极的成果用到公社中来。

　　如果"社会新栋梁"的代言人要否认现代农村公社上述进化
的**理论上的**可能性，那么，可以向他们提出这样的问题：俄国为了
获得机器、轮船、铁路等等，是不是一定要像西方那样先经过一段
很长的机器工业的孕育期呢？也可以向他们提出这样的问题：他
们怎么能够把西方需要几个世纪才建立起来的一整套交换机构
（银行、股份公司等等）一下子就引进到自己这里来呢？

　　俄国的"农业公社"有一个特征，这个特征造成它的软弱性，
从各方面来看对它都是不利的。这就是它的孤立性，公社与公社
之间的生活缺乏联系，这种**与世隔绝的小天地**并不到处都是这种
类型的公社的内在特征，但是，在有这一特征的地方，这种与世隔
绝的小天地就使一种或多或少集权的专制制度凌驾于公社之上。
俄罗斯北部各公国的联合证明，这种孤立性在最初似乎是由于领
土辽阔而形成的，在相当大的程度上又由于蒙古人入侵以来俄国
遭到的政治命运而加强了。在今天，这个障碍是很容易消除的。
也许只要用各公社自己选出的农民代表会议代替乡①这一政府机

---

① 这个词马克思写的是俄文：волость。——编者注

关就行了,这种会议将成为维护它们利益的经济机关和行政机关。

从历史观点来看,一个十分有利于通过"农业公社"的进一步发展来保存这种公社的情况是:"农业公社"不仅和西方资本主义生产是同时存在的东西,这使它可以不必屈从于资本主义的活动方式而占有它的各种成果;而且,它经历了资本主义制度尚未受触动的时期而幸存下来;相反,在俄国公社面前,不论是在西欧,还是在美国,资本主义制度现在都处于同劳动群众、同科学以至同它自己所产生的生产力本身相对抗的境地。总之,在俄国公社面前,资本主义制度正经历着危机,这种危机将随着资本主义的消灭,随着现代社会回复到"古代"类型的集体所有制和集体生产的高级形式而告终。

不言而喻,公社的进化将是逐步的,第一步可能是在**它目前的基础**上把它置于正常条件之下。

因此,从理论上说,俄国"农村公社"可以通过发展它的基础即土地公有制和消灭它也包含着的私有制原则来保存自己;它能够成为现代社会所趋向的那种经济制度的**直接出发点**,不必自杀就可以获得新的生命;它能够不经历资本主义制度(这个制度单纯从它可能**延续的时间**来看,在社会生活中是微不足道的)而占有资本主义生产使人类丰富起来的那些成果。但是我们必须从纯理论回到俄国现实中来。

(3)要剥夺农民,不必像在英国和在其他国家那样,把他们从他们的土地上赶走;同样,也不必用命令来消灭公有制。请你们试一试,从农民那里夺取他们的农业劳动产品一旦超过一定的限度,那么,你们即使动用宪兵和军队也不能再把他们束缚在他们的土地上!罗马帝国末年,各行省的十人长(不是农民,而是土地所有者)就曾抛弃自己的家园,离开自己的土地,甚至卖身当奴隶,只是为了摆脱那种不过成了官方无情压榨的借口的财产。

正是从所谓农民解放的时候起,国家把俄国公社置于不正常的经济条件之下,并且从那时候起,国家借助集中在它手中的各种社会力量来不断地压迫公社。由于国家的财政搜刮而被削弱得一筹莫展的公社,成了商业、地产、高利贷随意剥削的任人摆布的对象。这种外来的压迫激发了公社内部原来已经产生的各种利益的冲突,并加速了公社的各种瓦解因素的发展。但是,还不止如此。国家靠牺牲农民培植起来的是西方资本主义制度的这样一些部门,它们丝毫不发展农业生产能力,却特别有助于不从事生产的中间人更容易、更迅速地窃取它的果实。这样,国家就帮助了那些吮吸"农村公社"本来已经枯竭的血液的新资本主义寄生虫去发财致富。

——总之,那些最能促进和加速剥削农民(俄国的最巨大的生产力)、并最能使"社会新栋梁"发财致富的一切技术和经济手段,都在**国家**的促进下过早地发展起来。

破坏性影响的这种共同作用,只要不被强大的反作用打破,就必然会导致农村公社的灭亡。

但是要问,为什么从农村公社的现状中得到好处的所有这些利害关系者(包括政府监护下的大工业企业),合谋要杀死给他们下金蛋的母鸡呢?正因为它们感到:"这种现状"不能继续维持下去,因而现在的剥削方式已经过时了。由于农民的贫困状况,地力已经耗尽而变得贫瘠不堪。丰年被荒年抵消。最近十年的平均数字表明,农业生产不仅停滞,甚至下降。最后,第一次出现了俄国不仅不能输出粮食,反而必须输入粮食的情况。因此,不能再浪费时间。必须结束这一切。必须创造一个由比较富裕的少数农民组成的农村中等阶级,并把大多数农民干脆都变为无产者。正是为了这一目的,"社会新栋梁"的代言人才把公社所受的创伤说成是公社衰老的自然征兆。

撇开目前压迫着俄国"农村公社"的一切灾难而仅仅考察它的构成形式和历史环境,那么一看就很清楚,它的一个基本特征,即土地公有制,是构成集体生产和集体占有的自然基础。此外,俄国农民习惯于**劳动组合**关系,这有助于他们从小地块劳动向集体劳动过渡,而且,俄国农民在没有进行分配的草地上、在排水工程以及其他公益事业方面,已经在一定程度上实行集体劳动了。但是,要使集体劳动在农业本身中能够代替小地块劳动这个私人占有的根源,必须具备两样东西:在经济上有这种改造的需要,在物质上有实现这种改造的条件。

关于经济上的需要,只要把"农村公社"置于正常条件之下,就是说,只要把压在它肩上的重担除掉,只要它获得正常数量的耕地,那么它本身就立刻会感到有这种需要。俄国农业只要求有土地和用比较原始的工具装备起来的小地块农民的时期已经过去了。这个时期之所以很快地成为过去,是因为对农民的压迫耗尽了农民的土地的地力,使他们的土地贫瘠。现在,农民需要的是大规模组织起来的合作劳动。况且,现在他们连种两三俄亩土地都还缺乏各种最必要的东西,难道把他们的耕地增加到 10 倍,他们的状况就会变得好些吗?

设备、肥料、农艺上的各种方法等等集体劳动所必需的一切资料,到哪里去找呢?俄国"农村公社"比同一类型的古代公社大大优越的地方正是在这里。在欧洲,只有俄国的"农村公社"在全国范围内广泛地保存下来了。因此,它目前处在这样的历史环境中:它和资本主义生产的同时存在为它提供了集体劳动的一切条件。它有可能不通过资本主义制度的卡夫丁峡谷,而占有资本主义制度所创造的一切积极的成果。俄国土地的天然地势,适合于利用机器进行大规模组织起来的、实行合作劳动的农业经营。至于最初的创办费用(包括智力上的和物质的),俄国社会有支付的义务,因为它长久以来靠"农村公社"维持生存并且也必须从"农村公社"中去寻找它的"新生的因素"。

"农村公社"的这种发展是符合我们时代历史发展的方向的,对这一点的最好证明,是资本主义生产在它最发达的欧美各国中所遭到的致命危机,而这种危机将随着资本主义的消灭,随着现代社会回复到古代类型的高级形式,回复到集体生产和集体占有而告终。

既然这么多不同的利害关系者,特别是在亚历山大二世仁慈的统治下成长起来的"社会新栋梁"从"农村公社"的**现状**中得到好处,那么,为什么他们还合谋要使公社灭亡呢? 为什么他们的代言人还把公社所受的创伤说成是公社自然衰老的确凿证据呢? 为什么他们要杀死下金蛋的母鸡呢?

只是因为经济上的事实(我要来分析这些事实,就会离题太远)揭开了这样一个秘密:**公社的现状不能继续维持下去了**,并且纯粹由于事物的必然性,现在的剥削人民群众的方式已经过时了。因此,必须有点新东西,而这种新东西,虽然表现为各种不同的形式,但总不外是:消灭公有制,创造一个由比较富裕的少数农民组成的农村中等阶级,并把大多数农民干脆都变为无产者。

一方面,"农村公社"几乎陷入绝境;另一方面,强有力的阴谋正等待着它,准备给它以最后的打击。要挽救俄国公社,就必须有俄国革命。可是,那些掌握着各种政治力量和社会力量的人正在尽一切可能准备把群众推入这一灾祸之中。

俄国"农村公社"的历史环境是独一无二的! 在欧洲,只有俄国"农村公社"不是像稀有的残存的微缩模型那样以不久前在西方还可见到的那种古代形式零星地保存下来,而几乎是作为巨大帝国疆土上人民生活的占统治地位的形式保存下来的。如果说土地公有制是俄国"农村公社"的集体占有制的基础,那么,它的历史环境,即它和资本主义生产同时存在,则为它提供了大规模地进行共同劳动的现成的物质条件。因此,它能够不通过资本主义制度的卡夫丁峡谷,而占有资本主义制度所创造的一切积极的成果。它能够以应用机器的大农业来逐步代替小地块耕作,而俄国土地的天然地势又非常适于这种大农业。因此,它能够成为现代社会所趋向的那种经济制度的**直接出发点**,不必自杀就可以获得新的生命。相反,作为开端,必须把它置于正常条件之下。

但是,同公社相对立,出现了这样的地产,它掌握了将近一半土地,而且是优等地,更不用说国有土地了。正因为如此,所以通过"农村公社"的进一步发展来保存它是和俄国社会总的运动一致的,俄国社会的新生只有付出这个代价才能获得。

甚至仅仅从经济观点来看,俄国能够通过本国农村公社的发展来摆脱它在农业上所处的绝境;通过英国式的资本主义的租佃来摆脱这种绝境的尝试,将是徒劳无功的,因为这种制度是同俄国的整个社会条件相抵触的。①

要能发展,首先必须生存,可是任何人都不能否认,"农村公社"目前正处于危险境地。

撇开敌对环境的一切其他有害因素的影响不说,仅仅是个别家庭手中的动产,例如它们的牲畜、有时甚至是奴隶或农奴这样的

---

① 初稿中原来没有这段话,这里是马克思从他给维·伊·查苏利奇的复信第三稿第 4 页上移过来的。——编者注

财富的逐步增长,这种私人积累,从长远来看足以破坏原始的经济平等和社会平等,并且在公社内部产生利益冲突,这种冲突首先触及作为公共财产的耕地,最后扩展到森林、牧场和荒地等等这样一些已经变成私有财产的**公社附属物**的公共财产。

(4)各种原始公社(把所有的原始公社混为一谈是错误的;正像在地质的层系构造中一样,在历史的形态[①]中,也有原生类型、次生类型、再次生类型等一系列的类型)的衰落的历史,还有待于撰述。到现在为止,我们只有一些粗糙的描绘。但是,无论如何,研究的进展已经足以证明:1.原始公社的生命力比闪米特人社会、希腊社会、罗马社会以及其他社会,尤其是现代资本主义社会的生命力要强大得多;2.它们衰落的原因,是那些阻碍它们越过一定发展阶段的经济条件,是和今日俄国公社的历史环境毫无相似之处的历史环境。

我们在阅读资产者所写的原始公社历史时必须有所警惕。他们是甚至不惜伪造的。例如,亨利·梅恩爵士本来是英国政府用暴力破坏印度公社行动的热心帮手,但他却伪善地要我们相信:政府维护这些公社的一切崇高的努力,碰到经济规律的自发力量都失败了![②]

(5)[③]您完全清楚,现在俄国公社的存在本身由于强大的利害关系者的阴谋而处于危险境地。除了被国家的直接搜刮压得喘不过气来,除了遭受侵入公社的"资本家"、商人等等以及土地"所有

---

① "地质的层系构造"和"历史的形态"中的"层系构造"和"形态",原文为"formation"。——编者注

② 参看亨·梅恩《东方和西方的农村公社》1871年伦敦版。——编者注

③ 马克思在这段文字旁画了一条竖线,可能是删除记号。——编者注

者"的狡诈的剥削以外，公社还受到乡村高利贷者以及由于它所处的环境而在内部引起的利益冲突的损害。

要剥夺农民，不必像在英国和在其他国家那样，把他们从他们的土地上赶走；同样，也不必用命令来消灭公社所有制。相反，请你们试一试，从农民那里夺取他们的农业劳动产品一旦超过一定的限度，那么，你们即使动用听你们指挥的宪兵也不能再把他们束缚在他们的土地上！罗马帝国末年，各行省的十人长（大土地所有者）就曾抛弃自己的土地，成为流浪者，甚至卖身当奴隶，只是为了摆脱那种不过成了官方压榨的借口的"财产"。

正当人们吸着公社的血、蹂躏它、耗尽它的地力、使它的土地贫瘠的时候，"社会新栋梁"的文坛奴仆却以嘲弄的口吻指出，公社所受的创伤正是它自然衰老的征兆；并宣称，公社的灭亡是自然的死亡，缩短它的临终的时间是一件好事。因此，这里涉及的已经不是有待解决的问题，而简直是应给以打击的敌人。要挽救俄国公社，就必须有俄国革命。而且，政府和"社会新栋梁"正在尽一切可能准备把群众推入这一灾祸之中。如果革命在适当的时刻发生，如果它能把自己的一切力量集中起来以保证农村公社的自由发展，那么，农村公社就会很快地变为俄国社会新生的因素，变为优于其他还处在资本主义制度奴役下的国家的因素。

［三　稿］

亲爱的女公民：

要深入分析您 2 月 16 日来信中提出的问题，我必须钻研事物的细节而放下紧急的工作。但是，我希望，现在我很荣幸地写给您的这一简短的说明，就足以消除对所谓我的理论的一切误解。

一、我在分析资本主义生产的起源时说："因此，在资本主义制度的基础上，生产者和生产资料彻底分离了……全部过程的基础是**对农民的剥夺**。这种剥夺只是在英国才彻底完成了…… **但是，西欧的其他一切国家都正在经历着同样的运动**。"(《资本论》法文版第 315 页)①

可见，这一运动的"**历史必然性**"明确地限制在**西欧各国**的范围内。造成这种限制的原因在第三十二章的下面这一段里已经指出："**以自己的劳动为基础的私有制**……被以剥削他人劳动即以雇佣劳动为基础的**资本主义私有制**所排挤。"(同上，第 341 页)②

因此，在这种西方的运动中，问题是**把一种私有制形式变为另一种私有制形式**。相反，在俄国农民中，则是**要把他们的公有制变为私有制**。人们承认还是否认这种转变的必然性，提出赞成或反

---

① 见马克思《资本论》第 1 卷法文版中译本 1983 年中国社会科学出版社版第 769、770 页。——编者注
② 同上，第 825 页。——编者注

对这种转变的理由,都和我对资本主义制度起源的分析毫无关系。从这一分析中,至多只能作出这样的结论:在目前俄国农民占绝大多数的情况下,把他们变成小私有者,不过是对他们进行迅速剥夺的序幕。

二、用来反对俄国公社的最有力的论据如下:

如果您回顾一下西方社会的起源,那么您到处都会发现土地公有制;随着社会的进步,它又到处让位给私有制;因此,它不可能只是在俄国免于这种遭遇。

我之所以注意这一推论,仅仅因为它是以欧洲的经验为根据的。至于比如说东印度,那么,大概除了亨·梅恩爵士及其同流人物之外,谁都知道,那里的土地公有制是由于英国的野蛮行为才被消灭的,这种行为不是使当地人民前进,而是使他们后退。

并不是所有的原始公社都是按照同一形式建立起来的。相反,从整体上看,它们是一系列社会组织,这些组织的类型、生存的年代彼此都不相同,标志着依次进化的各个阶段。**俄国的公社**就是通常称做**农业公社**的一种类型。在西方相当于这种公社的是存在时期很短的**日耳曼公社**。在尤利乌斯·凯撒时代,日耳曼公社尚未出现,而到日耳曼部落征服意大利、高卢、西班牙等地的时候,它已经不存在了。在尤利乌斯·凯撒时代,各集团之间、**各氏族和部落**之间已经逐年分配耕地,但还不是在公社的各个家庭之间分配;大概,耕种也是由集团共同进行的。在日耳曼尼亚本土,这种较古类型的公社通过自然的发展而变为塔西佗所描绘的那种**农业公社**。从那时起,我们就看不到它了。它在连绵不断的战争和迁徙的情况下不知不觉地灭亡了;它有可能是亡于暴力之下的。但是,它的天然的生命力却为两个不可争辩的事实所证实。这种类型的一些公社零零散散地分布于各地,经历了中世纪的一切波折,一直保存到今天,例如,在我的家乡特里尔专区就有。然而更重要的是,这种"农业公社"的烙印是如此清晰地表现在从它产生出来的新公社里面,以致毛勒在辨认了新公社后能够还原出这种"农业公社"。在新公社里,耕地是农民的**私有财产**,而森林、牧场、荒地等等仍然是**公共财产**;这种新公社由日耳曼人引入所有被征服的地区。由于它继承了原型的特征,所以,在整个中世纪时期,成了人民自由和人民生活的唯一中心。

同样在亚洲,在阿富汗人及其他人中间也有"农村公社"。但是,这些地方的公社都是**最近类型**的公社,也可以说,是**古代社会形态**的最近形式。为了指出这一事实,所以我就谈了关于日耳曼公社的一些细节。

现在,我们必须考察一下"农业公社"不同于较古的公社的最主要的特征。

(1)所有其他公社都是建立在公社社员的血缘亲属关系上的。在这些公社中,只容许有血缘亲属或收养来的亲属。他们的结构是系谱树的结构。"农业公社"是最早的没有血缘关系的自由人的社会组织。

(2)在农业公社中,房屋及其附属物——园地,是农民私有的。相反,**公共房屋**和**集体住所**是远在畜牧生活和农业生活形成以前时期的较原始的公社的经济基础。当然,也有一些农业公社,它们的房屋虽然已经不再是集体的住所,但仍然定期改换占有者。这样,个人用益权就和公有制结合起来。但是,这样的公社仍然带有它的起源的烙印,因为它们是处在由较古的公社向真正的农业公社过渡的状态。

(3)耕地是不可让渡的公共财产,定期在农业公社各个社员之间进行分配,因此,每一社员自力经营分配给他的田地,并把产品留为己有。而在较原始的公社中,生产是共同进行的;共同的产品,除储存起来以备再生产的部分外,都根据消费的需要陆续分配。

显然,农业公社制度所固有的这种**二重性**能够赋予它强大的生命力。它摆脱了牢固然而狭窄的血缘亲属关系的束缚,并以土地公有制以及公有制所造成的各种社会联系为自己的稳固基础;同时,各个家庭单独占有房屋和园地、小地块耕种和私人占有产品,促进了那种与较原始的公社机体不相容的个性的发展。

但是,同样明显,就是这种二重性也可能逐渐成为公社解体的萌芽。除了外来的各种破坏性影响,公社内部就有使自己毁灭的因素。土地私有制已经通过房屋及农作园地的私有渗入公社内部,这就可能变为从那里准备对公有土地进攻的堡垒。这是已经发生的事情。但是,最重要的还是私人占有的源泉——小地块劳动。它是牲畜、货币、有时甚至奴隶或农奴等动产积累的根源。这种不受公社控制的动产,个体交换的对象(在交换中,投机取巧起极大的作用)将对整个农村经济产生越来越大的压力。这就是破坏原始的经济平等和社会平等的因素。它把异质的因素带进来,引起公社内部各种利益和私欲的冲突,这种冲突首先触及作为公共财产的耕地,然后触及作为公共财产的森林、牧场、荒地等等;一旦这些东西变成了私有财产的**公社附属物**,也就会逐渐变成私有了。

农业公社既然是原生的社会形态的最后阶段,所以它同时也是向次生形态过渡的阶段,即以公有制为基础的社会向以私有制为基础的社会的过渡。不言而喻,次生形态包括建立在奴隶制上和农奴制上的一系列社会。

但是,这是不是说,农业公社的历史道路必然要导致这种结果呢？绝对不是的。农业公社固有的二重性使得它只能有两种选择:或者是它的私有制因素战胜集体因素,或者是后者战胜前者。一切都取决于它所处的历史环境。

现在,我们暂且不谈俄国公社所遭遇的灾难,只来考察一下它的可能的发展。它的环境是独一无二的,在历史上没有先例。在整个欧洲,它是唯一在一个巨大的帝国内的农村生活中尚占统治地位的组织形式。土地公有制赋予它以集体占有的自然基础,而它的历史环境,即它和资本主义生产同时存在,则为它提供了大规模组织起来进行合作劳动的现成的物质条件。因此,它可以不通过资本主义制度的卡夫丁峡谷[449],而占有资本主义制度所创造的一切积极的成果。它可以借使用机器而逐步以联合耕作代替小地块耕作,而俄国土地的天然地势又非常适合于使用机器。如果它在现在的形式下事先被置于正常条件之下,那它就能够成为现代社会所趋向的那种经济制度的**直接出发点**,不必自杀就可以获得新的生命。

英国人在东印度就进行过让公社自杀的尝试;他们得到的结果不过是破坏了当地的农业,使荒年更加频繁,饥馑更加严重。

可是公社受到诅咒的是它的孤立性,公社与公社之间的生活缺乏联系,不正是这种**与世隔绝的小天地**使它至今不能有任何历史创举吗？**而这种与世隔绝的小天地**将在俄国社会的普遍动荡中消失。

俄国农民习惯于**劳动组合**,这特别有助于他们从小地块劳动向合作劳动过渡,并且他们在翻晒草料,以及像排除积水等公社的作业中,已经在某种程度上实行了合作劳动。一种与古代类型十分相似的特性(这是现代农学家感到头痛的东西)也有利于实行合作劳动。如果您在某一个地方看到有垄沟痕迹的小块土地组成的棋盘状耕地,那您就不必怀疑,这就是已经死亡的农业公社的地产! 农业公社的社员并没有学过地租理论,可是他们了解,在天然肥力和位置不同的土地上消耗等量的农业劳动,会得到不等的收入。为了使自己的劳动机会均等,他们根据土壤的自然差别和经济差别把土地分成一定数量的地段,然后按农民的人数把这些比较大的地段再分成小块。然后,每一个人在每一地段中得到一份土地。这种直到今天还在俄国公社里实行的做法,毫无疑问是和农艺学的要求相矛盾的。除其他种种不便外,这种做法也造成人力和时间的浪费。可是,这种做法虽然乍看起来似乎和集体耕种相矛盾,但它的确有助于向集体耕种的过渡。小块土地……①

---

① 手稿到此中断。——编者注

［复　　信］

1881 年 3 月 8 日于伦敦西北区
梅特兰公园路 41 号

亲爱的女公民：

最近十年来定期发作的神经痛妨碍了我,使我不能较早地答复您 2 月 16 日的来信。承蒙您向我提出问题,但很遗憾,我却不能给您一个适合于发表的简短说明。几个月前,我曾经答应给圣彼得堡委员会⁴⁵⁰就同一题目写篇文章。可是,我希望寥寥几行就足以消除您因误解所谓我的理论而产生的一切疑问。

在分析资本主义生产的起源时,我说:

"因此,在资本主义制度的基础上,生产者和生产资料彻底分离了……全部过程的基础是**对农民的剥夺**。这种剥夺只是在英国才彻底完成了……　但是,**西欧的其他一切国家**都正在经历着同样的运动。"(《资本论》法文版第 315 页)①

可见,这一运动的"历史必然性"**明确地**限制在**西欧各国**的范围内。造成这种限制的原因在第三十二章的下面这一段里已经指出:

---

① 见马克思《资本论》第 1 卷法文版中译本 1983 年中国社会科学出版社版第 769、770 页。——编者注

"以自己的劳动为基础的**私有制**……被以剥削他人劳动即以雇佣劳动为基础的**资本主义私有制**所排挤。"（同上，第 341 页）①

因此，在这种西方的运动中，问题是**把一种私有制形式变为另一种私有制形式**。相反，在俄国农民中，则是要把**他们的公有制变为私有制**。

由此可见，在《资本论》中所作的分析，既没有提供肯定俄国农村公社有生命力的论据，也没有提供否定农村公社有生命力的论据，但是，我根据自己找到的原始材料对此进行的专门研究使我深信：这种农村公社是俄国社会新生的支点；可是要使它能发挥这种作用，首先必须排除从各方面向它袭来的破坏性影响，然后保证它具备自然发展的正常条件。

亲爱的女公民，您忠实的

卡尔·马克思

卡·马克思写于 1881 年 2 月
18 日—3 月 8 日之间

第一次用俄文发表于《马克思
恩格斯文库》1924 年版第 1 卷

原文是法文

选自《马克思恩格斯文集》
第 3 卷第 570—590 页

---

① 见马克思《资本论》第 1 卷法文版中译本 1983 年中国社会科学出版社版第 825 页。——编者注

弗·恩格斯

自然辩证法[451]

（节　选）

［1878 年的计划］[452]

1. 历史导论:在自然科学中,形而上学观点由于自然科学本身的发展已经站不住脚了。

2. 黑格尔以来的德国理论发展进程(旧序①)。回到辩证法是不自觉的,因而是充满矛盾的和缓慢的。

3. 辩证法是关于普遍联系的科学。主要规律:量和质的转化——两极对立的相互渗透和它们达到极端时的相互转化——由矛盾引起的发展或否定的否定——发展的螺旋形式。

4. 各门科学的联系。数学,力学,物理学,化学,生物学。圣西门(孔德)和黑格尔。

5. 关于各门科学及其辩证内容的概要:

---

① 指《〈反杜林论〉旧序。论辩证法》,见本卷第 871—880 页。——编者注

（1）数学：辩证的辅助手段和表达方式——数学上的无限是实际存在的；

（2）天体力学——现在被解释为一个**过程**。——力学：出发点是惯性，而惯性只是运动不灭性的反面表现；

（3）物理学——分子运动的相互转化。克劳修斯和洛施密特；

（4）化学：理论，能；

（5）生物学。达尔文主义。必然性和偶然性。

6. 认识的界限。杜布瓦-雷蒙[453]和耐格里[454]——亥姆霍兹，康德，休谟。

7. 机械论。海克尔。[455]

8. 原生粒的灵魂——海克尔和耐格里。[456]

9. 科学和讲授——微耳和。[457]

10. 细胞国家——微耳和。[275]

11. 达尔文主义的政治学和社会学说——海克尔和施米特。[458]人通过**劳动**而分化出来。——经济学应用于自然科学。亥姆霍兹的"**功**"["*Arbeit*"]（《通俗科学讲演集》第 2 册）。[459]

［历 史 导 论］

历　　史①

现代自然科学——它同希腊人的天才的直觉和阿拉伯人的零

---

① 这篇札记是《导言》（见本卷第 845—864 页）的初稿。——编者注

散的无联系的研究比较起来,是唯一可以称得上科学的自然科学——发端于市民等级摧毁封建主义的那个伟大时代——那个时代,在市民和封建贵族间的斗争背景下出现了造反的农民,而在农民后面则出现了现代无产阶级的革命先驱,他们已经手持红旗,高喊共产主义了[460]——那个时代,在欧洲建立起了大君主国,摧毁了教皇的精神独裁,重新展现了希腊的古代,同时展现了新时代的最高度的艺术发展,打破了旧世界的界限,并且第一次真正地发现了地球。

这是地球从来没有经历过的一场最伟大的革命。自然科学在这场革命中也生机勃勃,它是彻底革命的,它和意大利伟大人物[461]的觉醒的现代哲学携手并进,并使自己的殉道者被送到火刑场和牢狱。值得注意的是,新教徒同天主教徒一道竞相迫害他们。前者烧死了塞尔维特,后者烧死了乔尔丹诺·布鲁诺。这是一个需要巨人并且产生了巨人的时代,那是一些在学识、精神和性格方面的巨人。这个时代,法国人正确地称之为文艺复兴,而新教的欧洲则片面狭隘地称之为宗教改革。

自然科学在当时也有自己的独立宣言[462],诚然,宣言并不是一开头就发布的,正如路德并不是第一个新教徒一样。哥白尼在自然科学领域内推出伟大的著作,犹如路德在宗教领域内焚毁教谕;哥白尼在他的著作中虽然还有些胆怯,但经过36年的踌躇之后,可以说是在临终之际向教会的迷信提出了挑战。[463]从此以后,自然研究基本上从宗教下面解放出来了,尽管彻底弄清各种细节的工作一直延续到今天,而且在许多人的头脑中还远没有解决。但是,科学的发展从此便大踏步地前进,这种发展可以说同其出发点起的时间距离的平方成正比,仿佛要向世界表明,对于有机物最高精华的运动即对于人的精神起作用的,是一种和无机物的运动规律正好相反的规律。

近代自然科学的第一个时期——在无机界的领域内——是以牛顿告结束的。这是一个掌握已有材料的时期,它在数学、力学和天文学、静力学和动力学的领域中获得了伟大的成就,这一点尤其要归功于开普勒和伽利略,牛顿就是从他们那里得出自己的结论的。但是在有机界的领域内,却没有超出最初的阶段。对历史地相继出现和依次取代的生命形态以及与之相适应的各种变化着的生活条件的研究——古生物学和地质学——当时还不存在。那时,自然界根本不被看做某种历史地发展着的、在时间上具有自己的历史的东西;人们注意的仅仅是自然界在空间的广延性;各种不同的形态不是前后相继地而只是彼此并列地被组合在一起;博物学被认为适用于一切时代,就像行星的椭圆形轨道被认为适用于一切时代一样。对于有机物的所有进一步的研究,还缺乏两个首要的基础:化学以及关于有机物的主要结构即细胞的知识。开初那样革命的自然科学,面对着一个彻头彻尾保守的自然界,在这个自然界中,今天的一切都和世界一开始的时候一模一样,并且直到世界末日,一切都仍将和一开始的时候一模一样。

值得注意的是,这种保守的自然观无论在无机界中还是在有机界中[……]①

天文学	物理学	地质学	植物生理学	治疗学
力学	化学	古生物学	动物生理学	诊断学
数学		矿物学	解剖学	

第一个突破口:康德和拉普拉斯。第二个突破口:地质学和古

---

① 手稿此处缺损。——编者注

生物学,赖尔,缓慢的进化。第三个突破口:有机化学,它制造出有机体,表明化学定律适用于有生命体。第四个突破口:1842 年,力学的热理论,格罗夫。第五个突破口:拉马克,细胞等等,达尔文(斗争,居维叶和阿加西斯)。第六个突破口:解剖学、气候学(等温线)、动物地理学和植物地理学、特别是自然地理学(洪堡)①中的**比较的要素**(18 世纪中叶以来的科学考察旅行),材料的搜集整理。形态学(胚胎学,贝尔)②。

旧的目的论被抛弃了,但这时有一种信念牢固地确立了:物质在其永恒的循环中是按照规律运动的,这些规律在一定的阶段上——时而在这里,时而在那里——必然在有机体中产生出思维着的精神。

动物的正常生存条件,是在它们当时所生活和所适应的环境中现成具有的;而人一旦从狭义的动物中分化出来,其正常生存条件却从来就不是现成具有的,这种条件只是由以后的历史的发展造成的。人是唯一能够挣脱纯粹动物状态的动物——他的正常状态是一种同他的意识相适应的状态,是**需要他自己来创造的状态**。

[导　言]⁴⁶⁴

现代的自然研究不同于古代人的天才的自然哲学的直觉,也

---

① 指亚·冯·洪堡《宇宙》1845—1862 年柏林版第 1—5 卷。——编者注

② 这篇札记到此为止的全部正文在手稿中用一条垂直线划掉了,因为恩格斯已在《导言》的第一部分(见本卷第 845—856 页)中利用过。接下去的两段也部分地用于《导言》的第二部分(见本卷第 856—864 页),但在手稿中并未划掉。——编者注

不同于阿拉伯人的非常重要的、但是零散的并且大部分都无果而终的发现，它是唯一得到科学的、系统的、全面的发展的自然研究——现代的自然研究同整个近代史一样，发端于这样一个伟大的时代，这个时代，我们德国人根据我们当时所遭遇的民族不幸称之为宗教改革，法国人称之为文艺复兴，而意大利人则称之为16世纪，但这些名称没有一个能把这个时代充分地表达出来。这个时代是从15世纪下半叶开始的。王权依靠市民摧毁了封建贵族的权力，建立了巨大的、实质上以民族为基础的君主国，而现代的欧洲国家和现代的资产阶级社会就在这种君主国里发展起来；当市民和贵族还在互相争斗时，德国农民战争就预告了未来的阶级斗争，因为德国农民战争不仅把起义的农民引上了舞台——这已经不是什么新鲜事了——，而且在农民之后，把现代无产阶级的先驱也引上了舞台，他们手持红旗，高喊财产公有的要求。拜占庭灭亡时抢救出来的手稿，罗马废墟中发掘出来的古代雕像，在惊讶的西方面前展示了一个新世界——希腊古代；在它的光辉的形象面前，中世纪的幽灵消逝了；意大利出现了出人意料的艺术繁荣，这种艺术繁荣好像是古典古代的反照，以后就再也不曾达到过。在意大利、法国、德国都产生了新的文学，即最初的现代文学；英国和西班牙跟着很快进入了自己的古典文学时代。旧世界的界限被打破了；直到这个时候才真正发现了地球，奠定了以后的世界贸易以及从手工业过渡到工场手工业的基础，而工场手工业则构成现代大工业的起点。教会的精神独裁被摧毁了，日耳曼语各民族大部分都直截了当地抛弃了它，接受了新教，同时，在罗曼语各民族那里，一种从阿拉伯人那里吸收过来并从新发现的希腊哲学那里得到营养的开朗的自由思想，越来越深地扎下了根，为18世纪的唯物主义做了准备。

这是人类以往从来没有经历过的一次最伟大的、进步的变革，是一个需要巨人并且产生了巨人的时代，那是一些在思维能力、激情和性格方面，在多才多艺和学识渊博方面的巨人。给资产阶级的现代统治打下基础的人物，决没有市民局限性。相反，这些人物都不同程度地体现了那种勇于冒险的时代特征。那时，几乎没有一个著名人物不曾作过长途的旅行，不会说四五种语言，不在好几个专业上放射出光芒。莱奥纳多·达·芬奇不仅是大画家，而且也是大数学家、力学家和工程师，他在物理学的各种不同分支中都有重要的发现。阿尔布雷希特·丢勒是画家、铜版雕刻家、雕塑家、建筑师，此外还发明了一种筑城学体系，这种筑城学体系已经包含了一些在很久以后又被蒙塔朗贝尔和近代德国筑城学采用的观念。马基雅弗利是政治家、历史编纂学家、诗人，同时又是第一个值得一提的近代军事著作家。路德不但清扫了教会这个奥吉亚斯的牛圈，而且也清扫了德国语言这个奥吉亚斯的牛圈，创造了现代德国散文，并且创作了成为 16 世纪《马赛曲》的充满胜利信心的赞美诗的词和曲。[465] 那个时代的英雄们还没有成为分工的奴隶，而分工所产生的限制人的、使人片面化的影响，在他们的后继者那里我们是常常看到的。而尤其突出的是，他们几乎全都置身于时代运动中，在实际斗争中意气风发，站在这一方面或那一方面进行斗争，有人用舌和笔，有人用剑，有些人则两者并用。因此他们具有成为全面的人的那种性格上的丰富和力量。书斋里的学者是例外：他们不是二流或三流的人物，就是唯恐烧着自己手指的小心翼翼的庸人。

自然研究当时也在普遍的革命中发展着，而且它本身就是彻底革命的，因为它必须为争取自己的生存权利而斗争。自然研究同开创了近代哲学的意大利伟大人物携手并进，并使自己的殉道者被送到火刑场和宗教裁判所的牢狱。值得注意的是,新教徒在迫害自由的自然研究方面超过了天主教徒。塞尔维特正要发现血液循环过程的时候,加尔文便烧死了他,而且还活活地把他烤了两个钟头;而宗教裁判所则只是满足于直截了当地烧死乔尔丹诺·布鲁诺。

自然研究通过一个革命行动宣布了自己的独立,仿佛重演了路德焚毁教谕的行动,这个革命行动就是哥白尼那本不朽著作的出版①,他用这本著作向自然事物方面的教会权威提出了挑战,虽然他当时还有些胆怯,而且可以说直到临终之际才采取了这一行动。从此自然研究便开始从神学中解放出来,尽管彼此间一些不同主张的争论一直延续到现在,而且在许多人的头脑中还远没有得到解决。但是科学的发展从此便大踏步地前进,而且很有力量,可以说同从其出发点起的(时间)距离的平方成正比。这种发展仿佛要向世界证明:从此以后,对有机物的最高产物即人的精神起作用的,是一种和无机物的运动规律正好相反的运动规律。

在自然科学的这一刚刚开始的最初时期,主要工作是掌握现有的材料。在大多数领域中必须完全从头做起。古代留传下欧几里得几何学和托勒密太阳系,阿拉伯人留传下十进位制、代数学的发端、现代的数字和炼金术;基督教的中世纪什么也没有留下。在这种情况下,占首要地位的必然是最基本的自然科学,即关于地球上的物体和天体的力学,和它靠近并且为它服务的,是一些数学方法的发现和完善化。在这方面已取得了一些伟大的成就。在以牛顿和林耐为标志的这一时期末,我们见到这些科学部门在某种程度上已臻完成。最重要的数学方法基本上被确立了;主要由笛卡

---

① 尼·哥白尼《天体运行论》1543 年纽伦堡版。——编者注

儿确立了解析几何,耐普尔确立了对数,莱布尼茨,也许还有牛顿确立了微积分。固体力学也是一样,它的主要规律彻底弄清楚了。最后,在太阳系的天文学中,开普勒发现了行星运动的规律,而牛顿则从物质的普遍运动规律的角度对这些规律进行了概括。自然科学的其他部门甚至离这种初步的完成还很远。液体和气体的力学只是在这个时期末才有了更多的研究①。如果把光学当做例外,那么本来意义上的物理学在当时还没有超出最初的阶段,而光学取得例外的进步是由于天文学的实践需要。化学刚刚借助燃素说**466**从炼金术中解放出来。地质学还没有超出矿物学的胚胎阶段;因此古生物学还完全不可能存在。最后,在生物学领域内,人们主要还是从事搜集和初步整理大量的材料,不仅是植物学和动物学的材料,而且还有解剖学和本来意义上的生理学的材料。至于对各种生命形态的相互比较,对它们的地理分布以及对它们在气候学等方面的生活条件的研究,则还几乎谈不上。在这里,只有植物学和动物学由于林耐而接近完成。

然而,这个时期的突出特征是形成了一种独特的总观点,其核心就是**自然界绝对不变**的看法。不管自然界本身是怎样产生的,只要它一旦存在,那么它在存在的时候就总是这个样子。行星及其卫星,一旦由于神秘的"第一推动"而运动起来,它们便依照预定的椭圆轨道旋转下去,永不停息,或者一直旋转到万物的末日。恒星永远固定不动地停留在自己的位置上,凭着"万有引力"而互相保持这种位置。地球亘古以来或者从它被创造的那天起(不管是哪一种说法)就一成不变地总是保持原来的样子。现在的"五

---

① 恩格斯在此处页边上写着:"托里拆利在治理阿尔卑斯山区河流方面的研究。"——编者注

大洲"早就存在着,它们始终有同样的山岭、山谷和河流,同样的气候,同样的植物区系和动物区系,而这些植物区系和动物区系只有经过人手才发生变化或移植。植物和动物的种,一旦形成便永远固定下来,原来是什么样,所产生的东西仍是什么样,而当林耐承认通过杂交有时可能育出新种的时候,这已经是作出很大的让步了。与在时间上发展着的人类历史不同,自然界的历史被认为只是在空间中扩张着。自然界中的任何变化、任何发展都被否定了。开初那样革命的自然科学,突然面对着一个彻头彻尾保守的自然界,在这个自然界中,今天的一切都和一开始的时候一模一样,而且直到世界末日或万古永世,一切都仍将和一开始的时候一模一样。

18世纪上半叶的自然科学在知识上,甚至在材料的整理上大大超过了希腊古代,但是在以观念形式把握这些材料上,在一般的自然观上却大大低于希腊古代。在希腊哲学家看来,世界在本质上是某种从混沌中产生出来的东西,是某种发展起来的东西、某种生成的东西。在我们所探讨的这个时期的自然科学家看来,世界却是某种僵化的东西、某种不变的东西,而在他们中的大多数人看来,是某种一下子就造成的东西。科学还深深地禁锢在神学之中。它到处寻找,并且找到了一种不能从自然界本身来解释的外来的推动作为最后的原因。如果牛顿所夸张地命名为万有引力的吸引被当做物质的本质特性,那么开初造成行星轨道的未经说明的切线力又是从哪里来的呢?植物和动物的无数的种是如何产生的呢?而早已确证并非亘古就存在的人类最初是如何产生的呢?对于这些问题,自然科学往往只能以万物的创造者对此负责来回答。哥白尼在这一时期之初向神学下了挑战书;牛顿却以神的第一推动这一假设结束了这个时期。这时的自然科学所达到的最高的普遍的思想,是关于自然界的安排的合目的性的思想,是浅薄的沃尔弗式的目的论,根据这种理论,猫被创造出来是为了吃老鼠,老鼠被创造出来是为了给猫吃,而整个自然界被创造出来是为了证明造物主的智慧。当时的哲学博得的最高荣誉就是:它没有被同时代的自然知识的狭隘状况引入迷途,它——从斯宾诺莎一直到伟大的法国唯物主义者——坚持从世界本身来说明世界,并把细节的证明留给未来的自然科学。

我把 18 世纪的唯物主义者也算入这个时期,因为除了上面所叙述的,再也没有其他的自然科学材料可供他们利用。康德的划时代的著作对于他们依然是一个秘密,而拉普拉斯在他们以后很久才出现。**283** 我们不要忘记:这种陈旧的自然观,虽然由于科学的进步而显得漏洞百出,但是它仍然统治了 19 世纪的整个上半叶①,并且一直到现在,所有学校里主要还在讲授它。②

---

① 恩格斯在此处页边上写着:"旧自然观的知识,为把全部自然科学概括为一个整体提供了基础:法国的百科全书派还是纯粹机械地进行罗列,后来圣西门和由黑格尔完成的德国自然哲学同时做过这方面的工作。"——编者注

② 恩格斯在这里加了一个注:"有一个人以自己的科学成就提供了排除上述观点的极其重要的材料,可是直到 1861 年,这个人居然还毫不动摇地相信这种观点,下面这段典型的表述就是证明:

　　'我们的太阳系的所有安排,就我们所能观察到的而言,就是为了保持现存的东西,保持其长久不变。正如从远古以来,地球上的任何一种动物,任何一种植物,都没有变得更完美些,或者说根本就没有变过样;正如我们在一切有机体中只见到各个阶段彼此**并列**,而不是前后**相继**;正如我们本身的种属从躯体方面来看始终是一样的,——同样,甚至同时存在的诸天体的极大的多样性,也并没有使我们有理由认为,这各种形式无非是各种不同的发展阶段,正好相反,一切被创造出来的东西本身具有**同样**的完美性。'(梅特勒《通俗天文学》1861 年柏林第 5 版第 316 页)"——编者注

在这种僵化的自然观上打开第一个突破口的，不是一位自然科学家，而是一位哲学家。1755 年，**康德的**《自然通史和天体论》出版。关于第一推动的问题被排除了；地球和整个太阳系表现为某种在时间的进程中**生成的东西**。如果大多数自然科学家对于思维并不像牛顿在"物理学，当心形而上学啊！"[467]这个警告中那样表现出厌恶，那么他们一定会从康德的这个天才发现中得出结论，从而避免无穷无尽的弯路，省去在错误方向上浪费的无法估算的时间和劳动，因为在康德的发现中包含着一切继续进步的起点。如果地球是某种生成的东西，那么它现在的地质的、地理的和气候的状况，它的植物和动物，也一定是某种生成的东西，它不仅在空间中必然有彼此并列的历史，而且在时间上也必然有前后相继的历史。如果当时立即沿着这个方向坚决地继续研究下去，那么自然科学现在就会大大超过它目前的水平。但是哲学能够产生什么成果呢？康德的著作没有产生直接的成果，直到很多年以后拉普拉斯和赫歇尔才充实了这部著作的内容，并且作了更详细的论证，因此才使"星云假说"逐渐受人重视。进一步的一些发现使它终于获得了胜利；其中最重要的发现是：恒星的自行；宇宙空间中具有阻抗的介质得到证实；宇宙物质的化学同一性以及康德所假定的炽热星云团的存在通过光谱分析得到证明①。

但是，如果这个逐渐被认识到的观点，即关于自然界不是**存在着**，而是**生成着**和**消逝着**的观点，没有从其他方面得到支持，那么大多数自然科学家是否会这样快地意识到变化着的地球竟承载着不变的有机体这样一个矛盾，那倒是值得怀疑的。地质学产生了，

---

① 恩格斯在此处页边上写着："同样是由康德发现的潮汐对地球自转的阻碍作用现在才被认识。"——编者注

它不仅揭示了相继形成的和逐次累积起来的地层，而且指出了这些地层中保存着已经灭绝的动物的甲壳和骨骼，以及已经不再出现的植物的茎、叶和果实。人们不得不下决心承认：不仅整个地球，而且地球现今的表面以及在这一表面上生存的植物和动物，也都有时间上的历史。这种承认最初是相当勉强的。居维叶关于地球经历多次变革的理论**468**在词句上是革命的，而在实质上是反动的。这种理论以一系列重复的创造行动取代了上帝的**一次**创造行动，使神迹成为自然界的根本杠杆。最初把知性带进地质学的是赖尔，因为他以地球的缓慢变化所产生的渐进作用，取代了由于造物主一时兴动而引起的突然变革。①

赖尔的理论，与以前的一切理论相比，同有机物种不变这个假设更加不能相容。地球表面和各种生存条件的逐渐改变，直接导致有机体的逐渐改变和它们对变化着的环境的适应，导致物种的变异性。但传统不仅在天主教教会中是一种势力，而且在自然科学中也是一种势力。赖尔本人许多年来一直没有看到这个矛盾，他的学生们就更没有看到。这只有用当时在自然科学中流行的分工来说明，这种分工使每个人都或多或少地局限在自己的专业中，只有少数人没有被它夺走纵览全局的眼力。

这期间物理学取得了长足的进步，其成果由三个不同的人在自然研究的这一部门的划时代的一年即 1842 年中几乎同时作出概

---

① 恩格斯在这里加了一个注："赖尔的观点的缺陷——至少就这一观点的最初的形式来说——在于，他认为在地球上发生作用的各种力是不变的，在质上和量上都是不变的。地球的冷却对他说来是不存在的；地球不是朝着一定的方向发展着，而只是以杂乱无章的、偶然的方式变化着。"——编者注

括。迈尔在海尔布隆[469],焦耳在曼彻斯特[470],都证明了从热到机械力和从机械力到热的转化。热的机械当量的确定,使这个结果成为无可置疑的。同时,格罗夫[471]——不是职业的自然科学家,而是英国的一名律师——通过单纯地整理物理学上已经取得的各种成果就证明了这样一个事实:一切所谓物理力,即机械力、热、光、电、磁,甚至所谓化学力,在一定的条件下都可以互相转化,而不会损失任何力。这样,他就用物理学的方法补充证明了笛卡儿的原理:世界上存在着的运动的量是不变的。因此,各种特殊的物理力,也可以说是物理学上的各个不变的"种",就变成形形色色的并且按照一定的规律互相转化的物质运动形式。种种物理力的存在的偶然性,从科学中被排除出去了,因为它们之间的联系和转化已经得到证明。物理学和以前的天文学一样,获得了一种结果,这种结果必然表明:运动着的物质的永恒循环是最终的结论。

从拉瓦锡以后,特别是从道尔顿以后,化学的惊人迅速的发展从另一方面向旧的自然观进行了攻击。由于用无机的方法制造出过去只能在活的有机体中产生的化合物,就证明了适用于无机物的化学定律对有机物是同样适用的,而且把康德还认为是无机界和有机界之间的永远不可逾越的鸿沟大部分填平了。

最后,在生物学研究的领域中,特别是由于自上世纪中叶以来系统地进行的科学考察旅行,由于生活在当地的专家对世界各大洲的欧洲殖民地的更精确的考察,此外还由于古生物学、解剖学和生理学的进步,尤其是从系统地应用显微镜和发现细胞以来的进步,已积累了大量的材料,使得运用比较的方法成为可能,同时也成为必要①。

---

① 恩格斯在此处页边上写着:"胚胎学"。——编者注

一方面,由于有了比较自然地理学,查明了各种不同的植物区系和动物区系的生存条件;另一方面,对各种不同的有机体按照它们的同类器官相互进行了比较,不仅就它们的成熟状态,而且就它们的一切发展阶段进行了比较。这种研究越是深刻和精确,那种固定不变的有机界的僵硬系统就越是一触即溃。不仅动物和植物的单个的种之间的界线无可挽回地变得越来越模糊,而且冒出了像文昌鱼和南美肺鱼[472]这样一些使以往的一切分类方法遭到嘲弄的动物①;最后,甚至发现了说不清是属于植物界还是动物界的有机体。古生物学档案中的空白越来越多地被填补起来了,甚至最顽固的分子也被迫承认整个有机界的发展史和单个机体的发展史之间存在着令人信服的一致,承认有一条阿莉阿德尼线,它可以把人们从植物学和动物学似乎越来越深地陷进去的迷宫中引导出来。值得注意的是:几乎在康德攻击太阳系的永恒性的同时,即在1759年,卡·弗·沃尔弗对物种不变进行了第一次攻击,并且宣布了种源说。[474]但是这在他那里不过是天才的预见,到了奥肯、拉马克、贝尔那里才具有了确定的形式,而在整整100年以后,即1859年,才由达尔文胜利地完成了②。几乎同时还发现,以前被说成是一切有机体的最后构成成分的原生质和细胞,原来是独立生存着的最低级的有机形式。因此,不仅无机界和有机界之间的鸿沟缩减到最小限度,而且机体种源说过去遇到的一个最根本的困难也被排除了。新的自然观就其基本点来说已经完备:一切僵硬

---

① 恩格斯在此处页边上写着:"一角鱼。同样,始祖鸟等等[473]"。——编者注

② 查·达尔文的主要著作《根据自然选择即在生存斗争中适者保存的物种起源》于1859年11月24日在伦敦出版。——编者注

的东西溶解了,一切固定的东西消散了,一切被当做永恒存在的特殊的东西变成了转瞬即逝的东西,整个自然界被证明是在永恒的流动和循环中运动着。

———

于是我们又回到了希腊哲学的伟大创立者的观点:整个自然界,从最小的东西到最大的东西,从沙粒到太阳,从原生生物[300]到人,都处于永恒的产生和消逝中,处于不断的流动中,处于不息的运动和变化中。只有这样一个本质的差别:在希腊人那里是天才的直觉,在我们这里则是以实验为依据的严格科学的研究的结果,因而其形式更加明确得多。当然,对这种循环的经验证明并不是完全没有缺陷的,但是这些缺陷与已经确立的东西相比是无足轻重的,而且会一年一年地得到弥补。如果我们想到科学的最主要的部门——超出行星范围的天文学、化学、地质学——作为科学而存在还不足 100 年,生理学的比较方法作为科学而存在还不足 50 年,而几乎一切生命发展的基本形式即细胞被发现还不到 40 年,那么这种证明在细节上怎么会没有缺陷呢![1]

———

从旋转的、炽热的气团中(它们的运动规律也许要经过几个世纪的观察弄清了恒星的自行以后才能揭示出来),经过收缩和冷却,发展出了以银河最外端的星环为界限的我们的宇宙岛的无数个太阳和太阳系。这一发展显然不是到处都具有同样的速度。在我们的星系中,黑暗的、不仅仅是行星的天体的存在,即熄灭了的太阳的存在,越来越迫使天文学予以承认(梅特勒);另一方面,

---

[1] 手稿中本段上下端均用横线同上下文隔开,中间画有几道斜线,恩格斯通常以这一方式表示手稿相应段落已在其他著作中利用。——编者注

属于我们这一星系的(依据赛奇的观点)还有一部分气状星云,它们是还没有形成的太阳;这并不排斥这样的情况:另一些星云如梅特勒所认为的,是一些遥远的独立宇宙岛,这些宇宙岛的相对发展阶段要用分光镜才能确定。[475]

拉普拉斯以一种至今尚未被超越的方法详细地证明了一个太阳系是如何从一个单独的气团中发展起来的;以后的科学越来越证实了他的说法。

在这样形成的各个天体——太阳以及行星和卫星上,最初是我们称为热的那种物质运动形式占优势。甚至在今天太阳还具有的那种温度下,也是谈不上元素的化合物的;对太阳的进一步的观察将会表明,在这种场合下热会在多大程度上转变为电和磁;在太阳上发生的机械运动不过是由于热和重力发生冲突而造成的,这在现在几乎已成定论。

单个的天体越小,冷却得越快。首先冷却的是卫星、小行星和流星,正如我们的月球早已死寂一样。行星冷却较慢,而最慢的是中心天体。

随着进一步的冷却,相互转化的物理运动形式的交替就越来越占有重要地位,直到最后达到这样一点,从这一点起,化学亲和性开始起作用,以前化学上没有区分的元素现在彼此在化学上区分开来,获得了化学性质,相互发生化合作用。这些化合作用随着温度的下降(这不仅对每一种元素,而且对元素的每一种化合作用都产生不同的影响),随着一部分气态物质由于温度下降先变成液态,然后又变成固态,随着这样造成的新条件,而不断地变换。

当行星有了一层硬壳而且在其表面有了积水的时候,行星固有的热同中心天体传递给它的热相比就开始越来越处于次要地位。它的大气层变成我们现在所理解的气象现象的活动场所,它的表面成为地质变化的场所,在这些地质变化中,大气层的沉降物所起的沉积作用,同来自炽热而流动的地球内核的慢慢减弱的外张作用相比越来越占有优势。

最后,一旦温度降低到至少在相当大的一部分地面上不再超过能使蛋白质生存的限度,那么在具备其他适当的化学的先决条件的情况下,就形成了活的原生质。这些先决条件是什么,今天我们还不知道,这是不足为怪的,因为直到现在连蛋白质的化学式都还没有确定下来,我们甚至还不知道化学上不同的蛋白体究竟有多少,而且只是在大约十年前才认识到,完全无结构的蛋白质执行着生命的一切主要机能:消化、排泄、运动、收缩、对刺激的反应、繁殖。

也许经过了多少万年,才形成了进一步发展的条件,这种没有形态的蛋白质由于形成核和膜而得以产生第一个细胞。而随着这第一个细胞的产生,也就有了整个有机界的形态发展的基础;我们根据古生物学档案的完整类比材料可以假定,最初发展出来的是无数种无细胞的和有细胞的原生生物,其中只有加拿大假原生物[476]留传了下来;在这些原生生物中,有一些逐渐分化为最初的植物,另一些则分化为最初的动物。从最初的动物中,主要由于进一步的分化而发展出了动物的无数的纲、目、科、属、种,最后发展出神经系统获得最充分发展的那种形态,即脊椎动物的形态,而在这些脊椎动物中,最后又发展出这样一种脊椎动物,在它身上自然界获得了自我意识,这就是人。

人也是由分化而产生的。不仅从个体方面来说是如此——从一个单独的卵细胞分化为自然界所产生的最复杂的有机体,而且从历史方面来说也是如此。经过多少万年的努力,手脚的分化,直立行走,最后终于确定下来,于是人和猿区别开来,于是奠定了分音节的语言的发展和人脑的巨大发展的基础,这种发展使人和猿之间的鸿沟从此不可逾越了。手的专业化意味着**工具**的出现,而工具意味着人所特有的活动,意味着人对自然界进行改造的反作用,意味着生产。狭义的动物也有工具,然而这只是它们的身躯的肢体,蚂蚁、蜜蜂、海狸就是这样;动物也进行生产,但是它们的生产对周围自然界的作用在自然界面前只等于零。只有人能够做到给自然界打上自己的印记,因为他们不仅迁移植物,而且也改变了他们的居住地的面貌、气候,甚至还改变了动植物本身,以致他们活动的结果只能和地球的普遍灭亡一起消失。而人所以能做到这一点,首先和主要是借助于手。甚至蒸汽机这一直到现在仍是人改造自然界的最强有力的工具,正因为是工具,归根到底还是要依靠手。但是随着手的发展,头脑也一步一步地发展起来,首先产生了对取得某些实际效益的条件的意识,而后来在处境较好的民族中间,则由此产生了对制约着这些条件的自然规律的理解。随着自然规律知识的迅速增加,人对自然界起反作用的手段也增加了;如果人脑不随着手、不和手一起、不是部分地借助于手而相应地发展起来,那么单靠手是永远造不出蒸汽机来的。

随同人,我们进入了**历史**。动物也有一部历史,即动物的起源和逐渐发展到今天这样的状态的历史。但是这部历史对它们来说是被创造出来的,如果说它们自己也参与了创造,那也是不自觉和不自愿的。相反,人离开狭义的动物越远,就越是有意识地自己创造自己的历史,未能预见的作用、未能控制的力量对这一历史的影响就越小,历史的结果和预定的目的就越加符合。但是,如果用这个尺度来衡量人类的历史,甚至衡量现代最发达的民族的历史,我们就会发现:在这里,预定的目的和达到的结果之间还总是存在着极大的出入。未能预见的作用占据优势,未能控制的力量比有计划运用的力量强大得多。只要人的最重要的历史活动,这种使人从动物界上升到人类并构成人的其他一切活动的物质基础的历史活动,即人的生活必需品的生产,也就是今天的社会生产,还被未能控制的力量的意外的作用所左右,而人所期望的目的只是作为例外才能实现,而且往往适得其反,那么情况就不能不是这样。我们在最先进的工业国家中已经降服了自然力,迫使它为人们服务;这样我们就无限地增加了生产,现在一个小孩所生产的东西,比以前的 100 个成年人所生产的还要多。而结果又怎样呢?过度劳动日益增加,群众日益贫困,每十年发生一次大崩溃。达尔文并不知道,当他证明经济学家们当做最高的历史成就加以颂扬的自由竞争、生存斗争是动物界的正常状态的时候,他对人们,特别是对他的同胞作了多么辛辣的讽刺。只有一种有计划地生产和分配的自觉的社会生产组织,才能在社会方面把人从其余的动物中提升出来,正像一般生产曾经在物种方面把人从其余的动物中提升出来一样。历史的发展使这种社会生产组织日益成为必要,也日益成为可能。一个新的历史时期将从这种社会生产组织开始,在这个时期中,人自身以及人的活动的一切方面,尤其是自然科学,都将突飞猛进,使以往的一切都黯然失色。

但是,一切产生出来的东西,都注定要灭亡[①]。也许经过多少亿年,多少万代生了又死;但是这样一个时期会无情地到来,那时日益衰竭的太阳热将不再能融解从两极逼近的冰,那时人们越来越聚集在赤道周围,最终连在那里也不再能够找到足以维持生存的热,那时有机生命的最后痕迹也将渐渐地消失,而地球,一个像

---

① 参看歌德《浮士德》第 1 部第 3 场《书斋》。——编者注

月球一样死寂的冰冻的球体,将在深深的黑暗里沿着越来越狭小的轨道围绕着同样死寂的太阳旋转,最后就落到太阳上面。有的行星遭到这种命运比地球早些,有的比地球晚些;代替配置得和谐的、光明的、温暖的太阳系的,只是一个寒冷的、死去的球体,它在宇宙空间里循着自己的孤寂的轨道运行着。像我们的太阳系一样,我们的宇宙岛的其他一切星系或早或迟地都要遭到这样的命运,无数其他的宇宙岛的星系都是如此,还有这样一些星系,它们发出的光在地球上还有活人的眼能接受时将不会达到地球,甚至连这样一些星系也要遭到同样的命运。

但是,当这样一个太阳系走完自己的生命旅程并且遭受一切有限物的命运,即死亡的时候,以后又会怎样呢?太阳的遗骸是否将永远作为遗骸在无限的空间里继续运转,而一切以前曾无限多样地分化了的自然力,是否将永远变成引力这样一种运动形式?

"或者",如赛奇问道(第810页),"在自然界中是否存在着这样一些力,它们能使死了的星系恢复到最初的炽热的星云状态,重新唤起它的新的生命? 我们不知道。"[1]

当然,在这方面我们所知道的,并不像知道 $2×2=4$ 或物质引力的增减取决于距离的平方一样。但是在理论自然科学中,我们往往不得不运用还不完全清楚的数量去进行计算,而且在任何时候都必须用思想的首尾一贯性去补救有缺陷的知识;理论自然科学把它的自然观尽可能地加工为一个和谐的整体,如今甚至连最没有思想的经验主义者离开理论自然科学也寸步难行。现在,现

---

[1]　见安·赛奇《太阳》1872 年不伦瑞克版。——编者注

代自然科学必须从哲学那里采纳运动不灭的原理；离开这个原理它就无法继续存在下去。但是物质的运动不仅仅是粗糙的机械运动、单纯的位置移动，它也是热和光、电压和磁压、化学的化合和分解、生命乃至意识。有人说，物质在其整个无限悠久的存在中仅仅只有一次，而且是在与其永恒性相比只是极短的时间内，才有可能使自身的运动发生分化，从而展示这种运动的全部多样性，而在此以前和以后则永远局限于单纯的位置移动，这样说就等于宣称物质是会死亡的，而运动是短暂的。运动的不灭性不能仅仅从量上，而且还必须从质上去理解；一种物质的纯粹机械的位置移动即使有可能在适当条件下转化为热、电、化学作用、生命，但是这种物质如果不能从自身中产生这些条件，那么这样的物质就**丧失了运动**；一种运动如果失去了转化为它所能有的各种不同形式的能力，那么即使它还具有潜在力，但是不再具有活动力了，因而它部分地被消灭了。但是这两种情况都是不可想象的。

有一点是肯定的：曾经有一个时期，我们的宇宙岛的物质把如此大量的运动——究竟是何种运动，我们到现在还不知道——转化成了热，以致（依据梅特勒的说法）从中可能产生了至少包括2 000万颗星的诸太阳系，而这些太阳系的逐渐死寂同样是不容置疑的。这个转化是怎样进行的呢？关于我们的太阳系的将来的遗骸①是否总是重新变为新的太阳系的原料，我们和赛奇神父一样，一无所知。在这里，我们要么必须求助于造物主，要么不得不作出如下的结论：形成我们的宇宙岛的太阳系的炽热原料，是按自然的

---

① 原文是"caput mortuum"，直译是骷髅，转意是遗骸，燃烧、化学反应等等之后的残渣；这里指熄灭的太阳和落在太阳上失去生命的行星。——编者注

途径,即通过运动的转化产生出来的,而这种转化是运动着的物质**天然具有的**,因而转化的条件也必然要由物质再生产出来,尽管这种再生产要到亿万年之后才或多或少偶然地发生,然而也正是在这种偶然中包含着必然性。

这种转化的可能性越来越得到承认。现在人们得出了这样的见解:诸天体的最终命运是互相碰在一起。人们甚至已经计算这种碰撞必然产生的热量。天文学所报道的新星的突然闪现和已知旧星的同样突然的亮度增加,用这种碰撞最容易说明。同时,不仅我们的行星群绕着太阳运动,我们的太阳在我们的宇宙岛内运动,而且我们的整个宇宙岛也在宇宙空间中不断运动,和其余的宇宙岛处于暂时的相对的平衡中;因为连自由浮动的物体的相对平衡也只在相互制约的运动中才能存在;此外,还有一些人认为宇宙空间中的温度不是到处都一样的。最后,我们知道,我们的宇宙岛的无数个太阳的热,除了极小的一部分以外,都消失在空间里,甚至不能把宇宙空间的温度提高百万分之一摄氏度。这全部巨大的热量变成了什么呢?它是不是永远用于为宇宙空间供暖的尝试,是不是实际上已不复存在而只在理论上仍然存在于宇宙空间的温度已上升百亿分之一度或更低度数这一事实中?这个假定否认了运动的不灭性;它认可这样一种可能:由于诸天体不断地相互碰在一起,一切现存的机械运动都变为热,而且这种热将发散到宇宙空间中去,因此尽管存在"力的不灭性",一切运动还是会停下来(在这里顺便可以看出,用力的不灭性这个说法替代运动的不灭性这个说法,这是多么错误)。于是我们得出这样一个结论:发散到宇宙空间中去的热一定有可能通过某种途径(指明这一途径,将是以后某个时候自然研究的课题)转变为另一种运动形式,在这种运动形式中,它能够重新集结和活动起来。因此,阻碍已死的太阳重新转化为炽热气团的主要困难便消除了。

此外,诸天体在无限时间内永恒重复的先后相继,不过是无数天体在无限空间内同时并存的逻辑补充——这一原理的必然性,甚至德雷帕的反理论的美国人头脑也不得不承认了①。

这是物质运动的一个永恒的循环,这个循环完成其轨道所经历的时间用我们的地球年是无法量度的,在这个循环中,最高发展的时间,即有机生命的时间,尤其是具有自我意识和自然界意识的人的生命的时间,如同生命和自我意识的活动空间一样,是极为有限的;在这个循环中,物质的每一有限的存在方式,不论是太阳或星云,个别动物或动物种属,化学的化合或分解,都同样是暂时的,而且除了永恒变化着的、永恒运动着的物质及其运动和变化的规律以外,再没有什么永恒的东西了。但是,不论这个循环在时间和空间中如何经常地和如何无情地完成着,不论有多少亿个太阳和地球产生和灭亡,不论要经历多长时间才能在一个太阳系内而且只在一个行星上形成有机生命的条件,不论有多么多的数也数不尽的有机物必定先产生和灭亡,然后具有能思维的脑子的动物才从它们中间发展出来,并在一个很短的时间内找到适于生存的条件,而后又被残酷地毁灭,我们还是确信:物质在其一切变化中仍永远是物质,它的任何一个属性任何时候都不会丧失,因此,物质虽然必将以铁的必然性在地球上再次毁灭物质的最高的精华——思维着的精神,但在另外的地方和另一个时候又一定会以同样的铁的必然性把它重新产生出来。

---

① 恩格斯在这里加了一个注:"'无限空间中的无数天体导致无限时间中天体先后相继的概念。'(德雷帕《欧洲智力发展史》第2卷第[325]页)"——编者注

[札记和片断]

必须研究自然科学各个部门的**循序发展**。首先是**天文学**——游牧民族和农业民族为了定季节，就已经绝对需要它。天文学只有借助于**数学**才能发展。因此数学也开始发展。——后来，在农业的某一阶段上和在某些地区（埃及的提水灌溉），特别是随着城市和大型建筑物的出现以及手工业的发展，有了**力学**。不久，力学又成为**航海**和**战争**的需要。——力学也需要数学的帮助，因而它又推动了数学的发展。可见，科学的产生和发展一开始就是由生产决定的。

在整个古代，本来意义的科学研究只限于这三个部门，而在后古典时期[477]才有了精确的和系统的研究（亚历山大里亚学派[478]、阿基米德等）。在头脑中几乎还没有区分开来的物理学和化学（元素论，还没有化学元素的概念）中，在植物学、动物学、人体和动物解剖学中，直到那时人们还只会搜集事实和尽可能系统地整理这些事实。生理学一离开最明显的事情（例如，消化和排泄）便成了纯粹的猜测；在连血液循环都不知道的时候，也不能不如此。——在这一时期末，化学以炼金术的原始形式出现了。

如果说，在中世纪的黑夜之后，科学以意想不到的力量一下子重新兴起，并且以神奇的速度发展起来，那么，我们要再次把这个奇迹归功于生产。第一，从十字军征讨[13]以来，工业有了巨大的发展，并随之出现许多新的事实，有力学上的（纺织、钟表制造、磨坊），有化学上的（染色、冶金、酿酒），也有物理学上的（眼镜），这些事实不但提供了大量可供观察的材料，而且自身也提供了和以往完全不同的实验手段,并使**新的**工具的设计成为可能。①
可以说,真正系统的实验科学这时才成为可能。第二,这时整个
西欧和中欧,包括波兰在内,已在相互联系中发展起来,虽然意
大利由于自己的从古代流传下来的文明,还继续居于首位。第
三,地理上的发现——纯粹是为了营利,因而归根到底是为了生
产而完成的——又在气象学、动物学、植物学、生理学(人体的)
方面,展示了无数在此以前还见不到的材料。第四,**印刷机**出
现了。

　　这时——撇开早就有的数学、天文学和力学不谈——物理学
和化学最终分开了(托里拆利、伽利略——前者依靠工业上的水
利工程第一个研究了液体的运动,见克拉克·麦克斯韦)。波义
耳使化学确立为科学。哈维由于发现了血液循环而使生理学(人
体生理学和动物生理学)确立为科学。动物学和植物学起初一直
是从事搜集事实的科学,直到古生物学的出现(居维叶),以及不
久以后细胞的发现和有机化学的发展。由此,比较形态学和比较
生理学才成为可能,而且从此以后两者才成为真正的科学。在上
一世纪末创立了地质学,最近则出现了名称很别扭的所谓人类学,
它是从人和人种的形态学和生理学向历史过渡的中介。这还要进
一步详加研究和阐明。

---

① 恩格斯在此处页边上写着:"以前人们只夸耀生产应归功于科学,但是科
　学应归功于生产的事实却多得不可胜数。"——编者注

黑格尔《哲学史》。——希腊 哲学(古代人的自然观)。第一卷[①]

亚里士多德在谈到早期的哲学家时说道(《形而上学》第 1 卷第 3 章):他们断言,

"有一个东西,万物由它构成,万物最初从它产生,最后又复归于它,它作为实体($o\dot{v}\sigma\dot{i}\alpha$),永远同一,仅在自己的规定($\pi\dot{\alpha}\vartheta\epsilon\sigma\iota$)中变化,这就是元素($\sigma\tauo\iota\chi\epsilon\tilde{\iota}o\nu$),这就是万物的本原($\dot{\alpha}\rho\chi\dot{\eta}$)。因此他们认为,没有一个物能生成($o\ddot{v}\tau\epsilon\ \gamma\dot{\iota}\gamma\nu\epsilon\sigma\vartheta\alpha\iota\ o\dot{v}\delta\dot{\epsilon}\nu$)或消逝,因为物永远保持同一本性"(第 198 页)。

可见,在这里已经完全是一种原始的、自发的唯物主义了,它在自己的起始时期就十分自然地把自然现象的无限多样性的统一看做不言而喻的,并且在某种具有固定形体的东西中,在某种特殊的东西中去寻找这个统一,比如泰勒斯就在水里去寻找。

西塞罗说:

"米利都的泰勒斯……说水是万物的本原,而神则是用水创造出万物的精神。"(《论神之本性》第 1 章第 10 节)

黑格尔非常正确地宣称这是西塞罗附加上去的说法,并且补充道:

"但是,泰勒斯此外是否还相信神这个问题,在这里与我们并不相干;这里所谈的不是假设、信仰、民间宗教…… 即使他说神是用水制造万物的造物主,我们也并不因此就对这个本质有更多的认识……这是毫无意义的空话。"(第 209 页)([公元前]600 年前后)

[①] 黑格尔《哲学史讲演录》第 1 卷 1833 年柏林版。——编者注

最早的希腊哲学家同时也是自然科学家:**泰勒斯**是几何学家,他确定了一年是 365 天,据说他曾预言过一次日蚀。——**阿那克西曼德**制造过日晷、一种海陆地图($\pi\epsilon\rho\acute{\iota}\mu\epsilon\tau\rho\sigma\nu$)和各种天文仪器。——**毕达哥拉斯**是数学家。

根据普卢塔克(《席间谈话》第 8 章第 8 节)的说法,米利都的**阿那克西曼德**认为,"人是由鱼变成,是从水中到陆地上来的"(第213 页)。在他看来,本原和原始元素是无限的东西,他没有把它规定为($\delta\iota\sigma\rho\acute{\iota}\zeta\omega\nu$)空气或水或其他什么(第欧根尼·拉尔修①,第2 卷第 1 节)[第 210 页]。黑格尔(第 215 页)正确地把这个无限的东西表达为"未规定的物质"([公元前]580 年前后)。

米利都的**阿那克西米尼**把**空气**当做本原和基本元素,认为它是无限的(西塞罗《论神之本性》第 1 章第 10 节),而且

"万物产生于空气,又消解于空气"(普卢塔克《论哲学家的见解》**479**第 1 章第 3 节)。

在这里,空气,呼吸=精神:

"正如我们的灵魂,即空气,把我们结合在一起,精神($\pi\nu\epsilon\widehat{\iota}\mu\alpha$)和空气也把整个世界结合在一起;精神和空气是同等重要的。"(普卢塔克)[第 215—216 页]

灵魂和空气被视为普遍的媒介质([公元前]555 年前后)。

亚里士多德已经说过:这些较早的哲学家都设想原初本质是某种物质:空气和水(也许阿那克西曼德设想是空气和水的某种中间物);后来赫拉克利特设想是火,但是没有一个人设想是土,

---

① 第欧根尼·拉尔修《著名哲学家的生平》(十卷集)1833 年莱比锡版。——编者注

因为土的成分太复杂（διὰ τὴν μεγαλο-μέρειαν），《形而上学》第 1 卷第 8 章（第 217 页）。

关于所有这些人，亚里士多德说得很正确：他们没有说明运动的起源（第 218 页及以下几页）。

萨摩斯的**毕达哥拉斯**（［公元前］540 年前后）认为**数**是基本的本原：

"数是万物的本质，就宇宙的规定性来说，它的组织通常是数及其关系的和谐的体系。"（亚里士多德《形而上学》第 1 卷，散见第 5 章）

黑格尔正确地指出：

"这种说法是大胆的：它一下子推翻了表象认为是存在的或本质的（真实的）一切东西，根绝了感性的本质"，并且把本质设想为一个思维规定，虽然这个思维规定是很狭隘的和片面的［第 237—238 页］。

数服从于一定的规律，宇宙也同样服从于一定的规律。这样就第一次表述了宇宙的规律性。人们认为，是毕达哥拉斯把音乐的和谐归结为数学的比例。

同样：

"毕达哥拉斯派把火放在中央，而把地球看做沿轨道环绕这个中心天体运行的一颗星。"（亚里士多德《天论》第 2 章第 13 节）［第 265 页］

但是这火不是太阳；这毕竟是关于**地球运行**的第一个推测。

黑格尔关于行星系说道：

"……对于用来确定［行星间的］距离的和谐律，一切数学至今还不能提供任何根据。经验的数，大家确切地知道了；但是一切看起来都是偶然的而不是必然的。大家知道了这些距离的大致的规则性，因而侥幸地预想到了火星和木星间还有某些行星，后来果然在那里发现了谷神星、灶神星、智神星等等；但是天文学在这些距离中还没有找到包含着理性、知性的前后一贯的序列。相反，它以轻蔑的态度看待关于这种序列的有规则的叙述；而这本身是

非常重要的一点,是不应当放弃的。"(第267页)

虽然古希腊人的整个宇宙观具有素朴唯物主义的性质,但是在他们那里已经包藏着后来分裂的种子:早在泰勒斯那里,灵魂就被看做某种特殊的东西,某种和肉体不同的东西(比如他认为磁石也有灵魂);在阿那克西米尼那里,灵魂是空气(正像在《创世记》中一样)[①];在毕达哥拉斯派那里,灵魂已经是不死的和可移动的,肉体对它说来是纯粹偶然的。在毕达哥拉斯派那里,灵魂又是"以太[480]的碎片($\dot{\alpha}\pi\acute{o}\sigma\pi\alpha\sigma\mu\alpha\ \alpha i\vartheta\acute{\epsilon}\rho o\varsigma$)"(第欧根尼·拉尔修,第8卷第26—28节),冷的以太是空气,密集的以太则形成海和湿气[第279—280页]。

亚里士多德又正确地责备毕达哥拉斯派:

用他们的数,"他们并没有说明运动是怎样发生的,没有说明没有运动和变化怎么会有生成和灭亡或天体的状态和活动"(《形而上学》第1卷第8章)[第277页]。

据说毕达哥拉斯发现启明星和长庚星是同一颗星,发现月球是从太阳取得自己的光。最后,他发现了毕达哥拉斯定理。

"据说毕达哥拉斯发现这个定理的时候,举行了一个百牛大祭…… 而引人注目的是,他竟这样地快活,以致举行盛宴,把富人和全体人民都邀请了;这番辛苦是值得的。这是精神(认识)的快乐和喜悦——然而牛遭了殃。"(第279页)

埃利亚派。

---

① 参看《旧约全书·创世记》第2章第7节。——编者注

［黑格尔以来的理论发展进程。哲学和自然科学］

《反杜林论》旧序。论辩证法[481]

这部著作决不是由于"内心冲动"而产生的。恰恰相反，我的朋友李卜克内西可以为我作证：他曾经费了多少力气才说服我对杜林先生的最新的社会主义理论进行评析。我既然决心这样做，就不得不把这种被宣称为某种新哲学体系的最终实际成果的理论同这一体系联系起来进行研究，同时研究这一体系本身，舍此别无选择。因此，我只好跟着杜林先生进入一个广阔的领域，在这个领域中，他谈到了所有可能涉及的东西，而且还不止这些东西。这样就产生了一系列的论文，它们从 1877 年初开始陆续发表在莱比锡的《前进报》[260] 上，现汇集成书，献给读者。

对于一种大肆自我吹嘘却根本不值一提的体系作出这个对象本身所要求的详尽批判，可以归因于两种情况。一方面，这种批判使我有可能在不同领域中正面阐发我对这些在现时具有较为普遍的科学意义或实践意义的争论问题的见解。我根本不想以另一个体系来同杜林先生的体系相对立，不过也希望读者不要因为所考察的材料的极其多样化而忽略我所提出的各种见解之间的内在联系。

另一方面，"创造体系的"杜林先生在当代德国并不是个别的现象。近来，哲学体系，特别是自然哲学体系，如雨后春笋出现在德国，至于政治学、经济学等等的无数新体系，就更不用说了。正如在现代国家里假定每一个公民对于他所要表决的一切问题都具有判断能力一样,正如在经济学中假定每一个买主对他要买来供日用的所有商品都是内行一样,现今在科学上据说也要作这样的假定。每个人都可以著书立说来谈论任何东西,而"科学自由"①恰恰就是人们可以著书立说来谈论自己从未学过的东西,而且标榜这是唯一的严格科学的方法。杜林先生正是这种放肆的伪科学的最典型的代表之一,这种伪科学现在在德国到处流行,并把一切淹没在它的高超的胡说的喧嚷声中。诗歌、哲学、经济学、历史编纂学中有这种高超的胡说;讲台和论坛上有这种高超的胡说;到处都有这种高超的胡说;这种高超的胡说妄想出人头地并成为深刻思想,以别于其他民族的粗浅平庸的胡说;这种高超的胡说是德国智力工业最具特色和最大量的产品,它们价廉质劣,完全和德国其他的制品一样,只可惜它们没有和这些制品一起在费城陈列出来[261]。甚至德国的社会主义,特别是自从有了杜林先生的范例以后,近来也十分热衷于高超的胡说;只有实际的社会民主主义运动才很少为这种高超的胡说所迷惑,而在一个除了自然科学以外目前几乎普遍患病的国家里,这再一次证明我们的工人阶级具有非常健康的本性。

耐格里在他向慕尼黑自然科学家大会所作的演说中曾谈到人的认识永远不具有全知的性质[454],他这样说显然还不知道杜林先生的贡献。这些贡献迫使我也跟随其后进入一系列的领域,在这些领域中我顶多只能以涉猎者的资格行动。这特别是指自然科学各个部门而言,在这些部门中直到现在人们还常常认为,一个"门外汉"想发表意见未免不大谦虚。不过微耳和先生给了我几分勇

---

① 恩格斯在这里借用了鲁·微耳和的《现代国家中的科学自由》这一书名中的说法。——编者注

气,这位先生也在慕尼黑发表了看法,并在另外的地方作了更详细的论述。他认为每个自然科学家在本身的专业之外也只是一个半通²⁶³,不客气地说是一个门外汉。既然一位这样的专家可以而且不得不常常不揣冒昧地涉及邻近的领域,既然在这些领域中他在表达上的笨拙之处和些许不确切之处可以得到有关专家的谅解,那我也就敢于放手来引用某些自然过程和自然规律作为我的一般理论观点的例证,并且可以指望得到同样的谅解。① 现今的自然科学家,不论愿意与否,都不可抗拒地被迫关心理论上的一般结论,同样,每个从事理论研究的人也不可抗拒地被迫接受现代自然科学的成果。这里出现了某种相辅相成现象。如果说理论家在自然科学领域中是半通,那么今天的自然科学家在理论的领域中,在迄今为止被称为哲学的领域中,实际上也同样是半通。

经验的自然研究已经积累了庞大数量的实证的知识材料,因而迫切需要在每一研究领域中系统地和依据其内在联系来整理这些材料。同样也迫切需要在各个知识领域之间确立正确的关系。于是,自然科学便进入理论领域,而在这里经验的方法不中用了,在这里只有理论思维才管用。② 但是理论思维无非是才能方面的一种生来就有的素质。这种才能需要发展和培养,而为了进行这种培养,除了学习以往的哲学,直到现在还没有别的办法。

每一个时代的理论思维,包括我们这个时代的理论思维,都是一种历史的产物,它在不同的时代具有完全不同的形式,同时具有完全不同的内容。因此,关于思维的科学,也和其他各门科学一样,

---

① 本手稿从开头到此处为止这一部分,恩格斯从上到下画了直线,表示他在《反杜林论》第一版序言中已经利用过了。——编者注
② 手稿中这一句和前面一句都用铅笔划掉了。——编者注

是一种历史的科学,是关于人的思维的历史发展的科学。这一点对于思维在经验领域中的实际运用也是重要的。因为,首先,思维规律的理论并不像庸人的头脑在想到"逻辑"一词时所想象的那样,是一种一劳永逸地完成的"永恒真理"。形式逻辑本身自亚里士多德以来直到现在仍是激烈争辩的领域。而辩证法直到今天也只有两位思想家曾作过较仔细的研究,这就是亚里士多德和黑格尔。然而对于现今的自然科学来说,辩证法恰好是最重要的思维形式,因为只有辩证法才为自然界中出现的发展过程,为各种普遍的联系,为一个研究领域向另一个研究领域过渡提供类比,从而提供说明方法。

其次,认识人的思维的历史发展过程,认识不同时代所出现的关于外部世界的普遍联系的各种见解,对理论自然科学来说也是必要的,因为这种认识可以为理论自然科学本身所要提出的理论提供一种尺度。然而,在理论自然科学中,往往非常明显地显露出对哲学史缺乏认识。哲学上在几百年前就已经提出,并且在哲学界中往往早已被抛弃的一些命题,在理论自然科学家那里却常常作为崭新的知识而出现,甚至在一段时间里成为时髦。力学的热理论以新的论据支持了能量守恒原理,并使这一原理重新受到重视,这无疑是它的一个重大成就;但是,如果物理学家先生们还能记起,这一原理早就由笛卡儿提出过,那么它还能以某种绝对全新的东西的面貌出现吗?自从物理学和化学再一次几乎专门从事于分子和原子的研究以来,古希腊的原子论哲学必然重新受到人们的重视。但是,甚至最优秀的自然科学家对这种哲学所作的研究也是何等肤浅!例如,凯库勒指出(《化学的目的和成就》①),原

①　奥·凯库勒《化学的科学目的和成就》1878 年波恩版。——编者注

子论哲学的创始者不是留基伯，而是德谟克利特，并且断言，道尔顿最先假定了不同质的元素原子的存在，并且最先认定不同元素具有各自特有的不同重量。可是，我们在第欧根尼·拉尔修的著作(第10卷第43—44和61节)中可以看到：伊壁鸠鲁早已认定原子不仅在大小上和形态上不相同，而且在**重量**上也不相同，也就是说，他早就按照自己的方式认识了原子量和原子体积。

1848年这一年在德国一事无成，只是在哲学领域中发生了全面的转折。这个民族由于热衷于实际，一方面初步建立起大工业和投机事业，另一方面为德国自然科学此后所经历的、由巡回传教士和漫画人物福格特、毕希纳等等所揭开的巨大跃进奠定了基础，于是这个民族坚决摒弃了在柏林老年黑格尔派中陷入困境的德国古典哲学。柏林的老年黑格尔派确实应该遭到这样的命运。但是，一个民族要想站在科学的最高峰，就一刻也不能没有理论思维。可是正当自然过程的辩证性质以不可抗拒的力量迫使人们承认它，因而只有辩证法能够帮助自然科学战胜理论困难的时候，人们却把辩证法同黑格尔派一起抛进大海，因而又无可奈何地陷入旧的形而上学。从此以后，在公众当中流行起来的一方面是叔本华的、尔后甚至是哈特曼的迎合庸人的浅薄思想，另一方面是福格特和毕希纳之流的庸俗的巡回传教士的唯物主义。在大学里，各种各样的折中主义互相展开竞争，不过在一点上它们是一致的，这就是它们全都是由过时哲学的十足的残渣拼凑而成的，并且全都同样地是形而上学的。在古典哲学的各种残余中，只有某种新康德主义得以幸存，这种新康德主义的最终结论就是永远不可知的自在之物，也就是康德哲学中最不值得保存下来的部分。最终的结果就是理论思维现在处处表现出杂乱无章。

现在几乎没有一本理论自然科学著作不给人以这样的印象：

自然科学家们自己就感觉到,这种杂乱无章多么严重地左右着他们,并且现今流行的所谓哲学又决不可能使他们找到出路。在这里,既然没有别的出路,既然无法找到明晰思路,也就只好以这种或那种形式从形而上学思维向辩证思维复归。

这种复归可以通过不同的道路来实现。它可以仅仅通过自然科学的发现本身所具有的力量自然而然地实现,这些发现不会甘于再被束缚在旧的形而上学的普罗克拉斯提斯的床上。但这是一个旷日持久的、步履艰难的过程,在这一过程中要克服大量额外的阻碍。这个过程在很大程度上已在进行中,特别在生物学中是如此。如果理论自然科学家愿意较为仔细地研究一下辩证哲学在历史上有过的各种形态,那么上述过程可以大大缩短。在这些形态中,有两种形态对现代的自然科学可以格外有益。

第一种是希腊哲学。在这种哲学中,辩证思维还以原始的朴素的形式出现,还没有受到令人迷醉的障碍①的干扰,而这些障碍是 17 和 18 世纪的形而上学——英国的培根和洛克,德国的沃尔弗——为自己设置的,并且由此就堵塞了自己从认识个别到认识整体,到洞察普遍联系的道路。在希腊人那里——正是因为他们还没有进步到对自然界进行解剖、分析——自然界还被当做整体,从总体上来进行观察。自然现象的总的联系还没有在细节上得到证明,这种联系在希腊人那里是直接观察的结果。这是希腊哲学的缺陷所在,由于这种缺陷,它后来不得不向其他的观点让步。然而这也正是希腊哲学要比它以后的所有形而上学对手更高明之处。如果说,形而上学同希腊人相比在细节上是正确的,那么,希

---

① 参看海涅《新春集》1831 年版诗序。——编者注

腊人同形而上学相比则在总体上是正确的。这就是我们在哲学上
以及在其他许多领域中不得不一再回到这个小民族的成就上来的
原因之一,这个民族的无所不包的才能和活动使他们在人类发展
史上享有任何其他民族都不能企求的地位。而另外一个原因就是
在希腊哲学的多种多样的形式中,几乎可以发现以后的所有看法
的胚胎、萌芽。因此,理论自然科学要想追溯它的今天的各种一般
原理的形成史和发展史,也不得不回到希腊人那里去。这种见解
已经越来越被接受。有的自然科学家一方面把希腊哲学的残篇如
原子论当做永恒真理来看待,另一方面以希腊人缺少经验自然科
学为理由而对他们采取培根式的高傲的蔑视态度,这样的自然科
学家越来越少了。但愿上述见解再前进一步,能促使人们对希腊
哲学真正有所认识。

　　辩证法的第二种形态恰好离德国的自然科学家最近,这就是
从康德到黑格尔的德国古典哲学。这里已经有了开头,因为即使
把刚才提到的新康德主义除外,回到康德去又重新成为时髦。自
从人们发现康德是两个天才假说的首创者以来,他在自然科学家
当中重新获得了应有的荣誉。这两个假说就是先前曾归功于拉普
拉斯的太阳系起源理论和地球自转由于潮汐而受到阻碍的理论。
没有这两个假说,今天的理论自然科学简直就不能前进一步。但
是,自从黑格尔著作中已提出一个虽然是从完全错误的出发点阐
发的、却无所不包的辩证法纲要以后,要向康德学习辩证法,就是
一件费力不讨好的和收效甚微的事情。

　　一方面,在很大程度上由于这种错误的出发点和柏林黑格尔
派的无可救药的堕落而对"自然哲学"采取的反对态度,得到了随
心所欲的表现,并且演变成了纯粹的谩骂;另一方面,自然科学在
有理论上的需要时又被流行的折中主义的形而上学置于完全无援

的境地。而在这以后，也许才有可能在自然科学家面前重新提起黑格尔的名字，而不致引发那种使杜林先生出尽洋相的舞蹈病。

　　首先要明确的是，这里的问题决不是要捍卫黑格尔的出发点：精神、思维、观念是本原的东西，而现实世界只是观念的摹写。这种出发点已经被费尔巴哈摒弃了。在下述这一点上我们大家都是一致的：在自然界和历史的每一科学领域中，都必须从既有的**事实**出发，因而在自然科学中要从物质的各种实在形式和运动形式出发①；因此，在理论自然科学中也不能构想出种种联系塞到事实中去，而要从事实中发现这些联系，而且这些联系一经发现，就要尽可能从经验上加以证明。

　　同样，也谈不上保持黑格尔体系的独断的内容，而这一内容正是柏林老年黑格尔派和青年黑格尔派所鼓吹的。随着唯心主义出发点的垮台，建筑在这一出发点上的体系，特别是黑格尔的自然哲学也就垮台了。但是要记住，自然科学上反对黑格尔的论战，在对黑格尔有大致正确理解的范围内，仅仅针对以下两点：唯心主义的出发点和不顾事实而任意编造体系。

　　去除这一切之后，剩下的就只是黑格尔的辩证法。马克思的功绩就在于，他和"今天在德国知识界发号施令的、愤懑的、自负的、平庸的模仿者们"②相反，第一个把已经被遗忘的辩证方法、它和黑格尔辩证法的联系以及差别重新提到人们面前，同时在《资本论》中把这个方法应用到一种经验科学即政治经济学的事实上去。他获得了成功，以致德国现代的经济学派只是由于借口批判

① 手稿中接着删掉一句话："我们社会主义的唯物主义者，在这方面甚至比自然科学家走得还远得多，因为我们也……"——编者注
② 引自马克思《资本论》第1卷，见本选集第2卷第94页。——编者注

马克思而抄袭马克思（还常常抄袭错），才胜过了庸俗的自由贸易派**251**。

在黑格尔的辩证法中，正像在他的体系的所有其他分支中一样，一切真实的联系都是颠倒的。但是，正如马克思所说的，"辩证法在黑格尔手中神秘化了，但这决没有妨碍他第一个全面地有意识地叙述了辩证法的一般运动形式。在他那里，辩证法是倒立着的。必须把它倒过来，以便发现神秘外壳中的合理内核。"①

可是，在自然科学本身中，我们常常遇到这样一些理论，它们把真实的关系弄颠倒了，把映象当做了原型，因而这些理论同样需要倒置过来。这样的理论常常在一个较长的时间里盛行。在差不多两个世纪内，热一直不是被看做普通物质的一种运动形式，而是被看做一种特殊的神秘的物质，就是这种情况，而力学的热理论完成了这种倒置。尽管如此，热素说占统治地位的物理学却发现了关于热的一系列非常重要的定律，特别是傅立叶和萨迪·卡诺**482**为一些正确的见解开辟了道路，而这些见解不过是把其先驱所发现的定律倒置过来，翻译成自己的语言。②同样，在化学中，燃素说**466**经过上百年的实验工作才提供了一些材料，而拉瓦锡利用这种材料才在普利斯特列提取出来的氧气中发现了想象中的燃素的实在对立物，从而推翻了全部燃素说。但是燃素说的实验成果决不因此就被抛弃。正好相反。这些成果依然存在，只不过其表述被颠倒过来，从燃素说的语言翻译成了现今通行的化学语言，因此

---

① 引自马克思《资本论》第1卷，见本选集第2卷第94页。——编者注
② 恩格斯在此处页边上写着："卡诺函数 C 的倒数 $\frac{1}{C}$ = 绝对温度。此函数不倒置过来，毫无用处。"——编者注

仍然保持着自己的有效性。

黑格尔的辩证法同合理的辩证法的关系,正像热素说同力学的热理论的关系一样,正像燃素说同拉瓦锡的理论的关系一样。

神灵世界中的自然研究[483]

深入人民意识的辩证法有一个古老的命题:两极相联。根据这个道理,我们在寻找幻想、轻信和迷信的极端表现时,如果不是面向像德国自然哲学那样竭力把客观世界嵌入自己主观思维框子内的自然科学派别,而是面向与此相反的派别,即一味吹捧经验、极端蔑视思维而实际上思想极度贫乏的派别,我们就不至于犯什么错误。后一个学派在英国占据统治地位。它的始祖,备受称颂的弗兰西斯·培根就已经渴望他的新的经验归纳法能够付诸应用,并首先做到:延年益寿,在某种程度上使人返老还童,改形换貌,易身变体,创造新种,腾云驾雾,呼风唤雨。他抱怨这种研究无人问津,他在他的自然史中开出了制取黄金和创造种种奇迹的正式的丹方。[484]同样,伊萨克·牛顿在晚年也热衷于注释《约翰启示录》[485]。因此,难怪近年来以几个远非最差的人物为代表的英国经验主义,看来竟不可救药地迷恋于从美国输入的招魂术和降神术。

属于这一行列的第一位自然科学家,是功勋卓著的动物学家兼植物学家阿尔弗勒德·拉塞尔·华莱士,此人曾和达尔文同时提出物种通过自然选择发生变异的理论。他在 1875 年由伦敦白恩士出版社出版的小册子《论奇迹和现代唯灵论》里面说,他在自然知识的这个分支中的最初经验是在 1844 年开始取得的,那时他听到斯宾塞·霍尔先生关于麦斯默术[486]的讲演,因此他在他的学生身上做了同样的实验。

"我对这个问题非常感兴趣,并且有热心〈ardour〉进行研究。"[第119页]

他不仅使人进入催眠状态并发生四肢僵硬和局部丧失知觉的现象,而且也证实了加尔颅骨图**487**的正确,因为在触摸任何一个加尔器官的时候,相应的活动就在已受催眠的人身上发生,并以灵活的动作按规定演示出来。其次,他断言,他的被催眠者只要被他触摸一下,就会产生催眠者的一切感觉;他只要把一杯水说成白兰地酒,就可以让被催眠者喝得酩酊大醉。他能使一个年轻人甚至在清醒的时候糊涂得忘记自己的姓名,然而这是其他教员不用麦斯默术也可以办到的。如此等等。

1843—1844年冬季,我也适逢其会在曼彻斯特见到了这位斯宾塞·霍尔先生。他是一个很普通的江湖术士,在几个教士的赞助下在国内跑来跑去,用一个少女做催眠颅相学的表演,借以证明上帝的存在,证明灵魂不死,证明当时欧文主义者在各大城市中所宣传的唯物主义毫无价值。少女被催眠后,催眠者只要摸一摸她的颅骨上的任何一个加尔器官,她就像演戏一样做出各种表示相应器官活动的动作和姿势;例如,摸一下爱孩子(philopro-genitiveness)的器官,她就爱抚和亲吻所幻想的婴孩,如此等等。此外,这位堂堂的霍尔还用一个新的巴拉塔里亚岛**488**丰富了加尔的颅骨地理学:他在颅骨顶上发现了一个敬神的器官,只要摸一摸这里,他的那位受了催眠的小姐就跪下去,把双手合在一起,并且在惊讶的庸人观众面前做出一副虔敬地祈祷的天使的样子。表演到此结束并达到高潮。上帝的存在得到了证明。

我和我的一个熟人也同华莱士先生一样,对这些现象颇感兴趣,并且想试一下,我们能在什么程度上再现这些现象。我们选择了一个12岁的活泼的男孩来做对象。安详的凝视或轻柔的抚摩就轻而易举地使他进入催眠状态。但是,因为我们对这套把戏不像华莱士先生那样虔诚,那样热心,所以我们也就得到完全不同的结果。除了很容易产生的肌肉僵硬和丧失知觉状态以外,我们还发现了一种意志完全被动而感觉又异常过敏的状态。被催眠者一旦由于任何外部刺激而从昏睡中醒过来,他就显得比清醒的时候更活跃得多。被催眠者同催眠者没有任何神秘的感应关系;任何其他的人都同样可以很容易地使被催眠者动作起来。让加尔颅骨器官起作用,在我们看来是太容易了;我们的花样还更多:我们不仅能使这些器官互相置换,把它们配置在整个身体的任何地方,而且还能造出不拘数目的其他器官,如唱歌、吹口哨、吹笛、跳舞、拳击、缝纫、补鞋、抽烟等等的器官,这些器官我们希望安在什么地方都可以。华莱士用水使他的被催眠者酩酊大醉,而我们却在大脚趾上发现了醉酒的器官,只要摸它一下,被催眠者就会演出最妙的喝醉酒的滑稽戏。但是十分清楚:如果不使被催眠者明白人们希望他做些什么,那么任何器官都不能显示任何作用。这个小孩经过实际练习很快便熟练到这样的程度:只要多少有一点暗示就够了。这样造成的器官只要不用同样的方法加以改变,对于以后的催眠是永远有效的。这个被催眠者也就有双重的记忆,一种是清醒时的记忆,另一种是催眠状态中的完全独立的记忆。至于说到意志的被动性,说到对第三者的意志的绝对服从,只要我们不忘记整个状态是在被催眠者的意志服从催眠者的意志的情况下开始的,而且没有这种服从就形成不了这种状态,那么这种被动性,这种绝对服从就没有什么奇怪的了。只要被催眠者同催眠者开个玩笑,那就连世界上最有魔力的催眠术家也无计可施了。

这样,我们不过随便怀疑了一下,便发现了催眠颅相学的江湖骗术的老底,这是一系列与清醒状态时的现象多半只有程度差异

的、无须作任何神秘主义解释的现象,而华莱士先生的热心(ardour)
却使他一再地欺骗自己,靠了这种自我欺骗去在各种细节上证实
加尔颅骨图,确认催眠者和被催眠者之间的神秘的感应关系。①
在华莱士先生的天真得有些稚气的谈话中,到处都可以看到:他所
关心的并不是探究这种江湖骗术的真相,而是不惜任何代价去再
现所有的现象。只要有了这种心态,就可以在很短的时间内使刚
入门的研究者靠简便易行的自我欺骗变成一位行家。华莱士先生
终于相信了催眠颅相学的奇迹,这时他已经有一只脚踏进神灵世
界中去了。

到1865年,他的另一只脚也跟着踏进去了。当他在热带地方
旅行了12年回来以后,桌子跳舞的降神术实验促使他加入了各种
"神媒"的团体。他进步得多么快,他对这套把戏掌握得多么纯
熟,上述小册子就可以证明。他希望我们不仅要当真相信霍姆、达
文波特兄弟以及其他看来多少是为了钱并且大多一再暴露出骗子
面目的"神媒"的一切所谓的奇迹,而且要当真相信许多从很古的
时候起就被信以为真的神灵故事。希腊神托所的女占卜者、中世
纪的女巫便都是"神媒",而扬布利柯在他的《论预言》中已经十分
确切地描绘了

"现代唯灵论中最令人惊异的现象"[第229页]。

我们只举一个例子来表明,华莱士先生对于这些奇迹在科学
上的确证是处理得何等轻率。如果有人要我们相信神灵会让人给

---

① 恩格斯在这里加了一个注:"如前所述,被催眠者是通过练习而熟练起来
的。因此,当意志的服从变成习惯以后,两个当事者之间的关系会越来
越密切,某些个别现象会越来越强化,甚至在清醒状态中也有微弱的反
应,这是完全可能的。"——编者注

它们照相,那么这的确是一个奢望,而我们在认定这种神灵照片是真实的以前,当然有权要求以最真实可信的方式对它们加以证明。但华莱士先生在第187页上说:1872年3月,主神媒古皮太太(父姓为尼科尔斯)跟她的丈夫和小儿子在诺丁山①的赫德森先生那里一起照了相,而在两张不同的照片上都看得出她背后有一个身材高高的女人的形象,优雅地(finely)披着白纱,面貌略带东方韵味,摆出祝福的姿势。

"所以,在这里,两件事中必有一件是绝对确实的②。要不是眼前有一个活生生的、聪敏的、然而肉眼看不见的存在物,就是古皮先生夫妇、摄影师和某一第四者筹划了一桩卑劣的〈wicked〉骗局,而且一直隐瞒着这一骗局。但是我非常了解古皮先生夫妇,所以我绝对相信:他们像自然科学领域中任何真挚的真理探求者一样,是不会干这种骗人的勾当的。"[第188页]

这样看来,要么是骗人的勾当,要么是神灵的照片。对极了。如果是骗人的勾当,那么,不是神灵早已印在照片底版上,就是有四个人参与其事,或者有三个人参与其事,如果我们把活到84岁于1875年1月去世的对自己的行为不能负责的或易受愚弄的古皮老先生撇开不谈的话(只要把他送到作为背景的屏风后面就行了)。一位摄影师要替神灵找个"模特儿"是没有什么困难的,我们对此无须多费唇舌。但是摄影师赫德森不久就因一贯伪造神灵照片而被公开检举,而华莱士先生却安慰人们说:

① 诺丁山是伦敦西城的一个区。——编者注
② 恩格斯在这里加了一个注:"原文是'Here, then, one of two things **are absolutely certain**'。神灵世界是超越于语法的。有一次,一位爱开玩笑的人让神媒把语法家林德利·默里的灵魂召来。问他来了没有,他回答道:'I are'[我来了](美国人的说法,不说"I am")。这位神媒是在美国出生的。"——编者注

"有一件事情是明白的:如果发生了骗人的勾当,那立刻就会被唯灵论者自己看破的。"[第189页]

这也就是说,摄影师也不大可信了。剩下的是古皮太太,而对她,我们的朋友华莱士表示"绝对相信",此外再没有别的。再没有别的吗?决不是这样。表明古皮太太的绝对可靠的,还有她自己的如下说法:1871年6月初的一个晚上,她在不省人事的状态中从汉伯里山公园她的家里,由空中被摄到兰布斯·康第特街69号——两地的直线距离是三英里——并且被弄到上述69号房子中正在举行降神仪式的一张桌子上。房门是关着的,虽然古皮太太是一个极肥胖的伦敦女人(这的确很重要),可是她突然闯到屋里来,在门上或天花板上连个小小的窟窿都没有留下来(1871年6月8日伦敦《回声报》[489]上的报道)。现在谁还不相信神灵照片是真的,那真是不可救药了。

英国自然科学家中的第二位著名的行家,是威廉·克鲁克斯先生,化学元素铊的发现者和辐射计(在德国也叫做光转车辐射计)的发明者。[490]克鲁克斯先生大约从1871年起开始研究唯灵论者的表演,为了这个目的应用了许多物理学仪器和力学仪器,如弹簧秤、电池等等。他是否带来了主要的仪器,即一颗抱怀疑态度的有批判力的头脑,他是否使这颗头脑始终保持工作能力,我们是会看到的。无论如何,在一个不长的时期内,克鲁克斯先生就像华莱士先生一样完全被俘虏了。华莱士叙述道:

"几年的工夫,一个年轻的女人,弗洛伦斯·库克小姐,就显示出值得注意的神媒的特性,而且最近已经登峰造极,化成一个肯定是来自神灵世界的完美的女性形象,赤着脚,披着飘洒的白色长袍,而这时神媒却穿着深色的衣服,被捆缚着,沉睡在一间密室〈cabinet〉或邻室里。"[第181页]

这个神灵自称凯蒂,看起来非常像库克小姐。一天晚上,沃尔克曼先生,古皮太太现在的丈夫,突然拦腰把它抱住,紧紧搂住不放,看它到底是不是库克小姐的化身。这个神灵显示出是一个结结实实的女人,它竭力反抗,观众们来干预,瓦斯灯被熄灭,撕扯了一阵以后,重新安静下来,屋子里点起了灯,这时神灵已经不见了,而库克小姐仍然被捆着,不省人事地躺在原来的角落里。但是,据说沃尔克曼先生直到现在还坚持认为,他抱住的是库克小姐而不是别人。为了从科学上来确证这件事情,一位著名的电学家瓦利先生做了一次新的实验,把电池的电流通到神媒库克小姐身上,使得她不切断电流就不能扮演神灵的角色。然而神灵还是出现了。所以它的确是和库克小姐不同的存在物。而进一步确证这件事情便是克鲁克斯先生的任务。他第一步是要取得这位神灵小姐的**信任**。

这种信任,如他自己在 1874 年 6 月 5 日的《灵学家报》**491** 中所说的,"逐渐加深,直到除非由我来安排,不然她就拒绝降神。她说她希望我一直在她近旁,就在内室的隔壁;我发现,在这种信任已经建立而且她确信我决不对她食言以后,各种现象的表现程度大大加强了,用其他方法得不到的证据也如意地得到了。她常常和我商量参加降神仪式的人以及他们的席位,因为她最近变得非常不安〈nervous〉,原因是她感到有人曾不怀好意地向她暗示,除了使用其他的比较科学的研究方法以外,有人可能使用武力。"①

这位神灵小姐对这种既亲切又科学的信任给了最充分的回报。她甚至出现——现在这使我们不会再感到吃惊——在克鲁克斯先生家里,和他的孩子们玩耍,给他们讲"她在印度冒险的趣闻",向克鲁克斯先生讲述"她过去生活中的一些痛苦的经历",让

---

① 见威·克鲁克斯《"凯蒂·金"的最后出现》,载于 1874 年 6 月 5 日《灵学家报》第 23 号。——编者注

他拥抱她,好让他相信她的结结实实的物质性,并让他察看她每分钟的脉搏次数和呼吸次数,最后她自己还和克鲁克斯先生并排照相。华莱士先生说:

> "这个形象在人们看见她,摸到她,给她照相,并且和她谈话以后,就从一个小屋子里面绝对地消失了,这个小屋子除了通往挤满观众的隔壁一间屋子,是没有其他出口的。"［第183页］

假若观众们十分有礼貌,信任发生事情的房子的主人克鲁克斯先生,就像克鲁克斯先生信任神灵一样,这也就不是什么了不起的把戏了。

可惜这些"完全被证实了的现象",甚至在唯灵论者看来也不是随随便便就可以相信的。我们在前面已经看到,十分相信唯灵论的沃尔克曼先生怎样采取了非常物质的突然下手的办法。现在又有一个教士,"不列颠全国灵学家协会"委员,也出席了库克小姐的降神仪式,而且毫无困难地发现:神灵从门进到里面并在里面消失的那间屋子,是有**第二道门**通往外界的。当时也在场的克鲁克斯先生的举动,"使我原以为这些表演中也许有点什么玩意儿的信念受到了最后的致命打击"(查·莫里斯·戴维斯牧师《神秘的伦敦》,伦敦廷斯利兄弟出版社版)。此外,人们怎样使"凯蒂们""现身"的事,在美国也真相大白了。有一对姓霍姆斯的夫妇在费城举行表演,当时也出现了一个"凯蒂",她得到信徒们丰厚的馈赠。但是,这位凯蒂有一次竟因为报酬不够多而罢了工,这就引起一个怀疑者下决心非要探查出她的踪迹不可;他发现她住在一个 boarding house(公寓)里,是一个毫无疑问有血有肉的年轻女人,占有了赠送给神灵的一切礼物。

同时,欧洲大陆也有自己的科学界的降神者。彼得堡的一个学术团体——我不大清楚是大学或者甚至是研究院——曾委托枢密官阿克萨科夫和化学家布特列罗夫探究降神现象,但似乎并没有多少结果。**492**另一方面——如果可以相信唯灵论者的喧嚣的声明——德国现在也推出自己的唯灵论者,这就是莱比锡教授策尔纳先生。

大家知道,策尔纳先生多年来埋头研究空间的"第四维",发现在三维空间里不可能出现的许多事情,在四维空间里却是不言而喻的。例如,在四维空间里,一个全封闭的金属球,不在上面钻一个孔,就可以像翻手套一样地翻过来;同样,在一条两端各无尽头或两端都被系住的线上可以打结,两个相互分离的闭合的圆环,不锯开其中的任何一个就可以套在一起,还有许多这一类的把戏。根据神灵世界最近传来的捷报,策尔纳教授先生曾请求一个或几个神媒帮助他确定第四维空间中的各种细节。结果据说是惊人的。他把自己的手臂架在椅子的扶手上,而手掌按在桌子上不动,降神仪式一开始,椅子的扶手就和他的手臂套在一起了;一条两端用火漆固定在桌子上的线,竟在中间打了四个结,如此等等。一句话,神灵是可以极其容易地完成第四维空间的一切奇迹的。但是必须注意:我是在转述别人的说法。我不能保证这个神灵通报的正确性,如果它有什么不确实的地方,策尔纳先生应当感谢我给他提供了一个更正的机会。但是,如果这个通报不是虚假地报道策尔纳先生的经历,那么这些经历显然会在神灵科学和数学方面开辟一个新纪元。神灵证明第四维空间的存在,而第四维空间则为神灵的存在作担保。而这一点一经发现,便给科学开辟出一个崭新的广阔的天地。对于第四维和更高维的空间的数学来说,对于待在这种高维空间中的神灵们的力学、物理学、化学和生理学来说,过去的全部数学和自然科学都不过是一种预备科目罢了。克鲁克斯先生不是已经在科学上确证桌子和其他家具在移到——我们现在可以这样说——第四维空间的过程中会损失多少重量,而华莱士先生不是也声称他已经证明在第四维空间中火不会伤害人体吗！现在甚至已经有神体生理学了！神灵们会呼吸，有脉搏，这就是说，它们有肺脏、心脏和循环器官，因而在身体的其他器官方面至少是和我们一样齐全的。因为要呼吸就要有碳水化合物在肺里被转化，而这些碳水化合物又只能由外界供给，于是要有胃、肠及其附属器官，而这一切一经确定，其余的就毫无困难地都跟着有了。但是这些器官的存在就使得神灵们有生病的可能，这样一来，微耳和先生也许就不得不写一部神灵世界的细胞病理学了。而因为这些神灵大多是非常漂亮的年轻女人，除了她们的超凡的美丽，她们和世间的女人没有什么不同，完完全全没有什么不同，所以用不了多久她们就会出现在"爱上她们的男人"①的身边；而且，既然克鲁克斯先生通过脉搏已经断定，她们"并不缺少女性的心"，所以对于自然选择来说，也同样会出现一个第四维空间，在那个空间里，再也用不着担心人们会把自然选择和万恶的社会民主主义混淆起来。**493**

够了。这里已经看得一清二楚，究竟什么是从自然科学走向神秘主义的最可靠的道路。这并不是过度滋蔓的自然哲学理论，而是蔑视一切理论、怀疑一切思维的最肤浅的经验。证明神灵存在的并不是那种先验的必然性，而是华莱士先生、克鲁克斯先生之流的经验的观察。既然我们相信克鲁克斯利用光谱分析进行的观察（铊这种金属就是由此发现的），或者相信华莱士在马来群岛所获得的动物学上的丰富的发现，人们就要求我们同样去相信这两位研究者在唯灵论方面的经验和发现。而如果我们认为，在这里毕竟有一个小小的区别，即前一种发现可以验证，而后一种却不能，那么降神者就会反驳我们说：不是这么回事，他们是乐于给我

---

① 见莫扎特《魔笛》第 1 幕第 14 场帕米纳和巴巴盖诺的二重唱。——编者注

们提供机会来验证这些神灵现象的。

实际上,蔑视辩证法是不能不受惩罚的。对一切理论思维尽可以表示那么多的轻视,可是没有理论思维,的确无法使自然界中的两件事实联系起来,或者洞察二者之间的既有的联系。在这里,问题只在于思维正确或不正确,而轻视理论显然是自然主义地进行思维,因而是错误地进行思维的最可靠的道路。但是,根据一个自古就为人们所熟知的辩证法规律,错误的思维贯彻到底,必然走向原出发点的反面。所以,经验主义者蔑视辩证法便受到惩罚:连某些最清醒的经验主义者也陷入最荒唐的迷信中,陷入现代唯灵论中去了。

数学方面的情形也一样。平庸的形而上学的数学家,都十分高傲地夸耀他们的科学成果是绝对无法推翻的。但是这些成果也包括虚数在内,从而这些虚数也就带有某种实在性。如果我们已习惯于给$\sqrt{-1}$或第四维硬加上我们的头脑以外的某种实在性,那么我们是否再前进一步,承认神媒的神灵世界,这也就不是什么重要问题了。这正如凯特勒谈到德林格尔时所说的:

"这个人一生中曾为那么多的谬论作辩护,就连教皇永无谬误[494]的说法他也真能接受了!"

事实上,单凭经验是对付不了唯灵论者的。第一,那些"高级的"现象,只有当有关的"研究者"已经着迷到像克鲁克斯自己天真无比地描绘的那样,只能看到他应看到或他想看到的东西的时候,才能够显现出来。第二,唯灵论者并不在乎成百件的所谓事实被揭露为骗局,成打的所谓神媒被揭露为下流的江湖骗子。只要所谓的奇迹还没有被逐一揭穿,唯灵论者就仍然有足够的活动地盘,华莱士在伪造神灵照片的事件中就一清二楚地说明了这一点。

伪造物的存在,正好证明了真实物的真实。

这样,经验要摆脱降神者的纠缠,就不得不借助于理论的思考,而不再靠经验性的实验;用赫胥黎的话说:

"我认为从证明唯灵论是真理这件事当中所能得到的唯一好处,就是给反对自杀提供一个新论据。与其死后借每举行一次降神仪式赚一个基尼①的神媒的嘴巴说一大堆废话,还不如活着做清道夫好。"**495**

[札记和片断]

毕 希 纳**496**

这一派别的产生。德国哲学消融于唯物主义。对科学的控制被排除了。庸俗的唯物主义通俗化者一哄而起,他们的唯物主义据说要弥补科学的贫乏。盛行于资产阶级德国和官方德国科学极度衰落的时代——1850—1860 年。福格特、摩莱肖特、毕希纳。相互的保险。——由于达尔文主义变为时髦并被这些先生们立即借用而引起的新的活跃。

人们本来可以听其自然,让他们从事自己的虽然狭隘但尚可称道的职业,即教给德国庸人以无神论等等。但是,第一,他们对那些毕竟给德国带来荣誉的哲学家大肆谩骂(文句尚待引证)②,

---

① 基尼是英国从前的一种金币,合 21 先令。——编者注

② 恩格斯在这里加了一个注:"毕希纳把这些哲学家仅仅看做独断主义者,其实他本人正是宣扬德国的所谓启蒙学说的最浅薄滥调的独断主义者;德国的所谓启蒙学说背弃了伟大的法国唯物主义者(黑格尔曾谈到他们)的精神和运动,就像尼古拉背弃了伏尔泰的精神一样。莱辛提到的'死狗斯宾诺莎'([黑格尔]《全书》序言第 19 页)**497**。"——编者注

第二,他们妄图把他们的自然理论应用于社会并用来改良社会主义。这就迫使我们不得不注意他们了。

第一,他们在自己的领域内做了些什么呢?引证。

第二,转变,第170—171页。这个突然出现的黑格尔的东西是从哪里来的呢?[498]向辩证法的过渡。——两个哲学派别:主张固定范畴的形而上学派,主张流动范畴的辩证法派(亚里士多德,特别是黑格尔);后一派证明:理由和推断、原因和结果、同一和差异、现象和本质这些固定的对立是站不住脚的,经分析证明,一极已经作为核内的东西存在于另一极之中,到达一定点一极就转化为另一极,整个逻辑都只是从这些前进着的对立中展开的。——这在黑格尔本人那里是神秘的,因为各种范畴在他那里表现为预先存在的东西,而现实世界的辩证法表现为这些范畴的单纯的反照。实际上恰恰相反:头脑中的辩证法只是现实世界即自然界和历史的各种运动形式的反映。到上一世纪末,甚至到1830年,自然科学家靠旧的形而上学差不多还能应付过去,因为真正的科学当时还没有越出力学——地球上的力学和宇宙的力学的范围。尽管如此,高等数学已经带来了混乱,因为高等数学把初等数学的永恒真理看做已被摒弃的观点,常常作出相反的论断,提出一些在初等数学家看来纯属谬论的命题。固定的范畴在这里消融了,数学达到这样一种境地,在这里即使很简单的关系,如纯粹抽象的量之间的关系、恶无限性,都采取了完全辩证的形态,迫使数学家们既不自愿又不自觉地成为辩证的数学家。数学家们为了解决这种矛盾,为了调和高等数学和初等数学,为了弄清楚在他们面前表现为不可否认的结果的那些东西并不是纯属荒诞无稽的东西,以及为了合理地说明以无限为研究对象的数学的出发点、方法和成果所采用的隐晦说法、无聊诡计和应急手法,是再滑稽可笑不过了。

但是现在一切都不同了。化学——原子论。物理学的抽象的可分性——恶无限性。生理学——细胞（由分化而发生的个体和种的有机发展过程，是对合理的辩证法的最令人信服的验证）。最后，各种自然力的同一性及其相互转化，这种转化使范畴的一切固定性都终结了。尽管如此，大批自然科学家仍然束缚在旧的形而上学的范畴之内，在必须合理地解释这些可以说在自然界中证实了辩证法的最新事实并把它们彼此联系起来的时候，他们就束手无策了。在这里就不能不靠**思维**：原子和分子等等是不能用显微镜来观察的，只能用思维来把握。看看那些化学家（肖莱马例外，他懂得黑格尔）以及微耳和的《细胞病理学》[1]，在那里最终不得不用笼统的空话来掩盖这种束手无策。脱掉神秘主义外衣的辩证法成为自然科学绝对必需的东西，因为自然科学已经离开这样的领域，在那里，固定不变的范畴，犹如逻辑的初等数学，足以供日常使用。哲学因自然科学抛弃了它而对自然科学事后进行了报复。而自然科学家本来可以从哲学家的自然科学成就中看到：在这全部哲学中隐藏着某种即使在自然科学家自己的领域中也比他们高明的东西（莱布尼茨——以无限为研究对象的数学的创始人[499]，和他比较起来，归纳法的蠢驴牛顿[500]是个剽窃者和破坏者；康德——拉普拉斯**以前**的天体起源理论；奥肯——在德国采纳进化论的第一个人；黑格尔——他对自然科学的百科全书式的概括和合理的分类是超过一切唯物主义胡说的伟大成就）。

---

[1] 鲁·微耳和《细胞病理学在生理和病理组织学方面的根据》1871年柏林增订第4版。——编者注

《费尔巴哈》的删略部分[501]

[50 年代在德国把唯物主义庸俗化的小贩们,根本没有突破他们的老师们①的这些局限。自然科学后来获得的一切进步,仅仅成了他们]反对信仰世界创造主的新论据;实际上,他们所做的事情决不是进一步发展理论。唯心主义由于 1848 年革命受到了沉重打击,而唯物主义在它的这一更新了的形态下更是江河日下。费尔巴哈拒绝为**这种**唯物主义承担责任是完全对的;只是他不应该把这些巡回传教士的学说同一般唯物主义混淆起来。

但是,大约就在这个时候,经验自然科学获得了巨大的发展和极其辉煌的成果,从而不仅有可能完全克服 18 世纪机械论的片面性,而且自然科学本身,也由于证实了自然界本身中所存在的各个研究领域(力学、物理学、化学、生物学等等)之间的联系,而从经验科学变成了理论科学,并且由于把所得到的成果加以概括,又转化成唯物主义的自然知识体系。气体力学;新创立的有机化学,它从无机物制造出一个又一个的所谓有机化合物,从而扫除了这类化合物的不可捉摸性质的最后残余;1818 年创立的科学的胚胎学;地质学和古生物学;动植物比较解剖学——这一切领域提供了空前丰富的新材料。但是,具有决定性重要意义的是三大发现。

第一是由于热的机械当量的发现(罗伯特·迈尔、焦耳和柯尔丁)而使能的转化得到证实。自然界中无数的起作用的原因,

---

① 指 18 世纪的法国唯物主义者。——编者注

过去一直被看做某种神秘的不可解释的存在物，即所谓力——机械力、热、放射（光和辐射热）、电、磁、化学化合力和分解力，现在全都被证明是同一种能（即运动）的各种特殊形式，即存在方式；我们不仅可以证明，这种能在自然界中不断从一种形式转化为另一种形式，而且甚至可以在实验室中和在工业中实现这种转化，使某一形式的一定量的能总是相当于这一或另一形式的一定量的能。例如，我们可以用千克米表示热量单位，又用热量单位来表示若干单位的或任何量的电能或化学能，反过来也可以；我们同样可以把一个活的机体所消耗的和所获得的能量测量出来，并且用任何单位，例如用热量单位表示出来。自然界中一切运动的统一，现在已经不再是一个哲学的论断，而是一个自然科学的事实了。

第二个发现——在时间上更早一些——是施旺和施莱登发现有机细胞，发现它是这样一种单位：一切机体，除最低级的以外，都是从这种细胞的繁殖和分化中产生和成长起来的。有了这个发现，有机的、有生命的自然产物的研究——不仅是比较解剖学和比较生理学，还有胚胎学——才获得了巩固的基础。机体的产生、成长和构造的秘密被揭开了；从前不可理解的奇迹，现在已被归结为某种遵循一切多细胞的机体本质上共有的同一规律所发生的过程。

但是还剩下了一个重要的空白。如果一切多细胞的机体——植物和动物，包括人在内——都是按照细胞分裂规律各自从一个细胞中生长起来，那么这些机体的无限差异性是从何而来呢？解答这个问题的，是第三个大发现，即达尔文首先系统地加以论述和建立起来的进化论。不管这个理论在细节上还会有多少变化，但是总的说来，它现在对问题的解答已经十分令人满意了。机体从少数简单形态到今天我们所看到的日益多样化和复杂化的形态，一直到人类为止的发展序列，在大的基本点上被证实了；这样一来，不仅有可能来说明有机自然产物中的现存者，而且也为认识人的精神的前史，为追溯人的精神从简单的、无结构的、但有感受刺激能力的最低级有机体的原生质起直到能够思维的人脑为止的各个发展阶段奠定了基础。不了解这个前史，能够思维的人脑的存在就仍然是一个奇迹。

有了这三大发现，自然界的主要过程就得到了说明，就被归之于自然的原因。现在只剩下一件事情还得去做：说明生命是怎样从无机自然界中产生的。在科学发展的现阶段上，这也就是要从无机物中制造出蛋白体来。化学正向完成这个任务日益接近，虽然距离还远。但是，如果我们想一想，维勒在 1828 年才由无机物制成第一种有机物——尿素，而现在以人工方法不使用任何有机物就能制成无数所谓有机化合物，那么我们就不会让化学在蛋白质这一难关面前停步不前。到目前为止，化学已经能够制出它确切知道其成分的每一种有机物。一旦蛋白体的化合成分被弄清楚，化学就能着手制造活的蛋白质。但是，要求化学在今天或明天就完成自然界本身在个别天体的极为有利的环境下经过千百万年才完成的事情，这就等于要求创造奇迹。

这样，同前一世纪比较起来，唯物主义自然观现在已建立在完全不同的牢固的基础上了。那时，只是对于天体和地球上的固体在重力的影响下所发生的运动有相当详尽的了解；差不多整个化学领域和整个有机界仍然是没有被理解的秘密。现在，整个自然界是作为至少在大的基本点上已得到解释和理解的种种联系和种种过程的体系而展现在我们面前。当然，唯物主义自然观只是按照自然界的本来面目质朴地理解自然界，不添加任何外来的东西，所以这种自然观在希腊哲学家中间原本是不言而喻的。但是,在古希腊人和我们之间,本质上是唯心主义的世界观存在了两千多年,所以,即使要返回到不言而喻的东西上去,也要比初看起来困难些。因为问题决不是要简单地抛弃这两千多年的全部思想内容,而是要对它们进行批判,要把那些在错误的、但对于那个时代和发展过程本身来说是不可避免的唯心主义的形式内获得的成果,从这种暂时的形式中剥取出来。而这是多么困难,许许多多的自然科学家已经给我们提供了证明,他们在他们自己的那门科学中都是坚定的唯物主义者,但是在本门科学以外不仅是唯心主义者,甚至是虔诚的正教教徒。

自然科学的所有这些划时代的进步,都在费尔巴哈那里擦肩而过,基本上没有触动他。这与其说是他的过错,不如说应归咎于当时德国的可悲的环境,由于这种环境,大学教席都被毫无头脑的折中主义的小识小见之徒占据了,而比这些人高明百倍的费尔巴哈,却不得不在与世隔绝的乡间过着孤寂的农民式的生活[502]。于是出现这种情况:他在谈到自然界时,不得不说一些美文学的空话,虽然附带也作出个别的天才的概括。例如,他说:

"生命当然不是某种化学过程的产物,一般说来不是某一个别的自然力或自然现象的产物,而形而上学的唯物主义者却把生命归结为这种产物;生命是整个自然界的一个结果。"①

生命是整个自然界的一个结果,这和下面这一情况一点也不矛盾:蛋白质,作为生命的唯一的独立的载体,是在自然界的全部

----

① 见《费尔巴哈全集》1876年莱比锡第3版第3卷第331页。——编者注

联系所提供的特定的条件下产生的,然而恰好是作为某种化学过程的产物而产生的。① 费尔巴哈围绕着思维和思维器官大脑的关系问题而沉溺在一连串毫无结果的和来回兜圈子的思辨之中,沉溺在施达克乐于步他后尘的这个领域之中,这也应当归咎于这种孤寂的生活。

够了,费尔巴哈反对的是唯物主义这个名称**503**。这并非毫无道理,因为他从来没有完全摆脱唯心主义。在自然领域中他是唯物主义者;但是在人类[⋯⋯]领域中[⋯⋯]②

*   *   *

自然科学家相信,他们只要不理睬哲学或辱骂哲学,就能从哲学中解放出来。但是,因为他们离开思维便不能前进,而且要思维就得有思维规定,而这些范畴是他们从所谓有教养者的那种受早已过时的哲学残渣支配的一般意识中盲目地取来的,或是从大学必修的哲学课的零星内容(这些内容不仅是片断的,而且是分属于极不相同的和多半是最蹩脚的学派的人们的观点的杂烩)中取来的,或是从不加批判而又毫无系统地阅读的各种哲学著作中取来的——正因为这样,他们同样做了哲学的奴隶,而且遗憾的是大多做了最蹩脚的哲学的奴隶,而那些对哲学家辱骂得最厉害的人恰好成了最蹩脚的哲学家的最蹩脚的庸俗残渣

---

① 手稿中删去一句话:"如果费尔巴哈生活在一个容许他哪怕只是皮毛地研究自然科学发展的环境中,那么他无论如何不会说化学过程是某一个别的自然力的作用。"——编者注

② 恩格斯的《路德维希·费尔巴哈和德国古典哲学的终结》初稿第19页到此为止,这句话的后半句在下一页上,但是这一页没有找到。根据正式发表的该著第二章的内容推测,这句话可能是:"在人类历史的领域中,他是唯心主义者。"——编者注

的奴隶。

*   *   *

自然科学家尽管可以采取他们所愿意采取的态度,他们还得受哲学的支配。问题只在于:他们是愿意受某种蹩脚的时髦哲学的支配,还是愿意受某种建立在通晓思维历史及其成就的基础上的理论思维形式的支配。

物理学,当心形而上学啊!这是完全正确的,不过,是在另一种意义上。**504**

自然科学家由于靠旧形而上学的残渣还能过日子,就使得哲学尚能苟延残喘。只有当自然科学和历史科学本身接受了辩证法的时候,一切哲学的废物——除了纯粹的关于思维的理论以外——才会成为多余的东西,在实证科学中消失掉。

*   *   *

在**奥肯**那里(海克尔,第 85 页及以下几页①),可以看到从自然科学和哲学间的二元论中所产生出来的荒谬言论。奥肯通过思维途径发现原生质和细胞,但是没有人想到要用自然科学的方法来研究这个问题——据说**思维**就能完成这件事!而当原生质和细胞被发现之后,奥肯就名声扫地了。

*   *   *

自然科学家的思维:阿加西斯的造物谱,根据这个图谱,上帝是从一般的东西进而造出特殊的和个别的东西(首先造出脊椎动物本身,然后造出哺乳动物本身,食肉动物本身,猫科本身,最后才造出狮子等等),这就是说,首先造出关于具体事物形态的抽象概

---

① 恩·海克尔《自然创造史。关于一般进化学说,特别是达尔文、歌德、拉马克的进化学说的通俗学术讲演》1873 年柏林修订第 4 版。——编者注

念,然后再造出具体事物!(见海克尔,第59页)

*   *   *

上帝在信仰上帝的自然科学家那里的遭遇,比在任何地方都要糟糕。唯物主义者只去说明**事物**,是不理睬这套废话的。只有当那些纠缠不休的教徒们想把上帝强加给他们的时候,他们才会考虑这件事,并且作出简单的回答,或者像拉普拉斯那样说:"陛下,我不……"[505],或者更粗鲁一些,以荷兰商人经常用来打发硬把次货塞给他们的德国行商们的方式说:"我用不着那路货色",并且这样就把问题了结了。而上帝在他的保卫者那里竟要忍受何等遭遇啊!在现代自然科学的历史中,上帝在他的保卫者那里的遭遇,就像耶拿会战[290]中弗里德里希-威廉三世在他的文官武将那里的遭遇一样。在科学的推进下,一支又一支部队放下武器,一座又一座堡垒投降,直到最后,自然界无穷无尽的领域全都被科学征服,不再给造物主留下一点立足之地。牛顿还把"第一推动"留给上帝,但是不允许他对自己的太阳系进行别的任何干预。神父赛奇虽然履行教规中的全部礼仪来恭维上帝,但是并不因此就变得手软些,他把上帝完全逐出了太阳系,而只允许后者在原始星云上还能作出某种"创造行动"。在一切领域中,情况都是如此。在生物学中,上帝的最后的伟大的唐·吉诃德,即阿加西斯,甚至要求他去做十足荒唐的事情:他不仅应当创造实在的动物,而且还应当创造抽象的动物,即创造鱼本身!最后,丁铎尔完全禁止上帝进入自然界,把他放逐到情感世界中去,而他之所以还允许上帝存在,只是因为对这一切事物(自然界)总得有个什么人能比约翰·丁铎尔知道得更多些![506]①

---

① 恩格斯在此处页边上写着:"上帝=我不知;但是无知并不是论据(斯宾诺莎)[313]。"——编者注

这和旧的上帝——天和地的创造者、万物的主宰,没有他连一根头发也不能从头上掉下来——相距不知有多远!

丁铎尔的情感上的需要什么也证明不了。格里厄骑士确实有爱恋和占有曼侬·列斯戈的情感上的需要,而后者一次又一次地出卖她自己和他;为了取悦于她,他做了骗子和王八。如果丁铎尔要责备他,他会回答说:这是出于"情感上的需要"!

［辩证法作为科学］

辩　证　法[507]

(阐明辩证法这门同形而上学相对立的关于联系的科学的一般性质。)

———

可见,辩证法的规律是从自然界的历史和人类社会的历史中抽象出来的。辩证法的规律无非是历史发展的这两个方面和思维本身的最一般的规律。它们实质上可归结为下面三个规律:

量转化为质和质转化为量的规律;

对立的相互渗透的规律;

否定的否定的规律。

所有这三个规律都曾经被黑格尔按照其唯心主义的方式当做纯粹的**思维**规律而加以阐明:第一个规律是在他的《逻辑学》[291]的第一部分即存在论中;第二个规律占据了他的《逻辑学》的整个第二部分,这也是全书的最重要的部分,即本质论;最后,第三个规律表现为构筑整个体系的基本规律。错误在于:这些规律是作为思维规律强加于自然界和历史的,而不是从它们中推导出来的。由此就产生了整个牵强的并且常常是令人震惊的结构:世界,不管它愿意与否,必须适应于某种思想体系,而这种思想体系本身又只是人类思维的某一特定发展阶段的产物。如果我们把事情顺过来,那么一切都会变得很简单,在唯心主义哲学中显得极端神秘的辩证法规律就会立即变得简单而朗若白昼了。

此外,凡是稍微懂得一点黑格尔的人都知道,黑格尔在几百处地方都善于从自然界和历史中举出最令人信服的例证来证明辩证法规律。

我们在这里不打算写辩证法的手册,而只想说明辩证法规律是自然界的实在的发展规律,因而对于理论自然研究也是有效的。因此,我们不能深入地考察这些规律之间的内部联系。

一、量转化为质和质转化为量的规律。为了我们的目的,我们可以把这个规律表述如下:在自然界中,质的变化——在每一个别场合都是按照各自的严格确定的方式进行的——只有通过物质或运动(所谓能)的量的增加或减少才能发生。

自然界中一切质的差别,或是基于不同的化学构成,或是基于运动(能)的不同的量或不同的形式,或是——差不多总是这样——同时基于这两者。所以,没有物质或运动的增加或减少,即没有有关物体的量的变化,是不可能改变这个物体的质的。因此,在这个形式下,黑格尔的神秘的命题就显得不仅是完全合理的,并且甚至是相当明白的。

几乎用不着指出:物体的各种不同的同素异形状态和聚集状态,因为是基于分子的各种不同的组合,所以是基于已经传导给物体的或多或少的运动的量。

但是运动或所谓能的形式变换又怎样呢?当我们把热变为机

械运动或把机械运动变为热的时候,在这里质是变化了,而量依然保持不变吗?完全正确。但是关于运动的形式变换,正如海涅谈到罪恶时所说的:每个人独自一人可以是道德高尚的,而罪恶总是两个人的事。① 运动的形式变换总是至少发生在两个物体之间的一个过程,这两个物体中的一个失去一定量的一种质的运动(例如热),另一个就获得相当量的另一种质的运动(机械运动、电、化学分解)。因此,量和质在这里是双方互相适应的。直到现在还无法在一个单独的孤立的物体内部使运动从一种形式转化为另一种形式。

在这里我们首先只谈无生命的物体;对于有生命的物体,这个规律也适用,但它是在非常复杂的条件下起作用的,而且现在我们还往往无法进行量的测定。

如果我们设想,将任何一个无生命的物体分割成越来越小的部分,那么开头是不会发生任何质的变化的。但是这里有一个极限:如果我们能够(如在蒸发的情况下)得出一个个的自由状态的分子,那么我们虽然在大多数场合下还可以把这些分子进一步分割,但这一点只有在质完全发生变化的条件下才能做到。分子分解为它的各个原子,而这些原子具有和分子完全不同的性质。在分子是由不同的化学元素化合而成的场合下,取代化合物的分子而出现的是这些元素本身的原子或分子;在分子是由一种元素构成的场合下,出现的则是自由的原子,它们起着质上完全不同的作用:初生氧的自由原子,轻松自如地起着大气中结合在分子内的氧原子所决不能起的作用。

而分子和它所归属的物体,在质上也是不相同的。分子可以

---

① 　参看海涅《论告发者。〈沙龙〉第三部序言》1837 年汉堡版。——编者注

不依赖于物体而运动,而同时物体却好像是处在静止中,例如热振动;分子可以因位置的变化,因与相邻分子的联系的变化,而使物体处于另一种同素异形状态或聚集状态,如此等等。

这样,我们看到,纯粹的量的分割是有一个极限的,到了这个极限,量的分割就转化为质的差别:物体纯粹由分子构成,但它是本质上不同于分子的东西,正如分子又不同于原子一样。正是由于这种差别,作为关于天体和地上的物体的科学的力学,才同作为分子力学的物理学以及作为原子物理学的化学区分开来。

在力学中并不出现质,最多只有如平衡、运动、位能这样一些状态,它们都是基于运动的可量度的转移,并且本身是可以用量来表示的。所以,这里只要发生质变,便总是由相应的量变引起的。

在物理学中,物体被当做化学上不变化或呈惰性的东西;我们在这里所研究的,是物体的分子状态的变化和运动的形式的变换,这种变换在任何情况下——至少在双方的一方中——都会使分子活动起来。在这里每种变化都是量到质的转化,是物体所固有的或所承受的某种形式的运动的量发生量变的结果。

"例如,水的温度起初对于水的滴液状态来说是无关紧要的;但是后来由于液态水的温度的升高或降低,便会达到这样一个点,在这一点上这种凝聚状态会发生变化,水会变为蒸汽或冰。"(黑格尔《全书》,《黑格尔全集》第6卷第217页)[1]

例如,电流必须达到一定的最低强度才能使电灯泡中的白金丝发光,每种金属都有自己的白热点和熔解点,每种液体在已知的压力下都有其固定的冰点和沸点——只要我们有办法造成相应的

---

[1] 黑格尔《哲学全书纲要》第1部(即《小逻辑》)1840年柏林版(《黑格尔全集》第6卷)。——编者注

温度;最后,例如,每种气体都有其临界点,在这一点上压力和冷却能使气体变成液体。一句话,物理学的所谓常数,大多不外是这样一些关节点的标志,在这些关节点上,运动的量的增加或减少会引起相应物体的状态的质变,所以在这些关节点上,量转化为质。

不过,黑格尔所发现的自然规律取得最伟大胜利的领域是化学领域。化学可以说是研究物体由于量的构成的变化而发生的质变的科学。黑格尔本人已经懂得这一点(《逻辑学》,《黑格尔全集》第3卷第433页①)。拿氧来说:如果结合为一个分子的是三个原子,而不是像通常那样只是两个原子,那么我们就得到臭氧,一种在气味和作用上与普通氧很不相同的物体。更不待说,如果把氧同氮或硫按不同的比例化合起来,那么其中每一种化合都会产生出一种质上与其他一切物体不同的物体!笑气(一氧化二氮 N_2O)和无水硝酸(五氧化二氮 N_2O_5)是多么不相同!前者是气体,而后者在常温下是结晶的固体。而两者在构成上的全部区别是,后者所含有的氧为前者的五倍,并且在这两者之间还有另外三种氮的氧化物(NO, N_2O_3, NO_2),它们在质上与前两者不同,并且彼此也不同。

在同系列的碳化物,特别是较简单的碳氢化合物中,这一点表现得更为明显。在正烷烃中,最低的一级是甲烷,CH_4;在这里,碳原子的四个化学键被四个氢原子所饱和。第二种是乙烷,C_2H_6,两个碳原子互相联结,自由的六个化学键被六个氢原子所饱和。再往下,依据代数公式 C_nH_{2n+2},便有 C_3H_8,C_4H_{10} 等等,结果每增加一个 CH_2,便形成一个和以前的物体在质上不同的物体。这一系列

① 参看黑格尔《逻辑学》第1编《存在论》1841年柏林第2版(《黑格尔全集》第3卷)。——编者注

中最低的一级的三个同系物是气体,已知的最高的一级的同系物十六烷,$C_{16}H_{34}$,是固体,沸点为270℃。从烷烃(理论上)导出的伯醇系列(公式是 $C_nH_{2n+2}O$)和一元脂肪酸系列(公式为 $C_nH_{2n}O_2$),情形也完全一样。在量上加上一个 C_3H_6,会引起什么样的质的差别,从如下的经验中就可以明白:一次我们喝不掺杂其他醇类的可饮用的乙醇 C_2H_6O,另一次我们喝同样的乙醇,但掺入少量的戊醇 $C_5H_{12}O$(它是可怕的杂醇油的主要成分)。第二天早晨我们的脑袋就会有所感觉,而且受到伤害;所以甚至可以说:醉酒和后来的醉后头痛也是量到质的转化,一方面是由于乙醇,另一方面是由于加上去的这一点儿 C_3H_6。

在这些系列中,黑格尔的规律还以另外的形式出现在我们面前。低级别的同系物只允许原子相互间有一种排列法。但是,当结合成一个分子的原子数目达到每一系列的各自一定的大小时,分子中的原子的组合就可以有多种方式;于是就能出现两种或更多的同分异构体,它们在分子中包含有相等数目的 C、H、O 原子,但是在质上却各不相同。我们甚至能够计算一个系列的每一同系物可能有多少同分异构体。例如,在烷烃系列中,C_4H_{10} 有两个同分异构体,C_5H_{12} 有三个同分异构体;对于更高级别的同系物来说,可能存在的同分异构体的数目增加得非常快。可见,又是分子中的原子的数目制约着这种质上不同的同分异构体的可能性,并且就已经证实的情形来说,还制约着这些同分异构体的现实的存在。

不仅如此。从每一个这样的系列中我们所熟悉的物体的类比中,还能推论出该系列中未知的同系物的物理性质,并且至少对于紧跟在已知同系物后面的一些同系物,可以相当有把握地预言其性质,如沸点等等。

最后,黑格尔的规律不仅适用于化合物,而且也适用于化学元

素本身。我们现在知道，

"元素的化学性质是原子量的一个周期函数"（罗斯科和肖莱马《化学教程大全》第 2 卷第 823 页①），

因此，元素的质是由元素的原子量的数量所决定的。这已经得到了出色的验证。门捷列夫证明了：在依据原子量排列的各同族元素的系列中，发现有各种空白，这些空白表明这里有新的元素尚待发现。这些未知元素之一他称之为亚铝，因为该元素在以铝为首的系列中紧跟在铝的后面。他预先描绘了这一元素的一般化学性质，并大致地预言了它的比重、原子量以及原子体积。几年以后，勒科克·德·布瓦博德朗确实发现了这个元素，门捷列夫的预言被证实了，只有微不足道的误差。亚铝实际上就是镓（同上，第828 页）。**508**门捷列夫通过——不自觉地——应用黑格尔的量转化为质的规律，完成了科学上的一个勋业，这一勋业，足以同勒维烈计算出尚未见过的行星海王星的轨道的勋业媲美。

在生物学中，以及在人类社会历史中，这一规律在每一步上都被证实了，但是我们在这里只想从精密科学中举出一些例子，因为在这些科学中量是可以精确地测定和探求的。

有些先生在此以前曾经诽谤量到质的转化是神秘主义和不可理解的先验主义，正是这些先生大概现在会宣称这种转化是某种完全不言自明的、浅薄的和平凡的东西，说什么他们早就应用过了，因此从中没有学到任何新东西。但是，第一次把自然界、社会和思维的发展的一个一般规律以其普遍适用的形式表述出来，这

---

① 亨·恩·罗斯科和卡·肖莱马《化学教程大全》（两卷集）1879 年不伦瑞克版第 2 卷。——编者注

毕竟是一项具有世界历史意义的勋业。如果这些先生多年来一直在使质和量互相转化，却不知道自己在做什么，那他们就只能用莫里哀笔下的茹尔丹先生来安慰自己了。那位茹尔丹先生也一样，他有生以来一直用散文讲话，却根本不知道什么是散文。**509**

[札记和片断]

[规律和范畴]

所谓的**客观**辩证法是在整个自然界中起支配作用的，而所谓的主观辩证法，即辩证的思维，不过是在自然界中到处发生作用的、对立中的运动的反映，这些对立通过自身的不断的斗争和最终的互相转化或向更高形式的转化，来制约自然界的生活。吸引和排斥。磁，开始有了两极性，这种两极性在同一物体中显现出来；就电而言，这种两极性分配到两个或两个以上带有相反的电荷的物体上。一切化学过程都归结为化学的吸引和排斥的过程。最后，在有机生命中，细胞核的形成同样应看做活的蛋白质的极化，而且进化论证明了，从简单的细胞开始，怎样由于遗传和适应的不断斗争而一步一步地前进，一方面进化到最复杂的植物，另一方面进化到人。同时还表明，像"肯定"和"否定"这样的范畴是多么不适用于这种进化形式。我们可以把遗传看做肯定的、起保存作用的方面，把适应看做否定的、不断破坏遗传的东西的方面；但是，我们同样也可以把适应看做创造性的、主动的、肯定的活动，把遗传看做抗拒的、被动的、否定的活动。但是，正像在历史上进步表现为现存事物的否定一样，在这里——从纯粹**实践的**理由来考虑——把适应看做否定的活动比较好。在历史上，对立中的运动在主导民族的一切危机时期表现得尤为明显。在这样的时刻,一个民族只能在两难中择其一:"非此即彼!"而且问题的提法总是迥然不同于一切时代谈论政治的庸人们所期望的提法。甚至1848 年的德国自由派庸人,在 1849 年也突然地、意外地和违反本愿地发现自己遇到这样一个问题:或者是倒退到具有更加尖锐的形式的旧的反动中去,或者是继续革命,一直达到共和国,甚至也许是一个有社会主义背景的统一的和不可分的共和国。他们没有考虑多久,便帮助建立了作为德国自由主义花朵的曼托伊费尔反动统治[510]。同样,1851 年法国资产者也陷入了他们确实没有料到的两难择一的局面:或者是帝制和近卫军制的滑稽可笑的临摹画和一帮流氓对法国的剥削,或者是社会主义的民主共和国——结果是他们俯伏在这帮流氓面前,为的是在后者的庇护下继续剥削工人。

＊ ＊ ＊

僵硬和固定的界线是和进化论不相容的——甚至脊椎动物和无脊椎动物之间的界线也不再是固定的了,鱼和两栖动物之间的界线也是一样。鸟和爬行动物之间的界线正日益消失。细颚龙[511]和始祖鸟[473]之间只缺少几个中间环节,而有牙齿的鸟喙在两半球都出现了。"非此即彼!"是越来越不够用了。在低等动物中,个体的概念简直不能严格地确定。不仅就这一动物是个体还是群体这一问题来说是如此,而且就进化过程中何时**一个**个体终止而另一个个体("褓母虫体")开始[512]这一问题来说也是如此。——一切差异都在中间阶段融合,一切对立都经过中间环节而互相转移,对自然观的这样的发展阶段来说,旧的形而上学的思维方法不再够用了。辩证的思维方法同样不承认什么僵硬和固定的界线,不承认什么普遍绝对有效的"非此即彼!",它使固定的形而上学的差异互相转移,除了"非此即彼!",又在恰当的地方承认"亦此亦彼!",并使对立的各方相互联系起来。这样的辩证思维方法是唯一在最高程度上适合于自然观的这一发展阶段的思维方法。当然,对于日常应用,对于科学上的细小研究,形而上学的范畴仍然是有效的。

*　　　　　*　　　　　*

知性的思维规定的对立性:**两极化**。正如电、磁等等出现两极化,在对立中运动一样,思想也是如此。正如在涉及电、磁等等的时候不能固执片面性,而且也没有一位自然科学家想这样做,同样,对于思想来说也是如此。

*　　　　　*　　　　　*

两极性。把一块磁石切断,中性的中央便两极化,但是原先的两极仍旧不变。相反,把一条蠕虫切断,它的正极仍保持着一个摄取食物的口,而另一端则形成一个新的负极,上面有排泄废物的肛门;但是原先的负极(肛门)现在变成了正极,即变成了口,而带伤的一端形成为新的肛门或负极。这就是正转化为负。

*　　　　　*　　　　　*

在海克尔那里,还有两极性的另一个例子:机械论＝一元论,而活力论或目的论＝二元论。早在康德和黑格尔那里,就有了**内在的**目的,而且反对二元论。应用到生命上的机械论是一个无济于事的范畴,如果我们不想放弃命名的全部智慧,那么我们最多只能说化学论。目的:黑格尔,第5卷第205页①:

---

① 黑格尔《逻辑学》第3编《概念论》1841年柏林第2版(《黑格尔全集》第5卷)第2部分第3章。——编者注

"由于机械论企图把自为的自然界看做一个在自己的概念上不需要任何别的东西的整体,所以机械论本身就表现为一种对整体性的追求,而这一整体性不可能存在于目的中以及同目的相联系的世界以外的知性中。"

然而,关键在于:机械论(18世纪的唯物主义也是如此)摆脱不了抽象的必然性,因而也摆脱不了偶然性。物质从自身中发展出了能思维的人脑,这对机械论来说,是纯粹偶然的事件,虽然事情的发生是逐步地必然地决定了的。但是事实上,进一步发展出能思维的生物,是物质的本性,因而凡在具备了条件(这些条件并非在任何地方和任何时候都必然是一样的)的地方是必然要发生的。

其次,黑格尔,第5卷第206页:

"因此,和目的论相反,这个〈机械论的〉原理在其和外部必然性的联系中提供了无限自由的意识;目的论则把自身内容中的微不足道的和甚至可鄙的东西当做绝对的东西,而较为一般的思想在其中只能无限地受到束缚,甚至令人感到讨厌。"

同时还有自然界的物质和运动的巨大浪费。在太阳系中,能够存在生命和能思维的生物的行星,在今天的条件下也许最多只有三个。而这整个庞杂的机构就是为了它们而存在!

根据黑格尔(第5卷第244页)①,机体中的**内在目的**是通过**本能**来实现的。这是不太令人信服的。按照这种说法,是本能或多或少地将单个的有生命的东西同它的概念协调起来。由此可以看出,整个**内在目的**本身是一个不折不扣的意识形态的规定。而这恰恰是拉马克的立足点。

*　　　　*　　　　*

---

① 黑格尔《逻辑学》第3编《概念论》第3部分第1章。——编者注

两极化。在雅·格林看来,下述论点是确定的:一种德意志方言不是高地德语,就必定是低地德语。同时,法兰克方言在他看来是完全消失了。[513]因为加洛林王朝末期的书面的法兰克语是高地德语(因为高地德语的辅音音变波及法兰克的东南地区),所以按照他的看法,法兰克语在一些地方已经融合在古高地德语中,而在另一些地方已经融合在法兰西语中。但是这种说法仍然完全没有讲清楚尼德兰语究竟是从什么地方传到古萨利克语区的。只是在格林死后法兰克语才重新被发现:萨利克语经过革新成为尼德兰语,里普利安语经过革新成为中莱茵和下莱茵的方言,这些方言有一部分以不同的程度转变为高地德语,有一部分依然是低地德语,所以法兰克语是一种既是高地德意志的**又是**低地德意志的方言。

*　　　　　*　　　　　*

"本质"的各个规定的真实本性,黑格尔自己已经说明了(《全书》第1部①第111节,附释):"在本质中一切都是相对的"(例如正和负,只是在它们的关系中才有意义,每一方独自来说都没有意义)。

*　　　　　*　　　　　*

把正和负看做一样的东西,随便把哪一方看做正,哪一方看做负都无所谓,这不仅适用于解析几何,更适用于物理学(见克劳修斯,第87页及以下几页)②。

*　　　　　*　　　　　*

---

① 黑格尔《哲学全书纲要》第1部(即《小逻辑》)1840年柏林版(《黑格尔全集》第6卷)。——编者注

② 鲁·克劳修斯《力学的热理论》1876年不伦瑞克第2版第1卷,该书第87—88页谈到"正的热量和负的热量"。——编者注

正和负。也可以颠倒过来称呼,在电等等中。北和南也一样,如果颠倒过来,并且把其余的名称也相应地加以改变,那么一切仍然是正确的。这时,我们称西为东,称东为西。太阳从西边升起,行星从东向西旋转等等,这只是名称的变更而已。此外,受地磁的北极吸引的磁石的真正南极,我们在物理学中称做**北极**,这丝毫无碍于事。

* * *

例如,部分和整体在有机自然界中已经是不够用的范畴了。种子的萌发——胚胎和生出来的动物,不能看做是从"整体"中分出来的"部分",如果这样看,就是错误解释。只是在**尸体**中才有部分(《全书》第 1 部第 268 页)。**514**

* * *

单一的和复合的:这对范畴在有机自然界中也早已失去意义,不适用了。无论是骨、血、肌肉、细胞纤维组织等等的机械组合,或是各种元素的化学组合,都不表示某个动物(黑格尔《全书》第 1 部第 256 页)。**515**有机体**既不是**单一的**也不是**复合的,不管它是多么复杂。

* * *

同一和差异——必然性和偶然性——原因和结果——这是两个主要的对立①,当它们被分开来考察时,都互相转化。于是必须求助于"根据"。

* * *

同一性——抽象的,$a = a$;否定的说法:a 不能同时既等于 a 又不等于 a——这在有机自然界中同样是不适用的。植物,动物,每一个细胞,在其生存的每一瞬间,都和自身同一而又和自身相区

---

① "两个主要的对立"是指同一和差异,原因和结果。"必然性和偶然性"是恩格斯后来加进去的。——编者注

别,这是由于各种物质的吸收和排泄,由于呼吸,由于细胞的形成和死亡,由于循环过程的进行,一句话,由于全部无休止的分子变化,而这些分子变化便形成生命,其累积的结果一目了然地显现在各个生命阶段上——胚胎生命,少年,性成熟,繁殖过程,老年,死亡。生理学越向前发展,这种无休止的、无限小的变化对于它就越重要,因而对同一性**内部**的差异的考察也越重要①,而旧的、抽象的、形式上的同一性观点,即把有机物看做只和自身同一的东西、看做固定不变的东西的观点过时了。尽管如此,以这种同一性观点为基础的思维方式及其范畴仍然继续存在。但是,就是在无机自然界中,这样的同一性实际上也是不存在的。每一个物体都不断地受到力学的、物理的、化学的作用,这些作用不断使它们发生变化,使它们的同一性变形。只是在数学中,即在一种研究思想之物(不管它们是不是现实的摹本)的抽象科学中,才有抽象的同一性及其与差异的对立,而且甚至在这里也不断地被扬弃(黑格尔《全书》第 1 部第 235 页)。[516]同一性自身中包含着差异,这一事实在**每一个命题**中都表现出来,因为在命题中谓词必须不同于主词。**百合花是一种植物,玫瑰花是红的**。这里不论是在主词中还是在谓词中,总有点什么东西是谓词或主词所涵盖不了的(黑格尔,第 1 部第 231 页)。[517]**与自身的同一**,从一开始就必须有**与一切他物的差异**作为补充,这是不言而喻的。

*   *   *

同一性。补充。不断的变化,即与自身的抽象的同一性的扬弃,在所谓无机界中也是存在的。地质学就是这种变化的历史。

---

① 恩格斯在此处页边上写着:"**至于物种进化,就更不用说了**。"——编者注

在地表上是机械的变化(冲蚀,冰冻)、化学的变化(风化),在地球内部是机械的变化(压力)、热(火山的热)、化学的变化(水、酸、胶合物),属于大规模的变化的是地壳隆起、地震等等。今天的页岩根本不同于构成它的沉积物;白垩土根本不同于构成它的松散的、用显微镜才能观察到的甲壳;石灰石更是这样,根据某些人的看法,石灰石完全是从有机物产生的;沙岩根本不同于松散的海沙;海沙又产生于被磨碎的花岗石等等;至于煤,就不必说了。

＊　　　　＊　　　　＊

旧形而上学意义上的**同一律**是旧世界观的基本定律:$a=a$,每一事物都与自身同一。一切都是永恒的,太阳系、星体、有机体都是如此。这个定律在每一个别场合下都被自然研究一件一件地驳倒了,但是在理论上还保留着,仍被旧事物的拥护者用来抵制新事物:一件事物不能同时既是自身又是他物。但是新近自然研究从细节上证明了这样的事实:真实的具体的同一性自身包含着差异、变化(见前面)。——抽象的同一性,像形而上学的一切范畴一样,足以满足**日常**应用,在这种场合涉及的只是狭小的环境或很短的时间;它所能适用的范围差不多在每一场合都是不相同的,并且是由对象的性质所决定的;在一个行星系中,可以采用椭圆为基本形式来进行寻常的天文学计算,这不会导致实践上的错误,在这里这种抽象的同一性的适用范围就比在几周内完成变态的昆虫那里要宽广得多。(还可以举其他的例子,例如以若干千年为尺度来计算的物种变异。)但是,对综合性自然科学来说,即使在每一单个部门中,抽象的同一性也是完全不够用的,而且,虽然总的说来在实践中现在已经排除这种抽象的同一性,但它在理论上仍然支配着人们的头脑,大多数自然科学家还以为同一和差异是不可调和的对立物,而不是各占一边的两极,这两极只是由于相互作用,由于把差异性**纳入**同一性之中,才具有真理性。

偶然性和必然性

束缚形而上学的另一对立,是偶然性和必然性的对立。还有什么能比这两个思维规定更尖锐地相互矛盾呢?这两者怎么可能是同一的,偶然的东西怎么可能是必然的,而必然的东西怎么可能是偶然的?常识和具有这种常识的大多数自然科学家都把必然性和偶然性看做永远互相排斥的两个规定。一个事物、一种关系、一个过程,不是偶然的,就是必然的,但是不能既是偶然的,又是必然的。所以两者是并存于自然界中;自然界包含着各种各样的对象和过程,其中有些是偶然的,另一些是必然的,在这里重要的只是不要把这两类混淆起来。例如,人们把种的有决定意义的性状看做必然的,而把同一个种的各个个体的其他的差异称做偶然的,这一点适用于植物和动物,也适用于结晶体。于是较低的群体对较高的来说又被看做偶然的,这样一来,猫属或马属里有多少不同的种,或一个纲里有多少属和目,这些种里各有多少个体,或某一地区的动物有多少不同的种类,或动物区系和植物区系的一般状况如何——所有这些都被说成是偶然的。于是,必然被说成是科学上唯一值得注意的东西,而偶然被说成是对科学无足轻重的东西。这就是说:凡是人们可以纳入规律、因而是人们**认识**的东西,都是值得注意的;凡是人们不能纳入规律、因而是人们不认识的东西,都是无足轻重的,都是可以不予理睬的。这样一来,一切科学便停滞不前了,因为科学就是要研究我们**不认识**的东西。这就是说:凡是可以纳入普遍规律的东西都被看成是必然的,凡是不能纳入的都被看成是偶然的。任何人都可以看出:这就成了这样一种科学,它把它能解释的东西称为自然的东西，而把它解释不了的东西归之于超自然的原因。我把解释不了的东西的原因叫做偶然还是叫做上帝，这对事情本身来说是完全无关紧要的。这两者无非以不同的方式表示，我对此没有认识，因此它们不属于科学的范围。在必然的联系不起作用的地方，科学便停滞不前了。

与此对立的是决定论，它从法国唯物主义中移入自然科学，并且力图用根本否认偶然性的办法来对付偶然性。按照这种观点，在自然界中占统治地位的，只是单纯的直接的必然性。这个豌豆荚中有五粒豌豆，而不是四粒或六粒；这条狗的尾巴是五英寸长，丝毫不长，也丝毫不短；这朵苜蓿花今年已由一只蜜蜂授粉，而那一朵却没有，而且这朵花是由这只特定的蜜蜂在这一特定的时间内授粉的；这粒被风吹来的特定的蒲公英种子发了芽，而那一粒却没有；今天清晨四点钟一只跳蚤咬了我一口，而不是三点钟或五点钟，而且是咬在右肩上，而不是咬在左腿上——这一切都是由一条不可移易的因果链，由一种不可动摇的必然性造成的事实，而且产生太阳系的气团早就被安排得使这些事情只能这样发生，而不能以另外的方式发生。承认这样一种必然性，我们还是没有摆脱神学的自然观。无论我们是用奥古斯丁和加尔文的说法把这叫做上帝的永恒的意旨，或者是用土耳其人的说法把这称做天数[518]，还是把这就叫做必然性，这对科学来说差不多是一样的。在这里的任何一个场合下都谈不上对因果链的探索，因此，我们在一个场合下并不比在另一场合下更聪明一些，所谓必然性仍旧是一句空话，因而偶然性依然如故。只要我们不能证明豌豆荚中豌豆的粒数是由什么原因决定的，豌豆的粒数就依旧是偶然的，而且，即使断言这件事情在太阳系的原始构造中是早就预先安排好了的，我们也没有前进一步。不仅如此，科学如果老是从因果链中去追溯这一个个的豌豆荚事例，那就不再成其为科学，而成了纯粹的游戏，因为单是这同一个豌豆荚就还具有其他无数的、独具的、表现为偶然的特性：色彩的浓淡，豆壳的厚薄和软硬，豆粒的大小，更不必说只有在显微镜下才能看到的那些独具的特点了。因此，这**一个**豌豆荚所要求探索的因果联系，已经多得连全世界的全体植物学家都解决不了。可见，偶然性在这里并没有从必然性得到说明，而是反倒把必然性降低为纯粹偶然性的产物。如果某个豆荚中有六粒豌豆而不是五粒或七粒这一事实，与太阳系的运动规律或能量转化规律是处于同一等级的，那实际上就不是把偶然性提高为必然性，而是反倒把必然性降低为偶然性。不仅如此。某一地区内并存的各个有机的和无机的种和个体的多样性，即使可以说是立足在坚不可摧的必然性之上的，但是就个别的种和个体来说，这种多样性依然如故，仍是偶然的。就个别的动物来说，它生在什么地方，遇到什么样的生活环境，什么敌人和多少敌人威胁着它，这都是偶然的。一粒种子被风吹到什么地方去，这对于母株是偶然的；这粒种子在什么地方找到发芽的土壤，从而使子株成长起来，这对于子株也是偶然的；确信在这里一切也都是立足在坚不可摧的必然性之上，这是一种可怜的安慰。在一定的地域，甚至在整个地球上，即使有种种永恒的原初决定，各种自然对象的纷然杂陈依旧是偶然的。

同这两种观点相对立，黑格尔提出了前所未闻的命题：偶然的东西正因为是偶然的，所以有某种根据，而且正因为是偶然的，所以也就没有根据；偶然的东西是必然的；必然性自我规定为偶然性，而另一方面，这种偶然性又宁可说是绝对的必然性（《逻辑学》第2编第3部分第2章：《现实》）。自然科学把这些命题当做悖理的文字游戏、当做自相矛盾的胡说而根本不予理睬,并且在理论上一方面坚持沃尔弗那种思想贫乏的形而上学,认为一个事物**不是**偶然的,**就是**必然的,但是不能同时既是偶然的,又是必然的;另一方面,又坚持同样思想贫乏的机械的决定论,在口头上笼统地否认偶然性,而在每一特定场合实际上又承认这种偶然性。

当自然研究依然这样进行思考的时候,在达尔文这个人那里,这种研究又**做了**些什么呢?

达尔文在他的划时代的著作①中,是从偶然性的现存的最广阔的基础出发的。各个种内部的各个个体之间存在着无限的偶然的差异,这些差异不断扩大,以至突破种的特性,而这种突破的近因也只有在极少的情况下才能得到证实(这期间积累起来的有关偶然性的材料,把关于必然性的旧观念压垮和冲破了)——正是这些偶然的差异迫使达尔文怀疑直到那时为止的生物学中的一切规律性的基础,怀疑直到那时为止的形而上学的固定不变的种概念。但是,没有种概念,整个科学就会化为乌有。科学的所有部门都曾需要有种概念作为基础:人体解剖学和比较解剖学、胚胎学、动物学、古生物学、植物学等等,离开种概念还成什么东西呢?这些科学部门的一切成果不仅会发生问题,而且会干脆被废弃。偶然性推翻人们至今所理解的必然性。迄今为止的必然性观念失灵了。坚持这种观念,就等于把人的自相矛盾的并且和现实相矛盾的任意规定当做规律强加给自然界,因而就等于否定有生命的自然界中的一切内在必然性,等于把偶然性的混沌王国普遍宣布为有生命的自然界的唯一规律。"连《泰斯维斯-钟托夫》都不再

---

①　指查·达尔文《根据自然选择即在生存斗争中适者保存的物种起源》1859 年伦敦版。——编者注

适用了！"**519**——旧学派的生物学家们异口同声地喊叫起来。

达尔文。

＊　　　　＊　　　　＊

相互作用是我们从现今自然科学的观点出发在整体上考察运动着的物质时首先遇到的东西①。我们看到一系列的运动形式，机械运动、热、光、电、磁、化合和分解、聚集状态的转化、有机的生命，如果我们**暂且**把有机的生命排除在外，那么，这一切都是互相转化、互相制约的，在这里是原因，在那里就是结果，运动尽管有种种不断变换的形式，但是运动的总和始终不变。机械运动转化为热、电、磁、光等等，反之亦然。因此，自然科学证实了黑格尔曾经说过的话（在什么地方？②）：相互作用是事物的真正的终极原因。我们不能比对这种相互作用的认识追溯得更远了，因为在这之后没有什么要认识的东西了。我们认识了物质的运动形式（由于自然科学存在的时间并不长，我们在这方面的认识的确还有很多缺陷），也就认识了物质本身，因而我们的认识就完备了（格罗夫对因果性的全部误解，就在于他没有形成相互作用这一范畴。他只看到事物，但是没有抽象的思想，所以陷入混乱。第10—14页③）。只有从这种普遍的相互作用出发，我们才能认识现实的因果关系。为了了解单个的现象，我们必须把它们从普遍的联系中

---

① 恩格斯在此处页边上写着："（斯宾诺莎：**实体是自身原因**，这恰当地表达了相互作用。**520**）"——编者注

② 可能指黑格尔《哲学全书纲要》第 1 部（即《小逻辑》）第 154 节以及《逻辑学》第 2 编《本质论》第 3 部分第 3 章第 3 节，这两处谈到相互作用问题。——编者注

③ 参看威·罗·格罗夫《物理力的相互关系》1855 年伦敦第 3 版。——编者注

抽出来,孤立地考察它们,而**在这里**出现的就是不断变换的运动,**一个表现为原因**,**另一个表现为结果**。

＊　　　　　　＊　　　　　　＊

因果性。我们在观察运动着的物质时,首先引起我们注意的是单个物体的单个运动间的相互联系,它们的相互**制约**。但是,我们不仅发现某一个运动后面跟随着另一个运动,而且我们也发现,只要我们造成某个运动在自然界中发生时所必需的那些条件,我们就能引起这个运动,甚至我们还能引起自然界中根本不发生的运动(工业),至少不是以这种方式发生的运动,并且我们能赋予这些运动以预先规定的方向和范围。**因此**,由于**人的活动**,因果观念即一个运动是另一个运动的**原因**这样一种观念得到确证。的确,单是某些自然现象的有规则的前后相继,就能造成因果观念:热和光随太阳而来;但是这里不存在任何证明,而且就这个意义来说,休谟的怀疑论也许说得对:有规则的 post hoc[在此之后]决不能为 propter hoc[因此]提供根据①。但是人的活动对因果性**作出验证**。如果我们用一面凹镜把太阳光集中在焦点上,造成像普通的火光一样的效果,那么我们因此就证明了热是从太阳来的。如果我们把引信、炸药和弹丸放进枪膛里面,然后发射,那么我们可以期待事先从经验已经知道的效果,因为我们能够在所有的细节上探究包括发火、燃烧、由于突然变为气体而产生的爆炸,以及气体对弹丸的压挤在内的全部过程。在这里甚至怀疑论者都不能说,从以往的经验中不能得出下一次将出现同样情形的结论。确

---

① "post hoc,ergo propter hoc"(在此之后,所以是因此),这一说法表示一种仅仅根据一个现象发生在另一个现象之后便作出两个现象有因果联系的不合理推论。——编者注

实有时候**并不**发生同样的情形,引信或火药失效,枪筒破裂等等。但是这正好**证明了**因果性,而不是推翻了因果性,因为我们对这样偏离常规的每一件事情加以适当的研究之后,都可以找出它的原因,如引信发生化学分解,火药受潮等等,枪筒损坏等等,因此在这里可以说是对因果性作了**双重的**验证。自然科学和哲学一样,直到今天还全然忽视人的活动对人的思维的影响;它们在一方面只知道自然界,在另一方面又只知道思想。但是,人的思维的最本质的和最切近的基础,正是**人所引起的自然界的变化**,而不仅仅是自然界本身;人在怎样的程度上学会改变自然界,人的智力就在怎样的程度上发展起来。因此,自然主义的历史观,如德雷帕①和其他一些自然科学家或多或少持有的这种历史观是片面的,它认为只是自然界作用于人,只是自然条件到处决定人的历史发展,它忘记了人也反作用于自然界,改变自然界,为自己创造新的生存条件。日耳曼人移入时期的德意志的"自然界",现在剩下的已经微乎其微了。地球的表面、气候、植物界、动物界以及人本身都发生了无限的变化,并且这一切都是由于人的活动,而德意志的自然界在这一期间未经人的干预而发生的变化,简直微小得无法计算。

*　　　　　　*　　　　　　*

单凭观察所得的经验,是决不能充分证明必然性的。而 post hoc[在此之后]并不是 propter hoc[因此](《全书》第 1 部第 84 页)**521**。非常正确,不能从太阳总是在早晨升起便推断它明天会再升起,而且事实上我们今天已经知道,总有一天太阳在早晨再也**不升起**。但是必然性的证明寓于人的活动中,寓于实验中,寓于劳

---

① 参看约·威·德雷帕《欧洲智力发展史》(两卷集)1864 年伦敦版。——编者注

动中:如果我能够**造成** post hoc,那么它便和 *propter hoc* 等同了。①

*　　　　*　　　　*

对于否认因果性的人来说,任何自然规律都是假说,连用三棱镜的光谱对天体进行的化学分析也同样是假说。如果停在这里不动,那思维是何等的浅薄!

[认　识]

自然界和精神的统一。自然界不可能是无理性的,这对于希腊人是不言而喻的,但是,甚至到今天最愚蠢的经验主义者还用他们的推理(不管是多么错误)来证明:他们一开始就深信,自然界不可能是无理性的,理性不可能是违反自然的。

*　　　　*　　　　*

知性和理性。黑格尔的这一区分——其中只有辩证的思维才是理性的——是有一定的意义的。一切知性活动,即**归纳**、**演绎**,从而还有**抽象**(狄多②的类概念:四足动物和两足动物),对未知对象的**分析**(剖开一个果核已经是分析的开端),**综合**(动物的狡猾的小动作),以及作为二者的结合的**实验**(在新的阻碍下和在陌生的环境中),是我们和动物所共有的。就性质来说,所有这些行为方法——从而普通逻辑所承认的一切科学研究手段——在人和高等动物那里是完全一样的。它们只是在程度(每一次运用的方法的发展程度)上有所不同。只要人和动物都运用或满足于这些初级

---

① 意即:如果我能造成现象之间的一定的顺序,那么这就等于证明它们有必然的因果联系。——编者注
② 恩格斯的一只狗的名字。——编者注

的方法,那么这种方法的基本特点对二者来说就是相同的,并导致相同的结果。相反,辩证的思维——正因为它是以概念本身的本性的研究为前提——只对于人才是可能的,并且只对于已处于较高发展阶段上的人(佛教徒和希腊人)才是可能的,而其充分的发展还要晚得多,通过现代哲学才达到。**虽然如此**,早在希腊人那里就已取得了巨大的成果,那些成果深远地预示了以后的研究工作。①

*　　　　*　　　　*

一个概念或概念关系(肯定和否定,原因和结果,实体和偶性)在思维的历史中的发展同它们在个别辩证论者头脑中的发展的关系,正像一个有机体在古生物学中的发展同它在胚胎学中(或者不如说在历史中和在个别胚胎中)的发展的关系一样。这种情形是黑格尔为说明概念而首先揭示出来的。在历史的发展中,偶然性发挥着作用,而在辩证的思维中就像在胚胎的发展中一样,这种偶然性**融合在必然性中**。

*　　　　*　　　　*

抽象的和具体的。运动形式变换的一般规律,比运动形式变换的任何个别的"具体的"例证都要更具体得多。

*　　　　*　　　　*

认识。蚂蚁具有和我们不同的眼睛,它们能看见化学(?)光线(1882年6月8日《自然》,拉伯克)**522**,但是,在认识我们所看不见的这些光线方面,我们大大胜过蚂蚁。我们能够证明蚂蚁看得见我们所看不见的东西,而且这种证明只是以**我们的**眼睛所造成的知觉为基础,这就说明人的眼睛的特殊构造并不是人的认识

---

① 恩格斯在本段页边上写着:"以**分析**为主要研究形式的化学,如果没有分析的对立极即**综合**,就什么也不是了。"——编者注

的绝对界限。

除了眼睛,我们不仅还有其他的感官,而且有思维能力。思维能力的情形又正好和眼睛一样。要想知道我们的思维究竟能探索到什么,试图在康德以后100年去从理性的批判,从认识工具的研究中发现这种思维的作用范围,是徒劳的,正如亥姆霍兹的下述做法也是徒劳的:他曾用我们的视力的缺陷(这一缺陷的确是必然的,一只眼睛如果能看见**一切**光线,那么正因为如此它就**什么也看不见**)和我们的眼睛的构造(它使视力限制在一定的范围内,而且即使在这个范围内也不能完全准确无误地去复制)来证明我们的眼睛对所看到的东西的性状提供的信息是虚假的和不可靠的。①我们宁可从我们的思维已经探索到和每天还在探索的东西中,来认识我们的思维究竟能探索到什么东西。这从量上和质上来说已经足够了。相反,对思维**形式**、思维规定的研究,是非常值得做的和必要的,而自亚里士多德以来,只有黑格尔系统地从事过这种研究。

当然,我们永远不会知道,化学光线在蚂蚁的眼睛里究竟是**怎样**呈现出来的。谁要为这件事苦恼,我们可一点忙也帮不了。

*   *   *

辩证逻辑和旧的纯粹的形式逻辑相反,不像后者那样只满足于把思维运动的各种形式,即各种不同的判断形式和推理形式列举出来并且毫无联系地并列起来。相反,辩证逻辑由此及彼地推导出这些形式,不是把它们并列起来,而是使它们互相从属,从低级形式发展出高级形式。黑格尔恪守他的整个逻辑学的分类,把

---

① 参看海·亥姆霍兹《视觉理论的新进步》,载于《通俗科学讲演集》1871年不伦瑞克版第2册第1—98页。——编者注

判断分为以下几类：**523**

1. 实有的判断，判断的最简单的形式，用来肯定地或否定地陈述某一个别事物的某种一般的性质（肯定判断：玫瑰花是红的；否定判断：玫瑰花不是蓝的；无限判断：玫瑰花不是骆驼）。

2. 反思的判断，用来陈述主词的某种关系规定，某种关系（单称判断：这个人是会死的；特称判断：有些人或很多人是会死的；全称判断：所有的人都是会死的，或人是会死的）。**524**

3. 必然性的判断，用来陈述主词的实质的规定性（直言判断：玫瑰花是植物；假言判断：如果太阳升起，那就是白昼；选言判断：南美肺鱼不是某种鱼就是某种两栖动物）。

4. 概念的判断，用来陈述主词对自身的一般本性，或者如黑格尔所说的，对自身的概念符合到什么程度（实然判断：这所房子是次的；或然判断：如果一所房子是如此这般地建造起来的，它就是好的；确然判断：如此这般地建造起来的房子是好的）。

第一类是个别的判断，第二和第三类是特殊的判断，第四类是普遍的判断。

不管这些东西在这里读起来多么枯燥，不管这种判断分类法初看起来有时是多么专断，对于仔细研究过黑格尔《大逻辑》中的天才阐述（《全集》第 5 卷第 63—115 页①）的人来说，这种分类法的内在真理性和内在必然性是明明白白的。而这种分类法在多大程度上不仅以思维规律为根据，而且还以自然规律为根据，我们在这里愿意举出一个同这里的上下文无关的而又是大家非常熟悉的例子来加以说明。

---

① 黑格尔《逻辑学》第 3 编《概念论》（《黑格尔全集》第 5 卷）1841 年柏林第 2 版。——编者注

摩擦生热,这在实践上史前的人早已知道,他们也许在 10 万年前就发明了摩擦取火,而且在更早以前就通过摩擦来温暖冻冷了的肢体。但是,从那时起直到发现摩擦本身就是热的一个源泉,谁也不知道又经过了几万年。最后,这样的时刻终于到来,此时人脑发展到足以作出这样一个判断:**摩擦是热的一个源泉**。这是一个实有的判断,并且是一个肯定判断。

又经过了几千年,到 1842 年迈尔、焦耳和柯尔丁才根据这一特殊过程与当时已发现的其他类似的过程的关系,即根据与它最相近的一般的条件来研究这个过程,并且作出了这样的判断:一切机械运动都能借助摩擦而转化为热。我们对这个对象的认识,竟需要这么长的时间和大量的经验性知识,才得以从上述的实有的肯定判断进步到这个反思的全称判断。

不过从那时起事情发展得很快,只过了三年,迈尔就能够(至少在实质上)把反思的判断提高到它至今仍有效的阶段:

在每一场合的各自的特定条件下,每一运动形式都能够并且必然直接或间接地转变为其他任何运动形式。这是概念的判断,并且是确然判断,即判断的最高形式。

可见,在黑格尔那里表现为判断这一思维形式本身的发展过程的东西,在我们这里就成了我们的关于运动性质的立足在**经验**基础之上的理论认识的发展过程。这就说明,思维规律和自然规律,只要它们被正确地认识,必然是互相一致的。

我们可以把第一个判断看做个别性的判断:摩擦生热这一零星的事实被记录下来了。第二个判断可以看做特殊性的判断:一个特殊的运动形式,即机械的运动形式,显示出在特殊环境下(经过摩擦)转变为另一特殊的运动形式(热)的性质。第三个判断是普遍性的判断:每一运动形式都表明能够并且必然转变为其他任何运动形式。有了这种形式,规律便获得了自己的最后的表现。我们可以通过新的发现为规律提供新的证据,赋予新的更丰富的内容。但是,对于这样表述的规律本身,我们已不能再增添什么。在普遍性方面——在形式上和内容上都同样是普遍的——这个规律已不可能再扩大:它是绝对的自然规律。

可惜,在我们还不能制造蛋白质的时候,我们暂时无法来讨论蛋白质的运动形式,即生命。

＊　　　　＊　　　　＊

但是,以上各点也证明了:为了作出判断,不仅需要康德的"判断力",而且还需要[……]**525**

＊　　　　＊　　　　＊

个别性、特殊性、普遍性,这就是贯穿全部《概念论》①的三个规定。在这里,从个别到特殊并从特殊到普遍的递进,并不是在一种样式中,而是在许多种样式中实现的,黑格尔经常以从个体到种和属的递进为例来说明这一点。现在标榜归纳法的海克尔们跑出来了,说什么应当实现从个别到特殊、然后再到普遍的递进,应当实现从个体到种、然后再到属的递进,并吹嘘这是一个(反对黑格尔的)壮举;而在这之后,他们才允许进一步进行**演绎**推理! 这些人陷入了归纳和演绎的对立中,以致把一切逻辑推理形式都归结为这两种形式,而且在这样做的时候完全没有注意到:(1)他们在这些名称下不自觉地应用了完全不同的推理形式,(2)由于全部丰富的推理形式不可能被强行塞进这两种形式的框子,他们就把这些丰富的推理形式全都丢掉了,(3)这样一来,他们就把归纳和

---

① 指黑格尔《逻辑学》第3编。——编者注

演绎这两种形式变成了完全没有意义的东西。

＊　　　　　　＊　　　　　　＊

海克尔的谬论:归纳反对演绎。似乎演绎不＝推理,因此归纳也是一种演绎。这是由两极化而来的。

＊　　　　　　＊　　　　　　＊

一百年前,用归纳法发现了海虾和蜘蛛都是昆虫,而一切更低级的动物都是蠕虫。现在用归纳法发现:这是荒谬的,并且有 x 纲存在。这样,既然所谓归纳推理和所谓演绎推理同样有可能出错,那么所谓归纳推理的优越性又在什么地方呢? 何况演绎推理正是以分类为基础的。

归纳法决不能证明:任何时候都决不会出现无乳腺的哺乳动物。从前乳房是哺乳动物的标记。但是鸭嘴兽就没有乳房。

归纳法的全部混乱来自英国人。休厄尔认为归纳科学包围着纯粹数学。[526]于是虚构了归纳和演绎的对立。这一点,不论在旧逻辑学还是在新逻辑学中都是没有的。从个别的东西开始的一切推理形式都是实验性的,以经验为基础的,甚至归纳推理(一般说来)也是从 A—E—B 开始的。[527]

正当归纳法的**结果**——分类法——到处出问题的时候(鲨属是一种蜘蛛,海鞘属是一种脊椎动物或**脊索动物**,肺鱼亚纲和原来把它列为两栖类的整个定义相反,是一种鱼①),正当每天都有新的事实发现,不断推翻**全部**旧有的归纳分类法的时候,海克尔却出来狂热地维护归纳法,这也是我们的这些自然科学家的思考力的

---

① 参看亨·阿·尼科尔森《动物学手册》1870 年伦敦版第 1 卷第 187—188、240—244 页以及 1870 年爱丁堡—伦敦版第 2 卷第 375—377 页。——编者注

典型表现。这一事实为黑格尔曾经说过的归纳推理本质上是一种很成问题的推理那句话提供了多么确切的证明！而且，由于进化论的成就，有机界的全部分类都脱离了归纳法而回到"演绎法"，回到亲缘关系上来——任何一个种属都确确实实是由于亲缘关系而从另外一个种属**演绎**出来的——，而单纯用归纳法来证明进化论是不可能的，因为进化论是完全反归纳法的。归纳法所运用的种、属、纲等概念，由于进化论而变成了流动性的，因而成为**相对的**了；而运用相对的概念是不能进行归纳推理的。①

＊　　　＊　　　＊

归纳和演绎。海克尔，第 75 页及以下几页，其中谈到，歌德作出了这样的归纳推理：**通常没有**颚间骨的人，**应当有**颚间骨，于是他用**错误的**归纳法得出了某种正确的东西！**528**

＊　　　＊　　　＊

关于归纳万能论者。我们用世界上的一切归纳法都永远做不到把归纳**过程**弄清楚。只有对这个过程的**分析**才能做到这一点。——归纳和演绎，正如综合和分析一样，必然是相互关联的。不应当牺牲一个而把另一个片面地捧到天上去，应当设法把每一个都用到该用的地方，但是只有认清它们是相互关联、相辅相成的，才能做到这一点。——按照归纳派的意见，归纳法是万无一失的方法。但是并非如此，它的似乎是最可靠的成果，每天都被新的发现所推翻。光微粒和热素是归纳法的成果。现在它们在哪里？归纳法告诉我们：一切脊椎动物都有一个分化成脑髓和脊髓的中枢神经系统，脊髓包含在软骨性的或骨性的脊椎中——这种动物

---

① 恩格斯在本段页边上写着："归纳和演绎。海克尔《创造史》第 76—77 页。推理分为归纳和演绎两极！"——编者注

就由此而得名。可是文昌鱼[472]却表明它原来是一种具有未分化的中央神经索并且**没有脊椎骨**的脊椎动物。归纳法确认鱼类是一种终生只用鳃呼吸的脊椎动物。可是出现了一些动物,这些动物所具有的鱼的特征差不多是大家公认的,但是它们除去鳃,还有很发达的肺,并且已证实,每一条鱼的鳔都是潜在的肺。海克尔大胆地应用进化论,才把在这些矛盾中感到很舒服的归纳派解救出来。——假如归纳法真的万无一失,那么有机界的分类中接连发生的变革从何而来呢?这些变革是归纳法的最独特的产物,然而它们一个推翻另一个。

*　　　　*　　　　*

归纳和分析。在热力学中,有一个令人信服的例子,可以说明归纳法没有权利要求充当科学发现的唯一的或占统治地位的形式:蒸汽机已经最令人信服地证明,我们可以投入热而获得机械运动。10万部蒸汽机并不比一部蒸汽机能更多地证明这一点,而只是越来越迫使物理学家们不得不去解释这一情况。萨迪·卡诺是第一个开始认真研究这个问题的人。但是他没有用归纳法。他研究了蒸汽机,分析了它,发现蒸汽机中的关键的过程并不是**纯粹地**出现的,而是被各种各样的次要过程掩盖起来了;于是他略去了这些对主要过程无关紧要的次要情况而设计了一部理想的蒸汽机(或煤气机),的确,这样一部机器就像几何学上的线或面一样是无法制造出来的,但是它以自己的方式起了这些数学抽象所起的同样的作用:它纯粹地、独立地、不失真地表现出这个过程。热的机械当量(见他的函数 C 的含义)①,对他来说已近在眼前,只是

---

① 参看本卷第879页。——编者注

因为他相信**热素**而未能发现它和看清它。这也是错误的理论造成损害的证明。①

*   *   *

只要自然科学运用思维,它的发展形式就是**假说**。一个新的事实一旦被观察到,先前对同一类事实采用的说明方式便不能再用了。从这一刻起,需要使用新的说明方式——最初仅仅以有限数量的事实和观察为基础。进一步的观察材料会使这些假说纯化,排除一些,修正一些,直到最后以纯粹的形态形成定律。如果要等待材料**纯化**到足以形成定律为止,那就等于要在此以前中止运用思维的研究,而那样一来,就永远都不会形成什么定律了。

对于缺乏逻辑修养和辩证法修养的自然科学家来说,相互排斥的假说的数目之多和更替之快,很容易引起这样一种想法:我们不可能认识事物的**本质**(哈勒和歌德)**529**。这并不是自然科学所特有的现象,因为人的全部认识是沿着一条错综复杂的曲线发展的,而且,在历史学科中(哲学也包括在内)各种理论也同样是相互排斥的,可是没有人由此得出结论说,例如,形式逻辑是没有意义的。——这种观点的最后的形式,就是"自在之物"。第一,关于我们不能认识自在之物的论断(黑格尔《全书》②第 44 节),离开了科学,陷入了幻想。第二,这个论断没有给我们的科学认识增添任何东西,因为我们如果不能探索事物,那么这些事物对我们来说就是不存在的了。第三,这个论断是纯粹的空话,永远不会被应

---

① 参看萨·卡诺《关于火的动力和发动这种动力的机器》1824 年巴黎版。——编者注

② 指黑格尔《哲学全书纲要》第 1 部(即《小逻辑》)1840 年柏林版(《黑格尔全集》第 6 卷)。——编者注

用。抽象地说,这种论断听起来好像是完全合理的。不过让我们
应用一下吧。如果一个动物学家说,"一只狗**好像**有四条腿,可是
我们不知道这只狗实际上是有四百万条腿还是一条也没有",那
么我们怎样看待这个动物学家呢?如果一个数学家先下定义说,
三角形有三条边,然后又说,他不知道三角形是不是有二十五条
边;如果他说二乘二**好像**等于四,那么我们怎样看待这个数学家
呢?不过自然科学家都小心翼翼地避免在自然科学中应用自在之
物这个词,只有在跨入哲学时才敢于应用它。这就最好不过地证
明了:他们对这个词的处理是多么不严肃,而这个词本身是多么没
价值。如果他们当真采取严肃的态度,那为什么终究要去研究点
什么呢?

从历史的观点来看,这件事也许有某种意义:我们只能在我们
时代的条件下去认识,而且**这些条件达到什么程度**,我们就认识到
什么程度。

＊　　　　　＊　　　　　＊

自在之物①。黑格尔《逻辑学》第 2 编第 10 页(往后还有一整
节也是论述这个问题的)[530]:

"怀疑论不允许自己说存在;近代唯心主义〈即康德和费希特〉不允许自
己把认识看做关于自在之物的知识…… 但是,怀疑论同时又允许它的外观
有多种多样的规定,或者更恰当地说,它的外观是以世界的整个丰富的多样
性为内容。同样,唯心主义的现象〈即唯心主义称为现象的东西〉也把这些
多种多样的规定性全部包括在自身之中…… 所以,这个内容可以不以存
在,不以物或自在之物为基础;这个内容对自己来说仍然是原来的样子;它只

---

① 恩格斯在此处页边上写着:"参看《全书》第 1 部第 252 页。"这是指黑格
尔《哲学全书纲要》第 1 部(即《小逻辑》)第 124 节说明和附释。——编
者注

不过从存在转化为外观而已。"

因此,黑格尔在这里比起现代的自然科学家来,是一个更加坚决得多的唯物主义者。

*   *   *

康德的**自在之物**的有价值的自我批判:康德在思维着的"自我"上面也失败了,他在这个"自我"中同样发现了一个不可认识的自在之物(黑格尔,第5卷第256页及以下几页)。[①]

*   *   *

永恒的自然规律也越来越变成历史的自然规律。水在0℃和100℃之间是液体,这是一个永恒的自然规律,但是要使这个规律成为有效的,就必须有:(1)水,(2)一定的温度,(3)正常压力。月球上没有水,太阳上只有构成水的元素,对这两个天体来说,这个规律是不存在的。——气象学的规律也是永恒的,但是,只适用于地球,或者只适用于一个具有地球的大小、密度、星轴倾斜、温度,并且具有由氧和氮的同样混合体构成的大气以及正在蒸发和凝结的同量水蒸气的天体。月球上没有大气,太阳上只有由炽热的金属蒸气构成的大气;所以月球没有气象学,而太阳的气象学则和我们的完全不同。——我们的整个的公认的物理学、化学、生物学都是绝对地**以地球为中心的**,都只是适用于地球的。太阳、恒星、星云上的,甚至密度不同的行星上的电和磁的强度的情况,我们还根本不知道。元素的化学化合规律,在太阳上由于高温而失去了效力,或者只是在太阳大气层边缘暂时有效,而这些化合物一

---

① 参看黑格尔《逻辑学》第3编《概念论》(《黑格尔全集》第5卷)1841年柏林第2版第3部分第2章。——编者注

接近太阳便又分解了。太阳化学正在生成中,而且必然和地球上的化学完全不同,它不是推翻地球上的化学,而是同它毫不相干。在星云上面,也许连 65 种元素中的那些本身可能也是化合而成的元素都不存在。因此,如果我们要谈论对于从星云到人的**一切**物体都同样适用的普遍的自然规律,那么留给我们的也就只有重力,也许还有能量转化理论的最一般的说法,即通常所说的力学的热理论。但是,如果把这个理论普遍地彻底地应用到一切自然现象上去,那么这个理论本身就会变成一个宇宙体系从产生到消逝的过程中相继发生的变化的历史表现,也就是说变成一部历史,在这部历史中,每个阶段都有不同的规律,即同一普遍运动的不同的表现形式起支配作用,从而作为始终具有普遍效力的东西留下来的就只有**运动**了。

*   *   *

天文学中**以地球为中心**的观点是褊狭的,被排除是合理的。但是,我们的研究再深入下去,这种观点就越来越有合理性。太阳等等**服务**于地球(黑格尔《自然哲学》第 157 页)。[531](整个巨大的太阳只是为小的行星而存在。)对我们来说,除了以地球为中心的物理学、化学、生物学、气象学等等,不可能有别的,而这些科学并不因为说它们是只适用于地球的并且因而只是相对的就损失了什么。如果人们把这一点看得很严重并且要求一种无中心的科学,那就会使**一切**科学停顿下来。对我们来说,只要知道,在相同的情况下,无论在什么地方,甚至在我们右边或左边比距离太阳还远 1 000 万亿倍的地方,都会有相同的事情发生,这就够了。

关于耐格里所说的没有能力认识无限[532]

耐格里,第 12—13 页

耐格里先说,我们不能认识现实的质的差异,马上又接着说,这种"绝对差异"在自然界中是不会出现的!(第 12 页)

第一,每一种质都有无限多的量的等级,如色彩的浓淡、软硬、寿命的长短等等,而且它们都是可以量度和可以认识的,即使它们是不同质的。

第二,存在着的不是质,而只是**具有**质并且具有无限多的质的物。两种不同的物总有某些质(至少在物体性的属性上)是共有的,另一些质在程度上有所不同,还有一些质可能是两种物中的一个所完全没有的。如果我们拿两种极不相同的物——例如一块陨石和一个人——来比较,我们由此得到的共同点便很少,至多只有重量和其他一些一般的物体属性是二者所共有的。但是,介乎这二者之间还有其他自然物和自然过程的一个无限的系列,这些自然物和自然过程使我们有可能把从陨石到人的这个系列充实起来,并指出每一个自然物和自然过程在自然联系中的地位,从而**认识**它们。这是耐格里自己也承认的。

第三,我们的不同的感官可以给我们提供在质上绝对不同的印象。因此,我们靠视觉、听觉、嗅觉、味觉和触觉而体验到的属性会是绝对不同的。但是就在这里,这些差异也随着研究工作的进展而消失。嗅觉和味觉早已被认为是同源的、同属的感觉,它们所感知的属性即使不是同一的,也是同属的。视觉和听觉二者所感知的都是波动。触觉和视觉能很好地互相补充,以致我们往往根据某物的外形便完全可以预先说出它在触觉上的属性。最后,接受所有这些不同的感性印象，对它们进行加工，从而把它们综合为一个整体的始终是同一个**我**，而提供这各种不同印象的同样也是同一个物，这些印象表现为这个物的**共同的**属性，从而有助于我们认识它。说明这些只有用不同的感官才能感受的不同属性，揭明它们之间的内在联系，这恰好是科学的任务，而科学直到今天并不抱怨我们有五个特殊的感官而没有一个总的感官，也不抱怨我们不能看到或听到滋味和气味。

不管我们向哪里看，自然界中任何地方都没有这种被认为是不可理解的"质上不同的或绝对不同的领域"。全部混乱都发生于质和量的混乱。根据流行的机械观点，耐格里认为，一切质的差异只有能够归结为量的差异时才能说明（关于这一点，将在其他地方作必要的说明）；或者说，这是由于在他看来质和量是两个绝对不同的范畴。形而上学。

"我们只能认识有限的东西……"［第13页］

就进入我们认识领域的仅仅是有限的对象这一点而言，上述说法是完全正确的。但是这个命题还须有如下的补充："从根本上说我们**只能**认识**无限**的东西。"事实上，一切真实的、寻根究底的认识都只在于：我们在思想中把个别的东西从个别性提高到特殊性，然后再从特殊性提高到普遍性；我们从有限中找出和确定无限，从暂时中找出和确定永久。然而普遍性的形式是自我完成的形式，因而是无限性的形式；它把许多有限的东西综合为一个无限的东西。我们知道：氯和氢在一定的压力和温度下受到光的作用就会爆炸而化合成氯化氢；而且只要我们知道这一点，我们也就知道：只要具备上述条件，这种现象**随时随地**都会发生。至于是否只发生过一次还是重复发生过100万次，以及在多少天体上发生过，这都是无关紧要的。自然界中的普遍性的形式就是**规律**,而关于**自然规律的永恒性**,谁也没有自然科学家谈得多。因此,当耐格里说,人们由于不愿意只去研究有限的东西,而把永恒的东西和有限的东西混在一起,于是就把有限的东西弄得神秘莫测,这时他否定的不是自然规律的可认识性,就是自然规律的永恒性。对自然界的一切真实的认识,都是对永恒的东西、对无限的东西的认识,因而本质上是绝对的。

但是,这种绝对的认识遇到一个明显的麻烦。可认识的物质的无限性,是由各种纯粹的有限性组成的,同样,绝对地认识着的思维的无限性,也是由无限多的有限的人脑所组成的,而人脑是彼此并列和前后相继地从事这种无限的认识的,会在实践上和理论上出差错,从歪曲的、片面的、错误的前提出发,循着错误的、弯曲的、不可靠的道路行进,往往当正确的东西碰到鼻子尖的时候还是没有得到它(普利斯特列[533])。因此,对无限的东西的认识受到双重困难的困扰,并且按其本性来说,只能通过一个无限的渐近的前进过程而实现。这使我们有足够的理由说:无限的东西既是可以认识的,又是不可以认识的,而这就是我们所需要的一切。

耐格里以可笑的方式说出同样的意思:

"我们只能认识有限的东西,但是我们确实能认识进入我们的感性知觉范围的一切有限的东西。"[第13页]

正是进入我们的感性知觉范围的有限的东西以其总和构成无限的东西,因为**耐格里正是从这个总和中得出他的关于无限的东西的观念**。离开这个进入我们的感性知觉范围的有限的东西,他就根本不会有关于无限的东西的观念。

（关于恶无限性本身，要在别的地方来谈。）

———————

（针对这种无限性研究，说了以下几点：）

1. 空间和时间上的"微小领域"。

2. "感觉器官的可能有缺陷的发育"。

3. "我们只能认识有限的、暂时的、变换着的东西，只能认识等级上不同的东西和相对的东西，[因为我们只能把数学概念转用到自然物上，只能根据从自然物本身得到的尺度来判断自然物。我们不知道任何无限的东西或永恒的东西，任何固定不变的东西，任何绝对的差异。我们准确地知道一小时、一米、一千克的意思是什么，但是]我们不知道时间、空间、力和物质、运动和静止、原因和结果是什么。"[第13页]

这是老生常谈。先从感性的事物得出抽象，然后又期望从感性上去认识这些抽象，期望看到时间，嗅到空间。经验主义者深深地陷入经验体验的习惯之中，甚至在研究抽象的时候，还以为自己置身在感性体验的领域内。我们知道什么是一小时或一米，但是不知道什么是时间和空间！仿佛时间不是实实在在的小时而是其他某种东西，仿佛空间不是实实在在的立方米而是其他某种东西！物质的这两种存在形式离开了物质当然都是无，都是仅仅存在于我们头脑之中的空洞的观念、抽象。的确，据说我们也不知道什么是物质和运动！当然不知道，因为物质本身和运动本身还没有人看到过或以其他方式体验过；只有现实地存在着的各种物和运动形式才能看到或体验到。物、物质无非是各种物的总和，而这个概念就是从这一总和中抽象出来的，运动本身无非是一切感官可感知的运动形式的总和；"物质"和"运动"这样的词无非是**简称**，我们就用这种简称把感官可感知的许多不同的事物依照其共同的属性概括起来。因此，只有研究单个的物和单个的运动形式，才**能**认识物质和运动，而我们通过认识单个的物和单个的运动形式，也就相应地认识物质**本身**和运动**本身**。因此，当耐格里说我们不知道什么是时间、空间、物质、运动、原因和结果的时候，他不过是说：我们先用我们的头脑从现实世界作出抽象，然后却无法认识我们自己作出的这些抽象，因为它们是思想之物，而不是感性事物，而一切认识都是**感性的量度**！这正是黑格尔所说的难处：我们固然能吃樱桃和李子，但是不能吃**水果**，因为还没有人吃过水果本身。**534**

———

耐格里断言自然界中也许存在着许多为我们的感官所不能感知的运动形式，这不过是一种可怜的遁词，等于取消运动不可创造这个规律，**至少对我们的认识来说**是这样。要知道，这些运动形式是可以**转化为我们能感知的运动的**！这样一来，例如，接触电就容易解释了！

    *   *   *

关于耐格里。无限的东西的不可理解性。当我们说，物质和运动既不能创造也不能消灭的时候，我们是说：宇宙是作为无限的进展过程而存在着，即以恶无限性的形式存在着，而且这样一来，我们就对这个过程理解了所必须理解的一切。最多还有这样的问题：这个过程是同一个东西——在大循环中——的某种永恒的重复呢，还是这个循环有向下的和向上的分支。

    *   *   *

恶无限性。真无限性已经被黑格尔正确地设置在**充实了的**空间和时间中，设置在自然过程和历史中。现在整个自然界也融解在历史中了，而历史和自然史所以不同，仅仅在于前者是**有自我意识的机体的发展过程**。自然界和历史的这种无限的多样性，在自身中包含了时间的和空间的无限性——恶无限性，但只是作为被扬弃了的、虽是本质的却不是主导的因素。我们的自然科学的极限,直到今天仍然是**我们的**宇宙,而在我们的宇宙以外的无限多的宇宙,是我们认识自然界所用不着的。的确,几百万个太阳中只有**一个**太阳和这个太阳系,才是我们的天文学研究的根本的立足点。就地球上的力学、物理学和化学来说,我们是或多或少地局限于这个小小的地球,而就有机体科学来说,则完全局限于这个地球。但是,这对于现象的实际上无限的多样性和对于认识自然界来说,并没有实质性损害,正如对于历史来说,同样地而且在更大的程度上局限于比较短促的时间和地球上的一小部分地区,也没有什么实质性损害。

*　　　　　*　　　　　*

1. 无限的进展过程在黑格尔那里是一个空旷的荒野,因为它只表现为**同一个东西的永恒的重复**:1+1+1……

2. 然而在现实中,这个无限的进展过程并不是重复,而是发展,前进或后退,因而成为必然的运动形式。撇开这个过程不是无限的这一点不说,因为现在已经可以预见到地球生存时期的终结。但地球也并不就是整个宇宙。在黑格尔的体系中,自然界的时间上的历史是排除任何发展的,否则自然界就不是精神的自我外在了。但是在人类历史中,黑格尔承认无限的进展过程是"精神"的唯一真实的存在形式,只不过他以幻想的方式设想这个发展有一个终点——这个终点就是黑格尔哲学的确立。

3. 还有无限的认识:事物在进展中所没有的无限,在循环中却有了[535](量,第 259 页,天文学)[536]。这样,运动形式变换的规律便是无限的、自我闭合的规律。但是这样的无限性又被有限性所纠缠,只是一段段地出现的。$\frac{1}{r^2}$ 也是如此。[537]

［物质的运动形式以及
各门科学的联系］

自然科学的辩证法[538]：对象是运动着的物质。物质本身的各种不同的形式和种类又只有通过运动才能认识，物体的属性只有在运动中才显示出来；关于不运动的物体，是没有什么可说的。因此，运动着的物体的性质是从运动的形式得出来的。

（1）第一个最简单的运动形式是机械运动，是纯粹的位置移动。

（a）单个物体的运动是不存在的——只是相对地说才谈得上——下落。

（b）分离的诸物体的运动：抛物线运动，天文学——外表上的平衡——终点总是**接触**。

（c）互相接触的诸物体的相对运动——压力。静力学。流体静力学和气体。杠杆和本来意义上的力学的其他形式，所有这些形式都能在其最简单的接触形式中，产生出仅仅在程度上有所不同的摩擦和碰撞。但是摩擦和碰撞，实际上就是接触，还具有从未被自然科学家在这里指出过的其他结果：它们在一定的情况下产生声、热、光、电、磁。

（2）这些不同的力（除了声）——天体物理学——

（a）都互相转化和互相代替，而且

（b）当作用于各种物体（不论它们是化学结构复杂的或者是化学结构比较简单的）并且对每一物体来说都各不相同的每个力在量上增长到一定程度时，就出现**化学**变化，于是我们就进入化学领域。

（3）物理学应该或者可以不去考虑活的有机体,化学通过对有机化合物的研究才找到关于最重要物体的真实性质的真实解释,并且合成了只在有机界中才出现的物体。在这里,化学进入到有机生命的领域,而且它已经足以使我们确信:**它独自**就可以为我们说明向有机体的辩证转化。①

（4）而**实际的**转化是在**历史**——太阳系的历史、地球的历史之中;有机论的**现实**前提。

（5）有机论。

*　　　　*　　　　*

科学分类。每一门科学都是分析某一个别的运动形式或一系列互相关联和互相转化的运动形式的,因此,科学分类就是这些运动形式本身依其内在序列所进行的分类、排序,科学分类的重要性也正在于此。

*　　　　*　　　　*

在上世纪末叶,在多半坚持机械唯物主义的法国唯物主义者之后,出现了要把**旧的**牛顿—林耐学派的整个自然科学作**百科全书式的概括**的要求,有两个最有天才的人物投身于这项工作,这就是**圣西门**(未完成)和**黑格尔**。现在,当新的自然观就其基本特点而言已经形成的时候,人们又感到有同样的要求了,并且正在这方面进行尝试。但是,当现在自然界中的发展的普遍联系已经得到证明的时候,外表上的排序已经不够用了,正如黑格尔所巧妙论证的辩证转化也已经不够用了一样。转化必须自行完成,必须是自

---

① 恩格斯在本段页边上写着:"天体化学。晶体学是化学的一部分。"——编者注

然而然的。正如一个运动形式是从另一个运动形式中发展出来一样,这些形式的反映,即各种不同的科学,也必然是一个从另一个中产生出来。

*　　　　*　　　　*

孔德不可能是他从圣西门那里抄袭来的关于自然科学的百科全书式的排序法的创造者**539**,这从下列事实中就可以看出:这套方法对他来说只有**安排教材**和**课程的意义**,因而导致了荒诞的全科教育,在这种方式下,在一门科学完全教完之前,不会再开另一门课程,在这里,一个基本上正确的思想被以数学方式夸大成胡说八道。

*　　　　*　　　　*

黑格尔的(最初的)分类:机械论、化学论、有机论**540**,在当时是完备的。机械论——物体的运动;化学论——分子的运动(这里也包括物理学,两者都属于同一序列)和原子的运动;有机论——以上两项运动不可分地包含于其中的那些物体的运动。因为有机论无疑是**把力学、物理学和化学结合为一个整体的更高的统一**,在这里这三个方面不可能再分离开来。在有机体中,机械运动直接由物理变化和化学变化引起,营养、呼吸、排泄等等是如此,纯粹的肌肉运动也同样是如此。①

<h2 style="text-align:center">注　释**541**</h2>

(1)凯库勒。此外:自然科学现在越来越有必要系统化,这种

---

① 恩格斯在本段页边上写着:"每一组又一分为二。力学:(1)天体力学,(2)地球上的力学。分子运动:(1)物理学,(2)化学。有机论:(1)植物,(2)动物。"——编者注

系統化只能在現象本身的聯繫中發現。例如，一個天體上的小物

系统化只能在现象本身的联系中发现。例如，一个天体上的小物体的机械运动，终止于两个物体的接触，这种接触有两种仅仅在程度上不同的形式，即摩擦和碰撞。因此，我们首先要研究摩擦和碰撞的机械作用。但是我们发现，问题并不到此为止：摩擦产生热、光和电，碰撞也产生热和光，也许还产生电，由此便有物体运动向分子运动的转化。我们进入了分子运动的领域，即物理学，并且继续研究下去。但是我们在这里也发现，分子运动并不是研究的终结。电转化为化学变化，而且又从化学变化产生。热和光也是一样。分子运动转化为原子运动——化学。化学过程的研究又遇到有机世界这样一个研究领域，即这样一个世界，在那里化学过程的发生所遵循的规律还是同一些规律，但是条件和在无机世界中不同。对于这些条件，化学是完全可以解释清楚的。然而，对于有机世界的一切化学研究最终总要归结到一个物体上来，这个物体是普通化学过程的结果，它和其他一切物体的区别在于，它是自行完成的、持续不断的化学过程，它就是蛋白质。如果化学能制造出这种一产生就明显具有确定性的蛋白质，即所谓的原生质，在这种确定性中，或者更确切地说，在这种不确定性中，这种蛋白质潜在地包含着蛋白质的其他一切形式（于是就没有必要去假定只存在着某种老是一样的原生质），那么辩证的转化也就现实地被证实了，因而也就完全被证实了。在此以前，事情还只停留在思想上，或者说停留在假说上。当化学制造出蛋白质的时候，化学过程就像上述的机械过程一样，便超出自身，就是说，进入一个内容更丰富的领域，即有机体的领域。生理学当然是有生命体的物理学，特别是有生命体的化学，但同时也不再是专门的化学，因为它一方面限制了自己的范围，另一方面却由此上升到一个更高的层次。

关于"机械的"自然观[542]

注 释 二

附在第 46 页①：运动的各种形式和研究这些形式的各门科学

在上面这篇论文②(《前进报》[260]，1877 年 2 月 9 日)发表以后，凯库勒(《化学的科学目的和成就》)给力学、物理学和化学下了完全类似的定义：

> "如果把关于物质的本质的这一观念当做基础，就可以把化学定义为**原子的科学**，把物理学定义为**分子的科学**，而这样一来，显然就可以把今天物理学中涉及**质量**的那个部分作为专门的学科分出来，并为之预留**力学**这一名称。这样，力学就表现为物理学和化学的基础科学，因为这两者在某些观察中，特别是在计算中，必须把分子或原子当做质量来看待。"

如我们所看到的，这种说法和正文中及前一注释中③所提到的说法的差别，仅仅在于它不是那么明确罢了。但是有一家英国杂志(《自然》[522])把凯库勒的上述提法翻译成力学是质量的静力学和动力学，物理学是分子的静力学和动力学，化学是原子的静力学和动力学；[543]照我的看法，这种甚至把化学过程无条件地归结为纯粹机械过程的做法，是把研究的领域，至少是把化学的领域不适当地缩小了。但是这种做法竟成为时髦，例如，连海克尔也经常把"机械的"和"一元论的" 当做同义词来使用，并且据他看来，

---

① 见本卷第 442 页。——编者注
② 指恩格斯《反杜林论》第 1 编第 7 章。——编者注
③ 指恩格斯《反杜林论》第 1 编第 7 章的正文和注释《关于现实世界中数学上的无限之原型》(见本卷第 442 页和第 977—983 页)。——编者注

"现代生理学……在其领域内只让物理—化学的力——或广义上的机械力——起作用"(《交替发生》)。①

当我**先**把物理学叫做分子的力学、把化学叫做原子的物理学，再进一步把生物学叫做蛋白质的化学的时候，我是想借此表示这些科学中一门向另一门的过渡，从而既表示出两者的联系、连续性，又表示出它们的差异、非连续性。更进一步把化学也叫做某种力学，这在我看来是不能容许的。不论就广义或狭义而论，力学只顾及量，它所考虑的是速度和质量，最多再加上体积。如果力学碰到了物体的质，例如在流体静力学和气体静力学中，那么它不研究分子状态和分子运动就不行，它本身在这里也只是一种辅助科学，只是物理学的前提而已。但是，在物理学中，尤其是在化学中，不仅有量变所引起的连续的质变，即量到质的转化，而且要考察许许多多的质变，这些质变怎样为量变所制约还完全没有证实。说今天的科学潮流正朝着这个方向前进，这是可以欣然同意的，但是这并不能证明，这个潮流是唯一正确的潮流，遵循这个潮流就会**穷究**全部物理学和化学。一切运动都包含着物质的最大或最小部分的机械运动，即位置移动，而认识这种机械运动，是科学的**第一个**任务，然而也只是它的**第一个**任务。但是这种机械运动并没有把所有的运动包括无遗。运动不仅仅是位置移动，在高于力学的领域中它也是质变。发现热是一种分子运动，这是划时代的。但是，如果我除了说热是分子的某种位置移动之外再也不知道说些别的什么，那么我还不如闭口不谈为妙。化学似乎已走上了一条最佳途径，就是从原子体积和原子量的关系去说明元素的一系列化学属

---

① 见恩·海克尔《原生粒之交替发生》1876年柏林版第12—13页。——编者注

性和物理属性。但是没有一个化学家敢断言：某个元素的全部属性可以通过它在洛塔尔·迈耶尔曲线[544]上的位置完全表示出来，比如说，单凭这个位置就能说明使碳成为有机生命的主要载体的那些特殊属性，或说明磷在脑髓中的必要性。然而"机械"观正是会导致这样的结果。它用位置移动来说明一切变化，用量的差异来说明一切质的差异，并且忽视了质和量的关系是相互的，忽视了量可以转变为质，质也可以转变为量，忽视了这里发生的恰好是相互作用。如果质的一切差异和变化都可以归结为量的差异和变化，归结为机械的位置移动，那么我们就必然要得出这个命题：所有的物质都是由**同一的**最小的粒子所组成，而物质的化学元素的一切质的差异都是由量的差异，即由这些最小的粒子结合成原子时在数目上和在空间排列上的差异所引起的。但是我们还没有走得这么远。

　　除了现今在德国各大学流行的最粗陋的庸俗哲学外，我们今天的自然科学家对别的哲学一无所知，因此他们才会这样应用诸如"机械的"一类的术语，而不去说明甚至也没有想到，他们这样做必然得出怎样的结论。物质具有质的绝对同一性这一理论，也还有它的信徒——从经验上既驳不倒它，也证明不了它。但是，如果去问问那些想"机械地"解释一切的人，他们是否意识到了这个结论，是否承认物质的同一性，那我们将会听到许多不同的回答！

　　最滑稽可笑的是：这种把"唯物主义的"和"机械的"混为一谈的做法是从**黑格尔**那里搬来的，正是黑格尔想用"机械的"这个附加语来贬低唯物主义。① 诚然，黑格尔所批判的唯物主义——18

---

① 参看黑格尔《哲学全书纲要》第 1 部（即《小逻辑》）第 99 节附释。——编者注

世纪的法国唯物主义——确实是完全**机械的**,而且其原因是很自然的,因为当时的物理学、化学和生物学还处在襁褓之中,还远不能为一般的自然观提供基础。同样,海克尔还照搬黑格尔的译法,把 causae efficientes① 翻译为"机械地起作用的原因",把 causae finales② 翻译为"合目的地起作用的原因",不过在这里,黑格尔是把"机械的"设定为盲目地起作用的、无意识地起作用的,而不是海克尔所理解的那种"机械的"。况且黑格尔本人把这整个对立明确地看做完全被克服了的观点,以致他在《逻辑学》中两处说明因果关系的地方对这种对立**只字未提**,而只是在《哲学史》③中谈到这种对立在历史上出现的地方才提到它(所以才有海克尔的因肤浅而产生的纯粹误解!),另外在论述目的论(《逻辑学》第 3 编第 2 部分第 3 章)的时候完全偶然地提到它,把它当做**旧形而上学**用来表达机械论和目的论之间的对立的一种形式,除此之外,黑格尔是把它当做早已被克服了的观点来对待的。可见,在海克尔自以为找到了自己"机械的"观点的佐证而兴高采烈时,竟把黑格尔的话抄袭错了,并且因此得出了一个绝妙的结果:如果某种动物或植物通过自然培育而发生一定的变异,那么这是由于 causa efficiens④ 的作用,如果通过**人工**培育而发生同样的变异,那么这是由于 causa finalis⑤ 的作用! 育种家是 causa finalis! 当然,一个

---

① 意为"起作用的原因"。——编者注
② 意为"终极的原因"。——编者注
③ 黑格尔《哲学史讲演录》。——编者注
④ 意为"起作用的原因",海克尔借用黑格尔的译法,把这个词组译为"机械地起作用的原因"。——编者注
⑤ 意为"终极的原因",海克尔借用黑格尔的译法,把这个词组译为"合目的地起作用的原因"。——编者注

像黑格尔这样的辩证论者是不会在 causa efficiens 和 causa finalis 的狭小对立中兜圈子的。从今天的观点看来,关于这个对立的一切不可救药的奇谈怪论都该收场了,因为我们从经验和理论都**知道**:物质及其存在方式即运动,是不能创造的,因而是它们自己的终极的原因;同时,如果我们把那些在宇宙运动的相互作用中暂时地和局部地孤立的或者被我们的反思所孤立的个别原因,称为**起作用的**原因,那么我们决没有给它们增加什么新的规定,而只是增添了一个带来混乱的因素而已。不起作用的原因决不是原因。

　　注意。物质本身是纯粹的思想创造物和纯粹的抽象。当我们用物质概念来概括各种有形地存在着的事物的时候,我们是把它们的质的差异撇开了。因此,物质本身和各种特定的、实存的物质的东西不同,它不是感性地存在着的东西。如果自然科学试图寻找统一的物质本身,试图把质的差异归结为同一的最小粒子在结合上的纯粹量的差异,那么这样做就等于要求人们不是看到樱桃、梨、苹果,而是看到水果本身[534],不是看到猫、狗、羊等等,而是看到哺乳动物本身,看到气体本身、金属本身、石头本身、化合物本身、运动本身。达尔文学说就要求有这样的原始哺乳动物,即海克尔的前哺乳动物类①,但是同时又不得不承认:既然这种原始哺乳动物在**胚胎**状态中就包含了一切将来的和现在的哺乳动物,那么它在现实中就比现在的一切哺乳动物都要低级而且非常粗陋,所以比它们都要消失得快些。黑格尔已经证明(《全书》第 1 部第

---

① 参看恩·海克尔《自然创造史》1873 年柏林第 4 版第 538、543 及 588 页;《人类起源学或人类发展史》1874 年莱比锡版第 460、465 及 492 页。——编者注

199 页），这种见解，这种"片面的数学观点"，这种认为物质只在量上可以规定而在质上从一开始就相同的观点，"无非是"18 世纪法国唯物主义的"观点"。① 它甚至倒退到毕达哥拉斯那里去了，他就曾经把数，即量的规定性，理解为事物的本质。

＊　　　　＊　　　　＊

量转变为质＝"机械的"世界观，量的变化改变着质。这是那些先生们从来没有嗅到的！

［各门科学的辩证内容］

运动的基本形式[545]

运动，就它被理解为物质的存在方式、物质的固有属性这一最一般的意义来说，涵盖宇宙中发生的一切变化和过程，从单纯的位置变动直到思维。研究运动的本性，当然不得不从这种运动的最低级的、最简单的形式开始，先学会理解这样的形式，然后才能在说明更高级的和复杂的形式方面有所建树。所以我们看到：在自然科学的历史发展中，最先产生的是关于简单的位置变动的理论，即天体和地上物体的力学，随后是关于分子运动的理论，即物理学，紧接着、几乎同时而且在有些方面还先于物理学而产生的，是关于原子运动的科学，即化学。只有在这些关于支配着非生物界的运动形式的不同知识部门达到高度的发展以后，才能成功地阐

---

① 参看黑格尔《哲学全书纲要》第 1 部（即《小逻辑》）第 99 节附释。——编者注

明各种显示生命过程的运动进程。对这些运动进程的阐明,是随着力学、物理学和化学的进步而取得相应的进步的。因此,当力学早已对动物躯体中通过肌肉收缩而引起运动的骨骼的杠杆作用能够用那些对非生物界也有效的规律作出充分说明的时候,对其他生命现象的物理化学的论证几乎还处于发展的最初阶段。所以,当我们在这里研究运动的本性时,我们不得不把有机体的运动形式撇在一边。我们不得不局限于——按照科学的现状——非生物界的运动形式。

一切运动都和某种位置变动相联系,不论这是天体的、地上物体的、分子的、原子的或以太**480**粒子的位置变动。运动形式越高级,这种位置变动就越微小。位置变动决不能把有关的运动的本性包括无遗,但是也不能和运动分开。所以必须首先研究位置变动。

我们所接触到的整个自然界构成一个体系,即各种物体相联系的总体,而我们在这里所理解的物体,是指所有的物质存在,从星球到原子,甚至直到以太粒子,如果我们承认以太粒子存在的话。这些物体处于某种联系之中,这就包含了这样的意思:它们是相互作用着的,而它们的相互作用就是运动。由此可见,没有运动,物质是不可想象的。再则,既然我们面前的物质是某种既有的东西,是某种既不能创造也不能消灭的东西,那么由此得出的结论就是:运动也是既不能创造也不能消灭的。只要认识到宇宙是一个体系,是各种物体相联系的总体,就不能不得出这个结论。早在这种认识在自然科学中发挥实际作用以前很久,哲学就已经有了这种认识,所以不难说明,为什么哲学比自然科学整整早200年就得出了运动既不能创造也不能消灭的结论。甚至哲学作出这个结论时所采取的形式,也比今天的自然科学的表述要高明。笛卡儿关于宇宙中现存的运动量永远一样的原理只是在形式上有缺点，即用一种有限的表达方式来表示一种无限大。与此相对应，在自然科学中这同一个定律现在有两种表达方式，一种是亥姆霍兹的**力**的守恒定律，另一种是更新的更确切的**能量**守恒定律。我们以后可以看到，这两种表达法中的每一种所表示的正好是另一种的对立面，而且它们当中的每一种都只表达了关系的一个方面。①

如果两个物体相互作用，致使其中的一个或两个发生位置变动，那么这种位置变动就只能是互相接近或互相分离。这两个物体不互相吸引，就互相排斥。或者如力学上所说的，在这两个物体之间起作用的力是有心力，即沿着它们的中心点所联结起来的直线的方向起作用的力。不管许多运动看起来多么复杂，上述情形都在宇宙中发生着，不断地和绝无例外地发生着，这在我们今天看来已经是不言自明的了。如果设想两个相互作用的物体在相互作用时不受第三个物体的任何妨碍或影响，而这种作用不是沿着最短的和最直接的路线发生，即沿着联结两个物体的中心点的直线发生，那么这在我们看来是很荒谬的。② 大家知道，亥姆霍兹（《论力的守恒》1847年柏林版第1节和第2节）用数学方法也证明了：有心作用和运动量**546**的不变性是互为条件的，如果设想存在着不同于有心作用的作用，那就会导致运动可以创造或消灭的结论。所以一切运动的基本形式都是接近和分离，收缩和膨胀——一句

---

① 参看鲁·克劳修斯《论力学的热理论的第二定律》1867年不伦瑞克版第15页上对海·亥姆霍兹《论力的守恒》中的有关论点的评论。——编者注

② 恩格斯在此处页边上写着："康德在第22页上说：三维空间的条件是，吸引或排斥和距离的平方成反比。"见伊·康德《关于活力的正确评价的思想》第10节（《康德全集》1867年莱比锡版第1卷）。——编者注

话,是**吸引**和**排斥**这一古老的两极对立。

应当明确指出:吸引和排斥在这里不是被看做所谓"力",而是被看做**运动的简单形式**。康德早就把物质看做吸引和排斥的统一。① 至于"力"究竟是怎么一回事,我们到时候将会看到。

一切运动都在于吸引和排斥的相互作用。然而运动只有在每一个吸引被另一处的相应的排斥所抵偿时,才有可能发生。否则一方会逐渐胜过另一方,运动最后就会停止。所以,宇宙中的一切吸引和一切排斥,一定是互相平衡的。于是,运动既不能消灭也不能创造的定律,就采取这样的表达方式:宇宙中的每一个吸引运动,都必定由一个相等的排斥运动来补充,反过来也是这样;或者如古代哲学早在自然科学中提出力的守恒定律或能量守恒定律以前所说的,宇宙中一切吸引的总和等于一切排斥的总和。

但是,这里似乎还留下了一切运动总有一天会停止的两种可能性:这或者是由于排斥和吸引有一天在事实上终于互相抵消,或者是由于全部排斥最终占据物质的一个部分,而全部吸引则占据另一个部分。从辩证法的观点看来,这两种可能性从一开始就不可能存在。辩证法根据我们直到目前为止的自然经验的结果,已经证明了:所有的两极对立,都以对立的两极的相互作用为条件;这两极的分离和对立,只存在于它们的相互依存和联结之中,反过来说,它们的联结,只存在于它们的分离之中,它们的相互依存,只存在于它们的对立之中;这样,就不可能存在排斥和吸引最终抵消的问题,也不可能存在一种运动形式最终分配在物质的这一半上,

---

① 参看伊·康德《自然通史和天体论》1755 年柯尼斯堡版。——编者注

而另一种运动形式最终分配在另一半上的问题，这就是说，既不存在两极互相渗透①的问题，也不存在两极绝对分离的问题。在第一种场合下，这就好比硬要使一条磁石的北极和南极互相抵消，在第二种场合下，就好比把一条磁石从中间切断，硬要使一段只有北极而没有南极，使另一段只有南极而没有北极。不过，虽然从两极对立的辩证性质中已经可以推断这样的假设是不能容许的，可是由于在自然科学家中形而上学的思维方式占支配地位，至少第二种假设在物理学的理论中仍起着一定的作用。这一点以后在适当的地方还要谈到。

运动在吸引和排斥的相互作用中是怎样表现出来的呢？这最好是就运动本身的各单个形式来研究。这样最终就会得出结论。

我们不妨看一看一颗行星环绕其中心天体所作的运动。普通的天文学教科书追随牛顿把椭圆形的行星轨道解释为两种力，即中心天体的吸引和使行星沿着垂直于这种吸引的路线运动的切线力共同作用的结果。所以，除向心的运动形式外，普通的天文学教科书还假设了与中心点的联线相垂直的另一个运动方向或所谓"力"。因此，它和前面所说的基本定律是矛盾的，依据这个定律，我们的宇宙中的一切运动，只能沿着相互作用的物体的中心点的方向发生，或者如人们所说的，只能由有心作用力所引起。正因为如此，普通的天文学教科书就把下面这样一种运动因素纳入理论之中，这种运动因素，如我们也已经看到的，必然要导致运动可以创造也可以消灭的结论，因而也就必然要以造物主的存在为前提。这样一来，就需要把这一神秘的切线力归结为某种向心的运动形

---

① 原文为 gegenseitige Durchdringung，这里的意思是互相抵消或中和。——编者注

式,而完成这个工作的,是康德和拉普拉斯的天体演化学。大家知道,按照这种看法,整个太阳系是由某种旋转着的极稀薄的气体逐渐收缩而产生的,旋转运动在这个气团的赤道线上显然最为强烈,并且使个别的气环从这个气团上分离出去,然后这些气环就收缩成行星、小行星等等,并按照原来的旋转方向围绕着中心天体旋转。这一旋转本身,通常是用气体的单个质点的自身运动来说明。这种运动朝极不相同的方向发生,但是最后总有某一多余部分朝一定的方向运动下去,这就引起旋转,这种旋转必然随着气团的进一步收缩而不断地加强。但是,关于旋转的起源,不管提出什么样的假说,都是排除了切线力,使之化为向心运动的某种特殊的现象形式。如果行星运动的一个要素,即直接向心的要素,表现为重力,即行星和中心天体之间的吸引,那么,另一个要素,即切线要素,则表现为气团各个质点原有排斥的残余,即以衍生的或改变了的形式出现的残余。于是,一个太阳系的生存过程就表现为吸引和排斥的相互作用,在这个过程中,排斥以热的形式放射到宇宙空间中去,因而在太阳系中,排斥就逐渐消失,而这样一来,吸引就越来越占优势。

一目了然:在这里被理解为排斥的运动形式,和现代物理学所说的"能"是同一个东西。由于太阳系的收缩和由此而来的构成现在的太阳系的各个天体的分离,太阳系便失去了"能",而这一损失,按照亥姆霍兹的著名计算现在已经达到太阳系中原来以排斥的形式出现的全部运动量的$\frac{453}{454}$。

我们还可以再来看一看地球上的某个物体。这个物体是靠重力和地球联结在一起的,正像地球是靠重力和太阳联结起来一样,但是这个物体和地球不同,不能作自由的行星般的运动。它只有靠外来的推动才能运动起来,而且推动一旦终止,它的运动很快也就停止,这或者仅仅是重力的作用所致,或者是重力和该物体赖以运动的介质的阻抗的共同作用所致。这一阻抗归根到底也是重力的一种作用，没有重力，地球表面上就不会有任何具有阻抗的介质，不会有大气了。所以在地球表面上的纯粹的机械运动中，我们所碰到的是重力即吸引占有决定性优势的情形，因而在这里运动的产生显示出两个阶段：首先是抵抗重力的作用，然后是让重力起作用，一句话，就是先使物体上升，然后再使之下降。

这样一来，我们又有了以吸引为一方和以按相反方向发生的运动形式即排斥的运动形式为另一方的相互作用。但是，在地球上的**纯粹**力学（这种力学所研究的，是处于**既定的**、对它来说是不变的聚集状态和凝聚状态之中的物体）的范围内，这种排斥的运动形式在自然界中是不发生的。无论是岩石从山顶上崩落下来，还是水之所以能够下泻，形成这类现象的物理条件和化学条件都是这种力学范围以外的事情。所以在地球上的纯粹力学中，排斥运动或提升运动只能由人工造成，即由人力、畜力、水力、蒸汽力等等造成。这种情形，这种用人工办法克服天然的吸引的必要性，使力学家们产生了一种看法，认为吸引、重力，或者如他们所说的重力的**力**，是自然界中最重要的运动形式，甚至是基本的运动形式。

例如，如果提升一个重物然后让它直接或间接下落而把运动传导给其他物体，那么按照通常的力学观点，传导这个运动的不是重物的**提升**，而是**重力的力**。例如，亥姆霍兹就让

"我们最熟悉的和最简单的力，即重力，作为推动力而起作用……例如在一座靠重锤推动的挂钟里。这个重锤……如果不使钟的全部机械运转起来，便不能顺应重力的牵引"。而它如果不自行下落，便不能使钟的机械运转起来，而且这种下落最终一直要持续到联结它的链条完全松直为止。"到那时，钟就停了，重锤的推动能力暂时用尽了。重锤的重力既没有失去，也没有减少，它依旧被地球在同一程度上吸引着，可是这个重力引起运动的能力已经丧失了……　但是我们可以用手臂的力量把钟再上好，重锤就又升上去。

这样一来,重锤又获得了它原先的推动能力,又能使钟走起来。"(亥姆霍兹《通俗科学讲演集》第 2 册第 144 页)①

因此,按照亥姆霍兹的说法,使钟走起来的,不是运动的主动的传导,不是重锤的提升,而是重锤的被动的重力,虽然这个重力本身只是由于被提升才脱离被动状态,而在联结重锤的链条松直以后又回到被动状态。所以,照我们刚才见到的新观点看来,**能**仅仅是**排斥**的另一种说法,而照亥姆霍兹的旧观点看来,**力**则是排斥的对立面即**吸引**的另一种说法。我们暂且确认这一点。

这样,当地球上的力学的过程终结的时候,当重物先被提升然后又下降到同一高度的时候,构成这个过程的运动将怎样呢? 在纯粹力学看来,它是消失了。但是,我们现在知道,它决没有消灭。它有一小部分转化为空气的声波振动,而绝大部分则转化为热。这些热一部分传导给具有阻抗的大气,一部分传导给落体本身,最后一部分传导给落体所碰到的地面。钟的重锤,也以摩擦热的形式,把自身的运动逐渐传导给钟表机械的各个齿轮。可是转化为热,即转化为排斥的一种形式的东西,并不是人们通常所说的**落体**运动,就是说,并不是吸引。相反,如亥姆霍兹正确地指出的,吸引,重力,现在仍然和先前一样,确切地说,甚至变得更大了。倒不如说,通过下降而**在力学上**被消灭的,并且以热的形式重新出现的,恰好是借提升而传导给被提升物的排斥。物体的排斥变成了分子的排斥。

如我们已经说过的,热是排斥的一种形式。它使固体的分子发生振动,从而减弱各个分子间的联系,直到最后开始向液态过

---

① 海·亥姆霍兹《通俗科学讲演集》1871 年不伦瑞克版第 2 册。——编者注

渡;在液态下,如果继续加热,热便又会增强分子的运动,直到达到这样的程度:分子完全脱离物体,并以一定的速度一个一个地自由运动起来,而这个速度对每一个分子来说取决于它的化学构造。如果再继续加热,热就使这个速度更加增大,从而使分子越来越互相排斥。

但是,热是所谓"能"的一种形式;后者在这里再次证明与排斥是同一的。

在静电和磁的现象中,我们有吸引和排斥的两极之分。关于这两种运动形式的作用方式,无论提出什么样的假说,面对事实没有一个人会怀疑:只要吸引和排斥是由静电或磁所引起,而且能够毫无阻碍地展开,它们就会完全互相抵偿。这事实上已经是从两极划分的本性中必然得出的结论。各自的作用不能完全互相抵偿的两极,决不是极,而且到现在为止在自然界中也没有见过这样的极。流电现象我们在这里暂时撇开不谈,因为这方面的过程决定于化学过程,因而比较复杂。所以我们最好来研究化学的运动过程本身。

当两份重的氢和 15.96 份重的氧化合成水蒸气的时候,从这个过程中散发出 68.924 热量单位的热量。反过来,如果要把17.96 份重的水蒸气分解为两份重的氢和 15.96 份重的氧,那么这只有在下列条件下才有可能实现:要有等于 68.924 热量单位的运动量传导给水蒸气,不管这是以热本身的形式还是以电运动的形式发生的。一切其他的化学过程也是一样。在大多数场合下,化合时放出运动,分解时必须导入运动。在这里,排斥通常也是过程的主动方面,即被赋予更多的运动或要求导入运动的方面,吸引则是过程的被动方面,即造成运动过剩并放出运动的方面。因此,现代的理论也宣称:总的说来,元素化合时释放能量,化合物分解时束缚能量。所以"能"在这里又是表示排斥的。亥姆霍兹又说：

> "这个力〈化学亲和力〉，我们可以想象为吸引力…… 碳原子和氧原子间的这种吸引力所做的功，同地球以重力的形式对一个被提升的重物所做的功是一样的…… 当碳原子和氧原子互相冲撞而化合成碳酸气的时候，新形成的碳酸气粒子一定是处在极猛烈的分子运动中，即处在热运动中…… 当碳酸气后来向四周放出自身的热的时候，碳酸气中的碳和氧仍然丝毫没有减少，而两者的亲和力也和以前一样强。但是这个亲和力现在只表现在这一点上：它把碳原子和氧原子牢固地联结在一起，不让它们分开。"（上引书，第169［—170］页）

同上面刚刚说过的完全一样，亥姆霍兹坚持认为，在化学中和在力学中一样，力只存在于**吸引**之中，因而它是和其他物理学家称做"能"并与**排斥**完全等同的东西正好相反的东西。

因此，我们现在不再只有吸引和排斥这两种简单的基本形式，而有一大串从属形式，那种在吸引和排斥的对立中展开和收缩的包罗万象的运动的过程，就是在这些从属形式中进行的。但是，把这形形色色的现象形式归纳到运动这一总的名称之下，这决不仅仅是我们的理解。相反，这些形式本身通过实际过程就证明它们是同一运动的不同形式，因为在某些情况下它们会互相转化。物体的机械运动可转化为热，转化为电，转化为磁；热和电可以转化为化学分解；化学化合反过来又可以产生热和电，而以电为中介又产生磁；最后，热和电又可以产生物体的机械运动。而且这种转化是这样进行的：一种形式的一定运动量，总是有另一形式的精确规定的一定运动量与之相适应，而且，用来量度这个运动量的量度单位，不管是从哪一种运动形式中借用来的都无所谓，就是说，不管是用来量度物体的运动，量度热，量度所谓的电动力，还是量度化学过程中转化的运动，都是无所谓的。

在这里，我们是立足在"能量守恒"理论的基础上，这个理论是尤·罗·迈尔在1842年创立的①，并且从那时以来国际上对它的研究已获得了十分辉煌的成就。现在，我们应当研究一下这个理论目前所使用的基本概念。这就是关于"力"或"能"以及关于"功"的概念。

我们在前面已经看到，根据较新的、现在几乎已经被公认的观点，"能"被理解为排斥，可是亥姆霍兹却主要是用"力"这个词来表示吸引。人们会以为这是一种无关紧要的形式上的差别，因为在宇宙中吸引和排斥是互相补偿的，因此把这个关系中的哪一方当做正或当做负，似乎都无所谓，这就好像正的横坐标是从某一直线上的某一点向右边算起或向左边算起都是无所谓的一样。但是事情绝对不是这样的。

目前我们在这里考察的并不是宇宙，而是地球上发生的一些

---

① 恩格斯在这里加了一个注："亥姆霍兹在他的《通俗科学讲演集》第2册第113页上表示，在自然科学证明笛卡儿关于运动在量上不变的原理方面，除迈尔、焦耳和柯尔丁外，似乎他自己也有一份功劳。'我自己对迈尔和柯尔丁毫无所知，而且只是在我自己的研究完成时才知道焦耳的实验，但我和他们走的是同一条道路；我竭力探究从上述考察方法中可以得出的自然界中各种过程间的一切联系，并且1847年在题为《论力的守恒》的小册子中公布了我自己的研究。'——但是在这部著作中，从1847年的水平来看，并没有提供什么新东西，只有下面这两点是例外：一点是上面已经提到的那个很有些价值的数学上的推导，即断定'力的守恒'和在某一体系中各个不同物体之间发生作用的各个力的有心作用，只是同一事物的两种不同说法；另一点是他较为准确地表述了下面这个定律：某一既定的**力学**体系中的活力和张力的总和是不变的。在其他各个方面，自1845年迈尔的第二篇论文发表后，亥姆霍兹的这部著作就已经过时了。迈尔在1842年就已经肯定了'力的不灭'，并且在1845年又根据自己的新观点，围绕'各种自然过程间的联系'说出了比1847年亥姆霍兹所说的要高明得多的东西。**547**"——编者注

现象,这些现象被地球在太阳系中和太阳系在宇宙中的十分确定的位置所制约。我们的太阳系每一瞬间都向宇宙空间放出极大量的运动,而且是具有十分确定的质的运动,即太阳热,亦即排斥。而我们的地球本身只是由于有太阳热才有生气,而且它本身在把这种太阳热的一部分转化为其他运动形式以后,最终也把所获得的太阳热放射到宇宙空间中去。因此,在太阳系中,特别是在地球上,吸引已经大大地胜过了排斥。如果没有太阳放射到我们这里的排斥运动,地球上的一切运动都一定会停止。倘若太阳明天就冷却,那么在其他条件不变的情况下,地球上的吸引还会和现在一样。100千克重的石头,只要还在原来的地方,就和原先一样还是重100千克。可是运动,无论是物体的还是分子和原子的运动,都会进入我们所想象的绝对静止状态。所以很清楚,对于在今天的**地球**上所发生的过程来说,是把吸引还是把排斥看做运动的主动的方面,即看做"力"还是看做"能",这决不是无关紧要的。相反,在今天的地球上,吸引由于明显地胜过排斥而变成**完全被动的**了;一切主动的运动都应归功于由太阳供给的排斥。因此,最新的学派——虽然它对运动关系的本性还不清楚——把"能"理解为排斥,这从事物本身来看,以及从**地球上的**过程来看,甚至从整个太阳系来看,都是完全正确的。

"能"这个词确实没有把整个运动关系准确地表达出来,因为它只包括这种关系的一个方面,即作用,而没有包括反作用。它还会造成这样一种假象:"能"是物质以外的某种东西,是植入物质中的某种东西。但是和"力"这个词比起来,无论如何还是宁可选择"能"这个词。

力的观念,如各方面所承认的(从黑格尔起直到亥姆霍兹止),是从人的机体在其周围环境中的活动借用来的。我们说肌肉力、双臂上举力、腿的弹跳力、肠胃的消化力、神经的感觉力、腺的分泌力等等。换句话说，为了不必对我们机体的某种机能所引起某种变化的真实原因作出说明，我们就塞进某种虚构的原因，某种和这个变化相当的所谓力。然后我们又把这种偷懒的办法搬用于外在世界，这样，有多少种不同的现象，便虚构出多少种力。

自然科学（天体的和地球上的力学或许是例外）还在**黑格尔**的时代已经处于这种质朴的发展阶段，而黑格尔已经完全正当地抨击当时流行的把什么都命名为力的手法（引证一段话）**548**。他在另一个地方也指出：

> "说磁石有灵魂〈如泰勒斯所说的〉，比说它有吸引力更好些；力是一种属性，它可以和物质分离开来，可以认为是一个宾词；而灵魂则是磁石的这种运动，同物质的本性是一回事。"（《哲学史》第 1 卷第 208 页）①

现在我们已经不像当初那样轻易地谈论各种力了。且听听亥姆霍兹的说法：

> "当我们完全认识某一自然规律的时候，我们也一定会要求它毫无例外地起作用……　这样，规律在我们面前就表现为一种客观的力量，因此，我们把它叫做力。例如，我们把光的折射定律客观化，把它看做透明实体的一种折射力；把化学亲和性定律客观化，把它看做各种不同物质间的亲和力。我们同样地说金属的电接触力，说附着力、毛细作用力等等。这些名称把一些规律客观化了，这些规律起初只涵盖了一小批条件还相当复杂的自然过程……　力只是作用的客观化了的规律……　我们所引进的力的抽象概念，只补充了这样一层意思：我们没有任意编造这个规律，它是现象的无法违抗的规律。这样，我们旨在把握自然现象即发现其规律的要求，就采取了另外的表述形式，这就是：我们应当去探究构成现象的原因的力。"（上引书，第 190 页。1869 年在因斯布鲁克的报告）

---

① 　引自黑格尔《哲学史讲演录》第 1 卷 1833 年柏林版。——编者注

　　首先,把关于**力**的**纯主观的**概念,塞到一个已认定为不以我们的主观为转移的、从而是完全**客观的**自然规律中去,这无论如何是一种奇特的"客观化"方法。干这种事情的充其量只是一个墨守成规的老年黑格尔派,而不应当是亥姆霍兹这样的新康德主义者。当我们把某种力硬塞进已经确定的规律中去的时候,我们既没有给这个规律,也没有给它的客观性或它的作用的客观性添加哪怕一点点新的客观性;所添加的只是我们的**主观的论断**:这个规律靠着某种暂时还完全未被认识的力而起作用。但是,当亥姆霍兹给我们举出光的折射、化学亲和性、接触电、附着、毛细现象这些例子,并把支配这些现象的规律提高到**力**这个"客观的"显贵等级上去的时候,这种在规律中塞进某种力的做法的隐秘含义立刻就显露出来了。

　　"这些名称把一些规律客观化了,这些规律起初只涵盖了一小批条件还相当复杂的自然过程。"

　　正是在这里,"客观化"(实际上是主观化)有了某种意义:并不是因为我们完全认识了规律,而恰好是因为我们**不**认识它,因为我们还**不**清楚这些现象的"相当复杂的条件",所以我们在这里有时把"力"这个词当做避难所。可见,我们由此不是表明我们对规律的本性及其作用方式具备科学知识,而是表明我们**缺少**这方面的科学知识。从这种意义上说,"力"这个词作为尚未探明的因果关系的略语,作为语言上的权宜之计,日常还是可以使用的。但是超过了这一点,那就糟了。如果亥姆霍兹有权利用所谓光的折射力、电接触力等等来解释物理现象,那么中世纪的经院哲学家就同样有权利用热力和冷力来解释温度的变化,从而就用不着对热这个现象作任何进一步的研究了。

即使从这个意义上来说，"力"这个词也是不确切的，因为它对一切事物都作了片面的表述。一切自然过程都有两个方面，它们建立在至少两个发生作用的部分的关系上，建立在作用和反作用上。可是，由于力的观念来源于人的机体对外界的作用，再者也来源于地球上的力学，所以它包含的意思是：只有一个部分是主动的、发生作用的，而另一部分是被动的、接受作用的；这样一来，就把两性的差异推广到无生命的存在物上去，而对此直到现在却不能作出证明。力作用于另一部分所产生的反作用，最多只表现为一种被动的反作用，表现为一种**阻抗**。这种看问题的方法甚至在纯粹力学以外的许多领域里也是行得通的，因为在这些领域里涉及的只是运动的简单的转移及其量的计算。但是在比较复杂的物理过程中这就不够了，亥姆霍兹自己的例子就证明了这一点。光的折射力在光本身中和在透明物体中一样多。在附着和毛细现象中，"力"在固体表面上和在液体中肯定一样多。关于接触电，有一点无论如何是没有问题的，即在这里有**两块**金属各自起着作用；而"化学亲和力"如果存在于什么地方的话，那无论如何是存在于起着化合作用的**两个**部分中。但是，由两个分开的力所构成的一种力，一种不引起反作用、却在自身中包含和承载着这种反作用的作用，决不是地球上的力学所说的力，而这门科学正是让我们真正明白力的含义的唯一科学。要知道，地球上的力学的基本条件，首先是不去研究碰撞的原因，即每一种情况下的力的本性，其次是关于力的片面性的观点，它认为同这个力相对抗的是一种在任何地方都总是和自身相等的重力，这也就是说，同地球上的任何物体降落的距离比起来，地球半径都被认为等于无限大。

我们现在进一步看看亥姆霍兹怎样把他的"力""客观化"，使之成为自然规律。

在 1854 年的一篇讲演(上引书,第 119 页)中,他研究了构成我们的太阳系的星云球体最初所包含的"做功的力的蕴藏"。

"事实上,它不过是以它的各个部分彼此间的万有引力的形式获得这方面的一套极为巨大的妆奁。"

这是无可怀疑的,但是,同样无可怀疑的是,这一整套由重力或引力构成的妆奁依然完好无损地保存在现在的太阳系中,也许要除去一个微不足道的量,这个量是同可能一去不复返地抛到宇宙空间中去的物质一道丧失的。接着说:

"各种化学力必定也是既有的,已准备好起作用的;但是,各种物质只有发生最紧密的接触,这些力才能起作用,所以在它们开始起作用以前,一定要发生凝缩现象。"〔第 120 页〕

如果我们像亥姆霍兹在前面所说的那样,把这些化学力看做亲和力,即看做**吸引**,那我们在这里也不得不说,这些化学吸引力的总和依然丝毫未减地继续存在于太阳系中。

但是在同一页上,亥姆霍兹还叙述了他的计算的结果:

在太阳系中"最初的机械力现在大约只有 $\frac{1}{454}$ 还原样存在着"。

这怎么能和上面所说的相一致呢? 引力,无论是万有引力或是化学吸引力,都依然完好地存在于太阳系中。亥姆霍兹并没有指出力的某个其他的确实来源。当然,按照亥姆霍兹的说法,这些力已经做了巨大的功。但是这些力并没有因此而增加或减少。太阳系中的每一个分子乃至整个太阳系本身的状况,都和前面的例子中的钟锤的情形相同。"重锤的重量既没有失去,也没有减少。"一切化学元素的状况都和前面说过的碳和氧的情形一样:每种元素既有的总量依然原样保存着,而"全部亲和力也和以前一样强"。那么我们失去了什么呢？是什么样的"力"做了据他计算相当于太阳系现在能做的功的 453 倍的巨大的功呢？到目前为止，亥姆霍兹没有给我们提供任何答案。不过他进一步又说：

"我们不知道，[原始星云球体中]是否另外还有以热的形态存在的力的蕴藏。"[第 120 页]

但是，请让我说几句。热是一种排斥的"力"，因而是**逆着**重力和化学吸引的方向起作用的，假设重力和化学吸引为正，它就是负。因此，既然亥姆霍兹以万有**吸引**和化学**吸引**来构成他的力的原始蕴藏，那就不应当把此外还存在着的热的蕴藏算到这个力的蕴藏中去，而应当从中减掉。否则情况应当是这样：当太阳热正好**逆着**地球的引力把水变成水蒸气并使水蒸气上升的时候，太阳热必定**增强**地球的引力；或者用来输送水蒸气的发烫的铁管所具有的热必定**增强**氧和氢的化学吸引。可是它实际上恰恰会使这种吸引不起作用。所以，当亥姆霍兹设想一定量的**排斥**运动可以以热的形式加到**吸引**形式的运动上去，并增加后者的总量时，他犯了一个明显的计算错误。

或者，我们可以以另外的形式来说明这同一个问题：假设星云球体半径为 r，因而体积为 $\frac{4}{3}\pi r^3$，其温度为 t。再假设另一质量相同的星云球体在较高的温度 T 之下有较大的半径 R 和体积 $\frac{4}{3}\pi R^3$。显然，在第二个星云球体中，只有当它的半径从 R 缩小到 r，即把相当于温度差 $T—t$ 的热放射到宇宙空间中去的时候，吸引，无论是力学的吸引或是物理的和化学的吸引，才能和第一个星云球体中的吸引以同样的强度发生作用。所以较热的星云球体比较冷的星云球体要凝缩得晚一些，因而从亥姆霍兹的观点看来，热作为凝缩的障碍，就不是"力的蕴藏"的正量，而是负量。

这所有的"力的蕴藏",不管是可能存在的,还是可能加以证实的,我们都冠以同样的符号,使它们可以相加。因为我们暂时还不能使热转换,不能用等量的吸引来代替热的排斥,所以我们不得不在两种吸引的形式下来实现这种转换。于是我们就干脆用气团自身独立化的那一时刻存在于其中的排斥运动或所谓的能的总和,来代替万有引力,代替化学亲和力,代替那些一开始可能就在这些力之外存在着的热。这样,亥姆霍兹的下述计算就理顺了,在这里他要计算的是

"由于太阳系各天体从弥漫的星云物质发生假设的最初的凝缩而必定出现的变热现象"[第134页]。

他就这样把全部"力的蕴藏"都归结为热,归结为排斥,从而就可以把想象的"热这样一种力的蕴藏"加到"力的蕴藏"上去。于是他的计算表明:最初存在于气团中的全部能量(即排斥)的 $\frac{453}{454}$,已经以热的形态放射到宇宙空间中去,或者确切地说,现在的太阳系中的一切吸引的总和,与太阳系中还存在着的一切排斥的总和之比,是 454:1。但是这样一来,这些计算就和拿这些计算来作例证的讲演的本文发生矛盾了。

关于力的观念甚至在亥姆霍兹这样的物理学家那里都引起了这样的概念混乱,这就最好不过地证明,它在计算力学范围以外的任何研究部门中,在科学上都是不适用的。在力学中,运动的原因被当做已知的,人们关心的不是运动的起源,而只是运动的作用。因此,如果有人把某种运动的原因称做某种力,这丝毫无损于力学本身;但是人们习惯于把这个名称也搬到物理学、化学和生物学中去,这样一来混乱就不可避免了。这一点我们已经看到而且还会常常看到。

关于功的概念,我们在下一章中再谈。

(应当阐明功这种运动的传递及其形式的概括。)

[札记和片断]

通常都把**重量**看做**物质性的最一般的规定**。这就是说,吸引是物质的必然属性,而排斥却不是。但是吸引和排斥像正和负一样是不可分的,因此,根据辩证法本身就可以预言:正确的物质理论必定认为排斥具有和吸引同样重要的地位;只以吸引为基础的物质理论是错误的,不充分的,片面的。事实上已经有足够的现象预示了这一点。仅仅由于光的缘故,以太**480**就是不可缺少的东西。以太是否是物质的东西呢? 如果它确实**存在着**,它就必定是物质的,必定归入物质概念。但是它没有重量。彗尾被认为是物质的。它们显示出很强的斥力。气体中的热会产生斥力,等等。

*　　　　*　　　　*

吸引和重力。整个重力论是建立在吸引是物质的本质这种说法的基础上的。这当然是不对的。凡是有吸引的地方,它都必定被排斥所补充。所以黑格尔说得完全正确:物质的本质是吸引**和排斥**。① 事实上,我们越来越不得不承认:物质的离散有一个界限,达到这个界限,吸引就转变成排斥;反之,被排斥的物质的凝缩也有一个界限,达到这个界限,排斥就转变成吸引。

*　　　　*　　　　*

吸引转变成排斥和排斥转变成吸引,这在黑格尔那里是神秘

---

① 参看黑格尔《自然哲学讲演录》1842 年柏林版第 262 节第 67—68 页。——编者注

的,但是,事实上他在这里预言了以后自然科学上的发现。就是在气体中也存在着分子的排斥,而在更稀薄的离散的物质中,例如在彗尾中,更是如此,在那里排斥甚至以非常巨大的力起着作用。甚至在这里黑格尔也显示出他的天才,他把吸引看成是从作为首位的东西的排斥中派生出来的第二位的东西:太阳系不过是由于吸引渐渐超过原来占支配地位的排斥而形成的。——由热产生的膨胀=排斥。气体动力学。

*　　　　*　　　　*

物质的可分性。这个问题对于科学来说实际上是无关紧要的。我们知道,在化学中,可分性是有一定的界限的,超出这个界限,物体便不能再起化学作用——原子;几个原子总是结合在一起——分子。同样,在物理学中,我们也不得不承认有某种——对物理学的观察来说——最小的粒子;它们的排列制约着物体的形式和内聚力,它们的振动表现为热等等。但是,物理学上的分子和化学上的分子究竟是相同的还是不同的,我们直到现在还毫无所知。——黑格尔很容易就把这个可分性问题应付过去了,因为他说:物质既是两者,即可分的和连续的,同时又不是两者。[549]这不是什么答案,但现在差不多已被证明了(见第5张第3页下端:克劳修斯)①。

*　　　　*　　　　*

可分性。哺乳动物是不可分的,爬行动物还能再生出一只脚来。——以太波可以分割并且可以计量到无限小。——实际上,每一物体在一定的界限内,例如在化学中,都是可分的。

*　　　　*　　　　*

---

① 恩格斯援引札记《气体动力学》,在《自然辩证法》手稿中,这篇札记写在第5张对折页稿纸的第3页的末尾。——编者注

机械运动。在自然科学家那里,运动总是不言而喻地被看成等于机械运动,位置移动。这种看法是从化学产生前的18世纪遗留下来的,它大大妨碍了对各种过程的清楚的认识。运动应用于物质,就是**一般的变化**。出于同样的误解,还产生了想把一切都归结为机械运动的狂热——甚至格罗夫也

"强烈地倾向于相信物质的其他属性是运动的各种样式或者最终会归结为运动的各种样式"(第16页)**550**,

这样就把其他运动形式的特殊性抹杀了。这决不是说,每一种高级的运动形式并不总是必然与某种真正机械的(外部的或分子的)运动联系在一起的,正如高级的运动形式同时还产生其他的运动形式一样,正如化学反应不能没有温度变化和电的变化,有机生命不能没有机械的、分子的、化学的、热的、电的等等变化一样。但是,这些次要形式的存在并不能穷尽各种主要形式的本质。终有一天我们肯定可以用实验的方法把思维"归结"为脑中的分子运动和化学运动,但是这样一来难道就穷尽了思维的本质吗?

*   *   *

运动和平衡。平衡和运动是分不开的。① 在天体的运动中,存在着**平衡中**的运动和**运动中的平衡**(相对的)。但是,任何特殊的相对的运动,即这里的一个运动着的天体上的单个物体的所有单个运动,都趋向于实现相对静止即平衡。物体相对静止的可能性,暂时的平衡状态的可能性,是物质分化的本质条件,因而也是生命的本质条件。在太阳上没有单个物体的平衡,而

---

① 恩格斯在此处页边上写着:"平衡=吸引胜过排斥"。——编者注

只有整个物体的平衡,或者说只有一种极微不足道的、由密度的显著差异所制约的平衡,而在表面上则是永恒的运动和不平静,离解。在月球上似乎只有平衡占统治地位,没有任何相对的运动——死亡(月球=否定性)。在地球上,运动分化为运动和平衡的变换:单个运动趋向平衡,而总体运动又破坏单个平衡。岩石进入静止状态,但是剥蚀,海浪、河流、冰川的作用,不断地破坏这个平衡。蒸发和雨,风,热,电和磁的现象,也造成同样的景象。最后,在活的有机体中我们看到一切最小的单位和较大的器官的持续不断的运动,这种运动在正常的生存时期以整个有机体的持续平衡为其结果,然而又始终处在运动之中,这是运动和平衡的活的统一。

一切平衡都只是**相对的**和**暂时的**。

* * *

(1)天体的运动。吸引和排斥在运动中的近似平衡。

(2)一个天体上的运动。物体。只要这种运动是由纯粹机械的原因所引起,也就存在着平衡。物体**静止**在自己的基础上。在月球上这种静止看来是完全的。机械的吸引克服了机械的排斥。从纯粹力学的观点看来,我们不知道从排斥中发生了什么,而且纯粹力学也没有说明,例如在地球上使物体**反**重力而运动的"力"究竟从何而来。纯粹力学视这一事实为已知的。所以,这里讲的只是具有排斥、分离作用的位移运动由物体传递给物体,这时吸引和排斥是相等的。

(3)但是,地球上异常多的种种运动,都是一种运动形式向另一种运动形式的转化(机械运动向热、电、化学运动的转化),是每一种运动形式向任何其他运动形式的转化;所以,或者是吸引转化为排斥——机械运动转化为热、电、化学分解(这种转化是原来上升的机械运动转化为热,而不是**下降的**机械运动转化为热,后者只是假象而已)①。

(4)现在在地球上起作用的全部能量,都是由太阳热转化来的。**551**

＊　　　　　　＊　　　　　　＊

运动不灭已经表现在**笛卡儿**的下述命题中:**宇宙永远保持着同量的运动**。**294** 自然科学家把这一点表达为"力的不灭",这是不完全的。笛卡儿仅仅从量上加以表达,也同样是不充分的:运动本身作为物质的本质活动,作为物质的存在形式,和物质自身一样,是不灭的,其中包括量的方面。这就是说,在这里哲学家的理论也是在 200 年之后才被自然科学家所证实。

＊　　　　　　＊　　　　　　＊

能量守恒。运动的**量**的不变性已经由笛卡儿指出了,并且使用的是和现在(克劳修斯,罗伯特·迈尔,麦克斯韦?)差不多相同的说法。而运动**形式**的转化却从 1842 年起才被发现,而且新的东西正是这一点,而不是有关量的不变性的定律。

＊　　　　　　＊　　　　　　＊

力。任何运动如果从一个物体转移到另一个物体,那么,**只要这一运动是自己转移的**,是主动的,就可以把它看做是**被转移的**、被动的运动的原因。于是,这个原因,这一主动的运动,就表现为**力**,而被动的运动就是力的**表现**。根据运动不灭定律,从这里自然而然地就得出结论:力和力的表现是同样大的,因为在两种情况下出现的是**同一个运动**。但是,自己转移的运动或多或少在量上

---

① 根据行文,在句末还应当有个"或者是"。可以推测,恩格斯还想指出:或者是排斥转化为吸引。——编者注

是可以规定的,因为它出现在两个物体上,而这两个物体中间的一个,可以作为量度单位去量度另一个物体的运动。运动的可量度性使**力**这个范畴具有它的价值,否则力就没有什么价值了。因此,运动越是可以量度,力和力的表现这些范畴在研究上就越有用处。因此,这些范畴在力学中特别有用,在那里,力还进一步地被分解,被看做复合的东西,从而时常得到新的结果,可是,不要忘记,这不过是头脑中的运算罢了。如果把力的平行四边形所表示的真正合力的类比应用到真正简单的力上,那么这些简单的力并不因此就变为真正的合力。在静力学中也是如此。其次,在其他运动形式转变为机械运动形式(热、电、吸铁时的磁)时也是如此,在这里,原来的运动可以用产生出来的机械作用来量度。但是就在这里,在各种不同的运动形式同时被考察时,"**力**"这一范畴或简称的局限性已经显露出来了。没有一个像样的物理学家再把电、磁、热简单地称为力,正如不再把它们称为**物质**或不可量物一样。当我们知道一定量的热运动转变为若干量的机械运动的时候,我们还一点也不知道热的性质,虽然对这些转变的研究是探讨热的性质所必需的。把热看做一种运动形式,这是物理学上最近的进步,而且这样一来,力这一范畴在这种形式上就被取消了:在某些情况下——在转移的情况下——这些运动形式可以表现为力,并因而可以量度。例如,热可以用受热的物体的膨胀程度来量度。如果在这里热没有从一个物体转移到另一个物体(充当尺度的物体),就是说,如果充当尺度的物体的热没有发生变化,那就谈不上什么量度,谈不上什么数量变化了。人们简单地说:热使物体膨胀;然而,如果说热具有使物体膨胀的力,这就不过是同义反复,至于说热是使物体膨胀的力,那就不确切了,因为(1)用别种方法也可以产生膨胀,例如在气体中,(2)这样并没有把热完全表现出来。

一些化学家也谈到化学力,说它是产生和保持化合物的一种力。但是在这里并没有真正的转移,而只是不同物体的运动合在一起,这样,"力"在这里就遇到了自己的界限。但是这个"力"还可以用产生的热来量度,然而直到今天并没有多大结果。"力"在这里成了纯粹的空话,就像在任何这样的地方一样,在这些地方,人们不去研究没有研究过的运动形式,而是**虚构**某种所谓的力来解释这些运动形式(例如,用浮力来说明木块在水上浮起,用光的反射力来说明光的反射作用等等),于是有多少种不能说明的现象,便有多少种力,而外部的现象恰好仅仅被翻译成一种最纯粹的空话。**548**(引力和斥力的提法倒还说得过去,在这里,物理学家们所不能说明的许多现象都总括在一个共同的名称之下,这个名称暗示出某种内在的联系。)

最后,在有机界中,力这一范畴是完全不够的,可是人们不断地使用它。当然,人们可以根据肌肉的机械作用,把肌肉的活动叫做肌肉力,而且也可以把它量度出来;甚至还可以把其他可量度的机能看做力,例如,不同的胃的消化力,但是这样立刻会产生荒谬的东西(例如,神经力),在这里无论如何只能在十分有限的和借喻的意义上谈论力(日常的说法:恢复力量)。但这种不经之谈引起了生命力的说法。如果这里是想说,机体中的运动形式不同于机械的、物理学的和化学的运动形式,它扬弃后几种运动形式而把它们包含在自身之中,那么这种说法是站不住脚的,特别是因为力——它以运动的转移为前提——在这里表现为某种从外部导入机体的东西,而不是机体所固有的、和机体分不开的东西,因此,生命力就成了一切超自然主义者的最后避难所。

缺点:(1)力通常是被当做某种独立存在的东西(黑格尔《自

然哲学》第 79 页①)。

(2)**潜在的、静止的力**——这要从运动和静止的关系来说明（惯性、平衡），而在说明时还需要研究力的激发问题。

＊　　　　　＊　　　　　＊

力（见上述）。运动的转移当然只是在**所有**各种条件齐备的时候才会发生，这些条件常常是多种多样的和复杂的，特别是在机器中（蒸汽机，装有枪机、撞针、火帽和火药的枪支）。如果缺少**一个**条件，那么在这个条件产生以前，转移是不会发生的。于是，人们对这种情况就可能产生这样的想象：力似乎只有依靠这最后一个条件的帮助才被**激发**起来，力似乎**潜藏**于某一物体即所谓力的载体（火药、煤炭）之中。但是在这里，实际上不仅要具备这个物体，而且还要具备其他的一切条件，才能引起这个特殊的转移。——

力的观念对我们来说是自然而然地产生的，这是因为在我们自己身上就有使运动转移的手段，这些手段在某种限度内可以受我们的意志支配而运作起来，特别是双臂的肌肉，我们可以用它来使别的物体发生机械的运动，即位置移动，可以用它来举、持、掷、击等等，并因此得到一定的效果。在这里，运动好像是**产生出来**的，而不是转移过来的，于是就引起这样一个观念：仿佛力真的**产生运动**。肌肉力也不过是运动的转移，这在今天才在生理学上得到了证明。

＊　　　　　＊　　　　　＊

如果说，黑格尔把力和力的表现、原因和结果理解为同一的东

---

① 黑格尔《自然哲学讲演录》1842 年柏林版（《黑格尔全集》第 7 卷）。
　　——编者注

西,那么,这从物质的形式变换中得到了证明,在这种变换中等价性已在数学上得到证明。这种等价性在量度上早已被承认了:力用力的表现来量度,原因用结果来量度。

*   *   *

力。还得分析消极的方面——和运动的转移相对立的阻抗。

［数　学］

关于现实世界中数学上的无限之原型[552]

I

加在第 17—18 页上①:思维和存在的一致。——数学上的无限

我们的主观思维和客观世界遵循同一些规律,因而两者的结果最终不能互相矛盾,而必须彼此一致,这个事实绝对地支配着我们的整个理论思维。这个事实是我们理论思维的不以意识为转移的和无条件的前提。18 世纪的唯物主义,由于它的本质上形而上学的性质,只是从内容方面研究这个前提。它只限于证明一切思维和知识的内容都应当来源于感性的经验,并且重新提出下面这个命题:感觉中未曾有过的东西,理智中也不存在[553]。只有现代的唯心主义的、同时也是辩证的哲学,特别是黑格尔,才又从**形式**方面研究了这个前提。尽管我们在这里遇到无数的任意虚构和凭空臆造,尽管这种哲学的结果——思维和存在的统一——采取了

---

① 见本卷第 409—411 页。——编者注

唯心主义的头足倒置的形式,可是不容否认,这种哲学在许多场合下和在极不相同的领域中证明了思维过程同自然过程和历史过程是类似的,反过来也一样,并且证明了同一些规律对所有这些过程都是适用的。另一方面,现代自然科学已经把一切思维内容都来源于经验这一命题以某种方式加以扩展,以致把这个命题的旧的形而上学的限制和表述完全抛弃了。它由于承认了获得性状的遗传,便把经验的主体从个体扩大到类;每一个体都必须亲自取得经验,这不再是必要的了,个体的个别经验在某种程度上可以由个体的历代祖先的经验的结果来代替。例如,在我们中间,一些数学公理对每个八岁的儿童来说都好像是不言自明的,用不着通过经验来证明,这只是"累积的遗传"的结果。想用证明的方法向一个布须曼人或澳大利亚黑人传授这些公理,这可能是困难的。

在本书中①,辩证法被看做关于**一切**运动的最普遍的规律的科学。这就是说,辩证法的规律无论对自然界中和人类历史中的运动,还是对思维的运动,都必定是同样适用的。一个这样的规律可以在这三个领域中的两个领域中,甚至在所有三个领域中被认识到,只有形而上学的懒汉才不明白他所认识到的是同一个规律。

让我们举一个例子。在一切理论进展中,同 17 世纪下半叶发明微积分比较起来,未必再有别的东西会被看做人的精神如此崇高的胜利。如果说在什么地方可以出现人的精神的纯粹的和唯一的业绩,那就正是在这里。至今仍围绕着微积分中所运用的各种数量(各阶的微分和无限)的那种奥秘,是下述事实的最好的证

---

① 指恩格斯《反杜林论》。——编者注

据：人们总是以为，这里所研究的是人的精神的纯粹的"自由创造物和想象物"①，而客观世界提供不出任何相应的东西。然而实际情形恰恰相反。自然界对这一切想象的量都提供了样本。

我们的几何学是从空间关系出发，我们的算术和代数学是从数量出发，这些数量是同我们的地球上的各种关系相适应的，就是说，是同力学称之为质量的物体大小相适应的，这些质量是出现在地球上并由人使之运动的。和这些质量比起来，地球的质量显得是无限大的，并且也被地球上的力学当做无限大来看待。地球半径 = ∞，这是整个力学在考察落体定律时的原则。但是，当我们所考察的是那些用天文望远镜才能观察到的恒星系中的、必须以光年来估算的距离时，不只是地球，而且整个太阳系以及其中呈现出的各种距离，又都成为无限小了。这样，我们在这里不仅已经有了第一阶的无限，而且还有了第二阶的无限，我们的读者高兴的话，还可以凭自己的想象构造出无限空间里的其他的更高阶的无限。

但是，按照现在物理学和化学中流行的观点，力学所研究的地球上的质量，即物体，都是由分子构成的，而分子是最小的微粒，如果不破坏所研究的物体的物理的和化学的同一性，便不能再加以分割。根据威·汤姆生的计算，最小的分子的直径不能小于五千万分之一毫米[554]。但是，即使我们假定最大的分子的直径甚至达到二千五百万分之一毫米，那么，同力学、物理学、甚至化学所研究的最小的质量比较起来，分子仍然是一个非常微小的量。尽管如此，分子还是具有所考察的质量的一切特性，可以在物理学上和化学上代表质量，而且在一切化学方程式中确实代表着质量。一句

---

① 见本卷第 412 页。——编者注

话,分子同相应的质量相比具有完全相同的特性,正如数学上的微分同其变数相比具有完全相同的特性一样。唯一的差别是:在微分中,在数学的抽象中,在我们看来似乎是神秘的和无法解释的东西,在这里却是不言自明的,并且可以说是一目了然的。

自然界使用这些微分即分子的方式和所遵循的规律,与数学使用数学中的抽象的微分的方式和规律是完全相同的。例如:x^3 的微分是 $3x^2dx$,这里略去了 $3xdx^2$ 和 dx^3。如果我们按几何学来设想,我们就可以得到一个边长为 x 的立方体,其边长按无限小 dx 量增大。我们假定这一立方体是由一种可升华的元素构成的,比方说,是由硫磺构成的;再假定构成一个角的三面被遮盖起来,另三面是露着的。我们把这个硫磺立方体放在硫磺蒸气中,再把气体温度降低足够的度数,于是硫磺蒸气就凝结在这个立方体的露着的三面上。如果我们设想这是一个以纯粹的状态发生的过程,因而假定在这三面的每一面上最初凝结了一个分子厚的一层,那么我们就完全没有超出物理学和化学惯用的实验方法。立方体各边的长度 x 增大了一个分子直径的长度 dx。立方体的容积 x^3 增加了 x^3 和 $x^3+3x^2dx+3xdx^2+dx^3$ 之差,按照数学中的同一理由,我们可以略去 dx^3 和 $3xdx^2$,即略去一个分子和联成直线的长度为 $x+dx$ 的三排分子。结果是一样的:这个立方体的质量增加了 $3x^2dx$。

严格说来,硫磺立方体上并不存在 dx^3 和 $3xdx^2$,因为在同一空间内不能有两个或三个分子存在,因而这个立方体的质量的增量恰好是 $3x^2dx+3xdx+dx$。这可以由下述事实来说明:在数学上 dx 是一个线性量,而大家知道,这种没有厚和宽的线在自然界中并不能独立地存在,因此数学的抽象也只是在纯数学中才是无条件地有效的。既然这个 $3xdx^2+dx^3$ 也可以略去,所以也就没有什么差别了。

蒸气的情形也是一样,如果一杯水的最上面的一层分子蒸发了,那么水层的高度 x 就减少了 dx,这样一层分子又一层分子地蒸发下去,事实上就是一个连续的微分。如果热的水蒸气在一个容器中由于压力和冷却又凝结成水,而且分子一层又一层地累积起来(在这里,我们必须把那些使过程变得不纯粹的次要情况撇开不谈),直到容器满了为止,那么这里就不折不扣地发生了一种积分,这种积分和数学上的积分不同的地方只在于:一种是由人的头脑有意识地完成的,另一种是由自然界无意识地完成的。不过,和微积分运算完全类似的过程,不仅仅发生在从液态到气态或从气态到液态的转变中。当物体运动由于碰撞而中止,并转化为热即分子运动的时候,那么这不是物体运动发生微分,又是什么呢?当水蒸气的分子运动在蒸汽机的汽缸中累积起来,把活塞冲高一定的距离并且自身转化为物体运动的时候,这种运动不是被积分了吗? 化学把分子分解为原子,即具有更小的质量和空间广延的量,然而是同阶的量,所以二者相互间保持一定的、有限的比值。因此,表示物体的分子组合的一切化学方程式,就形式来说是微分方程式。但是这些方程式由于其中所表示的原子量实际上已经积分化了。化学所计算的正是量的相互关系为已知的微分。

但是,原子决不能被看做单一的东西或者被笼统看做已知的最小的物质粒子。撇开越来越倾向于把原子看做复合的东西的化学本身不谈,大多数物理学家都断言:充当光辐射和热辐射的介质的宇宙以太[480],同样是由分立的粒子构成的,不过这些粒子极小,以致它们同化学的原子和物理的分子的关系就像后两者同力学上质量的关系一样,也就是像 d^2x 同 dx 的关系一样。因此,这里我们在现今流行的关于物质构造的观念中,同样看到了二阶微分;每个人只要高兴,完全有理由设想:自然界中一定还存在着和 d^3x、d^4x 等等相似的各种情况。

因此,不论人们对物质构造采取什么样的观点,下面这一点是十分肯定的:物质按质量的相对的大小分成一系列大的、界限分明的组,每一组的各个成员在质量上各有一定的、有限的比值,但相对于邻近的组的各个成员则具有数学意义上的无限大或无限小的比值。目力所及的恒星系,太阳系,地球上的物体,分子和原子,最后,以太粒子,都各自形成这样的一组。这种情况不会因为我们在各组之间发现中间成员而有所改变。例如,在太阳系的物体和地球上的物体之间有小行星,其中一些小行星的直径并不比罗伊斯幼系公国[555]的直径大些,此外还有流星等等。例如,在地球上的物体和分子之间有有机界中的细胞。这些中间成员只是证明:自然界中没有飞跃,**正是因为**自然界全是由飞跃所组成的。

数学计算的只要是实数,它就也要毫不犹豫地采用这个观点。对地球上的力学说来,地球的质量已经被看做无限大,而在天文学中,地球上的物体及与之相当的流星却被看做无限小,同样,对于天文学来说,只要它超出最邻近的恒星的范围来研究我们这一恒星系的构造,太阳系诸行星的距离和质量就会趋近于零。但是,数学家一旦退入他们的无法攻克的抽象堡垒,即所谓纯数学,这一切相似就都被忘却,无限就变成完全神秘的东西,而在分析中所运用的方式方法就好像成了完全不可理解的、同一切经验和一切理智相矛盾的东西。数学家们的这种处理方法令人奇怪地总是取得正确的结果,他们对这种方法与其说作说明不如说作辩解时所表现的愚蠢和荒唐,超过了例如黑格尔自然哲学的各种最坏的虚虚实实的幻想,然而面对这些幻想,数学家们和自然科学家们却害怕得难以言状。他们谴责黑格尔把抽象推到了极端,可是他们自己正是这样做的,而且规模还大得多。他们忘记了:全部所谓纯数学都是研究抽象的,它的**一切**数量严格说来都是想象的数量,一切抽象推到极端都变成荒谬或走向自己的反面。数学的无限是从现实中借用的,尽管是不自觉地借用的,所以它只能从现实来说明,而不能从它自身、从数学的抽象来说明。如果我们从这方面来研究现实,那么如我们看到的,我们就会发现作为数学的无限性关系的来源的现实关系,甚至会发现自然界中使这种关系起作用的数学方法的类似物。而这样一来,事情就得到了说明。(海克尔对思维和存在的同一性的糟糕的复述。但是还有**连续的物质和分立的物质之间的矛盾**,见黑格尔。)[556]

[物 理 学]

进入宇宙空间的热辐射。拉甫罗夫所引述的关于已经死寂的天体再生的一切假说(第 109 页)[557],**都把运动的丧失包括在内**。已经辐射出去的热,即原始运动的无限大的部分,是永远丧失了的。亥姆霍兹说迄今已丧失了$\frac{453}{454}$。[558]因此,结论是运动终归要耗尽和停止。只有证明辐射到宇宙空间的热怎样变得可以重新**有用**,这个问题才会得到最终解决。运动转化的学说把这个问题明确地提出来了,对这个问题是不能用无谓的拖延或回避的办法来应付的。而这同时也给问题的解决提供了条件——这是另外一回事。运动的转化和运动的不灭刚刚在三十年前才被发现,而对它的结论直到最近才有进一步的发挥和阐述。关于似乎消失了的热变成了什么的问题,可以说是直到 1867 年以后才明白地提出来(克劳修斯)[559]。它还没有得到解决,这是不足为奇的;用我们的寻常手段来解决这个问题,可能还要拖很长的时间。但是它会得到解决,这是确定无疑的,就像已经确定自然界中没有什么奇迹,星云球体的原始的热也并不是由什么奇迹从宇宙之外传送给它一样。**运动的总量是无限的**,因而是不可穷尽的,这个一般的论断对克服每一个别场合的困难同样是没有什么帮助的;它也不能使已经死寂的宇宙复活,除非是在上面的假说中所预先规定的情况下,这些情况总是和力的丧失相联系的,因而不过是暂时的。在发现辐射出去的热可以重新利用以前,这个循环是得不到的,而且是不会得到的。

*　　　　*　　　　*

克劳修斯——如果我对他的了解是正确的——证明:世界是被创造出来的,所以,物质是可以创造的,所以,它是可以消灭的,所以,力或运动也是可以创造和可以消灭的,所以,关于"力的守恒"的整个学说全是胡诌,所以,由这种胡诌中得出的一切结论也全是胡诌。

*　　　　*　　　　*

克劳修斯的第二定律,无论以什么形式提出来,都不外乎是说,能消失了,即使不是在量上,也是在质上消失了。**熵不可能通过自然的途径消灭,但可以创造出来**。宇宙钟必须上紧发条,然后才走动起来,一直达到平衡状态,而要使它从平衡状态中再走动起来,那只有奇迹才行。上紧发条时所耗费的能消失了,至少是在质上消失了,而且只有靠**外来的推动**才能恢复。因此,外来的推动开初是必需的;因此,宇宙中存在的运动或能的量不是永远一样的;因此,能必定是创造出来的,因而是可以创造的,因而是可以消灭的。荒唐!

［生　物　学］

生和死。今天，不把死亡看做生命的本质因素（注：黑格尔《全书》第 1 部第 152—153 页）**560**、不了解生命的**否定**从本质上说包含在生命自身之中的生理学，已经不被认为是科学的了，因此，生命总是和它的必然结局，即总是以萌芽状态存在于生命之中的死亡联系起来加以考虑的。辩证的生命观无非就是如此。但是，无论什么人一旦懂得了这一点，在他面前一切关于灵魂不死的说法便破除了。死亡或者是有机体的解体，除了构成有机体实体的各种化学成分，什么东西也没有留下来；或者还留下某种生命要素，或多或少和灵魂相同的东西，这种要素不仅比人，而且比**一切**活的有机体都活得更久。因此，在这里只要借助于辩证法简单地说明生和死的本性，就足以破除自古以来的迷信。生就意味着死。

　　＊　　　　　　＊　　　　　　＊

生存斗争。首先必须把它严格限制在由于植物和动物的**过度繁殖**所引起的斗争的范围内，这种斗争实际发生在植物和低等动物的某些发展阶段上。但是必须把这种斗争同下述情况严格分开：**没有**这种过度繁殖，物种也会变异，旧种会灭绝，新的更发达的种会取而代之。例如，动物和植物迁移到新的地域，那里的新的气候、土壤等等条件会引起变异。**在那里**，有适应能力的个体存活下来，并且由于越来越适应而形成新种，而其他较稳定的个体则死亡和最后灭绝，那些不完善的、处于中间阶段的个体也随同它们一起灭绝。**没有任何马尔萨斯主义15**，上述情形也能发生而且已经发生；就算这里出现了马尔萨斯主义，它也丝毫不能改变过程，最多只能加快过程。——在某一既定地区的地理、气候等等条件逐渐变化(例如,中亚细亚变得干旱)的情况下,也是一样。在那里动物或植物是否互相排挤,这是无关紧要的;由这些变化所引起的有机体的进化过程照样发生。——性的选择也是一样,在这里马尔萨斯主义也毫不相干。

因此,海克尔的"适应和遗传",无需选择和马尔萨斯主义,也能引起全部进化过程。

达尔文的缺点正在于他在《自然选择,**或**最适者生存》①中把两件不相干的事情混淆起来了:

(1)由于过度繁殖的压力而发生的选择,在这里也许是最强者首先生存下来,但是最弱者在某些方面也能这样。

(2)由于对变化了的环境有较大适应能力而发生的选择,在这里生存下来的是更能适应这些**环境**者,但是,在这里这种适应总的说来可以是进步,也可以是退步(例如,对寄生生活的适应**总是**退步)。

重要的是:有机物发展中的每一进步同时又是退步,因为它巩固**一个方面**的发展,排除其他许多方向上的发展的可能性。

然而这是一个**基本规律**。

*　　　　*　　　　*

生存斗争[561]。在达尔文以前,他的今天的信徒们所强调的恰好是有机界的和谐合作,植物界怎样给动物界提供食物和氧,而动物界怎样给植物界提供肥料、氨和碳酸。达尔文的学说刚刚得到承认,还是这些人立刻到处只看到**斗争**。这两种见解在狭小的范围内都是有道理的,但两者也都同样是片面的和褊狭的。自然界

---

① 这是查·达尔文《根据自然选择即在生存斗争中适者保存的物种起源》第4章的标题。——编者注

中无生命的物体的相互作用既有和谐也有冲突；有生命的物体的相互作用则既有有意识的和无意识的合作，也有有意识的和无意识的斗争。因此，在自然界中决不允许单单把片面的"斗争"写在旗帜上。但是，想把历史的发展和纷繁变化的全部丰富多样的内容一律概括在"生存斗争"这一干瘪而片面的说法中，是极其幼稚的。这等于什么也没有说。

达尔文的全部生存斗争学说，不过是把霍布斯关于一切人反对一切人的战争[562]的学说和资产阶级经济学的竞争学说以及马尔萨斯的人口论从社会搬到生物界而已。变完这个戏法以后（它的无条件的合理性，特别是同马尔萨斯的学说相关的东西，还很成问题），要把这些学说从自然界的历史中再搬回到社会的历史中去，那是很容易的；如果断言这样一来便证明这些论断是社会的永恒的自然规律，那就过于天真了。

但是为了进行论证，我们暂且接受"生存斗争"这个说法。动物所能做到的最多是**采集**，而人则**从事生产**，人制造最广义的生活资料，这些生活资料是自然界离开了人便不能生产出来的。因此，把动物界的生活规律直接搬到人类社会中来是不行的。一有了生产，所谓生存斗争不再单纯围绕着生存资料进行，而是围绕着享受资料和发展资料进行。在这里——在社会地生产发展资料的情况下——来自动物界的范畴就完全不适用了。最后，在资本主义生产方式下，生产达到这样的高度，以致社会不再能够消耗掉所生产出来的生活资料、享受资料和发展资料，因为生产者大众被人为地和强制地同这些资料隔离开来；因此，十年一次的危机不仅毁灭生产出来的生活资料、享受资料和发展资料，而且毁灭生产力本身的一大部分，以此来重建平衡；因此，所谓生存斗争就采取了**如下的形式**：必须**保护**资产阶级的资本主义社会所生产出来的产品和生产力,使之免遭这个资本主义社会制度本身的毁灭性的、破坏性的作用的影响,办法是从不能办到这一点的居于统治地位的资本家阶级手中夺取社会生产和社会分配的领导权,并把它转交给生产者群众——这就是社会主义革命。

把历史看做一系列的阶级斗争,比起把历史单纯归结为生存斗争的一些没有多大差异的阶段,内容丰富得多,而且深刻得多。

［自然界和社会］

劳动在从猿到人的转变中的作用[563]

政治经济学家说:劳动是一切财富的源泉。其实,劳动和自然界在一起才是一切财富的源泉,自然界为劳动提供材料,劳动把材料转变为财富。但是劳动的作用还远不止于此。劳动是整个人类生活的第一个基本条件,而且达到这样的程度,以致我们在某种意义上不得不说:劳动创造了人本身。

在好几十万年以前,在地质学家叫做第三纪的那个地质时代的某个还不能确切肯定的时期,大概是在这个时代的末期,在热带的某个地方——可能是现在已经沉入印度洋底的一大片陆地上,生活着一个异常高度发达的类人猿的种属。达尔文曾经向我们大致地描述了我们的这些祖先:它们浑身长毛,有胡须和尖耸的耳朵,成群地生活在树上。①

---

① 参看查·达尔文《人类起源和性的选择》第 1 卷第 6 章《论人类的血缘和谱系》。——编者注

这种猿类,大概首先由于它们在攀援时手干着和脚不同的活这样一种生活方式的影响,在平地上行走时也开始摆脱用手来帮忙的习惯,越来越以直立姿势行走。由此就**迈出了从猿过渡到人的具有决定意义的一步。**

现在还活着的一切类人猿,都能直立起来并且单凭两脚向前运动。但是只有在迫不得已时才会如此,并且非常笨拙。它们的自然的步态是采取半直立的姿势,而且用手来帮忙。大多数的类人猿是以握成拳头的手指骨支撑地面,两腿收起,身体在长臂之间摆动前进,就像跛子撑着双拐行走一样。一般说来,我们现在还可以在猿类中间观察到从用四肢行走到用两条腿行走的一切过渡阶段。但是一切猿类都只是在迫不得已时才用两条腿行走。

如果说我们的遍体长毛的祖先的直立行走一定是先成为习惯,并且随着时间的推移才成为必然,那么这就必须有这样的前提:手在此期间已经越来越多地从事其他活动了。在猿类中,手和脚的使用也已经有某种分工了。正如我们已经说过的,在攀援时手和脚的使用方式是不同的。手主要是用来摘取和抓住食物,就像低级哺乳动物用前爪所做的那样。有些猿类用手在树上筑巢,或者如黑猩猩甚至在树枝间搭棚以避风雨。它们用手拿着木棒抵御敌人,或者以果实和石块掷向敌人。它们在被圈养的情况下用手做出一些简单的模仿人的动作。但是,正是在这里我们看到,甚至和人最相似的猿类的不发达的手,同经过几十万年的劳动而高度完善化的人手相比,竟存在着多么大的差距。骨节和筋肉的数目和一般排列,两者是相同的,然而即使最低级的野蛮人的手,也能做任何猿手都模仿不了的数百种动作。任何一只猿手都不曾制造哪怕是一把最粗笨的石刀。

因此,我们的祖先在从猿过渡到人的好几十万年的过程中逐渐学会的使自己的手能做出的一些动作,在开始时只能是非常简单的。最低级的野蛮人,甚至那种可以认为已向更近乎兽类的状态倒退而同时躯体也退化了的野蛮人,也远远高于这种过渡性的生物。在人用手把第一块石头做成石刀以前,可能已经过了一段漫长的时间,和这段时间相比,我们所知道的历史时间就显得微不足道了。但是具有决定意义的一步迈出了:**手变得自由了**,并能不断掌握新的技能,而由此获得的更大的灵活性便遗传下来,并且一代一代地增加着。

所以,手不仅是劳动的器官,**它还是劳动的产物**。只是由于劳动,由于总是要去适应新的动作,由于这样所引起的肌肉、韧带以及经过更长的时间引起的骨骼的特殊发育遗传下来,而且由于这些遗传下来的灵巧性不断以新的方式应用于新的越来越复杂的动作,人的手才达到这样高度的完善,以致像施魔法一样产生了拉斐尔的绘画、托瓦森的雕刻和帕格尼尼的音乐。

但是手并不是单独存在的。它只是整个具有极其复杂的结构的机体的一个肢体。凡是有益于手的,也有益于手所服务的整个身体,而且这是以二重的方式发生的。

首先这是由于达尔文所称的生长相关律。依据这一规律,一个有机生物的个别部分的特定形态,总是和其他部分的某些形态息息相关,哪怕在表面上和这些形态似乎没有任何联系。例如,一切具有无细胞核的红血球并以一对关节(髁状突)来联结后脑骨和第一节脊椎骨的动物,无例外地也都长有乳腺来哺养幼仔。又如,在哺乳动物中,偶蹄通常是和进行反刍的多囊的胃相联系的。身体的某些特定形态的改变,会引起其他部分的形态的改变,虽然我们还不能解释这种联系。蓝眼睛的纯白猫总是或差不多总是聋的。人手的逐渐灵巧以及与之相应的脚适应直立行走的发育,由于上述相关律的作用,无疑会反过来影响机体的其他部分。但是这种影响现在研究得还太少,所以我们在这里只能作一般的叙述。

更加重要得多的是手的发展对机体其余部分的直接的、可证明的反作用。我们已经说过,我们的猿类祖先是一种群居的动物,人,一切动物中最爱群居的动物,显然不可能来源于某种非群居的最近的祖先。随着手的发展、随着劳动而开始的人对自然的支配,在每一新的进展中扩大了人的眼界。他们在自然对象中不断地发现新的、以往所不知道的属性。另一方面,劳动的发展必然促使社会成员更紧密地互相结合起来,因为劳动的发展使互相支持和共同协作的场合增多了,并且使每个人都清楚地意识到这种共同协作的好处。一句话,这些正在生成中的人,已经达到彼此间**不得不说些什么**的地步了。需要也就造成了自己的器官:猿类的不发达的喉头,由于音调的抑扬顿挫的不断加多,缓慢地然而肯定无疑地得到改造,而口部的器官也逐渐学会发出一个接一个的清晰的音节。

语言是从劳动中并和劳动一起产生出来的,这个解释是唯一正确的,拿动物来比较,就可以证明。动物,甚至高度发达的动物,彼此要传递的信息很少,不用分音节的语言就可以互通信息。在自然状态下,没有一种动物会感到不能说话或不能听懂人的语言是一种缺陷。它们经过人的驯养,情形就完全不同了。狗和马在和人的接触中所养成的对于分音节的语言的听觉十分敏锐,以致它们在它们的想象力所及的范围内,能够很容易地学会听懂任何一种语言。此外,它们还获得了如对人表示依恋、感激等等的表达感受的能力,而这种能力是它们以前所没有的。和这些动物经常接触的人几乎不能不相信:有足够的情况表明,这些动物**现在**感到没有说话能力是一个缺陷。不过,它们的发音器官可惜过分地专门朝特定方向发展了,再也无法补救这种缺陷。但是,只要有发音器官,这种不能说话的情形在某种限度内是可以克服的。鸟的口部器官和人的口部器官肯定是根本不同的,然而鸟是唯一能学会说话的动物,而且在鸟里面叫声最令人讨厌的鹦鹉说得最好。人们别再说鹦鹉不懂得它自己所说的是什么了。它一连几个小时唠唠叨叨重复它那几句话,的确纯粹是出于喜欢说话和喜欢跟人交往。但是在它的想象力所及的范围内,它也能学会懂得它所说的是什么。如果我们把骂人话教给鹦鹉,使它能够想象到这些话的意思(这是从热带回来的水手们的一种主要娱乐),然后惹它发怒,那么我们马上会看到,它会像柏林卖菜的女贩一样正确地使用它的骂人话。它在乞求美味食品时也有这样的情形。

首先是劳动,然后是语言和劳动一起,成了两个最主要的推动力,在它们的影响下,猿脑就逐渐地过渡到人脑;后者和前者虽然十分相似,但是要大得多和完善得多。随着脑的进一步的发育,脑的最密切的工具,即感觉器官,也进一步发育起来。正如语言的逐渐发展必然伴随有听觉器官的相应的完善化一样,脑的发育也总是伴随有所有感觉器官的完善化。鹰比人看得远得多,但是人的眼睛识别东西远胜于鹰。狗比人具有锐敏得多的嗅觉,但是它连被人当做各种物的特定标志的不同气味的百分之一也辨别不出来。至于触觉,在猿类中刚刚处于最原始的萌芽状态,只是由于劳动才随着人手本身而一同形成。——脑和为它服务的感官、越来越清楚的意识以及抽象能力和推理能力的发展,又反作用于劳动和语言,为这二者的进一步发展不断提供新的推动力。这种进一步的发展,并不是在人同猿最终分离时就停止了,而是在此以后大体上仍然大踏步地前进着,虽然在不同的民族和不同的时代就程度和方向来说是不同的,有时甚至由于局部的和暂时的退步而中断;由于随着完全形成的人的出现又增添了新的因素——**社会**,这种发展一方面便获得了强有力的推动力,另一方面又获得了更加确定的方向。

从攀树的猿群进化到人类社会之前,一定经过了几十万年——这在地球的历史上只不过相当于人的生命中的一秒钟①。但是人类社会最后毕竟出现了。人类社会区别于猿群的特征在我们看来又是什么呢?是**劳动**。猿群满足于把它们由于地理位置或由于抵抗了邻近的猿群而占得的觅食地区的食物吃光。为了获得新的觅食地区,它们进行迁徙和战斗,但是除了无意中用自己的粪便肥沃土地以外,它们没有能力从觅食地区索取比自然界的赐予更多的东西。一旦所有可能的觅食地区都被占据了,猿类就不能再扩大繁殖了;这种动物的数目最多只能保持不变。但是一切动物对待食物都是非常浪费的,并且常常毁掉还处在胚胎状态中的新生的食物。狼不像猎人那样爱护第二年就要替它生小鹿的牝鹿;希腊的山羊不等幼嫩的灌木长大就把它们吃光,它们把这个国家所有的山岭都啃得光秃秃的。动物的这种"掠夺行为"在物种的渐变过程中起了重要的作用,因为这种行为强迫动物去适应不同于惯用食物的食物,因此它们的血液就获得了和过去不同的化学成分,整个身体的结构也渐渐变得不同了,而从前某个时候固定下来的物种也就灭绝了。毫无疑义,这种掠夺行为有力地促进了我们的祖先转变成人。在智力和适应能力远远高于其他一切猿种的某个猿种中,这种掠夺行为必然造成的结果就是食用植物的数

---

① 恩格斯在这里加了一个注:"这方面的一流权威威廉·汤姆生爵士曾经计算过:从地球冷却到植物和动物能在地面上生存的时候起,已经过去了**一亿年多一点**。"——编者注

目越来越扩大,食用植物中可食用的部分也越来越增多,总之,就是食物越来越多样化,随之摄入身体内的物质,即向人转变的化学条件,也越来越多样化。但是,这一切还不是真正的劳动。劳动是从制造工具开始的。我们所发现的最古老的工具是些什么东西呢? 根据已发现的史前时期的人的遗物来判断,并且根据最早历史时期的人群和现在最不开化的野蛮人的生活方式来判断,最古老的工具是些什么东西呢? 是打猎的工具和捕鱼的工具,而前者同时又是武器。但是打猎和捕鱼的前提是从只吃植物过渡到同时也吃肉,而这又是向人转变的重要一步。**肉类食物**几乎现成地含有身体的新陈代谢所必需的各种最重要的物质;它缩短了消化过程以及身体内其他植物性过程即同植物生活相应的过程的时间,因此为过真正动物的生活赢得了更多的时间、更多的物质和更多的精力。这种正在生成中的人离植物界越远,他超出动物界的程度也就越高。如果说除吃肉外还要习惯于吃植物这一情况使野猫和野狗变成了人的奴仆,那么除吃植物外也要吃肉的习惯则大大促进了正在生成中的人的体力和独立性。但是最重要的还是肉食对于脑的影响;脑因此得到了比过去丰富得多的为脑本身的营养和发展所必需的物质,因而它就能够一代一代更迅速更完善地发育起来。请素食主义者先生们恕我直言,如果不吃肉,人是不会到达现在这个地步的,至于说在我们所知道的一切民族中,都曾经有一个时期由于吃肉而竟吃起人来(柏林人的祖先,韦累塔比人或维耳茨人,在 10 世纪还吃他们的父母)[564],这在今天同我们已经毫不相干。

肉食引起了两个新的有决定意义的进步,即火的使用和动物的驯养。前者更加缩短了消化过程,因为它为嘴提供了可说是已经半消化了的食物;后者使肉食更加丰富起来,因为它在打猎之外开辟了新的更经常性的肉食来源,除此以外还提供了奶和奶制品之类的新的食品,而这类食品就其养分来说至少不逊于肉类。这样,对于人来说,这两种进步就直接成为新的解放手段。这里逐一详谈它们的各种间接的影响,未免扯得太远,虽然对于人类和社会的发展来说,这些影响也具有非常重大的意义。

正如人学会吃一切可以吃的东西一样,人也学会了在任何气候下生活。人分布在所有可居住的地面上,人是唯一能独立自主地这样做的动物。其他的动物,虽然也习惯于各种气候,但这不是独立自主的行为,而只是跟着人学会这样做的,例如家畜和有害小动物就是这样。从原来居住的常年炎热的地带,迁移到比较冷的、一年中分成冬季和夏季的地带,就产生了新的需要:要有住房和衣服以抵御寒冷和潮湿,要有新的劳动领域以及由此而来的新的活动,这就使人离开动物越来越远了。

由于手、说话器官和脑不仅在每个人身上,而且在社会中发生共同作用,人才有能力完成越来越复杂的动作,提出并达到越来越高的目的①。劳动本身经过一代又一代变得更加不同、更加完善和更加多方面了。除打猎和畜牧外,又有了农业,农业之后又有了纺纱、织布、冶金、制陶和航海。伴随着商业和手工业,最后出现了艺术和科学;从部落发展成了民族和国家。法和政治发展起来了,而且和它们一起,人间事物在人的头脑中的虚幻的反映——宗教,也发展起来了。在所有这些起初表现为头脑的产物并且似乎支配着人类社会的创造物面前,劳动的手的较为简陋的产品退到了次要地位;何况能作出劳动计划的头脑在社会发展的很早的阶段上

---

① 恩格斯在此处页边上写着:"感觉器官"。——编者注

（例如，在简单的家庭中），就已经能不通过自己的手而是通过别人的手来完成计划好的劳动了。迅速前进的文明完全被归功于头脑，归功于脑的发展和活动；人们已经习惯于用他们的思维而不是用他们的需要来解释他们的行为（当然，这些需要是反映在头脑中，是进入意识的）。这样，随着时间的推移，便产生了唯心主义世界观，这种世界观，特别是从古典古代世界没落时起，就支配着人的头脑。它现在还非常有力地支配着人的头脑，甚至达尔文学派的唯物主义自然科学家们对于人类的产生也不能提出明确的看法，因为他们在那种意识形态的影响下，认识不到劳动在这中间所起的作用。

正如我们已经指出的，动物通过它们的活动同样也改变外部自然界，虽然在程度上不如人。我们也看到：动物对环境的这些改变又反过来作用于改变环境的动物，使它们发生变化。因为在自然界中任何事物都不是孤立发生的。每个事物都作用于别的事物，反之亦然，而且在大多数场合下，正是忘记这种多方面的运动和相互作用，才妨碍我们的自然科学家看清最简单的事物。我们已经看到：山羊怎样阻碍了希腊森林的恢复；在圣赫勒拿岛，第一批扬帆过海者带到岛上来的山羊和猪，把岛上原有的一切植物几乎全部消灭光，因而为后来的水手和移民所引进的植物的繁殖准备了土地。但是，如果说动物对周围环境发生持久的影响，那么，这是无意的，而且对于这些动物本身来说是某种偶然的事情。而人离开动物越远，他们对自然界的影响就越带有经过事先思考的、有计划的、以事先知道的一定目标为取向的行为的特征。动物在消灭某一地带的植物时，并不明白它们是在干什么。人消灭植物，是为了腾出土地播种五谷，或者种植树木和葡萄，他们知道这样可以得到多倍的收获。他们把有用植物和家畜从一个地区移到另一个地区,这样就把各大洲动植物的生活都改变了。不仅如此,植物和动物经过人工培养以后,在人的手下变得再也认不出它们本来的样子了。人们曾去寻找演化为谷类的野生植物,但至今仍是徒劳。我们的各种各样的狗,或者种类繁多的马,究竟是从哪一种野生动物演化而来,这始终是一个争论的问题。**565**

此外,不言而喻,我们并不想否认,动物是有能力采取有计划的、经过事先考虑的行动方式的。恰恰相反。哪里有原生质和活的蛋白质生存着并发生反应,即由于外界的一定刺激而发生某种哪怕极简单的运动,那里就已经以萌芽的形式存在着这种有计划的行动方式。这种反应甚至在还没有细胞(更不用说神经细胞)的地方,就已经存在着。食虫植物捕捉猎获物的方法,虽然完全是无意识的,但从某一方面来看同样似乎是有计划的。在动物中,随着神经系统的发展,作出有意识有计划的行动的能力也相应地发展起来了,而在哺乳动物中则达到了相当高的阶段。在英国的猎狐活动中,每天都可以观察到:狐懂得怎样准确地运用关于地形的丰富知识来逃避追逐者,怎样出色地懂得并利用一切有利的地势来切断自己的踪迹。在我们身边的那些由于和人接触而获得较高发展的家畜中间,每天都可以观察到一些和小孩的行动同样机灵的调皮行动。因为,正如母体内的人的胚胎发展史,仅仅是我们的动物祖先以蠕虫为开端的几百万年的躯体发展史的一个缩影一样,孩童的精神发展则是我们的动物祖先、至少是比较晚些时候的动物祖先的智力发展的一个缩影,只不过更加压缩了。但是一切动物的一切有计划的行动,都不能在地球上打下自己的意志的印记。这一点只有人才能做到。

一句话,动物仅仅**利用**外部自然界,简单地通过自身的存在在自然界中引起变化;而人则通过他所作出的改变来使自然界为自己的目的服务,来**支配**自然界。① 这便是人同其他动物的最终的本质的差别,而造成这一差别的又是劳动。

但是我们不要过分陶醉于我们人类对自然界的胜利。对于每一次这样的胜利,自然界都对我们进行报复。每一次胜利,起初确实取得了我们预期的结果,但是往后和再往后却发生完全不同的、出乎预料的影响,常常把最初的结果又消除了。美索不达米亚、希腊、小亚细亚以及其他各地的居民,为了得到耕地,毁灭了森林,但是他们做梦也想不到,这些地方今天竟因此而成为不毛之地,因为他们使这些地方失去了森林,也就失去了水分的积聚中心和贮藏库。阿尔卑斯山的意大利人,当他们在山南坡把那些在山北坡得到精心保护的枞树林砍光用尽时,没有预料到,这样一来,他们就把本地区的高山畜牧业的根基毁掉了;他们更没有预料到,他们这样做,竟使山泉在一年中的大部分时间内枯竭了,同时在雨季又使更加凶猛的洪水倾泻到平原上。**565** 在欧洲推广马铃薯的人,并不知道他们在推广这种含粉块茎的同时也使瘰疬症传播开来了。因此我们每走一步都要记住:我们决不像征服者统治异族人那样支配自然界,决不像站在自然界之外的人似的去支配自然界——相反,我们连同我们的肉、血和头脑都是属于自然界和存在于自然界之中的;我们对自然界的整个支配作用,就在于我们比其他一切生物强,能够认识和正确运用自然规律。

事实上,我们一天天地学会更正确地理解自然规律,学会认识我们对自然界习常过程的干预所造成的较近或较远的后果。特别自本世纪自然科学大踏步前进以来,我们越来越有可能学会认识

---

① 恩格斯在此处页边上写着:"改良"。——编者注

并从而控制那些至少是由我们的最常见的生产行为所造成的较远的自然后果。而这种事情发生得越多，人们就越是不仅再次地感觉到，而且也认识到自身和自然界的一体性，那种关于精神和物质、人类和自然、灵魂和肉体之间的对立的荒谬的、反自然的观点，也就越不可能成立了，这种观点自古典古代衰落以后出现在欧洲并在基督教中得到最高度的发展。

但是，如果说我们需要经过几千年的劳动才多少学会估计我们的生产行为**在自然方面的**较远的影响，那么我们想学会预见这些行为**在社会方面的**较远的影响就更加困难得多了。我们曾提到过马铃薯以及随之而来的瘰疬症的蔓延。但是，同工人降低到以马铃薯为生这一事实对各国人民大众的生活状况所带来的影响比起来，同1847年爱尔兰因马铃薯遭受病害而发生的大饥荒比起来，瘰疬症又算得了什么呢？在这次饥荒中，有100万吃马铃薯或差不多专吃马铃薯的爱尔兰人进了坟墓，并有200万人逃亡海外。当阿拉伯人学会蒸馏酒精的时候，他们做梦也想不到，他们由此而制造出来的东西成了使当时还没有被发现的美洲的土著居民灭绝的主要工具之一。以后，当哥伦布发现美洲的时候，他也不知道，他因此复活了在欧洲早已被抛弃的奴隶制度，并奠定了贩卖黑奴的基础。17世纪和18世纪从事制造蒸汽机的人们也没有料到，他们所制作的工具，比其他任何东西都更能使全世界的社会状态发生革命，特别是在欧洲，由于财富集中在少数人一边，而另一边的绝大多数人则一无所有，起初使得资产阶级赢得社会的和政治的统治，尔后使资产阶级和无产阶级之间发生阶级斗争，而这一阶级斗争的结局只能是资产阶级的垮台和一切阶级对立的消灭。但是，就是在这一领域中，我们也经过长期的、往往是痛苦的经验，经过对历史材料的比较和研究，渐渐学会了认清我们的生产活动在社会方面的间接的、较远的影响，从而有可能去控制和调节这些影响。

但是要实行这种调节，仅仅有认识还是不够的。为此需要对我们的直到目前为止的生产方式，以及同这种生产方式一起对我们的现今的整个社会制度实行完全的变革。

到目前为止的一切生产方式，都仅仅以取得劳动的最近的、最直接的效益为目的。那些只是在晚些时候才显现出来的、通过逐渐的重复和积累才产生效应的较远的结果，则完全被忽视了。原始的土地公有制，一方面同眼界极短浅的人们的发展状态相适应，另一方面以可用土地的一定剩余为前提，这种剩余为应付这种原始经济的意外的灾祸提供了某种回旋余地。这种剩余的土地用光了，公有制也就衰落了。而一切较高的生产形式，都导致居民分为不同的阶级，因而导致统治阶级和被压迫阶级之间的对立；这样一来，生产只要不以被压迫者的最贫乏的生活需要为限，统治阶级的利益就会成为生产的推动因素。在西欧现今占统治地位的资本主义生产方式中，这一点表现得最为充分。支配着生产和交换的一个个资本家所能关心的，只是他们的行为的最直接的效益。不仅如此，甚至连这种效益——就所制造的或交换的产品的效用而言——也完全退居次要地位了；销售时可获得的利润成了唯一的动力。

资产阶级的社会科学，即古典政治经济学，主要只研究人以生产和交换为取向的行为在社会方面所产生的直接预期的影响。这同以这种社会科学为其理论表现的社会组织是完全相适合的。在各个资本家都是为了直接的利润而从事生产和交换的地方，他们首先考虑的只能是最近的最直接的结果。当一个厂主卖出他所制造的商品或者一个商人卖出他所买进的商品时，只要获得普通的利润,他就满意了,至于商品和买主以后会怎么样,他并不关心。关于这些行为在自然方面的影响,情况也是这样。西班牙的种植场主曾在古巴焚烧山坡上的森林,以为木灰作为肥料足够最能赢利的咖啡树利用**一个**世代之久,至于后来热带的倾盆大雨竟冲毁毫无保护的沃土而只留下赤裸裸的岩石,这同他们又有什么相干呢? 在今天的生产方式中,面对自然界和社会,人们注意的主要只是最初的最明显的成果,可是后来人们又感到惊讶的是:取得上述成果的行为所产生的较远的后果,竟完全是另外一回事,在大多数情况下甚至是完全相反的;需求和供给之间的和谐,竟变成二者的两极对立,每十年一次的工业周期的过程就显示了这种对立,德国在"崩溃"**179**期间也体验到了这种对立的小小的前奏;以自己的劳动为基础的私有制,必然进一步发展为劳动者丧失财产,同时一切财产越来越集中在不劳动的人的手中;[……]①

弗·恩格斯写于 1873—1882 年

第一次以德文和俄译文对照的形式全文发表于 1925 年莫斯科出版的《马克思恩格斯文库》第 2 卷

原文是德文

选自《马克思恩格斯文集》第 9 卷第 399—563 页

---

① 手稿到此中断。——编者注

弗·恩格斯

*在马克思墓前的讲话[566]

3月14日下午两点三刻,当代最伟大的思想家停止思想了。让他一个人留在房里还不到两分钟,当我们进去的时候,便发现他在安乐椅上安静地睡着了——但已经永远地睡着了。

这个人的逝世,对于欧美战斗的无产阶级,对于历史科学,都是不可估量的损失。这位巨人逝世以后所形成的空白,不久就会使人感觉到。

正像达尔文发现有机界的发展规律一样,马克思发现了人类历史的发展规律,即历来为繁芜丛杂的意识形态所掩盖着的一个简单事实:人们首先必须吃、喝、住、穿,然后才能从事政治、科学、艺术、宗教等等;所以,直接的物质的生活资料的生产,从而一个民族或一个时代的一定的经济发展阶段,便构成基础,人们的国家设施、法的观点、艺术以至宗教观念,就是从这个基础上发展起来的,因而,也必须由这个基础来解释,而不是像过去那样做得相反。

不仅如此。马克思还发现了现代资本主义生产方式和它所产生的资产阶级社会的特殊的运动规律。由于剩余价值的发现,这里就豁然开朗了,而先前无论资产阶级经济学家或者社会主义批评家所做的一切研究都只是在黑暗中摸索。

一生中能有这样两个发现，该是很够了。即使只能作出一个这样的发现，也已经是幸福的了。但是马克思在他所研究的每一个领域，甚至在数学领域，都有独到的发现，这样的领域是很多的，而且其中任何一个领域他都不是浅尝辄止。

他作为科学家就是这样。但是这在他身上远不是主要的。在马克思看来，科学是一种在历史上起推动作用的、革命的力量。任何一门理论科学中的每一个新发现——它的实际应用也许还根本无法预见——都使马克思感到衷心喜悦，而当他看到那种对工业、对一般历史发展立即产生革命性影响的发现的时候，他的喜悦就非同寻常了。例如，他曾经密切注视电学方面各种发现的进展情况，不久以前，他还密切注视马塞尔·德普勒的发现[567]。

因为马克思首先是一个革命家。他毕生的真正使命，就是以这种或那种方式参加推翻资本主义社会及其所建立的国家设施的事业，参加现代无产阶级的解放事业，正是**他**第一次使现代无产阶级意识到自身的地位和需要，意识到自身解放的条件。斗争是他的生命要素。很少有人像他那样满腔热情、坚韧不拔和卓有成效地进行斗争。最早的《莱茵报》（1842年）[379]，巴黎的《前进报》（1844年）[568]，《德意志—布鲁塞尔报》（1847年）[385]，《新莱茵报》（1848—1849年）[387]，《纽约每日论坛报》（1852—1861年）[394]，以及许多富有战斗性的小册子，在巴黎、布鲁塞尔和伦敦各组织中的工作，最后，作为全部活动的顶峰，创立伟大的国际工人协会[12]，——老实说，协会的这位创始人即使没有别的什么建树，单凭这一成果也可以自豪。

正因为这样，所以马克思是当代最遭嫉恨和最受诬蔑的人。各国政府——无论专制政府或共和政府，都驱逐他；资产者——无论保守派或极端民主派,都竞相诽谤他,诅咒他。他对这一切毫不在意,把它们当做蛛丝一样轻轻拂去,只是在万不得已时才给以回敬。现在他逝世了,在整个欧洲和美洲,从西伯利亚矿井到加利福尼亚,千百万革命战友无不对他表示尊敬、爱戴和悼念,而我可以大胆地说:他可能有过许多敌人,但未必有一个私敌。

他的英名和事业将永垂不朽!

弗·恩格斯写于 1883 年 3 月
18 日前后

原文是德文

载于 1883 年 3 月 22 日《社会
民主党人报》第 13 号

选自《马克思恩格斯文集》
第 3 卷第 601—603 页

附　录

卡・马克思

*纪念国际成立七周年[569]

摘自关于 1871 年 9 月 24 日伦敦庆祝大会的报道

　　关于国际,他[马克思]说,它的努力至今所以获得巨大的成就,应归之于并非国际的会员们所能左右的环境。国际的建立就是这种环境造成的结果,而决不能归之于参与此项工作的人们的努力。这并不是哪一批能干的政治家的事;世上所有的政治家都创造不出使国际获得成就所必需的那种局面和环境。国际从未提出任何特殊的信条教义。它的任务就是组织劳动力量,团结各种各样的工人运动,使它们联合起来。协会能获得如此巨大的发展,就在于这样一种环境:全世界的劳动人民越来越遭受压迫;而这就是获得成功的秘密所在。最近几个星期的事件,无可辩驳地证明,工人阶级为自身的解放必须进行斗争。各国政府对国际的迫害,酷似古代罗马对原始基督教徒的迫害。这些人最初也为数不多,但是罗马贵族本能地感觉到,如果基督徒大功告成,罗马帝国就会灭亡。古代罗马的迫害未能挽救帝国,今天对国际的迫害也挽救不了现存制度。

国际的新颖之点就在于它是工人们自己为自己建立的。国际建立以前的所有各种组织,都是统治阶级中的激进分子为工人阶级建立的一些社团,而国际则是工人们为自己建立起来的。这里的宪章运动[8]的兴起就曾得到资产阶级激进派的赞同和协助;当然,果真有所成就,那只会对工人阶级有利。英国是唯一的这样一个国家:它的工人阶级的发展和组织程度,使这个阶级能够利用普选权来为自己谋利益。

接着,他又提到二月革命[18]这场受到部分资产阶级支持的运动,他们支持这个运动是为了对付统治集团。二月革命只是向工人阶级许下一些诺言,并且用统治阶级中的一批人代替了另一批人。六月起义[20]是对整个统治阶级,包括其中最激进的那部分人的一次反叛。在1848年让一些新人物上台掌权的工人本能地感觉到,他们不过是用一批压迫者代替了另一批压迫者,他们感觉到被出卖了。

最近的运动就是巴黎公社,这是迄今最伟大的运动。公社就是工人阶级夺取政权,关于这一点不可能有任何异议。对公社曾有很多误解。公社不能建立一个新的阶级统治形式。只要把一切劳动资料转交给从事生产的劳动者,从而消灭现存的压迫条件,并由此促使每一个身体健康的人为生存而工作,这样,阶级统治和阶级压迫的唯一的基础就会消除。但是,在实行这种改变以前,必须先建立无产阶级专政,其首要条件就是无产阶级的大军。工人阶级必须在战场上赢得自身解放的权利。国际的任务就是为迎接即将到来的斗争,把工人阶级的力量组织并联合起来。

载于 1871 年 10 月 15 日《世
界报》

原文是英文

选自《马克思恩格斯文集》
第 3 卷第 618—619 页

注　释

1　《国际工人协会成立宣言》是马克思为国际工人协会（见注 12）起草的
纲领性文件。马克思在《成立宣言》中指出，资本主义工业和贸易不管
有多么大的发展，都不能消除劳动群众的贫困，在资本主义制度下，劳
动生产力的任何提高，都不可避免地加深资产阶级和无产阶级的对立。
马克思充分肯定了工人争得十小时工作日法案和尝试进行合作劳动的
重大意义：十小时工作日法案不仅是一个实际的成功，而且是一个原则
的胜利；工人们在资本主义条件下进行合作劳动的伟大社会试验证明，
大规模的生产没有雇主阶级也能够进行，资本家对劳动工具的垄断和
对工人的掠夺阻碍了生产的有效进行，雇佣劳动"注定要让位于带着
兴奋愉快心情自愿进行的联合劳动"（见本卷第 9 页）。马克思同时指
出，要解放劳动群众，合作劳动必须在全国范围内发展，但资本家和地
主总是要利用他们的政治特权来保持他们的经济垄断，设置种种障碍
来限制合作劳动，而被局限于狭隘范围的合作劳动不可能使工人群众
得到解放，因此"夺取政权已成为工人阶级的伟大使命"（见本卷第 10
页）。马克思还阐明了工人阶级的组织在工人阶级革命斗争中的作用
以及工人阶级国际团结的重要意义，并再次发出战斗号召："全世界无
产者，联合起来！"（见本卷第 11 页）

　　国际工人协会简称国际，后通称第一国际，是无产阶级第一个国际
性的革命联合组织。国际工人协会成立大会于 1864 年 9 月 28 日在伦
敦圣马丁堂举行。大会由伦敦各工联的领导人和一个来自巴黎的蒲鲁
东派工人代表团筹备。当时居住在伦敦的德国工人、意大利工人和其
他国家工人的代表以及欧洲的一些小资产阶级革命民主主义流亡者也
参加了筹备工作。大会通过了成立国际工人协会的决议，并选出了临
时委员会。马克思被选入临时委员会，在 10 月 5 日临时委员会第一次
会议上又被选入负责起草协会纲领性文件的小委员会。小委员会的最

初几次会议在马克思缺席的情况下提出一份文件,文件由两部分组成,一部分是由欧文主义者约·韦斯顿起草并经法国小资产阶级民主主义者维·勒吕贝校阅的作为引言的宣言,另一部分是由朱·马志尼制定并由路·沃尔弗译成英文的意大利工人团体章程。这个文件受到马克思的批评。小委员会委托马克思完成文件起草工作,他在10月20—27日用英文拟定了《协会成立宣言》和《协会临时章程》。这两个文件于10月27日得到小委员会的赞同,同年11月1日被临时委员会一致通过。临时委员会依据临时章程被确认为协会领导机关,后改称国际总委员会,在1866年9月8日以前通称中央委员会。

《成立宣言》最先发表在1864年11月5日《蜂房报》第160号。1864年11月,宣言和临时章程用英文原文印成小册子在伦敦出版。1864年11月上半月,《成立宣言》由马克思译成德文,并于当年12月21、30日在《社会民主党人报。全德工人联合会机关报》第2、3号刊出。后来相继出版了《成立宣言》的法、意、匈、俄、西、葡等文本。保存下来的《成立宣言》的两份手抄本,是马克思的夫人燕妮·马克思和他的女儿燕妮抄写并经马克思本人校勘过的。

收入本卷的《成立宣言》以1864年发行的英文小册子为依据。英文原文与马克思的德译文之间的重要不同之处,都在脚注中作了说明。

这篇宣言曾由郭大力译成中文,1951年12月发表于《新建设》第5卷第3期。——1。

2 指《泰晤士报》(The Times)。这是英国的一家资产阶级报纸,保守党的机关报,1785年1月1日在伦敦创刊,报名为《环球纪事日报》(Daily Universal Register),1788年1月1日起改名为《泰晤士报》,每日出版;创办人和主要所有人为约·沃尔特,1812年起主要所有人先后为约·沃尔特第二、约·沃尔特第三;19世纪先后任编辑的有:主编托·巴恩斯(1817—1841)、约·塔·德莱恩(1841—1877)、托·切纳里(1877—1884)、乔·厄·巴克尔(1884—1912),助理编辑乔·韦·达森特(1845—1870)等;19世纪50—60年代的撰稿人有罗·娄、亨·里夫、兰邦等人;莫·莫里斯为财务和政务经理(19世纪40年代末起),威·弗·奥·德莱恩为财务经理之一(1858年前);报纸与政府、教会和垄断组织关系密切,是专业性和营业性的报纸;1866—1873年间曾报道国际的活动和刊登国际的文件。——1、94、128、281。

3 这些引文出自英国财政大臣威·格莱斯顿1864年4月7日在下院的

讲话,讲话以《预算》为标题,全文发表在 1864 年 4 月 8 日《泰晤士报》第 24841 号以及伦敦的其他日报上。——2。

4　勒杀犯是一类行劫的强盗,他们专掐受害者的咽喉。19 世纪 60 年代初这种行劫事件在伦敦经常发生,以致成了议会专门讨论的问题。——2。

5　蓝皮书是英国议会或政府的(包括政府向议会提交的)文件或报告书的通称,因封皮为蓝色而得名。英国从 17 世纪开始发表蓝皮书,它是英国经济史和外交史方面主要的官方资料。

　　文中提到的蓝皮书指《法律执行情况调查委员会委员关于流放和劳役监禁的报告》1863 年伦敦版第 1、2 卷。——2。

6　1861—1865 年美国内战期间,北军舰队封锁南部各蓄奴州海港,严格限制美国棉花出口,致使英国和欧洲其他国家因棉花供应中断而出现棉荒,欧洲大部分棉纺织业陷于瘫痪。1862 年英国有 75% 以上的纱锭和织布机停工,纺织工人接连两三年陷于全失业或半失业状态,生活状况严重恶化。60 年代初期欧洲的歉收更加重了工人的贫困,然而欧洲的无产阶级不顾一切艰难困苦,仍然坚决地援助美国北部各州。

　　美国内战即 1861—1865 年美国南北战争。19 世纪中叶,美国南部种植园主奴隶制与北部资产阶级雇佣劳动制的矛盾日益尖锐。1860 年 11 月,主张限制奴隶制的共和党候选人林肯当选为总统,美国南部的奴隶主发动了维护奴隶制的叛乱。1861 年 2 月,南部先后宣布脱离联邦的各州在蒙哥马利大会上成立南部同盟,公开分裂国家,并于当年 4 月 12 日炮轰萨姆特要塞(南卡罗来纳州),挑起内战。1865 年 4 月,南部同盟的首都里士满被攻克,南部同盟的联军投降,战争结束。北部各州在南北战争中取得了胜利,维护了国家的统一,并为资本主义的发展扫清了道路。——2。

7　"完全限于有产阶级"出自威·格莱斯顿 1863 年 4 月 16 日在下院的讲话,由于德国资产阶级经济学家路·布伦坦诺于 70 年代围绕这句话大肆诽谤马克思而为大家所熟知。伦敦各家报纸(《泰晤士报》、《晨星报》、《每日电讯》等)差不多全都在 1863 年 4 月 17 日关于议会会议的报道中刊登了格莱斯顿的这句话,而在经过发言人后来亲自修改过的半官方出版物《汉萨德议会辩论录》中却省略了这句话,布伦坦诺便以此为借口,指责马克思在科学上不诚实,给格莱斯顿增添了这句话。马克思在 1872 年 5 月 23 日和 7 月 28 日给《人民国家报》(见注 49)编辑部的两封信中对这种诽谤进行了反驳。

马克思去世后,英国资产阶级经济学家塞·泰勒于 1883 年 11 月又提出同样的指责。爱琳娜·马克思于 1884 年 2 月和 3 月在给《今日》杂志的两封信中,后来恩格斯于 1890 年 6 月在《资本论》德文第四版的序言(见《马克思恩格斯文集》第 5 卷),以及 1891 年在《布伦坦诺攻击马克思》(见《马克思恩格斯全集》中文第 1 版第 22 卷)一文中,都彻底地揭露了所谓伪造引文的诽谤性言论。——4。

8 宪章运动是 19 世纪 30—50 年代中期英国工人的政治运动,其口号是争取实施人民宪章(见注 437)。人民宪章要求实行普选权并为保障工人享有此项权利而创造种种条件。宪章派的领导机构是"宪章派全国协会",机关报是《北极星报》,左翼代表人物是乔·朱·哈尼、厄·琼斯等。宪章运动在 1839、1842 和 1848 年出现三次高潮,宪章运动领导人试图通过向下院提交全国请愿书的方式迫使政府接受人民宪章,但均遭到下院否决。19 世纪 50 年代末,宪章派全国协会停止活动,宪章运动即告结束。恩格斯称宪章派是"近代第一个工人政党"(见本卷第768 页)。列宁指出,宪章运动是"世界上第一次广泛的、真正群众性的、政治上已经成型的无产阶级革命运动"(见《列宁全集》中文第 2 版第 36 卷第 292 页)。——7、250、400、771、795、1006。

9 英国工人阶级从 18 世纪末开始争取用立法手段限制工作日,从 19 世纪 30 年代起,广大无产阶级群众投入争取十小时工作日的斗争。十小时工作日法案是英国议会在 1847 年 6 月 8 日通过的,作为法律于 1848年 5 月 1 日起生效。该法律将妇女和少年的日劳动时间限制为 10 小时。但是,许多英国工厂主并不遵守这项法律,他们寻找种种借口把工作日从早晨 5 时半延续到晚上 8 时半。工厂视察员伦·霍纳的报告就是很好的证明(参看《马克思恩格斯文集》第 5 卷第 335 页)。

恩格斯在《十小时工作日问题》和《英国的十小时工作日法》(见《马克思恩格斯全集》中文第 2 版第 10 卷)中对该法案作了详细分析。关于英国工人阶级争取正常工作日的斗争,马克思在《资本论》第一卷第八章(见《马克思恩格斯文集》第 5 卷第 267—350 页)中作了详细考察。——7。

10 爱尔兰租佃者权利法案是爱尔兰激进主义者沙·克劳福德 1835 年第一次向下院提出的法案。该法案规定,在废除租约时,对租佃者在土地改良方面的开支予以赔偿。1836 年,法案被下院否决。1847、1852 和

1856 年,该法案又多次被重新提出讨论,均被下院否决。——10。

11　"下院是土地所有者的议院"出自首相帕麦斯顿之口,他于 1863 年 6 月 23 日在议会的一次定期会议上讨论爱尔兰租佃者权利问题时以嘲弄的口气讲了这句话。以约·马圭尔为首的爱尔兰议员要求采取立法措施,限制大地主对租佃者的横行霸道。例如,议员们要求租佃者有权在解除租约时获得对他们在租种的土地上所耗全部费用的补偿。帕麦斯顿在讲话中把爱尔兰议员的要求称做"共产主义的教条"、"对社会秩序的基本原则的破坏"。——10。

12　国际工人协会简称国际,后通称第一国际,是无产阶级第一个国际性的革命联合组织,1864 年 9 月 28 日在伦敦成立。马克思参与了国际工人协会的创建,是它的实际领袖,恩格斯参加了国际后期的领导工作。在马克思和恩格斯的指导下,国际工人协会领导了各国工人的经济斗争和政治斗争,积极支持被压迫民族的解放运动,坚决地揭露和批判了蒲鲁东主义、巴枯宁主义、拉萨尔主义、工联主义等错误思潮,促进了各国工人的国际团结。国际工人协会在 1872 年海牙代表大会(见注 218)以后实际上已停止了活动,1876 年 7 月 15 日正式宣布解散。国际工人协会的历史意义在于它"奠定了工人国际组织的基础,使工人做好向资本进行革命进攻的准备"(见《列宁全集》中文第 2 版第 36 卷第 290 页)。——10、52、57、61、72、125、129、172、314、368、721、1003。

13　指美国内战(见注 6)期间,从 1861 年底到 1862 年初英国工人为反对英国政府站在南部各蓄奴州一边干预战争所采取的行动。工人的斗争由于所谓的特伦特号事件而变得异常激烈。当时,英国资产阶级利用北部政府截获并逮捕乘特伦特号轮船赴英的奴隶主代表事件作口实,准备向北部各州开战。英国工人坚决支持北部。在人数众多的群众集会上,工人们抗议反动的资产阶级的战争叫嚣,要求和平解决冲突。英国工人反对干涉的群众性运动,使反动派未能把欧洲拖入支持奴隶主的战争,这一运动大大加强了无产阶级的国际团结。

　　十字军征讨指 11—13 世纪西欧天主教会、封建主和大商人打着从伊斯兰教徒手中解放圣地耶路撒冷的宗教旗帜,主要对东地中海沿岸伊斯兰教国家发动的侵略战争。因参加者的衣服上缝有红十字,故称"十字军"。十字军征讨前后共八次,历时近 200 年,最后以失败而告终。十字军征讨给东方国家的人民带来了深重的灾难,也使西欧国家的人民遭受惨重的牺牲,但是,它在客观上也对东西方的经济和文化交流起到了一定的促进作用。——10、97、274、865。

14 《论蒲鲁东(给约·巴·施韦泽的信)》是马克思在法国小资产阶级社会主义者蒲鲁东逝世后对他进行全面评价的著作。马克思在文中肯定了蒲鲁东早期的功绩,阐明了他与蒲鲁东在理论上的根本分歧,批判了蒲鲁东的哲学思想、经济学观点和社会改良方案。马克思指出,蒲鲁东不懂得科学的辩证法,陷入思辨哲学的幻想,"他不是把经济范畴看做历史的、与物质生产的一定发展阶段相适应的生产关系的理论表现,而是荒谬地把它看做预先存在的、永恒的观念"(见本卷第16页);马克思针对蒲鲁东在财产问题上的错误观点,指出"对财产关系的总和",不应当"从它们的法律表现上即作为意志关系来把握",而应当"从它们的现实形态上即作为生产关系来把握"(见本卷第14页)。马克思批判了蒲鲁东的社会改良方案,指出蒲鲁东企图通过"无息信贷"和以这种信贷为基础的"人民银行"(见注22)来消除剥削"完全是小市民的幻想"(见本卷第19页)。马克思还揭露了蒲鲁东思想的小资产阶级本质,指出蒲鲁东由于不懂真正科学的辩证法而陷入诡辩的泥坑,实际上是和他的小资产阶级观点有联系的;科学上的招摇撞骗和政治上的投机,也都是和这种观点分不开的。

蒲鲁东于1865年1月19日去世。马克思应《社会民主党人报。全德工人联合会机关报》编辑施韦泽的请求写了《论蒲鲁东》一文。这篇文章写于1865年1月24日,采用给施韦泽的信的形式,并于1月28日寄到编辑部。施韦泽将这篇文章刊登在1865年2月1、3、5日第16—18号报纸的副刊上。马克思在1865年1月25日给恩格斯的信中谈到,他对蒲鲁东的批判实际上也是针对拉萨尔的。

《论蒲鲁东》后来又收入经恩格斯校订出版的马克思的著作《哲学的贫困》德文第一版(1885年)和第二版(1892年);《论蒲鲁东》的法译文由恩格斯1884年翻译并经保·拉法格校阅,收入《哲学的贫困》1896年法文版。

在1929年上海水沫书店、1932年北平东亚书局和1949年解放社出版的《哲学的贫困》的中译本中都收有这篇文章。——12。

15 英国资产阶级经济学家托·马尔萨斯的《人口原理。人口对社会未来进步的影响》1798年在伦敦出版。在这本书中,他提出了自己的人口论,即人口以几何级数率(1、2、4、8、16……)增长,生活资料以算术级数率(1、2、3、4、5……)增长,人口的增长超过生活资料的增长是一条

"永恒的自然规律"。他用这一观点来解释资本主义制度下劳动人民遭受失业、贫困的原因,认为只有通过战争、瘟疫、贫困和罪恶等来抑制人口的增长,人口与生活资料的数量才能相适应。马尔萨斯的人口论又称马尔萨斯主义。——13、259、346、369、444、452、985。

16 见马克思《哲学的贫困》第二章第一节《第七个即最后一个说明》(本选集第 1 卷第 232 页)。在这篇文章中,马克思同时用法文和德文引证了《哲学的贫困》中的这段话和下面一段话(本选集第 1 卷第 236 页)。经恩格斯校阅,于 1885 年和 1892 年出版的德文版《哲学的贫困》转载这篇文章时删去了法文的引文。——16、17。

17 埃·卡贝因在 19 世纪 30—40 年代法国无产阶级政治运动中所起的作用而受人尊敬。卡贝在自己出版的《人民报》和《1841 年人民报》上除了宣传他的空想计划外,还抨击了七月王朝(见注 161)的制度,促进了民主主义思想的传播。卡贝在自己的著作、文章、传单中还尖锐地批评资本主义制度。尽管卡贝的观点是空想主义的,但是,他的这些活动对启迪法国无产阶级的政治觉悟起过积极作用。——18。

18 二月革命指 1848 年 2 月爆发的法国资产阶级民主革命。代表金融资产阶级利益的"七月王朝"推行极端反动的政策,反对任何政治改革和经济改革,阻碍资本主义发展,加剧对无产阶级和农民的剥削,引起全国人民的不满;农业歉收和经济危机进一步加深了国内矛盾。1848 年 2 月 22—24 日巴黎爆发革命,推翻了"七月王朝",建立了资产阶级共和派的临时政府,宣布成立法兰西第二共和国。二月革命为欧洲1848—1849 年革命拉开了序幕。无产阶级和小资产阶级积极参加了这次革命,但革命果实却落到了资产阶级手里。——18、81、160、165、717、742、1006。

19 指蒲鲁东在 1848 年 7 月 31 日法国国民议会会议上的演说。演说全文刊登在《国民议会会议记录》1849 年巴黎版第 2 卷第 770—782 页。蒲鲁东在这次演说中除了谈论利息和降低利率、消灭私有制的方法之外,在谈到对 1848 年 6 月 23—26 日巴黎起义者的镇压时,说这是暴力和专横的表现。马克思和恩格斯发表在 1848 年 8 月 5 日《新莱茵报》(见注 387)第 66 号上的文章《蒲鲁东反对梯也尔的演说》对蒲鲁东的演说作了详细评价。——18。

20 六月起义指 1848 年 6 月巴黎无产阶级的起义。二月革命(见注 18)

后,无产阶级要求把革命推向前进,资产阶级共和派政府推行反对无产阶级的政策,6月22日颁布了封闭"国家工场"的挑衅性法令,激起巴黎工人的强烈反抗。6月23—26日,巴黎工人举行了大规模武装起义。经过四天英勇斗争,起义被资产阶级共和派政府残酷镇压下去。马克思论述这次起义时指出:"这是分裂现代社会的两个阶级之间的第一次大规模的战斗。这是保存还是消灭资产阶级制度的斗争。"(见本选集第1卷第467页)——18、27、46、71、149、198、290、1006。

21 指阿·梯也尔在1848年7月26日反对蒲鲁东在法国国民议会财政委员会会议上提出的建议的演说。1848年7月31日蒲鲁东发表演说(见注19)之后,作为对蒲鲁东的抨击,梯也尔以单行本形式出版了自己的演说(《财产论》1848年巴黎版),演说后来又发表在《国民议会会议记录》1849年巴黎版第2卷第666—671页。——18。

22 指蒲鲁东于1849年1月31日尝试成立的人民银行。他打算借助这个银行通过和平的途径实现他的"社会主义",即消灭信贷利息,在生产者获得自己劳动收入的全部等价物的基础上进行没有货币的交换。这个银行在开始正常业务活动之前就于4月初宣告关闭。——19、183、203、651、788。

23 伏尔泰是自然神论者(见注298),他对僧侣主义、天主教和专制政体的猛烈抨击曾对他的同时代人产生极大的影响。因此伏尔泰主义特指18世纪末期进步的、反宗教的社会政治观点。

　　在马克思和恩格斯的著作里,伏尔泰主义这一概念是指资产阶级在上升时期所持的充满矛盾的思想观点和政治态度。当时,这个阶级一方面从自然神论的立场出发,反对宗教狂热和封建教权主义;另一方面又认为,为了对"贱民"实行统治,宗教的存在是必要的。——20。

24 指蒲鲁东的著作《1815年的条约已不存在了吗?未来的代表大会决议书》1863年巴黎版。在这一著作中,蒲鲁东反对修改1815年维也纳会议通过的关于奥地利、普鲁士和俄国瓜分波兰的决议,反对欧洲民主力量支持波兰的民族解放运动。——20。

25 《德国农民战争》(见《马克思恩格斯文集》第2卷)是恩格斯在总结德国1848—1849年革命经验的过程中撰写的一部重要的史学著作。在这部著作中,恩格斯运用唯物史观研究德国历史,特别是德国农民战争史,透过复杂的历史现象揭示了历史发展规律,从而为创立马克思主义史学理论作出了重要贡献。

《德国农民战争》写于1850年夏秋,发表在1850年《新莱茵报。政治经济评论》(见注26)第5—6期合刊上,1852年1月1日—1853年2月1日在纽约《体操报》第3—20号上转载。《德国农民战争》在恩格斯生前曾多次再版。德文第二版于1870年4月2日—10月15日在《人民国家报》(见注49)第27—83号上连载,1870年10月在莱比锡出版单行本。

恩格斯于1870年2月为《德国农民战争》第二版撰写了这篇序言,发表在1870年4月2、6日《人民国家报》第27、28号上,并载入第二版单行本;1874年6月底他对第二版序言又作了一些补充,经过补充的序言于1875年收入该书第三版。

恩格斯在第二版序言中分析了《德国农民战争》发表20多年来德国的政治经济状况和阶级关系变化,指出无产阶级正随着资本主义的发展迅速成长,并作为一个阶级独立采取行动;德国工人运动的最迫切的首要任务,就是唤起农业无产阶级并吸引它参加运动。恩格斯在对第二版序言的补充中进一步指出,德国工业的突飞猛进,已经把工人阶级与资产阶级的斗争提到显要地位。德国工人运动具有两大优越之处,一是有科学社会主义理论指导,二是能够直接利用英国和法国工人运动以高昂代价换来的经验教训。因此在德国,"斗争是第一次在其所有三个方面——理论方面、政治方面和实践经济方面(反抗资本家)互相配合,互相联系,有计划地推进"(见本卷第37页)。德国工人现在处于无产阶级斗争的前列,要保持这一光荣地位,他们必须在各个方面加倍努力,特别是领导者有责任透彻理解种种理论问题,认真研究科学社会主义理论:"社会主义自从成为科学以来,就要求人们把它当做科学来对待,就是说,要求人们去研究它。"(见本卷第38页)——22。

26 《新莱茵报。政治经济评论》(Neue Rheinische Zeitung. Politisch-ökonomische Revue)是马克思和恩格斯于1849年12月创办的共产主义者同盟(见注384)的理论和政治刊物。它是马克思和恩格斯在1848—1849年革命期间出版的《新莱茵报》(见注387)的续刊。该杂志1850年3—11月底总共出了六期,其中有一期是合刊(第5—6期合刊)。杂志在伦敦编辑,在汉堡印刷。封面上注明的出版地点还有纽约,因为马克思和恩格斯打算在侨居美国的德国流亡者中间发行这个杂志。该杂志发表的绝大部分文章(论文、短评、书评)都是马克思和恩格斯撰写的。他们也约请他们的支持者如威·沃尔弗、约·魏德迈、格·埃卡留斯等人撰稿。该杂志发表的马克思和恩格斯的重要著作有:马克思《1848 年至 1850 年的法兰西阶级斗争》(见本选集第 1 卷)、恩格斯《德国维护帝国宪法的运动》(见《马克思恩格斯全集》中文第 2 版第 10 卷)和《德国农民战争》(见《马克思恩格斯文集》第 2 卷)。这些著作总结了 1848—1849 年革命的经验,进一步制定了革命无产阶级政党的理论和策略。1850 年 11 月,由于反动势力的迫害,加上资金缺乏,杂志被迫停刊。——22、719、743。

27 指 1848—1849 年革命期间设于美因河畔法兰克福的全德国民议会中的极左派,它主要代表小资产阶级利益,但是也得到一部分德国工人的支持。——23。

28 指马克思的《1848 年至 1850 年的法兰西阶级斗争》。这一著作写于 1850 年 1 月—11 月 1 日,是一篇专为《新莱茵报。政治经济评论》撰写的连载文章。——23。

29 1860 年 5 月 15 日,普鲁士议会应政府的要求,就 1861 年 6 月 30 日前为军事部拨款 900 万塔勒"用以临时保证军队做好战斗准备,并增强其军事实力"一事举行投票。投票结果有 315 票赞成,2 票反对,5 票弃权,这表明普鲁士的资产阶级事实上已对政府改组军队作了让步。——25。

30 民族自由党是以普鲁士资产阶级为主的德国资产阶级的政党,于 1866 年秋在资产阶级的进步党分裂之后成立。民族自由党为了满足资产阶级的物质利益而放弃了资产阶级争取政治统治的要求,把在普鲁士的领导下统一德意志各邦作为自己的主要目标。该党的政策反映了德国自由资产阶级向俾斯麦政府投降的立场。——25。

31 指巴伐利亚、巴登、符腾堡,这三个邦在 1866 年普奥战争之后尚未并入普鲁士,直到 1870 年才加入北德意志联邦(见注 41)。——25。

32 重大政治历史事件的德文原文是 Haupt-und Staatsaktion,其原意是"大型政治历史剧",指 17 世纪和 18 世纪上半叶德国巡回剧团演出的戏剧。这些戏剧用夸张的、粗俗的和笑剧的方式展现悲剧性的历史事件。——25、32、290、538。

33 1866 年普奥战争之后,普鲁士把汉诺威王国、黑森-卡塞尔选帝侯国和拿骚大公国并入了自己的版图。——25、32。

34 指德国人民党。该党成立于 1865 年,主要由德国南部各邦的小资产阶级民主派以及一部分资产阶级民主派组成,因此又称为南德人民党或士瓦本人民党。德国人民党执行反普鲁士政策,提出一般民主口号,反对确立普鲁士对德国的领导权,宣传实行联邦制,反对以集中统一的民主共和国的形式统一德国,反映了德意志某些邦的分立主义意图。

　　1866 年,以工人为基本核心的萨克森人民党并入德国人民党。人民党的这支左翼,除了反普鲁士的情绪和力求共同努力以民主方法解决国家的全民族统一问题之外,实质上与原来的德国人民党毫无共同之处,以后它就朝着社会主义的方向发展。后来该党的基本成员脱离了小资产阶级民主派,于 1869 年 8 月参加了德国社会民主工党(见注231)的建立工作。——26、345、355、374。

35 指 19 世纪 60 年代在普鲁士实行的官僚主义的工业规章制度,这种制度对许多工业部门规定了特别许可(经营权)制,得不到特别许可,就不能从事工业活动。这种半中世纪式的经营法束缚了资本主义的发展。直到 70 年代,1870 年 6 月 11 日法令才规定允许建立合股企业而无须事先获得许可。——26。

36 萨多瓦会战是 1866 年 7 月 3 日以奥地利和萨克森的军队为一方,普鲁士军队为另一方,在捷克萨多瓦村附近的克尼格雷茨(赫拉德茨-克拉洛韦城郊)进行的会战。这是 1866 年普奥战争中的一次决定性会战,以奥军败北而告终。历史上这次会战又称克尼格雷茨(赫拉德茨-克拉洛韦)会战。——28、32、59、290。

37 指国际工人协会巴塞尔代表大会。大会于 1869 年 9 月 6—11 日举行。马克思没有出席这次代表大会,但是积极参加了大会的准备工作。他在总委员会按大会议程进行讨论时就土地问题(1869 年 7 月 6 日)、继承权问题(7 月 20 日)和普及教育问题(8 月 10 日和 17 日)发表了意见,发言记录被保存了下来(见《马克思恩格斯全集》中文第 1 版第 16 卷第 648—656 页)。

　　巴塞尔代表大会再次讨论了土地问题,大多数代表赞成废除土地私有制,实行土地公有制;通过了关于在全国范围和国际范围内把工会联合起来的决议,以及一系列关于从组织上巩固国际和扩大总委员会权力的决议。在巴塞尔代表大会上,马克思的拥护者和巴枯宁及其追随者围绕继承权问题发生了激烈争论。——30。

38 恩格斯在《德国农民战争》第三版准备付印时,对自己在 1870 年 2 月为该书第二版写的序言作了补充。经过补充的序言收入 1875 年莱比锡出版的《德国农民战争》第三版,恩格斯注明的写作日期是 1874 年 7 月 1 日。——32。

39 色当会战是 1870 年 9 月 1—2 日在法国东北部城市色当附近进行的一次会战。这是 1870—1871 年普法战争中的一次决定性会战。在这次会战中,法军全部被击溃。法军司令部 1870 年 9 月 2 日签了投降书,以拿破仑第三为首的 10 万余名官兵全部成为俘虏。法军在色当会战中的惨败加速了第二帝国的灭亡,法兰西共和国遂于 1870 年 9 月 4 日宣告成立。——32。

40 指 1871 年 1 月 18 日普鲁士国王威廉一世(德国皇帝)在凡尔赛宫宣告成立的德意志帝国。

　　这里套用了德意志民族神圣罗马帝国(962—1806 年)的名称,以此强调指出,德国的统一是在普鲁士的霸权下实现的,与此同时还引起了德国各省的普鲁士化。——32。

41 北德意志联邦是 1867 年建立的以普鲁士为首的德意志联邦国家,它取代了已经解体的德意志联邦。加入北德意志联邦的有 19 个德意志邦和 3 个自由市,它们在形式上都被承认有自治权。北德意志联邦的宪法保证普鲁士在联邦中居统治地位;普鲁士国王被宣布为联邦元首和联邦武装部队总司令,并被授予指导对外政策的权力。原来在联邦以外的巴伐利亚、巴登、符腾堡和黑森-达姆施塔特在 1870 年加入了联邦。北德意志联邦的建立在德意志国家统一的道路上向前迈进了一步。1871 年 1 月,随着德意志帝国的建立,北德意志联邦不复存在。——32、65。

42 指普鲁士在 1866 年的普奥战争中获得胜利后,并吞了汉诺威王国、黑森-卡塞尔选帝侯国、拿骚大公国、法兰克福自由市、荷尔斯泰因和石勒苏益格两公国,以及巴伐利亚和黑森-达姆施塔特的部分领土。

　　普鲁士在直接实行并吞的同时,还迫使奥地利同意废除德意志联邦,建立一个没有奥地利参加的美因河以北德国各邦的新联合。普鲁士和德意志北部的 17 个小邦(这些小邦在战争中站在普鲁士一边)签订了同盟协定,此后不久萨克森和其他一些德意志邦也参加了协定。由此建立了北德意志联邦。——32。

43 由于普鲁士在普法战争中获胜,德国西南的四个邦(巴登、黑森、巴伐利亚和符腾堡)并入了北德意志联邦,这一点由 1870 年 11 月签订的正式条约确定下来。从 1870 年 11 月 15 日起,随着德国西南各邦根据条约逐渐并入北德意志联邦,德意志各邦的联盟才在正式文件中定名为德意志联邦。1870 年 12 月 9 日,根据联邦国会的决定,改名为德意志帝国。1871 年 1 月 18 日,德意志帝国正式宣告成立。——32。

44 专区法指普鲁士政府于 1872 年 12 月 13 日为实施"行政改革"而颁布的《普鲁士、勃兰登堡、波美拉尼亚、波森、西里西亚和萨克森省专区法》(《普鲁士王国法令汇编》1872 年柏林版第 661—714 页)。这项法令宣布废除地主在农村中的世袭警察权力,允许各地在一定程度上实行自治。可是,这场"改革"的最终目的仍然是巩固国家机构、强化中央集权,以维护容克的利益。经过"改革",容克及其代理人占据了专区和省的大部分行政职位,因此,那些地区的权力实际上依然掌握在他们手中。——33、261。

45 法国大革命在 1792 年进入革命的第二阶段。1792 年 8 月 10 日,巴黎人民举行起义,逮捕了国王路易十六,推翻了君主制。代表工业和商业资产阶级的吉伦特派开始掌握政权。1792 年 9 月 21 日,国民公会在巴黎召开,宣布废黜国王,22 日又宣布成立法兰西第一共和国。——34。

46 施皮歇恩会战是 1870—1871 年普法战争中最初几次大会战之一,发生在 1870 年 8 月 6 日。这次会战中,普鲁士军队击败了法国军团。在历史文献中,施皮歇恩会战也称福尔巴赫会战。

　　马斯拉图尔会战也是 1870—1871 年普法战争初期的一次会战,发生在 1870 年 8 月 16 日。在这次会战中,普军成功地阻止了法国莱茵军团从梅斯开始的退却,并截断了它的退路。在历史文献中,马斯拉图尔会战也称维永维尔会战。

　　关于色当会战,见注 39。——35。

47 当普鲁士国王威廉一世同法国驻普鲁士大使就西班牙王位继承问题进行谈判时,法国政府要求普鲁士作出保证,永不同意霍亨索伦家族继承西班牙王位。威廉一世拒绝作出这种保证,并于 1870 年 7 月 13 日将谈判情况电告奥·俾斯麦。俾斯麦有意删简了电文,并使之带有对法国挑衅的口吻,然后公诸于众。于是拿破仑第三于 1870 年 7 月 19 日正式向北德意志联邦(见注 41)宣战。——35。

48 德国社会民主工党(见注 231)中央机关报《人民国家报》从 1870 年 9 月 21 日起,在每期报头上都刊有如下口号:"同法兰西共和国缔结公正的和约！不要任何割地！惩办波拿巴家族及其犯罪同伙！"——35。

49 《人民国家报》(Der Volksstaat)是德国社会民主工党(爱森纳赫派)的中央机关报,其前身是《民主周报》(见注238)。1869年10月2日—1876年9月29日在莱比锡出版,起初每周出两次,1873年7月起每周出三次;创刊时的副标题是"社会民主工党和工会联合会机关报"(Organ der sozial-demokratischen Arbeiterpartei und der Gewerksgenossenschaften),1870年7月2日起改为"社会民主工党和国际工会联合会机关报"(Organ der sozial-demokratischen Arbeiterpartei und der Internationalen Gewerksgenossenschaften),1875年6月11日起又改为"德国社会主义工人党机关报"(Organ der Sozialistischen Arbeiterpartei Deutschlands);该报反映了德国工人运动中的革命派的观点,因而经常受到政府和警察的迫害。由于编辑常被逮捕,致使该报编辑部成员不断更换,但报纸的领导权始终掌握在威·李卜克内西手里。主持《人民国家报》出版社的奥·倍倍尔在该报中起了很大的作用。马克思和恩格斯从该报创刊起就为它撰稿,经常给编辑部提供帮助和指导,使这家报纸成了19世纪70年代优秀的工人报刊之一。

根据1875年哥达代表大会(见注241)的决定,从1876年10月1日起,开始出版德国社会主义工人党的统一的中央机关报《前进报》(见注260),以代替《人民国家报》和《新社会民主党人报》(见注249)。反社会党人非常法(见注61)实行以后,《前进报》于1878年10月27日停刊。——36、179、191、211、246、311、345、379、743。

50 指1874年1月10日的德意志帝国国会选举。在这次选举中,德国社会民主工党取得了很大的胜利,有九人当选为议员(其中包括监禁期刚满的奥·倍倍尔和威·李卜克内西),所获选票超过35万张,占全部选票的6%,大大超过了1871年选举所获的票数。——36、367。

51 《致国际工人协会西班牙联合会委员会》是恩格斯代表国际工人协会(见注12)总委员会写的对西班牙联合会委员会1870年12月14日来信的复信。恩格斯在信中阐明了建立无产阶级政党和开展政治斗争的重要性。他指出,在社会革命的思想越来越成为工人阶级共同信念的情况下,必须使工人摆脱旧政党的支配,"最好的办法就是在每一个国家里建立一个无产阶级的政党,这个政党要有它自己的政策,这种政策显然与其他政党的政策不同,因为它必须表现出工人阶级解放的条件"(见本卷第40页)。他还告诫工人阶级决不能放弃在政治领域中同自己的敌人作斗争,并提出利用普选权进行政治斗争,进行组织和宣传活动,指出"普选权赋予我们一种卓越的行动手段"(见本卷第40页)。

1871年2月7日国际总委员会会议授权恩格斯负责同国际西班牙各支部的通信。恩格斯在同国际西班牙各支部建立联系后,便坚决支持和引导这些支部同巴枯宁主义作斗争。从1871年初起,西班牙成为巴枯宁分子的活动地盘。在这个国家,巴枯宁分子在国际的机构内部组建了社会主义民主同盟的组织,企图攫取西班牙联合会委员会的领导权。尽管巴枯宁分子进行分裂活动,但国际的思想在西班牙工人阶级中得到日益广泛的传播,并且在西班牙相继出现了国际工人协会的许多新的支部。

复信写于1871年2月13日,原文是法文,第一次用俄文发表于《马克思恩格斯全集》俄文第1版第26卷。——39。

52 《联盟》(La Federacion)是西班牙工人的周报,国际巴塞罗那联合会的机关报,1869—1873年在巴塞罗那出版,受巴枯宁派的影响。——39。

53 《团结报》(La Solidaridad)是西班牙的一家报纸,国际马德里各支部的机关报,1870年1月起在马德里出版,1871年1月被政府查封。——39。

54 《工人报》(El Obrero)是西班牙的一家周报,1870—1871年在帕尔马(马利奥尔卡岛)出版;1871年1月被政府查封后以《社会革命报》(La Revolucion social)的名称继续出版;《社会革命报》出版三期后即被查封,因为该报编辑被控"侮辱国王"而受到法庭追究。——39。

55 《布宜诺斯艾利斯印刷工人协会年鉴》(Anales de la Sociedad Tipográfica Bonaerense)是阿根廷的一家工人报纸,1871—1872年在布宜诺斯艾利斯出版。——41。

56 指全国劳工同盟。该同盟于1866年8月在美国巴尔的摩代表大会上成立。美国工人运动出色的活动家威·西尔维斯积极参加了成立同盟的工作。在美国开展为争取工人组织的独立政策,促进白人工人和黑人工人的团结,实行八小时工作制以及维护女工权利的斗争中,同盟起了很大的作用,它很快就同国际工人协会建立了联系。1869年,同盟的代表卡梅伦出席了国际巴塞尔代表大会(见注37)的最后几次会议。1870年8月,劳工同盟召开辛辛那提代表大会,会上通过决议,宣布同盟拥护国际工人协会的原则,并希望加入协会。但是这一决议并没有实现。全国劳工同盟的领导人不久就埋头于制定空想的金融改革方案,指望通过这种改革由国家提供低息贷款,消灭银行制度。1870—1871年,一些工人组织脱离了劳工同盟,到1872年该同盟实际上已不复存在。——42。

57 《法兰西内战。国际工人协会总委员会宣言》是科学社会主义的重要文献。在这部著作中,马克思全面总结了巴黎公社的战斗历程和历史经验,阐发了马克思主义关于阶级斗争、国家、无产阶级革命和无产阶级专政的学说。他根据巴黎公社的经验指出,"现代工业的进步促使资本和劳动之间的阶级对立更为发展、扩大和深化。与此同步,国家政权在性质上也越来越变成了资本借以压迫劳动的全国政权,变成了为进行社会奴役而组织起来的社会力量,变成了阶级专制的机器"(见本卷第96页);因此,"工人阶级不能简单地掌握现成的国家机器,并运用它来达到自己的目的";工人阶级必须把"窃据社会主人地位而不是为社会做公仆的政府权力打碎"(见本卷第95、139页),"用他们自己的政府机器去代替统治阶级的国家机器、政府机器"(见本卷第152页);巴黎公社"实质上是工人阶级的政府,是生产者阶级同占有者阶级斗争的产物,是终于发现的可以使劳动在经济上获得解放的政治形式"(见本卷第102页)。马克思充分肯定巴黎公社作为真正民主的国家政权所采取的各项措施:公社代表和维护劳动群众的利益,由人民直接行使权力;公社的权力机构和人民代表由选举产生,对选民负责,并可随时撤换;武装力量按民主原则组织;司法机关的官吏由选举出来的法官取代;所有公职人员领取相当于熟练工人的工资,等等。马克思精辟地阐明了无产阶级革命的社会改造任务及其长期性和复杂性。他指出:"公社是想要消灭那种将多数人的劳动变为少数人的财富的阶级所有制。它是想要剥夺剥夺者。它是想要把现在主要用做奴役和剥削劳动的手段的生产资料,即土地和资本完全变成自由的和联合的劳动的工具,从而使个人所有制成为现实。"(见本卷第102—103页)工人阶级知道,"为了谋求自己的解放,并同时创造出现代社会在本身经济因素作用下不可遏止地向其趋归的那种更高形式,他们必须经过长期的斗争,必须经过一系列将把环境和人都加以改造的历史过程"(见本卷第103页)。马克思还论述了无产阶级革命的同盟军问题,强调工人阶级与劳动农民及其他非无产阶级群众的联盟,是无产阶级取得胜利和建设没有剥削的新社会制度的重要条件。

巴黎公社一宣布成立,马克思就开始搜集和研究关于公社活动的各种材料,并建议国际工人协会总委员会发表一篇告全体会员的宣言。受总委员会的委托,马克思于1871年4月18日后着手起草这一宣言,一直持续到5月底。他先写了《法兰西内战》初稿和二稿(摘要见本卷第132—168页),从5月6日起开始定稿。1871年5月30日,即巴黎最后一个街垒陷落两天后,总委员会一致批准了马克思宣读的《法兰西内战》的定稿文本。6月初,马克思又对这一宣言的第四部分的某些段落作了补充和加工。

《法兰西内战》是用英文写的,最初于1871年6月13日前后在伦敦印成小册子,同年又出了第二版和第三版。在第二版中改动了几处正文,增加了《附录》的第二部分。

1871—1872年,《法兰西内战》先后被译成德文、法文、俄文、意大利文、西班牙文、荷兰文、佛拉芒文、塞尔维亚—克罗地亚文、丹麦文和波兰文,在欧洲各国和美国的期刊上发表,同时还出版了单行本。1872年在布鲁塞尔出版了根据英文第三版翻译的法文版,马克思校订了译文,作了大量修改,并重新翻译了某些段落。

这部著作1871年由恩格斯译成德文出版。1876年,为了纪念巴黎公社五周年,再版了《法兰西内战》的德文本。1891年,柏林《前进报》出版社为纪念巴黎公社二十周年出版了《法兰西内战》德文第三版(纪念版),恩格斯重新校订了译文,并为该版写了导言。恩格斯把马克思写的国际工人协会总委员会关于普法战争的两篇宣言一并收入这一版。此后在《法兰西内战》的各种文字的单行本中,均收有这两篇宣言。

恩格斯在为1891年《法兰西内战》德文第三版写的导言中阐明了马克思在书中对巴黎公社经验所作的总结的重大理论意义;进一步论述了巴黎公社的历史作用和失败原因,分析了布朗基派和蒲鲁东派对公社的影响;高度评价了公社公职人员由普选产生并可随时撤换、公职人员只领取相当于熟练工人的工资这两项措施,认为这是"防止国家和国家机关由社会公仆变为社会主人"的可靠办法;阐明了巴黎公社的无产阶级专政性质:"你们想知道无产阶级专政是什么样子吗?请看巴黎公社。这就是无产阶级专政。"(见本卷第55、56页)

《法兰西内战》的第一个中译本由吴黎平、刘云(张闻天)翻译,1938年延安解放社出版。——43。

58 这篇导言是恩格斯为柏林《前进报》出版社在1891年巴黎公社二十周年纪念日出版的马克思的著作《法兰西内战》德文第三版(纪念版)而写的。最初,恩格斯的导言经他本人同意以《论法兰西内战》为标题发表在1890—1891年《新时代》杂志第9年卷第2册第28期上。发表时,编辑部把原稿最后一段中"社会民主党的庸人"一语改成了"德国的庸人"。从理·费舍1891年3月17日给恩格斯的信可以看出,恩格斯并不同意编辑部对原稿作任意改动,但是,大概为了使自己的著作在同一时期发表的几种文本不出现异文,他在单行本中仍保留了改换的字眼。本卷恢复了恩格斯原稿的用语。——43。

59　指 1813—1814 年德国人民反对拿破仑统治的民族解放战争。——44、60。

60　蛊惑者是对 19 世纪 20 年代德国知识分子反政府运动的参加者的称呼。他们组织政治性的示威游行,反对德意志各邦的反动制度,提出统一德国的要求。1819 年大学生桑德刺杀神圣同盟(见注 264)的拥护者和沙皇代理人科策布,这一事件成了镇压所谓"蛊惑者"的借口。1819 年 8 月德意志各邦大臣在卡尔斯巴德召开联席会议,通过一项对付所谓"蛊惑者阴谋"的专门决议,从此"蛊惑者"这一称谓便流传开来。到了 30 年代,由于受法国 1830 年革命的影响,德国及欧洲各国的反政府运动和革命运动又高涨起来,所谓的"蛊惑者"又受到新的迫害。——44。

61　非常法或反社会党人法,即反社会党人非常法,是俾斯麦政府在帝国国会多数的支持下于 1878 年 10 月 19 日通过并于 10 月 21 日生效的一项法律,其目的在于反对社会主义运动和工人运动。这项法律将德国社会民主党置于非法地位,党的一切组织、群众性的工人组织被取缔,社会主义的和工人的刊物被查禁,社会主义文献被没收,社会民主党人遭到镇压。但是,社会民主党在马克思和恩格斯的积极帮助下战胜了自己队伍中右的和"左"的机会主义倾向,得以在非常法生效期间正确地把地下工作同利用合法机会结合起来,大大加强和扩大了自己在群众中的影响。在日益壮大的工人运动的压力下,反社会党人非常法于 1890 年 10 月 1 日被废除。——44、183、382、737、748、776。

62　议会反对派(1830—1848 年)是七月王朝时期法国众议院中以奥·巴罗为首的议员集团,这个集团代表工商业资产阶级自由派的政治观点,主张实行温和的选举改革,认为这样做能避免革命并维持奥尔良王朝的统治。这一集团通常被称做王朝反对派。——45。

63　指宴会运动,即 1847 年 7 月—1848 年 1 月之间法国各派政治势力利用宴会形式进行的斗争。七月王朝(见注 161)末期,王朝反对派联合共和派为促进选举改革,征集请愿书签名,举行了大规模的宴会运动,资产阶级民主派也积极参加了这一运动。在宴会上,各派政治势力的代表人物以发表公开演说,致祝酒词等方式陈述政见,宣传改革。第一次公开的宴会于 1847 年 7 月 9 日在巴黎的红宫舞厅举行,所有支持改革的派别都有代表参加,成分相当复杂。在这次宴会上,资产阶级民主派无论从人数方面还是思想方面都表现出极大的优势。宴会运动吸引了社会各个阶层,席卷了法国各个地区,仅 1847 年秋季的两个月内,全法国就举办了 70 次宴会,出席总人数多达 17 000 余人。每次宴会出席者少则数百人,多则千余人。工人代表也组织过自己的宴会。但是,原定于 1848 年 2 月 22 日举行的宴会遭到基佐政府的禁止,因为选举改革的运动给七月王朝带来了威胁。宴会运动为 1848 年资产阶级民主主义的二月革命(见注 18)拉开了序幕。恩格斯针对宴会运动撰写过一系列文章(见《马克思恩格斯全集》中文第 1 版第 4 卷第 381—384、394—402、405—408、423—426 以及 430—437 页)。——45。

64 指正统派、奥尔良派和波拿巴派。

正统派是法国代表大土地贵族和高级僧侣利益的波旁王朝(1589—1792 年和 1814—1830 年)长系的拥护者。1830 年波旁王朝第二次被推翻后,正统派结成政党。在反对以金融贵族和大资产阶级为支柱的当政的奥尔良王朝时,一部分正统派常常抓住社会问题进行蛊惑宣传,标榜自己维护劳动者的利益,使他们不受资产者的剥削。

奥尔良派是金融贵族和大资产阶级的保皇派,是 1830 年七月革命(见注 170)到 1848 年二月革命这一时期执政的波旁王朝幼系奥尔良公爵的拥护者。奥尔良公爵统治时期在历史上被称为奥尔良王朝。

波拿巴派指拿破仑第三路易·波拿巴的拥护者。——46、71、84、110、116、150、158。

65 1851 年 12 月 2 日波拿巴派发动政变,并于 1852 年 12 月 2 日在法国建立了第二帝国(1852—1870 年)的波拿巴政体。第二帝国又称十二月帝国。——46、58、64、82、97、116、128、134、148、163、212、720、769。

66 威廉堡是卡塞尔附近普鲁士国王的一座城堡。色当会战(见注 39)后,法国皇帝拿破仑第三及其随从于 1870 年 9 月 5 日至 1871 年 3 月 19 日被囚禁于此。为自己卷香烟是这些囚犯们的主要活动之一。——47、108。

67 1870 年 9 月 4 日,法军在色当溃败的消息传出后,巴黎的人民群众举行了革命起义,这次行动导致第二帝国制度的垮台和以资产阶级国防政府为首的共和国的成立。——47。

68 法国在 1870—1871 年普法战争失败后,以阿·梯也尔和茹·法夫尔为一方,奥·俾斯麦为另一方于 1871 年 2 月 26 日在凡尔赛签订了法德初步和约。按照初步和约,法国把阿尔萨斯和洛林东部割让给德国,并于1871—1873 年向德国缴付 50 亿法郎的赔款;在赔款付清以前,德国军队继续占领法国的部分领土。正式和约于 1871 年 5 月 10 日在美因河畔法兰克福签订。——48、105、179、242、546。

69 指蒲鲁东的著作《19 世纪革命的总观念》1868 年巴黎版。这部著作第一版于 1851 年在巴黎出版。马克思 1851 年 8 月 8 日给恩格斯的信和恩格斯的著作《对蒲鲁东的〈19 世纪革命的总观念〉一书的批判分析》(见《马克思恩格斯全集》中文第 1 版第 44 卷),对蒲鲁东的观点进行了批判。——53、257。

70 《国际工人协会总委员会关于普法战争的第一篇宣言》是马克思在 1870 年 7 月 19—23 日写成的。

1870 年 7 月 19 日,即普法战争爆发的当天,总委员会委托马克思起草关于这次战争的宣言。宣言在 7 月 23 日的总委员会常委会通过,在 1870 年 7 月 26 日的总委员会会议上被一致批准。宣言首先用英文刊登在伦敦 1870 年 7 月 28 日《派尔-麦尔新闻》第 1702 号上,几天以后以传单的形式印发了 1 000 份。英国的许多地方报纸也全文或摘要转载了宣言。宣言曾送交《泰晤士报》(见注 2)编辑部,但该报拒绝发表。

鉴于宣言第一版很快脱销,1870 年 8 月 2 日总委员会决定再增印 1 000 份。同年 9 月,第一篇宣言又和总委员会关于普法战争的第二篇宣言一起用英文再版;马克思在这一版中更正了第一篇宣言第一版中的几个印刷错误。

8 月 9 日,总委员会成立了一个委员会,负责把第一篇宣言翻译成德文和法文并加以传播。参加这个委员会的有马克思、海·荣克、奥·赛拉叶和约·埃卡留斯。宣言由威·李卜克内西翻译成德文首次发表在 1870 年 8 月 7 日莱比锡《人民国家报》(见注 49)第 63 号上。马克思得到宣言的这个德译文之后,对译文作了彻底的加工,对全文的几乎一半重新进行了翻译。宣言的新的德译文刊登在 1870 年 8 月《先驱》杂志第 8 期,同时印成传单,随后还发表在 8 月 12 日纽约《工人联合报》、8 月 13 日苏黎世《哨兵报》(见注 222)第 26 号、8 月 13 日维也纳《人民意志报》第 26 号以及 8 月 21 日奥格斯堡《无产者报》第 56 号。1891 年纪念巴黎公社二十周年之际,恩格斯在柏林《前进报》出版社出版的《法兰西内战》德文版上刊出了总委员会关于普法战争的第一篇宣言和第二篇宣言,这两篇宣言的译者是路易莎·考茨基,恩格斯对译文进行了校订。

　　总委员会关于普法战争的第一篇宣言用法文发表在 1870 年 8 月 6 日日内瓦《平等报》第 28 号、1870 年 8 月 7 日布鲁塞尔《国际报》第 82 号和 1870 年 8 月 7 日韦尔维耶《米拉波报》第 55 号。由总委员会所设委员会翻译的第一篇宣言的法文本还印成了传单。第一篇宣言于 1870 年 8—9 月用俄文首次发表在日内瓦出版的《人民事业》第 6—7 期上。——57。

71　拿破仑第三政府为了平息广大人民群众的不满,巩固摇摇欲坠的第二帝国政权,于 1870 年 5 月 8 日举行了公民投票(全民投票)。提交表决的问题含有这样一种意思,即对第二帝国的政策表示不赞同,就意味着反对一切民主改革。尽管政府采取了这种蛊惑性的伎俩,但是公民投票反对政府的仍然多达 150 万人,拒绝参加投票的也多达 190 万人。这一结果表明反政府力量仍持续增长。政府在准备公民投票的同时,广泛采取了镇压工人运动的措施,对工人组织竭尽造谣诬蔑之能事,并散布所谓"赤色恐怖"来吓唬中间阶层。

　　国际的巴黎联合会和巴黎工会联合会曾于 1870 年 4 月下旬发表宣言,揭露波拿巴派玩弄所谓公民投票的实质,并号召工人拒绝参加。公民投票前夕,政府以警察捏造的谋刺拿破仑第三的罪名逮捕了巴黎联合会的会员,并以此为借口在法国各城市对国际会员展开大规模的迫害。1870 年 6 月 22 日—7 月 5 日对巴黎联合会会员进行的审判完全证明这一罪名是莫须有的,法国的许多国际会员仅仅因为他们属于国际工人协会,便被波拿巴的法庭判处徒刑。

　　法国政府当局对国际的迫害引起了工人阶级的强烈抗议。——57。

72　《觉醒报》(Le Réveil)是法国左派共和党人的机关报,1868 年 7 月—1871 年 1 月在巴黎出版;起初是周报,1869 年 5 月起改为日报,由沙·德勒克吕兹主编;从 1870 年 10 月起反对国防政府,刊登过国际的文件和有关工人运动的材料。——58。

73　《马赛曲报》(La Marseillaise)是法国左派共和党人的日报,1869 年 12 月 19 日—1870 年 9 月 9 日在巴黎出版;由于采取反对第二帝国统治集团的行动,1870 年 2 月 10—11 日被勒令停刊,5 月 18 日—7 月 20 日被查封,9 月 9 日完全停刊;出版者为昂·罗什弗尔,主编为保·格鲁赛,编辑部成员有安·阿尔诺、西·德雷尔、阿·恩贝尔、昂·罗什弗尔、昂·马雷等人,撰稿人有茹·瓦莱斯、欧·瓦尔兰、古·弗洛朗斯、保·拉法格、维·

罗瓦尔和燕·龙格等人;报纸经常报道国际工人协会在法国和其他国家的活动,刊登国际总委员会的文件。——59。

74 指支持路易·波拿巴掠夺计划的沙文主义示威游行。这次示威游行是波拿巴分子于1870年7月14日在警察的配合下组织的。

十二月十日帮指十二月十日会。该会是波拿巴派的秘密团体,以纪念其庇护人路易·波拿巴1848年12月10日当选为法兰西共和国总统而得名。该组织成立于1849年,主要由堕落分子、政治冒险家、军人等组成。虽然该团体于1850年11月表面上被解散,但实际上其党羽仍然继续进行波拿巴主义的宣传,并积极参加了1851年12月2日政变。马克思在《路易·波拿巴的雾月十八日》(见本选集第1卷)一文中对十二月十日会作了详尽的评述。——59。

75 1870年7月16日在不伦瑞克和7月17日在开姆尼茨举行的工人大会,是德国社会民主工党(爱森纳赫派)(见注231)的领导人为抗议统治阶级的掠夺政策而召开的。

这两次大会的决议引自1870年7月20日《人民国家报》(见注49)第58号。——60。

76 《国际工人协会总委员会关于普法战争的第二篇宣言》是马克思在1870年9月6—9日写成的。

1870年9月6日,国际总委员会研究了由于第二帝国(见注65)崩溃及普法战争进入一个新阶段而形成的新局势,决定就普法战争发表第二篇宣言。为此,成立了一个起草委员会,其成员有马克思、海·荣克、乔·米尔纳和奥·赛拉叶。

马克思起草这篇宣言时,利用了恩格斯寄给他的各种材料,这些材料揭露了普鲁士军阀、容克和资产阶级借口军事战略上的需要而并吞法国领土的野心。总委员会在1870年9月9日召开专门会议,一致通过了马克思起草的这一宣言。宣言被分送到伦敦各资产阶级报刊,然而这些报刊却采取沉默态度,只有《派尔-麦尔新闻》在1870年9月16日摘要刊登了宣言。9月11—13日宣言用英文以传单的形式印发了1 000份。9月底又出版了将第一篇和第二篇宣言印在一起的新版本。这一版改正了第一版的几个印刷错误,也对个别段落的文字作了修改。

第二篇宣言的德文本是由马克思翻译的,他在翻译时删去了个别段落,增加了几句专门针对德国工人说的话。第二篇宣言的这个译本发表在1870年10—11月《先驱》杂志第10—11期、1870年10月8日维也纳《人民意志报》第37号以及1870年10月1日苏黎世《哨兵报》（见注222）第33号，同时还以传单的形式在日内瓦印发。1891年，恩格斯在《法兰西内战》的德文第三版中刊出了第二篇宣言，为该版翻译第二篇宣言的是路易莎·考茨基，恩格斯对译文进行了校订。

第二篇宣言的法译文载于1870年10月23日、12月4日《国际报》第93、99号及1870年9月21日《波尔多论坛报》，并以节译的形式载于1870年10月4日《平等报》第35号，此外，这篇宣言还用佛拉芒文发表于1872年10月16、24日安特卫普《工人报》第51、52号。——64。

77 1618年勃兰登堡选帝侯国与16世纪初由条顿骑士团领地组成并臣属于波兰贵族共和国的普鲁士公国（东普鲁士）合并。勃兰登堡选帝侯作为普鲁士的领主而成为波兰的藩臣，这种关系一直维持到1657年，当时勃兰登堡选帝侯利用了波兰对瑞典作战的困难，使波兰承认了他对普鲁士领地的主权。——66。

78 指1795年4月5日参加了反法同盟的普鲁士同法兰西共和国单独缔结的巴塞尔和约，这一和约的签订导致了欧洲各国第一次反法同盟的瓦解。——67。

79 蒂尔西特和约是拿破仑法国同参加第四次反法同盟的战败国俄国和普鲁士在1807年7月7日和9日签订的和约。和约条件对普鲁士极为苛刻，使普鲁士丧失很大一部分领土，其中包括易北河以西的全部属地。为了分裂战败国，拿破仑没有向俄国提出领土要求，反而使它获得了普鲁士割让的比亚韦斯托克地区，但是亚历山大一世必须承认法国在德国占领的地区和拿破仑在那里所修改的疆界，同意在原来归并于普鲁士的一小块波兰领土上成立华沙大公国（法国企图使之成为进攻俄国的跳板），与普鲁士一样解除与英国的联盟，加入拿破仑的大陆体系。拿破仑第一强行签订的掠夺性的蒂尔西特和约，引起了德国人民的极端不满，从而为1813年反对拿破仑统治的解放运动奠定了基础。——68。

80 1865年10月，俾斯麦和拿破仑第三在比亚里茨会晤。拿破仑第三事实上同意了普鲁士与意大利结盟并对奥地利发动战争。当时拿破仑第三认为，后来发生于1866年的普奥战争将会持续很久，他可以伺机插手，从中渔利。

1870—1871年普法战争开始时，沙皇政府的外交大臣亚·哥尔查科夫在柏林和俾斯麦举行谈判时声明，俄国在战争中将采取有利于普鲁士的善意的中立，并将对奥地利施加外交压力；同时普鲁士政府则答应不给沙皇俄国在东方问题上的政策制造障碍。——69。

81 指德国封建反动势力在拿破仑统治覆灭后取得胜利。

德国和欧洲其他许多国家的人民曾一起参加了反对拿破仑统治的解放战争,然而 1815 年拿破仑被推翻以后,战争的胜利果实却被欧洲封建专制国家中以反动贵族阶级为支柱的统治者们所窃取。以奥地利、普鲁士和沙皇俄国为核心的反革命君主联盟——神圣同盟(见注 264),成了欧洲国家命运的主宰。随着德意志联邦的建立,德国保持了封建割据的局面,巩固了德意志各邦的封建专制制度,保留了贵族阶级的一切特权,加剧了对处于半农奴制下的农民的剥削。——70。

82 指英国工人发动的争取承认 1870 年 9 月 4 日成立的法兰西共和国并在外交上给它以支持的运动。从 9 月 5 日起,伦敦、伯明翰、纽卡斯尔以及其他大城市举行了有广大劳动群众参加的集会和示威游行;工联在这一行动中起了积极的作用。集会和示威游行的参加者表示同情法国人民,并在他们的决议和请愿书中要求英国政府立即承认法兰西共和国。

国际总委员会和马克思本人积极参加了争取承认法兰西共和国运动的组织工作。——72。

83 暗指英国自欧洲封建专制国家于 1792 年开始对革命的法国作战以来,积极参与了促使这些国家结成联盟的活动,并于 1793 年直接参加了这场战争。英国也是欧洲最早承认法国 1851 年 12 月 2 日建立的波拿巴政体的国家。——72。

84 《公报》即《法兰西共和国公报》(Journal officiel de la République française)的简称,是法国政府的官方报纸,主要刊登法律和法令;其前身是 1869 年 1 月 1 日起在巴黎出版的《法兰西帝国公报》(Journal officiel de l'Empire française)。1870 年 9 月帝国灭亡后,以《法兰西共和国公报》的名称出版;从 1871 年 3 月 20 日至 5 月 24 日先后作为国民自卫军中央委员会和巴黎公社的正式机关报出版,但仅在 3 月 30 日的报纸上写有"巴黎公社正式机关报"字样。报纸主编是皮埃尔·韦济尼埃、沙尔·龙格,其成员有古斯塔夫·库尔贝、爱德华·瓦扬。巴黎公社时期,梯也尔政府的报纸也用这个名称在凡尔赛出版。——77、93、113、144、154、157。

85 1871 年 1 月 28 日,俾斯麦同国防政府的代表茹·法夫尔签订了《停战和巴黎投降协定》。——77。

86 投降派是对 1870—1871 年巴黎被围期间那些主张巴黎投降的人的蔑称,

后来在法文中这个词泛指投降主义者。——77、134。

87　指《旗帜报》由于被揭发用欺骗手段筹集资金而停刊。

《旗帜报》(L'Étendard)是法国波拿巴派的周报,于1866—1868年在巴黎出版。——78。

88　动产信用公司是法国的一家大股份银行,由埃·贝列拉和伊·贝列拉兄弟俩于1852年创办并为同年11月18日的法令所批准。动产信用公司的主要目的是充当信贷的中介及参与工业企业和其他企业的创立。该公司广泛地参与了法国、奥地利、匈牙利、瑞士、西班牙和俄国的铁路建设。公司收入的主要来源是依靠自己开办的股份公司在交易所进行的有价证券投机买卖。动产信用公司用发行本公司的股票得来的资金收买各种公司的股票,它自己的股票只是以它持有的其他企业的有价证券作担保,而其他各公司的股票则是以它们本身的财产价值作担保。因此,同一项实际财产产生了双倍的虚拟资本。一种形式是该企业的股票,另一种形式是拨款给该企业并收买其股票的动产信用公司的股票。该公司同拿破仑第三的政府关系密切,并在其庇护下进行投机活动。1867年该公司破产,1871年清算完毕。动产信用公司在19世纪50年代作为新型金融企业出现,是当时这一反动时期特有的产物。在这一时期,交易所买空卖空、投机倒把活动异常猖獗。中欧的其他国家也仿效动产信用公司纷纷建立起类似的机构。——78、149。

89　《自由选民》(L'Électeur libre)是法国的一家周报(普法战争时期为日报),共和派右翼的机关报,1868—1871年在巴黎出版;1870—1871年同国防政府的财政部有联系。——79。

90　1831年2月14日和15日巴黎发生反对正统派和反对教会的行动,这些行动得到外省的响应。为了向在贝里公爵追思弥撒仪式上表现出的正统主义行为提出抗议,群众捣毁了圣日耳曼奥塞鲁瓦教堂和以同情正统派闻名的大主教凯朗的宅邸。奥尔良派的政府出于打击对它抱敌视态度的正统派的目的,没有采取措施干涉群众的行动;捣毁教堂和大主教宅邸时,在场的阿·梯也尔曾关照国民自卫军不要阻止群众的行动。——79。

91　1832年,当时任内务大臣的阿·梯也尔下令逮捕了正统派的法国王位追求者尚博尔伯爵的母亲贝里公爵夫人,随即将她置于严密监视之下,并对她进行了侮辱性的身体检查,目的在于宣扬她的私婚,从而破坏她和她儿子的声誉。——80、158。

92 指当时任内务大臣的阿·梯也尔在镇压 1834 年 4 月 13—14 日反对七月王朝(见注 161)统治的巴黎起义中扮演了卑鄙角色。这次起义是巴黎工人以及部分依附于工人的小资产阶级,在共和派秘密的人权协会领导下进行的。在镇压这次起义时,军人集团犯下了种种暴行,居住在特朗斯诺南街一所房子里的人全部惨遭杀害。梯也尔是起义时及起义失败后对民主派实行残酷镇压的主要指使者。

九月法令是法国政府利用路易-菲力浦 1835 年 7 月 28 日遭谋刺事件于当年 9 月 9 日颁布的法令。这项法令对 1789 年和 1819 年的新闻出版法进行了修订,限制了陪审人员的权利,对新闻出版业采取了多项严厉措施,增加了定期刊物的保证金;规定对发表反对私有制和现行政治体制言论的人以政治犯罪论处并课以高额罚款。——80。

93 1840 年底,陆军大臣尼·让·苏尔特在众议院提出一项加强巴黎防务的法案,计划用 14 000 万法郎来修筑防御设施。阿·梯也尔当时被任命为负责审查该项法案委员会的主席,他于 1841 年 1 月 30 日在众议院对这一计划的实施进行了论证。梯也尔借口必须加强巴黎的防御工事,使这项法案得以具体实施。革命民主派认为这是以加强巴黎防务为借口,对人民运动实行镇压而采取的预备措施。当时曾有人指出,正是为了这一目的,梯也尔的计划才规定在巴黎东部和东北部的工人区附近构筑大批特别坚固的堡垒。——80。

94 1848 年 1 月 13 日,意大利西西里岛巴勒莫爆发反对封建专制的人民起义,这次起义揭开了 1848—1849 年意大利各公国爆发的资产阶级革命的序幕。那不勒斯国王斐迪南二世的军队为镇压起义炮击了巴勒莫城。起义于 5 月 15 日被镇压。同年秋天,斐迪南二世的军队又炮轰墨西拿。斐迪南二世因此获得"炮弹国王"的绰号。——80。

95 指 1849 年 5—7 月武装干涉罗马共和国一事。1848 年秋,在欧洲革命的影响下,意大利境内重新掀起反对奥地利统治和争取统一的民族解放运动。1848 年 9 月 16 日,罗马爆发人民起义。1849 年 2 月 9 日,罗马由全民投票产生的制宪议会废除了教皇的世俗权力并宣布成立共和国,政权集中在以朱·马志尼为首的三执政手中。此后,庇护九世逃往那不勒斯的要塞加埃塔,卡芬雅克同意他到法国避难。得到法国政府支持的庇护九世于 1848 年 12 月 4 日号召所有天主教国家共同镇压罗马革命者,那不勒斯和奥地利立即响应。法国政府 1849 年 4 月派出了由尼·乌迪诺将军率领的所谓意大利远征军。4 月 27 日法军在意大利要塞港口奇维塔韦基亚登陆,4月30日被朱·加里波第领导的罗马共和国军队击退,双方签订了停火协议。6月3日,乌迪诺撕毁协议,再次炮击罗马。法军于1849年7月1日占领罗马城。由于法国、奥地利和那不勒斯的武装干涉,罗马共和国于1849年7月3日被推翻。——81。

96 指资产阶级共和派政府残酷地镇压1848年6月23—26日巴黎无产阶级的起义(见注20)。对起义的镇压,造成了反革命势力的猖獗,使保守的帝制派地位更加巩固。——81、89、96、119。

97 秩序党是1848年由法国两个保皇派,即正统派和奥尔良派联合组成的保守的大资产阶级政党,从1849年到1851年12月2日政变,该党在第二共和国的立法议会中一直占据领导地位。——81、106、145、150、157、163。

98 1840年7月15日英国、俄国、普鲁士、奥地利和土耳其在没有法国参加的情况下,在伦敦签订了关于援助土耳其苏丹反对法国所支持的埃及统治者穆罕默德-阿里的公约,造成了法国外交政策上的孤立以及法国同欧洲各国反法同盟之间发生战争的危险,但是路易-菲力浦国王未敢发动战争,并不得不放弃对穆罕默德-阿里的支持。阿·梯也尔当时是法国首相。——82。

99 阿·梯也尔企图加强凡尔赛军队来镇压革命的巴黎,他曾要求俾斯麦允许他扩大部队员额(按照1871年2月26日签订的初步和约,梯也尔的部队总人数不得超过4万人)。梯也尔政府向俾斯麦保证军队只用来镇压巴黎的起义,于是按照1871年3月28日签订的鲁昂协定,获准将凡尔赛军队的人数增至8万,不久以后,又增至10万。德国司令部遵照这些协议,急忙将法国战俘(主要是在色当和梅斯投降的部队)遣送回国。凡尔赛政府把这些部队安置在秘密营中,向他们灌输仇恨巴黎公社的思想。——82、135。

100 在第二帝国时期,正统派得不到人民支持,只能采取等待时机的策略,出版一些批评性小册子。他们在1871年参加了反革命势力对巴黎公社的镇压以后才开始活跃起来。——84。

101 千年王国是基督教用语,指世界末日到来之前,基督将再次降临,在人间为王统治一千年,届时魔鬼将暂时被捆锁,福音将传遍世界。此语常被用来象征理想中的公正平等、富裕繁荣的太平盛世。——84、374、536。

102 无双议院是1815—1816年波旁王朝复辟初期由极端反动分子组成的法

国众议院。——84、108、158。

103 "乡绅议会"在马克思的原稿中是"assembly of rurals"（"rurals"相当于法文"les ruraux"），意即"乡绅会议"、"乡绅议会"。这是对1871年2月12日在波尔多召开的法国国民议会的蔑称。该议会的绝大部分议员都是保皇党人，即在农村选区当选的地主、官吏、食利者和商人。"乡绅议会"的议员被称做"乡绅议员"。——85、86、98、113、145、150。

104 指俾斯麦提出的作为初步和约条件之一的赔款要求，参看注68。——85。

105 指当时的国民议会图谋迁都一事。1871年3月30日，伦敦《每日新闻》第7774号曾载文论及这一情况。文章作者认为，巴黎无论就自然条件或历史条件而言，都是法国的中心，它体现着法国的领土、政治、精神、社会等方面的统一，取消巴黎的首都地位就等于在精神上砍去法国的头颅。——85。

106 1871年3月10日，国民议会通过了一项关于超期票据的法令。此项法令规定，1870年8月13日—11月12日立的借约可延期7个月偿付；11月12日以后立的借约不得延期偿付。这就意味着，此项法令实际上不仅没有给予负债者即工人和居民中比较贫困的阶层延期偿付的权利，而且还使许多小工商业者遭到破产。

在巴黎围城时期，房租缴纳时间从一年中的一个季度拖延到另一个季度。1871年3月底房租又一次到期。阿·梯也尔和茹·杜弗尔提出的办法是授权房主，如房租已两年未付，可将房客赶走，并没收其家具和物品。国民议会对房租问题未作出任何决议。——85。

107 十二月分子指1851年12月2日波拿巴政变的参加者和拥护者。约·维努瓦直接参加了政变，他曾用军队镇压法国一个省的共和派起义。——85。

108 耶稣会是天主教的修会之一，以对抗宗教改革运动为宗旨。耶稣会会士以各种形式渗入社会各阶层进行活动，为达到目的而不择手段，在欧洲声誉不佳。——86、131、470、477、589。

109 根据报纸的报道，从阿·梯也尔政府决定发行的内债中，梯也尔本人及其政府的其他成员应当得到3亿多法郎的"佣金"。梯也尔后来承认，和他商谈借债的金融界代表曾要求迅速扑灭巴黎的革命。凡尔赛军队镇压了巴黎公社以后，发行内债的法令于1871年6月20日被通过。——86。

110 卡宴是法属圭亚那的首府,法国流放政治犯的地方。大批政治犯在这里被折磨致死,故有"不流血的断头台"之称。——87。

111 《国民报》(Le National)是法国的一家日报,1830 年由路·阿·梯也尔、弗·奥·玛·米涅和阿·卡雷尔在巴黎创刊;1834—1848 年用《1834年国民报》(Le National de 1834)的名称出版;40 年代是温和的共和派的机关报;1848—1849 年革命时期聚集在报纸周围的有阿·马拉斯特、路·安·加尔涅-帕热斯和路·欧·卡芬雅克等资产阶级共和党人;1851 年停刊。——89、129。

112 1870 年 10 月 31 日,当梅斯投降,布尔歇失守,阿·梯也尔受国防政府之命开始同普鲁士人谈判的消息传来以后,巴黎工人和一部分革命的国民自卫军举行起义,他们占领了市政厅,建立了以奥·布朗基为首的革命政权机关。在工人的压力下,国防政府不得不答应辞职,并决定于 11 月 1日举行公社的选举。但是,由于巴黎的革命力量尚未充分组织起来,领导起义的布朗基派与小资产阶级民主派雅各宾分子之间存在意见分歧,国防政府乘机借助于当时仍然拥护它的那部分国民自卫军,重新占据了市政厅,背弃了辞职的诺言,恢复了自己的政权。——89、132。

113 路·特罗胥指挥的由布列塔尼兵组成的部队,也被称做布列塔尼别动队,这支部队被当做宪兵部队镇压了巴黎的革命运动。

　　科西嘉兵是第二帝国宪兵队的重要组成部分。——90、133、162。

114 1871 年 1 月 22 日,巴黎无产阶级和国民自卫军在布朗基派的号召下采取了新的革命行动,他们前往市政厅,要求解散政府,成立公社。国防政府命令守卫市政厅的布列塔尼别动队枪杀示威群众,逮捕游行者,下令封闭巴黎所有的俱乐部,禁止群众集会,勒令许多报纸停刊,血腥地镇压了这场革命运动。——90。

115 法语 sommations 一词有"警告"、"勒令"等含义,这里是指法国政府为了驱散示威和集会而采取的一种警告形式。根据 1831 年的法令,以鼓声或喇叭声发出的这种警告重复三次以后,政府就有权使用武力。国民自卫军沿用了法国政府过去的做法。

　　骚乱取缔令是英国 1714 年颁布并于 1715 年生效的一项法令。该法令明文规定,禁止 12 人以上的一切"骚乱性集会"。如有这种情况发生,当局有责任提出特别警告,若集会者在一小时内不解散,则可使用武力。——91。

116 根据圣经传说,公元前 2000 年下半年,以色列统帅约书亚的军队围攻耶利哥城时,约书亚令自己的士兵吹响用羊角制成的号角,并随号角声一齐大声呼喊,从而使久攻不破的城墙应声倒塌(《旧约全书·约书亚记》第 6 章)。——91、596。

117 1849 年 6 月 13 日,小资产阶级政党山岳党在巴黎组织了一次和平示威,抗议法国派兵镇压意大利革命,因为共和国宪法规定,禁止动用军队干涉别国人民的自由。这次示威被军队驱散,它的失败宣告了法国小资产阶级民主主义的破产。6 月 13 日以后,当局开始迫害民主主义者,其中包括外侨,同时许多社会主义报刊遭到查封。——91、719。

118 10 月 31 日起义发生时,国防政府的成员被扣留在市政厅,起义者中有人曾提议将他们枪决,但为起义的领导者古·弗路朗斯所阻止。——93。

119 此段引文出自 1871 年 4 月 5 日的公社法令。按照此项法令,所有被控与凡尔赛方面有勾结的人,其罪行一经查实,一律作为人质关押。巴黎公社采取这项措施的目的,是要阻止凡尔赛军队继续杀害被俘的公社战士。

此法令于 1871 年 4 月 6 日在巴黎《法兰西共和国公报》(见注 84)第 96 号上发布,4 月 7 日,伦敦的《每日新闻》(见注 155)作了报道。——93。

120 等级授职制是中世纪封建主授予藩属封地或神职的制度,其特点是等级低的人完全听任等级高的世俗封建主和教会封建主的摆布。——100。

121 中世纪公社是西欧中世纪中期开始出现的城镇自治制度,实行自治的城镇因而也叫做公社。这种公社虽然实行自治,但真正的统治权仍然掌握在有产阶级手中。18 世纪末法国资产阶级革命时期,巴黎及其他城市的自治机构也叫做公社。1871 年的巴黎公社则具有完全不同的性质,它是无产阶级专政的国家形式之一。——100。

122 吉伦特派是 18 世纪末法国资产阶级革命时期的一个政治集团,代表大工商业资产阶级和在革命时期产生的地主资产阶级的利益。该派的许多领导人在立法议会和国民公会中代表吉伦特省,因此而得名。吉伦特派借口保卫各省实行自治和成立联邦的权利,反对雅各宾政府以及拥护政府的革命群众。——100。

123 《喧声》(Kladderadatsch)是德国的一家讽刺性画刊,1848—1944 年在柏林出版。

《笨拙,或伦敦喧声》(Punch, or the London Charivari)是英国资产阶

级自由派的幽默周刊,简称《笨拙》,1841 年在伦敦创刊,主编是威·梅·萨克雷。

　　这里,马克思是在对两份杂志进行类比。——101。

124 1870 年 12 月 21 日,英国著名科学家托·赫胥黎曾向伦敦国民教育局提出一项建议,认为该局秘书的薪金应该定为每年 1 000 英镑。后来此职位的年薪被定为 800 英镑。——104。

125 指 1871 年 4 月 16 日巴黎公社颁布的关于一切债务延期三年偿付并取消利息的法令。这项法令在经济上缓和了小资产阶级的困境,不利于放债的大资本家。——104。

126 1848 年 8 月 22 日制宪议会否决了关于"友好协议"的法案,该法案规定凡能证明是因革命造成业务停滞而沦于破产的债务人可延期偿还债务。法案被否决使很大一部分小资产阶级彻底破产,不得不忍受大资产阶级债主们宰割。——104、149。

127 无知兄弟会是对 1680 年产生于法国兰斯的一个宗教团体的蔑称。该团体的成员承担了教育穷人子弟的义务;在这个团体所办的学校里,学生主要接受宗教教育,得不到其他方面的知识。马克思以此暗指资产阶级法国的初等教育水平很低,而且具有教权主义性质。——104。

128 指外省共和联盟。这是一个由居住在巴黎的外省小资产阶级人士组成的政治组织,大约于 1871 年 4 月中由让·巴·米里哀尔创立。该组织曾号召各省支持巴黎公社,反对凡尔赛政府和保皇派的国民议会,主张实行民主改革,其宗旨是巩固共和国制度,确保公社的独立性。——104、148。

129 引自巴黎公社的《告农村劳动者书》,这份文献曾于 1871 年 4 月—5 月初刊登在公社的各报上,并以传单形式单独印发。——105。

130 查理十世的反动政府于 1825 年 4 月 27 日颁布了一项法令,规定对在法国资产阶级革命时期被剥夺地产的前流亡者给以赔偿,赔偿总额约 10 亿法郎。这笔赔偿费大部分落到了法国大地主、高级宫廷贵族手中。——105、145。

131 1848 年 3 月 16 日,法国资产阶级临时政府决定对各种直接税每 1 法郎增加 45 生丁(100 生丁合 1 法郎)附加税。这种附加税的负担主要落在了农民身上。资产阶级共和派采取的这种政策使大地主和天主教僧侣借机策动农民反对巴黎的民主派和工人,壮大了反革命势力。——105、145。

132 指下列法律:将法国分为若干军区和授予各军区司令以处理地方事务的广泛权力的法令;授予共和国总统以任免区长的权力的法案;将农村教师置于省长控制之下的农村教师法;加强僧侣对教育的影响的国民教育法。马克思在《1848年至1850年的法兰西阶级斗争》(见本选集第1卷)中,对这些法律曾加以阐述。——106、146。

133 旺多姆圆柱又称凯旋柱,是为了纪念拿破仑第一的战功,于1806—1810年在巴黎旺多姆广场修建的。整个圆柱全部用缴获的武器上的青铜制成,顶上有一座拿破仑雕像,雕像在复辟时期被拆除,但在1833年又复原。1871年根据巴黎公社的决议,旺多姆圆柱作为军国主义的象征被推倒。1875年圆柱又被资产阶级政府修复。——107、156。

134 1871年5月5日《口令报》公布的材料揭露了修道院的种种罪行。经调查发现,巴黎圣安东郊区的毕克普斯女修道院有把修女长年监禁在小修道室里的情况,并找到了刑具。在圣洛朗教堂发现一个存放尸骨的秘密地窖,这是凶杀的证据。公社为反宗教宣传而出版的小册子《教士罪行录》也公布了这些材料。——108。

135 在外地主(来自"absentee"——"缺席者"一词)通常指那些在爱尔兰拥有地产却长期居住在英格兰的地主。他们把地产交给土地代理人管理,或者出租给靠投机获利的经纪人,这些经纪人再以苛刻的条件转租给小佃户。——109。

136 法语francs-fileurs直译是:"自由逃亡者",是对巴黎被普鲁士军队包围时从城里逃出的资产者的讽刺性称呼,因francs-fileurs的读音与francs-tireurs(自由射手,即积极参加反普鲁士斗争的法国游击队员)相近,所以听起来就更具讽刺意味。——111、120。

137 科布伦茨是德国西部的一座城市,在18世纪末法国资产阶级革命时期是流亡的贵族保皇党人策动对革命的法国进行干涉的中心。得到封建专制国家支持的、以路易十六极端反动的大臣沙·卡龙为首的流亡政府就设在这里。——112。

138 朱安兵原指18世纪末法国资产阶级革命时期,法国西北部发生的反革命叛乱的参加者。巴黎公社时期,公社战士把由沙雷特率领对公社战士作战、怀有保皇情绪的一支凡尔赛军队称做朱安兵,他们都是从布列塔尼招募来的。——112。

139 朱阿夫兵是法国的一种轻步兵("朱阿夫"的称呼来自阿尔及利亚的一个

部落的名称)。朱阿夫兵是 19 世纪 30 年代法国在阿尔及利亚建立的一支殖民地部队,起初由当地人和法国人组成,后来全部由法国人组成,但仍保持原有的东方服饰。教皇的朱阿夫兵指 1860 年仿效朱阿夫兵组织和训练的教皇警卫团,由法国贵族青年的志愿兵组成。在意大利军队占领罗马并废除教皇的世俗权力之后,教皇的朱阿夫兵于 1870 年 9 月被调往法国,改编为"西方志愿军团",在卢瓦尔第一军团和第二军团的编制内参加了对普军的战斗。1871 年,这个军团曾参与镇压巴黎公社,以后被解散。——112。

140　巴黎的无产阶级革命产生了巴黎公社。在这一革命的影响下,里昂、马赛以及法国许多其他城市也爆发了人民群众的革命运动。1871 年 3 月 22 日,里昂的国民自卫军和工人占领了市政厅。3 月 26 日巴黎代表团到达以后,里昂便宣布成立公社并选举了由五人组成的地方委员会。该委员会尽管拥有一些武装力量,但是由于同人民群众和国民自卫军缺乏足够的联系,最终丧失了自己的权力。里昂工人于 4 月 30 日再次发动起义,遭到军队和警察的残酷镇压。

　　马赛的起义居民于 1871 年 3 月 23 日占据了市政厅,逮捕了省长,成立了省委员会,并决定于 4 月 5 日进行公社选举。马赛的革命起义于 4 月 4 日遭到政府军队镇压。——114。

141　指茹·杜弗尔在 1839 年 5 月共和派秘密组织四季社举行武装暴动期间,为巩固七月王朝(见注 161)而进行的活动,及其在 1849 年 6 月第二共和国时期反对在野的小资产阶级山岳派时所起的作用。

　　1839 年 5 月 12 日,以奥·布朗基和西·巴尔贝斯为首的四季社筹划的巴黎武装暴动,由于没有依靠群众,并且带有密谋性质,因而遭到政府军队和国民自卫军的镇压。为了扑灭革命组成了一个新内阁,杜弗尔为内阁成员之一。

　　1849 年 6 月,山岳派反对共和国总统路易·波拿巴的活动所造成的政治危机日益加剧,当时身为内务部长的杜弗尔提议发布一系列法令,以对付一部分革命的国民自卫军、民主主义者和社会主义者。——115。

142　指国民议会 1871 年 7 月 6 日正式通过的《报刊违法行为惩办法令》,此项法令使以前反动的新闻出版法(1819 年和 1849 年)的条款重新生效,规定对那些发表反对政府言论的出版物实行严厉的惩罚,直至查封;此外还有关于以前被撤职的第二帝国官员复职的法令以及关于追还被公社没收的财产并把没收财产之举定为刑事犯罪的特别法令。——115。

143 由茹·杜弗尔提出并于 1871 年 4 月 6 日在国民议会通过的关于军事法庭审判程序的法令,进一步简化了 1857 年军事法典上规定的审判程序。法令确认部队司令和陆军部长有权直接进行司法追究,而不必经过预审,在这种情况下,定案(包括审阅上诉书)和执行判决在 48 小时内即可结束。——115。

144 指 1860 年 1 月 23 日签订的英法商约。商约规定,法国放弃保护关税政策,不再禁止英国货进口,只是对英国货征收 30% 的进口税,而法国向英国出口的货物大部分可以免税。商约签订以后,英国货大量涌入法国,大大加剧了法国国内市场的竞争,引起了企业家的不满。——116。

145 指公元前 1 世纪古罗马社会政治斗争尖锐化时期,两度出现的血腥迫害和恐怖统治的局面。

苏拉专政(公元前 82—79 年)——苏拉是奴隶主贵族拥戴的独裁者,在他专政的时期曾大规模地屠杀自己的政敌。他第一次宣布了公敌名单,凡列入名单者,无需审判即被处死。

罗马前后三头执政(公元前 60—53 年及 46—43 年)是分别由三个最有威望的罗马军队统帅分掌政权的专政。前三头执政是庞培、凯撒和克拉苏,后三头执政是屋大维、安东尼和李必达。三头执政是为消灭罗马共和国以及建立罗马单一的君主政权而采取的行动的一个阶段。三头执政广泛地采用了从肉体上消灭敌人的手段。——119。

146 托利党是英国的政党,于 17 世纪 70 年代末 80 年代初形成。1679 年,就詹姆斯公爵(后来的詹姆斯二世)是否有权继承王位的问题,议会展开了激烈的争论。拥护詹姆斯继承王位的议员,被敌对的辉格党人(见注 350)讥称为托利。托利(Tory)为爱尔兰语,原意为天主教歹徒。托利党坚持反动的对内政策,维护国家制度中保守和腐朽的体制,反对国内的民主改革,曾与辉格党轮流执政。随着英国资本主义的发展,托利党逐渐失去它先前的政治影响和在议会中的垄断权。1832 年议会改革使资产阶级代表人物进入议会。1846 年废除谷物法(见注 435),削弱了英国旧土地贵族的经济基础并造成了托利党的分裂。19 世纪 50 年代末 60 年代初,在老托利党的基础上成立了英国保守党。——119。

147 指《旗帜报》(The Standard)。《旗帜报》是英国保守派的日报,1827 年—约 1917 年在伦敦出版,1857—1905 年曾出版晚刊《旗帜晚报》(The Evening Standard),1905 年起将晚刊更名为《旗帜晚报和时代新闻》(Evening Standard and Times Gazette)。——119、128。

148　《巴黎报》(Journal de Paris)是法国的一家周报,1867 年起在巴黎出版,拥护保皇党奥尔良派。——120。

149　英美战争期间,英军占领华盛顿后,于 1814 年 8 月纵火焚毁了国会大厦、白宫和首都的其他公共建筑。

英国和法国对中国进行殖民战争期间,英法联军于 1860 年 10 月劫掠并焚毁了北京的圆明园——中国建筑和艺术的精华。——121。

150　1812 年,拿破仑以 50 万大军进攻俄国。9 月 7 日在莫斯科附近的博罗季诺会战中,俄军被迫放弃并焚毁莫斯科,并切断了拿破仑军队的后路,使之陷于饥寒交迫被围困的绝境而不得不引军后退。俄军乘机反攻,拿破仑军队溃败,仅 2 万余人得以逃生。——122。

151　汪达尔是古代日耳曼的一个部落,曾多次与罗马作战,公元 455 年占领罗马,破坏了无数文物。汪达尔行为指破坏文物的行为。——122。

152　在古罗马,帝王或将相私人的、享有特权的近卫军被称为御用军。罗马帝国时期,御用军经常参与内讧,并扶助主子登上王位。后来,"御用军"一词就成为横行霸道的雇佣兵和军阀的同义语。——123。

153　马克思把普鲁士于 1849 年 1—2 月根据普鲁士国王在 1848 年 12 月 5 日反革命政变日钦赐的宪法所选举的议会称做普鲁士的"无双议院",因为它同 1815—1816 年法国的"无双议院"(见注 102)极为相似。根据这部宪法,该议会由享有特权的第一议院即"贵族院"和第二议院组成,只有所谓"独立的普鲁士人"才能参加第二议院的两级选举,这就保证了容克官僚集团和右翼资产阶级分子在第二议院中的优势。1849 年选入第二议院的俾斯麦是该院极右派容克集团的首领之一。——123。

154　圣灵降临节在复活节后的第七个星期日,约在春末夏初,是基督教重大节日之一。这里是指 5 月 28 日,即公社的最后一日。——124。

155　《每日新闻》(The Daily News)是英国自由派的报纸,曼彻斯特学派(见注 251)的机关报,工业资产阶级的喉舌;1846 年 1 月 21 日由威·黑尔斯在伦敦创刊,1909 年起同时在伦敦和曼彻斯特出版,1930 年停刊;第一任编辑为查·狄更斯,继任的编辑有约·福斯特、哈·马蒂诺(1852—1866)、亨·约·林肯、总编辑约·鲁宾逊(1868—1901)、编辑阿·加德纳(1902—1919)等;报纸支持自由派的观点,1861 年美国内战(见注 6)爆发后,它是英国报纸中唯一支持北方的报纸;19 世纪 70—80 年代马克思和恩格斯曾为报纸撰稿。——128、226。

156 《时报》(Le Temps)是法国的一家保守派日报,法国大资产阶级的刊物;1861—1894 年在巴黎出版;该报反对第二帝国,反对同普鲁士作战;在第二帝国覆灭后支持国防政府。——128。

157 这封信是马克思和恩格斯起草的国际总委员会就 1871 年 6 月 6 日茹·法夫尔的通告发表的声明。这一声明曾收入《法兰西内战》英文第二、三版以及 1871、1876、1891 年的德文版,也曾单独发表在英、法、德等国许多家报纸上(见《马克思恩格斯全集》中文第 1 版第 17 卷第 392—394 页)。——128。

158 《旁观者》(The Spectator)是英国的一家自由派周报,1828 年起在伦敦出版,后来成为保守派的刊物。——130。

159 由于传闻色当战败(见注 39),巴黎发生革命,帝国于 1870 年 9 月 4 日崩溃,法国许多城市爆发了工人的革命武装起义。其中里昂、马赛、图卢兹等城市成立了人民政权机关——公社。各地方公社,特别是里昂公社,尽管存在的时间很短,都采取了一系列重要的革命措施,如取消警察官僚机构、释放政治犯、实行非宗教的教育、对大资产者征税、无偿发还小当铺中的典当物品等等。国防政府残酷地镇压了这些地方公社。——132、162。

160 1870 年 10 月 31 日的革命事件(见注 112)表明国防政府地位不稳。为了显示自己仍然得到居民的支持,从而巩固自己的地位,国防政府于 1870 年 11 月 3 日在巴黎举行了信任投票。虽然很大一部分居民投票反对政府的政策,但是,由于政府利用实际存在的戒严状态对居民施加压力,进行蛊惑性宣传,使自己仍然获得了多数票。——132。

161 七月王朝指法国 1830 年七月革命(见注 170)至 1848 年二月革命(见注 18)期间国王路易-菲力浦执政时期,即金融贵族和大资产阶级统治时期。——136、164。

162 引自国民自卫军中央委员会 3 月 22 日告巴黎市民书,这一号召书曾以布告的形式发表,并载于 1871 年 3 月 25 日巴黎出版的《号召报》第 650 号以及 1871 年 3 月 25 日《法兰西共和国公报》第 84 号。——141。

163 1789 年 6 月 20 日,第三等级的议员齐集于凡尔赛的网球场。由于当时第三等级会议自行宣布成立国民议会,遭到路易十六政府的反对,因此,第三等级的议员们举行宣誓,表示不制成宪法决不解散。网球场的宣誓成了 18 世纪末预示法国革命即将爆发的事件之一。——151。

164　这个支部指巴黎实证主义无产者协会。协会的纲领带有奥·孔德的资产阶级哲学的倾向。1870 年初，总委员会考虑到该协会的工人成分，吸收它为国际的一个支部，但是对协会的纲领作了尖锐的批判（见马克思 1870 年 3 月 19 日给恩格斯的信）。——151。

165　法伦斯泰尔是法国空想社会主义者沙·傅立叶的理想社会主义社会中生产消费协作社的成员们居住和工作的场所。——153、407。

166　伊加利亚是法国空想共产主义的代表埃·卡贝在他的社会哲学小说《伊加利亚旅行记》中描述的幻想中的共产主义国家。卡贝空想共产主义的信奉者被称做伊加利亚派。——153。

167　巴黎公社时期，反动的《巴黎报》（见注 148）刊登了一篇报道造谣说，国际的巴黎支部依照反德同盟的意旨，开除了国际中的全体德国人（参看《马克思恩格斯全集》中文第 1 版第 17 卷第 312—313 页）。

　　　　反德同盟是 1871 年 3 月法国资产阶级报刊宣传的一个处在酝酿中的政治团体，该团体鼓吹为法国在普法战争中的失败报仇雪耻，挑拨德法两国工人之间的关系。——155。

168　指《市镇通报》（Moniteur des communes）。该报是巴黎公社时期法国政府在凡尔赛以梯也尔政府《公报》（见注 84）的晚版附刊形式出版的报纸。——157。

169　《真理报》（La Vérité）是法国的资产阶级共和派日报，1870 年 10 月—1871 年 9 月 3 日在巴黎出版，起初支持巴黎公社，后来反对公社的社会措施。——161。

170　七月革命指 1830 年 7 月爆发的法国资产阶级革命。1814 年拿破仑第一帝国垮台后，代表大土地贵族利益的波旁王朝复辟，竭力恢复封建专制统治，压制资本主义的发展，限制言论自由和新闻出版自由，加剧了资产阶级同贵族地主的矛盾，激起了人民的反抗。1830 年 7 月 27—29 日巴黎爆发革命，推翻了波旁王朝。金融资产阶级攫取了革命果实，建立了以奥尔良公爵路易-菲力浦为首的代表金融贵族和大资产阶级利益的"七月王朝"（见注 161）。——165。

171　指 1848 年在加利福尼亚和 1851 年在澳大利亚发现了丰富的金矿，这些发现对欧美各国的经济发展产生了重大影响。——166。

172　《关于工人阶级的政治行动》是恩格斯 1871 年 9 月 21 日在国际工人协会

（见注 12）伦敦代表会议上的发言记录。针对巴枯宁分子鼓吹工人运动应放弃政治的错误观点，恩格斯在发言中指出："向工人鼓吹放弃政治，就等于把他们推入资产阶级政治的怀抱。""我们要消灭阶级。用什么手段才能达到这个目的呢？这就是无产阶级的政治统治。"（见本卷第 169页）恩格斯强调工人政党不应当成为资产阶级政党的尾巴，而应当成为独立的政党，应当坚持自己的政治目标，并利用政治自由、集会结社的权利和新闻出版自由作为实现这一目标的斗争武器。

关于工人阶级的政治行动问题是 1871 年 9 月国际伦敦代表会议的主要议题之一。9 月 20 日爱·瓦扬在会上提出了一个决议草案，指出政治问题和社会问题之间有不可分割的联系，必须在政治上团结工人力量。巴枯宁分子安·巴斯特利卡、保·罗班以及西班牙支部代表安·洛伦佐企图阻挠会议讨论这个问题，但遭到失败。在讨论过程中，马克思和恩格斯作了关于工人阶级的政治行动的发言。代表会议委托总委员会起草关于工人阶级的政治行动的新决议草案，总委员会为此于 10 月 7 日成立了一个有恩格斯参加的委员会。新决议草案是由马克思和恩格斯起草的，他们在草案中根据巴黎公社的经验明确指出组织工人阶级独立政党的必要性，认为这是保证社会主义革命胜利以及实现其最终目的——建立无阶级社会的不可缺少的条件。10 月 16 日总委员会批准了恩格斯就这个决议草案所作的报告。

收入本卷的这篇发言记录是恩格斯本人写的，原文是法文，1934 年第一次用俄文发表于《共产国际》杂志第 29 期。——169。

173 《国际工人协会共同章程》是马克思为国际工人协会起草的纲领性文件。章程阐明了国际工人协会的总原则：工人阶级的解放应该由工人阶级自己去争取；工人阶级的解放斗争不是要争取阶级特权和垄断权，而是要争取平等的权利和义务，并消灭一切阶级统治；工人阶级的经济解放是伟大的目标，一切政治运动都应该是实现这一目标的手段；工人阶级的解放需要加强国际合作，要求把分散的工人运动联合起来。章程规定，协会成立的目的是要使协会成为追求共同目标即工人阶级得到保护、发展和彻底解放的各国工人团体进行联络和合作的中心。章程还指出，无产阶级在反对有产阶级的斗争中必须建立与一切旧政党不同的政党，这样才能作为一个阶级来行动，保证社会革命的胜利。章程还对协会的组织机构作了具体规定。

《共同章程》的最初文本是由马克思在 1864 年 10 月用英文写成的，同年 11 月 1 日经中央委员会批准，称为《协会临时章程》（见《马克思恩格斯全集》中文第 2 版第 21 卷）。在 1866 年日内瓦代表大会上,章程经过补充和修改,同附在章程后面的组织条例（见《马克思恩格斯全集》中文第 1 版第 17 卷第 475—485 页）一起由大会批准。1871 年 9 月底 10 月初—11 月初,马克思和恩格斯参照国际历次代表大会以及伦敦代表会议的决议,对章程和组织条例重新作了修订,同时删除了章程和条例中已经过时的提法,形成新的文本。关于无产阶级必须建立独立政党这一条是根据 1872 年海牙代表大会的决议补入章程的。章程和条例的德译本和法译本是在马克思和恩格斯直接参与下翻译的。正式版本称为《国际工人协会的共同章程和组织条例》,其英文版于 1871 年 11 月上半月在伦敦以单行本形式出版,同年 12 月出版了法文单行本;德文版于 1872 年 2 月在莱比锡以单行本形式出版,另外还刊登在 1872 年 2 月 10 日《人民国家报》（见注 49）第 12 号;《人民报》出版社和《平等》周报出版社出版了恩格斯参与翻译的章程和条例的意大利文节译本。——171。

174 1864 年的临时章程在"没有无义务的权利,也没有无权利的义务"这句话的前面还有下面这样一句话:"他们认为,一个人有责任不仅为自己本人,而且为每一个履行自己义务的人要求人权和公民权。"这两句话和前面一整段话都带有宣言性质。由于 1864 年中央委员会为起草国际的纲领性文件而选出的小委员会其他委员的坚持,马克思把这两段话加进了 1864 年临时章程的引言部分（见《马克思恩格斯全集》中文第 2 版第 21 卷第 17 页）。马克思在准备共同章程的 1871 年新版本时删去了"他们认为,一个人有责任……"这句话,并在章程的附录里作了说明（见《马克思恩格斯全集》中文第 1 版第 17 卷第 488 页）。——172。

175 第七条(a)是根据 1872 年海牙代表大会的决议补入本章程的,是对 1871 年伦敦代表会议第九项决议的简要概括。——174。

176 《论土地国有化》是马克思论述土地问题的重要著作。马克思认为,土地问题是个大问题,"工人阶级的未来将取决于这个问题的解决"（见本卷第 175 页）。他批驳了土地私有化的主张,阐明了土地国有化是社会发展的必然要求。他从社会经济的发展、人口的增长和集中、居民需要的不断增加、先进的农业科学技术的应用等方面论述了农业中实行大规模耕作的必要性和优越性,指出大规模耕作即使在目前这种使耕作者本身沦为役畜的资本主义形式下也比分散的小块土地耕作远为优越,因此,"土地国有化已成为一种社会必然"（见本卷第 176 页）。他同时指出:"在一个资产阶级的政权下,实行土地国有化,并把土地分成小块租给个人或工人合作社,这只会造成他们之间的残酷竞争,促使'地租'逐渐上涨,反而为土地占有者提供了新的便利条件,靠生产者来养活自己。"(见本卷第177页)只有在工人阶级掌握政权的国家里,"土地国有化将彻底改变劳动和资本的关系,并最终消灭工业和农业中的资本主义生产方式"。"生产资料的全国性的集中将成为由自由平等的生产者的各联合体所构成的社会的全国性的基础,这些生产者将按照共同的合理的计划进行社会劳动。这就是19世纪的伟大经济运动所追求的人道目标。"(见本卷第178页)

马克思的手稿《论土地国有化》写于1872年3—4月,起因是国际曼彻斯特支部讨论了土地国有化的问题。欧·杜邦在1872年3月3日写信给恩格斯,告诉他该支部的成员在土地问题上思想混乱,并讲述了自己准备的发言要点。他请马克思和恩格斯发表自己的见解,以便他能在支部会议召开之前考虑他们的意见。马克思在手稿中广泛地论述了对土地国有化问题的观点。1872年5月8日,杜邦在支部会上宣读了一个报告,这个报告以《土地国有化。在国际工人协会曼彻斯特支部宣读的一个报告》为标题发表在1872年6月15日《国际先驱报》第11号,当时未指明作者和报告人,但是报告的内容和保存下来的马克思手稿一致。本卷采用发表在《国际先驱报》上的文本,与马克思手稿不同的地方在脚注中作了说明。——175。

177 国际工人协会布鲁塞尔代表大会于1868年9月6—13日举行。马克思直接参加了大会的筹备工作,但没有亲自出席这次大会。参加大会的有英国、法国、德国、比利时、瑞士、意大利和西班牙等国的工人代表近100名。大会通过了一项极为重要的决议:必须把铁路、地下资源、矿井和矿山、森林以及耕地转归公共所有。这一决议说明了法国和比利时的大多数蒲鲁东主义者已转到集体主义立场,标志着在国际中无产阶级社会主义对小资产阶级改良主义的胜利。大会还通过了马克思提出的关于八小时工作日、关于机器的使用、关于对资产阶级和平主义的和平和自由同盟(见注235)代表大会的态度等决议;同时还通过了弗·列斯纳以德国代表团名义提出的关于建议各国工人学习马克思的《资本论》并协助把这部著作从德文译成其他各国文字的决议。——177。

178 《论住宅问题》是恩格斯批判蒲鲁东主义和资产阶级改良主义、阐发科学社会主义理论的重要著作。在这部著作中,恩格斯阐明了马克思主义对解决住宅短缺这类社会问题的立场和观点,揭示了资本主义制度下住房短缺的根源是统治阶级的剥削和压迫,指出:"当资本主义生产方式还存在的时候,企图单独解决住宅问题或其他任何同工人命运有关的社会问题都是愚蠢的。解决办法在于消灭资本主义生产方式,由工人阶级自己占有全部生活资料和劳动资料。"(见本卷第 246 页)在批判蒲鲁东主义者提出的种种"救世计划"的同时,恩格斯还就科学社会主义的一些基本原理作了深刻论述。他根据马克思的剩余价值理论揭露了资产阶级对工人阶级的残酷剥削和掠夺;揭示了资产阶级的法律不过是资本主义社会经济关系的反映,资产阶级国家归根到底是"总资本家",是"有产阶级即土地所有者和资本家用来反对被剥削阶级即农民和工人的有组织的总权力"(见本卷第 240 页);阐明了无产阶级及其政党的斗争目标,强调"无产阶级必须采取政治行动,必须把实行无产阶级专政作为达到废除阶级并和阶级一起废除国家的过渡"(见本卷第 248 页);论述了产生城乡对立的原因以及消除这种对立的必要性和途径,强调消灭城乡对立是工业生产和农业生产的实际要求,"人们只有在消除城乡对立后才能从他们以往历史所铸造的枷锁中完全解放出来"(见本卷第 265 页)。恩格斯从唯物史观出发,批驳了蒲鲁东主义者把工业革命和科技进步说成是一种"祸害"的谬论,指出工业和科技的发展使人的劳动生产力达到了相当高的水平,为消灭阶级和满足社会全体成员的物质文化需要创造了必要条件。他坚决反对为未来社会臆造空想方案,指出:"再没有什么东西比这些预先虚构出来的面面俱到的'实际解决办法'更不切实际的了,相反,实际的社会主义则是对资本主义生产方式各个方面的一种正确的认识。"(见本卷第 272 页)

　　这部论战性著作共分三篇。第一篇的标题是《蒲鲁东怎样解决住宅问题》,写于 1872 年 5 月 7—22 日,是对《人民国家报》上转载的几篇题为《住宅问题》的匿名文章的直接答复。这几篇匿名文章原来发表在奥地利工人报纸《人民意志报》上,后来才知道作者是蒲鲁东主义者、医学博士阿·米尔柏格。1872 年 5 月 7 日,恩格斯写信告诉威·李卜克内西:"只要一有时间,我就立即给你写一篇关于住宅缺乏现象的文章,来反驳《人民国家报》上一系列文章中关于这个问题所陈述的蒲鲁东主义者的荒谬的臆想。"(见《马克思恩格斯全集》中文第 1 版第 33 卷第 457 页)1872 年 10 月,恩格斯写完了第二篇文章《资产阶级怎样解决住宅问题》,批判埃·萨克斯的小册子《各劳动阶级的居住条件及其改良》中宣扬的资产阶级慈善家解决住宅问题的方法。1872 年 10 月 26 日《人民国家报》上发表了米尔柏格反驳恩格斯的文章,恩格斯于 1872 年 12 月写了第三篇文章《再论蒲鲁东和住宅问题》,再次批判米尔柏格的观点。

　　恩格斯的这三篇文章在 1872 年和 1873 年的《人民国家报》上发表后,由该报出版社于 1872 年 12 月—1873 年 3 月间在莱比锡分别出版了单行本。1887 年 3 月,《论住宅问题》在霍廷根—苏黎世出了第二版,恩格斯对这一版作了一些修改和补充,并写了一篇序言。

　　《论住宅问题》曾由曹葆华、关其侗译成中文,1951 年由人民出版社出版。——179。

179　指 1873 年世界经济危机。这次危机席卷了奥地利、德国、北美、英国、法国、荷兰、比利时、意大利、俄国和其他国家,具有猛烈而深刻的特点。在德国,这次危机从 1873 年 5 月以"大崩溃"开始,一直延续到 70 年代末。——179、724、1001。

180　指阿·米尔柏格匿名发表的以《住宅问题》为题的六篇文章,曾载于 1872 年 2 月 3、7、10、14、21 日和 3 月 6 日的《人民国家报》。——180。

181　阿·米尔柏格对恩格斯的文章的答复载于 1872 年 10 月 26 日《人民国家报》第 86 号,标题是《论住宅问题。答弗里德里希·恩格斯》。——180。

182　新马德里联合会是由被巴枯宁分子把持的马德里联合会开除的《解放报》(见注 189)编辑部成员于 1872 年 7 月 8 日成立的。他们被开除的原因是,该报揭露了巴枯宁创建的秘密的社会主义民主同盟在西班牙的活动。保·拉法格积极参加了组建新马德里联合会的工作及其活动。新马德里联合会要求参加西班牙联合会,但遭到拒绝,于是它向国际总委员会提出申请。总委员会于 1872 年 8 月 15 日承认它是国际的一个联合会。新马德里联合会同无政府主义影响进行了坚决斗争,宣传了科学社会主义的思想,为争取在西班牙建立独立的工人政党进行了不懈的努力。恩格斯曾为该联合会的机关报《解放报》撰稿。新马德里联合会的委员们是 1879 年成立的西班牙社会主义工人党的组织者。——181。

183　讲坛社会主义是 19 世纪 70—90 年代一个资产阶级思想流派。该派的代表人物主要是德国的大学教授,他们在大学的讲坛上宣扬资产阶级改良主义。讲坛社会主义的代表有阿·瓦格纳、古·施穆勒、路·布伦坦诺、卡·毕歇尔、韦·桑巴特等人。他们认为国家是超阶级的组织,鼓吹资产阶级和无产阶级之间的阶级和平,主张不触动资本家的利益,逐步实行"社会主义"。因此,讲坛社会主义的纲领仅局限于提出一些社会改良措施,如设立工人疾病和伤亡事故保险等,其目的在于削弱阶级斗争,消除革命以及社会民主党人的影响,使工人同反动的普鲁士国家和解。马克思和恩格斯对讲坛社会主义进行了坚持不懈的斗争,揭露了它反动和反科学的性质。——183、771。

184 指拥有山地、大片沼泽地和荒地的普鲁士莱茵省艾费尔高原区,那里的土壤和气候条件不宜从事农业生产。力量单薄的小农用落后的农业技术进行农业生产,导致周期性的歉收和小农贫困的尖锐化。这里指 1882 年艾费尔高原区由于连年歉收和农产品跌价曾闹过饥荒一事。——184。

185 三十年战争(1618—1648 年)是一次全欧洲范围的战争,由新教徒和天主教徒之间的斗争引起,是欧洲国家集团之间矛盾尖锐化的结果。德国是战争的主要场所,是战争参加者进行军事掠夺和侵略的对象。

三十年战争分为四个时期:捷克时期(1618—1624 年)、丹麦时期(1625—1629 年)、瑞典时期(1630—1635 年)以及法国瑞典时期(1635—1648 年)。

三十年战争以 1648 年缔结威斯特伐利亚和约而告结束,和约的签订加深了德国政治上的分裂。——185、476、564。

186 教父是公元 2—6 世纪基督教界最早的希腊语和拉丁语作家的泛称,意为教会父老。他们的著作大都对后世基督教教义和神学有较深影响。教父的最根本的观点是贬低知识和智力,颂扬无条件的信仰,敌视“异教”,即非基督教的宗教和哲学,特别是古代的唯物主义。——196。

187 “埃及的肉锅”一词源于圣经,传说被奴役的以色列人逃离埃及,行至旷野,饥饿难忍,于是开始抱怨摩西,说他不应该带领他们离开埃及,因为他们在埃及虽然世代为奴,但毕竟可以围着肉锅吃饱肚子。参看《旧约全书·出埃及记》第 16 章第 1—3 节。——198。

188 劳动交换市场即劳动产品公平交换市场,是由英国各城市的工人合作社创办的。第一个这样的交换市场由罗·欧文于 1832 年 9 月在伦敦创办,一直存在到 1834 年。在劳动产品公平交换市场上,劳动产品用以一小时劳动时间为单位的劳动券进行交换。这种在资本主义商品经济条件下,企图不用货币进行交换,并和平过渡到社会主义的乌托邦做法,很快就遭到失败。——204、651、693、788。

189 《解放报》(La Emancipación)是西班牙的一家工人周报,国际马德里支部的机关报,1871—1873 年在马德里出版;1871 年 9 月—1872 年 4 月是西班牙联合会委员会的机关报;曾同西班牙的无政府主义影响作斗争;1872—1873 年,该报刊登过《共产党宣言》、《哲学的贫困》和《资本论》第一卷的个别章节,以及恩格斯的许多文章;1872 年保·拉法格曾担任报纸的编辑。——204。

190 在 1872 年 7 月 3 日《人民国家报》第 53 号上,上面两段是这样写的:

"我们在上面已经看到:租价即所谓的租金由下述几个部分构成:(1)地租;(2)根本不是利息,而是建筑资本的利润;(3)修缮费、维修费和保险费。资本的利息只是在以房屋作抵押而举债的时候才包括在租金内。

现在就是瞎子也一定明白,'房主自己将第一个求售房屋,否则他的房屋就会没有用处,投在房屋上面的资本也就根本得不到好处了'。当然啦,如果废除了预付资本的利息,那就再也没有一个房主能收得自己房屋的一文租金了,这只是因为房租也可以叫做租金。博士就是博士。"

在 1872 年《人民国家报》出版社出版的恩格斯的著作《论住宅问题》第一篇的单行本中,对"资本的利息只是在以房屋作抵押而举债的时候才包括在租金内"这句话加了下面的注释:

"对于一个购买现成房屋的资本家来说,租价中不是由地租和各项费用构成的那部分可以表现为资本的利息。但是事情本身却并不因此而有丝毫改变,而且对事情本身来说,是房主自己把他的房屋租出去,还是他为了同样的目的把房屋卖给另外一个资本家,反正是完全一样的。"

1887 年恩格斯在准备出版这部著作的第二版时,重新校阅了这两段,并做了若干订正。

本卷中这两段话的文字是以 1887 年版为准的。——210。

191 《伦敦新闻画报》(The Illustrated London News)是英国的一家画报,1842 年创刊,每周出一次,曾用其他文字出版。

《海陆漫游》(Über Land und Meer)是德国的一家每周出版的画报,1858—1923 年在斯图加特出版。

《凉亭。家庭画报》(Die Gartenlaube. Illustriertes Familienblatt)是德国的一家小资产阶级派别的文学周刊,1853—1903 年在莱比锡出版,1903—1943 年在柏林出版。

《喧声》见注 123。

射手奥古斯特·库奇克是 1870—1871 年普法战争时期民族主义士兵歌曲的作者、德国诗人哥·霍夫曼的笔名。——214。

192 关于吉斯移民区的文章,载于 1886 年 7 月 3、24 日《社会主义者报》第 45、48 号。

《社会主义者报》(Le Socialiste)是法国的一家周报,1885年由茹·盖得在巴黎创办,1902年以前是法国工人党的机关报,后来是法国社会党的机关报;19世纪80—90年代恩格斯曾为该报撰稿。——224。

193　和谐大厦是以罗·欧文为首的英国空想社会主义者1839年底在英国汉普郡建立的共产主义移民区的名称。移民区一直存在到1845年。——224、653。

194　指德国资产阶级庸俗经济学家阿·瓦格纳在他的许多著作和演说中说的话。瓦格纳声称,普法战争以后,尤其是由于获得50亿法郎的赔款(见注68),德国市场欣欣向荣,从而极大改善了劳动群众的状况。——243。

195　指德国和奥地利两国皇帝和首相1871年8—9月在加斯泰因、伊施尔和萨尔茨堡进行的谈判。在谈判过程中也讨论了同国际斗争的问题,双方就反对社会民主党采取共同措施达成一致协议,俾斯麦提出以警察镇压与政府收买相结合的手段来对付工人运动。在这里恩格斯借用普鲁士政治警察头目威·施梯伯的名字把这些会议称做施梯伯会议,以强调其警察的反动性质。——243。

196　《泰晤士周报》(Weekly Times)是英国的一家自由派报纸,1857年12月起在曼彻斯特出版。——244。

197　在与丹麦社会主义者路·皮奥的通信中,担任国际丹麦通讯书记职务的恩格斯得知,丹麦社会主义者在宣传国际关于土地问题的决议方面取得了巨大的成就。恩格斯在1872年3月中旬给皮奥的信中,对一篇论述通过合作社来组织农业生产的文章给予了很高的评价,这篇文章1871年11月4日发表在哥本哈根《社会主义者报》上。国际的几乎所有报刊都转载了这篇文章。恩格斯强调指出:"在吸收小农和小租佃者参加无产阶级运动这个非常重要的问题上,丹麦人由于当地的条件和政治上的高度发展,现在走在所有其他民族的前面"(见《马克思恩格斯全集》中文第1版第33卷第429页)。——270。

198　《论权威》是恩格斯批判无政府主义的一篇重要著作。在这篇著作中,恩格斯批判了无政府主义主张个人无限自由和否定一切权威的错误观点,阐明了在社会生产和社会活动中确立和维护权威的必要性。他分析了权威和自治的辩证关系,指出:"把权威原则说成是绝对坏的东西,而把自治原则说成是绝对好的东西,这是荒谬的。权威与自治是相对的东西,它们的应用范围是随着社会发展阶段的不同而改变的。"(见本卷第276—

277 页)针对无政府主义者不顾客观的社会条件要求一举废除权威的政治国家，甚至要求把废除权威作为社会革命的第一个行动的谬论，恩格斯指出："革命无疑是天下最权威的东西。革命就是一部分人用枪杆、刺刀、大炮，即用非常权威的手段强迫另一部分人接受自己的意志。获得胜利的政党如果不愿意失去自己努力争得的成果，就必须凭借它以武器对反动派造成的恐惧，来维持自己的统治。"（见本卷第277页）

这篇文章是恩格斯应意大利《人民报》编辑恩·比尼亚米的多次请求，于1872年10月—1873年3月为1873年《共和国年鉴》写的。当时巴枯宁的无政府主义国家观在意大利，尤其是在知识分子中间很有市场，国际在意大利的工作因此而受到很大的阻碍。所以，对巴枯宁的无政府主义进行批判便成了当时意大利工人运动面临的迫切任务。恩格斯于1872年11月将文章寄给了比尼亚米，后因比尼亚米被捕，《共和国年鉴》1873年卷被迫推迟出版，恩格斯的文章也因此丢失。比尼亚米被释放后，请求恩格斯将文章的副本寄去，或者另写一篇文章。恩格斯很快于1873年3月8日将文章寄出。由于手稿没有保留下来，无法确定第二次寄出的文章是否与第一次寄出的文章在内容和文字上完全一致。这篇文章是用法文写的，译成意大利文后发表在1873年12月出版的《共和国年鉴》1874年卷。1894年6月14日，这篇文章再次用意大利文发表在《战斗》第15号，标题是《论权威原则》。

这篇文章的中译文刊载于1923年12月巴黎出版的《少年》第13期，译者署名抱朴，标题为《权力的原理》。——274。

199 指无政府主义分子日益猖獗的活动。这些人在1872年8月4—6日意大利无政府主义组织在里米尼召开的代表会议上，以及1872年9月15—16日在圣伊米耶举行的无政府主义者国际代表大会上，公开作出决议要成立他们自己的组织并与国际工人协会（见注12）总委员会断绝一切关系，同时他们还擅自决定将在纳沙泰尔（瑞士）召集反权威主义的代表大会。

马克思和恩格斯在《社会主义民主同盟和国际工人协会》（见《马克思恩格斯全集》中文第1版第18卷）一文中对上述两次会议作了详细的评述。——274。

200 《政治冷淡主义》是马克思批判巴枯宁主义的一篇重要著作。马克思在文章中批驳了巴枯宁主义关于无产阶级放弃政治斗争和立即"废除国家"的谬论，指出巴枯宁分子散布政治冷淡主义谬论的实质，就是要工人在资产者面前解除武装，充当资本主义社会的忠顺奴仆；就是要捍卫资产阶级剥削无产阶级的自由,反对工人阶级建立自己的革命专政来代替资产阶级专政。文章还驳斥了蒲鲁东及其追随者反对工人运动的种种诡辩,阐述了工人阶级参加政治斗争的意义。

这篇文章是马克思应意大利《人民报》编辑恩·比尼亚米的请求,于1872年12月—1873年1月为《共和国年鉴》写的,由比尼亚米从法文译成意大利文,发表在1873年12月出版的《共和国年鉴》1874年卷。

这篇文章的中译文刊载于1923年7月巴黎出版的《少年》第10期,译者署名抱兮,篇名为《离开政治的性质》。——278。

201　《流亡者文献》是恩格斯阐述欧洲民主运动、工人运动和俄国问题的一组文章。恩格斯在这组文章中介绍了波兰、法国和俄国流亡者对本国发生的革命事件的看法,同时批判了布朗基主义、巴枯宁主义以及其他小资产阶级社会主义关于革命的任务和策略、革命的前途和动力的错误观点。他根据对这些国家的革命运动的分析,论述了欧洲革命的前景,通过对巴黎公社经验的回顾,阐释了无产阶级斗争的战略和策略。

这组文章共五篇,是1874年5月中—1875年4月中写成的,于1874年至1875年陆续发表在《人民国家报》(见注49)上。1894年恩格斯把其中的第一篇、第二篇和第五篇收入《〈人民国家报〉国际问题论文集(1871—1875)》,并分别加了标题。

1939年延安解放社出版了由柯柏年、艾思奇、景林等翻译的《马恩通信选集》,其中收有这组文章的第五篇,篇名为《俄国社会状况》。——285。

202　《波兰人的声明》是《流亡者文献》中的第一篇文章。这篇文章是恩格斯针对波兰流亡者的组织波兰人协会(见注203)1874年5月初在伦敦发表的《波兰流亡者告英国人民书》而写的。恩格斯在文中指出,波兰人民为恢复波兰独立而进行的斗争具有重大意义,支持波兰的解放斗争是国际无产阶级应尽的义务,工人阶级反对剥削阶级统治而进行的斗争是与被压迫民族争取民族解放的斗争紧密联系在一起的。恩格斯还强调指出:"压迫其他民族的民族是不能获得解放的。它用来压迫其他民族的力量,最后总是要反过来反对它自己的。"(见本卷第292页)

1874年5月4日,波兰人协会主席瓦·符卢勃列夫斯基将《波兰流亡者告英国人民书》寄给恩格斯。恩格斯于5月中—6月10日写了这篇文章,发表在1874年6月17日《人民国家报》第69号。1894年这篇文章被收入《〈人民国家报〉国际问题论文集(1871—1875)》,恩格斯加了标题。——285。

203 指波兰民主协会。该协会于1832年在法国成立,是波兰流亡者中左派贵族资产阶级的组织。1836年协会成立了其领导执行机关"集中"。协会于1836年12月4日发表宣言,号召实行"人民革命",呼吁人民起来进行斗争。协会的纲领规定了恢复波兰独立、取消封建徭役和等级不平等、把农民耕种的土地无偿地交归农民自己所有,以及一系列其他进步措施。波兰民主协会积极参加了1846年争取波兰民族解放的克拉科夫起义(见注211)的准备工作。1849年夏季,波兰民主协会在法国被禁止活动以后,伦敦便成了"集中"的驻地,但大部分协会会员仍然留在法国。1862年,由于在波兰建立了准备起义的全国中央委员会,该民主协会便决定解散。——285。

204 《雷诺新闻。政治、历史、文学和一般知识周报》(Reynolds's Newspaper. A Weekly Journal of Politics, History, Literature, and General Intelligence)是英国的一家工人周报,1850年8月由接近宪章派的小资产阶级民主主义者乔·威·麦·雷诺在伦敦创刊,原名《雷诺新闻周报》(Reynolds's Weekly Newspaper);1871年报纸维护巴黎公社的利益,后来成为合作社运动的刊物。——285。

205 第一次瓜分波兰是普鲁士、奥地利和俄国根据1772年8月5日在圣彼得堡签订的协定进行的。奥地利分得了加利西亚,普鲁士分得了瓦尔米亚以及波美拉尼亚、库亚维恩和大波兰区的一部分;利夫兰和白俄罗斯东部的一部分划归俄国。波兰当时失去了29%的领土。——288。

206 波兰1791年宪法是在法国资产阶级革命的影响下制定的,于1791年5月3日经议会通过。这部宪法反映了波兰小贵族中最进步的人士和城市资产阶级的意愿。它废除了联邦议会的决议必须一致通过的原则,改为只要多数通过即可作出决定;禁止小贵族联盟,加强中央行政权;以及扩充军队等。这部宪法没有触动农奴制的基础,贵族仍拥有全部经济特权和政治权力。——288。

207 1836年12月4日波兰流亡者组织波兰民主协会发表宣言,号召实行"人民革命",呼吁人民起来进行斗争,争取废除封建徭役和等级不平等,把农民耕种的土地交归农民自己所有。

1845年底起草并于1846年2月22日以传单形式发表的克拉科夫起义宣言,要求废除农奴制,取消封建赋税并把土地交给农民。

波兰中央民族委员会在1863年1月22日发表的宣言是1863—1864年波兰起义(见注208)的纲领。宣言号召波兰人民拿起武器,要求废除等级和等级不平等,将农民耕种的土地划归他们自己所有,要求以 1772 年确定的疆域为准保持波兰的独立,同时还要求乌克兰、白俄罗斯和立陶宛人民从今以后应该有决定自己命运的权利。——288。

208　1863 年 1 月 22 日在沙皇俄国统治下的波兰王国境内爆发了民族解放起义。起义的领导者是由小资产阶级民主主义者和小贵族分子组成的中央民族委员会,后来改称临时民族政府。起义的参加者有手工业者、工人、青年学生、农民等。临时民族政府颁布的宣言为建立资产阶级民族国家提供了法律基础。宣言声明,全体公民一律平等,并宣告波兰独立;宣言还要求把农民耕种的土地转归农民所有,取消农民的一切封建徭役。在起义的过程中,代表右派势力的小贵族分子在临时民族政府中占优势,他们惧怕人民群众的革命行动,在同沙皇的斗争中表现出动摇性和不彻底性,并寄希望于欧洲各国政府的干涉,同时他们还阻挠农民获得土地、争取解放,因而起义逐渐失去了农民群众的支持。尽管起义者作战英勇,各国进步力量也对起义在物质上和道义上给予了大力支援,但是,由于领导核心不健全,1864 年 4 月在沙皇军队的残酷镇压下,起义终于失败。——289、291。

209　泰申和约是以奥地利为一方,普鲁士和萨克森为另一方于 1779 年 5 月在泰申签订的和约。和约的签订结束了巴伐利亚王位继承战争(1778—1779 年)。根据和约规定,普鲁士和奥地利各获得了巴伐利亚的一些地区,萨克森则得到了赔款。巴伐利亚王位归普法尔茨选帝侯所有。泰申和约确认了以前德意志各邦所签订的、从 1648 年的威斯特伐利亚和约起至 1763 年的胡贝图斯堡条约止的一系列和约。俄国最初充当交战双方的调停人,后来在和约的一项专门条款中和法国一起被宣布为条约所规定的秩序的保证国,实际上获得了干涉德意志各邦事务的权利。——289。

210　克里木战争是 1853—1856 年俄国对英国、法国、土耳其和撒丁的联盟进行的战争。这场战争是由于这些国家在近东的经济和政治利益发生冲突而引起的,故又称东方战争。克里木战争中俄国的惨败重挫了沙皇俄国独占黑海海峡和巴尔干半岛的野心,同时加剧了俄国国内封建制度的危机。这场战争以签订巴黎和约而告结束。——290、552。

211　1846 年 2 月,波兰人民为争取民族解放曾准备举行起义。起义的主要发起人是波兰的革命民主主义者埃·邓波夫斯基等人。但是,由于波兰小贵族的背叛以及起义领袖遭普鲁士警察逮捕,总起义未能成功。仅在从

1815 年起由奥地利、普鲁士和俄国共管的克拉科夫举行了起义。起义者在 2 月 22 日获胜并建立了国民政府,发表了废除封建徭役的宣言。克拉科夫起义于 1846 年 3 月初被镇压。1846 年 11 月,奥地利、普鲁士和俄国签订了关于把克拉科夫并入奥地利帝国的条约。——291。

212 文化斗争这一概念是由左翼自由派医生鲁·微耳和提出的,是对 19 世纪 70 年代以俾斯麦政府与资产阶级自由派为一方,以具有资产阶级分立主义倾向的教会中央党和天主教教会为另一方展开的政治论战的概括。由于内政和外交上的原因,俾斯麦与天主教教权主义势力处于敌对状态。中央党与其他分立主义势力,其中包括进入帝国国会的波兰人结成了联盟,俾斯麦认为这一联盟危及到具有普鲁士特征的、以新教为主的帝国的进一步巩固,因而采取了一系列有针对性的法律措施。

1872 年 3 月 11 日普鲁士颁布了教学监督法,俾斯麦利用这个法律压制波兰居民的文化活动,推行波兰居民的普鲁士化。按照这项法律,普鲁士官员不仅应对波兰神职人员进行监督,而且也应对所有波兰居民的学校进行监督。此外,1872 年 10 月 26 日的一项王室法令以及 1873 年 10 月 27 日由波森省颁布的一项命令还规定,除宗教课以外,德语为波森中等学校和国民学校的教学用语。

在反对天主教的借口下,俾斯麦政府在普鲁士统治下的波兰地区加强民族压迫,同时煽起宗教狂热使一部分工人脱离阶级斗争。80 年代初,在工人运动发展的形势下,俾斯麦为了纠集反动力量,取消了大部分法律措施。——291、297、376。

213 《公社的布朗基派流亡者的纲领》是《流亡者文献》中的第二篇文章。这篇文章是恩格斯针对法国布朗基派流亡者团体"革命公社"1874 年 6 月在伦敦发表的宣言《致公社社员》而写的。恩格斯批判了布朗基主义的错误观点,阐述了无产阶级革命斗争的战略和策略的基本原则;揭露了布朗基派的冒险主义实质,指出布朗基派遵循的原则是:"革命完全不是自行发生的,而是制造出来的;革命是由为数不多的一批人根据预定的计划制造出来的;在任何时刻都可以'马上干起来'。"(见本卷第 294 页)恩格斯阐明了无产阶级革命的长期性、阶段性和复杂性以及共产主义者始终必须坚持的斗争目标,指出:"德国共产主义者所以是共产主义者,是因为他们通过一切不是由他们而是由历史发展进程造成的中间站和妥协,始终清楚地瞄准和追求最后目的:消灭阶级和建立不再有土地私有制和生产资料私有制的社会。"(见本卷第 299 页)

这篇文章完成于1874年6月,发表在1874年6月26日《人民国家报》第73号;同年7月25日又在芝加哥《先驱报》第23号上转载;1894年收入《〈人民国家报〉国际问题论文集(1871—1875)》,恩格斯加了标题。——292。

214　《度申老头》(Le Père Duchesne)是法国的一家周报,1790—1794年由雅各宾派左翼领袖雅·勒·阿贝尔在巴黎出版,反映法国资产阶级革命时期城市半无产阶级群众的情绪。

19世纪70年代的《度申老头》(Le Père Duchêne)是法国的一家日报,1871年3月6日—5月21日在巴黎出版,欧·韦梅希是该报的三个责任编辑之一,该报的方针接近布朗基派,大部分文章出自韦梅希的手笔。这家报纸的名称与阿贝尔出版的报纸名称读音完全一样,只是"度申"一词的拼写稍有区别。——295。

215　指1872年国际海牙代表大会(见注218)以后五名布朗基主义者安·阿尔诺、爱·瓦扬、弗·库尔奈、孔·马丁和爱·马格里特退出了国际,并出版了一本小册子《国际和革命》。——298。

216　《流亡者文献》中的第三篇文章是恩格斯针对《前进!》杂志(见注217)发表的彼·拉甫罗夫的文章而写的。恩格斯在文章中批判了拉甫罗夫的折中主义立场和对巴枯宁主义者的调和妥协态度,阐明了巴枯宁主义对工人运动的危害。恩格斯还强调各国工人运动应当加强国际联系,打破与外界隔绝的封闭状态,努力通过相互影响而获得动力和教益。

1874年3月伦敦出版的俄文评论性杂志《前进!》第2期上刊载了拉甫罗夫的一篇文章,公开指责国际工人协会内部开展的反对巴枯宁主义者分裂行为的斗争,鼓吹无原则的团结,反对革命政党内部进行任何论战。为此,恩格斯在1874年8月初—9月中下旬写了这篇文章,发表在1874年10月6日和8日《人民国家报》第117号和118号。——301。

217　《前进! 不定期评论》(Вперёд! Непериодическое обозрение)是在苏黎世(1873—1874年)和伦敦(1875—1877年)出版的一份俄文杂志,总共出了五卷。1873—1876年杂志的出版者为彼·拉·拉甫罗夫;1877年,第五卷由瓦·尼·斯米尔诺夫和尼·库利亚勃科-科列茨基编辑出版。杂志刊载有关俄国发展状况、国际工人运动、国际总委员会的文件、各国国际支部的材料以及评论马克思和恩格斯著作的文章。——301、311。

218 国际工人协会海牙代表大会于 1872 年 9 月 2—7 日在荷兰海牙举行。和历次代表大会相比,海牙代表大会按其组成来说是最有代表性的大会。出席这次大会的有来自 15 个全国性组织的 65 名代表。这次代表大会在马克思和恩格斯直接领导下,从理论上、组织上彻底揭露和清算了巴枯宁等人反对无产阶级革命、破坏国际工人运动的种种罪恶活动,并决定把巴枯宁等人开除出国际。海牙代表大会的决议为后来建立各国独立的工人阶级政党奠定了基础。——302、353、721。

219 《新自由报》(Neue Freie Presse)是奥地利资产阶级自由派的报纸,由米·埃蒂耶纳和麦·弗里德兰德创办,1864 —1939 年在维也纳出版。——303。

220 指彼·拉甫罗夫匿名出版的论战性著作《致俄国社会革命青年。关于小册子:俄国的革命宣传的任务》1874 年伦敦版。以下恩格斯引用的是该书第 3、17、44—45 页。——308。

221 《流亡者文献》中的第四篇文章是恩格斯对彼·尼·特卡乔夫的诽谤性小册子《给弗里德里希·恩格斯先生的公开信》的答复。恩格斯在这篇文章中批驳了特卡乔夫对他的攻击污蔑,揭露了巴枯宁分子散布的盲动主义和无政府主义观点对工人运动的危害,阐明了俄国革命和欧洲革命的正确方向。

特卡乔夫在小册子中从民粹派的立场出发,宣扬俄国社会发展的所谓"独特性"和"优势"。他脱离欧洲和俄国社会发展的实际情况,断言俄国农村公社有可能轻而易举地使俄国社会实现革命的变革,俄国革命可以通过秘密革命组织的密谋取得胜利。根据马克思和威·李卜克内西的建议,恩格斯于 1875 年 3 月撰写了这篇文章,发表在 1875 年 3 月 28 日和 4 月 2 日《人民国家报》第 36、37 号。——311。

222 《哨兵报》(Die Tagwacht)是瑞士一家社会民主派的报纸,1869—1880 年用德文在苏黎世出版;1869—1873 年是国际瑞士各德国人支部的机关报,后来是瑞士工人联合会和瑞士社会民主党的机关报。——312。

223 指巴枯宁在 1869 年用密码写成的《革命问答》,马克思和恩格斯在《社会主义民主同盟和国际工人协会》一文中引用了这本小册子的全文,并对它作了批判(见《马克思恩格斯全集》中文第 1 版第 18 卷第 471—477 页)。——322。

224 《论俄国的社会问题》是《流亡者文献》中的第五篇文章,是恩格斯论述俄国社会发展和俄国革命前景问题的重要文献。恩格斯用历史唯物主义观点驳斥了俄国民粹派不顾历史发展的客观条件，鼓吹俄国可以借助农村公社直接过渡到社会主义的主张。他指出，俄国的公社所有制随着俄国资本主义的发展正在趋于解体，要使这一社会形式不经过资本主义阶段而实现向高级形式的过渡，必须具备一定的社会历史条件，那就是："西欧在这种公社所有制彻底解体以前就胜利地完成无产阶级革命并给俄国农民提供实现这种过渡的必要条件，特别是提供在整个农业制度中实行必然与此相联系的变革所必需的物质条件"（见本卷第 333 页）。他强调指出："如果有什么东西还能挽救俄国的公社所有制，使它有可能变成确实富有生命力的新形式，那么这正是西欧的无产阶级革命。"（见本卷第 333 页）恩格斯还针对俄国民粹派的错误观点，指出社会生产力的发展是实行现代社会主义变革的基本前提，只有社会生产力发展到很高的程度，才能为消灭一切阶级差别、建立新的社会组织创造必要的先决条件。马克思认为这篇文章是恩格斯 70 年代在《人民国家报》上所发表的"最重要的论文"之一（见《马克思恩格斯全集》中文第 2 版第 25 卷第 441 页）。列宁也认为它是"篇幅虽小，但价值极大的论述俄国经济发展的文章"（见《列宁全集》中文第 2 版第 2 卷第 10 页）。

　　这篇文章是恩格斯在对俄国 1861 年以后农村社会发展的新文献进行深入研究的基础上写成的，写作时间是 1875 年 3 月底—4 月中，发表在 1875 年 4 月 16、18、21 日《人民国家报》第 43、44、45 号，并以《论俄国的社会问题》为标题，于 1875 年 6 月底或 7 月初在莱比锡出版了单行本。恩格斯于 1875 年 5 月下半月为它写了一篇导言（见《马克思恩格斯全集》中文第 2 版第 25 卷第 34—37 页）。这篇文章 1894 年收入《〈人民国家报〉国际问题论文集（1871—1875）》，发表时恩格斯又写了一篇跋（见本选集第 4 卷第 307—321 页）。——323。

225　这段引文和以下几处引文，均引自彼·尼·特卡乔夫的小册子《给弗里德里希·恩格斯先生的公开信》。——323。

226　指格·毛勒的下述著作：《德国马尔克制度史》1856 年埃朗根版；《德国领主庄园、农户和农户制度史》1862—1863 年埃朗根版第 1—4 卷；《德国乡村制度史》1865—1866 年埃朗根版第 1—2 卷。——331。

227　《巴枯宁〈国家制度和无政府状态〉一书摘要》是马克思批判无政府主义的一篇评注。马克思在评注中批判了巴枯宁的无政府主义观点，同时也批判了各种无政府主义学说，阐述了科学社会主义关于国家、无产阶级专政和工农联盟的一系列重要原理。马克思指出,彻底的社会革命是同经济发展的一定历史条件相联系的,这些条件是社会革命的前提;无产阶级必须通过本阶级的专政来消灭或改造作为阶级斗争和阶级存在的基础的经济条件,并且通过无产阶级专政来加速这一改造的过程;只有在阶级和阶级统治消失以后,政治意义上的国家才会消亡;无产阶级为了赢得革命的胜利,必须把农民吸引到革命中来,并且努力改善农民的状况。

巴枯宁的《国家制度和无政府状态》于1873年在日内瓦匿名出版,被巴枯宁主义者奉为纲领性文献。马克思对该书的评注和批判,表述了国际工人协会(见注12)反对无政府主义斗争的理论原则和指导思想。

收入本卷的《巴枯宁〈国家制度和无政府状态〉一书摘要》是节选。这篇评注在马克思生前没有发表,1926年第一次发表在《马克思主义年鉴》第2期。——337。

228 拉萨尔派是19世纪60—70年代德国工人运动中的机会主义派别,斐·拉萨尔的信徒,主要代表人物是约·巴·施韦泽、威·哈森克莱维尔、威·哈赛尔曼等。1863年5月23日在莱比锡各工人团体代表大会上成立"全德工人联合会"。从成立时起,全德工人联合会就深受力图使工人运动按改良主义道路发展的拉萨尔及其追随者的影响。拉萨尔派反对暴力革命,认为只要进行议会斗争,争取普选权,就可以把普鲁士君主国家变为"自由的人民国家";主张在国家帮助下建立生产合作社,把资本主义和平地改造为社会主义;支持普鲁士政府通过王朝战争自上而下地统一德国的政策。

随着国际工人协会的成立,全德工人联合会的拉萨尔派领导人所奉行的机会主义策略成了在德国建立真正工人政党的障碍。马克思和恩格斯始终不渝地同拉萨尔主义进行斗争,到70年代初,先进的德国工人抛弃了拉萨尔主义。1875年5月在哥达代表大会上,全德工人联合会同爱森纳赫派实行合并,合并后的党名为德国社会主义工人党。——342、344、355、750。

229 《给奥·倍倍尔的信》是恩格斯批判拉萨尔主义的重要文献。恩格斯批评了德国社会民主工党(爱森纳赫派)(见注231)在准备与全德工人联合会(拉萨尔派)(见注228)合并时在纲领草案中对拉萨尔派的无原则妥协让步。恩格斯强调指出,对于工人阶级政党来说,一个新的纲领是一面公开树立起来的旗帜,外界就是根据它来判断这个党的,因此必须清除纲领草案中的拉萨尔主义。他在信中批判了斐·拉萨尔鼓吹的"对工人阶级说来,其他一切阶级只是反动的一帮"以及所谓"铁的工资规律"(见注236)和"国家帮助"等错误观点。他还批判了纲领草案中关于建立"自由国家"的错误主张,指出:"当无产阶级还需要国家的时候,它需要国家不是为了自由,而是为了镇压自己的敌人,一到有可能谈自由的时候,国家本身就不再存在了。"(见本卷第349页)

这封信同马克思的《哥达纲领批判》有密切的联系,表明了马克思和恩格斯对拉萨尔主义进行坚决斗争以维护科学社会主义原则的共同立场和观点。写信的直接原因是,1875年3月7日《人民国家报》(见注49)和《新社会民主党人报》(见注249)发表了两个工人党的合并纲领草案。这个草案在原则上认同了拉萨尔主义,充斥着大量的荒谬论点。马克思和恩格斯对这个纲领草案进行了严厉批判。他们认为,必须在理论问题和政治问题上坚持原则,决不能向拉萨尔派妥协让步,而应当迫使拉萨尔派放弃他们的错误主张,只有在这种条件下才能实行两党的合并。但是,爱森纳赫派领导人没有接受马克思、恩格斯的批评,这个合并纲领草案只在文字上略加修改就于1875年5月在哥达举行的合并大会上通过。

恩格斯的这封信写于1875年3月18—28日,36年之后才首次发表在奥·倍倍尔的回忆录《我的一生》1911年斯图加特版第2卷。

这封信的中译文1939年发表在何思敬、徐冰翻译,延安解放社出版的《哥达纲领批判》。——344。

230 德国社会民主工党(爱森纳赫派)1869年成立以后,一直为争取德国工人运动的统一而斗争。1872年9月初,社会民主工党美因茨代表大会通过决议,要求同拉萨尔派"进行原则上的合作",9月底《人民国家报》发表声明,希望召开两派共同代表大会讨论分歧意见以便实现统一,而拉萨尔派的执行委员会和代表大会却先后作出了反对统一的决议。1874年2月,爱森纳赫派国会议员向拉萨尔派代表建议组成统一的国会党团,又遭到拒绝。同年7月,社会民主工党科堡代表大会再次声明,希望德国两个工人派别统一起来,但是仍然没有得到拉萨尔派的响应。后来,由于爱森纳赫派不断发展壮大,而拉萨尔派内部矛盾重重,日趋瓦解,同时反动派加紧对两派的迫害,拉萨尔派领导人才不得不谋求和解,以摆脱困境。——344。

231 1869年8月7—9日在德国爱森纳赫举行了德国、奥地利和瑞士社会民主主义者全德代表大会。会上成立了德国无产阶级的独立的革命政党德国社会民主工党,即爱森纳赫党或爱森纳赫派。该党的领导人是奥·倍倍尔和威·李卜克内西。党的领导机构是由五人组成的执行委员会,会址设在不伦瑞克,通称不伦瑞克委员会。另有十一人组成的监察委员会负责对执行委员会的工作进行检查,会址设在维也纳。这次代表大会通过的纲领,即爱森纳赫纲领,总的来说是符合国际工人协会共同章程的精神的。该党成为国际工人协会的一个支部。——345、354、355、750。

232 爱森纳赫派(见注231)也被称为"诚实的人"。——345、374。

233 即《法兰克福报和商报》(Frankfurter Zeitung und Handelsblatt)。这是德国的一家日报,南德小资产阶级民主派的机关报,1856年由路·宗内曼在美因河畔法兰克福创办和出版,最初的名称为《法兰克福商报》(Frankfurter Handelszeitung),1859年改名为《新法兰克福报—法兰克福商报》(Neue Frankfurter Zeitung—Frankfurter Handelszeitung),1866年起用《法兰克福报和商报》这个名称出版。报纸具有鲜明的反普鲁士和反俾斯麦的倾向,维护小资产阶级民主派在工人运动中的政治和思想影响。——345。

234 指哥达纲领草案提出的下列各项要求:
"德国工人党提出下列要求作为国家的自由的基础:
1. 凡年满21岁的男子在国家和地方的一切选举中都享有普遍的、平等的、直接的和秘密的选举权;2. 实行人民有权提出和否决议案的直接的立法;3. 实行普遍军事训练,以国民军代替常备军,由人民代表机关决定宣战与媾和;4. 废除一切特别法律,尤其是关于新闻出版、结社和集会的法律;5. 实行人民裁判,实行免费诉讼。
德国工人党提出下列要求作为国家的精神的和道德的基础:
1. 由国家实行普遍的和平等的国民教育。实行普遍的义务教育。实行免费教育。2. 科学自由。信仰自由。"——345。

235 指国际和平和自由同盟。这是由一批小资产阶级共和主义者和自由主义者(包括维·雨果、朱·加里波第等人)于1867年在瑞士的日内瓦建立的资产阶级和平主义组织。1867—1868年,米·巴枯宁参加了同盟的领导工作,同盟在巴枯宁的影响下企图利用工人运动和国际工人协会(见注12)来达到自己的目的。和平和自由同盟曾宣称通过建立"欧洲联邦"可以消除战争。这一思想反映了小资产阶级广大阶层的和平愿望,但在群众中散布了荒谬的幻想,诱使无产阶级放弃阶级斗争。马克思指出,这一组织是"为同无产阶级国际相对抗而创立的国际资产阶级组织"(见本选集第4卷第488页)。——346、368、374。

236　"铁的工资规律"是斐·拉萨尔的一个经济学观点。

拉萨尔对他的"铁的工资规律"作了如下的表述："这个在现今的关系之下,在劳动的供求的支配之下,决定着工资的铁的经济规律是这样的:平均工资始终停留在一国人民为维持生存和繁殖后代按照习惯所要求的必要的生活水平上。

这是这样一个中心点:实际日工资总是在它周围摆动,既不能长久地高于它,也不能长久地低于它。实际的日工资不能长期地高于这个平均数;因为,否则就会由于工人状况的改善而发生工人人口从而人手供应的增加,结果又会把工资压低到原来的或者低于原来的水平。

工资也不可能长期地大大低于这个必要的生活水平。因为,那时就会发生人口外流、独身生活、节制生育,以致最后由于贫困而造成工人人数减少等现象,这样,就会使工人人手的供应短缺,从而使工资重新回到它原来的较高的水平。因此,实际的平均工资处于运动之中,始终围绕着它这个中心上下摆动,时而高些,时而低些。"(见拉萨尔《工人读本。1863 年 5 月 17 日和 19 日在美因河畔法兰克福所作的演说(根据速记记录)》1863 年莱比锡第 5 版)

拉萨尔最初是在《就莱比锡全德工人代表大会的召开给中央委员会的公开答复》(1863 年苏黎世版第 15—16 页)中论述这个"规律"的。——346、369。

237　指威·白拉克的小册子《拉萨尔的建议》1873 年不伦瑞克版。白拉克深刻地批判了拉萨尔关于依靠国家帮助建立生产合作社的主张,指出:"王室为了它自己,不可能真诚地、完全地代表一个被压迫的社会阶级的利益。工人阶级只有依靠自己的力量和觉悟才能获得解放。除此之外,不能依靠任何人。"他称拉萨尔的这种反动主张为"徒然追求宫廷恩准的普鲁士王国政府的社会主义"。——347。

238　《民主周报》(Demokratisches Wochenblatt)是德国人民党(见注 34)的机关报,1868 年 1 月 4 日—1869 年 9 月 29 日在莱比锡出版,1869 年 8 月 28 日起每周出两次,由威·李卜克内西主编;1868 年 12 月 5 日起同时为奥·倍倍尔领导的德国工人协会联合会的机关报;周报最初受人民党小资产阶级思想的一定影响,但很快由于马克思和恩格斯的努力,开始与拉萨尔主义进行斗争,宣传国际的思想,刊登国际的重要文件以及马克思和恩格斯的一些文章,在德国社会民主工党的创建中起了重要作用;1869 年 8 月在爱森纳赫代表大会上被宣布为德国社会民主工党中央机关报,并于 10 月改名为《人民国家报》(Der Volksstaat)。——349。

239 指米·巴枯宁在《国家制度和无政府状态》一书中所表达的意思。马克
思在对这本书作的摘要和评注中揭露了巴枯宁提出的责难是毫无根据
的。——349、355。

240 《哥达纲领批判》是科学社会主义的重要文献,包括马克思的《德国工人
党纲领批注》和他在 1875 年 5 月 5 日给威·白拉克的信。在这部著作
中,马克思逐条批判了纲领草案中的拉萨尔主义观点,阐述了科学社会主
义的基本原理,丰富和发展了科学社会主义理论。针对拉萨尔派离开生
产关系空谈"劳动"和"公平分配"的错误观点,马克思指出:"消费资料的
任何一种分配,都不过是生产条件本身分配的结果;而生产条件的分配,
则表现生产方式本身的性质。例如,资本主义生产方式的基础是:生产的
物质条件以资本和地产的形式掌握在非劳动者手中,而人民大众所有的
只是生产的人身条件,即劳动力。既然生产的要素是这样分配的,那么自
然就产生现在这样的消费资料的分配。"(见本卷第 365 页)即使在共产
主义社会,劳动者也不可能得到拉萨尔所谓"不折不扣的劳动所得",只
有从社会总产品中扣除用于补偿生产资料、扩大再生产、建立后备基
金、支付管理费用、满足共同需要、为丧失劳动能力的人设立基金等各部
分之后,才谈得上在劳动者之间进行消费资料的分配。在阐述未来社会
的分配方式时,马克思第一次区分了共产主义社会发展的两个阶段,并阐
明了两个阶段的基本特征,指出在共产主义社会的第一阶段,由于在经
济、道德和精神上都还带着资本主义社会的痕迹,消费品分配只能遵循商
品等价交换的原则,即实行按劳分配,"每一个生产者,在作了各项扣除
以后,从社会领回的,正好是他给予社会的"(见本卷 363 页);只有到了
共产主义社会的高级阶段,随着社会生产力高度发展,社会财富极大丰富
和人本身的全面发展,"社会才能在自己的旗帜上写上:各尽所能,按需
分配"(见本卷第 365 页)。马克思还批判了拉萨尔派所谓废除"铁的工
资规律"(见注 236)的谬论,指出正确的提法应当是废除"雇佣劳动制
度"。针对拉萨尔派关于"依靠国家帮助建立生产合作社"、"自由国家"
等错误观点,马克思阐明了历史唯物主义关于国家的基本观点,强调了国
家的阶级性,指出现代国家"都建立在现代资产阶级社会的基础上"(见
本卷第 373 页),并明确提出:"在资本主义社会和共产主义社会之间,有
一个从前者变为后者的革命转变时期。同这个时期相适应的也有一个政
治上的过渡时期,这个时期的国家只能是无产阶级的革命专政。"(见本

卷第 373 页)此外,这部著作还论述了工人阶级政党在教育和宗教等问题上的重要观点。

1875 年 2 月,德国社会民主工党(爱森纳赫派)和全德工人联合会(拉萨尔派)在哥达召开了合并预备会议,并拟定了合并纲领草案《德国工人党纲领》。马克思针对这个纲领草案于 4 月底—5 月初写了《德国工人党纲领批注》,并把它和信一起寄给了白拉克,后来该著作被通称为《哥达纲领批判》。

《哥达纲领批判》在马克思生前没有公开发表。1891 年 1 月,恩格斯为了反击德国党内日见抬头的机会主义思潮,肃清拉萨尔主义的影响,帮助德国社会民主党制定正确的纲领,不顾党内某些领导人的反对,将这一著作发表在 1890—1891 年《新时代》杂志第 9 年卷第 1 册第 18 期,并写了序言。恩格斯在发表《哥达纲领批判》时,考虑了《新时代》杂志的出版者约·亨·威·狄茨和编辑卡·考茨基的要求,删去了一些针对个别人的尖锐词句和评语。

《哥达纲领批判》最早由熊得山译成中文,1922 年发表在北京《今日》杂志第 1 卷第 4 号(马克思特号);1925 年上海解放丛书社出版了李春蕃(柯柏年)的中译本;1939 年延安解放社出版了何思敬、徐冰的中译本。——352。

241 指 1875 年 5 月 22—27 日在德国哥达召开的代表大会,会上当时德国工人运动中存在的两个派别,即由威·李卜克内西和奥·倍倍尔于 1869 年在爱森纳赫建立并由他们领导的德国社会民主工党(爱森纳赫派)和由威·哈森克莱维尔、威·哈赛尔曼和卡·特耳克领导的全德工人联合会(拉萨尔派)实现了合并,合并后的党命名为德国社会主义工人党。——352、354、750。

242 哈雷代表大会是德国社会民主党在反社会党人非常法(见注 61)废除后于 1890 年 10 月 12—18 日在德国哈雷举行的第一次代表大会。1890 年 10 月 16 日根据哥达纲领主要起草人威·李卜克内西的提议,决定起草一个新纲领草案,提交下届党代表大会讨论。这个新纲领于 1891 年 10 月在爱尔福特代表大会上通过,通称爱尔福特纲领。——352。

243 这个声明后来没有发表,其原因见恩格斯 1875 年 10 月 11 日给威·白拉克以及 1875 年 10 月 12 日给奥·倍倍尔的信。——354。

244 委托书在这里是指受某个组织或党派的委托去参加某种会议或执行某种使命的证明书。具有约束力的委托书规定了受委托人必须严格遵守的要求。

拉萨尔派为了坚持他们的机会主义主张,发给他们的代表具有约束力的委托书,而威·李卜克内西则热衷于合作,不惜作无原则的让步,他在1875年4月21日给恩格斯的复信中辩解说:"拉萨尔派事先直接举行了执行委员会会议,一些特别糟糕的条文均受委托书的约束。我们的(以及对方的)任何人都毫不怀疑,合并是拉萨尔主义的死亡。因此我们更应当对他们让步。"——355。

245 原来宣布哥达合并代表大会将于1875年5月23—25日召开,拉萨尔派代表大会在这以前召开,爱森纳赫派代表大会拟于5月25—27日召开。实际情况是,合并代表大会于5月22—27日召开,而爱森纳赫派代表大会和拉萨尔派代表大会都是在合并代表大会期间召开的。——355。

246 指马克思亲自校订的《资本论》第一卷的法文译本,这一译本于1872年9月—1875年11月在巴黎分九册出版。

《资本论》法文版的中译本1983年由中国社会科学出版社出版。——356。

247 指出版《人民国家报》(见注49)的莱比锡联合会印刷所出版社,该社于1875年出版了马克思的著作《揭露科隆共产党人案件》的新版本。——356。

248 指斐·拉萨尔同普鲁士首相俾斯麦保持的秘密关系。马克思在19世纪60年代就已觉察到这一点,他在1865年2月23日给路·库格曼的信中写道:"拉萨尔事实上已经背叛了党。他同俾斯麦订立了一个正式的契约。"(见本选集第4卷第455页)1928年发现的材料证实,拉萨尔早在1863年5月就同俾斯麦达成了协议,彼此多次密谈,书信来往。这种关系一直保持到1864年2月。1863年6月拉萨尔写信给俾斯麦表示:"一旦工人等级能够有理由相信独裁对它有好处,它就会本能地感到自己倾向于独裁。这是千真万确的;因此,正如我最近对您说的那样,如果国王什么时候能够决定采取——当然这是难以置信的——步骤,实行真正革命的和民族的方针,并把自己从一个特权等级的王权变成一个社会的和革命的人民的王权,那么工人等级尽管有共和主义的信仰,或者宁可说正是由于这种信仰,就会多么倾向于把国王看做是与资产阶级社会的利己主义相对立的社会独裁的天然体现者!"——360。

249 这一称谓显然是用来讽刺《新社会民主党人报》主编威·哈赛尔曼的。

《新社会民主党人报》（Neuer Social-Demokrat）是1871—1876年在柏林每周出版三次的德文报纸，拉萨尔派的全德工人联合会的机关报。其前身是1864年12月15日至1871年4月21日在柏林出版的《社会民主党人报。全德工人联合会机关报》（Der Social-Demokrat. Organ des Allgemeinen Deutschen Arbeitervereins）。——367。

250 俾斯麦上台后，为了镇压各国工人阶级的革命运动，搞了一系列阴谋活动。1871年，他同法国反动头子阿·梯也尔勾结，镇压了巴黎公社；此后，1871—1872年他企图同奥匈帝国、俄国缔结一个正式协定，以便共同镇压革命的工人运动，尤其是国际工人协会（见注12）。1873年10月22日，根据俾斯麦的倡议，俄、奥、德三国皇帝缔结了协定，即"三国同盟"，规定一旦出现战争或革命的危险，三国应立即协商，采取共同行动。——368。

251 自由贸易派也称曼彻斯特学派，是19世纪上半叶英国出现的资产阶级政治经济学的一个派别，其主要代表人物是曼彻斯特的两个纺织厂主理·科布顿和约·布莱特。19世纪20—50年代，曼彻斯特是自由贸易派的宣传中心。该学派提倡自由贸易，要求国家不干涉经济生活，反对贸易保护主义原则，要求减免关税并奖励出口，废除有利于土地贵族的、规定高额谷物进口关税的谷物法。1838年，曼彻斯特的自由贸易派建立了反谷物法同盟。19世纪40—50年代，该派组成了一个单独的政治集团，后来成为自由党的左翼。——368、879。

252 指1875年3月20日《北德总汇报》在每日政治新闻栏目就德国社会民主党的纲领草案发表的一篇社论，社论指出，"社会民主党的鼓动在某些方面变得比较谨慎了：它在背弃国际……"。

《北德总汇报》（Norddeutsche Allgemeine Zeitung）是德国的一家日报，1861—1918年在柏林出版；19世纪60—80年代是普鲁士政府的官方报纸；出版者和主编是奥·布拉斯（1861—1872），1872年起埃·弗·品特任主编。——369。

253 引自歌德《神性》中的诗句："我们大家必须顺从永恒的、铁的、伟大的规律，完成我们生存的连环。"——369。

254 弗·朗格在1865年发表的《工人问题及其在目前和将来的意义》一书中，宣扬了马尔萨斯的人口论（见注15）。恩格斯于1865年3月29日写信给朗格，对他书中的错误观点进行了批判。——369。

255 指法国基督教社会主义者菲·毕舍在 19 世纪 40 年代提出的由国家帮助建立生产合作社来消除社会弊病的主张。

《工场》即《工场。工人自编的劳动阶级机关刊物》(L'Atelier, organe spécial de la classe laborieuse, rédigé par des ouvriers exclusivement)。这是法国的一家月刊,受到基督教社会主义思想影响的手工业者和工人的刊物;1840—1850 年在巴黎出版;编辑部由工人代表组成,每三个月改选一次。——372。

256 "狭隘的臣民见识"是广泛流传于德国的一种说法,源于 1838 年初普鲁士内务大臣冯·罗霍给埃尔宾城居民的信。当时有人以埃尔宾城居民名义写信支持格丁根七教授反对汉诺威国王废除该邦宪法。罗霍在回信中写道:"臣民应当对自己的国王和邦君表示理所当然的服从⋯⋯ 但是不应当以自己的狭隘见识为标准去度量国家元首的行为⋯⋯"。——372。

257 这句话原文是拉丁文:Dixi et salvavi animam meam,源于《旧约全书·以西结书》,意思是,我已经尽了责任。——378。

258 《反杜林论》是恩格斯阐述马克思主义基本理论的重要著作。在这部著作中,恩格斯通过对欧根·杜林在哲学、经济学和社会主义领域宣扬的错误观点的批判,对马克思主义的三个组成部分——哲学、政治经济学和科学社会主义作了全面系统的阐述,揭示了这三个组成部分之间的内在联系,指出唯物辩证法和唯物史观作为科学的世界观和方法论,贯穿于马克思主义政治经济学和科学社会主义,唯物史观和剩余价值理论的创立使社会主义由空想变为科学。

在哲学编中,恩格斯批判了杜林的先验主义,指出"原则不是研究的出发点,而是它的最终结果"(见本卷第 410 页);阐述了"世界的真正的统一性在于它的物质性","一切存在的基本形式是空间和时间","运动是物质的存在方式"(见本卷第 419、428、435 页)等辩证唯物主义的基本原理;论述了唯物辩证法的基本规律,指出"辩证法不过是关于自然界、人类社会和思维的运动和发展的普遍规律的科学"(见本卷第 520 页);还阐明了人类认识的辩证过程、相对真理和绝对真理的关系以及马克思主义的道德观、平等观和自由观,等等。

在政治经济学编中,恩格斯批判了杜林的庸俗经济学观点,概述了马克思的经济学理论,特别是价值和剩余价值理论,并阐明了"经济科学的任务在于:证明现在开始显露出来的社会弊病是现存生产方式的必然结果,同时也是这一生产方式快要瓦解的征兆,并且从正在瓦解的经济运动形式内部发现未来的、能够消除这些弊病的、新的生产组织和交换组织的因素"(见本卷第528页)。恩格斯还批判了杜林的唯心主义暴力论,阐明了经济决定政治的历史唯物主义基本原理,分析了暴力在历史上的作用,指出暴力不是绝对的坏事,它在历史中还起着革命作用,"是每一个孕育着新社会的旧社会的助产婆"(见本卷第564页)。

在社会主义编中,恩格斯批判了杜林的冒牌社会主义,阐明了科学社会主义产生的经济、政治和思想条件,揭示了资本主义的基本矛盾即社会化生产与资本主义私人占有之间的矛盾,并根据对这一矛盾的分析论证了资本主义为共产主义取代的历史必然性;在揭示由资本主义向共产主义过渡的规律性时,科学地预言了未来共产主义社会的基本特征,并指出:"只是从这时起,人们才完全自觉地自己创造自己的历史;只是从这时起,由人们使之起作用的社会原因才大部分并且越来越多地达到他们所预期的结果。这是人类从必然王国进入自由王国的飞跃。"(见本卷第671页)

恩格斯还为《反杜林论》三个德文版写了序言。他在序言中说明了本书写作的历史背景和目的,同时说明了这部著作是在马克思的支持下完成的,反映了他们共同的观点。他说:"本书所阐述的世界观,绝大部分是由马克思确立和阐发的,而只有极小的部分是属于我的,所以,我的这种阐述不可能在他不了解的情况下进行,这在我们相互之间是不言而喻的。在付印之前,我曾把全部原稿念给他听,而且经济学那一编的第十章(《〈批判史〉论述》)就是马克思写的"(见本卷第383页)。恩格斯在序言中还着重论述了辩证唯物主义的自然观和历史观的创立过程及其自然科学基础,指出:马克思和他"可以说是唯一把自觉的辩证法从德国唯心主义哲学中拯救出来并运用于唯物主义的自然观和历史观的人"(见本卷第385页);"辩证的同时又是唯物主义的自然观"是奠立在19世纪自然科学成就的基础上的;自然科学家应当掌握唯物辩证法,克服形而上学的思维方法。

《反杜林论》是德国社会民主党内思想斗争的直接产物。19世纪70年代中期,杜林的思想在德国社会民主党人中间的影响颇大,爱·伯恩施坦、约·莫斯特等都成了杜林的积极追随者,甚至奥·倍倍尔也一度受杜林的影响。杜林的著作《国民经济学和社会主义批判史》第二版(1875年出版)和《哲学教程》(最后一册在1875年2月出版)的出版尤其助长了这种势头。在这两本书中,自命为社会主义信徒的杜林,对马克思主义进行了猛烈攻击,这就促使威·李卜克内西在1875年2月1日和4月21

日致信恩格斯,请他在《人民国家报》(见注49)上反击杜林。1875 年 10 月和 1876 年 5 月,李卜克内西把该报拒绝发表的阿·恩斯和约·莫斯特吹捧杜林的文章寄给了恩格斯。

早在 1868 年初,马克思和恩格斯因杜林在 1867 年 12 月《现代知识补充材料》杂志(见注 320)第 3 卷第 3 期上发表了对《资本论》第一卷的评论而开始关注他的观点。从马克思和恩格斯 1868 年 1—3 月的书信中,可以看出他们对杜林观点的批判态度。1876 年 2 月,恩格斯在《人民国家报》上发表的《德意志帝国国会中的普鲁士烧酒》一文中指名批判了杜林的言论(见《马克思恩格斯全集》中文第 2 版第 25 卷第 54 页)。鉴于杜林的思想对 1875 年 5 月成立的德国社会主义工人党造成的危害,恩格斯决定中断《自然辩证法》的写作,全力反击杜林,捍卫马克思主义这一无产阶级政党的科学世界观。

恩格斯在 1876 年 5 月 24 日给马克思的信中表示打算批判杜林的著作,马克思于 5 月 25 日回信表示坚决支持。于是恩格斯立即着手这项工作。他在 5 月 28 日给马克思的信中阐述了他的著作的总计划和性质(见《马克思恩格斯文集》第 10 卷第 414—415 页)。

恩格斯写作《反杜林论》用了两年时间,从 1876 年 5 月底开始做准备工作,到 1878 年 6 月完成。

《反杜林论》第一编正式写于 1876 年 9 月—1877 年 1 月。这一编以《欧根·杜林先生在哲学中实行的变革》为题,以一组论文的形式陆续发表于 1877 年 1—5 月的《前进报》(见注 260)。这一编还包括后来第一次出版该著单行本时抽出来作为整个三编的引论的第一章和第二章。

该书的第二编写于 1877 年 6—12 月。这一编的最后一章即论述政治经济学史的第十章是马克思写的,恩格斯作了修改。第二编以《欧根·杜林先生在政治经济学中实行的变革》为题发表于 1877 年 7—12 月的《前进报》学术附刊和附刊。

该书的第三编写于 1878 年上半年。这一编以《欧根·杜林先生在社会主义中实行的变革》为题发表于 1878 年 5—7 月的《前进报》附刊。

《反杜林论》的发表引起了杜林追随者的不满。1877 年 5 月 27—29 日在哥达举行的党代表大会上,他们力图阻止在党的中央机关报《前进报》上发表恩格斯的这部著作。由于他们的影响和干扰,该报发表《反杜林论》时断时续。

1877 年 7 月,这部著作的第一编以《欧根·杜林先生在科学中实行的变革。一、哲学》为题在莱比锡出版了单行本。1878 年 7 月,第二编和第三编以《欧根·杜林先生在科学中实行的变革。二、政治经济学·社会主义》为题也在莱比锡出版了单行本。1878 年 7 月,在莱比锡还出版了《反杜林论》第一版,标题为《欧根·杜林先生在科学中实行的变革。哲学·政治经济学·社会主义》。1886 年该书第二版在苏黎世出版。1894 年经过修订的第三版在斯图加特出版。第二版和第三版均以《欧根·杜林先生在科学中实行的变革》为标题。恩格斯为这三个版本写了序言。

恩格斯这部著作的书名讽刺性地套用了 1865 年在慕尼黑出版的杜林的著作《凯里在国民经济学和社会科学中实行的变革》的书名。杜林在该书中吹捧庸俗经济学家查·凯里,凯里实际上是他在政治经济学方面的导师。恩格斯在 1879 年 11 月 14 日给奥·倍倍尔的信中把《欧根·杜林先生在科学中实行的变革》称做《反杜林论》。后来这部著作以《反杜林论》这一书名广为流传,载入史册。

1880 年,恩格斯应拉法格请求,把《反杜林论》的三章(《引论》的第一章以及第三编的第一章和第二章)改编成一本独立的通俗著作,由保·拉法格译成法文并经恩格斯本人审定,书名为《空想社会主义和科学社会主义》,1883 年出版德文单行本时书名改为《社会主义从空想到科学的发展》。马克思称它为"科学社会主义的入门"(见本卷第 743 页)。

列宁认为,《反杜林论》"分析了哲学、自然科学和社会科学中最重大的问题"(见《列宁全集》中文第 2 版第 2 卷第 9 页),它同《共产党宣言》一样,是"每个觉悟工人必读的书籍"(同上,第 23 卷第 42 页)。

《反杜林论》第一个中译本由吴黎平翻译,1930 年上海江南书店出版;同年上海昆仑书店还出版了钱铁如翻译的《反杜林论》上册。——379。

259 恩格斯的这一说法出自席勒的剧本《唐·卡洛斯》第 1 幕第 9 场的一段话:

"我再也无所畏惧了,因为和你手挽着手
我就可以向当代挑战。"——379、534。

260 《前进报。德国社会民主党中央机关报》(Vorwärts. Central-Organ der Socialdemokratie Deutschlands)1876 年 10 月 1 日—1878 年 10 月 27 日在莱比锡出版,每周出三次,同时出版学术附刊和附刊;编辑是威·哈森克莱维尔和威·李卜克内西;马克思和恩格斯经常帮助报纸编辑部;1877—1878 年报纸以及它的学术附刊和附刊刊登了恩格斯的著作《反杜林论》;

反社会党人法(见注61)颁布以后报纸被迫停刊;它的续刊为反社会党人法期间在国外出版的《社会民主党人报》(Der Sozialdemokrat)(见注414)。——380、382、743、751、871、946。

261 1876年5月10日第六届世界工业博览会在费城开幕,有40个国家参展。为了在国际市场上获得一席之地,德国也参加了展览。可是,德国政府任命的德国展品评判委员会主席、柏林工业学院院长弗·勒洛教授不得不承认,德国产品的性能大大落后于其他国家,德国工业遵循的原则是"价廉质劣"。此事由1876年6月27日柏林《国民报》第293号首先披露,致使舆论哗然。《人民国家报》在7—9月就此事专门发表了一系列文章。——381、872。

262 "确实什么也没有学到"这句流传很广的话,有人认为出自法国海军上将德·帕纳1796年的一封信,另有人认为此话出自法国外交大臣沙·达来朗之口,是针对保皇党人讲的,认为他们没有能够从18世纪末法国资产阶级革命中吸取任何教训。——381。

263 "半通"的说法出自鲁·微耳和1877年9月22日在慕尼黑德国自然科学家和医生第五十次代表大会第三次全体会议上所作的报告。见鲁·微耳和《现代国家中的科学自由》1877年柏林版第13页。——382、873。

264 神圣同盟是欧洲各专制君主镇压欧洲各国进步运动和维护封建君主制度的反动联盟。该同盟是战胜拿破仑第一以后,由俄国沙皇亚历山大一世和奥地利首相梅特涅倡议,于1815年9月26日在巴黎建立的,同时还缔结了神圣同盟条约。几乎所有欧洲君主国家都参加了该同盟。这些国家的君主负有相互提供经济、军事和其他方面援助的义务,以维持维也纳会议上重新划定的边界和镇压各国革命。神圣同盟为了镇压欧洲各国资产阶级革命和民族解放运动,先后召开过几次会议。由于欧洲诸国间的矛盾以及民族革命运动的发展,1830年法国七月革命后神圣同盟实际上已经瓦解。——383。

265 杜林从1872年开始就在自己的著作中猛烈抨击大学的教授们。例如,在《力学一般原则批判史》(1872年)第一版中,他就指责海·亥姆霍兹故意对罗·迈尔的著作保持缄默。杜林还尖锐地批评了大学的各种制度,因此遭到了反动教授们的迫害。1876年,根据大学教授们的倡议,他被剥夺了在私立女子中学任教的资格。在《力学一般原则批判史》第二版(1877年)和论妇女教育的小册子(1877年)中,杜林再次提出了自己的指责,言辞更加激烈。1877 年 7 月,根据哲学系的要求,他被剥夺了在大学执教的权利。而俾斯麦的私人医生恩·施韦宁格于 1884 年被任命为柏林大学教授。——384、646。

266 恩格斯于 1869 年 7 月 1 日停止了在曼彻斯特的欧门—恩格斯公司的工作,于 1870 年 9 月 29 日迁居伦敦。——385。

267 尤·李比希在谈到自己的科学观点的发展时指出:"化学正在取得异常迅速的进展,而希望赶上它的化学家们则处于不断脱毛的状态。不适于飞翔的旧羽毛从翅膀上脱落下来,而代之以新生的羽毛,这样飞起来就更有力更轻快。"见尤·李比希《化学在农业和生理学中的应用》1862 年不伦瑞克第 7 版第 1 卷第 26 页。——385。

268 指德国社会民主党人亨·威·法比安 1880 年 11 月 6 日给马克思的信(参看恩格斯 1884 年 4 月 11 日给卡·考茨基的信和 1885 年 6 月 3 日给弗·阿·左尔格的信)。恩格斯在《反杜林论》第一编第十二章中谈到了 $\sqrt{-1}$（见本卷第 499 页）。——386。

269 指恩·海克尔在他的《自然创造史。关于一般进化学说,特别是达尔文、歌德、拉马克的进化学说的通俗学术讲演》1873 年柏林修订第 4 版第 83—88 页,即第四讲《歌德和奥肯的进化论》结尾部分提出的见解。——386。

270 恩格斯在《自然辩证法》中的《运动的基本形式》(见本卷第 951—969 页)一文中探讨了黑格尔和海·亥姆霍兹关于力的概念的见解。——386。

271 关于伊·康德的星云假说,见注 283。
　　关于康德的潮汐摩擦理论,见《自然辩证法》中的《潮汐摩擦》(《马克思恩格斯全集》中文第 1 版第 20 卷第 442—447 页)。——387。

272 指恩格斯的《自然辩证法》和马克思的数学手稿。马克思的数学手稿共有 1 000 多页,写于 19 世纪 50 年代末至 80 年代初。——387。

273 指英国物理学家托·安德鲁斯、法国物理学家路·保·凯叶泰和瑞士物理学家拉·皮克泰的研究成果。安德鲁斯于 1869 年研究了气体的临界状态,凯叶泰于 1877 年证明氧可以液化,与他同时皮克泰也研究了气体的液化。——388。

274 卵生的哺乳动物指鸭嘴兽,用四肢行走的鸟显然指始祖鸟。——388。

275 关于有机体是"细胞国家"的形形色色的观点,出现在 19 世纪下半叶,按照这种观点,可以把由细胞组成的有机体比做国家,把各个细胞比做单个人。自由资产阶级的国家观念被搬进了生物学理论。根据鲁·微耳和在《细胞病理学》中阐述的观点,动物个体可以分解为组织,组织分解为细胞层,细胞层分解为单个细胞,所以归根到底,动物个体是单个细胞的机械总和。见鲁·微耳和《细胞病理学》1871年柏林增订第4版第17页。

恩格斯谈到这一观点具有"进步党的"性质,是暗指微耳和是德国资产阶级进步党党员,并且是该党的创始人和著名活动家之一。这个党于1861年6月成立,它在纲领中提出了在普鲁士领导下统一德国,实现地方自治原则的要求。——388、842。

276 弗·魁奈的《经济表》于1758年在凡尔赛以小册子的形式首次发表。——390、629。

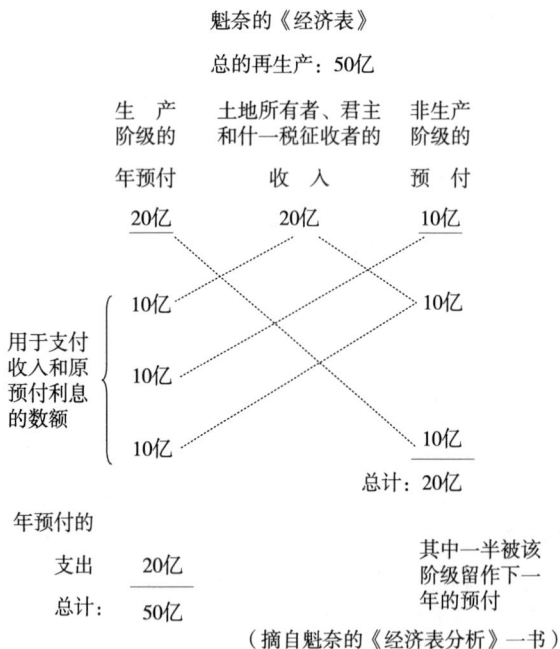

魁奈的《经济表》

总的再生产:50亿

生产阶级的	土地所有者、君主和什一税征收者的	非生产阶级的
年预付	收入	预付
20亿	20亿	10亿

用于支付收入和原预付利息的数额
{ 10亿 10亿
  10亿 10亿
  10亿 10亿 }

总计:20亿

年预付的

支出　20亿

总计:50亿

其中一半被该阶级留作下一年的预付

(摘自魁奈的《经济表分析》一书)

277 恩格斯在《社会主义从空想到科学的发展》中的这个地方加了一个注,见本卷第775页。——392。

278 社会契约是让·雅·卢梭提出的政治理论。按照这一理论,人们最初生活在自然状态下,人人都享有平等的权利;私有财产的形成和不平等的占有关系的发展决定了人们从自然状态向市民状态的过渡,并导致以社会契约为合法基础的国家的形成。社会契约的目的是达到每个结合者的平等和自由。政治上的不平等的进一步发展破坏了这种社会契约,导致某种新的自然状态的形成;为了消除这一自然状态,必须建立以某种新的社会契约为基础的理性国家。

卢梭在1755年阿姆斯特丹版的《论人间不平等的起源和原因》以及1762年阿姆斯特丹版的《社会契约论,或政治权利的原则》这两部著作中详细阐述了这一理论。——392、519、643、776。

279　指"真正平等派",又称"掘地派"。他们是17世纪英国资产阶级革命时期的激进派,代表城乡贫民阶层的利益,要求消灭土地私有制,宣传原始的平均共产主义思想,并企图通过集体开垦公有土地来实现这种思想。——393、777。

280　这里首先是指空想共产主义的代表人物托·莫尔的著作《乌托邦》(1516年出版)和托·康帕内拉的著作《太阳城》(1623年出版)。——393、777。

281　德·狄德罗的对话《拉摩的侄子》写成于1762年前后,后又经作者修改了两次,但作者生前没有出版。最初由歌德译成德文于1805年在莱比锡出版。根据德译本翻译过来的法文版,被收入1821年巴黎版《狄德罗轶文集》,该文集实际上1823年才出版。——395、790。

282　亚历山大里亚时期是指公元前3世纪到公元7世纪时期。这个时期因埃及的一个港口城市亚历山大里亚(位于地中海沿岸)成了当时国际经济关系最大中心之一而得名。在这一时期,许多科学,如数学和力学(欧几里得和阿基米德)、地理学、天文学、解剖学、生理学等等,都获得了很大的发展。——395、790。

283　根据伊·康德的星云假说,太阳系是从原始星云(拉丁文:nebula——雾)发展而来的。康德在1755年柯尼斯堡和莱比锡出版的那本划时代的著作《自然通史和天体论,或根据牛顿原理试论宇宙的结构和机械起源》中阐述了这一假说。这本书是匿名出版的。

皮·拉普拉斯关于太阳系的构成的假说最初是在法兰西共和四年(1796年)在巴黎出版的《宇宙体系论》第1—2卷最后一章中阐述的。在他生前编写,死后即1835年出版的此书的最后一版(第6版)中,这个假说是在第七个注中阐述的。

宇宙空间存在着类似康德—拉普拉斯星云假说所设想的原始星云的炽热的气团,是由英国天文学家威·哈金斯于1864年用光谱学方法证实的,他在天文学中广泛地运用了古·基尔霍夫和罗·本生在1859年发明的光谱分析法。恩格斯在这里参考了安·赛奇《太阳》1872年不伦瑞克版第787、789—790页。——398、793、851。

284 1831年初,法国丝织业中心里昂的工人掀起了一场以要求提高工价为主要目标的运动,工人多次举行集会、请愿、游行。10月间,与包买商谈判达成最低工价协议。但随后在七月王朝(见注161)商业大臣的支持下,包买商撕毁协议。1831年11月21日,工人举行抗议示威,与军警发生冲突,随后转为自发的武装起义。工人一度占领里昂城。起义很快遭七月王朝政府镇压。——400、795。

285 在《社会主义从空想到科学的发展》德文第一版(1883年)中,恩格斯对这个原理作了如下更加确切的表述:"以往的全部历史,除原始状态外,都是阶级斗争的历史。"(见本卷第796页)——401。

286 《全书》指黑格尔的《哲学全书纲要》,该书第1部为《逻辑学》,第2部为《自然哲学》,第3部为《精神哲学》。黑格尔哲学的研究者将《全书》中的《逻辑学》称做《小逻辑》,以区别于黑格尔的另一部《逻辑学》(见注291),后者被称为《大逻辑》。——410。

287 恩格斯称卡·米希勒为"黑格尔学派的永世流浪的犹太人",显然是由于米希勒始终不渝地笃信被肤浅理解的黑格尔主义。例如,1876年,米希勒开始出版五卷集的《哲学体系》,其总的结构完全是模仿黑格尔的《哲学全书纲要》。见卡·米希勒《作为精确科学的哲学体系(包括逻辑、自然哲学和精神哲学)》1876—1881年第1—5卷。——410。

288 恩格斯曾经打算在这个地方加一条注释,后来,他把这条注释的草稿(《关于现实世界中数学上的无限之原型》)收入《自然辩证法》(见本卷第977—983页)。参看注542。——411。

289 暗指普鲁士人奴仆般的顺从态度,他们通过了1848年12月5日在解散普鲁士制宪议会的同时由国王钦定("恩赐")的宪法。这部由反动大臣奥·曼托伊费尔参与制定的宪法于1850年1月31日经弗里德里希-威廉四世最后批准。——414。

290 此处列举的是19世纪欧洲历次战争中的几次最大的会战。

奥斯特利茨会战是1805年12月2日俄奥联军和法军之间进行的一

次决定性会战。这次会战以拿破仑第一取得胜利而告结束。

耶拿会战是 1806 年 10 月 14 日法军和普军之间的会战。这次会战以普鲁士军队的失败而告终,普鲁士作为第四次反法同盟的成员国向拿破仑法国投降,并于 1807 年 7 月 9 日在蒂尔西特签订了普法和约。和约的签订使普鲁士丧失了将近一半领土,实际上使普鲁士陷入了拿破仑法国的附属国的境地。

关于克尼格雷茨会战,见注 36。

关于色当会战,见注 39。——417、900。

291　黑格尔的《逻辑学》这部著作共分三编:(1)客观逻辑,存在论;(2)客观逻辑,本质论;(3)主观逻辑或概念论。——421、503、901。

292　指杜林对德国大数学家卡·弗·高斯关于非欧几里得几何学体系,特别是关于多维空间几何学体系的思想所进行的攻击。——426。

293　关于黑格尔的"非时间上过去的存在",见黑格尔《逻辑学》第 2 编《本质论》的开头部分。

关于晚期谢林的"不可追溯的存在",可参看恩格斯的著作《谢林和启示》(《马克思恩格斯全集》中文第 2 版第 2 卷第 369—377 页)。——428。

294　关于运动的量守恒的思想,笛卡儿曾在《论光》(《论世界》一书的第一部分,该书写于 1630—1633 年,笛卡儿死后于 1664 年出版)和他 1639 年 4 月 30 日给德·博恩的信中表述过。这个论点在笛卡儿的《哲学原理》(1644 年阿姆斯特丹版)第 2 部第 36 节中得到了最充分的阐述。——429、973。

295　关于哥白尼的宇宙体系,1886 年恩格斯在《路德维希·费尔巴哈和德国古典哲学的终结》中曾作过论述,参看本选集第 4 卷第 232 页。——433。

296　根据后来的准确材料,水在 100 度蒸发时发生的潜热为 538.9 卡/克。——439。

297　恩格斯曾经打算在这里加一条注释,后来,他把这条注释的草稿(《关于"机械的"自然观》)收入《自然辩证法》(见本卷第 946—951 页)。参看注 542。——442。

298　自然神论是一种推崇理性原则,把上帝解释为非人格的始因的宗教哲学理论,曾是资产阶级反对封建制度和正统宗教的一种理论武器,也是无神论在当时的一种隐蔽形式。这种理论反对蒙昧主义和神秘主义,认为上帝不过是"世界理性"或"有智慧的意志",上帝在创世之后就不再干预世界事务,而让世界按它本身的规律存在和发展下去。在封建教会世界观统治的条件下,自然神论者往往站在理性主义的立场上批判中世纪的神学世界观,揭露僧侣们的寄生生活和招摇撞骗的行为。——443、755、765。

299 见查·达尔文《根据自然选择即在生存斗争中适者保存的物种起源》1872年伦敦修订第6版第428页。这是经过达尔文作了补充和修订的最后一版。该书的第1版于1859年在伦敦出版。

恩格斯在后面,即在本卷第450页,引用的也是达尔文这书的第6版。——449。

300 见恩·海克尔《自然创造史。关于一般进化学说,特别是达尔文、歌德、拉马克的进化学说的通俗学术讲演》1873年柏林修订第4版。该书第1版于1868年在柏林出版。

原生生物(来自希腊文 πρώτιστος——最初的)——按照海克尔的分类,是最简单的有机体的一大组,它包括单细胞的和无细胞的有机体,在有机界中构成除多细胞有机体的两界(植物和动物)以外的一个特殊的第三界。

胶液原生物(来自希腊文 μούηρης——简单的)——按照海克尔的见解,是无核的完全没有结构的蛋白质小块,它执行生命的所有重要职能:摄食、运动、对刺激的反应、繁殖。海克尔把原始的、通过自生的途径产生而目前已经绝灭的胶液原生物(最古的胶液原生物)同现代的还存在的胶液原生物区分开来。前者是有机界的三个界发展的起点,细胞就是从最古的胶液原生物历史地发展出来的。后者属于原生生物界,并构成该界的第一个最简单的纲;在海克尔看来,现代的胶液原生物具有不同的种:Protamoeba primitiva(原变形虫)、Protomyxa aurantiaca(橙色胶原虫)、Bathybius Haeckelii(海克尔深水虫)。

"原生生物"和"胶液原生物"这两个术语是海克尔于1866年在《有机体普通形态学》一书中使用的,但是未被科学界确认。目前,曾被海克尔看做原生生物的有机体或者被划为植物,或者被划为动物。胶液原生物的存在后来也没有得到证实。但是,关于细胞有机体由前细胞组织发展而来这一总的思想和把原始生物划分为植物和动物的思想已为科学界所公认。——449、856。

301　《尼贝龙根的指环》是理·瓦格纳的一部大型组歌剧,它包括以下四部歌剧:《莱茵的黄金》、《瓦尔库蕾》、《齐格弗里特》和《神的灭亡》。1876年8月13日,首届拜罗伊特戏剧节上演了这部组歌剧。

　　瓦格纳曾于1850年出版了他的著作《未来的艺术作品》,因而瓦格纳的音乐作品被他的批评者和推崇者称为"未来的音乐"。这一概念在当时非常流行。"未来的作曲家"显然是从"未来的音乐"这一概念而来的,在这里,恩格斯是以此来讥讽杜林,因为德语中"作曲"和杜林讲的"组合"是同一个词"Komposition"。——452。

302　植虫(Pflanzentiere——植物动物)是16世纪以来对无脊椎动物组(主要是海绵动物和腔肠动物)的称呼,它们的某些特征与植物的特征相同(例如固定的生活方式),因此人们认为植虫是介于植物和动物之间的中间形态。从19世纪中叶起,"植虫"这个术语是作为腔肠动物的同义词来使用的,现在这一术语已不再使用。——454。

303　这里提到的分类法是托·赫胥黎在他的《比较解剖学原理讲义》1864年伦敦版第五讲中提出的。这种分类法为亨·阿·尼科尔森的《动物学手册》(该书第1版在1870年出版)奠定了基础。恩格斯在写《反杜林论》和《自然辩证法》时参考了尼科尔森的这一著作。——454。

304　特劳白的人造细胞是一种无机构成,它是活细胞的模型,能够进行新陈代谢和生长,可以用来研究生命现象,是德国化学家和生理学家莫·特劳白用混合胶体溶液的办法研制的。1874年9月23日在布雷斯劳德国自然科学家和医生第四十七次代表大会上,特劳白宣读了自己的试验成果。马克思和恩格斯对特劳白的这一发现评价极高(见马克思1875年6月18日给彼·拉·拉甫罗夫的信和1877年1月21日给威·亚·弗罗恩德的信)。——458。

305　恩格斯在这里叙述了发表在1876年11月16日《自然界》杂志上的一篇简讯的内容。这篇简讯报道了德·伊·门捷列夫1876年9月3日在华沙俄国自然科学家和医生第五次代表大会上的发言,他在发言中阐述了1875—1876年同约·耶·博古斯基一起验证波义耳—马里奥特定律的结果。

　　这条脚注显然是恩格斯在校对《反杜林论》的这一章(1877年2月28日发表于《前进报》)时写的。脚注末尾,即括号里的话,是恩格斯在1885年准备《反杜林论》第二版时加的。——468。

306 指麦·施蒂纳在《唯一者及其所有物》(1845年莱比锡版)一书中所鼓吹的"唯一者"。马克思和恩格斯在《德意志意识形态》(见《马克思恩格斯全集》中文第1版第3卷)中对这部著作进行了尖锐的批判。——477。

307 指沙皇俄国占领中亚细亚时期发生的事件。在1873年远征希瓦时期,俄国的一支部队遵照康·考夫曼将军的命令,在尼·戈洛瓦乔夫将军的指挥下,于7—8月对土库曼的约穆德人进行了残暴的讨伐。恩格斯引用的有关材料,显然主要来源于美国驻俄外交官尤·斯凯勒的著作《突厥斯坦。俄属突厥斯坦、浩罕、布哈拉和伊宁旅行札记》(两卷集)。见该书1876年伦敦版第2卷第356—359页。——479。

308 引自马克思《资本论》第一卷,见《马克思恩格斯文集》第5卷第75页。恩格斯在《反杜林论》中引用的是《资本论》第一卷德文第二版,只是在为出版《反杜林论》第三版而修改第二编第十章时,才引用了《资本论》第一卷德文第三版。因此,《反杜林论》中《资本论》的有些引文与现在通行的《资本论》德文第四版的文字略有差异(见注322)。——485。

309 斐·拉萨尔于1848年2月因被控教唆盗窃一只存放哈茨费尔特伯爵夫人离婚案有关文件的首饰匣而被捕,1846—1854年拉萨尔是该案的律师。拉萨尔案于1848年8月5—11日审理,拉萨尔本人被陪审法庭宣判无罪。——486。

310 普鲁士邦法指《普鲁士国家通用邦法》,包括私法、国家法、教会法和刑法,自1794年6月1日起开始生效。由于法国资产阶级革命及其对德国的影响,普鲁士邦法明显地反映出资产阶级改良的萌芽,然而就其实质来说,它仍然是一部封建性的法律。——486、523、609、678、685。

311 刑法典是法国的法典,1810年通过,从1811年起在法国以及法国人占领的德国西部和西南部地区实施;1815年莱茵地区归并普鲁士以后,刑法典仍和民法典并行于莱茵地区。普鲁士政府曾力图采取一系列措施在莱茵地区推行普鲁士的法律,但遭到坚决反对。三月革命(见注386)后,根据1848年4月15日的命令,这些措施被取消。——486。

312 拿破仑法典(法兰西民法典)指在拿破仑统治时期于1804年通过并以《拿破仑法典》著称的民法典,这里还广义地指1804—1810年拿破仑第一统治时期通过的五部法典:民法典、民事诉讼法典、商业法典、刑法典和刑事诉讼法典。这些法典曾沿用于拿破仑法国所占领的德国西部和西南部,在莱茵地区于1815年归并于普鲁士以后仍然有效。恩格斯称法兰西民法典为"典型的资产阶级社会的法典"（见本选集第 4 卷第 259 页）。——487、766。

313 无知并不是论据是斯宾诺莎在《伦理学》第一部中讲的一句话,针对的是持僧侣主义目的论的自然观的代表人物。这些人提出"上帝的意志"是一切现象的原因的原因,他们进行论证的唯一手段就是求助于对其他原因的无知。——488、900。

314 民法大全指罗马的民法大全,是调整罗马奴隶占有制社会的财产关系的一部民法汇编,于 6 世纪查士丁尼皇帝在位时编纂。恩格斯称它是"商品生产者社会的第一个世界性法律"（见本选集第 4 卷第 259 页）。——488。

315 关于在普鲁士强制实行出生、结婚和死亡等民事登记的法律于 1874 年 3 月 9 日批准并于同年 10 月 1 日开始生效。1875 年 2 月 6 日在全德意志帝国范围内也颁布了同样的法律。这一法律主要是针对天主教会的,它剥夺了教会登记户籍的权利,从而大大地限制了教会的影响和收入。这是俾斯麦的所谓"文化斗争"（见注 212）政策中的一个重要环节。——489。

316 指勃兰登堡、东普鲁士、西普鲁士、波兹南、波美拉尼亚和西里西亚六省,在 1815 年维也纳会议以前这些省份归属普鲁士王国。经济、政治、文化最为发达的莱茵地区不在此列,莱茵地区是 1815 年归并普鲁士的。——490。

317 人差指确定天体通过已知平面瞬间的系统误差,这种误差是以观察员的心理生理特点和记录天体通过时刻的方式为转移的。——491。

318 逻各斯(Logos)是欧洲古代和中世纪常用的哲学术语,意为言语、思想、思维、理性、比例、尺度等;一般指尺度、规律。古希腊哲学家赫拉克利特最早将它引入哲学,主要用来说明万物生灭变化的规律。在黑格尔哲学中,逻各斯是指概念、理性、绝对精神。——497、502、512、519。

319 马克思在撰写《资本论》的过程中曾不止一次更改这一著作的卷册划分计划。1867 年马克思出版《资本论》第一卷时的计划是:《资本论》的四册手稿分三卷出版,第一册为第一卷,第二册和第三册构成一卷即第二卷,第四册即第三卷为理论史（见《资本论》第一卷序言）。马克思逝世后,恩格斯把第二册和第三册作为第二卷和第三卷出版。最后一册即第四册——《剩余价值理论》（《资本论》第四卷）,恩格斯没有来得及出版。——500、595。

320 1867 年《现代知识补充材料》杂志第 3 卷第 3 期第 182—186 页刊登了杜林对马克思《资本论》第一卷的评论。

《现代知识补充材料》(Ergänzungsblätter zur Kenntniß der Gegenwart)是德国的一家通俗科学月刊,1865—1871 年在希尔德堡豪森出版。——501、510。

321 见拿破仑回忆录《对 1816 年巴黎出版的〈论军事学术〉一书的十七条意见。第三条意见:骑兵》,载于沙·蒙托隆伯爵将军编《拿破仑执政时期法国历史回忆录。与拿破仑一同被俘的将军们编于圣赫勒拿岛,根据完全由拿破仑亲自校订的原稿刊印》1823 年巴黎版第 1 卷第 262 页。

恩格斯在他的《骑兵》一文中也引用了拿破仑回忆录中的这段话(见《马克思恩格斯全集》中文第 1 版第 14 卷第 320 页)。——507。

322 此处《资本论》第一卷的引文,参看本选集第 2 卷第 300 页。恩格斯在这里和后面几处(第 511—512、512—513、542—543、593、662—663 页)引用的是《资本论》第一卷德文第二版(1872 年)。这些引文在德文第三版和第四版中有一些改动。——509。

323 指让·雅·卢梭的著作《论人间不平等的起源和原因》,写于 1754 年。下面恩格斯的几处引文见这一著作(1755 年阿姆斯特丹版)第 2 部第116、118、146、175—177 页。——518。

324 见恩·海克尔《自然创造史》1873 年柏林修订第 4 版第 590—591 页。按照海克尔的分类,Alali 是在本来意义上的人出现以前的那一阶段。Alali 就是"没有语言的原始人",确切些说,是猿人(直立猿人)。海克尔关于类人猿和现代人之间存在一个过渡形态的假说在 1891 年得到证实。当时荷兰的人类学家欧·杜布瓦在爪哇岛找到了远古人化石的残片,这种人也被称为"直立猿人"。——518。

325 "determinatio est negatio" 意思为"规定就是否定",是巴·斯宾诺莎的一个命题,见斯宾诺莎 1674 年 6 月 2 日给雅·耶勒斯的信(斯宾诺莎《通信集》第 50 封信)。"omnis determinatio est negatio"——"任何规定都是否定",在黑格尔的著作中使用较多,因此为人们所熟知(见《哲学全书纲要》第 1 即《小逻辑》第 91 节附释,《逻辑学》第 1 编第 1 部分第 2 章关于质这一节的注释,以及《哲学史讲演录》第 1 卷第 1 部第 1 篇第 1 章关于巴门尼德的一节)。——520。

326　重农学派是 18 世纪法国古典政治经济学的一个学派,主要代表人物有弗·魁奈和雅·杜尔哥。当时在农业占优势的法国,因实行牺牲农业而发展工商业的政策,使农业遭到破坏而陷于极度衰落。重农学派反对重商主义(见注 344),主张经济自由,重视农业,认为只有农业才能创造"纯产品",即总产量超过生产费用的剩余,即剩余价值,因而认为只有农业生产者才是生产阶级。这一学派从生产领域寻求剩余价值的源泉,研究社会总资本的再生产和流通,是对资本主义生产进行系统理解的第一个学派。但是,它没有认识到价值的实体是人类的一般劳动,混同了价值和使用价值,因而看不到一切资本主义生产中都有剩余劳动和剩余价值,以致把地租看成是剩余价值的唯一形式,把资本主义的生产形态看成是生产的永久的自然形态。——529、621、629。

327　爬虫报刊是指得到政府资助的反动报刊。1869 年 1 月 30 日俾斯麦在普鲁士下院发表演说时在另一种意义上使用了这一用语。当时俾斯麦把政府的反对者称为爬虫。但是后来这一用语却恰好被人们用来指那些卖身投靠政府并为其效劳的记者。俾斯麦本人于 1876 年 2 月 9 日在德意志帝国国会发表演说时不得不承认"爬虫"一词的新含义已在德国广为流传这一事实。——533。

328　恩格斯在这里引用了莎士比亚的历史剧《亨利四世》(奥·威·施勒格尔的德译本)前篇第 2 幕第 4 场中福斯泰夫的话:"即使论据像乌莓子一样便宜,我也不会在人家的强迫之下给他一个论据。"——538。

329　恩格斯的这些材料引自恩·库尔齐乌斯的《希腊史》1869 年柏林第 3 版第 2 卷第 48、731 页。大约在 1876 年 3 月底至 5 月底,恩格斯对该书全三卷曾作过大量摘录。——540。

330　美国独立战争即 1775—1783 年北美独立战争,是 13 个英属北美殖民地推翻英国殖民统治,争取民族独立的战争。1781 年 10 月,英军主力被击溃后在约克镇被迫投降,交战双方最终于 1783 年 9 月签订了巴黎和约。——548。

331　普鲁士的后备军制度是把已在正规军中服满现役和尚在规定的预备期限内年龄较大的人员编成一支武装部队的制度。普鲁士后备军在 1813—1814 年反拿破仑战争期间是以民团的形式组建的。后来德国其他各邦和奥地利也实行了这种制度。1870—1871 年普法战争时期,后备军被派往和正规部队共同作战。——549。

332 在 1870 年 8 月 18 日圣普里瓦会战中德国军队以巨大的伤亡为代价,打败了法国莱茵军团而获胜。历史文献中,这一会战又称格拉沃洛特会战。

这里所引用的关于普鲁士近卫军伤亡的材料,很可能是恩格斯在研究普军总参谋部战史处编纂的 1870—1871 年普法战争正史的材料时得到的,见《1870—1871 年普法战争》1875 年柏林版第 1 部分第 2 卷第 669 页及以下几页,第 197—199、223 页。——549。

333 麦·耶恩斯的报告《马基雅弗利和普遍义务兵役制的思想》,载于 1876 年 4 月 18、20、22、25 日《科隆日报》第 108、110、112、115 号。

《科隆日报》(Kölnische Zeitung)是德国的一家日报,17 世纪创刊,1802—1945 年用这个名称出版;19 世纪 40 年代初代表温和自由派的观点,对资产阶级民主主义反对派持批判态度,维护莱茵地区资产阶级的利益;在科隆教会争论中代表天主教会的利益;《莱茵报》被查封后,报纸成为莱茵地区资产阶级自由派的主要机关报;1831 年起出版者是杜蒙,1842 年报纸的政治编辑是海尔梅斯。——551、715。

334 杜林把自己的"辩证法"称做"自然的辩证法",以便区别于黑格尔的"非自然的"辩证法。见杜林《自然的辩证法。科学的和哲学的新的逻辑基础》1865 年柏林版。——555。

335 格·路·毛勒研究中世纪德国的土地制度、城市制度和国家制度以及马尔克的经济社会作用的著作共 12 卷。这些著作是:《马尔克制度、农户制度、乡村制度、城市制度和公共政权的历史概论》1854 年慕尼黑版;《德国马尔克制度史》1856 年埃朗根版;《德国领主庄园、农户和农户制度史》1862—1863 年埃朗根版第 1—4 卷;《德国乡村制度史》1865—1866 年埃朗根版第 1—2 卷;《德国城市制度史》1869—1871 年埃朗根版第 1—4 卷。在第一、二、四部著作中,毛勒对德国马尔克制度作了专门研究。——555。

336 恩格斯讽刺性地改变了亨利希七十二世的称号。德国一小邦罗伊斯幼系的两个领主之一亨利希七十二世的称号是罗伊斯-洛本施泰因-埃伯斯多夫。格赖茨是罗伊斯长系(罗伊斯-格赖茨)公国的首都。施莱茨是罗伊斯幼系另一领主(罗伊斯-施莱茨)的领地,它不属于亨利希七十二世。——556。

337 引自弗里德里希-威廉四世给普鲁士军队的新年文告(1849 年 1 月 1 日)。1849 年以来,这一用语就在革命的工人运动中被用来表示普鲁士

德意志的军国主义行为。对这一文告的批判,见马克思《新年贺词》
(《马克思恩格斯全集》中文第 1 版第 6 卷第 186—192 页)。——564。

338　指欧几里得的著作《几何原本》(共 13 册),这一著作阐述了古希腊罗马
时期的数学原理。——566。

339　马克思在《哥达纲领批判》第一节中,对拉萨尔的口号"全部的"或"不折
不扣的劳动所得"作了详尽的批判(见本卷第 357—369 页)。——582。

340　这里套用了罗马剧作家忒伦底乌斯的喜剧《兄弟》第 5 幕第 3 场中的一句
话。——589。

341　约·卡·洛贝尔图斯《给冯·基尔希曼的社会问题书简。第二封:基尔希
曼的社会理论和我的社会理论》1850 年柏林版第 59 页。——601。

342　《人民报》(Volks-Zeitung)是德国的民主派日报,1853 年 4 月 9 日—1904
年 6 月 30 日在柏林出版,是抱有反对派情绪的自由资产阶级的机关报。
恩格斯在 1860 年 9 月 15 日给马克思的信中批评这家报纸散发着"令人
厌烦的胡言乱语和自作聪明的鄙俗言论的恶臭"(见《马克思恩格斯全
集》中文第 1 版第 30 卷第 92 页)。——603。

343　这里套用了麦·施蒂纳的主要著作《唯一者及其所有物》的书名。参看
注 306。——610。

344　重商主义是 15—16 世纪流行于欧洲各国的一个经济学派,反映了那个时
期商业资本的利益和要求。重商主义者认为货币是财富的基本形式,主
张国家干预经济生活,采取措施在对外贸易上实现出超,使货币流入本
国,并严禁货币输出国外,对进口实行保护关税政策。

　　早期重商主义的形式是货币主义,主张货币差额论,即禁止货币输
出,增加金银收入。晚期重商主义盛行于 17 世纪,主张贸易差额论,即发
展工业,扩大对外贸易出超,保证大量货币的输入。——613、640。

345　威·配第的著作《货币略论》于 1682 年写成,1695 年在伦敦出版。马克
思用的是 1760 年的版本。

　　威·配第的著作《爱尔兰的政治解剖》写于 1672 年,1691 年在伦敦
出版。——616。

346　参看法国化学家安·洛·拉瓦锡的经济学著作《论法兰西王国的土地财
富》(1791 年巴黎版)和《试论巴黎的人口、财富和消费》,以及拉瓦锡和
法国数学家约·路·拉格朗日合著的《政治算术试论》(1791 年巴黎

版)。马克思使用的上述著作载于《政治经济学文集》(附欧·德尔和古·德·莫利纳里编写的作者传略、评注和注解),1847 年巴黎版第 1 卷第 575—620 页。——617。

347　英国经济学家和金融家约翰·罗曾经企图实现他的根本站不住脚的主张,即国家可以依靠把不可兑银行券投入流通的办法来增加国内的财富。1716 年他在法国创办了一家私人银行。1718 年这家银行改组成国家银行。罗氏银行在无限发行信贷券的同时从流通中收回了硬币,致使交易所的买空卖空和投机倒把活动空前风行,到了 1720 年国家银行完全倒闭,"罗氏体系"彻底破产。——618。

348　理·康替龙《试论一般商业的性质》是在 1755 年出版的,而不是 1752 年。亚·斯密在《国民财富的性质和原因的研究》第 1 卷中提到了康替龙的这部著作。——625。

349　恩格斯在这里用作比喻的是发生在杜林和海·瓦盖纳之间的一场笔墨官司。1866 年俾斯麦通过自己的顾问瓦盖纳建议杜林起草致普鲁士政府关于工人问题的条陈。宣扬资本和劳动的和谐的杜林,接受了这一委托。但是,1867 年这一文件未经他本人同意就发表了。起初是匿名发表,后来是瓦盖纳冒充作者署名发表。于是杜林对瓦盖纳提起诉讼,控告他侵犯著作权。1868 年,杜林胜诉。在这一事件引起轰动的时候,杜林出版了小册子《我致普鲁士内阁的社会条陈的命运》。——627。

350　辉格党是英国的政党,于 17 世纪 70 年代末 80 年代初形成。1679 年,就詹姆斯公爵(后来的詹姆斯二世)是否有权继承王位的问题,议会展开了激烈的争论。反对詹姆斯拥有王位继承权的一批议员被敌对的托利党人(见注 146)讥称为辉格。辉格(Whig)为苏格兰语,原意为盗马贼。辉格党代表工商业资产阶级以及新兴的资本主义农场主的利益,曾与托利党轮流执政;19 世纪中叶,辉格党内土地贵族的代表和保守党的皮尔派以及自由贸易派(见注 251)一起组成自由党,从此自由党在英国两党制中取代了辉格党的位置。——627、771。

351　图尔利弗尔是因图尔城而得名的法国货币单位;从 1740 年起,1 图尔利弗尔相当于 1 法郎,1795 年,这种货币为法郎所代替。——633。

352　指《引论》第一章的开头部分(见本卷第 391—392 页)。最初,《反杜林论》前十四章以《欧·杜林先生在哲学中实行的变革》为总标题发表在《前进报》(见注 260)上。从单行本第一版开始,头两章改为全书的总的

《引论》,后面十二章构成了第一编《哲学》,各章的序数没有改变,引论和第一编的各章仍用同一序数。脚注"参看《哲学》第一章",是恩格斯在报上发表《反杜林论》时加上的。这一脚注在恩格斯生前出版的所有版本中都保留下来,未作过更动。——643。

353 恐怖时代指雅各宾派的革命民主专政时期(1793年6月—1794年7月),当时雅各宾派为了对付吉伦特派和保皇派的反革命恐怖实行了革命的恐怖。——643、767、778。

354 督政府是法国资产阶级共和制政府,由五名督政官组成,每年改选一人。它是根据雅各宾派革命专政于1794年失败后通过的1795年宪法建立的。督政府支持反对民主力量的恐怖制度,并维护大资产阶级的利益。它执行的政策摇摆不定,导致政局动荡,内忧外患迭起,最后在1799年拿破仑·波拿巴雾月十八日政变中被推翻。——643、779。

355 新拉纳克是苏格兰拉纳克城附近的一个棉纺厂,创办于1784年,在工厂周围形成了一个小镇。——644、780。

356 指《昂·圣西门给一个美国人的信》第八封信中的一段话。这些信载于昂·圣西门论文集《实业,或为贡献出有用和独立的劳动的一切人的利益所作的政治、道德和哲学的议论》1817年巴黎版第2卷。——646、783。

357 参看昂·圣西门和他的学生奥·梯叶里合著的两本书:《论欧洲社会的改组,或论欧洲各民族在保持各自的民族独立性的条件下联合为一个政治统一体的必要性和手段》1814年10月巴黎版和《关于应当用来对付1815年同盟的措施的意见》1815年巴黎版。

1814年3月31日第六次反法同盟参加国(俄国、奥地利、英国、普鲁士等国)的军队进入巴黎。拿破仑帝国垮台,拿破仑本人宣布退位后被流放到厄尔巴岛。

百日指拿破仑恢复帝制的短暂时期,自1815年3月20日他率军从流放地厄尔巴岛重返巴黎执政时起,到同年6月18日在滑铁卢会战失败后6月22日再次退位时止。——646、783。

358 1815年6月18日,拿破仑的军队在滑铁卢(比利时)会战中被威灵顿指挥的英荷联军及格·布吕歇尔指挥的普鲁士军队击败。这次会战在1815年的战局中起了决定性的作用,它预示了第七次反法同盟(英国、俄国、奥地利、普鲁士、瑞典、西班牙等国)的彻底胜利和拿破仑帝国的崩溃。——646、783。

359 这一思想在沙·傅立叶《关于四种运动和普遍命运的理论》中已作过阐述，该书包含这样一个总的论点："某一时代的社会进步和变迁是同妇女走向自由的程度相适应的，而社会秩序的衰落是同妇女自由减少的程度相适应的。"傅立叶把这个论点概括为："妇女权利的扩大是一切社会进步的基本原则。"（见《傅立叶全集》1841年巴黎版第1卷第195—196页）——647、784。

360 1815年1月，罗·欧文在英国格拉斯哥的一次会议上提出了一系列改善童工和成年工人状况的措施，遭到工厂主们的反对。根据1815年6月欧文的倡议提出的法案直到1819年7月才被议会通过形成法律，而且还大大地打了折扣。调整棉纺厂劳动的法律禁止9岁以下的儿童做工，限定18岁以下的工人的工作日为12小时，规定所有工人有两次工间休息作为早饭和午饭的时间，共一个半小时。——651、788。

361 1833年10月，由罗·欧文主持在伦敦举行了合作社和职工会的代表大会，会上正式成立了大不列颠和爱尔兰全国工会大联盟；联盟的章程于1834年2月被通过。按照欧文的想法，这个联盟应当把生产管理的权力掌握在自己手中，并且通过和平的途径实现对社会的彻底改造。但是这个空想的计划遭到失败。由于资产阶级社会和国家的强烈反对，该联盟于1834年8月宣告解散。——651、788。

362 指欧洲各大国之间为争夺同印度和美洲通商的霸权以及殖民地市场而在17世纪和18世纪进行的一系列战争。最初主要的竞争国家是英国和荷兰，1652—1654、1664—1667和1672—1674年的英荷战争是典型的商业战争，后来决定性的战争在英国和法国之间展开。所有这些战争的胜利者都是英国，到18世纪末，它手中已经集中了几乎全部的世界贸易。——661、804。

363 海外贸易公司是1772年在普鲁士成立的贸易信用公司。该公司享有许多重要的国家特权。它给予政府巨额贷款，实际上起到了政府的银行老板和财政经纪人的作用。1820年1月起，海外贸易公司正式成为普鲁士国家银行。——665、810。

364 "自由的人民国家"是19世纪70年代德国社会民主党人提出的纲领性要求和流行口号。对这个口号所作的马克思主义的批判，见本卷第348—349、372—375页，并见列宁的著作《国家与革命》第1章第4节和第4章

第 3 节(《列宁全集》中文第 2 版第 31 卷第 14—20、61—63 页)。——668、813。

365 这里关于大不列颠和爱尔兰全部财富的材料引自罗·吉芬的报告《联合王国近来的资本积累》。这个报告是 1878 年 1 月 15 日在统计学会上宣读的,发表在《伦敦统计学会会刊》1878 年 3 月号。——670、814。

366 这里很有可能是指俾斯麦于 1852 年 3 月 20 日在普鲁士议会第二议院的发言(从 1849 年起俾斯麦是第二议院议员)。俾斯麦的发言反映了普鲁士容克对作为革命运动中心的大城市的仇恨,他发出号召,一旦新的革命高潮到来,就把大城市夷为平地。——684。

367 关于"交易簿",参看威·魏特林《和谐与自由的保证》第 2 部分第 10 章。按照魏特林的空想计划,在未来社会中,每一个有劳动能力的人每天都必须工作一定的小时,并因此而得到生活必需品。除这个时间之外,每个工作的人有权再工作几个附加的"交易小时"并因此而得到奢侈品。这些附加的工作小时和由此而得到的物品都记在"交易簿"上。——690。

368 "没有臭味"这句话是罗马皇帝韦斯帕西安(69—79 年)对他的儿子说的,因为他的儿子不同意他征收专门的厕所税。——691。

369 恩格斯在这里是指发表在《德法年鉴》上的《国民经济学批判大纲》(见本选集第 1 卷)。

《德法年鉴》(Deutsch-Französische Jahrbücher)是由马克思和阿·卢格在巴黎编辑出版的德文刊物,仅在 1844 年 2 月出版过第 1—2 期合刊;其中刊载有马克思的著作《论犹太人问题》(见《马克思恩格斯文集》第 1 卷)和《〈黑格尔法哲学批判〉导言》(见本选集第 1 卷),以及恩格斯的著作《国民经济学批判大纲》和《英国状况。评托马斯·卡莱尔的〈过去和现在〉》(见《马克思恩格斯全集》中文第 2 版第 3 卷)。这些著作标志着马克思和恩格斯完成了从唯心主义向唯物主义、从革命民主主义向共产主义的转变。该杂志由于马克思和资产阶级激进分子卢格之间存在原则分歧而停刊。——697、716、741。

370 关于夺取曼布里诺的神奇头盔(一个理发用的普通铜盆)的冒险,是塞万提斯的小说《唐·吉诃德》第 1 部第 21 章中描述的场景。

阿·恩斯曾因 1877 年 1—2 月《前进报》发表《反杜林论》前几章而撰文诽谤马克思和恩格斯。——701。

371 引自普鲁士国王弗里德里希二世 1740 年 7 月 22 日对大臣布兰德和教会

法庭庭长赖辛巴赫关于新教普鲁士国家是否容许天主教学校存在的咨询所作的答复。——703。

372 吠陀是印度最古老的宗教历史文献,梵文原义为"知识",是对神的颂歌和祷文的文集。吠陀有狭义和广义之分,狭义指最古的四部吠陀本集,亦称四吠陀,广义除四吠陀外,还包括解释四吠陀的梵书、森林书、奥义书以及经书,亦称吠陀文献。吠陀中年代最久的作品可上溯到公元前约1500年以前,最晚的作品形成于公元前约6—4世纪。吠陀在被规定为神圣的经典以后,就成为神秘的著作,只许祭司和属于高等种姓的人学习,不许低等种姓的人接触。以祭司为职业的婆罗门垄断了这些古代的经典,把它们作为高踞于人民之上的凭借。他们为了保持垄断地位,只在内部口头传授这些典籍,不肯写成文字。直到19世纪吠陀才刊行于世。——704。

373 五月法令是普鲁士宗教大臣法尔克根据俾斯麦的创议于1873年5月11—14日通过国会实施的四项法令的名称,这四项法令以此名而载入史册。这些法令确立了国家对天主教会活动的控制,是俾斯麦于1872—1875年采取的一系列反对天主教僧侣的立法措施中最重要的环节,也是所谓"文化斗争"(见注212)的顶点。天主教僧侣是代表德国南部和西南部分立主义者利益的中央党的主要支柱。警察迫害引起了天主教徒的激烈反抗并为他们创造了光荣殉教的机会。1880—1887年,俾斯麦政府为了联合一切反动势力对付工人运动,不得不在实施这些法令时采取缓和的态度,最后便取消了几乎所有反天主教的法令。——705。

374 《魔笛》是莫扎特的最后一部歌剧(艾·希卡内德作词),于1791年写成并上演,反映了共济会派的思想,歌词的作者和莫扎特本人都属于这一派。下文提到的查拉斯特罗、塔米诺和帕米纳均是这部歌剧中的主要人物。——712。

375 共济会是17世纪末18世纪初产生于英国的一个秘密团体,旨在传播并执行其秘密互助纲领。它最早起源于中世纪的石匠和教堂建筑工匠的行会,后来随着英帝国的向外扩张传播到欧美许多国家。共济会谴责封建制度和英国国教,谋求建立一个世界范围内的新宗教。共济会秘密分会的活动是模仿工匠行会的神秘典礼和秘密仪式。该会会员赋予自己净化道德、慈善为怀和革新世界的任务。他们相信永恒不变的、决定社会发展的自然规律。但这些规律只有他们最智慧的领导人物才能认知,这些领导人物是至高无上的权威,负责教育一般会员遵守这些规律,培养博爱、正义和启蒙的精神。——712。

376　见习官是德国的低级官员,尤指作为见习人员在法院或国家机关试用的
法官。担任这种职务时通常没有薪俸。——713。

377　《卡尔·马克思》是恩格斯应威·白拉克的请求为他主编的《人民历书》
丛刊撰写的马克思传略。在这篇文章中,恩格斯介绍了马克思作为无产
阶级革命家和理论家的伟大一生,概述了马克思为创立马克思主义学说
和争取工人阶级解放而进行的理论活动和实践活动。他着重阐释了马克
思的具有划时代意义的两大理论发现——唯物史观和剩余价值理论,指
出这两大发现为社会主义提供了科学依据,使社会主义从空想变为科学。

　　恩格斯的这篇文章写于 1877 年 6 月中旬,发表在 1878 年《人民历
书》上。文章发表以后,迅速得到广泛传播。后来介绍马克思生平事业
的文章,绝大多数都是依据恩格斯这篇文章中的事实材料,就连马克思的
女儿爱琳娜在马克思逝世以后发表的回忆文章,也主要以本文为依据;
一些比较有影响的回忆录,如保·拉法格的《回忆卡尔·马克思》以及
弗·列斯纳的《一个工人对卡尔·马克思的回忆》,也吸收了本文的内容
和思想。恩格斯在 1892 年为《政治科学手册》写的《马克思,亨利希·卡
尔》一文中说:"过去出版的马克思传大多数都是错误满篇。唯一可靠
的传记是发表于白拉克在不伦瑞克出版的 1878 年《人民历书》中的那篇
传记(作者恩格斯)。"(见《马克思恩格斯全集》中文第 1 版第 22 卷第
400 页)

　　1939 年 3 月延安《解放》周刊第 66 期发表了黎平、石巍译的这篇传
记,篇名为《马克思小传》;1940 年 8 月上海读书出版社出版的何封等译
的《卡尔·马克思——人、思想家、革命者》一书中也收有这篇传记。
——715。

378　1840 年,普鲁士国王弗里德里希-威廉三世逝世,弗里德里希-威廉四世
继位后拒绝实践先王早在 1813 年和 1815 年就许诺的颁布宪法、实行新
闻出版自由、成立陪审法庭,从而激起了资产阶级同王国政府政治上的
强烈对立。恩格斯曾在《德国的革命和反革命》一文中指出,德国资产
阶级公开宣告反对政府,可以说是从 1840 年开始的(参看本选集第 1
卷第 576—577 页)。——715。

379　指《莱茵政治、商业和工业日报》(Rheinische Zeitung für Politik, Handel
und Gewerbe)。这是德国的一家日报,青年黑格尔派的喉舌,1842 年 1 月
1 日—1843 年 3 月 31 日在莱茵地区资产阶级自由派的支持下在科隆出

版。创办人是伯·腊韦,编辑是伯·腊韦和阿·鲁滕堡,发行负责人是路·舒尔茨和格·荣克。1842 年 4 月起马克思为报纸撰稿,同年 10 月成为报纸编辑。在马克思担任编辑期间,报纸日益具有明显的革命民主主义性质并成为德国最重要的反对派报纸之一。普鲁士政府对报纸进行了特别严格的检查,1843 年 4 月 1 日将其查封。——715、1003。

380 第六届莱茵省议会辩论于 1841 年 5 月 23 日—7 月 25 日在杜塞尔多夫举行。马克思原打算针对这次议会辩论分四个专题写四篇评论文章,即关于新闻出版自由问题;关于普鲁士国家和天主教之间的宗教纠纷问题;关于林木盗窃法问题以及关于莱茵省限制地产析分的法律草案问题。从现有的材料来看,马克思共写了三篇文章,其中第一篇和第三篇连续刊登在《莱茵报》上,第二篇文章因书报检查未能发表,第四篇文章马克思是否写了,具体情况不明。

马克思的文章在《莱茵报》上发表以后,在各界人士中引起了极大的反响。——715。

381 指法国政府在普鲁士政府的压力下于 1845 年 1 月 11 日下达的将马克思和《前进报》(见注 568)某些撰稿人驱逐出法国的命令。——716。

382 恩格斯在这里提到亚·冯·洪堡扮演中间人的角色,是因为此人当时负有普鲁士秘密外交使命,曾于 1845 年 1 月 4 日—3 月 19 日在巴黎逗留,并于 1 月 7 日接受法国国王路易-菲力浦的召见。当时报界盛传他的巴黎之行与马克思等人被驱逐有关,对此他曾公开予以反驳。但毫无疑问的是,文中未提到的德国小资产阶级民主主义者阿·伯恩施太德参与了告密和驱逐马克思的卑劣行动。——716。

383 德意志工人协会全称是布鲁塞尔德意志工人教育协会,该协会是马克思和恩格斯 1847 年 8 月底在布鲁塞尔建立的德国工人团体,旨在对侨居比利时的德国工人进行政治教育并向他们宣传科学社会主义思想。在马克思和恩格斯及其战友们的领导下,协会成了团结侨居比利时的德国革命无产者的合法中心,并同佛兰德和瓦隆工人俱乐部保持着直接的联系。协会中的优秀分子加入了共产主义者同盟的布鲁塞尔支部。协会在布鲁塞尔民主协会(见注 411)成立过程中发挥了出色的作用。1848 年法国资产阶级二月革命(见注 18)之后不久,由于协会成员被比利时警察当局逮捕或驱逐出境,协会在布鲁塞尔的活动即告停止。——716、742。

384 共产主义者同盟是历史上第一个以科学社会主义为指导的无产阶级政

党,1847 年在伦敦成立。共产主义者同盟的前身是 1836 年成立的正义者同盟(见注 410),这是一个主要由德国工人和手工业者组成的德国政治流亡者秘密革命组织,后期也有其他国家的人参加。随着形势的发展,正义者同盟的领导成员逐步认识到必须使同盟摆脱旧的密谋传统和方式,并且确信马克思和恩格斯的理论是正确的,遂于 1847 年邀请马克思和恩格斯参加正义者同盟,协助同盟改组。1847 年 6 月,正义者同盟在伦敦召开代表大会,恩格斯出席了大会,按照他的倡议,同盟的名称改为共产主义者同盟,因此这次大会也是共产主义者同盟的第一次代表大会。大会批准了同盟的章程草案,并用"全世界无产者,联合起来!"的战斗口号取代了正义者同盟原来的"人人皆兄弟!"的口号。同年 11 月 29 日—12 月 8 日,同盟召开第二次代表大会,马克思和恩格斯出席了大会。大会通过了同盟的章程,并委托马克思和恩格斯起草同盟的纲领,这就是1848 年 2 月问世的《共产党宣言》(见本选集第 1 卷)。

　　1848 年 2 月法国爆发革命,在伦敦的同盟中央委员会于 1848 年 2 月底把同盟的领导权移交给了以马克思为首的布鲁塞尔区部委员会。3 月初,马克思被驱逐出布鲁塞尔并迁居巴黎。同盟在巴黎成立新的中央委员会,马克思当选为中央委员会主席,恩格斯当选为中央委员。

　　1848 年 3 月下半月至 4 月初,马克思、恩格斯和数百名德国工人(他们多半是共产主义者同盟盟员)回国参加已经爆发的德国革命。马克思和恩格斯在 3 月底写成的《共产党在德国的要求》(见《马克思恩格斯全集》中文第 1 版第 5 卷)是共产主义者同盟在这次革命中的政治纲领。同年 6 月,马克思和恩格斯创办了《新莱茵报》(见注 387),该报成为革命的指导中心。

　　欧洲 1848—1849 年革命失败后,共产主义者同盟进行了改组并继续开展活动。1850 年夏,同盟中央委员会内部在斗争策略问题上发生严重分歧。以马克思和恩格斯为首的中央委员会多数派坚决反对维利希—沙佩尔集团提出的宗派主义、冒险主义的策略,反对该集团无视革命发展的客观规律和欧洲现实政治形势而主张立即发动革命。1850 年 9 月中,维利希—沙佩尔集团的分裂活动最终导致同盟与该集团决裂。1851 年 5 月,由于警察的迫害和大批盟员被捕,共产主义者同盟在德国的活动实际上已陷于停顿。1852 年 11 月 17 日,科隆共产党人案件(见注 393)宣判后不久,同盟根据马克思的建议宣告解散。

　　共产主义者同盟在国际工人运动史上起了巨大的作用,它是培养无产阶级革命家的学校,很多共产主义者同盟盟员后来都积极参加了国际工人协会(见注 12)的活动。——717、742。

385 《德意志—布鲁塞尔报》(Deutsche-Brüsseler-Zeitung)是布鲁塞尔德国流亡者创办的报纸,1847 年 1 月 3 日—1848 年 2 月 27 日由阿·冯·伯恩施太德主编和出版;起初具有小资产阶级民主主义倾向,后来在马克思和恩格斯的影响下,成为传播革命民主主义思想和共产主义思想的报纸;威·沃尔弗从 1847 年 2 月底起,马克思和恩格斯从 1847 年 9 月起经常为该报撰稿,并实际领导编辑部的工作。——717、742、1003。

386 三月革命是德国 1848—1849 年资产阶级民主革命的开端。1848 年 3 月初,柏林群众举行集会,要求取消等级特权、召开议会和赦免政治犯。国王弗里德里希-威廉四世调动军队进行镇压,遂发生流血冲突。3 月 13 日,维也纳人民推翻梅特涅统治的消息传到柏林,斗争进一步激化。国王慑于群众的威力,并企图拉拢资产阶级自由派,阻止革命发展,于 17、18 日先后颁布特别命令,宣布取消书报检查制度,允诺召开联合议会,实行立宪君主制。资产阶级自由派遂与政府妥协。柏林群众要求把军队撤出首都,在遭到军警镇压后,于 3 月 18 日构筑街垒举行武装起义(见注 402),最终迫使国王于 19 日下令把军队撤出柏林。起义获得了胜利,但是起义成果却被资产阶级窃取。3 月 29 日普鲁士成立了康普豪森—汉泽曼内阁。——718。

387 《新莱茵报.民主派机关报》(Neue Rheinische Zeitung. Organ der Demokratie)是德国无产阶级第一家独立的日报,1848 年 6 月 1 日—1849 年 5 月 19 日在科隆出版;主编是马克思,编辑是恩格斯、威·沃尔弗、斐·沃尔弗、格·维尔特、恩·德朗克、斐·弗莱里格拉特、约·亨·毕尔格尔斯等;报纸编辑部作为无产阶级革命运动的领导核心,实际履行了共产主义者同盟中央委员会的职责;1848 年 9 月 26 日科隆实行戒严,报纸暂时停刊;此后在经济和组织方面遇到了巨大困难,马克思不得不在经济上对报纸的出版负责,为此,他把自己的全部积蓄贡献出来,报纸终于获得了新生;1849 年 5 月马克思和其他编辑被驱逐或遭迫害,报纸被迫停刊。1849 年 5 月 19 日,《新莱茵报》用红色油墨印出了最后一号即第 301 号。报纸的编辑在致科隆工人的告别书中说:"无论何时何地,他们的最后一句话将始终是:工人阶级的解放!"(参看《马克思恩格斯全集》中文第 1 版第 6 卷第 619 页)——718、742、1003。

388 《十字报》(Kreuz-Zeitung)是《新普鲁士报》(Neue Preußische Zeitung)的别称(因报头上印有后备军的十字章图样)。该报是德国的一家日报,普

鲁士容克和上层贵族的喉舌;1848 年 6 月至 1939 年在柏林出版,创办人
是恩·路·格尔拉赫和汉·胡·克莱斯特-雷措,编辑是海·瓦盖纳
(1848—1854 年)。——718。

389 钦博拉索山是南美科迪勒拉山脉的最高峰之一。"粗鲁无礼的钦博拉索
山",意即粗鲁无礼到了极点。——718。

390 指 1849 年 2 月 7 日和 8 日的两个审判案。

第一次是因为 1848 年 7 月 5 日《新莱茵报》第 35 号刊登《逮捕》一文
被指控污辱和诽谤了国家权力代表,马克思和恩格斯等人被推上陪审
法庭。

第二次是 1848 年 11 月因报纸号召人民抗税,被指控煽动叛乱,马克
思和卡·沙佩尔等人被推上陪审法庭。——718。

391 指 1849 年 5 月 3—9 日在德累斯顿爆发的武装起义以及因后备军反对应
征加入普鲁士军队在莱茵省爆发的起义。

萨克森国王拒绝承认帝国宪法并且任命极端反动分子钦斯基担任首
相是德累斯顿起义的导火线,起义遭到萨克森军队和开抵萨克森的普鲁
士军队的镇压,这次起义为 1849 年 5—7 月爆发的维护帝国宪法运动揭
开了序幕。

莱茵省的起义于 1849 年 5 月 9 日首先从埃尔伯费尔德开始,继而席
卷杜塞尔多夫、伊瑟隆及索林根等地,街垒战一直持续到 5 月中旬。
——718。

392 1849 年 5 月初,在萨克森、莱茵普鲁士、巴登和普法尔茨掀起了维护帝国
宪法的运动。巴登—普法尔茨起义在这一运动中具有极其重要的意义,
两地当时已经成立了临时政府,并组织了自己的武装力量。1849 年 6 月
初,两个普鲁士军团约 6 万人与一个联邦军团开始对两地起义者实行武
力镇压,法兰克福国民议会对起义者不作任何援助,维护帝国宪法的运动
于 1849 年 7 月被镇压下去。——718。

393 指科隆共产党人案件(1852 年 10 月 4 日—11 月 12 日),这是普鲁士政府
策动的一次挑衅性的案件。共产主义者同盟(见注 384)的 11 名成员被
送交法庭审判,其罪名是"进行叛国性密谋"。被指控的证据是普鲁士警
探们假造的中央委员会会议《原本记录》和其他一些伪造文件,以及警察
局从已被开除出共产主义者同盟的维利希—沙佩尔冒险主义宗派集团那
里窃得的一些文件。法庭根据伪造文件和假证词,判处七名被告三年至

六年徒刑。马克思和恩格斯对这一案件的策动者的挑衅行为和普鲁士警察国家对付国际工人运动的卑鄙手段进行了彻底的揭露(参看马克思《揭露科隆共产党人案件》和恩格斯《最近的科隆案件》,《马克思恩格斯全集》中文第2版第11卷)。——719。

394 《纽约每日论坛报》(New-York Daily Tribune)是美国的一家日报,由著名的美国新闻工作者和政治活动家霍·格里利和托·麦克尔拉思等人创办,1841年4月10日—1924年在纽约出版。19世纪50年代中期以前是美国辉格党左翼的机关报,后来是共和党的机关报。40—50年代,该报站在进步的立场上反对奴隶制。参加该报工作的有许多著名的美国作家和新闻工作者,受空想社会主义思想影响的查·德纳从40年代末起是该报的编辑之一。马克思从1851年8月开始为该报供稿,一直到1862年3月,持续了十余年。马克思为《纽约每日论坛报》提供的文章,很大一部分是他约请恩格斯写的。恩格斯的文章多半写于曼彻斯特,许多文章注明的日期并不是写作日期,因为马克思通常标明的是寄往纽约的日期。有些文章写于伦敦,而马克思注明的却是巴黎、维也纳或柏林。马克思和恩格斯在《纽约每日论坛报》发表的文章,涉及国际政治、工人运动、欧洲各国的经济发展、殖民地扩张、被压迫国家和附属国家的民族解放运动等极其重要的问题。在欧洲反动时期,马克思和恩格斯利用这个发行很广的美国报纸,以具体材料揭露了资本主义社会的种种弊端及其固有的各种不可调和的矛盾,并说明资产阶级民主的局限性。

《纽约每日论坛报》编辑部对马克思和恩格斯的文章常常随意处理,有些文章不署作者名字而作为编辑部的社论刊登出去。自1855年年中起,马克思和恩格斯发表的所有文章都被删去了署名。编辑部有时甚至未经作者本人同意便随意改动文章的内容和日期,这种做法一再引起马克思的抗议。从1857年秋天起,由于美国发生经济危机,报纸的财政状况受到影响,编辑部让马克思减少他给《纽约每日论坛报》撰写通讯的数量。美国内战(见注6)爆发后,编辑部内主张同各蓄奴州妥协的势力加强,报纸离开进步立场,马克思和恩格斯遂停止撰稿并与报纸断绝关系。——719、1003。

395 《人民报》(Das Volk)是在伦敦出版的一家德文周报,伦敦德意志工人共产主义教育协会和其他在伦敦的德国工人团体的机关报;1859年5月7日由埃·比斯康普在伦敦创办和出版;马克思和恩格斯曾为报纸撰稿,从6月初起马克思实际上成为报纸的编辑,并于7月初接任该报的领导;编辑部成员有比斯康普、威·李卜克内西和弗·列斯纳等。该报发表的文章从无产阶级国际主义立场出发,分析了1859年意大利战争中的事件、德国统一问题和意大利统一问题,对波拿巴主义进行了坚持不懈的斗争。该报总共出版了16期,1859年8月20日因缺乏资金而停刊。——719。

396 19世纪的所谓欧洲强国有六个:俄国、英国、德国(1871年起为德意志帝国)、奥地利、法国和意大利(1861年起)。——721。

397 《给〈祖国纪事〉杂志编辑部的信》是马克思论述俄国社会发展道路和社会历史研究中的科学方法的著作。马克思在信中批驳了俄国民粹派思想家尼·康·米海洛夫斯基在俄国社会发展道路问题上对他的观点的歪曲。马克思指出,他根据大量资料的研究得出这样一个结论:"如果俄国继续走它在1861年所开始走的道路,那它将会失去当时历史所能提供给一个民族的最好的机会,而遭受资本主义制度所带来的一切灾难性的波折。"(见本卷第728页)马克思还坚决反对把他在《资本论》中关于西欧资本主义起源的历史概述变成一般发展道路的历史哲学理论,指出这样做"会给我过多的荣誉,同时也会给我过多的侮辱"(见本卷第730页)。他强调,只有对不同历史环境中的历史现象分别进行深入细致的研究,然后再把它们加以比较,才能找到理解这种现象的钥匙,如果"使用一般历史哲学理论这一把万能钥匙,那是永远达不到这种目的的"(见本卷第730页)。

马克思的信是在《祖国纪事》杂志于1877年10月登载了俄国民粹派思想家尼·康·米海洛夫斯基的《卡尔·马克思在尤·茹柯夫斯基先生的法庭上》一文后不久写成的,估计是在1877年10—11月。米海洛夫斯基的这篇文章针对资产阶级自由主义庸俗经济学家茹柯夫斯基对马克思的攻击,从民粹派的立场出发,为马克思进行辩护,但是对《资本论》却作了错误的解释。马克思逝世以后,恩格斯从他的文件中发现了这封信并抄写了几个副本。恩格斯将其中一个副本附在1884年3月6日的信中寄给了在日内瓦的劳动解放社成员维·伊·查苏利奇。他在信中说,马克思的信"看来是准备在俄国发表的,但是没有把它寄到彼得堡去,因为他担心,光是他的名字就会使刊登他的这篇答辩文章的刊物的存在遭到危险"(见《马克思恩格斯全集》中文第1版第36卷第123页)。

马克思的这封信是用法文写的,最初可能由查苏利奇译成俄文,于1885年以石印的形式在俄国出版,同年12月以胶版誊写版的形式再次出版,但这两次的出版物大部分落入警察手中。后来,这封信又用俄文发表在 1886 年《民意导报》(日内瓦)第 5 期;这封信还于 1888 年 10 月用俄文发表在俄国合法刊物《司法通报》杂志,译者是尼·弗·丹尼尔逊。1886 年还出版过这封信的两种波兰文本;这封信的德译文发表在 1887 年 5 月 3 日《纽约人民报》第 5 号,同年 6 月 3 日又转载于苏黎世《社会民主党人报》(见注 414)第 23 号。

《祖国纪事》(Отечественныя Записки)是俄国的一家文学政治月刊,1839—1884 年在圣彼得堡出版;主要撰稿人有维·格·别林斯基、亚·伊·赫尔岑、米·尤·莱蒙托夫、尼·阿·涅克拉索夫、伊·谢·屠格涅夫和米·叶·萨尔蒂科夫-谢德林;报纸具有革命民主主义性质,后来主要倾向于民粹派。

1949 年上海亚东图书馆出版的林超真译的《马克思恩格斯书信选》收录了这封信。——727。

398 在马克思的手稿上,第 2 节第一段有两个文稿,这里译出的是第二稿,第一稿全文如下:

“关于原始积累的那一章只不过想描述西欧的资本主义经济制度从封建主义经济制度内部产生出来的途径。因此,这一章说明了使生产者同他的生产资料分离,从而把他变成雇佣工人(现代意义上的无产者)而把生产资料变成资本的运动。在这一历史中,‘对正在形成的资本家阶级起过推动作用的一切变革,都是历史上划时代的事情……

但是,过程的基础是对农民的剥夺。’

在那一章末尾,我论述了资本主义积累的历史趋势并断言,资本主义积累的最后结果是资本主义所有制转变为社会所有制。”——729。

399 “白种贫民”指美国南部蓄奴州自由的、但依附于奴隶主的无地居民。由于棉花生产为大农场主带来了巨大的利润,以奴隶制为基础的种植业经济阻碍了小商品生产的发展,大部分农民因此而破产并沦为“白种贫民”,他们耕种贫瘠的土地,住在破旧的茅屋里,甚至连农奴都鄙视他们。大奴隶主统治着奴隶和数百万“白种贫民”。——730。

400 《给奥·倍倍尔、威·李卜克内西、威·白拉克等人的通告信》是马克思和恩格斯反对机会主义、阐述无产阶级政党的性质和作用的重要文献。在这封信中,马克思和恩格斯揭露了卡·赫希柏格、爱·伯恩施坦、奥·施拉姆三人在苏黎世《社会科学和社会政治年鉴》上发表的《德国社会主义运动的回顾》一文的右倾机会主义实质,严厉批判了他们妄图改变党的无产阶级性质,把党变成改良主义政党的主张。马克思和恩格斯强调指出:"将近40年来,我们一贯强调阶级斗争,认为它是历史的直接动力,特别是一贯强调资产阶级和无产阶级之间的阶级斗争,认为它是现代社会变革的巨大杠杆;所以我们决不能和那些想把这个阶级斗争从运动中勾销的人们一道走。"(见本卷第739页)无产阶级政党不能为了对旧社会进行修修补补的改良而把自身目标的实现推迟到遥远的未来。他们还重申,"工人阶级的解放应当是工人阶级自己的事情"(见本卷第739—740页);如果其他阶级出身的人参加无产阶级运动,"首先就要求他们不要把资产阶级、小资产阶级等等的偏见的任何残余带进来,而要无条件地掌握无产阶级世界观"(见本卷第739页)。

1878年10月德国实施反社会党人非常法(见注61)后,社会民主党处于非法状态。在这种异常困难的形势下,党内的右倾机会主义倾向抬头,而党的一些领导人对这种倾向采取调和主义态度。为了帮助德国社会民主党克服党内的错误思想倾向,马克思和恩格斯写了这封具有党内文件性质的通告信。

这封通告信是恩格斯在1879年9月11日之后起草的,是对奥·倍倍尔8月20日来信的回复。马克思疗养结束回到伦敦后,于9月16—18日同恩格斯共同讨论起草这封信,并将最后方案确定下来。马克思在9月19日给弗·阿·左尔格的信中,把这封信叫做通告信,指定"在德国党的领袖中间内部传阅"(见《马克思恩格斯全集》中文第1版第34卷第390页)。

《通告信》第一次发表在1931年6月15日《共产国际》杂志第12年卷第23期。

1939年延安解放社出版的由柯柏年、艾思奇、景林等翻译的《马恩通信选集》收入了《通告信》的节选。——732。

401　指《社会科学和社会政治年鉴》(Jahrbuch für Sozialwissenschaft und Sozial-politik)。这是1879—1881年由卡·赫希柏格(笔名路德维希·李希特尔博士)在苏黎世出版的一家德文杂志,前后共出三卷,杂志具有改良主义倾向。——732。

402　1848年3月18日柏林发生了街垒战。当王宫前广场上的示威群众被驱散时,军队突然开枪。普鲁士军事当局的这种挑衅行为遂成了全城进行武装街垒斗争的导火线,这场斗争以王室军队的失败而结束。在同军队进行的战斗中,柏林居民有400多人被打死,1 000多人被打伤。起义者接管了王宫的警备事宜以后,于 3 月 19 日晨强迫国王弗里德里希-威廉四世走上王宫阳台向在街垒战中的牺牲者脱帽致敬。——735。

403 《未来。社会主义评论》(Die Zukunft. Socialistische Revue)是德国社会民主党人创办的杂志,1877 年 10 月—1878 年 11 月由卡·赫希柏格(笔名路德维希·李希特尔博士)在柏林出版,每月出两期;马克思和恩格斯曾对杂志的改良主义倾向提出尖锐批评。——738。

404 《新社会。社会科学月刊》(Die Neue Gesellschaft. Monatsschrift für Social-wissenschaft)是德国改良派的杂志,1877 年 10 月—1880 年 3 月在苏黎世出版,创办人和主编是弗·维德;曾建议马克思和恩格斯为报纸撰稿,遭到谢绝。——738。

405 《社会主义从空想到科学的发展》是科学社会主义的重要文献。恩格斯在这部著作中概述了社会主义思想的历史发展,评述了三大空想社会主义者的理论贡献和历史局限性,阐明了科学社会主义的理论来源;论述了唯物辩证法和形而上学的根本区别以及辩证唯物主义的自然观和历史观的创立过程;指出正是由于马克思创立了唯物史观和剩余价值理论,社会主义从空想变成了科学。恩格斯从唯物史观出发,揭示了资本主义的基本矛盾,即社会化生产和资本主义私人占有之间的矛盾,指出这一矛盾"表现为个别工厂中生产的组织性和整个社会中生产的无政府状态之间的对立","表现为无产阶级和资产阶级的对立"(见本卷第 804、802 页),这一矛盾的发展将导致资本主义必然灭亡和社会主义必然胜利。结合资本主义发展的新趋势,恩格斯分析了股份公司、托拉斯和国家所有制等资本主义所有制的新形式,认为这是猛烈增长着的生产力迫使资本家阶级不得不在资本关系内部可能的限度内采用的生产资料社会化形式,"但是,无论向股份公司和托拉斯的转变,还是向国家财产的转变,都没有消除生产力的资本属性"(见本卷第 810 页)。恩格斯还指出:"现代国家,不管它的形式如何,本质上都是资本主义的机器,资本家的国家,理想的总资本家。""生产力归国家所有不是冲突的解决,但是这里包含着解决冲突的形式上的手段,解决冲突的线索。"(见本卷第 810—811 页)恩格斯还根据对人类社会发展规律的深刻分析,科学地预言了未来社会的一些基本特征。他指出:"无产阶级将取得公共权力,并且利用这个权力把脱离资产阶级掌握的社会化生产资料变为公共财产。通过这个行动,无产阶级使生产资料摆脱了它们迄今具有的资本属性,使它们的社会性质有充分的自由得以实现。从此按照预定计划进行的社会生产就成为可能的了。生产的发展使不同社会阶级的继续存在成为时代错乱。随着社会生产的无政府状态的消失，国家的政治权威也将消失。人终于成为自己的社会结合的主人，从而也就成为自然界的主人，成为自身的主人——自由的人。"（见本卷第817页）

这部著作是1880年恩格斯应保·拉法格的请求，根据《反杜林论》中的三章内容（《引论》的第一章、第三编的第一章和第二章）改编而成的，改编时对《反杜林论》中的相关内容作了补充和修改（见《马克思恩格斯文集》第9卷第382—398页）。这部著作由保·拉法格译成法文，经恩格斯本人校阅后，起初以《空想社会主义和科学社会主义》为题发表在法国社会主义杂志《社会主义评论》（见注407）1880年第3—5期，同年出版了单行本。马克思为法文版写了前言，称它是"科学社会主义的入门"（见本卷第743页）。这部著作被译成欧洲多种文字，在工人中得到广泛传播，对宣传马克思主义起了巨大作用。这部著作1882年在日内瓦出版了波兰文本，1883年在贝内文托出版了意大利文本。1883年在霍廷根—苏黎世出版了德文本，书名为《社会主义从空想到科学的发展》（扉页上标明的时间是1882年）；同年又在该地出版了德文第二版和第三版。这部著作的俄译本最初以《科学社会主义》为标题于1882年12月发表在秘密杂志《大学生》第1期，1884年劳动解放社又在日内瓦出版了单行本，标题为《科学社会主义的发展》；丹麦文译本于1885年在哥本哈根出版；1891年在柏林出版了这部著作的德文第四版；1892年出版了由爱·艾威林翻译的英文版，恩格斯写了长篇导言。此外，这部著作的四个德文版和1892年的英文版均以附录的形式收有恩格斯的《马尔克》一文（见《马克思恩格斯全集》中文第2版第25卷）。

《社会主义从空想到科学的发展》最早由施仁荣译成中文，1912年发表在上海《新世界》杂志第1、3、5、6、8期；1928年上海创造社出版部出版了朱镜我的中译本；1938年延安解放社出版了吴黎平的中译本；1943年延安解放社又出版了博古校译的中译本。——741。

406　《〈社会主义从空想到科学的发展〉法文版前言》写于1880年5月4—5日前后，在这篇前言上署名的是恩格斯这一著作的法文本译者保·拉法格。手稿中有马克思给拉法格的附信，其中说，前言是在他和恩格斯商量以后撰写的，请拉法格"在词句上加以修饰，但是不要修改内容"。——741。

407　《社会主义评论》（La Revue Socialiste）是法国的一家共和社会主义刊物，由贝·马隆创办，后为工团主义和合作社机关刊物。1880年1—4月为月刊,5—9 月在巴黎和里昂两地出版半月刊;1885—1914 年改在巴黎出版;1880 年马克思和恩格斯曾为该杂志撰稿。——741、745。

408 《北极星报。全国工联的报纸》(The Northern Star, and National Trades' Journal)是英国的一家周报,宪章派(见注 8)的机关报;1837 年由菲·奥康瑙尔在利兹创刊,名称为《北极星报。利兹总汇报》(The Northern Star, and Leeds General Advertiser);1843 年 9 月乔·朱·哈尼参加报纸编辑部;1844 年 11 月起用《北极星报。全国工联的报纸》这一名称在伦敦出版;1843—1849 年报纸曾刊登恩格斯的文章、短评和通讯;哈尼离开编辑部后报纸逐步转向反映宪章派右翼的观点;1852 年停刊。——742。

409 《新道德世界。合理社会的报纸》(The New Moral World, and Gazette of the Rational Society)是英国的一家周报,空想社会主义者的机关报(1834—1846 年);由罗·欧文创办;1836 年曾几度更换副标题;起初在利兹出版,1841 年 10 月起在伦敦出版;1843 年 11 月—1845 年 5 月恩格斯曾为报纸撰稿。——742。

410 正义者同盟是 1836 年在巴黎成立的德国工人和手工业者的秘密组织,主要由流亡者同盟中分裂出来的激进分子组成,也有一些其他国家的人参加。随着同盟开展各种合法活动和秘密活动,该组织日益具有国际性。同盟长期受威·魏特林粗陋的平均共产主义的影响,也受"真正的社会主义"和蒲鲁东小资产阶级社会主义的影响。后来在马克思和恩格斯的直接指导下,正义者同盟于 1847 年 6 月初在伦敦举行代表大会,实行了改组,更名为共产主义者同盟(见注 384)。——742。

411 布鲁塞尔民主协会 1847 年 11 月 7 日成立于布鲁塞尔,协会的成员大多数是比利时的激进的及温和的民主主义者,此外还有法国人、荷兰人、波兰人和瑞士人,以及在布鲁塞尔的德国共产主义者中的积极分子。马克思和恩格斯以及他们所领导的布鲁塞尔德意志工人教育协会(见注 383)对该协会的成立起了积极的作用。布鲁塞尔民主协会把无产阶级革命者(其中主要是德国的革命流亡者)和资产阶级以及小资产阶级民主进步分子团结在自己的队伍中。1847 年 11 月 15 日,马克思当选为该协会的副主席,比利时的民主主义者吕·若特兰被推选为主席。在马克思的影响下,布鲁塞尔民主协会成为国际民主主义运动的中心之一。法国资产阶级二月革命(见注 18)时期,民主协会的无产阶级革命势力曾设法武装比利时工人,开展争取建立民主共和国的斗争。但是到 1848 年 3 月初,马克思被驱逐出布鲁塞尔以及比利时当局镇压了协会中最革命的分子以后,比利时的资产阶级民主主义者便没有能力领导劳动群众反对君主政体的运动了,民主协会的活动成了纯地方性的活动,到1849年协会的活动实际上已告停止。——742。

412 这一时期的事件详见恩格斯的著作《德国维护帝国宪法的运动》(见《马克思恩格斯全集》中文第2版第10卷),并参看注392。——743。

413 这篇序言是恩格斯为他的著作《社会主义从空想到科学的发展》德文第一版写的。该版于1883年3月在霍廷根—苏黎世出版(扉页上标的日期是1882年),同年又出版了德文第二版和第三版。——745。

414 《社会民主党人报。德语区社会民主党的机关报》(Der Sozialdemokrat. Organ der Sozialdemokratie deutscher Zunge)是反社会党人法时期德国社会民主党在国外出版的德文周报,1879年9月—1888年9月在苏黎世出版,1888年10月—1890年9月27日在伦敦出版;1879—1880年编辑是格·福尔马尔,1881—1890年编辑是爱·伯恩施坦;马克思、恩格斯、奥·倍倍尔和威·李卜克内西为之撰稿,在他们的影响下报纸成为国际工人运动最主要的革命报纸,为德国社会民主党战胜反社会党人法作出了重大贡献。——745。

415 这篇序言是恩格斯为他的著作《社会主义从空想到科学的发展》德文第四版写的。该版于1891年在柏林出版。第四版是恩格斯生前以德文印刷的最后一版。——748。

416 恩格斯提到的对《社会主义从空想到科学的发展》最初文本的两处补充,见本卷第781—782页和808—809页。——748。

417 《〈社会主义从空想到科学的发展〉1892年英文版导言》是恩格斯的一篇有丰富理论内容的重要文章。恩格斯在这篇导言中介绍了写作《反杜林论》的背景以及由《反杜林论》的三章改编成的《社会主义从空想到科学的发展》一书的出版流传情况,指出它是传播最广泛的社会主义著作。他着重论述了唯物主义和宗教、唯物史观和唯心史观之间斗争的社会背景和阶级实质,揭露了不可知论妄图调和唯物主义和唯心主义的本质,用自然科学的成就论证了世界的可知性,阐明了认识来源于实践并受实践检验这一马克思主义认识论的基本原理。恩格斯用"历史唯物主义"这个名词表述唯物史观,指出:"这种观点认为,一切重要历史事件的终极原因和伟大动力是社会的经济发展,是生产方式和交换方式的改变,是由此产生的社会之划分为不同的阶级,是这些阶级彼此之间的斗争。"(见本卷第760页)他用历史唯物主义的观点阐述了欧洲资产阶级由革命走向反动的历史以及无产阶级反对资产阶级的革命斗争,揭露资产阶级妄图利用宗教来阻挡日益高涨的无产阶级革命洪流,指出"任何宗教教义都难以支撑一个摇摇欲坠的社会"(见本卷第773页)。恩格斯还强调:"欧洲工人阶级的胜利不是仅仅取决于英国。至少需要英法德三国的共同努力,才能保证胜利。"(见本卷第773页)

《社会主义从空想到科学的发展》的英文版于1892年在伦敦出版,译者是爱·艾威林,书名是《空想社会主义和科学社会主义》。

1892年6月,恩格斯把这篇导言译成德文,并于7月寄给《新时代》杂志,发表在该杂志1892—1893年第11年卷第1册第1期和第2期,标题是《论历史唯物主义》。杂志编辑部在发表这篇导言时,删去了前面的七段。导言的个别部分曾以《资产阶级对封建主义的三次会战》、《工人政党》为标题,用法文发表于1892年12月4日、11日和25日,1893年1月1日和9日《社会主义者报》第115、116、118、119、120号。——750。

418　指欧·杜林《哲学教程——严格科学的世界观和生命形成》1875年莱比锡版。

杜林《国民经济学和社会经济学教程,兼论财政政策的基本问题》1876年莱比锡第2版。该书第1版于1873年在柏林出版。

杜林《国民经济学和社会主义批判史》1875年柏林第2版。该书第1版于1871年在柏林出版。——751。

419　复本位制是金银两种金属同时起货币作用的币制。——751。

420　扎德鲁加(Zádruga)是古代南方斯拉夫人、凯尔特人的家长制家庭公社,这种公社包括几个或十几个在血缘、经济、土地上有联系的家庭,大家共同生产,共同消费。19世纪后半期扎德鲁加逐渐解体。——752。

421　《资本论》第一卷的第一个英译本是由赛·穆尔和爱·艾威林翻译,由恩格斯校订的,于1887年出版。——752。

422　唯名论者是中世纪哲学的一个派别。该派认为,一般的类概念只是名字,即人的思维和语言的产物,它们只能用来表明现存的单个事物。同中世纪的实在论者相反,唯名论者认为概念不是产生事物的原型,不是创造事物的源泉。因此,他们承认事物的第一性和概念的第二性。在这个意义上,唯名论是中世纪唯物主义的最初表现。——753。

423　按照古希腊哲学家阿那克萨哥拉的观点,种子是可以无限分割的、具有质的规定性的极小的物质粒子;种子是万物的本源,它们的结合构成各种不同的物体。——753。

424　参看《马克思恩格斯文集》第 1 卷第 330—332 页。恩格斯将引文从德文译成英文时做了不少修改。——755。

425　救世军是基督教新教的一个社会活动组织,1865 年由传教士威·蒲斯创立于伦敦。1878 年该组织模仿军队编制,教徒称"军兵",教士称"军官";1880 年正式定名为"救世军"。该组织着重在下层群众中开展慈善活动,并吸收教徒。在资产阶级的大力支持下,该组织开展广泛的宗教活动,并建立了一整套慈善机构。——756、772。

426　指 1522—1523 年的德国贵族起义和 1524—1525 年的德国农民战争。恩格斯在《德国农民战争》(见《马克思恩格斯文集》第 2 卷)中对这两次战争作了阐述。——762。

427　16 世纪欧洲宗教改革运动时期,著名宗教改革活动家让·加尔文(1509—1564 年)创立了加尔文教,这是基督教新教流派之一。该教派的教义是"绝对先定"和人的祸福神定的学说。根据这种学说;一部分人是由上帝先定为可以得救的(选民),另一部分人则是永定为受惩罚的(弃民)。加尔文教严格奉行的宗教信条完全符合当时资产阶级的要求。——762。

428　"光荣革命"指英国 1688 年政变。这次政变驱逐了斯图亚特王朝的詹姆斯二世,宣布荷兰共和国的执政者奥伦治的威廉三世为英国国王。从 1689 年起,在英国确立了以土地贵族和大资产阶级的妥协为基础的立宪君主制。这次没有人民群众参加的政变被资产阶级史学家称做"光荣革命"。——763。

429　蔷薇战争亦称玫瑰战争,是 1455—1485 年在英国约克家族和兰开斯特家族之间为争夺王位而进行的战争。约克家族的族徽上饰有白色蔷薇,兰开斯特家族的族徽上则饰有红色蔷薇。站在约克家族一方的有经济比较发达的南部的一部分大封建主,以及骑士和市民阶层;支持兰开斯特家族的则是北部诸郡的封建贵族。这场家族之间自相残杀的战争几乎使古老的封建家族消灭殆尽,其后英国建立了新的都铎王朝,并实行专制政体。——763。

430　强壮而心怀恶意的小伙子是托·霍布斯的用语,见他所著《论公民》一书序言。该书于 1642 年在巴黎写成,1647 年在阿姆斯特丹刊印,最初流传的是手抄本。——765。

431 笛卡儿派指 17—18 世纪笛卡儿哲学的继承者。笛卡儿在形而上学方面有唯心主义倾向,在物理学方面是唯物主义者,因此,其追随者分裂为两个对立的学派。一派发展了笛卡儿物理学机械论自然观,成为唯物主义者;另一派则发展了笛卡儿形而上学中关于上帝与灵魂的学说,成为彻底的唯心主义者。——765。

432 指 1789 年 8 月 26 日法国制宪议会通过的《人权和公民权宣言》,其中阐明了新的资产阶级制度的政治原则,宣布拥有自由和财产等是每个人天赋的、不可剥夺的权利。1791 年的法国宪法包括了这篇宣言。1793 年的雅各宾派《人权和公民权宣言》就是根据 1789 年这篇宣言起草的;1793 年这篇宣言被作为导言放在 1793 年国民公会通过的法国第一部共和国宪法之前。——766。

433 指英国小资产阶级激进阶层和资产阶级知识分子对 18 世纪末法国资产阶级革命所采取的同情态度。这些人是联合在伦敦革命协会,主要是联合在伦敦和英国其他各大城市通讯协会中的法国革命的拥护者(在协会的组织者和参加者中有工人阶级的代表),他们曾宣传革命思想,提出实现普选权和其他民主改革的要求。各通讯协会都曾遭到英国寡头政治执政者的迫害。——767。

434 指选举法改革法案。选举法改革法案于 1831 年由英国下院通过,1832 年 6 月由上院最后批准。这次改革削弱了土地贵族和金融贵族的政治垄断,加强了工业资产阶级在议会中的地位。但是,由于财产资格的限制,为争取选举制度改革而斗争的主力军工人和手工业者仍未获得选举权。——768。

435 指 1846 年 6 月通过的废除谷物法的法案。英国的谷物法规定了高额的谷物进口关税,旨在限制或禁止从国外输入谷物。此项法律是为了维护大土地占有者的利益从 1815 年起实施的。谷物法的实施引起了工业资产阶级和土地贵族之间的斗争,这场斗争是由曼彻斯特的两个纺织厂主理·科布顿和约·布莱特于 1838 年创立的反谷物法同盟(见注 438)领导的,反谷物法的工业资产阶级在自由贸易的口号下取得了胜利,议会于 1846 年 6 月 26 日通过了《关于修改进口谷物法的法令》和《关于调整某些关税的法令》,从而废除了谷物法。法令的实施以及由此引起的谷物价格的下跌,虽然使生活费用有所减低,但归根结底还是降低了工人的工资,增加了资产阶级的利润。谷物法的废除沉重地打击了土地贵族,促进了英国资本主义进一步发展。——768。

436 1824 年在群众性的工人运动的压力下,英国议会被迫通过一项法令,废除了禁止工人结社的有关法律。1825 年,议会通过了结社法(亦称工人联合法),这项法律重申废除禁止工会的决定,但是却对工会的活动严加限制。即便仅仅为工人结社和参加罢工进行鼓动都被视为"强制"和"暴力"行为而以刑事罪论处。——768。

437 人民宪章是英国宪章运动(见注 8)的纲领性文件,1837 年由下院六名议员和六名伦敦工人协会会员组成的一个委员会提出,并于 1838 年 5 月 8 日作为准备提交议会的一项草案在各地群众大会上公布。人民宪章包括宪章派的下列六项要求:普选权(年满 21 岁的男子)、议会每年改选一次、秘密投票、各选区一律平等、取消议会议员候选人的财产资格限制,以及发给议员薪金。1839、1842 和 1849 年,议会三次否决了宪章派递交的要求通过人民宪章的请愿书。——768。

438 反谷物法同盟是英国工业资产阶级的组织,由曼彻斯特的两个纺织厂主理·科布顿和约·布莱特于 1838 年创立。谷物法是英国政府为维护大土地占有者的利益,从 1815 年起实施的旨在限制或禁止从国外输入谷物的法令。同盟要求贸易完全自由,废除谷物法,其目的是为了降低国内谷物价格,从而降低工人工资,削弱土地贵族的经济和政治地位。同盟在反对大土地占有者的斗争中曾经企图利用工人群众,宣称工人和工厂主的利益是一致的。但是,就在这个时候,英国的先进工人展开了独立的、政治性的宪章运动。1846 年谷物法废除(见注 435)以后,反谷物法同盟宣布解散。实际上,同盟的一些分支机构一直存在到 1849 年。——768。

439 乔纳森大哥是英属北美殖民地独立战争(1775—1783 年)(见注 330)期间英国人给北美人起的绰号。——769。

440 奋兴派亦称教会复兴派,是英美等国新教教会中的一个流派。19 世纪产生于美国清教徒移民中,不久又传到英国。该派的信徒力图通过宗教说教和组织新的信仰者团体来巩固并扩大基督教的影响。奋兴派有时也泛指各种谋求恢复教会旧日威势的派别。——769。

441 指 1867 年德比—迪斯累里的保守党政府实行的议会改革。1867 年,英国在群众性工人运动的压力下实行了第二次议会改革。国际工人协会总委员会积极参加了争取改革的运动。这次改革使英国选民数目增加了一倍多,一部分熟练工人也获得了选举权。——770。

442 1884 年,英国在农村地区群众运动的压力下实行了第三次议会改革。经过这次改革,1867 年为城市居民规定的享有投票权的条件,也同样适用于农村地区。第三次选举改革以后,英国相当大一部分居民——农村无产阶级、城市贫民以及妇女,仍然没有选举权。秘密投票于 1872 年实行。——771。

443 崇礼派是产生于 19 世纪 30 年代的英国国教会中倾向于罗马天主教的一个流派,因其创始人之一是牛津大学神学家皮由兹,故更流行的名称为皮由兹教派。该派的信徒号召在英国国教中恢复天主教的仪式(崇礼派即因此而得名)和天主教的某些教义。当时的英国贵族为了保持自己在国内的地位,竭力抵制大部分属于各新教教派的工业资产阶级的影响,因此,该教派的产生实际上是英国贵族反对工业资产阶级的斗争在宗教上的反映。——772。

444 指路·布伦坦诺关于英国工联的论著。布伦坦诺竭力称赞英国的工联是工人阶级组织的典范,可以在资本主义条件下使工人阶级状况得到根本的改善,并摆脱资本主义剥削。按照布伦坦诺和其他讲坛社会主义者(见注 183)的观点,组织得很好的工会可以取代工人政党,工人阶级的政治斗争也成为多余的了。

恩格斯在《布伦坦诺攻击马克思》(见《马克思恩格斯全集》中文第 1 版第 22 卷)一文中揭露了这种观点的虚伪性及其阶级实质。——773。

445 再洗礼派是欧洲中世纪基督教的一个教派。该派不承认为婴儿所施的洗礼,主张成年后须再次受洗。该派在 16 世纪宗教改革运动中出现在德国、瑞士和荷兰等地。其主要成员为农民和城市平民,他们仇视封建制度及其支柱天主教,信仰宣传基督复临并在世上建立公正、平等和幸福的"千年王国"(见注 101)的宗教神秘主义学说。该派中一部分人主张财产公有,反对贵族、地主和教会的封建土地占有制度,积极参加了 1524—1525 年的德国农民战争,后来被统治阶级残酷镇压。——777。

446 指恩格斯所著《马尔克》一文,该文作为 1883 年德文版《社会主义从空想到科学的发展》一书的附录第一次发表。见《马克思恩格斯全集》中文第 2 版第 25 卷。——803。

447 《法国工人党纲领导言(草案)》是马克思和恩格斯应法国工人党的请求起草的党纲的理论部分。马克思在导言中简洁地阐明了科学社会主义的重要原理和无产阶级政党的斗争目标。他指出,"生产者阶级的解放是不分性别和种族的全人类的解放;生产者只有在占有生产资料之后才能获得自由"(见本卷第818页);资本主义社会的发展必然导致生产资料集体占有形式的确立;这种集体所有制只有通过组成独立政党的无产阶级的革命活动才能实现;无产阶级政党在经济方面的最终目标是使全部生产资料归集体所有。他还提出了党的策略原则,强调必须使用无产阶级所拥有的一切手段,包括借助于普选权来实现奋斗目标。

1879年在马赛举行的法国工人社会主义者代表大会通过了成立法国工人党的决议。以茹·盖得为首的法国社会主义者决定,通过保·拉法格请求马克思和恩格斯帮助制定工人党的竞选纲领草案。1880年5月盖得抵达伦敦,5月10日前后在恩格斯的寓所与马克思、恩格斯和拉法格一起共同制定了法国工人党纲领。纲领分为理论部分和实践部分(或称最低纲领),纲领的理论部分是马克思对盖得口授的。马克思在1880年11月5日给弗·阿·左尔格的信中(见《马克思恩格斯文集》第10卷第452—453页)、恩格斯在1881年10月25日给爱·伯恩施坦的信中(见本选集第4卷第544—546页)谈到了这个纲领的起草过程和对这个纲领的评价。

纲领于1880年6月19日首次发表在由约·菲·贝克尔主编、在日内瓦发行的《先驱者》第25期,后来又发表在1880年6月30日《平等报》第24号,7月10日《无产者报》第93号以及7月20日《社会主义评论》(见注407)第10号。——818。

448　《给维·伊·查苏利奇的复信》是马克思论述俄国农村公社的历史命运和俄国资本主义发展前景的重要著作。马克思在复信的草稿中详细研究了俄国农村公社的历史、现状和特点,分析了俄国农村公社的二重性和两种可能的前途:或者是它所包含的私有制因素战胜集体因素,或者是后者战胜前者,这一切都取决于它所处的历史环境。马克思认为,俄国的农村公社"目前处在这样的历史环境中:它和资本主义生产的同时存在为它提供了集体劳动的一切条件。它有可能不通过资本主义制度的卡夫丁峡谷,而占有资本主义制度所创造的一切积极的成果"(见本卷第828—829页)。但是,俄国1861年改革以后,农村公社趋于瓦解,"要挽救俄国公社,就必须有俄国革命"。"如果革命在适当的时刻发生,如果它能把自己的一切力量集中起来以保证农村公社的自由发展,那么,农村公社就会很快地变为俄国社会新生的因素,变为优于其他还处在资本主义制度奴役下的国家的因素。"(见本卷第832页)他在复信中还指出:"这种农村公社是俄国社会新生的支点;可是要使它能发挥这种作用,首先必须排除从各方面向它袭来的破坏性影响,然后保证它具备自然发展的正常条件。"(见本卷第840页)

1881年2月16日,查苏利奇写信请求马克思谈谈他对俄国历史发展的前景,特别是对俄国农村公社命运的看法。查苏利奇在信中谈到了马克思的《资本论》在俄国极受欢迎以及这部著作在俄国革命者关于土地问题及农村公社问题的争论中所起的作用。她说:"你比谁都清楚,这个问题在俄国是多么为人注意……   最近我们经常可以听到这样的见解,认为农村公社是一种古老的形式,历史、科学社会主义——总之,一切不容争辩的东西——,使农村公社注定要灭亡。鼓吹这一点的人都自称是你的真正的学生,'马克思主义者'。"查苏利奇还表示:"如果你能说明你对我国农村公社可能的命运以及关于世界各国由于历史的必然性应经过资本主义生产各阶段的理论的看法,那么,这将使我们获得极大的帮助。"

马克思的复信注明的日期为1881年3月8日。从马克思当时与其他人的通信来看,可以肯定马克思一接到查苏利奇的信就着手准备回答她所提出的问题。另外,马克思早在1880年12月也曾向俄国民意党执行委员会代表、该党机关报《民意报》编辑尼·亚·莫罗佐夫作过许诺,准备对有争议的俄国农村公社前景问题发表自己的见解。

马克思在准备给查苏利奇回信的过程中拟了四个草稿,本卷收录了其中的初稿和三稿。复信和草稿的原文都是法文,1924年第一次用俄文发表于《马克思恩格斯文库》第一卷。

这封复信的草稿曾由张广达翻译、何许校订,1955年发表于《史学译丛》第3期。——820。

449　公元前321年第二次萨姆尼特战争时期,萨姆尼特人在古罗马卡夫丁城(今意大利蒙泰萨尔基奥)附近的卡夫丁峡谷包围并击败了罗马军队。按照意大利双方交战的惯例,罗马军队必须在由长矛交叉构成的"轭形门"下通过。这被认为是对战败军的最大羞辱。"通过卡夫丁峡谷"("通过卡夫丁轭形门")一语即由此而来。——825、837。

450　指俄国民意党执行委员会。民意党是俄国最大的民粹派组织,1879年8月建立。主要领导人是安·伊·热里雅鲍夫、亚·德·米哈伊洛夫等。该党主张推翻专制制度,提出广泛的民主改革要求。但是民意党人把民主革命的任务和社会主义革命的任务混为一谈,认为在俄国可以超越资本主义,经过农民革命走向社会主义。民意党领导机关还宣称以恐怖手段作为政治斗争的主要手段,于1881年3月13日刺杀了沙皇亚历山大二世。在沙皇政府的残酷迫害下,民意党在1881年以后就瓦解了。——839。

451　《自然辩证法》是恩格斯1873—1882年撰写的一部未完成的手稿,是他研究自然界和自然科学的辩证法问题的重要著作,由论文、札记和片断组成。在这部著作中,恩格斯为马克思主义哲学的自然辩证法学科奠定了理论基础。他用辩证唯物主义的观点和方法对19世纪中叶自然科学的最重要成就作了哲学概括,批判了自然科学中的形而上学和唯心主义观点;论述了自然科学和哲学的关系,指出各门自然科学的发展证明辩证唯物主义自然观产生的必然性和科学性,唯物辩证法为自然科学提供了科学的方法,自然科学家应当自觉地学习和掌握唯物辩证法;揭示了各门自然科学的辩证内容和唯物辩证法的基本规律,把辩证法的规律概括为:"量转化为质和质转化为量的规律;对立的相互渗透的规律;否定的否定的规律"(见本卷第901页);阐明了辩证唯物主义的物质观和运动观、物质基本运动形式之间的区别和联系,批判了把一切运动形式归结为机械运动的机械论观点;论述了自然研究中的认识论和辩证逻辑问题,阐明了概念的辩证性质、判断的辩证分类、归纳和演绎的辩证关系等等,批判了自然研究中的不可知论。在《劳动在从猿到人的转变中的作用》一文中,恩格斯论述了劳动在人类起源中的决定性作用,指出:"劳动是整个人类生活的第一个基本条件,而且达到这样的程度,以致我们在某种意义上不得不说:劳动创造了人本身。"(见本卷第988页)他阐明了人与动物在对待自然界方面的本质区别在于人能够按照自己的目的来利用自然界、支配自然界;同时强调人们必须处理好人与自然界的关系,指出:"我们不要过分陶醉于我们人类对自然界的胜利。对于每一次这样的胜利,自然界都对我们进行报复。""我们每走一步都要记住:我们决不像征服者统治异族人那样支配自然界,决不像站在自然界之外的人似的去支配自然界……　我们对自然界的整个支配作用,就在于我们比其他一切生物强,能够认识和正确运用自然规律。"(见本卷第998页)恩格斯还指出,随着自然科学的大踏步前进,人们越来越有可能学会认识和控制日常生产行为在自然方面所引起的较远的影响,但是在资本主义的生产方式中资本家都是为了直接的利润而从事生产和交换,他们不考虑这些行为在自然方面造成的影响,因此,要处理好人与自然的关系,"需要对我们的直到目前为止的生产方式,以及同这种生产方式一起对我们的现今的整个社会制度实行完全的变革"(见本卷第1000页)。

《自然辩证法》是恩格斯多年对自然科学进行深入研究的成果。他最初打算写一部批判庸俗唯物主义者路·毕希纳的论战性著作,1873年1月前后写出了提纲(见本卷第891—893页),后来改变计划,转入写作《自然辩证法》。恩格斯在1873年5月30日给马克思的信(见本选集第4卷第508—510页)中,叙述了撰写《自然辩证法》的宏大计划。在以后几年,恩格斯按既定计划进行了大量工作,但原定计划未能完全实现。

列入《自然辩证法》的材料,除《〈费尔巴哈〉的删略部分》外,都是1873—1882年这一时期写成的。《自然辩证法》的写作可分为两个主要时期:从计划写这一著作到完成《反杜林论》(1873年初—1878年中)和从《反杜林论》完稿到马克思病逝前(1878年夏—1882年夏)。在前一时期,恩格斯完成了几乎所有的札记和关于细节的研究,并写了一篇较完整的论文《导言》。在后一时期,恩格斯拟定了未来著作的具体计划,写完了几乎所有的论文。马克思逝世后,恩格斯把主要精力用于完成《资本论》的编辑出版工作和领导国际工人运动,实际上停止了《自然辩证法》的写作。

恩格斯将《自然辩证法》的材料分为四束,并冠以下列标题:《辩证法和自然科学》、《自然研究和辩证法》、《自然辩证法》、《数学和自然科学。各种札记》。这里看不出这些材料是按内容划分还是严格按写作时间顺序划分。这四束手稿中只有两束(第二束和第三束)标有恩格斯编的目录,列出了该束所包括的材料。

《自然辩证法》四束手稿还包含恩格斯原定写作计划以外的一些文稿:《〈反杜林论〉旧序》、《反杜林论》三则注释(《关于现实世界中数学上的无限之原型》、《关于"机械的"自然观》和《注释(1),凯库勒》)、《〈费尔巴哈〉的删略部分》、《劳动在从猿到人的转变中的作用》和《神灵世界中的自然研究》等,此外还有几篇短小的札记材料。

《自然辩证法》的手稿在恩格斯生前没有发表过。恩格斯逝世后,德国有关报刊发表了收入《自然辩证法》手稿的两篇论文:《劳动在从猿到人的转变中的作用》发表在1896—1897年《新时代》第14年卷第1册;《神灵世界中的自然研究》于1898年发表在《新世界历书》上。1925年《自然辩证法》用德文和俄译文对照的形式首次全文发表于《马克思恩格斯文库》莫斯科版第2卷。

《马克思恩格斯全集》历史考证版第1部分第26卷(1985年)刊出的《自然辩证法》,分别按手稿写作时间顺序编排和按手稿内容编排。后一种编排方式以恩格斯的写作计划为基本依据。本卷采用后一种编排方式。

《自然辩证法》先后出版过几种不同的中译本：1932 年上海神州国光社出版了杜畏之的译本；1950 年北京三联书店出版了郑易里的译本；1955 年人民出版社出版了曹葆华、于光远、谢宁的译本；1984 年人民出版社出版了于光远等的译编本。

收入本卷的《自然辩证法》是节选，主要选收了论述辩证自然观和辩证法规律、自然科学与哲学的关系、各门自然科学的辩证内容等等的论文、片断和札记。——841。

452 ［1878 年的计划］是恩格斯写完《反杜林论》以后，为《自然辩证法》拟定的具体计划，第一次以详细提纲的形式确定了整部著作的结构。该计划可能是 1878 年 8 月下半月—9 月写成的，因为里面提到了 1878 年 5—6 月写的《反杜林论》旧序和 1878 年 7 月出版的恩·海克尔的小册子《自由的科学和自由的讲授》；此外，这个计划第 11 项提到德国资产阶级达尔文主义者海克尔和爱·施米特，而在 1878 年 8 月 10 日恩格斯给彼·拉·拉甫罗夫的信中也谈到了同样的内容。——841。

453 指埃·杜布瓦-雷蒙于 1872 年 8 月 14 日在莱比锡德国自然科学家和医生第四十五次代表大会第二次公开会议上所作的报告《论对自然界认识的界限》，这个报告于 1872 年在莱比锡以小册子形式出版。——842。

454 卡·耐格里认为人的认识永远不具有全知的性质，这一观点见他于 1877年 9 月 20 日在慕尼黑德国自然科学家和医生第五十次代表大会上所作的报告《自然科学认识的界限》；报告刊载在代表大会《公报》附录中。——842、872。

455 恩·海克尔是自然科学界中唯物主义的代表，持有机械论观点。参看札记《关于“机械的”自然观》(见本卷第 946—951 页)。——842。

456 原生粒是恩·海克尔对活的原生质的细微粒子的称呼，按照他的学说，其中每一个粒子都是结构极其复杂的蛋白质分子，并且具有某种初级“灵魂”，即“记忆能力”。

关于“原生粒的灵魂”、初级活体中存在着意识的胚胎、意识和它的物质基质的相互关系的问题，是 1877 年 9 月在慕尼黑德国自然科学家和医生第五十次代表大会上辩论的题目，恩·海克尔、卡·耐格里和鲁·微耳和在 9 月 18、20、22 日的全体会议上就这个问题展开了讨论。海克尔在小册子《自由的科学和自由的讲授》中专门用一章来阐述这个问题,反驳微耳和的观点。——842。

457 指鲁·微耳和 1877 年 9 月 22 日在慕尼黑德国自然科学家和医生第五十次代表大会第三次全体会议上所作的报告《现代国家中的科学自由》(1877 年柏林版),在这个报告中微耳和建议限制科学的自由,反对在课堂里讲授达尔文的进化论,断言达尔文主义和社会主义有密切联系,暗指与巴黎公社有联系。恩·海克尔为反驳微耳和的观点,出版了小册子《自由的科学和自由的讲授》。——842。

458 鉴于有人试图从查·达尔文的学说中得出社会学的结论,恩格斯计划对他们进行反驳。恩格斯注意到德国著名的自然科学家和资产阶级政治活动家鲁·微耳和与德国生物学家、达尔文主义者恩·海克尔之间的争论(见注457)。他们对达尔文主义同社会主义运动是否有联系的问题提出不同看法。同时,恩格斯从 1878 年 7 月 18 日《自然界》杂志第 18 卷第455 期上获悉,德国达尔文主义者爱·施米特将于 1878 年 9 月在卡塞尔德国自然科学家和医生第五十一次代表大会上作《论达尔文主义对社会民主党的关系》的报告。代表大会召开以后,施米特的报告用《达尔文主义和社会民主党》的名称以小册子形式发表。恩格斯在 1878 年 7 月 19日给施米特的信以及同年 8 月 10 日给彼·拉·拉甫罗夫的信中都表示将对有关的言论予以批驳。——842。

459 关于物理学概念"功",海·亥姆霍兹主要在他 1862 年的讲演《论力的守恒》中谈到,见海·亥姆霍兹《通俗科学讲演集》1871 年不伦瑞克版第 2册第 137—179 页。恩格斯在《运动的量度——功》一文中考察了"功"这一范畴(见《马克思恩格斯全集》中文第 1 版第 20 卷第 426—441页)。——842。

460 恩格斯在这里描述的情景,是以他 1850 年写成的《德国农民战争》(见《马克思恩格斯文集》第 2 卷)一文中的论点为依据的。——843。

461 指现代哲学的先行者,其中有杰·卡尔达诺、乔·布鲁诺、尤利乌斯·凯撒·瓦尼尼、托·康帕内拉等人。——843。

462 《独立宣言》是 1776 年 7 月 4 日由 13 个英属北美殖民地的代表在费城代表大会上通过的。它宣布北美各殖民地脱离英国,成立独立的共和国——美利坚合众国。——843。

463 尼·哥白尼在他临终的那天——1543 年 5 月 24 日（旧历）得到一本刚刚在纽伦堡印好的他的著作《天体运行论》，这部著作阐述了宇宙的太阳中心说。——843。

464 《导言》是《自然辩证法》中第一篇较完整的长篇论文，它对以前写成的关于自然界的历史和认识自然的历史的很多札记进行了加工。《导言》的草稿没有标题。在《自然辩证法》第三束材料的目录中，这篇《导言》叫做《旧导言》。《导言》中有两个地方使我们可以确定它的写作日期。恩格斯在本文中说："细胞被发现还不到 40 年。"（见本卷第 856 页）而他在1858 年 7 月 14 日给马克思的信中指出，发现细胞的大致日期是 1836 年，由此可得出结论：《导言》是 1876 年以前写的。其次，恩格斯还在本文中说："在大约十年前才认识到，完全无结构的蛋白质执行着生命的一切主要机能"（见本卷第 858 页）。这里所指的是胶液原生物——最简单的有机体。胶液原生物是恩·海克尔在 1866 年出版的著作《有机体普通形态学》中第一次描述的（见注 300）。《导言》的初稿《历史》写于 1874 年底。把上述所有事实加以比较，就可确定《导言》的写作日期是 1875 年底或1876 年上半年。《导言》的第一部分可能写于 1875 年 11 月或 12 月，第二部分可能写于 1876 年上半年。——845。

465 路德通过翻译圣经创造了现代德国散文，促进了德国语言的发展。路德翻译的圣经第一个全译本于 1534 年在维滕贝格出版。

路德的赞美诗《我们的主是坚固堡垒》被海涅称赞为"宗教改革的马赛曲"（《德国的宗教和哲学史》第 2 册）。恩格斯在 1885 年 5 月 15 日给海·施留特尔的信中套用了海涅的这句话，称《我们的主是坚固堡垒》这首歌是农民战争的《马赛曲》"（《马克思恩格斯全集》中文第 1 版第 36卷第 310 页）。——847。

466 燃素说是格·施塔尔于 1700 年创立的，在 18 世纪的化学中曾一度占统治地位。根据这一学说，燃烧的过程决定于可燃物体中有一种特殊的物质——燃素，它在燃烧时从可燃物体中逸出。但是，由于人们知道，金属在空气中燃烧时重量增加了，于是主张燃素说的人断言燃素具有一种在物理学上无法解释的负重量。杰出的法国化学家安·拉瓦锡证明了这种理论是毫无根据的，他把燃烧过程正确地解释为燃烧着的物质与氧化合的反应。关于燃素说曾经起过的积极作用，恩格斯曾在《〈反杜林论〉旧序》的结尾部分谈到（见本卷第 879—880 页），并在《资本论》第二卷的序言中作了详细的论述（见本选集第 2 卷第 301—302 页）。——849、879。

467 指伊·牛顿在他的主要著作《自然哲学的数学原理》1713 年剑桥第 2 版第 3 册的结尾部分《总识》中所表达的思想。牛顿写道:"到目前为止,我已用重力说明了天体现象和海洋的潮汐。但是我没有指出重力本身的原因。"他在列举了重力的某些性质以后接着说:"至今我还不能从种种现象推论出重力的这些性质的原因,假说这个东西我是不考虑的。凡不是从现象中推论出来的,都应该叫做假说;凡是假说,不管它是形而上学的或物理学的,力学的或隐蔽性质的,都不能用于实验哲学之中。在这种哲学中,一切定理都由现象推论而来,并用归纳法加以概括。"

黑格尔也注意到牛顿的这种看法,他在《哲学全书纲要》(见注 286)第 98 节附释 1 中指出:"牛顿……直接警告物理学,不要陷入形而上学……"。——852。

468 若·居维叶认为,在地球历史上曾发生过多次巨大的灾变,每经一次灾变,旧的生物被毁灭,新的生物又被创造出来。他的这一观点,见他的著作《论地球表面的巨变》1830 年巴黎第 6 版。——853。

469 尤·迈尔在 1842 年发表了《关于非生物界的各种力的意见》(载于 1842 年《化学和药学年鉴》第 42 卷)。这是迈尔有关能量守恒定律的表述见诸出版物的最早证明。——854。

470 詹·焦耳于 1843 年在其报告《论磁电的热效应,兼论热值》(载于《不列颠科学促进协会第十三届年会报告。1843 年 8 月于科克》1844 年伦敦版)中,公开了自己的实验结果。——854。

471 恩格斯在这里参考了威·格罗夫的著作《物理力的相互关系》1855 年伦敦第三版。该书第一版于 1846 年在伦敦出版。马克思曾在 1864 年 8 月 31 日给恩格斯的信中称格罗夫在英国和德国"自然科学家中无疑是最有哲学思想的"。他还在 1864 年 8 月 17 日给莱·菲力浦斯的信中称赞格罗夫的这部著作是"自然科学方面一本很出色的书"。——854。

472 文昌鱼(Amphioxus)是一种有些像鱼形的小动物,是非脊椎动物到脊椎动物之间的一种过渡形态,产于多处海域。

南美肺鱼(Lepidosiren)是肺鱼属的动物,兼有肺和腮,产于亚马孙河流域,大多数时间不在水中生活。——855、931。

473 一角鱼(Ceratodus)是一种产于澳洲的肺鱼,每隔三四十分钟浮出水面一次,以更新鱼鳔中的空气。

始祖鸟(Archaeopteryx)是一种古生脊椎动物,具有爬行类的某些特征,是爬行动物向鸟类进化的过渡形式。

恩格斯在这里利用了亨·阿·尼科尔森的著作《动物学手册》,该书第一版于1870年出版。——855、909。

474 1759年卡·沃尔弗发表了自己的学位论文《发育论》,论文中依据对植物的观测及对鸡的胚胎的考察,科学地论证了渐成论,驳斥了预成论。

预成是指成熟的机体在胚细胞中预先形成。预成论在17世纪和18世纪生物学中占主导地位。从预成论拥护者的形而上学观点来看,成熟的机体的一切部分都已经以紧缩的形式存在于胚胎中,这样一来,机体的发育被归结为已有器官的纯粹量的增长,而本来意义上的发育,即作为新生(渐成)的发育就不发生了。从卡·沃尔弗到查·达尔文许多杰出的生物学家不断论证并发展了渐成论。——855。

475 恩格斯在这里以及后面利用了下列著作:约·亨·梅特勒《宇宙的奇妙结构,或通俗天文学》1861年柏林增订第5版和安·赛奇《太阳》1872年不伦瑞克版。

恩格斯在《导言》的第二部分利用了他从这两本著作中作的摘录,这些摘录大概是在1875年底或1876年初作的(见《马克思恩格斯全集》中文第1版第20卷第618—622页)。——857。

476 加拿大假原生物(Eozoon canadense)是在加拿大发现的一种化石,曾被看做最古的原始有机体的遗骸(见亨·阿·尼科尔森《地球古代生命史》1876年爱丁堡—伦敦版第70—71页)。1878年德国动物学家卡·默比乌斯否定关于这种化石的有机起源的意见。——858。

477 后古典时期指随马其顿国王亚历山大三世开始的古希腊文化时期(到公元前30年止)和罗马帝国直到解体时为止的时期(公元395年)。——865。

478 亚历山大里亚学派是希腊化—罗马时期(公元前323—公元642年)以亚历山大里亚城为中心的各种学术思潮的总称。亚历山大里亚是当时埃及的一个港口城市,是地中海地区的经济中心,也是各种学派的聚集地和东西方文化的交汇点。在各种因素的交互影响下,亚历山大里亚学派在科学、文学和哲学等方面都取得了辉煌成就。

在科学方面,亚历山大里亚学派从百科全书式的知识综述转向对自然界进行分门别类的有系统的深入研究,各种专门学科,如数学、力学、地理学、天文学、解剖学、生理学等,都有长足发展,主要代表人物有欧几里得、阿基米德等人。

在哲学和神学方面,该派将古犹太神学和古希腊哲学结合起来,对犹太教以及以后的基督教发展产生深远影响。该派认为神灵的启示是最高的知识源泉,对圣经进行比喻性诠释,与侧重从字面和历史意义上进行解释的安提阿学派相对。其主要代表是犹太学者斐洛·尤迪厄斯。斐洛不是基督徒,但因其哲学促成了早期基督教的希腊化,恩格斯在《布鲁诺·鲍威尔和原始基督教》中称他为"基督教的真正父亲"(《马克思恩格斯文集》第3卷第593页)。斐洛之后的重要代表人物是欧利根和普罗提诺。——865。

479 后来证实,《论哲学家的见解》一书并不是普卢塔克而是佚名作者(所谓"假普卢塔克")写的。这本书的作者实际上是公元100年前后的艾修斯。——868。

480 以太最早是古希腊哲学家设想的一种介质,是构成宇宙和天体的最高元素。17世纪,克·惠更斯在阐述光的波动说时又重新提出。当时认为,光是一种机械的弹性波,但由于光可以通过真空传播,所以必须假设存在着一种尚未经实验发现的介质,这种介质可借以传播光波,这就是以太。以太这一概念直到19世纪仍为人们所接受。到了20世纪初,随着相对论的建立和对场的进一步研究,以太成为过时的概念而不为采用。——870、952、969、981。

481 《〈反杜林论〉旧序。论辩证法》是恩格斯在第二束材料目录中加的标题。它是恩格斯在把《自然辩证法》材料加以分类时列入第二束的。这篇论文的手稿上只有一个《序》字作为标题。而在第一页上面还标有《杜林,科学中的变革》等字样。它是1878年5月或6月初作为《反杜林论》第一版序而写的。但是恩格斯后来又决定用一个较短的序(见本卷第379—382页)来代替这个旧序。新序注明日期是1878年6月11日,新序中利用了《旧序》前四段的内容。——871。

482 指让·傅立叶《热的解析理论》1822年巴黎版和萨·卡诺《关于火的动力和发动这种动力的机器》1824年巴黎版。恩格斯在页边上提到的函数C,见卡诺的著作第73—79页的注释。——879。

483 《神灵世界中的自然研究》是写在手稿第1页上的标题。恩格斯后来把它列入第三束手稿,标题是《自然研究和神灵世界》。这篇论文最早可能写于1878年1月,因为恩格斯在这篇论文中谈到弗·策尔纳关于两端固定在桌上的一条线打了几个结的"实验"这个"最近传来的捷报"(见本卷第888页);策尔纳是1877年12月17日在莱比锡做这些"实验"的。

　　恩格斯的这篇论文在他逝世以后第一次发表于德国社会民主党的1898年《新世界历书》第56—59页。——880。

484　指弗·培根计划写的百科全书式的著作《伟大的复兴》,特别是它的第三部分。培根的计划未能完全实现。该著作第三部分的材料以《自然现象,或可作为哲学基础的自然的和实验的历史》为标题于1622年在伦敦出版。——880。

485　伊·牛顿以神学为题材的最著名的著作是他逝世六年后于1733年在伦敦出版的《评但以理书和圣约翰启示录》。

　　《约翰启示录》是《新约全书》中的《启示录》,相传为圣徒约翰所著。——880。

486　麦斯默术是关于某种"动物的磁性"的理论,据说可用于治疗疾病,以其创立者奥地利医生弗·麦斯默(1734—1815年)的名字命名。麦斯默术在18世纪末广为流传,是降神术的前导之一。——880。

487　19世纪初奥地利医生弗·加尔创立了颅相学,认为人大脑的一定部位上生长有各种心理特征的器官,某种心理特性和能力的发展会引起大脑相应部位的发育并使颅骨的相应部位隆起。因此,根据颅骨的外形就可判断人的心理特性。颅相学的结论曾被各式各样的江湖术士包括降神术士广为利用。——881。

488　巴拉塔里亚岛(源于西班牙语barato——廉价的)是塞万提斯的小说《唐·吉诃德》中虚构的一个岛。在该书第2部第45—53章中,唐·吉诃德的侍从桑乔·潘萨被任命为该岛的总督。——881。

489　《回声报》(The Echo)是英国资产阶级自由派的报纸,1868—1907年在伦敦出版。——885。

490　铊是威·克鲁克斯1861年发现的。

　　辐射计也叫光转车辐射计,是一种测量光能的仪器:在一个真空玻璃球内装一根垂直或水平线轴,上面装几个轻质的小翼,小翼在光或热辐射的作用下旋转,使线轴折弯而产生偏向角,用测定偏向角的方法来测量光能。辐射计是1873—1874年由克鲁克斯设计成功的。——885。

491　《灵学家报》(The Spiritualist Newspaper)是英国降神术士的周报,1869—

1882 年在伦敦出版；1874 年以前以《灵学家》(The Spiritualist) 的名称出版。——886。

492 圣彼得堡大学物理学会于 1875 年 5 月 6 日设立了降神现象考察委员会。这个委员会的成员有德·伊·门捷列夫和其他许多著名的科学家，委员会要求在俄国传播降神术的亚·尼·阿克萨科夫、亚·米·布特列罗夫和尼·彼·瓦格纳对降神术进行介绍，按要求进行演示并在实验报告上签字。委员会在圣彼得堡《呼声报》1876 年 3 月 25 日第 85 号上发表了总结性报告，认为降神现象发生于无意识的动作或有意识的欺骗，而降神说是迷信。考察纪要和其他材料单独由门捷列夫出版。委员会的工作到 1876 年 3 月 21 日结束。——888。

493 暗指 1871 年巴黎公社以后在德国特别流行的对达尔文主义的反动攻击。甚至像鲁·微耳和这样的大科学家，曾经是达尔文主义的信徒，也在 1877 年慕尼黑德国自然科学家和医生第五十次代表大会上公开发表反对达尔文主义的言论。参看注 457。——889。

494 教皇"永无谬误"的教义是 1870 年 7 月 18 日在罗马公布的。德国的天主教神学家约·德林格尔拒绝承认这一教义。美因茨的主教威·凯特勒最初也反对宣布新教义，但是很快就接受了这一教义而且成为它的热烈拥护者。——890。

495 这段话引自托·赫胥黎 1869 年 1 月 29 日给伦敦逻辑学会理事会的信。该学会邀请他参加降神现象研究委员会的工作。赫胥黎拒绝邀请，并发表了许多讽刺降神术的意见。赫胥黎的这封信曾两度公开，一次是在伦敦《每日新闻》1871 年 10 月 17 日第 7946 号上，另一次是查·戴维斯在《神秘的伦敦》1875 年伦敦版第 389 页上引用了这封信。——891。

496 《毕希纳》这个片断是《自然辩证法》中写得最早的一篇；它是恩格斯第一束手稿中的第一个札记。恩格斯原本计划要写一部反对庸俗唯物主义和社会达尔文主义的代表路·毕希纳的著作，这篇札记看来是这部著作的提纲。根据这一片断的内容和恩格斯在毕希纳所著《人及其过去、现在和将来在自然界中的地位》1872 年莱比锡第 2 版页边上所作的批注来判断，恩格斯打算首先批判毕希纳的这一著作。威·李卜克内西在 1873 年 2 月 8 日给恩格斯的信中说："至于毕希纳——你就狠揍吧！"据此判断，在此信之前，恩格斯已直接把自己的想法告诉了李卜克内西。因此可以认为，这个片断最早写于 1873 年 2 月，不晚于 5 月 30 日，因为这一天恩格斯在同一张稿纸上紧接着写下了札记《自然科学的辩证法》。
——891。

497　恩格斯引用的是黑格尔《哲学全书纲要》第二版(《黑格尔全集》第 6 卷
1840 年柏林版)序言中的一段话："莱辛曾经说过,人们对待斯宾诺莎就
像对待死狗一样。"黑格尔指的是 1780 年 6 月 7 日哥·莱辛和弗·雅科
比的谈话。莱辛在这次谈话中说："要知道人们谈起斯宾诺莎时总是像
谈死狗一样。"(见《雅科比全集》1819 年莱比锡版第 4 卷第 1 编第 68
页)。

　　　黑格尔在他的《哲学史讲演录》第 3 卷中详细地谈到了法国唯物主
义者。——891。

498　参看路·毕希纳《人及其过去、现在和将来在自然界中的地位》1872 年莱
比锡第 2 版。毕希纳在该著作第 170—171 页上说:在人类逐渐发展的过
程中,自然界在人身上达到自我意识的时刻正在到来;从这个时刻起,人
就不再消极地服从于自然界的盲目规律,而成为自然界的主人——也就
是说,在这个时刻,用黑格尔的话来说,正发生量到质的转变。在恩格斯
自己手头的毕希纳的著作中,这段话用短线标出,并批注:Umschlag!〔转
变!〕。——892。

499　恩格斯对哥·莱布尼茨的评价是以黑格尔的观点为依据的。黑格尔曾把
莱布尼茨看做微积分的创始人,并认为他先于伊·牛顿建立了这一理论。
见黑格尔《哲学史讲演录》第 3 卷 1836 年柏林版(《黑格尔全集》第 15
卷)第 451 页。后来公认的事实是:牛顿在没有依赖莱布尼茨的情况下并
且先于莱布尼茨建立了微积分。恩格斯写成这个片断后,过了两年在这
个问题上又提出了新的见解(见《马克思恩格斯全集》中文第 1 版第 20
卷第 602 页)。——893。

500　恩格斯在这里是指伊·牛顿过高估计归纳法的哲学观点的局限性和他对
假说所持的否定态度,这种态度表现在他所说的"假说这个东西我是不
考虑的"这句众所周知的话中(见注 467)。恩格斯对牛顿的这一评价,也
来源于黑格尔。黑格尔对牛顿使用的方法曾多次进行严厉批判。见黑格
尔《哲学史讲演录》第 3 卷第 447 页。——893。

501　《〈费尔巴哈〉的删略部分》是这一片断在《自然辩证法》第二束材料的目
录中的标题。这一片断原是恩格斯《路德维希·费尔巴哈和德国古典哲
学的终结》初稿的四页(第 16—19 页)。在第 16 页上面写有:《路德维

希·费尔巴哈》的删略部分。这个片断属于《路德维希·费尔巴哈和德国古典哲学的终结》第二章,并且应当紧跟在关于 18 世纪法国唯物主义者的三个主要"局限性"的论述后面(见本选集第 4 卷第 234—236 页)。在最后整理《路德维希·费尔巴哈和德国古典哲学的终结》手稿时,恩格斯抽出了这四页,并用另外的内容代替了它(同上,第 236—237 页),而这一片断的基本内容(论 19 世纪自然科学中的三个伟大发现)则在《路德维希·费尔巴哈和德国古典哲学的终结》第四章中简略地加以叙述(同上,第 251—253 页)。因为恩格斯的这一著作最初发表在 1886 年《新时代》杂志第 4 年卷第 4、5 期,所以这个片断的写作日期可以认为是1885 年底 1886 年初。这个片断开头部分的语句是不完整的,现根据发表在《新时代》杂志上的原文补全,补上的部分放在方括号内。——894。

502 费尔巴哈在柏林、耶拿、马尔堡和弗赖堡等地谋求教职的努力失败后,隐居在安斯巴赫附近的布鲁克贝格村,靠他的夫人贝尔塔·勒韦的财产维持生活。——897。

503 指费尔巴哈的如下箴言:"在我看来,唯物主义是人的本质和人类知识的大厦的基础;但是,我认为它不是生理学家、狭义的自然科学家如摩莱肖特所认为的而且从他们的观点和专业出发所必然认为的那种东西,即大厦本身。向后退时,我同唯物主义者完全一致;但是往前进时就不一致了。"这一箴言在费尔巴哈逝世后发表在卡·格律恩的著作《路德维希·费尔巴哈的书简、遗稿及其哲学特征的阐述》1874 年莱比锡—海德堡版第 2 卷第 308 页上。参看恩格斯《路德维希·费尔巴哈和德国古典哲学的终结》(本选集第 4 卷)第二章。——898。

504 不是指过去伊·牛顿作为一般哲学思维来理解的形而上学(见注 467),而是指现在作为思维方法来理解的形而上学。——899。

505 "陛下,我不需要这种假说",据说这是皮·拉普拉斯对拿破仑问他为什么在《论天体力学》中不提上帝时的回答。黑格尔在《哲学史讲演录》中也引过此话,但未注明出处。——900。

506 指约·丁铎尔在 1874 年 8 月 19 日召开的贝尔法斯特不列颠科学促进协会第四十四届年会上的开幕词。开幕词载于 1874 年 8 月 20 日《自然界》杂志第 10 卷第 251 期。恩格斯在 1874 年 9 月 21 日给马克思的信中对丁铎尔的这一发言作了更详细的评论。——900。

507 《辩证法》是这篇论文手稿第 1 页上的标题。在手稿第 5 页和第 9 页的上端页边上注有"辩证法的规律"的字样。这篇论文没有完成。可以推测，这篇论文写于1879年，但不早于当年9月，根据是：论文引证了亨·罗斯科和卡·肖莱马著《化学教程大全》第2卷的结尾部分；这一卷的第2部分于1879年9月初出版。其次，在论文中完全没有谈到钪的发现（1879年），如果这篇论文写于1879年以后，那么，恩格斯在说到镓的发现时，就不可能不提到钪。——901。

508 德·伊·门捷列夫于1869年发现了化学元素周期律。在1870—1871年，门捷列夫详尽地描述了元素周期系中尚缺的一些元素的性质。为了表示这些元素，他建议用梵文数词（例如，"埃卡"——"一"）作为字头加在该元素所在系列的第一个元素的名称前面。门捷列夫预言的第一元素镓于1875年被发现。——907。

509 这一典故出自莫里哀的喜剧《醉心贵族的小市民》第2幕第4场。剧中人茹尔丹对他的哲学教师说："您瞧！40多年来我一直用散文讲话，却不知道散文为何物！我衷心地感谢您，是您让我明白了这一点。"——908。

510 指德国1848年资产阶级民主革命的失败。这次革命以贵族和资产阶级之间达成妥协而告终。时任普鲁士内务大臣的奥·曼托伊费尔男爵对于实现这一妥协起了决定性作用。——909。

511 细颚龙是一种已经绝迹的动物，恐龙的一支（鸟臀目），属爬行纲，但就其骨盘和后肢的构造来看与鸟类相似（见亨·阿·尼科尔森《动物学手册》1870年爱丁堡—伦敦版第2卷第422页）。——909。

512 指通过发芽或分裂进行繁殖的腔肠动物。——909。

513 指雅·格林的著作《德意志语言史》1853年莱比锡第2版第1卷第580页的相关论述。恩格斯在1878—1882年期间写的专著《法兰克时代》中较为详细地谈到了法兰克方言（见《马克思恩格斯全集》中文第2版第25卷）。——912。

514 黑格尔《哲学全书纲要》第1部（即《小逻辑》）1840年柏林版（《黑格尔全集》第6卷）第135节附释："不应当把一个活的躯体的肢体和器官只看做动物的各个部分，因为肢体和器官只有在它们的统一体中才是肢体和器官，它们决不是和它们的统一体毫无关系的。肢体和器官只是在解剖学家的手下才变成单纯的部分，但这个解剖学家这时所处理的已不是活的躯体，而是尸体。"——913。

515 黑格尔《哲学全书纲要》第1部(即《小逻辑》)第126节附释:"甚至有人还将这种认为物的持存是由独立的质素所构成的理论常常应用于有机生命方面,也是显得不够用的。我们当然可以说,这一动物是由骨骼、筋肉、神经等所构成。但很明显,在这里我们用构成一词,与前面所说花岗石是由某些质素构成的,其意义又不相同。因为在花岗石里,各种质素的联合完全不相干,即使不联合在一起,各个质素仍可独立存在。反之,有机体的各部分,各肢节只有在它们的联合里才能存在,彼此一经分离便失掉其为有机体的存在。"——913。

516 黑格尔《哲学全书纲要》第1部(即《小逻辑》)第117节附释:"此外,比较的任务既在于从当前的差别中求出同一,则我们不能不认数学为最能圆满达到这种目的的科学。其所以如此,即由于量的差别仅是完全外在的差别。比如,在几何里一个三角形与一个四角形虽说有质的不同,但可以忽略这种质的差别,而说它们彼此的大小相等。"——914。

517 黑格尔《哲学全书纲要》第1部(即《小逻辑》)第115节说明:"于是同一律便被表述为'一切东西和它自身同一',或'甲是甲'。否定的说法:'甲不能同时为甲与非甲'。这种命题并非真正的思维规律,而只是抽象理智的规律。这个命题的形式自身就陷于矛盾,因为一个命题总须得说出主词与谓词间的区别,然而这个命题就没有做到它的形式所要求于它的。"——914。

518 天数源于阿拉伯语,是伊斯兰教的一个术语,意即定数、命运、天意。后来在土耳其语及其他语种中被采用。——917。

519 引自海涅的讽刺诗《宗教辩论》(《罗曼采罗》诗集),其中描写了中世纪天主教嘉布遣会修士和有学问的犹太教拉比之间的一场宗教辩论。拉比在辩论中引用犹太教的圣书《泰斯维斯-钟托夫》。嘉布遣会修士回答说:"让《泰斯维斯-钟托夫》见鬼去吧!"这时愤怒的拉比高声叫道:"连《泰斯维斯-钟托夫》都不再适用了,那还有什么东西适用呢?天哪!"——920。

520 参看斯宾诺莎《伦理学》第1部分定义一和定义三,以及定理六。——920。

521 黑格尔《哲学全书纲要》第1部(即《小逻辑》)1840年柏林版(《黑格尔全集》第6卷)第39节:"经验中诚然呈现出很多甚或不可胜数的相同的知觉,但普遍性与一大堆事实完全是两回事。同样,经验中还呈现许多前后相续的变化的知觉和位置接近的对象的知觉,但是经验并不提供必然性的联系。如果老是把知觉当做真理的基础,普遍性与必然性便会成为不合法的,一种主观的偶然性,一种单纯的习惯,其内容可以如此,也可以不如此的。"——922。

522 指乔·罗马尼斯对约·拉伯克《蚂蚁、蜜蜂和黄蜂,对群居的膜翅目观察的报告》1882 年伦敦版所作的评论。评论的标题为《蚂蚁、蜜蜂和黄蜂》,载于 1882 年 6 月 8 日《自然界》杂志第 658 期第 121—123 页。

《自然界。每周科学画报》(Nature. A weekly illustrated journal of science)是英国的一家自然科学杂志,1869 年起在伦敦出版。——924、946。

523 关于逻辑学分为三部分(存在论、本质论和概念论)与判断分为四类这二者之间的一致性,黑格尔在《哲学全书纲要》第 1 部(即《小逻辑》)第 171 节附释中是这样说明的:"判断种类的不同是由逻辑观念本身的普遍形式决定的。因此,我们起初得到的是三种主要的判断,这三种主要的判断恰好相当于存在、本质和概念这三个阶段。其中第二种主要的判断恰好相当于本质的性质,亦即相当于差别的阶段,使这一阶段本身又得到了重新表述。"——926。

524 "单称的"、"特称的"、"全称的"(singulär, partikulär, universell)等规定,在这里就是形式逻辑意义上的个别的、特殊的、普遍的,而不同于辩证法范畴"个别的"、"特殊的"、"普遍的"(Einzelnes, Besonderes, Allgemeines)。——926。

525 这篇札记没有写完。恩格斯在这里可能是要强调理论知识的经验基础。——928。

526 恩格斯是针对威·休厄尔的两部主要著作《从远古到现代的归纳科学史》(1837 年伦敦版)和《归纳科学的哲学》(1840 年伦敦版)中的观点说的。

在休厄尔的著作中,归纳科学都被安排在纯粹数学科学的周围。休厄尔认为,纯粹数学科学是纯理性的科学,它们研究"任何理论的条件",并且在这个意义上说,好像在"心智世界地理学"中占据中心地位。在《归纳科学的哲学》(第 1 卷第 2 册)中,休厄尔对"纯粹科学的哲学"作了简要论述,认为这类科学的主要代表是几何学、理论算术和代数学。而他在《从远古到现代的归纳科学史》(第 1 卷导言)中又把"演绎"科学(几何学、算术、代数学)和归纳科学(力学、天文学、物理学、化学、矿物学、植物学、动物学、生理学、地质学)对立起来。——929。

527 在"A—E—B"这个公式中，A表示普遍的，E表示个别的，B表示特殊的。黑格尔在分析归纳推理的逻辑实质时总是使用这个公式。见黑格尔《逻辑学》第3编第1部分第3章《归纳推理》一节。在这一节中有恩格斯在下面提到的黑格尔的论点，即归纳推理本质上是一种很成问题的推理。——929。

528 恩·海克尔在他的著作《自然创造史》1873年柏林修订第4版第77页上写道:"根据当时综合的经验认识，人们作出归纳推理:一切哺乳动物都有颚间骨。歌德由此作出演绎推理:由于人在其机体的一切其他方面同哺乳动物没有任何重大差别，所以一定也有颚间骨。事实上他曾对此进行过深入的研究。他的这一演绎推理为后来的经验所证实或验证。"歌德发现胚胎状态的人有颚间骨，而在个别的返祖遗传的场合下，成人也有颚间骨。恩格斯认为海克尔所谈到的归纳法是不正确的，因为它同公认是正确的论点相矛盾，这个论点就是:"人"这种哺乳动物没有颚间骨。——930。

529 指歌德和阿·哈勒用诗歌进行的一场哲学争论。1730年哈勒发表了诗歌《人的善行的虚伪性》，诗中断言:"没有一个生灵能够洞悉自然界的内部本质，他若知道自然界的外壳就已经非常幸运了。"歌德1821年在《无疑》和《最后通牒》两首诗中反驳哈勒的这个说法，指出自然界是统一的，不能像哈勒那样，把自然界分为不可认识的内核与可以认识的外壳。黑格尔在他的《哲学全书纲要》第1部(即《小逻辑》)第140节说明和第2部(《自然哲学》)第246节附释中曾提到歌德和哈勒的这一争论。——932。

530 指黑格尔《逻辑学》第2编《本质论》第1部分第1章《外观》一节和第2部分第1章，该章中关于自在之物有专门的一节(《自在之物和存在》)和专门的一个注释(《先验唯心主义的自在之物》)。——933。

531 黑格尔《自然哲学讲演录》第280节附释:"太阳服务于行星，一般说来，正如同太阳、月亮、彗星、恒星都只是地球的条件一样。"恩格斯引自《黑格尔全集》第7卷1842年柏林版。——935。

532 《关于耐格里所说的没有能力认识无限》是这个札记在《自然辩证法》第二束材料的目录中的标题。札记批判了卡·耐格里的报告《自然科学认识的界限》中的基本论点。恩格斯引用耐格里的报告时依据的版本是：《1877 年 9 月慕尼黑德国自然科学家和医生第五十次代表大会公报。附录》。这个版本的报告很可能是曾出席代表大会的卡·肖莱马送给恩格斯的。——936。

533　1774 年约·普利斯特列描述了氧,但他没有想到,他已经发现了一种新的化学元素,而且这一发现将会引起化学中的变革。恩格斯在为马克思的《资本论》第二卷写的序言中更详细地谈到了这一发现(见本选集第 2 卷第 301—302 页)。——938。

534　参看黑格尔《哲学全书纲要》第 1 部(即《小逻辑》)1840 年柏林版(《黑格尔全集》第 6 卷)第 13 节说明:"从形式上看普遍并把它和特殊并列起来,它本身也会变成某种特殊;这种并列的办法,即使应用于日常生活的事物,也显然不合理和行不通,例如,怎么会有人只要水果而不要樱桃、梨和葡萄,因为它们是樱桃、梨和葡萄而不是水果。"——940、950。

535　这句话引自意大利经济学家斐·加利阿尼的论文《货币论》第 2 册,引文稍有改动。马克思在《资本论》第一卷中也摘引了这句话(见《马克思恩格斯文集》第 5 卷第 179 页)。马克思和恩格斯所用版本是彼·库斯托第编《意大利政治经济学名家文集·现代部分》1803 年米兰版第 3 卷第 155—156 页。——941。

536　恩格斯引用了黑格尔《逻辑学》中关于量的那一部分,其中谈到:天文学之所以值得惊奇,并不是由于它所涉及的不可计数的星星和不可度量的时间和空间的恶无限性,而是"由于理性在这些对象中认识到的并且成为与上述不合理无限相对立的合理无限的那些度量关系和规律"。见黑格尔《逻辑学》第 1 编《存在论》1841 年柏林第 2 版(《黑格尔全集》第 3 卷)第 2 部分第 2 章注释:对无限进展的称颂意见。——941。

537　"$\frac{1}{r^2}$ 也是如此"这句话是恩格斯补写上去的。恩格斯可能是指无理数 π,它的意义是完全确定的,可是却不能用一个有限的小数或普通的分数来表示。如果取圆面积为一单位,则由公式 $\pi r^2 = 1$ 可得 $\pi = \frac{1}{r^2}$ (r 表示圆的半径)。——941。

538　这篇札记写在《自然辩证法》第一束材料的第一张稿纸上。它和恩格斯 1873 年 5 月 30 日给马克思的信所谈的内容相同。信中恩格斯一开始便说:"今天早晨躺在床上,我脑子里出现了下面这些关于自然科学的辩证思想。"这些思想在信中比在这篇札记中阐述得更详尽(参看本选集第 4

卷第508—510页)。由此可以得出结论,这篇札记草稿是在1873年5月30日写这封信之前写的。除了在这篇札记草稿前不久写成的关于毕希纳的片断(见本卷第891—893页),《自然辩证法》的所有其他论文和片断都应当是在这篇札记草稿写成以后即1873年5月30日以后完成的。——942。

539 奥·孔德在他的主要著作《实证哲学教程》中叙述了这个科学分类法。该书第一版于1830—1842年在巴黎出版。该书第1卷第2讲专门谈科学分类的问题。第2讲的标题是《这一教程计划的说明,或实证科学系统总论》。——944。

540 黑格尔在《逻辑学》第3编中把自然哲学分为"机械论"、"化学论"、"目的论",在《自然哲学》中,用"力学"、"物理学"、"有机论"三个术语来表示自然科学的三个主要部门。——944。

541 这个片断写在标有《注释》字样的一张单页上。它显然是《关于"机械的"自然观》(见本卷第946—951页)的初稿。——944。

542 这篇札记是恩格斯列入《自然辩证法》第二束材料中的三个较大的札记之一(较短的札记都放在第一束和第四束)。这三篇札记中有两篇,即《关于现实世界中数学上的无限之原型》和本篇《关于"机械的"自然观》,是《反杜林论》的两个《注释》或《增补》,在这里恩格斯阐发了在《反杜林论》的个别地方只是提到或简短地加以叙述的一些非常重要的思想。另一篇札记《关于耐格里所说的没有能力认识无限》与《反杜林论》无关。前两篇札记的写作时间可能是1877年12月至1878年1月或1878年5月至6月初,因为它们原是为1878年7月在莱比锡出版的《欧根·杜林先生在科学中实行的变革》即《反杜林论》第一版准备的,打算作为注释加在该版第17—18页(本卷第409—411页)和第46页(本卷第442页),不过最终未采用。本篇札记是这两个《注释》中的第二个。另外,从恩格斯1884年给爱·伯恩施坦和卡·考茨基以及1885年给海·施留特尔的信件可以看出:在准备出版《反杜林论》的增订第二版时,恩格斯又打算在《反杜林论》的个别地方加进一些关于自然科学的《注释》或《增补》,附在该书末尾。但是由于别的事情十分繁忙,首先是要出版马克思《资本论》第二卷和第三卷,恩格斯又未能如愿。

《关于"机械的"自然观》是恩格斯在《自然辩证法》第二束材料的目录中所采用的标题。《注释二,附在第46页:运动的各种形式和研究这些形式的各门科学》是写在本札记开头部分的标题。——946。

543　指 1877 年 11 月 15 日在伦敦和纽约出版的《自然界》杂志第 17 卷第 420 期第 55 页上的一篇短文,其中简要地叙述了奥·凯库勒在 1877 年 10 月 18 日就任波恩大学校长时发表的演说。1878 年,凯库勒的这篇演说以《化学的科学目的和成就》为题在波恩出版了单行本。——946。

544　洛塔尔·迈耶尔曲线是表现化学元素的原子量和原子体积之间的相互关系的图形,由德国化学家洛·迈耶尔绘制,1870 年发表在他的论文《化学元素的性质即它们的原子量的函数》中,见《化学和药学年鉴》1870 年莱比锡版第 7 卷(补编)第 354—364 页和第三个图表。——948。

545　《运动的基本形式》是这篇论文在《自然辩证法》第三束材料的目录中的标题。它是《1880 年的计划》中预计完成的彼此相关联的几篇论文中的第一篇,写于 1880 年。——951。

546　这里是指运动的一般量,运动在量方面的一般规定性,而不是表示质量和速度的乘积(mv)的特殊意义上的运动量。——953。

547　指尤·迈尔的两篇文章《关于非生物界的各种力的意见》(1842 年发表)和《有机运动及其与新陈代谢的联系》(1845 年发表)。这两篇文章均被收入尤·迈尔《热力学文集》1874 年斯图加特第 2 版。恩格斯在写作《自然辩证法》时使用的是这个版本。——961。

548　这里很可能是指黑格尔《逻辑学》第 2 编《本质论》1841 年柏林第 2 版(《黑格尔全集》第 4 卷)第 1 部分第 3 章中关于《形式的根据》这一节的注释。在这个注释中,黑格尔嘲笑"用同语反复的根据所作的形式的说明方式"。他写道:"这种说明方式所以被推荐,正是由于它十分明白易懂。因为,例如再没有比指出植物的根据是某种植物力即产生植物的力更明白易懂了。""如果对于某人为什么到城里去的问题,指出下列根据:城里有吸引他到那里去的吸引力",那么,这种回答的荒谬程度并不下于借"植物力"作说明。同时,黑格尔指出:"科学,特别是物理科学,是充满这种似乎构成科学特权的同语反复的。"——963、975。

549　参看黑格尔《逻辑学》第 1 编第 2 部分第 1 章中的注释:《康德关于时间、空间、物质不可分性和无限可分性的二律背反》。——970。

550　威·格罗夫所谓的"物质的属性"是指"热、光、电、磁、化学亲和力和运动",而他所谓的"运动"是指机械运动,或位移。参看威·格罗夫《物理力的相互关系》1855 年伦敦第 3 版第 15 页。——971。

551 这个札记和《自然辩证法》1880 年的计划写在同一张稿纸上,是恩格斯在《运动的基本形式》(见本卷第 951—969 页)一文中所要阐述的观点的提要。——973。

552 《关于现实世界中数学上的无限之原型》是这篇札记在《自然辩证法》第二束材料的目录中的标题。《加在第 17—18 页上:思维和存在的一致。——数学上的无限》是写在本札记开头部分的标题。这是恩格斯列入《自然辩证法》第二束材料中的三个较大的札记之一,原是为《反杜林论》第一版第 17—18 页准备的注释。参看注 542。——977。

553 感觉中未曾有过的东西,理智中也不存在(Nihil est in intellectu, quod non fuerit in sensu)是感觉论的一个基本原理。感觉论的这个基本原理来源于亚里士多德的《分析后篇》第 1 册第 18 章和《论灵魂》第 3 册第 8 章。——977。

554 这个数字引自威·汤姆生的论文《原子的大小》,这篇论文最初于 1870 年 3 月 31 日发表在《自然界》杂志第 1 卷第 22 期上,后又作为附录收入威·汤姆生和彼·格·泰特合著的《自然哲学论》一书第 2 版。——979。

555 罗伊斯幼系公国是德国图林根地区的一个小邦,面积 826 平方公里,1864 年人口为 86 400 人,1871 年加入德意志帝国。——982。

556 "海克尔对思维和存在的同一性的糟糕的复述"可能是指海克尔的心理生理一元论和他的物质构造观。例如,海克尔在他的小册子《原生粒之交替发生》(恩格斯在为《反杜林论》写的第二个注释《关于"机械的"自然观》中引用过)中断言,初级的"灵魂"不仅是"原生粒"(即原生质的分子)所固有的,而且也是原子所固有的;一切原子都"有灵魂",有"感觉"和"意志"(见注 456)。海克尔在同一书中说,原子是某种绝对分立的、绝对不可分的、绝对不变的东西,而同时又承认,在分立的原子之外,以太是作为某种绝对连续的东西存在的。见恩·海克尔《原生粒之交替发生》1876 年柏林版第 38—40 页。

关于黑格尔如何处理连续的物质和分立的物质的矛盾,恩格斯在《物质的可分性》这个札记中提到过(见本卷第 970 页)。——983。

557 彼·拉·拉甫罗夫在匿名出版的著作《论思想史》1875 年圣彼得堡版第 1 卷第 109 页上说:"那些熄灭的太阳以及死寂的行星和卫星体系在变为正在形成的新星云以前,在空中继续运动。而死去的星体的残骸会成为加速新的星体形成过程的材料。"他在脚注中引证了弗·策尔纳的观点:熄灭的天体的僵死状态"可能仅仅由于外部的影响,例如,由于和另一个天体碰撞产生热而停止"。——983。

558　海·亥姆霍兹《通俗科学讲演集》1871 年不伦瑞克版第 2 册第 119—121 页。恩格斯在《运动的基本形式》中对亥姆霍兹的计算作了评述(见本卷第 956 页)。——983。

559　指鲁·克劳修斯 1867 年 9 月 23 日在美因河畔法兰克福德国自然科学家和医生第四十一次代表大会全体会议上所作的报告《论力学的热理论的第二定律》。报告的单行本于 1867 年在不伦瑞克出版。——983。

560　黑格尔《哲学全书纲要》第 1 部(即《小逻辑》)1840 年柏林版(《黑格尔全集》第 6 卷)第 81 节附释 1:"生命本身即具有死亡的种子。"——985。

561　这一札记与恩格斯 1875 年 11 月 12—17 日给彼·拉·拉甫罗夫的信(见本选集第 4 卷第 516—520 页)在内容上几乎完全一致。——986。

562　"一切人反对一切人的战争"(bellum omnium contra omnes)是英国哲学家托·霍布斯的用语,出自他 1642 年的论文《论公民》中的致读者序(《霍布斯哲学著作集》1668 年阿姆斯特丹版第 1 卷第 7 页)以及他用英文写的《利维坦:或教会国家和市民国家的实质、形式和权力》1651 年伦敦版的拉丁文译本(《霍布斯哲学著作集》1668 年阿姆斯特丹版第 2 卷第 83 页)。霍布斯认为,人的自然状态,即市民社会之外的状态,是一切人反对一切人的战争;为了克服这种状态,人们必须通过契约来建立国家。——987。

563　《劳动在从猿到人的转变中的作用》是这篇论文在《自然辩证法》第二束材料目录中的标题。这篇论文是恩格斯原打算写的著作《奴役的三种基本形式》的导言,标题为《对劳动者的奴役。导言》。但是由于该著作没有完成,恩格斯最后给他已经写成的导言部分加上了《劳动在从猿到人的转变中的作用》的标题,这个标题符合手稿基本部分的内容。这篇论文很可能是 1876 年 5—6 月写成的。因为威·李卜克内西 1876 年 6 月 10 日给恩格斯的信中写道:他急切地等待着恩格斯答应给《人民国家报》写的著作《奴役的三种基本形式》。这篇论文 1896 年第一次发表于《新时代》杂志第 14 年卷第 2 册第 545—554 页。——988。

564　参看雅·格林《德国古代法》1854 年格丁根第 2 版第 488 页所引用的德国修道士拉·诺特克尔(约 952—1022 年)的证明材料。恩格斯在其未完成的著作《爱尔兰史》中也引证了诺特克尔的这个材料(见《马克思恩格斯全集》中文第1版第16卷第559页)。——994。

565 在论述动物及人类活动影响植物界和气候的问题上,恩格斯利用了卡·弗腊斯的著作《各个时代的气候和植物界》1847年兰茨胡特版和马·雅·施莱登的著作《植物及其生命》1848年莱比锡版。马克思1868年曾读过弗腊斯的这部著作并作了摘录。他在1868年3月25日的信(见本选集第4卷第469—472页)中曾请恩格斯注意弗腊斯的著作。——997、998。

566 《在马克思墓前的讲话》是恩格斯概述马克思的主要理论贡献和毕生革命活动的重要讲话。恩格斯在讲话中集中阐述了马克思的两个具有划时代意义的伟大发现——唯物史观和剩余价值理论,高度评价了马克思作为科学家和革命家的光辉一生。恩格斯指出:作为科学家,马克思十分重视科学中的每一个新发现,把科学看成一种在历史上起推动作用的、革命的力量;作为革命家,他毕生满腔热情、坚忍不拔和卓有成效地为无产阶级解放事业而斗争。马克思的逝世,对于欧美战斗的无产阶级,对于历史科学,都是不可估量的损失。他的英名和事业将永垂不朽!

恩格斯这篇讲话是1883年3月17日在伦敦海格特公墓安葬马克思时用英文发表的。他曾用英文起草了讲稿,但在马克思墓前并未完全按照讲稿宣读。1883年3月18日,恩格斯应爱·伯恩施坦的请求,用德文为《社会民主党人报》(见注414)撰写了一篇为《卡尔·马克思的葬仪》的报道,他在报道中复述了自己在马克思墓前讲话的内容。因此,后来刊出的这篇讲话的德文本及法文译本与英文草稿的文字表述不完全一致。

恩格斯的报道《卡尔·马克思的葬仪》发表以后,欧洲和北美的多家报刊予以转载。纽约发行的《先驱者。人民历书画刊》(1891年)在征得恩格斯的同意后,将这篇讲话作为对恩格斯于1877年撰写的《卡尔·马克思》(见本卷)的补充加以收录。

这篇讲话曾多次译成中文,主要有:1930年3月上海《萌芽》月刊第1卷第3期发表的致平的中译文;1933年5月4日天津《大公报》副刊《世界思潮》第36期发表的林风的中译文;1939年3月8日延安《解放》周刊第66期发表的黎平、石巍的中译文。——1002。

567 1882年在慕尼黑举办的国际电气技术展览会上,法国物理学家马·德普勒展示了自己的一项研究成果,他利用普通的电报通过电线成功地在米斯巴赫与慕尼黑之间架设了第一条实验性输电线路,将电力输送到57公里以外的地方。这次远距离输电的成功在当时颇为轰动。——1003。

568 《前进报。巴黎德文杂志》(Vorwärts. Pariser Deutsche Zeitschrift) 是在巴黎出版的一家德文刊物，1844 年 1 月创刊，每周出两次（星期三和星期六），创办人和编辑之一为亨·伯恩施太因，副标题为《巴黎艺术、科学、戏剧、音乐和社交生活信号》(Pariser Signale aus Kunst, Wissenschaft, Theater, Musik und geselligem Leben)，1844 年 7 月 1 日卡·路·贝尔奈斯参加编辑部，同时副标题改为《巴黎德文杂志》；报纸最初为一家温和的自由派刊物，从 1844 年夏天起，在马克思的影响下成为当时最优秀的革命报纸之一，批判普鲁士的反动政策，刊登马克思和恩格斯等人的文章；1844 年 12 月因一些工作人员被政府驱逐出法国而停刊。——1003。

569 《纪念国际成立七周年》是马克思 1871 年 9 月 24 日在伦敦为庆祝国际工人协会（见注 12）成立七周年而举行的集会上的讲话。马克思阐明了国际工人协会在团结各国无产阶级方面所起的重要作用，同时在总结巴黎公社经验教训的基础上阐明了无产阶级的奋斗目标。他指出：“只要把一切劳动资料转交给从事生产的劳动者，从而消灭现存的压迫条件，并由此促使每一个身体健康的人为生存而工作，这样，阶级统治和阶级压迫的唯一的基础就会消除。但是，在实行这种改变以前，必须先建立无产阶级专政”（见本卷第 1006 页）。马克思还强调工人阶级只有通过斗争才能实现自身的解放，指出“工人阶级必须在战场上赢得自身解放的权利”（见本卷第 1006 页）。

出席这次集会的有国际总委员会委员、巴黎公社的参加者以及马克思和恩格斯的战友。马克思担任会议主席。1871 年 10 月 15 日纽约《世界报》报道了这次集会的情况，并摘要转述了马克思讲话的内容。本卷发表的只是报道中转述的马克思在这次集会上的讲话。——1005。

人 名 索 引

A

阿贝尔,雅克·勒奈(Hébert, Jacques-René 1757—1794)——法国新闻工作者,18世纪末法国资产阶级革命的活动家,雅各宾派左翼的领袖;《度申老头》编辑(1790—1794);后被处死。——295。

阿弗尔,德尼·奥古斯特(Affre, Denis-Auguste 1793—1848)——法国神父,巴黎大主教(1840—1848),巴黎1848年六月起义时被政府军士兵枪杀,当时他正企图劝说起义的工人放下武器。——123。

阿基米德(Archimedes 公元前287 前后—212)——古希腊数学家和力学家。——865。

阿加西斯,路易·让·鲁道夫(Agassiz, Louis-Jean-Rudolphe 1807—1873)——瑞士动物学家和地质学家,达尔文主义的反对者,居维叶的学生,写有关于古生物和现代动物的著作和有关冰川理论的文章。——845、899、900。

阿克莱,理查(Arkwright, Sir Richard 1732—1792)——英国企业家,各种纺织机械的设计者和制造者。——767。

阿克罗伊德,爱德华(Ackroyd, Edward)——英国工厂主,辉格党人,议会议员。——228、229。

阿克萨科夫,亚历山大·尼古拉耶维奇(Аксаков, Александр Николаевич 1832—1903)——俄国的神秘主义者和降神术士。——887。

阿那克萨哥拉(克拉左门的)(Anaxagoras of Klazomenae 公元前500 前后—428)——古希腊唯物主义哲学家。——753、776。

阿那克西曼德(米利都的)(Anaximander of Miletus 公元前610 前后—546)——古希腊唯物主义哲学家,伊奥尼亚学派的代表人物。——868。

阿那克西米尼(米利都的)(Anaximenes of Miletus 约公元前585—525)——古希腊唯物主义哲学家,伊奥尼亚学派的代表人物。——868、870。

阿普尔加思,罗伯特(Applegarth, Robert 1834—1924)——英国工联主义运动

改良派领袖,职业是红木工;粗细木工工联总书记(1862—1871),工联伦敦理事会理事(1863 年起);1865 年起为国际会员,国际总委员会委员(1868—1872);巴塞尔代表大会(1869)代表,改革同盟和工人代表同盟的领导人之一;1871 年拒绝在总委员会的宣言《法兰西内战》上签名;后脱离工人运动。——62、73。

阿什顿,托马斯(Ashton,Thomas)——英国厂主,自由党人。——228、231。

阿什沃思,亨利(Ashworth,Henry 1794—1880)——英国工厂主,资产阶级政治活动家,自由贸易论者,理·科布顿的拥护者,反谷物法同盟创始人之一;议会议员。——228、231。

埃德,埃米尔·德西雷·弗朗索瓦(Eudes,Émil-Désiré-François 1843—1888)——法国商业部门的雇员,布朗基主义者,国际巴黎支部成员,巴黎公社委员,公社慈善委员会委员,国民自卫军将军,公社被镇压后被缺席判处 20 年要塞监禁,1872 年改判死刑;流亡瑞士,后迁往英国;伦敦布朗基派革命公社成员(1872),后退出国际;1880 年大赦后回到法国。——50。

埃尔曼,阿尔弗勒德(Herman,Alfred 1843—1890)——比利时雕刻家,比利时工人运动活动家,国际比利时支部的组织者(1868)和列日支部领导成员(1871 年以前),国际总委员会委员和比利时通讯书记(1871—1872),国际布鲁塞尔代表大会(1868)、伦敦代表会议(1871)和海牙代表大会(1872)代表;曾加入巴枯宁的无政府主义少数派(1872)并脱离国际的活动;1885 年成为比利时工人党党员。——126。

埃尔韦,爱德华(Hervé,Édouard 1835—1899)——法国政论家,资产阶级自由主义者,《巴黎报》创办人之一和编辑,第二帝国崩溃后为奥尔良党人。——119、120。

埃卡留斯,约翰·格奥尔格(Eccarius,Johann Georg 1818—1889)——德国工人运动和国际工人运动的活动家,工人政论家,职业是裁缝;侨居伦敦,正义者同盟盟员,后为共产主义者同盟盟员,伦敦德意志工人共产主义教育协会的领导人之一,国际总委员会委员(1864—1872),总委员会总书记(1867—1871 年 5 月),美国通讯书记(1870—1872),国际各次代表大会和代表会议的代表;1872 年以前支持马克思,1872 年海牙代表大会后成为英国工联的改良派领袖,后为工联主义运动的活动家。——62、63、73、74、127。

埃克朗男爵,若尔日·沙尔·当太斯(Heeckeren,Georges-Charles d'Anthès,baron de 1812—1895)——法国政治活动家,保皇派;1834—1837 年为俄国军队的军官,在决斗中杀死亚·谢·普希金;1848 年起为波拿巴主义者,第二帝国参议员,1871 年三月二十二日反革命暴乱的策划者。——91。

埃斯帕特罗,巴尔多梅罗(Espartero,Baldomero 1793—1879)——西班牙将军和政治活动家;进步党领袖;政府首脑(1839—1841 和 1854—1856),西班牙摄政(1841—1843)。——80。

艾内恩,恩斯特(Eynern,Ernst 1838—1906)——德国政治活动家和商人,1879 年起为普鲁士第二议院议员,民族自由党人。——746。

爱尔维修,克劳德·阿德里安(Helvétius,Claude-Adrien 1715—1771)——法国哲学家,机械唯物主义的代表人物,无神论者,法国的革命资产阶级的思想家。——18。

安凡丹,巴泰勒米·普罗斯佩(Enfantin,Barthélemy-Prosper 人称安凡丹老爹 Père Enfantin 1796—1864)——法国空想社会主义者,圣西门的门徒,同巴扎尔一起领导圣西门学派;自 40 年代中期起在许多资本主义企业中担任领导职务。——407。

奥尔,伊格纳茨(Auer,Ignaz 1846—1907)——德国社会民主党人,职业是鞍匠;社会民主党领导人,曾多次当选为德意志帝国国会议员(1877—1878、1880—1881、1884—1887 和 1890—1907),晚年为改良主义者。——352、354。

奥尔良王朝——法国王朝(1830—1848)。——107、114。

奥古斯丁,奥勒留(Augustinus,Aurelius 354—430)——基督教神学家、哲学家,教父哲学的主要代表;生于北非的塔加斯特,387 年弃摩尼教,皈依基督教,395 年任北非希波主教;他用新柏拉图主义哲学论证基督教教义,把哲学和神学结合起来,他的一些论述对以后基督教各派的神学和哲学都有一定影响。——917。

奥肯,洛伦茨(Oken,Lorenz 原名奥肯富斯 Ockenfuß 1779—1851)——德国自然科学家和自然哲学家。——386、855、893、899。

奥雷尔·德·帕拉丹,路易·让·巴蒂斯特·德(Aurelle de Paladines,Louis-Jean-Baptiste d' 1804—1877)——法国将军,教权主义者,克里木战争的参加者,1854—1855 年任法军旅长,普法战争时期(1870—1871)任卢瓦尔军团司令;1871 年 3 月任巴黎国民自卫军总司令;1871 年国民议会议员。——86、88。

奥利维埃,埃米尔(Ollivier,Émile 1825—1913)——法国政治活动家,温和的资产阶级共和党人,第二帝国时期为立法团议员(1857 年起);60 年代末为波拿巴主义者,曾任政府首脑(1870 年 1—8 月)。——281。

奥哲尔,乔治(Odger,George 1820—1877)——英国工联改良派领袖,职业是鞋匠,工联伦敦理事会创建人之一,1862—1872 年为理事会书记,英国的波兰独立全国同盟、土地和劳动同盟和工人代表同盟盟员,改革同盟执行委员会委员;1864 年 9 月 28 日伦敦圣马丁堂会议的参加者,国际总委员会委员(1864—1871)和主席(1864—1867),伦敦代表会议(1865)和日内瓦代表大会(1866)的参加者,在争取英国选举改革的斗争期间与资产阶级有勾结;1871 年拒绝在总委员会的宣言《法兰西内战》上签名并退出总委员会。——62、73。

B

八里桥伯爵——见古赞-蒙多邦,沙尔·吉约姆·玛丽·阿波利内尔·安东,八里桥伯爵。

巴贝夫,格拉古(Babeuf, Gracchus 原名弗朗索瓦·诺埃尔 François-Noël 1760—1797)——法国革命家,空想平均共产主义的代表人物,1796 年是平等派密谋的组织者;密谋失败后被处死。——393、406、777。

巴克兰,威廉(Buckland, William 1784—1856)——英国地质学家和教士,在自己的著作中企图把地质学材料同圣经传说调和起来。——756。

巴枯宁,米哈伊尔·亚历山大罗维奇(Бакунин, Михаил Александрович 1814—1876)——俄国无政府主义和民粹主义创始人和理论家;1840 年起侨居国外,曾参加德国 1848—1849 年革命;1849 年因参与领导德累斯顿起义被判死刑,后改为终身监禁;1851 年被引渡给沙皇政府,囚禁期间向沙皇写了《忏悔书》;1861 年从西伯利亚流放地逃往伦敦;1868 年参加第一国际活动后,在国际内部组织秘密团体——社会主义民主同盟,妄图夺取总委员会的领导权;由于进行分裂国际的阴谋活动,1872 年在海牙代表大会上被开除出第一国际。——37、181、248、293、296、297、299、302—303、305—307、309—314、317、321、322、330、334、335、337—343、349、353—355、721、743。

巴师夏,弗雷德里克(Bastiat, Frédéric 1801—1850)——法国资产阶级庸俗经济学家,阶级调和论的代表人物。——19。

巴特里(Buttery, G. H.)——国际总委员会委员(1871—1872)。——126。

白拉克,威廉(Bracke, Wilhelm 1842—1880)——德国社会民主党人,出版商和书商,全德工人联合会不伦瑞克支部创始人(1865),1867 年起领导全德工人联合会中的反对派;社会民主工党(爱森纳赫派)创始人(1869)和领导人之一;曾进行反对拉萨尔派的斗争;不伦瑞克白拉克出版社的创办人(1871),《不伦瑞克人民之友》(1871—1878)和《人民历书》(1875—1880)

的出版者;德意志帝国国会议员(1877—1879);马克思和恩格斯的朋友和
战友。——302、347、351、352、354、732、740。

鲍威尔,布鲁诺(Bauer, Bruno 1809—1882)——德国唯心主义哲学家、宗教和
历史研究者,资产阶级激进主义者;早期为黑格尔正统派的拥护者,1839年
后成为青年黑格尔派的重要理论家,自我意识哲学的代表;1834年起在柏
林大学、1839年起在波恩大学任非公聘神学讲师,1842年春因尖锐批判圣
经而被剥夺教职;1842年为《莱茵报》撰稿人;1837—1842年初为马克思的
朋友;1842年夏天起为"自由人"小组成员;1848—1849年革命后为《新普
鲁士报》(《十字报》)的撰稿人;1866年后成为民族自由党人;写有一些基
督教史方面的著作。——716。

贝德福德公爵——见罗素,约翰,贝德福德公爵。

贝尔,卡尔·恩斯特(卡尔·马克西莫维奇)(Бэр, Карл Эрнст［Карл
Максимович］1792—1876)——俄国自然科学家和地理学家,胚胎学的创
始人,曾在德国工作。——845、855。

贝克尔,伯恩哈德(Becker, Bernhard 1826—1882)——德国政论家和历史学
家,拉萨尔派;德国1848—1849年革命的参加者,革命失败后流亡伦敦;全
德工人联合会成立大会代表,后任主席(1864—1865);1870年起为社会民
主工党(爱森纳赫派)党员;国际海牙代表大会(1872)代表,1874年以后脱
离工人运动。——356。

贝克尔,卡尔·斐迪南(Becker, Karl Ferdinand 1775—1849)——德国语言学
家、医生和教育家,写有《语言结构》和一些德语语法教科书。——709。

贝克尔,伊曼努尔(Bekker, Immanuel 1785—1871)——德国语言学家,整理并
出版了古典古代著作家(柏拉图、亚里士多德、阿里斯托芬等)的著
作。——611、612。

贝雷佐夫斯基,安东尼(Berezowski, Antoni 1847—约1916)——波兰革命家,
1863—1864年起义的参加者,起义被镇压后流亡国外,1867年6月在巴黎
行刺亚历山大二世,被法国政府流放到新喀里多尼亚岛,服终生苦
役。——285。

贝累,沙尔·维克多(Beslay, Charles Victor 1795—1878)——法国工程师、文
学家和政治活动家,国际会员,蒲鲁东主义者,巴黎公社委员和公社财政委
员会委员,公社驻法兰西银行的代表;奉行拒绝银行国有化和不干涉银行
内务的政策,公社被镇压后流亡瑞士(1871年5月)。——83。

贝里公爵夫人,玛丽·卡罗琳·斐迪南达·路易莎(Berry, Marie-Caroline-
Ferdinande-Louise, duchesse de 1798—1870)——法国正统派王位追求者尚

博尔伯爵的母亲;1832 年企图在旺代发动暴乱推翻路易-菲力浦一世。——79、158。

贝列拉,伊萨克(Péreire, Isaac 1806—1880)——法国银行家,20—30 年代为圣西门主义者,第二帝国时期为波拿巴主义者,立法团议员;1852 年与其兄埃·贝列拉一起创办股份银行动产信用公司;写有信贷方面的著作。——241。

贝热瑞,茹尔·维克多(Bergeret, Jules-Victor 1830—1905)——法国书商,国民自卫军中央委员会委员,将军,中央委员会派驻国民自卫军总参谋部的代表,军事委员会委员,公社被镇压后流亡英国,后迁美国。——91。

倍倍尔,奥古斯特(Bebel, August 1840—1913)——德国工人运动和国际工人运动的活动家,职业是旋工;德国工人协会联合会创始人之一,1867 年起为主席;第一国际会员,1867 年起为国会议员,1869 年是德国社会民主工党创始人和领袖之一,《社会民主党人报》创办人之一;曾进行反对拉萨尔派的斗争,普法战争时期站在无产阶级国际主义立场,捍卫巴黎公社;1889、1891 和1893 年国际社会主义工人代表大会代表;第二国际的活动家,在 19 世纪 90年代和 20 世纪初反对改良主义和修正主义;马克思和恩格斯的朋友和战友。——40、344、352、354、732、740。

彼得(Peter)——德国柏林市一家机器制造厂的工人。——203。

彼得——见拉甫罗夫,彼得 ·拉甫罗维奇。

彼得一世,彼得大帝(Петр I, Великий 1672—1725)——1682 年起为俄国沙皇,1721 年起为全俄皇帝。——20、289、325。

彼得三世(Петр III 1728—1762)——俄国皇帝(1761—1762)。——334。

俾斯麦公爵,奥托(Bismarck〔Bismark〕, Otto Fürst von 1815—1898)——普鲁士和德国国务活动家和外交家,普鲁士容克的代表;曾任驻彼得堡大使(1859—1862)和驻巴黎大使(1862);普鲁士首相(1862—1872 和 1873—1890),北德意志联邦首相(1867—1871)和德意志帝国首相(1871—1890);1870 年发动普法战争,1871 年支持法国资产阶级镇压巴黎公社;主张在普鲁士领导下"自上而下"统一德国;曾采取一系列内政措施,捍卫容克和大资产阶级的联盟;1878 年颁布反社会党人非常法。——44、47、59、69、77、79、82、84、86、87、101、108、112、116、117、123—124、130、134、135、155、160、228、238、242、291、297、304、313、351、367、368、489、665、684、705、736、809。

毕达哥拉斯(Pythagoras 公元前 571 前后—497)——古希腊数学家和哲学家,毕达哥拉斯派的创始人;奴隶主贵族的思想家,认为宇宙的根本是数,相信灵魂

律。——468、696、866。

伯恩施太德,阿达尔贝特(Bornstedt, Adalbert 1808—1851)——德国政论家,小资产阶级民主主义者;《德意志—布鲁塞尔报》的创办人和编辑(1847—1848),1848 年二月革命后是巴黎德意志民主协会领导人;曾为共产主义者同盟盟员,后被开除出同盟(1848 年 3 月);巴黎德国流亡者志愿军团组织者之一;曾与警察局有联系。——742。

伯恩施坦,爱德华(Bernstein, Eduard 1850—1932)——德国社会民主党人,银行雇员和政论家,1872 年起为德国社会民主工党党员,哥达合并代表大会代表(1875),卡·赫希柏格的秘书(1878),1880 年结识马克思和恩格斯,在他们的影响下成为科学社会主义的拥护者;《社会民主党人报》编辑(1881—1890);后转向修正主义立场。——732、734、737、740。

伯麦,雅科布(Böhme, Jakob 1575—1624)——德国哲学家,鞋匠,自学成才,神秘主义和泛神论的代表,曾阐述一系列世界辩证发展的思想,多次被新教路德宗判为异端,禁其写作。——754。

柏拉图(Platon[Plato]约公元前 427—347)——古希腊哲学家,客观唯心主义的主要代表人物,奴隶主贵族的思想家,自然经济的拥护者。——603、611、627。

勃多,尼古拉(Baudeau, Nicolas 1730—1792)——法国神父,经济学家,重农学派的代表。——631。

勃朗,路易(Blanc, Louis 1811—1882)——法国小资产阶级社会主义者,新闻工作者和历史学家;1848 年临时政府成员和卢森堡宫委员会主席;采取同资产阶级妥协的立场;1848 年 8 月流亡英国,后为伦敦的法国布朗基派流亡者协会的领导人;1871 年国民议会议员,反对巴黎公社。——151、158、406、701。

博古斯基,约瑟夫·耶日(Boguski, Józef Jerzy 1853—1933)——波兰物理学家和化学家,1875—1878 年任门捷列夫的助手,从事气体压力的研究。——468。

博林布罗克子爵,亨利·圣约翰(Bolingbroke, Henry Saint-John, Viscount 1678—1751)——英国自然神论哲学家、政论家和政治活动家,托利党领袖。——765。

博普,弗兰茨(Bopp, Franz 1791—1867)——德国语言学家,梵文学家,比较历史语言学的奠基人之一,第一部印欧语比较语法的作者。——709。

布阿吉尔贝尔,皮埃尔·勒珀桑(Boisguillebert, Pierre Le Pesant 1646—1714)——法国经济学家和统计学家,重农学派的先驱,法国资产阶级古典政治经济学的创始人;写有《法国详情》和其他经济学著作。——609、617、

618、621。

布恩,马丁·詹姆斯(Boon, Martin James)——英国工人运动活动家,职业是机械师;宪章主义者詹·奥勃莱恩的社会改良主义观点的拥护者,国际总委员会委员(1869—1872),土地和劳动同盟书记,不列颠联合会委员会委员(1872)。——62、73、126。

布拉德尼克,弗雷德里克(Bradnick, Frederick)——英国工人,国际总委员会委员(1870—1872),伦敦代表会议(1871)代表;海牙代表大会(1872)以后加入不列颠联合会委员会中的改良派,1873年5月30日总委员会通过决议将他开除出国际。——62、73、126。

布莱特,约翰(Bright, John 1811—1889)——英国政治活动家,棉纺厂主,自由贸易派领袖和反谷物法同盟创始人;60年代初起为自由党(资产阶级激进派)左翼领袖;曾多次任自由党内阁的大臣。——26、770。

布朗基,路易·奥古斯特(Blanqui, Louis-Auguste 1805—1881)——法国革命家,空想共产主义者,主张通过密谋性组织用暴力夺取政权和建立革命专政;许多秘密社团和密谋活动的组织者,1830年七月革命和1848年二月革命的参加者,秘密的四季社的领导人,1839年五月十二日起义的组织者,同年被判处死刑,后改为无期徒刑;1848—1849年革命时期是法国无产阶级运动的领袖;巴黎1870年十月三十一日起义的领导人,巴黎公社时期被反动派囚禁在凡尔赛,曾缺席当选为公社委员;一生中有36年在狱中度过。——50—53、85、89、123、132、248、292—294、296—299、742。

布雷,约翰·弗兰西斯(Bray, John Francis 1809—1895)——英国经济学家,空想社会主义者,罗·欧文的信徒,职业是印刷工人;阐发了"劳动货币"的理论。——280。

布里索,雅克·让·皮埃尔(Brissot, Jacques-Jean-Pierre 1754—1793)——法国政治活动家,18世纪末法国资产阶级革命的活动家,革命初期是雅各宾俱乐部的会员,后为吉伦特派的领袖和理论家。——14。

布鲁诺,乔尔丹诺(Bruno, Giordano 1548—1600)——意大利哲学家和自然科学家,唯物主义者;阐发了泛神论的、辩证的世界观,哥白尼关于宇宙构造学说的拥护者;由于拒绝放弃自己的观点被宗教裁判所烧死。——843、848。

布鲁土斯(鲁齐乌斯·尤尼乌斯·布鲁土斯)(Lucius Junius Brutus 约死于公元前509年)——据传说是罗马共和国的创始人;曾下令处死自己的两个儿子,因为他们参加了反对共和国的阴谋。——281—282。

布鲁土斯(马可·尤尼乌斯·布鲁土斯)(Marcus Junius Brutus 公元前85—42)——罗马国务活动家,贵族共和派密谋反对凯撒的策划者之一。——295。

布吕内尔,保尔·安东·马格卢瓦尔(Brunel, Paul-Antoine-Magloire 生于 1830 年)——法国军官,布朗基主义者,1870 年十月三十一日起义的参加者,国民自卫军中央委员会和巴黎公社委员;在 1871 年五月巴黎保卫战中受重伤,后逃往英国;1871 年在巴黎被缺席判处死刑,1872 年改判五年监禁,1880 年大赦后回到法国。——128。

布伦坦诺,路德维希·约瑟夫(路约)(Brentano, Ludwig Joseph[Lujo]1844—1931)——德国资产阶级庸俗经济学家,讲坛社会主义者。——773。

布特列罗夫,亚历山大·米哈伊洛维奇(Бутлеров, Александр Михайлович 1828—1886)——俄国化学家,作为现代有机化学基础的有机化合物构造学说的创始人。——887。

C

策尔纳,约翰·卡尔·弗里德里希(Zöllner, Johann Carl Friedrich 1834—1882)——德国天体物理学家,莱比锡大学教授,从事天体光度学的研究;开发了第一个测震计;降神术的拥护者。——888。

查理一世(Charles I 1600—1649)——英国国王(1625—1649),17 世纪英国资产阶级革命时期被处死。——763。

查苏利奇,维拉·伊万诺夫娜(Засулич, Вера Ивановна 1851—1919)——俄国民粹运动、社会民主主义运动的活动家,劳动解放社(1883)的创始人之一;后来转到孟什维克立场。——820、830、833、839、840。

柴尔德,乔赛亚(Child, Josiah 1630—1699)——英国商人、经济学家和银行家;重商主义者;东印度公司董事长。——624。

车尔尼雪夫斯基,尼古拉·加甫里洛维奇(Чернышевский, Николай Гаврилович 1828—1889)——俄国革命民主主义者,作家和文艺批评家,经济学家,哲学家。——305、728。

D

达尔布瓦,若尔日(Darboy, Georges 1813—1871)——法国神学家,1863 年起为巴黎大主教,1871 年 5 月作为人质被公社枪毙。——50、111、122、123。

达尔文,查理·罗伯特(Darwin, Charles Robert 1809—1882)——英国自然科学家,科学的生物进化论的奠基人。——406、444—451、456、504、522、661、746、751、793、804、842、845、855、860、880、891、895、899、919、920、950、986、987、988、990、996、1002。

达文波特,埃拉·伊拉斯特斯(Davenport, Ira Erastus 1839—1911)——美国降神术士,1864 年起住在欧洲,威·亨·达文波特的哥哥。——883。

达文波特,威廉·亨利·哈里森(Davenport, William Henry Harrison 1841—1877)——美国降神术士,1864 年起住在欧洲,埃·伊·达文波特的弟弟。——883。

戴维斯,查理·莫里斯(Davies, Charles Maurice 1828—1910)——英国神学家、教士和著作家;自由派,写有关于宗教问题的著作。——887。

但丁·阿利格埃里(Dante Alighieri 1265—1321)——意大利诗人。——275、715。

道尔顿,约翰(Dalton, John 1766—1844)——英国化学家和物理学家,近代化学原子论的奠基人。——854、875。

德巴普,塞扎尔·艾梅·德西雷(De Paepe, César-Aimé-Désiré 1841—1890)——比利时工人运动和社会主义运动活动家,印刷工人,后为医生;国际比利时支部创建人之一(1865);比利时联合会委员会委员和书记(1868—1872),国际伦敦代表会议(1865)、洛桑代表大会(1867)、布鲁塞尔代表大会(1868),巴塞尔代表大会(1869)和伦敦代表会议(1871)代表,海牙代表大会(1872)以后曾一度支持巴枯宁派,比利时工人党创始人之一(1885)。——177。

德尔,路易·弗朗索瓦·欧仁(Daire, Louis-François-Eugène 1798—1847)——法国著作家和资产阶级经济学家,政治经济学著作的出版者。——630。

德拉埃,皮埃尔·路易(Delahaye, Pierre-Louis 生于 1820 年)——法国机械工人,1864 年起为国际会员,巴黎公社委员,公社被镇压后流亡英国;国际总委员会委员(1871—1872),伦敦代表会议(1871)代表。——126。

德雷帕,约翰·威廉(Draper, John William 1811—1882)——美国自然科学家和历史学家。——864、922。

德林格尔,约翰·约瑟夫·伊格纳茨·冯(Döllinger, Johann Joseph Ignaz von 1799—1890)——德国天主教神学家和教会史学家,旧天主教运动的领袖;拒绝承认"教皇永无谬误"的教义。——890。

德马雷(Desmaret)——法国宪兵军官,杀害古·弗路朗斯的凶手。——93。

德谟克利特(Demokritos[Democritus]约公元前 460—370)——古希腊哲学家,原子论的主要代表,留基伯的学生。——753—754、875。

德普勒,马塞尔(Deprez, Marcel 1843—1918)——法国物理学家和电气技师,曾从事远距离输电问题的研究。——1003。

邓斯·司各脱,约翰(Duns Scotus, John 1265 前后—1308)——苏格兰经院哲

学家和神学家;唯名论(唯物主义在中世纪的最初表现)的代表人物;著有
《牛津文集》。——753。

狄茨,克里斯蒂安·弗里德里希(Diez,Christian Friedrich 1794—1876)——德
国语言学家,比较历史语言学的奠基人之一,第一部罗曼语语法的作
者。——709。

狄德罗,德尼(Diderot,Denis 1713—1784)——法国哲学家,机械唯物主义的
代表人物,无神论者,法国革命资产阶级的代表,启蒙思想家,百科全书派
领袖;1749 年因自己的著作遭要塞监禁。——395、790。

迪斯累里,本杰明,比肯斯菲尔德伯爵(Disraeli[D'Israeli],Benjamin,Earl of
Beaconsfield 1804—1881)——英国政治活动家和著作家,40 年代参加"青年
英国";托利党领袖,19 世纪下半叶为保守党领袖;曾任财政大臣(1852、
1858—1859 和 1866—1868),内阁首相(1868 和 1874—1880)。——771。

笛卡儿,勒奈(Descartes,René 1596—1650)——法国二元论哲学家、数学家
和自然科学家。——394、429、436、499、765、789、848—849、854、874、
952、961、973。

第欧根尼·拉尔修(Diogenes Laertios 3 世纪)——希腊作家和哲学史家,《著
名哲学家的生平》的编纂者。——868、870、875。

丁铎尔,约翰(Tyndall,John 1820—1893)——英国物理学家,科普作家;主要
从事声学、磁学和热力学的研究。——900、901。

丢勒,阿尔布雷希特(Dürer,Albrecht 1471—1528)——德国画家、铜版雕刻
家、雕塑家和建筑学家。——847。

东布罗夫斯基,雅罗斯拉夫(Dąbrowski[Dombrowski],Jaroslaw 1836—
1871)——波兰革命民主主义者,19 世纪 60 年代波兰民族解放运动的参
加者,1862 年被捕,被判处 15 年苦役,放逐西伯利亚,1865 年逃往法国;
1871 年成为巴黎公社的将军,同年 5 月初起为巴黎公社武装力量的总司
令,在街垒战中牺牲。——107。

杜埃,费利克斯(Douay[Douai],Félix 1816—1879)——法国将军,普法战争
时期(1870—1871)任第七军军长,在色当被俘;后任凡尔赛军队第四军军
长,镇压巴黎公社的主要责任者;1879 年任法国军队总督察。——118。

杜芭丽,玛丽·让娜(Du Barry,Marie-Jeanne 原名玛丽·让娜·贝库 Marie-
Jeanne Becu 1743—1793)——法国国王路易十五的宠姬。——304。

杜邦,欧仁(Dupont,Eugène 1831—1881)——法国工人,国际工人运动活动
家,1848 年巴黎六月起义的参加者,1862 年起住在伦敦,1870 年起住在曼
彻斯特,国际总委员会委员(1864—1872),法国通讯书记(1865—1871),

伦敦代表会议(1865)和日内瓦代表大会(1866)的参加者,洛桑代表大会(1867)主席,布鲁塞尔代表大会(1868)、伦敦代表会议(1871)和海牙代表大会(1872)的代表;《法兰西信使报》撰稿人,伦敦法国人支部成员(1868年以前),曼彻斯特法国人支部创建人之一(1870),国际不列颠联合会委员会委员(1872—1873),1874年迁居美国;马克思和恩格斯的战友。——62、73、126。

杜勃罗留波夫,尼古拉·亚历山大罗维奇(Добролюбов, Николай Александрович 1836—1861)——俄国政论家、作家、唯物主义哲学家和文学批评家,革命民主主义者,俄国社会民主主义的先驱;《同时代人》杂志编辑(1857年起)。——305。

杜布瓦-雷蒙,埃米尔(Du Bois-Reymond, Emil 1818—1896)——德国生理学家,瑞士籍;现代电生理学的奠基人之一;反活力论者和原子论者。——842。

杜尔哥,安娜·罗伯尔·雅克,洛恩男爵(Turgot, Anne-Robert-Jacques, baron de l'Aulne 1727—1781)——法国国务活动家、经济学家和哲学家;重农学派的重要代表人物,魁奈的学生;财政总监(1774—1776)。——639。

杜弗尔,茹尔·阿尔芒·斯塔尼斯拉斯(Dufaure, Jules-Armand-Stanislas 1798—1881)——法国律师和政治活动家,奥尔良党人,曾任社会公共工程大臣(1839—1840),第二共和国时期是制宪议会和立法议会议员(1848—1851),卡芬雅克政府的内务部长(1848年10—12月)和波拿巴政府的内务部长(1849年6—10月);第三共和国时期任司法部长,内阁总理。——85、92、113—115、151。

杜克佩西奥,爱德华(Ducpétiaux, Édouard 1804—1868)——比利时政论家和统计学家,资产阶级慈善家,监狱和慈善设施视察员。——214。

杜林,欧根·卡尔(Dühring, Eugen Karl 1833—1921)——德国折中主义哲学家和庸俗经济学家,小资产阶级社会主义者,形而上学者;在哲学上把唯心主义、庸俗唯物主义和实证论结合在一起;在自然科学和文学方面也有所著述;1863—1877年为柏林大学非公聘讲师;70年代他的思想曾对德国社会民主党部分党员产生过较大影响。——379—385、390、402—422、424—438、440—443、445—457、460—462、467、469—477、479、480、484—491、493—498、500—514、516、517、519—524、530—536、538—540、542、544—546、551—558、562—574、576—581、583、587—618、620—622、624—632、638—641、645、651—654、671—678、680、681、684—694、699—703、705—714、741、743、745、750、751、841、871—873、878、946、978。

杜诺瓦耶,巴泰勒米·沙尔·皮埃尔·约瑟夫(Dunoyer, Barthélemy-Charles-Pierre-Joseph 1786—1862)——法国庸俗经济学家和政治活动家。——18。

杜瓦尔,埃米尔·维克多(Duval, Émile-Victor 1841—1871)——法国工人运动活动家,职业是铸工;布朗基主义者;国际会员,国民自卫军中央委员会委员,将军,巴黎公社委员,公社执行委员会委员、军事委员会委员;1871年4月4日被凡尔赛分子枪杀。——93。

敦克尔,弗兰茨·古斯塔夫(Duncker, Franz Gustav 1822—1888)——德国出版商,资产阶级进步党的活动家,1868年同麦·希尔施一起创建改良主义工会(1868—1933),人称希尔施—敦克尔工会。——719。

多德威尔,亨利(Dodwell, Henry 死于1784年)——英国唯物主义哲学家。——755。

多尔富斯,让(Dollfus, Jean 1800—1887)——法国厂主,经济学家;资产阶级慈善家,米卢斯市长。——204—205、263、264。

多里沙尔,劳伦茨(Dolleschall, Laurenz 生于1790年)——德国警官(1819—1847);检查《莱茵报》的书报检查官。——715。

E

恩斯,阿伯拉罕(Enß, Abraham 19世纪)——普鲁士农场主,曾有三年追随爱森纳赫派;杜林分子;曾撰文诽谤马克思和恩格斯。——701。

F

法夫尔,克劳德·加布里埃尔·茹尔(Favre, Claude-Gabriel-Jules 1809—1880)——法国律师和政治活动家,温和的资产阶级共和派领袖之一;第二共和国时期先后任内务部秘书长、外交部副部长、制宪议会和立法议会议员(1848—1851),60年代为立法团议员,国防政府和梯也尔政府的外交部长(1870—1871),曾到法兰克福参加同德国关于巴黎投降及签订和约的谈判(1871)。——58、76—78、83、86、89、108、116、117、128—130、133、135、170。

范德林特,杰科布(Vanderlint, Jacob 死于1740年)——英国经济学家,重农学派的先驱,货币数量论的早期代表。——621、622、626。

菲迪亚斯(Phidias 约公元前500—430)——古希腊雕刻家。——712。

斐迪南多二世,斐迪南二世(Ferdinando II, Ferdinand II, 绰号炮弹国王 King Bomba 1810—1859)——双西西里王国国王(1830—1859)。——80、81。

费尔巴哈,路德维希(Feuerbach, Ludwig 1804—1872)——德国唯物主义哲学家,德国古典哲学的代表人物。——13、878、894、897、898。

费里,茹尔·弗朗索瓦·卡米耶(Ferry, Jules-François-Camille 1832—1893)——法国律师、政论家和政治活动家,温和的资产阶级共和派领袖之一,国防政府成员,巴黎市长(1870—1871),1871年国民议会议员,内阁总理(1880—1881、1883—1885);奉行积极的殖民主义政策。——79、132。

费里埃,弗朗索瓦·路易·奥古斯特(Ferrier, François-Louis-Auguste 1777—1861)——法国资产阶级庸俗经济学家,保护关税制度的拥护者和重商主义的模仿者,国家官员。——640。

费希特,约翰·哥特利布(Fichte, Johann Gottlieb 1762—1814)——德国哲学家,德国古典哲学的代表人物,主观唯心主义者。——406、524、747、933。

弗兰茨一世(Franz I 1768—1835)——奥地利皇帝(1804—1835),德意志神圣罗马帝国皇帝(1792—1806),称弗兰茨二世。——289。

弗兰克尔,莱奥(Frankel, Leo 1844—1896)——匈牙利工人运动和国际工人运动的活动家,职业是首饰匠;60年代去伦敦,后迁居法国;1867年在里昂成为国际会员,住在巴黎;巴黎德国人支部创建人之一(1870),巴黎联合会委员会成员和书记;巴黎公社委员,公社劳动、商业和财政委员会委员,后流亡伦敦;伦敦社会研究小组成员;1872年在巴黎被缺席判处死刑;国际总委员会委员(1871—1872),奥地利—匈牙利通讯书记;国际伦敦代表会议(1871)和海牙代表大会(1872)代表,1876年返回匈牙利,匈牙利全国工人党的创始人之一(1880),1889年国际社会主义工人代表大会副主席;马克思和恩格斯的战友。——107、156。

弗里茨舍,弗里德里希·威廉(Fritzsche, Friedrich Wilhelm 1825—1905)——德国社会民主运动和工会运动的改良主义活动家,职业是烟草工人;1848—1849年革命的参加者,全德工人联合会的创始人和领导人,全德雪茄烟工人联合会创始人之一,并任主席至1868年;爱森纳赫代表大会(1869)代表,1875年成为社会民主工党党员,国会议员(1868—1871和1877—1881);1881年流亡美国,后脱离政治活动。——740。

弗里德里希二世,弗里德里希大帝(Friedrich II, Friedrich der Große 1712—1786)——普鲁士国王(1740—1786)。——131、289、547、703。

弗里德里希-威廉二世(Friedrich-Wilhelm II 1744—1797)——普鲁士国王(1786—1797)。——289。

弗里德里希-威廉三世(Friedrich-Wilhelm III 1770—1840)——普鲁士国王(1797—1840)。——715、810、900。

弗里德里希-威廉四世(Friedrich-Wilhelm IV 1795—1861)——普鲁士国王

（1840—1861）。——563、718。

弗列罗夫斯基，恩·——见别尔维，瓦西里·瓦西里耶维奇。

弗路朗斯，古斯塔夫·保尔（Flourens, Gustave-Paul 1838—1871）——法国革命家和自然科学家，布朗基主义者，曾因遭到迫害而离开法国，1868 年回国后，为《马赛曲报》撰稿人；1870 年被流放，同年 3 月逃往伦敦，9 月重回法国，1870 年 10 月 31 日和 1871 年 1 月 22 日巴黎起义的领导者之一；巴黎公社委员，公社军事委员会委员；1871 年 4 月 3 日被凡尔赛分子杀害。——85、89、93、132。

弗洛孔，斐迪南（Flocon, Ferdinand 1800—1866）——法国政治活动家和政论家，小资产阶级民主主义者，《改革报》编辑，1848 年为临时政府成员；山岳党人；1851 年十二月二日政变后被驱逐出法国。——717。

伏尔泰（Voltaire 原名弗朗索瓦·玛丽·阿鲁埃 François-Marie Arouet 1694—1778）——法国自然神论哲学家、历史学家和作家，18 世纪资产阶级启蒙运动的主要代表人物，反对专制制度和天主教。——20、21、93、104、891。

孚赫，茹尔（尤利乌斯）（Faucher, Jules〔Julius〕1820—1878）——德国政论家和资产阶级庸俗经济学家，青年黑格尔分子；自由贸易的拥护者；1850 年为柏林《晚邮报》的创办人和编辑；1850—1861 年侨居英国，为《晨星报》的撰稿人，写有关于住宅问题的著作；1851 年为《伦敦新闻画报》德文版编辑；1861 年回到德国，后为进步党人，1866 年起为民族自由党人。——214。

符卢勃列夫斯基，瓦列里（Wróblewski, Walery 1836—1908）——波兰革命民主主义者，1863—1864 年波兰民族解放起义领导人，起义失败后流亡法国，1870 年是国民自卫军成员，巴黎公社的将军，公社失败后流亡伦敦，被缺席判处死刑；国际总委员会委员和波兰通讯书记（1871—1872），海牙代表大会（1872）代表，积极参加反对巴枯宁派的斗争，1880 年大赦后回到法国。——107、285。

福格特，卡尔（Vogt, Karl 1817—1895）——德国自然科学家，庸俗唯物主义者，小资产阶级民主主义者；1848—1849 年是法兰克福国民议会议员，属于左派；1849 年 6 月为帝国五摄政之一；1849 年逃往瑞士，50—60 年代是路易·波拿巴雇用的密探；马克思在抨击性著作《福格特先生》中对他进行了揭露。——78、386、720、875、891。

福斯特，威廉·爱德华（Forster, William Edward 1818—1886）——英国工厂主和政治活动家，自由党人，议会议员（1861 年起），曾任爱尔兰事务大臣（1880—1882）；奉行残酷镇压爱尔兰民族解放运动的政策。——769、770。

傅立叶，让·巴蒂斯特·约瑟夫（Fourier, Jean-Baptiste-Joseph 1768—1830）——

法国数学家,从事代数和数学物理的研究,《热的解析理论》一书的作者。——879。

傅立叶,沙尔(Fourier, Charles 1772—1837)——法国空想社会主义者。——13、37、223、224、280、393、406、407、527、580、644、646—648、652、661、664、680—681、747、748、777、780、783—784、804、807、808。

G

盖布,威廉·莱奥波德·奥古斯特(Geib, Wilhelm Leopold August 1842—1879)——德国社会民主党人,汉堡的书商;全德工人联合会会员;1869年爱森纳赫代表大会的参加者和社会民主工党的创始人之一,党的财务委员(1872—1878),德意志帝国国会议员(1874—1877)。——352、354。

盖仑,克劳狄乌斯(Galenos〔Galen〕,Claudius 129—199)——希腊医生、自然科学家和哲学家,古典古代医学科学的理论家;从事解剖学和生理学研究,同时奠定了研究血液循环的基础;在哲学方面是亚里士多德的信徒。——465。

盖泽尔,布鲁诺(Geiser, Bruno 1846—1898)——德国政论家,社会民主党人,《新世界》杂志编辑,1881—1887年为德意志帝国国会议员;80年代末作为机会主义者被开除出社会民主党;威·李卜克内西的女婿。——740。

甘必大,莱昂(Gambetta, Léon 1838—1882)——法国政治活动家,温和的资产阶级共和派,国防政府的成员(1870—1871),该政府中图尔代表团团长;各省武装反抗普鲁士的组织者,1871年创办《法兰西共和国报》;曾任内阁总理兼外交部长(1881—1882)。——77、132、162。

高斯,卡尔·弗里德里希(Gauß, Karl Friedrich 1777—1855)——德国数学家、天文学家、测量学家和物理学家,非欧几里得几何学的创始人;著有天文学、测量学和物理学方面的著作。——425。

戈克,阿曼德(Goegg, Amand 1820—1897)——德国海关官员、政论家和新闻工作者,小资产阶级民主主义者,1848—1849年革命的参加者,1849年是巴登临时政府财政部长,革命失败后流亡国外;1862年返回德国;日内瓦和平和自由同盟的创建人之一,国际会员;70年代加入德国社会民主党。——347。

哥白尼,尼古拉(Kopernikus〔Copernicus, Copernikus〕,Nikolaus 1473—1543)——波兰天文学家,太阳中心说的创立者。——432、433、843、848、850。

哥尔查科夫公爵,亚历山大·米哈伊洛维奇(Горчаков, Александр

巴哈的书信集和遗著。——15。

格罗夫,威廉·罗伯特(Grove, William Robert 1811—1896)——英国物理学家和法学家。——845、854、920、971。

格罗夫纳,休·鲁普斯,威斯敏斯特公爵(Grosvenor, Hugh Lupus, Duke of Westminster 1825—1899)——英国政治活动家,自由党人,议会议员;大地主。——236。

古皮(Guppy 父姓尼科尔斯 Nicholls 19 世纪)——英国女巫师,第二个丈夫是沃尔克曼。——884—886。

古皮(Guppy 死于 1875 年)——古皮(父姓尼科尔斯)的第一个丈夫。——884。

古赞-蒙多邦,沙尔·吉约姆·玛丽·阿波利内尔·安东,八里桥伯爵(Cousin-Montauban, Charles-Guillaume-Marie-Apollinaire-Antoine, comte de Palikao 1796—1878)——法国将军,波拿巴主义者;第二次鸦片战争时期任英法侵华远征军指挥官(1860),因在北京和通州之间的八里桥战胜清兵,由拿破仑第三授予八里桥伯爵封号;1870 年 8—9 月为陆军大臣和政府首脑。——85。

H

哈克斯特豪森男爵,奥古斯特·弗兰茨(Haxthausen, August Franz Freiherr von 1792—1866)——普鲁士官员和作家,联合议会议员(1847—1848),后为普鲁士第一议院议员;写有描述普鲁士和俄国土地关系中当时还残存的土地公社所有制方面的著作。——329、330、727。

哈勒,阿尔布雷希特·冯(Haller, Albrecht von 1708—1777)——瑞士医学家、植物学家、诗人和政论家;写有反对伏尔泰和自由思想派的《关于启示录中的重要事实的书信》(1772)。——932。

哈里斯,乔治(Harris, George)——英国工人运动活动家,前宪章主义者,詹·奥勃莱恩的社会改良主义观点的信徒,全国改革同盟成员,国际总委员会委员(1869—1872),总委员会财务书记(1870—1871)。——62、73、127。

哈赛尔曼,威廉(Hasselmann, Wilhelm 1844—1916)——德国编辑,全德工人联合会会员,《社会民主党人报》编辑(1867—1871),《新社会民主党人报》编辑(1871—1875),1875 年起为德国社会民主党党员;国会议员(1874—1876 和 1878—1880),1878 年为无政府主义小组领导人,1880 年被开除出党。——344、350。

哈森克莱维尔,威廉(Hasenclever, Wilhelm 1837—1889)——德国鞣革工人,

物理学家,自然科学中唯物主义的代表,从事电动力学热射线理论、力学和光学问题的研究;1859 年与罗·本生一起奠定光谱分析的基础。——387。

基佐,弗朗索瓦·皮埃尔·吉约姆(Guizot, François-Pierre-Guillaume 1787—1874)——法国政治活动家和历史学家,奥尔良党人;1812 年起任巴黎大学历史系教授,七月王朝时期是立宪君主派领袖,历任内务大臣(1832—1836)、教育大臣(1836—1837)、外交大臣(1840—1848)和首相(1847—1848);代表大金融资产阶级的利益。——81、539、716。

吉奥,阿尔丰斯·西蒙(Guiod, Alphonse-Simon 生于 1805 年)——法国将军,普法战争(1870—1871)的参加者,1870—1871 年巴黎被围时期为炮兵司令。——77。

吉本,爱德华(Gibbon, Edward 1737—1794)——英国历史学家,议会议员;著有反专制性质的多卷本《罗马帝国的衰亡史》。——627。

吉芬,罗伯特(Giffen, Robert 1837—1910)——英国资产阶级经济学家和统计学家,财政问题专家;《伦敦统计学会会刊》发行人(1876—1891),商业部统计局局长(1876—1897)。——670、814。

济贝耳,亨利希·冯(Sybel, Heinrich von 1817—1895)——德国资产阶级历史学家和政治活动家,1867 年起为民族自由党人;主张在普鲁士领导下"自上而下"统一德国;普鲁士国家档案馆长;所谓小德意志历史学派的代表人物。——746。

济金根,弗兰茨·冯(Sickingen, Franz von 1481—1523)——德国骑士,曾参加宗教改革运动,1522—1523 年反对特里尔大主教的骑士起义的领袖;在兰茨胡特的城堡遭攻击时丧生;拉萨尔的剧本《弗兰茨·冯·济金根》中的济金根的原型。——762。

加尔,弗兰茨·约瑟夫(Gall, Franz Joseph 1758—1828)——奥地利医生和解剖学家,颅相学的创始人。——881—883。

加尔文,让(Calvin, Jean 1509—1564)——法国神学家和宗教改革运动的活动家,新教宗派之一加尔文宗的创始人。——762、848、917。

加利费,弗洛伦斯·乔治娜(Galliffet, Florence Georgina)——加·亚·奥·加利费的妻子。——93、128。

加利费侯爵,加斯东·亚历山大·奥古斯特(Galliffet, Gaston-Alexandre-Auguste, marquis de 1830—1909)——法国将军;普法战争时期(1870—1871)任骑兵团团长,在色当被俘,后被放回参加反对巴黎公社的战争,曾任凡尔赛军队的骑兵旅旅长;70 年代起担任许多显要的军事职务。——93、94、127、128。

加洛林王朝——法兰克王朝,751 年起统治法兰西(到 987 年)、日耳曼尼亚(到 911 年)和意大利(到 887 年)。——912。

加内斯科,格雷戈里(Ganesco, Gregory 1830 前后—1877)——法国新闻工作者,原系罗马尼亚人,第二帝国时期是波拿巴主义者,后为梯也尔政府的拥护者,《星期日邮报》的编辑(1860—1861)。——106。

伽利略,伽利莱(Galilei, Galileo 1564—1642)——意大利物理学家和天文学家,力学原理的创始人,哥白尼学说的拥护者,维护太阳中心说,为此遭到宗教裁判所的审判(1633);晚年在流亡中度过。——844、866。

焦耳,詹姆斯·普雷斯科特(Joule, James Prescott 1818—1889)——英国物理学家,主要从事电磁理论和热的研究,通过实验测定了热的机械当量,为能量守恒定律提供了佐证。——854、894、927、961。

居维叶男爵,若尔日·莱奥波德·克雷蒂安·弗雷德里克·达哥贝特(Cuvier, Georges-Léopold-Chrétien-Frédéric-Dagobert, baron de 1769—1832)——法国动物学家和古生物学家;曾经将比较解剖学上升为科学,并提出了灾变论。——845、853、866。

K

卡贝,埃蒂耶纳(Cabet, Étienne 人称卡贝老爹 Père Cabet 1788—1856)——法国法学家和政论家,法国工人共产主义一个流派的创始人,和平空想共产主义的代表人物,《人民报》的出版者(1833—1834);流亡英国(1834—1839);《1841 年人民报》的出版者(1841—1851);曾尝试在美洲建立共产主义移民区(1848—1856),以实现其在 1848 年出版的小说《伊加利亚旅行记》中阐述的理论。——18、129。

卡芬雅克,路易·欧仁(Cavaignac, Louis-Eugène 1802—1857)——法国将军和政治活动家,温和的资产阶级共和党人;30—40 年代曾参加侵占阿尔及利亚,1848 年任阿尔及利亚总督;第二共和国时期是陆军部长(1848 年 5—6 月),镇压巴黎六月起义;曾任政府首脑(1848 年 6—12 月);立法议会议员(1849—1851);1851 年十二月二日政变后因反对拿破仑第三的政府而被捕。——123。

卡莱尔,托马斯(Carlyle, Thomas 1795—1881)——英国作家、历史学家和唯心主义哲学家,宣扬英雄崇拜,封建社会主义的代表,资本主义生产方式和资产阶级政治经济学的批评者,托利党人;1848 年后成为工人运动的敌人。——779。

卡龙,沙尔·亚历山大·德(Calonne, Charles-Alexandre de 1734—1802)——

学派和亚·斯密的先驱;《试论一般商业的性质》一书的作者。——625。

考尔德,威廉(Coward,William 1656前后—1725)——英国医生,哲学家,唯物主义者。——755。

考夫曼,康斯坦丁·彼得罗维奇(Кауфман,Константин Петрович 1818—1882)——俄国将军、军事和国务活动家,积极推行沙皇侵略高加索和中亚细亚的政策,1867年起指挥突厥斯坦边区的军队;曾任突厥斯坦边区总督。——479。

考斯丘什科,塔杰乌什·安德热伊·博纳文图拉(Kościuszko[Kosciuszko],Tadeusz Andrzej Bonawentura 1746—1817)——波兰将军,1776年流亡美国,美国独立战争(1776—1783)的参加者;1794年波兰起义的领导人,波兰军队总司令;1798年移居法国,后迁居瑞士;曾参与波兰军团的建立;拒绝同拿破仑第一合作。——288。

柯尔丁,路德维希·奥古斯特(Colding,Ludwig August 1815—1888)——丹麦物理学家和工程师,不依靠迈尔和焦耳而独立地确定了热的机械当量。——894、927、961。

柯林斯,安东尼(Collins,Anthony 1676—1729)——英国唯物主义哲学家。——755。

柯瓦列夫斯基,马克西姆·马克西莫维奇(Ковалевский,Максим Максимович 1851—1916)——俄国社会学家、政治活动家、历史学家、民族学家和法学家;资产阶级自由主义者;曾将比较法学的方法运用于民族学和早期历史;写有原始公社制度方面的著作。——752。

科贝特,威廉(Cobbett,William 1762—1835)——英国政治活动家和政论家;小资产阶级激进派的代表人物,曾为英国政治制度的民主化进行斗争;1802年起出版《纪事年鉴》和《科贝特氏政治纪事周报》。——315、627、628。

科布顿,理查(Cobden,Richard 1804—1865)——英国工厂主,自由党人,自由贸易的拥护者,反谷物法同盟创始人,议会议员(1841—1864);曾参加多次国际和平主义者代表大会,如1850年8月美因河畔法兰克福和平主义者代表大会。——770。

科恩,詹姆斯(Cohn[Cohen],James)——英国工人运动活动家,雪茄烟工人,伦敦雪茄烟工人协会主席,国际总委员会委员(1867—1871),丹麦通讯书记(1870—1871),国际布鲁塞尔代表大会(1868)和伦敦代表会议(1871)的代表;工人代表同盟执行委员会成员(1870)。——62、73、127。

科尔邦,克劳德·昂蒂姆(Corbon,Claude-Anthime 1808—1891)——法国政

治活动家,共和党人,第二共和国时期任制宪议会副议长(1848—1849);第二帝国崩溃后任巴黎市第十五区区长,1871 年国民议会议员,属于左派少数派。——76。

科尔布,卡尔(Kolb,Karl)——国际总委员会委员(1870—1871)。——126。

科特洛贡伯爵, 路易·沙尔·艾曼纽埃尔 (Coêtlogon, Louis-Charles-Emmanuel, comte de 1814—1886)——法国官员,波拿巴主义者,1871 年 3 月 22 日巴黎反革命暴乱的策划者之一。——91。

克拉左门的阿那克萨哥拉——见阿那克萨哥拉(克拉左门的)。

克莱尔蒙-托内尔伯爵, 斯塔尼斯拉斯·玛丽·阿黛拉伊德 (Clermont-Tonnere, Stanislas Marie Adélaide, comte de 1757—1792)——法国政治活动家,初为自由派,后为保皇派。——90。

克劳修斯,鲁道夫·尤利乌斯·艾曼努埃尔(Clausius, Rudolf Julius Emanuel 1822—1888)——德国物理学家,从事力学的热理论、气体动力学和电学理论的研究,曾提出热力学的第二定律(1850)并把熵的概念引入物理学领域(1865)。——842、912、953、970、973、983、984。

克林斯基,扬(Krynski, Jan 1811—1890)——波兰革命家,民主主义者;波兰起义(1863—1864)的参加者;侨居伦敦,国际总委员会委员(1865—1867),波兰人协会书记,波兰社会主义杂志《征召义勇军》(1875)编辑。——285。

克虏伯,阿尔弗勒德(Krupp, Alfred 1812—1887)——德国大工业家,埃森冶金厂和兵工厂厂主;曾向欧洲许多国家供应枪炮和其他军火。——229、545、553。

克鲁克斯,威廉(Crookes, William 1832—1919)——英国物理学家和化学家;辐射计的发明者;1861 年发现铊元素。——885—890。

克伦威尔,奥利弗(Cromwell, Oliver 1599—1658)——英国国务活动家,17 世纪英国资产阶级革命时期资产阶级和资产阶级化贵族的领袖;1649 年起为爱尔兰军总司令和爱尔兰总督,1653 年起为英格兰、苏格兰和爱尔兰的护国公。——763。

孔德,奥古斯特(Comte, Auguste 1798—1857)——法国哲学家和社会学家,实证论的创始人。——151、159、841、944。

库克,弗洛伦斯(Cook, Florence 19 世纪)——英国的一位招魂巫师。——885—887。

库奇克射手,奥古斯特——见霍夫曼,哥特黑尔夫。

魁奈,弗朗索瓦(Quesnay, François 1694—1774)——法国经济学家,重农学派的创始人;职业是医生。——390、629—633、635—636、638、652。

L

拉伯克，约翰（Lubbock，John 1834—1913）——英国生物学家、银行家、政治活动家和民族学家，达尔文主义者，自由党人；从事动物学、生物学、民族学和古代史方面的研究。——924。

拉法格，保尔（Lafargue，Paul 笔名保尔·洛朗 Paul Laurent 1842—1911）——法国工人运动和国际工人运动的活动家，医生和政论家；1865 年流亡英国，国际总委员会委员，西班牙通讯书记（1866—1869），曾参加建立国际在法国的支部（1869—1870）及在西班牙和葡萄牙的支部（1871—1872）；巴黎公社的支持者（1871），公社失败后逃往西班牙；《解放报》编辑部成员，新马德里联合会的创建人之一（1872），海牙代表大会（1872）代表，法国工人党创始人之一（1879）；1882 年回到法国，《社会主义者报》编辑；1889 年国际社会主义工人代表大会的组织者之一和代表，1891 年国际社会主义工人代表大会代表；法国众议院议员（1891—1893）；马克思和恩格斯的学生和战友；马克思女儿劳拉的丈夫。——109、204、384、741、742、745、751。

拉菲特，雅克（Laffitte，Jacques 1767—1844）——法国银行家和政治活动家，奥尔良党人，金融资产阶级的代表，政府首脑（1830—1831）。——79。

拉斐尔·桑齐奥（Raffaello Sanzio 1483—1520）——意大利画家。——990。

拉夫，格奥尔格·克里斯蒂安（Raff，Georg Christian 1748—1788）——德国教育家，曾为青少年写有科普读物。——707。

拉甫罗夫，彼得·拉甫罗维奇（Лавров，Петр Лаврович 1823—1900）——俄国社会学家和政论家，民粹派的思想家，在哲学上是折中主义者；1870 年起侨居国外；第一国际会员，巴黎公社参加者；《前进！》杂志编辑（1873—1876）和《前进！》报编辑（1875—1876）；1889 年国际社会主义工人代表大会副主席；从 70 年代初起同马克思和恩格斯通信。——301、303、304、306—311、320、983。

拉马丁，阿尔丰斯（Lamartine，Alphonse 1790—1869）——法国诗人，历史学家和政治活动家，40 年代为温和的资产阶级共和派领袖；第二共和国时期任外交部长（1848），临时政府的实际上的首脑。——718。

拉马克，让·巴蒂斯特·皮埃尔·安东（Lamarck，Jean-Baptiste-Pierre-Antoine 1744—1829）——法国自然科学家，从事植物区系学和动物区系学方面的研究，生物学上第一个完整的进化论的创立者，达尔文的先驱。——406、444、450、452、845、855、899、911。

劳大学历史学教授,1848 年任驻巴黎公使,法兰克福国民议会议员,属于中间派右翼。——20。

勒夫洛,阿道夫·艾曼纽埃尔·沙尔(Le Flô[Leflô],Adolphe-Emmanuel-Charles 1804—1887)——法国将军、政治活动家和外交家,保皇党人;秩序党代表人物,第二共和国时期是制宪议会和立法议会议员(1848—1851);1851 年十二月二日政变后流亡英国,1859 年回到法国;曾任国防政府和梯也尔政府的陆军部长(1870—1871),1871 年国民议会议员;曾任驻彼得堡大使(1848—1849 和 1871—1879)。——90、94。

勒格廖利耶(Legreulier)——国际总委员会委员(1870)。——62。

勒科克·德·布瓦博德朗,保尔·埃米尔(Lecoq de Boisbaudran,Paul-Émile 1838—1912)——法国化学家,1875 年发现门捷列夫预言的镓元素。——907。

勒孔特,克劳德·马丁(Lecomte,Claude-Martin 1817—1871)——法国将军,普法战争时期(1870—1871)任旅长,1871 年 3 月 18 日在梯也尔政府夺取国民自卫军大炮的企图失败后,被起义的士兵枪毙。——89、90、94、114、116、117。

勒维烈,乌尔班·让·约瑟夫(Le Verrier,Urbain-Jean-Joseph 1811—1877)——法国天文学家和数学家,1846 年不依靠亚斯而独立地计算出当时还不为人知的海王星的轨道,并确定这个行星在宇宙中的位置。——907。

雷尼奥,昂利·维克多(Regnault,Henri-Victor 1810—1878)——法国物理学家和化学家,从事气体和蒸汽的性能的研究。——468。

雷绍埃尔,亨利希(Reschauer,Heinrich 生于 1838 年)——奥地利新闻工作者和作家,自由党人。——264。

雷特兰热尔(Reitlinger)——茹·法夫尔的朋友和私人秘书。——130。

李比希男爵,尤斯图斯(Liebig,Justus Freiherr von 1803—1873)——德国化学家,农业化学的创始人。——264、385。

李卜克内西,威廉(Liebknecht,Wilhelm 1826—1900)——德国工人运动和国际工人运动活动家,语文学家和政论家;1848—1849 年革命的参加者,革命失败后流亡瑞士,1850 年 5 月前往英国,在那里成为共产主义者同盟盟员;1862 年回到德国;国际会员,1867 年起为国会议员;德国社会民主党创始人和领袖之一;《人民国家报》编辑(1869—1876)和《前进报》编辑(1876—1878 和 1890—1900);1889、1891 和 1893 年国际社会主义工人代表大会代表;马克思和恩格斯的朋友和战友。——40、342、344、349、

351、352、354—355、732、740、871。

李嘉图,大卫(Ricardo,David 1772—1823)——英国经济学家,资产阶级古典政治经济学最著名的代表人物。——16、282、347、445、475、572、573、576、593、605、609、640。

李斯特,弗里德里希(List,Friedrich 1789—1846)——德国资产阶级庸俗经济学家,保护关税政策的维护者。——613、640。

李希特尔,路德维希——见赫希柏格,卡尔。

列斯纳,弗里德里希(Leßner[Lessner],Friedrich 1825—1910)——德国工人运动和国际工人运动的活动家,职业是裁缝;共产主义者同盟盟员,1848—1849年革命的参加者,1850年为威斯巴登工人教育协会会员;1850—1851年为美因茨工人教育协会主席和同盟美因茨支部领导人;在科隆共产党人案件(1852)中被判处三年徒刑,1856年起侨居伦敦,伦敦德意志工人共产主义教育协会会员,国际总委员会委员(1864—1872),国际伦敦代表会议(1865)、洛桑代表大会(1867)、布鲁塞尔代表大会(1868)、巴塞尔代表大会(1869)、伦敦代表会议(1871)和海牙代表大会(1872)的参加者,不列颠联合会委员会委员;在国际中为马克思的路线积极斗争,后为英国独立工党的创始人之一;马克思和恩格斯的朋友和战友。——62、73、126。

林耐,卡尔·冯(Linné,Carl von 1707—1778)——瑞典自然科学家和医学家,植物和动物分类法的创立者;主张物种描述采用双名命名制。——400、795、848—850、943。

林特恩(Lintern,W.)——英国工联主义者,国际总委员会委员(1870)。——62。

留基伯(Leukipp[os]公元前5世纪)——古希腊哲学家,原子论的创始人,德谟克利特的老师。——875。

卢格,阿尔诺德(Ruge,Arnold 1802—1880)——德国政论家,青年黑格尔分子,《哈雷年鉴》的出版者,《莱茵报》的撰稿人,1843—1844年同马克思一起筹办并出版《德法年鉴》;1844年中起反对马克思,1848年为法兰克福国民议会议员,属于左派,50年代是在英国的德国小资产阶级流亡者领袖之一;1866年后成为民族自由党人。——716、741。

卢梭,让·雅克(Rousseau,Jean-Jacques 1712—1778)——法国启蒙运动的主要代表人物,民主主义者,小资产阶级思想家,自然神论哲学家。——20、21、358、392、395、475、476、480、517—520、523、531、643、701、776、778、790。

鲁克拉夫特,本杰明(Lucraft,Benjamin 1809—1897)——英国工联改良派领

家,主要从事气体动力学和力学的热理论的研究。——842。

M

马布利,加布里埃尔(Mably,Gabriel 1709—1785)——法国历史学家和政治活动家,启蒙思想家;空想平均共产主义的代表人物。——391、393、777。

马尔比基,马尔切洛(Malpighi,Marcello 1628—1694)——意大利生物学家和医生,显微解剖学的奠基人之一,1661 年发现了毛细血管的血液循环。——465。

马尔科夫斯基(Марковский)——俄国沙皇政府派往法国的密探,1871 年梯也尔的合作者。——106。

马尔儒纳尔,路易·沙尔(Maljournal,Louis Charles 1841—1894)——法国书籍装订工,巴黎公社的参加者,国民自卫军中央委员会委员和书记,国际会员,曾经被监禁,1872 年被放逐,1879 年获释。——91。

马尔萨斯,托马斯·罗伯特(Malthus,Thomas Robert 1766—1834)——英国经济学家,教士,人口论的主要代表。——13、259、346、347、369、444、445、452、985—987。

马尔提涅蒂,帕斯夸勒(Martignetti,Pasquale 1844—1920)——意大利社会主义者,曾将马克思和恩格斯的著作译成意大利文。——748。

马基雅弗利,尼古洛(Machiavelli,Niccolò 1469—1527)——意大利政治活动家、历史学家和著作家,资本主义产生时期意大利资产阶级的思想家。——847。

马克思,燕妮(Marx,Jenny 父姓冯·威斯特华伦 von Westphalen 1814—1881)——马克思的妻子、朋友和助手。——716。

马克思-艾威林,爱琳娜(杜西)(Marx-Aveling,Eleanor[Tussy]1855—1898)——英国工人运动和国际工人运动的活动家、政论家、社会民主联盟成员,社会主义同盟创始人之一(1884);曾在恩格斯直接领导下工作,积极参加非熟练工人群众运动的组织工作,1889 年伦敦码头工人罢工的组织者之一;1889、1891 和 1893 年国际社会主义工人代表大会代表;马克思的小女儿,爱·艾威林的伴侣(1884 年起)。——205。

马拉,让·保尔(Marat,Jean-Paul 1743—1793)——法国政论家,18 世纪末法国资产阶级革命的活动家,雅各宾派的领袖之一。——367。

马隆,贝努瓦(Malon,Benoît 1841—1893)——法国政论家,染整工,小资产阶级社会主义者;国际会员(1865 年起),日内瓦代表大会(1868)代表,社会主义革命同盟和巴枯宁的国际兄弟会成员(1868 年起);1871 年国民议会议员,后辞职;国民自卫军中央委员会委员和巴黎公社公共工程委员会委员,公社被镇压后流亡意大利,后迁居瑞士,被缺席判处死刑;国际日内瓦支部成员,社会主义革命宣传和行动支部创建人之一,汝拉联合会会员,《社会革命报》编辑部成员;1880 年大赦后回到巴黎;法国工人党党员;后来成为法国社会主义运动中的机会主义派别——可能派的首领和思想家。——293。

马西,约瑟夫(Massie,Joseph 死于 1784 年)——英国经济学家,资产阶级古典政治经济学的代表人物。——622、624。

马歇尔,阿尔弗勒德(Marshall,Alfred 1842—1924)——英国经济学家,曾在牛津大学和剑桥大学任教。——228。

迈尔,尤利乌斯·罗伯特(Mayer,Julius Robert 1814—1878)——德国医生和物理学家,最先发现能量守恒和转化规律的科学家之一。——437、854、894、927、961、973。

迈耶尔,尤利乌斯·洛塔尔(Meyer,Julius Lothar 1830—1895)——德国化学家,主要从事物理化学问题的研究。——948。

麦克劳德,亨利·邓宁(Macleod,Henry Dunning 1821—1902)——英国法学家和庸俗经济学家;主要从事信贷理论研究,阐发了所谓信贷创造资本的理论。——640。

麦克马洪伯爵,玛丽·埃德姆·帕特里斯·莫里斯,马真塔公爵(Mac-Mahon,Marie-Edme-Patrice-Maurice,comte de,duc de Magenta 1808—1893)——法国将军和政治活动家,1859 年起为元帅,波拿巴主义者;克里木战争、意大利战争的参加者,普法战争时期任第一军军长,后任夏龙军团司令,阿尔及利亚总督(1864—1870),凡尔赛军队总司令(1871),第三共和国总统(1873—1879)。——118、123。

麦克斯韦,詹姆斯·克拉克(Maxwell,James Clerk 1831—1879)——英国物理学家和数学家;经典电磁场论的创始人;计算出了土星的光环。——866、973。

麦克唐奈,约瑟夫·帕特里克(McDonnell [MacDonnell],Joseph Patrick 1847—1906)——爱尔兰工人运动活动家,国际总委员会委员和爱尔兰通讯书记(1871—1872),国际伦敦代表会议(1871)和海牙代表大会(1872)代表;不列颠联合会委员会委员(1872),1872 年侨居美国,积极参加美国工人运动。——126。

麦斯默,弗兰茨·弗里德里希·安东(Mesmer,Franz Friedrich Anton 1734—1815)——奥地利神学家和医生,麦斯默术和动物磁学的创始人。——

880、881。

曼,托马斯(Mun,Thomas 1571—1641)——英国商人和经济学家,重商主义者,贸易差额论的创立者,1615 年起为东印度公司董事。——614。

曼纳斯,约翰·詹姆斯·罗伯特,拉特兰公爵(Manners,John James Robert,Duke of Rutland 1818—1906)——英国国务活动家,托利党人,后为保守党人,40 年代参加"青年英国",议会议员,屡任保守党内阁的大臣。——771。

曼特尔,吉迪恩·阿尔杰农(Mantell,Gideon,Algernon 1790—1852)——英国地质学家和古生物学家,在自己的著作中企图把科学材料同圣经传说调和起来。——756。

曼托伊费尔男爵,奥托·泰奥多尔(Manteuffel,Otto Theodor Freiherr von 1805—1882)——普鲁士国务活动家,贵族官僚的代表,曾参与宪法(1848 年 12 月)的颁布和三级选举制的实行(1849);曾任内务大臣(1848 年 11 月—1850 年 12 月),首相和外交大臣(1850—1858);1849 年为普鲁士第二议院议员,1866 年入选第一议院。——414、909。

毛勒,格奥尔格·路德维希(Maurer,Georg Ludwig 1790—1872)——德国历史学家,古代和中世纪的日耳曼社会制度的研究者;写有中世纪马尔克公社的农业史和制度史方面的著作。——331、555、823、835。

毛瑟,保尔(Mauser,Paul 1838—1914)——德国兵工厂厂主,步兵武器发明人,同他的哥哥威·毛瑟一起研制步枪,后以他们的名字命名为毛瑟枪。——545。

毛瑟,威廉(Mauser,Wilhelm 1834—1882)——德国兵工厂厂主,步兵武器发明人,保·毛瑟的哥哥。——545。

梅恩,亨利·詹姆斯·萨姆纳(Maine,Sir Henry James Sumner 1822—1888)——英国法学家和法学史家,家庭和社会起源的宗法论的代表;作为印度总督参事会参事(1862—1869)和印度事务大臣参事会参事(1871 年起),曾参加制定英国的地方立法和实行对印度的殖民奴役。——831、834。

梅特勒,约翰奈斯·亨利希·冯(Mädler,Johannes Heinrich von 1794—1874)——德国天文学家,多尔帕特天文台台长;写有天文学方面的通俗著作。——851、856、857、862。

梅特涅——见梅特涅-温内堡公爵。

梅特涅-温内堡公爵,克莱门斯·文策斯劳斯·奈波穆克·洛塔尔(Metternich-Winneburg,Clemens Wenzeslaus Nepomuk Lothar Fürst von 1773—

资产阶级革命的活动家,大资产阶级和资产阶级化贵族利益的代表。——80、639。

米里哀尔,让·巴蒂斯特·爱德华(Millière, Jean-Baptiste Édouard 1817—1871)——法国新闻工作者、法学家,职业是制桶工人,左派蒲鲁东主义者,1870 年十月三十一日示威游行的参加者,1871 年国民议会议员;曾批评梯也尔政府和指责茹·法夫尔,为巴黎公社辩护,1871 年 5 月 26 日被凡尔赛分子枪杀。——78、130。

米利都的阿那克西曼德——见阿那克西曼德(米利都的)。

米利都的阿那克西米尼——见阿那克西米尼(米利都的)。

米涅,弗朗索瓦·奥古斯特·玛丽(Mignet, François-Auguste-Marie 1796—1884)——法国历史学家,早年研究法律,并获得律师资格(1818),后进入巴黎新闻界,为《法兰西信使报》撰稿人,《国民报》创办人之一(1830);写有《法国革命史》等历史著作。——539。

米希勒,卡尔·路德维希(Michelet, Karl Ludwig 1801—1893)——德国唯心主义哲学家,黑格尔主义者,柏林大学教授。——410。

密勒,约瑟夫(约)(Miller, Joseph [Joe] 1684—1738)——英国喜剧演员。——78。

闵采尔,托马斯(Müntzer [Münzer], Thomas 1490 前后—1525)——德国神学家,宗教改革时期和 1525 年农民战争时期为农民平民阵营的领袖和思想家,宣传空想平均共产主义的思想。——22、393、536、777。

摩尔根,路易斯·亨利(Morgan, Lewis Henry 1818—1881)——美国法学家、民族学家、考古学家和原始社会史学家,进化论的代表,自发的唯物主义者。——385、822。

摩莱里(Morelly 1715 前后—1755 以后)——法国作家,空想平均共产主义的代表人物。——391、393、777。

摩莱肖特,雅科布(Moleschott, Jakob 1822—1893)——荷兰生理学家和哲学家,庸俗唯物主义的代表人物;曾在德国、瑞士和意大利的学校中任教。——891。

莫里哀(Molière 原名让·巴蒂斯特·波克兰 Jean-Baptiste Poquelin 1622—1673)——法国喜剧作家。——521、603、908。

莫里斯,捷维(Maurice, Zévy)——匈牙利裁缝和店主,流亡伦敦;国际总委员会委员(1866—1872),匈牙利通讯书记(1870—1871)。——62、73、127。

莫特斯赫德,托马斯(Mottershead [Mothershead], Thomas 1826 前后—1884)——英国织布工人,土地和劳动同盟成员,工人代表同盟书记,国际总委员会委员

普耶-凯尔蒂埃,奥古斯坦·托马(Pouyer-Quertier, Augustin-Thomas 1820—1891)——法国棉纺厂主和政治活动家,保护关税派,财政部长(1871—1872),曾到法兰克福参加同德国关于巴黎投降及签订和约的谈判(1871)。——85、86、116。

Q

威美尔曼,恩斯特·威廉·爱德华(Zimmermann, Ernst Wilhelm Eduard 1807—1878)——德国历史学家,小资产阶级民主主义者,1848—1849 年革命的参加者,预备议会和法兰克福国民议会议员,属于左派;1841—1843 年出版的《伟大农民战争通史》的作者。——22—23。

乔瓦基尼(Giovacchini, P.)——国际总委员会委员,意大利通讯书记(1871)。——127。

R

热拉尔,沙尔·弗雷德里克(Gerhardt, Charles-Frédéric 1816—1856)——法国化学家,同洛朗一起对分子和原子的概念作了更为精确的阐述。——505。

荣克,海尔曼(Jung, Hermann 1830—1901)——瑞士工人运动和国际工人运动的活动家,职业是钟表匠,德国 1848—1849 年革命的参加者,侨居伦敦;国际总委员会委员和瑞士通讯书记(1864 年 11 月—1872 年),总委员会财务委员(1871—1872),国际伦敦代表会议(1865)副主席、日内瓦代表大会(1866)、布鲁塞尔代表大会(1868)和巴塞尔代表大会(1869)以及伦敦代表会议(1871)主席,不列颠联合会委员会委员;海牙代表大会(1872)以前在国际中执行马克思的路线,1872 年秋加入不列颠联合会委员会里的改良派,1877 年以后脱离工人运动。——62、73、126、127。

茹柯夫斯基,尤利·加拉克季昂诺维奇(Жуковский, Юлий Галактионович 1822—1907)——俄国资产阶级庸俗经济学家和政论家;国家银行行长;曾撰写《卡尔·马克思和他的〈资本论〉一书》一文,攻击马克思主义。——727、728。

若贝尔伯爵,伊波利特·弗朗索瓦(Jaubert, Hippolyte-François, comte 1798—1874)——法国政治活动家,保皇派,梯也尔内阁的公共工程大臣(1840),国民议会议员(1871—1872)。——125。

S

萨德勒(Sadler)——英国工人,国际总委员会委员(1871—1872)。——126。

色诺芬(Xenophon 约公元前 430—354)——古希腊历史学家和哲学家,奴隶主阶级的思想家;自然经济的拥护者;写有历史、经济和哲学方面的著作。——611。

沙佩尔,卡尔(Schapper, Karl 1812—1870)——德国工人运动和国际工人运动的活动家,正义者同盟的领导者之一,伦敦德意志工人共产主义教育协会创建人之一,共产主义者同盟中央委员会委员;1848—1849 年革命的参加者;民主主义者莱茵区域委员会委员,该委员会案件(1849 年 2 月 8 日)的被告之一;1849 年 2—5 月为科隆工人联合会主席,《新莱茵报》撰稿人;1850 年共产主义者同盟分裂时为冒险主义宗派集团的领袖之一;1856 年起重新同马克思和恩格斯接近;国际总委员会委员(1865),1865 年伦敦代表会议的参加者。——742。

莎士比亚,威廉(Shakespeare, William 1564—1616)——英国戏剧家和诗人。——149、350。

尚加尔涅,尼古拉·安娜·泰奥杜尔(Changarnier, Nicolas-Anne-Théodule 1793—1877)——法国将军和政治活动家,保皇派;第二共和国时期是制宪议会和立法议会议员(1848—1849),曾参加镇压 1848 年巴黎六月起义;后为巴黎卫戍部队和国民自卫军司令,曾参加驱散巴黎 1849 年六月十三日示威游行,1851 年十二月二日政变后被逮捕并被驱逐出法国,1859 年回到法国,普法战争时期在莱茵军团司令部任职,1871 年国民议会议员。——92。

舍耳歇,维克多(Schoelcher, Victor 1804—1893)——法国政治活动家和政论家,山岳党人,第二共和国时期是制宪议会和立法议会议员(1848—1849),1851 年十二月二日政变后被驱逐出法国,在伦敦住到 1870 年;普法战争(1870—1871)和巴黎公社时期为巴黎国民自卫军炮兵军团指挥官,1871 年国民议会议员;妄图劝说公社向梯也尔政府投降。——151。

舍夫茨别利伯爵,安东尼·阿什利·库珀(Shaftesbury, Anthony Ashley Cooper, Earl of 1801—1885)——英国政治活动家,40 年代为议会中托利党人慈善家集团领袖,1847 年起为辉格党人,议会议员,低教会派的拥护者,1855 年为克里木英军医疗状况调查委员会主席;帕麦斯顿的女婿。——765。

舍弗尔(Scheffer)——法国国民自卫军士兵,巴黎公社参加者。——94。

胜者威廉——见威廉一世。

圣西门,昂利(Saint-Simon, Henri 1760—1825)——法国空想社会主义者。——13、37、280、343、393、399、406、407、527、580、644—646、651、652、747、748、777—778、780—783、794、841、851、943、944。

施达克,卡尔·尼古拉(Starcke,Carl Nikolai 1858—1926)——丹麦资产阶级哲学家和社会学家。——898。

施蒂纳,麦克斯(Stirner,Max 原名约翰·卡斯帕尔·施米特 Johann Caspar Schmidt 1806—1856)——德国哲学家和著作家,青年黑格尔派,资产阶级个人主义和无政府主义的思想家。——343、477。

施拉姆,卡尔·奥古斯特(Schramm,Karl August 1830—1905)——德国经济学家,保险公司职员,70 年代初成为社会民主党人,改良主义者,《人民国家报》和《未来》杂志的撰稿人,《社会民主党人报》创办人之一,《社会科学和社会政治年鉴》的编辑;70 年代下半期起成为普鲁士容克的"国家社会主义"的主要理论家;1886 年脱离工人运动。——732、734、737、740。

施莱登,马蒂亚斯·雅科布(Schleiden,Mathias Jakob 1804—1881)——德国植物学家,细胞学说的创立者之一。——895。

施洛塞尔,弗里德里希·克里斯托夫(Schlosser,Friedrich Christoph 1776—1861)——德国资产阶级历史学家,自由党人,德国历史编纂学中海德堡学派的领袖。——627。

施米特,爱德华·奥斯卡尔(Schmidt,Eduard Oskar 1823—1886)——德国动物学家,达尔文主义者,斯特拉斯堡大学教授。——842。

施米特,约翰·卡斯帕尔——见施蒂纳,麦克斯。

施穆茨(Schmutz)——瑞士工人,海尔维第工人协会会员,国际总委员会委员(1870—1871)。——62、73。

施奈德,欧仁(Schneider,Eugène 1805—1875)——法国大工业家,克勒佐冶金厂厂主。——229。

施特鲁斯堡,贝特尔·亨利(Strousberg[Stroußberg],Bethel Henry 原名巴鲁赫·希尔施·施特劳斯堡 Baruch Hirsch Strausberg 1823—1884)——德国铁路承包商;1855 年以前住在伦敦,以后住在柏林;1875 年破产。——241、736。

施梯伯,威廉(Stieber,Wilhelm 1818—1882)——普鲁士警官,普鲁士政治警察局局长(1852—1860),科隆共产党人案件(1852)的策划者之一和主要原告证人;同卡·维尔穆特合编《19 世纪共产主义者的阴谋》一书;普奥战争(1866)和普法战争(1870—1871)时期为军事警察局局长,在法国境内的德国情报机关的首脑。——243。

施旺,泰奥多尔(Schwann,Theodor 1810—1882)——德国动物学家,细胞学说的创立者之一,同植物学家马·施莱登共同奠定了细胞学说的基础。——895。

施韦宁格,恩斯特(Schweninger, Ernst 1850—1924)——德国医生,1881 年起
　为俾斯麦的私人医生,1884 年起为柏林大学皮肤病学教授。——384。

施韦泽,约翰·巴蒂斯特·冯(Schweitzer, Johann Baptist von 1833—
　1875)——德国律师和新闻工作者,拉萨尔派代表人物之一,《社会民主党
　人报》创办人和编辑(1864—1871);全德工人联合会会员(1863 年起)和主
　席(1867—1871);支持俾斯麦所奉行的在普鲁士领导下"自上而下"统一德
　国的政策,阻挠德国工人加入国际工人协会,反对社会民主工党;国会议员
　(1867—1871);1872 年因同普鲁士当局的勾结被揭露而被开除出全德工人
　联合会。——12、733。

叔本华,阿尔图尔(Schopenhauer, Arthur 1788—1860)——德国哲学家,唯意
　志论、非理性主义和悲观主义的鼓吹者,普鲁士容克的思想家。——875。

舒尔采-德里奇,弗兰茨·海尔曼(Schulze-Delitzsch, Franz Hermann 1808—
　1883)——德国政治活动家和资产阶级庸俗经济学家,1848 年是普鲁士国民
　议会议员,属于中间派左翼;主张在普鲁士领导下"自上而下"统一德国,民
　族联盟创始人之一(1859);60 年代是进步党领袖之一,国会议员(1867 年
　起);曾企图用组织合作社的办法来使工人脱离革命斗争。——233、264。

司徒卢威,古斯塔夫·冯(Struve, Gustav von 1805—1870)——德国律师和政论
　家,小资产阶级民主主义者,共和主义者;1847—1848 年是《德国旁观者》的
　出版者;预备议会议员;1848 年四月和九月巴登起义和 1849 年巴登-普法尔
　茨起义的领导人之一;革命失败后流亡瑞士,1851 年流亡英国;在伦敦的德
　国小资产阶级流亡者的领袖之一;曾站在北部方面参加美国内战;鼓吹素
　食主义;1862 年返回德国。——496。

斯宾诺莎,巴鲁赫(贝奈狄克特)(Spinoza, Baruch〔Benedictus〕1632—
　1677)——荷兰唯物主义哲学家,无神论者。——394、488、520、789、851、
　891、900、920。

斯卡尔金——见叶列涅夫,费多尔·巴甫洛维奇。

斯密,亚当(Smith, Adam 1723—1790)——英国经济学家,资产阶级古典政治经
　济学最著名的代表人物。——475、529、573、603、604、606、607、612、616、
　621、624、625、629、639。

斯密斯,爱德华(Smith, Edward 1818 前后—1874)——英国医生,枢密院卫生顾
　问和调查工人区居民饮食状况的医务专使,济贫法委员会委员。——2—3。

斯密斯,乔治(Smith, George 1840—1876)——英国考古学家,以其在古亚述地
　区进行的挖掘工作而闻名。——449。

斯特拉特,爱德华,贝尔珀男爵(Strutt, Edward, Baron Belper 1801—1880)——

英国政治活动家,自由主义者,议会议员;曾任兰开斯特卿(1852—
1854)。——228。

斯特普尼,考埃尔·威廉·弗雷德里克(Stepney, Cowell William Frederick
1820—1872)——英国工人运动活动家,改革同盟盟员,国际总委员会委员
(1866—1872)和财务委员(1868—1870),国际布鲁塞尔代表大会(1868)、巴
塞尔代表大会(1869)和伦敦代表会议(1871)的代表,不列颠联合会委员会
委员(1872)。——62、73、126。

斯图亚特,詹姆斯(Steuart, James 1712—1780)——英国资产阶级经济学家,重
商主义的最后代表人物之一,货币数量论的反对者。——639。

斯图亚特王朝——苏格兰王朝(1371—1714)和英格兰王朝(1603—1649 和
1660—1714)。——639、765。

斯托尔(Stoll)——国际总委员会委员(1870)。——62、73。

苏拉(鲁齐乌斯·科尔奈利乌斯·苏拉)(Lucius Cornelius Sulla 公元前138—
78)——罗马统帅和国务活动家,曾为执政官(公元前88)和独裁者(公元前
82—79)。——83、119。

苏桑,路易(Susane, Louis 1810—1876)——法国将军和军事著作家,曾任陆军
部军械局局长,写有法军历史方面的著作。——77。

索尔特,泰特斯(Salt, Titus 1803—1876)——英国工厂主。——228。

T

塔勒,卡尔·冯(Thaler, Karl von 生于 1836 年)——奥地利作家和新闻工作
者,国际的反对者;《新自由新闻》撰稿人和编辑(1865—1870 和
1873)。——303、309。

塔米西埃,弗朗索瓦·洛朗·阿尔丰斯(Tamisier, François-Laurent-Alphonse
1809—1880)——法国将军和政治活动家,共和党人,军事发明家;第二共
和国时期是制宪议会和立法议会议员(1848—1851);巴黎国民自卫军司
令(1870 年 9—11 月),1871 年国民议会议员。——90、132。

塔西佗(普卜利乌斯·科尔奈利乌斯·塔西佗)(Publius Cornelius Tacitus 约
55—120)——古罗马历史学家,《日耳曼尼亚志》、《历史》、《编年史》的作
者。——120、823、834。

塔伊费(Taillefer)——法国一家保险公司的职员;1868 年因伪造文件和舞弊
而被捕;《旗帜报》社社长。——78。

泰勒,阿尔弗勒德(Taylor, Alfred)——英国工人,国际总委员会委员(1871—
1872)和不列颠联合会委员会委员(1872—1873)。——126。

泰勒斯（米利都的）（Thales of Miletus 公元前 624—547）——古希腊哲学家、数学家和天文学家，伊奥尼亚学派的主要代表人物；自发唯物主义的米利都学派的创始人。——867、868、870、963。

汤姆生，威廉，开尔文男爵（Thomson, William, Baron Kelvin 1824—1907）——英国物理学家，格拉斯哥大学理论物理教研室主任（1846—1899）；主要从事热力学、电工学和数学物理学的研究；1852 年提出唯心主义的"宇宙热寂"假说。——979、993。

唐森，威廉（Townshend, William）——英国工人，国际总委员会委员（1869—1872），80 年代社会主义运动的参加者。——62、74、126。

特耳克，卡尔·威廉（Tölcke, Carl Wilhelm 1817—1893）——德国律师和新闻工作者，社会民主党人；1848—1849 年革命的参加者，斐·拉萨尔的拥护者，全德工人联合会会员（1860 年起）、主席（1865—1866）、理事会成员（1874 年以前）。——344、350。

特卡乔夫，彼得·尼基季奇（Ткачёв，Петр Никитич 1844—1885）——俄国政论家和文学批评家，民粹运动中的布朗基派思想家，彼得堡学生运动的参加者，1869 年被捕，1871 年 6 月被判处 16 个月的监禁，1873 年逃往伦敦，追随彼·拉甫罗夫，《前进！》的撰稿人；1874 年是苏黎世斯拉夫人支部成员。——306—318、320—324、326、327、329—334。

特赖奇克，亨利希·冯（Treitschke, Heinrich von 1834—1896）——德国历史学家和政论家，1886 年起为普鲁士国家的历史编纂学家，德意志帝国国会议员（1871—1888）；普鲁士主义、沙文主义、种族主义和德国对外扩张政策的思想家和鼓吹者。——746。

特劳白，莫里茨（Traube, Moritz 1826—1894）——德国化学家和生理学家，曾创造出能够新陈代谢和增殖的人造细胞。——458。

特雷维腊努斯，哥特弗里德·莱茵霍尔德（Treviranus, Gottfried Reinhold 1776—1837）——德国自然科学家和自然哲学家，生物界进化思想的早期拥护者，从事生命的一般规律的研究；六卷本著作《生物学，或生物界的哲学》的作者。——386。

特里门希尔，休·西摩尔（Tremenheere, Hugh Seymour 1804—1893）——英国官员和政论家，曾屡次参加政府的工人劳动条件调查委员会。——5。

特罗胥，路易·茹尔（Trochu, Louis-Jules 1815—1896）——法国将军和政治活动家，奥尔良党人，曾参加侵占阿尔及利亚的战争（30—40 年代）、克里木战争（1853—1856）和意大利战争（1859），国防政府的首脑，巴黎武装力量总司令（1870 年 9 月—1871 年 1 月），1871 年国民议会议员。——75—

W

家,职业是律师;资产阶级化的普鲁士容克的思想家;《新普鲁士报》编辑(1848—1854),《北德意志总汇报》撰稿人,普鲁士保守党的创始人,俾斯麦政府的枢密顾问(1866—1873);普鲁士容克的"国家社会主义"的拥护者,国会议员(1867—1873)。——627。

瓦格纳,阿道夫(Wagner,Adolph 1835—1917)——德国资产阶级庸俗经济学家,讲坛社会主义者,反犹太主义的基督教社会党的创始人(1878),政治经济学中所谓的社会法学派的代表。——243。

瓦格纳,理查(Wagner,Richard 1813—1883)——德国作曲家、指挥家、诗人和作家。——403、493、531。

瓦朗坦,路易·厄内斯特(Valentin,Louis-Ernest)——法国将军,波拿巴主义者;1871年3月18日以前是巴黎警察局长。——86、112。

瓦利,克伦威尔·弗利特伍德(Varley,Cromwell Fleetwood 1828—1883)——英国电气工程师。——886。

瓦特,詹姆斯(Watt,James 1736—1819)——英国商人、工程师和发明家,万能蒸汽发动机的设计者。——767。

瓦扬,爱德华·玛丽(Vaillant,Édouard-Marie 1840—1915)——法国社会党人,自然科学家、工程师和医师,布朗基主义者,国际会员,洛桑代表大会(1867)代表,巴黎公社执行委员会委员,教育委员会委员;1871年在巴黎被判处死刑,后逃往伦敦,国际总委员会委员(1871—1872),国际伦敦代表会议(1871)和海牙代表大会(1872)的参加者;由于代表大会决定将总委员会迁往纽约而退出国际;1880年大赦后回到法国;布朗基派革命中央委员会创建人之一(1881),1884年起是巴黎市参议院议员,1889年和1891年国际社会主义工人代表大会代表;法国社会党(工人国际法国支部)(1901)创建人之一,第一次世界大战期间持社会沙文主义立场。——49、52、248、300。

威尔士亲王夫人——见亚历山德拉。

威廉一世(胜者威廉)(Wilhelm I〔William the Victorious〕1797—1888)——普鲁士亲王,摄政王(1858—1861),普鲁士国王(1861—1888),德国皇帝(1871—1888)。——64、65、117。

威斯敏斯特公爵——见格罗夫纳,休·鲁普斯,威斯敏斯特公爵。

威斯特华伦,斐迪南·奥托·威廉·亨宁·冯(Westphalen,Ferdinand Otto Wilhelm Henning von 1799—1876)——普鲁士国务活动家,曾任内务大臣(1850—1858);马克思夫人燕妮的异母哥哥。——716。

微耳和,鲁道夫(Virchow,Rudolf 1821—1902)——德国病理学家和人类学家,资产阶级政治活动家,细胞病理学的奠基人,达尔文主义的反对者;进步党的创始人和领袖;普鲁士第二议院议员(1862—1902)和德意志帝国国会议员(1880—1893)。——381、388、842、872、889、893。

韦梅希,欧仁(Vermersch, Eugène 1845—1878)——法国新闻工作者,70 年代民主主义运动的参加者;《费加罗报》和《度申老头》的编辑,巴黎公社参加者,公社被镇压后流亡伦敦;1871 年法国人支部成员;在巴黎被缺席判处死刑(1871);《警觉报》和《韦梅希氏周报》的出版者,反对公社和国际。——295。

韦斯顿,约翰(Weston, John)——英国工人运动活动家,职业是木匠,后为厂主;欧文主义者,1864 年 9 月 28 日伦敦圣马丁堂会议的参加者,国际总委员会委员(1864—1872),1865 年伦敦代表会议代表,改革同盟执行委员会委员,土地和劳动同盟的领导人,不列颠联合会委员会委员(1872)。——41、63、74、127。

维多利亚(Victoria 1819—1901)——英国女王(1837—1901)。——787。

维勒,弗里德里希(Wöhler, Friedrich 1800—1882)——德国化学家,主要从事有机化学和无机化学的研究,提出了一系列化学合成方法;1824 年第一次实际完成尿素的合成;李比希的好友。——896。

维利希,奥古斯特(Willich, August 1810—1878)——普鲁士军官,1847 年起为共产主义者同盟盟员,1849 年巴登-普法尔茨起义中为志愿军团首领;1850 年共产主义者同盟分裂时同卡·沙佩尔一起组成反对马克思的冒险主义宗派集团;1853 年侨居美国,站在北部方面参加美国内战,任将军。——743。

维努瓦,约瑟夫(Vinoy, Joseph 1800—1880)——法国将军,波拿巴主义者,1851 年十二月二日政变的参加者;在 1859 年奥意法战争中任师长,普法战争时期任第十三军军长,后任巴黎第二军团第一军军长和巴黎第三军团司令,1871 年 1 月 22 日起先后任巴黎武装力量总司令和凡尔赛分子预备军司令。——85、86、88、90、91、93。

魏特林,克里斯蒂安·威廉(Weitling, Christian Wilhelm 1808—1871)——德国工人运动活动家,正义者同盟领导人,职业是裁缝;空想平均共产主义理论家和鼓动家;工人同盟的创始人,《工人共和国报》的出版者;1849 年流亡美国,晚年接近国际工人协会。——393—394、582、690、788。

沃尔波尔,罗伯特,奥福德伯爵(Walpole, Sir Robert, Earl of Orford 1676—1745)——英国国务活动家,辉格党领袖,曾任首相(1721—1742),在他执政时期完全形成了摆脱国王控制、依靠议会多数的内阁制。——626。

X

休厄尔，威廉（Whewell, William 1794—1866）——英国哲学家和科学史家，剑桥大学矿物学教授（1828—1832）和道德哲学教授（1838—1855）。——929。

休谟，大卫（Hume, David 1711—1776）——英国哲学家、历史学家和经济学家，主观唯心主义者，近代不可知论的创始人；重商主义的反对者，货币数量论的早期代表人物。——390、502、621—628、639、842、921。

Y

雅克美，亚历山大（Jacquemet, Alexandre）——法国神父，1848年为巴黎大主教的代理。——123。

亚里士多德（Aristoteles 公元前384—322）——古希腊哲学家，在哲学上摇摆于唯物主义和唯心主义之间，奴隶主阶级的思想家，按其经济观点来说是奴隶占有制自然经济的维护者，他最先分析了价值的形式；柏拉图的学生。——394、465、610、611、612、789、867、868—870、874、892、925。

亚历山大二世（Александр II 1818—1881）——俄国皇帝（1855—1881）。——69、285—286、288、564、829。

亚历山德拉（Alexandra 1844—1925）——丹麦国王克里斯蒂安九世之女，1863年嫁给威尔士亲王，亲王于1901年起为英国国王，称爱德华七世；克拉伦斯公爵的母亲。——90。

扬布利柯（Jamblichos 约死于330年）——希腊唯心主义哲学家，神秘主义者，新柏拉图主义哲学学派的主要人物，该学派叙利亚分支的创始人；著有《论埃及的秘密宗教仪式》等著作。——883。

耶恩斯，麦克斯（Jähns, Max 1837—1900）——普鲁士军官、军事著作家和历史学家，曾在军事科学院讲授军事学术史。——551。

叶卡捷琳娜二世（喀德邻二世）（Екатерина II 1729—1796）——俄国女皇（1762—1796）。——334。

叶列涅夫，费多尔·巴甫洛维奇（Еленев, Фёдор Павлович 笔名斯卡尔金 Скалдин 1827—1902）——俄国作家和政论家，60年代资产阶级自由派的代表；曾为《祖国纪事》杂志撰稿，《在穷乡僻壤和在首都》一书的作者。——332。

伊壁鸠鲁（Epikouros 约公元前342—270）——古希腊哲学家，无神论者。——875。

伊萨伯拉二世（Isabel II〔Isabella〕1830—1904）——西班牙女王（1833—1868）。——304。

尤尔，安德鲁（Ure，Andrew 1778—1857）——英国化学家、资产阶级庸俗经济
　学家，自由贸易论者，写有工业经济学方面的著作。——8。

尤维纳利斯（德齐姆斯·尤尼乌斯·尤维纳利斯）（Decimus Junius Juvenalis
　60 前后—127 以后）——罗马讽刺诗人。——528。

约翰（Johann 1782—1859）——奥地利大公，元帅，曾参加反对拿破仑法国的
　战争，1809 年为奥地利军队指挥官，1848 年 6 月—1849 年 12 月为德意志
　帝国摄政王。——718。

约翰·奈波穆克·玛丽·约瑟夫（Johann Nepomuk Maria Joseph 笔名菲拉莱
　泰斯 Philalethes 1801—1873）——萨克森国王（1854—1873），曾翻译过但
　丁的作品。——715。

Z

扎比茨基，安东尼（Zabicki，Antoni 1810 前后—1889）——波兰排字工人，民
　族解放运动活动家，1831 年从波兰流亡国外，匈牙利 1848—1849 年革命的
　参加者，1851 年起侨居英国，伦敦民主派兄弟协会领导人，1863 年起出版
　波兰民主主义流亡者的机关报《自由之声》，波兰全国委员会书记，国际总
　委员会委员和波兰通讯书记（1866—1871）。——62、73、127。

文学作品和神话中的人物索引

A

阿基里斯——古希腊神话中围攻特洛伊的一位最勇敢的希腊英雄,荷马的
《伊利亚特》中的主要人物,他同希腊军队的领袖亚加米农的争吵和回到
自己的营幕去,构成了荷马史诗《伊利亚特》第一章的情节。据传说,阿基
里斯出生时被母亲海洋女神西蒂斯握住脚跟倒浸在冥河水中,因此他的身
体除没有浸水的脚跟外,不能被任何武器所伤害,后来,他因脚跟,即他身
上那个唯一致命的地方中箭而身亡。后人用"阿基里斯之踵"比喻可以致
命的地方和最弱的一环。——307、316—317。

阿莉阿德尼——古希腊神话中克里特王米诺斯的女儿,她曾用小线团帮助提
修斯在迷宫中杀死怪物米诺托之后走出迷宫。后来人们用"阿莉阿德尼
线"来比喻帮助解决复杂问题的办法。提修斯把她带走并遗弃在纳克索
岛上,后来她成了女祭司和酒神巴克斯的妻子。——855。

埃克或埃奥尔——日耳曼部落崇奉的战神,相当于希腊战神亚力司或罗马人
的战神玛尔斯。——704。

埃卡尔特——德国中世纪传说中的人物,是忠实的人和可靠卫士的典型形
象。在关于游吟诗人汤豪塞的传说中,他守在维纳斯的身旁,警告一切想
要接近的人说,维纳斯的魔力是很危险的。——308、601。

奥吉亚斯——古希腊神话中的奥吉亚斯王,有大牛圈,养牛3 000头,30年未
打扫。后来人们用"奥吉亚斯的牛圈"来比喻极其肮脏的地方。——847。

B

巴巴盖诺——莫扎特的歌剧《魔笛》中的人物,捕鸟者,身穿鸟羽做成的衣
服。——889。

布雷西希大叔——罗伊特的短篇幽默小说中的人物。——260。

布鲁士斯——莎士比亚的剧作《尤利乌斯·凯撒》中的人物。——295。

布索那克——莫里哀的喜剧《布索那克先生》中的主人公,愚昧无知的土贵族的典型。——85。

C

查拉斯特罗——莫扎特的歌剧《魔笛》中的人物。——712。

D

达摩克利斯——古希腊传说中叙拉古暴君迪奥尼修斯(公元前4世纪)的宠臣。常说帝王多福,于是迪奥尼修斯请他赴宴,让他坐在自己的宝座上,并用一根马鬃将一把利剑悬挂在他的头上,让他知道帝王的忧患。后来用"达摩克利斯剑"比喻随时都可能出现的灾难。——44。

迪斯必特——见丘必特。

F

浮士德——歌德同名悲剧中的主要人物。——266、469、472、523、655、758、798、860。

福斯泰夫——莎士比亚的剧作《温莎的风流娘儿们》、《亨利四世》中的人物,爱吹牛的懦夫,谐谑者,酒徒。——78。

G

格里厄骑士——普列服的小说《曼侬·列斯戈》中的人物。——901。

H

哈姆雷特——莎士比亚同名悲剧和卡·谷兹科的剧作《维滕贝格的哈姆雷特》中的主要人物。——295。

海格立斯——古希腊神话中的一个最为大家喜爱的英雄,以非凡的力气和勇武的功绩著称,他的十二件功绩之一是驯服并抢走地狱之犬塞卜洛士。——72。

赫斐斯塔司——古希腊神话中的火神,罗马神话称之为武尔坎,掌管火、火山、冶炼技术和神奇手工艺,被视为工匠的始祖。——662、806。

赫加特——古希腊神话中的月神,三首三身,管辖妖魔鬼怪和阴间的亡魂,是万恶和妖术的保护神。——120。

K

卡洛斯,唐·——一个在许多文学作品中被理想化了的人物,是西班牙国王菲力浦二世的儿子(1545—1568),由于反对自己的父亲而遭迫害,死于狱中。——81。

科贝斯第一——海涅的同名讽刺诗中的主人公。——317、556。

L

拉摩——德尼·狄德罗的作品《拉摩的侄子》中的人物。——395、790。

鲁滨逊·克鲁索——丹·笛福的小说《鲁滨逊漂流记》中的主人公。——533、535、538—540、545。

洛西南特——塞万提斯的小说《唐·吉诃德》中唐·吉诃德的马(西班牙语中的"洛西",有"劣马"的意思)。——439、701。

M

马利亚——据圣经传说,是耶稣基督的母亲。——297、308。

马太——据基督教传说,是十二使徒之一,马太福音的作者。——396、688、791。

玛尔斯(亚力司)——古罗马神话中的战神,相当于古希腊神话中的战神亚力司。——704。

麦格拉——古希腊神话中复仇三女神之一,愤怒和忌妒的化身,转义为爱吵架的泼妇。——120。

麦罗斯——席勒的诗《保证》中的人物。——295。

曼布里诺——塞万提斯的小说《唐·吉诃德》中的人物。——701。

曼侬·列斯戈——普列服的同名小说中的女主人公。——901。

靡菲斯特斐勒司——歌德《浮士德》和卡·谷兹科的剧作《维滕贝格的哈姆雷特》中的主要人物。——266、472。

摩洛赫——古腓尼基和迦太基的宗教中的太阳神、火神和战神,祭祀摩洛赫时要用活人做祭品,因此摩洛赫这一名字成了残忍、吞噬一切的暴力的化身。——8。

N

嫩的儿子约书亚——见约书亚。

尼贝龙根——中古德国长诗《尼贝龙根之歌》和理·瓦格纳的歌剧《尼贝龙

约书亚(嫩的儿子约书亚)——圣经中的英雄,相传他吩咐自己的战士随着
　　吹羊角的声音大声呼喊,从而使耶利哥城墙塌陷。——91、596。

Z

忠实的埃卡尔特——见埃卡尔特。
宙斯——古希腊神话中最高的神,克伦纳士神的儿子。——704。

责任编辑：邓仁娥
装帧设计：曹　春
版式设计：程凤琴
责任校对：吴海平　张　红
责任印制：贲　菲　周文雁

图书在版编目（CIP）数据

马克思恩格斯选集　第三卷／中共中央马克思恩格斯列宁斯大林著作编译局编译.
-北京：人民出版社,2012.9（2021.1 重印）
ISBN 978－7－01－010687－8
Ⅰ.马…　Ⅱ.中…　Ⅲ.马恩著作-选集　Ⅳ.A11
中国版本图书馆 CIP 数据核字（2012）第 026643 号

书　　名　**马克思恩格斯选集**
　　　　　MAKESI ENGESI XUANJI
　　　　　第三卷
编 译 者　中共中央马克思恩格斯列宁斯大林著作编译局
出版发行　**人民出版社**
　　　　　（北京市东城区隆福寺街 99 号　邮编 100706）
邮购电话　（010）65250042　65289539
经　　销　新华书店
印　　刷　北京新华印刷有限公司
版　　次　2012 年 9 月第 3 版　2021 年 1 月北京第 13 次印刷
开　　本　880 毫米×1230 毫米 1/32
印　　张　38.125
字　　数　995 千字
印　　数　100,001－120,000 册
书　　号　ISBN 978－7－01－010687－8
定　　价　92.00 元

ISBN 978-7-01-010687-8

9 787010 106878 >